2001 年 11 月 27 日至 29 日，中央经济工作会议在北京举行。中共中央总书记江泽民在会上作重要讲话。江泽民指出：必须从维护改革发展稳定大局的政治高度，把扩大就业、改善人民生活的工作抓紧抓好。

2001 年 8 月 13 日至 17 日，中共中央政治局常委、国务院总理朱镕基在贵州考察工作。朱镕基强调，加快完善社会保障体系，是维护社会稳定，巩固和发展当前良好发展形势的迫切需要，也是实现国家长治久安的战略举措。经过几年的改革，我国已经初步建成社会保障体系的基本框架。

2001年11月15日至16日，中共中央政治局常委、国务院总理朱镕基在辽宁考察工作时指出，完善城镇社会保障体系是党中央、国务院的一项重大决策，一定要高度重视，精心组织，知难而进，按照建立完善的社会保障体系的要求， 扎扎实实地搞好全省试点，为在全国完善城镇社会保障体系探索和积累经验。中共中央政治局委员、国务院副总理吴邦国一起参加了考察。有关部门负责人张左己、多吉才让、魏礼群、刘仲藜、杨凌隆、尤权、王建伦、蒋黔贵、楼继伟、彭森、李伟等陪同考察。

2001年5月16日，国务院副总理李岚清在中南海会见来访的国际劳工局局长胡安·索马维亚一行，希望他们通过访问进一步增加对中国的了解，加强国际劳工局与中国的合作。劳动保障部部长张左己、副部长李其炎陪同。

2001年7月28日至30日，国务院在青岛召开全国城镇职工基本医疗保险制度和医药卫生体制改革工作会议，中共中央政治局常委、国务院副总理李岚清出席会议并作重要讲话。图为会议场景。

2001年7月13日，国务院副总理吴邦国在中南海紫光阁会见了来访的德国联邦劳工和社会事务部部长瓦尔特·里斯特。他说，中德友好关系推动了两国经济合作的进一步发展。中德之间存在着广泛的经济交流与战略合作，双方应在劳动和社会保障方面交流经验。

2001年7月18日，中共中央政治局委员、国务院副总理吴邦国在湖北视察宜昌市劳动力市场。他希望全体工作人员再接再厉，做好劳动力市场各项工作，把“有求必应，全程服务”真正落到实处。

2001 年 10 月 26 日，受国务院委托，劳动保障部部长张左己在第九届全国人大常务委员会第二十四次会议上，向九届全国人大常委会报告完善社会保障制度情况。图为九届全国人大常委会听取和审议张左己部长的报告。

2001年10月29日至11月9日，劳动保障部部长张左己率团成功出席国际劳工组织在日内瓦举办的“世界就业论坛”大会，并在论坛大会开幕式上发表演讲，阐述了全球化背景下，特别是“9·11”事件后，我国政府对促进世界和平与发展的观点，以及扩大就业和消除贫困的主张，宣传了我国在经济社会发展，特别是促进就业方面的成就。图为联合国秘书长安南会见张左己部长。

2001年5月17日，劳动保障部部长张左己在钓鱼台国宾馆与国际劳工局局长索马维亚签署了《中华人民共和国劳动和社会保障部与国际劳工局合作谅解备忘录》。

2001年12月12日至14日，全国劳动和社会保障工作会议在上海召开，国务院副总理吴邦国对会议作出批示。会议系统总结了2001年工作，分析了当前面临的形势，部署了2002年任务。会上，劳动保障部部长张左己作了题为《转变作风，巩固成果，实现劳动保障事业的新发展》的工作报告，副部长李其炎作会议总结，副部长林用三、王建伦、王东进，纪检组长崔会烈出席会议。各省、自治区、直辖市及计划单列市劳动保障厅局长，中央国家机关有关部门负责人参加了会议。

2001年7月17日至19日，全国劳动保障厅局长座谈会在深圳召开，劳动保障部部长张左己作了题为《认真学习贯彻江泽民同志“七一”重要讲话精神，努力做好劳动保障工作》的讲话。李其炎副部长作会议总结讲话。劳动保障部副部长王建伦、王东进、张小建，纪检组长崔会烈出席会议，各省、自治区、直辖市及计划单列市劳动保障厅局长，劳动保障部部属各单位主要负责人参加了会议。

2001年3月10日，九届全国人大四次会议举行记者招待会，邀请劳动保障部部长张左己就劳动保障工作回答了中外记者的提问。图为记者招待会场景。

2001 年 7 月 12 日，劳动保障部部长张左己与德国联邦劳工和社会事务部部长瓦尔特·里斯特在北京钓鱼台国宾馆共同签署了《中华人民共和国与德意志联邦共和国社会保险协定》，这是我国社会保险领域对外签署的第一个社会保险协定。

2001 年 7 月 12 日，劳动保障部副部长李其炎、王建伦与来华访问的德国联邦劳工和社会事务部部长瓦尔特·里斯特进行工作会谈。

2001年6月，按照劳动保障部统一部署，全国各地展开了一次声势浩大、形式多样的劳动保障政策宣传咨询活动。6月10日，劳动保障部部长张左己、副部长王东进分别到设在北京市东城区和平西街和西城区长安商场的宣传咨询点参加了北京市劳动保障局组织的社会保险政策宣传咨询活动。图为张左己部长在北京市东城区和平西街宣传咨询点为群众发放宣传材料。

2001年12月20日，劳动保障部主办、信息产业部协办的全国首届计算机应用大赛在京圆满结束。劳动保障部部长张左己、副部长林用三，信息产业部有关代表，中国计算机学会名誉理事长张效祥等出席颁奖仪式。获本次大赛决赛前5名的选手被授予全国技术能手荣誉称号，部分优秀选手还获得了全国计算机高新技术考试证书。江苏、北京、天津、安徽、湖北等省市因组织工作出色受到表彰。图为张左己部长为获奖选手颁奖。

2001年1月8日至12日、20日至21日，劳动保障部部长张左己先后到四川成都、广西南宁和柳州、黑龙江大庆和哈尔滨等地检查慰问。图为张左己看望柳州针织总厂退休工人(上图)和大庆市劳动保障局工作人员(下图)。

2001 年 9 月 20 日，劳动保障部副部长李其炎在重庆市就两个确保、下岗职工出中心、医疗保险制度改革等方面的情况进行调研。图为李其炎在重庆就两个确保等方面的情况进行调研。

2001 年 5 月 18 日，劳动保障部副部长林用三代表劳动保障部向瑞金中华苏维埃政府中央劳动部旧址修复捐款。

2001年1月8日至9日、11日至14日，劳动保障部副部长王建伦到河南郑州和开封、福建福州和泉州及莆田市慰问困难下岗职工、离退休人员。图为王建伦在河南慰问企业离退休人员。

2001年1月2日至5日、8日至12日，劳动保障部副部长王东进前往江西、浙江杭州和绍兴、安徽合肥和铜陵等地对两个确保工作进行督促检查。图为王东进到杭州市工具厂特困职工家中慰问。

2001 年 11 月 16 日，劳动保障部副部长张小建到广州白云职业技术学院考察工作。

2001 年 10 月 11 日，劳动保障部驻部纪检组组长崔会烈到山西省检查督促两个确保工作落实情况。图为崔会烈在山西太行药业公司视察时向生产一线的工人了解情况。

2001年2月9日，经国务院批准成立的完善城镇社会保障体系试点工作小组召开第一次全体成员会议，试点小组组长、劳动保障部部长张左己主持会议。试点工作小组由劳动保障部、国家经贸委、民政部、财政部、国家税务总局、国务院专题办、国务院体改办、全国总工会组成。会上，传达了国务院领导批示精神，听取了辽宁省完善城镇社会保障体系试点工作情况汇报。图为试点工作小组召开第一次全体成员会议场景。

2001年6月7日，劳动保障部召开电视电话会议，部署在全国开展再就业援助行动，劳动保障部部长张左己在会上要求各地迅速行动，推动再就业援助行动深入开展起来。劳动保障部副部长林用三、王建伦，国家计委、国家经贸委、财政部、监察部、建设部、民政部、国家税务总局、国家工商总局、国务院研究室等部门及全总、共青团、妇联、残联的有关负责人，北京市劳动保障局的负责人出席了北京主会场的会议，各省、自治区、直辖市及计划单列市劳动保障厅局负责人在各地分会场参加了会议。图为电视电话会议北京主会场场景。

中国劳动和社会保障年鉴

CHINA LABOUR AND SOCIAL SECURITY YEARBOOK

2002

中国劳动社会保障出版社

图书在版编目(CIP)数据

中国劳动和社会保障年鉴．2002/中华人民共和国劳动和社会保障部编．—北京：中国劳动社会保障出版社，2002

ISBN 7-5045-3666-0

Ⅰ．中…　Ⅱ．中…　Ⅲ．①劳动经济-中国-2002-年鉴　②社会保障-中国-2002-年鉴　Ⅳ．F249.2-54　②D632.1-54

中国版本图书馆 CIP 数据核字(2002)第 070153 号

中国劳动社会保障出版社出版发行

(北京市惠新东街 1 号　邮政编码：100029)

出 版 人：张梦欣

*

北京新华印刷厂印刷　新华书店经销

880 毫米×1230 毫米　16 开本　41.75 印张　9 彩插页　1066 千字

2002 年 12 月第 1 版　2002 年 12 月第 1 次印刷

印数：2100 册

定价：168.00 元

读者服务部电话：64929211

发行部电话：64911190

出版社网址：http：//www.class.com.cn

《中国劳动和社会保障年鉴》编辑委员会成员

主　任	张左已				
副主任	李其炎	王东进	步正发	张小建	刘永富
	崔会烈				
成　员	（以姓氏笔画为序）				
	于仁国	于法鸣	马占元	王　帆	王　维
	王以才	王东岩	王克益	王应际	王爱文
	王维山	毛　健	乌日图	方潮贵	尹成基
	田小宝	宁长珊	史锦杰	刘　旭	刘天贵
	刘礼权	刘振华	闫宝卿	孙大海	孙建勇
	朱天宝	朱志良	李　戈	李良业	李顺通
	李家鑫	花绍增	杨　骏	杨绍红	陈　刚
	陈　宇	陈　淮	陈凤鸣	陈海波	张欣庆
	张梦欣	林建农	周光耀	泽巴足	信长星
	胡晓义	赵湘平	祝均一	祝晏君	孟昭喜
	袁彦鹏	秦玉德	黄昌元	蒋大国	韩春根
	焦凯平	谢　群	熊盛文	臧忠生	

《中国劳动和社会保障年鉴》编辑部成员

主　编	信长星				
副主编	尹成基	王爱文	平四来	陈　淮	
成　员	卢爱红	明瑞锋	李新临	孙世昌	王洪玉

编 辑 说 明

一、《中国劳动和社会保障年鉴（2002）》是关于劳动和社会保障工作的专业性史料工具书。全书通过翔实的资料和系统的阐述，介绍了2001年我国劳动和社会保障事业的发展概况，反映了劳动和社会保障工作改革与发展的成就、经验和今后需要继续研究解决的问题。它是党政机关领导干部、各部门工作人员、劳动和社会保障系统干部、工会工作者、企业领导及劳资干部，以及劳动和社会保障科学理论工作者有价值的参考用书和工具书。

二、本年鉴的内容共分6个部分，即劳动和社会保障工作概览、劳动和社会保障重要文献、全国劳动和社会保障工作、地方劳动和社会保障工作、劳动和社会保障大事记、劳动和社会保障统计资料。

三、本年鉴中，全国劳动和社会保障工作分为：就业和再就业、职业培训、劳动关系、企业工资收入分配与劳动标准、养老保险、失业保险、医疗保险、工伤保险、生育保险、农村养老保险、社会保险基金管理与监督、法制建设、规划统计与信息系统建设、科学研究、新闻宣传与出版、国际交流与合作、学会与协会。

《中国劳动和社会保障年鉴（2002）》的编辑出版是在全国劳动保障系统的共同努力下完成的，在此，向参加编辑出版工作的同志表示衷心的感谢。

《中国劳动和社会保障年鉴》编辑部

2002年9月

目　录

劳动和社会保障工作概览

劳动和社会保障重要文献

一、党和国家领导人关于劳动和社会保障工作的重要讲话

二、劳动和社会保障部领导重要讲话和重要文章

三、重要文件

全国劳动和社会保障工作

地方劳动和社会保障工作

劳动和社会保障大事记

劳动和社会保障统计资料

三、职工工资

四、就业与失业

五、职业培训与技能鉴定

六、劳动关系

七、离退休、养老保险与职工福利

八、失业保险

九、医疗、工伤、生育保险

十、城镇居民最低生活保障

十一、劳动保障立法与监察

劳动和社会保障
工作概览

2001年劳动和社会保障工作概览

2001年是新世纪的第一年。这一年，我们迎来建党80周年，江泽民总书记发表“七一”重要讲话，深刻阐述了“三个代表”重要思想的丰富内涵和精神实质，进一步阐明了党在新世纪的历史任务和奋斗目标。党中央召开十五届六中全会，做出关于加强和改进党的作风建设的决定，明确了新时期党的作风建设的指导思想、总体要求和主要任务。我国加入世界贸易组织，标志着改革开放进入一个新的历史发展阶段。成功举办APEC会议和北京申奥成功，我国的国际地位进一步提高，极大地增强了全民的爱国热情和民族凝聚力。我国国民经济和社会事业继续保持良好发展势头，人民生活进一步改善，社会保持稳定，为完成新世纪的历史任务开了一个好局。劳动保障部门深入学习和实践江总书记“三个代表”重要思想，认真贯彻六中全会精神，全面落实全国社会保障工作会议的部署和要求，团结奋斗，扎实苦干，两个确保成果得到进一步巩固，完善社会保障体系的试点取得初步成效，医疗保险制度改革稳步推进，劳动保障各项工作取得新的成绩，在改革发展稳定的大局中发挥了重要作用。

就业与再就业　各地再就业工作力度进一步加大。黑龙江、辽宁、安徽、山东、江西等地以省委省政府名义出台了促进就业的政策措施，将就业工作纳入政府考核目标。北京市开发了10万个社区就业岗位，采取建立劳务派遣企业等办法，促进下岗职工再就业。上海市实施“4050”工程，购买公益性就业岗位，帮助困难群体实现再就业。劳动保障部门以社区就业为主攻方向，制定了社区就业的指导意见，选择100个重点联系城市，推动社区就业工作。会同有关部门开展再就业优惠政策大检查，对再就业困难人员实施了以“保生活、促就业、接保险”为主要内容的再就业援助行动。劳动力市场建设步伐加快，100个城市劳动力市场科学化、规范化、现代化试点城市中，有64个实现了市区内实时联网，62个按季度发布了全国职业供求分析报告。全国有25个省、自治区、直辖市出台了劳动力市场管理地方性法规或政府规章，95%以上的试点城市投诉率逐步递减，劳动力市场秩序有所好转。到年底，全国共有各类职业介绍机构26 793所，其中劳动保障部门办18 739所；全年介绍成功1 229万人次，其中劳动保障部门办职业介绍机构介绍成功845万人次。

2001年底，全国城乡共有从业人员73 025万人，与上年同比增加940万人。其中，城镇私营和个体从业人员3 658万，比上年增加254万人。城镇从业人员为23 940万人，与上年同比增加789万人。其中，城镇单位从业人员11 166万人，比上年减少447万人。在城镇单位从业人员中，在岗职工10 792万人（国有单位7 640万人，城镇集体单位1 291万人，其他单位2 235万人），比上年减少467万人。第一产业为36 513万人，占50%；第二产业为16 284万人，占22.3%；第三产业为20 228万人，占27.7%。到年底，全国城镇登记失业率为3.6%。

国有企业下岗职工基本生活保障工作成果继续得到巩固。到年底，国有企业（含国有联营企业、国有独资公司）下岗职工515万人，比上年底减少142万人。国有企业下岗职工中，90%进入再就业服务中心并得到基本生活保障。全年共有227万国有企业下岗职工实现再就业，再就业率为30.6%。

职业培训 为加快市场导向就业机制的建立和适应下岗职工再就业工作的需要，劳动保障部出台了第二期“三年千万”再就业培训计划，2001年全国共组织457万下岗职工和失业人员参加了培训，262万人经过培训实现了再就业，培训后再就业率达57%。一些地方还探索了政府购买社会培训成果等行之有效的做法。创业培训工作取得一定进展，全年全国有24万人参加了创业培训，培训后有10.5万人实现了创业或自谋职业，新创造就业岗位26万个。劳动预备制度进入全面实施阶段，92万城镇未能继续升学的初高中毕业生参加了劳动预备制培训。按照调整布局、提高层次、突出特色、服务就业的方针，技工学校改革步伐进一步加快。与上年相比，2001年全国近1/3地区技工学校招生数量稳步增长，1/3地区基本持平，基本形成了学制教育和社会培训兼顾的办学格局。到年底，全国共有技工学校3 470所，其中国家级重点技工学校379所，高级技工学校229所；在校学生总数135万人。全国共有就业训练中心3 571所，社会培训机构16 629所。全国技工学校、就业训练中心、社会培训机构全年共开展培训1 018万人次。

按照面向市场、扩大范围、完善制度、提高质量的工作思路，职业技能鉴定工作取得新的进展。全年全国共有535万人参加了职业技能鉴定，比上年增长20.9%；有457万人获得职业资格证书，比上年增长22.6%。到年底，全国共有职业技能鉴定机构8 336个，职业技能鉴定考评人员14万人。

劳动关系 认真贯彻《劳动法》和有关法律法规，以劳动合同、集体合同和劳动争议仲裁为重点，加强劳动关系协调工作。2001年8月，劳动保障部与全国总工会、中国企业联合会建立了国家协调劳动关系三方会议制度。11月，劳动保障部和国家经贸委、全国总工会、中国企业联合会召开贯彻《劳动法》《工会法》推进集体合同、劳动合同工作经验交流会，尉健行同志和吴邦国副总理发表重要讲话，对进一步做好劳动关系协调工作作出了部署。各级劳动保障部门不断完善预防和处理机制，群体性事件得到妥善解决。到年底，全国城镇企业劳动合同签订率达到95%以上。全年各地报送劳动保障部门审核通过的集体合同27万份，涉及企业40多万户，职工7 000多万人。下岗职工劳动关系进一步理顺。全年从再就业服务中心转出的308万下岗职工中，有142万人解除或终止劳动合同，占46.1%。

全年全国各级劳动争议仲裁委员会共立案受理劳动争议案件15.5万件，比上年增长14.4%，涉及劳动者46.7万人，比上年增加10.5%。其中，集体劳动争议案件9 847件，涉及劳动者28.7万人，分别比上年增加了19.4%和10.5%。全年各级劳动争议仲裁委员会审理结案15万件，结案率为92%。此外，各级劳动争议仲裁委员会还以非立案的方式调解处理劳动争议6.4万件。

企业工资分配 劳动保障部与有关部门制定了进一步深化企业劳动、人事、分配制度改革的意见，促进了企业三项制度改革。全国有7 400多户企业实行经营者年薪制试点，有10 000多户企业开展工资集体协商试点，26个省市颁布了工资指导线，88个城市发布了劳动力市场价位，岗位工资制改革试点也稳步推进。

2001年城镇在岗职工工资总额为11 831亿元，比上年增长11.0%。其中国有单位8 356亿元，增长9.8%；城镇集体单位865亿元，下降5.1%；其他单位2 611亿元，增长22.9%。2001年，全国城镇在岗职工平均工资为10 870元，比上年增长16%，扣除价格因素，实际增长15.2%。其中，国有单位11 178元，城镇集体单位6 867元，其他单位12 140元。

养老保险 城镇基本养老保险的覆盖面继续扩大。到年底，全国有10 802万职工和3 381万离退休人员参加了基本养老保险，分别比上年增长3.39%和6.65%。其中，企业参保职工为9 198万人，离退休人员为3 165万人，分别比上年增长0.81%和5.10%。通过加强基金征收、清理企业欠费、增加财政投入、使用基金积累等途径筹集资金，全国参保离退休人员的养老金基本做到了按时足额发放，同时补发历年拖欠的养老金14亿元。基本养老保险费基本实现全额缴拨，全年基金征缴率达到94.47%。全年全国基本养老保险基金总收入2 489亿元（含征缴收入和中央财政、地方财政补助），总支出2 321亿元。

城镇养老保险省级统筹进一步完善，养老金社会化发放的目标基本实现。到年底，全国各省、自治区、直辖市（除西藏外）均实行了养老保险省级统筹或建立了省级调剂金制度。年底由银行、邮局等机构发放企业（含企业化管理的事业单位）离退休人员养老金的人数达到3 122万人，社会化发放率为97.8%，比上年底提高5.6个百分点。

企业年金制度继续推进。到年底，全国参加企业年金制的从业人员为193万人。

医疗保险 2001年7月，国务院召开全国城镇职工基本医疗保险制度和医药卫生体制改革工作会议，进一步明确了三改并举、同步推进的政策措施和工作任务。各地劳动保障部门认真贯彻国务院会议精神和劳动保障部提出的“稳步扩面、强化管理、健全系统、完善政策”的工作要求，以大城市为重点抓启动实施，完善医疗保险费用结算、个人账户管理、医疗服务管理等政策措施，医疗保险制度改革稳步推进。到年底，全国349个地级以上统筹地区中，有339个统筹地区组织实施，登记参保人数达7 630万人，比上年底增加3 297万人，缴费人数7 286万人（其中在职职工5 471万人，退休人员1 815万人），比上年增加3 499万人。全年基本医疗保险基金收入384亿元，支出244亿元。

失业保险 各地认真贯彻《失业保险条例》，加强扩面征缴工作，规范失业保险金申领发放办法，搞好管理和服务。到年底，全国参加失业保险的人数为10 355万人，比上年底减少54万人。全年失业保险基金收入187亿元，比上年增长16.8%。全年失业保险基金支出157亿元，比上年增长26.8%。其中，用于保障失业人员基本生活费支出88亿元，为保障下岗职工基本生活向国有企业再就业服务中心调剂资金45亿元。全年共有469万名失业人员享受到不同期限的失业保险待遇，12月底领取失业保险金人数为312万。

工伤保险 按照“加快立法、完善政策、规范管理、积极推进”的思路，积极推进工伤保险工作。到年底，全国参加工伤保险的职工有4 345万人，享受工伤保险待遇的有20.18万人。全年工伤保险基金收入28亿元，支出16亿元。2001年已有北京等26个大中城市实行了工伤保险费用社会统筹。

生育保险 按照《劳动保障部贯彻落实〈中国妇女发展纲要〉实施方案》要求，各地加快生育保险制度建设步伐，有半数左右的省区市、省会城市、地级市出台了生育保险办法。到年底，全国参加生育保险的职工为3 455万人，比上年增长15.1%。全年生育保险基金收入14亿元，支出10亿元。

农村社会养老保险 农村社会养老保险整顿规范工作继续进行。到年底，全国农村参加养老保险的人数为5 995.1万人。

社会保险基金监督 认真落实收支两条线管理规定，劳动保障部对有关省市的基金清查情况进行了核查，对中央财政专项补助资金使用情况、财政专户管理情况和个人账户管理情况进行了专项检查。各地对存入非银行金融机构的社会保险基金进行了清理，基本回收并纠正以前被挤占挪用和违规动用的基金，促进了社会保障基金的规范管理，保证了社会保险基金的安全和完整。各地认真贯彻《社会保险基金行政监督办法》和《社会保险基金监督举报工作管理办法》，组建社会保险基金行政监督机构，建立举报电话网络和统计报告制度，完善监督程序和案件处理办法，部分省市建立了社会保障监督委员会。到年底，全国 31 个省区市、135 个地市设立了基金监督机构，13 个省区市建立省级社会保障监督委员会，27 个省区市、147 个地市开设监督举报电话，初步建立起全国社会保险基金行政监督体系和监督举报网络。经国务院批准，财政部、劳动保障部制定了《全国社会保障基金投资管理暂行办法》，对全国社会保障基金理事会管理的社会保障基金，确定了投资管理的主要政策，明确了实施监督管理的程序和方法。

劳动保障法制建设 劳动保障立法取得新的进展。2001 年劳动保障部先后颁布了《社会保险基金监督举报工作管理办法》《社会保险基金行政监督办法》《社会保险行政争议处理办法》和《中外合资中外合作职业中介机构设立管理规定》等规章。各地根据实际工作需要，制定了有关养老、医疗、失业等社会保险及劳动力市场管理、劳动保障监察等方面的地方性法规和地方政府规章 17 件。

劳动保障监察执法力度进一步加大。2001 年，各地劳动保障监察机构深入开展社会保险扩面征缴和两个确保专项执法检查活动，督促 10.7 万户用人单位办理了社会保险登记，并督促 13.5 万户用人单位缴纳社会保险费 35.8 亿元。各地劳动保障行政部门在巡视监察、劳动保障年检等常规执法检查中，共检查用人单位 95.5 万户次，立案查处违反劳动保障法规案件 19.6 万件。通过监察执法，督促用人单位为 705.7 万名劳动者补签劳动合同，退还向劳动者非法收取的风险抵押金 1.6 亿元，为劳动者追回各种被拖欠、克扣的工资 9.2 亿元，清理非法职业中介机构6 513家。到年底，全国组建劳动保障监察机构3 174个，配备劳动保障监察员 4 万人。

2001 年劳动保障工作有以下几个特点：

一是以维护社会稳定为主线，坚决做到两个确保。一年来，劳动保障部门按照中央要求，把两个确保作为服务大局的主战场和劳动保障工作的首要任务，对下岗职工基本生活保障、养老金发放、社会保险基金征缴等重要工作情况按月调度，对重点地区和困难企业实行重点监控，按季公布两个确保情况，建立举报制度，公布举报电话，发挥舆论监督和社会监督的作用。对于工作中的死角问题，发现一起，查处一起，促进了两个确保工作的落实。年初，为保持两节两会期间的社会稳定，采取多种措施做到两个确保，一季度基本没有当期拖欠。4 月初，中央召开全国社会治安工作会议，国务院召开整顿规范市场经济秩序工作会议，劳动保障部门认真贯彻会议精神，排查工作中可能影响社会稳定的问题，提出了防范措施。经过努力，全年共筹集下岗职工基本生活保障资金 246 亿元（其中企业自筹 49.8 亿元，社会筹集 46.2 亿元，财政补助 150 亿元），征缴养老保险费1 800多亿元。中央财政补助地方两个确保资金 472 亿元，国有企业下岗职工月均 600 万人左右，进中心比例达到 90% 以上，进中心的下岗职工基本领到生活费并代缴社会保险费。年底实有国有企业下岗职工 515.4 万人，再就业服务中心内下岗职工 463.6 万人。全年领取养老金的企业离退休人员达到3 100多万人，在确保当期发放的同时，还补发了部分历史拖欠。基本做到两个确保，较好地维护了社会稳定。吴邦国副总理 12 月 6 日在全国经贸工作会议上指出：这几年国有企业改革脱困、兼并破产、减员增效、结构调整的力度是相当大的，总体上能保持企业和社会的稳定，其中重要的一条经验，就是我们高度重视两个确保，而且基本实现了两个确保。

二是分类指导，分步实施，因地制宜解决难点问题。一切从实际出发，具体问题具体分析，是马克思主义的精髓，是我们党的一个根本工作方法。由于各地经济发展水平差异较大，基础条件也不尽相同，解决劳动保障的难点问题不可能做到整齐划一，必须坚持从实际出发，因地制宜。在下岗职工基本生活保障向失业保险并轨问题上，劳动保障部按照建立市场导向就业机制的要求，提出了双轨、转轨、并轨三个阶段的构想，明确具体时间表由地方确定，实行分类指导，分步实施。在下岗职工出中心问题上，提出了“三要三不”办法，即要坚持市场导向的就业机制和协议期满出中心的原则，不出新政策；要因地制宜，实行分类指导，不搞一刀切；要促进下岗职工再就业，接续社会保险关系，不推出去不管。这一办法贯彻了中央协议期满出中心的原则和政策，发挥了地方的积极性、主动性、创造性，保持了工作的平稳推进。医疗保险制度改革推进难度大，劳动保障部认真贯彻“中央明确原则，地方分散决策”的方针，改革的原则和主要政策由中央决策，具体办法由各地确定，保持了改革的稳步推进。

三是积极做好完善社会保障体系的试点，探索积累经验。完善社会保障体系试点工作取得初步成效。国务院对辽宁试点非常重视，朱镕基总理、吴邦国副总理多次听取汇报，进一步明确了试点工作的指导思想、主要政策和工作要求，并亲赴辽宁视察工作。辽宁省委省政府把试点作为“一号工程”，书记省长挂帅，成立专门机构，摸清下岗职工、离岗人员和养老保险个人账户的基本情况，经过反复测算和论证，制定了实施方案，做了大量的政策宣传和思想动员工作。试点从2001年7月1日起启动实施。截至2001年底，企业新的裁员不再进中心，直接进入失业保险，出中心人员按并轨政策与企业解除劳动关系，到年底并轨人数达到51.5万人；企业职工缴纳基本养老保险费的比例由5%提高到8%，个人账户规模从11%调整为8%，并做实个人账户，新退休人员按新办法计发基本养老金；社会化管理逐步展开，40多万退休人员的档案管理、医疗服务、组织生活和文体活动，开始由街道、社区等机构负责；全省统一的社会保险信息网络初步建成，已投入试运行；最低生活保障覆盖范围不断扩大，达到106万人。从实施情况看，企业和职工对试点政策认同度高，开局较好，朱镕基总理和吴邦国副总理11月考察时对此给予充分肯定。

下岗职工出中心和并轨工作进展平稳。2001年有200万下岗职工协议到期，是协议期满集中出中心的第一年。下岗职工出中心涉及解除劳动合同、支付经济补偿金、清偿债务以及接续社会保险关系、实现再就业等多个方面，政策性强，工作难度大。各地把出中心作为一项重点工作，按照积极稳妥、进度服从稳定的要求，探索了许多行之有效的经验和做法。到年底，全国有200多万下岗职工出中心。上海、浙江、福建等省市不仅新的企业裁员不进中心，而且中心内的下岗职工已为数不多，基本实现了并轨。

四是努力实践“三个代表”的重要思想，切实转变工作作风。劳动保障部门深入学习江泽民总书记“三个代表”重要思想，作为行动指南，统揽各项工作。对照党的十五届六中全会“八个坚持、八个反对”的要求，查找问题，提出改进措施，认真转变作风，在劳动保障系统开展抓落实、抓管理、抓调研和加强干部队伍建设活动，促进了各项工作任务的完成。

劳动和社会保障
重要文献

一、党和国家领导人关于劳动和社会保障工作的重要讲话

积极扩大就业，努力改善人民生活

——在中央经济工作会议上的讲话（节选）

江泽民

（2001年11月27日）

改善人民生活，是“三个代表”要求的根本体现，是正确处理改革发展稳定关系的着眼点和落脚点，也是扩大国内需求，为国民经济持续快速健康发展提供持久动力的重要保证。必须从维护改革发展稳定大局的政治高度，把扩大就业、改善人民生活的工作抓紧抓好。

积极扩大就业，是改善人民生活的重要途径。我国人口多，就业矛盾突出。各级党委和政府要充分认识就业问题的重要性，把创造更多的就业岗位摆到突出位置。积极拓展就业渠道，增加城乡就业，要处理好以下几个关系：一是结构调整与扩大就业的关系。生产力水平的多层次性和所有制结构的多样性，是我国社会主义初级阶段的重要特征。在强调科技进步、提高产业科技含量的同时，要积极支持和引导劳动密集型产业发展；在努力增强国有经济竞争力的同时，要大力发展多种所有制经济，充分发挥中小企业和非公有制经济在吸纳劳动力就业方面的重要作用。二是深化改革与扩大就业的关系。在推进国有企业减员增效的同时，要切实搞好再就业工程，转变择业观念，认真落实扩大城镇就业的各项优惠政策，为增加就业创造更加宽松的体制政策环境和社会环境。三是城乡经济协调发展与扩大就业的关系。积极稳步发展小城镇；把小城镇的发展同乡镇企业的改造提高结合起来，以城镇化促进农村剩余劳动力的转移，实现城乡劳动力资源的合理配置。

调整分配格局，增加城乡居民收入，是培育和扩大国内需求、改善人民生活的重要手段。收入分配关系国计民生，关系改革发展稳定的大局。妥善处理社会各个阶层、各种利益群体的分配关系，防止出现两极分化，有利于避免和化解社会矛盾，为改革开放和经济发展创造良好的环境。改革开放二十多年，是我国经济发展最快的时期，也是居民收入增长最快、群众得到实惠最多的时期，人民生活水平显著提高，贫困人口大幅度减少。总的看来，分配格局的调整有利于促进经济发展，有利于提高广大人民群众的生活水平，目前总体上还不是两极分化。但收入差距逐渐扩大，特别是农民和城镇部分居民收入增长缓慢，一部分群众的生活还存在实际困难，必须引起高度重视。在允许和鼓励一部分人通过诚实劳动、合法经营先富起来的同时，整顿不合理收入，规范收入分配，对于那些偷税漏税、制假售假、走私贩私和以权谋私、贪污腐败等非法致富的人，必须采取果断有力的措施，坚决依法惩处。

解决收入分配中的突出问题，要从基本国

情出发，坚持实行按劳分配和按生产要素分配相结合的制度，贯彻效率优先、兼顾公平的原则。既要注重效率，反对平均主义；也要讲求公平，防止收入差距过分扩大。要坚持鼓励一部分人先富、先富帮助和带动后富，逐步实现共同富裕的政策。正确处理一次分配和二次分配的关系，在经济发展的基础上普遍提高居民收入水平，逐步形成一个高收入人群和低收入人群占少数、中等收入人群占大多数的“两头小、中间大”的分配格局，使人民共享经济繁荣成果，促进国民经济持续快速健康发展和社会长治久安。近期，应主要抓好以下几个方面：一是要深化国有企业分配制度改革，建立健全收入分配的激励和约束机制，克服平均主义。这是提高企业竞争力，增强国有经济乃至整个国民经济活力的重要举措。二是千方百计增加农民收入，减轻农民负担。这是消除扩大内需的瓶颈制约，促进全面建设小康社会，保持农村社会稳定的重要措施。三是加大反贫困力度，努力使低收入居民家庭的基本生活得到应有的保障。进一步搞好农村扶贫，不折不扣地贯彻落实中央现行的社会保障政策和措施，继续做好两个确保工作，把符合条件的城市贫困居民全部纳入最低生活保障范围。这是防止出现两极分化，维护社会稳定的重点工作。四是深化公务员工资制度改革，适当提高公务员的收入水平。五是强化对收入分配的再调节。完善个人所得税制度，加强对高收入的调节，进一步完善分税制，加大地区间财政转移支付的力度，调整财政支出结构，增加转移支付规模。这是社会主义市场经济条件下政府的一项重要职能，也是促进公平分配，维护社会稳定的重要保障。

进一步加强城镇社会保障体系建设

——在中央经济工作会议上的讲话（节选）

朱镕基

（2001年11月27日）

继续落实两个确保，仍然是当务之急。要确保国有企业下岗职工基本生活费和离退休人员基本养老金按时足额发放，任何地方都不得发生新的拖欠。关键是要依法扩大养老保险覆盖面，提高养老保险费收缴率。同时，要采取更加有力的措施，落实城市居民最低生活保障制度。各级地方财政在明年预算中必须优先安排所需的资金，并纳入财政专户管理，保证资金专款专用。要把符合条件的城市贫困居民都纳入最低生活保障范围，切实做到应保尽保。对财政确实困难的地区，中央财政和省级财政要通过专项转移支付，继续给予必要的补助。对于特困行业和企业的职工，也要采取有效措施帮助他们解决困难。明年要继续搞好在辽宁全省和其他省、自治区部分城市完善社会保障体系的试点工作，有关方面要给予积极支持。要努力拓宽就业门路，促进下岗人员再就业和使有劳动能力的人员多就业，这是增加低收入者收入的重要途径，一定要切实抓好。增加低收入群体的收入是雪中送炭，不仅可以防止收入差距过大，而且可以使增加的收入很快转为现实购买力，直接拉动消费增长，也有利于维护社会稳定。

建立稳定协调的劳动关系，维护职工的合法权益

——在全国贯彻实施《中华人民共和国劳动法》《中华人民共和国工会法》，推进集体合同、劳动合同工作经验交流会上的讲话

尉健行

（2001 年 11 月 20 日）

我们这次会议的主题是，以邓小平理论和党的基本路线为指导，深入学习贯彻江泽民同志“七一”重要讲话和党的十五届六中全会精神，按照“三个代表”要求，研究进一步贯彻实施《中华人民共和国劳动法》（以下简称《劳动法》）、《中华人民共和国工会法》（以下简称《工会法》），推进集体合同和劳动合同工作，建立稳定协调的劳动关系，维护职工合法权益，保护、调动和发挥广大职工的积极性、创造性，更好地为改革发展稳定的大局服务。下面，我讲几点意见。

一、依法推行集体合同和劳动合同制度，是实践“三个代表”的重要措施

当前，全党和全国各族人民都在认真学习贯彻江泽民同志“七一”重要讲话和党的十五届六中全会精神，努力在各项工作中实践“三个代表”重要思想。“三个代表”重要思想有着丰富的科学内涵，但归根到底是我们党必须始终代表中国最广大人民的根本利益。党的十五届六中全会提出加强和改进党的作风建设，核心的问题是始终保持党同人民群众的血肉联系。1994 年颁布的《劳动法》，其立法宗旨是保护劳动者合法权益，调整劳动关系。不久前召开的九届全国人大常委会第二十四次会议，作出了《关于修改〈中华人民共和国工会法〉的决定》，以法律形式进一步明确维护职工合法权益是工会的基本职责，并规定“工会通过平等协商和集体合同制度，协调劳动关系，维护企业职工劳动权益”，“工会帮助、指导职工与企业以及实行企业化管理的事业单位签订劳动合同”。我们依照《劳动法》和《工会法》，进一步推行集体合同和劳动合同制度，建立稳定协调的劳动关系，维护职工的合法权益，是学习贯彻江泽民同志“七一”重要讲话和党的十五届六中全会精神，实践“三个代表”重要思想的实际行动和具体步骤。

推行集体合同和劳动合同制度，建立稳定协调的劳动关系，充分体现了我们党推动先进生产力发展的要求。江泽民同志深刻指出：

"生产力是最活跃最革命的因素，是社会发展的最终决定力量。"劳动者是生产力中最具有决定性的力量，解放和发展生产力，首先要保护、调动和发挥劳动者的积极性、创造性。在企业推行集体合同和劳动合同制度，维护职工合法权益，是保护、调动和发挥职工积极性、创造性的重要途径。生产力的发展必然要求有与之相适应的生产关系，并对不适应的生产关系进行调整。劳动关系是生产关系的重要组成部分。集体合同和劳动合同制度，就是调整劳动关系、促进生产力解放和发展的有效机制。

推行集体合同和劳动合同制度，建立稳定协调的劳动关系，充分体现了我们党代表先进文化前进方向的要求。江泽民同志明确指出："发展社会主义文化的根本任务，是培养一代又一代有理想、有道德、有文化、有纪律的公民。"职工合法权益不仅包括经济利益，还包括民主权利和精神文化需求。作为维护职工合法权益的重要手段，集体合同和劳动合同制度不仅维护职工群众的经济利益，而且维护职工群众的精神文化需求，包括维护法律法规赋予职工接受职业技能培训的权利，帮助职工提高思想道德和科学文化技术素质等。推行集体合同和劳动合同制度，有利于把维护职工合法权益与帮助职工提高自身素质统一起来，不断满足职工日益增长的精神文化需求，建设一支宏大的"四有"职工队伍，推动社会主义文化的健康发展。

推行集体合同和劳动合同制度，建立稳定协调的劳动关系，充分体现了我们党代表中国最广大人民根本利益的要求。江泽民同志强调指出："保障工人阶级和广大劳动群众的经济、政治和文化权益，是党和国家一切工作的根本基点，也是发挥工人阶级和广大劳动群众积极性、创造性的根本途径。"我们党所进行的一切奋斗，都是为了最广大人民的根本利益，党的一切工作，都是以最广大人民的根本利益为最高标准的。广大职工的经济、政治和文化权益，是具体实在的，必须在各个方面、各个层次特别是在基层得到切实落实，并且要有体制、机制和制度的保证。推行集体合同和劳动合同制度，维护职工合法权益，就是我们党代表最广大人民根本利益在企业的具体体现。

二、积极推行集体合同和劳动合同制度，努力建立稳定协调的劳动关系

《劳动法》颁布实施以来，各级党委、政府和工会组织把推行集体合同和劳动合同制度，作为调整劳动关系、维护职工合法权益的工作重点，在统一思想认识，建立齐抓共管的工作格局，加强劳动行政部门、经济综合管理部门、工会组织与企业联合会（企业家协会）的密切合作，制定配套法规和政策，探索新的实现途径与办法等方面，扎实工作，大胆创新，积累了有益的经验，取得了可喜的成绩。目前，全国建立平等协商和集体合同制度的企业已达40多万家，覆盖职工7 600多万人。城镇国有、集体、外商投资企业基本实行了劳动合同制度，劳动合同签订率达到95%以上；私营企业和个体户从业人员中劳动合同签订率达到60%以上；乡镇企业职工中近3 000万人签订了劳动合同。各省、自治区、直辖市都由政府或有关部门专门就做好这一工作下发了文件，有13个省、自治区、直辖市颁布了地方性集体合同法规，19个省、自治区、直辖市出台了劳动合同管理条例或规章，28个省、自治区、直辖市开展了签订区域性、行业性集体合同工作。我国劳动关系调整制度基本建立，劳动关系基本稳定。实践证明，集体合同和劳动合同制度作为市场经济条件下调整劳动关系的主要手段和国际惯例，是职工和企业自主协商解决劳动关系问题的重要制度和有效机制，是加强企业法制建设的重要内容，它对于维护职工合法权益，促进企业改革、发展和稳定起到了重要的作用。这次会议交流的经验也充分反映了这一点。

同时，我们也要看到，推进集体合同和劳动合同工作从认识到实践还存在不少问题：有的企业对其重要性和必要性缺乏正确的了解与认识，没有把它作为办好企业的一种内在需

要，至今没有开展这一工作；有的企业虽然开展了，但仅仅停留在程序上，流于形式，没有发挥出应有的作用；有的工会组织在推进这一工作中有畏难情绪和懈怠思想，没有持之以恒地抓下去；一些职工由于我们宣传工作不到位和合同履约率不够高等原因，对这一工作的积极性不高、参与意识不强。更为严重的是，有的企业漠视职工群众利益，在涉及职工切身利益的重大问题上不与职工商量，少数人甚至一个人说了算；有的企业不与职工签订劳动合同，随意解除与职工的劳动关系；有的企业任意拖欠、克扣职工工资，随意延长职工劳动时间，不给职工缴纳社会保险费用；有的企业职业危害严重，重大伤亡事故不断发生等等，导致劳动关系矛盾激化甚至发生群体性事件。从对一些群体性事件的分析中可以发现，这些问题绝大多数属于人民内部矛盾，都是在现有的条件和法律法规政策范围内可以解决的。但为什么矛盾激化甚至酿成群体性事件？原因是多方面的，其中一个十分重要的原因，就是没有建立或有效运用集体合同和劳动合同制度等调整劳动关系的机制。

我们必须深刻认识到，推行集体合同和劳动合同制度，是为了建立稳定协调的企业劳动关系，维护劳动关系双方的合法权益，规范双方的行为，增进双方的合作，共谋企业的发展，实现维护全国人民总体利益与维护职工群众具体利益的统一。因此，推行集体合同和劳动合同制度，不仅要着力于建立调整劳动关系的机制，维护好劳动关系双方的合法权益，还要深入细致地做好思想政治工作，教育和引导经营者和劳动者识大体、顾大局，自觉做到个人利益服从集体利益、局部利益服从整体利益、眼前利益服从长远利益，既要行使好《劳动法》《工会法》等法律法规赋予的权利，又要承担相应的义务。推行集体合同和劳动合同制度，着眼点是更好地保护、调动和发挥广大职工的积极性、创造性，立足本职，扎实工作，并通过多种形式的群众性经济技术活动，促进企业的改革、发展和稳定。

根据这次会议交流的经验和各地的实践，按照上述要求，针对存在的问题，推行集体合同和劳动合同制度，当前应该着重注意以下几个方面：

一是坚持所有企业都要推行平等协商和集体合同制度。应该指出，所有企业都存在劳动关系问题。平等协商和集体合同制度作为调整劳动关系的重要手段和机制，所有企业都应该实行，不能例外。不能认为只有经营状况好的企业才可以实行这一制度，经营状况不好的企业就不能实行。事实上，越是生产经营困难的企业，涉及职工切身利益的问题越突出，遇到的劳动关系矛盾越尖锐，越需要通过平等协商和集体合同制度来调整劳动关系，化解矛盾，凝聚职工和经营者的力量，齐心协力搞好企业。当然，企业性质、规模和经营状况不同，平等协商和集体合同的具体内容、形式、范围、重点可以有所不同和适当灵活。在新建企业和小企业比较集中的地区、行业，可以推行区域性、行业性平等协商和集体合同制度。

二是坚持平等协商与签订集体合同相协调，重在平等协商。平等协商是工会代表职工与企业围绕劳动关系问题进行广泛讨论、沟通协商的重要机制。平等协商的过程，就是劳动关系双方求同存异、逐步达成共识的过程。劳动关系的许多矛盾，就是通过双方的平等协商来解决的。集体合同是平等协商的结果，平等协商是签订集体合同的前提和基础。平等协商的水平决定着集体合同的质量。如果平等协商机制不健全，协商不充分，就不可能有高质量的集体合同。平等协商不仅是签订集体合同必经的法定程序，也是履行集体合同过程中处理矛盾和解决问题的重要手段。因此，要充分认识平等协商的重要性，在调整劳动关系的全过程抓好平等协商。必须明确：集体合同的条款，如未经再次平等协商，企业和职工都不得单方面修改或拒绝执行。

三是坚持把职工关心的热点、难点问题作为平等协商、集体合同的重点。这是推行平等协商和集体合同制度能否取得实效的关键。如果企业职工群众最关心的劳动关系方面的热点、难点问题，协商中没有提出，集体合同没有涉及，合同条款看起来很多，但大多无关痛痒，这种合同不会起到调整劳动关系和维护职工合法权益的作用，企业和职工都不会满意。因此，必须把坚持劳动标准与适应企业实际情况统一起来，立足企业的具体现实，把劳动关系中最要害、企业和职工最关心的问题，作为平等协商、集体合同的重点，并在协商过程中努力加以解决，在集体合同条款中具体加以体现，不断增强这一工作的针对性和实效性。对职工关心的热点、难点问题，在集体合同中应尽量量化，让职工看得见、摸得着，既便于操作和履行，也便于监督和考核，使企业和职工都能确确实实感到平等协商和集体合同制度是有用的、必要的，也是具体的、实在的。

四是坚持把工资集体协商作为推行集体合同制度的重要内容。工资收入是职工经济利益的核心内容，是职工最为关心的问题之一。工资集体协商是建立与市场经济体制相适应的“市场机制调节、企业自主分配、职工民主参与、政府监控指导”的企业工资分配新体制的重要环节，也是集体合同制度要突出解决的重要内容。因此，我们要根据国家有关工资分配的法律法规和政策，按照劳动和社会保障部颁布的《工资集体协商试行办法》，遵循按劳分配与按生产要素分配相结合、职工实际工资水平在企业发展基础上合理增长和公开公平公正等原则，坚持由工会或职工代表就企业的工资分配制度、工资分配形式、工资收入水平等事项，与企业进行平等协商，在协商一致的基础上签订工资协议，以落实职工参与工资分配的权利。要坚持由工会代表职工一方参加工资集体协商，尚未建立工会的企业由职工民主推举代表，并得到半数以上职工的同意。工资协商达成的协议，既可以作为集体合同的一项内容，也可以作为工资问题的专项合同。工资协议草案要提交职工代表大会或职工大会讨论通过。

五是坚持把推行集体合同制度与推行劳动合同制度有机衔接起来。集体合同是工会（或职工代表）代表全体职工与企业就劳动报酬、工作时间、休息休假、劳动安全卫生和保险福利等事项，经平等协商订立的书面协议。劳动合同是职工个人与企业确立劳动关系、明确双方权利和义务签订的协议。集体合同以职工个人劳动合同为基础，同时又规范着劳动合同，对企业和企业全体职工具有约束力。劳动合同制度的普遍实行，改变了我国传统的劳动用工制度，使劳动者的择业自主权与企业的用工自主权得到了充分体现，推动了劳动力资源的合理配置。但是也要看到，在一些企业特别是非公有制企业中，存在着不签订劳动合同或签订劳动合同不规范、劳动合同标准低于法定劳动标准等问题。因此，我们要在推行集体合同制度的同时，高度重视劳动合同制度建设。要按照《劳动法》《工会法》等法律法规，督促企业认真执行劳动合同制度，加强劳动合同管理，从源头上规范各类企业的用工行为。要进一步推动各类企业特别是私营企业和有雇工的个体户依法与职工签订劳动合同，不断提高劳动合同签订率。要坚持在双方平等自愿、协商一致的基础上签订劳动合同。要在职工签订、续签、修订、变更、解除和终止劳动合同时，对他们提供帮助和指导。要规范职工下岗程序，妥善处理好下岗职工的劳动关系。要坚持劳动合同中的劳动报酬和其他劳动条件等标准不得低于集体合同的规定，在集体合同续签、修订和变更后，及时帮助职工与企业协商修订劳动合同的相关内容。

六是坚持把推行集体合同和劳动合同制度与建立现代企业制度相结合。现代企业制度不仅要理顺产权关系，而且要理顺劳动关系。正确处理经营者与劳动者之间的关系，确保劳动关系的和谐稳定，是建立现代企业制度的内在要求。推行集体合同和劳动合同制度与建立现代企业制度，目标与要求是一致的。建立现代企业制度要为推行集体合同和劳动合同制度提供依据，创造条件。同时，推行集体合同和劳动合同制度过程中积累的经验及取得的成果，有必要充实和纳入到现代企业制度的内容之中，使之成为企业经营管理的规章制度，体现到企业劳动用工、收入分配、社会保险和安全卫生等各项工作中去，不断推动现代企业制度的完善。推行集体合同和劳动合同制度与建立现代企业制度的结合，不仅能使企业劳动关系的稳定、职工合法权益的维护和企业的健康发展实现有机统一，而且能使这种统一具有体制、机制和制度的保证。

推行集体合同和劳动合同制度，不是一项孤立的工作，还必须建立健全相关的机制和制度。从当前情况来看，要特别注意抓好以下三个保证机制和制度的建设。

第一，必须有健全的企业民主管理制度作保证。企业民主管理是落实职工民主权利、依靠职工办好企业的重要保证。国有、集体企业实行民主管理的基本形式是职工代表大会制度。它与集体合同、劳动合同制度，作为企业调整劳动关系的重要机制，都是维护职工合法权益、全心全意依靠职工办好企业的重要手段。两者是统一的，相互联系、相互促进的。职代会制度是推行集体合同和劳动合同制度的组织保证。集体合同草案要提交职代会讨论通过，履行情况要向职代会报告。没有职代会制度，推进集体合同、劳动合同的工作就会缺乏坚实的群众民主参与基础。反过来，集体合同和劳动合同制度又充实了职代会的职权和内容，没有集体合同和劳动合同制度，职代会也很难适应形势发展，保持旺盛的生命力。非公有制企业要按照《工会法》等法律法规，通过职代会等各种与本企业实际情况相适应的民主管理形式，落实职工民主权利，为推行集体合同和劳动合同制度提供保证与支持。各地要积极探索和建立非公有制企业的民主管理制度，认真总结经验，逐步加以推广。

第二，必须有严格的监督检查机制作保证。推行集体合同和劳动合同制度的关键在于狠抓落实。没有有效的监督检查机制，集体合同和劳动合同制度很难建立起来，即使建立起来，也很难发挥作用。企业党组织要发挥政治核心作用，加强领导，积极协调，妥善处理劳动关系双方在集体合同、劳动合同签订与执行过程中出现的突出矛盾和问题；企业行政要认真组织落实集体合同、劳动合同条款，及时解决执行过程中出现的困难；企业工会要教育职工认真履行集体合同和劳动合同规定的义务，组织职工对企业执行集体合同和劳动合同制度情况进行监督检查，并及时反映存在的问题。各级劳动行政部门、经济综合管理部门、基层以上的工会组织和企业联合会（企业家协会），要对企业实行集体合同、劳动合同制度的情况加强监督检查，搞好劳动保障监察与工会劳动法律监督的协调配合，及时解决监督检查中发现的矛盾和问题，坚决纠正和依法处理违反集体合同、劳动合同的行为。

第三，必须有强有力的劳动争议调解仲裁机制作保证。推行集体合同和劳动合同制度，可以有效减少和化解劳动关系矛盾。但也要看到，有些劳动关系矛盾通过集体合同和劳动合同制度仍然难以解决，集体合同和劳动合同制度在执行过程中也会出现一些重大纠纷和争议。劳动争议发生后，有的要通过企业劳动争议调解委员会来调解，有的要提交到地方劳动争议仲裁机构进行仲裁，直至诉诸法律，通过司法程序来解决。当前的突出问题是，一些地方劳动争议仲裁机构还不健全，力量薄弱，没有很好地发挥作用。因此，劳动行政部门、经济综合管理部门、工会组织和企业联合会（企业家协会），要把巩固和健全劳动争议仲裁机构、加强仲裁员队伍建设作为一项重要的任务，认真抓紧抓好。要进一步建立和完善劳动争议仲裁的程序与办法，落实劳动争议三方仲裁原则，强化仲裁的效力与权威，充分发挥仲裁的作用。要坚持“预防为主、调解为主、基层为主”的方针，建立健全劳动关系矛盾的预测、预警、预报机制，变被动处理为主动预防，努力把矛盾化解在基层，消除在萌芽状态。在小企业比较集中的地区，要探索建立区域性劳动争议调解组织，形成多层次的劳动争议调解体系。与此同时，还要建立健全工会代表职工参与涉及职工权益的劳动立法和政策制定，工会与政府部门召开联席（联系）会议和工会与劳动行政部门、企业组织代表进行三方协商等机制，努力从源头上、法律法规和政策上更好地协调劳动关系矛盾，维护职工队伍和社会政治的稳定。工会作为职工自愿结合的工人阶级群众组织，还要建立健全对职工特别是生活困难职工提供法律援助与服务的机制。

三、加强领导，积极推动集体合同和劳动合同工作取得新进展

贯彻实施《劳动法》《工会法》，推行集体合同和劳动合同制度，建立稳定协调的劳动关系，涉及面广，政策性强，不是一两个单位或部门的事，而是各级党委、政府和工会组织、企业组织代表的共同任务，需要各方面密切配合，努力推进。要从实践“三个代表”重要思想、贯彻落实党的全心全意依靠工人阶级根本指导方针、维护社会政治稳定的高度，进一步提高认识，切实加强领导，建立健全有关制度，力求工作实效。

推动集体合同和劳动合同工作取得新进展，要建立责任制，严格检查考核，一级抓一级，一级对一级负责。当前要特别抓好三项工作：一是要下大气力共同抓好工会的组建工作。没有工会组织，就谈不上建立健全集体合同和劳动合同制度，谈不上调整好劳动关系。二是要努力提高集体合同和劳动合同的签订率，使之覆盖更多的企业和职工。三是要把劳动争议仲裁机构尽快健全起来并充分发挥其作用。各地要根据自身的实际，提出明确的目标，力争这三项工作近期有一个明显的进展。要把能否积极预防和妥善处理群体性事件，作为衡量一个地区与单位推进集体合同和劳动合同工作成效的重要依据。考核这一工作的效果如何，最终要看职工群众是否满意，是否有利于企业的改革、发展和稳定。

推进集体合同和劳动合同工作，使其取得实实在在的效果，各级领导一定要按照党的十五届六中全会提出的“八个坚持、八个反对”的要求，转变工作作风，说实话，办实事，深入基层，深入实际，脚踏实地地开展工作。要针对发展社会主义市场经济特别是我国加入世界贸易组织之后，经济关系和劳动关系更加复杂的实际，进一步加强理论政策研究，努力把握社会主义市场经济条件下劳动关系变化的特点与规律，大胆探索推行集体合同和劳动合同制度新的途径与方法。要结合我国国情，注意学习借鉴国外调整劳动关系方面的有益经验。要及时总结推广在推进集体合同和劳动合同工作中的新鲜经验，加强对基层的指导和服务，努力推动企业劳动关系的协调稳定发展。

同志们，推行集体合同和劳动合同制度，建立稳定协调的劳动关系，是一项繁重而紧迫的任务。我们要更加紧密地团结在以江泽民同志为核心的党中央周围，高举邓小平理论伟大旗帜，按照“三个代表”的要求，深入贯彻实施《劳动法》《工会法》，振奋精神，开拓进取，最大限度地把广大职工组织到工会中来，最大限度地维护广大职工的合法权益，最大限度地保护、调动和发挥广大职工的积极性、创造性，为推进改革、促进发展、维护稳定，把建设有中国特色社会主义的伟大事业不断推向前进，做出新的更大的贡献！

认真总结经验，完善改革措施，努力开创三项改革工作新局面

——在全国城镇职工基本医疗保险制度和医药卫生体制改革工作会议上的讲话

李岚清

（2001年7月28日）

这次会议的主要任务，是回顾一年来全国城镇职工基本医疗保险制度、医疗卫生体制和药品生产流通体制三项改革的进展情况，总结交流经验，分析存在问题，完善改革措施，进一步推动三项改革。下面，我讲几点意见。

一、一年来三项改革工作取得明显进展

2000年全国城镇职工基本医疗保险制度和医药卫生体制改革工作会议之后，地方各级党委和政府进一步提高了对三项改革的认识，加强了组织领导。大多数省、自治区、直辖市成立了领导小组，统一协调三项改革工作。这一点非常重要。改革能否成功，关键要看三项改革能否同步进行，互相促进。如果没有统一领导、统一协调和互相配合，改革就很难推进，更谈不上成功。目前，三项改革在城镇已经基本推开。中央对有关的工作方针和配套政策作出了原则规定，同时允许地方可以因地制宜地制订具体实施方案，以发挥大家的积极性和创造力。各地区认真贯彻《关于城镇医药卫生体制改革的指导意见》的原则精神，坚持三项改革同步推进，迈出了成功的一步。

一是城镇职工基本医疗保险制度框架已初步建立，并具有一定的覆盖面。城镇职工基本医疗保险制度已在303个地级统筹地区启动实施，占全国346个地级统筹地区的88%，覆盖人数达4 874万人，占全国应参保人数的30%。特别是北京、天津、上海、重庆四个直辖市改革工作启动比较平稳，对全国起到好的示范作用。其中上海参保人数达650万人，覆盖了全市所有党政机关和企事业单位。各地区通过广泛的宣传动员和开展深入细致的思想工作，广大职工能够理解并积极参与改革。目前，在已经启动这项改革的统筹地区中，城镇职工基本医疗保险制度运行平稳，实现了收支平衡，并没有出现原先所担心的“入不敷出、基金亏空”的情况。在城镇职工基本医疗保险制度刚刚建立的时候，就能够做到收支平衡、略有盈余，是一个了不起的成绩，说明这个制度是很成功的。

二是医疗卫生体制改革取得新的进展。全国城镇医疗机构的分类登记在2001年上半年已基本完成。全国大多数省、自治区、直辖市开展了区域卫生规划试点。27个省、自治区、

直辖市制订或颁布实施了卫生资源配置标准。24个省、自治区、直辖市出台了社区卫生服务办法，并在178个城市试点，占全国地级以上城市的70%。大多数地方开展了医院药品收支两条线管理、医院后勤社会化等方面的改革试点。各省、自治区、直辖市进一步扩大了患者选医院、选医生和药品集中招标采购的试点。推行住院费用一日清单的办法，使患者明白花了多少钱。许多地方较好地落实了有关中医药的各项政策，促进了中医药事业的发展。卫生监督体制、疾病预防控制体制和卫生事业单位人事制度等项改革也取得了一些新的进展。

三是加强药品价格管理，整顿药品市场秩序取得较大成果。经过努力，药品价格虚高问题得到初步遏制。一年来，价格主管部门多次调低药品价格，全国零售药品降价金额累计达74亿元。各地价格主管部门还降低并公布了招标采购药品的最高零售价格，并坚持了把招标采购药品降价利益的大头让给患者，同时兼顾医疗机构利益的原则。对纳入城镇职工基本医疗保险目录的药品实际购销价格进行了全面调查摸底，并在此基础上开始分批重新核定价格。制定公布了第一批69种化学药品最高零售价格，平均降价幅度达20%，还公布了第一批49种中成药品最高零售价格，受到广大职工群众的欢迎和好评。此外，把药品分为处方药和非处方药，实行分类管理，也是一项重大改革，方便了群众。

按照全国整顿和规范市场经济秩序的统一部署，各地区开展了严厉打击制售假劣药品和医疗器械等违法犯罪活动的专项斗争，初步刹住了违法犯罪分子的嚣张气焰，药品质量明显提高。前一阶段，全国共查处药品案件33 500多起，取缔非法药品集贸市场，捣毁制售假劣药品窝点1 500多个，集中力量打击了制售伪劣一次性注射器等，取得较大成效。同时，药品批发企业的兼并、联合和大型药品批发企业跨地区经营也取得一定进展，一些地（市）、县（市）级药品批发企业已改组为区域性基层配送中心。药品零售连锁经营快速发展，全国已有药品零售连锁企业300多家，连锁门店5 100多个。这是一个重要的发展方向。

四是三项改革整体推进，新体制正在逐步形成。一年来，在保障职工基本医疗需求的同时，医疗费用过快增长的势头初步得到遏制，医疗服务效率和质量也有所提高。三项改革正在向“用比较低廉的费用，提供比较优质的医疗服务，努力满足城镇广大职工群众基本医疗服务的需要”的总体目标迈进。据统计，2000年全国卫生部门门诊费用和住院费用的涨幅开始减缓，医疗机构药品收入占业务总收入的比重也有所下降，医疗机构效率指标连年下降的趋势开始扭转。虽然这些方面的具体指标变化不算很大，但表现出的发展趋势是好的。据新闻媒体最近的调查反映，患者选医院、选医生的办法，在医疗机构内部和社会上都得到广泛认同，有力地促进了医疗机构改革和医疗服务质量的提高。

这些成绩的取得，是与地方各级党委和政府坚定地贯彻中央决策、加强领导分不开的，是与国务院和地方各级人民政府有关部门积极参与改革，相互协调、相互支持、紧密配合分不开的，是与各行业职工的辛勤劳动、努力工作分不开的，也是与广大职工群众对改革的理解、支持和参与分不开的。但是，随着改革的深入，也暴露出一些值得重视的问题。主要是：有些地方对改革的认识还存在偏差；三项改革的进展还不平衡，部分地区推进较慢；地方劳动保障和药品监管的机构建设亟待加强；基本医疗保险的属地化管理有待进一步落实；对医疗机构的财政补助政策需进一步明确，药品集中招标采购政策有待进一步完善；许多地方医疗服务价格和药品价格的调整不同步；有些医疗机构尤其是大医院，缺乏改革的压力和动力，甚至对改革心存疑虑和畏难情绪等。从更深层次看，如何更加有效地引入竞争机制，充分调动各方面的积极性，最终使患者得到真正的实惠，医疗机构能够健康运作，药品生产流通能够良性发展，全面实现改革的总体目标，还需要坚持不懈地努力。

我们要清醒地看到三项改革中的困难和问题，充分认识改革的艰巨性、复杂性和长期性。三项改革关系到广大人民群众的切身利益，关系到改革、发展、稳定的大局。医疗保险、养老保险和失业保险是社会保障体系的三个重要内容，是建立社会主义市场经济体制的重要基础。各地区、各部门的领导同志要进一步提高对三项改革重要性的认识，增强紧迫感，绝不能等待观望，要不断总结经验，不断完善政策和措施，不断把改革引向深入。

二、明确工作目标，着力解决改革中的突出问题

下一步三项改革工作的目标是：力争到2001年底，实现全国90%以上的地级统筹地区建立起城镇职工基本医疗保险制度，覆盖人数达到8 000万人；在医疗机构分类管理和深化内部改革、药品集中招标采购和扭转以药补医机制等方面取得实质性突破；切实采取有效措施，严厉打击制售假劣药品，使药品生产流通的市场秩序有更大好转，确保广大职工群众用上放心药。

为实现上述工作目标，要着重抓好以下几个方面工作。

第一，大力推进属地化管理，进一步完善城镇职工基本医疗保险制度。当前，城镇职工基本医疗保险覆盖面只有30%，大部分应参保的职工尚未参保。主要原因：一是一些部门和行业由于现有待遇较高或人员年龄较轻，不愿参加属地的医疗保险制度改革，这是当前最突出的问题；二是一些个体、私营企业参保面较小；三是一些困难企业无力缴费而没有参加。因此，深化医疗保险制度改革、扩大覆盖面的一个重要方面是推进属地化管理。扩大覆盖面是实现基本医疗保险基金在全社会互助共济，增强抗风险能力，提高医疗保险社会化服务水平的需要。在市场经济条件下，一个行业和企业有效益好的时候，也难免会有困难的时候。只要建立起完善的社会化管理的城镇职工基本医疗保险制度，广大职工群众任何时候看病治疗就都有了基本保障。现在，一部分中央和省、自治区、直辖市所属单位没有参加属地统筹的基本医疗保险，不符合中央关于建立城镇职工基本医疗保险制度的要求。从长远看，这些单位也未必能够保障广大职工群众的利益，而且不利于人才的合理流动。总的来说，所有的行业和企业，不论中央所属还是省、自治区、直辖市所属单位，都要按照属地化原则参加所在地区的城镇职工基本医疗保险制度改革。希望这些单位不要目光短浅，不要把应由社会办的事情抱住不放，不要等到出现困难、维持不下去的时候，再要求参保。经济效益好的单位，也要参加本地区的城镇职工基本医疗保险，有条件的可实行单位补充医疗保险，以提高职工的医保水平。会后，劳动保障部要会同有关部门联合发一个文件，明确推进属地化管理的有关政策和措施，并对落实情况严格检查监督。对没有参保的个体、私营企业也要做好工作，鼓励他们参加城镇职工基本医疗保险，保护职工的劳动者权益。

在进行城镇职工基本医疗保险制度改革的同时，地方各级人民政府要高度重视解决城镇特困人群的医疗服务问题。积极探索多种形式、开辟多种筹资渠道，建立社会医疗救助制度，保证特困人群最基本的医疗服务需要。目前，上海通过政府资助、社会募捐等方式筹集资金，开展社会医疗救助；广东也开办了“平民医院”。在这方面，许多地方都取得了一些经验。

第二，调整优化卫生资源配置，大力推进卫生管理体制改革。各地区在制订和实施区域卫生规划时，要注意处理好加强政府宏观调控与发挥市场竞争机制作用的关系。对于那些重复建设、效率低的卫生机构，要予以调整或撤并。通过建立竞争机制，提高医院和诊所的工作水平，为人民群众提供方便及时、优质价廉的医疗服务。积极推进医疗机构的属地化管理，建立规范的社会化的医疗机构管理体制。只有这样，才能与统一、规范、社会化管理的城镇职工基本医疗保险制度相适应。要打破条块分割的局面。在一个卫生规划辖区内的医疗机构，不管隶属于哪级政府、哪个部门、哪个行业，一般来说都应该是独立法人，其原主办单位应以出资人的身份与之建立规范的产权关系，而不能什么都管。特别是医疗机构的业务必须接受当地卫生行政部门的行业管理。国有企事业单位内部的医疗机构也要走社会化道路，符合条件的可纳入城镇职工基本医疗保险的定点医疗机构，方便职工群众就医；门诊部或诊所还可与社区卫生服务相结合，充分发挥这部分卫生资源的作用。坚持中西医并重的方针，充分利用中医药资源，满足人民群众对中医药的需求。有条件的地区应组建医院集团，把重点医院的人才优势与地段、行业医院的硬件资源优势结合起来，实行互补，向患者提供更好、更方便的医疗服务。

在社会主义市场经济条件下，要大力加强社区功能，这是社会稳定的基础。社区卫生服务是社区工作的一项重要内容，要把发展社区卫生服务作为卫生事业中最基础的环节，予以高度重视。要努力形成功能合理、方便群众的社区卫生服务体系。鼓励医疗机构的医务人员走进社区，从事社区卫生服务工作。有关部门要抓紧研究社区卫生服务纳入城镇职工基本医疗保险的政策。

各级卫生行政部门要加强对医疗机构、医务人员的资格审查和准入管理，规范其医疗服务行为，加强对全行业的医疗质量监管，向社会公布各医疗机构有关医疗质量、效率和费用方面的信息，为患者选医院提供帮助，促进医疗机构提高服务水平。

要调整医学院校的专业设置，特别要增设全科医学、医院行政管理、公共卫生管理专业，加强这些方面专业人员的培养。要开展有关的成人教育和进修培训。

第三，深化医疗机构改革。目前，医疗机构分类登记已基本完成，这是实行分类管理的第一步。卫生、计划（价格）、财政、税务和劳动保障等部门要进一步研究制定医疗机构分类管理的有关政策，包括非营利性医疗机构的管理体制、社会捐助的政策、举办中外合资医疗机构和营利性医疗机构的法规和政策等。

扭转医疗机构以药补医的运行机制。医疗机构以药品收入来补贴经费不足的运行机制存在很大弊病。这个问题已经议论多年，必须尽快解决。总的思路是：医疗机构要实行医药分开核算、分别管理。要按照已确定的补助原则，研究制订便于操作的方式和办法，落实财政对政府举办的非营利医疗机构的补助，调整医疗服务价格，把体现医务人员知识和技术的服务价格提高到比较合理的水平，较大幅度地降低药品收入在医疗机构总收入中的比重，建立一个良性、健康的运行机制。

加快医疗机构的后勤社会化改革。具备条件的后勤部门应尽快从医疗机构中剥离出去，可以组建后勤服务企业或企业集团，引入竞争机制，实行社会化服务，成为面向多家医疗机构或全社会的法人实体。高等学校后勤服务社会化的改革取得了重大成功，体制和机制都发生了深刻变化，有很多经验值得借鉴。

进一步理顺价格体系。实践证明，只要坚持“总量控制、结构调整”的原则，坚决堵住药品流通环节中的各种漏洞，降低药品的虚高价格，合理调整医疗服务的技术劳务价格，医疗机构和医生的实际收入就会合理增加，职工群众就医的经济负担也会相应减轻。规范医疗收费项目，调整医疗服务价格，主要是提高技术劳务价格，降低使用大型设备检查的费用。要根据病情的轻重缓急，引导患者合理分流，不要都挤到大医院就医。加强医疗服务收费管理，继续推行医疗费用清单制，严格制止乱收费和分解收费。

大力推进卫生人事制度改革。医疗机构要在试点的基础上，推广实行聘用制，引入竞争机制。改革分配制度，积极探索符合卫生工作特点的分配办法，提高骨干医护人员的待遇，实行优劳优酬、多劳多得，充分调动广大医务人员的积极性。建立医疗机构的养老、医疗和失业保险制度，为人员分流和人才社会化提供保障。建立和完善卫生人才市场，拓宽人员分流渠道。

加强医德医风建设。总体上看，我国卫生队伍的主流是好的。但对少数医务人员收受患者“红包”和索取“回扣”，以及态度生硬和开大药方等现象，人民群众确实很不满意。上述现象的产生，既有体制上的原因，也有医务人员自身的问题。通过三项改革可以减少不正之风滋生的土壤，但还不能完全解决这方面的问题，必须进一步加强医德医风建设。要采取有力措施，坚决杜绝收“红包”、吃“回扣”等不正之风和腐败行为，严肃处理个别的“害群之马”。要继续采取多种形式，增加医疗收费的透明度，严厉查处开单提成、拿回扣、滥检查、开大处方等违规违纪行为。努力改善服务态度，树立医务人员和卫生系统良好的新形象。这些方面都要争取在短期内取得明显效果，让大多数人民群众满意。

医疗机构作为事业单位与生产企业的社会目标有所不同,但从独立事业法人来看,必须建立和完善法人治理结构,也要实行优胜劣汰、经营管理者能上能下、人员能进能出、收入能增能减等项改革。只有这样,医疗机构才会充满活力,管理、技术、服务和薪酬等才可以不断跃上新水平,人员也才能够真正地流动起来。

第四，进一步规范和推动药品集中招标采购。各有关部门要在总结试点工作经验的基础上，制定和完善药品集中招标采购的有关规范和操作细则。一是要有招标采购的目录，今年可先确定一批必须招标采购的品种，以后逐年增加，不断扩大覆盖面。二是要规定招投标资格条件，把好招投标单位的准入关。投标单位必须是经药品监管部门审批合格的医药企业。招标的主体是医疗机构，也可由医疗机构自愿委托的中介机构代理，以降低成本、提高效率。三是招标项目不只限于药品，还应包括医疗卫生器械和用品。前一阶段的药品招投标工作虽然取得不少经验，但也存在一些问题。主要是，有些医疗机构对药品集中招标采购积极性不高，招标药品品种普遍较少，招标中往往只注重追求低价格和高折扣，而忽视了药品质量好坏；有的中标药品的零售价格没有相应降低，通过集中招标而降低采购成本的好处没有使患者得到实惠；一些企业在投标时以低于成本价投标，造成恶性竞争，干扰了招投标工作；还有少数招投标经办机构巧立名目乱收费，不仅损害了招投标双方利益，而且还滋生新的腐败。这些现象必须坚决予以纠正，要严格执行规范化的招投标程序和办法，确保招投标采购工作的公开、公平、公正。在这项工作中，政府部门主要是加强监管，不要直接介入招投标工作，具体事务可以让社会中介机构去承担。同时要特别注意，决不能借集中招标采购之名搞地方保护和行政干预。应该指出，搞地区封锁和行业垄断实质上是倒退到自然经济的状态，代表的是落后生产力，而不是先进生产力。对于实行地方保护和行业垄断的行为必须严肃查处、追究责任，情节严重者要追究领导责任。近年来，各地区为开展药品集中招标采购已做了大量准备，许多地方电子网络也建立起来了。在认真处理好上述问题的基础上，要努力扩大药品集中招标采购的规模，加大推广力度。

积极推进药品和医疗用品流通体制改革，鼓励集中配送、连锁经营，有条件的地方实行医药分开。我们发展社会主义市场经济，有些人存在一种误解，热衷于搞集市贸易，认为这就是市场经济。其实，这是一种落后的形式，实质上是自然经济下的集市贸易。现在到了该纠正的时候了。现代化的流通已经发生了深刻的变化，集中配送、连锁经营是市场经济条件下的现代物流经营方式，是先进生产力的重要组成部分。这种经营方式不仅能够降低物流成本，更能保证商品质量和优质售后服务，更能促进生产的现代化、规模化。世界最大的商业企业沃尔玛公司就是搞连锁配送的。这种经营理念和方式的效率之高、效益之好，是传统营销方式根本无法比拟的。现在我们发展社会主义市场经济，就一定要大力推行现代化的连锁经营业务。现在已有良好的开端，要不断总结经验，积极推进。

第五，深入药品打假专项斗争，加强药品

监督队伍建设。目前，药品、医疗器械打假专项斗争虽已取得明显成效，但还只是初步的，我们必须乘势前进。根据全国整顿和规范市场经济秩序领导小组的部署，今年下半年还要组织开展若干专项行动。首当其冲的就是集中力量严厉打击直接影响人民群众身体健康和生命安全的假冒伪劣产品，主要是食品、药品、医疗器械用品等。地方各级人民政府要旗帜鲜明，大力支持药品监管部门的工作，坚决打击制售假劣药品、医疗器械的违法犯罪行为，要注意从生产、印刷包装和批发三个源头打击。对发现的问题一定追查到底，严肃处理；触犯刑律的，要移交司法部门依法制裁，决不能姑息，决不能以罚代刑。如果以罚代刑，支出与罚没收入直接挂钩，就会丧失行政执法部门的功能。这种机制甚至会助长执法部门有意无意地去鼓励市场主体违规违法，形成违规违法的越多，罚没收入就越多，这些部门的钱也就越多的怪现象。对制售假劣药品严重又屡禁不止的地区，要追究有关部门的责任，情节严重者，要追究主要行政负责人的责任。各级药品监管部门要把查处过期失效药品、不合格的血液制品和一次性医疗器械、兽药人用、违法违规广告等，作为打击重点，大力整治药品、药材集贸市场，务求取得明显成效，并常抓不懈，逐步纳入日常工作。修订后的药品管理法已经颁布并即将实施，要抓紧做好各项具体准备工作。要对药品的研制、生产、流通、使用实行全过程管理，严格审查制药企业、药品经营企业的市场准入资格，依法严把新药的检验论证审批关。要有步骤地推行《药品生产企业质量管理规范》（GMP）、《药品经营质量管理规范》（GSP）等，促使药品和医疗器械用品等生产流通走上健康发展的道路。

对省级以下药品监管机构实行垂直管理体制，是中央的重要决策。据反映，目前约有70%的地（市）和90%的县（市），药品监督管理机构没有办公场所和必要的执法装备。对此，各地区要高度重视并采取措施加以解决。要切实加强地（市）、县（市）药品监督管理队伍建设。没有药品监督管理机构的，要尽快组建起来。要把好人员素质关，选懂药检、懂药监、懂政策的人员充实药品监督管理队伍，对于不符合条件的人员要予以清退。要坚决实行政企分开。药品监督管理机构是政府的监管部门，要限期改变与地方药品公司一套人马、两块牌子的做法，决不允许既当“运动员”，又当“裁判员”。政企不脱钩，就脱装。省级及其以下药品监督管理机构的经费由省级财政解决，对特别困难的地区中央财政通过转移支付给予一定支持。办公场所不足的，地方政府要帮助调整解决。要严格实行收支两条线，确保药品监管部门执法的公正性。

三、切实加强领导，努力开创三项改革新局面

地方各级党委和政府要充分认识三项改革的重要性和紧迫性，讲政治，讲大局，认真贯彻江泽民总书记“三个代表”的重要思想，落实已出台的各项政策，切实做好本地区、本部门的工作。

（一）以“三个代表”重要思想指导三项改革。江泽民总书记在庆祝中国共产党成立80周年大会上的重要讲话，立足中国，放眼世界，高瞻远瞩，统揽全局，把握历史规律，以马克思列宁主义、毛泽东思想、邓小平理论为指导，系统回顾总结了我们党80年的奋斗历程和基本经验，全面阐述了“三个代表”重要思想的科学内涵。“三个代表”重要思想，是我们党的立党之本、执政之基、力量之源。我们一定要认真学习，深刻领会，把思想和行动统一到江泽民总书记的重要讲话精神上来，坚持以“三个代表”重要思想指导城镇职工基本医疗保险制度、医疗卫生体制和药品生产流通体制改革。学习江泽民总书记“七一”讲话，一定要同解决好三项改革中的问题密切结合起来。推进三项改革是贯彻“三个代表”重要思想的具体实践。在改革中，我们必须把广大人民群众的根本利益时刻放在心上，努力做到执政为民，恪尽职守，全心全意为人民服务。在制订三项改革的方案、政策和措施时，一定要从广大人民群众的根本利益出发，不能从部门、行业和机构的自身利益出发。只有这样，三项改革中的一些难点问题才能迎刃而解，改革就会向前迈出更大的步伐。

（二）加强领导和协调，坚持三项改革同步推进。城镇职工基本医疗保险制度、医疗卫生体制和药品生产流通体制三项改革互为条件，密切相关，相辅相成。同步推进，互相促进，是进一步搞好三项改革的重要前提。今年的三项改革工作要着眼于新机制的稳健运行，及时完善有关政策和管理措施。要把城镇职工基本医疗保险制度的管理措施落实到医疗服务中去。强调这一点，是因为在实际工作中还存在着医疗机构和医疗保险制度的管理不协调的问题。据反映，一些医院为了增加收入，采取分解处方、分解住院，增加不必要的医疗服务项目，多开自费药等办法，避开了医疗保险管理，增加了基本医疗保险外的个人负担。这种做法不利于三项改革，必须切实加以纠正。

（三）加快政府职能转变，各负其责，密切配合。三项改革涉及多方面的利益调整，涉及体制改革和机制转变。要搞好三项改革，重要的是加快政府职能转变，切实纠正政府履行职能过程中“缺位”“错位”和“不到位”的问题。卫生部门要真正从直接“办医院”转向宏观“管医院”，加强对各类医疗机构的行业管理，搞好监督，提供面向群众的公共卫生服务。劳动保障部门要加强对建立城镇职工基本医疗保险制度的宏观管理。尽快组建地（市）、县（市）劳动和社会保障机构，明确管理职能，落实人员编制和经费。社会保险经办机构负责基本医疗保险基金的使用和管理，要认真做好社会化的服务。药品监管部门要严格药品生产企业准入条件，分阶段限期推进《药品生产企业质量管理规范》（GMP），要切实加强对药品市场的监督管理，搞好药品打假专项斗争。财政部门要加强对医疗保险基金的监督管理，研究和落实对医疗机构的财政补助问题。计划（物价）部门要加大对药品价格的监控，合理调整和适当放开药品价格，让广大职工和人民群众真正得到实惠。

（四）加大宣传力度，争取广大群众对三项改革的理解和支持。要充分利用各种新闻媒体，加强对三项改革的宣传，把意义讲透、政策讲准、内容讲清，使广大职工群众充分理解三项改革的意义和内容，并自觉支持和积极参与。要让每一个职工群众都清楚地认识到，城镇职工基本医疗保险制度改革是要建立一个新的机制，是从保护广大人民群众根本利益出发的。它既是职工的一项重大福利，又不能简单地认为是福利补贴。城镇职工基本医疗保险制度改革的关键是建立医疗费用分担机制，没有分担机制，就建立不起医疗费用约束机制，就会产生很大的浪费。个人参保后虽然要承担少量的医疗费用，但遇到大病就有了可靠的保障。我们党历来重视群众宣传工作。一方面，我们坚决打假和纠正不正之风，对反面典型给予曝光。另一方面，更要大力宣传在三项改革中涌现出的先进人物，表彰他们的事迹，推广成功的经验，做到弘扬正气，以正压邪。

这次会议总结了成绩和经验，找出了问题，明确了下一步的工作目标和任务。会后，各地区、各有关部门要认真落实这次会议精神，进一步完善有关政策和措施。国务院将检查这些工作的进展和有关政策措施的落实情况，明年适当的时候，我们还要开会进行总结。

同志们，三项改革是一项关系我国经济社会全局和人民群众切身利益的大事。我国将加入世界贸易组织，面临着许多机遇和严峻挑战，医疗卫生和药品生产、流通行业如何适应新形势、怎样与国外同行竞争，是一个十分紧迫和现实的问题。搞好三项改革就是最重要的准备。当前，还有许多问题需要我们深入研究，一定要高度重视，兢兢业业，扎扎实实地做好工作。让我们团结一致，振奋精神，在以江泽民同志为核心的党中央领导下，高举邓小平理论伟大旗帜，按照“三个代表”重要思想的要求，以高度的历史责任感和使命感把三项改革推向前进！

二、劳动和社会保障部领导重要讲话和重要文章

在九届人大四次会议记者招待会上答记者问实录

劳动和社会保障部部长　张左己

（2001 年 3 月 10 日）

问：我是中国国际广播电台记者，请问张部长，“十五”计划报告指出，要把中国的城镇登记失业率控制在 5%左右，这个目标真的可以实现吗？中国政府会采取什么措施来保证实现这个目标？

答：“十五”计划是承接“九五”计划的又一个新的五年计划，所以在谈到“十五”的时候，我想简单地回顾一下“九五”的情况。中国是一个人口大国，解决这么多人的就业问题，始终是中国政府十分关切的一个问题。我们在“九五”期间经过努力，就业形势出现了这么几个特点：

第一个特点是就业的总量有所增加。城乡从业人员的总数已经达到 7.12 亿人，其中，城镇从业人口达到 2.13 亿人，城镇从业人口净增长3 560万人。

第二个特点是就业的结构发生了显著变化。第一产业的从业人员占 49%，这是中国第一产业从业人员首次下降到 50%以下，是一个具有历史意义的变化。第二产业的从业人口达到了 24%，第三产业的从业人口达到 27%，这都比上一个五年计划有了较大的增长。而且，第三产业增长的速度远远高于第二产业增长的速度。就业结构的变化不仅表现在产业方面，同时也表现在所有制方面。国有企业从业人员明显下降，从“九五”初期的 7 000多万人下降到“九五”末期的5 000多万人，而集体、私营、个体企业和外商投资企业的从业人员明显增多。

第三个特点是“九五”期间影响就业的不确定因素很多，但总体上看来，就业局势是稳定的。因为“九五”期间我们开始调整经济结构，加大了企业兼并破产的力度，有2 000万职工从国有企业下岗。在这种情况下，中国政府采取了两个确保的政策，保障了下岗职工的基本生活，并积极促进再就业，基本上保持了就业局势的稳定。2000 年底，中国城镇登记失业人数为 595 万人，失业率在 3.1%左右。

我们现在来看一下“十五”期间从业人员的就业形势。

“九五”期间接转下来的失业人员有 595 万人，现在在企业再就业服务中心的下岗职工还有 657 万人，“十五”期间城镇每年新增劳动力人口在 800 万人左右。这个账算下来，“十五”期间城镇劳动力供给的总量将在5 200万人左右，而我们预计能提供的就业岗位有 4 000多万个。在“十五”期间，失业率要比“九五”期间有较大的提高，大概在 5%左右。我想，通过努力我们可以实现这个目标，而且争取把城镇登记失业率控制在 5%以内。我们主要要采取以下几个方面的措施：

第一个措施，解决就业问题的根本出路还要靠发展经济以增加就业总量。在产业政策方面，我们除了重视发展高科技产业，也注重发展那些有市场潜力的劳动密集型企业，特别是就业容量比较大的服务业。同时，积极发展集体、私营、个体企业，多渠道增加就业岗位。

解决就业问题的第二个措施就是要提高劳动者的素质。要普遍提高劳动者的科技素养和劳动技能，我们要发展成人教育、多种形式的职业教育和继续教育，这样，可以形成一个终身教育体系。用这种方式来提高每个劳动者的素质，提高他们的就业能力。为了提高现有下岗职工的就业能力，我们将实现第二期“三年千万”再就业培训计划，也就是在三年期间，重点培训1 000万下岗职工，并且使他们再就业。同时，中国政府实行劳动预备制度，使新生的劳动力要接受1～3年的就业前训练。这样有两个好处，一是提高了他们的就业能力、就业机会，二是延缓他们进入劳动力市场的时间。

第三个措施就是大力推进劳动力市场建设，完善就业服务体系。鼓励下岗职工转变就业观念，实行灵活多样的就业形式。

问：我是凤凰卫视的记者刘海若，请教张部长一个问题。在民众和劳动者的就业保障方面有没有一个比较明确的时间表和具体的计划在未来实现？

答：我想，刚才这位小姐提出来的问题，是想了解一下下岗职工问题还要持续多长时间。我们坚持的一个原则是处理好改革、发展、稳定的关系。解决下岗职工问题的力度取决于企业改革的深度和建立现代企业制度的进程，同时，也要考虑到群众的承受能力。在本届政府的初期，为了解决下岗职工问题，当时提了一个目标，就是三到五年能够解决原来在计划经济体制下形成的国有企业下岗职工问题。我想这个问题争取在本届政府之内完成。

问：我是来自《道琼斯新闻观察》的记者，现在中国已有一些国有企业上市了。国家要求他们把一部分富余人员、分流人员保留到企业中，他们是不是用上市筹集的资金用于企业内部的福利及退休人员的福利？

答：上市公司在国外发行股票的时候，按照国家的规定，上市公司的国有股东可以出售一部分国有资产，所得资金上交财政部门，作为社会保障资金。这一部分社会保障资金，可以用来安排富余人员的生活。向财政部门上交社会保障资金的主体，是上市公司的国有股东，而不是上市公司本身。它的资金来源是国有股东出售自己手里所存有的国有资产的存量，而不是上市公司发行新股时所筹集的资金。上市公司的国有股东在出售国有股所得的资金怎么用，和上市公司没有关系。

问：我是香港有线电视的记者，我姓蔡。请问现在下岗职工有500多万，大部分都是中年人，他们的技术都是不够的。如果再培训的话，也不能做管理的工作，现在我们发展第三产业，政府有没有特别的计划帮助这些人呢？

答：刚才国家经贸委主任李荣融同志已经讲了，在2 100多万名下岗职工里面，已经有1 300万人就业了，还有近700万人，这一部分再就业相对比较困难。对于这些人，主要采取三种方式：第一种方式，已经接近退休年龄、有30年工龄的，可以让他们在企业内部退养，不再出中心了，也不再到劳动力市场去，在企业养起来。第二种是就业能力比较低，但还是可以就业的，我们采取灵活的就业方式，如阶段性就业、弹性就业、在社区里就业，这些就业的岗位门槛比较低，而且在他们就业的单位可以得到国家社会保障资金的帮助。第三种情况是经过培训仍难以就业的，就只能养起来了。首先与企业解除劳动关系，企业向他支付一笔经济补偿金，然后去领失业保险。失业保险最多只能领两年，如果在两年之内还没有重新就业的话，就可以享受城市最低生活保障待遇。

问：请原谅我，我可能是一个较真的丹麦记者，我想问中国的劳动和社会保障部张部长，您是否仅仅负责城镇方面的人口和失业问题？如果是这样的话，中国哪位官员负责农村农民的社会保障问题？尤其是中国在两个月之内就要加入世界贸易组织，中国的加入将会使中国农民的情况变得更加困难，那么，谁在今后的数年中照顾他们的医疗和其他一些社会保障问题？

答：首先，我应该说明的是，我是中华人民共和国的劳动和社会保障部部长，并不是城镇的劳动和社会保障部部长。但是，大家都知道，中国是一个农业大国，有8亿人在农村，是农民。他们的生产方式和生活方式都不同于城镇。对于农村就业和社会保障的管理要采取不同的方式。目前，农村的就业主要是依靠土地，保障主要是依靠家庭。这是完全符合中国国情和中国的伦理道德的。大家已经看到，在“十五”计划里面，我们已经提出加快农村城市化的进程。在“十五”期间，实现农村社会劳动力4 000万转移到非农业人口里面来，他们一部分要在乡镇企业从业，一部分要到城镇来务工或经商。这几年，每年都有4 000万～5 000万农村劳动人口从西部到东部、从农村到城市来打工，这也是改善农村生活环境的一项重要举措。同时，中国政府制定了加强农业、稳定农村、提高农民收入的多种政策和措施。这些政策和措施的实现将会进一步提高农民的生活水平。

关于城镇职工医疗保险制度改革问题

张左己

（2001年4月26日）

根据中共中央宣传部、中直机关工委、国家机关工委、解放军总政治部和北京市市委的安排，我向大家通报城镇职工医疗保险制度改革的有关情况。

一、医疗保险制度改革势在必行

建国以后，我国机关事业单位实行公费医疗制度，企业实行劳保医疗制度，基本上是国家和用人单位掏钱、据实报销、单位管理。实行50年来，在保障职工身体健康，促进经济建设等方面发挥了重要作用。随着社会主义市场经济体制的确立和国有企业改革的不断深化，这种制度已难以解决职工的基本医疗保障问题，其弊端逐步暴露出来。一是经费没有稳定保障，普遍存在着企业欠费、机关挂账的现象。近几年很多困难企业和单位已经不能报销职工医疗费了。前几年我们作过调查，有的企业拖欠职工的医疗费要排队几年、十几年才能报销完。即使经济条件好的地区也不例外。据上海市去年统计，拖欠职工医疗费的企业有6 000多家，累计欠费额高达17亿元。企业欠职工医疗费，行政事业单位则普遍挂账。在全国公费医疗实际支出中，财政预算安排的公费医疗经费不到70%，近30%是单位负担，还有一些是医院垫支和个人支付的。对在京中央国家机关来说，单位负担比例还要更大一些，1999年医疗费总支出7.2亿元中，财政按人均一年256元安排公费医疗经费预算，负担2.8亿元，超支部分主要是单位负担，共支出3.7亿元，所需资金多数是挤占行政事业费。医药费普遍超支几乎成为所有行政事业单位最头痛的一件事情。二是国家和用人单位对职工医疗费用包揽过多，职工不负担或负担很少的医疗费，缺乏自我保障意识和费用节约意识，浪费严重。据有关部门预计浪费占1/3，甚至更多。现在满大街都有回收药品的，成为不法分子的生财之道了。最近武汉端掉一个回收倒卖药品窝点，查获100多个品种，价值10余万元，全是从公费医疗享受人员的手中低价回收的。“一人公费、全家吃药”的现象相当普遍。三是用人单位自行管理缺乏社会共济，不同单位经济负担畸轻畸重，职工医疗待遇苦乐不均。一些垄断性行业和效益好的企业、新的企业和经费有保障的行政事业单位，医药费基本上实报实销。但一些老企业、困难企业和经费困难的行政事业单位，由于老职工多或经济效益差，职工揣着一大沓医药费条子报销不了，影响了职工的基本医疗，有的甚至因病致贫。同时过重的医疗支出反过来也增加企业生产经营困难，甚至出现一个病号拖垮一个企业的情况。四是覆盖面窄，社会化程度低。改革开放以后发展起来的外商投资企业、股份制企业、私营企业等非国有经济单位的职工没有纳入医疗保障范围。单位管理职工医疗保障，也给用人单位增加了社会事务负担。

这种制度运行的直接结果，一方面是医疗费用增长过快，财政和用人单位不堪负担，另一方面是部分职工基本医疗没有得到保证。1978年全国职工医疗费用为27亿元，1997年增加到774亿元，20年里增长了28倍，年均递增约19%，个别年份和地区增速超过30%。职工医疗费增长大大高于同期财政收入年递增11%的水平。即使这样的增长速度也还是没能解决职工的基本医疗问题，不仅企业没有解决，机关事业单位也没有完全解决，一些困难地区的机关工作人员医药费基本上不能保证，中小学教师更困难。正是基于公费、劳保医疗制度存在的问题，一些地区从20世纪80年代开始不断地进行医疗制度改革的探索。主要采取医疗费用与个人负担挂钩、医疗费用定额管理和大病统筹等办法。这些办法一定范围和程度上使存在的问题得到缓解，但问题没有得到根本解决，特别是没有从制度上加以解决。有些做法甚至是损害了职工的合法权益。比如一些单位实行医药费大包干，不管有病没病，大病小病，一年就是几十元钱。因此，原有的公费、劳保医疗制度不仅本身难以为继，不能适应市场经济条件下经济结构调整、企业有生有死、人员能进能出对医疗保险的需要，也难以应对加入WTO和人口老龄化的挑战。第五次人口普查数据表明，我国65岁以上人口占总人口比例已经达到6.96%，以联合国确定的7%为老龄化社会的标准，我国已经步入人口年龄结构老年型国家。据预测，到2025年达到12%，2050年达到20%，增速惊人。而且我国的人口老龄化与西方国家不同，人家是经济发展到一定阶段后才有老龄化，叫“先富后老”。我们现在还没有到中等发达国家的水平时就出现了老龄化，叫“未富先老”。老龄化意味着巨大的社会保障支出资金压力，突出的是养老和医疗。按照生命自然规律，一个人从生到死，医疗费支出在出生到10岁左右是个高峰期，50岁左右是个高峰期，临终前是个高峰期，费用一次比一次高。如果现在不建立社会筹资、互助共济的社会保障制度，问题将积重难返。因此，当前全面推进医疗保险制度改革，是完善社会保障体系，保障职工合法权益，实现社会长治久安，利国利民的制度保证，也是深化国有企业改革和经济结构调整的重要条件，更是贯彻江总书记“三个代表”重要思想的具体体现。

党和政府历来高度重视职工的医疗保障问题。党的十四届三中全会以来的若干重要会议和文件，以及今年九届全国人大四次会议通过的《国民经济和社会发展第十个五年计划纲要》都明确提出，要加快建立和完善社会保障体系，重点推进养老、医疗、失业保险制度建设。在总结各地改革经验和借鉴国外经验教训的基础上，1994年开始，国务院在江西省九江市、江苏省镇江市进行医疗保险制度改革试点，也就是“两江”试点。1996年扩大到40多个城市。试点的实践证明，实行社会统筹和个人账户相结合的医疗保险制度是符合我国国情的。在取得试点经验的基础上，国务院制定了医疗保险制度改革的实施方案。江泽民总书记主持中央财经领导小组、中央政治局和政治局常委会议，专题研究改革方案，朱镕基总理、李岚清副总理和吴邦国副总理等中央领导同志多次听取医疗保险制度改革的工作汇报，作了许多重要指示。1998年底，国务院召开全国城镇职工医疗保险制度改革工作会议，部署改革工作。会后下发了《国务院关于建立城镇职工基本医疗保险制度的决定》（以下简称《决定》），明确了城镇职工医疗保险制度改革的目标、原则和主要政策。2000年7月，国务院在上海召开全国城镇职工基本医疗保险制度和医药卫生体制改革工作会议，要求“三改并举”，同步推进医疗保险、医疗机构和药品流通体制改革，明确了三项制度改革的任务和具体部署，这是党中央、国务院从维护广大人民群众的根本利益，深化改革、促进发展、保持稳定的全局高度，经反复研究而作出的决策和部署。

二、医疗保险制度改革的任务和主要政策

这次医疗保险制度改革是对原公费、劳保医疗制度的制度性变革。改革的任务是要在全国范围内建立与社会主义初级阶段生产力水平相适应的，符合社会主义市场经济体制要求，充分考虑财政、企业和个人承受能力，切实保障职工基本医疗需求的基本医疗保险制度。与原公费、劳保医疗制度相比较，改革要实现四个转变：一是保障方式从单位保障向社会保险转变，二是保障范围从国有单位逐步向城镇全体劳动者转变，三是费用负担从单位负担向单位和个人双方负担转变，四是保障责任从无限责任向基本保障转变。考虑到中国国情和医疗保险制度的复杂性，改革的基本思路可以概括为五句话：一是“基本保障”。基本医疗保险的水平要和我国社会主义初级阶段的生产力发展水平相适应，相应的筹资水平要根据目前我国财政和企业的承受能力确定，保障职工的基本医疗需求。二是“广泛覆盖”。基本医疗保险要覆盖城镇各类机关企事业单位的职工和退休人员。三是“双方负担”。基本医疗保险费由单位和个人共同缴纳，合理负担。四是“统账结合”。基本医疗保险实行社会统筹和个人账户相结合，建立医疗保险统筹基金和个人账户，统筹基金主要支付住院（大病）费用，发挥共济作用，个人账户主要支付门诊（小病）费用，发挥制约和积累作用。五是“多层保障”。为解决基本医疗保险之外的医疗费用，满足不同层次的医疗需求，在建立基本医疗保险的同时，同步建立和发展多种形式的补充医疗保险，逐步建立多层次医疗保障体系。

按照国务院《决定》所确定的改革思路，劳动保障部会同有关部委制定了16个配套文件，初步形成了比较完备的医疗保险政策和管理体系。主要包括以下几个方面：

1．关于基本医疗保险的实施范围和统筹层次

基本医疗保险的实施范围，包括了城镇所有的用人单位及其职工和退休人员。各类机关企事业单位都要参加基本医疗保险，这是目前所有社会保险中实施范围最广的。

医疗保险制度改革，原则上以地级城市为统筹单位进行，也允许以县为统筹单位。在一个统筹单位内，所有职工执行统一制度、统一政策、统一待遇，由统筹地区劳动保障部门及其所属的经办机构统一管理，基金实行统筹使用和调剂。中央、省属单位都要按照属地管理原则参加统筹地区的基本医疗保险，执行当地的统一制度和政策。

2．关于基本医疗保险缴费

基本医疗保险费由用人单位和个人共同缴纳。用人单位缴费水平按照当地工资总额的6%左右确定。这是根据改革前几年全国财政和企业实际负担职工医疗费用占工资总额的比例测算，确定的一个全国平均水平，既考虑了财政和企业的实际承受能力，也考虑了改革前后医疗消费水平的大致平衡。具体到各个统筹地区，则由当地政府根据各方面实际负担能力、经济发展水平和医疗消费水平确定。如医疗消费水平比较高的上海，用人单位缴费率定为10%，北京为9%，医疗消费水平比较低的山西、内蒙古等地的一些困难市县只有4%～5%。个人缴费水平为本人工资的2%。国际上多数国家的医疗保险个人缴费一般与单位缴费持平，考虑到改革刚刚开始，个人缴费还是先从低水平起步。

3．关于医疗保险统筹基金和个人账户

按照统账结合的制度模式，基本医疗保险基金分为统筹基金和个人账户两个部分。个人账户的资金来源于两部分：一部分是个人缴纳本人工资的2%全部计入个人账户；一部分是单位缴费的30%左右划入个人账户，单位缴费划入每个人账户的具体比例要考虑年龄因素，一般年龄越大病也越多，划入个人账户的资金也要多一些。退休人员个人账户的资金全部从单位缴费中划入，划入比例或资金总量要高于在职职工。单位缴费扣除划入个人账户后的资金，就是统筹基金。按照这个资金分配比例，一般统筹基金与个人账户各自的资金规模

大致持平，这与目前我国城镇职工门诊与住院医疗费用的支出结构大致相当。1999年全国门诊与住院费用之比为53%∶47%，中央单位门诊与住院费用之比为51%∶49%。

统筹基金和个人账户的支付范围要明确分开，分别管理，不能相互挤占。个人账户主要支付门诊（小额）医疗费用，归个人使用，可以结转和继承。统筹基金主要支付住院（大额）医疗费用，由社会保险经办机构统筹调剂使用。统筹基金支付下有“门槛”、上有“封顶”。“门槛”，就是起付标准，大致在当地职工年平均工资的10%左右，如患者住院，个人首先要用个人账户或自付“门槛”费用。超过“门槛”以上的费用可以由统筹基金按比例支付80%以上，年内两次住院以上起付标准要降低。统筹基金在一个年度内支付一个患者的医疗费用到一定数额以后就要封顶，也就是最高支付限额，一般控制在当地职工年平均工资的4倍左右。这主要是根据近几年职工医疗费用支出结构，为保证统筹基金能够支付绝大多数职工的住院医疗费用设置的。据全国40多个城市的职工医疗费用支出结构测算，实际发生医疗费用超过这个支付限额的人群不到0.4%。换句话说，99%以上的人所发生费用都在基本医疗保险保障范围内。当然超过封顶线以上费用的人群虽然很少，但数额很大，个人很难负担得起，更需要得到国家和社会的帮助。因此，还要通过实行职工大额医疗费用补助、公务员医疗补助、企业补充医疗保险、社会医疗救助和商业医疗保险等途径解决基本医疗保险之外的医疗费用。

4. 关于基本医疗保险的医疗服务管理

基本医疗保险的医疗服务管理，主要是对医疗服务范围、医疗服务机构和医疗费用结算的管理，是为保障职工享受合理的医疗服务，保证服务质量和基金使用效率的重要环节。主要有三个层面的政策规定：

第一个层面，是对基本医疗保险医疗服务范围的管理，包括了用药、诊疗项目和医疗服务设施等。这是为了保障参保职工获得合理的基本医疗服务，明确医疗服务单位必须提供的医疗服务范围，其中主要是用药管理。我国药品支出占医疗费支出的60%左右，大大超过欧美国家15%左右的水平，是医疗费用过快增长的主要因素。这除了与经济发展水平和医疗保障水平有关外，主要还与“以药养医”制度有直接关系，促使医院、医生多开药、开贵药，导致药品支出居高不下。因此，基本医疗保险用药管理的主要目的不是为了限制老百姓用药，而是为了更好地保证患者用到安全有效、价格合理的药品，抑制浪费。特别是职工用个人账户看门诊，主要支出是药费，没有严格的管理难免不花冤枉钱，受损害的是职工。在这次制定的《国家基本医疗保险药品目录》（简称《目录》）中，为保证用药安全，规定纳入目录的药品必须是收入《中华人民共和国药典》，或符合国家部颁标准，或正式进口的药品；为体现新旧用药办法平稳过渡，遴选范围按照进入多数省市公费、劳保医疗药品报销范围为条件来确定；为鼓励医药科技进步，将临床实践证明疗效好，价格合理，使用方便的新药尽量纳入；为体现药品目录评审的科学性，要求评审过程公开、公平、公正，充分发挥专家作用，尊重专家意见。经各地推荐建立了包括全国各级医疗、医药机构的各类医药临床和药物学专家组成的6 000多名遴选专家档案库，成立由85名医药临床、药物学和医药卫生管理学等方面的全国知名专家、教授和两院院士组成的咨询专家小组。由专家确定药品分类、遴选范围，并随机抽取1 000多名遴选专家，在全国范围内进行投票遴选，再由咨询专家集体论证通过。新颁布的《目录》与过去公费劳保医疗用药目录相比，一是照顾了过去的用药水平，《目录》药品80%以上与原公费、劳保医疗药品重合，90%以上与《国家基本药物》重合。二是扩大了用药范围，《目录》与原公费医疗药品报销范围比较，西药和中成药分别增加15.9%和8.1%，西药中合资及进口药品的比例略有增加。此外，各地对乙类目录还有15%的调整权。三是体现了医药技术的进步，

《目录》将近几年上市的疗效好的新药、新剂型替换了一些老药、老剂型。各方面专家在论证时普遍认为,《目录》的药品分类科学合理,所列药品既能够满足临床治疗需要,照顾了各地用药习惯,又多为价廉质优、能够保证供应的药品。

第二个层面,是对提供医疗保险服务的医疗机构管理,也就是对医院和药店实行定点管理,保证参保职工获得及时、方便、必要、规范的医疗服务,规范医疗行为,提高服务质量。患者可以选择3~5家综合医院和任何定点的中医、专科医院就医,对所选择医院不满意,第二年还可以重新选择,比过去单位只定1~2家合同医院的选择余地要大得多,更重要的是体现了“以患者为中心”的思想,有利于促进医院和医生的竞争。现在上海、大连、深圳等地定点医院选择已经没有3~5家的限制,完全放开,许多地方病人还可以选医生。随着管理措施的不断完善和管理水平的提高,职工就医也将更为方便。

第三个层面,是对医疗保险费用的结算管理。医院提供必要的服务,医疗保险经办机构按协议规定的结算方式付钱。结算方式可以多种多样,但目的只有一个,就是在保证患者获得基本医疗服务的前提下,保证基金的使用效率,保证医院的正常运行和发展。

5. 关于实行国家公务员医疗补助和职工大额医疗费用补助

为了保证国家公务员原有的医疗待遇,国务院办公厅转发了劳动保障部和财政部关于实行国家公务员医疗补助的意见,要求在国家公务员参加基本医疗保险的同时,根据原公费医疗实际支出和基本医疗保险筹资水平筹集医疗补助经费,列入财政预算,专门用于补助公务员的医疗费用,包括封顶线以上医疗费用、个人自付医疗费用超过一定数额以上的费用和医疗照顾对象的原医疗照顾费用。当然个人也要适当负担部分费用。对按规定享受不了公务员医疗补助的,可以按2000年底国务院下发的关于完善城镇社会保障体系试点方案中的规定,参加职工大额医疗费用补助,主要解决职工发生在基本医疗保险封顶线以上的医疗费用。企业还可以为职工建立补充医疗保险,所需经费在工资总额4%之内的部分可以进入成本。

6. 关于有关人员的医疗待遇

主要有以下几类人员:一是离休干部、老红军,二等乙级以上革命伤残军人的原待遇不变。离休干部、老红军是我们国家的宝贵财富,但目前离休干部、老红军的医疗经费在相当一部分企事业单位没有保障,存在不同程度的欠费。2000年中组部等有关部门联合调查发现,到1999年全国累计欠费达18亿元。为了保证他们的待遇,2000年底中办、国办下发通知,要求限时清欠,并从2001年开始建立新的离休干部医疗保障机制。主要政策是:按上年实际发生费用确定统一的筹资标准,资金原渠道筹集,经费不足部分由财政帮助解决;离休干部医疗保障经费由劳动保障部门实行医疗费统筹,专款专用;医疗费在规定范围内实报实销。二是医疗照顾人员的照顾政策不变。按照过去公费医疗的规定享受医疗照顾的主要是七种人:中央机关现任副部长和享受副部级待遇的干部;中国科学院和工程院两院院士;中央机关50岁以上现任正副司局长;事业单位50岁以上具有教授、研究员、主任医师等正高级职称的知识分子;经人事部批准有突出贡献的中青年科学家;经人事部批准回国定居或工作的港澳台及华侨专家、学者;建国前参加革命及1985年工资改革前行政十四级的干部,1937年“七七”事变前参加革命的同志。这部分人员除其中的离休干部以外,参加基本医疗保险,原享受的门诊四优先(挂号、就诊、检查、取药四优先)、住干部病房、定期检查等照顾政策不变,超出基本医疗保险支付的费用由公务员医疗补助中解决。三是退休人员,参加基本医疗保险并享受三方面的照顾:个人不缴费,个人账户比在职职工多计入,统筹基金支付范围内个人自付比例比在职职工低。四是下岗职工,以当地职工平均工资的60%为基数按当地缴费率由再就业服务中心代缴，包括单位缴费和个人缴费两部分，经费从再就业“三三制”资金中解决。下岗职工与在职职工享受同样基本医疗保险待遇。

以上是关于医疗保险制度改革的主要政策内容。考虑到改革刚刚起步，各地经济发展和医疗消费水平存在着很大的差异性，按照中央确定原则、地方分散决策的方针，具体措施、办法和标准可以由各地根据当地实际作出规定。

三、关于在京中央单位参加医疗保险问题

按照国务院《决定》精神，所有在京中央单位都要参加北京市的基本医疗保险，执行北京市的统一政策，基本医疗保险待遇之外，享受公务员医疗补助。基本医疗保险和公务员医疗补助的具体管理工作都由北京市负责。这既与原管理办法一致，也方便就医和结算。

北京医疗保险制度改革的实施方案，经认真测算，深入调研，反复征求包括中央在京单位的意见，已经国务院批准，于2001年4月份开始分期分批陆续组织实施，计划年内覆盖190万人。具体政策主要有以下几个方面：

一是用人单位按工资总额的9%缴纳基本医疗保险费，这主要是考虑北京地区医疗消费水平较高，按照以支定收的原则确定的，能够保证基本医疗保险待遇支付需求。个人缴纳本人工资的2%，由单位每月代扣代缴。

二是个人账户除个人缴费的2%之外，单位缴费按总体水平的30%划入个人账户，具体划到每个人的个人账户，按年龄分五个档次：不满35周岁的职工划入本人工资的0.8%（加个人的2%就等于2.8%），35～45周岁划入1%，45周岁至退休前划入2%，不满70周岁的退休人员按上年市职工月平均工资的4.3%划入，70周岁以上的退休人员按上年市职工月平均工资的4.8%划入。体现了对老职工和退休人员的照顾，个人账户的钱平均一年有500元左右。个人账户主要支付门诊费用、定点药店购药费用、统筹基金起付标准以下费用和统筹基金支付范围由个人按比例支付的费用。

三是单位缴费划完个人账户资金后的其余部分建立统筹基金，主要支付起付标准以上的住院费用和门诊特殊病种费用，支付比例按照不同级别医院和不同数额，支付80%～97%，其余部分由个人支付，退休人员自付比例为在职职工的60%。起付标准按上年市职工平均工资的10%确定为1 300元，年内二次住院减半，最高支付限额为5万元。

四是超出基本医疗保险支付外的费用，由公务员医疗补助和职工大额医疗费用互助适当解决。北京市的公务员医疗补助政策由北京市政府制定。中央单位的公务员医疗补助政策由劳动保障部和财政部制定报国务院批准后执行。企业职工参加职工大额医疗费用互助，单位缴纳工资的1%，个人每月缴纳3元，主要解决一个年度内个人自付门急诊等费用超过2 000元（退休人员为1 500元）和封顶线5万元以上的医疗费用，视不同情况可以解决50%～70%，一年累计最高支付10万元。

五是参保人员可根据自己的意愿选择3～5家综合医院作为自己的定点医院，还可到任何定点的专科医院和中医医疗机构就医。最近北京市已经公布了第一批470多家定点医疗机构和64家定点零售药店。职工在自己选定的医院和全市专科、中医定点医院看病不用办理转院手续；病人还可以选择医生；门诊病人看完病后，可在医院药房取药，也可持处方到定点药店购药。

关于在京中央单位公务员医疗补助问题，劳动保障部和财政部正在研究制定实施办法，待报国务院批准后与基本医疗保险同步实施。

四、积极稳妥地推进医疗保险制度改革

1．医疗保险制度改革已全面启动实施

国务院《决定》颁布以来，医疗保险制度改革工作取得了积极进展，城镇职工基本医疗保险制度初步建立。截止到去年底，出台方案的地市有320个，占全国的92%；启动实施

284个，占全国的81%；覆盖人数4 300万，占全国应参保人数的27%。4个直辖市的改革方案已经出台，并组织实施。上海市今年3月份已经覆盖到全市所有机关企事业单位的650万人。启动城市基本医疗保险制度运行平稳，改革成效初步显现：参保职工的基本医疗需求得到保障，改革得到了广大职工的理解和支持，特别是企业职工的欢迎；医疗费用过快增长的势头得到遏制，医疗服务普遍得到改善；医疗保险基金实现收支平衡，原来试点中普遍存在的统筹基金超支问题基本得到了解决。

按照2000年底召开的全国社会保障工作会议要求和中央2001年工作部署，着眼于建立完善的社会保障体系，在同步推进医疗保险制度、医疗机构和药品流通体制改革的基础上，我部提出力争到今年底实现90%以上的地市实施城镇职工基本医疗保险制度，覆盖人数达到8 000万人。

2．妥善解决改革中出现的新情况、新问题

医疗保险制度改革是一项复杂的系统工程，是各项保险改革中最为复杂的，政策性强，涉及人员范围最广。既要考虑到财政和用人单位的经济负担能力，又要考虑基金的承受能力，还要考虑个人的负担能力；既要保障职工合理的医疗需求和保证原有的合理的医疗待遇，又要控制费用支出，减少浪费；既要规范医疗服务，降低医疗成本，又要有利于医院的正常运转和发展。当前医疗保险制度改革在顺利推进的同时，也确实遇到一些困难和问题。一是困难企业缴费资金不能保证，影响职工享受基本医疗保险权益，一些中央和省属单位未能按属地管理原则参加统筹地区的医疗保险。二是一些干部职工对医疗保险制度改革还心存顾虑，加上公务员医疗补助政策没有出台，部分地区职工感到参保后个人负担加重，特别是机关干部对这方面反映较多。三是医疗保险管理基础还较薄弱，很多地方到现在还是临时机构、临时人员，没有场地，没有经费，管理手段落后，管理办法还需要进一步完善，管理水平亟待提高。这些困难和问题，有些已经在制度和政策设计上考虑了，但还需要完善，需要落实到强化管理中去解决。如解决个人负担加重的问题，一方面要尽快按国家有关政策出台公务员医疗补助和大额医疗费用补助办法，探索建立社会医疗救助制度，妥善解决基本医疗保险之外的费用负担；另一方面要加强医疗服务管理，降低医疗成本，避免不规范医疗服务等。有些问题受客观因素的影响，需要一个逐步解决的过程。如对困难企业参保问题，尽管做不到一步解决，但也要在分批扩面中逐步纳入，通过发挥基金共济功能，以好帮差。对确实无钱看病的困难人群，还要通过多渠道筹集，逐步建立社会医疗救助制度等办法解决。有些问题则需要在与医药卫生体制等的同步改革中配套解决。在解决当前问题的同时，要着眼于新制度的长远建设和稳健运行，加大工作力度，加快改革的步伐。在改革过程中，要始终贯彻江总书记“三个代表”重要思想，切实保障广大干部职工利益，深入调研，着力解决改革中出现的新情况、新问题，不断研究和完善有关政策。要通过强化管理，规范服务，减少浪费，降低成本，提高基金的使用效率，实现广大干部职工的医疗保障和基金收支平衡。同时，要建立健全管理机构和管理系统，加强干部队伍建设，完善管理措施，提高医疗保险管理服务水平。

3．坚持“三改并举”，同步推进医疗保险、医疗机构和药品流通体制改革

医疗保险制度改革与医疗机构和药品流通体制改革密切相关，不可能单项突进。医疗保险制度改革的效应和职工基本医疗需求的实现，最终要通过获得医疗服务来体现。许多同志曾经形象地把医疗保险筹资比作“蓄水池”，把医疗服务支出比作“水龙头”。如果“水龙头”开关没有节制，筹多少钱也不够花。这不单单是哪个医院、哪个医生的问题，是整个医疗保险、医药卫生体制和机制问题。但在过去医疗制度下解决不了这个问题。同时，医疗保险制度改革对医药卫生事业发展和市场规范既

是一个动力，也是保障。原来的不合理的医疗消费短期内会刺激医疗机构的收入，但也是一种竭泽而鱼的做法。随着医疗服务的市场化，医药卫生事业的健康发展要更多地依靠医疗保险的市场需求和资金支撑。因此，医疗保险、医疗机构和药品生产与流通，在根本利益上是一致的，在三者关系上是相辅相成的，在改革中必须同步推进，协同配套。李岚清副总理在全国城镇职工基本医疗保险制度和医药卫生体制改革工作会议上明确要求，要将医疗保险、医疗机构和药品流通体制改革结合起来，同步推进，相互配套。坚持“三改并举”，可以避免制度间的冲突和政策、管理上的脱节，也是加快建立城镇职工基本医疗保险制度的重要条件和难得机遇。

我部在确定2001年医疗保险制度改革工作任务时，提出了坚持“三改并举”方针，按照“稳步扩面、强化管理、健全系统、完善政策”的工作思路，加快推进医疗保险制度改革步伐的工作要求。坚持“三改并举”，就是要“围绕一个目标、建立两个机制、推进三项改革”。要求各级劳动保障部门积极与有关部门主动配合，始终围绕“以比较低廉的费用提供比较优质的医疗服务，努力满足广大人民群众基本医疗服务的需要”的改革目标，着眼于建立起对医、患、保费用分担的利益激励机制和医药服务机构的竞争机制，搞好三项改革的衔接配套，以“三改并举”实现“三赢”结果，最终促进医疗保险、医疗机构和药品流通的健康发展。

在全国开展再就业援助行动电视电话会议上的讲话

张左己

（2001年6月7日）

最近，劳动保障部下发了《关于开展再就业援助行动的通知》，要求各地在做好面向全体劳动者的就业和社会保险服务的同时，对困难群体人员开展专项援助行动，特别是对那些协议期满出中心面临就业困难和生活困难的下岗职工，在生活保障、再就业和社会保险等方面提供更好的服务和更多的帮助，为他们出中心再就业创造条件。今天，我们召开这次电视电话会，就是要对这项活动进行动员，作出部署。下面，我讲三个问题。

一、认清形势，提高认识，将开展援助行动摆上重要位置

1998年以来，按照党中央、国务院关于国有企业下岗职工基本生活保障和再就业工作的战略部署，在各级党委和政府的领导下，经过各地劳动保障部门和有关部门的共同努力，下岗职工基本生活得到了有效保障，再就业工作取得一定进展，有力地保证了国有企业三年脱困目标的实现，在维护社会稳定中发挥了重要作用。但我们也要看到，近两年，再就业的难度越来越大，就业局势也越来越严峻。下岗职工的再就业率，1998年是50%，1999年降为42%，2000年降至35%，今年一季度的再就业率比去年同期又有所下降。特别是三年前“七、八、九”三个月集中进中心的下岗职工，下半年将有200多万人协议期满出中心，他们大多年龄偏大、技能单一、就业条件较差，都面临着再就业难、社会保险接续难和生活保障难等问题。如果我们不及时伸出援助之手，帮助他们解决这些难题，许多下岗职工就难以走出中心。这些人如果继续留在中心里面，不仅增加企业和财政的负担，而且也会引发已出中心下岗职工的攀比，造成只进不出的严重局面。这些人如果倒流回企业，不仅难以实现减员增效的初衷，还会使三年来付出的巨大成本和辛勤努力付诸东流，造成前功尽弃的后果。这些人即使勉强出了中心，如果就业无着，家庭收入没有保障，也会重新陷入困境，使社会稳定受到很大影响。

为此，各地劳动保障部门必须迅速行动起来，在继续做好两个确保工作的基础上，大力促进再就业。当前最紧迫的任务是，针对下岗职工协议期满出中心面临的困难，开展援助行动，实施贴近服务和专项帮助，运用更加优惠的政策和更加切实有力的措施，帮助下岗职工平稳出中心，尽快再就业，顺利接保险。

最近，江总书记再三强调：“关心群众，代表群众利益，绝对不是空洞的口号，必须十分具体地落实到群众生产和生活的实际问题上。”“贯彻‘三个代表’的要求，关键是要深入基层，为百姓办实事好事。”我们应当看到，目前仍留在中心的下岗职工，是市场经济条件下的弱势群体，是我们就业和社会保障工作重点帮助的对象。扶持和帮助弱势群体，维护社会公正，保障低收入人群的基本生活，是我国社会主义制度本质的要求，也是人民政府义不容辞的责任。三年前，下岗职工生活遇到困难，我们通过建立中心、发生活费、代缴保险等方式保障他们的基本生活；三年后，他们出中心遇到困难，我们要大力实施援助行动，帮助他们再就业，接保险，免除其后顾之忧。通过援助行动，要向全社会表明，当下岗职工协议期满出中心的时候，政府没有把他们丢下不管，而是对他们负责到底。因此，搞好援助行动，是贯彻落实江总书记“三个代表”的重要思想，为广大人民群众谋利益的具体体现，是在当前形势下促进就业、保持社会稳定的重要举措。我们一定要从讲政治的高度来认识这一工作的重要性，把它摆上重要位置，列入重要议程，把它抓紧抓好，抓出成效。

二、促就业、接保险、保生活，全面落实各项援助措施

《关于开展再就业援助行动的通知》在总结地方经验的基础上，从下岗职工的切身利益出发，明确了援助行动的内容、方法和具体措施。围绕“促就业、接保险、保生活”三个主题，提出了八个方面的援助项目，包括上门咨询和政策援助、职业指导援助、就业信息和岗位援助、技能培训援助、社会保险接续援助、劳动保障事务代理援助、生活保障援助和特困群体援助，构成一个环环相扣的系统工程，为出中心的下岗职工编织了一张安全网。

援助行动的主题之一是“促就业”。就是要通过发挥政策的效应、提高服务与培训的实效来促进就业，做到政策落实，服务到位，培训有效。

一是在落实政策方面下功夫。最近劳动保障部、国家计委、监察部、建设部、中国人民银行、国家工商总局、国家税务总局、全国总工会、全国妇联九个部门下发了《关于开展落实下岗职工再就业优惠政策检查的通知》，要求各地区、各部门对落实再就业优惠政策的情况进行大检查，为再就业创造良好的政策环境。落实政策的关键是把政策交给群众，形成全社会监督落实政策的良好机制。在援助行动中，要给每个即将出中心的下岗职工发放《援助手册》，使其了解可以享受什么政策和服务，可以在什么地方得到帮助，做到“一册在手，政策全通，心中有底”。同时，要主动协调有关部门，推行《再就业政策优惠卡》制度，切实把各项政策落实到基层，落实到下岗职工身上。

社区就业是再就业的主攻方向，援助行动中的一项主要任务就是开发社区就业岗位，特别是托底安置困难群体人员的岗位。最近，劳动保障部、国家计委、国家经贸委、财政部、民政部、建设部、中国人民银行、国家工商总局、国家税务总局九个部门联合下发了《关于推动社区就业工作的若干意见》，目的就是通过政府各部门联手来推动社区就业。各地要把开展援助行动同落实九部门文件精神结合起来，在援助行动中推出一批社区就业项目，开发一批新岗位，重点是做好岗位援助中托底安置的工作。各地可借鉴上海等地的做法，通过政府扶持或补贴，集中开发一批社区保洁、保绿、保安、保养等就业岗位，安置困难群体人员。

二是在搞好服务上多做工作。按照镕基总理提出的劳动力市场“科学化、规范化、现代化”三化建设的要求，各地的劳动力市场建设都上了一个新台阶。但我们必须认识到，市场建设的最终成果，要体现在就业服务的质量和实效上。对下岗职工和失业人员实行免费信息服务和职业指导，只是一般的基本要求，我们要在援助行动中做得更多更好。如开设专门窗口，开展专项服务，实行个性化、跟踪式的职业指导，为年龄大、技能低的人员提供相应的岗位信息，推行大连等地“不挑不拣，即时就业”的承诺服务，等等。同时，我还要强调一下，要结合全国整顿市场经济秩序，继续清理整顿劳动力市场，规范市场秩序，取缔非法劳务中介，保护劳动者合法权益，努力为下岗职工和失业人员求职就业提供一个好的环境。

三是在强化培训上求实效。实践证明，提高就业能力是实现再就业的关键。实施培训援助要与开展第二期“三年千万”培训计划结合起来，通过政府购买培训成果等方式，确保有培训愿望的下岗职工和失业人员至少得到一次培训机会。培训援助的内容和方式，要更加突出针对性和实效性，既要瞄准劳动力市场的需求，又要针对培训对象的特点。特别是对那些就业困难的下岗职工和失业人员，要结合为他们开发的社区就业等岗位的需要，加强转换观念的指导，进行转岗转业的入门培训，着力提高实用技能，增强就业能力，促进他们尽快实现再就业。

援助行动的主题之二是“接保险”。就是要使每一个出中心的下岗职工能及时转移和接续社会保险关系，确保他们的社会保险关系不断档、不流失、不作废，真正做到“不论你在哪里干，社会保险接着算”。

能否接续社会保险关系，是许多下岗职工出中心时最为关心的问题。解决这一问题，从政策层面上已经有了很明确的规定，关键是让下岗职工了解掌握社会保险的具体政策和接续办法，提供专门的社会保险关系转移接续服务；同时，针对下岗职工大多数从事灵活就业的情况，制定相应的参保办法。各地要根据援助行动的有关要求，抓紧完善下岗职工出中心后社会保险关系的接续办法，健全各项制度和业务流程。社会保险经办机构在接到用人单位解除劳动关系的通知后，要及时向出中心人员发放缴费接续通知，公示接续保险的具体办法。同时，专门开辟个人缴费服务窗口，对自谋职业和采取各种灵活方式就业的人员开展专项服务。公共职业介绍机构及街道劳动保障机构，也要积极开展劳动保障事务委托代理，代管职工档案并提供相关服务。

援助行动主题之三是“保生活”。就是要衔接好三条保障线，使出中心下岗职工的生活保障及时纳入失业保险和城市居民最低生活保障之中。

失业保险是三条保障线中承上启下的重要环节。为筑牢堤坝，提高保障能力，各地要继续做好扩面征缴工作，并根据下岗职工陆续出中心转入失业保险的进程，搞好失业保险基金的调剂和安排。基金可能出现缺口的地区，要按照《失业保险条例》的有关规定，协调地方财政，做好补贴准备。要加强基础管理，提高服务水平，保证失业保险金的按时足额发放。对出中心人员数量较大的企业，失业保险经办机构要深入企业，把政策咨询送上门。对失业人员申领失业保险金，要做到及时核定、及时发放。

各地劳动保障部门要积极配合民政部门完善城市居民最低生活保障制度。对符合最低生活保障条件的人员，要及时告知有关政策规定，帮助做好接续工作。

加强三条保障线的衔接；必须强化再就业服务中心、失业保险经办机构、社区基层组织之间的联系，建立情况通报制度，确保联系畅通，救助及时，生活保障不间断，不出问题。

同志们，上述三个主题、八个方面，是我们开展援助行动的主要内容，也是我们政府劳动保障部门对下岗职工和失业人员的郑重承诺。我们一定要全力以赴做好。同时，各地可以结合实际，丰富援助行动的内容，扩展援助行动的领域，使这项工作取得更多、更大的效果。

三、精心组织，统筹安排，务求援助行动尽快见实效

开展再就业援助行动，时间紧，任务重，要求高。各级劳动保障部门的同志要提高工作的责任感和使命感，急下岗职工之所急，想下岗职工之所想，把援助行动组织好、宣传好、落实好。援助行动总的目标是：在今后几年，我们要通过努力，使出中心的下岗职工特别是那些困难群体人员，凡是需要了解政策的，都能得到及时的咨询和解答；凡是有就业和培训愿望的，都能得到适合的岗位信息和培训机会；凡是需要保持社会保险关系的，都能得到及时接续；凡是需要生活保障的，都能得到及时救助。当前最现实和紧迫的任务，就是对下半年协议期满出中心的下岗职工开展切实有效的援助，确保平稳渡过出中心的高峰期。为此，要从以下几个方面做好工作：

第一，加强领导，落实责任。各地劳动保障部门要在当地政府的统一领导下，抓紧制定工作方案，明确工作要求。各级劳动保障部门要在系统内建立各有关单位参加的协调组织或工作机制，并通过层层实行目标责任制，把任务分解到每一个部位，把责任落实到每一个工作人员。对援助行动的实施情况，要进行定期检查，对取得实际效果的，要予以表扬；对于因工作没有落实而引发问题的，要予以批评并追究相关责任。

第二，加强部门配合，形成工作合力。过去几年，再就业工作始终得到了各部门的大力支持，实现两个确保可以说是各部门密切合作的成果。现在，我们实施再就业援助行动，更离不开各部门的支持。各级劳动保障部门要主动与计划、经贸、建设、工商、税务、银行等部门配合，抓好再就业政策的落实；与财政部门配合，抓好资金的落实；与民政部门配合，抓好三条保障线的衔接；并充分发挥工会、妇联、共青团、残联等群团组织的优势，把援助行动扎实有效地开展起来。

第三，大力开展宣传，使援助行动深入人心。再就业援助行动是今年劳动保障工作的一件大事，是政府部门为人民群众办实事、办好事的实际行动，在宣传上要大题大作，广而告之，要呼吁全社会都来关心下岗职工，动员全社会都来参与援助行动，为下岗职工和失业人员的再就业创造良好的社会氛围。

第四，深入实际，改进作风。各级劳动保障部门要树立服务意识，把功夫下到基层，深入到下岗职工、失业人员中间，与他们同呼吸、共命运，及时研究他们关心的问题，妥善解决他们遇到的实际困难。

同志们，开展再就业援助行动，意义重大，任务繁重而光荣。让我们立即行动起来，以高度的责任感，以雷厉风行的作风，扎扎实实、深入细致地做好工作，为下岗职工和失业人员提供热诚的帮助，优质的服务，为深化企业改革、维护社会稳定做出新的贡献。

在辽宁省完善城镇社会保障体系试点工作动员大会上的讲话

张左己

（2001年7月8日）

辽宁省完善城镇社会保障体系试点实施方案已经国务院批准，今天正式启动。下面，我代表国务院完善城镇社会保障体系试点工作小组讲几点意见。

一、从贯彻落实“三个代表”的高度，充分认识完善城镇社会保障体系试点的重大意义

目前，全国上下正在深入学习贯彻江泽民总书记在庆祝中国共产党成立80周年大会上的讲话。江泽民总书记的重要讲话，全面回顾和总结了我们党80年的奋斗历程、光辉业绩和基本经验，深入阐述了“三个代表”的重要思想，回答了新的历史条件下加强和改进党的建设需要解决的重大问题，进一步指明了党在新世纪的历史任务和奋斗目标，是指导新时期党和国家建设的纲领性文件。江泽民总书记关于“三个代表”的要求，是我们党的立党之本、执政之基、力量之源，是我们在新世纪不断夺取建设包括社会保障事业在内的有中国特色社会主义事业新胜利的根本要求。我们要从贯彻落实“三个代表”重要思想的高度，进一步提高对加快完善社会保障体系重要意义的认识，增强紧迫感和责任感。

首先，加快完善社会保障体系，是进行经济体制改革和结构调整的需要，是不断解放和发展生产力，实现我国经济跨越式发展的重要保障。江泽民总书记指出，不断促进先进生产力发展，是我们党始终保持先进性的根本体现和根本要求。当前解决发展问题，必须做好国有企业深化改革和经济结构调整工作，这是发展我国先进社会生产力的必由之路。而无论是深化国有企业改革，还是进行经济结构调整，都不可避免地遇到“人往何处去”的问题。在这种情况下，只有建立健全社会保障体系，妥善解决下岗、失业人员的基本生活保障和再就业，确保离退休人员养老金的按时足额发放和基本医疗需求，才能促进国有企业改革进一步深化，保证结构调整的顺利进行，也才能真正实现先进生产力的大发展。从1998年到2000年的三年间，全国兼并破产企业达1 800多户，涉及职工500多万；这几年每年大体上有600万职工下岗，仅纺织一个行业，两年多时间就有近120万下岗职工先后进入再就业服务中心。为什么国有企业改革脱困力度这么大，但总体上仍保持了企业和社会稳定？中央领导同志指出，其中重要的一条，就是我们在国企改革脱困中高度重视两个确保工作，而且基本上实现了两个确保。

其次，加快完善社会保障体系，有利于培养社会保障意识，树立与社会主义市场经济相适应的新观念，是社会主义先进文化的重要内容。健全的社会保障制度，是社会生产力达到一定阶段的产物，是社会进步和文明的重要标志，体现了公平、平等、互助、自立等先进文化特性。我国社会保障制度经历了从传统的计划经济体制向社会主义市场经济体制的重大变革。建立完善的社会保障体系，有利于形成符合先进文化特性的社会保障观念：从生老病死全部由国家或单位包下来的“企业人”“单位人”的观念，逐步转向社会主义市场经济条件下的“社会人”的观念，社会保障权利和义务对等的观念逐步确立；各级政府建立公共财政的自觉性不断提高，政府职能进一步转变，财政支出中用于社会保障的比例逐步提高；人们的消费预期发生明显改变，即期消费意识进一步增强。这些社会保障观念的形成和发展，不仅为进一步完善社会保障制度创造了条件，同时也深刻地影响了人们的价值观念和社会心理，成为社会主义先进文化的重要组成部分。

第三，加快完善社会保障体系，有利于从制度上保障最广大人民群众的根本利益。提高人民群众的物质和精神生活水平是社会主义的根本目的，也是发展社会生产力和建设先进文化的必然归宿。九届全国人大四次会议通过的国民经济和社会发展第十个五年计划纲要提出，要不断提高城乡居民的物质和文化生活水平，向更加宽裕的小康生活目标迈进。社会保障的各项工作直接关系广大职工群众的切身利益。通过建立和完善社会保障体系，使广大人民群众老有所养，病有所医，失有所补，弱有所助，安居乐业，是全面建设小康社会的需要，是不断提高人民群众生活水平的一项重要措施，是从制度上全面落实党的全心全意为人民服务根本宗旨的重要体现。

完善城镇社会保障体系是一项十分复杂的系统工程，涉及法规、制度的建设和完善，关系到广大职工的利益调整，不仅对当前的经济和社会生活产生影响，也关系到国家建设的长远和未来。因此，要充分考虑其艰巨性和复杂性，充分考虑经济和社会各方面的承受能力以及对社会稳定的影响，必须经过试点，取得经验，稳步推进。国务院确定在辽宁省试点寓意很深，具有十分重要的意义。辽宁是老工业基地，国有企业比重大，经济结构调整的任务重，目前在中心的下岗职工多，离退休人员的比例高，遇到的困难也比较大，在全国有很强的典型性和代表性。朱镕基总理说过，国有企业改革看东北，东北改革看辽宁。选择在辽宁省进行试点，体现了党中央、国务院对辽宁省的信任，也体现了对老工业基地和国有企业及其职工的关心。辽宁试点成功，必然会极大地增强在全国建立起完善的社会保障体系的信心和决心，为加快社会保障体系建设发挥重要的示范和带动作用，并将为国有企业改革和经济结构调整目标的实现提供重要保障。

二、周密部署，精心组织，确保试点工作顺利进行

近年来，辽宁省委、省政府认真贯彻执行党中央、国务院关于深化改革、促进发展和保持稳定的一系列方针政策，国有企业改革取得突破性进展，经济结构调整顺利推进，两个确保等各项社会保障工作成效明显，为开展试点创造了有利的条件，提供了比较好的工作基础。国务院决定在辽宁省进行试点后，辽宁省做了大量深入细致的工作，经反复调查研究，提出了试点实施方案，为试点的组织实施做了比较充分的准备。朱镕基总理对辽宁试点工作非常牵挂，来沈阳前，嘱咐我们要及时向他报告试点启动初期的进展情况。吴邦国副总理讲了三点意见，让我向省委、省政府领导转达：（一）省里对试点工作不能大意，不是有钱就能解决问题；（二）试点一线在城市，市长必须弄明白；（三）必须做好基础工作，切实做到两个确保。这三点指示，简明扼要，语重心长。为落实国务院领导同志的指示，做好试点工作，我代表国务院试点工作小组提出以下几点意见：

第一，认真贯彻落实中央确定的关于试点工作的方针政策和原则要求。江泽民总书记在去年召开的中央经济工作会议上指出，建立社会保障体系，一是要从国情出发，与国民经济发展水平以及各方面承受能力相适应，首先保证人们基本生活的需要；二是坚持公平与效率相结合，权利与义务相对应，兼顾国家、企业、个人三者利益；三是要积极稳妥，注意新老体制的衔接和过渡，避免出现大的变动。朱镕基总理在听取辽宁试点实施方案的汇报时指出，试点工作要把握四个原则：一是要分清政府与企业的责任，二是要将解决实行新体制遇到的问题与解决历史遗留问题区分开来，三是要对职工区别不同情况制定不同政策，四是要考虑可推广性。《国务院关于印发完善城镇社会保障体系试点方案的通知》（国发〔2000〕42号）明确了试点的基本原则和政策要求。经国务院批准的《辽宁省完善城镇职工社会保障体系试点实施方案》，符合国发〔2000〕42号文件和中央领导同志的指示精神，充分考虑了辽宁省社会保障工作的实际，对一些具体问题进行了完善和细化。希望辽宁省在试点过程中，严格遵循中央领导同志明确的原则要求，认真贯彻实施国务院批复的试点方案。

第二，搞好政策衔接，保持社会稳定。完善基本养老保险制度和推进下岗职工基本生活保障向失业保险并轨，是这次试点的两项重点内容。无论是调整养老金计发办法、做实个人账户，还是下岗职工出中心、理顺劳动关系、享受失业保险和城市居民最低生活保障，都直接关系广大职工的切身利益，必须集中精力，精心组织，周密实施，尤其是要把下岗职工出中心的工作做实做细，不可掉以轻心。在试点实施过程中，要充分考虑职工群众和社会各方面的承受能力，注意把握好工作节奏和力度，搞好新老制度的衔接，维护社会稳定。吴邦国副总理在听取辽宁汇报时特别指出，试点工作要以保持社会稳定为前提，当工作进度与稳定发生矛盾时，进度要服从稳定。

第三，加强基础工作，不断研究新情况、解决新问题。从确定试点方案到把试点的各项政策具体落实到位，需要做大量的、艰苦细致的工作。要加快社会保障信息系统的开发建设步伐，尽快把各类社会保障对象的数据库建立起来。要进一步清理和规范养老保险个人账户，解决目前一些地市养老保险个人账户不规范和未建立个人账户的问题。要加强对相关人员的政策和业务培训，切实改进和加强统计和信息管理工作，把情况摸准，把数字搞实，做到心中有数。这些基础工作到位了，试点工作就有了可靠的保证。要深入实际调查研究，密切关注试点工作的进展情况，及时发现试点中出现的新情况、新问题，认真研究解决办法，重要情况要及时报告。

第四，多渠道筹集落实资金，强化基金管理。各级劳动保障部门要进一步做好社会保险扩面工作，与税务部门密切配合，搞好工作衔接，加强社会保险费征缴，努力提高征缴率，做到应收尽收。特别是要做好养老保险个人账户和统筹基金的收缴工作，在个人缴费标准提高后，要确保个人缴费征缴到位。地方各级财政都要根据中央的要求，切实调整财政支出结构，加大对社会保障的资金支持力度。考虑到辽宁省的实际困难，中央财政将继续对两个确保并且对试点给予必要的补助。希望辽宁省切实把各项社会保障资金管好用好，保证专款专用，坚决杜绝挤占挪用，把钱真正用到广大职工身上。

第五，加大政策宣传力度，争取广大职工群众和社会各方面的支持和参与。各级政府要及时掌握企业职工、离退休人员和社会各方面的思想动态，利用各种新闻媒体，通过各种方式，有针对性地做好试点政策的宣传解释工作，做到家喻户晓、人人明白。各级工会组织要深入基层了解职工群众的思想动态，及时反映职工的呼声和要求，维护职工合法权益；要充分发挥基层工会组织的优势，积极配合政府部门做好职工的思想政治工作，消除职工群众中存在的思想顾虑和模糊认识。要发挥职工群众的监督作用，企业的重大改革事项一定要经过职工代表大会充分讨论，让广大职工了解改革，参与改革，支持改革。

第六，加强组织领导，密切部门之间的相互配合。辽宁省是组织实施试点的主体。国务院领导同志指示，省委、省政府要切实加强对试点工作的组织领导，及时研究解决试点工作中出现的一些矛盾和问题，确保试点工作的顺利进行。试点的具体工作主要由市一级政府承担，各城市要按照省委、省政府的统一部署，加强对本地区试点工作的组织领导，要把政策吃透，研究制定符合本市实际的具体实施办法，报省政府审批后实施。社会保障体系试点工作涉及多个部门的职责，各级劳动保障、民政、财政、税务等部门要分工合作，密切配合，树立全局观念和大局意识，认真承担起本部门的职责任务。各级劳动保障部门要积极主动地开展工作，坚持多沟通、多协商，认真做好职责范围内的各项试点工作。国务院试点工作小组和各成员单位将认真履行职责，配合辽宁省委、省政府开展工作，对试点工作给予支持和帮助，但不包办代替，不越俎代庖。

三、巩固两个确保，全面推进各项社会保障工作

两个确保是当前社会保障体系建设的重中之重，一定要全力做好。国务院三令五申，一定要做到两个确保，不得发生新的拖欠。朱镕基总理和吴邦国副总理多次指示，在辽宁省试点过程中，工作还是要以两个确保为重点，当期发放必须保证，两个确保不能动摇。辽宁省两个确保工作的总体情况是好的。今年上半年，全省企业离退休人员养老金按时足额发放率和社会化发放率均达到100%；大多数下岗职工基本生活得到保障。改革的根本目的是要确保各项社会保障待遇的按时足额发放，作为试点地区尤其不能出现两个确保不落实的问题。希望辽宁省按照中央的要求，切实做到两个确保。

扎扎实实做好就业和再就业工作。从一定意义上讲，就业是最根本的保障。就业工作做好了，可以为劳动者提供更充分的保障，不仅有利于社会稳定，也有利于试点工作的顺利进行。目前，辽宁省就业形势比较严峻。省里对就业工作非常重视，明天还要召开全省就业工作会议进行部署。希望辽宁省在多渠道开发就业岗位、推进社区就业、实施再就业援助等方面加大工作力度，落实各项再就业优惠政策，千方百计促进下岗职工和失业人员再就业。

加快推进医疗保险制度改革。医疗保险是社会保障体系的重要组成部分，要与养老、失业等保险同步推进，否则社会保障体系就不完整。李岚清副总理非常关心医疗保险改革工作，在研究国务院的试点方案时特别指出，医疗保险不存在试点的问题，主要是全面推进。希望辽宁省以启动完善城镇社会保障体系试点为契机，认真贯彻国发〔2000〕42号文件和国务院即将在青岛召开的第二次三项制度改革工作会议精神，尽快理顺管理体制，建立市县医疗保险经办机构，加快医疗保险制度改革的实施步伐。

切实加强失业保险和城市居民最低生活保障工作。失业保险和城市居民最低生活保障是社会保障体系最后的两道防线，直接影响到出中心未就业的下岗职工和其他失业人员的基本生活。对辽宁省而言，做好这两项工作显得尤为迫切和重要。因为实行并轨以后，所有新分流的企业富余人员都要直接进入失业保险，部分协议期满出中心的下岗职工还要享受失业保险和城市居民最低生活保障待遇，这必然会对失业保险基金和最低生活保障资金带来更大的支付压力，处理不好，很容易诱发不稳定。希望辽宁省通过强化征缴、调整财政支出结构等措施，把资金筹足，把管理服务工作做细，将符合条件的人员全部纳入失业保险和城市居民最低生活保障覆盖范围，切实保障他们的基本生活。

同志们，党中央、国务院对辽宁省的试点工作寄予厚望，全国也都在关注试点工作的进展情况。我们相信，有党中央、国务院的高度重视和正确领导，有国务院各相关部门的大力支持和密切配合，在辽宁省委、省政府的精心组织和周密安排下，经过全省上下共同努力，完善城镇社会保障体系试点工作一定能够取得预期效果。

深入学习贯彻江总书记“七一”重要讲话精神　努力做好劳动保障工作

——在全国劳动保障厅局长座谈会上的讲话

张左己

（2001年7月17日）

在隆重纪念中国共产党成立80周年以及热烈庆祝北京赢得2008年奥运会主办权的日子里，我们召开这次全国劳动保障厅局长座谈会，主要任务是，深入学习江总书记“七一”重要讲话，结合总结上半年劳动保障工作，分析当前的几个突出问题，研究部署今年后几个月的重点工作。下面，我讲几点意见。

一、以“七一”重要讲话精神为动力，进一步增强做好劳动保障工作的责任感和紧迫感

江总书记的“七一”重要讲话，以马克思列宁主义、毛泽东思想、邓小平理论为指导，贯彻解放思想、实事求是的思想路线，全面回顾和总结了我们党80年的光辉历程和基本经验，系统科学地阐述了“三个代表”重要思想的丰富内涵和精神实质，深刻回答了新的历史条件下加强和改进党的建设需要解决的重大问题，进一步阐明了党在新世纪的历史任务和奋斗目标，是指导我们党在新世纪全面推进建设有中国特色社会主义伟大事业的行动纲领，是团结和带领全国人民实现中华民族伟大复兴的动员令。深入学习江总书记的重要讲话，用以指导劳动保障工作，是我们今后的一项长期任务。

（一）紧密结合劳动保障工作实际，努力实践“三个代表”的重要思想

劳动保障工作，与广大职工群众的利益密切相联，事关经济发展、政治稳定和国家长治久安。努力做好劳动保障工作，是实践“三个代表”思想的重要内容。

首先，劳动保障工作是围绕着劳动者这个生产力中最活跃的因素进行的，与生产力的发展有着密切的关系，是促进先进生产力发展的必要条件。江总书记指出：“全党同志无论在什么岗位上，要对自己所从事的工作经常加以检查和总结，看看是不是符合先进生产力的发展要求，符合的就毫不动摇地坚持，不符合的就实事求是地纠正。这样，才能充分体现共产党人的先进性和时代精神。”学习贯彻江总书记这一重要论断，就是要从代表先进生产力的高度，审视劳动保障工作在促进、保护、发展生产力中的重要作用，牢牢把握有利于先进生产力发展这一根本要求，做好劳动保障的各项工作。比如，在就业工作中，既要扩大就业数量，又要注重提高就业质量，实现数量和质量的统一；在处理劳动关系时，既要保护职工群

众的合法权益，又要有利于企业的发展，“手托两家”；在工资收入分配过程中，既要逐步提高职工的工资水平，又要合理控制企业人工成本，两者不能偏废；在社会保障工作中，既要维护公平，又要注重效率，实现公平与效率的有机统一。只有这样，才能保护和促进先进生产力的发展，否则就会产生制约和阻碍作用。当前，我国正处在完善社会主义市场经济体制和经济结构大调整的历史时期，努力做好国有企业下岗职工基本生活保障和再就业工作，确保企业离退休人员养老金按时足额发放，是建立社会主义市场经济体制，促进企业改革和结构调整的重要措施。三年来的实践证明，如果没有两个确保，不仅国有企业三年脱困目标难以实现，产业结构调整，特别是企业关闭破产寸步难行，我们也不可能有这么好的经济增长势头。“十五”期间，产业结构调整的力度将进一步加大，成为贯穿国民经济和社会发展的一条主线，劳动保障工作要紧紧围绕发展这个主题，多渠道扩大就业，加快完善社会保障体系，进一步理顺工资收入分配关系，为保护和发展生产力做出积极贡献。

其次，劳动保障工作关系到人们“从摇篮到坟墓”的一生，直接影响着人们的思想观念和社会意识，确立适应社会主义市场经济发展要求的劳动保障观念和意识，是发展社会主义先进文化的重要内容。近年来，我们按照建立和完善社会主义市场经济的总体要求，努力转变计划经济体制下传统的就业观念、社会保障观念和收入分配观念。在择业方面，由以往国家包揽就业、一业定终身，向市场就业、竞争择业转变，“不找市长找市场”；在社会保障方面，由国家或单位包下来的“企业人”“单位人”，向市场经济条件下“社会人”转变，社会保障权利和义务观念逐步确立；在分配方面，由“大锅饭”、不患寡而患不均，向各尽所能、收入能高能低转变，职工群众的自立意识、竞争意识、效率意识正在形成；在政府职能方面，由政府直接投资办企业向公共财政转变，对社会保障资金的投入不断增加；在消费观念方面，随着社会保障制度的日益完善，解除了人们的后顾之忧，即期消费意识进一步增强。这些不仅增强了人们对改革的心理承受能力，而且有力地推动了社会主义市场体制的建立和发展，促进了社会进步和文明，成为社会主义先进文化的重要组成部分。

第三，劳动保障工作涉及千家万户，直接关系到人们的就业状况和生活质量，是维护亿万职工群众利益的直接体现。江总书记“七一”重要讲话中明确指出，“党的一切工作，必须以最广大人民的根本利益为最高标准”。劳动保障工作，无论是两个确保、完善社会保障体系，还是扩大就业、理顺工资收入分配关系，其出发点和归宿都是维护广大职工群众利益。当前，国有企业深化改革和进行经济结构调整，使一些职工的生活受到暂时影响。对此，江总书记明确要求，“各级领导机关和领导干部，要特别关心那些工作和生活上暂时遇到困难的群众，把事情摆上重要议事日程，重点考虑，重点解决，切实安排好他们的就业和生活”。我们要按照江总书记的要求，不折不扣地做好两个确保工作，加快完善社会保障体系，使广大人民群众老有所养、病有所医、失有所补、弱有所助、安居乐业，把党关心人民群众生活的方针政策落到实处。

（二）进一步解放思想，研究新情况、解决新问题

江总书记的“七一”重要讲话，洋溢着解放思想、实事求是、不断创新的精神，体现了马克思主义与时俱进的理论品质。认真学习讲话，一个非常重要的思想启迪，就是尊重实践，研究新情况，解决新问题，不断开拓劳动保障工作的新局面。

一是积极研究就业方式、分配方式日益多样化的新情况，制定和完善与之相适应的各项劳动保障政策。江总书记指出：“由于实行改革开放和发展社会主义市场经济，我国社会经济成分、组织形式、就业方式、利益关系和分配方式日益多样化。”“改革开放以来，我国的社会阶层构成发生了新的变化，出现了民营科

技企业的创业人员和技术人员、受聘于外资企业的管理技术人员、个体户、私营企业主、中介组织的从业人员、自由职业人员等社会阶层。而且，许多人在不同所有制、不同行业、不同地域之间频繁流动，他们的职业和身份经常变动。这种变化还会继续下去。这些新的阶层中的广大人员，通过诚实劳动和工作，通过合法经营，为发展社会主义社会的生产力和其他事业做出了贡献。他们与工人、农民、知识分子和解放军指战员团结在一起，他们也是有中国特色的社会主义建设者。”江总书记这一重要论断，首次对多种所有制形式从业人员的政治地位和社会作用作出了明确界定，是一个重大的理论突破，必将极大地调动全社会各类劳动者的积极性，促进生产力的解放和发展。同时，也对转变就业观念、广开就业门路、促进多种就业形式的发展，具有重要的现实意义。我们要认真研究市场经济条件下就业方式的新特点，积极制定和完善多种就业形式从业人员的劳动关系、收入分配、社会保障等方面的具体政策，保障各类从业人员都能享受社会保障的权益，促进多种所有制经济的健康发展。

二是深化对社会主义社会劳动和劳动价值理论的认识。江总书记在“七一”重要讲话中指出，“要坚持和完善按劳分配为主体的多种分配方式”。同时明确要求，“我们应结合新的实际，深化对社会主义社会劳动和劳动价值理论的研究和认识”，“加快建立有利于留住人才和人尽其才的收入分配机制，从制度上保证各类人才得到与他们的劳动和贡献相适应的报酬”。按照江总书记的指示，我们要在坚持按劳分配为主体的基础上，积极探索多种生产要素参与收益分配的办法，正确认识经营管理和科技创新在创造价值和促进生产力发展中的重要作用，尽快制定有利于调动经营管理者和科技人员的收入分配政策，形成有效的激励机制，理顺收入分配关系。

三是努力提高劳动者素质，充分调动人的积极性、主动性、创造性。江总书记指出：“人是生产力中最具有决定性的力量。包括知识分子在内的我国工人阶级，是推动我国先进生产力发展的基本力量。我国农民阶级和其他劳动群众，同工人阶级紧密团结，是推动我国社会生产力发展的重要力量。不断提高工人、农民、知识分子和其他劳动群众以及全体人民的思想道德素质和科学文化素质，不断提高他们的劳动技能和创造才能，充分发挥他们的积极性、主动性、创造性，始终是我们党代表先进生产力发展要求必须履行的第一要务。”劳动保障工作如何真正体现“第一要务”，是摆在我们面前重大而崭新的课题。我们要认真研究这个问题，提出加强职业培训和职业教育，切实提高劳动者的素质和技能，进一步调动他们积极性、主动性、创造性的政策措施，从而促进先进生产力的发展。

（三）深入持久地学习好、贯彻好江总书记“七一”重要讲话

江总书记重要讲话，思想极为深刻，内容十分丰富，直接涉及劳动保障工作的地方很多，是我们做好新时期劳动保障工作的指针。全国劳动保障系统要迅速掀起一个学习高潮，深入学习、全面领会、坚决贯彻讲话精神。一是要集中时间、集中精力，原原本本地学。同时，要把学习江总书记“七一”重要讲话同学习邓小平建设有中国特色社会主义理论结合起来，同学习党的十五大以来党的重大方针政策结合起来，联系改革开放的实践，认真研究思考一些重大理论和实践问题。二是要结合劳动保障工作实际深入地学。针对劳动保障工作的热点、难点、重点问题，人民群众最关心的问题，关系改革发展稳定大局的问题，深入研究思考，举全系统之力，集思广益，深化对“七一”重要讲话的学习认识。我们要在劳动保障报上开辟专栏，在座的各位厅局长都要带头谈体会，把全国劳动保障系统学习活动引向深入。部党组决定，与中共中央文献研究室共同编辑《新时期劳动和社会保障重要文献选编》，编写《领导干部社会保障知识读本》，这两本书即将出版。《文献》选编了改革开放以来中

央关于劳动保障工作的重要文件和中央领导同志的重要讲话，《读本》则全面系统地介绍了社会保障的理论和政策。各地要认真组织好学习和宣传活动，以此提高劳动保障工作质量和效率，推进我们的事业不断上新的台阶。三是把江总书记重要讲话精神贯彻到劳动保障各项工作中去。学习的目的在于运用，学习的效果体现在运用。我们要把江总书记重要讲话作为推动劳动保障工作的指导方针和精神动力，用我们的实际行动，把讲话精神落到实处。

二、认真做好当前劳动保障的几项重点工作

最近，国务院对当前经济运行状况进行了深入分析。总体上说，在国际经济增势放缓的情况下，我国经济继续保持较快增长，结构调整积极推进，各项改革不断深化，经济增长的质量和效益进一步提高。从发展趋势看，全年经济可继续保持良好发展势头。但对存在的困难和问题不可低估，特别是由于出口增长受世界经济贸易减速影响而进一步放慢，经济运行可能呈现前高后低的走势。这些对劳动保障工作将会产生直接影响。部里对上半年的形势进行了分析。总体上看，上半年的劳动保障工作取得了较好成绩，两个确保继续得到巩固，扩面征缴取得新的成效，完善社会保障体系试点工作已经启动，医疗保险改革稳步推进。下半年，受宏观经济的影响，就业环境进一步趋紧，失业率有可能攀升到4%；国有企业下岗职工三年期满出中心进入高峰期，理顺劳动关系难度很大；辽宁省完善社会保障体系试点刚刚起步，其他13个试点城市尚未启动，试点过程中会出现哪些问题，还看得不是很清楚；医疗保险覆盖面刚过5 000万人，完成今年的目标任务，还需要作出巨大努力。对全年的工作任务，我们要按照全国社会保障工作会议和全国劳动保障工作会议的部署，狠抓落实。结合对当前形势的分析，要着力做好以下几项重点工作。

（一）关于两个确保工作

三年来，我们按照中央部署，始终把两个确保作为劳动保障工作的重中之重，放在各项工作的首位，紧紧扭住不放，基本实现了两个确保，不仅为国有企业改革和脱困创造了条件，而且保持了我国社会的稳定。实践证明，中央关于两个确保的决策，是非常及时、非常英明的。劳动保障部门的工作受到各级党委政府的高度重视，受到全社会的普遍关注，得到职工群众的支持和拥护，是与实现两个确保分不开的。

上半年，各级劳动保障部门坚持两个确保目标不变，政策不变，工作要求不变，取得了近年来两个确保的最好成绩。据统计，6月底，国有企业下岗职工总数为632万人，其中，579万人进入再就业服务中心，比例为91.6%；进中心领取基本生活费比例为99.9%，比去年底提高3.9个百分点；代缴社会保险费比例为99.6%，比去年底提高6个百分点。6月份，除5个省份外，其他省份均做到了100%发放基本生活费和代缴社会保险费。1~6月，全部做到两个100%的有北京、河北、内蒙古、上海、浙江、安徽、河南、湖北、海南、重庆、陕西、甘肃、新疆13个省份。

今年上半年，全国企业离退休人员基本养老金足额发放率取得了99.88%的好成绩，与去年同期相比，提高1.6个百分点。到6月底，各地还补发2000年底以前拖欠的养老金11.88亿元。至此，除了地方拖欠的129.83亿元没有补发外，原行业统筹企业、军工企业及北京、天津、上海、浙江、福建、广东、新疆、西藏和兵团等9个地区（单位），已没有历史拖欠。实行养老金社会化发放的企业离退休人员达到2 980万人，社会化发放率为96.4%，比去年底提高4.4个百分点，有效控制了当期拖欠的发生。

对上半年的统计数据，我们进行了认真核实，应该说，是比较真实的。一是部里和地方都公布了举报电话，这些数字如果不真实，职

工就会有反映。上半年，我们虽然接到过职工举报，但比例很小。二是从部机关信访情况看，在两个确保方面，90%是反映历史拖欠和待遇问题，反映当期拖欠的只占2%，而且均已督促地方查实解决。三是根据部里对沈阳、南京等10个城市抽样调查情况看，基本印证了统计数据。

上半年工作取得很大成绩，并不是说就没有问题，两个确保还存在死角。一是政策上的死角。主要是农垦企业当期拖欠。目前，全国农垦企业在职职工403万人，离退休人员147万人。由于这些企业经济效益普遍较差，离退休人员比例高、负担重，多数又没有参加地方统筹，地方也没有能力承接，一直是养老金发放工作的难点。截止到6月底，农垦企业发生当期拖欠1.23亿元，其中黑龙江农垦企业发生6 896万元，海南农垦企业发生5 410万元。最近部里向国务院报告了解决意见，主要是，明确农垦企业养老保险由地方管理，同时核实资金缺口，中央给予补助。如经国务院批准，各地要认真抓好落实，妥善解决这一问题。二是工作中的死角。6月份，有13万下岗职工没有足额领到基本生活费。一些地区出现了养老金拖欠也不向部里报告，等老百姓告状了，我们才发现，这就不仅是工作死角问题，而是工作作风问题了。三年来，中央对两个确保高度重视，要钱给钱，资金支持达819亿元；要政策给政策，煤炭、有色、军工等行业养老保险下放地方管理，费率一次性下调，资金缺口由中央补助。如果还确保不了，这就得从工作上找原因。中央已经明确，今年中央财政对地方两个确保工作的资金支持力度不减，但要同地方政府的资金投入挂起钩来。目前，调标资金、下岗职工基本生活保障补助资金、补行业缺口资金都已下拨或预拨了一部分。养老保险资金当期缺口补助，要看各地财政支持力度和工作绩效而定，年底再统筹考虑。下半年，各地一定要工作到位，措施到位，下大决心把两个确保的死角清除掉，让每个下岗职工、每个企业离退休人员都能享受到政府的关怀。

社会保险费征缴是我们必须始终抓好的工作。养老保险费征缴现在存在三个问题。一是有的参保不缴费。今年上半年，全国参保职工超过1亿人，但实际缴费人数并没有这么多。二是有的缴费不足额。一些企业的缴费工资基数低于人均工资。三是一些地方收缴率不高。从全国看，虽然收缴率近年来逐年提高，但仍有少数省份的收缴率没有达到90%。这三个因素七折八扣，全国基金流失就可能有上百亿元。对此，需要引起我们的高度重视，采取切实措施加以解决。现在有15个省份实行税务征收，收缴效果参差不齐。这里要强调，无论哪个部门征收，都要做到应收尽收。全国社会保障工作会议明确要求，各地要在当地新闻媒体上定期公布养老保险费征缴情况，这是保发放的一项很具体的措施。从上半年情况看，只有河北等12个省份做到了。下半年，各统筹地区都要定期公布征缴情况，各省、自治区、直辖市的征缴情况将由部里按季在人民日报上公布。同时，还要加强对基金的管理和监督，确保财政补助资金及企业和职工缴纳的社会保险基金安全完整，管好用好，坚决杜绝挤占挪用和违规违纪现象。

当前，企业离退休人员与机关事业单位离退休人员养老金水平差距较大，需要引起我们的高度重视。6月中旬，国务院已经同意今年对企业离休人员养老保险待遇标准进行调整。企业退休人员养老金待遇标准的调整是一个两难的问题。如果不调整，矛盾会积累，会逐步突出；如果调整，保发放的压力会进一步增大。这个问题，我们要慎重考虑和研究。各地要按照国务院统一部署，首先做好调整企业离休人员待遇的实施工作，同时向企业退休人员做好解释，以维护社会稳定。

（二）关于国有企业下岗职工出中心工作

1998年的7、8、9三个月，我们贯彻党中央、国务院召开的国有企业下岗职工基本生活保障和再就业工作会议精神，按照中发10号文件要求，开展了大规模的建中心、进中心工作，当年就有700万下岗职工进了中心。回想起来，何其不易。三年后的今天，出中心成为我们面对的一项十分紧迫的任务。下岗职工出中心问题如果解决得不好，其影响至少有三个方面：一是大批协议期满下岗职工仍留在中心，没有实现改革的初衷，三年来努力的结果将大打折扣。二是长期拖下去，势必会增加政府和企业的负担。三是对出中心确实有困难的，如果工作不到位，硬性出中心，可能造成社会不稳定。

对下岗职工出中心问题，各地未雨绸缪，认识得早，研究得早，并结合实际情况，探索了不少可行办法。目前，全国23个省份先后出台了下岗职工出中心的文件，按照分类指导的方针，通过多渠道筹集资金和制定优惠政策等，引导下岗职工出中心，理顺劳动关系。1~6月，全国共有107万下岗职工出中心，79万人实现再就业，47.9万人与企业解除劳动关系，占出中心人数的44.8%，比去年同期提高17个百分点。从全国看，经济发达地区采取了财政补助等方式多渠道筹集资金，支付经济补偿，鼓励下岗职工提前出中心，在中心的下岗职工已所剩无几了。西部地区虽然还在进中心，但下岗职工总量不多，问题也不是很大。就是在西部地区，也有解决得好的，重庆是一个典型的例子，已出中心的20万下岗职工都理顺了劳动关系。陕西省也在探索解决问题的具体办法。现在任务比较重的是黑龙江、吉林、辽宁、湖南、湖北、四川等省份。据分析，这些省份下岗职工出中心问题表现为“三个集中”：一是人数集中，占下岗职工总数的一半，主要集中在8、9、10月份；二是矛盾集中，既要解除劳动关系，又要促进再就业，接续社会保险关系；三是需要的资金集中，既要给出中心的下岗职工支付经济补偿金，又要解决拖欠的工资、医疗费、集资款等债务。

根据国务院领导同志的指示，做好这项工作，要注意把握好以下几点：一是坚持中发10号文件确定的建立市场导向就业机制和下岗职工三年协议期满出中心的原则不动摇。坚持这个大方向，符合完善社会主义市场经济体制的要求，有利于实现减员增效，促进国有企业改革。从一定意义上讲，这也是发展先进生产力的要求。在这个前提下，完善有关政策，按规定支付经济补偿金、清偿债务。二是从实际出发，分类解决。对距法定退休年龄不足5年的，可实行企业内部退养；对实行劳动合同制以前参加工作、不符合内退条件、再就业困难的，可以协议缴纳社会保险费；对实行劳动合同制以后参加工作的，解除劳动关系，支付经济补偿金。三是对出中心的下岗职工要继续给予满腔热忱的服务。据了解，在一些效益较差或扭亏无望的企业，下岗职工并非要呆在中心不走，主要是担心与企业解除劳动关系后，养老和医疗没有人管。这是问题症结所在。我们要对症下药，认真研究接续养老、医疗保险关系的具体办法，并落实到每个下岗职工身上，不能推出去不管。各地要认真做好下岗职工出中心后失业保险接续工作，切实保障所有符合条件的下岗职工依法享受失业保险待遇。积极组织开展再就业援助行动，对那些遇到困难的下岗职工，实施上门服务，解决他们在接保险、保生活、再就业方面的实际困难。国务院领导同志已经明确，中央财政支持下岗职工基本生活保障的资金一定三年不变，同时也明确，要将责任落实到地方。各地可根据下岗职工出中心的情况，灵活使用资金，并积极促进再就业，以推动出中心工作的顺利进行。

经过三年努力，困难企业减员分流势头逐渐减弱，但自去年以来，一些优势企业开始主动分流减员。2000年中石油等13家企业分流减员67万人，其中通过有偿解除劳动关系35.7万人，占半数以上。预计今后三年，这些企业分流减员在100万人左右。优势企业主动分流减员，降低了人工成本，改善了职工结构，提高了企业竞争力，符合市场经济的要求，也是主动应对加入世界贸易组织的一项措施。但在实施过程中，也出现了一些值得注意的问题：一是在解除劳动关系时，这些企业在国家规定的经济补偿标准之外，自行确定补助项目，支付水平过高，引起集团内部企业之间、优势企业与优势企业之间的相互攀比，引发了一些不稳定的问题。二是一些企业裁员程序不够完备，工作不够细致，也不征求工会和职工意见，出现给钱较多还有意见的情况。三是企业裁员不向地方政府及劳动保障部门报告，给当地就业造成很大影响。最近，我们已向国务院报告了有关情况，朱镕基总理十分重视，指示我们调查研究，提出规范意见。前一阶段，一些地方劳动保障部门提出，对领取高额经济补偿的还要不要发给失业保险金的问题。不给失业保险金，法律上说不过去。实际上，想用不发数千元的失业保险金去制约多达数万元、十多万元的经济补偿，也达不到预期目的。不仅如此，而且还可能导致这些优势企业不缴失业保险费。我们要把这个道理想明白。优势企业裁员问题比较复杂，需要深入研究，如经济补偿要不要限高，要限怎么限，等等，我们想听听大家的意见。

在解决好下岗职工出中心的同时，要注意处理好面上的劳动关系问题。一个时期以来，劳动关系日趋复杂，劳动争议案件持续上升，群体性突发事件时有发生，直接影响到社会稳定。6月14日，中央政治局常委尉健行同志召集劳动保障部、全国总工会负责同志，专题研究劳动关系协调处理问题，并提出了明确要求。按照健行同志的指示精神，做好劳动关系协调工作，一是要从源头上规范劳动关系，其重点是认真执行《劳动法》和相关配套政策，大力推行和规范劳动合同和集体合同制度，在有条件的地区建立劳动关系三方协商机制。二是强化劳动保障监察职能，切实做好执法检查，重点检查非公有制企业参加社会保险、缴纳社会保险费、签订劳动合同的情况，依法查处侵害职工合法权益的行为，把劳动保障法律法规落到实处。三是完善和落实劳动争议仲裁三方机制，健全机构，充实人员，发挥仲裁在处理劳动争议案件中的主渠道作用。四是加强对影响劳动关系重大问题的研究，建立健全群体性突发事件的预防和处理机制，尽可能将突发事件隐患消除在萌芽状态，解决在基层。

(三) 关于完善社会保障体系试点工作

7月8日，辽宁召开完善社会保障体系试点动员大会，对试点工作进行了部署。中央决定在辽宁进行完善社会保障体系的试点，寓意很深，意义重大。辽宁是老工业基地，国有企业比重大，经济结构调整的任务重，目前在中心的下岗职工多，离退休人员比例高，遇到的困难也比较大，在全国有很强的典型性和代表性。辽宁试点成功了，必然会增强在全国建立起完善的社会保障体系的信心和决心，为加快社会保障体系建设发挥重要的示范和带动作用。国务院对辽宁试点寄予很大希望，如果试点顺利，明年就可以在全国推广。

从辽宁的试点准备工作看，我们要注意以下几点：一是试点必须有明确的指导思想。这就是为了完善社会保障体系，并建立有效的运行机制，保障广大职工群众的权益，维护社会稳定。试点要坚持政府与企业责任分开、解决实行新体制遇到的问题与解决历史遗留问题分开、区别不同职工制定不同政策，以及具有可推广性的原则。二是资金问题。不管是做实个人账户，还是弥补下岗职工基本生活保障缺口，确实需要资金。对特殊困难的地区，财政是要给一些资金支持，但主要是依靠地方。三是做好基础管理和宣传工作。吴邦国副总理明确指出，对试点工作不能大意，不是有钱就能解决问题。辽宁为了制定好试点方案，多次进行"地毯式"调查摸底，摸清了国有企业下岗职工中各种离岗人员的情况，并对养老金计发标准进行详细测算，做了大量的基础工作。从辽宁省的情况看，做好基础管理和宣传工作非常重要。有些地方个人账户建账率不到20%，何谈做实个人账户？理顺劳动关系，不发挥职代会和企业党组织的作用，不做好职工的思想政治工作，也是很难顺利进行的。

按照国发〔2000〕42号文件要求，除辽宁省外，全国还有13个省份自主确定了试点城市。在这些城市进行试点，对于全面了解情况，增进对完善社会保障体系复杂性的认识是非常必要的，也有助于从不同情况、不同角度完善试点的办法和措施，为全面完善社会保障体系做好准备。辽宁省的试点方案已经印发全国，这些试点城市要参照辽宁省的方案，做好充分的测算和论证工作，摸清底数，制定切合实际的方案。资金能够自求平衡的，可以进行做实个人账户的试点，如果做不到这一点，可先进行并轨的试点，采取分步走的办法。省级劳动保障部门要指导试点城市拟定好试点方案和工作计划，抓紧启动实施。部里将适时召开试点工作座谈会，通报试点进展情况，研究推进试点工作的措施。

没有确定试点的地区，也不要坐等。建立完善的社会保障体系是大方向，现在不试，将来总要去做。因此，从现在起就得有思想准备，做好各项基础工作。要继续抓好扩面征缴，全面建立和规范个人账户，完善养老金社会化发放办法，积极探索退休人员社区管理的有效方式，加快信息化建设，为完善社会保障体系夯实工作基础。

（四）关于医疗保险制度改革工作

7月下旬，国务院将在青岛召开全国城镇职工基本医疗保险制度和医药卫生体制改革工作会议，李岚清副总理将出席会议并作重要讲话。这是继去年上海会议后又一次推进全国三项制度改革的会议。我们要认真贯彻这次会议精神，周密部署，扎实工作，积极稳妥地推进医疗保险制度改革。

第一，要抓启动和扩面。截止到6月底，全国349个地级以上统筹地区中，307个启动实施，比去年底增加23个，占全国的88%，覆盖人数达到5 026万人。北京、上海、南京、杭州、西安等大城市，医疗保险制度改革都进入实施阶段。但全国还有8个省会城市和一些大城市没有启动；已经启动的多数城市，覆盖面还比较小；在实行单独统筹的1 500多个县级城市中，启动的不到2/3；不少中央单位不按属地原则参加基本医疗保险。今年的时间已经过半，离年底覆盖8 000万人的目标还有相当距离，同志们要有紧迫感。正视困难是必要的，畏惧困难、见了困难绕道走，则是万万不可取的。医疗保险制度是各项社会保险制度中最复杂的一项，改革的任务十分艰巨。惟其艰巨，才需要我们拿出创业的勇气来，去排除万难，去开拓进取。这里要明确，凡是未启动的地区，必须尽快确定启动的时间表，确保年内完成下达的覆盖任务；已经启动的地区，要继续实行目标责任制，努力扩大覆盖面。关于中央单位属地参加医疗保险问题，李岚清副总理指示国务院办公厅召开专题会议，再次明确中央单位要按照属地原则参加医疗保险，并研究了相关的政策措施。各地要主动与中央单位沟通，做好说服动员和服务工作。

第二，加快建立多层次医疗保障体系。这是推进医疗保险制度改革的重要环节。一是抓紧落实公务员医疗补助的政策和办法。不久前，国务院审议通过了在京中央国家机关公务员医疗补助实施办法，湖南、福建等省市已出台了具体政策。其他地区要按国办发〔2000〕37号文件精神，尽快制定公务员医疗补助办法，做好与基本医疗保险的衔接，保证公务员合理的医疗待遇。二是尽快实施职工大额医疗费用补助，有条件的还可以建立企业补充医疗保险。三是完善离休干部医疗保障办法。现在一些地方拖欠离休干部医疗费的问题时有发生。各地要尽快落实中办厅字〔2000〕61号文件精神，从统一管理、建立离休干部医疗费统筹保障机制着手，解决医疗费拖欠问题。四是探索建立社会医疗救助办法。上海等一些地方已经在探索通过政府资助、社会募捐等方式筹集资金，建立社会医疗救助，解决特困人群医疗问题，各地可以研究借鉴。

第三，切实加强医疗保险管理。医疗保险，三分方案，七分管理。管理不到位，制度和政策就难以落实。当前，要重点抓好三件事：一是要按三定方案和中编办8号文件精神，尽快解决管理体制没有完全理顺、医疗保险机构还不健全等问题，重点是县市经办机构的建设问题，真正实现职能、机构、人员、工作四到位。在机构建设中要把好“进人关”，想办法引进各类专业技术人才和管理人才，建立起精干的工作队伍。二是建立健全医疗保险管理系统，强化医疗保险费用支出管理，确保基金收支平衡。三是强化和完善医疗服务管理。建立定点医疗机构竞争准入机制，将符合条件的企事业单位的内部医疗机构和社区医疗机构，纳入定点范围，方便就医，促进竞争。

现在一些地方反映，部分参保职工个人自付医疗费增加较多，这里有管理不完善的原因，也有医疗服务不规范的问题。建立医疗费用分担机制，职工个人为自己的健康适当负担部分费用，是符合改革初衷和社会保险原则的，对此，应向职工做好宣传解释，使他们理解改革、支持改革。同时，要注意照顾不同人群的负担能力，制定合理的费用分担比例，特别是对老职工和退休人员要给予照顾。国发〔1998〕44号文件已经明确的个人账户计入比例、个人自付比例的照顾政策，以及允许将一些门诊的老年病、慢性病纳入统筹基金支付范围的政策，各地要落实到位。更重要的是，要采取措施，控制医生多开药的行为，让参保职工少花冤枉钱。

（五）关于就业和再就业工作

就业是广大劳动者最大、最根本的保障。从根本上解决国有企业下岗职工问题，就是要实现再就业，这是治本之策。这几年，全国的就业形势趋紧。从下岗职工再就业的情况看，1998年再就业率是50%，1999年是42%，2000年是35%，今年上半年为11.1%，比去年同期下降4.9个百分点。上半年，全国城镇单位从业人员比去年同期减少490多万人。今年的经济增长很可能是前高后低，也会反映到就业问题上来，应当引起我们的高度关注。

解决就业问题，首先要靠保持宏观经济增长速度，以创造较多的就业岗位。就业是宏观经济运行的四大调控目标之一。从1998年以来，国家采取扩大内需、不断加大财政投资政策，保持了较高的经济增长速度，一方面是为了克服东南亚金融危机对我国经济的影响，另一方面也是为了保证我国就业局势的基本稳定，避免出现严重的失业问题。在当前调整国有经济结构、就业形势严峻、仍有大量下岗职工的情况下，各级劳动保障部门要从宏观经济政策层面考虑促进就业问题，向政府提出建设性意见。地方劳动保障部门要主动向党委、政府做好汇报工作，提出扩大就业的政策建议，力争把促进就业列入当地社会经济发展计划和政府工作考核目标。

第二，落实各项促进就业政策，提高就业服务质量，努力扩大就业。近年来，中央和各地制定了不少促进就业和再就业的优惠政策，包括开发社区就业、鼓励下岗职工自谋职业、小额贷款等政策，但落实情况不理想，在一些地区甚至基本没有落实。我们要积极会同有关部门，加强督促检查，真正把各项已有的优惠政策落到实处。同时，加强就业服务和职业培训，进一步发挥劳动力市场的作用，为下岗失业人员提供及时有效的信息服务。按照市场需求，完善培训方式，丰富培训内容，提高培训质量，使培训的人才“适销对路”。鼓励和支持社会各方面力量开展多层次、多形式的培训，提高劳动者的就业能力、创业能力和适应职业变化的能力。

第三，要加强对就业问题的研究。在一个时期，工作重点放在保生活上，这无疑是正确的。但从根本上说，还是要解决就业问题。在市场经济条件下，政府如何促进就业，对我们来说，还有许多问题亟待研究。尤其是加入世界贸易组织以后，就业形势究竟会发生什么变化，我们应该有什么对策？西部大开发带动就业主要表现在哪些方面？这些问题也都需要进行研究。部里计划组织一个小组专题研究就业问题，提出一些符合市场经济要求的、能够操作的政策。地方劳动保障部门也要对当地的就业形势及时进行研究，给政府当好参谋。

三、坚持“三抓一加强”，全面完成今年各项工作任务

去年初，部党组提出了“三抓一加强”的要求，有力地推动了劳动保障工作的开展。

下半年，面对繁重艰巨的工作任务，全系统都要认真落实党中央、国务院的工作部属，抓落实、抓管理、抓调研，加强干部队伍建设。

首要的就是抓落实。中央关于两个确保、完善社会保障体系、下岗职工出中心再就业等项工作的方针政策和目标任务都已明确。工作能不能到位，有没有实效，就在于落实的程度，是真落实还是假落实，是全部落实还是部分落实，是没有水分的落实还是有水分的“落实”。抓落实首先是抓领导责任制，任务分解，责任到人；其次是要抓督查，并且要一督到底。今年的时间已经过半，但有不少工作进展不快，各地要对照全国劳动保障工作会议的要求，对照你们结合实际提出的量化目标，逐项检查，逐项落实。工作进展慢的，要分析原因，提出改进措施，全面完成今年的各项工作任务。

二是抓管理。目前，基础管理工作薄弱的情况普遍存在。从辽宁省清理劳动关系的情况看，仅各类离岗人员就达 18 种之多，可见情况之复杂；从各地公布社会保险费征缴情况看，没有公布的，多数是因为基础管理薄弱、底数不清；再从养老保险当期缺口情况看，不少地方底数不清，有的就是一笔糊涂账。基础不牢，地动山摇。基础工作不到位，试点抓不起来，两个确保死角难以清除，就连公布征缴数字都很困难。各地要正视基础管理薄弱的严重性，把强化基础管理作为强根固本的大事，下大决心从源头上、根本上解决问题。

三是抓调查研究。当前，我们的事业正处在一个大发展的关键时期，新形势和新任务对调查研究提出了新的要求。在前瞻性研究方面，两个确保已经搞了三年多了，下一步如何规范运作？完善社会保障体系的试点已在辽宁开始实施，将来如何拓展？工资收入分配问题，目前正在加紧研究，进一步规范和理顺工资收入分配有些什么具体措施？等等。这些问题亟须我们作出回答。在基础性研究和系统性研究方面，如何加强劳动合同管理，建立规范的劳动关系？如何稽核缴费基数，把应收的社会保险费全部收上来？如何接续社会保险关系，完善三条社会保障线？如何加强统计和信息工作，反映真实情况？等等，需要提出具有可操作性的意见办法。在政策性研究方面，同样有许多问题需要研究解决，如关闭破产企业和困难企业职工的社会保障问题，等等。这里想强调一下，不仅要制定、出台好政策，还要对政策执行情况进行跟踪调研，不断检验和完善。比如关于破产企业职工一次性安置的政策、集体企业进入低保的政策、转制事业单位社会保险政策等等，执行情况怎么样，效果如何，都需要深入调研。各级劳动保障领导干部要集中精力，多想大事，多深入实际研究些问题，多提出有见地、有水平的政策建议。

四是加强干部队伍建设。随着机构改革的到位，我们这支队伍越来越精干了，总体素质有了很大的提高，但人员减少与任务繁重的矛盾也凸显出来。在这种情况下，进一步加强干部队伍建设，是完成好各项任务的组织保证。重点要做好两件事：一个是加强学习，增强工作能力；一个是转变作风，高效务实。

关于学习问题，前面已经讲过了。这里重点讲一讲改进作风问题。江总书记“七一”讲话指出，党的作风，关系党的形象，关系人心向背，关系党的生命。劳动保障工作，无论是就业、职业培训、社会保障，还是工资收入分配，都与老百姓的利益密切相关；劳动保障监察、社会保险经办、劳动争议处理、信访、职业介绍等窗口单位，直接面对职工群众。所以，工作作风问题容不得半点虚假，绝不能掺沙子、有水分。改进工作作风，最主要的是反对形式主义和官僚主义。要反对做表面文章，大而化之，对群众提出的问题不及时解决，更要反对对群众的困难或熟视无睹，漠不关心，或敷衍塞责，拖而不办。中央决定，中纪委向劳动保障部派驻纪检组，这是加强我们系统行风建设的一个重要措施。我们要以此为契机，进一步转变工作作风，树立求真务实、高效廉洁的行风，树立勤政廉政的良好形象。

同志们，今年是建党80周年，我们要以江总书记“七一”重要讲话为指针，振奋精神，迎难而上，再接再厉，开拓奋进，全面完成今年各项劳动保障任务，用我们的实际行动，为劳动保障事业添砖加瓦，为我们的党旗增光添彩。

在全球就业论坛上的发言

张左己

（2001年11月1日）

尊敬的主席先生，

尊敬的国际劳工局局长索马维亚先生，

女士们，先生们：

首先，请允许我代表中国政府对全球就业论坛的成功举行表示祝贺。人类已经进入21世纪，经济全球化进程不断加快，科学技术日新月异，劳动世界面临着前所未有的机遇和挑战。贫困和失业问题，正在成为各国社会经济发展中的一个首要问题。

六年前，哥本哈根社会发展首脑会议将促进就业列为经济和社会政策的一个基本优先事项。去年的日内瓦社会发展特别联大进一步要求各国政府在这方面采取有效的行动。六年来，全球各国携手并进，在反失业、反贫困领域进行了卓有成效的努力。但是，面对全球化和世界经济发展趋缓的新形势，反失业、反贫困任务仍然十分艰巨。特别是发展中国家，无论是综合国力还是劳动者素质，都难以适应新形势的严峻挑战，需要我们以更加非凡的勇气，采取更加有效的措施，取得更加显著的成效。今天，国际劳工组织举办全球就业论坛，在“体面劳动”这一鲜明的时代性主题下，各成员国间共商促进就业的全球性战略，适逢其时，意义深远。

中国有12.6亿人口，拥有全世界1/5的劳动力，促进就业任务非常繁重。中国政府一贯高度重视就业问题，把解决就业问题与国民经济和社会发展政策紧密结合，并为此进行了长期不懈的努力，保障了经济改革的顺利进行，促进了经济发展和社会稳定。长期以来，我们坚持将促进就业与消除农村贫困相结合，经过20多年的努力，使贫困人口占农村总人口的比重从1978年的30.7%下降到2000年的3%左右；我们坚持将促进就业与建立社会保障制度紧密结合，逐步建立了下岗职工基本生活保障、失业保险和城市居民最低生活保障紧密衔接的三条保障线，完善了养老、医疗等社会保险制度；我们坚持把扩大就业同经济战略调整结合起来，在经济结构调整过程中保持了就业局势的基本稳定。我们十分重视人力资源能力建设，发展职业教育，完善职业培训体系，提高劳动者素质和能力。今年初通过的《中华人民共和国国民经济和社会发展第十个五年计划纲要》提出，把扩大就业作为经济和社会发展的重要目标，实行有利于扩大就业的经济政策和社会政策。

中国从自身的经验中体会到，实现体面劳动的关键，是改善那些处于不利地位劳动者群体的就业环境和劳动条件。根据中国的实际，下述措施是必不可少的：一是制订实施有利于扩大就业机会的社会经济政策，努力创造就业岗位。同时，发展就业服务，加强职业培训，并采取灵活多样的就业形式，促进劳动者就业。这是实现体面劳动的前提。二是采取有效措施，帮助非正规经济中的就业人员解决政策、信贷、社会服务、劳动条件等问题。这是实现体面劳动的基础手段。三是建立和完善社会保障制度，使劳动者在任何情况下，其生老病死问题都能得到基本的保障。这是实现体面劳动的根本保证。目前，中国上海市等城市在帮助非正规就业劳动者参加社会保险、为非正规经济实体提供创办和发展的基本条件等方面已形成了一套完善的政策体系。此外，还要采取切实措施，重视解决妇女和残疾人等特殊群体就业问题，解决经济结构调整过程中的失业人员问题，帮助他们实现再就业。

从全球来看，实现体面劳动，要特别重视改善发展中国家劳动者的就业条件。在这方面，除了发展中国家的自身努力外，国际组织和发达国家的支持十分必要。前不久，中国成功地举办了亚太经合组织第九次领导人非正式会议。会上，江泽民主席提出了以加强人力资源能力建设为核心的经济技术合作，使之与贸易投资自由化平衡发展的主张。我们要共同致力于推动建立国际政治经济新秩序，努力促进共同发展和繁荣。

主席先生：

哥本哈根社发首脑会议要求国际劳工组织在就业和社会发展方面发挥特别作用。本次全球就业论坛的成功举行，必将对国际劳工组织落实社发首脑会议要求，制订就业工作计划产生积极的推动作用。中国政府赞同《全球就业新议程》所提出的目标和措施，并建议国际劳工组织结合具体情况制订出区域性就业促进战略，推动成员国实施积极的就业政策。我相信，认真落实《全球就业新议程》提出的各项优先工作重点，也将为实现体面劳动和国际劳工组织四大战略目标产生积极影响。中国政府将和世界各国政府一道，在这一重要领域继续做出不懈的努力。

谢谢主席先生。

转变作风　巩固成果
实现劳动保障事业的新发展

——在全国劳动和社会保障工作会议上的报告

张左己

（2001年12月12日）

这次全国劳动和社会保障工作会议的主要任务是，以江总书记“三个代表”重要思想为指导，学习贯彻六中全会和中央经济工作会议精神，总结今年工作，分析当前形势，部署明年任务。下面，我讲三个问题。

一、2001年劳动保障工作取得明显成绩

今年是实施“十五”计划的第一年，我们迎来了建党80周年，江总书记发表“七一”重要讲话，深刻阐述了“三个代表”重要思想的丰富内涵和精神实质，进一步阐明了党在新世纪的历史任务和奋斗目标。9月，党中央召开十五届六中全会，作出关于加强和改进党的作风建设的决定，明确了新时期党的作风建设的指导思想、总体要求和主要任务。以江泽民同志为核心的党中央，面对世界经济增长趋缓和“9·11”事件后复杂的国际形势，正确分析和准确把握国际政治经济格局的变化趋势，沉着应对，趋利避害，坚持扩大内需的方针，集中精力推进现代化建设，我国国民经济和社会事业继续保持良好发展势头。国内生产总值保持了7%的增长速度，总体经济效益不断提高；人民生活继续改善，社会稳定；加入世界贸易组织，改革开放进入一个新的阶段；成功申办2008年奥运会和举办亚太经合组织第九次领导人非正式会议，国际地位进一步提高。一年来，劳动保障部门深入学习和实践江总书记“三个代表”重要思想，认真贯彻六中全会精神，全面落实全国社会保障工作会议的部署和要求，团结奋斗，扎实苦干，两个确保得到进一步巩固，完善社会保障体系的试点取得初步成效，医疗保险制度改革稳步推进，下岗职工出中心进展平稳，劳动保障各项工作取得新的成绩，在改革发展稳定的大局中发挥了重要作用。

（一）两个确保进一步巩固

两个确保是落实“三个代表”重要思想的具体体现和转变作风的重要内容。按照中央关于工作目标、政策措施和工作要求“三不变”的方针，各地党委、政府加强领导，千方百计筹措资金。1~10月，共筹集基本生活保障资金190亿元，征缴养老保险费1 600多亿元，中央财政补助地方两个确保资金300多亿元。各级劳动保障部门与财政等有关部门密切配合，对下岗职工基本生活保障、养老金发放、社会保险基金征缴等重要工作情况按月调度，

对重点地区和困难企业实行重点监控，按季公布两个确保情况，发挥舆论监督和社会监督的作用。为核实两个确保统计数字，部里在10个城市组织了对万名下岗失业人员和离退休人员的问卷调查，校验工作效果。对于工作中的死角问题，发现一起，查处一起。国家信访局先后三批转来83件人民来信，部机关会同有关地区逐一进行核查处理。经核实，这83件人民来信反映的问题，有62件属实或基本属实，其中，反映养老保险的34件（历史拖欠10件，机关事业单位和农垦企业拖欠7件，拖欠离休人员“两费”5件，养老保险政策等12件），反映下岗职工基本生活保障和再就业的13件，反映劳动工资的9件，其他6件。邦国副总理在我部的报告上批示：很好，要特别关心困难群体的生活，这部分人最需要我们的帮助，关键是工作要深入，使国家的政策措施能落实到这些职工身上。

今年，国有企业下岗职工月均600万人左右，进中心比例达到90%以上，进中心的下岗职工基本领到生活费并代缴社会保险。领取养老金的企业离退休人员达到3 100多万人，1～10月，共发放基本养老金1 692亿元，社会化发放率达到97%。发生当期拖欠2亿元，月均2 000万元，与1998年月均拖欠6亿多元、1999年3亿多元、2000年1亿多元相比，拖欠额不断下降，取得了两个确保以来的最好成绩。在确保当期发放的同时，补发历史拖欠8亿元。东部沿海7省市依靠自身努力，基本做到两个确保。新疆维吾尔自治区和新疆生产建设兵团养老金发放，既无当期拖欠又无历史拖欠。两个确保存在的问题：一是有部分下岗职工没有进中心，在进中心下岗职工中仍有少数人没有领到基本生活费和代缴社会保险。二是农垦企业和一些集体企业还存在养老金当期拖欠。三是一些地方基金调剂不够，调整财政支出结构力度小，主要依靠中央财政补助。

（二）完善社会保障体系试点工作取得初步成效

国务院对辽宁试点非常重视，镕基总理、邦国副总理多次听取汇报，进一步明确了试点工作的指导思想、主要政策和工作要求，并亲赴辽宁视察工作。辽宁省委、省政府把试点作为“一号工程”，书记、省长亲自挂帅，成立专门机构，摸清了下岗职工、离岗人员和养老保险个人账户的基本情况，经过反复测算和论证，制定了实施方案，做了大量的政策宣传和思想动员工作。试点从2001年7月1日起启动实施：企业新的裁员不再进中心，直接进入失业保险；到11月底，已有23万人按并轨政策与企业解除劳动关系；企业职工缴纳基本养老保险费的比例由5%提高到8%，个人账户规模从11%调整为8%，7～11月已有422万人开始做实个人账户，1.8万新退休人员按新办法计发基本养老金；社会化管理逐步展开，33.3万退休人员的档案管理、医疗服务、组织生活和文体活动，开始由街道、社区等机构负责；全省统一的社会保险信息网络初步建成，已投入试运行；低保覆盖范围不断扩大，11月末达到100万人。从半年来的实施情况看，企业和职工对试点政策认同度高，进展比较顺利，开局较好。镕基总理和邦国副总理11月考察时给予了充分肯定，指出：辽宁各级党委和政府认真贯彻中央的方针政策和工作部署，克服困难，在调查摸底、方案细化、政策宣传、资金筹集等方面下了很大功夫，试点工作取得了初步成效。

其他省市确定的13个试点城市也进行了调查摸底和测算工作，为制定试点实施方案作了必要准备。

（三）下岗职工出中心和并轨工作进展平稳

今年有200万下岗职工协议到期，是协议期满集中出中心的第一年。据典型调查，协议到期不愿意出中心的下岗职工约占2/3，难以支付经济补偿金的企业占到2/3左右，企业拖欠职工工资和债务的占到下岗职工总数的2/3左右。各地把出中心作为今年的重点工作，按照积极稳妥、进度服从稳定的要求，探索了许多行之有效的经验和做法。一些地方通过财政补助等方式多渠道筹资，帮助困难企业支付经济补偿金。一些企业以职工购房款抵顶拖欠的工资和债务。一些地方对距退休年龄不足5年或工龄满30年以上的人员实行企业内部退养，对其他年龄较大的人员实行协议保留社会保险关系。部里总结各地经验，及时确定了"三要三不"的办法：要坚持市场导向的就业机制和协议期满出中心的原则，不出新政策；要因地制宜，实行分类指导，不搞一刀切；要促进下岗职工再就业，接续社会保险关系，不推出去不管。这一办法起到了较好的指导作用，出中心工作进展平稳。目前，各省市都根据实际制定了下岗职工出中心的政策，有17个省市出台了并轨方案。上海、浙江、福建等省市，不仅新的企业裁员不进中心，而且中心内的下岗职工已经不多了，今年已基本实现并轨。北京、天津、山东、江苏、广东、内蒙古工作进展也比较快，明年可以基本实现并轨。经济条件不是很好的重庆市，一直注意做好下岗职工出中心解除劳动关系的工作，从1998年开始，政府每年拿出一部分资金帮助困难企业支付经济补偿金，协议到期的下岗职工基本都出了中心并解除劳动关系。1~10月，全国有200多万下岗职工出中心，其中协议期满的约90万人，解除劳动关系的近100万人。但是，各地工作进展不平衡，一些地方对制约出中心的难点问题还缺乏有效的解决办法，特别是资金筹措困难，影响了工作进度。

（四）失业保险作用明显增强

各地认真贯彻《失业保险条例》，加强扩面征缴工作，规范失业保险金申领发放办法，搞好管理和服务。预计到年底，参保人数达10 350万人，基金收入190亿元，比去年增收30亿元。广东、福建两省参保人数增加较多，山东、北京、内蒙古、贵州基金收入增幅较大。预计年底全国领取失业保险金的人数将达350万人，同比增加160万人。今年10月，领取失业保险的人数与享受下岗职工基本生活保障的人数之比为57:100，比去年同期的26:100有了明显提高；浙江、上海、福建、江苏、广东、山东、北京和天津8省市，失业保险已经成为下岗失业人员生活保障的主要形式。失业保险在确保失业人员基本生活和促进再就业的同时，还调剂近30亿元支持下岗职工基本生活保障工作。但是，一些地方出现了基金当期收不抵支，从失业人员增加趋势看，失业保险基金支付能力明显不足。

（五）医疗保险制度改革稳步推进

今年7月，国务院召开全国城镇职工基本医疗保险制度和医药卫生体制改革工作会议，进一步明确了三改并举、同步推进的政策措施和工作任务。各级劳动保障部门按照会议精神和部里提出的"稳步扩面、强化管理、健全系统、完善政策"思路，以大城市为重点抓启动实施，完善医疗保险费用结算、个人账户管理、医疗服务管理等政策措施，医疗保险制度改革稳步推进。截至10月，全国91%的地市启动实施，覆盖人数6 100多万人。已启动实施的地区，新制度运行平稳，保障了职工基本医疗，做到了统筹基金和个人账户都略有结余。上海市670万名职工和退休人员全部参加医疗保险，总体运行良好，他们还同时建立医疗互助制度，较好解决低收入人群的医疗保障问题。福建省对多开药、开贵药、开自费药等行为进行控制，减轻了参保职工的个人负担。医疗保险改革取得目前这样的进展，是很不容易的。岚清副总理说，这是一个了不起的成绩。当然，我们也要看到，由于有些政策还没有落实到位，对不规范医疗行为还缺乏有效控制，一些地区出现了个人负担过重问题，困难群体参加医疗保险问题亟须研究解决。

（六）采取多种措施扩大就业和再就业

各地对就业和再就业工作越来越重视，工作力度进一步加大。黑龙江、辽宁、安徽、山东、江西省委省政府出台了促进就业的政策措施，将就业工作纳入政府考核目标。辽宁把就业和试点工作统筹考虑，同步推进，今年新增就业近80万人。11月23日，《人民日报》对此进行了专题报道，岚清、邦国副总理和家华副委员长作了批示，要求我们在这次会上强调这个问题。各地以社区就业为主攻方向，制定了社区就业的指导意见，选择100个重点联系城市，推动社区就业工作。北京市今年开发了10万个社区就业岗位，采取建立劳务派遣企业等办法，促进下岗职工再就业。劳动保障部门还会同有关部门开展再就业优惠政策大检查，对再就业困难人员实施了以“保生活、促就业、接保险”为主要内容的再就业援助行动。上海市实施“4050”工程，购买公益性就业岗位，帮助困难群体实现再就业。加强劳动力市场建设，清理整顿市场秩序，完善就业服务体系，为促进就业创造良好环境。加强职业教育和培训，推行技校改革和职业资格证书制度，落实就业准入制度，实施第二期“三年千万”再就业培训计划，提高了劳动者素质。1~10月，新增就业近600万人，其中再就业150万人。预计年底失业人员690万人，失业率可控制在4%以内。受总体就业形势的影响，加上再就业优惠政策落实不到位，以及下岗职工自身因素等原因，再就业越来越困难，预计今年的再就业率为30%左右，同比下降5~6个百分点。

（七）企业工资收入分配制度改革取得进展

为建立现代企业工资收入分配制度，根据中央领导同志的指示，成立了由中财办、国务院体改办和我部等单位参加的国有企业收入分配制度改革课题研究小组，提出了分配制度改革的总体思路，以及深化国有企业分配制度改革若干问题的意见。我部与有关部门制定了进一步深化企业劳动、人事、分配制度改革的意见，促进了企业三项制度改革。全国有7 400多户企业实行经营者年薪制试点，有10 000多户企业开展工资集体协商试点，26个省市颁布了工资指导线，88个城市发布了劳动力市场价位，岗位工资制改革试点也稳步推进。但总体上看，收入分配的激励和约束机制还没有建立起来，平均主义与收入差距扩大同时并存，部分居民收入增长缓慢，一些企业拖欠工资问题比较严重。

（八）劳动关系协调工作得到加强

认真贯彻《劳动法》和有关法律法规，各地以劳动合同、集体合同和劳动争议仲裁为重点，加强劳动关系协调工作。8月，我部与全国总工会、中国企业联合会建立了国家协调劳动关系三方会议制度。上个月，我部和国家经贸委、全国总工会、中国企业联合会召开贯彻《劳动法》《工会法》，推进集体合同、劳动合同工作经验交流会，健行同志和邦国副总理发表了重要讲话，对进一步做好劳动关系协调工作作出了部署。各级劳动保障部门不断完善预防和处理机制，群体性事件得到妥善解决。受理劳动争议案件10万件，结案率在90%以上。认真处理来信来访，信访工作成效显著。在第五次全国信访工作会议上，部办公厅信访处和北京市、吉林省、河南省郑州市劳动保障信访部门被评为全国信访系统先进（优秀）集体，上海市劳动保障局信访办主任被评为优秀工作者，青岛市劳动保障局在会上介绍了经验。

（九）基金监督工作有了新的进展

认真落实收支两条线管理规定，部里对有关省市的基金清查情况进行了核查，对中央财政专项补助资金使用情况、财政专户管理情况和个人账户管理情况进行了专项检查。各地对存入非银行金融机构的社会保险基金进行了清理，回收并纠正以前被挤占挪用和违规动用的基金19.9亿元，促进了社会保障基金的规范管理，保证了社会保险基金的安全和完整。各地认真贯彻社会保险基金行政监督和监督举报工作管理办法，组建社会保险基金行政监督机构，建立举报电话网络和统计报告制度，完善监督程序和案件处理办法，部分省市建立了社会保障监督委员会。经国务院批准，财政部、劳动保障部制定了《全国社会保障基金投资管理暂行办法》，对全国社会保障基金理事会管理的社会保障基金，确定了投资管理的主要政策，明确了实施监督管理的程序和方法。

（十）劳动保障法制建设不断推进

完成《社会保险法（草案）》和《工伤保险条例（草案）》起草工作，已报送国务院。

发布《社会保险行政争议处理办法》《社会保险基金行政监督办法》《社会保险基金监督举报工作管理办法》和《中外合资中外合作职业介绍机构设立管理暂行规定》等4个部颁规章。各级劳动保障部门开展劳动合同、社会保险扩面征缴、清理劳动力市场和贯彻实施《禁止使用童工规定》等多项执法检查活动，共检查各类用人单位80万户次，查处群众举报案件8万余件，督促20万户用人单位补缴社会保险费35亿元，补发被克扣和拖欠的工资12亿元。清理规范性文件，及时处理行政复议案件，执法水平有新的提高。在第五次全国法制宣传教育工作会议上，劳动保障部被评为全国普法先进单位。

完成劳动保障事业“十五”规划编制工作，明确了今后五年的发展目标和主要政策措施。改进统计方法，开展典型调查，取得较好效果。退休人员管理服务社会化试点开始起步，覆盖人数达700多万人。工伤、生育保险继续推进，制度建设得到加强。企业年金工作在清理整顿的基础上，朝着规范管理的方向推进。农村养老保险在调查研究、稳定队伍、基金管理等方面积极开展工作，整顿规范有新的进展。社会保障卡建设开始启动，劳动力市场信息网络建设初见成效。撰写了《领导干部社会保障知识读本》，编辑了《新时期劳动和社会保障重要文献选编》，新闻宣传成效明显。开展对西部大开发战略和加入世界贸易组织等问题的研究，科研工作有新的成绩。成功接待国际劳工局局长索马维亚访华，签署合作谅解备忘录。索马维亚局长在考察中，对我国的劳动保障工作给予了高度评价。他认为，在经济结构调整和体制转轨的特殊时期，既能实现转轨和调整，又能保持经济发展，还能有效地维护广大职工的合法权益，保持社会稳定，一般国家难以做到，中国做到了。提请全国人大常委会批准《劳动行政管理公约》和《建筑业安全卫生公约》，加入国际公约步伐加快。与德国签署《中德社会保险协定》，开拓了国际合作新领域。

劳动保障工作成绩的取得，是党中央、国务院高度重视的结果，是各地党委、政府加强领导的结果，是有关部门支持配合的结果，是劳动保障部门全体同志扎实苦干的结果。这次会议上，有12个省市书面交流了经验，涉及两个确保、社会保障体系建设、社会保险扩面征缴、下岗职工出中心和促进就业等方面，请大家认真学习和借鉴。回顾今年的工作，我们较好地把握了以下几点：

一是以维护社会稳定为主线，坚决做到两个确保。一年来，劳动保障部门按照中央要求，把两个确保作为服务大局的主战场和劳动保障工作的首要任务，紧紧抓住不放松。年初，为保持两节两会期间的社会稳定，采取多种措施做到两个确保，一季度基本没有当期拖欠。4月初，中央召开全国社会治安工作会议，国务院召开整顿规范市场经济秩序工作会议，劳动保障部门认真贯彻会议精神，排查出工作中可能影响社会稳定的10个问题，提出了防范措施。在国庆和亚太经合组织第九次领导人非正式会议期间，我们认真落实中央关于做好社会稳定工作的要求，下发紧急通知，提出了具体措施。经过努力，全年基本做到两个确保，较好地维护了社会稳定。邦国副总理12月6日在全国经贸工作会议上讲：这几年国有企业改革脱困、兼并破产、减员增效、结构调整的力度是相当大的，总体上能保持企业和社会的稳定，其中重要的一条经验，就是我们高度重视两个确保，而且基本实现了两个确保。

二是分类指导，分步实施，因地制宜解决难点问题。一切从实际出发，具体问题具体分析，是马克思主义的精髓，是我们党的一条根本工作方法。由于各地经济发展水平差异较大，基础条件也不尽相同，解决劳动保障的难点问题不可能做到整齐划一，必须坚持从实际出发，因地制宜。在下岗职工基本生活保障向失业保险并轨问题上，我们按照建立市场导向就业机制的要求，提出了双轨、转轨、并轨三个阶段的构想，明确具体时间表由地方确定，实行分类指导，分步实施，允许“东西有别”“南腔北调”，不搞齐步走。在下岗职工出中心问题上，我们提出了“三要三不”办法，贯彻了中央协议期满出中心的原则和政策，发挥了地方的积极性、主动性、创造性，保持了工作的平稳推进。实践证明，“三要三不”是切合实际，及时有效的。实践还证明，解决出中心问题，智慧在基层，办法在基层，力量也在基层。医疗保险制度改革推进难度大，我们认真贯彻“中央明确原则，地方分散决策”的方针，改革的原则和主要政策由中央决策，具体办法由各地确定，保持了改革的稳步推进。

三是对事关全局的新情况、新问题早研究、早决策，把握工作主动权。凡事预则立，不预则废。调整企业退休人员养老金水平是一个两难的敏感问题，不调差距更大，调了增加保发放压力。我们在今年7月的厅局长座谈会上进行重点研究，提出适当调整的意见，已经国务院批准，近期将下发文件。优势企业裁员给予高额经济补偿问题，引起了优势企业内部、其他企业与优势企业之间攀比，一些地方因为补偿过高和裁员没有与地方商量，提出不发失业保险金，又引发了新的不稳定问题。对此，我们进行专题调研，及时提出了三点意见：经济补偿的费用来源必须符合国家规定，防止国有资产流失；优势企业裁员要主动与地方沟通，制定周密方案，规范操作；对被裁减人员要按规定发给失业保险金，积极促进再就业。这三条意见，得到国务院领导同志的肯定，较好地指导了工作。

四是努力实践“三个代表”的重要思想，认真落实六中全会精神。劳动保障部门深入学习江总书记“三个代表”重要思想，作为行动指南，统揽各项工作。对照六中全会“八个坚持、八个反对”的要求，查找问题，提出改进措施，认真转变作风，在劳动保障系统开展抓落实、抓管理、抓调研和加强干部队伍建设活动，促进了各项工作任务的完成。

二、扎实做好2002年劳动保障工作

明年是我国入世的第一年。从国际上看，世界经济增长将继续减缓，我国经济发展面临的国际环境将更为严峻。从国内看，我国投资需求和消费需求稳定增长的基础还不完善，经济发展中一些深层次的矛盾还没有完全解决，入世后还将面临一些新情况、新问题。明年将召开党的十六大，这是我国政治经济生活中的大事。江总书记要求我们以“稳定、安全、灵活、多元”来筹划明年的工作，各项工作都必须致力于维护政治上安定团结和社会稳定的大局，宏观政策要保持必要的稳定性和连续性，各项改革必须稳步推进。从劳动保障工作本身看，随着经济结构调整和企业关闭破产力度的进一步加大，下岗职工和失业人员总量增多，养老保险基金收支缺口扩大，两个确保的任务十分艰巨；就业压力不断加大，再就业越来越难；社会保险扩面工作难度增加，中断缴费的人员不断增多；基础管理不够扎实，一些制约事业发展的深层次问题还没有解决。对此，我们必须有一个清醒的认识，把困难估计得充分一些，努力增强做好工作的责任心和紧迫感。

党中央、国务院对做好明年的劳动保障工作非常重视。在中央经济工作会议上，江总书记、镕基总理作了一系列重要指示，提出了明确要求。主要有以下三个方面：

关于就业工作。会议充分阐述了就业问题的重要性，把创造更多的就业岗位摆在突出位置，从扩大国内需求、改善人民生活的要求，积极拓宽就业渠道，增加就业岗位，处理好就业与结构调整、深化改革和城乡协调发展三个关系，实现扩大内需与扩大就业的良性互动。

江总书记指出，积极扩大就业，是改善人民生活的重要途径。我国人口多，就业矛盾突出。各级党委和政府要充分认识就业问题的重要性，把创造更多的就业岗位摆到突出位置。积极扩展就业渠道，增加城乡就业，要处理好三个关系：一是结构调整与扩大就业的关系。生产力水平的多层次和所有制结构的多样性，

是我国社会主义初级阶段的重要特征。在强调科技进步、提高产业科技含量的同时，要积极支持和引导劳动密集型产业发展；在努力增强国有经济竞争力的同时，要大力发展多种所有制经济，充分发挥中小企业和非公有制经济在吸纳劳动力就业方面的重要作用。二是深化改革与扩大就业的关系。在推进国有企业减员增效的同时，要切实搞好再就业工程，转变择业观念，认真落实扩大城镇就业的各项优惠政策，为增加就业创造更加宽松的体制政策环境和社会环境。三是城乡经济协调发展与扩大就业的关系。积极稳步发展小城镇，把小城镇的发展同乡镇企业的改造提高结合起来，以城镇化促进农村剩余劳动力的转移，实现城乡劳动力资源的合理配置。农村劳动力到城镇就业和跨区域流动，是沟通城乡经济和发育要素市场的必然要求，各地要顺应这一趋势，加强引导和管理，不能简单封堵，更不能采取歧视性限制政策。要把扩大国内需求与扩大就业结合起来，努力通过增加投资需求和消费需求，加快多种所有制经济和服务业的发展，拓宽就业渠道，增加就业岗位，形成扩大国内需求与扩大就业的良性互动。

镕基总理指出，要努力拓宽就业门路，促进下岗人员再就业和使有劳动能力的人员多就业，这是增加低收入者收入的重要途径，一定要切实抓好。要采取多种措施支持中小企业发展，充分发挥它们在扩大就业、增加出口、提供商品和服务等方面的作用。

关于两个确保和完善社会保障体系。会议要求进一步推进社会保障体系建设，不折不扣地贯彻落实中央现行的社会保障政策和措施，把两个确保作为深化企业改革和维护社会稳定的重点工作继续做好，并要求各级财政保证社会保障资金投入。

江总书记指出，要稳步推进企业破产关闭工作。对长期亏损、扭亏无望的企业和资源枯竭的矿山实施破产关闭，是调整产业结构、建立企业优胜劣汰机制的需要，也是一项政策性很强的工作，关系职工切身利益，要把工作做深做细，把职工安置好，确保社会稳定。要进一步推进社会保障体系建设，采取有效措施分离国有企业办社会的职能，减轻企业负担。

镕基总理指出，进一步加强城镇社会保障体系建设。继续落实两个确保，仍然是当务之急。要确保国有企业下岗职工基本生活费和离退休人员基本养老金按时足额发放，任何地方不得发生新的拖欠。关键是要依法扩大养老保险覆盖面，提高养老保险费收缴率。同时，要采取更加有力的措施，落实城市居民最低生活保障制度。各级地方财政在明年的预算中必须优先安排所需的资金，并纳入财政专户管理，保证资金专款专用。对财政确实困难的地区，中央财政和省级财政要通过专项转移支付，继续给予必要的补助。对于特困行业和企业的职工，也要采取有效措施帮助他们解决困难。明年要继续搞好辽宁全省和其他有关地区部分城市完善社会保障体系的试点工作，有关方面要给予积极的支持。财政支出要坚决贯彻“一要吃饭、二要建设”的方针，区别轻重缓急进行调整。该保的一定要保，包括增加农业、科技、教育、环保、国防、政法投入、落实两个确保、低保等措施，财政必须安排好相应的资金。

关于收入分配问题。会议把收入分配作为培育和扩大国内需求、改善人民生活、防止两极分化的重要手段，分析了当前收入分配的形势和存在的突出问题，明确了调整收入分配格局的原则、目标和当前的重点工作。

江总书记强调了搞好收入分配改革的重要性，指出要把扩大内需同改善人民生活结合起来。采取有效措施，增加居民收入，特别是增加农民和城镇中低收入居民家庭的收入，努力提高居民购买能力。调整分配格局，增加城乡居民收入，是培育和扩大国内需求、改善人民生活的重要手段。收入分配关系国计民生，关系改革发展稳定的大局。妥善处理社会各个阶层、各种利益群体的分配关系，防止出现两极分化，有利于避免和化解社会矛盾，为改革开放和经济发展创造良好的环境。

江总书记分析了目前我国收入分配格局的基本情况，指出改革开放20多年，是我国经济发展最快的时期，也是居民收入增长最快、群众得到实惠最多的时期，人民生活水平显著提高，贫困人口大幅度减少。总的来看，分配格局的调整有利于促进经济发展，有利于提高广大人民群众的生活水平，目前总体上还不是两极分化。但收入差距逐渐扩大，特别是农民和城镇部分居民收入增长缓慢，一部分群众生活还存在困难，必须引起高度重视。

江总书记指出了解决收入分配问题的基本原则。他说，解决收入分配中的突出问题，要从基本国情出发，坚持实行按劳分配和按生产要素分配相结合的制度，贯彻效率优先、兼顾公平的原则。既要注重效率，反对平均主义；也要讲求公平，防止收入差距过分扩大。要坚持鼓励一部分人先富、先富帮助和带动后富，逐步实现共同富裕。

江总书记指出了我国收入分配改革的目标和近期工作任务。正确处理一次分配和二次分配的关系，在经济发展的基础上普遍提高居民收入水平，逐步形成一个高收入人群和低收入人群占少数，中等收入人群占大多数的“两头小、中间大”的分配格局，使人民共享经济繁荣成果，促进国民经济持续快速健康发展和社会长治久安。近期，应主要抓好以下几个方面：一是要深化国有企业分配制度改革，建立健全收入分配的激励和约束机制，克服平均主义。二是千方百计增加农民收入，减轻农民负担。三是加大反贫困力度，努力使低收入居民家庭的基本生活得到应有的保障。四是深化公务员工资制度改革，适当提高公务员的收入水平。五是强化对收入分配的再调节。完善个人所得税制度，加强对高收入的调节，进一步完善分税制，加大地区间财政转移支付的力度，调整财政支出结构，增加转移支付规模。

镕基总理指出，要强化企业劳动、人事、分配制度改革。明年要选择少量中央直接管理、基础条件较好的大型和境外上市公司，进行企业内部分配制度改革的试点，主要是把岗位工资与效益工资结合起来，逐步建立对企业经营者有效的激励和约束机制。完善激励机制和选人用人机制，落实知识、技术、管理等生产要素参与分配的政策，落实对有突出贡献的科技人员和高层次管理人员进行重奖的规定。

镕基总理、邦国副总理在研究明年工作和考察辽宁试点时，都对明年的两个确保、完善社会保障体系、就业再就业、失业保险、下岗职工出中心和城市低保等工作，作出了明确指示。

领导同志对劳动保障工作的一系列重要指示，是在深刻分析国际国内政治经济形势大背景，从战略全局和总体要求上作出的。我们要认真学习，准确把握，切实贯彻到明年的工作中去。部党组对明年的工作进行了认真研究，总体思路是：以江总书记“三个代表”重要思想为指导，认真贯彻党的十五届六中全会精神，按照中央经济工作会议的部署，继续做好两个确保，加快完善社会保障体系，大力促进就业和再就业，切实安排好困难群体的工作和生活，全力维护改革发展稳定大局，同时加强作风建设，强化基础管理，巩固工作成果，提高工作质量，实现劳动保障事业的新发展，以优异成绩迎接党的第十六次全国代表大会的胜利召开。

（一）确保下岗职工和失业人员基本生活

明年，下岗职工和失业人员此消彼长，总量还会增加，一些长期亏损、扭亏无望的企业和资源枯竭矿山要实行关闭破产，一些地区和行业的下岗职工还会有新的增加，一些优势企业还会主动减员，职工安置和保障基本生活的任务都很重。要继续落实“三三制”筹资办法，落实好下岗职工基本生活保障资金，对重点地区、重点企业加强监控，努力消除保生活的死角。中央财政支持地方下岗职工基本生活保障资金规模不减，即使下岗职工减少的地区也不抽回，可调剂补充失业保险基金和用于出中心、再就业。

这几年，领取失业保险金的人数上升很快，1998年底为58万人，1999年底为109万人，2000年底为190万人，今年底将达350万人，预计明年近500万人。要继续贯彻《失业保险条例》，完善失业保险制度，狠抓扩面征缴，增强基金支撑能力，做好管理服务工作。要完善调剂金制度，用好积累基金，搞好余缺调剂。有两件事需要强调：一是明年一些地区失业保险基金将收不抵支，有关地区必须高度重视，及早测算，早作安排。二是中央企业要按照属地原则，参加当地失业保险，缴纳失业保险费，由地方按规定发放失业保险金，提供再就业服务。国务院已决定，明年要加强城市居民最低生活保障制度，各级劳动保障部门要主动与民政、财政等部门搞好配合，做好三条社会保障线的衔接。

（二）确保企业离退休人员养老金按时足额发放

明年企业离退休人数将达到3 300万人，比今年增加近200万人，加上提高待遇标准，养老金支付压力进一步增大。各地要继续落实中央确定的方针，坚持行之有效的做法，确保企业离退休人员养老金按时足额发放。一是抓好养老保险扩面工作。扩面在去年突破1亿大关后基本徘徊不前，一些地区不升反降，参保职工流失、中断缴费问题严重。当前，国有、集体单位从业人员减少，外商投资企业和个体私营经济发展很快，扩面工作要抓住新的增长点，把他们都吸纳进来。要把防止参保职工流失，搞好流动人员社会保险关系接续，作为巩固和发展扩面成果的一个重要环节来抓。二是做好基金征缴工作。目前，参保企业瞒报工资总额，低报工资基数，逃避缴费的现象突出。做好征缴工作，提高收缴率，关键是要核清企业缴费工资总额，核实缴费人数，稽核和规范缴费基数，对此，要一个企业一个企业落实，不留死角。对不按时足额缴费的企业，要张榜公布，加强群众监督，并采取更加严厉的措施，严肃追究企业负责人的责任。搞好与税务征收的衔接，劳动保障部门要及时了解和掌握税务部门的征收情况，共同做好有关工作。各地都要按中央要求，切实调整财政支出结构，加大对社会保障基金的投入，劳动保障部门要及时了解和掌握地方财政对社会保障的补助情况，并且管好用好财政补助资金，不得挤占挪用。三是坚持社会化发放和社会化管理服务。没有全部实现社会化发放的地区，要在年内全部实现。退休人员实行社会化管理服务，是推进社会保障体系建设，减轻企业社会事务负担的一项重要措施，要克服困难，坚定不移往前推，有条件的地方，特别是部里和各地确定的重点联系城市，要实现一半以上的企业退休人员实行社会化管理服务。四是做好个人账户建账对账工作。要逐人建账，及时记录，定期对账，这是涉及参保人员利益的大事，也是一项重要的基础性工作，必须做好。

（三）继续做好完善社会保障体系试点工作

按照“独立于企业事业单位之外、资金来源多元化、保障制度规范化、管理服务社会化”的目标和要求，继续搞好试点工作，加快完善社会保障体系。辽宁省的试点，要不断完善政策措施，继续全面推进，在今年工作的基础上，明年基本完成试点任务，为全国提供经验。实施方案规定的试点内容都要启动实施。困难集体企业退休人员按低保标准发放生活费的政策要尽快落实，企业年金要出台具体实施办法并组织实施。要探索提高社会保险费征缴率的有效途径，做到依法征收，应收尽收。个人账户资金要坚持征缴到位，集中起来，加强管理。要积极筹措资金，妥善处理经济补偿和债权债务等问题，加快并轨步伐，重点解决好中心内下岗职工出中心问题。试点工作不在面上推，但具备条件的省市和13个试点城市要积极地按照国务院42号文件的规定进行并轨和做实个人账户的试点。其他省市也要有所作为，除并轨和做实个人账户外，其他各项工作要全面推进，为建立完善的社会保障体系奠定基础。

（四）在确保稳定的前提下做好下岗职工出中心工作

推动国有企业下岗职工基本生活保障向失

业保险并轨，是建立规范的、独立于企事业单位之外的社会保障体系的重要环节。这项工作涉及支付经济补偿金、清偿债权债务、解除劳动关系、接续社会保险和促进再就业等问题，政策性很强，是一项难度很大而又非做好不可的工作。据预测，明年有170多万下岗职工协议到期，加上今年应出未出的100万人，出中心任务艰巨。目前，一些经济条件较差、困难较多的地区，协议到期的下岗职工多数没出中心，即使出了中心多数也没有解除劳动关系。有的是用“三三制”资金继续发生活费，有的是由企业发生活补助，有的是发失业保险金，还有的干脆不管了，形成新的“两不找”。应当说，出中心的政策是明确的，责任是明确的，要求也是明确的。各地要继续坚持“三要三不”办法，贯彻南京出中心工作座谈会部署，把握好工作的节奏和力度，确保当前不出事，以后不“翻烧饼”。要根据本地实际，不断完善政策，妥善处理经济补偿和债权债务问题，做好深入细致的思想工作，实现稳妥出中心。对已出中心的，要帮助尽快实现再就业，接续好社会保险关系，解除后顾之忧。对协议到期仍出不了中心的，要研究保生活的办法，不能形成新的“两不找”。

（五）大力加强就业再就业工作

我们要认真贯彻中央经济工作会议精神，加大就业和再就业工作力度，力争明年新增就业800万人左右，失业率控制在4.5%左右。要着力在四个方面狠下功夫：一是在新增就业岗位方面下功夫。服务业是增加就业的重要渠道，把增加城市社区就业岗位作为新的就业增长点，大力发展社区的家政服务、社区保安、生活护理和修理维护等便民利民服务业，吸收更多的下岗失业人员在社区实现再就业。结合城市居民多方面、多层次的生活需要，积极发展弹性大、灵活性高和多样化的就业形式。有条件的城市和地区要推广上海、北京等地发展劳务公司的经验，把劳务派遣和发挥再就业服务中心、劳动就业服务企业的作用结合起来，以有效的组织管理方式和配套政策促进多种就业方式的发展，做好灵活就业和社区就业，以及劳服企业走出困境这篇大文章。二是在完善就业服务方面下功夫。要加强劳动力市场建设，发挥市场在劳动力资源配置中的基础性作用。就业服务机构向街道、社区和乡镇延伸，是适应下岗失业人员管理社会化的一项重要措施，明年这方面要取得成效。要大力实施再就业援助行动，积极推进建立公共就业服务制度，逐步形成在市场经济条件下政府帮助弱势群体就业的常规制度。同时，引导下岗失业人员转变择业观念。三是在发展面向新兴产业和现代服务业的职业教育与培训方面下功夫。入世后，劳动者素质和产业结构调整与技术进步要求不相适应的问题会更加突出。要继续组织实施好第二期“三年千万”再就业培训计划，推行劳动预备制度和职业资格证书制度，落实就业准入制度，推进技工学校和职业培训机构的改革调整，提高职业技能鉴定质量，加强企业职工培训工作，增强培训的针对性、实用性和有效性，提高职工的职业技能和创新能力。四是在落实和完善再就业优惠政策方面下功夫。要继续探索行之有效的促进再就业的优惠政策，落实好已有的再就业优惠政策，并把对下岗职工的优惠政策延伸到失业人员。各地要注意借鉴辽宁、黑龙江、山东、江西等地的做法，以省委省政府名义出台促进就业政策。要在改革行政审批过程中，消除阻碍劳动力流动和自谋职业的障碍，促进多渠道就业，实现城乡就业协调发展。

（六）积极推进医疗保险制度改革

医疗保险制度改革已经取得了阶段性成果，明年要在现有基础上进一步提高和完善。一是继续贯彻三改并举方针，所有地市都应启动实施，并覆盖半数以上人员。二是抓好目录的修订和执行，加强医疗机构和药店的定点管理，降低医疗和药品费用支出，完善费用结算办法，加强管理服务，减轻个人负担，保持平稳运行。三是加快建立多层次医疗保障体系，建立大额医疗补助办法，研究解决困难群体参加医疗保险的有关问题。

（七）管好用好社会保险基金

目前，挤占挪用和违纪违规动用社会保险基金问题基本得到制止，但财政专户基金和中央补助资金的管理使用还存在一些问题，冒领养老金和骗取下岗职工基本生活保障资金的问题时有发生。要认真贯彻落实《社会保险基金行政监督办法》和《社会保险基金监督举报管理办法》，建立社会保险基金行政监督和社会监督体系，加强财政专户基金和财政补助资金管理使用的监督，防止挤占挪用，严肃查处冒领养老金和骗取下岗职工基本生活保障资金的问题。研究制定基本养老保险个人账户基金监督管理办法、企业年金经办机构和管理运营机构监督管理办法。加大监督检查力度，继续纠正和回收以前被挤占挪用和违纪违规动用的社会保险基金。

（八）推进企业收入分配制度改革

收入分配关系国计民生，关系改革发展稳定的大局。明年企业工资收入分配工作的重点，一是选择一些基础条件较好的企业和境外上市公司进行经营者年薪制试点，逐步建立对企业经营者有效的激励和约束机制。二是进行企业内部分配制度改革试点，把岗位工资与效益工资结合起来，建立人员能进能出、岗位能上能下、工资能增能减的机制。三是研究资本、技术等生产要素参与分配的具体政策，加大对企业关键人才的激励力度。同时，加强对特定行业的调控，抑制其工资收入的过快增长。认真落实最低工资保障制度，依法查处无故拖欠和克扣工资的行为。

（九）依法规范劳动关系

当前，随着经济成分的多元化和就业形式的多样化，劳动关系日趋复杂，依法规范劳动关系是一项十分重要而又紧迫的工作。明年，各地要认真贯彻落实11月份南京会议精神，进一步推动实行劳动合同和集体合同制度，完善劳动合同内容，规范集体合同协商程序。要紧紧围绕劳动关系方面的重大问题和职工群众普遍关心的突出问题，发挥三方协商机制的作用。尚未建立劳动关系三方协商机制的地区，要尽快建立，明确职责，健全制度，开展工作。认真做好劳动争议处理和信访工作，妥善处理群体性事件，及时化解矛盾，保持劳动关系的和谐稳定。

这里专门讲一下禁止使用童工问题。我国的《劳动法》《未成年人保护法》和《禁止使用童工规定》都明令禁止使用童工，但这个问题屡禁不止。中央领导同志非常重视，镕基、锦涛、邦国、吴仪同志专门批示，要求我们把依法禁止和打击使用童工问题列入工作职责和重要议程，作为当前整顿社会和市场秩序的工作重点，认真抓好。我们要认真贯彻中央领导同志指示精神，在今年工作的基础上开展专项检查，实施综合治理。

（十）加强劳动保障法制建设

加强劳动保障法制建设是贯彻依法治国方略，推进依法行政的重要内容。一是要配合国务院法制办修改《社会保险法（草案）》《工伤保险条例（草案）》和《劳动保障监督检查条例（草案）》，争取尽早出台。二是强化执法手段，完善举报和巡视监察制度，加强监察机构队伍建设，查处各种违反劳动保障法律法规的行为。三是完善执法监督制度，提高行政复议和行政诉讼案件处理的效率和质量。四是改革行政审批制度，严格程序，减少审批，对取消审批的有关事项，要制定加强后续管理的措施。五是落实“四五”普法规划，提高劳动保障系统干部职工的法律素质和依法行政水平。

在做好上述工作的同时，我们要统筹兼顾，做好其他工作。完善工伤、生育保险制度，扩大覆盖面，加强基金管理。农村养老保险要继续管好基金，理顺体制，稳定队伍，加强调研，切实搞好整顿规范工作。继续改进统计调查方法，提高统计数据的准确性和时效性。信息化建设要完善规划、标准，规范应用软件，落实资金，加快建设速度。新闻宣传工作要扩大声势，形成良好的社会氛围。劳动保障科学研究和国际合作交流要不断开拓新领域，取得新进展。在明年适当时候，对近年来劳动保障工作的先进单位和个人进行表彰。

三、推动劳动保障事业再上新台阶

当前，我国改革开放和社会主义现代化建设进入了新的发展阶段，经济全球化、人口老龄化和农村城镇化给劳动保障事业发展带来新的机遇和挑战。面对新的形势、新的任务、新的要求，劳动保障事业必须与时俱进，不断开拓进取，向更高的目标迈进。

（一）加强学习，解放思想，深化劳动保障理论研究

经过20多年特别是近几年的改革，劳动保障工作经历了从计划经济向市场经济的历史性转变，劳动保障事业有了长足发展，社会保障制度框架基本确立，理论体系逐步形成。推动劳动保障事业再上新台阶，必须不断加强学习，认真总结经验，不断完善劳动保障理论。

要继续深入学习江总书记"七一"重要讲话，学习六中全会讲话，学习中央经济工作会议讲话，认真领会和深刻认识江总书记关于劳动保障工作的重要论述，比如关于政府要积极创造就业机会，促进就业增长，形成扩大内需和扩大就业良性互动的观点；关于不断提高劳动者劳动技能和创造才能，充分发挥劳动者积极性主动性创造性是发展先进生产力第一要务的观点；关于改革开放以来出现的民营企业、私营个体等新的社会阶层是有中国特色社会主义事业建设者的观点；关于人力资源是第一资源，加紧人力资源能力建设，构筑终身教育体系的观点；关于深化对劳动和劳动价值理论的研究，正确认识科学技术和经营管理是劳动重要形式的观点；关于加快建立有利于留住人才和人尽其才的收入分配机制，保证各类人才得到与他们的劳动和贡献相适应的报酬，形成"橄榄型"新的收入分配格局的观点；关于把安排好困难群体的工作和生活作为治本之策的观点；关于必须十分重视和不断加强社会保障法制建设的观点。

这八大观点从不同方面反映了"三个代表"重要思想的科学内涵，我们要以江总书记的这些重要观点为指导，解放思想，实事求是，不断完善劳动保障理论体系。一是充分认识劳动保障工作在整个国民经济和社会发展中的地位和作用。劳动保障制度由国有企业改革配套措施，发展到社会主义市场经济重要支柱，再发展到社会主义的根本制度建设和治本之策，地位越来越突出，作用越来越重要。这几年，国家每年都要花几百亿用于两个确保，为国有企业走出困境和应对东南亚金融危机发挥了重要作用，这些钱花得值，花得是地方，不但没有成为经济建设的包袱，而且带来了巨大的社会效益和经济效益。二是准确把握新时期劳动保障工作的规律和特点。劳动保障是围绕着劳动者这个生产力中最活跃的因素进行的，它的基本制度特别是待遇水平，必须与生产力发展水平相适应。它的改革力度和工作进度，必须与社会政治经济发展相协调。在社会主义市场经济条件下，竞争出效率，公平保稳定，劳动保障在保护竞争和维护稳定中具有重要作用。我们要深入认识和把握这些规律和特点，增强工作的科学性、预见性和主动性。三是研究制定实现劳动保障工作总体目标的政策和措施。党的十五届四中全会提出了劳动保障工作"一个机制、一个体系、一个制度"的总体目标，一个机制就是要建立市场基础配置，政府积极促进，企业自主用工，个人竞争就业的市场导向就业机制；一个体系就是要建立独立于企业事业单位之外，资金来源多元化，保障制度规范化，管理服务社会化的社会保障体系；一个制度就是要建立市场机制调节，企业自主分配，职工民主参与，政府监控指导的与现代企业制度相适应的企业工资收入分配制度。目标明确后，需要我们进一步研究制定和不断完善实现目标的具体政策和措施。四是积极探索做好劳动保障工作的途径和条件。资金、技术、机构、队伍是做好劳动保障工作的基础。我们要从实际出发，研究建立科学的社会保障预算制度，规范社会保障资金的筹措渠道，加快劳动保障信息网络建设，建立健全劳动保障工作的机构和队伍。

最近，我部与中央文献研究室合作编辑了

《新时期劳动和社会保障重要文献选编》，收录了十一届三中全会以来劳动保障工作的重要文献，反映了劳动保障事业改革发展的全过程，体现了中央领导同志关于劳动保障工作的重要思想。我部撰写了《领导干部社会保障知识读本》，系统介绍了社会保障基本理论、基本知识和基本政策，是20多年来劳动保障改革实践的总结，也是劳动保障理论研究的阶段性成果。这两本书的出版，对推进劳动保障事业的发展，对完善劳动保障理论有重要引导作用。部里已决定，把两本书作为系统干部培训的主要教材，用半年左右的时间，组织全系统认真学习，同时开展一系列的宣传活动。各地要按照统一部署和要求，把学习和宣传活动组织好，收到实效。

（二）深入调研，开拓进取，研究解决深层次问题

这几年，围绕两个确保和完善社会保障体系，行业统筹下放地方管理问题，关闭破产企业职工安置和社会保障问题，离休人员“两费”和困难行业的养老金历史拖欠问题，养老金社会化发放问题，建立多渠道筹资新机制问题，有的基本解决，有的正在解决，有力地促进了劳动保障事业的发展。推动劳动保障事业再上新台阶，必须以奋发有为的精神状态，不断开拓进取，继续研究解决深层次问题。

目前，制约我们事业发展的深层次问题很多，比如，在我们这样一个人口大国，在经济结构进行战略性调整、城镇化步伐加快的条件下，政府在扩大就业中如何发挥作用，实行什么样的政策能够有效地促进就业和再就业，如何实现城乡就业协调发展。比如，在大力发展职业教育时，采取什么政策措施能够实现职业培训的市场化和社会化，提高劳动者素质，满足市场对技术人才的需求。比如，按照减少和规范行政审批的要求，如何建立和规范劳动力市场秩序，审批取消之后，怎样实施宏观调控和指导。比如，按社会保险大数法则，统筹层次越高，抵御风险的能力越强，但在我国当前生产力发展水平不高和地区之间不平衡的情况下，社会保险的统筹层次如何确定，五个险种的统筹层次是否应该一致。比如，社会保险缴费水平和待遇水平如何与社会经济发展相适应，如何建立劳动者缴费激励与约束机制，怎样完善养老金的正常调整机制，统筹外项目养老金是否可以归并改为建立规范的企业年金。比如，财政对社会保障投入应该达到多大比例，中央对地方的社会保障转移支付如何建立规范的制度，怎样建立起中央和地方的社会保障责任机制。比如，社会保险费征缴体制要不要统一，如果不统一，部门之间如何搞好配合与衔接。比如，在推进社会化管理服务过程中，如何发挥社区的作用，怎样尽快建立统一规范的社会保险网络，等等。

我国已经成为世界贸易组织的正式成员。加入世界贸易组织，是改革开放进程中具有历史意义的一件大事，标志着我国对外开放进入一个新的阶段。入世符合我国根本利益，有利于促进贸易增长和产业结构的调整升级，对我国经济发展和增加就业都有积极作用，但在入世初期，一些行业和产品会受到很大冲击，还可能出现一些难以预料的困难和问题，必然影响到就业和社会保障工作。根据世界贸易组织规则和我国入世的法律文件，我们如何进一步转变职能，需要制定、修订哪些法律法规和政策措施，以趋利避害，适应入世要求；如何进一步巩固两个确保和完善社会保障体系，把对一些行业的冲击所带来的不利因素减小到最低程度，确保社会稳定；如何进一步完善失业保险制度，大力做好就业和再就业工作，应对入世初期的失业率增加的问题；如何从推进人才战略的要求出发，加强职业培训，解决提高劳动力素质，培养人才和留住人才等问题；如何按照国民待遇原则，做好外国人在我国就业的管理工作和外资企业参加社会保险的工作。这些都是摆在眼前的现实问题，需要我们抓紧研究解决。

（三）强化管理，夯实基础，提高工作效率和质量

近四年来，劳动保障制度改革力度大，任

务重，时间紧，要求高。为了完成工作任务，我们采取集中力量打攻坚战的办法，就像“千军万马过长江”一样，一直往前跑，许多管理工作没有来得及跟上。随着完善社会保障体系试点的展开，我们越来越感到，基础管理薄弱的问题已成为我们事业发展的“瓶颈”，到了非解决不可的时候了。推动劳动保障事业再上新台阶，必须实现由抓应急、抓个案向抓规范、抓管理转变，强化管理，夯实基础，巩固已有成果，进一步提高工作质量。

主要是抓好以下几点：一是基本情况要清楚。对劳动保障工作的现状、存在的问题，以及发展趋势，要有正确的认识，准确的判断，做到心知肚明。二是基本数据要准确。两个确保的统计数字，职工人数、离退休人数、工资总额、参保人数、缴费基数、基金收支等重要数据，要做到随要随有，真实可靠。三是基本手段要现代化。加快劳动力市场和社会保险信息网络建设，建立数据库，强化信息采集和统计分析，提高管理服务水平和工作效率。四是基础管理要扎实。全面加强劳动合同管理，从源头上规范劳动关系，规范企业用工行为。全面建立个人账户，依法规范社会保险关系，规范参保和缴费。五是基层建设要加强。劳动保障工作直接面对老百姓，大量的工作在基层，必须把基层建设搞好。要高度重视和加强就业服务、社会保险经办、职业培训、劳动监察、劳动争议仲裁、信访等基层工作机构的建设，在有条件的街道、社区、乡镇建立工作机构，完善工作制度，做好管理服务。

（四）转变作风，求真务实，树立勤政廉政形象

今年6月，中央纪委和监察部向我部派驻了纪检组和监察局，这是加强劳动保障系统党风廉政建设和反腐败工作的重要举措。纪检组在组建的同时，积极开展调查研究，形成了工作的初步思路。各级劳动保障部门按照中央纪委的要求，结合实际制定了从源头上预防和治理腐败的规章制度，对社会保障基金管理使用情况进行专项检查，纠正违章违规问题，查处违纪案件。中央要求，要把明年作为转变作风年、调查研究年。各级干部都要按照六中全会的要求，切实转变作风，深入实际，调查研究，关心群众疾苦，注意工作方法，坚持真抓实干，把中央的各项决策和部署真正落到实处。推动劳动保障事业再上新台阶，必须按照中央的要求，全面贯彻六中全会精神，在作风建设上有明显进步。

首先，按照“八个坚持、八个反对”的要求，以增强党同人民群众的血肉联系为劳动保障工作的出发点和落脚点，把解决困难群体工作和生活中遇到的困难放在首位，把他们的安危冷暖时刻放在心上，重点关注，重点解决，千方百计做到两个确保。其次，继续深入开展抓落实、抓管理、抓调研和加强干部队伍建设活动，把劳动保障系统的作风建设提高到一个新水平。第三，要加强党风廉政和行风建设。部里将于近期专门召开会议进行部署，各地要认真贯彻会议精神，做好劳动保障系统党风廉政建设和反腐败工作，以党风带动政风，以政风带动行风。第四，要按照《中共中央关于加强社会主义精神文明建设若干重要问题的决议》和《公民道德建设实施纲要》的要求，继续开展“三优一满意”创建活动，强化服务窗口、部位的优质服务建设，树立劳动保障部门勤政廉政的良好形象。

同志们，我们的事业是充满希望的事业，我们的事业孕育着更大的发展空间和光明前景。让我们在以江泽民同志为核心的党中央领导下，高举邓小平理论伟大旗帜，以“三个代表”重要思想为指导，以新作风落实新部署，以新精神开拓新局面，以劳动保障工作的优异成绩迎接党的第十六次全国代表大会胜利召开。

加快完善有中国特色的社会保障体系

张左己

改革开放以来，在党中央、国务院和广大人民群众的关心支持下，我国社会保障制度改革取得了长足进展，一个适应社会主义市场经济体制基本要求的社会保障体系正在逐步形成。从新世纪开始，我们将进入全面健全、加快完善社会保障体系的新时期。在世纪之交，深入认识加快完善我国社会保障体系的重要性和紧迫性，准确把握新时期完善社会保障体系的基本目标和原则，明确“十五”期间向新的社会保障体系过渡的主要任务，对于我们全面贯彻落实十五届五中全会精神，加快形成有中国特色的社会保障体系具有重要意义。

一、完善社会保障体系是我国改革发展稳定的客观要求

现代意义上的社会保障是工业革命和社会化大生产的产物。经过工人阶级的长期斗争，社会保障制度首先在西方经济发达国家建立，对维护社会稳定、保持经济正常运行发挥了重要作用。

在社会主义国家实行社会保障制度，马克思、恩格斯在无产阶级夺取政权之前就预言：无产阶级在建立自己的国家后，“建立国家工厂，国家所有工人都有自己的生活资料，并且负责照管丧失劳动能力的人”①。十月革命后，列宁则更加明确地指出：“工人在下列场合（伤残、疾病、年老、女工，还有怀孕和生育；养育者死亡所遗寡妇和孤儿的抚恤，丧失劳动能力时），国家保险都要给工人以保障。”②正因为如此，前苏联以及后来的社会主义国家都先后建立了社会保障制度。

我国宪法规定，中华人民共和国公民在年老、疾病或者丧失劳动能力的情况下，有从国家和社会获得物质帮助的权利。新中国成立后，1951年1月，政务院发布了《中华人民共和国劳动保险条例》，对养老、医疗等社会保障作出了规定。但由于对社会主义国家如何实行社会保障缺乏实践，社会保障只在国有企业实行，覆盖面很窄，由企业负责日常管理，还不是真正意义上的社会保障。即便如此，文化大革命期间还被迫中断。进入20世纪80年代，实行改革开放和发展社会主义市场经济，各项社会保障制度建设步伐不断加快。在养老保险方面，80年代中期就开展了城镇企业职工基本养老保险制度改革试点，1991年国务院决定全面实行社会统筹，1995年决定建立社会统筹与个人账户相结合的制度模式，1997年决定统一全国企业职工基本养老保险制度，1998年决定行业统筹移交地方管理，至此，我国城镇企业职工基本养老保险制度框架初步形成。在失业保险方面，1986年国务院颁布国营企业职工待业保险暂行规定，1993年又发布了国有企业职工待业保险规定，1999年发布了失业保险条例，在总结80年代中期以来改革实践的基础上，进一步明确了失业保险的覆盖范围、筹资办法、缴费比例、享受条件和保障水平。在医疗保险方面，1994年以来，在镇江、九

江试点的基础上，1998年国务院出台了城镇企业职工基本医疗保险制度的决定，确定了医疗保险的制度模式和政策框架，目前这项改革正在稳步推进。企业职工工伤保险、生育保险制度和城市居民最低生活保障制度，也在探索中不断发展和完善。这些社会保障制度的实施，为建立完善的社会保障体系奠定了基础，也为经济体制改革创造了良好的社会环境。

党的十五届五中全会通过的《中共中央关于制定国民经济和社会发展第十个五年计划的建议》明确提出："完善的社会保障制度是社会主义市场经济体制的重要支柱，关系改革、发展、稳定的全局。"这一论断从新的高度进一步强调了完善社会保障体系的重要性。

（一）完善社会保障体系是在新世纪全面建设小康社会的必然要求

十五届五中全会提出，要不断提高城乡居民的物质和文化生活水平，向更加宽裕的小康生活迈进。这既是社会主义社会发展生产力的根本目的，也是我们共产党人的奋斗目标。江泽民总书记在关于"三个代表"的论述中强调，我们党要始终成为最广大人民根本利益的忠实代表。建立和完善社会保障体系，涉及的正是亿万人民群众的基本权益和基本生活，关系到他们的日子过得是否安心，能否真正过上小康生活，安居乐业，老有所养，病有所医。小康不小康，关键看保障。贯彻"三个代表"的重要思想，全面建设小康社会，就必须加快完善社会保障体系，为广大人民群众提供项目较完善、水平较适当的基本生活保障。

（二）完善社会保障体系是我国经济结构战略性调整的必备条件

今后五到十年，是我国进行经济结构调整的重要时期。这种调整不是一般意义上的适应性调整，而是包括所有产业、所有地区的全面性、战略性调整。传统产业的技术改造，国有企业结构调整，依法关闭一些产品质量低劣、浪费资源、污染严重、不具备安全生产条件的企业，不可避免地要引起较大规模的职工岗位转换和增加一些失业人员。尤其是在我国加入世贸组织后，劳动力的岗位变换和流动会更加频繁，失业和再就业将成为经常发生的现象。这些情况都对我国的社会保障提出更为严峻的挑战，失业保险制度、城市居民最低生活保障制度能不能为经济结构调整提供强有力的支撑，也都是完善社会保障体系的新课题、新任务。

（三）完善社会保障体系是促进经济发展的重要举措

近两年来，为解决国内有效需求不足的矛盾，拉动经济增长，中央采取了降低银行存款利率、增加中低收入居民的收入水平、实行积极的财政政策等措施，取得了明显的成效。但由于社会保障不够健全，一定程度上导致了居民预期消费的增加，即期消费减少，影响了我国经济的发展。因此，在"十五"期间，加快完善社会保障体系，有利于解除职工群众的后顾之忧，改善居民对改革的心理预期，扩大即期消费，稳定人心，稳定市场，发挥促进我国经济持续、快速、健康发展的作用。

（四）完善社会保障体系是应对新世纪人口老龄化挑战的迫切需要

目前，我国60岁以上的人口已达到1.26亿人，65岁以上的人口达到8 600万人，分别占总人口的10%和7%，按照国际通行标准，我国已进入老龄化社会。到21世纪30年代左右，我国将达到老龄化高峰时期，届时，每4个人中就有一位老年人。能否在保持国民经济持续、快速、健康发展的前提下，平稳渡过人口老龄化高峰，对我国社会保障是一个严峻的挑战。我国人口老龄化不同于西方国家，不仅规模大、速度快，而且底子薄、负担重。西方国家是在已经实现工业化、社会财富有较多积累情况下出现的"先富后老"，解决老龄化问题有比较雄厚的经济基础。我国则是还处在工业化发展阶段、社会财富积累有限情况的"未富先老"，解决老龄化问题难度很大。近几年，我国参加养老保险社会统筹的企业离退休人员每年增加200万人，养老金支出有较大缺口。不论就眼前还是就长远看，我们都要未雨绸缪，抓紧完善养老、医疗等社会保障制度，千方百计积累资金，以应对老龄化高峰的到来。

二、完善社会保障体系的基本目标和原则

关于完善社会保障体系的目标，十五届五中全会明确指出："要加快形成独立于企业事业单位之外、资金来源多元化、保障制度规范化、管理服务社会化的社会保障体系。"这是从我国近20年来社会保障改革理论和实践探索中得出的结论，是对社会主义市场经济下社会保障体系特征的高度概括。

社会保障体系独立于企业事业单位之外，一直是我国社会保障制度改革的重点和难点。确立这一改革目标，就是要变计划经济下的"企业保障""单位保障"为适应市场经济要求的真正意义上的"社会保障"。今后，企业除了依法缴纳社会保险费之外，新的社会保障体系的建立、运行不能再依附在企业上了，社会保障也不再是企业制度的组成部分。它与社会主义市场经济下的现代企业制度、财产所有权制度等一起，成为我国一项基本的社会经济制度。上述目标中的"三个化"更是抓住了构架我国社会保障体系的关键点。资金来源多元化就是要把计划经济体制下社会保障资金全部由企业承担，转变为市场经济下由企业、个人和政府等机构"多元"出资；保障制度规范化就是要贯彻依法治国、依法管理社会保障的思想，对建立的各项制度作出明确的完善的法律规范；管理服务社会化就是要把计划经济下社会保障事务由企业事业单位管理，转变为市场经济下由社会机构提供管理和服务。从总体上看，这个目标的深刻内涵就是要解决市场经济下在社会保障方面政府应该做什么、市场要做什么的问题，明确政府、企业和个人的社会保障职能与责任。社会主义市场经济下社会保障体系的建设，政府是制度建设的组织者、政策制定者，负责制度的建立、完善和监督。至于社会保障资金的来源、所需要的各种服务等，均应以社会化的方式去运作，由社会来承担。建立社会保障制度，为企业减轻了负担，创造了良好的经济环境，企业可以集中精力用于生产经营，因此，企业必须承担缴纳社会保险费的责任。个人在享受社会保障权益时，必须先为获得权益做出贡献。这就是现代意义上的社会保障中政府与市场、政府与企业及个人的职能定位，它符合国际上社会保障改革的潮流，符合我国建立社会主义市场经济体制的基本要求。

在实现社会保障体系的这个目标时，要注意把握好以下几个问题：

（一）基本社会保障的标准必须与我国经济发展水平以及各个方面的承受能力相适应，不能脱离实际追求高水平。我国现在处于社会主义初级阶段，生产力发展水平比较低，人口多，底子薄，负担重，各项建设任务很重，这些基本国情决定我们在完善社会保障体系时，不能追求较高的保障水平。水平定得过高，企业负担过重，财政承受不了，必然影响国家的经济发展和企业竞争力。当然也不能过低，要满足人民群众的基本需要，保证保障对象的基本生活。要汲取国外社会保障的经验教训，避免重蹈西方"福利国家"的覆辙。从经济发展和社会保障既可能相互促进、又可能相互影响的辩证关系出发，在满足人民群众基本生活需要、保证企业活力和促进经济发展之间，慎重确定各项保障制度的缴费标准、待遇水平，并随着经济发展逐步提高保障水平。

（二）建立稳定、可靠的社会保障资金筹措机制。要建立完善的社会保障体系，首先要有一个完善的社会保障资金筹措机制，资金保证是关键和前提，是社会保障制度运行的基本条件。资金来源的主渠道，一是用人单位和职工个人缴纳的社会保险费，二是各级政府的社会保障财政预算。这两条资金来源的渠道稳定了，社会保障的资金就有了保证。同时，还要开辟新的资金筹集渠道，弥补社会保障资金的不足。社会保障资金是离退休人员、下岗职工和失业人员的"活命钱"，是全体劳动者的"血汗钱"，涉及保障对象的切身利益，必须严格管理，建立健全各种监督机制，加强对社会保障基金的管理和监督，确保基金安全，防止

被挤占、挪用。

（三）认真抓好社会保障体系的法制建设。社会保险与商业保险不同，它是政府行为，通过国家立法强制实施，目的是保持经济平稳运行和社会稳定。落实党的十五大提出的依法治国、建设社会主义法治国家的精神，就要依法管理社会保障，而制定社会保障有关的法律、法规则是依法管理的基础。这也是世界各国建立社会保障制度的普遍做法。《社会保险法》是国家社会保险方面的基本法律，是规范社会保险行为、制定单项社会保险政策的基础和依据，应当尽快出台，并逐步形成具有我国特色的社会保障法律体系。

（四）建立社会化的科学管理体制，保证社会保障资金的收缴、支付及运营的规范化、制度化。独立于企业事业单位之外的社会保障体系的核心，体现在社会保障的社会化上，这是向市场经济转轨、实现政府职能转变的要求，是社会保障制度改革的必然趋势。要抓紧建立管理统一、行为规范、运转协调的社会保险资金发放系统和社会保障对象的管理服务体系，当前的主要任务是实行养老金的社会化发放，探索将退休、失业、生活困难人员纳入社区管理的有效方式。要建立统一的覆盖全国的社会保障信息服务网络，运用高新技术，实现社会保障管理的现代化。

三、向新的社会保障体系过渡的主要任务

完善社会保障体系是一个长期复杂的过程，面临着许多困难和矛盾，任务十分繁重。目前，我国社会政治稳定，经济快速发展，财政收入持续增加，为我们进一步完善社会保障体系提供了条件。我们要抓住主要矛盾，着眼突出问题，下功夫认真解决。

（一）调整和完善基本养老保险制度。近年来的实践证明，社会统筹与个人账户相结合的基本养老保险制度模式是成功的，要予以坚持。目前的突出问题是养老金有较大缺口，造成这种情况的原因有过去没有足够的资金积累，人口老龄化导致退休人员急剧增加，以及一些地方职工大量提前退休等。解决这个问题的主要办法是进一步规范基本养老金计发项目和待遇标准，加大省级调剂基金的力度；坚持不懈地扩大覆盖面，加强基金征缴；多渠道筹集养老保险资金，努力扩大资金积累规模。除此以外，要根据完善养老保险制度的要求，探索解决个人账户资金筹集、分账管理问题，启动做实个人账户方案的试点。同时，抓紧研究制定机关事业单位的养老保险制度改革方案，使其与企业养老保险制度相衔接，以利于促进人员流动。

（二）推动国有企业下岗职工基本生活保障向失业保险并轨。从 1998 年开始，为了配合国有大中型企业实现三年脱困目标，企业为下岗职工建立了再就业服务中心，国家实行了下岗职工基本生活保障制度。实践证明，在下岗职工数量巨大，而失业保险的覆盖面、基金积累、保障水平，以及职工的心理承受能力都比较低的情况下，实行下岗职工基本生活保障制度是十分必要的，也是完全正确的。但是从社会主义市场经济发展方向和完善社会保障体系的要求看，这项过渡性措施最终必须向失业保险并轨，这是完善社会保障体系的重要内容。为此，一方面，我们要完善下岗职工出中心、解除劳动关系的有关政策措施，妥善解决好他们的经济补偿金及债务清偿问题；另一方面，要努力扩大失业保险覆盖范围，加强基金征缴，采取各种措施筹集资金，增强失业保险基金的支付能力，为下岗职工出中心做好准备，保障失业人员能按规定领到失业保险金。只有这样，才能实现下岗职工基本生活保障制度向失业保险制度的平稳过渡。

（三）积极稳妥地推进城镇职工基本医疗保险制度改革。为推进医疗保险制度改革，国务院作出了医疗保险制度、医药卫生体制和药品生产流通体制三改并举、同步推进的决策。城镇职工基本医疗保险制度及相关配套政策已经确定，从目前启动运行地区的实践看，总体情况良好。现在的问题是改革进程较慢，覆盖面不广。当前的工作重点是，努力扩大新制度

的覆盖范围，督促尚未开始实施的地区尽快启动。同时，还要研究解决改革过程中遇到的新情况、新问题，充分发挥统账结合机制的作用；要区别情况，分类指导，妥善处理好特殊人群的医疗保障；从实际出发，探索解决超过规定标准以上的医疗费用问题，最终形成一个满足不同人员需要的多层次医疗保险体系。

（四）强化城市居民最低生活保障制度的作用。城市居民最低生活保障制度是近年来保障国有企业下岗职工、失业人员和城市生活贫困居民的“最后保障线”。这条保障线的作用需要进一步强化，要按照《城市居民最低生活保障条例》的要求，将符合条件的所有城市贫困居民纳入最低生活保障范围，并注意做好与其他社会保障线的衔接，特别是要加强对产业结构调整和企业改组改制过程中出现的特殊困难人群的最低生活保障。要健全各项规章制度，建立规范化、现代化的管理服务体系，严格进行家庭收入调查，核实保障对象的家庭经济状况和实际生活水平，规范申请、评审和资金发放的程序，做到公开、公平、公正。同时，还要大力发展慈善机构和服务于贫困家庭的非营利机构，鼓励社会各界为贫困家庭提供援助。

（五）加强社会保障资金的筹集、管理和监督。社会保险费是社会保障资金的主要来源，要增强用人单位和职工缴纳社会保险费的观念，加强社会保险基金的征收力度，依法扩大社会保险覆盖范围，认真核准缴费基数，切实提高基金收缴率；各级政府要调整财政支出结构，加强社会保障部门预算，落实破产关闭企业职工分流安置、城市居民最低生活保障资金，弥补养老保险资金缺口，逐步增加社会保障支出；通过变现部分国有资产、发行社会保障债券、开征新税种、发行彩票等方式，开辟新的社会保障资金筹集渠道，提高社会保障资金支付能力；进一步规范社会保险基金收支两条线管理，明确部门职责，做好工作衔接；要建立由政府部门、用人单位、职工代表和专家等组成的社会保障监督委员会，依法加强对社会保障基金的监督，保证基金的安全、完整和保值增值。

（六）实现社会保障管理和服务的社会化。高效的社会管理和服务是完善的社会保障体系的主要特征。我国现阶段社会保障的社会化程度比较低，刚刚起步，还有许多工作要做。在基本实现离退休人员养老金的社会化发放后，要在有条件的地区进行退休人员社区管理的试点，使城镇各类企业、事业单位退休人员日常管理和服务与原用人单位脱钩，转到职工户口所在地的街道，由社区组织统一管理，取得经验后全面推开。社会保险经办机构要拓展服务范围，努力做好企业下岗人员、失业人员社会保险关系的管理、接续和转移工作，为参加基本医疗保险的退休人员医疗费用结算提供服务，组织发放退休人员死亡后的丧葬补助金和直系亲属抚恤金。要广泛运用现代信息技术手段，建立覆盖全国的社会保障信息服务网络，加强对社会保障的信息服务支持。

加快完善社会保障体系，是我国“十五”期间国民经济和社会发展的一项重要工程，也是新世纪社会主义市场经济体制建设的一件大事。做好这项工作，不仅可以把社会主义市场经济体制大大推向前进，而且将为实现我国现代化的宏伟目标奠定坚实基础。我们要在以江泽民同志为核心的党中央领导下，同心同德，集思广益，为尽快建成这项伟大工程而积极努力。

注释

① 马克思，恩格斯．共产党在德国的要求．见：马克思恩格斯全集第5卷．北京：人民出版社，1958．3

② 列宁．关于对杜马提出的工人的国家保险法案的态度．见：列宁全集第21卷．北京：人民出版社，1990．155

以“三个代表”重要思想为指导 加快完善社会保障体系

张左己

江泽民总书记关于“三个代表”的重要思想，是在新形势下对我们党的性质和宗旨的高度概括和总结，是我们的立党之本、执政之基、力量之源。建立完善的社会保障体系，事关广大人民群众的切身利益，事关经济发展和社会稳定的大局，事关社会主义根本制度建设，是落实“三个代表”的重要内容。以“三个代表”重要思想为指导，加快完善社会保障体系，是劳动保障工作者光荣而神圣的使命。

一、实践“三个代表”的重要思想必须加快社会保障体系建设

完善社会保障体系是保护和发展先进生产力的必要条件。进入新世纪，面临更加激烈的国际竞争。以经济建设为中心，解放和发展社会生产力，是我们党的根本任务。以发展为主题，首先必须抓好国有企业深化改革和经济结构调整工作，增强国有企业活力和市场竞争力，优化产业结构，实现传统产业向高新技术产业的升级，保持国民经济持续快速健康发展。这是发展我国先进社会生产力的必由之路。无论是国有企业改革，还是产业结构调整，都不可避免地遇到“人往何处去”的问题。在这种情况下，只有建立健全社会保障体系，妥善解决下岗失业人员的基本生活保障和关闭破产企业职工的安置问题，才能保证结构调整的顺利进行，才能保持社会稳定和促进经济发展。据统计，1998 年到 2000 年三年间，全国共有2 100多万国有企业下岗职工，其中，兼并和破产的企业达1 800多户，涉及职工 500多万人。仅纺织一个行业，就有近 120 万下岗职工先后进入再就业服务中心。实践证明，在国有企业改革脱困、兼并破产、减员增效、结构调整力度相当大的情况下，如果不是中央及时作出加强社会保障体系建设的决策，保障了广大下岗失业人员和离退休人员的基本生活，社会不仅不会像现在这样稳定，国企三年脱困的目标也难以实现。“十五”期间，产业结构调整的力度将进一步加大，成为贯穿国民经济和社会发展的一条主线。加快完善社会保障体系，不仅是一项重大的战略任务，更是非常紧迫的现实问题，是迫在眉睫的大事。

完善社会保障体系是建设社会主义先进文化的重要内容。社会保障是国家通过立法，强制建立基金，保障公民在年老、疾病、失业、工伤、生育以及遭受意外灾害时，从国家和社会得到帮助的一种社会经济制度。社会保障制度的出现，既是社会生产力达到一定阶段的产物，是工人阶级长期斗争的结果，也是社会进步和文明的重要标志，兼具政治、经济和文化三个方面的内涵。从文化角度讲，社会保障具有公平、平等、互助等特性，是先进文化的重要内容。马克思、恩格斯、列宁等革命导师对社会保障问题十分重视，提出了对社会总产品

要进行预先扣除，“用来应付不幸事故、自然灾害等的后备基金或保险基金”的重要论断。我们党和政府历来重视广大劳动者的基本权益和社会保障问题，早在建国初期就颁布了《劳动保险条例》，初步建立起社会保险制度。改革开放特别是党的十四大以来，以江泽民为核心的党中央又进一步提出深化社会保障制度改革，建立和完善社会保障体系的任务，并把完善社会保障制度作为社会主义的一项根本性制度建设，纳入国民经济和社会发展的主要目标。由于我国的社会保障制度经历传统的计划经济体制向社会主义市场经济体制的重大变革，人们的社会保障观念也在相应地转变，主要表现在：从生老病死全部由国家或单位包下来的“企业人”“单位人”的观念，转向社会主义市场经济条件下的“社会人”的观念；树立社会保障方面权利和义务对等的观念，依法参加社会保险并承担缴费义务；按照建立公共财政的要求，转变政府职能，调整财政支出结构，提高财政支出用于社会保障的比例等等。这些社会保障观念的衍生，不仅为进一步完善社会保障制度创造了条件，同时也深刻地影响了人们的价值观念和社会心理，成为社会主义先进文化的重要组成部分。

完善社会保障体系是最广大人民群众根本利益的直接体现。提高人民群众的物质和精神生活水平是社会主义的根本目的，也是发展社会生产力和建设先进文化的必然归宿。九届全国人大四次会议通过的《中华人民共和国国民经济和社会发展第十个五年计划纲要》把提高人民生活作为根本出发点，提出要不断提高城乡居民的物质和文化生活水平，向更加宽裕的小康生活迈进的目标。建立和完善社会保障体系，使广大人民群众老有所养，病有所医，失有所助，安居乐业，是全面建设小康社会的需要，也是不断提高人民群众生活水平的重要措施。特别是对在改革过程中出现的下岗职工和部分生活困难群体，党和政府更应作为重点保障对象，采取切实措施，解决他们的基本生活问题。

二、完善社会保障体系的总体目标和应把握的原则

通过近 20 年的探索和改革，我国社会保障体系建设取得了重要进展。近几年，党和政府实行了确保企业离退休人员基本养老金按时足额发放和确保国有企业下岗职工基本生活的两个确保政策，建立了国有企业下岗职工基本生活保障、失业保险和城市居民最低生活保障“三条保障线”，以养老、失业、医疗保险和城市居民最低生活保障为主要内容的社会保障制度改革稳步推进。这些重大政策措施的实施，有效地保障了人民群众的基本生活，维护了社会稳定，促进了经济发展。但与发展社会主义市场经济的要求相比，还有很大的差距。一是企业事业单位承担了大量的社会保障日常管理工作，社会事务负担较重。二是社会保障筹资渠道窄，资金缺乏有力保证。三是基础工作不够扎实、规范，亟待加强管理。对此，党的十五届五中全会提出了新时期我国完善社会保障体系的总体目标，这就是加快形成独立于企业事业单位之外、资金来源多元化、保障制度规范化、管理服务社会化的社会保障体系。

独立于企业事业单位之外，是我国社会保障制度改革的核心问题。在计划经济时期，职工的“生老病死”都由企业负责，这在当时是可行的。但企业进入市场之后，优胜劣汰、关停并转的现象经常发生，“企业保障”不仅不可靠，而且增加了企业的社会事务负担，影响了企业的竞争能力，限制了职工的合理流动。在一些企业发生的拖欠职工养老金、医疗费用难以报销等问题，就是最明显的例证。我们实行养老金社会化发放，全面推行基本医疗保险制度，以及在一部分地区进行下岗职工基本生活保障向失业保险并轨试点，目的都是为了分离企业承担的社会保障职能，变“企业保障”为适应市场经济要求的真正意义上的“社会保障”。

资金来源多元化是完善社会保障体系的关键。长期以来，由于缺乏必要的基金积累，加上人口老龄化的冲击，退休人数增幅较大，养老保险入不敷出问题越来越突出。2000年，全国当期收不抵支的省份达到24个，资金缺口达400多亿元。仅靠企业和个人缴费，难以确保企业离退休人员养老金的按时足额发放，必须通过调整财政支出结构等措施，建立多元化的稳定的筹资渠道，增强社会保障资金的支付能力。

保障制度规范化是完善社会保障体系的保证。要通过加强社会保障立法和执法，健全社会保障法律制度，使社会保障参保、基金征缴和监督、待遇标准和发放、社会保障对象管理和服务等纳入法制化、规范化的轨道。

管理服务社会化是完善社会保障体系的体现。今后，企业事业单位主要履行依法缴纳社会保险费的义务，不再承担发放社会保险金和社会保障对象的日常管理等工作。退休人员、失业人员要与企业事业单位脱钩，进入社区，实行社会化管理服务。

按照完善社会保障体系的目标要求，结合目前的实际情况，推进社会保障体系建设应注意把握好以下三个原则：

一是坚持基本社会保障的标准必须与我国经济发展水平以及各个方面的承受能力相适应，首先保证人们的基本生活需求。我国现在处于社会主义初级阶段，生产力总体水平比较低，且地区发展不平衡。基本国情决定了我们在完善社会保障体系时，不能追求较高的保障水平。水平定得过高，企业负担过重，财政承受不了，必然影响国民经济发展和企业竞争力的提高。具体地说，基本养老保险金的标准，要能够使职工在退休以后维持中等生活水平；下岗职工基本生活保障和失业保险待遇标准，要能够维持保障对象的基本生活，并有利于其尽快再就业；基本医疗保险的标准，要能够满足职工基本医疗需求；城市居民最低生活保障标准，要能够保证贫困居民的基本生存条件。

二是坚持公平与效率相结合，权利与义务相对应，兼顾国家、企业、个人三者利益。总结西方高福利国家产生的财政不堪重负和实行个人账户积累制国家互济性不够的经验教训，从国情出发，坚持实行社会统筹与个人账户相结合的基本制度，明确国家、用人单位和个人在社会保障中的权利和义务。对用人单位和个人来说，必须依法参加社会保险，并按时足额缴纳社会保险费，然后才能享受社会保险待遇，并且待遇水平与缴费挂钩。国家的社会保障责任主要体现在：单位和个人缴纳的社会保险费进入成本，税前列支；财政直接划拨一部分资金用于社会保障支出；在社会保障基金不足支付时，财政承担最后责任。这样，既发挥社会统筹的共济功能，又调动个人参保和缴费的积极性，有助于形成国家、用人单位、个人三方合理分担的机制，实现公平和效率、权利和义务的有机统一。

三是立足当前，着眼长远，逐步完善。从国际社会保障发展的历史看，各国社会保障从开始建立到形成完善的体系都有一个逐步发展的过程：由建立单项制度，逐步发展到多项制度，最终形成项目齐全的制度体系；由覆盖少数人口逐步发展到大多数人口，直至覆盖全体居民；保障水平也由初期的仅能维持生存，发展到保障基本生活，最终达到较高的保障待遇。就我国来说，社会保障体系建设也必然是经历一个由近及远、由低到高、逐步完善的长期过程，不可能一蹴而就。当前，首先要保证下岗职工、失业人员、离退休人员和生活困难人群的基本生活，解决好现实的紧迫问题，为改革和发展创造一个稳定的社会环境。在此基础上，不断推进各项社会保障制度改革，形成一个覆盖范围广、保障功能强、制度健全、管理规范的社会保障体系。

三、完善社会保障体系的主要任务

当前和今后一个时期，完善社会保障体系要重点做好以下几项工作：

1. 继续做好两个确保工作。确保国有企业下岗职工基本生活，确保企业离退休人员养老金按时足额发放，是中央从改革发展稳定大局出发作出的一项重大战略部署，也是完善社会保障体系的核心内容和目的所在。“十五”期间，随着经济结构特别是产业结构调整力度的加大，两个确保的工作任务仍然很重。要按照两个确保目标不变、政策不变、工作要求不变的要求，落实两个确保领导责任制，千方百计筹集资金，采取切实有效的措施，做到两个确保不留死角。

2．精心组织好完善社会保障体系的试点。一是在坚持社会统筹和个人账户相结合的基础上，调整和完善城镇企业职工基本养老保险制度，逐步实现个人账户实账运营，保持企业缴费水平不变，同时采取调整财政支出结构等措施补充社会保险基金，保持退休人员待遇不降低。二是在做好下岗职工基本生活保障和再就业工作的前提下，逐步推进下岗职工基本生活保障向失业保险并轨。即从2001年起，在试点地区和其他有条件的地区，国有企业原则上不再建立新的再就业服务中心，企业新的减员原则上不再进入再就业服务中心，由企业依法与其解除劳动关系，按规定享受失业保险待遇。同时，妥善处理并轨过程中有关解除下岗职工劳动关系的经济补偿金以及偿还企业所欠职工债务等问题。力争用三年左右的时间实现并轨，建立市场导向的就业机制。国务院已经决定，选择辽宁全省及其他省份有条件的城市先行试点，取得经验后再逐步推开。

3．加快推进城镇职工医疗保险制度改革。坚持医疗保险制度、医疗机构和药品生产流通体制改革“三改并举、同步推进”的方针，稳步扩大基本医疗保险覆盖范围，力争2001年底前90%以上的地市建立基本医疗保险制度，覆盖人数达到8 000万人。加强对医疗保险用药、诊疗项目和医疗服务设施标准及医疗费用支出的管理和监督，做到基金收支平衡。保障离休人员、老红军等特殊人群的医疗待遇，组织实施国家公务员医疗补助办法，规范大额医疗费用补助办法，妥善解决“封顶线”以上大额医疗费用问题，探索建立社会医疗救助制度。

4．强化城市居民最低生活保障制度。城市居民最低生活保障制度是近年来保障国有企业下岗职工、失业人员和城市生活贫困居民的“最后保障线”。按照《城市居民最低生活保障条例》要求，将符合条件的所有城市贫困居民纳入最低生活保障范围，并注意做好与其他社会保障制度的衔接，特别是要加强对产业结构调整和企业改组改制过程中出现的特殊困难人群的最低生活保障。健全各项规章制度，建立规范化、现代化的管理服务体系，严格进行家庭收入调查，核实保障对象的家庭经济状况和实际生活水平，规范申请、评审和资金发放的程序，做到公开、公平、公正。

5．建立稳定规范的社会保障筹资渠道。一是要依法扩大社会保险覆盖范围，加强基金征缴，提高收缴率。二是加大各级财政对社会保障资金的支出。财政预算超收部分除法定支出外，主要用于充实社会保障资金，把社会保障支出占财政支出的比例逐步提高到15%～20%。三是通过变现部分国有资产存量、增加彩票发行等途径筹集社会保障资金。

6．加强社会保障资金管理和监督。要严格执行社会保障基金收支两条线管理办法，逐步完善监管的措施，杜绝发生挤占挪用。要建立由政府部门、用人单位、职工代表和专家等组成的社会保障基金监督委员会，依法加强对社会保障基金的监督，保证基金的安全、完整和保值增值。

7．实现社会保障管理和服务社会化。目前，养老金、失业保险金社会化发放的目标已基本实现，下一步的工作重点是积极进行退休人员社区管理的试点，使城镇各类企业、事业单位退休人员日常管理和服务与原用人单位脱钩，转到职工户口所在地的街道，由社区组织统一管理。要广泛运用现代信息技术手段，建立覆盖全国的社会保障信息服务网络，加强对社会保障的信息服务支持。

8．加强社会保障法制化建设。《社会保险法》是国家社会保险方面的基本法律，是规范社会保险行为、制定单项社会保险政策的基础和依据，应当尽快出台，并逐步形成具有我国特色的社会保障法律体系。

加快完善社会保障体系，是实践“三个代表”的重要内容，是我国“十五”期间国民经济和社会发展的一项重要工程，也是新世纪社会主义市场经济体制建设的一件大事。我们要坚决贯彻以江泽民同志为核心的党中央的一系列重大决策，同心同德，扎实工作，为尽快建成这项伟大工程努力奋斗。

以“三个代表”重要思想为指针 全面推进新世纪劳动保障事业

张左己

江总书记“七一”重要讲话，全面、系统、深入地阐明了“三个代表”重要思想的科学内涵，深刻揭示了我们党在新的历史条件下进行社会主义建设的基本规律和执政规律。用“三个代表”重要思想来指导、检验、衡量我们的工作，是劳动保障事业不断取得胜利的根本保证。

一、把促进先进生产力的发展作为劳动保障工作的根本任务

江总书记在“七一”重要讲话中指出，人是生产力中最具有决定性的力量。中国是人力资源大国，做好人力资源和权益保护这篇大文章，是全党的重大课题，更是劳动保障工作保护和促进生产力发展的重要职责。

开发人力资源，实现充分就业，是促进生产力发展的前提和基础。“十五”期间，我国城镇劳动力资源供给总量预计新增5 000万人以上，农村剩余劳动力在1.5亿人左右，实现充分就业工作，是一项长期而艰巨的任务。党中央、国务院历来十分重视就业工作，在“十五”计划纲要中，把扩大就业作为经济和社会发展的重要目标，提出5年城镇新增就业和转移农村劳动力各达到4 000万人，城镇登记失业率控制在5%左右。劳动保障部门应当以促进就业为己任，制定适应市场导向就业机制的政策措施，多渠道、多形式扩大就业，努力促进就业总量增长。

不断提高劳动者思想道德素质和科学文化素质，提高劳动技能和创造才能，是促进生产力发展的不竭动力。目前，我国劳动者技能素质尚需普遍提高。在城镇职工中，技术工人只占不到一半，其中高级技工不到1%。加快职业教育和职业培训的步伐，已成为迎接入世挑战的又一项紧迫任务。要普遍实行职业资格证书制度，克服那种偏重知识教育、忽视技能教育的倾向，在全社会形成学历证书和职业资格证书并重的氛围，促进职工队伍技能素质的提高。

制定有利于调动人的积极性的收入分配制度，是提高劳动生产率、推动生产力发展的重要方面。现在，在收入分配领域里，仍存在着不少问题，需要我们按照保护和发展先进生产力的要求加以审视和解决。

二、树立与社会主义市场经济相适应的劳动保障文化观念

确立适应社会主义市场经济发展要求的劳动保障观念和意识，是发展社会主义先进文化的重要内容。

树立适应市场经济的就业观。向市场经济转轨后，社会需求和多种所有制经济的不断发展，拓宽了人们的就业领域和就业方式。但是许多职工的就业观念还没有发生根本性转变，只愿意到公有制经济单位、大中型企业而不愿意到民营单位、中小企业就业，只愿意到正规

的产业部门而不愿意到社区、家政等服务性行业就业。这种就业观不但影响了初次就业和再就业，在一定程度上还影响了这些行业的发展。

树立终身教育、终身培训的职业教育观。为了适应知识经济时代、信息时代的要求，劳动者要坚持学习科学文化，不断更新已有知识，不断提高劳动技能。

树立工资收入能增能减的分配观。我国刚刚建立社会主义市场经济体制，许多职工还深受传统观念的影响，工资收入只能上不能下，在思想上没有能增能减的意识。这种情况不仅不符合市场经济的要求，也制约了劳动者积极性、主动性、创造性的发挥。我们要根据市场经济的要求，真正实行按劳分配为主，多种分配方式并存的收入分配制度，确立多劳多得、少劳少得的思想观念。

三、把维护广大职工群众利益作为劳动保障工作的出发点和归宿

“三个代表”是统一的整体，相互联系、相互促进。不断发展先进生产力和先进文化，归根到底都是为了满足人民群众日益增长的物质文化生活需要，不断实现最广大人民的根本利益。劳动保障工作涉及千家万户，直接关系到人们的就业状况和生活质量。无论是两个确保、完善社会保障体系，还是扩大就业、逐步提高工资收入水平，出发点和归宿都是维护广大职工群众利益。

立足当前，全力以赴巩固两个确保。确保国有企业下岗职工基本生活，确保企业离退休人员养老金按时足额发放，是党中央从改革发展稳定全局出发作出的重大决策，也是落实党的全心全意为人民服务宗旨的具体体现。三年来，共有2 100多万下岗职工进入再就业服务中心并领取了基本生活费，有1 300多万下岗职工实现了再就业，3 000万左右的企业离退休人员按时足额领到了养老金，两个确保目标基本实现。但也要清醒地看到，两个确保仍有死角，一些重点、难点问题仍很突出。我们要特别关心这些工作和生活上暂时遇到困难的群众，把他们的事情摆上重要议事日程，坚持两个确保目标不变、政策不变、工作要求不变，努力做到资金到位、政策到位、工作到位。

着眼长远，稳步推进完善社会保障体系试点。从根本上、制度上落实两个确保，就必须建立起独立于企业事业单位之外、资金来源多元化、保障制度规范化、管理服务社会化的社会保障体系，使广大职工群众老有所养、病有所医、失有所助、弱有所补，解除他们的后顾之忧。考虑到完善社会保障体系是一个系统工程，政策性强，涉及面广，国务院决定先选择辽宁省，重点就完善基本养老保险制度和推进下岗职工基本生活保障向失业保险并轨进行试点，取得经验后再逐步推开。目前，辽宁省完善社会保障体系的试点已经启动，其他 13 个试点城市正在研究制定试点方案。

加快医疗保险制度改革，解决职工的基本医疗需求问题。医疗保险制度涉及医疗卫生、药品生产和流通等多方面关系，改革的难度比较大。对此，国务院提出了职工基本医疗保险制度和医药卫生体制、药品流通体制“三改并举、同步推进”的重大决策。我们要从维护广大职工群众利益出发，完善医疗保险的有关政策。切实加强医疗保险管理，控制医生多开药、开自费药行为，强化医疗保险费用支出管理，制定合理的医疗费用分担比例，对老职工和退休人员要给予照顾。加快建立多层次医疗保障体系，满足职工群众不同的医疗需求。尽快实施职工大额医疗费用补助，鼓励企业为职工建立补充医疗保险。积极探索建立社会医疗救助办法，解决特困人群的医疗问题。

努力转变工作作风，把维护职工群众利益落到实处。劳动保障工作与群众利益密切相关，我们必须深入群众，深入实际，体察群众疾苦，倾听群众呼声，努力为人民群众办实事、办好事。要按照江总书记要求，把人民群众的根本利益作为制定政策的出发点和落脚点，不断调整和完善各项劳动保障政策，扎实细致地开展工作，想群众之所想，急群众之所急，忠诚地为职工群众谋利益。

在全国劳动保障厅局长座谈会上的总结讲话

劳动和社会保障部副部长　李其炎

（2001 年 7 月 18 日）

这次座谈会就要结束了。会议期间，同志们认真学习了江总书记“七一”重要讲话，围绕左己同志的报告进行了认真的讨论，对做好下半年工作积极献计献策。可以说，这是一个劳动保障系统深入学习“七一”重要讲话的动员会，是一个工作形势研讨会，更是一个实现今年工作目标的督促落实会。会议时间虽短，但收到了很好的效果，达到了预期的目的。

同志们一致认为，左己同志的报告，系统阐述了劳动保障工作以“三个代表”重要思想为指针，落实“三个代表”、实践“三个代表”的重要意义和主要内容，对劳动保障系统深入学习“七一”重要讲话起到了带头和领读作用，进一步增强了我们做好劳动保障工作的历史使命感和政治责任感。大家表示，回去以后，一定要按照左己同志提出的要求，把学习“七一”讲话作为一项重要任务，努力增强实践“三个代表”重要思想的自觉性和主动性。

同志们认为，左己同志的报告，对上半年劳动保障工作的总结实事求是，对当前形势的分析深刻透彻，对下半年工作的安排思路明确、重点突出，使大家进一步认清了形势，增强了信心，鼓舞了斗志。大家表示，一定要按照会议的部署，以江总书记“七一”重要讲话为指针，狠抓工作落实，加强基础管理，努力转变作风，全面完成各项工作任务。这次会上同志们提出了许多好的意见和建议，也提出了一些值得研究的问题，对于这些意见、建议和问题，部里将认真梳理和研究。结合会议讨论情况，我讲几点意见。

一、努力做好下半年的重点工作，全面完成今年的各项任务

近年来，两个确保的政策体系、工作机制和资金渠道逐步形成，养老、医疗、失业保险制度改革稳步推进，有中国特色的劳动保障制度框架初步确立，新制度、新机制的运转态势良好。三年的实践，也积累了经验，锻炼了队伍。这些成绩的取得，得到了各级领导的充分肯定，得到了职工群众的拥护和支持。但是我们也要看到，随着改革的深入，新旧体制转换的深层次矛盾逐渐暴露，其中不少都集中在劳动和社会保障领域。在两个确保的基础上出现了许多新情况、新问题，这是正常的，这是在新制度建立完善过程中出现的问题，是前进中出现的问题。4 月份，全国社会治安工作会议和整顿规范市场经济秩序工作会议之后，我们认真排查了劳动保障工作中可能影响社会稳定的十个方面因素，提出了相应的措施。这次会上，同志们又集中讨论了可能影响社会稳定的

突出矛盾。下半年，我们要牢牢把握社会稳定这条主线，切实做好两个确保、下岗职工出中心、促进就业和再就业、医疗保险制度改革、完善社会保障体系试点等项重点工作，在稳定中推进劳动保障工作，当工作进度与稳定发生矛盾时，进度要服从稳定。下半年的工作头绪比较多，新出现的情况和问题也比较多，尤其是在市县机构改革和省市政府换届的时候，各级劳动保障部门应主动向党委和政府领导报告劳动保障工作的任务和职能，使地方政府领导能够根据我们这个部门的工作需要，在确定机构设置和配置人员上予以充分考虑。同时，在机构改革中，也要对地方劳动保障部门提出要求，保持工作的稳定性、连续性，力度不能减，劲头不能松。

两个确保，直接涉及下岗职工和企业离退休人员切身利益，关系改革发展稳定的大局。对劳动保障部门来说，贯彻落实江泽民总书记“三个代表”重要思想，维护最广大人民群众根本利益，当务之急就是落实好两个确保。目前，从大面上看，两个确保的比例都比较高，形势是好的。但基础比较脆弱，稍一放松就可能掉下来，特别是“死角”问题仍然存在，如果不采取有力措施，还可能会扩大。所以，我们务必要按照去年底的全国社会保障工作会议上“三不变”的要求和这次会议上的部署，紧紧扭住两个确保不放，努力做到政策到位、资金到位、工作到位，消除“死角”，让职工群众满意，让党委、政府放心。

立足当前，必须做到两个确保；着眼长远，还是要完善社会保障体系。这方面的意义中央领导同志已经讲得很透彻了。推进完善社会保障体系试点工作，既要积极，又要稳妥。考虑到资金问题，做实个人账户不容易，中央财政也不可能拿出很多钱来帮助试点。但是，我们不能把试点仅仅理解为做实个人账户，中央给钱就有积极性，不给钱就没有积极性。已经确定试点的13个城市，就是中央不给钱，也要积极地试，哪怕是模拟运行也好。这样可以取得第一手资料，和看着别人试毕竟不一样。不管试点不试点，社会保险扩面征缴、医疗保险制度改革、规范养老保险个人账户、社会化管理服务等基础工作都必须往前做，这些都不能等。下岗职工基本生活保障向失业保险并轨，不限于辽宁省，其他有条件的省份也要这么做。这些中央都是明确了的。

下岗职工出中心工作是今年下半年的一件大事。从会议讨论的情况看，同志们对做好这项工作是有信心的，在思路上也形成了共识，这就是“目标不变、积极引导、稳步推进”。会议期间，不少地方都介绍了自己的做法和经验。比如，有的地方提出了“两统四分”，“两统”就是统一原则、统一政策；“四分”就是分级负责、分散决策、分类处理、分步实施。这次会后，大家要继续深入交流，互相借鉴，互相启发，不断完善政策措施。需要指出的是，关于出中心的原则和政策，中发〔1998〕10号文件写得清楚，左己同志也讲得明白。如果说还要说什么，那就是重视在实践中创造和总结经验。地方实践已经证明并将继续证明，解决下岗职工出中心这个难题的办法在基层，智慧在基层，力量在基层，当然，责任也在基层。工作越深入，遇到的新问题越多，越要注意深入实际、调查研究，只要深入基层，就能找到解决问题的途径和办法。在中央方针政策明确的情况下，各地从实际出发，大胆而稳妥、积极主动地去解决问题，工作是会取得成效的。

就业和再就业工作，是我们劳动保障部门一以贯之的重大任务，是各级政府的重点工作，我们必须有所作为。党的十五届五中全会明确指出，积极扩大就业，是宏观调控的一项重要内容，是经济发展和社会稳定的重要保证。减员增效和促进再就业，是一个问题的两个方面，都是经济发展和社会稳定所需要的。当前，经济结构调整步伐加快，劳动力结构调整的力度空前加大，这对就业和再就业工作既是挑战，也是机遇。从所有制角度看，一些国有企业改制改组、兼并破产，职工在减少，但一些股份制企业、外商投资企业、私营个体经济组织等用人增长较快；从产业结构来说，资源枯竭矿山、传统加工业等第一产业、第二产业职工大量退出，但高新技术、新经济、第三产业存在大量的就业岗位，用人需求不断增加。我们要认真分析就业工作的形势，适应结构调整和国有企业改革的需要，紧紧抓住多种所有制、第三产业快速发展的大好时机，加强培训，寻找实现就业和再就业的新增长点，推动就业和再就业工作。

二、加强调查研究，积极探索理顺工资收入分配关系的办法

当前，一些垄断行业工资收入过高，一些企业则拖欠职工工资，影响到职工的基本生活，使得收入差距呈继续扩大的趋势，已经成为一个社会热点问题。中央领导同志高度重视工资收入分配问题，将理顺收入分配关系提到重要议事日程。江泽民总书记指出，收入分配不公不仅是一个经济问题，而且是一个社会问题和政治问题。各地要按照江总书记关于“深化对社会主义社会劳动和劳动价值理论认识”的要求，重视收入分配问题，结合实际，提出建设性意见或建议。重点做好两个方面的工作：一是实行符合垄断企业特点的工效挂钩办法，对高收入垄断行业进行监控，将其工资收入分配控制在合理的范围内。二是加强劳动保障执法监察，加大贯彻落实《企业最低工资规定》和《工资支付暂行规定》的力度，查处无故拖欠和克扣工资问题，保护职工的合法权益。

三、认真组织好《新时期劳动和社会保障重要文献选编》与《领导干部社会保障知识读本》的学习宣传工作

改革开放以后，我国的劳动保障事业获得了长足发展，特别是党的十五大以来，党中央、国务院高度重视劳动保障工作，作出了一系列重大决策，取得了举世瞩目的成就。为全面系统地总结劳动保障事业改革发展的历史经验，宣传党和政府的方针政策，提高劳动保障干部队伍素质，部党组决定编辑出版《新时期劳动和社会保障重要文献选编》和《领导干部社会保障知识读本》。《文献》由我部和中央文献研究室共同编辑，拟收入 90 多篇文献，约 38 万字。其中邓小平、江泽民以及李鹏、朱镕基等领导同志的讲话 40 多篇，重要文件 50 多篇。从去年下半年开始，我部组织编写《读本》，现已基本定稿。这两本书将在今年 9 月份正式出版。

这两本书的出版，是劳动保障事业的一件大事，是一项基础建设工程，是学习江总书记“七一”重要讲话的辅助材料。劳动保障部门的干部职工要认真学习，做到人手一册，制定计划，反复研读。为配合这次学习和宣传活动，部里准备会同人民日报社、中央电视台等新闻媒体开展社会保障知识竞赛等宣传活动。各地要按照部里的统一部署，认真抓好组织实施，做好学习和宣传工作。各级劳动保障部门的领导干部要带头学习，带头宣传，营造有利于劳动保障工作的良好社会氛围。

四、进一步转变职能，坚持依法行政

随着省和市县级机构改革的到位，人员少、任务重的矛盾越来越突出。解决这一现实问题的出路，在于按照中央的要求，进一步转变职能，从过去的侧重审批和事务管理，转向搞好政策研究和依法行政上来。

职能的转变，不仅仅是进一步做好服务的问题，还要按照依法行政的要求，规范服务，依法服务。近年来，劳动保障行政复议和行政诉讼案件逐年增加。主要是反映一些地方劳动保障部门或超越职责范围，或对职权范围内的事行政不作为，或是行政行为不规范，甚至违反法定程序等等。我们要从规范行政执法主体入手，落实执法责任制。为此，要加强对执法人员的法制教育，提高依法行政的自觉性和执法水平，树立劳动保障部门严格公正执法的良好形象。

前不久，中央对“四五”普法提出了明确要求。各地要认真贯彻劳动保障“四五”普法规划，紧紧围绕劳动保障中心工作，继续在劳动保障系统、用人单位和劳动者中开展以宪法、基本法律和劳动保障法律法规为主要内容的法制宣传教育，不断提高用人单位、广大职工和劳动保障系统干部的法律素质，全面推进劳动保障依法行政。

五、以信访为镜子，进一步推动工作的落实

据统计，今年 1～6 月份，我部的信访总量达9 663件（次）。来信来访反映的主要问题，排在首位的是养老保险，主要是反映企业与机关事业单位离退休人员待遇差距和养老金历史拖欠问题；其次是劳动工资，主要是劳动争议和经济补偿问题；位列第三的是医疗保险，主要是工伤认定和待遇问题。从国家信访局和我部信访反映的情况看，当前最突出的一个特点是，集体访增幅较大，不仅次数多，而且每次的人数也多。

信访工作是政府同人民群众联系的一个非常重要的渠道，中央领导同志对信访工作作出许多重要批示。各级劳动保障部门要按照中央领导同志的要求，高度重视信访工作，以对人民负责精神，认真处理来信来访。信访第一线的工作人员要讲究方式方法，有关业务部门要通力配合，避免矛盾激化和上交。要以信访反映出来的问题为镜子，认真分析和检查工作，主动排查影响稳定的隐患，做到早发现、早控制、早化解，防止酿成群体事件。一旦出现群体事件，要及时、妥善处理，使之解决在基层，解决在当地。

这次会议后，各地要将会议精神及时向省市党委、政府汇报，并认真做好会议的传达贯彻工作。今年的时间已过半，下半年的工作任务更加繁重。我们要发扬不怕困难、勇于开拓的精神，鼓足干劲，狠抓落实，全面完成今年的各项工作任务，为改革发展稳定做出新的更大的贡献。

在全国劳动保障系统办公室工作座谈会上的讲话

李其炎

（2001年9月20日）

我们这次会议的主要任务是：以江总书记“三个代表”重要思想为指导，分析当前劳动保障工作形势，研究部署《新时期劳动和社会保障重要文献选编》和《领导干部社会保障知识读本》的学习宣传工作；贯彻全国政府系统秘书长办公厅主任会议精神，总结1999年全国劳动保障系统办公室主任会议以来的工作情况，进一步推进劳动保障系统办公厅室建设。下面，我讲三个问题。

一、劳动保障工作形势和当前的主要任务

新部成立以来的这几年，是世纪交替、实现“九五”目标、着手“十五”规划的重要时期，是国有企业改革和经济结构调整的关键时期，也是实现两个根本性转变的历史时期。以江泽民同志为核心的党中央审时度势、高瞻远瞩，坚持以经济建设为中心，正确处理改革发展稳定的关系，国有企业3年脱困目标基本实现，国民经济保持持续快速健康发展，社会主义市场经济体制初步确立，社会全面发展，人民生活总体上达到了小康水平。党中央、国务院高度重视劳动保障工作，作出了两个确保、完善社会保障体系等一系列重大决策和工作部署。各级劳动保障部门广大干部职工在党委、政府的坚强领导和社会各方面的大力支持下，面对空前繁重的工作任务，攻坚不畏难，两个确保基本实现并得到巩固，就业局势基本稳定，劳动和社会保障制度改革不断推进，劳动保障事业快速发展。

——两个确保得到巩固，劳动保障工作在改革发展稳定的大局中发挥了重要作用。两个确保是中央作出的一项重大决策，是劳动保障部门落实“三个代表”重要思想的体现，是劳动保障部门服务于大局的主战场。三年多来，共有2 400多万下岗职工进入再就业服务中心，1 700万人实现再就业。进中心的下岗职工基本生活费发放比例保持在95%左右，养老金按时足额发放率保持在98%左右。1998—2000年的3年间，累计使用两个确保资金5 688亿元，其中，发放养老金5 082亿元，发放基本生活费606亿元。两个确保的实现和巩固，受到广大人民群众和社会各界的一致好评，特别是下岗职工和企业离退休人员的衷心拥护，得到了中央领导同志的充分肯定，多次称赞“取得了很大成绩”，“在国有企业脱困力度很大的情况下，之所以总体上保持了社会稳定，两个确保功不可没”。两个确保的实现和巩固，不仅完成了党中央、国务院交给的光荣任务，有力地提升了劳动保障工作的地位和社会影响，而且赢得了国际上的赞誉。国际人士认为，在

经济结构调整和体制转轨的特殊历史时期，既能实现转轨和调整，又能保持经济发展，还能有效地维护广大职工的合法权益，保持社会稳定，一般国家难以做到，中国做到了。随着时间的推移，两个确保的历史作用将更加充分地显现出来。

——确立“一个体系，一个机制，一个制度”的总体框架，与社会主义市场经济体制相适应的劳动保障新制度、新机制逐步形成。党的十五届四中全会第一次提出了形成市场导向就业机制、完善社会保障体系、建立现代企业工资收入分配制度的劳动保障工作总体框架，使得我们对社会主义市场经济条件下劳动保障工作的目标任务有了清晰的认识和明确的把握。党的十五届五中全会把“社会保障制度比较健全、就业渠道拓宽、城乡人民收入持续增加”作为国民经济和社会发展的主要目标，这在我国劳动保障发展史上也是第一次。去年底，国务院召开全国社会保障工作会议，对完善社会保障体系的目标任务、基本原则和主要内容作出了明确规定，并对试点工作作出了部署，标志着建立独立于企业事业单位之外、资金来源多元化、保障制度规范化、管理服务社会化的社会保障体系迈出了重要的一步。总之，经过这几年的改革和发展，劳动保障制度已经成为社会主义市场经济的重要支柱，成为深化改革、稳定社会、治国安邦的根本大计和社会主义现代化事业的根本制度建设。也就是说，我们在不到10年的时间内，走完了发达国家几十年甚至上百年才达到的目标。随着社会主义市场经济的发展，劳动保障的地位和作用只会加强，不会削弱。

——多渠道筹资机制逐步形成，有力地支持了劳动和社会保障工作。完善社会保障体系，解决资金问题非常重要。三年来，我们坚持不懈地做好社会保险扩面征缴工作，养老、失业保险参保职工超过1亿人；养老保险费征缴率逐年提高，达到了90%以上，年增加额保持在200亿元左右，去年征缴总额达1 800亿元，在确保养老金按时足额发放中发挥了主渠道作用。为支持两个确保工作，各级政府加大了调整财政支出结构的力度，多渠道筹集社会保障资金。到目前为止，仅中央财政补助资金累计已达1 000亿元；去年国务院成立了全国社会保障基金理事会，目前已筹集数百亿元资金；通过股市变现部分国有资产存量的工作，国务院已出台法规并开始实施；发行彩票等其他筹资渠道也在积极研讨之中。这些措施，为两个确保和完善社会保障体系提供了资金上的支持，开创了多渠道筹集资金的新机制。

——努力转变观念，符合社会主义市场经济要求的思想观念和社会保障意识逐步形成。随着与社会主义市场经济要求相适应的劳动保障制度和政策的不断完善，特别是通过加强宣传和引导，广大人民群众在就业、收入分配、社会保障方面的思想观念发生了很大变化，一业定终身、平均主义、生老病死都由国家包揽的思想，被市场就业、人员能进能出、工资能增能减和社会保障意识等先进观念所代替，政府也在不断转变职能，建立公共财政，干该干的事，不断增加对社会保障的投入。这些都为推进劳动保障制度改革，为社会主义市场经济的发展创造了条件。

同志们，今年以来，我们按照去年底全国社会保障工作会议和劳动保障厅局长会议的部署，狠抓工作落实，两个确保继续得到巩固，扩面征缴取得一定成效，辽宁省完善社会保障体系试点工作已经启动，总的形势是好的，这在7月份召开的厅局长座谈会上左己部长已作了总结。但是，我们也要看到，两个确保和医疗保险制度改革任务繁重、下岗职工出中心困难、再就业率低等问题十分突出。最近，国际形势又出现了新的情况，美国、日本和欧盟经济增长放慢，9月11日美国发生袭击事件，这些都将对世界经济和政治形势产生影响。从国内看，农业和农村经济的结构性矛盾愈益突出，农民收入增长缓慢。加入世界贸易组织后，经济结构和企业组织结构还会进一步调整。这些变量也会影响到劳动保障工作，需要我们进行认真的分析和研究，提出相应的对策。这次会议，不是全面总结和部署工作，但有几个问题，我还是要再强调一下。

一是全力维护社会稳定。美国发生袭击事件后，国际形势趋紧，对我们做好社会稳定工作提出了新的更高的要求。最近，中办、国办准备就社会稳定问题下发一个文件，将有一些内容涉及劳动保障工作。从当前劳动保障信访工作和群体性事件的情况看，两个确保死角问题、拖欠职工工资问题、企业改制劳动关系问题、离退休待遇差距问题，都是影响稳定的重要因素，我们要始终给予高度重视。两个确保保不住，出中心出不好，都容易出事。要认真做好企业离退休人员调整养老金的工作。目前，企业离休人员调整待遇文件已经下发，退休人员也要适当增加。在这个问题上，不调可能闹事，但调也未必就不闹，因为还有调多调少的问题，不能大意。今年机关调工资，企业怎么办，特别是一些困难企业长期拖欠职工工资，影响到基本生活。这些都是发生群体性事件的隐患，需要我们及时了解和掌握情况，重要情况及时报告，问题要妥善解决。

二是继续巩固两个确保。通过 3 年的努力，两个确保的政策体系、资金渠道和工作机制已经形成，运行基本正常，为当前和下一步的工作打下了基础。但是两个确保工作还存在不少问题，在一些地区还相当突出。从目前的情况看，中心内仍有 600 万左右下岗职工，中心外还有不少人需要保障基本生活。由于人口老龄化的影响，这两年企业退休人数年均增加近 200 万人，今年养老保险金的缺口达 400 多亿元，保发放的压力很大。今年一季度两个确保的比例达到 100%，二季度以后又有个别地区开始发生拖欠，有的月份达5 000多万元。国庆节和中秋节就要到了，元旦和春节接着就来，各地要千方百计筹集资金，解决两个确保的死角问题，不能再发生当期拖欠。今年国庆节和中秋节是同一天，几十年一遇，离退休人员养老金和下岗职工基本生活费要及早发到他们手中。农垦企业养老金发放的政策问题，国务院正在研究解决，有关地区不能不管，要一并确保发放。今年中央将继续对困难地区给予适当补助，但地方不能等，要立足于保一方平安，先用积累或地方财政保住发放，绝对不能出问题。

三是高度重视和妥善解决下岗职工出中心问题。据调查，目前在中心的下岗职工中，协议期满和年底前到期的为 57%，明年到期的为 33%，后年到期的为 10%。由于时间集中、人数集中、矛盾集中，出中心问题已经引起党中央、国务院和各地党委、政府的高度重视，摆上了重要位置。各地在实践中也探索了不少好的做法，比如经济不是很发达的重庆市，经过大量艰苦细致的工作，基本做到了下岗职工按期出中心。各级劳动保障部门已把下岗职工出中心作为当前的一项重要工作，这项工作的思路已经明确，就是坚持 3 年协议期满出中心的方向不动摇，在实施过程中，区别不同地区、不同人员实行分类指导，把握好工作节奏和力度，不搞一刀切，防止引发不稳定问题。如何把这个思路和原则落实到实际工作中去，收到实效，还需要做大量的工作。不强迫出中心，但要积极引导，坚持我们的目标。

四是加大就业和再就业工作力度。由于劳动力长期供大于求，加上经济结构调整和实施城镇化战略，就业问题将越来越突出。下岗职工再就业一年比一年困难，再就业率逐年下降，1998 年是 50%，1999 年是 42%，2000 年是 35%。随着下岗职工基本生活保障向失业保险并轨的推进，失业率将明显上升，年底可能达到 4%。“十五”期间，我国城镇新生劳动力供给总量将达到4 650万人，同时农业剩余劳动力已达 1.5 亿，转移速度进一步加快。我国加入世界贸易组织，尽管从长远看对扩大就业有利，但在短期内会对一些行业带来很大冲击，造成新的失业。为帮助下岗职工实现再就业，中央出台了优惠政策，但总的来说，落实到位的不多，进一步做好就业和再就业工作，将是一项长期而十分艰难的工作，还需要我们很好地研究和探索。

五是加强对工资收入分配问题的研究。收入分配不仅是一个经济问题，而且是一个社会问题和政治问题。今年初，镕基总理在九届人大四次会议新闻发布会上回答记者关于收入分配不公问题时指出，“尚不严重、值得注意、正在解决”。中央领导同志高度重视工资收入分配问题，将理顺收入分配关系已提到重要议事日程。今年上半年，分别由中财办和体改办牵头，成立了理顺国民经济分配关系和国有企业收入分配制度改革课题组，进行专题研究。我部的研究成果已被基本吸收，反映到课题报告中。当前工资收入分配工作的重点是研究建立现代企业工资收入分配制度，形成工资收入能增能减机制和激励机制。我们要按照江总书记关于“深化对社会主义社会劳动和劳动价值理论认识”的要求，结合实际，通过制度创新和机制创新，探索理顺分配关系的路子，充分调动广大劳动者的积极性、主动性、创造性。在工资分配问题上，一个非常现实的问题就是拖欠职工工资问题。这虽然是企业的事，但党委、政府不能不管，劳动保障部门不能不管。当然有个怎么管的问题，但起码要把最低工资制度落实好，保障职工有基本的生活费。

六是积极做好完善社会保障体系的试点工作。按照中央的部署，辽宁省的试点工作已于2001年7月1日正式启动，其他省市的13个地市正在制定实施方案。试点工作非常重要，许多问题需要经过试点才能发现和解决。下岗职工基本生活保障向失业保险并轨，符合建立市场导向就业机制的大方向，全国已有2/3以上的省市出台了政策，正在积极推进。所以该做的工作还是要积极主动地去做，不要等。医疗保险制度改革是社会保障体系的重要组成部分，不存在试点的问题，主要是全面推进。今年7月底国务院在青岛再次召开了三项制度改革工作会议，各地要认真抓好落实，没有启动的地区要抓紧组织实施，努力完成年底覆盖8 000万人的目标任务。

总之，这几年劳动保障工作成绩巨大，事业有了长足发展，奠定了良好的基础，但工作任务仍然十分繁重，有不少问题需要解决。从事办公厅室工作的同志，必须认清形势，明确任务，胸怀大局，把握重点，给领导同志当好参谋助手。

二、认真总结经验，进一步加强劳动保障系统办公厅室建设

（一）充分肯定办公厅室工作的成绩

办公厅室承上启下、沟通内外、联系八方，是政府机关行使职能的工作枢纽，是领导进行决策的参谋助手，也是了解基层、联系群众的桥梁。这几年，劳动保障工作取得的巨大成绩，与办公厅室同志的艰巨努力和出色工作是分不开的。新部组建以来，部党组十分重视加强办公厅室工作。1999年，召开了全国劳动保障系统办公室主任会议，会后下发了《关于加强劳动保障系统办公室建设的意见》。去年又召开了全国劳动保障宣传工作座谈会，下发了《关于加强劳动保障宣传工作的意见》。这两个会议和两个文件，明确了劳动保障系统办公厅室建设和劳动保障宣传工作的指导思想、主要任务和工作措施。各地认真贯彻这两个会议的精神，结合实际，采取得力措施，办公厅室建设呈现出新的面貌。

一是突出政务，强化了办公厅室的职能。各省市厅局党组和厅局领导普遍重视办公室的工作，在机构改革过程中，强化办公室的政务运转、综合协调、调查研究、督促检查、信息服务、新闻宣传等政务职能，赋予了在各处室中牵头的职责，选配了得力人员，为发挥办公室作用提供了组织保证。

二是围绕中心工作，发挥了参谋助手作用。各地办公室按照劳动保障部的决策和工作部署，按照厅局党组和厅局领导的要求，紧紧围绕劳动保障中心工作，突出工作重点，调查研究出主意，督促检查抓落实，后勤服务作保障，有力地保证了工作的顺利推进，很好地发挥了参谋助手作用。

三是完善制度建设，各项工作逐步走上规范化轨道。各地办公室以提高工作效率和工作

质量为目标，狠抓制度建设和基础管理工作，对综合协调、调查研究、督促检查、新闻宣传、公文处理等各项工作均制定了工作制度和办法，明确了岗位规范，规定了工作流程，使各项工作有章可循，机关运行有序。

四是加大投入，宣传工作见实效。按照镕基总理关于劳动保障宣传工作要“大题大作”的指示精神，各地普遍加强了对宣传工作的领导，筹集资金，开展了形式多样的宣传活动，收到了较好的效果，创造了良好的工作氛围。

五是锻炼了队伍，培养了人才。在任务重、时间紧、要求高的情况下，劳动保障系统干部职工在党委、政府的领导下，在有关部门和社会各方面的支持下，不辞辛苦，艰苦奋战，较好地完成了各项劳动保障工作。通过实践的磨炼，增强了讲政治、讲大局和实践“三个代表”的自觉性，培养了不怕困难的精神品质和雷厉风行、埋头苦干的工作作风，锻炼了一支觉悟高、素质强、作风硬的干部队伍，成为我们劳动保障系统的骨干力量。办公厅室服务领导、服务基层、服务群众，工作量大，工作时间长，经常加班加点，成效显著，涌现了一批先进集体和先进个人，不少同志被选拔到领导岗位担负重任。

今年初，部领导在听取部办公厅汇报时，对办公厅的工作成绩给予了充分的肯定。左已部长说，经过3年的努力，整个部的办公秩序、机关运转有了一套章法，已经上了轨道，办起事来不再是一事一议，有规矩，按制度办事，这是一个主要的成果。二是办公厅的同志在人员比较少、任务量不断增加的情况下，加班加点，工作量很大，很辛苦，有很强的敬业精神。三是由于有了制度，有这样一支队伍，所以部里运转很顺畅，保证了中心任务的完成。我认为，左已部长的评价，对全国劳动保障系统办公室也是恰如其分的。这次会上，印发了18份经验材料，也有部办公厅的情况，我都看了。这些经验很好，这种做法也很好，同志们可以互相交流、互相借鉴，把办公厅室建设得更好。

（二）再接再厉，把办公厅室的工作提高到一个新水平

去年底，国务院召开了全国政府系统秘书长办公厅主任会议，总结交流新形势下如何做好政府系统办公厅工作和确保政府系统工作的高效、有序运行的经验。今年6月，国务院办公厅与国家行政学院又联合举办培训班，研究加强办公厅工作的办法措施。朱镕基总理在接见全国政府系统秘书长办公厅主任会议代表时指出：第一，要切实转变政府职能，做到角色到位，防止角色错位。第二，政府机关的工作方式要改进。第三，要搞好政府机关的信息化建设。镕基总理的讲话，对做好办公厅室工作具有重要的指导意义，要认真学习领会。这次会上，我们将全国政府系统秘书长办公厅主任会议文件印发给大家了，希望认真学习贯彻。结合劳动保障工作实际，我就加强办公厅室建设再强调几点：

一是以“三个代表”重要思想为指导，增强做好办公厅室工作的责任感和紧迫感。江总书记“三个代表”重要思想，是各项工作的根本指针，我们办公厅室工作也必须深入贯彻“三个代表”重要思想。在当前两个确保、就业和再就业、完善社会保障体系、理顺工资收入分配关系等项工作任务十分繁重的情况下，办公厅室的同志必须进一步增强紧迫感和责任感，进一步转变职能，转变工作方式和工作作风，努力提高工作质量和工作效率。

二是紧紧围绕劳动保障中心任务，继续发挥好参谋助手作用。办公厅室工作千头万绪，但主要的职责体现在发挥枢纽作用和发挥参谋助手作用两个方面。首先要加强调查研究，想大事，出主意。这几年，部里对调研工作很重视，通过调查研究，形成了劳动保障工作“三二一”工作思路、下岗职工转轨“三个阶段”的构想、完善社会保障体系试点方案等研究成果，为中央决策提供了重要参考，部办公厅在其中发挥了重要作用。当前，劳动保障工作中需要研究的问题很多，既有重大的理论问题，也有紧迫的现实问题。办公厅室的同志们要结

合实际，深入实际调查研究，努力提高调研质量，更好地为领导决策服务。部里从今年开始开展调研报告评选活动，并汇编劳动保障调研文集，将进一步促进调研工作的开展。其次是加强督促检查，协助领导同志抓落实。督促检查是办公厅室的一项重要职责。对党中央、国务院以及部里和省委、省政府的重大决策和工作部署，要加强督促检查。对中央领导同志的批示，省委、省政府领导同志的批示和部领导的批示，需要一件一件地督办，做到事事有着落、件件有结果。近年来，中央领导同志给我们部的批示每年都在200件以上，其中不少是个案问题，需要部里督办，有的还涉及地方，涉及基层和企业。在最近一个月的时间里，中央几位领导同志对违法使用童工问题作出了重要批示，部里正在抓落实。第三，提供信息服务，使领导机关和领导同志耳聪目明。信息和调研工作一样，其目的都是为领导分析问题、作出决策、指导工作服务的。客观情况千变万化，及时发现和反映带有倾向性、苗头性的问题，十分重要。前不久，部里制定了劳动保障政务信息评价办法，有总体要求和量化指标，这对推进工作将会起到积极的作用。

三是切实转变作风，树立办公厅室系统良好形象。劳动保障工作与人民群众切身利益紧密相连，关乎千家万户，涉及亿万职工。工作作风的好坏，直接影响党和政府在人民群众中的威信和形象，影响到经济发展、社会稳定和国家的长治久安。办公厅室的中枢位置和综合职能，使得办公厅室工作人员的一举一动都具有很强的感染力和影响力，有时甚至影响到领导同志。因此，加强和改进作风尤为重要。再过几天，党的十五届六中全会就要召开了，这次会议专门研究加强和改进党的作风建设问题，并作出决定，充分体现了党中央对作风问题的重视和改进作风的决心。办公厅室的同志们要带头学习贯彻六中全会精神，自觉实践部党组“四讲五树立”“三抓一加强”的要求，克服形式主义和官僚主义，做转变作风的模范。

三、大题大作，认真做好劳动保障学习宣传工作

（一）充分认识学习和宣传工作的重要性和紧迫性

重视和加强学习宣传工作，是我们党的优良传统和政治优势，是保证党的路线方针政策落实到各项工作和群众中去的重要途径。改革开放20多年来，邓小平、江泽民等中央领导同志对劳动保障制度改革作出了一系列重要指示，明确了改革的指导思想和方针政策。我国的劳动保障事业和其他事业一样，改革理论日臻成熟，实践经验日益丰富，劳动保障事业获得了长足发展。特别是近几年，劳动保障事业正处于发展的重要阶段，完善社会保障体系进入关键时期，中央关于两个确保、社会保障制度改革的政策措施之多，劳动保障改革力度之大，是历年来不多见的。改革不可避免地涉及利益关系的重大调整，为什么改、如何改，都必须向人民群众说清楚。“改革未动、舆论先行”，这样人民群众才能认同我们的改革，理解改革，增强心理承受能力，才能积极主动地参与改革、支持改革、配合改革。据国家统计局城调队去年12月对武汉等10个城市的抽样调查，老百姓当前最关注的问题，第一是医疗卫生体制改革，占87%；第二是养老保险制度建设，占81.8%，第三是失业与就业，占68.1%，都是劳动保障问题，而且比例都比较高。从近两年全国人大和政协会议讨论反映的情况看，劳动保障制度改革一直是两会的热点问题之一，建议和提案数量逐年增多。人民群众和社会各界如此关注劳动保障工作，为我们做好劳动保障学习宣传工作提供了动力，也提出了新的更高的要求。在这种情况下，加强劳动保障学习和宣传工作既十分重要，又极为紧迫。

（二）学习宣传的主要内容

一是要学习和宣传“三个代表”重要思想。江总书记关于“三个代表”的重要思想，是我们党的立党之本、执政之基、力量之源，

是指导我们推进社会主义现代化建设事业的伟大行动纲领，也是我们做好劳动保障工作的行动指南。在今年7月份厅局长座谈会上，左已部长代表部党组对劳动保障系统学习“三个代表”重要思想提出了具体要求。最近左已同志在《人民日报》和《党建研究》上发表了学习文章，带头谈学习体会。不少地方的厅局长按照7月份厅局长座谈会的要求，在部一报一刊上发表了学习“三个代表”的体会文章。希望同志们继续深入思考，学深学透精神实质，用以指导和推动劳动保障工作。

二是学习宣传中央关于劳动保障的方针政策。部党组十分重视宣传工作，按照镕基总理关于劳动保障工作要“大题大作”的指示精神，围绕中心工作，组织了许多学习宣传活动。1998年，组织全系统学习了党中央、国务院关于劳动保障工作的指示、批示。去年和今年，左已部长连续两年在人大、政协两会期间发布专题新闻。三年来，在新华社、人民日报、中央人民广播电台、中央电视台等重要新闻媒体中刊播了3 000多份新闻稿件，从今年开始按季在人民日报上公布两个确保情况。这次部党组决定编写出版《新时期劳动和社会保障重要文献选编》和《领导干部社会保障知识读本》，并开展系列学习宣传活动，其目的就是为了系统总结20多年来劳动保障理论和实践，集中宣传党和政府关于劳动保障的方针政策，推动劳动保障学习和宣传工作上一个新台阶。

《新时期劳动和社会保障重要文献选编》由我部和中共中央文献研究室共同编辑出版。《新时期劳动和社会保障重要文献选编》收集整理了党的十一届三中全会至2001年期间劳动保障的重要文献92篇，约38万字，涉及就业、劳动用工、职业培训、收入分配、社会保障等方面，体现了邓小平、江泽民等党和国家领导同志关于劳动保障方面的重要思想和观点，以及对劳动保障事业改革和发展的关心和支持，反映了劳动保障事业改革和发展的历史轨迹和全过程，是我们统揽劳动保障工作的重要学习材料。

《领导干部社会保障知识读本》，从去年上半年开始组织编写，历时一年半，共有13章，约20万字，系统地介绍了社会保障的基本理论和历史沿革，重点介绍了我国社会保障制度的基本内容、主要特点和现行政策，是我们了解、掌握社会保障基本知识和进行理论研讨的重要途径。对这本书，左已部长提出了“基本原理准确、基本知识准确、政策导向准确”的编写要求，部党组理论学习中心组召开专题会议进行修改，并多次召开会议征求劳动保障部专家咨询委员、劳动保障厅局长和有关方面的意见。

今年10月下旬，这两本书就要与大家见面了。两本书的编辑出版，是劳动保障事业发展史上的一件大事，是一项基础性工程，是部党组重视学习和宣传工作的重要举措，意义十分重大。部里决定，利用半年左右的时间，在劳动保障系统开展这两本书的学习宣传工作。首先是抓学习。要把这两本书的学习同深化对江总书记“七一”重要讲话的学习结合起来，同扎实推进劳动保障工作的实践结合起来，同加强劳动保障系统干部队伍素质结合起来，同全面促进劳动保障事业发展结合起来。其次是抓宣传。围绕两本书的学习，在人民日报上组织劳动保障标识、标语、招贴画征集活动和社会保障知识竞赛，在中央电视台组织社会保障知识电视大奖赛。

（三）做好学习宣传工作的几点要求

一是搞好两本书的发行。搞好发行是开展好这次学习宣传工作的基础。这两本书，既是学习的主要材料，又是知识竞赛试题的主要参考书，必须搞好两本书的发行。劳动保障系统全体干部职工，应做到人手一册，作为案头必备学习材料。对领导干部、对企业领导人和职工群众，我们也要搞好发行和宣传工作。我们明确这两本书主要靠行政发行，由各地办公室负责。

二是制定切实可行的学习和宣传计划，精心组织实施。为搞好这两本书的学习宣传工作，部里准备下发关于做好两本书学习宣传工作的通知，提出具体要求。各地要按照通知精神，制定好工作方案和学习宣传计划，认真组织实施。学习宣传结束后，在明年5月底前向部里报送总结。

三是组织好社会保障知识竞赛。竞赛是学习宣传的一种行之有效方式。部党组决定成立全国首届社会保障知识竞赛组织委员会，左已部长任主任，其他部领导和人民日报社、广电总局、中央电视台的领导同志任副主任，各地厅局和部属各单位一把手任成员，负责组织和领导工作。部里已经拟定了竞赛活动方案，会上提交大家讨论后下发实施。部里要求，每个赛区都要选出一个最优秀的代表队代表省市到北京参加电视大奖赛，劳动保障系统工作人员都要参加人民日报的知识竞赛，20%左右的企业职工参加人民日报的知识竞赛。通过这些活动，在全国掀起一个学习和宣传社会保障知识的热潮。

同志们，劳动保障工作的任务非常繁重，办公厅室的同志们要进一步增强责任感和使命感，认真学习贯彻江泽民总书记“三个代表”的重要思想，扎实工作，锐意进取，不断开创新局面，争创新佳绩，把劳动保障系统办公厅室建设好，为全面推动劳动和社会保障事业发展做出新的更大的贡献。

在全国劳动和社会保障工作会议上的总结讲话

李其炎

（2001年12月14日）

我们这次会议传达学习了中央经济工作会议精神和吴邦国副总理的重要批示，总结了今年工作，研究和部署了明年任务，同志们围绕左己同志的报告进行了充分讨论，现场考察了上海市的劳动保障工作。根据会议讨论情况，我讲三个问题。

一、会议的主要收获

大家一致认为，在中央经济工作会议结束不久，我们即召开全国劳动保障工作会议，传达学习中央经济工作会议精神，研究贯彻落实措施，会议开得很及时。同志们一致反映，左己部长作了一个很好的报告。一是贯彻了实事求是原则。总结工作，既充分肯定了成绩，又客观地指出了存在的问题。部署任务，思路清晰，任务明确，符合实际情况，经过努力是可以实现的。二是内容全面，重点突出。突出了两个确保和完善社会保障体系等重点工作，把就业工作摆到了更加突出的位置，用较大篇幅进行了阐述，对明年工作进行了全面安排。三是主题鲜明，立意较高。总结工作、部署任务、提出要求，都把我们的工作置于改革发展稳定的大局来考虑。概括的江总书记关于劳动保障工作的8大重要观点，提出的需要研究的8个深层次问题，总结今年工作的4条体会，提出的推动劳动保障工作再上新台阶的4条要求，具有理论性和前瞻性，对实际工作有很强的指导作用。同志们说，这次会议内容丰富，形式活泼，取得了圆满成功。

（一）进一步认清了当前的国际国内形势，增强了做好工作的责任感和紧迫感

同志们一致认为，进入新世纪以来，以江泽民同志为核心的党中央，从战略高度驾驭全局，准确把握国际政治经济的发展趋势，坚持扩大内需的方针，取得了举世瞩目的成就。在世界经济增长明显减缓的情况下，我国国民经济保持了良好的发展势头，社会主义现代化建设进入了新阶段；加入世界贸易组织后，我国将在更大范围和更深程度上参与经济全球化，对外开放进入了新阶段；江总书记系统阐述"三个代表"重要思想，召开十五届六中全会，党的作风建设进入了新阶段。同志们也清醒地看到，去年下半年以来，我国三大贸易伙伴，对世界有影响的美国、日本、欧盟经济运行同时陷入低潮，"9·11"事件使本来就低迷的世界经济雪上加霜，世界政治经济形势发展的不确定因素增多，必然会对我国的经济发展产生影响。加入世界贸易组织利大于弊，但考虑工作时要忧大于喜。我们面临着更加激烈的国际竞争，经济结构调整的步伐加快，关闭破产企

业增多，下岗失业人员增加，劳动保障的任务更重。明年我们党将召开十六大，江总书记要求以“稳定、安全、灵活、多元”为思路来筹划各项工作。劳动保障工作，在国民经济和社会发展中的地位越来越突出，作用越来越重要，两个确保、完善社会保障体系、扩大就业以及调整收入分配格局，都关系到扩大内需方针的实施，关系到人民生活的改善，是社会稳定的重点工作。大家表示，一定要按照江总书记的要求，进一步增强做好工作的责任感和紧迫感，不折不扣地贯彻落实中央现行的社会保障政策和措施，继续做好我们的各项工作。

(二) 充分肯定了今年的工作成绩，增强了进一步做好劳动保障工作的信心

按照党中央、国务院以及地方党委、政府的部署和要求，经过劳动保障部门全体同志的共同努力，今年的劳动保障工作在十个方面取得明显成绩。全年始终坚持把两个确保放在各项工作的首位，采取多种措施全力做好，维护了社会稳定；把完善社会保障体系试点作为大事，反复研究制定方案，精心组织抓好落实，试点工作取得初步成效；对下岗职工出中心工作，未雨绸缪，及时提出了对策措施，分类指导，因地制宜，保证了平稳推进；医疗保险制度改革取得重要进展，失业保险发挥了越来越大的作用，劳动保障各项工作都取得了新的成绩。邦国副总理在对会议的批示中指出，这几年我们的工作任务是繁重的，工作是出色的，成绩是有目共睹的，为深化改革、社会稳定做出了贡献。一年来，同志们虽然干得很辛苦，但成效明显，得到了领导同志的肯定和社会各方面的赞扬，感到欣慰，深受鼓舞。这次会议上，同志们交流了经验和体会，12 个省市还作了书面介绍，使我们既看到成绩，又看到困难，还看到克服困难的有利条件。在实地考察上海市的劳动保障工作中，大家感受到，他们开拓进取的精神状态，适应市场经济要求的工作思路，完善的体制，信息化手段，严细的管理，既值得大家学习和借鉴，又展示了我们劳动保障事业发展的前景，开拓了思路，鼓舞了士气，增强了做好劳动保障工作的信心。

(三) 明确了明年工作的十项主要任务，提出了推动劳动保障事业再上新台阶的要求

同志们一致认为，中央对劳动保障工作高度重视，江总书记、镕基总理对明年的两个确保、完善社会保障体系、扩大就业和搞好收入分配，都做了充分论述，分量之重，要求之高，是前所未有的。部党组提出的明年工作的总体思路和十项主要任务，贯彻了中央经济工作会议精神和领导同志的指示，符合劳动保障工作实际。讨论中，大家对如何完成明年的任务，提出了许多很好的意见和建议，有的可以吸收到明年的工作要点中去，有的可以进一步研究。一些同志提出，入世后劳动保障的应对措施，可由部里和地方联合攻关。我看这个建议很好，可以马上付诸实施。

同志们认真回顾了近年来劳动保障事业的新发展：一是实行两个确保，保障下岗职工和企业离退休人员的基本生活，有力地促进了国有企业改革和经济结构调整，维护了社会稳定。同时提升了劳动保障工作在整个国民经济和社会发展中的地位。二是按照完善社会主义市场经济体制的要求，确立了“一个机制、一个体系、一个制度”的总体目标，制定了完善社会保障体系的试点方案并组织实施，明确了新时期劳动保障事业发展的方向。三是完善养老保险、失业保险制度，出台医疗保险制度，建立下岗职工基本生活保障制度和城市居民最低生活保障制度，多渠道筹集社会保障资金，社会保障的制度框架基本形成。四是劳动保障理论日渐成熟，实践经验不断丰富，全社会的劳动保障观念也发生了深刻变化，与社会主义市场经济相适应的劳动保障观念逐渐形成。五是培养锻炼了一支讲政治、讲大局、讲奉献、开拓进取、真抓实干的干部队伍，为劳动保障事业的不断发展提供了组织保证。同志们认为，劳动保障事业已经取得了长足进展，已经具备了进一步发展的良好基础。部党组提出的推动劳动保障工作上新台阶的 4 条要求，抓住了劳动保障实现新发展、达到新境界的关键环

节，催人奋进。大家表示，一定要按照部党组要求，不断深化劳动保障理论研究，解决制约劳动保障事业发展的深层次问题，加强基础管理和作风建设，推动劳动保障工作再上新台阶。

二、全面完成明年的工作任务

关于明年的工作任务和政策措施，左已同志在报告中已经作了全面阐述，我们要认真抓好贯彻落实。这里我再强调几点。

（一）认真把握工作的总体要求

明年的工作十分繁重，部党组按照中央经济工作会议的部署和要求，提出了明年工作的总体思路和工作任务，各地在工作中要注意把握好三点。一是以保持社会稳定为主线。劳动保障工作涉及人民群众的实际利益，关系改革发展和社会稳定，各项工作都必须服务于稳定，改革力度和工作进度必须服从稳定的要求。对两个确保、下岗职工出中心、企业关闭破产、拖欠工资等可能影响稳定的重点工作，要认真排查隐患，明确责任制，完善政策措施，及时化解矛盾，确保社会稳定。二是以解决困难群体工作和生活中的困难为重点。维护最广大人民的根本利益，首先要维护困难群体的利益。劳动保障工作涉及困难群体多，有就业方面的困难群体、基本生活保障方面的困难群体、医疗保险方面的困难群体，这些都需要我们帮助。我们要采取有力措施，多一些雪中送炭，多走一些“冷门”，多解决他们的实际困难。三是要抓当前、看长远，保稳定、促发展。我们要立足当前，不折不扣地贯彻好中央关于两个确保、企业关闭破产和完善社会保障体系等政策措施，确保社会稳定。同时，又要着眼长远，积极开拓进取，用发展的办法解决前进中的问题，促进劳动保障事业的新发展。

（二）全力做好两个确保

两个确保是维护社会稳定的重点工作，是劳动保障部门的中心任务。几年来，在党中央、国务院的正确领导下，两个确保的成绩是一年比一年好，政策体系、资金渠道和工作机制基本形成。但是，两个确保工作基础还不牢固，仍有死角。人民群众的来信来访，我们的调研和抽样调查都反映出一些问题。我们还经常收到中央领导同志的批示，有的是反映下岗职工没有进中心或者进中心后没有领到基本生活费，也有少量反映养老金当期拖欠，更多的是反映历史拖欠和统筹外项目没有发放。镕基总理今年 12 月 7 日在“省部级干部 WTO 规则及吸收外资政策法规研究班”上讲到，如果你们回去，大家问我讲什么，你们就告诉大家，最重要的就是保工资、两个确保，包括低保。这是我们的根基，这一工作做好了，人心就会聚合，就没有人闹事，克服困难就有了条件。做到两个确保，关键是要在消除死角上下功夫，发现一起，解决一起。对于应由企业负责的，也要督促尽快落实。多渠道筹集社会保障资金，是落实两个确保的关键措施。中央经济工作会议已明确，对财政确实困难的地区，中央财政和省级财政要通过专项转移支付，继续给予必要的补助。经过几年反复算账，各地的缺口情况基本清楚，明年中央财政对社会保障转移支付的大盘子不会减少。各地要立足自身，狠抓社会保险扩面和基金征缴工作，地方财政也要切实调整支出结构，真正增加投入，做到不再发生新的拖欠。

（三）稳步推进社会保障体系的试点工作

辽宁试点已经取得初步成效。这次会上，辽宁书面介绍了他们完善社会保障体系试点的做法，包括进行大规模的调查摸底，反复测算，结合实际细化实施方案，注重做好思想政治工作等，对其他省市很有启发，提供了有益的经验。明年，辽宁的试点要按照已有的部署和要求全面推进，切实解决做实个人账户、筹集解除劳动关系的资金、落实困难集体企业低保政策等问题，积累试点经验。

下岗职工出中心是建立市场导向就业机制和实现并轨的重要环节。讨论中大家普遍反映，经过两年的探索，出中心工作已有明确的方针政策，有成功的实践经验，也存在不少问题，只要坚持出中心的政策和方向，坚持因地制宜把工作做细做实，问题是可以解决的，工作是能够做好的。各地要结合实际，发挥积极性、主动性、创造性，坚定做好出中心工作的信心。要有情操作，切实接续好社会保险关系，促进再就业，不是简单地“出中心断关系”，而是要做到“出中心接关系”，解除下岗职工后顾之忧。

（四）大力做好就业和再就业工作

积极扩大就业，是改善人民生活的重要途径。近年来，党和政府坚持实行积极的财政政策和稳健的货币政策，努力扩大内需，增加出口，千方百计增加就业岗位。为帮助下岗职工实现再就业，国家出台了包括减免行政性收费、小额贷款等在内的一系列优惠政策，鼓励下岗职工自谋职业。1998年到2000年3年间，全国城镇新增就业人数近2 000万人，有1 500多万下岗职工实现了再就业，基本保持了就业局势的稳定。据预测，未来5年，城镇每年能够提供的就业岗位不到800万个，而新增就业人口就达800多万人，还有600多万失业人员和近600万下岗职工，应对入世，一些企业主动裁员，结构性失业问题会更加突出，农村劳动力向城镇转移速度加快，就业岗位明显不足，就业形势严峻，再就业越来越难。

在这次中央经济工作会议上，江总书记和镕基总理都反复强调了做好就业工作的重要性，要求全党都要高度重视就业工作，抓就业、促就业已经摆上了各级党委和政府的议事日程。扩大就业涉及方方面面，不是哪一家就能做好的，但作为主管部门，我们要认真贯彻落实中央关于促进就业的方针和政策措施，进一步加大工作力度。一是加强研究。要围绕加入世界贸易组织和扩大内需，深入研究扩大就业与结构调整、深化改革和城乡协调发展的关系，提出有利于扩大就业的具体政策措施，为党委、政府献计献策。二是解决好困难群体就业问题。要继续落实好下岗职工再就业优惠政策，以再就业困难人员为重点，开展“保生活、促就业、接保险”为主要内容的再就业援助行动，帮助弱势群体就业。三是提高劳动者素质。许多发达国家都高度重视劳动力素质问题，重视职业技能培训。长期以来，我国技术工人队伍整体素质不高，结构不合理，一直是影响产品质量和企业竞争力的一个重要问题。加入世界贸易组织后，这一问题将更加突出。当前，技工学校作为职业教育和培训的重要阵地，正处在大调整、大改革的关键时期。一些地方经过改革，招生人数大幅度上升，说明职业培训是可以有所作为的。但多数地区还没有摆脱困境，走出低谷。上个月，部里召开全国技工学校改革发展经验交流会，对这项工作进行了总结和部署，各地要按照“调整布局、提高层次、突出特色、服务就业”的总体要求，加强对技校改革和调整的工作指导，落实有关政策，加强管理服务，巩固阵地，并指导技校扩大招生范围，提高办学质量和毕业生就业率，以高就业率争取更多的生源，为培养技术技能人才、服务经济发展做出贡献。

三、认真做好当前的几项工作

（一）抓紧落实企业离退休人员待遇调整政策

经国务院批准，今年9月，我部和财政部下发了《关于提高企业离休人员基本养老金水平的通知》，目前有的地方已经完成，有的地方正在落实之中。企业退休人员待遇调整和企业离休人员第二次调整待遇的文件很快就要下发，各地要抓好落实。一是要按照通知要求，制定周密的调整方案，合理确定调整水平，并注意向退休早、水平低的人员倾斜。二是要积极筹措资金。中央对困难地区将补助一部分资金，但不是全额补助。各地要积极落实相应资金，及时兑现，避免出现新的拖欠。三是要精心组织实施。调整养老金关系到企业离退休人员的切身利益，要精心组织实施，深入细致地做好思想政治工作，把实事办好，好事办实。这次会上，一些地方提出，农垦企业参加养老保险统筹已经研究了很长时间，建议尽快出台政策。此事部里正在与财政部研究，意见将于近期报国务院审批。

（二）切实做好“两节”“两会”期间的两个确保

再过半个月，元旦就到了，接着就是春节和“两会”，每年这个时期都是检验我们工作的关键时期。各地要按照部里和当地党委、政府的要求，确保基本生活费和基本养老金的按时足额发放，保证“两节”“两会”期间的社会稳定。“两节”期间，各地都要组成工作组检查两个确保的落实情况，慰问企业下岗职工、失业人员和离退休人员。部里在春节前也将分赴部分地区检查慰问。下岗职工基本生活保障专项转移支付已下达各地，各地要尽快制定资金分配方案，及时拨付到位。在这次会议上，许多地方提出对今年的养老保险基金缺口，中央财政的补助应尽快下拨，不然难以确保发放。同志们工作在第一线，了解第一线情况，肩负工作重担，从工作出发提出的这些意见和建议都是合理的。会后，我们将与财政部加快工作进度，把今年的补助尽快拨下去，同时研究今后建立规范的专项转移支付办法。

（三）引导民工有序流动

根据中央经济工作会议的精神，要进一步研究农村劳动力就业的问题，真正促进城乡统筹协调发展。2002 年春运工作即将到来，做好民工安全有序流动工作，是维护社会稳定的一项重要措施。根据预测，2002 年春运期间民工流动总量将会比去年同期增加，各地要继续重视这项工作，借鉴近几年成功经验和做法，与有关部门通力合作，做好 2002 年春运期间民工有序流动工作。

（四）认真做好会议精神的传达贯彻

这次会议十分重要，请大家回去后尽快向党委、政府汇报。当前，正值地方政府换届，省市主要领导和劳动保障工作的分管领导都有一些变动，我们要积极主动地向领导汇报，争取党委、政府更多的支持。今年以来，一些地方调整了劳动保障部门的主要负责同志，同时在机构改革中充实了一批新生力量。在此，我代表部党组向这些同志表示热烈欢迎。一批老同志在劳动保障岗位奋力拼搏，把数十年的工作经历奉献给了我们的事业，我们对这些同志表示衷心的感谢和崇高的敬意。会后，各级劳动保障部门要抓紧传达会议精神，组织干部职工认真学习会议文件，统一思想，明确任务，认真总结今年工作，周密筹划明年工作，把会议精神落到实处。各地关于今年工作总结和明年工作安排，要在 2002 年 1 月 15 日之前报部。

同志们，“两节”将至，借此机会，我代表部党组向同志们并通过你们向全体工作在劳动保障战线上的广大干部职工，向关心和支持劳动保障工作的各级领导和有关部门的同志拜个早年。这次会议在上海召开，上海市委、市政府给予了大力支持，市劳动保障局提供了优质服务，让我们再次向他们表示感谢。

抓住机遇　迎接挑战
发挥好失业保险作用

——在失业保险工作座谈会上的讲话

劳动和社会保障部副部长　林用三

（2001年7月30日）

今年是建党80周年，江总书记在“七一”发表了具有历史意义的重要讲话。目前全国上下正在深入学习江总书记“七一”讲话。部里和地方各级劳动保障部门的同志也在结合劳动保障工作开展学习活动。“七一”讲话的核心是“三个代表”思想，对劳动保障工作具有十分重大的指导意义：我们要按照这一思想，全面推进劳动保障工作，特别要抓好政策的制定和实施；要加快社会保障体系和市场导向就业机制的建设；要培养劳动者的社会保障意识，促进守法、竞争、奋斗、公平、自立等与市场经济相适应的观念的建立和普及；要逐步实现广大人民群众老有所养，病有所医，弱有所助，依法劳动，安居乐业的奋斗目标。总书记的讲话内容十分丰富，思想深刻，博大精深，我们务必认真学习，这将是我们今后一段时期最重要的任务。

这次失业保险工作座谈会的主要任务，就是结合失业保险工作，进一步学习领会江总书记“七一”讲话精神，贯彻今年社会保障工作整体安排和日前召开的全国劳动保障厅局长座谈会精神，总结《失业保险条例》（以下简称《条例》）发布两年多来的实施情况，分析失业保险工作面临的形势，明确工作任务和要求。希望同志们开动脑筋，畅所欲言，把这次会开成鼓劲的会、解决问题的会、务实的会。下面，我讲三个问题。

一、近三年失业保险工作取得的成效

党中央、国务院对社会保障体系和市场导向就业机制建设高度重视。党的十五大和十五届四中、五中全会明确提出，要进一步完善失业保险制度。1998年，中央下发了《中共中央、国务院关于切实做好国有企业下岗职工基本生活保障和再就业工作的通知》（中发〔1998〕10号），对社会保障体系建设提出了新要求，并调整了失业保险的缴费政策。随后，国务院发布了《条例》，为失业保险的发展奠定了一个很好的基础。同志们在各级党委和政府的领导下，紧紧围绕贯彻实施《条例》这一中心任务，勤勤恳恳、任劳任怨，做了大量艰苦细致的工作，为保障失业人员和下岗职工基本生活、实现两个确保的目标、推动下岗职工基本生活保障向失业保险并轨做出了贡献。

（一）*扩大覆盖面，为更多劳动者提供保障*

扩面的根本目的是增强失业保险承受能力，以便为更多的劳动者提供失业保障。这两年，我们对这个问题认识是明确的，工作是努力的，取得不小的成绩。去年，参加失业保险人数突破亿人大关。今年6月底，参保人数达到10 251万人，和《条例》发布前的1998年末相比，净增2 323万人。天津、河北、上海、江苏、浙江、河南、广东、青海等8省份覆盖率超过80%，其中，覆盖率超过90%的有上海、江苏、广东。上海已实现全覆盖。北京、内蒙古、黑龙江、江苏、安徽、山东、河南、湖南、广东、广西、海南、贵州、云南、西藏、甘肃、青海等省份，参保人数增幅在30%以上，其中广东去年一年就增加308万人。

（二）*加强基金征缴工作，增强基金支撑能力*

各级劳动保障部门对基金征缴工作高度重视，通过规范缴费基数，严格按照企业事业单位工资总额、职工个人工资和规定费率足额收缴；加强清欠工作，对拒不缴费和长期欠费的单位，采取法律、行政、舆论等多种手段追缴；与财政部门协调解决事业单位缴费资金渠道问题；与其他部门合作，解决一些企业欠缴、漏缴问题，采取这些措施，保证了基金收入的稳定增加。2000年，全国失业保险基金收入160亿元，比1998年增收92亿元，增幅为135%。今年1～6月，基金收入82.5亿元，比去年同期增收19亿元。从各地区看，1999年增幅超过100%的有内蒙古、黑龙江、上海、江苏、湖北、广东、广西、贵州、陕西、青海等10个省份；2000年增幅超过50%的有北京、广东、西藏、青海、新疆等省份；今年上半年，北京、山东、贵州、新疆的增幅位居全国前列。失业保险基金的支付能力明显增强，为保障失业人员基本生活，为顺利推进并轨工作提供了有力的资金支持。

（三）*发挥失业保险作用，推动并轨工作*

失业保险制度虽然建立十几年，但前一个阶段，由于各种原因，作用发挥得并不够好。1998年中央10号文件和《条例》对失业保险的作用、地位和制度框架重新定位，党的十五届五中全会和中央经济工作会议对社会保障体系的发展方向提出了更明确的要求。按照中央的精神和部署，劳动保障部门着力在发挥失业保险作用上下功夫，抓实效。主要表现在两个方面：

第一，切实保障了失业人员的基本生活。随着覆盖面的扩大和经济结构调整力度的加大，享受失业保险人数逐月增加。从全国总体情况看，去年平均每月领取失业保险金的人数为188万人，比上年增加近一倍，今年6月，领取失业保险金人数已达243.5万人。这样讲，并不是说领取人数越多越好，而是这种保障方式的变化符合中央关于社会保障体系建设的精神，符合改革的大方向。进失业保险的人多了，相应地进中心的人少了，这就为并轨开了一个好头，为切实建立失业保险制度创造了条件。去年底，全国领取失业保险金人数与进中心下岗职工人数之比，由1999年末的17：100上升为31：100，今年6月又上升到42：100。北京、天津、上海、江苏、浙江、福建、山东、广东等省市失业保险已成为主要保障形式。两年多来，通过同志们的艰苦努力，保障了失业保险金的按时足额发放，在稳定社会、促进改革的大局中，发挥了积极作用。

第二，为实现两个确保贡献了力量。两个确保是这几年劳动保障工作的核心工作，是中央交给我们的重要任务。通过各方面的共同努力，我们较好地完成了这一任务，中央是满意的，群众是满意的。失业保险提供有力的资金支持是其中一个重要因素。两年多来，按照“三三制”原则，失业保险基金向再就业服务中心调剂了107亿元，其中，1999年41亿元，2000年49亿元，今年1～6月17亿元，贡献很大。同志们维护大局，积极配合中心工作，应该给予肯定和表扬。

（四）抓制度建设和基础工作，提高管理和服务水平

制度是我们做好工作的基础。两个条例发布后，部里相继制定了参保登记管理、缴费申报管理、征缴监督检查、基金财务会计、失业保险金申领发放和失业保险统计制度，以及事业单位、银行系统参加失业保险的有关政策和调整基金支出项目的政策。各地也以不同形式调整、充实了地方性政策，天津、辽宁、黑龙江、海南、四川颁布了新的地方性法规，北京、河北、内蒙古、上海、安徽、江西、湖南、重庆、贵州、甘肃、青海等省、市、自治区颁布了地方政府规章，其他一些省区制定地方性法规规章的工作也在抓紧进行，一个基本完善的政策法规体系已初步形成，为失业保险工作的法制化、规范化打下了坚实基础。

在基础工作中，根据社会保障体系建设的要求，加强了失业保险工作机构的力量，理顺了工作关系；加强了对工作人员政治素质和业务能力的培训；推广了失业人员凭单证到银行领取失业保险金的做法，方便了失业人员；改进工作手段和工作方法，提高了工作效率和质量。总的来讲，我们的工作在各个方面都取得了进步，正朝着中央确定的方向稳步推进。

劳动保障部组建时，部党组提出要求，要发挥好失业保险在保障生活、促进就业中的作用，要努力实现“规章制度健全，基金实力雄厚，管理服务优良”的目标，要筑牢失业保险大堤，迎接失业高峰的冲击。现在看，经过几年的努力，我们的步子是扎实的，成效是明显的。这些工作成绩的取得来之不易，是同志们克服困难、努力工作的结果。我代表部党组向你们，并通过你们向所有从事失业保险工作的同志表示衷心的感谢。

二、失业保险面临的形势

上半年，我国经济运行相对平稳，国有企业总的形势在不断好转，经济增长势头较好，为劳动保障工作提供了一个比较宽松的环境。但我们也要看到，当前经济运行还存在许多不确定因素，经济结构调整的任务还很重，加入WTO也将对我国经济发展和就业发展产生影响，特别是国际经济形势的变化对我国影响越来越大。这些因素都将给劳动保障工作带来压力。就业形势趋紧，特别是下岗职工出中心和国有企业改制改组、关闭破产将进入关键阶段，失业人员增多，失业保险将面临前所未有的困难和挑战。

1998年，中央决定在国有企业建立再就业服务中心，保障下岗职工基本生活，促进再就业。这一具有中国特色的社会保障制度建立以来，累计有2 300万国有企业下岗职工进入再就业服务中心，其中95%左右的基本生活得到了有效保障，1 400多万人实现了再就业。实践证明，在下岗职工数量巨大，而失业保险的覆盖面、基金积累和保障水平都还比较低的情况下，实行下岗职工基本生活保障制度是十分必要的，也是完全正确的。但是从社会主义市场经济的发展方向和完善社会保障体系的要求看，这项制度还只是过渡性的，最终方向是建立完善的失业保险制度，这样才能建立起市场导向的就业机制。

失业保险独立于企业之外，覆盖范围大，可以为更多的劳动者提供失业保障。同时，它具有更强的共济性。失业保险由三方承担费用，来源稳定，负担均衡，抵御风险的能力更强。

失业保险无论是对经济发展，还是对社会稳定，都具有独特的作用，它既是社会保障的组成部分，也是服务于就业的有效措施。因此，下岗职工基本生活保障向失业保险过渡，有利于减轻企业在管理和经济上的负担，促进企业尽快适应竞争激烈的市场环境；有利于积极推进独立于企业事业单位之外、资金来源多样化、管理服务社会化的社会保障体系的建立；有利于克服目前下岗职工沉淀于企业浪费劳动力资源的弊端，实现劳动力从就业到暂时失业再到重新就业的良性循环，为市场导向就业机制的建立创造条件；有利于发挥失业保险覆盖范围广、保障能力强、政府负责组织管理

的特点，切实保障失业人员的生活，维护职工的合法利益，减少不稳定因素。总之，实现这一过渡，符合社会主义市场经济对社会保障体系和就业机制的客观要求，符合我们党全心全意为人民服务的宗旨，符合改革发展稳定的大方向。所以，2000 年，党的十五届五中全会和“十五”计划纲要明确提出，要进一步完善失业保险制度，在试点的基础上逐步把国有企业下岗职工基本生活保障纳入失业保险。

这是社会保障体系建设关键的一步，具有战略性的意义，是从根本上、制度上巩固两个确保的重要举措，是长远大计。当然，由于我国各地情况千差万别，发展很不平衡，因此，必须坚持积极稳妥的原则，因地制宜，区别对待，有计划、有步骤地逐步展开。要充分考虑各地发展的特点，根据实际情况，实行分类指导，确定具体的工作进度和实施步骤。在并轨过程中，允许有先有后，有快有慢，绝不能搞一风吹、一刀切。同时，要按照中央关于确保当前、着眼长远的要求，继续坚持两个确保的目标不变、政策不变、工作要求不变，努力抓好两个确保以及其他相关工作。

今年下半年和明年，是在中心的下岗职工因协议期满而要出中心的高峰期，预计今年下半年可达 200 万人左右。我们分析，这部分职工主要有以下几个去向，即内部退养、重新上岗、脱离原企业实现就业和进入失业保险。根据目前各方面的情况来看，前几种形式可以解决一部分人的问题，但数量有多大，难以预测。我看，不能太乐观，大部分人还是要进入失业保险。因为建中心的国有企业，亏损、困难的占多数，这两年，经过各方面的努力，生产经营形势正向好的方向发展，但总体上看，吸纳下岗职工重新上岗和内部退养的能力还很有限。目前，根据我们掌握的情况，下岗职工出中心解除劳动关系的难度很大，还有诸多问题需要解决，相当数量的职工对出中心断关系有抵触情绪，一些地方政府和企业也有畏难情绪，这些因素决定了出中心是一个艰难的过程，是一个不断解决矛盾和问题的过程，也是一个比我们预期时间更长的过程。对此，我们要有充分的思想准备。但是，下岗职工协议期满出中心是中央确定的大方向。坚持这个大方向，有利于保持政策的严肃性和连续性，是实现减员增效、形成市场导向就业机制的必然要求，是大势所趋。客观地讲，出中心进入失业保险，是相当部分下岗职工的必然选择。失业保险要做好接续工作，及时提供失业保险服务，帮助他们充分利用就业服务手段，提高就业竞争能力，尽快在劳动力市场中找到新的岗位，减轻他们的心理压力，确实实现两种保障形式的平稳过渡。

另外一个突出问题是国有企业改制和破产力度加大，相当数量职工面临失业风险。这是目前和今后一个时期，失业保险面临的另一股洪峰。一些地方特别是东中部地区，根据“有所为，有所不为”的原则，对国有经济比重作了较大调整，中小型国有企业普遍实行了股份制改革，部分职工失去了原有岗位，进入社会。武汉市去年 6 月以来，先后有1 803户市属企业改制，涉及职工 50 万人，到今年 4 月已完成1 125户，有 7 万人与企业解除了劳动关系。另外，区属企业改制后有 4 万人与企业解除了劳动关系。今年 4 月，武汉市有65 000人领取失业保险金，是去年同期的 3 倍。这种做法在目前有一定代表性，在今后一段时间，实施范围更大，涉及人数更多。

我们分析，今后两到三年，是失业保险面临最严峻考验的时期。下岗职工出中心，改制破产企业部分职工失业，再加上正常的终止或解除劳动关系人员，以及优势企业主动减员增效，多股合流，进入失业保险的人数将持续攀升。我们预计，今年底将达到 350 万人左右，明后年还将继续增加。从区域上看，分布不均衡，沿海地区并轨步伐较快，现实压力大；中西部地区时间相对滞后，潜在压力更大。我们面临的压力有两方面：一是基金支付的压力；二是管理服务的压力。对此，我们要有清醒的认识。

失业保险制度建立十几年，配合各个时期

的中心工作，较好地完成了任务，同时，也在积蓄力量，准备迎接更大的挑战。可以说，这个挑战即将来临，是检验失业保险大堤是否坚固的考验，也是一次真正的洗礼。经受住这一考验，就可以证明我们的做法是有效的和可行的，有可能进入正常的发展轨道，可以为社会保障体系和市场导向就业机制的建设做出更大贡献。

三、下一阶段的工作任务

下一阶段，各级劳动保障部门的主要任务仍然是继续抓好两个确保工作，妥善解决下岗职工协议期满出中心问题，积极稳妥地搞好社会保障体系改革试点，全面推进医疗保险制度的建立，进一步探索职工分配制度的改革，不断促使劳动保障事业的稳步发展。

就失业保险来讲，我们要在继续抓好依法扩面征缴、按规定为失业人员提供失业保险待遇、向再就业服务中心调剂资金的同时，着力研究下岗职工出中心和企业改组改制带来的新情况、新问题，理顺政策，加强管理，筹集资金，做好迎接更大压力的准备。

下岗职工出中心问题很复杂，涉及方方面面的关系。特别是今年下半年和明年，人数集中、时间集中、地区集中、矛盾集中、需要的资金集中。劳动关系问题、经济补偿和债务问题、再就业问题、社会保险接续问题交织在一起，头绪多，难度大，处理不好，可能造成多方面的影响。左己部长在厅局长座谈会上提出要求，各地要因地制宜出台操作性、实效性强的政策和办法，加强分类指导，精心组织实施，把工作做细、做实、做好。前不久，部里启动了再就业援助行动，要求各地围绕“促就业、接保险、保生活”三个主题，为出中心的下岗职工编织一张安全网。失业保险的主要任务是确保所有符合条件的下岗职工顺利进入失业保险，按时足额领取失业保险金，并为他们的求职培训提供有效的支持。

保障失业人员基本生活，帮助其实现就业，事关改革稳定大局，是人民群众根本利益的具体体现。我们要以江总书记“七一”讲话精神为指导，充分认识做好失业保险工作的重要性，以实际行动实践“三个代表”，真正把“三个代表”的要求落到实处。

（一）要确保失业人员的基本生活

失业对失业人员及其家庭带来经济上的压力，生活上的困难。通过发放失业保险金，帮助他们渡过难关，重新回到正常的生活轨道，是建立失业保险制度的出发点和根本目的。我们的一切工作都要服务于确保失业人员基本生活这一主要目标。朱总理讲，社会保障工作“关乎国运，惠及子孙”。现在，失业保险待遇的标准还不高，但有了这点钱，就可以维持失业人员的基本生活，对他的家庭甚至更广泛的社会关系都会产生积极的影响，这是造福社会、造福群众的大事。党和政府把这样的光荣任务交给我们，是对我们的充分信任。我们一定要尽心尽力地做好。

这几年，我们的中心工作是确保国有企业下岗职工基本生活费和离退休人员养老金的发放。从今年开始，部分下岗职工出中心，并轨步伐加快，失业保险的任务将越来越重。以前，享受失业保险的人数有限，压力不大，发放环节没有出现大的纰漏。现在情况变化了，享受人数增加，工作量大，需要的钱也多。一些地方预测，把以前的家底都用上，基金还有很大缺口。在这种情况下，确保发放就需要加倍关注了。各级劳动保障部门的同志要从政治高度充分认识发放工作的严肃性和紧迫性，要敢于向全社会承诺，只要是符合条件的失业人员，都能按时足额领到失业保险金。对出中心没有就业，且符合领取条件的下岗职工，失业保险必须接过来，继续保障他们的基本生活，同时，要为他们提供快捷有效的再就业服务，促进他们实现再就业。

（二）要想方设法增强基金支付能力

根据目前情况分析，部分地区出现基金缺口的可能性很大。虽然全国有200个亿的结余，但分布很不均衡。不少地方受财政体制的影响，还在实行县级统筹，部分地方没有建立省级调剂金或调剂能力很弱，这些问题都加剧了基金不足的严重性。各地要根据目前和今后一个时期可能出现的情况，开源节流，采取有效措施增强基金支付能力。

一是要增加基金收入。要进一步抓好基金的征缴工作，要通过扩大覆盖面、规范缴费基数、清理欠费、强化执法监督、加强舆论宣传等，把该收的钱收上来。实行税务机关征收失业保险费的地区，劳动保障部门要明确自己作为失业保险业务主管部门的责任，态度要积极，工作要主动，协调要到位。对仍由劳动保障部门征缴的地区，要加大征缴工作的力度，保证应收的失业保险费如数收上来，增强基金实力，为并轨工作的顺利推进创造条件，做好准备。

二是要采取措施弥补资金缺口。当期基金入不敷出的地区，要动用历年结余。同时，要将基金的使用重点放到失业人员身上，在下岗职工逐渐减少的情况下，相应调整向再就业服务中心调剂资金的数量。要严格按照规定支出基金，规范职业培训、职业介绍补贴等支出项目，提高基金的使用效益。要启动失业保险调剂金的使用，按规定比例按时调剂。

三是要积极疏通财政补贴渠道，按基金支付需要提供补贴。《条例》规定，统筹地区的失业保险基金不敷使用时，由失业保险调剂金调剂、地方财政补贴。我们理解，失业保险作为社会保险项目之一，政府不仅承担组织实施的责任，而且要承担相应的经济责任。这种责任体现为政府有义务弥补基金的赤字，通俗地说，就是财政兜底，这是在其他开源节流的手段都使用仍不能保证基金支出的情况下的最后一道防线，这也是国际上的通行做法。当然，目前多数地方财政还不宽裕，还是“吃饭财政”，补贴基金的能力还很弱。我们面对这样的现实，要千方百计寻求突破的办法，这是一个难题，也是需要我们上下结合，共同努力，争取尽快解决的问题。

（三）要着力抓好基础性工作，为确保发放提供有力支撑

基础工作相对薄弱，是我们面临的普遍问题，也是一个多年没有真正解决好的问题。下大力气抓好这一工作，是当务之急，更是长远大计。

要加强基层建设，健全工作机构。有了好的制度，有了明确的目标，这还不够，还要有一支好的队伍。我们的一切工作都离不开人，离不开人的实干来达到预想的目的。因此，建立一个职责明确、关系通畅的工作体系，培养一支高素质、特别能战斗的工作队伍，对事业发展至关重要。去年，省级机构进行了改革，今年，市县乡级机构也要改革。这是加强基层建设、健全工作机构的契机。我们要抓住这一机遇，进一步明确省、市、区（县）、街道各级失业保险机构的工作职能，理顺工作关系，做到各司其职、各尽其责。要根据失业人员的实际情况，合理布局失业保险经办网点，并根据工作需要调剂配置工作人员。

要夯实工作基础，提高管理服务水平。从目前情况看，我们的管理服务工作还不到位。在基金管理上，一些地方出现了新的违纪违规问题；在失业保险金发放上，发放时间过于集中、领取条件审核不严格等问题仍然存在；在失业人员管理和服务上，有的还比较粗放，内容单一，质量有待提高。要全面落实《失业保险金申领发放办法》，规范失业保险经办业务流程，细化对失业人员的管理。要进一步提高失业保险金申领发放的审批效率和准确性。要对基金支出情况进行清理，取消不符合规定的支出。对已经查出违纪违规动用的基金，要采取坚决措施尽快纠正。要加强工作人员的培训，特别是要加强相关法律法规、财会、统计和计算机等方面的培训，不断提高工作人员素质。要继续加强统计工作，完善月报制度，搞好统计分析，在保证统计准确性、时效性的基础上，提高分析预测水平。

（四）要加强立法建设和政策研究，建立基金预警机制

《条例》发布两年多了，从目前看，尽快出台和完善地方性法规政策的要求十分迫切。尚未完成这项工作的地方要抓紧工作，加快速度，将失业保险的各项工作纳入法制化轨道，为提高依法行政水平奠定基础。

要针对工作中出现的新情况、新问题，深入研究政策调整的必要性和可行性，如：落实《条例》规定的基金统筹层次，有效发挥互助互济功能；明确政府在失业保险中应当承担的经济责任，加大财政对基金的支持力度，确保按要求发放；完善待遇标准的调整政策，维护失业人员分享社会经济发展成果的权利；进一步加强失业保险与就业的联系，推动市场导向就业机制的建立和完善。要通过实施积极的劳动力市场政策和提供优质高效的就业服务引导失业人员实现就业；要合理安排和使用失业保险基金对就业的投入，降低失业人员的就业成本；要建立失业人员就业动态监控机制，逐步解决隐性就业问题，克服发放工作的盲目性。总之，要想方设法帮助更多的失业人员走出困境，回归社会，重建自尊和自信。应当说，这一任务更紧迫、更艰巨，也更有意义。

当前和今后一个时期，失业保险面临复杂形势，变化快、变量多，建立有效的预警机制十分必要。要密切关注下岗职工出中心和改组改制企业职工进入社会的动态，预测分析进入失业保险的人员数量，把握资金需求的变化趋势。要建立失业保险基金预警机制，通过对基金收入、支出、结余和领取人数的综合分析，确定合理的预警线。对可能出现的基金支付困难，要提前向政府报告，并提出相应的政策建议，为政府决策当好参谋和助手。

做好上述工作，必须改进工作作风，深入实际办实事。失业保险的服务对象是失业人员，是老百姓中最需要帮助、最需要关心的弱势群体之一。我们的工作作风扎不扎实，直接关系到他们的切身利益，关系到党和政府的形象，关系到“三个代表”思想能不能在我们的工作中真正落到实处。改进工作作风，具体要求就是“三抓一加强”，即：抓落实、抓管理、抓调研，加强干部队伍建设。

抓落实是首要任务。失业保险的政策和目标任务都已明确，工作有没有实效，就在于能不能落到实处。各地要按照部里的要求，对照你们提出的具体目标，逐项检查，逐项落实。工作进展慢的，要分析原因，采取针对性措施，尽快赶上来。其次，要抓好基础管理。应参保单位和职工人数、缴费基数、享受待遇人数、基金分布等情况都要搞透、搞准、搞扎实，为实现工作目标和领导决策提供可靠依据。再次，要加强调查研究。失业保险工作政策性强，涉及面广。现行政策执行情况如何？需要如何调整？哪些方面还有政策空当？还有哪些问题没有解决？这些都离不开深入扎实的调查研究。最后，要加强干部队伍建设。机构改革后，一些同志新到失业保险部门工作，要加强业务政策学习，尽快熟悉工作。其他同志也要把理论和业务学习摆在重要位置。总之，我们要按照中央和部里的要求，说实话，办实事，讲实效，克服各种形式的官僚主义和形式主义，创造一个讲学习、讲政治、讲正气的良好氛围，锻炼一支作风过硬、业务过硬的工作队伍。

同志们，失业保险是一项光荣而艰巨的事业，也是大有可为的事业。让我们在江总书记“七一”讲话精神指引下，齐心协力，埋头苦干，努力进取，为新世纪失业保险事业新的发展做出更大贡献。

加强劳动力市场建设
促进并轨工作的稳步实现

——在全国劳动力市场建设座谈会上的讲话

林用三

（2001年9月23日）

这次全国劳动力市场建设座谈会的主要任务是：深入学习江泽民总书记“七一”重要讲话精神，以“三个代表”重要思想为指导，总结交流各地推进劳动力市场建设的成功经验，分析当前国有企业下岗职工基本生活保障和再就业工作面临的形势，研究工作思路，明确工作任务，进一步加强劳动力市场建设，不断完善就业服务体系，稳步开展转轨并轨工作，为建立市场导向就业机制创造条件。下面，我讲三个问题。

一、认真总结三年来的工作成就与基本经验

从1998年到现在，国有企业下岗职工基本生活保障和再就业工作已经走过三年多极不平凡的历程。在党中央、国务院的正确领导下，通过全国上下各有关部门、有关单位的密切配合，特别是劳动保障部门全体同志的共同努力，为国有企业深化改革创造了必不可少的稳定环境。三年前，我们面对的是一种数百万下岗职工生活无着落、管理无依托、资金无渠道、服务无手段的严峻局面，由此引发的社会不稳定已经成了十分严重的问题。三年后的今天，我们不仅稳住了局面，赢得了工作的主动权，而且为建立市场导向的就业机制创造了条件。三年多来劳动和社会保障制度的改革，造就了这种来之不易的良好局面。归纳起来，这种局面的转变，主要来自于三个方面的努力：

（一）抓确保、促稳定，为各项工作赢得了主动权

稳定压倒一切。工作初始阶段，面对越来越严重的国有企业下岗职工问题和离退休人员养老金拖欠问题，第一位的任务只能放在两个确保上，舍此无法解决人心不稳、社会不稳的问题。在这种形势下，党中央、国务院及时作出了两个确保的重大部署，并要求把落实两个确保作为头等大事抓紧抓好。这样的要求和力度是前所未有的。三年来，按照党中央、国务院的统一部署，在各级党委、政府的统一领导和各部门、各方面的共同努力下，两个确保不断得到巩固。在国有企业下岗职工基本生活保障方面，1998—2001年6月，全国累计有下岗职工2 429万，其中2 300多万进入再就业服务中心，目前进中心的下岗职工中99%左右能按时领到基本生活费。在确保企业离退休人员基本养老金按时足额发放方面，也取得了可喜

的成果。三年的实践证明，中央关于两个确保的重大决策是完全正确的，主要表现在四个方面：一是有力地维护了社会稳定，为各项改革的顺利进行和经济发展创造了安定团结的社会局面；二是有效地促进了国有企业富余人员分流安置、进入社会等问题的解决，使得国有企业能够减员增效，轻装上阵，实现三年改革脱困的目标；三是通过这样一种特殊的过渡性保障措施，既维护了职工的切身利益，又缓解了职工直接进入社会所带来的冲击，实现了“软着陆”；四是从上到下建立了一套运作机制，包括政策的制定，资金的调节，服务的完善，观念的转变，等等。三年后的今天重温这段历程，我们更能深刻地体会到这一重大决策的果断和英明。如果没有两个确保，改革和发展就不会有今天这样一种可喜的局面。

（二）抓市场、促就业，为实现并轨奠定了基础

党中央、国务院在部署这项工作时十分明确地提出，下岗职工进中心保生活的政策是过渡性的，是在社会保障体系不健全、劳动力市场发育不充分的情况下不得已而为之的一种过渡措施，最终的目标是要用5年左右的时间建立起市场就业机制。为此，必须加快劳动力市场建设，完善社会保障体系。按照这一部署，我们在坚持不懈地抓好两个确保的同时，下大力气抓再就业，抓劳动力市场建设，其目的，一是通过再就业为下岗职工提供自食其力、发挥才能、不断提高生活水平的机会；二是通过培育、发展和规范劳动力市场，解决劳动力市场发育不充分的“瓶颈”制约，为实现并轨打下基础。经过三年的努力，再就业取得了重大进展。通过开展积极的就业服务、落实优惠政策、推动社区就业、开展再就业培训、表彰再就业明星等措施，共有1 540多万下岗职工通过各种不同的渠道和方式实现了再就业，还有250多万人通过其他多种途径得到妥善安置，为彻底解决下岗职工问题积累了经验。

1999 年 6 月，我们在贵阳召开了全国劳动力市场建设座谈会，这次会议在对全国 100 个城市开展劳动力市场科学化、规范化、现代化即三化建设试点进行部署的同时，张左己部长首次明确提出了双轨、转轨、并轨三步走的战略思路，得到了党中央、国务院领导的肯定，在实践中产生了重大的影响。要实现各阶段的平稳转变，应该系统地、综合地来考虑，这包括了政策体系的完善，社保体系的建立，资金的筹措与管理，劳动力市场的建设与规范，职工观念的转变，等等。可以说，劳动力市场建设，在这三个阶段中有着重要的作用，加快劳动力市场建设，也就促进了转轨、并轨的实现。

过去的三年，特别是贵阳会议以来的这两年，劳动力市场建设进入了大踏步前进的时期，无论是信息网络，还是管理服务以及市场秩序，都朝着科学化、规范化、现代化的方面迈上了一个新台阶。

——科学化、现代化水平不断提高，劳动力市场信息网络初步建成。目前，17 个省级劳动保障部门建立了劳动力市场信息网络省级监测中心。在 100 个三化试点城市中，有 87 个城市建立了信息网络，其中 64 个城市实现了市区内实时联网，有的还连接到部分街道、社区和企业，已经能够做到让求职者方便快捷地查询全市的劳动力市场信息。信息分析利用工作在逐步开展，91 个城市定期向社会发布劳动力市场职业供求信息分析报告，87 个城市发布了工资指导价位信息。在此基础上，目前我部已经能够向社会发布全国主要城市劳动力市场供求信息和工资指导价位信息的汇总分析报告，对引导职业供求、引导职业培训起到了“晴雨表”的作用。

——就业服务领域不断拓展，公益性服务功能得到加强。就业服务已逐步发展为融职业介绍、职业培训、职业指导、劳动保障事务代理等多项内容为一体的“一条龙”式的全程服务。通过普遍推行统一的业务流程规范、统一的公共职业介绍标识和统一的信息分类标准、免费推广业务管理软件（劳动 99）等措施，促进了就业服务的规范化，在社会上正在树立

起公共就业服务的品牌形象。

——劳动力市场管理力度不断加大，劳动力市场秩序逐步规范。目前全国有25个省、自治区、直辖市出台了劳动力市场管理的地方性法规或政府规章，部里去年颁布了《劳动力市场管理规定》，初步建立了一套从中央到地方的劳动力市场管理法规体系。近三年来每年春季在全国集中开展劳动力市场清理整顿活动，共清理了9 000多个非法机构，取缔了2 000多家严重违规的机构，清理整顿工作已形成制度，95%以上的试点城市投诉率逐年递减，劳动力市场秩序明显好转。

劳动力市场建设成果的取得，不仅在促进下岗失业人员再就业方面发挥了无可替代的积极作用，同时也为推进并轨奠定了比较好的基础，这不仅体现在场所和网络建设等物质方面，还体现在服务体系的完善、服务功能的加强、服务模式的创新以及服务人员队伍素质的提高上。

（三）抓社保、建体系，为并轨创造了条件

如前所述，对企业富余人员问题之所以采取下岗职工进中心这样一种过渡办法，而不是直接由失业保险来承接，原因之一是社会保障体系不健全。而所谓社会保障体系不健全，对下岗这一问题而言，一方面是体现在失业保险覆盖面窄，特别是基金支撑能力脆弱上。1997年失业保险的覆盖范围只有7 900万人，缴费比例仅为1%，当年基金收入不足47亿元，单靠这一制度显然根本无力解决当时近600万下岗职工的问题。另一方面是养老保险不健全，医疗保险则处在出台方案阶段，更何况还有住房等问题，这些构成下岗职工最大的后顾之忧。无论是从下岗职工心理承受能力上还是社会承受能力上，都不具备推向社会的条件。

三年来，在完善社会保障体系方面，党中央、国务院出台了一系列重大改革措施，其中对推动并轨具有最直接作用的有三个方面：一是预筑失业保险堤防。先是1998年提高了失业保险征缴比例，由1%提高到3%，并引入了个人缴费机制。紧接着在1999年借两个条例出台的有利时机抓扩面征缴，“高筑堤、广集资、善管理”，参保人数达到了1亿人，1999年基金收入125亿元，2000年又增收35亿元，不仅保障了失业人员的基本生活和促进了再就业，而且增强了失业保险基金向再就业服务中心的资金调剂能力，是对确保下岗职工生活费当期发放的极大支持，为顺利推进并轨创造了条件。三年多来失业保险基金向再就业服务中心共调剂了121亿元。二是按“三改并举、同步推进”的方针大力推进医疗保险制度改革，2/3以上的城市已经启动实施，此举的重大意义之一，就在于为职工解除后顾之忧。三是进一步完善养老保险制度，在扩大覆盖范围、实现社会化发放、推动社会化管理的基础上，目前按国务院的部署正在辽宁省等地进行试点。社会保障体系的逐步完善，进一步解除了下岗职工的后顾之忧，为推进并轨，形成市场导向的就业机制创造了条件。当然，完善社会保障体系的意义绝不仅在于此，它具有更为重大而深远的意义和影响，促进并轨只是其中一个重要的方面。

三年来的实践启示我们，必须始终将两个确保放在首位，坚持不懈地紧紧扭住不放。这是总结三年来工作得出的一条最基本的经验。按照党中央、国务院的要求，我们始终把两个确保作为头等大事、第一位的任务来抓。朱镕基总理多次强调，做到两个确保就完成了劳动保障工作的99.9%。三年来的实践证明这一要求是十分正确的。因为只有做好保生活这一前提性、基础性的工作，才能谈到其他，否则，一切都无从谈起。正因为有了两个确保，我们才能推进并轨，促进再就业，完善社会保障体系，才能将我们的工作一步一步向前推进。朱镕基总理、吴邦国副总理还多次讲到，这几年两个确保对促进国有企业改革和维护社会稳定功不可没，劳动保障部门做出了重大贡献。这是对整个劳动保障系统的鼓励和鞭策，而两个确保工作成果的取得，应当归功于党中央、国务院的正确领导，归功于各级党委、政府的重视和各部门、各方面的共同努力，归功于两个确保一线同志们三年多来的艰苦鏖战。

三年来的实践启示我们，必须立足当前，着眼长远。这是把我们的事业不断向前推进的一条重要原则。建中心、保生活是当务之急，促就业、建机制是长远目标。几年来，我们在切实做好两个确保的前提下，不失时机地提出了建立社保体系的措施，提出了要把工作重点转移到促进就业上来，提出了大力开展社区就业，也提出了适时推进转轨、并轨，为最终建立市场导向就业机制奠定基础，创造条件。不立足当前，确保下岗职工的基本生活，可能就会天下大乱，就不会有今天的局面；不着眼长远，积极地为并轨创造条件，同样也不会有今天的局面。

三年来的实践启示我们，在整体推进各项工作的同时，必须因地制宜，分类指导。在中国这样地域辽阔的大国，且不论东中西部不同地区存在巨大差异，就是在同一省、自治区之内，不同地市的经济发展水平、市场发育程度、改革进展等等，也同样存在较大差异，不可能用一种模式、按同一进度解决所有问题。以往的实践已反复证明，这样做不可能达到预想的效果。贵阳会上，左己部长提出要唱“南腔北调”，提出了在经济比较发达、就业环境相对宽松、市场观念比较强、承受能力也较强的东南沿海地区可以率先实行转轨、并轨。其他地区也要从本地实际情况出发，择机逐步建立和完善市场就业机制，不搞齐步走，一刀切。实践证明，这个部署是十分正确的，实际效果也是明显的。沿海七省市已经基本实现了并轨，创造出了许多好的经验和做法，对全国起到了引导和示范作用。坚持实事求是，因地制宜，分类指导，分类处理，不强求统一，不搞一刀切，这应当成为今后继续推进劳动保障工作必须始终遵循的一个基本工作方针。

二、充分认识当前面临的新形势、新问题、新任务

从目前全国总的形势看，可以得出这样一个基本判断：“双轨”阶段的任务在大多数地区已经基本完成，国有企业下岗职工基本生活保障和再就业工作从整体上讲开始进入以转轨为主要任务、以并轨为改革目标的新阶段。到今年6月底，全国已有17个省份制定、出台了并轨方案，或者从今年起不再进中心，或者允许继续进但“终点站”定在2003年底。其中北京、上海、福建等省市今年内全部下岗职工将出中心，初步实现并轨。中西部地区的少数省份虽然没有出台全省并轨方案，但在不少城市企业新的减员已不再采取进中心保障的方式，而直接进入市场，按有关规定享受失业保险。即使是仍允许继续进中心的地区，进中心的人数也已开始明显下降。今年二季度，下岗职工新进中心的人数比去年同期下降了40%。到今年8月底，全国享受失业保险待遇的人数与进中心人数之比已由1999年初的14:100上升到46:100，北京、天津、上海、江苏、浙江、福建、山东、广东等地失业保险已成为主要生活保障形式。这种形势的变化有两个方面的背景：一方面，通过连续几年持续不断地大规模下岗分流，计划经济体制造成的国有企业富余人员特别是那些处于困难状况的国有企业富余人员分流问题，从整体上讲已经大部分得到解决；另一方面，随着劳动力市场的发展和社会保障体系的完善，企业新的裁员直接进市场的条件正在逐步成熟。

今后一个时期，我们面临的形势和任务将会发生一系列新的变化。如果说，前三年我们工作的重点是进中心、筹资金、保生活，那么今后一个时期的工作重点则是出中心及出中心后的管理服务、保障接续和就业援助；如果说，前三年我们建市场、抓社保，建立三条保障线，主要还是预筑堤防，那么今后一个时期我们的劳动力市场、就业服务和失业保险工作，将经受现实的严峻考验，到了要充分发挥作用的时候；如果说，前三年企业再就业服务中心作为对下岗职工进行管理服务的主要依托，发挥着关键性的桥梁和蓄水池作用，那么今后一个时期，随着越来越多的下岗职工协议

到期出中心，就业服务机构将成为承担下岗失业人员管理服务工作的主要载体。

在这样一种新的形势下，国有企业下岗职工基本生活保障和再就业工作任务更重，难度更大，主要面临四个方面的问题：

第一个问题是如何应对大批下岗职工协议期满集中出中心。据调查，下岗职工协议期满出中心的时间主要集中在今年后几个月和明年一年，已经到期和年底前到期的为57%，明年到期的为33%，后年到期的为10%，时间集中，人数集中，还有一点就是矛盾集中。下岗职工出中心不只是有个解除劳动关系的经济补偿问题，更为复杂的问题在于拖欠工资、医药费、集资款等债务问题，欠缴各项社会保险问题，企业经营管理不善甚至干部腐败的问题等等。可以说长期以来企业积累下来的各种矛盾和问题都在出中心这一环节上暴露了出来，十分错综复杂。如何使下岗职工顺利出中心，将是今后一个时期最为紧迫而艰巨的一项任务。对此，前不久我们在南京召开了专门会议，交流了经验，明确了要求，各地正在落实之中。

第二个问题是如何应对空前加大的就业压力和失业率的攀升。下岗职工出中心会导致社会失业的增加，再加上国有企业特别是优势企业在经济结构调整中大量裁员，必将导致失业率显著攀升。今年一季度，失业率从去年底的3.1%上升为3.2%，第二季度又达到3.3%。随着下半年下岗职工集中出中心，预计今年底失业率有可能达到4%。而从这几年的再就业态势看，在中心滞留越久的越是难以再就业，主要原因是年龄较大，素质偏低，就业竞争力较差。据部里在十城市进行的抽样调查结果看，下岗职工普遍年龄偏大，平均年龄39岁，45岁以上的占23%，35~45岁的占49%；文化偏低，初中及以下文化程度的占39%；技术水平较低，初级技能以下人员占41%。这表明目前留在中心的下岗职工多数就业比较困难，已经形成了一个人数庞大的新的就业困难群体。从总的就业形势看，整个“十五”时期，我国城镇新生劳动力供给总量将升至峰值，达到4 650万人，同时农业剩余劳动力已达1.5亿，转移速度将进一步加快。而当前的国际国内经济形势也存在许多不确定因素。随着美、日等发达国家经济的持续减速，贸易保护主义抬头，对我国经济的负面影响以及由此产生的对就业的不利影响，将逐渐显现和扩大。加入WTO对就业形势的影响，还有待进一步研究，但可以看出，在短期内会对一些行业带来冲击，在产业结构调整中，会造成新的失业。因此，我们面临的不仅是失业率短期波动，在今后相当长的时期内，劳动力供大于求的矛盾都将十分尖锐，结构性失业问题将日益突出。

第三个问题是如何应对下岗失业人员管理服务社会化的要求。随着下岗职工出中心，失业人数增长迅速，就业服务力量严重不足的问题日趋突出。在有的城市，已出现失业人员排长队领取失业保险金的现象，对失业人员的就业服务就更显得捉襟见肘。我们的劳动就业服务体系也要有一个调整、提高、加强、适应的过程。随着并轨的实现，几百万下岗职工将从原来12万个企业再就业服务中心转入社会，由“单位人”转为“社会人”，对他们的管理和服务工作将全部社会化，这对我们的就业服务和失业保险经办工作是极大的压力。现有的机构无论是在组织体系、服务手段方面，还是在人员素质方面，都还远不能适应这样繁重的任务。目前劳动保障部门就业服务机构只有7万~8万人，许多城市的就业服务网络还没有延伸到街道，即使建立了劳动服务站，多数也没有解决编制、经费问题，很难开展工作。

第四个问题是如何解决好下岗职工出中心后进入失业保险和低保。今后一个时期，失业保险和城市居民最低生活保障承受的压力越来越大。对失业保险来讲，这种压力已经开始有了明显感受。无论是下岗职工集中出中心，还是企业新裁员直接进入市场，结果都将导致领取失业保险金的人数不断攀升。去年平均每月领取失业保险金的人数为188万人，比上年增加近一倍，今年1~6月，已达244万人，预计年底将达到350万人左右，明后年还将继续增加，失业保险基金面临巨大的支付压力。尽管全国失业保险基金有200亿元的结余，但分布很不平衡，不少地方受财政体制的影响，还在实行县级统筹，部分地方没有建立省级调剂金或调剂能力很弱，这些问题都加剧了基金不足的严重性。最低生活保障制度是城镇居民保障的最后一道防线，其作用也将越来越重要，加强三条保障线的衔接已迫在眉睫。

面对上述问题，我们一方面要看到任务的艰巨性，增强责任感和紧迫感，认真研究面临的新情况、新困难，积极稳妥地解决问题；另一方面要坚定信心，看到有利的条件。尽管目前我们仍面临很多困难，但是，首先，改革方向、原则和政策已经明确。对下岗职工出中心、并轨、完善市场导向的就业机制，党中央、国务院都有明确的要求，只要坚定地按照中央的部署继续推进，就一定能够推进我们的各项改革。其次，经过三年的工作，各级政府都建立了一套目标责任制，将这项工作纳入了政府工作重要议事日程。第三是资金有了固定来源，这也包括国务院已明确要求中央和地方财政支持下岗职工基本生活保障和再就业的资金总规模不变。第四是经过三年实践，我们的工作有了相当的基础，市场的容纳能力和失业保险支撑能力已有明显提高，养老保险覆盖范围扩大，职工的心理承受能力、择业观念有了很大的改变，同时各地根据实际情况，在下岗职工出中心再就业，出中心后的管理、服务、保障等方面都创造了很多行之有效的经验。沿海几个经济发达的省市，已经提前探索了并轨道路，为其他地区提供了宝贵的经验。有这样许多有利条件和良好的工作基础，只要我们统一认识，坚定信心，正视困难，知难而进，努力克服前进中的各种困难和不利因素，就一定能够在巩固两个确保的基础上，不断推进转轨、并轨的进程，完全有可能再经过三年左右的努力基本实现并轨的目标，初步形成比较完善的市场导向的就业机制。

三、突出重点，因势利导，积极稳妥地推进并轨工作

进一步做好新形势下的国有企业下岗职工基本生活保障和再就业工作，积极稳妥地推进并轨，必须突出重点，因势利导，既要抓住主要矛盾，在重点、难点问题上逐步取得突破，又要统筹兼顾，把握好改革的力度和节奏，处理好各项工作之间的关系。概括地讲，重点应把握和处理好以下四个方面的问题：

（一）继续巩固两个确保，完善三条保障线的衔接。这是推进并轨的根本保证

确保国有企业下岗职工按时足额领到基本生活费和代缴社会保险费，以及对养老保险的各项具体要求，依然是第一位的工作，是基础，是前提。对此，我们要始终保持清醒的认识，始终保持应有的工作力度。目前，下岗职工基本生活保障仍存在个别死角。少数地区和企业基本生活保障资金落实不到位，由于地方财力有限也没有及时予以兜底，使得少数下岗职工不能按时足额领到基本生活费、少数企业再就业服务中心没有按时足额代缴社会保险费。这虽然只是局部地区因为工作不到位，特别是企业筹集资金不到位而发生的情况，但如果不及时加以解决，就有可能发生不稳定的问题，特别是如果再跟出中心其他问题搅在一起，就会更加复杂。所以，无论如何也不能放松两个确保这一条，有了这一条我们心里才踏实，才有底气。这里必须重申，对已经进中心的下岗职工，要继续确保其基本生活费的按时足额发放和社会保险费的按时足额代缴。特别需要强调的是代缴社会保险费问题。如果我们对在中心的下岗职工不能如数缴纳社会保险费，既造成社保资金的不足，也给下岗职工出中心造成新的困难。国务院已经明确要求，今后中央转移支付的资金要与各地工作实绩挂钩。所谓实绩，不只是要看保生活的实绩，也要看代缴社会保险费的情况，这是衡量工作实绩的一个重要考核指标。为督促落实这一工作，按国务院要求，明年将继续按季度公布各

省、自治区、直辖市下岗职工基本生活保障工作落实情况，各省、区、市也要这样做。目前仍未按要求公布的省份，一定要抓紧落实，增强工作透明度，接受群众监督。

完善失业保险制度，充分发挥失业保险的作用，是实现并轨的重要保证。适应并轨和下岗职工协议期满出中心的进程，失业保险要经受住考验。面对前所未有的基金支付压力，立足点首先还是要依法扩大覆盖范围，强化基金征缴，增强失业保险基金承受能力。要实现设区的市统筹使用失业保险基金，省里建立调剂金，发挥失业保险基金统筹调剂的作用。同时，要协调当地财政早做安排，准备必要的资金，在失业保险基金不敷使用时给予补贴。要加强基层建设，健全失业保险工作机构。根据失业人员的实际情况，合理布局失业保险经办网点，并调剂配置工作人员。要加强基础管理，规范运作，细化管理，提高管理和服务水平，按时足额发放失业保险金，并提供其他失业保险服务，保证失业人员基本生活，促进再就业，充分发挥失业保险的作用。

这里我想强调一下失业保险和就业的关系问题。我刚才说失业保险是实现并轨的重要条件，另一方面，失业保险也是促进就业的重要手段。现在下岗职工出中心高峰和失业高峰已经来到，失业保险在增强承受能力，按规定切实保障失业人员基本生活的同时，如何发挥在促进就业中的作用，是摆在我们面前的一个重大课题。失业保险的首要任务当然还是为中断就业而失去工资收入的劳动者提供一定时期的生活保障，发挥维护社会稳定的功能。同时也要看到，在促进经济发展方面，失业保险还有四项功能：一是促进就业的作用。通过为失业人员提供就业扶持，组织培训，帮助他们适应市场竞争的环境，尽快实现就业。二是调节经济活动的成本。这个作用在我们国家看得还不太清楚，在市场经济发达的国家，这个功能表现得很明显。通过调整失业保险金的标准，使之高低适当，起到调节器的作用。标准过高，会影响人们寻找就业机会的积极性的发挥；标准过低，则难以起到保障作用，造成社会不稳定。三是促进劳动力的流动。通过失业保险，使他能够重新在不同的地方找到合适的工作，也就使他能更有效地发挥自己的才能。失业保险为他们提供保障，帮助他们能在更大范围内流动，这个作用是明显的。四是促进劳动者素质的提高。失业保险为失业人员提供了一个再学习的机会，提高素质和技能的机会。失业保险与其他社会保险不同的这些特殊功能，同志们要充分认识，认真研究，依法运用。

在做好下岗职工基本生活保障和失业保险工作的同时，我们还要积极配合民政部门，进一步研究解决好与最低生活保障制度的衔接问题，将下岗职工、失业人员中符合条件的城市贫困人口纳入城镇最低生活保障范围。

（二）积极稳妥地做好出中心、再就业工作。这是推进并轨的当务之急

在保生活的前提下，当务之急是要积极稳妥地做好协议期满下岗职工出中心工作。这项工作政策性强、涉及面广、敏感度高，必须高度重视，合理把握节奏和力度，以慎重的态度加以处理，切实防止影响稳定的问题发生。最近一个时期，在这方面已经有一些带有苗头性的问题发生。对此类问题，我们应当予以高度重视，在及时化解个案问题的同时，要加强面上的工作，特别要注意防止出现大规模、大范围因出中心而引发的群体性事件。有关出中心工作的方针政策，在近年来的一系列文件特别是 1998 年中央 10 号文件和今年国务院批复的辽宁试点方案中已经明确了。中央领导同志一再强调两个确保、三个不变，即政策不变、目标不变、要求不变。8 月底在南京召开的出中心座谈会上交流了许多行之有效的经验和做法。在那个会上，我和东进同志就如何推广运用这些经验、进一步做好与出中心相关的各个环节的工作提出了要求，这里就不展开了，只强调三点：一是要坚持中央 10 号文件关于建立市场导向就业机制的方向和协议期满出中心的原则不动摇，在这个前提下，进一步完善有关政策。按照规定支付经济补偿金和清偿债

务，一定要分清政府与企业的责任。对法律、法规规定属于企业的责任，要坚持以企业为主体进行处理，不能由政府包揽下来。二是要坚持区别对待的原则。企业按照规定支付经济补偿金，是企业的责任。但对职工要区别不同的情况，制定不同政策，不能强求统一。对实行合同制前后参加工作的职工、老下岗职工、新企业裁员等，要提出不同的对策，对年龄偏大的下岗职工要给予适当照顾。关键是要采取切实有效的措施，确保这些下岗职工无论在中心内还是出中心后，基本生活都能得到切实保障。三是把解决实行新体制遇到的问题与解决历史遗留问题区分开来。推进并轨，主要是面向未来，按照改革方向完善现有政策，研究解决改革后出现的新问题，尽快把适应社会主义市场经济体制的社会保障体系建立起来。对历史欠账和遗留问题，要根据实际情况逐步解决。在这几条大原则下，由各地根据实际情况去完善具体政策，统一认识，明确责任，狠抓落实。

解决下岗职工问题的根本出路在于再就业。在大批下岗职工协议期满集中出中心的形势下，再就业就愈加重要。因为再就业是下岗职工最基本的需求和最迫切的愿望，我们只有把工作着力点放在再就业上，才能真正得到职工群众的拥护和支持。同时，也只有在使比较多的下岗职工实现了再就业或者是妥善安置的情况下，出中心、解除劳动关系的问题才能更容易为职工所理解和接受。因此，必须把再就业放在更加突出的地位加以重视和推动。解决就业问题，劳动保障部门既不可能包打天下，也不是无所作为。固然，解决就业问题的根本出路在于经济发展，较快的经济增长速度和产业结构的不断优化是拉动就业增长的火车头，为此必须实施一系列有利于扩大就业的产业政策、财政政策、贸易政策和货币政策。这是我们应当提出建议的领域。但是，我们同时必须认识到，经济增长对就业的拉动并不是一个自然而然的过程。在既定的经济增长速度和产业结构格局下，实现劳动力供给与需求的合理匹配，特别是帮助那些劳动力市场中的弱势群体找到就业机会，必须辅之以积极的劳动力市场政策，这就是我们的劳动力市场和就业服务机构大展身手的领域。几年来，我们在落实再就业优惠政策、开展再就业培训、开发社区就业岗位、探索灵活多样的就业形式方面积累了不少经验，今后要继续加强，进一步推动政策的落实和服务质量的提高。在此基础上，当前的一项重要任务就是大力开展再就业援助行动。今年6月，我部提出了以协议期满出中心的下岗职工特别是就业困难的人员为重点对象，以保生活、促就业、接保险为主要内容的再就业援助行动。这是落实“三个代表”要求的具体行动。江泽民总书记在“七一”重要讲话中特别强调，要安排好暂时遇到困难的群众的就业和生活。我们应当看到，目前滞留在中心的下岗职工大多是年龄偏大、技能单一、就业能力较弱的就业困难人员，他们对出中心以后的再就业、社会保险关系接续和基本生活保障普遍存在顾虑。因此，做好这些人员的再就业和社会保障工作是当前解决下岗职工问题的重中之重。对出中心的下岗职工，绝不能推出去不管，而是要继续关心他们的就业和生活问题。就业服务机构要满腔热情地向他们提供就业服务，对他们提供有针对性的职业指导、职业培训和职业介绍，帮助他们尽快找到新的就业岗位，同时还要帮助他们接续社会保险关系。如果我们的再就业援助工作搞好了，作用发挥了，就能帮助这部分人平稳出中心，尽快再就业，顺利接保险，就能使下岗职工感受到党和政府的关心，感受到社会的温暖，保持社会的稳定。因此，劳动保障部门的同志要进一步强化对再就业援助行动重要性、必要性、迫切性的认识，采取切实有效的措施，把援助行动落到实处。

（三）继续保持财政支持力度，切实用好资金。这是推进并轨的重要保障

推进并轨工作，资金支持是必不可少的。今后一个时期，虽然多数地区企业裁员不再进中心，但工作压力不是轻了，而是重了，而且

有多重压力。在中心的要继续发生活费，出中心的要再就业和享受失业保险，要做的事情更多，要花的钱也更多。在这样一种形势下，一方面需要继续保持应有的财政支持力度，另一方面则需要根据工作的进展和要求，相应安排用于出中心、再就业和补充失业保险的资金。最近一个时期，国务院领导同志多次明确提出，中央财政将继续保持已有的支持力度，中央财政资金的总规模几年内不减少，各级政府原来安排用于下岗职工基本生活保障和再就业的资金规模也不能减。在确保已进中心下岗职工基本生活的前提下，应根据当前新的形势和任务要求，按照有利于促进下岗职工出中心、再就业，有利于保障失业人员和生活困难居民基本生活的原则，合理安排资金。去年国务院42号文件规定，财政支持资金在确保下岗职工基本生活的前提下，可以合理调整资金使用方向，具体办法由省级人民政府制定。目前，辽宁省和其他试点地区正在按照这一精神开展试点工作。其他非试点地方，中央支持资金的使用问题，我们也正在和财政部共同研究制定。但各地不要等，要积极制定相关办法，加强与财政等部门的协调，用足用好政策，把已有的各项政策落到实处。要管好资金，从严掌握，确保有限的资金用在刀刃上。

（四）全面推进劳动力市场建设，完善就业服务体系。这是推进并轨的基础工程

今后一个时期，我们不仅要继续全力以赴地做好下岗职工基本生活保障和再就业工作，特别是要着力搞好出中心下岗职工的保障和服务，还要面对越来越多的直接进入市场的失业人员。双重任务将同时压在我们身上，任务之繁重，是前所未有的。要完成这样一种繁重的任务，必须建立一个科学化、规范化、现代化的劳动力市场，建立一个更加完善的就业服务体系，这是就业工作的组织基础和管理依托。没有这样一个基础和依托，我们开展就业工作便无以着手。最近，部里正在起草《关于进一步加强劳动力市场建设，完善就业服务体系的若干意见》，这次会上将征求大家的意见。这个文件将对当前和今后一个时期的劳动力市场建设工作提出一些要求，特别是对如何全面推广试点经验提出要求。虽然说经过两年多的试点，全国的劳动力市场建设已经上了一个台阶，打下了很好的基础。但是，这样一种基础毕竟还只是分布在若干个点上，就整体而言，进展还极不平衡，这就需要大力推广三化建设的试点经验，使之在更大的范围内开花结果，将局部优势变为整体优势。推广三化试点经验的责任在省一级，希望各省、区、市劳动保障部门在已有工作基础上，认真借鉴吸收这次会议交流的经验，结合本地实际，抓紧制定下一步全面推进劳动力市场三化建设的工作计划，以更大的力度组织实施。同时还应当指出的一点是，科学化、规范化、现代化是一个不断发展、不断完善的过程，不可能一劳永逸，因此，走在三化建设前列的100个试点城市，仍要不断适应劳动力市场新的变化，提出更高的要求，特别是在完善就业服务体系上，要着重在以下四个方面务求实现更大的突破：

一是要在就业服务机构向街道、社区延伸上有大的突破。从20世纪80年代初各地普遍建立劳动服务公司算起，就业服务机构已走过了20个年头，在就业工作中做出了十分重要的贡献，功不可没。在新的形势下，就业服务机构的作用愈显重要。一方面，就业服务任务越来越重；另一方面，机构改革后各地劳动保障行政部门负责就业工作的人员不增反减，大量的就业管理服务工作要靠就业服务机构去承担，特别是靠一批直接提供服务的实体去承担。就业服务机构将是承担公共就业服务工作的载体，必须大力加强。在地市级机构改革过程中，要特别注意这个问题。已有的机构要巩固，人员要充实，特别要大力提高人员素质。同时，必须适应下岗失业人员管理服务社会化的要求，抓住街道、社区改革发展加快的时机，着力加强街道、社区就业服务机构建设。目前在街道社区一级，就业服务机构非常薄弱，很多地方就业服务还没有延伸到街道、社区。不改变这样一种状况，对下岗失业人员进

行管理，提供就业服务，组织推动社区就业等等，就没有组织依托。现在不少街道的失业人员已达上千人。并轨以后会有更大量的失业人员进入社会，加强街道、社区的就业服务机构刻不容缓。所谓社会化，基础就在街道、在社区。基础不牢，地动山摇。街道、社区的就业服务力量加强了，有这样一个机构和一支队伍，我们的就业服务网络就在社区扎下了根，就可以把管理服务工作落实在社区，把大量矛盾化解在社区，把政府的关怀送到下岗失业人员家里。在国务院批复的辽宁省完善城镇社会保障体系试点方案中，已经对此作出了明确规定，要求“就业服务机构要向社区延伸，街道和社区要建立相应的就业服务机构”。各地要抓住这一大好机遇，借鉴上海、北京、天津、青岛、杭州等城市的经验和做法，积极协调有关部门做好这方面的工作，解决编制、经费等问题。从一定意义上讲，今后一个时期壮大就业服务体系的主要增长点就在这里，就业服务的基本依托点也在这里，各地切不可等闲视之。在加强城镇就业服务基层网点建设的同时，我们也不可忽视农村的就业服务工作。为农村劳动力流动就业提供服务，是就业服务的重要内容，要继续加强乡镇劳动服务机构建设，发挥其作用，促进农村劳动力合理转移和有序流动。

二是要在建立健全公共就业服务制度上有大的突破。开展公共就业服务是就业服务体系的一项基本的也可以说是最核心的功能。建立这样一种制度的必要性在于，市场就业机制虽然具有依靠“看不见的手”提高劳动力资源配置效率的天然优势，却并不能自发地实现社会公平，必须建立一套完善的公共就业服务制度来帮助那些劳动力市场中的弱者。从国际经验看，建立专门的制度，通过直接举办服务机构或购买服务、扶持民办服务机构等方式，为劳动者提供免费的公共就业服务，这是市场经济国家的通行做法。世界公共就业服务协会有87个成员国，绝大多数成员国的政府都向公民提供免费就业服务，并将此作为促进就业的重要手段。在这些国家，政府每年要根据就业和失业的状况制定和监督实施就业服务的计划，有固定的预算来落实这些计划，不少国家都有专门的法规对此进行规范。总结各国的经验，公共就业服务主要解决两个问题：一个是信息问题，政府资助建立大型信息网络，沟通劳动力市场供求信息，使劳动力资源的配置更有效率，减少因信息不畅造成的失业；另一个是弱势群体的就业问题，政府设立各种项目，为各类就业困难的人员提供免费培训、服务甚至直接提供岗位，帮助他们在激烈的市场竞争中找到自己的位置。这两方面的工作无利可图，是私人公司不愿做的，只能由政府承担。这两个问题，也正是我们当前面临的重要问题。我们的主要任务就是要着力解决好劳动力市场信息沟通渠道不畅和就业困难群体问题。因此，尽快建立和完善公共就业服务制度十分重要。在这方面，这几年我们已经取得了一定的进展。1998年中央10号文件中首次明确提出，公共职业介绍机构要对下岗职工实行免费服务。在100个试点城市，已经比较好地落实了这一要求。在服务内容和形式上，各地有许多创造，如“即时服务”“承诺服务”、多种形式的职业指导和免费培训、为就业困难的下岗失业人员购买公益性岗位等等。把各地的经验集中归纳起来，已经可以清晰地看到我国公共就业服务制度的基本轮廓和主要内容。在总结这些经验的基础上，去年我部下发的《劳动力市场管理规定》已对公共就业服务作了明确规定。下一步的任务，就是尽快在各个城市将这项制度真正建立起来。目前，下岗职工面临出中心，已经引起各级政府的重视。各级劳动保障部门要抓住这个机会，积极向政府提出建议，并拿出具体的计划和方案，特别是细化和落实财政预算中促进就业的经费支出项目，使政府促进就业的投入制度化，使对就业困难群体的免费服务和各种扶持就业的具体措施成为长期稳定的政策。

三是要在拓展服务范围和服务功能上有大的突破。我们的劳动就业服务机构必须承担公益性服务的任务，但这并不意味着除了提供免费服务，就没有其他形式的服务可以开展。在强化公益性服务基础上，要瞄准市场需求，大力拓展我们的服务领域。发展劳动力市场，就要以适应市场需求为出发点；开展就业服务，就要以满足劳动者的就业服务需求为落脚点。从这样一种思路出发，只要市场需要的服务项目，我们都应积极开拓。在这方面，不少城市已经有很好的经验。比如劳动保障事务代理这项服务，为什么能发展起来而且深受企业和劳动者欢迎？就是因为有这个现实的需求。一方面是劳动者有这个需求，因为劳动力流动性越来越强，而且采用灵活就业方式的人员越来越多，需要有一个机构为他们提供档案管理、代缴保险等项服务。另一方面，企业也有这个需求，特别是那些新发展起来的小企业，不可能都像大中企业那样有专门的劳动人事管理机构，这方面的管理事务也需要有相应的机构来代管。这种情况在国外也是常见的。国外的一些小企业“孵化器”，有一项功能就是为小企业提供人员管理乃至办公方面的服务。在我国，这项服务具有很大的发展需求。在服务对象上也是同样的道理。就业服务机构在对下岗失业人员，特别是就业困难群体给予重点帮助的同时，还要视野更宽一些，要宣传我们的优势，吸引更多的人，包括那些高学历、高技能的人员，尽可能扩大服务范围，为各类服务对象服务。当然，要拓展服务领域，还必须眼睛向内，不断完善内部管理体制和运行机制，不断提高服务效率和服务质量。要解决好各级服务机构相互分割和封锁的问题，以增强就业服务机构的整体功能。在《劳动力市场管理规定》中，已经明确提出了以城市为单位，对公共就业服务和公共职业介绍机构实行统筹管理的要求，各地一定要重视，认真研究执行。

四是要在构筑和完善社会化的就业服务体系，规范劳动力市场秩序上有大的突破。“十五”计划《纲要》中明确提出，要“完善就业服务体系”。这个就业服务体系，绝不仅仅是指我们自己办的劳动就业服务机构，而是包含了全社会各类就业服务机构。我们有的同志认为，为了规范劳动力市场，社会办的职业中介机构，特别是私人机构越少越好。这种看法是片面的。对社会办的，不应排斥，但要规范。为全社会庞大的劳动力资源提供就业服务，必须依靠全社会的力量。《劳动法》明确指出，各级政府应当采取措施发展多种类型的职业介绍机构，提供就业服务。这就是指政府应当支持社会各方面力量举办职业介绍机构，形成一个社会化的就业服务体系。同时，我们也必须始终将规范劳动力市场秩序放在重要的位置，长抓不懈，持之以恒地整顿劳动力市场秩序，严厉打击各类非法职业中介，切实保护劳动者合法权益。

同志们，我们的任务繁重而艰巨，我们的使命崇高而光荣。让我们紧密团结在以江泽民同志为核心的党中央周围，高举邓小平理论伟大旗帜，在“三个代表”重要思想的指引下，与时俱进，开拓进取，为促进先进生产力和先进文化的发展，实现最广大人民的根本利益做出新的贡献！

再接再厉　再创佳绩
力争新世纪社会保险经办工作的良好开局

——在全国社会保险局长会议上的讲话

劳动和社会保障部副部长　王建伦

（2001 年 2 月 21 日）

今年的全国社会保险局长会议，是在世纪之交、承先启后的特殊时候召开的；又是省级政府机构改革后，企业社会保险、机关事业养老保险、城镇职工医疗保险、农村社会保险几个方面经办机构的负责同志第一次齐聚一堂，共商新的一年社会保险发展的计划和思路，具有特殊的意义。今年是新世纪和“十五”计划的头一年。社会保险工作做得怎么样，直接关系到社会稳定、经济发展和深化改革的全局。在新的形势下，总结去年的工作，分析社会保险面临的新情况、新问题，落实党中央、国务院指示和劳动保障部的工作部署，推动社会保险经办工作上一个新台阶，为新世纪开好局，意义重大，也是我们这次会议的主要任务。下面我讲四个问题。

一、2000 年社会保险工作成效显著

2000 年，全国各级劳动保障部门和社保经办机构以江泽民总书记“三个代表”的重要思想为指导，坚决贯彻党中央、国务院的方针、政策，按照部党组的要求，在各级党委、政府的领导下，扎扎实实推进各项工作，开拓进取，多有建树，成绩令人振奋。

首先总结一下社会保险第一位的任务——确保发放。2000 年 1～12 月份，应发企业离退休人员当期养老金1 882亿元，实发1 869亿元，足额发放率为 99.3%，比 1999 年的 97.6%提高了 1.7 个百分点。特别是在《国务院关于切实做好企业离退休人员基本养老金按时足额发放和国有企业下岗职工基本生活保障工作的通知》（国发〔2000〕8 号）发布后，一度出现的拖欠养老金反弹现象得到遏制和扭转，大多数省做到了当期无拖欠。此外，还补发了 38.48 亿元历史拖欠，其中国发〔2000〕8 号文件下发后补发的数额相当于下发以前的 3 倍。

再回顾一下去年社会保险最重大的“战役”——养老金社会化发放。2000 年这项工作取得了突破性进展。年底社会化发放人数达到2 756万人，比上年底增加了1 378万人；社会化发放率达到 92.2%，一年提高了 44 个百分点，有 13 个省达到 95%以上，其中 5 个省市全部实现社会化发放。企业养老金社会化发放的基本实现，意义决不仅仅在于变换个发钱机构，这是保稳定、保障基本生活的重要措施之一，是为国有企业改革和结构调整架桥铺路

的工作，又是市场经济体制下政府职能转变的重要体现。从这个意义上讲，由企业发放变为社会化发放是一个历史性跨越，是在建立独立于企事业单位之外的社会保障体系的道路上迈出了坚实的一步。扩大社会保险覆盖面的工作，在 1999 年的基础上又有重大进展。2000 年养老保险、失业保险的参保职工双双突破亿人大关。养老保险达到10 367万人，参保离退休人数为3 173万人。失业保险参保职工10 408 万人，领取失业保险金的人数年底达到 195 万人。

在此基础上，社会保险基金征缴工作也上了新的台阶。根据初步的统计，全年养老保险基金总收入首次超过2 000亿元，其中征缴收入达1 800亿元（包括清理追缴企业欠费 125 亿元），比上年增收 200 亿元，收缴率为 94.28%，保持在一个较高的水平上。按照国发〔2000〕8 号文件的要求，各地抓紧差额缴拨改全额征缴的工作，全额征缴的比例从 5 月份的 84%上升为年底的 98%。

医疗保险工作也开始进入发展的“快车道”。按照中央的统一布置，地方同志摸底测算，拟定方案，建立信息管理系统，到去年底，全国已有 80%以上的地级城市启动了医疗保险改革，参保人数达4 300多万人。

总结 2000 年的社会保险工作，可以从 4 个方面概括主要成效：一是完成了国务院提出的两个确保的任务，保障了离退休人员的基本生活，维护了社会稳定。二是出台专项政策，集中解决了煤炭、有色、军工和一批破产关闭企业的难点问题，支持了国有企业改革和经济结构调整。三是确定了完善社会保障体系的基本思路，基础管理也提升了一个档次，为新世纪社会保障事业的发展奠定了基础。四是通过确保发放、扩面征缴、社会化发放等战役的洗礼，各级社会保险经办机构的同志得到了锻炼，大大增强了执行中央决策的自觉性，造就了一支真抓实干、开拓进取、能打硬仗的队伍。为了保一方平安，为了支持改革、促进发展，全国社会保险战线的工作人员付出了极大的艰辛，得到中央领导、广大职工群众和社会的认可。同志们身上的那种“社保精神”令人肃然起敬，我作为社会保障工作战线的一员感到自豪，也为有你们这些爱岗敬业、富有创造力的同事而感到骄傲。在这里，我代表劳动和社会保障部对工作在全国各级社会保险机构的同志们表示衷心的感谢，希望通过在座的各位转达对大家诚挚的问候。祝愿大家在新的世纪里再接再厉，创造社会保险工作新的辉煌。

二、当前是社会保障改革和发展的最好时机

讲最好时机，可以从三方面看：

第一，党中央、国务院和各级党委、政府高度重视，把社会保险工作摆到了重要位置。党的十五届五中全会建议把“社会保障制度比较健全”列为“十五”计划的重要目标，强调指出：“完善的社会保障制度是社会主义市场经济体制的重要支柱。要逐步建立和完善城镇职工基本养老保险制度、基本医疗保险制度、失业保险制度和城市居民最低生活保障制度，加快形成资金来源多元化、保障制度规范化、管理服务社会化的社会保障体系。”

江泽民总书记和朱镕基总理十分关心社会保障工作。江总书记深刻指出：社会保障工作搞好了，不仅可以从制度上、机制上落实我们党关心群众生活的重大方针，而且对国家的长治久安也具有重大的意义。去年 4 月，江总书记专门听取了劳动和社会保障部关于“十五”期间劳动保障事业发展基本思路的汇报，作出了重要指示。朱镕基总理多次就社会保障问题进行了专题调研，组织召开座谈会，发表重要讲话，反复强调了社会保障体系建设的重要性、必要性和紧迫性，明确提出要不折不扣地做到两个确保，研究制定完善社会保障体系的试点方案，尽快建立统一规范完善的社会保障体系的工作要求。去年的中央经济工作会议，把完善社会保障体系确定为今年经济工作的重要任务之一。去年 12 月，经中央政治局批准，国务院专门召开了全国社会保障工作会议，就社会保障当前和未来的任务进行了全面部署。在前不久召开的中央工作会议上，总书记、总理再次从政治的高度上强调了做好社会保障工作、维护社会稳定的重大意义。

党中央、国务院的高度重视，不仅体现在制定方针、出台政策上，还体现在巨大的资金支持上。去年中央财政用于补助两个确保的资金458亿元，其中仅补助养老保险基金就达326亿元，比上一年增加了150多亿元，为社会保险制度的运行提供了有力的物质保障。各地党政领导按照中央的要求，在两个确保方面坚持实行一把手工程，层层落实责任制，部门之间协作配合不断加强，保证了政策到位，资金到账，发放到人。

第二，经济发展的大环境和体制改革、结构调整的大趋势有利于社会保障的大发展。几年来，我国采取了有力的措施，化解了亚洲金融危机的冲击，经济开始回升，保持了较高的增长速度。国有企业三年脱困的阶段性目标完成，国有及国有控股企业实现利润成倍增长；受重点监测的14个行业中有12个整体扭亏或持续增盈。财政状况良好，收入大幅度增加，去年一年就增收2 000多亿元。国家总体经济实力的增强，为社会保险的发展创造了良好的外部环境。

与此同时，经济结构调整和企业改革的力度加大。对企业来说，实行政企分开、减员增效、移交社会职能，都需要社会保障制度的支持；对职工和退休人员来说，离开了企业这个原来提供保障的载体，也亟须社会“安全网”的保护。最近国家统计局城调队对10个城市的典型调查表明，老百姓当前最关注的问题，第一是医疗卫生体制改革（占87%），第二是社会保险制度（占81.8%），第三是失业与就业（占68.1%），全都是社会保障问题，说明完善社会保障体系确实成为关乎国运的全局性问题。这种客观的迫切要求，加上比较宽松的经济环境，为社会保险事业的大发展创造了难得的历史机遇。

第三，社保机构在实践中摸索、创造出了一整套行之有效的方法，保证中央决策的落实到位。一是抓重点推动全局的方法。比如，在全年各项任务的摆布上，我们抓住了社会化发放这个龙头，为确保发放奠定了坚实的基础，又带动了差额缴拨改全额征缴、参保职工和离退休人员基础数据库建设等各项社会保险工作的全面开展。又如，在确保发放方面，以中西部地区和老工业城市为重点，加强监控、督导，同时在资金补助上给予倾斜，使按时足额发放率进一步上升。二是抓典型分类指导的方法。在社会化发放方面，建立了重点联系城市制度，先后总结推广了常熟、深圳、上海、西安、大连等不同类型城市社会化发放的经验，并且都组织了现场观摩，起到了典型引路的作用。在清理追缴企业欠费方面，明确了部里抓千万元大户、省里抓百万元大户的分级负责方法，并依据还款能力把欠费企业划分为4种不同类型，分别确定补缴计划和督促力度，收到了实效。三是按月（旬、日）调度确保进度的方法。比如确保发放、社会化发放、扩面征缴，都采用了这种方法，1999年提高待遇、补发拖欠工作更是每天督办。对各项重点工作进行了定期实时监控，有利于及时发现问题，有针对性地采取措施。四是通报排行，加大促进力度的方法。去年3月、7月和10月三次在中央媒体上发布社会化发放排行榜，各地借鉴这种方式，也对各市地排行，确实起到了明显的促进作用。比如天津市去年初社会化发放率仅有8.1%，排名末位，但他们没有气馁，“知耻而后勇”，奋起直追，取得了100%社会化发放的好成绩。五是检查评估提高工作质量的方法。去年我们就社会化发放组织了两次涉及24个省30多个城市的全国性检查评估，通过评估规范了社会保险的经办行为，也挤干了水分，推动了工作。以上这些方法是全国社会保险机构在实践中共同创造出来的，弥足珍惜，在今后社会保险事业大发展中也是一笔宝贵的财富。

三、全力做好新世纪头一年的社会保险工作

2001 年全国社会保险机构的主要任务是：认真贯彻全国社会保障工作会议和全国劳动保障厅局长会议精神，继续全力确保企业离退休人员养老金按时足额发放；做好完善社会保障体系试点方案的实施工作；强化基础管理，严格规范操作，保证各项政策措施和管理制度落实到位；进一步理顺工作体制，提高经办机构干部队伍素质。下面我强调几个重点问题。

（一）继续全力确保养老金按时足额发放

这仍是各级劳动保障部门和我们社会保险机构的首要工作。国务院的要求很明确，就是绝不能发生新的拖欠。1 月份还有两个省发生了少量拖欠，要在 2 月份立即补上；2000 年当年拖欠还有 4 个省 7.7 亿元没有补完，也必须全部补清；有能力的还要尽可能补发 1999 年年底前的历史拖欠。今年部里继续实行养老金发放情况月调度制度，并按月在中央媒体上公布；各省、区、市也要定期公布所辖各地区确保发放情况，接受公众的监督。要特别注意对困难地区确保发放情况的调研和督查，对易发生拖欠地区以及煤炭、有色、军工、农垦、森工等行业的重点企业实行跟踪监控。

在去年养老金社会化发放率 92% 的基础上，今年要做好“扫尾”工作，加强对后进地区的督促检查，全面实现社会化发放，不留死角。

要用好中央财政补助资金，规范补助办法，形成与地方足额发放率、基金征缴和清欠、省级调剂、调整预算支出结构等工作实绩挂钩的机制。地方财政要加大投入，不能光靠中央财政。初步考虑，建立一个类似于粮食风险基金的特别账户，中央补助资金、地方财政补助资金全部打入这个账户，只进不出，要出只有一个口子，就是社保机构的支出账户，用于支付养老金。这样，中央和地方到底各做了多大的投入、各承担了多大责任，一目了然，有利于考核和挂钩。

在确保发放的工作上，需要反复强调，不仅要算经济账，更要算政治账。江总书记多次指出：在复杂的国际国内形势下，各级党员领导干部要保持政治洞察力和政治敏锐性。我们各级劳动保障部门和社保经办机构处在两个确保的第一线，要不折不扣、千方百计地贯彻中央确保稳定的方针，绝不能由于我们认识的偏差和工作的疏漏而影响稳定的大局。

（二）认真抓好完善体系的试点工作

试点是今年的一项重要工作，希望大家高度重视。这里我想强调四点。一是积极参与试点。2000 年社会保险领域的一件大事，就是经过广泛调查、反复研究，国务院正式出台了关于完善社会保障体系的试点方案。这个方案涉及养老保险、下岗职工基本生活保障和失业保险、医疗保险、城镇低保制度和社会化管理的体制、政策，体现了在全面建设小康社会时期对社会保障做出完整的制度安排的系统论的思想。方案广泛吸收借鉴国内外的经验，充分采纳了社会各界的意见，虽然要通过试点进一步完善，但就总体思路来讲，代表了新世纪我国社会保险制度改革和发展的方向。因此不仅辽宁作为全国的试点省要试，各个省也可以选择一个城市进行试点，只有亲口尝了才知道梨子的滋味，只有亲身试了才能取得经验，才知道将来如何在本省推行，也才能结合本地情况对完善方案提出中肯的意见。二是做好宣传解释工作。要把改什么，为什么改，怎样改的道理和政策向职工讲清楚，得到他们的理解和支持。三是精心组织实施。各试点地区要严格按照国务院试点方案的要求，制定具体的操作方案，特别要搞好新老制度的衔接，避免出现大的波动。四是加强工作指导。国务院成立由我部牵头的试点工作指导小组，试点省份和试点城市也要成立由政府领导负责的试点工作小组，切实加强领导。要建立试点情况信息通报制度，及时研究新情况，解决新问题，保证试点工作顺利实施。

（三）依法参保，全面建立个人账户，规范社会保险关系

首先要严格执行《社会保险费征缴暂行条例》有关参保登记的规定，规范登记的内容、程序，落实并完善年检制度，解决统计的参保人数增加但实际缴费人数比例下降的问题。其次要全面建立并规范管理养老保险个人账户。《国务院关于深化企业职工养老保险制度改革的通知》（国发〔1995〕6号）发布6年了，《国务院关于建立统一的企业职工基本养老保险制度的决定》（国发〔1997〕26号）发布也有4年了，但至今仍有一些参保职工没有建立养老保险个人账户，有的建了也很不完整、很不透明、很不规范。这不仅影响了国家现有政策的落实，也将阻碍下一步完善社会保障体系的进程。因此，今年各地区要全面清查个人账户的建立情况，规范账户管理的主要内容及方法，指导和督促后进地区尽快补建个人账户，力争在今年9月底前使各地建账率达到95%以上，四季度对建账和规范管理情况进行全面检查评估。其三要做好社会保险关系的接续和转移工作。今年是下岗职工出中心的高峰，要特别注意做好下岗职工出中心及再就业（尤其是非正规就业）后养老保险等社会保险关系存续和接转等工作，搞清哪些属于政策衔接问题，哪些属于管理不到位问题，哪些属于宣传不力问题，分别采取措施，切实解除下岗职工的后顾之忧。四是落实有关未参保的集体企业退休人员按低保水平领取生活费的政策和操作办法。

（四）严格稽核，强化基金征缴，完善省级调剂制度

今年养老保险基金征收管理的总目标是，在收缴率保持90%以上的基础上，力争全年基金收入（不含财政补助）增加300亿元，并完善省级调剂制度。为此采取几项措施：一是部里按季度公布各省、区、市基金收缴情况，各省也要定期公布所辖地区的基金收缴情况。二是坚持实行重点欠费企业分级监控督缴制度，征收清欠主体是地方，但部社保中心对欠费千万元以上的企业、省级社保机构对欠费百万元以上的企业逐户监督签订补缴协议，按月督缴，按季公布补缴情况，对恶意欠缴、拒缴的坚决曝光，力争补缴额比上年增加。三是对企业缴费实行全面稽核。随着工作的细化、规范化，在基金征缴上原来被掩盖的跑冒滴漏的问题暴露得越来越明显。有的地区参保而不缴费的人数比例很大，有的地区缴费基数明显偏低，导致没有做到基金应收尽收。今年社保机构要把全面稽核缴费人数和缴费工资基数作为一个大战役来打，防止和纠正瞒报少缴。为此，部里准备专门颁发《社会保险稽核办法》，并加强督促检查。这件事关系到基金支撑能力，各地应当做出专门部署，动员组织各方面力量投入这项工作，务求抓出实效。在稽核缴费的同时，还要对待遇支付环节进行稽核，严防虚报冒领。要总结各地采用多种形式核对信息、防止冒领的经验，形成行之有效的防范和纠错系统，并在部分条件成熟的城市之间探索建立异地协查系统。四是要进一步加强和规范养老保险基金省级调剂制度，重点是加大省级调剂力度，规范调剂金的筹集和使用办法，建立顺畅运行的机制。今年要对各地区省级调剂金筹集使用状况实行按月调度制度，并作为考核地方工作实绩、与中央补助挂钩的一项重要内容。同时，还要总结有关省基金全省统一调度的经验。

对各项社保基金都要严格管理、严格监督，坚决查处挤占挪用基金事件，纠正违纪行为。

（五）搞好企业退休人员社会化管理的试点

实行退休人员管理服务社会化是建立独立于企业事业单位之外的社会保障体系的重要内容，是支持国有企业改革、切实减轻企业事业单位社会事务负担的重大举措。目前，企业离退休人员已基本实现养老金的社会化发放，医疗保险制度改革正在稳步推进，社区建设得到重视和加强，这些都为退休人员纳入社区管理提供了重要条件。各地劳动保障部门要抓住有

利时机，在政府的统一领导和有关部门的共同努力下，积极进行企业退休人员社会化管理的试点工作。通过试点，总结适用于中心城市、中小城市、独立工矿区等不同情况的企业退休人员社会化管理的经验，探索退休人员与企业相分离的恰当途径和有效方法。今年计划在100个城市开展社会化管理的试点，其中部里通过实行重点联系的方式直接抓30个城市的试点，各省、自治区选择2～3个国有企业集中的城市试点。我们搞这项试点，重点是要在实践中探索、确定劳动保障部门、社保经办机构在社会化管理服务中的职能和作用。在试点中，要坚持实事求是、分类指导、因地制宜、稳步推进的原则，充分考虑到本地实际和退休人员的要求，不强求统一。各地要加强对这项工作的调研与指导，搞好信息交流，总结多方面的经验，为下一步全面实行退休人员社会化管理做好准备。

（六）完善机关事业单位养老保险制度

已经进行机关事业单位养老保险制度改革试点的地区，要继续完善和规范，巩固试点成果。为了解决政府机构改革中出现的人员流动问题，要制定机关、企业之间人员流动的养老保险关系转移和养老金计发的办法。初步考虑，公务员转入企业工作，执行企业职工的基本养老保险制度，原有的工作年限视同缴费年限，其在进入企业时根据本人在机关工作的年限给予一次性补贴，转入本人的个人账户，所需费用由同级财政安排；企业职工调入机关事业单位工作，执行机关事业单位的养老保险制度，其原有的连续工龄与进入机关事业单位后的工作年限合并计算，已建立的个人账户及储存额继续由社保机构管理，退休时个人账户储存额按1/120计发，并相应抵减按机关事业单位办法计发的养老金。

（七）全面推进医疗保险制度改革

加快扩大基本医疗保险覆盖面，力争今年年底前90%以上的地市建立基本医疗保险制度，参保人数达到8 000万左右。依据《基本医疗保险业务管理规定》，规范社会保险机构经办医疗保险的基础管理工作，通过推广基本医疗保险费用结算办法课题成果的应用，提高经办管理水平。要理顺医疗保险管理体制，加快统筹地区经办机构建设，研究解决制度建设和实施操作中的难点问题。

（八）继续进行农村社会保险的整顿规范工作

整顿规范的方向，《国务院批转整顿保险业工作小组保险业整顿与改革方案的通知》（国发〔1999〕14号）已经明确，国务院领导多次强调对农村养老保险整顿的要求。在理顺体制的基础上，各地农保经办机构的主要任务：一是清理、看好农保基金。如果搞了投资，特别是存到非银行金融机构的，要尽早收回。二是深入调查研究，并积极与有关方面协调，提出清理整顿的切实可行的对策建议。三是要针对实际情况，做好投保群众的工作，防止引发退保挤兑，确保农村社会稳定。

四、社会保险经办机构的全部工作要以强化管理为主线

社会保险事业的发展，三分靠制度，七分靠管理。要做好新世纪的社会保险工作，管理要常抓不懈，使之不断上层次、上水平。近两年，在社会保险基础管理方面暴露出一些问题，比如管理基础薄弱、管理手段落后、管理方式粗放，这当然不是好事。但对此也要有一个辩证的态度。总的来看，这些基本上属于发展中的矛盾，前进中的问题。试想一下，如果维持旧的体制不变，还是差额缴拨，企业发养老金、报医疗费，发多发少都是企业的责任，这些问题无从暴露出来，也谈不上如何加强基础、提升手段、改进方式；现在我们处在完善社会保险体系的过程中，这些不适应发展要求的问题暴露出来，未尝不是好事，正是我们理清头绪、统筹考虑、全面解决的好时机。在抓管理方面，我们要做好以下几方面的工作：

（一）理顺管理体制

这里我着重强调以下几点：一是通过省级机构改革，省一级劳动、人事、民政、卫生几个方面社会保险机构的“会师”已基本实现。要协调好方方面面的关系，缩短“磨合期”，最大限度地发挥整合作用，心往一处想，劲往一处使，有机地融为一体。今年要进行市县机构改革，也有一个理顺体制的任务。二是要妥善处理原行业统筹企业的社会保险管理体制问题。养老保险一律由省级社保机构统一管理，失业、医疗保险实行属地原则。这些政策都是国务院明确规定的，不能各行其是。三是明确社保经办机构与财政部门、税务机关的各自职责及基金征收、管理、支付流程。特别是实行税务征收的地区，这项工作必须提上议事日程，尽快理清责权，保证运行顺畅。四是通过在辽宁等地试点，规范各级社保机构的名称、职责、编制及经费标准，力争今年在解决这几个问题上有所突破。

（二）夯实管理基础

要健全管理制度，规范业务流程，做到有章可循。社保经办机构的任何一件事都要严格按法规、政策和操作程序办，形成严密的流程和严谨的作风。随着知识经济、信息时代的到来，社会保险机构要加快提升管理手段，建立健全社会保险信息管理系统，并最终实现全国联网。

（三）提高管理者的素质

管理的核心是人，管理者的素质决定着管理的水平。所以，要通过多种方式加强社保经办机构干部的政治业务培训，不断提高素质，改进作风和提高效率。部领导对于社会保险经办系统的建设十分重视，去年5月，左己部长批示：“需要一定方式进行政治教育、业务培训，从整体上提高队伍素质，才能把工作做好。”今年部里将制订并实施社保经办机构工作人员上岗标准，并以省、市社保经办机构负责人和新加入社保队伍的干部为重点，根据岗位、层级特点开展不同内容与形式的培训，增加基础性知识、关联性知识、办公常用操作系统的常识等内容。各级社会保险经办机构，都要强化考核、竞争和激励机制，不断提高干部职工的政治业务素质。

要继续开展社保经办机构“三优文明窗口”建设。去年和前年，全国表彰的两个确保先进单位和个人、三优文明窗口、一等功单位和个人中，社保经办机构和社保工作人员占了相当大的比重，这既是对我们工作的肯定，更是一种鞭策。要广泛开展向先进单位和先进个人的学习活动，并通过检查、评比、表彰等方式，把这项工作扎扎实实、持之以恒地开展下去，进一步改善工作环境，改进工作作风，提高服务质量，使更多的先进涌现出来，树立社保机构的良好社会形象。

同志们，“好的开头是成功的一半”。在世纪之初，新的五年计划之始，让我们把握机遇，不骄不躁，实现社会保险经办工作的良好开局，为完成“十五”时期的各项劳动保障任务做出更大的贡献。

以“三个代表”思想为指导　同心协力开创社会保险费征缴管理工作的新局面

——在全国社会保险费征缴管理工作座谈会上的讲话

王建伦

（2001年9月23日）

劳动保障部和国家税务总局联合召开全国社会保险费征缴管理工作座谈会，主要任务是结合学习、领会“三个代表”的重要思想，统一认识，明确职责，齐心协力，进一步强化社会保险费的征缴，努力提高基金管理水平，切实做到基金的应收尽收，为两个确保提供坚实的物质保障。下面，我讲三点意见。

一、用“三个代表”重要思想指导和推动新时期的社会保障工作

江泽民总书记提出的“三个代表”的重要思想，具有深刻的理论性、实践性和鲜明的时代特征，是对新的历史条件下党的性质、任务、宗旨所作的新的高度概括，是21世纪中国改革和现代化建设的行动纲领。当前，作为社会保障战线的同志，深入学习和贯彻“三个代表”思想，最重要的就是必须坚持以“三个代表”重要思想指导和推动新时期的社会保障工作，并且把这一思想始终贯穿到建立独立于企事业单位之外的、具有鲜明中国特色社会保障体系的理论和实践中去。

首先，做好社会保障工作对社会生产力发展具有十分重要的促进作用。社会保障工作是围绕着劳动者这个生产力中最活跃的因素进行的，其基本功能就是通过国民收入再分配为劳动者因年老、疾病、失业等原因丧失劳动能力或失去工资收入时提供物质帮助，解除劳动者的后顾之忧。所以有人将社会保障比作是社会的“安全网”和“减震器”。正因为有了这张“安全网”，使劳动者后顾无忧，才能更好地激发劳动者的工作热情和积极性，提高劳动生产率；才能改善人们的消费预期，通过提高内需拉动经济增长；才能够促进劳动力的流动和劳动力资源的优化配置，促进劳动力市场的形成，为先进社会生产力的发展提供最直接的动力。当前，我国正处在完善社会主义市场经济体制和经济结构大调整的历史时期，而无论是深化国有企业改革，还是进行经济结构调整，都不可避免地遇到“人往哪里去的问题”。从1998年到2000年的三年间，在企业改革和产业结构调整过程中，全国兼并破产企业达1 800多户，涉及职工500多万，如此之大的改革力度，没有社会保障提供支持是难以

实现的。这几年，累计有2 300万国有企业下岗职工进入再就业服务中心，其中95%左右基本生活得到了有效保障，1 500多万人实现了再就业。1998年以来，3 000万人左右的企业离退休人员按时足额领到了基本养老金，足额发放率逐年提高，1998年为95.2%，1999年为97.6%，2000年为99.3%。国务院领导同志在今年的人大会议讨论中曾经提到，去年国有企业效益回升，达到历史最好水平，两个确保起到了至关重要的作用。由此可见，做好社会保障工作对于维持社会稳定、促进社会生产力发展意义重大，直接关系到改革、发展、稳定的全局。

其次，社会保障与社会主义先进文化有着十分密切的内在联系。社会保障制度是社会生产力发展到一定阶段的产物，是社会文明和进步的重要标志，体现了公平、平等、互济、自立等先进文化的特征。加快建立健全我国社会保障制度，积极培养广大职工的社会保障意识，树立与社会主义市场经济体制相适应的新观念，是社会主义先进文化的重要内容。我国社会保障制度正经历从传统的计划经济体制向社会主义市场经济体制的重大变革，建立完善的社会保障体系，有利于形成符合先进文化特征的社会保障观念：比如人们的择业观念明显转变，从生老病死全部由国家或单位包下来的"企业人""单位人"的观念，逐步转向社会主义市场经济条件下的"社会人"观念，社会保障权利和义务对等的观念逐步得到确立；各级政府建立公共财政的自觉性不断提高，政府职能进一步转变，财政支出中用于社会保障的比例逐步提高；人们的消费预期发生明显的改变，即期消费意识进一步增强，等等。这些社会保障观念的形成和发展，不仅为进一步完善社会保障制度创造了条件，同时也深刻地影响了人们的价值观念和社会心理，成为社会主义先进文化的重要组成部分。

一个统一、规范、完善的社会保障体系有助于社会主义民主和法制建设，有利于社会主义精神文明建设。社会保障的一个重要特征是以政府立法形式强制实施，是政府行为，规范的社会保障制度必须以法制为基础。江总书记讲要依法治国、以德治国，法制和道德也属于大文化的范畴。这就要求我们要依法行政，充分运用已有的社会保障法规政策，加强管理，规范用人单位和劳动者的参保、缴费行为，规范社会保险关系，规范社会保险经办机构的管理行为，营造依法参保缴费光荣，逃避缴费可耻的氛围。同时通过推进社会保障工作，增强服务意识，改善工作环境，改进工作作风，形成法制和道德并举，权利和义务对等，文明、和谐的社会关系，促进社会主义精神文明建设。

第三，社会保障工作是代表中国最广大人民根本利益的具体体现。提高人民群众的物质和精神生活水平是社会主义的根本目的，也是发展社会先进生产力和建设先进文化的必然归宿。江总书记"七一"重要讲话中明确指出，"党的一切工作，必须以最广大人民的根本利益为最高标准"，这也是我们做好社会保障工作的最高准则。

社会保障的各项工作与人民群众的利益息息相关。国家统计局城调队曾就老百姓最关心的问题对10个城市作过典型调查，结果第一位的是医疗卫生体制改革，第二位的是社会保险制度改革，第三位的是失业与就业，全都是社会保障问题，说明完善社会保障体系的确成为关乎国运、情系民生的全局性问题。而在当前对社会保障制度进行完善和创新的过程中，具体体现和确保广大人民群众的根本利益，最根本的就是要确保职工和社会弱势群体各种社会保障关系的顺利建立，确保他们各类社会保障权益的及时准确记载和接续，确保他们各种社会保障待遇的按时足额支付。通过这些工作，使广大人民群众真正能够老有所养、病有所医、失有所补、弱有所助，安居乐业，把党关心人民群众生活的方针政策落到实处。

因此，贯彻"三个代表"的重要思想，

不仅需要深刻认识其重大的历史意义和巨大的现实指导意义，而且要通过实践把“三个代表”重要思想贯彻到社会保障的各项具体工作中去，以更好地维护最广大人民群众的根本利益。当前，需要重点做好以下工作，一是要继续巩固两个确保，二是抓好完善社会保障体系试点，三是加快推进医疗保险制度改革，四是切实加强失业保险和城市居民最低生活保障工作。而要做好这些工作，资金支持是关键。对社会保险而言，首先也是最重要的，就是要强化社会保险费的征缴，努力提高收缴率，加大清理企业欠费力度，切实做到基金的应收尽收。这也是我们召开这次座谈会的主要议题。

二、当前社会保险费征缴管理工作的基本情况及存在的主要问题

社会保险基金是社会保险制度能够正常运转的物质基础。为解决长期以来在社会保险费征缴工作中存在的缺乏法律依据和征缴难等问题，1999 年 1 月 22 日，国务院发布了《社会保险费征缴暂行条例》，即国务院第 259 号令。条例总结了十多年来社会保险费征缴工作的经验，规范了征缴程序，明确了缴费单位和缴费个人在社会保险费征缴工作中的权利和义务，强化了征缴手段，赋予了社会保险及其征缴工作的法律地位和强制力，意义十分重大。征缴条例实施以来，社会保险费的征缴管理工作发生了可喜的变化，取得了明显的成效。至今年 6 月底，参加养老保险的职工人数由 1998 年的8 476万人增加为10 592万人，增加了2 116万人；参加失业保险的职工人数由 1998 年的7 928万人增加为10 251万人，增加了2 323万人。预计今年的养老保险基金和失业保险基金征缴收入分别比 1998 年增加 608 亿元和 120 亿元，基金收入年平均增长率分别为 13.7%和 40.4%；社会保险基金管理进一步规范，动用挪用社会保险基金行为明显减少；15 个省份根据征缴条例的规定，实行了社会保险费由税务部门征缴，形成多个部门关心社会保险的良好局面。特别是两年多来，参保单位和职工的社会保险法律意识明显增强，主动登记、申报缴费的积极性明显提高。可以说，征缴条例发布实施两年多来，对于扩大社会保险覆盖面，增强社会保险基金的支撑能力，保障企业离退休人员基本养老金的按时足额发放，维护缴费单位和个人的社会保险合法权益，发挥了十分重要的作用。今年上半年，各地根据中央关于坚持两个确保目标不变、政策不变、工作要求不变的要求，扎实工作，锐意进取，两个确保工作取得了新的进展。今年 6 月国有企业下岗职工进入再就业服务中心的比例为 91.6%；上半年下岗职工进中心领取基本生活费的比例为 99.9%，企业离退休人员基本养老金足额发放率为 99.88%，分别比去年底提高 3.9 个百分点和 0.58 个百分点；养老金社会化发放率为 96.4%，比 1999 年底提高了 48.4 个百分点，比去年底提高了 4.4 个百分点，社会化发放形式进一步规范。今年还将对 800 万离退休人员实行社会化管理，以减轻企业的社会事务负担。

在肯定成绩的同时，我们也应该看到，当前在社会保险费的征缴管理工作中还存在一些问题，有些问题还十分突出，必须尽快加以解决。主要表现在以下几个方面：

（一）参加社会保险的人员增长情况不容乐观

1. 企业养老保险参保人数近几年首次呈现负增长，实际缴费人数占参保人数的比例进一步下降；与此同时企业离退休人员稳步增长。1999 年初征缴条例发布后，企业参保人数大幅增加，当年增加 383 万人，参保人数达 8 859 万人，2000 年进一步增加到 9 124万人，净增加 265 万人。但到今年 6 月底，企业参保人数却下降为9 099万人，比年初净减少 25 万人。这是个值得引起高度警觉的信号。为客观反映企业职工缴纳养老保险费的情况，从 2000 年起，我部增加了

"实际缴费人数"的统计。2000 年实际缴费人数为 8 315 万人，占参保人数的比例为 91.13%，意味着有近 810 万人中断了养老保险关系，只参保不缴费；今年 6 月底，实际缴费人数只有8 160万人，比年初锐减 155 万人，占参保人数的比例进一步下降为 89.68%，比年初下降 1.45 个百分点，意味着有近 940 万人只参保而没有缴费。实际缴费人数占参保人数的比例在 95%以上的只有上海、福建、贵州、西藏、甘肃和新疆等 6 个省份，其中上海高达 99.55%；比例在 85%以下的有山西、黑龙江、江西、河南、海南、重庆和宁夏等 7 个省份；参保职工人数增加，而实际缴费人数比例却下降的有黑龙江、江苏、福建、山东、河南、广东、海南、陕西和青海等 10 个省份。

与此同时，参加养老保险的企业离退休人员却呈稳步增长的趋势。1998 年，参保企业离退休人员为2 727万人，1999 年为2 864 万人，2000 年为3 011万人，到今年 6 月底为 3 067万人，两年半净增 340 万人，增长了 12.5%，而同期企业参保人数增长率只有 7.4%，远远低于离退休人员的增长速度。

2．失业保险参保人数减少，而享受失业保险待遇的人数却持续攀升。去年参加失业保险的人数为10 408万人，到今年 6 月底降为10 251万人，净减 157 万人，河北、陕西、湖北、四川等 20 个省份的参保人数呈减少态势，只有广东、湖南、黑龙江等 8 个省份有所增加。与此形成鲜明对照的是，享受失业保险待遇的人数持续攀升。随着下岗职工出中心，改制破产企业部分职工失业，加上正常的终止或解除劳动关系的人员，以及优势企业主动减员的增多，使享受失业保险待遇的人数大幅增加，预计年底将达到 350 万人左右，明年还将继续增加。

3．到今年 6 月底，参加职工基本医疗保险的人数为5 026万人，离年底覆盖8 000 万人的目标还有相当大的差距。

4．与年初相比，参加工伤、生育保险的人数双双下降。到今年 6 月底，参加工伤保险的人数为4 182万人，比年初下降了 168 万人；参加生育保险的人数为2 844万人，比年初下降了 158 万人。

（二）企业基本养老保险基金收支形势比较严峻，收不抵支问题比较突出

1．基金征缴收入增速下降，近 1/3 的地区出现负增长。今年 1～6 月份，全国企业基本养老保险费当期征缴收入 796 亿元，清欠收入 55 亿元，合计比去年同期增收 75 亿元，增长率 9.6%，但增长幅度下降了 5 个百分点。天津、河北、辽宁、内蒙古、福建、江西、贵州、云南、甘肃、宁夏 9 个省份及新疆生产建设兵团为负增长，其中征缴收入减幅较大的是宁夏、云南、内蒙古、福建及新疆生产建设兵团。

今年上半年企业基本养老保险平均收缴率为 90.78%，与去年同期相比下降了 0.81 个百分点，其中 14 个省份及新疆生产建设兵团收缴率在 90%以下，内蒙古、重庆、陕西收缴率低于 80%，重庆、陕西的收缴率尚不足 70%。与去年同期比较，16 个省份及新疆生产建设兵团收缴率下降，下降幅度最大的 5 个地区分别是：陕西、内蒙古、新疆生产建设兵团、贵州和黑龙江。

今年上半年全国共清理收回企业欠缴养老保险费 55 亿多元，比去年同期增加 8 亿元，占年初企业累计欠费的 15.12%。上半年完成清欠任务较好的省份有北京、上海、辽宁、黑龙江、吉林、四川、云南、贵州、新疆和西藏等 10 个省份，完成情况最差的是甘肃和青海。甘肃仅完成任务的 13%，青海累计企业欠费20 901万元，上半年分文未清回来。

2．基金支出增长率高于收入增长率，但支出同比增长率下降较多。2001 年上半年企业基本养老保险基金总支出1 006亿元，与去年同期相比基金总支出增加 105 亿元，增长 11.6%。支出增长速度高于收入增速 2 个百分点。与去年同期相比，基金支出增长率

下降了8个百分点，说明基金支出规模控制较好。影响基金上半年总支出增加的主要因素：一是离退休人员增加。今年上半年离退休人数比去年同期增加152万人，仅此项需增支养老金50亿元。二是个别省自行提高了离退休人员的养老金水平和养老金的自然翘尾因素，与去年同期相比，月人均离退休费增加了16元。

3．基金收不抵支情况比较严重。今年上半年企业基本养老保险基金支撑能力进一步减弱，累计结余持续下降，共减少27亿元。上半年基金收支相抵后，全国收大于支的只有浙江、山东、广东等8个省份，其余23个省份和新疆生产建设兵团皆为收不抵支，合计69亿元。一些省份通过年初中央下达的补助、动用积累和其他保险基金、银行贷款等，千方百计筹措资金，确保了上半年的发放。因此，下半年保发放的形势更加严峻。

（三）基础管理工作与征缴条例和有关政策要求相比存在较大的差距

1．没有严格执行社会保险登记年检和申报制度。大家知道，税务登记、年检和申报是税收征管的重要手段，是税务强制性的重要体现。社会保险费的征缴实行登记、定期验证换证和缴费申报制度，正是为了解决社会保险费的征缴难和缺乏强制性问题。需要强调的是，这里的强制性包括两方面的含义，即强制缴费单位履行参加社会保险的义务和强制保障职工的社会保险权益。但是从实际执行情况看并不理想，一些地方社会保险经办机构没有严格按照征缴条例和《社会保险登记管理暂行办法》《社会保险费申报缴纳管理暂行办法》等有关规定执行。一是征缴的范围不统一，分险种征缴情况比较普遍，没有完全实现社会保险费的统一合并征缴；二是社会保险登记办法不统一，存在着核发、变更登记证不够主动及时，对验证、换证不重视等问题，个别地方甚至改变登记管理主体；三是缴费申报审核工作不严格，存在着不按职工实际发生的工资收入核定缴费基数等问题，将申报审核工作流于形式。南方某市甚至发生将机关职工统一按月人均1 000元标准、企业职工统一按月人均800元标准作为核定职工缴纳社会保险费的基数，致使社会保险费大量流失，也严重损害了职工的社会保险权益。

2．社会保险费专项稽核工作进展情况不够理想。近几年养老保险基金出现大面积收不抵支，原因是多方面的，但我们从工作上检讨，一个重要原因是对缴费基数掌握的不实、抓得不狠，企业瞒报少缴、跑冒滴漏现象比较普遍。征缴条例发布实施两年来，一些地区加大了检查、稽核力度，取得了明显成效，而一些地区仍没有根本改观。比如缴费人数和缴费工资基数，上海等地区可以做到99%以上的参保人员都缴费，缴费基数甚至高于本地区企业职工平均工资，而有的地区则有超过20%的人只参保不缴费，缴费基数也大大低于职工平均工资。少数地区对稽核工作重视不够，甚至还没有成立专门机构、没有配备专业人员。对稽核查出的问题，一些地方能够严格按照征缴条例和有关政策予以处理纠正，如按条例的规定加收滞纳金等，一些地方则在处理过程中随意性较大。

3．目前部分地区仍存在“以物抵费”“差额缴拨”等问题。征缴条例明确规定，缴费单位和缴费个人应以货币形式全额缴纳社会保险费。我部也曾多次要求各地坚决纠正以实物抵顶社会保险费的错误做法。但据了解，目前仍有部分地区的社会保险经办机构以确保基金收缴为由，直接收取实物，或通过租赁企业生产资料，以其经营收入抵缴企业欠缴的社会保险费。抵缴和租赁的实物涉及土地、房产、设备以及低值易耗品等。至今一些社会保险经办机构对“以物抵费”的做法仍存在不正确的认识，认为“不要白不要”。以物抵费，不仅增加了社会保险基金的风险，造成基金的流失，也极易造成企业与社会保险经办机构的权钱交易，导致干部队伍的腐败。并因此损害了社会保险的形象，在社会上造成了不良影响。此外，到目前为止，全国仍有少数几个省份对个别行业和企业实行差额缴拨，涉及92.1万人。

4．基金实行收支两条线管理后仍存在一些不容忽视的问题。一是挤占挪用基金情况仍时有发生。据统计，1998年4月11日至2000年6月30日，各地新发生挤占挪用社会保险基金11.5亿元，其中养老保险基金8.5亿元，占73.9%；失业保险基金2.1亿元，占18.3%；医疗保险基金0.4亿元，占3.5%，生育保险基金0.1亿元，占0.8%；工伤保险基金0.4亿元，占3.5%，新发生挤占挪用基金最多的是甘肃、湖南、江苏、辽宁和江西等省，动用挪用金额少则六七千万元，多则一二亿元。二是养老保险省级调剂工作陷入停顿。从目前的情况看，除京、津、沪及福建、陕西、宁夏等省份基金调度或调剂效果比较明显以外，其他省份尽管出台了省级基金调剂办法，但大多流于形式。今年1～7月内蒙古、辽宁、江苏、山东等10个省份没有进行任何形式的调剂金的上解、下拨。一些省份劳动保障部门的同志甚至错误地认为，基金进了财政专户、实行收支两条线管理后，不论是养老保险还是失业保险，省级调剂工作更难做了，调剂金的筹集和使用可以任由财政部门去负责安排，由此疏于对此项工作的管理和规范。三是征缴的社会保险基金进入财政专户的环节较多，周期较长，而且很不规范，致使征缴信息反馈滞后，差错率较高，影响了职工基本养老保险、医疗保险个人账户记录和失业保险个人缴费记录，以及基金征缴情况的汇总上报，为将来确定职工应领取的社会保险待遇埋下了隐患。尤其是医疗保险，如果个人账户没有及时记录，职工就无法看病。如辽宁反映从去年下半年起，缴费情况差错率一般在15%左右，西安市反映高达20%；福建省上半年的财务报表只反映了1～5月的基金收入情况，而实际上上半年的征缴情况还是不错的；陕西反映去年下半年还有1亿多元基本养老保险费未能对上账，以致个人账户记录工作无法正常进行等。四是财政专户对账工作不够理想，基金报表反映情况缺乏真实性。比如同样是反映2000年的养老保险基金财务决算，地方上报给劳动保障部和财政部的汇总数差距较大，包含机关、事业单位的决算数，只有北京、吉林、湖北、贵州和青海5个省市数据一致；企业口径的只有上海、天津、海南、云南4个省市的数据相符。去年中央对地方养老保险各类补助合计达329亿元，但社会保险经办机构报表只反映了293亿元，相差36亿元。

此外，当前还存在着与社会保险费征缴管理有关的其他问题，如一些地方的社会保险经办机构的工资和业务经费比较紧张，难以有效地开展工作，工作人员的综合业务素质还有待进一步提高等等。

上述问题如不尽快研究解决，势必对当前和今后的基金征缴工作产生不利的影响，并进而影响两个确保工作的落实。

三、明确职责，齐心协力，共同做好社会保险费的征缴管理工作

当前社会保险征缴管理工作中存在的问题，分析起来，有些是工作和政策执行不到位的问题，有些是部门之间配合不够协调的问题，还有的是对社会保险征缴工作所站的角度不同，认识不一致带来的问题。而要解决这些问题，则需要我们从实践“三个代表”重要思想的高度出发，在明确各相关部门职责的基础上，做到相互理解、相互支持、相互配合，齐心协力，共同做好社会保险费的征缴管理工作。这次召开的是工作座谈会，在讨论时请大家畅所欲言，就如何解决这些问题充分发表自己的看法。这里我先谈几点看法，其中有些是对劳动保障部门的工作要求，有些是对做好征缴工作的个人意见，供同志们

在讨论时参考。

（一）全面贯彻征缴条例和有关政策法规，严格履行国务院赋予的职责，做好社会保险征缴管理工作

1. 关于征缴机构和征缴主体问题。征缴条例明确规定，社会保险费的征缴机构由省级人民政府确定，可以确定由税务机关征缴，也可以确定由社会保险经办机构征缴，不论由哪个机构征缴，在一个省份范围内只能由一个机构征缴，社会保险费实行集中、统一征缴。征缴条例的上述规定，非常明确地包含了以下三个方面的含义：（1）征缴机构由省级人民政府根据征缴条例并结合当地的实际情况确定。京、津、沪和山东、新疆等没有实行税务征缴的省份收缴率一直保持了比较高的水平；浙江、安徽等已经实行税务征缴的省份，征缴效果也较明显。而四川、吉林等省试行税务征缴后又退回社会保险经办机构征缴。这些都是由省级人民政府根据当地的实际情况自主作出决定。（2）实行税务征缴的地区，税务机关就是当地社会保险费的征缴主体。（3）实行集中、统一征缴社会保险费既是减轻缴费单位社会事务负担的需要，也是明确职责、节约征缴成本的需要。当前，无论由哪个机构征缴社会保险费，养老、失业、医疗三项社会保险费应该统一合并征缴，工伤、生育保险在条件成熟时也应统一合并征缴。实行税务征缴的地区，劳动保障部门要有令必行，顾全大局，尽快建议省政府将未实行税务征缴的险种移交税务机关征缴，事业单位失业保险费的征缴也要移交税务机关征收；由社会保险经办机构征缴且未实行“五费合一”征缴的，也要创造条件，逐步实现“五费合一”征缴。不论由哪个机构征缴，都要按规定做好各项社会保险基金按费率规定比例的分账工作。

2. 关于社会保险登记和缴费申报问题。征缴条例明确规定，建立社会保险登记和缴费申报制度。凡是依法应参加社会保险、缴纳社会保险费的单位都应在征缴条例规定的期限内到所在地的社会保险经办机构进行社会保险登记，按月主动向社会保险经办机构申报本单位及其从业人员应缴纳的社会保险费，并按时足额缴纳。去年国务院42号文件对此也有明确规定。之所以要向社会保险经办机构办理登记和缴费申报，是建立和管理职工社会保险关系、保障职工社会保险权益的需要和社会保险经办机构的性质、职能决定的。征缴条例以及“三定”方案赋予劳动保障部门及其社会保险经办机构的主要职能之一是：管理社会保险基金和职工的社会保险关系，审核职工的各项社会保险待遇并确保支付，以及对社会保险事务实行社会化管理服务。职工的社会保险关系不是与单位之间建立的，而是与社会保险经办机构建立、并由经办机构确认的一种关系。正如开办企业必须到工商部门进行工商登记，具有纳税义务的单位必须到税务部门进行税务登记一样，依法应参加社会保险的缴费单位和以个人身份参保的缴费个人，必须到社会保险经办机构办理社会保险登记和缴费申报。登记是缴费单位的责任和必须履行的义务，是为了强制建立职工的社会保险关系；缴费申报既是审核单位履行义务真实性的重要手段，也是确保即将记载的职工社会保险权益准确可靠的重要依据。这些工作必须由社会保险经办机构来完成。这也是征缴条例规定的和我们一再强调的，为什么实行税务征缴地区的社会保险登记和缴费申报必须由社会保险经办机构负责的原因。基金的应收尽收工作固然重要，但切实保障职工的社会保障权益工作也丝毫马虎不得。这一点，请税务部门的同志理解和大力支持。

3. 关于社会保险基金收支两条线管理问题。对包括社会保险基金在内的各类资金实行收支两条线管理，是当前加强资金管理的一种趋势，也是一种有效的管理方式。在1997年7月全国统一企业职工基本养老保险制度工作会议上，国务院领导同志明确指示社会保险基金要实行收支两条线管理，同时

强调基金管理主体不变，财政部门要加强对基金使用方向的监督。根据国务院领导同志的指示精神，劳动保障部和财政部制定并报经国务院同意后下发了《企业职工基本养老保险基金实行收支两条线管理暂行规定》(财社字〔1998〕6号)。文件对基金实行收支两条线管理后的社会保险主管部门、社会保险经办机构和财政部门等相关部门的职责作了明确分工，国务院赋予劳动保障部门和社会保险经办机构作为社会保险基金的管理主体和会计核算主体的性质应该是十分明确的。在这样的情况下，前面所讲的目前基金管理当中发生的种种问题，无论由于什么原因造成的，都是劳动保障部门和社会保险经办机构的未尽之责。我在这里强调：第一，1998年4月1日以后所发生动用挪用的社会保险基金，今年年底之前一定要全部收回，对有关责任人，无论是谁，无论涉及哪个部门，要一查到底，除通报批评，还将从严追究相关责任，构成犯罪的要移送司法机关依法惩处。对以前发生的动用挪用基金也要千方百计清理回收，今后一律不许再发生类似的问题。第二，要采取切实措施，加大基金的调剂力度，我部已将省级调剂力度作为考核地方工作实绩的一项重要指标，对调剂比例低于当年应征基金5%的，将扣减地方的工作实绩分值。第三，征缴的社会保险基金以及在途生成的利息要及时划入财政专户，社会保险经办机构要积极主动与财政部门对账和沟通情况，全面掌握社会保险基金财政专户资金的构成状况，真实反映社会保险基金的收支规模。这既是收支两条线管理办法的明确规定，也是我们应尽的职责。

（二）认真研究解决当前社会保险费征缴工作中出现的新情况和新问题，确保征缴工作的顺利进行

当前，15个省份根据征缴条例的规定，实行由税务部门征缴社会保险费。税务部门征缴社会保险费，能够充分利用税务部门比较完备的税收网络和征管力量，以及对企业生产经营状况和税务登记情况比较了解等优势，有利于加强社会保险费的征缴和扩大覆盖面等项工作的开展。据了解，为做好税务部门征缴工作，一些地区税务部门和劳动保障、社会保险经办机构的同志，共同努力，克服了征缴初期的种种困难，保证了征收工作和业务衔接工作的顺利进行，黑龙江、安徽、浙江等地的劳动保障、税务和财政部门普遍建立了联席会议制度，定期协商解决征缴过程中存在的问题，取得了较好的征缴效果。实行税务部门征缴地区的劳动保障部门和社会保险经办机构，要从大局出发，积极支持和协助税务部门做好社会保险费的征缴工作。不论社会保险费由哪个机构征缴，都要认真研究解决当前社会保险费征缴工作中出现的新情况和新问题，确保征缴工作的顺利进行。除了前面提到的要尽快实现社会保险费的统一合并征缴外，还应重点做好以下几项工作：

一是要规范征缴程序，尽量减少和统一征缴环节，确保个人账户及时准确地记录，确保各项统计数据的准确性。个人账户记录是实施统账结合的基本养老保险、基本医疗保险制度的重要内容，是维护职工合法权益的重要措施，是依法计算参保职工各项待遇的重要依据。个人账户能否及时准确地记录，事关职工社会保险关系能否按时接续、转移，事关职工的各项社会保险待遇能否被准确记录和反映。而包括个人账户情况在内的各类社会保险数据的及时、如实统计和汇总上报，关系到各级政府和部门对当前社会保险收支状况的正确判断和决策问题。各有关部门必须以高度负责的精神，相互配合，减少和理顺基金征缴信息的传递环节，提高基金征缴明细的准确性，建立随时征缴、随时对账、随时记录和进行业务处理的工作制度。社会保险经办机构要及时将到账信息与审核申报的应缴信息进行核对，发现问题要积极与征缴部门联系，查找原因；也希望征缴部门克服困难，尽量保证在规定的时限内

将征缴信息反馈给社会保险经办机构。有条件的地区，要实现部门之间的计算机联网，做到资源共享，提高数据传输的准确性和时效性。当然，从现在的情况看，个人账户记录困难、信息反馈传递滞后的一个重要原因是一部分地区社会保险经办机构没有设立收入户。这是社会保险基金财务制度规定的。我们将与财政部协商，根据实际情况和业务工作需要，结合修改财务制度力争能够解决这一问题。

二是相互理解和支持，共同协商解决原行业统筹企业、中央军工企业和个体工商户等社会保险费征缴困难的问题。对原行业统筹企业和中央军工企业的养老保险实行省级管理的政策，是由这些行业和企业现阶段的养老保险特殊性所决定的，在国务院没有作出新的规定以前，不宜下放到地、市实行属地管理。但从行业和中央军工企业的特点看，的确给当前的征缴社会保险费工作带来一定的困难。有关部门要加强相互沟通，共同研究解决这一问题。比如，可否探讨要求省会城市以外的行业和军工企业的各独立法人，在指定的省会城市的国有商业银行开设一个缴纳社会保险费的专户，以此来解决征缴困难以及信息反馈、传递不及时的矛盾。此外，随着企业改革力度的加大和人们的就业观念、就业方式的转变，以个人身份参加社会保险的人会越来越多。这部分人，有的无税号，有的无固定经营场所，增加了征缴的难度。我看比较好的解决办法是充分利用劳动保障部门目前职介机构多、就业服务网点广的优势，开设个人申报缴费窗口，也可在个体工商户相对集中的地方组织集体申报缴费；实行税务部门征缴的要将个人申报缴费信息及时反馈税务部门，由个人按规定到银行缴费。并尽量为个人缴费提供便利条件。

三是妥善处理征缴计划中困难企业的缴费问题。征缴计划是当期应征缴社会保险费的计划数，它是根据预计的缴费人数、基数和缴费比例计算出来的，其中包括未作变更登记申报的特别困难企业的应征数额。关于这个问题我想谈两点认识：第一，职工的社会保险权益必须如实记载。因为应缴社会保险费不仅仅是一个征缴计划，更是准确记载职工社会保险权益的依据。一个单位，无论它困难到什么程度，只要未作变更登记，未被宣布破产，都必须按征缴条例和有关政策核定单位和职工的缴费基数，当期没有能力缴费，可以转为欠费。因为只有保存了欠费记录，在企业经营情况好转，或重组成功等情况下前来补缴时，才能知道应补缴多少，才能据此计算职工的实际缴费年限和计算退休待遇。至于这个企业困难到是否应该存在，则不是我们能够解决的问题，有待于破产机制、企业退出机制的完善。但如果根本不知道企业欠了多少年，欠了多少费，上述工作就无从谈起，最终影响到保险待遇水平，影响了职工的利益。这一点，与税务部门的同志征税有很大的不同，企业只要没有销售或营业收入，就可以不征流转税；只要没有利润，就可以不征所得税。而对社会保险来讲，企业只要存在一天，就有为职工缴纳社会保险费的义务，保险关系就不能中断。第二，应实事求是地考虑对这部分企业的征缴效果问题。对一些特别困难的企业，谁征也不可能征得上多少费来。关于如何处理这一问题，目前没有统一的规定，但是否可以在几个部门联合调查摸底的基础上，对特别困难企业或连续多少年不缴费的企业，在核定应缴费额后，归于另档保存，原则上不列入当期的应征计划，在制定清理回收企业欠缴社会保险费计划时是否也可以采取类似的办法。这样既如实记载了职工社会保险权益，又实事求是地解决了对这部分企业的征缴难的问题。当然，对这一问题的处理必须制定严格的操作办法，并报省区市政府批准后方可实施。

四是不能将计税工资或成本工资作为核定单位和个人缴纳社会保险费的基数。目前，个别地方试行用计税工资或成本工资作为核定单位和个人缴纳社会保险费的基数。我们认为不妥：（1）计税工资只对企业适用，而且只是作为核定企业应纳税所得额时的一种月人均扣除限额，无法体现职工的工资差别，而且超过计税工资部分的工资如果按规定纳税也是可以发放的；（2）与生产经营无关人员的工资以及从企业税后利润和工资储备金中提取发放的工资并不作为计税工资的核定范围，因此反映的工资发生情况不够准确；(3) 计税工资与个人缴费工资基数的核定原则是相矛盾的。按社会保险原理和国务院文件规定，职工缴费工资基数是按职工平均工资的60%～300%之间核定，以体现劳动差别并兼顾公平，不能搞"一刀切"；(4) 成本工资只反映企业进成本的工资总量，并非全部工资总额，而且从成本中提取的工资并不意味着全部发给了职工，而职工未实际领到的工资是不能作为缴费工资基数核定的。因此，可以将计税工资或成本工资作为审核企业是否如实申报的一种参考依据，但不能取代现行的缴费工资基数的核定政策。

（三）加强社会保险基础管理工作，强化征缴力度，确保社会保险基金的应收尽收

1．大力加强社会保险稽核工作。无论由哪个机构征缴社会保险费，社会保险经办机构都要加强社会保险的稽核工作，征缴条例和国务院42号文件对此都有明确的规定和要求。稽核工作既是确保基金应收尽收的重要环节，也是维护职工社会保险权益的重要举措。各级社会保险经办机构要按照部里的布置和工作要求，在劳动保障部门的领导下，打好今年稽核战役的最后攻坚战。一是确保完成今年的稽核企业户数不低于20%的工作目标。二是稽核方式要与社会保险登记年检结合起来，普遍清理稽核企业的缴费人数和基数，力争大部分地区的人均缴费工资接近或高于本地区企业职工的平均工资，即在岗与离岗工资的平均水平。三是要严格按政策实施稽核，细化管理。要搞清哪些是属于正常的中断缴费人员，如失业人员；哪些是属于应缴费而未缴费的人员，并实行跟踪监督，动态管理。四是行政部门和经办机构要形成工作合力，提倡稽核、责令整改、处罚一条龙。五是要加强与税务部门的沟通联系，充分借用税务征缴工作中反馈的工资方面的信息，提高稽核的广度与深度。

2．进一步加大清理追缴单位欠缴社会保险费力度。一是要做好欠费单位信息数据库的建设工作，严格执行部里的月调度制度；二是继续抓大户、抓典型、抓上市公司。各地要根据实际情况，确定各险种的欠费大户，并对欠费大户尤其是欠费千万元以上的企业实施动态监控督缴制度。今年上半年，欠费千万元以上的企业户数净减少29户，这是一个不小的成绩，但全国仍有230户之多，需长抓不懈；三是要对欠费企业的补缴能力进行分类，督促企业签订补缴计划，并按月督缴，按季公布，对恶意欠缴的企业，要坚决予以曝光；四是要与有关部门通力合作，落实1999年三部委的36号文件规定的各项制约措施。关于实行税务部门征缴社会保险费之前的清欠责任问题，我们尊重各省的意见，但无论是之前还是之后的欠费和清理回收情况，社会保险经办机构都要做好数据库的建设、汇总和上报工作。若由税务部门负责清欠，要积极主动地做好配合工作。

3．严格执行按季公布基金征缴情况的规定。按期公布社会保险费征缴情况，是提高收缴率、巩固两个确保的重要措施，国务院领导同志对此非常重视和关心，多次提出明确要求。但我部《关于认真做好公布社会保险费征缴情况工作的通知》（劳社部函〔2001〕28号）下发以后，全国只有北京、河北、山西、吉林、黑龙江、浙江、江西、山东、湖南、广东、福建、贵州、宁夏、青海等省份按照要求认真制定公布办法，及时公布了征缴情况并报送我部备案，并收到了

较好的社会效果，其余省份还没有开展公布工作，明显暴露出对公布社会保险费征缴情况重要性认识不足和基础管理薄弱等问题。各省级劳动保障厅局的负责同志，一定要从贯彻落实“三个代表”重要思想的高度，充分认识公布基金征缴工作的重要意义，抓紧认真落实和做好公布工作。一是要同时公布养老、失业和医疗三项保险的征缴情况，并确保公布数据的准确完整；二是要保证公布的时效性，公布时间最晚不能超过每季度后的25日，当月月底前报我部备案；三是实行税务征缴的地区，劳动保障部门要加强与税务部门的衔接，及时汇总数据，按时发布有关情况。我部将对此项工作跟踪督导，从今年第三季度起，在中央有关媒体公布各地两个确保排行榜时，增加各地养老等社会保险费收缴率指标，对未按要求公布的予以通报批评。

4．全面规范社会保险关系。各级劳动保障部门和社会保险经办机构一定要高度重视，下大力气抓好规范社会保险关系工作。当前的工作重点，一是要全面建立规范个人账户制度和失业保险的个人缴费记录制度，特别是账户规模、个人缴费比例、建账主体、补建政策、转移接续办法、记息方式、对个人发放对账单制度等，达到每个参保职工的个人缴费情况都能得到及时准确记录和查询。二是今年下半年是下岗职工出中心的第一个高峰，一定要集中力量做好下岗职工出中心以及转制企业职工的社会保险关系的变更、接续和转移工作。三是既要做好“外延”的扩面工作，更要做好“内涵”的扩面工作，特别是对扩进来的只登记从不缴费单位和个人进行清理，社保关系不规范的要规范起来。一些地区扩面的死角仍比较大，特别是三资企业、私营企业、农民工和灵活就业人员，要继续强制参保，不能风头一过就听之任之。四是做好退休人员社会保险关系的规范工作，要严格控制提前退休和病退人员，违反政策的一律不许从基金中支付社会保险待遇。要以养老金社会化发放为契机，按照劳动保障部和财政部的部署，严格清理统筹项目，规范养老金支付标准。宁夏去年通过对原行业统筹企业的统筹项目进行清理，使全区的月人均基本养老金水平下降了90元，值得表扬和其他省份借鉴。

5．依法强化征缴，齐心协力，将社会保险费的征缴工作提高到一个新的水平。要实现基金的应收尽收，关键是要依法强化征缴。只要我们严格遵循，严格执法，一定能够将社会保险费的征缴工作提高到一个新的水平。这里我想对劳动保障部门和社会保险经办机构提三点要求：第一，少数没有全部实现全额征缴的省份，一定要在今年10月底以前将差额缴拨的结算方式改为全额征缴和对养老金实行社会化发放。第二，严禁以实物抵顶社会保险费。各地要严格按照本月初部里以明传电报形式下发的《关于严禁以物抵顶社会保险费的紧急通知》的规定执行，今后严禁以物抵费。以上两项工作将作为今年10月下旬部里检查经办机构业务的一项重要内容，一经查出，将通报批评，对仍搞以物抵费的，将建议对有关责任人给予行政处分。第三，要虚心向税务部门的同志学习。实行税务部门征缴的地区，要对税务部门征缴社会保险费业务“扶上马、送一程”，与税务部门相互沟通、相互理解、相互支持、相互配合，共同做好社会保险费的征缴工作；没有实行税务部门征缴的地区，也要学习、借鉴税务部门征税征费的好的经验与做法，共同开创社会保险费征缴工作的新局面。

最后要特别强调一下稳定问题。“十一”将至，随后就是“两节”，做好两个确保和社会稳定工作意义重大。各级劳动保障部门和社会保险经办机构一定要采取切实措施，千方百计筹措资金，确保下岗职工能按时足额领到基本生活费，确保企业离退休人员能按时足额领到基本养老金。要深入群众，深入基层，做好宣传和调查研究工作，努力消灭保发放的死角，重大突发事件要及时报告。对企业离休人员待遇水平的调整，劳动保障部和财政部已下发文件，各地要抓紧落实；关于企业退休人员待遇的正常调整机制问题，国务院已指示有关部门加紧制定方案，各地要做好相应准备。今年对困难地区的企业养老保险基金缺口，中央财政将继续根据各地工作实绩予以适当补助。

同志们，国庆节即将到来，确保当前我国经济发展，政治稳定，民族团结，社会进步的大局至关重要。让我们团结在以江泽民总书记为核心的党中央周围，高举邓小平理论的伟大旗帜，以“三个代表”重要思想为指导，齐心协力，扎扎实实地做好社会保障的各项工作，以我们的实际行动，为建设有中国特色的社会保障体系做出新的更大的贡献。

坚决贯彻全国社会保障工作会议精神 全面完成医疗工伤生育保险工作的各项任务

——在全国医疗保险工作座谈会上的讲话

劳动和社会保障部副部长　王东进

（2001年2月27日）

为了贯彻党的十五届五中全会和全国社会保障工作会议精神，确保完成今年医疗保险、工伤保险、生育保险的各项工作任务，经部党组同意，召开这次全国医疗保险工作座谈会。会议的目的是，总结近几年特别是去年全国医疗、工伤、生育保险工作，分析当前三项保险工作的形势，部署2001年三项保险的工作任务。下面，我讲几个问题。

一、医疗保险制度改革取得积极进展，工伤生育保险稳步发展

《国务院关于建立城镇职工基本医疗保险制度的决定》（国发〔1998〕44号，以下简称《决定》）颁布以来，在党中央、国务院和各级党委、政府的正确领导下，经过部党组精心组织和各级劳动保障部门同志的勤奋工作，医疗保险制度改革工作取得了突破性的进展，城镇职工基本医疗保险制度已基本建立。主要有以下四个标志：

（一）医疗保险制度改革的政策体系基本完备

按照《决定》要求，我部会同有关部委经过深入调研，广泛征求意见和协商，出台了一系列配套政策，各省、自治区、直辖市制定了总体规划，统筹地区制定了具体改革方案和配套措施，形成了比较完备的医疗保险制度改革政策体系，包括四大系统、三个层面。四大系统是：基本医疗保险政策系统，基本医疗保险管理系统，多层次医疗保障体系，医药卫生体制配套改革系统。三个层面是：国务院《决定》及有关配套文件确定的基本政策层面，各省、自治区、直辖市的总体规划和有关配套措施的组织推动层面，统筹地区实施方案和配套文件的具体政策和管理层面。在医疗保险制度改革政策体系形成过程中，既总结了我国公费、劳保医疗制度的教训和试点的经验，也借鉴了国外的通行做法和不同保障方式的特点；既尊重了社会保险的一般规律，也充分考虑了医疗保险的特殊性；既体现了职工的基本医疗保障需求，又充分考虑了保证改革转轨时期新旧制度的平稳过渡；既有对制度框架的规范，又有对政策执行的具体要求；既明确了中央的原则要求，又给予了各地充分的自主权；既有对医疗保险费用支出的管理要求，又有对医疗服务管理的规范。医疗保险制度

改革主要政策体系的完备，使这项复杂的系统工程从一开始就纳入了规范化的轨道。

（二）基本医疗保险制度在全国绝大多数地区组织实施

截止到去年底，出台方案的地级统筹地区有320个，占全国的92%；启动实施284个，占全国的81%；覆盖人数4 300万，占全国应参保人数的27%。河南等15个省（自治区）所有的地级统筹地区已经全部出台方案并实施运行。安徽等18个省（自治区、直辖市）覆盖人数超过100万，其中，四川等8个省（直辖市）超过200万人，广东、江苏、上海超过了300万人。内蒙、陕西等6个省（自治区、直辖市）覆盖人数占应参保人数的比例超过了30%，其中，青海达到了60%。四个直辖市中，上海市的方案已于去年11月出台并全面实施，参保人数达到650万人，基本实现全覆盖。北京市医疗保险方案已经国务院同意，将在近期颁布实施。天津市和重庆市的方案已经颁布并在部分地区开始实施。大连、青岛、宁波、厦门和深圳5个计划单列市已全部启动实施。

（三）启动城市基本医疗保险制度运行平稳，改革成效初步显现

医疗费用过快增长的势头得到遏制，医疗服务普遍得到改善；用人单位社会负担减轻，经济负担与改革前基本持平；参保职工的基本医疗需求得到保障；基本医疗保险基金实现收支平衡，原来试点中普遍存在的统筹基金超支问题得到解决。大连、威海等城市已基本解决了试点时遗留的统筹基金超支问题。据25个省区市初步统计，去年医疗保险基金收入158亿元，支出122亿元，统筹基金结余平均在10%左右；新制度的成功运行得到了社会各界的普遍理解和支持，特别是广大职工的欢迎。

（四）社会化管理服务的医疗保险管理系统初步建立

按照医疗保险管理职能统一、政事分开的要求，中央、省一级以及多数地市基本理顺了医疗保障管理职能，组建了医疗保险行政管理机构和经办机构，初步建立了一支政治素质过硬、作风顽强、具有一定专业素质和管理经验的队伍。按照部党组提出的“三抓一加强”和医疗保险管理的内在要求，加强了干部培训，建立健全了各项管理制度、管理规范和运行管理系统。

在重点推进医疗保险制度改革的同时，工伤、生育保险稳步发展。截止到去年底，全国绝大多数省（自治区、直辖市）出台了工伤保险办法；北京、广州、大连等26个大中城市、近2 000个县市建立了工伤保险制度；全国工伤保险覆盖人数达4 200万，占应参保职工的42%，辽宁、河南、江苏等10多个省（自治区、直辖市）参保人数超过100万人，其中北京、浙江等省（直辖市）超过200万人，广东省参保人数达到900多万人，参保率超过92%。

全国半数以上市县实行了生育保险费用社会统筹，参保职工近3 000万人。其中，福建、湖北、内蒙古、黑龙江、江西、辽宁、云南、山西、江苏、四川等10多个省（自治区）出台了全省（自治区）企业职工生育保险试行办法或暂行规定。山西、云南、福建、江苏、江西、广西、吉林、浙江、湖北等省（自治区）生育保险覆盖面已经达到了80%以上。

城镇职工基本医疗保险制度的建立和工伤、生育保险的积极推进，对维护社会稳定，推进国企改革和经济结构调整发挥了积极作用。这个成绩来之不易，是在改革面临种种困难的条件下取得的。去年底李岚清副总理听取三项制度改革督查汇报时指出，医疗保险制度改革是各项保险改革中最复杂的，在我们国家搞医疗保险制度改革能取得这样的进展应该充分肯定。从国际经验看，一项社会保险制度的建立健全都要经过一个较长时期，一般要十几年，甚至几十年，连经济最发达的美国也不例外。我们这两年能有80%以上的城市出台方案、启动实施，应

该说进展是快的，也为今后工作打下了良好的基础。特别是实施启动城市的平稳运行，为全国改革的加速推进坚定了信心。在推进医疗保险制度改革过程中，有许多经验值得总结，我看主要是我们做到了以下十个坚持：

一是坚持用中央精神统一各方面的思想认识。《决定》下发以后，各级劳动保障部门认真学习，深刻领会，及时传达，并举办了一系列培训班，坚持用《决定》精神统一各方面的思想认识，形成共同推进改革的合力。特别是去年国务院召开“全国城镇职工基本医疗保险制度和医药卫生体制改革工作会议”（上海会议）以后，我们抓住机遇，举办了全国医疗保险制度改革市长研讨班，统一领导干部的思想认识。山东省劳动保障厅的同志在研讨班期间主动与本省到会的市长进行座谈，交换意见，争取市级领导的支持。河南、黑龙江、吉林等许多省区趁热打铁，举办本省的市县长研讨班，都取得很好的效果。各级政府、广大干部职工和社会各界对推进医疗保险制度改革的思想认识逐步统一，提高了对改革必要性、紧迫性的认识，增强了推进改革的自觉性。

二是坚持抓政策的规范与配套。我们从改革一开始就确定了“一手抓政策配套，一手抓组织实施”的工作思路。医疗保险是一项开创性的事业，利益关系十分复杂，变量和不确定因素又很多，没有一整套政策规范是肯定不行的。各级劳动保障部门在总结过去经验的基础上，针对问题，调查研究，集思广益，提出对策和思路，及时形成规范性文件。两年多时间，从中央到省（自治区、直辖市），再到统筹地区，基本建立了一套比较完备的政策体系。为了制定好有关政策，许多省市的同志针对关键的政策性问题，深入调研，认真测算，反复论证，协调各方面关系，付出了艰辛的劳动。正是由于上上下下的共同努力，才形成了目前比较完备的一整套政策体系。有了这套政策体系，就为加快组织实施奠定了基础，保证了改革的稳步推进和规范运作。

三是坚持中央确定原则、地方分散决策的改革思路。这是党的实事求是、一切从实际出发的思想路线在医疗保险制度改革实践中的具体体现。在改革政策制定阶段，党中央、国务院多次集体研究，考虑到中国国情和这项改革的复杂性，在《决定》中就明确了中央确定原则、地方分散决策的改革思路。在实施范围、统筹层次、筹资比例、支付标准等方面，中央只规定基本要求，具体政策和办法由各地从实际出发作出具体规定。这既保证了基本制度和工作步调上的统一，又给各地实事求是制定政策和组织实施留有充分的探索余地。广东、浙江等省的政府领导亲自带队到各地调研，许多地市主要领导亲自主持研究讨论实施方案，根据当地实际对医疗保险制度改革的基本政策作了进一步细化、具体化和本地化，进一步创造性地明确了贯彻落实基本政策的实现形式和有效途径。一些地方还针对组织实施中出现的新情况、新问题，积极探索解决的具体办法。如江苏省镇江、常熟等地试行了大额医疗费用补助办法，陕西等省允许低水平起步推动困难地区实施启动，湖北荆州市制定了困难企业参保的具体政策。

四是坚持统筹谋划、整体推进的工作方针。在全国范围内推进医疗保险这项复杂的改革，必须理清思路，统筹谋划，科学决策。经部党组慎重研究，提出了“规范政策、夯实基础、稳步扩面”三步走的工作步骤，“整体部署、梯次推进”的工作方针和“坚定、积极、稳妥”的工作要求。各地也提出了“整体部署、先易后难、逐步到位”等许多符合当地实际的工作思路。由于决策得当，思路对头，使这项复杂的改革实现了稳步推进、稳健运行的工作目标，维护了社会稳定。

五是坚持“三改并举、配套推进”的重大举措。针对医疗保险制度改革的特点，各级劳动保障部门加强与各有关部门的沟通、协商，共同制定有关配套政策。上海会议后，各地认真按照医疗保险、医疗机构、药品流通体制“三改并举、配套推进”的要求，成立三项改革领导机构，普遍加强了领导和部门配合。部党组专门研究组织推动的工作方针和措施，并多次进行专项调研、指导。各级劳动保障部门按照部里的要求，在有关部门配合下，相应地调整了工作步骤和工作目标，加大了改革力度，使全国医疗保险制度改革的推进速度明显加快，去年第四季度的启动城市和覆盖人数成倍增加。原来进展缓慢的吉林、青海等省的工作进度明显加快，到年底实现了所有地市全部启动，职工参保率迅速增长到应参保人数的 18% 和 60%。

六是坚持把理顺体制、健全机构、培训人员作为基础建设来抓。在国务院机构改革中，首先实现了医疗保险管理职能归并和统一管理。为保证全国改革的组织实施，中编办先后发文要求各地理顺医疗保险管理体制。李岚清副总理在上海会议讲话中特别强调了这个问题，要求尽快建立市县管理机构。同时，各级劳动保障部门和医疗保险管理经办机构广揽人才，强化培训，加强干部队伍建设。到目前为止，省一级的干部队伍基本稳定，许多地市也有了一支基本的骨干队伍。从 1998 年开始部里举办系统内各类培训班 12 个，以会代训 14 次，共培训人员近万人次。多数省区市也都对本系统干部至少进行过两轮以上的培训。一些省市还对政府主要领导举办专题讲座，对医疗机构负责人进行了培训。为使新闻单位和医疗机构准确宣传医疗保险改革政策，北京市劳动保障局专门举办了新闻单位负责人和医院院长培训班。

七是坚持抓基础管理工作。为了夯实管理基础，部党组提出了“三抓一加强”的要求，我们在前年海口会上作出了加强“四基”：基本政策、基本制度、基本队伍和基础数据建设，强化基础管理的工作部署。各地也普遍抓了三个方面的工作：制定完善的管理制度，实行依法管理；建立健全管理系统，实现有序运行；改进管理手段，提高管理效率。柳州、银川、深圳等市不仅建立了计算机系统，而且把网络管理运用到费用控制和医疗服务管理中，简化了管理程序，增加了管理透明度，提高了管理效率。上海、深圳等建立了比较详细的医疗服务信息库，在运用计算机系统进行医疗费用监控上作了有益的探索。青岛、大连、秦皇岛等市在抓好医疗保险基础管理的同时，还积极探索生育保险等社会化管理服务路子，取得了很好的经验。

八是坚持以点带面、分类指导的工作方法。按照“抓住重点，分类指导，突破难点，循序渐进”的思路，部里和各地都确定了重点联系城市，以发挥其带头示范作用，达到以点带面的目的。部里根据各个时期的工作重点，两年来先后确定了几十个重点联系城市。这些重点联系城市，既有经济较发达的东南沿海城市，也有经济欠发达的中西部城市，既有大城市，也有中小城市。根据这些重点联系城市的不同情况，部里确定了不同的指导重点，对欠发达地区，侧重指导他们尽快建立政策体系，而对发达地区，则侧重指导他们加强基础管理。通过加强对重点联系城市的指导，找出这些城市带有共性的问题，进行重点研究。实践证明，这种做法的效果是好的。同时，各省市也根据这一思路，选择部分地区作为联系重点，既发挥其示范带动作用，又在一些重点、难点问题上进行积极探索。为了取得全面推进的经验，北京市去年先在大病统筹搞得最早的西城区和医疗消费水平最高的海淀区进行试运行；辽宁省先抓大连调整方案，以大连调整后的运行情况现身说法，推动全省工作；宁夏先抓省会城市启动工作。为了突破难点问题，湖南等地出台公务员医疗补助办法；云南、四川等在基本医疗保险政策实施时同步出台大额医疗费用补助办法；天津、青海等地出台了离休干部医疗费统筹办法；许多地方在医疗服务管理和费用结算办法上进行了探索。

九是坚持做好各方面的协调配合。在实践中，大家深切体会到，医疗保险制度改革既要打“攻坚战”，又要打“总体战”，必须与有关部门协调配合，才能形成推进改革的合力，单枪匹马、孤军奋战是不行的。许多地方同志坚持对上当好领导参谋，左右搞好横向协调，对外搞好政策宣传，使我们的改革工作得到了各方面的理解支持，为搞好部门协调付出了艰苦的努力。从医疗保险制度改革一开始，各级劳动保障部门就特别注意各相关部门的协调配合，共同研究问题，共同拟定政策，共同推进工作，形成了为医疗保险制度改革事业共同奋斗的良好氛围。

十是坚持目标责任管理。许多地方之所以改革有深度，工作有力度，推进有速度，基本上都采取了目标管理的工作方法，建立了目标责任制。绝大多数省区给统筹地区确定了启动时间要求和覆盖指标，定期督查，公布排行榜。安徽、湖北等省主管省长与市长、省主管厅长与市劳动保障局长签订了责任状。福建实行分片联系，责任到人，目标奖惩。由于目标责任明确，指导督查到位，确保了各项工作任务的完成。

我还要特别强调的一点是，我们从事医疗、工伤、生育保险工作同志的敬业精神。正是靠同志们的顽强拼搏，开拓进取，锐意改革，三项保险工作才取得了可喜的成绩。在此我代表部党组，向辛勤工作在医疗、工伤、生育保险战线的各级劳动保障部门的同志们致以崇高的敬意。

在肯定成绩的同时，我们也应该清醒地看到，目前医疗、工伤、生育保险工作离中央和广大干部职工的要求还有相当的差距。工作进展不平衡，医疗保险启动城市多，覆盖人数少；地级城市启动多，大城市启动少；机关事业单位参保较多，困难企业参保较少。许多中央企业还没有真正按照属地管理原则参加统筹地区的医疗保险。而工伤、生育保险这两年推进速度缓慢，一些职工基本权益特别是工伤待遇得不到保障，上访事件呈增多趋势。工伤、生育保险制度和政策还不尽完善。三个险种的基础管理还比较薄弱，干部素质有待提高。这些都需要我们在今后的工作中认真研究解决。

二、明确今年的工作目标和任务，推动三项保险工作再上新台阶

党的十五届五中全会提出的“十五”计划建议和全国社会保障工作会议，明确提出了建立和完善社会保障体系的任务，全国劳动保障工作会议对今年工作作了明确的部署。今年医疗、工伤、生育保险工作的总的工作目标和任务已经明确，就是要着眼于建立和完善社会保障体系，加快改革步伐，完善制度政策，强化基础管理，推动三项保险工作再上新台阶。

（一）关于医疗保险工作

今年医疗保险工作的任务是，坚持医疗保险、医疗机构和药品流通体制“三改并举”的方针，按照“稳步扩面、狠抓管理、健全系统、完善政策”的工作思路，力争到年底实现90%以上的地市实施城镇职工基本医疗保险制度，覆盖人数达到8 000万人。

第一，明确工作目标，稳步扩大覆盖面。

按照中央既定工作任务，医疗保险制度改革就是要加快推进步伐。加快推进的具体标志是：新制度要在绝大多数地市组织实施，覆盖人数要在去年的基础上再翻一番。现在养老保险参保职工已经超过1亿人，考虑到各地实际情况，除了目前暂不具备条件的个体经济组织以外，所有机关事业企业单位和职工都应当参加基本医疗保险，否则，难以适应社会主义市场经济和国有企业改革的要求，也难以协调推进整个劳动和社会保障工作。社会保险遵循的是大数法则，覆盖面窄，参保人少，基金支撑能力弱，就实现不了社会共济，医疗保险的制度优势就不能显现出来。各地要坚决贯彻中央要求，坚持从实际出发，坚定必胜的信心，按照部里确定的目标，切实做好扩大覆盖面的工作。

各地要尽快落实任务指标，明确工作目标。尚未启动的城市要在3月份列出推进计划，上半年要完成改革方案和各项配套政策的制定工作，绝大多数城市应在上半年启动，少数城市最迟也应在第三季度启动。已启动的城市，要继续完善措施，认真落实今年的覆盖计划。部里要给各省下达一个指导性计划，这个计划不搞“一刀切”，但也不能没有原则，没有指标约束。部里今年确定的覆盖目标是8 000万人，原则上要在去年覆盖人数的基础上翻一番，达到当地应参保人数的50%。今年各省原则上也要达到50%的参保率。这里还有个应参保人数的统计问题，部里和一些地方的同志反复研究，现在的应参保人数是根据各地已参加养老保险的人数（包括退休人员，共1.35亿）和原享受公费医疗人数（0.3亿）确定的，大数是1.6亿人。这个数字已经把一些地方机关事业单位参加养老保险的人数、大学生人数和离休人员数都剔除了。各地也要按照这样一个原则和统计口径把目标分解下去。要认真研究解决扩面中的实际问题，坚决贯彻属地管理原则，采取切实措施，将中央、省属单位纳入统筹地区的基本医疗保险。今年原则上要将所有中央、省属单位覆盖进来。

要继续实行目标责任制，加强指导和督查。今年国务院还要进行三项制度改革督查。在此基础上，我们要重点开展医疗保险扩面和基础管理工作的督查和指导。部里将定期通报各地进展情况，不仅要搞各省（自治区、直辖市）进展情况排行榜，对重点联系城市也要搞排行榜。

第二，建立健全管理机构和管理系统，努力提高干部队伍素质。

管理机构、管理系统和干部队伍建设，是基础管理中的基础。今年强化基础管理是一项重中之重的工作，我们首先就要夯实这个基础。

一是要进一步明确和理顺管理职能。管理职能的统一，是政府机构改革的重要内容，是实现政府依法行政，提高管理效率的基本前提。有些地方到现在管理体制还没有完全理顺。有的没有把离休干部医疗保障管理划转过来；有些省市把医疗照顾人员交给别的部门管，提出可以不参加基本医疗保险；个别省甚至把机关事业的基本医疗保险政策制定权限和管理职能都交出去了，这些做法都是违背国务院有关文件精神的。因此，还是要再次强调医疗保险统一管理的原则。道理大家都明白，关键是做工作。最迟在今年第三季度各地必须解决这个问题。

二是要加快机构建设。特别是市、县统筹地区的医疗保险经办机构，建设速度要加快，真正实现职能、机构、人员、工作四到位。目前县市的机构改革还在进行，但医疗保险经办机构的建设不能等。要按照岚清副总理去年上海会议上提出的要求，先行把职能、人员划转过来，开展工作。各地医疗保险管理和经办机构，最迟在今年第三季度以前要建立起来。各统筹地区经办机构的内部机构如何设置及编制问题，许多城市在这方面已先行一步，有些经验可以借鉴。譬如经办机构编制，我们做不到国外那么庞大的管理队伍，但从国内多数启动城市情况看，应该与应参保人数保持一定的比例关系。还要注意把好“进人关”，尽可能引进各类专业技术人才和管理人才，特别要强调人才引进后的使用和培养。此外，还要落实办公用房和经费，建立健全内部管理制度。这里，还有一个在劳动保障系统内部医疗保险经办机构如何设置的问题。医疗保险与养老等社会保险经办机构是分开设置还是统一设置，由地方政府根据实际决定。不管是单独设立经办机构还是统一在一个社会保险经办机构里，都是符合“五保合一”精神的。无论采取哪种经办形式，都要以把工作做好为宗旨，都要符合精简高效的原则。

三是要加大以管理操作为重点的培训力度。通过分层次、系统化、多形式的培训，提高管理队伍的政策水平和业务管理水平。管理到位不到位，一靠制度，二靠手段，三靠人才。管理是门科学，搞医疗保险包括工伤、生育保险管理都涉及医疗医药管理专业技术。搞业务管理不能指望临阵磨枪，必须通过系统的专业化的培训，成为专业技术管理行家里手。

关于工伤、生育保险管理机构和队伍建设问题，我在成都会和荆州会上都分别说过。在这里还要强调一下，希望各地在抓好医疗保险行政管理机构和经办机构建设的同时，也要同步理顺工伤、生育保险管理体制，搞好机构建设和人员配备。在行政管理上，要明确分管领导、负责机构，并有专人负责。工伤、生育保险的业务经办，也要从有利于工作出发，合理确定和调整。

第三，强化基础管理，确保基本医疗保险制度稳健运行。

去年是中央确定的政府管理年，各地按照部里提出的“三抓一加强”的要求，保证了启动城市新旧制度的平稳过渡。今年更是我们医疗保险改革的管理年，今年上半年部里准备在管理搞得比较好的地方召开现场会，介绍各地在管理中取得的经验。各地要把管理作为今年的重点工作来抓。

一是要强化基本医疗保险费用支出管理，保证基金的收支平衡。要加强对门诊和住院医疗费用支出情况的监控，分析个人账户和统筹基金的收支状况以及整个医疗费用收支结构，确定监控重点，特别是统筹基金的监控重点，确保收支平衡。

二是要加强和完善基本医疗保险医疗服务管理，保障职工基本医疗需求。加强医疗服务管理，重点是控制费用和保障服务，两者不能偏颇。但控制费用不是目的，规范医疗服务不是单纯为了少花钱。我们建立基本医疗保险制度，控制医疗费用支出，规范医疗服务，都必须围绕一个总目标，就是李岚清副总理一再指出的，“用比较低廉的费用提供比较优质的医疗服务，努力满足广大人民群众的基本医疗需求”。这应该成为我们搞医疗保险管理工作的基本要求。规范医疗服务，还是围绕“三二一”的管理内容，进一步细化，规范管理办法和措施。要逐步建立基本医疗保险用药和部分病种费用支出专项监测系统，落实基本医疗保险费用结算管理的具体措施，探索科学合理的具体结算方式。重点要规范定点医疗机构，特别是住院医疗服务。这方面要特别强调与定点医疗机构所签协议要具体化、规范化，发挥协议管理的作用，以法律形式约束医、患、保各方行为。

三是要从基础管理的技术系统入手，建立健全医疗保险信息系统。建立和完善统计指标体系和信息反馈系统，保证全面、及时、准确地掌握医疗保险基本情况和基本数据。要逐步规范和改进医疗保险管理运行系统，努力实现管理服务的现代化，提高事业经办和管理监控水平。在信息系统建设上，我们强调系统的设计要统一规划、统一标准、统一数据代码，各地不能自行其是。软件的开发也要规范，首先应满足国家和省里的统计要求。条件不成熟时不一定过分强求硬件系统的统一，这个决定权还是放在统筹地区，但在软件和硬件的接口上也一定要按照要求事先准备好。统筹地区要创造条件尽可能地建立计算机信息管理系统，但不能把这当做惟一的管理手段，更不能作为推迟启动的理由。

各地还要高度重视医疗保险，包括工伤、生育保险的统计工作。没有基本数据，我们在管理和决策上就成了聋子、瞎子。各级医疗保险行政管理部门要切实加强对统计工作的领导，经办机构要切实负起责任，按照要求做好运行数据的统计、上报，以增强工作的预见性、系统性和主动性，确保医疗保险制度稳健运行。在按要求逐级上报上一级经办机构的同时，要报送同级行政管理机构。各省区市在上报部社会保险事业管理中心的同时，要报部医疗保险司。重点联系城市的统计报表要同时抄送部医疗保险司。各级行政管理部门要与经办机构一道，定期对运行数据进行整理分析，及时发现问题、解决问题，重大事项及时上报。

第四，着眼于多层次医疗保障体系，妥善解决有关人员医疗待遇。

建立多层次医疗保障体系，是实现新旧制度顺利转轨的重要条件，是保障各类人员医疗待遇的重要措施。《国务院关于印发城镇社会保障体系试点方案的通知》（国发〔2000〕42号）、国务院办公厅转发的《关于实行国家公务员医疗补助的意见》（国办发〔2000〕37号）和中办、国办《关于转发〈中央组织部、国家经贸委、财政部、人事部、劳动和社会保障部、卫生部关于落实离休干部离休费、医药费的意见〉的通知》（厅字〔2000〕61号），对建立多层次医疗保障体系、实施公务员医疗补助和建立离休干部医疗保障机制等任务提出了明确要求和有关政策。各地要认真学习贯彻中央文件精神，着手制定具体管理办法。

一是实行职工大额医疗费用补助办法。超出基本医疗保险统筹基金最高支付限额以上部分的人数虽然不多，但影响面广，大家都很关注，这个问题必须解决好。国务院试点方案明确要求实行职工大额医疗费用补助，就是为了解决这个问题。现在许多城市都出台了大病救助等办法，效果是好的，但名称要逐步统一，办法要进一步规范。

二是抓紧制定并实施公务员医疗补助办法。公务员医疗补助的政策已经明确，各地要按照国办发〔2000〕37号文件的精神，尽快出台具体办法，加以落实。要认真做好筹资标准的测算和与基本医疗保险管理办法、支付待遇的衔接。既要方便职工就医，也要便于管理。公务员医疗补助资金不能打入个人账户，不能当津贴用，要真正补到患病人的身上。已启动城市要力争今年上半年全部出台，尚未启动的城市要与基本医疗保险制度同步实施。

三是建立健全离休干部医疗保障机制。中央已经明确了建立离休干部医疗保障机制的主要政策。主要体现在“四统一”：按上年实际发生费用确定统一的筹资标准，资金原渠道筹资，经费不足部分由财政帮助解决；由社会保险经办机构统一筹集，实行医疗费统筹，专款专用；对机关企事业单位离休干部原则上实行统一待遇；由劳动保障部门实行统一管理，并制定具体管理办法。各地要按照两办通知精神，承担起离休干部医疗保障管理职责，认真测算，尽快研究制定具体管理办法，切实保障离休干部的医疗待遇，改善服务。同时，要加强管理，杜绝浪费。

做好上述三项工作，是当前建立多层次医疗保障体系的重点，有了这三条，基本医疗保险制度就有了支撑，大局就稳住了。同时，各地也要积极探索和指导建立企业补充医疗保险，解决效益好的企业职工的更高层次的医疗消费需求；探索建立社会医疗救助办法，解决城市贫困人群医疗问题，特别是国有企业转制中无力参保职工的医疗问题；鼓励职工自愿参加商业医疗保险。

（二）关于工伤保险工作

今年工伤保险工作的任务是，着眼于建立适应社会主义市场经济和生产力发展水平，覆盖全体城镇职工，保障基本待遇，管理社会化，工伤与预防康复相结合的工伤保险制度，按照“加快立法，规范制度，完善管理，稳步推进”的工作思路，力争到年底参加工伤保险的职工人数达到5 000万人。

第一，规范和完善现行工伤保险政策。

推进工伤保险制度建设，要借鉴推进基本医疗保险制度建设的成功经验，在改革之初就要做好政策规范工作。原劳动部下发的《企业职工工伤保险试行办法》（劳部发

〔1996〕266号），基本确立了工伤保险的制度框架，对工伤保险的建立发挥了重要的作用。但随着经济体制改革的深入，也暴露出了一些深层次的问题。一些政策界定不清，在执行过程中也出现了一些争议，需要进一步加以规范完善。各地要根据执行中发现的问题，不断调整、完善政策。现在没有出台办法的，可以总结其他地区的经验和执行中暴露出来的问题，认真调研，先出台暂行办法。今年国务院法制办已经将《工伤保险条例》列入立法计划。各地要在做好本地政策规范的同时，积极参与国家条例的立法工作，为条例起草出谋划策。在工伤保险政策规范中，要把握好两个重点和难点问题：

一是筹资水平和确定依据问题。工伤保险筹资和支付水平也要体现“基本保障、广泛覆盖”的原则，所确定费率要与我国生产力发展水平相适应，使绝大多数企业都能承担得起，不能过高。现在各地确定的费率水平都在工资总额的1%左右，基本能保证支付。要在科学评估行业工伤风险的基础上，逐步建立和完善工伤保险差别费率和浮动费率的管理办法，既保证职工工伤保障的待遇需求，又能均衡不同行业和企业的负担，促进企业增强安全意识，降低职业危害。

二是合理确定职工工伤保险待遇和不同项目的支付水平。工伤保险有短期待遇、长期待遇，有医疗费用、康复费用，还有遗属抚恤等。这些待遇水平确定的总的原则，是保障工伤职工和家属的基本治疗和基本生活需要。

第二，建立健全工伤保险管理规范。

工伤保险技术性强，管理比较复杂，要有一套科学、完备、公正的管理规范，包括劳动能力鉴定标准和鉴定程序、工伤认定程序以及工伤争议处理程序等。同时，要明确相应的机构和管理权限，谁制定评残标准，由哪个机构负责鉴定，劳动鉴定和工伤认定应该履行哪些法定程序，发生争议如何仲裁等等。这些都涉及工伤保险管理的基础。这个基础都不规范，就有可能该保的没保，损害职工权益；不该保的保了，花冤枉钱。现在工伤保险工作中存在“三多”：争议多、信访多、咨询多，许多问题是由于管理规范不清造成的。今年各地要集中精力解决管理规范问题。同时，要注重工伤争议案件的档案管理和整理分析，为政策调整和完善管理提供依据。要加强管理干部的培训。工伤保险管理工作，政策性、专业性都很强，要加大培训力度，努力提高管理干部的政策水平、管理水平和分析问题处理问题的能力。

第三，稳步扩大覆盖面。

这两年我们没有提出工伤保险扩面计划，但从我部组建以来，就对工伤保险提出了稳步推进的工作要求。今年还是要积极稳步推进，但要明确覆盖计划。现在工伤保险工作受到中央的重视，广大职工要求参保的呼声很高，加上我们这几年的工作基础，现在扩面既有需要，也有条件。今年的任务是在去年4 200万的基础上增加800万，达到5 000万，占全国应参保率的50%左右。应该说任务不轻，压力不小。但对于工伤保险这样一个重要的险种，制定这样的一个任务指标，还是必要的。没有计划指标，工作就没有动力和压力。同时，有了五年来的工作基础，形成了一支工伤保险的队伍，企业和职工又有较高的参保积极性，这个任务也是可以完成的。各地要按照实现工伤保险覆盖50%以上的要求，尽快把覆盖计划指标分解下去，并采取具体措施，解决扩面的实际问题，明确目标责任，加强督查，搞排行榜，确保完成今年任务。

（三）关于生育保险工作

今年生育保险工作的任务是，按照“建立健全制度，规范基础管理，稳步扩大覆盖面，促进生育保险向法制化、规范化、社会化健康轨道发展”的思路，力争到年底实现参加生育保险职工人数达到4 000万的工作目标。

第一，进一步规范和完善生育保险政策。

自1994年原劳动部颁布《企业职工生育保险试行办法》（劳部发〔1994〕504号）以来，生育保险主要政策已基本形成。但是随着时间的推移和形势的变化，有些内容亟待调整和完善。今年部里要在去年工作的基础上，加大与有关部门协调力度，争取尽早出台《城镇职工生育保险规定》。同时，加强对生育保险定点医疗服务机构管理、生育节育医疗费用结算办法等相关问题的研究，完善相关配套政策。

各地要结合当地实际，进一步规范和完善生育保险政策。当前，根据我国社会主义初级阶段的生产力发展水平，生育保险统筹项目主要包括生育津贴和因生育、计划生育手术发生的医疗费用，以保障女职工生育期间的基本生活和基本医疗保健需要。目前，由于地区间差异较大，经济发展水平不同，在生育保险的具体管理办法上也允许采取一些灵活措施，但要切实解决好职工生育津贴和生育（包括计划生育手术）医疗费用两方面问题。现在一些地区为了降低基金风险，待遇给付不足，造成基金结余较多，要尽快加以纠正。各地要结合基本医疗保险制度的建立，合理调整和完善有关政策，搞好制度衔接。对还没有将产前检查、计划生育手术等费用纳入生育保险范围的地方，要按照有关规定抓紧落实。少数只解决了生育医疗费用、但还没有将生育津贴纳入保险范畴的地方，也应尽快完善有关政策。

第二，确保今年覆盖任务的完成。

《中国妇女发展纲要》提出，在全国城市要基本实现女职工生育费用社会统筹。这是中国政府对世界作出的庄严承诺。“九五”期间，生育保险有了长足的发展。但是，近两年来，受多种因素的影响，生育保险进展幅度放缓。随着医疗保险改革的不断推进，职工生育医疗费用难以解决的矛盾日益突出，这方面问题如果解决不好，不仅是生育保险的问题，也会影响到医疗保险工作甚至是社会的稳定。各级劳动保障部门要提高认识，切实履行职责。各省区市要按照部里统一要求，统筹规划生育保险工作，分解任务指标，加大指导和督促检查力度。各统筹地区要结合当地实际，加快生育保险推进步伐。已经建立生育保险的地区，要在规范和完善政策的基础上，进一步扩大覆盖范围，提高职工参保率和基金到位率。目前还没有建立生育保险的地区，要随着医疗保险改革的推进，同步研究制定改革方案并抓紧组织实施，建立比较规范的职工生育保险制度，保证新旧制度的平稳过渡。

第三，努力实现社会化管理服务。

目前，生育保险社会化管理程度普遍较低，不少地区职工的生育费用采用先由社会保险经办机构与企业定额结算，再由企业与职工结算的办法，这不符合社会化管理服务的原则，没有减轻企业的事务性负担，要尽快改进。今年部里准备对此开展专项课题研究，各级劳动保障部门和社会保险经办机构要按照十五届五中全会精神，积极探索和推进符合当地实际的生育津贴社会化发放、生育医疗费用与定点医疗服务机构直接结算办法，努力提高社会化管理服务水平。

三、真抓实干，确保全面完成今年的工作任务

今年是新世纪的第一年，是实施“十五”计划的开局之年。做好今年医疗、工伤、生育保险制度改革各项工作，对实施“十五”计划和实现第三步战略目标有着十分重要的意义。各地要按照中央的部署，明确工作目标，理清工作思路，调整工作重点，采取切实措施，努力开拓进取，真抓实干，确保完成今年三项保险工作任务。

（一）正确分析形势，坚定完成今年工作任务的信心和决心

当前推进医疗、工伤、生育保险制度改革，从客观上讲确实面临一些实际困难，主要来自两个方面：一是真正困难企业还没有纳入，扩面压力很大。扩面是需要有经济支

撑的。面临困难群体参保和人口老龄化问题，扩面的同时会带来一定的基金支付压力。另一方面，三项保险的基础管理都很薄弱，管理水平亟待提高。迅速扩面，对我们各统筹地区的经办机构是一个严峻的考验。

当前加快推进医疗、工伤、生育保险工作，应该说有困难的一面，但更有许多有利条件，存在着难得的机遇，总的形势对全面完成今年各项任务是非常有利的。一是党中央、国务院已经把建立社会保障体系摆在关系改革、发展、稳定大局的重要位置，明确提出了加快改革步伐的要求，各地普遍加强了对社会保障工作的领导，摆上了重要的议事日程。这就为加快改革提供了组织保证。二是从宏观经济形势看，国企改革三年脱困的目标已经基本实现，经济保持持续增长势头，国家财政状况良好。这将为加快社会保险制度建设步伐提供经济保障。三是广大职工迫切要求加快医疗保险制度改革步伐，对改革政策普遍欢迎，这既是我们推进改革的压力，也是动力。四是医疗保险改革政策体系基本完备，特别是上海会议和国务院试点方案又进一步明确了医疗保险缴费比例、多层次保障体系、医药卫生体制配套改革等有关政策，为加快改革提供了制度保障。五是经过这几年各地劳动保障部门同志的艰苦努力，医疗、工伤、生育保险工作已经有了良好的开端。医疗保险先行启动实施的城市改革成功，为加快改革发挥了示范作用。六是医疗保险制度改革的管理体制基本理顺，管理机构初步建立，有了一支包括医疗、工伤、生育保险在内的管理队伍，积累了一定的管理经验，这也就有了我们事业成功的可靠保证。

我们分析这些有利条件，就是要抓住这些有利条件所带来的难得机遇。能不能抓住机遇，趁势推进，对今后工作有着至关重要的影响。从党的十四届三中全会提出要在我国建立社会统筹与个人账户相结合的医疗保险制度以来，我们已经经历了从 1994 年开始到 1998 年的试点阶段，1998 年国发 44 号文件出台到去年基本建立基本医疗保险制度的组织实施阶段，今年已经到了又一个新的阶段。去年长沙会上，我提出了今年工作要实现八个方面工作重点的转移，基本的一条就是把工作重心从制定政策、启动实施转移到稳步扩面和强化管理上来。现在这个思路更清楚，任务更明确，就是要实现覆盖8 000万人的目标和保证新制度稳健运行。确定这个目标，是部里在认真评估去年工作和分析今年形势的基础上提出的，是实事求是的。前年我们主要做了制定政策体系工作，去年重点抓组织实施，年底完成覆盖4 300万人的目标，有一半是在去年下半年完成的。也就是说去年下半年完成任务比去年上半年翻了一番，按这样的推进速度，今年在去年基础上实现覆盖任务翻一番是能够做到的。现在的关键就是要求各地抓住机遇，坚定信心，下定决心，抓好今年任务的落实，以目标任务促进各方面的工作。经过两年改革实践，不应该再有这个担心那个顾虑，关键在干。不干就永远有这个担心，就会丧失机遇。辽宁薄熙来省长从大连医疗保险制度改革看全省，坚信不会出问题，并明确要求今年全省医疗保险覆盖率要达到 50% 以上。这个决心就是来自于实干的结果，这个决策就是抓住机遇的具体体现。

（二）统筹谋划，协同推进三项保险工作

完善的社会保障体系包括养老、医疗、失业、工伤、生育保险在内的各项社会保险制度。按照张左己部长在全国劳动保障工作会议上讲的“确保当前，着眼长远”的要求，抓住两个确保不放松，在重点推进养老、医疗、失业保险改革的同时，也要积极推进工伤、生育保险工作。医疗保险今年要全面推进，国务院领导同志在全国社会保障工作会议上特别强调，医疗保险不属于试点范畴，而是要坚持“三改并举”，全面推进，加快改革步伐。国务院试点方案明确要求尚未推开的城市应按国务院要求尽快推开。工伤保险是各项社会保险中在世界范围内开展最早的险种，是社会保险的“鼻祖”，也是实施国家最多的险种，全世界已经有164个国家和地区建立了工伤保险制度。我国目前的职业危害严重，去年连续发生重大伤亡事故，因工伤上访的事件也越来越多。工伤保险制度建立不起来，职工权益得不到保障，越往后拖，矛盾越大。因此加快推进工伤保险已成为当前一项紧迫的任务，这不仅是保障职工基本权益的需要，也有利于强化雇主赔偿责任，增强安全生产意识，减少职业危害。生育保险关系到广大女职工的切身利益。市场经济条件下，如果没有生育保险作后盾，不仅女职工的基本权益得不到保障，还会影响女性平等就业，影响女职工多的企业平等参与市场竞争。职工因生育和计划生育手术发生的医疗费用不妥善解决好也不行，于情于理说不过去，也不利于计划生育基本国策的贯彻落实。近几年来，许多人大代表、政协委员一再呼吁要加快推进生育保险工作步伐，国家也越来越重视这项工作。

各地要把思想认识统一到中央精神上来，着眼于建立完善的社会保障体系，切实把三项保险工作摆上重要的位置，抓紧抓好。在重点抓医疗保险制度改革的同时，统筹谋划，积极推进工伤保险、生育保险工作。工伤、生育两个保险搞好了，既可减轻医疗保险的基金压力，又能达到三项保险互相促进。三项保险之间有着密切的内在联系，三项保险都与医疗服务紧密相关，都需要强化对医疗服务的管理，都需要经办机构和医疗机构进行结算。推进医疗保险、医疗机构、药品流通体制改革，对推进工伤、生育保险工作是个机遇，重点推进医疗保险制度改革，对推进工伤、生育保险工作同样是个机遇，抓住这个机遇，就避免了单项推进时可能遇到的工作摆布不均衡、制度政策摩擦和基础管理重复建设等诸多困难和矛盾。现在各地对加快推进医疗保险改革已经初步形成共识，但在推进的步骤和速度上，一些地区认识还没有完全到位。对推进工伤、生育保险工作，许多地方还没有摆上议事日程。我们要认真学习领会十五届五中全会、全国社会保障工作会议和中央领导同志一系列讲话精神，统一思想认识，摆正医疗、工伤、生育保险在社会保障体系中的位置，在工作摆布和推进步骤上，抓住医疗保险制度改革重点，统筹谋划，协同推进工伤和生育保险工作。

（三）坚持“三改并举”，加强部门配合

医疗保险、医疗机构和药品流通体制“三改并举”，是中央既定的方针，深刻反映了三项改革的内在联系和逻辑要求，也是我们加快医疗保险改革的机遇。坚决贯彻这个方针，要坚持三个不动摇：

一是坚持三项改革的总目标不动摇。要始终围绕“以比较低廉的费用使广大职工获得比较优质的医疗服务”的改革目标，着眼于建立起对医患保制约、激励的费用分担机制、医疗卫生服务机构的竞争机制和药品流通的市场运行机制，不断完善政策和配套措施，将城镇职工医疗保险制度改革与医疗机构改革、药品流通体制改革有机地结合起来。

二是坚持加快医疗保险制度改革步伐不动摇。坚持“三改并举”，作为我们劳动保障部门的首要职责，就是要按照岚清副总理指出的，以医疗保险制度改革作为推进医药卫生体制改革的动力和压力，坚定不移地加快推进医疗保险制度改革步伐，协同推进工伤、生育保险工作，促进医药卫生体制改革。

三是坚持加强医疗服务管理不动摇。加强医疗保险管理是实现三项制度改革总目标的基本要求，是保障职工基本权益的制度保证，也是保证基本医疗保险基金收支平衡，实现新制度稳健运行的重要措施。加强医疗保险管理，同时也是促进医药行业真正建立竞争机制的压力和动力，最终有利于促进医疗保险、医疗机构和药品流通的健康发展，实现“三改并举”的“三赢”结果。

坚持“三改并举”的三个不动摇，就要求各级劳动保障部门在工作中积极与有关部门主动配合，建立政府领导下的正常协商机制，搞好协调，保证“三改并举”的相互配套促进和政策与管理的衔接。

（四）坚持分类指导，继续抓好重点联系城市

坚持分类指导，抓重点联系城市，是我们在前几年工作中的一条成功经验。为了指导全国工作，以点带面，解剖典型，突破难点，今年还要继续抓好重点联系城市。确定为医疗保险重点联系城市的，也要在推进工伤、生育保险工作方面发挥示范带头作用。今年部里的联系指导重点主要是京、津、沪、渝、穗、汉等大城市和部分省会城市。各省区市在抓好大城市的同时，也要抓好中小城市的改革推进。全国实行县级统筹的地区很多，真正启动的不到1/3。这应该是今年启动、扩面的又一个重点。去年根据工作内容，对重点联系城市采取了滚动发展的做法，今年联系指导重点将从推动实施逐步转向扩大覆盖范围和规范管理、完善政策，因此，联系城市要尽可能相对稳定。重点联系城市三项保险工作都要围绕稳步扩面、强化管理和完善政策来展开。扩面的重点、难点在哪里，管理的薄弱环节在哪里，还有哪些政策和管理措施需要完善，只有做到心中有数，工作才能有的放矢，把握好轻重缓急。各重点联系城市要在解决扩面实际问题和基础管理上积极探索，开拓进取，真正发挥示范作用。各地要加强工作交流，及时总结和推广经验。

（五）不断研究新情况，解决新问题，总结新经验

医疗、工伤、生育保险改革，特别是管理办法和措施的完善，是一项长期的任务。随着改革的深入和新制度的真正实施，特别是改革进入管理层面，情况会更复杂，一些深层次的矛盾会逐渐暴露出来。这就要求各地同志始终保持清醒的头脑，坚持深入调查研究，及时发现问题，解决问题，总结经验。医疗、工伤、生育保险都是非常复杂的改革工作。国外搞了上百年，都还在不断调整完善制度和管理办法，我们的改革还刚刚开始，需要进行很长时间、更深入的探索。我们无论搞医疗保险，还是搞工伤、生育保险，要想不断改进完善，保证新制度的健康发展，必须始终把握好以下五点：

一是关注热点。医疗保险制度改革已经成为当前社会各界关注的热点问题。对待热点问题，我们要冷静分析，不能炒作。“三讲”教育中要求讲政治，提高政治敏感性，把握好医疗保险制度改革中社会关注的热点问题，也是讲政治的具体体现。把握住热点，就能把握住改革的方向，就能知道民心真正之所向，因势利导，使改革的各项举措真正做到顺民心，合民意。把握住社会关注的热点，也是我们调整完善政策和管理的出发点。各地要充分重视社会热点问题，并进行正确分析。干部关心什么，最广大职工关心什么，医院医生关心什么，都要进行分析，要从符合最广大人民群众的根本利益和改革方向的前提出发完善政策，改进管理，搞好服务。

二是突破难点。政策设计是改革思路的具体体现，也是制度建立的支撑点。如何合理确定筹资比例、社会统筹和个人账户管理、多层次保障体系、医疗服务管理和费用结算方式等，都是政策设计的难点。现在基本制度有了，基本政策有了，管理措施也有了，但还需要完善，也还有个不断调整的过程。如规范个人账户管理，探索解决慢性病患者的门诊医疗费用负担过重，困难企业参保，异地安置人员医疗保险管理等问题，从现在开始就要进行研究，有条件的地区可以先行探索解决办法。突破一个难点，改革就深化一步，制度就更加完善。

三是把握焦点。任何矛盾的结合点都是

焦点。而矛盾的交汇点又常常是利益平衡的难点。医疗保险的矛盾焦点，基本都围绕费用的支付与审核展开的，矛盾焦点最集中的就是医疗服务管理。这里既有医、保矛盾，也有医、患矛盾，也有保、患矛盾，还有医、药矛盾，保、药矛盾。矛盾的原因，既有政策不完善的问题，更有管理的问题，还有服务的问题。要进行客观分析，有针对性地加以解决，不能视而不见，见而不思，思而不动，导致矛盾激化。是什么问题就要解决什么问题，既不能掩盖矛盾，也要防止转移或激化矛盾。比如内参反映银川自费药使用过多问题就是一个典型例子。这实际上是利益驱动在医疗保险管理中的反映。如果我们不作分析，不加强管理，职工就会以为真是医疗保险用药范围小，受限制。从另一个侧面来看，这也要求我们必须保障参保职工的利益，规范与定点医疗机构的协议内容，加强医疗服务管理。如在协议中要不要规定目录用药的配备品种和必要数量，自付药的费用比例等。此外，还要考虑建立医疗保险仲裁机构的问题。有了协议，就有了规范双方行为的法律约束。但有些争议技术性很强，又涉及各方利益，就要有一个既懂政策，又懂技术，又具有依法裁决的仲裁机构。在这些焦点问题上，希望一些有条件的城市先行探索。

四是透视盲点。医疗保险是世界性难题，建立基本医疗保险制度在我国是前无古人的事业。应该说，我们还缺乏对改革和管理的理论问题进行足够的研究，一些问题虽然有一定的认识，开始进行研究，但还只是刚刚破题，甚至还没有破题，在理论上还是盲点。目前我们还没有一套成熟的具有中国特色的医疗保险理论体系来对中国医疗保险中的现实问题进行分析和指导。因此，出现了问题往往只看到表象而不能透视问题的实质。透视医疗保险在理论上的盲点，既是理论探索的任务，也是实践的需要，更是避免陷入政策和管理误区的必要准备。譬如，现在对统筹基金结余怎么看？现在十多个省（自治区、直辖市）的统筹基金结余率超过了20%，有的超过50%。目前在我们系统内开始出现了一种盲目乐观的情绪，有些同志认为理论上不该有这么多的结余，急于进行政策调整，甚至准备把一部分结余当做奖金分给医院。从理论上分析，《决定》对统筹基金基本上是个现收现付方案，可以略有结余，但总体上还是要保证收支平衡。但在改革初期，结余率高一些有一定的必然性，既不能过分强调这是个问题，也不能盲目看成是成绩，更不能轻易调整政策。从改革试点中许多城市的实际情况看，出现高结余率，有超前消费的滞后影响，也有基金收支时间差的因素，更有困难群体尚未参保，共济功能发挥不够的原因。当然也不能否认存在控制过严，保障不足的可能。如果确实有足够结余，也应该首先考虑扩大覆盖范围，发挥共济功能，而不是盲目调整待遇。

五是抓住重点。任何事物都有矛盾的主要方面和次要方面。抓住重点，就是要抓住矛盾的主要方面。我们强调社会上抓热点，政策上抓难点，管理上抓焦点，就是讲要抓主要问题，抓问题的主要方面，抓住工作的重点。现在医疗保险、医疗机构、药品流通体制“三改并举”，医疗、工伤、生育保险三项保险协同推进，基础管理、稳步扩面、完善政策三个方面要整体部署，各方面的工作头绪很多，各方面关系也很复杂，只有抓住主要问题和问题的主要方面，其他问题才能迎刃而解，收到事半功倍之效。

（六）持之以恒地做好政策宣传和干部培训工作

朱镕基总理等中央领导同志多次强调要加强医疗保险等改革的宣传工作。现在各项改革已经进入实质性运行操作阶段，宣传内容也要进入实质性阶段。总的要求，既要加大宣传力度，又要把握宣传角度，掌握宣传尺度，以正确舆论导向营造改革的良好氛围。不要搞新闻炒作。但要注意宣传的针对性，讲究实用性，要层层抓，做到不留死角。要调整宣传重点，注意宣传形式。要在进行一般性政策宣传的同时，进行具体政策和管理办法的宣传，大力宣传服务宗旨。宣传内容要通俗易懂，宣传形式要为职工喜闻乐见。宣传的组织要有计划、有系统、有重点，充分利用各种新闻媒体进行长期的宣传解释工作，要把各级领导、兄弟部门、医院院长、新闻记者都请来向他们讲清改革的意义和政策，请他们一起来帮助进行宣传，使改革的宗旨和政策家喻户晓，争取最广大职工对改革的理解和支持。

要始终重视并坚持做好培训工作。机构改革后，很多从事医疗、工伤、生育保险的同志对业务还不是很熟悉，去年市长培训班后，不少地方反映有的地方市长又调整了，部里今年还要继续举办各种类型的培训班，医疗、工伤、生育保险都要办。培训工作也是一种宣传，而且是一种更重要的宣传。这种宣传带有很强的针对性。我们的培训工作，既要注意系统内的培训，也要注意系统外的培训；既要注意政策的培训，更要注意管理工作的培训；既要注意管理人员的培训，更要注意操作人员的培训。要通过这种多层次、多方位的培训，建立起一支政治过硬，业务精良，有理论，会操作，能打硬仗的医疗、工伤、生育保险管理队伍。

同志们，医疗、工伤、生育保险工作是维护广大干部职工切身利益，保证国家长治久安的伟大事业。我们已经开展的工作和取得的成就证明，只要我们坚决贯彻江泽民总书记“三个代表”的重要思想，坚持改革的方向和原则，改革就大有作为，就一定能取得成功。希望各级劳动保障部门的同志按照中央部署，在各级党委、政府的领导下，与有关部门密切配合，振奋精神，扎实工作，积极探索，全面完成今年的工作任务，开创新世纪医疗、工伤、生育保险事业发展的新局面。

以六中全会决定为动力　全面贯彻落实青岛会议精神　确保今年医疗保险改革任务的完成

——在全国贯彻青岛会议精神医疗保险工作汇报会上的讲话

王东进

（2001年10月11日）

这次全国贯彻青岛会议精神医疗保险工作汇报会，目的是督促检查各地贯彻落实青岛会议精神的情况，进一步推进医疗保险制度改革，确保今年医疗保险改革任务的完成。昨天，大家进行了一整天的交流，收获很大。我认为这次会议本身就是我们贯彻十五届六中全会精神和加强党的作风建设的一个具体行动。这次会议，一是讲套话、讲空话的少，讲实话、讲真话的多，既讲取得的成绩，也讲存在的问题，既看到进步又看到差距，也提出了今后努力的方向和具体措施；二是大家都聚精会神，珍惜这个机会，认真做好记录；三是抱着互相学习、互相交流、互相借鉴、互相启发的态度来参加会议。会议既是个汇报会，也是个交流促进会，会上有很多的经验值得大家借鉴。下面，我结合学习江总书记"七一"重要讲话和十五届六中全会精神，并结合昨天的汇报和会前了解的情况，讲三个问题：

一、认清形势，肯定成绩，进一步坚定医疗保险改革的信心和决心

今年7月国务院在青岛召开的全国城镇职工基本医疗保险制度和医药卫生体制改革工作会议，是继去年上海会议之后，国务院召开的第二次三项改革工作会议。会上，李岚清副总理作了重要讲话，对全国医改工作给予了充分肯定，并要求我们不断实践，不断总结，把三项改革逐步推向深入。这是一次十分重要的会议，是深入推进医疗保险制度改革的又一个难得机遇。会后，部党组立即进行研究，确定了今年下半年要抓好的四项工作；一是督促中央直属企业按照属地原则参加医疗保险；二是举办第二期全国医疗保险制度改革市长研讨班；三是做好在京中央单位参加北京市医疗保险制度改革的有关工作安排；四是对各地贯彻落实青岛会议精神的情况加强督促和指导。部里就贯彻青岛会议精神和李岚清副总理指示的情况向国务院作了报告。9月11日李岚清副总理批示：

"很好，要继续狠抓落实。"我们这次会议就是按照李岚清副总理的批示和部党组的部署召开的。青岛会议以后的时间不长，只有两个月，但从各地汇报的情况可以看出各地都对工作抓得很紧，这两个月可以说是我们医疗保险改革的又一高潮。总结这段时间工作有以下几个特点：

一是领导重视，工作抓得紧、抓得实。青岛会议一结束，山东、四川、北京等省市带队的省长市长就地召集有关部门研究贯彻意见；绝大多数省市都是政府的一把手主持常务会来听取汇报，作出部署，如四川省长张中伟同志、陕西省长程安东同志、湖南代省长张云川同志、江苏省长季允石同志、海南省长汪啸风同志等；还有一些省是省委省政府联合召开会议，两个一把手来听取汇报，如河南省委书记陈奎元同志、省长李克强同志等。青岛会议后各地领导把医疗保险改革工作提到的高度和重视程度是空前的。

二是围绕重点、难点问题，采取切实有效的措施，狠抓落实。青岛会议后，各地在落实上下功夫，采取了许多有效的措施，层层抓责任制。如黑龙江省把指标分解，层层签订目标责任制，河北、山西、广西等省份在实行有效目标考核的基础上，还建立了责任追究制度和通报制度。

三是作风比较深入，工作比较扎实。福建、山东、湖南、四川等省都派督察组下去，一个片一个片地抓。四川省开了三个片会，福建省一个市一个市，一个行业一个行业地做工作。这种做法就是贯彻六中全会决议的体现，改变了过去的满足于以会议贯彻会议，以文件贯彻文件的现象。

四是针对运行中出现的新情况、新问题，不断探索创新，解决矛盾，使制度更加完善，运行更加稳健。如上海市针对慢性病、低收入人群医疗费用控制的问题研究了很多新办法；福建省针对个人负担重，非基本药物使用比例大，医院配备的基本药物少等问题研究了一系列的措施和办法；海南省针对退休职工的医疗保险待遇与原单位的缴费挂钩问题、破产企业职工医疗费的补偿问题、控制医院大量使用目录外药品增加个人负担问题等，研究提出了解决办法。这些问题的解决既是改革的深化，也是制度的完善。

五是行业的医疗保险属地管理问题有了突破。这几年来大家说的最多、感到最头疼的是行业的医疗保险属地化问题。经过我们的努力，得到了国务院的高度重视。青岛会议之前，国务院办公厅召集了十几个行业部门负责人召开会议，研究有关措施。青岛会议上，李岚清副总理对这个问题做了重要指示。会后，已经有六个部门下发了有关参加地方医疗保险的文件，我们还会同中央金融工委和企业工委下发了医疗保险属地管理的文件。

在各级党委、政府领导下，在有关部门的密切配合下，经过各地劳动保障部门，特别是从事医疗保险工作的同志们的共同努力，青岛会议后，医疗保险制度改革在原有基础上形成了新的发展势头。截止到8月底，全国已经启动实施的地级以上城市达到318个，占应启动城市的91%，覆盖人数5 676万人。总体说来，医疗保险制度改革的开局是不错的，得到了国务院领导的肯定和社会舆论的认同。李岚清副总理在青岛会上说，城镇职工基本医疗保险制度刚刚建立的时候，能够做到收支平衡、略有结余，并且平稳运行，这是一个了不起的成绩。为什么讲是一个了不起的成绩呢？基金平衡、运行平稳当然是一个标志，但更主要的是，这次改革在制度创新、机制转换等方面取得了突破：

一是确定了新的制度模式，并在全国范围内推进改革。由于医疗保险制度改革是一项复杂的改革，各地情况又千差万别，在全国范围推进改革，"一刀切"不行，没有统一的制度框架也不行，照搬国外更不行。但我们经过试点，按照中央确定原则、地方分散决策的指导思想，确定了有中国特色的统账结合的医疗保险制度模式。现在看来，尽管运行方式还需要进一步完善，但基本制度是符合中国国情的。这种新的制度模式也得到了有关国家和国际组织的重视和认可。我们要向其他国家学习，现在可以说我们也有了可以向其他国家介绍的东西。

二是制定了基本制度框架和主要政策体系。既要符合改革的方向、基本原则和主要政策，又要切合各地实际，形成上下贯通、左右配套、前后衔接的制度框架和政策体系，这也是一个很大的突破。过去是边干边学、边学边改，这样做的好处是工作能很快动起来，弊端是有些东西一旦定型后，再想更正就很难，可能要付出几倍的代价。所以这次我们一开始就立规矩，先制定制度框架和政策体系，使改革从一开始就规范运行。

三是通过基本医疗保险制度的统一政策和医疗保障的统一管理，建立了医疗保险管理运行的合理机制。首先是统一机关事业和企业等各类用人单位的基本医疗保险制度，这不仅体现了社会公平，更大大提高基金的共济能力。其次是统一医疗保险管理。由单位管理转向社会管理，提升了管理理念，也增加了管理要求，这有着质的变化，而由原来不同政府部门分散管理统一到非医疗主管部门的劳动保障部门管理，则是形成促进医疗竞争和有效制约机制的基础。没有这个非医疗主管部门的统一管理，还是像李岚清副总理指出的，既当裁判又当运动员是不可能形成激励与制约相统一、医保与医药相促进的合理机制。

四是新型的基本医疗保险制度在全国大多数城市初步建立。在三年多时间里，全国有90%以上的地市实施医疗保险制度，近6 000万人参加了基本医疗保险，且保持基金平衡，运行平稳，这是具有战略意义的突破。这不仅证明了改革方向的正确，更树立了我们在这么大的国家推进这么一项艰难改革的信心和决心。

五是以基本医疗保险制度改革为动力，促进了医药卫生体制的配套改革向纵深推进。医药卫生体制的弊端并非始于现在，更不是在推进医疗保险制度改革后才出现的，但过去为什么改不动，现在为什么可以改，这就是中央作出“三改并举”决策的英明之处，就是李岚清副总理所一再强调的，要借医疗保险制度改革的动力配套地、同步地进行。

应当看到，这些突破性的进展，就是当前的大趋势、大格局，就是了不起的成绩的实质意义所在。这些突破是中央正确决策、各级党政领导高度重视、有关部门配合和各级劳动保障部门同志们共同努力的结果，取得这样的成就，确实来之不易。我们从事这项工作的同志都深有体会，对此，我们要有充分的认识，以坚定改革的信心和决心。但同时必须看到，医疗保险制度改革和其他新生事物一样，要与时俱进，不进则退，不进则败，不进则垮。从长远看，目前取得的成绩只是阶段性的，毕竟只是这项事业的一个开端，与国务院的要求和今年医改目标相比还有很大差距。现在已经是第四季度，距离年底还有两个多月时间，要实现今年覆盖8 000万人的目标还有一大截距离，形势不容乐观。主要的问题是广州、武汉等一些大城市尚未启动，已启动的城市覆盖面窄，中央行业属地参保落实情况不理想，还需要劳动保障系统上上下下继续付出艰苦的努力。一些地区进展慢，有客观原因、外部因素，但更主要的是要查找我们自身工作的不足。这几年来，在抓医疗保险改革过程中，我的一个体会就是，开展医疗保险制度改革，经济环境是一个重要条件，但不是决定因素，决定因素是人，是工作。哪个地方用人得当、工作得力，哪个地方工作就有起色。一些地方的医疗保险工作长期搞不上去，从劳动保障部门找原因，主要是三条：一是政策不清，情况不明，不能充分发挥参谋助手作用；二是遇到问题不想办法，即使拿出了思路和办法又协调无方，形不成共识，形不成合力，因而怨天尤人；三是缺乏信心，缺乏锐气，畏首畏尾，裹足不前。我说这些不是抹杀这些地方的工作，而是希望大家有个清醒的认识，振奋精神，集中精力和思想，动脑筋想问题，积极努力地工作。俗话说，困难与希望同在。如果我们各自对照，认真地找出自己工作中所存在的问题，并加以解决，这也就是我们的潜力和希望所在。

二、紧扣重点，狠抓落实，确保今年医疗保险改革任务的全面完成

从现在到年底，只有两个多月了，但还有2 300多万人的覆盖任务没有完成。现在关键是要按照李岚清副总理要求和部党组的部署，狠抓落实。抓落实就是要围绕完成今年覆盖8 000万这个中心任务，全面促进各项工作。8 000万的目标不能有丝毫动摇，要坚决抓落实，年底要通报落实情况。

（一）抓二带三，狠抓启动、扩面

抓二带三，就是从全国面上来说，抓好两个重点，一是大城市，二是中央单位属地参加医疗保险；同时带动三个方面的工作，一是县级统筹地区启动实施，二是非国有企业人员参保，三是困难企业参保。

第一，抓大城市，特别是直辖市和省会城市的启动和扩面。目前还有广州、沈阳、武汉、长春、太原、贵阳、兰州等7个省会城市没有启动实施，武汉、兰州、长春等市职工人数都占了全省的30%以上，7个城市职工总数达1 100多万人，这些城市不启动，不仅影响本省今年改革任务的完成，也影响全国改革任务的完成。

为什么要重点抓大城市，特别是直辖市、省会城市？一是这些地方都处于中心城市的地位，他们的工作搞好了，对周边地区有着良好的示范和带动作用；二是这些城市处于改革的中心位置，国有企业多，各方面情况比较复杂，是各种矛盾和问题的焦点所在，改革任务紧迫，也易于突破；三是职工人数多，占全省的比重大；四是这些城市的经济基础、人员素质、管理基础相对好于其他城市。这些地方不动或覆盖面小，负作用很大。不能要求其他地方改革，而中心城市不改；在一个城市，不能一部分职工参加改革，而另一部分职工不参加改革。何况这里还有一个执行中央决策是否坚决和政治纪律的问题。

去年办第一期市长班的时候，有200多个市长参加了培训，会后有70%的地市启动了，包括南京、杭州、福州、哈尔滨、郑州等一批省会城市和大城市。为了推动大城市的启动工作，今年6月部里在广州召开未启动城市座谈会，8月又在哈尔滨举办了第二期市长培训班，可直到现在还有一些大城市仍然没有启动。从改革一开始我就讲，全国都动了，北京、上海不动，不能说全国的改革成功了；如果全省其他地方都动了，省会城市不动，我看也不能说你那个省的工作搞好了，因为省会城市是省首脑机关所在地。这里我想起吴邦国副总理在研究两个确保工作时讲的一句话：不能借口困难掩盖我们工作上的问题。论城市大，不及北京；论城市老，不及南京；论困难，不及西宁，还有什么理由拖着不动呢？再拖下去，只能是增加政府的负担，增加改革的难度和成本，使工作更加被动。现在这些城市中多数都表示年内一定如期启动，各省要抓好落实。

同样，大城市也是扩面的重点。现在一些城市虽然已经启动了，但覆盖面较窄，只是在原公费医疗人群和少数效益好的企业中运行，还有少数城市覆盖面小得可怜。如天津市参保职工只有12.7万人，占职工总数的4%；重庆市参保职工26.9万人，占应参保职工总数的7.9%，这种盆景现象严重制约了医疗保险大数法则作用的发挥，严重扭曲了制度框架和政策体系的机制效应，严重影响了改革的效果和形象。覆盖面过窄，基金抗风险能力就差，新制度即使建立起来了也不稳定。这类地区必须加大扩面力度，努力完成覆盖面占应参保职工50%以上的任务。

第二，抓中央、省属单位及职工属地参保。一些中央直属企业不按照属地管理原则参加地方基本医疗保险，是当前医疗保险制度改革中十分突出的一个问题。据初步统计，中央直属企业职工和退休人员总计约2 200万人，其中，金融、保险、交通、邮电、电讯等行业职工和退休人员就达1 000多万人。目前，大多数中央直属企业还没有按照属地管理原则参加所在地的基本医疗保险。中央直属企业不按照属地原则参加基本医疗保险，会降低基本医疗保险基金统筹互济的能力，使困难企业参保问题更加困难；同时，也对省直甚至地直企业的参保产生消极示范作用。这些都直接影响基本医疗保险覆盖面的扩大。各地对此反映强烈，中央决心也很大。今年全国基本医疗保险制度覆盖8 000万人的工作目标能否实现，关键之一就取决于能否尽快落实属地管理原则。

为什么要强调属地管理问题呢？这是我们这次会议要解决的重要问题，我想有这么几层意思。首先，这是社会保险的应有之义，属地管理的实质是社会化管理。其次，这是大数法则、共济性原理的本质要求，社会保险本身就是一种收入再分配调节，是实现社会公平的有效手段。市场竞争是无情的，今天效益好的企业作些贡献，明天也有可能得到别的企业的帮助。再次，医疗保险实行社会化管理，既明确了政府和单位对职工所承担的各自责任，减轻了单位社会事务负担，也有利于增强基金的抗风险能力。过去，养老保险搞行业统筹是有教训的，一方面没有减轻这些行业的企业负担，另一方面整个养老保险基金的共济能力也削弱了。因此，大家一定要统一思想，提高认识，有针对性地做好宣传解释工作。

现在中央直属企业不愿意参加地方基本医疗保险，一个最主要原因是其工资收入水平和医疗消费水平普遍高于地方，怕参加基本医疗保险后吃亏，医疗保险待遇水平下降，甚至还会增加支出。其次是强调上级主管部门没有发文，参保后资金没有列支渠道。三是铁路、电力、中国远洋运输等行业企业强调其跨地区、流动性特点，表示按属地原则参加基本医疗保险确实有一定难度。对此，我们的态度主要有三个方面：一是政策方面要有灵活性，可以采取一些过渡办法。如少数生产流动性大的、跨地区中央企业，参加一个地方医疗保险确实有困难的，作为过渡措施可以按照“统一政策、统一待遇、基金互济、委托管理”的方式起步，至于基金如何互济和委托管理的具体方式，可由所在省市与中央企业具体协商，必要时部里可以适当协调，但无论何种管理方式都要纳入统一的医疗保险信息管理系统，实现信息共享和有效监督。各统筹地区要把符合条件的中央直属企业的医疗机构纳入基本医疗保险定点医疗的范围，充分利用这些医疗机构的现有资源。二是工作态度要好。既然是社会化服务，我们就要贯彻六中全会精神，搞好作风建设，也就是说我们要有一个好的作风来抓行业的参保。三是方便就医，简便结算，提高服务质量。既要讲清政策，讲明道理，消除其认识误区和思想障碍，又要实事求是地采取相应的办法和措施，解决这些单位参保中的实际困难。

总之，中央直属企业能否按规定参加地方基本医疗保险，关系到国务院的《决定》能否不折不扣地贯彻落实，关系到基本医疗保险制度框架能否不走样地建立，关系到基本医疗保险覆盖面能否扩大，关系到医疗保险制度改革能否顺利推进。这是一件大事，希望大家高度重视，坚决贯彻国务院《决定》和青岛会议精神，保证政令畅通。希望同志们回去以后，赶快行动起来，结合当地实际，研究具体的贯彻措施和办法，千方百计抓好落实。

第三，抓县级统筹地区的启动和扩面。县级统筹地区数量比较多，现在全国还有

270个县没有启动基本医疗保险，这是一个很大的问题，也是扩面工作很大的潜力。在这些地方，职工要求改革的呼声很高，随着医疗保险的不断深入、地方机构改革的逐步到位，医疗保险应当作为当前的一项重要工作来抓。抓县级统筹地区启动要注意几个问题：一是启动不要高标准。二是不要强求搞计算机网络，人数不多手工操作也完全可以。我们不要一开始就以没有计算机为借口，不启动。北京、上海这些大城市，每个月要处理几千万个数据，没有计算机不行。而一个县几千、万把人，没有计算机系统完全可以手工起步，低水平起步。三是人员要培训好。省里抓培训，要重点抓好县级医疗保险管理人员的培训。

第四，要关注非公有制经济组织及其职工参保问题。江总书记在“七一”讲话中指出，改革开放以来，我国的社会阶层构成发生了新的变化，出现了民营科技企业的创业人员和技术人员、受聘于外资企业的管理技术人员、个体户、私营企业主、中介组织的从业人员、自由职业人员等社会阶层。而且，许多人在不同所有制、不同行业、不同地域之间流动频繁，人们的职业、身份经常变动。医疗保险改革要适应这个新形势、新变化，这个问题处理不好，难以适应市场经济条件下多种所有制经济共同发展和市场导向的就业机制的需要，同时也难以应对我国加入 WTO 和人口老龄化的挑战。目前，这部分人群参保面较小，扩面的余地很大。我们要加大工作力度，抓紧研究制定这部分人员参保的具体政策和办法，逐步完善有关政策。

第五，妥善处理好困难企业及其职工参保问题。这是一个不小的群体，是最迫切需要医疗保障的一部分人，也是改革的坚定拥护者，长期将这些人拒于基本医疗保险之外，于情于理都讲不过去，也不符合“三个代表”思想的要求。最近，江总书记在十五届六中全会上讲，“抓党的作风建设，出发点和落脚点都要归结到始终代表最广大人民的根本利益上来，归结到立党为公、执政为民上来，归结到关心群众疾苦、全心全意为人民服务上来”。并强调指出，“当前，尤其要关注下岗职工、困难企业职工、城镇贫困人口、贫困地区群众、受灾地区群众、工资被长期拖欠的基层干部等困难群体，把他们的工作和生活切实安排好”。并且还说“要标本兼治，当前关心这些群体就是最重要、最紧迫的治本”。我们要认真落实江总书记的讲话精神和“三个代表”的重要思想。目前，基金运行比较平稳，属地管理有望于近期取得实质性进展，我们有能力、也到了该解决这个难题的时候了，这个问题是绕不过去的。要以积极稳妥的态度，认真研究一套切实可行的具体政策和办法。

（二）要把医疗保险制度的管理措施落实到医疗保险服务中去

我始终强调管理的重要性，医疗保险的成败在于管理。我反复讲过，医疗保险三分政策、七分管理，管理是核心，是关键，对这个问题怎么强调都不过分。目前，在医疗保险管理中，一些地方出现了很令人担忧的现象。“十一”前，我转给部医疗保险司一份参阅资料，反映在我们的一个省会城市的一些定点零售药店，医疗保险卡变成了购物卡，用起来比信用卡还方便，不仅可以购买各种药品和保健品，连香油、洗涤剂、冬菇等日用百货和副食品也可以刷卡消费。这个省的同志“十一”期间做了突击检查，确有其事，现在正在处理之中。这样下去，怎么得了。怎样防止这些问题的发生呢？当前，我看在劳动保障系统内部要进一步树立三个观念、处理好三个关系、抓好三个环节。

树立三个观念：

首先是要树立基本保障观念。建立基本医疗保险制度的目的是为了保障职工的基本医疗需求，努力提高人民的健康水平，这就是我们的宗旨，是职责所在，也是实践“三个代表”重要思想的具体体现。什么时候我们都应当把广大职工的根本利益放在首位，不能舍本求末，更不能本末倒置。

二是要树立基金平衡观念。基金收支平衡是医疗保险工作的基础和技术支撑，否则，再好的制度也维持不下去。我们什么时候都不能松了这根弦，更不能小有积累，就忘乎所以。对基金平衡问题一定要进行认真分析，做到心中有数，不能拍脑袋凭感觉。

三是要树立公共服务观念。现代管理学强调要以人为本，医疗保险是直接为广大老百姓服务的，是联系党和群众的桥梁和纽带，全系统上上下下都要进一步强化服务意识，努力提高服务水平，寓管理于服务之中。不仅要对职工参保、就医提供优质、便捷的服务，而且对定点医疗机构，对中央直属企业，对所有的协作单位和人员等都要有服务的思想。

处理好三个关系：

一是费用控制和服务保障的关系。控制是手段，不是目的，保障才是目的。要理直气壮地抓控制，真心实意地搞好服务。我们对个别人、个别医疗机构规范行为的控制，是为了保障绝大多数参保人的基本医疗权益。没有基金收支平衡，保障基本医疗就成了空谈。现在各地基金有一些结余，但决不能高枕无忧，决不能因此而放松管理，放宽基金支付的范围和标准。我们要清醒地看到，在退休人员多的企业现在还有不少没有纳入保险范围，改革前突击看病、突击购药的影响也还存在。更重要的是，医疗机构的很多改革措施还没有到位，我们医疗保险的管理经验也还不足。根据以往试点经验，下半年基金往往较上半年吃紧，改革后期往往较前期吃紧，大家千万不能有松口气的思想。最近长沙市调查反映，今年7月与去年同期相比，每个住院人次费用上涨了40%，这给我们敲响了警钟。

二是政策调整与个案处理的关系。社会保险的政策要保持稳定性和连续性，不要朝令夕改。但不是说我们的政策不调整、不完善，不要把频繁的调整视为完善的表现。现在一些地方听到一些职工反映个人负担太重，报销范围太窄，标准太低，基金结余太多，就沉不住气了，于是就调整政策，放宽范围，放松管理，还美其名曰完善制度，当做经验介绍。我听说有的地方已经将门诊特殊病种从最初的几种放宽到十几种，几十种，这是一种很危险的做法。现在改革才刚刚开始，参保的多数是原公费医疗人群和效益好的企业，真正困难的还没有进来，有的地方还预收了一定的保险费，是不是真正的结余，可能三年以后才能显现出来。现在就急于较大幅度地调整政策，为时尚早。这不是说对发现的问题不解决、不处理，在总体上保持稳定的前提下，有些事情可以个案处理。当然这里也不排除有些政策调整是完全必要的，比如，黑龙江的一些贫困县下调筹资比例，一些地方出台大额医疗补助办法等。总之，各地在政策的制定、执行和调整时，始终要持科学慎重的态度，切忌轻率从事，要注意保持制度的稳定性和政策的连续性。

三是处理好基本医疗保险与多层次医疗保障体系的关系。基本医疗保险是基础，是核心，是前提，多层次医疗保障体系是有益的补充，两者互相依存、互相促进。有的同志可能认为，基本医疗保险还没搞好呢，哪有精力搞补充。但事实证明，有很多地方启动难、扩面难，主要原因就是因为大额医疗补助、公务员医疗补助等有关政策迟迟不能出台，原公费医疗人群和企业职工有意见，影响了领导的决心，影响了群众的信心，影响了改革的进程。所以，我们还是要强调同步实施，一手抓基本医疗，一手抓多层次医疗保险体系，不能顾此失彼。

抓好三个环节：

就是要重点抓好目录管理、定点管理、结算办法管理，也就是我们通常说的“三二一”，这是我们工作的三个“抓手”和三个重要手段。就是要按照国家出台的三个目录、两个定点、一个结算办法抓好医疗服务管理，正如李岚清副总理在青岛会议上所提出的，要把医疗保险制度的管理措施落实到医疗服务中去。现在办法都已经有了，关键是抓好落实。

之所以强调这一点，是因为在实际工作中还存在着医疗机构和医疗保险制度的管理不协调的问题。前面讲的某省会城市定点零售药店是个很突出的例子。上海市机械厂工人巢鸿易以代母配药的名义，不到4个月时间到20余家医院配药500余次，致使医保机构多开支4万多元，巢售药后牟利1.6万多元，这个案子也很典型。还有一些参保职工反映改革后医疗待遇下降过多，个人负担过重，其主要原因就是医疗服务管理不到位。从我到几个地方调研看，许多医院多开药、开贵药、开自费药，分解处方、分解住院，避开了医疗保险管理，增加了基本医疗保险外的个人负担，反而引起老百姓抱怨医疗保险改革。这种做法不利于三项改革，必须切实加以改正。

第一个环节，是三个目录的制定和执行问题。基本医疗保险药品目录、诊疗项目和医疗服务设施范围和标准的制定，是基本医疗保险服务范围的具体界定，是控制基本医疗保险基金支出水平的重要手段。各地要结合当地实际，运用和执行好这个目录，不能简单地一定了之。现在很多地方反映，定点医疗机构目录内的药品很少，大量开自费药，增加了患者的负担。我去福建调研，他们针对这个问题，采取了规定定点医疗机构的医疗保险药品目录的配药率，限制自费药负担在全部医疗费用支出的比率等措施，最近他们报告采取这些措施后，个人负担重的问题大大缓解。现在他们在已有成果的基础上又提出了全年目标：根据不同类型的医院，目录内西药备药率要达到75%～90%，中成药备药率达到50%～60%；目录外医疗费用占医疗总费用率控制在8%～10%。为了加强医疗费用的监控，他们还建立了月通报分析制度、目录外费用分析制度、三指标警戒线制度、现场办公制度等。银川等城市也采取了类似举措。这种工作作风和工作方法，很值得各地学习和借鉴。

第二个环节，是对医疗机构和药店实行定点管理。引入需方竞争机制，这不仅有利于基本医疗保险加强医疗服务管理，同时也将促进医药卫生体制改革。医疗服务市场是一个卖方市场，具有很强的专业性和垄断性，病人和医生之间信息量不对称，容易出现医生诱导病人使用过量的医疗服务。如果在基本医疗保险制度改革中不打破这种垄断，将难以有效控制医疗保险基金支出水平。当前，要注意将有条件的社区卫生服务机构和企业医疗机构纳入定点范围。作为主管医疗保险的职能部门，我们就是要加大对定点医疗机构的监管力度，通过对定点医疗机构实施年审和考评办法，发挥准入制度和退出机制的作用，把好入口和出口关，确实保障参保人员的合法权益。

第三个环节，是制定医疗保险费用结算办法。这是控制基本医疗保险基金支出水平的关键。基本医疗保险制度要健康运行，就要做到财务平衡。如果严重超支，就会搞得天怒人怨，政府不满意，参保人不满意，医院也不满意，这个制度就会垮台。当前工作的重点就是要进一步完善结算办法，确保统筹基金收支平衡。

我为什么要再说这个问题呢？因为在这个方面，我们有的同志还有疑虑，有的同志担心管不了，有的同志抱怨医疗卫生机构不配合没法管。对此，我再强调三点：一是对定点医疗机构提供的服务进行管理是医疗保险管理的重要环节，是签订定点协议的重要内容，是劳动保障部门的重要内容，也是建立新机制的基础条件；二是我们管定点医疗服务是代表广大职工利益的，不仅要管基金平衡，还要管医疗服务质量，这符合“三个代表”的要求和三改并举方针，否则我们就是失职；三是在管理上主要是靠规范、靠协议、靠机制，靠三个系统（即信息系统、监控系统和预警系统）的建设和作用的正常发挥，同时要提高我们自身的管理水平，要寓管理于服务之中。

（三）建立多层次的医疗保障体系，妥善解决有关人员的医疗待遇

建立多层次医疗保障体系，是《国务院关于印发完善城镇社会保障体系试点方案的通知》（国发〔2000〕42号）中提出的明确要求，李岚清副总理也有过专门批示。目前改革中出现的一些问题也说明，有关人员的医疗待遇问题如果处理不好，不仅影响群众对改革的信心，而且影响领导决策。当前各地要重点建立公务员医疗补助、大额医疗补助和离休人员医疗保障机制。这方面的政策已经很清楚了，这里再强调几个问题：

一是公务员医疗补助资金不能打入个人账户，在这方面我们是有一些教训的。如有的地方将全部资金划入个人账户，公务员医疗补助变成了个人补贴或附加工资，违背了改革的初衷；还有的地方将一部分资金打入个人账户后，公务员补助资金吃紧，待想抽出来时已经不可能了。这些教训各地要汲取。

二是对职工大额医疗费用补助不能太放手，要加强监管。据说有的地方搞商业保险，为了部门的一点蝇头小利，让政府和参保职工吃了大亏。这个问题我曾多次强调过，各地要引起重视。有条件的地区，还可以积极探索企业补充医疗保险办法，以满足效益好的企业高层次的医疗需求。

三是各地要抓紧建立健全离休人员医疗保障机制和管理办法，尽快落实中共中央办公厅、国务院办公厅厅字〔2000〕61号文件精神，从制度上、机制上解决离休干部医疗费拖欠问题，切实提高管理水平和服务质量。

此外，各地还要积极探索建立社会医疗救助等有效途径和办法。当前特困人群的医疗问题比较突出，已经成为社会又一个不稳定因素。现在上海等一些地方已经在探索建立社会医疗救助制度，解决特困人群医疗问题。对这些做法各地可以借鉴和进一步研究。同时，各地也要研究和妥善处理出中心下岗人员、破产企业退休人员、个体户、非正规就业人员等群体的医疗保障问题。

（四）实行目标管理，加大监督检查的力度

实行目标管理，层层落实责任制，关键是要抓落实。现在已经是第四季度了，当前的重点就是要搞好督查。

督查什么？近期就是要围绕完成今年医疗保险工作任务，督查启动，督查扩面，督查中央省属单位属地参保等任务的落实情况。

谁来督查？作为主管部门，各级劳动保障部门要认真按照李岚清副总理关于“要继续狠抓落实”和“对落实情况实施严格的检查”要求，在狠抓组织推动的同时，要逐级督查落实情况，确保今年任务的完成。地方各级劳动保障部门要根据年初目标计划要求，针对当前形势，找出各自实际情况与目标之间的差距，认真分析影响当地改革进程的主要矛盾，确定年底前工作的重点，有的放矢地采取相应对策和措施。年底前，各省要及时向部里反馈所辖地区医疗保险启动实施和扩面的最新进展情况，重大情况及时通报。

什么时间督查？从这个月开始，各级劳动保障部门都要做好充分准备，首先底数要清。这次会议算是一次督查，从汇报的情况看，有的地方得了高分，有的可能还不及格。尽管大家已经非常辛苦了，但还是要发扬连续作战的顽强作风，继续苦战第四季度，目标只有一个，千方百计完成今年的工作任务。部里在11、12月还要会同两工委、有关行业等一起到各省督促、检查、验收。

（五）统筹兼顾，协调推进工伤、生育保险工作

工伤、生育保险工作是社会保障体系的

重要组成部分，也是年初部署的两项重要工作，希望大家认真抓好。有关具体工作，我在2月份召开的郑州医疗保险工作座谈会上已经进行了部署。但从目前的情况看，这两项工作进展还比较慢，特别是今年上半年两个险种的参保职工都出现了负增长，这是始料不及的，也是很不应该、很不正常的。这两方面的工作，下午医疗保险司还要专门讲，这里我提几点要求。

一是工伤保险要紧紧抓住《工伤保险条例》出台的有利时机，全面部署推动工作。当前，随着我国市场经济体制发展，国有企业优化重组，非公有经济的增加和劳动用工制度的改革，工伤保险改革滞后问题日益突出。工伤保险覆盖面还比较窄，今年上半年参保职工为4 182.2万人。一些非公有制企业、集体企业劳动安全、卫生条件差，工伤事故频繁发生。现有的工伤保险政策也不完善，破产企业工伤人员安置问题、老工伤人员的待遇问题等难以解决，群体性上访事件时有发生，工伤争议案件纠纷逐年增加。

工伤保险出现上述问题的原因是多方面的，但主要是现行工伤保险政策的法律地位不高，再就是思想认识和工作方法上的问题。为了顺应形势发展的需要，我部通过调研，决定将制定《工伤保险条例》列入今年工作计划。目前已经完成前期起草工作，并上报国务院法制办，现正由国务院法制办征求各地意见。我们要统一思想，统一认识，抓住这个历史机遇，振奋精神，努力工作，使工伤保险制度改革有一个大的发展。

二是生育保险要借《中国妇女发展纲要(2001—2010年)》颁布的东风，乘势而上。目前，全国生育保险工作进展基本顺利，截止到2001年上半年，全国参保职工2 844万人，已有12个省、区出台了生育保险地方法规。

今年5月，国务院下发了《中国妇女发展纲要(2001—2010年)》(以下简称《纲要》)，提出生育保险的发展目标是“城镇职工生育保险覆盖面达到90%”。为了全面贯彻《纲要》提出的目标要求，我部目前正在积极制定落实《纲要》的实施方案。《纲要》是我国政府对世界作出的庄严承诺；实施方案是劳动和社会保障部门对国家和人民的承诺。各地要按照目标要求加紧制定工作规划，认真履行职责，保证生育保险工作任务顺利完成。

当前要继续稳步扩面。各地要认真研究制定推进生育保险工作规划，分解任务指标，加大指导和监督力度，将覆盖范围逐步扩大到三资、私营等非国有企业。进一步拓宽生育保险基金来源渠道，增强基金的调剂功能。没有开展生育保险工作的地区，要结合医疗保险制度的改革制定规划，研究工作方案，尽快将生育保险工作纳入工作日程，力争年底任务的顺利完成。

三是抓住三改并举的有利契机，提高工伤、生育保险的服务管理水平，使医疗、工伤、生育三项保险同步发展。医疗、工伤、生育保险有一个共同的特点，这就是都为参保职工提供一定的医疗服务，只不过针对的人群不同，政策有所差异。这里都有一个加强医疗服务管理，提高医疗服务水平的问题。贯彻青岛会议精神，实行三改并举，对工伤、生育保险同样是一个难得的发展机遇，从某种意义上说，工伤、生育保险应当为参保职工提供更加优质的医疗服务，使他们体会到党和政府的关怀和温暖，这其中的道理不说大家也知道。实际上，不论在部里还是到地方，对于劳动保障部门来说，医疗、工伤、生育保险是分工不分家，在座各位基本上都同时负责这几项工作，在工作摆布上，要注意协同推进，互相呼应，在制定有关政策和措施方面，要互相借鉴，取长补短，少走弯路。

三、学习“七一”重要讲话，改进作风，及早谋划明年医疗保险改革的工作思路和举措

在全国上下认真学习江总书记“七一”重要讲话，深入贯彻落实“三个代表”重要思想的关键时期，党的十五届六中全会胜利召开了。会议审议通过了《中共中央关于加强和改进党的作风建设的决定》《关于召开党的十六次全国代表大会的决议》，江总书记在全会召开前夕和全会闭幕时都作了重要讲话。这是全党全国人民政治生活中的一件大事，是我们党进入新世纪后召开的一次十分重要的会议。党的十五届六中全会通过的决定，提出党的作风要八个坚持、八个反对，从党的思想作风、工作作风、领导作风、生活作风等各个方面，全面系统的阐述了党的作风建设的重要内涵，是我们党50年执政和改革开放以来党的作风建设的经验总结和理论结晶。我们从事医疗保险工作的同志，一定要结合当前工作的实际，深入领会、贯彻好全会精神，切实转变作风，以崭新的精神风貌，扎扎实实地做好我们的工作。

（一）切实加强医疗保险干部队伍的思想和作风建设

医疗保险工作涉及千家万户，与广大职工的切身利益密切相关。我们的工作如何，作风如何，直接关系到广大人民群众的利益，直接影响党和政府在人民群众中的形象和威信，正如有的同志讲的，我们是贯彻“三个代表”的前沿阵地；我们的工作是落实“三个代表”的生动体现；我们的行动是实践“三个代表”的重要标志。去年，部党组根据朱总理“强化管理、从严治政”的工作要求，提出了三抓一加强。按照部党组的要求，这些年来，大家顽强拼搏，开拓进取，我们才取得了今天的成绩，同时也锻炼、成长了一批骨干队伍。但是也要看到，目前，我们的机构还不健全，思想、作风建设与中央和广大群众的要求还有一定差距。今年7月我在医疗保险司全体干部会上曾提出了几点希望，也可以说是对我们系统从事医疗保险工作同志的希望。

一是要加强工作的计划性、前瞻性和系统性。现在我们在有些工作上比较被动，反映问题也不够快，政治上还不够敏锐。以后要加强认识问题的敏锐性和反映问题的快速性，在工作中更加及时地发现和解决问题，并且积极主动地向上反映问题。

二是要处理好调查与研究、观察与思考、工作与总结的关系。六中全会对各级干部的调查研究提出了明确的要求。现在有的同志调查不少，但研究不够，没能及时提出对策性建议；看到了问题，但深入思考不够，更难有上升到理性的认识和分析；工作做得多，但总结不够，缺乏理性思考和提炼升华。

三是要有韧性，不能有厌战情绪。对于这项工作，要坚定不移，坚持不懈，坚韧不拔，要经得起各种风吹雨打。用李岚清副总理的话说，医疗保险改革是开天辟地的事业，任重而道远，我们现在只是万里长征走了第一步，同志们不能有丝毫的懈怠。从总体上说，现在改革进入了组织实施阶段，管理操作层面上的情况会更具体，也更复杂，具体矛盾也会更多，这些都需要我们具有娴熟的技巧和管理艺术，及时发现解决。

当前来说，要在以下几个方面下功夫。第一是要加强学习。要与时俱进，就得不断学习，不断创新，别无他途。我没有别的爱好和兴趣，但学习从来不敢放松。越学习越感到知识不够用，不学习就感到就跟不上形势。讲学习首先是要学习江总书记的“七一”讲话，学习十五届六中全会精神。然后就是业务学习。我们每个人都要成为内行，成为专家。以后我们每个人都要成为医疗保险专家。大家都要养成学习的兴趣、学习的习惯，要有一天不学习就觉得若有所失才行。第二是要加强调研，在整个系统内都要

大兴调查研究之风，要善于发现问题，研究问题，解决问题。我曾经说过，力量在基层，智慧在基层，解决的办法也在基层。都知道医疗保险是世界性难题，难题的解决靠什么，靠大家深入调研，集中群众的力量和智慧来研究攻克。第三是要提高组织领导能力。我们每个同志都把着一摊工作，没有组织领导能力不行。要提高组织领导能力，首先是要善于谋划，要能出思路，再一个是判断和选择，最后是协调、实施。我们现在比较缺的是谋划。古人云“疑行无成，疑事无功”，你自己都没有一个主心骨，没有一个准主意，叫领导怎么拍板。现在形势发生了变化，逐步转移到组织管理上面。随着形势的变化，我们的工作重点和方法也要转变。要提高协调能力，要善于通过协调、协商形成共识，以利于领导决策，这些工作做好了才能做到高效。

当前，对从事医疗保险管理的人员要求是，一要敬业；二要懂行；三要钻研。要有求真务实，与时俱进的时代精神。各地要把住进人关，同时，还要始终坚持不懈地培养人，对已经进来的人，要有针对性地做好培训工作，尽快提高他们的政策水平和业务能力。

（二）统筹谋划明年工作

明年对于我们大家来说，都是很重要的一年。《决定》颁布实施已经第四年了，医疗保险制度改革将迈入新的发展阶段。医疗保险制度改革是本届政府的五项重点改革之一，明年是本届政府任期的最后一年。同时，明年下半年要召开党的十六大，我国已经加入WTO，医疗、工伤、生育保险改革将面临新的形势，也会遇到许多新情况、新问题。明年医疗保险改革的总体思路是什么，重点是什么，主要举措是什么，采取什么样的推进方式等等，各地在抓好今年工作的同时，从现在起就要统筹兼顾，及早谋划明年工作，希望给部里提出建议。

我初步的想法，明年的工作还是要落实“三个代表”，坚持三改并举，紧扣重点，完善体系，狠抓管理，稳步扩面，提高我们的管理服务水平，确保医疗保险制度稳健运行。同时，以推进医疗保险改革为龙头，全面带动其他各项工作。明年工作的重点是要抓体系建设和抓管理服务，大体上为五个方面，即五个立足于：一是立足于建立多层次医疗保障体系，有针对性地提出完善措施；二是立足于新制度稳健运行，夯实基础规范管理；三是立足于提高医疗保险管理的服务质量和水平，进一步搞好医疗保险干部队伍建设；四是立足于落实广覆盖的方针，发挥保险大数法则的作用，积极稳妥地扩大覆盖面；五是立足于创造良好的社会保障氛围，提高社会的认知和参与程度，加大医疗保险的宣传培训力度。这是对明年工作的一个初步考虑，而要想做好明年的工作，就一定要完成今年8 000万人的参保任务，为明年的工作打下一个基础。

同志们，医疗保险改革是维护广大人民群众切身利益，保证国家长治久安的伟大事业，随着改革的不断推进，我们还有许多新情况、新问题需要深入研究和探索。希望大家在党中央、国务院的正确领导下，按照江总书记“三个代表”重要思想的要求，乘着党的十五届六中全会的东风，以思想上更加贴近群众、工作上更加依靠群众、作风上更加深入群众的精神风貌，在各级党委、政府的领导下，与有关部门密切配合，振奋精神，坚定信心，扎实工作，确保今年任务完成，不断开创医疗保险制度改革的新局面。

在北京市再就业援助行动暨社区就业推进大会上的讲话

劳动和社会保障部副部长　张小建

（2001年8月10日）

很高兴有机会参加这个大会，今天我和部里培训就业司申奉澈副司长一起来开会，一是来学习；二是代表劳动保障部，对北京市的工作表示支持，表示我们部里与市里共同搞好这项工作的决心和态度。

近几年来，北京市在下岗职工基本生活保障和再就业工作中进行了积极的探索，实施了再就业培训伙伴计划，鼓励发展劳务派遣组织和公益性就业组织，建立对特困人员托底安置机制。这些措施对促进下岗职工再就业起到了积极的作用，使下岗职工再就业率逐年上升，今年上半年，在明确下岗职工不再进中心，推进下岗向失业并轨的过程中，北京市的再就业率达到了50%，比去年同期提高了8个百分点，这是一个需要付出巨大努力才能达到的指标，是一个了不起的成绩。今天，北京市再就业工程领导小组专门召开再就业援助行动暨社区就业推进大会，安江同志、鸿祥同志亲自到会，充分体现了市委、市政府对这项工作的高度重视，体现了市领导解决好北京市就业问题的决心和魄力。这次会议的安排也很有新意，一方面高举再就业援助的大旗，体现政府对下岗职工、失业人员的关怀，另一方面下大力气推进社区就业，把社区就业作为再就业援助行动的重要内容，切实为援助对象提供一批岗位，促进他们再就业，使其基本生活得到根本保障。北京市13个部门制定的《关于发展社区就业的意见》，提出了一些很有操作性，力度很大的政策措施，对完善社区就业服务体系也提出了明确的要求。我相信，在北京市各级政府的领导下，经过有关部门的共同努力和认真贯彻实施，一定会取得很好的效果。

刚才几个区的经验介绍，不仅有一些共性的经验，也有一些有特色的创新：宣武区开展的“塔式就业指导”，不仅使下岗职工转变了观念，而且使他们从被动的援助对象变为社区就业的开发者和参与者；朝阳区以社区对保安的需求为突破口开发就业岗位；丰台区针对社区就业需要开展培训。这些经验给我们启发很大，说明只要方向明确，抓好工作落实，在解决下岗职工再就业这个大难题上是有办法、有出路的，经过努力，是可以大有作为的，是可以取得成效的。下面，我结合介绍部里和全国再就业援助行动和推进社区就业的工作情况讲几点意见，供大家参考。

一、认真学习“七一”重要讲话，进一步强化对做好劳动保障工作的认识

江总书记“七一”重要讲话，系统科学地阐述了“三个代表”重要思想的丰富内涵和精神实质。我们要从实现“三个代表”要求的高度，认识劳动保障工作的意义，努力做好工作。最近，我们部党组理论学习中心组多次组织学习，张左己部长归纳大家的学习体会，联系劳动保障工作实际，就学习“七一”讲话作了重点发言。他指出：劳动者是生产力中最具有决定性的力量。劳动保障工作的对象是全体劳动者，这项工作做得好坏，涉及广大人民群众的切身利益，直接影响到先进生产力的发展，事关经济发展和社会稳定的大局。贯彻落实“三个代表”的重要思想，劳动保障工作要从以下五个方面下功夫：

一是继续把两个确保作为第一位的任务，千方百计保障国有企业下岗职工的基本生活，保障企业离退休人员养老金按时足额发放。同时，着眼长远，加快推进社会保障体系建设，不断完善养老、医疗和失业保险制度，使人民群众老有所养、病有所医、失有所补、弱有所助，解除他们的后顾之忧。

二是大力开发劳动力资源，不断提高广大劳动者的思想道德素质和科学文化素质，不断提高他们的劳动技能和创造才能。同时，制定适应市场导向就业机制的政策措施，促进多渠道、多形式就业，控制失业率，保持就业局势的稳定。

三是深化对社会主义市场经济条件下劳动和劳动价值理论的研究和探索，推进企业收入分配制度改革，建立适应现代企业的工资收入分配制度，激励和调动劳动者的积极性、主动性和创造性，不断提高劳动生产率。

四是加强劳动保障法制建设，加强劳动保障执法监察，保护劳动者的合法权益，维护劳动关系的和谐稳定。

五是改进工作作风，杜绝官僚主义和形式主义，深入基层，深入实际。要特别关注那些工作和生活上遇到暂时困难的群众，把他们的事情摆上重要日程，重点考虑，重点解决好他们的就业和生活问题。

以上学习体会，应当成为全国劳动保障部门同志的共识。

基于这种认识，再来看再就业援助行动，我认为这项工作是当前劳动保障部门实践“三个代表”思想一个重要的切入点，我们要以更强的政治责任感、更明确的指导思想、更高的工作热情、更切实的政策措施，认真抓好。

二、实施再就业援助行动关键在于提高思想认识，抓好工作落实，突出实际效果

今年6月初，部里召开了“全国开展再就业援助行动电视电话会议”，在此之后，各地高度重视，积极贯彻落实，制定实施了一些有特色、有力度的措施。但也有少数地区动得不够，或虽然动了但没有抓实。分析原因，有认识问题，也有工作问题。从北京等地的经验来看，真正将这项工作发动起来，取得实效，不走过场，要注意解决好以下几个方面的问题：

首先，要解决认识问题。目前，全国在中心的下岗职工有600多万，其中有200多万三年协议期满，即将出中心。目前滞留在中心的下岗职工大多是年龄偏大、技能单一、市场就业能力较弱的就业困难人员，他们对出中心以后的再就业、社会保险关系接续和基本生活保障普遍存在顾虑。因此，做好这些人员的再就业和社会保障工作就成为当前解决下岗职工问题的重中之重。再就业援助行动正是针对就业和生活存在较大困难的下岗职工和失业人员提出来的。如果我们的再就业援助工作搞好了，作用发挥了，就能帮助这部分人平稳出中心，尽快再就业，顺利接保险，就能使下岗职工感受到党和政府的关心，感受到社会的温暖，化消极因素

为积极因素，保持社会的稳定。因此，劳动保障部门的同志要进一步强化对再就业援助行动必要性、重要性、迫切性的认识，在各级政府的领导下，主动协调各有关部门，争取社会各方面的支持，尽快形成全社会关心和参与援助行动的局面。

其次，要抓好落实。再就业援助行动的内容和要求已经明确了，关键在落实。一要搞好方案的制定，每一项援助内容都要制定具体的实施办法。二要建立工作制度，保证有人负责落实。部里已建立由办公厅、培训就业司、劳动工资司、养老保险司、医疗保险司、失业保险司、社会保险事业管理中心、中国就业培训技术指导中心参加的再就业援助行动联席会制度，定期分析工作中遇到的困难和问题，研究相应的对策和措施，加强对地方工作的指导。各地也要建立相应的制度或工作机制。三要抓住一些关键的环节。比如发放《再就业政策优惠卡》和《社会保险缴费接续通知单》。优惠卡是地方这几年创造的推动政策落实的重要措施。一卡在手，下岗职工心明眼亮，知道能够享受什么政策，同时能有效地制止对下岗职工乱收费的行为。因此，要将《再就业政策优惠卡》和《社会保险缴费接续通知单》的发放，作为落实政策和接续保险的保证措施，在下岗职工出中心的时候，把一卡一单发到他们手中，使他们都能及时了解援助政策，清楚接续保险的办理程序，监督有关部门及时提供相关的服务。四要搞一些实实在在的活动，扩大影响，推动这项工作不断深入。劳动保障部近日将发出通知，要求各地在9月中下旬都要开展一次规模较大的面向社会的活动，为下岗职工和失业人员提供各种实际援助。同时要大张旗鼓地搞好宣传，争取全社会的理解和支持。

第三，要保证再就业援助行动取得实效。所谓实效，最主要的是使援助对象得到切切实实的帮助。这是检验我们工作的最重要的标准。要以张左己部长在电视电话会上提出的“使出中心的下岗职工特别是那些困难群体人员，凡是需要了解政策的，都能得到及时的咨询和解答；凡是有就业和培训愿望的，都能有适合的岗位信息和培训机会；凡是需要保持社会保险关系的，都能得到及时接续；凡是需要生活保障的，都能得到及时救助”作为考核实效的标准和依据。要力戒搞花架子，反对形式主义。要加强指导、检查、调度、督促、总结和评估，确保再就业援助行动不走过场。

三、推动社区就业工作关键在于开拓思路和门路，运用政策推动，搞好组织实施

去年，部里在上海召开的全国社区就业工作经验交流会上明确提出，社区就业是再就业的主攻方向。今年，我部会同国家计委、经贸委、财政部、民政部等8个部门联合下发了《关于推动社区就业工作的若干意见》，进一步完善了相关的政策。应当说，社区就业工作的主攻方向已经确立，政策框架初步形成，各地的工作已开始全面启动。

今年以来，部里在全国抓了100家重点联系城市。从了解的情况看，各地普遍加强了对社区就业工作的领导，建立完善了社区就业工作的组织机构；普遍把开发就业岗位作为主要目标，制订完善了相关配套措施；许多地方还推动劳服企业向社区延伸，创办小企业、微型企业、非正规就业劳动组织、劳务派遣型企业等，发展家政服务等社区居民服务业，取得了初步成果。从北京和其他一些地区的经验看，要真正将这项工作做好，必须解决好以下几个方面的问题：

首先，要解决拓宽思路、广开门路的问题。关键是要建立起社区就业岗位开发的新机制。向社区要岗位有四大类：一是社区管理和公益性岗位；二是面向社区单位的岗位；三是面向社区居民服务的岗位；四是结合对离退休人员社会化管理的需要，开发老年服务的岗位。综合各地经验，我感到实现岗位开发有这样几条途径：一条是政府购买公益性岗位，安置特困下岗职工，实施岗位援助，这一点，北京市已经取得了很好的成绩；一条是通过中介组织挖掘，比如建立社区职业中介组织，搜集各类社区经济实体的需求信息提供给求职者；还有很重要的一条就是培育开发岗位的实体，实体办起来了，潜在的岗位就转化成了现实的岗位。如何培育实体？20世纪80年代初期，就是依托单位办实体。现在的形势和80年代初期相比有了很大的不同，比如，企业的职能同社会职能要分离，很难以单位为依托办社区服务实体；政企要分开，不能由政府部门办实体。在这种背景下，我看社区就业岗位的开发一定要按市场规律来运作，要走专业化、产业化、社会化的路子，着眼点要放在让下岗职工和失业人员自谋职业或组织起来就业上，形成民办民助、民办官助的新机制。

其次，要运用政策推动。一方面要落实好现有的各项优惠政策。目前是中国就业史上出台优惠政策最多、政策环境最宽松的时期，而且许多优惠政策主要是针对社区就业的。为推动各项优惠政策的落实，部里会同国家计委等8个部门开展了第二次落实再就业优惠政策联合检查活动，上周专门组成联合检查组，分赴8个省份进行了重点抽查。各地也要抓住这个机会，加大督促检查力度，及时协调解决政策执行中存在的问题，推动政策的落实。同时，要集思广益，研究社区就业工作中的重点、难点问题，制定针对性的政策措施。比如，社区就业人员的劳动关系处理、社会保险接续的问题，等等。社区就业作为一个新的就业领域，从业人员往往具有地点、收入、服务对象不固定的特点。劳动关系不易建，保险不好上。在这方面，部分地区创造了一些好的经验值得借鉴：比如有的由下岗职工原单位或公共就业服务机构代缴保险；有的制定小时工最低工资标准；有的根据就业形式的灵活性和非固定性，实行“柔性社保”；还有的在提供好服务上下功夫，包括信息服务、市场服务、劳动保障事务代理服务等。

第三，要抓好组织实施。推动社区就业工作要有抓手、有依托，要建立健全社区就业的组织网络。社区就业工作必须依托区街，区街就业服务网络抓不起来，岗位信息上不来，工作深入不下去，社区就业工作就没了抓手。因此，当务之急就是要抓住当前实行离退休人员社会化管理，民政部门重新调整和划分社区的有利时机，以贯彻落实9部门文件精神为突破口，把社区就业服务体系向社区延伸，建立健全劳动保障基层工作网络和业务平台。

北京市的劳动保障工作在全国是走在前面的。在实施再就业援助行动和发展社区就业方面，北京市制定的政策措施既充分体现了部里的工作思路，又紧密结合自身实际，很有特色。希望北京市继续积极探索，着眼于更高的标准和要求，创造出更多、更好的经验，为推动全国的劳动保障工作发挥典型示范作用，把北京市的劳动保障工作再推上一个新的台阶。

认清方向　明确任务
狠抓落实　务求实效

——在全国劳动力市场建设座谈会结束时的讲话

张小建

（2001年9月24日）

全国劳动力市场建设座谈会今天就要结束了。会议开始时，用三副部长作了重要讲话，以“三个代表”重要思想为指导，对三年来的工作进行了系统总结，深入分析了当前及今后一个时期面临的新形势，明确提出了新时期推进并轨，完善市场导向就业机制的任务和工作思路。大家认为，用三副部长的讲话，充分体现了与时俱进、开拓创新的精神，对于我们认清形势，明确任务，统一思想，坚定信心，进一步做好两个确保工作，大力推进劳动力市场建设，促进下岗职工顺利出中心和实现再就业，具有重要的指导意义。

会议期间，通过交流劳动力市场建设的成功经验，分析工作中存在的问题，大家普遍感到，三年来，劳动力市场建设按照科学化、规范化、现代化的总体要求，在各级劳动保障部门的共同努力下，取得了重大进展。特别是在100个试点城市，劳动力市场建设三化水平的提高，带动了就业服务的效率和质量明显提高，为推动两个确保工作，促进经济发展，维护社会稳定做出了积极的贡献。尽管当前及今后一个时期，就业形势依然严峻，任务相当艰巨，但同志们坚信，有党中央、国务院的高度重视，有各级党委、政府的坚强领导和各部门的大力支持，有业已形成的工作基础和一支能打硬仗的干部队伍，我们一定能够实现党中央、国务院确定的建立市场导向就业机制的目标。会议讨论中，同志们对出中心、处理劳动关系、加大就业支持力度，以及加快劳动力市场建设和就业服务等，提出了许多好的建议和意见，对此，我们要认真梳理、归纳。需要马上解决的，尽快提出落实意见；需要进一步研究的，提出调研计划；需要从长计议的，在今后工作中予以重点考虑。下面，我就贯彻这次会议精神，做好下一步工作，谈几点具体意见。

一、坚持建立市场导向就业机制的方向不动摇，积极稳妥地做好出中心和并轨工作

建立市场导向的就业机制，这是在1998年中央10号文件中明确提出，并在党的十五届四中、五中全会《决定》和“十五”计划《纲要》中都一再强调的一个改革目标，是深化国有企业改革，做好下岗职工基本生

活保障和再就业工作的前进方向，是顺应社会主义市场经济体制的要求，解决我国就业问题的客观需要。几年来，各地按照这个方向，在立足当前抓好两个确保的同时，着眼长远，积极为并轨打基础，有计划、有步骤地推进市场导向就业机制的建立。贵阳会议后，东部沿海地区步子迈得较快，有的已率先实现并轨，有的也即将实现并轨。当然，就总的形势来看，我们还面临不少困难和问题。如由于部分下岗职工就业观念没有转变，特别是企业经营困难等原因造成的劳动关系难以解除；由于社会保障制度不完善造成的下岗职工出中心后的社会保险关系不能顺利接续；由于下岗职工技能素质偏低和就业渠道不畅造成的再就业难度加大；等等。这些问题是绕不过去的，必须加以解决。在实践工作中，许多地方没有回避矛盾，而是迎难而上，正视矛盾，积极探索解决矛盾的办法，取得了明显成效。他们的实践证明，解决难题的智慧在基层，力量在基层，办法也在基层。我们现在的任务就是要认真总结各地行之有效的经验，及时加以推广，用典型引路的方法带动各地创造性地开展工作。

今年后几个月，是下岗职工出中心的高峰期。协议到期的下岗职工能否平稳出中心，直接关系到我们改革的成败，也是对这几年我们劳动力市场建设和保障体系建设的一个考验。妥善处理好下岗职工出中心问题，稳步推进并轨，必须坚持中央10号文件中明确的方向、原则和政策不动摇。在这个前提下，根据各地实际，坚持区别对待，因人制宜，因地制宜，提出切实有效的对策。要明确政府和企业的责任，对法律法规规定属于企业的责任，如支付经济补偿金和清偿债务，要坚持以企业为主体进行处理；对失业保险、最低生活保障和再就业援助等属于政府的责任，要切实把工作做到家。总结一些地方的成功经验，妥善处理好出中心问题，关键是在政策和工作上体现“五个针对”：一是针对不同地区企业和不同群体人员，制定分类指导的政策措施；二是针对困难群体的生活和就业困难，千方百计保证基本生活，帮助实现再就业；三是针对下岗职工的后顾之忧，及时接续社会保险关系；四是针对困难企业解除劳动关系支付经济补偿金难，多种形式筹集资金；五是针对社会和下岗职工的承受能力，搞好宣传教育，处理好突发事件。对问题比较突出的困难地区和困难企业要继续加强重点监控，及时化解矛盾，将问题解决在萌芽状态，解决在基层，防止事态的蔓延扩大。关于下岗职工出中心工作，部里在深圳会议、南京会议已进行了部署和安排，各地要按会议要求认真做好落实工作。

这里要强调的一点是，对于下岗职工基本生活保障资金，各地要用足、用好。资金首先要用于保障下岗职工基本生活，这是前提，离开这一点，就谈不上灵活使用的问题。对于中心内的下岗职工已经减少，协议到期人员出中心任务较重的地区，资金的使用应与工作重点的变化同步进行调整。我们与财政部共同研究的初步想法是：由中央财政安排资金的总规模不变，对地方的支持采取与地方财政实际投入、下岗职工出中心、再就业工作实绩挂钩的办法。资金在继续用于保障中心内下岗职工基本生活的同时，可以根据工作的进程，用于部分大龄下岗职工出中心后的基本生活保障、补充失业保险基金不足，以及为就业困难群体购买公益性岗位等促进再就业的措施，也可用于鼓励下岗职工提前出中心。与此同时，进一步明确地方的责任。这些责任应至少包括四个方面：一是切实保障生活，对在中心的下岗职工，按时足额发放基本生活费和代缴社会保险费；二是保证平稳出中心，按照分类处理原则，妥善处理好出中心的劳动关系及相关问题，确保不发生影响社会稳定的问题；三是积极促进再就业，大力开展再就业援助行动，接续好社会保险。四是各级财政安排的资金不能减少。希望各地按照这一精神，抓紧时间，向政府报告，落实责任，同时，积极协调财政部门研究资金使用的具体办法，并根据本地工作实际，对地方财政此项资金的使用进行适当调整。

二、在巩固两个确保的基础上，加大促进就业和再就业的力度，认真落实再就业各项优惠政策，积极推进社区就业

随着出中心和并轨进程的加快，失业人员数量迅速增加。所以，在转轨和并轨进展较快的地区，要同时考虑两个方面的问题。一方面继续做好下岗职工再就业工作，另一方面要将失业人员的就业问题提上议事日程。现在，就业问题已引起了许多地区政府的高度重视。有近10个省市最近都以省市政府的名义出台了促进就业和再就业的相关政策措施，其中许多政策是有突破性的，这些政策的贯彻落实，肯定会有力地推动就业和再就业工作。即使是暂不具备并轨条件的地区，也应该从现在开始，深入开展调查研究，认真分析和预测就业形势，积极提出对策建议。现在各级政府都十分关心就业工作，我们要趁势而上，建立就业工作的政府责任体系，在全国上下形成齐抓共管的局面，把握工作的主动权。

促进下岗职工再就业，要抓住两个关键点。关键之一是认真落实好各项优惠政策。前不久，按照部里的统一安排，各地开展了落实优惠政策的大检查，我部会同监察部等8个部门和部分新闻单位，进行了重点抽查。总的来看，政策落实情况好于去年。不少地区根据中央、国务院和有关部门的规定，结合当地实际，使政策更加具体、更具操作性，扶持对象和优惠范围有所拓宽，税收减免项目有所增加，一些政策落实中的难点在一定程度上也有所突破。各级劳动保障部门还主动协调有关部门积极推广实施再就业优惠证卡制度，取得了较好效果。但检查中也发现，一些地区在落实优惠政策中依然存在着不少问题。如，行政性收费涉及的部门多，落实减免难度大；小额贷款问题还没有从根本上得到解决；部分地方税收减免范围较窄，优惠政策效力不足；政策宣传仍不到位，用优惠证卡来保证政策落实到下岗职工的制度尚未普遍建立，等等。总结实践经验，解决好这些问题，仅靠劳动保障部门孤军作战不行，必须建立各有关部门互相配合、齐抓共管的工作机制，形成再就业工作的合力。因此劳动保障部门要主动协调有关部门，进一步完善和细化相关政策，进一步抓好政策落实。

促进下岗职工再就业，关键之二是要大力开发就业岗位。社区服务是就业的重要领域。去年7月在上海召开的社区就业会上，左己部长和用三副部长明确提出了发展社区就业的指导思想和任务目标。会后，我们确定了100个社区就业重点联系城市，建立了相应的联系制度，并会同国家计委、国家经贸委等8个部门联合下发了《关于推动社区就业工作的若干意见》，不少地区也采取有效措施，推动了社区就业工作的开展。北京、上海、江苏等地继续保持先发优势，为各地提供典型引路，湖南、四川等地由政府出台政策措施，加快建立社区就业工作机构，在社区就业上实现了后来居上，特别值得借鉴。但我们也必须看到，这项工作在全国发展还很不平衡，100个重点联系城市中还有少部分城市没有行动起来。其中有政策落实不够和部门协调不够等原因，但究其主要原因，还是认识不到位，对社区就业没有引起足够的重视。因此，要进一步统一思想、提高认识，劳动保障部门的负责同志要明确思路，并积极做工作，争取政府领导和社会各方面的重视和支持。我们希望那些还没有行动的城市，要在今年底以前把社区就业工作启动起来。要结合本地实际设计好社区就业岗位的开发领域和渠道，围绕社区就业来落实政策，并建立相应的岗位开发机制。要建立健全社区就业的组织网络，使这项工作有所依托，形成劳动保障基层的工作网络和业务平台，把相应的工作做深入、做细致、做扎实。

三、继续落实科学化、规范化、现代化的三化要求，推广试点工作经验，全面推进劳动力市场建设

最近几年，各地在劳动力市场三化建设试点过程中，创造了许多成功的经验。当前，就是要认真总结这些经验，并大力推广，以适应加快建立市场导向就业机制的要求，全面推进劳动力市场建设，争取在“十五”时期，使全国所有地级以上城市都基本达到三化试点目标的要求。要继续运用试点机制推进工作，试点城市要继续成为市场建设乃至劳动保障其他工作（社区就业、再就业培训等）的“领头羊”。已经完成第一期试点任务的，要百尺竿头更进一步。我们将提出第二期试点的目标和任务，指导试点城市积极探索，解决新形势下劳动力市场建设和就业服务方面更深层次、更前沿的问题。未完成试点任务的，要迎头赶上来，本着缺什么补什么的原则，尽快全面地完成试点任务。对试点也要建立“激励机制”，对完不成试点任务且在一定时期内工作仍没有起色的，要淘汰出“国家队”。对虽没列入国家试点，但经评估达到标准的，也可以列入“国家队”名单，成为重点联系城市。请各省继续加强对试点城市的指导，并做好试点经验的总结、交流和推广工作，不断扩大试点成果。今后劳动力市场三化建设的任务，具体来讲，要着重抓好四个方面工作：

首先，要以汇集职业需求信息和传播应用就业信息为重点，大力加强劳动力市场信息网络建设，完善信息分析发布制度。就业信息特别是职业需求信息是劳动力市场的生命线，劳动力市场建设必须把信息工作和网络建设作为头号工程抓紧做好。一是要加强信息的收集，着重在职业需求信息上下功夫，广开信息渠道，增加信息来源，强化收集手段，尽可能多地把职业需求信息和岗位空缺信息掌握在手中。二是要认真抓好信息的科学分析，大力加强信息的发布工作，提高信息传播使用的实效。以此来引导劳动者同用人单位的双向选择，调节劳动力市场的供求；以此来引导培训机构调整培训方向，提高培训的针对性、有效性；同时，为政府部门决策提供依据。要将信息网络连接到街道和社区就业服务组织，将就业信息及时传送到劳动者手上。有条件的地方，要将网络扩展到企事业等用人单位、职业学校和大中专院校，充分发挥劳动力市场信息网络的作用。三是要加强失业保险信息联网，把它作为劳动力市场信息网络建设的重要内容，统筹规划，同步发展，并使之在提高失业保险工作的管理服务水平方面发挥作用。四是要加强工资价位信息发布工作。政府发布劳动力市场工资指导价位信息，可以为企业和劳动者相互选择提供指导和服务，为劳动力供求双方协商确定工资水平提供比较客观的参考标准，使劳动力市场不仅有场有市，而且有市有价，有利于充分发挥市场机制对工资分配的调节作用，从而为企业合理确定工资标准和调整工资关系提供了依据。目前这一制度已在 87 个中心城市初步建立，对全国起到了重要的示范和引导作用。今后，各地区要继续重视这一制度建设，将其纳入市场信息网络建设的整体规划，认真抓紧抓好。

第二，以规范中介和用人行为及保障劳动者合法权益为重点，继续做好对劳动力市场的清理整顿工作。最近几年，我们每年都进行部署安排，各地也都集中力量对劳动力市场进行了清理整顿，在打击非法中介机构和非法中介行为方面，取得了一定的成效。但同时我们也要看到，一些地方劳动力市场的混乱状况还没有得到根本好转。由于市场的无序状态，导致下岗职工对出中心进市场缺乏信心，有时甚至严重侵害了劳动者的合法权益。因此，我们各级劳动保障部门必须以对劳动者高度负责的态度，下大力气抓好劳动力市场管理工作。要抓住全国清理整顿市场经济秩序的有利时机，全面清理整顿劳动力市场。其重点：一是要规范用人单位的招聘和用人行为，维护劳动者的合法权益，特别是对违反《禁止使用童工规定》的行为进行严厉打击。二是要按照《劳动力市场管理规定》的要求，建立录用备案和就业登记制度，单位用人必须进行备案，劳动者就业必须进行就业登记，并与社会保险登记、缴费工作有机结合起来，这是市场经济下对劳动力资源进行统筹规范管理的一个重要手段。三是要加强对职业中介机构的管理，每年集中在春节前后以及暑假期间，针对各种非法中介活动容易泛起的时段，对中介机构和中介行为进行认真的清理整顿。一方面要加强监督，及时查处各种违法违规行为，堵塞歪门邪道；另一方面要推行规范的服务标准，畅开“绿色通道”。劳动保障部门内部各机构要形成合力，并联合有关部门，通过三年有重点、有步骤的清理整顿，使劳动力市场秩序得到基本好转，为顺利实现并轨创造良好的市场环境。

最近，劳动保障部和国家工商行政管理总局将联合发布《关于设立中外合资合作职业介绍机构的暂行规定》，这是适应加入WTO，开放我国劳动力市场职业中介领域的一个重要举措，一方面可以引进外资和国外先进的就业服务技术，另一方面也为规范外资企业入境从事职业中介提供了依据。各地要按《规定》的要求做好外资职业中介的管理工作，要联合工商、外经贸等部门对有关情况进行调查摸底，对未经批准从事职业中介活动的外资机构，符合条件的，按《规定》要求重新办理有关手续，不符合条件的，予以取缔。

第三，要按照与时俱进的理念，适应就业格局、机制和方式的变化，大力加强公共就业服务，完善就业服务体系，提高就业服务的质量和实效。劳动力供大于求与结构性矛盾的并存，在城市化进程中城乡就业格局的变化，就业岗位的提供从国有集体经济转向民营经济和个体经济，就业形式由正规单一转为多种灵活，等等，都要求我们的就业服务要与时俱进，更新工作思路，加大工作力度。一是建立和完善公共就业服务制度。按照统一、开放、竞争、有序的总方针，建立起功能完备、制度健全、运行高效、服务优良、覆盖城乡的就业服务体系，形成运行规范、预警及时、调控有力的劳动力市场管理体制。明确资金来源，设立公共就业服务项目，通过购买公益性就业岗位、支付工资性补贴、组织公共工程、提供免费服务和培训等方式帮助就业困难群体就业。二是强化职业指导工作，加快建立职业指导专业化队伍，大力提高职业指导工作人员的业务水平和指导能力，充分发挥职业指导在市场中介和政策引导中的重要作用。三是进一步拓展就业服务领域，完善服务功能。要紧紧盯住市场的变化，积极主动地适应市场用人的要求和劳动者择业的要求，开拓服务新空间，增强服务新功能。四是构建社会化的就业服务工作网络。要发挥各类职业中介机构、劳务派遣组织、职业咨询服务组织、劳动保障事务代理组织、社区就业服务组织的作用，为劳动者流动就业和多种形式就业提供全方位服务。要适应并轨和下岗失业人员社会化管理服务的需要，以并轨工作和社区改制工作为切入点，将就业服务工作网络延伸到街道和社区，使我们的就业政策、就业信息贴近老百姓，使我们的服务真正取得实效。五是积极探索更加灵活高效的服务运行机制和服务模式。在运行机制上，要逐步探索政府购买服务成果的机制，即以政府与服务实体间的委托代理关系来落实公共就业服务项目。同时，对公共就业服务之外的服务项目，可以实行有偿服务，在服务模式和方法上，要借鉴国外各种成功的运作经验，建立服务绩效与资金拨付和工作人员责任挂钩的内部激励机制。

第四，加大劳动力市场建设的资金投入。试点以来，各地加大了对劳动力市场三化建设的投入，近两年，全国劳动力市场建设投入近5亿元，部里从中央财政争取直接投入达5 000多万元。这些投入都获得了有效的产出。但还有一些地方劳动力市场建设资金没有落实，有的是没有列入财政预算科目，有的虽然列入了，但资金来源还没有落实。因此，各地要借财政正在制定预算盘子的时机，下大力气做工作，务必把劳动力市场建设资金列入各级财政预算科目，使劳动力市场建设有稳定的资金来源，同时，要加强对资金的使用管理，确保资金使用不出问题。

四、把实施再就业援助行动作为一项紧迫任务来抓，并由此形成市场经济条件下帮助弱势群体就业的常规制度

解决好特殊困难群体人员的就业和生活问题是我们就业政策和服务的着力点。江泽民总书记在“七一”重要讲话中特别指出：“要安排好暂时遇到困难的群众的就业和生活。”我们要从实践“三个代表”要求的高度来认识和看待再就业援助行动。从当前看，这一行动是针对全国面临下岗职工协议到期出中心的高峰提出来的举措。目前滞留在中心的下岗职工大多是年龄偏大、技能单一、市场就业能力较弱的就业困难人员，他们对出中心以后的再就业、社会保险关系接续和基本生活保障普遍存在顾虑。如果我们的再就业援助工作搞好了，帮助他们平稳出中心，尽快再就业，顺利接保险，就能保证社会的稳定。因此，要进一步认识到再就业援助行动的必要性、重要性和迫切性，劳动保障部门首先要勇于承担重任，主动把工作做好，使就业、培训、劳动关系、失业保险、养老保险几方面工作连成一线，形成合力。同时，争取政府的重视和各有关部门的支持，真正形成全社会共同参与、齐抓共管的工作局面。从长远看，实行竞争就业和企业新的裁员直接进市场，在劳动力市场中不可避免地会出现一批弱势群体，政府的一个重要职责就是对他们实施专门的服务和帮助。因此，实施再就业援助行动，要在做好当前解决好下岗职工再就业困难的同时，不断积累经验，逐步形成在市场经济条件下，帮助弱势群体就业的常规制度。

再就业援助行动的内容和要求已经明确，关键在落实。要把实施再就业援助行动与巩固两个确保、落实再就业优惠政策、推动社区就业、加强劳动力市场三化建设和完善社会保险体系等工作有机结合起来，依托就业服务机构和社会保险经办机构，逐项落实援助行动的各项具体措施。首要工作是落实一卡、一单，即再就业政策优惠卡和社会保险缴费接续通知单，在下岗职工出中心的时候，要限定时间把一卡一单发到他们手中，使他们能够及时得到相关的服务帮助。各地要按部里的要求，在9～10月期间，精心组织好宣传落实再就业援助行动的大型社会活动。要按照“大题大做”的要求，加大宣传力度，使下岗职工都了解援助的内容，感受党和政府的关怀，并努力扩大再就业援助行动的社会影响，形成全社会都来关心、帮助下岗职工再就业的舆论氛围。

考核再就业援助行动实施效果的标准是“四个都能得到”，即张左己部长在电视电话会上提出的“使出中心的下岗职工特别是那些困难群体人员，凡是需要了解政策的，都能得到及时的咨询和解答；凡是有就业和培训愿望的，都能得到适合的岗位信息和培训机会；凡是需要保持社会保险关系的，都能得到及时接续；凡是需要生活保障的，都能得到及时救助”。希望各地认真落实责任，创造性地开展工作，加强指导、检查、调度和督促，确保再就业援助行动真正取得实效。

五、加强失业保险工作，充分发挥失业保险的作用，进一步搞好三条保障线的衔接

近年来，各地十分重视失业保险扩面征缴工作，将其作为实现并轨的重要基础条件，取得了突破性进展。当前要全面贯彻落实《失业保险条例》，扩大覆盖范围，强化基金征缴。要实现市级统筹使用基金，省级建立调剂金，以充分发挥保险基金统筹调剂的作用。并轨压力较大的地区，包括那些企业新的裁员较多的地区，要协调财政早做安排，准备必要的资金，在入不敷出时给予补贴，以保证按时足额发放失业保险金，保障失业人员的基本生活。同时，还要根据《条例》的有关规定，结合本地实际，明确职业培训和职业介绍补贴的使用管理政策，用好这两项补贴，帮助失业人员尽快实现再就业。当前，还要注意发挥第三条保障线即最低生活保障制度的作用，对并轨过程中的下岗职工和失业人员，特别是就业困难的大龄下岗职工，按规定核实其应得待遇后，家庭人均收入仍然低于当地城市居民最低生活标准的，要主动与民政部门联系，符合条件的，要使其能享受到最低保障待遇。

六、树立大市场观念，坚持城乡统筹方向，推进农村培训就业工作

这些年，我们在农村劳动力流动就业、开发就业方面做了许多工作，对促进农村劳动力转移、农民增收和农村稳定产生了积极作用。当前和今后一个时期，加入 WTO、开发西部、实施城镇化战略对农村就业工作提出了更紧迫的要求，需要我们以更大的力度、更快的步伐推动城乡统筹。“十五”计划纲要提出，未来五年内要转移农村劳动力4 000万人，第一产业从业人员的就业比重要下降到44%的目标，并提出坚持城乡统筹就业的改革方向，推动城乡劳动力市场逐步一体化，打破城乡分割的管理体制，取消对农村劳动力进入城镇就业的不合理限制和制度障碍，引导农村富余劳动力在城乡间、地区间有序流动的任务。我们的工作，一是要以七部门试点项目为工作契机，积极开展城乡一体化的就业制度创新，为下一步城市化和农村劳动力转移进行政策和工作准备；二是要进一步改革和完善流动就业管理服务制度，运用市场化的新思路，改进区域间劳务协作，为农村劳动力有序流动创造良好环境；三是要围绕提高农村劳动力职业技能和就业能力，探索与农村劳动力转移相适应的农村职业培训工作路子。

七、以劳动力市场为导向，大力加强职业培训

提高劳动者素质，增强劳动者竞争就业能力，是形成充满活力的劳动力市场，为经济发展注入新的动力源的基础。实行积极的劳动力市场政策，最重要的任务之一，就是变消极救济为积极开展职业培训，提高劳动者素质和职业技能，促进就业。这几年，再就业率逐步降低，再就业困难，除了供大于求、就业渠道不畅外，其中最重要的就是结构性失业问题，一方面有人无事干，另一方面有事无人干，其原因，就是劳动者的素质和技能不适应市场需要。因此，要把提高劳动力素质和技能与加强劳动力市场建设结合起来，通盘考虑，全面推进。

要大力加强再就业培训工作，全面实施第二期三年千万再就业培训计划，提高广大下岗失业人员的职业技能和适应职业变化的能力。要把实施劳动预备制同加强对新生劳动力资源管理结合起来，通过对新生劳动力实施 1 ~ 3 年的就业前职业培训和教育，使他们掌握一定的职业技能或取得相应职业资格证书后再进入市场就业。最近，李岚清副总理批示，要求对劳动预备制和就业准入制度的落实情况组织一次认真检查，对未执行的要追究责任，并限期整改。劳动保障部、教育部、人事部、国家计委、国家经贸委、国家工商行政管理总局六部门联合下发通知，对检查工作做出部署和安排。全国人大最近在职业教育法执法检查中，也对落实就业准入制度提出了明确意见，这对促进职业教育的发展，强化职业准入和职业资格证书制度提供了一个非常好的发展契机，我们要抓住机遇，趁势而上，做好工作。

劳动力市场是落实劳动预备制和就业准入制度的第一个环节，也是最重要的环节。首先，在劳动力市场求职和招聘表中，要增加对职业资格等级水平的要求，引导用人单位和求职者自觉执行职业资格证书制度；在收集汇总发布劳动力市场供求信息和工资指导价位信息时，要将用人单位对职业技能人才的需求及相关收入情况进行发布，引导劳动者掌握更多的技术和职业技能，满足市场的需求。其次，在具体的就业服务过程中，要严格执行劳动预备制和就业准入制度。职业介绍前台服务人员，对未参加过培训的新生劳动力，应首先指导、推荐其参加相应的职业培训，待培训合格后再介绍就业；对准备从事国家规定持证上岗职业（工种）的求职人员，应指导他们接受职业技能鉴定，取得资格证书后再介绍就业；在职业指导工作中，要将推荐新生劳动力参加预备制培训作为一项重要工作。同时加强对技工学校毕业生的职业指导。其三，在劳动力市场服务场所要设立推荐培训的窗口，要逐步将职业介绍信息与职业培训信息联网，充分利用这两个领域的信息资源，以培训与就业的结合来提高工作实效。

八、贯彻落实会议精神，统一认识，加强领导，做好工作

这次会议是一次十分重要的会议，对今后一个时期搞好劳动力市场建设进行了全面部署，对就业和再就业工作进行了重点安排，各地要认真贯彻落实会议精神，要将用三副部长的讲话精神及时向政府领导汇报，同时传达给劳动保障系统的干部职工，组织大家认真学习领会，统一思想认识，明确工作责任，将各项要求落到实处。

做好新时期的工作，任务繁重艰巨，涉及许多新的问题。我们一定要把握工作的主线，抓住工作的重点，下大力气抓好主要政策措施的落实，在当地政府的统一领导下，协调有关部门，形成工作合力。

要深入基层，深入群众，做好调查研究、工作指导、政策宣传和思想教育等工作。在推进并轨过程中，各级干部都要深入基层了解下岗职工和失业人员的思想动态和要求，倾听他们的意见和建议，要认真宣传政策，推动政策落实，切实帮助他们解决实际困难，要通过耐心细致的思想工作，使下岗职工充分了解党的方针政策，取得他们的支持。同时要做好预案，防止突发事件的发生，保持社会稳定。

贯彻落实会议精神，还要与加强地方就业服务和失业保险机构队伍建设结合起来。现在各地都面临着地市机构改革和街道社区职能调整，要协调有关部门，在机构改革和街道社区职能调整中，对就业服务机构的编制、经费等问题予以充分考虑，就业服务功能不能削弱，服务组织要加强，这样才能承担起日益繁重的就业服务和失业保险工作。要按照知识化、专业化要求建立一支高素质的工作人员队伍，增强队伍素质，提高服务质量和效率。

最后，我还要在这里特别强调一下维护社会稳定的问题。新世纪第一个国庆节即将来临，亚太经合组织第九次领导人非正式会议（APEC 会议）也将于 10 月份在我国召开。中央对做好这一时期的社会稳定工作高度重视，提出了明确的要求，劳动保障部已于 9 月 20 日发出紧急通知，对劳动保障系统切实做好维护社会稳定工作提出了 10 个方面的要求，主要是：各级劳动保障部门要从讲政治的高度，认识维护国庆节和 APEC 会议期间的社会政治稳定的重要意义，以对党、对人民负责的态度，全力以赴做好劳动和社会保障工作，对与当前稳定有密切联系的重点工作要切实加强领导，周密部署安排，明确工作任务，层层落实责任，采取有力措施，促进大局稳定。落实两个确保不能有丝毫放松。做好下岗职工出中心工作要积极稳妥。解决部分国有企业拖欠职工工资问题要加强指导和督促。搞好再就业，落实再就业援助行动要加大力度。劳动保障执法监察工作要进一步加强。关心特殊困难职工生活，将党和政府的温暖送到这些职工的家中。进一步完善群体性事件的处置预案和领导负责制，提高对群体性事件的处理能力。转变工作作风，深入基层做好工作。加强值班和信息沟通工作。这些工作任务要求，请各地高度重视，认真贯彻执行。

同志们，做好新时期的就业工作任重而道远。让我们在“三个代表”重要思想的指引下，统一思想，坚定信心，与时俱进，开拓进取，为推动劳动力市场建设上一个新的台阶，促进就业服务工作上一个新的水平，更好地完成就业和再就业任务而努力奋斗！

在全国劳动保障系统精神文明建设和行风建设工作座谈会结束时的讲话

中纪委驻劳动和社会保障部纪检组组长　崔会烈

（2001年12月26日）

历时两天的全国劳动保障系统精神文明建设和行风建设工作座谈会，今天就要结束了。会议开始时，小建副部长作了重要讲话，10位代表介绍了行风建设和创建“三优”文明窗口的经验。在分组讨论中，大家畅所欲言，相互学习、交流，开阔了视野，明确了当前精神文明建设和行风建设的工作目标，增强了进一步抓好精神文明建设与行风建设的责任感和紧迫感。总的来说，这次会议开得很好，富有成效，达到了预期目的。

这次会议，我们得到了山东省劳动保障厅和威海市劳动保障局的大力支持，他们做了大量周到细致的会务保障工作，为这次会议的顺利召开提供了很好的条件和服务。在此，我代表与会的全体同志向他们表示衷心地感谢。下面，我讲几点意见。

一、关于这次会议的主要收获

这次全国劳动保障系统精神文明建设和行风建设工作座谈会，是在全党深入学习贯彻党的十五届六中全会精神，加强和改进党的作风建设的新形势下召开的一次重要会议，对于贯彻全国劳动保障工作会议部署，继续推进劳动保障系统精神文明建设与行风建设，有着重要的意义。虽然会议时间不长，但收获很大。我想主要有三个方面：

首先，进一步提高了认识，明确了工作目标。通过学习小建副部长的讲话和认真讨论，大家对加强精神文明与行风建设重要意义的认识有了新的提高，明确了工作目标和努力方向。一致认为小建副部长讲话从实践“三个代表”重要思想的高度，深刻阐述了深入学习十五届六中全会精神和加强“两个建设”重要性、迫切性的重大意义，大家很受启发；对近两年来劳动保障系统“两个建设”情况所作的工作总结，符合实际，许多同志深有体会地说，这几年，劳动保障工作任务这么繁重，实现了两个确保，保证了改革发展稳定的需要，政策和资金的支持固然重要，但是，部党组这几年坚定不移地抓作风建设，对劳动保障工作的作用也是不可低估的。对劳动保障系统进一步抓好“两个建设”提出的工作思路，方向明确，符合“三个代表”重要思想和十五届六中全会《决定》的要求，体现了求真务实、与时俱进的工作精神，对各地进一步做好工作有重要的指导意义。大家表示要以这次会议为动力，按照“三个代表”重要思想的要求和党的十五届六中全会《决定》精神，认真抓好工作落实，努力取得精神文明建设和行风建设的新成效。

其次，学到了各地做好精神文明建设和行风建设的先进经验。与会同志认为，会上发言和书面交流的先进典型，各具特色，他们在“两个建设”中总结、积累的丰富经验，为劳动保障系统行风建设起到了很好的引导和示范作用，同时，也从不同的侧面充分反映了劳动保障系统近几年来抓“两个建设”所取得的成果，值得学习和借鉴。如：北京、湖北、深圳、新疆、四川、陕西、辽宁、山东等劳动保障厅（局）在抓行风建设工作中，以“三个代表”重要思想为指导，以为人民服务，树行业新风为主题，把行风建设与各项劳动保障业务工作相结合，将依法行政、优质服务等作为行风建设工作重点，在推进本省劳动保障系统的“两个建设”实践中取得了可喜的成绩。吉林、江苏、上海、宁波等劳动保障厅（局）突出抓“三优”文明窗口的创建活动，在信访、劳动监察、劳动争议仲裁、社会保险、职业介绍等窗口部位进行了积极而富有成效的探索，取得了进展，积累了很多很好的经验。大家听了典型发言深受启发，开阔了思路，找到了差距，表示要结合实际，认真学习和推广，把这些经验运用到本地区、本部门“两个建设”的工作实践中去。许多同志在讨论会上，对深入抓好“两个建设”谈了许多非常好的观点，比如，“两个建设”是个系统工程，核心是为人民服务、让群众满意，要在内强素质、外塑形象上下功夫；要处理好系统的建设同地方“两个建设”的关系，做到条块结合；“两个建设”要注重实效，一抓到底，持之以恒。目前，各地都在落实六中全会精神，狠抓作风建设，要借这个东风，把系统的“两个建设”搞得更好。

第三，大家在小组讨论中提出了一些很好的意见和建议，比如，在每年全国劳动保障工作会议上，在总结、部署劳动保障业务工作的同时，要增加精神文明建设与行风建设的内容，做到劳动保障工作与精神文明建设和行风建设同部署、同检查、同考核、同总结，坚持“两手抓，两手都要硬”。

关于对窗口建设与过去工作部署的衔接问题，原来只确定了5个窗口单位，随着劳动保障业务的不断发展，面向社会的部位越来越多，把每个部位建设好是我们的职责。具体哪些窗口需要扩展以及评比的具体条件要求，我们将根据总体发展要求进行统筹考虑，作出具体安排。

二、关于进一步加强行风建设

在小建副部长的讲话中，对精神文明建设与行风建设工作部署讲了很多，体现了部党组抓精神文明建设与行风建设的指导思想和总体要求，我们要认真贯彻。下面我主要就进一步加强行风建设再强调几点：

（一）充分认识抓好劳动保障系统行风建设的重要性

纠正部门和行业不正之风，事关改革发展稳定的大局，是深入反腐败、从严治党、从严治政和加强精神文明建设，维护人民群众根本利益，密切党和政府与人民群众关系的一项重要工作。党中央、国务院非常重视，把它作为党风廉政建设和反腐败斗争三项工作格局之一，作为实践“三个代表”重要思想，加强政权建设，密切联系群众的一项重要任务来抓，每年都有新的部署和要求。党的十五届六中全会对加强和改进党的作风建设作出重大部署，明确了新时期党的作风建设的指导思想、总体要求和主要任务，为行风建设指明了方向。在全国经济工作会议上，江总书记又要求把明年作为转变作风年和调查研究年。劳动保障部党组历来高度重视作风建设和精神文明建设，在刚刚结束的全国劳动保障工作会议上，左已部长对求真务实、转变作风，树立廉政勤政形象提出了明确要求，号召各级劳动保障部门干部职工要积极行动起来，全面贯彻落实六中全会精神，加强作风建设，以党风带动政风，以政风带动行风，保证各项工作任务的落实。

劳动保障工作事关改革、发展和稳定，与亿万职工群众的切身利益息息相关，劳动保障事业改革与发展，特别是两个确保是否到位，窗口单位作风好坏，管理和服务质量优劣，依法行政水平高低，直接影响到党和政府在人民群众中的形象和威信。几年来，各级劳动保障部门把行风建设作为大事来抓，取得了明显成效，促进了两个确保等劳动保障中心任务的完成。但是，有的地方仍不同程度存在着以权谋私，乱收费、乱罚款、乱摊派，吃、拿、卡、要；有法不依、执法不公，弄虚作假、虚报浮夸；服务意识淡薄，简单粗暴，扯皮推诿，效率低下等影响劳动保障部门形象和损害群众利益的问题，挤占、挪用社会保障资金的违法违纪案件也有发生。继续加强劳动保障系统行风建设，对于全面贯彻落实十五届六中全会精神，加强和改进党的作风建设，推进反腐败斗争的深入开展，促进依法行政，密切党和政府与人民群众的关系，建设廉洁、勤政、务实、高效的干部队伍和政府机关，保证劳动保障事业的顺利发展，具有十分重要的意义。各级劳动保障部门一定要提高对行风建设重要性的认识，进一步增强抓行风建设的主动性，增强紧迫感、责任感和使命感，自觉实践"三个代表"的重要思想，按照"八个坚持、八个反对"的要求把行风建设与本部门的业务工作、管理和服务工作紧密结合起来，努力使行业作风建设在劳动保障事业发展中起到良好的政治保证和促进作用。

（二）继续抓好基层窗口建设

劳动保障部门窗口单位的作风建设是行风建设的一个重要组成部分。劳动保障系统5万多个窗口单位是劳动保障工作的第一线，是劳动保障部门依法行政，维护和保障人民群众基本社会保障权益，履行职责的重要阵地，是联系群众的桥梁和纽带，是老百姓体察政风的重要窗口。几年来，通过开展"三优"文明窗口的创建活动，各地窗口单位的精神文明建设和行风建设取得了较为明显的进步，干部作风有了很大改善，促进了劳动保障各项任务的落实。关于明年窗口的行风建设工作，要在已有的工作基础上，按照廉洁从政、依法行政、优质服务等要求，通过开展行风评议等活动强化基层窗口单位建设。各级劳动保障部门要针对社会保险管理、劳动监察、职业介绍等重点单位，围绕窗口单位突出的不正之风问题，采取严格依法行政、推行政务公开、民主评议行风等有效措施，坚持纠建并举、标本兼治，狠抓工作落实，认真纠正各种不正之风，树立良好的行业风气和部门形象，逐步实现行风建设的经常化、规范化、制度化。对行风建设中涌现出来的先进典型，通过评选"三优"文明窗口在全系统进行宣传推广，以点带面，共同进步，营造比学赶帮、争优创先的良好氛围。

（三）开展纠风工作的专项治理

针对工作中带有普遍性、倾向性和群众反映强烈的热点问题，集中力量进行专项治理，是纠正部门和行业不正之风的一种重要措施和有效形式。这些年来，国务院纠风办组织开展了减轻农民负担、治理公路三乱和中小学乱收费等专项治理工作，取得了明显成效。我们也要针对工作中存在的突出行风问题，确定专项治理的内容，当前主要是抓好两方面工作：

一是防止和纠正违规动用社保基金。社会保障基金是老百姓的保命钱，与群众利益密切相关，关系社会稳定，必须严格管理和使用，严防贪污、挤占、挪用和冒领、骗取社保基金的行为。为此，除了业务主管部门的日常监管之外，要对基金的管理使用加强专项检查，常抓不懈，通过检查达到严格按规定管理使用基金的目的，同时通过检查发现漏洞和问题，及时建章立制，从源头上进行治理。对违规动用的社保基金，要限期收回，依法依纪严肃追究责任人。

二是通过综合治理不断提高数据的真实性。真实的数据是我们工作和决策的基础，劳动保障服务对象的利益更是要最终体现在具体的数字上。提供真实数据是各级劳动保障部门的基本要求和职业道德，不实的数据会直接损害广大职工群众的利益和国家利益，必须保证数据的真实性、准确性和及时性。在今年的全国劳动保障工作会议上，左己部长又反复强调要抓好基础管理，要求数据真实，我们要高度重视，认真落实。要对统计数字加强监督检查，凡是因为主观原因，有意虚报数据的单位和直接责任人都应该严肃查处，追究责任。纪检监察机构要通过调查研究和专项检查，了解数据不实的情况和原因，通过加强职业道德和全局观念教育，推动有关职能部门建章立制，逐步解决数据不实的问题。

各地也可以因地制宜，量力而行，提出符合当地实际情况的专项治理工作内容，把这项工作逐步开展起来。

专项治理工作不能一蹴而就，必须反复抓，抓反复，常抓不懈。专项治理要与制度建设结合起来，在治理过程中注意研究、分析问题产生的原因，针对薄弱环节和暴露出来的问题建立健全有关法规、规章和制度，强化监督制约机制，并狠抓落实。对专项治理中发现的问题要认真组织查处，构成违法违纪的，要严肃处理。

（四）积极推行政务公开

推行政务公开是深化行政管理体制改革，促进政府职能转变，完善社会主义市场经济体制的必然要求，是实现依法治国，加强社会主义民主政治建设的重要途径，是改进工作方式，提高工作效率，应对“入世”挑战，促进劳动保障事业新发展的重要措施。近年来，按照党中央、国务院和中央纪委的部署，在县级政权机关全面推行了政务公开，取得了明显成效。许多劳动保障厅（局）按照当地政府的要求，积极推行这项工作。但是，我们也应看到，这项工作发展不平衡。按照中央的有关要求，我们要在窗口单位全面推行政务公开，在各级劳动保障行政机关逐步做到政务公开，并作为劳动保障部门切实转变作风的重要切入点，不断深化，坚持长期抓下去。

在劳动保障部门推行政务公开，重点是围绕行政审批、行政执法、窗口服务等工作范围，以公正、便民和廉洁、勤政、务实、高效为基本要求，将劳动保障部门有关政策、法规、制度以及办事程序、时限、结果和监督途径，凡不涉及国家机密的都实行公开。尤其是那些与群众利益密切相关，群众关心和反映强烈的问题，都要公开，以方便群众办事，接受群众监督。各级劳动保障部门特别是没有政务公开工作基础的，要加强组织领导，按照这个原则要求，结合实际，规范政务公开的形式、程序及检验标准，强化监督保障机制等，下大力气推进政务公开工作。

要进一步减少和规范行政审批，坚持依法行政，转变政府职能。要转变计划经济时期产生的权力越多越大越好的观念，认为有权才有地位，有权才有手段，有权才好开展工作，这种认识是错误的。各级劳动保障部门要适应深化经济体制改革和加入 WTO 的形势需要，严格在法律范围内行使职权，既不失职，也不越权，尽量减少行政审批，能由市场和中介组织管理的事务就交给市场和中介组织去管理。在依法行政中要坚持权利和义务的统一，在行使权力的同时，也要履行相应的义务和责任，不依法行政就要受到责任追究。要寓管理于服务之中，强化服务意识，把工作重点放在监督落实和提供优质服务上，确保政令畅通。

（五）坚持标本兼治、纠建并举

加强行风建设必须运用教育、管理和监督等综合手段去抓。坚持标本兼治、纠建并举的方针，既要有重点地开展专项治理，从严刹风整纪，又要重视并不断加大治本力度，通过深化改革，从体制、机制、制度和管理上加强治理，不断铲除不正之风滋生蔓延的土壤和条件。这是抓好行风建设的一条重要经验，已经和正在发挥越来越重要的作用。一是要坚持以教育为主，在提高干部职工的整体素质上下功夫。要注重经常性的党性、党风、党纪教育和职业道德、职业责任、职业纪律教育，弘扬正气，树立良好的职业道德和全心全意为人民服务的思想，增强抵御不正之风的自觉性，筑牢思想道德防线。二是要进一步建立健全规章制度，加强管理。建立一套既适应市场经济要求，又体现劳动保障部门特色的职业道德规范，从制度上堵住可能产生不正之风的漏洞。三是要结合政府转变职能，从管理体制上、工作机制上纠正不正之风。如：减少行政审批事项，对经清理保留的行政审批事项要建立约束机制，增加权力的透明度；严格执行“收支两条线”规定，严格加强预算外资金管理、严格清理小金库等。四是要不断建立健全监督机制，对权力运行实行有效监督，坚持开展政务公开和民主评议行风活动，公开接受社会监督，同时充分利用大众传媒，对不正之风予以曝光、揭露，使之成为过街老鼠。总之，各地劳动保障部门要通过体制、机制、制度、管理的创新，给行风建设注入新的活力，努力从源头上预防和治理不正之风，发挥更大的作用。

（六）进一步落实行风建设责任制

落实行风建设责任制，坚持“谁主管，谁负责”“管行业必须管行风”原则，是切实加强行风建设的组织保证。实践证明，行风建设要真正取得实效，单靠哪一个部门或单位孤军作战不行，必须要统一领导，一把手负总责，相互配合，齐抓共管，形成合力。各级劳动保障部门要切实加强领导，真正建立起党组（党委）统一领导，主管领导亲自抓，依靠业务主管部门，纪检监察或纠风办负责监督、检查、协调、指导的行风建设领导体制和工作机制，做到一级抓一级，层层抓落实，从制度上保证把行风建设作为深入开展反腐败斗争的一项重要任务，纳入总体工作目标，与劳动保障业务工作同部署、同检查、同考核、同监督。

部门和行业不正之风是伴随着行政业务工作而产生的，带有明显的行业特点，因此，主管领导亲自抓是关键。各级劳动保障部门，要特别重视发挥业务主管单位的作用，要求主管单位的领导在抓业务工作的同时，必须承担起抓行业作风建设的责任，把行风建设作为分内之事，渗透到日常业务建设和管理工作之中，紧密结合，相互促进，协调发展。做到业务工作管到哪里，行风建设工作就切实抓到哪里。

各级纪检监察机构要在行风建设中认真履行职责，充分发挥作用。要加强调查研究，及时准确地了解和掌握情况，当好领导的参谋和助手；要加强督促检查和组织协调，保证行风建设任务落实。

三、关于明年劳动保障系统党风廉政建设和反腐败工作安排

我们即将进入2002年。这次会议代表多数是省厅的纪检组长，所以我想利用这个机会把明年的纪检监察工作思路给大家讲一下，待中纪委七次全会和国务院廉政工作会议召开以后，我们还要结合劳动保障工作实际，制定《2002年纪检监察工作要点》发给大家。

今年7月初，中央纪委、监察部向劳动保障部派驻了纪检组、监察局。我们在抓机构组建的同时，先后赴广东、天津、陕西进行调研，了解了10多个省市劳动保障部门纪检监察工作的情况。在调查研究的基础上，我们提出了劳动保障系统纪检监察工作思路，总体要求是：以邓小平理论和党的基本路线为指导，按照江泽民“三个代表”重要思想的要求，认真贯彻党的十五届六中全会、中央纪委全会和国务院廉政工作会议精神，按照党风廉政建设和反腐败三项工作格局，结合劳动保障工作实际，加强调查研究，标本兼治，突出重点，强化监督检查，促进劳动保障干部队伍廉政勤政和作风建设，保证劳动保障中心任务的完成。主要工作有以下几项：

(一) 把教育放在首位

在改革开放和发展社会主义市场经济新的历史条件下，加强党员干部队伍建设，提高思想素质，增强拒腐防变的能力，最基本的措施和大量的工作是抓教育。因此，要把提高干部队伍素质摆在重要位置，继续强化党性、党风教育，廉政勤政正反典型的教育，职业道德教育，要引导广大党员干部特别是领导干部正确对待权力、地位和自身利益，打牢思想基础，增强廉政勤政意识，筑牢思想道德防线。这是加强党风廉政建设和反腐败斗争一条重要的经验，思想道德规范虽然不像法律那样具有强制性，但它是防范腐败现象的第一道关口，道德观念一旦被突破了，必然会滑入犯罪的深渊。各级劳动保障部门一定要在抓好思想道德教育上下功夫，做到虚功实作，运用多种形式，增强教育的针对性、形象性和实效性。

(二) 强化领导干部廉洁自律

这些年来，中央纪委针对在社会主义市场经济条件下容易出现的一些问题，制定了一系列的廉洁自律规定，而且，每年都增加新的内容，实践证明是非常有效的，我们要抓好落实。要在党员领导干部中开展重温已有廉洁自律规定，增强自律意识，树立表率形象的活动，使各级劳动保障机关形成一级带一级的廉洁从政局面。重点抓好中纪委五次全会提出的六项规定的落实，抓好领导干部不准收受现金、有价证券和领导干部配偶、子女从业规定的落实。此外，还要结合劳动保障部门工作实际和行业特点，制定一些劳动保障系统廉洁自律规定，更有针对性地规范劳动保障系统领导干部的从政行为。有的地方已经做了这方面的工作，我们要认真总结，条件成熟时还要在全系统推广。

(三) 加强监督检查，落实中央六中全会《决定》

落实六中全会《决定》，加强和改进党的作风建设，是当前全党的重要任务。中央已责成有关部门，正在研究制定贯彻落实十五届六中全会《决定》的配套制度和措施，关于精简会议和文件的意见，中办已下发各地，要采取有效措施减少会议数量，压缩会议规模，加强管理，切实精简各类文件、简报，提高文件、简报质量，使我们各级领导能够腾出更多的时间和精力，深入基层调查研究，解决实际问题。下一步有关具体规定还将陆续出台，我们都要认真贯彻执行。当前，各级纪检监察机构要切实加强对“八个坚持、八个反对”执行情况的监督检查。重点加强对各级领导班子，特别是主要负责人执行情况的监督检查，加强对遵守和执行政治纪律情况的监督检查。要严明纪律，对违反《决定》的行为要严肃批评教育，直至作出组织处理或给予纪律处分。要大力推动作风建设的法制化和制度化，对已有行之有效的制度要认真执行，同时要结合我们的实际，加强调查研究，找出我们存在的突出问题和薄弱环节，推动有关单位建立健全新的制度，从源头上预防和治理不良风气。

(四) 加强对社会保障资金管理使用情况的监督检查

近两年，监察部牵头与财政部、民政部和我部联合开展了对四项社会保障资金的专项检查，各地劳动保障纪检监察机构积极参与组织协调，发挥了很大作用，取得了一定的成效。最近，四部门又联合下发了《关于对四项社会保障资金管理使用情况专项检查工作进行重点抽查的通知》，确定对吉林、辽宁、山西、河南、湖南、广东、贵州、甘肃、青海、内蒙古 10 省区进行重点抽查。抽查工作刚刚结束。希望有关省区的劳动保障部门，对重点抽查中发现的问题要认真进行分析、研究，切实建立一些管用的规章、制度，把整改工作落实到位。

抓好社会保障资金的监督检查，保证资金的安全完整，是我们的一项重要任务，也是一项关系改革发展稳定的大事，要常抓不懈。各级劳动保障纪检监察机构要充分发挥自身的工作职能，协调组织有关部门加强对社会保障资金管理、使用情况的监督检查，依靠业务部门开展专项检查、重点抽查，找出社会保障资金管理和使用中存在的突出问题，特别是在机制、体制上加强防范和治理，防止腐败行为发生。

（五）严肃查处违法违纪案件

查办案件是反腐败的重要方面，也是人民群众关注的热点问题。严肃查处违法违纪案件，对端正党风、惩治腐败，维护社会稳定，密切群众关系，服务经济建设，加强精神文明建设有着重要的意义。各级纪检监察机构要重视群众来信来访，充分发挥群众监督作用，对群众反映的一般性问题，要及时谈话提醒，把问题解决在萌芽状态之中；对构成违纪违法的，要敢于碰硬，坚持原则，严肃查处，坚决克服查处不力，执纪不严，失之于宽，失之于软的问题。同时，要对典型案件进行剖析，研究案件发生的特点和规律，总结教训，堵塞漏洞，把查办案件与预防、教育结合起来，达到查处一人，教育一片的目的。当前，我们要重点查处 1998 年以来贪污、挤占、挪用社会保障专项资金的违法违纪案件，增强威慑力。最近，我们陆续收到一些省市报来的案件情况，一些地方近两年来社会保障资金挤占挪用问题仍然时有发生，必须加大查处力度，严肃惩处腐败分子。

（六）加强纪检监察队伍的自身建设

纪检监察机关自身的作风如何，直接关系到在加强和改进党的作风建设中职能作用的发挥，直接关系到党的监督工作和反腐倡廉工作的成效。首先，要深入学习江泽民同志“三个代表”重要思想，认真贯彻落实十五届六中全会《决定》，通过加强和改进作风建设，进一步提高纪检监察干部的政权意识、公仆意识和自律意识。其次，要加强业务学习和培训工作。从明年开始，驻部纪检组、监察局要逐步把系统纪检干部队伍培训教育纳入计划，根据业务工作需要，有针对性地举办纪检监察业务培训班、研讨班，学习法律、金融、财会、劳动保障业务知识，提高纪检监察干部的政治、业务素质以及在新形势下做好纪检监察工作的能力和水平。

四、关于这次会议精神的传达贯彻

认真传达贯彻落实好这次会议精神，对于进一步加强精神文明建设和行风建设非常重要。一是大家回去以后要及时把会议精神向厅（局）党组汇报，提出贯彻落实的具体措施。二要认真组织学习和研究这次会上介绍的先进经验，用于指导本地区本部门开展工作。

同志们，劳动保障系统精神文明建设与行风建设任重而道远。我们一定要坚定信心，大胆实践，锐意创新，努力把劳动保障系统的精神文明建设和行风建设提高到一个新的水平，为保证劳动保障中心任务的完成做出新的贡献。

三、重 要 文 件

保障妇女在获得经济资源、劳动和社会保障方面的平等权利*

——节自《中国妇女发展纲要（2001—2010年）》

（2001年5月22日　国发〔2001〕8号）

一、妇女与经济

（一）主要目标

1．保障妇女获得经济资源的平等权利和机会。

2．消除就业性别歧视，实现男女平等就业，保障妇女劳动权利，妇女从业人员占从业人员总数的比例保持在40%以上。

3．妇女享有与男子平等的社会保障权利。城镇职工生育保险覆盖面达到90%以上。

4．保障女职工享有特殊劳动保护。

5．缓解妇女贫困程度，减少贫困妇女数量。

（二）策略措施

妇女与男子平等获得经济权利、共享经济资源和社会发展成果是妇女发展的基础条件。

1．国家宏观政策

国家的经济和社会发展规划应体现妇女发展的主要目标，经济分析和经济结构调整应纳入性别平等观念。

——制定妇女平等参与经济发展的方针政策，提供妇女享有与男子平等的参与经济决策的机会和途径，缩小男女在分享经济决策权上的差距，提高妇女参与经济决策及管理的水平。

——确保妇女平等获得经济资源和有效服务。主要包括获得资本、信贷、土地、技术、信息等方面的权利；农村妇女享有与居住地男子平等的土地承包权、生产经营权、宅基地分配权、土地补偿费、股份分红等权利。

——改善妇女经济状况，进行适当的有利于妇女生存发展的专项投资。

2．法律和部门政策

制定和完善有利于妇女平等参与经济和社会发展、平等就业等相关法律法规和政策。

——贯彻落实《中华人民共和国劳动法》等相关法律法规，禁止招工、招聘中的性别歧视。

——保障妇女享有与男子平等参与资本、技术等生产要素的分配权。保障多元化分配形式中的男女同工同酬，同工种、同类别从业人员中女性工资与男性工资相同。缩小男女收入差距。

——拓宽妇女就业渠道，在经济发展和产业结构调整中，充分考虑妇女就业的需要，大力发展第三产业特别是社区服务业，为妇女创

* 标题为本书编者所加。

造新的就业机会和就业岗位。提高妇女在新兴产业、新兴行业中的就业比例和中、高级专业技术人员中的女性比例。提倡自主就业，鼓励妇女自谋职业，支持和引导妇女兴办私营、个体企业和发展科技型中小企业，促进妇女通过多种形式再就业。

——进一步落实女职工劳动保护政策，为女职工提供必要的工作和劳动条件，解决女职工在劳动和工作中因生理特点造成的特殊困难。

——指导各类用人单位把女职工特殊劳动保护条款纳入劳动合同和集体合同，健全和完善女职工特殊劳动保护措施，不断改善女职工劳动条件。加强对女职工特殊劳动保护法律法规和政策的宣传教育及培训，提高用人单位的法制意识和安全生产意识，提高女职工的自我保护意识。

——加大劳动保障监察执法力度，切实保障妇女的劳动权利。对于违反《中华人民共和国劳动法》《中华人民共和国妇女权益保障法》《女职工劳动保护规定》等相关法律法规、侵犯妇女合法权益的行为，要依法处理。

——引导和扶持农村妇女富余劳动力向非农产业转移。面向农村妇女开展各种劳动技能培训，帮助其从传统种植业向非农产业转移；在城镇化建设过程中，有组织地开展劳务输出，为农村妇女在非农产业就业创造更多的机会。

——制定减少妇女贫困的政策措施，增加贫困妇女的经济收入。在实施西部大开发战略中，加大对贫困妇女的扶持力度，按照同等优先的原则，帮助、支持贫困妇女实施扶贫项目，鼓励、支持以妇女为主的扶贫经济实体的发展，使贫困妇女成为扶贫资源的获得者和扶贫成果的直接受益者。

3．社会保障和服务

进一步完善社会保障体系，积极推动在不同所有制经济实体就业的、不同收入层次的妇女按照国家规定参加社会保险，确保妇女在参与经济发展中接受有效服务。

——妇女享有与男子平等参加城镇职工基本养老保险、基本医疗保险、失业保险、工伤保险、生育保险的权利。

——普遍建立城镇职工生育保险制度，完善相关配套措施，切实保障女职工生育期间的基本生活和医疗保健需求。

——为妇女劳动就业提供信息、服务和培训。加强公共职业介绍机构对妇女的职业指导、职业介绍等就业服务。开展有针对性的就业培训，提高妇女的就业能力。

——为残疾妇女提供就业服务和职业技能培训，提高残疾妇女的就业比例。

——鼓励和支持社会团体开展有利于提高妇女劳动生产技能的各项培训活动。

国务院办公厅关于各地不得自行提高企业基本养老金待遇水平的通知

国办发〔2001〕50号

各省、自治区、直辖市人民政府，国务院各部委、各直属机构：

根据《国务院关于深化企业职工养老保险制度改革的通知》（国发〔1995〕6号）和《国务院关于建立统一的企业职工基本养老保险制度的决定》（国发〔1997〕26号）的有关规定，各地区调整企业离退休人员基本养老金要在国家政策指导下进行。2000年7月，国务院有关部门又明确要求各地不得自行提高基本养老金待遇，今后有关工作按国务院统一部署进行。但是，仍有部分地区未经国务院同意，自行提高了企业离退休人员基本养老金待遇水平，有的地区甚至在基本养老保险基金入不敷出的情况下，也盲目提高标准。这种做法，不仅损害了国家有关政策的权威性和统一性，而且增加了确保基本养老金按时足额发放的困难，同时引发了地区间的攀比，也不利于社会稳定，必须予以制止。为进一步规范企业离退休人员养老金待遇水平调整工作，现就有关问题通知如下：

一、各地要按照党中央、国务院关于继续做好两个确保工作的要求，确保企业离退休人员基本养老金按时足额发放，不能出现新的拖欠。未经批准，各地区不得自行提高企业离退休人员基本养老金待遇水平。目前正在酝酿自行提高企业离退休人员基本养老金待遇水平的地区，要立即停止，严格按照国务院统一部署进行。部分地区自行提高企业离退休人员待遇水平所增加的基本养老保险基金缺口，由当地政府自行解决，中央财政不予补助。

二、今后，企业基本养老金待遇水平的调整，由劳动保障部和财政部根据实际情况，参照城市居民生活费用价格指数和在职职工工资增长情况提出调整总体方案，报国务院批准后统一组织实施；各地区制定的具体实施方案，报劳动保障部、财政部审批后执行。

三、各地区要按照国务院及有关部门的要求，认真清理和规范基本养老保险统筹项目，不得擅自将统筹外项目转为统筹内项目，也不得自行调整企业缴费比例。确需调整统筹项目和企业缴费比例的，要报劳动保障部、财政部批准。

随着企业职工基本养老保险基金收入的增加和财政支持力度的增强，国家将逐步提高企业离退休人员的基本养老金待遇水平。在国家统一政策出台之前，地方各级政府要从大局出发，认真贯彻执行国家的各项政策，妥善处理和化解各种矛盾和问题，维护社会稳定。

2001年7月5日

国务院办公厅关于印发《在京中央国家机关公务员医疗补助暂行办法》的通知

国办发〔2001〕55号

北京市人民政府，国务院各部委、各直属机构：

《在京中央国家机关公务员医疗补助暂行办法》已经国务院同意，现印发给你们，请遵照执行。

2001年8月4日

在京中央国家机关公务员医疗补助暂行办法

根据《国务院办公厅转发劳动保障部财政部关于实行国家公务员医疗补助意见的通知》（国办发〔2000〕37号）精神，结合北京市城镇职工基本医疗保险有关规定以及在京中央国家机关公务员医疗保障的实际情况，为保证在京中央国家机关公务员的医疗待遇水平，特制定本办法。

一、医疗补助的范围

已参加北京市基本医疗保险的以下在京中央国家机关单位的人员，经北京市社会保险经办机构审核并报劳动保障部和财政部批准，可以享受公务员医疗补助：

（一）按照《国家公务员制度实施方案》规定，国务院所属部门和单位中属于实施国家公务员制度范围内的工作人员及其退休人员（含1993年以后因机构改革划转到机关服务中心的原属行政编制和行政附属编制的人员，下同）。

（二）经中共中央组织部批准列入参照国家公务员制度管理的中央党群机关，全国人大、政协机关，各民主党派中央和全国工商联机关，以及列入参照国家公务员制度管理的其他在京中央单位的工作人员及其退休人员。

（三）经人事部批准列入依照国家公务员制度管理的在京中央直属事业单位的工作人员及其退休人员。

（四）最高人民法院、最高人民检察院机关的工作人员及其退休人员。

二、补助经费的筹集和用途

（一）医疗补助的筹资标准，参照享受医疗补助人员当期实际医疗消费水平、基本医疗保险保障水平和工资收入水平，由劳动保障部、财政部逐年核定，每年第四季度发布下一年的筹资标准。2001 年的筹集标准为上年用人单位职工工资总额的 5%。

（二）医疗补助经费按上年确定的筹资标准筹集并列入中央财政当年预算，由财政部统一拨付给北京市财政局，北京市财政局通过社会保障基金财政专户向北京市社会保险经办机构核拨。

（三）医疗补助经费用于补助以下开支：符合基本医疗保险药品目录、诊疗项目范围和医疗服务设施标准，超过基本医疗保险统筹基金最高支付限额以上部分的医疗费用；基本医疗保险支付范围内个人自付超过一定数额的医疗费用；医疗照顾人员按规定享受照顾所发生的医疗费用。

（四）医疗补助经费与基本医疗保险基金分开核算、专款专用，并按照收支平衡的原则严格管理。其中，医疗照顾人员的医疗补助经费单独建账、单独管理。

三、医疗补助的标准

（一）符合本办法规定的医疗费用开支按以下标准给予补助：

1. 在一个年度内发生的住院医疗费用（含肾透析、恶性肿瘤放化疗、肾移植后服抗排异药等纳入基本医疗保险统筹基金支付范围的门诊医疗费用，下同）超过基本医疗保险统筹基金最高支付限额以上的部分，5 万元以下的部分补助 90%，5 万元以上的部分补助 95%。

2. 在一个年度内发生的住院医疗费用，在基本医疗保险统筹基金最高支付限额以下应由个人负担的部分（含个人账户支付部分），退休人员和享受医疗照顾的司局级以上（含司局级）在职人员补助 95%，其他在职人员补助 90%。

3. 在一个年度内发生的门诊医疗费用累计超过1 300元（含个人账户支付部分）以上的部分，退休人员和享受医疗照顾的司局级以上（含司局级）在职人员补助 95%，其他在职人员补助 90%。

（二）医疗照顾人员按规定在医疗服务设施、诊疗项目等方面享受照顾时发生的费用超过基本医疗保险规定支付的部分，由医疗补助经费按医疗照顾政策的规定予以补助。

（三）在享受基本医疗保险和医疗补助后，个人负担确有困难的，可由所在单位适当给予困难补助。

四、组织管理和监督

（一）劳动保障部负责在京中央国家机关公务员医疗补助的行政管理工作，具体工作委托北京市劳动保障局负责，并由其所属社会保险经办机构经办。

（二）劳动保障部和财政部负责研究制定在京中央国家机关公务员医疗补助有关政策，指导北京市有关部门和经办机构具体组织实施，并对医疗补助经费的使用和管理实施监督检查。

（三）北京市劳动保障局负责对北京市社会保险经办机构的日常工作实施监督管理，财政局负责财政专户管理。

（四）北京市社会保险经办机构要严格执行在京中央国家机关公务员医疗补助的有关规定，建立健全预决算管理制度、财务与会计制度、内部审计制度和其他各项管理制度，做好公务员医疗补助办法与基本医疗保险制度的政策衔接和管理工作，既要方便公务员就医，及时结算有关费用，又要按规定严格控制费用开支，努力提高社会化管理服务水平，保证在京中央国家机关公务员医疗补助待遇的落实。

五、其他

在本办法规定的医疗补助范围之外，原享受公费医疗待遇的其他在京中央单位的工作人员和退休人员，可参照本办法享受医疗补助，所需资金仍按原渠道筹措。对少数资金筹集确有困难的事业单位，中央财政在严格审核的基础上区别不同情况在部门预算中给予适当补助。参照执行单位职工的医疗补助经费，由北京市社会保险经办机构按标准向有关单位收缴，按照本办法管理。

本办法自在京中央国家机关公务员参加北京市基本医疗保险之日起实施，由劳动保障部和财政部负责解释。

国务院办公厅关于进一步加强城市居民最低生活保障工作的通知

国办发〔2001〕87号

各省、自治区、直辖市人民政府，国务院各部委、各直属机构：

自1997年国务院决定在全国建立城市居民最低生活保障制度以来，在各级政府的高度重视和有关部门的积极努力下，我国城市居民最低生活保障工作取得了较大进展。但是，这项工作发展不平衡，一些地方存在着财政投入不足，属地管理原则没有完全落实，管理工作不够规范，基层日常管理、服务工作不适应以及最低生活保障与其他保障措施衔接不够紧密等问题。为切实做好城市居民最低生活保障工作，进一步完善社会保障体系，尽快使符合条件的城市贫困人口都能享受最低生活保障，经国务院同意，现就有关问题通知如下：

一、进一步提高认识，认真抓好城市居民最低生活保障工作

城市居民最低生活保障制度是我国社会保障体系的重要组成部分，是从制度上保障城市贫困人口基本生活的重要途径，体现了社会主义制度的优越性和全心全意为人民服务的根本宗旨，对于完善社会主义市场经济体制、维护社会稳定、保障国有企业改革的顺利进行和国家的长治久安具有十分重要的意义。当前，国有企业改革不断深化，国有企业下岗职工基本生活保障逐步向失业保险并轨，需要最低生活保障的人员会有所增加，迫切要求进一步加强城市居民最低生活保障工作，为城市贫困人口提供基本生活保障。各地区、各有关部门要从实践江泽民同志“三个代表”重要思想的高度，充分认识做好城市居民最低生活保障工作的重要性和紧迫性，以对人民高度负责的态度，采取有力措施，大力推进，狠抓落实，切实把这项工作抓紧抓好。

二、认真贯彻属地管理原则，全面落实城市居民最低生活保障制度

各地区要全面贯彻执行《城市居民最低生活保障条例》，按照属地管理的原则，将中央、省属企业，尤其是远离城镇的军工、矿山等企业符合条件的贫困职工家庭纳入最低生活保障范围，不得以任何理由将他们排斥在外。当前，对企业改组改制和产业结构调整过程中出现的特殊困难人群，特别是中央、省属企业和城镇集体企业的特困职工家庭，以及下岗职工基本生活保障向失业保险并轨中新出现的需要最低生活保障的人员，要作为工作重点，及时纳入最低生活保障范围。同时，要坚决克服按非农业人口一定比例下达保障对象指标等简单化的办法，尽快把所有符合条件的城市贫困人口纳入最低生活保障范围。

三、加大财政投入力度，管好用好城市居民最低生活保障资金

建立和规范城市居民最低生活保障制度是

地方各级人民政府的重要职责。地方各级人民政府，特别是省级人民政府必须加大最低生活保障资金投入。每年年底前，由地方各级民政部门根据核定的保障对象所需资金提出下一年度的用款计划，经同级财政部门审核后列入财政预算。中央财政将根据各地财政状况、最低生活保障任务和地方财政努力程度，加大对财政困难地区城市居民最低生活保障资金的专项转移支付的力度。地方各级人民政府要逐年增加最低生活保障经费支出，不得因中央加大支持力度而减少地方财政投入。

要把各级财政预算安排的城市居民最低生活保障资金纳入财政社会保障补助资金专户，实行专项管理，专款专用，确保资金不被挪用和挤占。

四、建立健全法规制度，推进城市居民最低生活保障工作的规范化管理

要尽快制订和完善与《城市居民最低生活保障条例》相配套的最低生活保障申请人家庭财产收入申报制度和审核办法，规范城市居民最低生活保障金申请、审批、发放和监督的程序。要认真调查核实申请人的家庭收入、家庭财产和劳动力就业状况，及时掌握保障对象的动态情况，严格按政策规定审批最低生活保障对象。对申请最低生活保障金的在职职工、进入再就业服务中心的下岗职工、领取失业保险金或养老金的人员，要按照当地政府公布的有关标准计算其收入。对申请最低生活保障金的有劳动能力的人员，劳动保障部门要配合民政部门核实其就业、收入状况，并负责出具有关证明。要进一步完善监督机制和操作程序，实行民主评议，接受群众监督，将最低生活保障金数额、保障对象人数等情况定期向社会公布，做到政策公开、资金公开、保障对象公开。

各地民政部门要会同财政、劳动保障、统计、物价等部门，根据当地维持城市居民基本生活所需费用，按照既要保证贫困居民的基本生活，又要有利于鼓励就业的原则，制订与当地经济发展水平和财政承受能力相适应的最低生活保障标准，并保持相对稳定，不要盲目攀比。最低生活保障金标准应与企业最低工资、下岗职工基本生活保障费、失业保险金等标准拉开距离，分清层次，相互衔接，形成合理配套的标准。

要大力推进最低生活保障工作的信息化和社会化管理进程，加快城市居民最低生活保障信息网络建设，逐步实现通过银行、邮局等机构发放最低生活保障金，努力提高最低生活保障工作管理水平。

五、加强组织领导，确保城市居民最低生活保障制度落到实处

各地区、各有关部门要以江泽民同志“七一”重要讲话和党的十五届六中全会精神为指导，改进工作作风，从改革、发展、稳定的大局出发，将城市居民最低生活保障工作列入重要议事日程，加强领导，周密部署，确保城市居民最低生活保障制度落到实处。各有关部门要各司其职，各尽其责，加强协调和配合，及时研究解决工作中出现的问题。民政部门要做好城市居民最低生活保障制度的组织实施工作；财政部门要保证最低生活保障资金按时足额到位，加强资金的监督管理，并安排必要的工作经费和人员经费；劳动保障部门要与民政部门共同做好各项保障措施的衔接工作。要认真落实最低生活保障对象在住房、医疗、子女教育、税收、水、电、煤气等方面的社会救助政策。要转变最低生活保障对象单纯依靠政府救济的观念，鼓励和帮助他们自谋职业，自食其力，逐步改善生活状况。同时，要广泛动员社会力量，积极开展扶贫济困送温暖活动，形成全社会互助互济的良好风尚。

要加强基层工作力量，把工作重点放在社区，充分发挥街道办事处和社区居民委员会的作用，建立健全基层最低生活保障管理服务网络，为基层民政部门、街道办事处、社区居民委员会配备必要的工作人员，解决必要的办公条件。

城市居民最低生活保障工作关系到广大人民群众的切身利益。各地区、各有关部门要按照本通知的要求，认真做好组织实施工作。民政部要会同财政部、劳动保障部等部门加大督促检查力度，及时了解有关情况，把各项政策措施落到实处。

2001年11月12日

劳动和社会保障部关于印发《劳动和社会保障事业发展第十个五年计划纲要》的通知

劳社部发〔2001〕5号

各省、自治区、直辖市劳动和社会保障厅（局），国务院有关部门劳动和社会保障工作机构：

根据中共中央关于制定“十五”计划的建议精神，落实《中华人民共和国国民经济和社会发展第十个五年计划纲要》，我部编制了《劳动和社会保障事业发展第十个五年计划纲要》，已经部长办公会讨论通过，现印发给你们，请遵照执行。

2001年4月24日

劳动和社会保障事业发展第十个五年计划纲要

今后五年是我国经济和社会发展的重要时期，为指导和推动劳动和社会保障事业发展，根据中共中央关于制定“十五”计划的建议精神，落实国家《国民经济和社会发展第十个五年计划纲要》的要求，制定《劳动和社会保障事业发展第十个五年计划纲要》。

一、“九五”主要成就和“十五”面临的形势

1.“九五”主要成就

“九五”时期，劳动和社会保障事业取得了显著的进展，“九五”计划的各项主要任务均已圆满完成。

——就业局势保持基本稳定，就业结构发生重大变化。就业总量进一步扩大，5年间城镇新增就业达3 560万人左右，累计有1 300多万国有企业下岗职工实现了再就业，城镇登记失业率控制在3.1%。就业结构发生了重大变化，第一产业就业人数首次下降到50%以下，第三产业就业人数增速超过第二产业；国有、集体经济单位就业人数下降，其他经济单位就业人数有较大增加。国有企业职工人数减少2 000多万人，国有企业富余人员问题得到初步缓解。劳动力市场管理制度初步建立。企业自主用人、劳动者自主择业的就业机制初步形成。劳动预备制度逐步实行。就业服务事业得到进一步发展。农村劳动力流动就业制度初步建立，实现农村劳动力向非农产业转移3 000

万人。

——两个确保成效显著，国有企业下岗职工和离退休人员基本生活得到基本保障。1998年以来，实行了确保国有企业下岗职工基本生活、确保离退休人员养老金按时足额发放即两个确保，截至2000年底，全国累计有2 100万国有企业下岗职工进入再就业服务中心，基本生活费发放比例保持在95%左右；企业离退休人员养老金按时足额发放率保持在98%左右，保障水平稳步提高。两个确保的实行，为推进国有经济战略性调整、国有企业三年改革与脱困创造了必要条件，在保障人民生活和维护社会稳定中发挥了重要的作用。

——社会保险制度框架基本确立，已覆盖大部分城镇职工。国务院相继出台了基本养老保险、失业保险、基本医疗保险等方面的决定和条例，2000年出台了完善社会保障体系试点方案，进一步明确了制度框架和主要政策，标志着适应社会主义市场经济要求、有中国特色的社会保险制度框架基本确立。工伤保险、生育保险工作和农村社会养老保险整顿规范工作取得积极进展。截至2000年底，基本养老保险参保职工人数达到10 448万人，失业保险参保职工人数达到10 408万人，基本医疗保险参保职工人数达到4 300多万人，工伤保险参保职工人数达到4 350万人，生育保险参保职工人数达到3 002万人。社会保险基金监督管理工作有所加强。社会保险管理服务社会化取得重要进展，基本养老金社会化发放率达到92%。

——企业工资分配制度改革积极推进，职工工资水平稳步提高。全国除西藏外，30个省、自治区、直辖市都建立了最低工资保障制度，在部分地区进行了工资指导线制度、劳动力市场工资指导价位制度和人工成本预测预警制度的试点。在国家宏观调控指导下，企业内部工资收入分配制度已实现了由企业根据自身生产经营特点自主确定。在部分企业进行了工资集体协商制度和企业经营者年薪制试点。5年间，职工工资水平有了较大幅度提高，年均实际增长5.8%。

——劳动关系调整制度基本建立，劳动关系基本稳定。劳动合同制度普遍实行，集体协商签订集体合同的工作取得进展。部分地区进行了区域性三方协商机制的试点，在省、市一级建立了三方劳动关系协调组织。劳动争议处理工作逐步纳入规范化、法制化轨道，劳动争议仲裁已成为处理劳动争议的有效渠道。各地普遍建立了预防处理群体性突发事件的工作机构。5年间全国共立案受理劳动争议案件48万件，结案率保持在95%以上。修订和完善了最低工资、工时、休息休假、劳动定额等劳动标准。

——劳动保障法制建设取得积极进展。劳动保障立法步伐加快，国务院发布了《失业保险条例》《社会保险费征缴暂行条例》，印发了《国务院关于建立统一的城镇企业职工基本养老保险制度的决定》《国务院关于建立城镇职工基本医疗保险制度的决定》。劳动保障监察制度基本建立，全国县级以上劳动和社会保障行政部门普遍建立了监察执法机构，配备了监察人员，全面开展了监察执法工作。劳动和社会保障行政执法监督工作也取得了较大的进展。

——劳动和社会保障各项基础工作取得扎实成效。劳动和社会保障统计指标体系不断完善，大力推行了抽样调查、典型调查等适应市场经济要求的统计调查方法。劳动和社会保障信息化建设工作稳步推进，劳动力市场信息网建设在大中城市全面展开，社会保险管理信息系统在部分城市初具规模，完成了主要规划和基准性标准的制定工作。劳动和社会保障科学研究、国际交流与合作等也取得了明显的进展。

2.“十五”面临的形势

“十五”期间劳动和社会保障事业发展具备很多有利条件。党中央、国务院高度重视劳动和社会保障工作，党的十五大、十五届四中全会、十五届五中全会对建立市场导向的就业机制、扩大就业、完善社会保障体系和深化收入分配制度改革等提出了明确的要求，为“十五”期间劳动和社会保障事业的全面发展指明了方向；随着社会主义市场经济体制初步建立并逐步趋于完善，市场机制在劳动力资源配置中将发挥基础性作用，为在新形势下解决各种矛盾和问题奠定了基础；随着经济结构调整、加入世界贸易组织和西部大开发战略的实施，我国的经济结构特别是产业结构将进一步趋于合理化，国有企业逐步走出困境，国民经济保持较快增长，综合国力不断提高；人民生活进入小康并向比较宽裕的小康社会迈进，社会成员在劳动就业、社会保障等方面的观念已经发生转变，市场意识和法制观念初步形成，对改革的承受能力和自我保障能力不断提高。这些有利条件，为“十五”期间劳动和社会保障事业的发展提供了较好的环境和难得的机遇。

“十五”期间，劳动和社会保障事业发展既有新的机遇，也面临着新的挑战：(1) 就业矛盾尖锐，结构性失业问题突出。“十五”期间，我国城镇劳动力资源供给总量预计新增5 200万人，城镇新生劳动力、经济结构调整所产生的失业人员、进入市场的下岗职工、农村转移的剩余劳动力交汇在一起，城镇就业形势严峻。农业剩余劳动力目前已达1.5亿人以上，“十五”期间还会有所增加，转移农业剩余劳动力的任务十分艰巨。(2) 劳动力市场机制尚不健全，劳动力资源合理有效配置仍存在障碍。全国统一、开放、竞争、有序的劳动力市场体系尚未完全形成，城乡之间、地区之间分割的格局尚未完全打破；社会保障制度尚待完善，户籍制度有待进一步改革，还不适应劳动力流动的要求。(3) 劳动力整体素质与经济发展、科技进步和经济结构调整的要求不相适应。劳动者职业技能总体水平偏低，目前全国从业人员中初中及以下文化程度的占84%，高级技工仅占技术工人总数的3.5%，难以适应产业结构调整和产业升级的要求。(4) 人口老龄化和失业人员的增加对社会保障构成压力，社会保障体系有待进一步完善。目前，我国已进入老龄化社会，人口老龄化对社会保障特别是基本养老保险和基本医疗保险的压力增大。随着经济体制改革、经济结构调整和加入世界贸易组织，国有企业富余人员转向市场和结构性失业人员进一步增加，失业保险面临着很大的挑战。(5) 社会保障资金支付缺口较大，筹资压力较重。社会保险基金收支矛盾突出，面临着总量不足的压力，特别是养老保险费征缴收入难以满足日益增长的养老金支付需求；积累基金主要分布在少数地区，统筹层次偏低，互济功能无法充分体现；资金来源渠道比较单一，多元化筹资尚未制度化。(6) 企业工资分配方式和分配关系不合理的问题依然存在。企业内部平均主义和部分垄断行业收入偏高的问题仍较突出，工资分配宏观调控体系和企业工资决定机制尚不完善。(7) 劳动关系趋于多元化、复杂化。劳动合同管理不够规范，劳动争议和纠纷继续呈上升趋势，特别是集体劳动争议规模有所扩大，劳动争议的预防处理工作薄弱，劳动关系调整机制亟待完善。另外，劳动和社会保障法律法规体系还不完善，特别是社会保险方面的法律法规尚不健全；信息系统建设还不适应新时期劳动和社会保障事业发展的需要。劳动和社会保障工作事关改革、发展、稳定的全局，要抓住机遇，切实解决前进中的问题，全力推动劳动和社会保障事业在“十五”期间再上新台阶。

二、“十五”的指导思想和主要目标

1. 指导思想

“十五”期间，劳动和社会保障事业的发展要以邓小平理论为指导，按照“三个代表”的要求，适应发展社会主义市场经济的需要，立足于社会主义初级阶段的基本国情，从改革、发展、稳定大局出发，积极扩大就业，推动形成市场导向的就业机制；继续认真做好两个确保，完善社会保障体系；深化收入分配制度改革，提高劳动者收入水平；推进劳动保障法制化、信息化建设，推动劳动和社会保障事业的全面、协调发展，促进经济发展，维护社会稳定。

2．发展目标

“十五”期间劳动和社会保障事业发展的总体目标是：基本建立起适应我国生产力发展水平、符合社会主义市场经济要求的比较完善的劳动和社会保障制度，使广大城镇劳动者得到较为充分的就业和基本的社会保障。

主要目标是：

——形成市场导向的就业机制，扩大就业规模，改善就业结构，提高劳动者素质。形成市场导向的就业机制和适应社会主义市场经济要求的就业服务体系，实现城乡劳动力的有序流动和合理配置。“十五”期间，全国城镇新增就业4 000万人，转移农业劳动力4 000万人，城镇登记失业率控制在5%左右。到“十五”期末，三次产业就业人数比重调整为44∶23∶33。劳动预备制度和职业资格证书制度全面实行，在职培训力度加大，劳动者整体素质明显提高，从事国家规定职业（工种）的从业人员普遍获得职业资格证书，获得高级（三级）以上职业资格证书的人员达到获证人员总数的20%以上。

——基本形成独立于企业事业单位之外、资金来源多元化、保障制度规范化、管理服务社会化的社会保障体系，使城镇劳动者得到基本的社会保障。完善基本养老保险、失业保险、基本医疗保险、工伤保险、生育保险等社会保险制度，积极进行完善社会保障体系试点。建立稳定、规范的资金筹措机制。实现社会保障管理服务的社会化。探索建立社会保障基金保值增值的机制。加强社会保障行政监督和社会监督，健全社会保障基金的监督管理制度。建立统一的、覆盖全国的社会保障信息服务网络，实现管理现代化。依法扩大社会保险实施范围，“十五”期末，基本养老保险、失业保险、基本医疗保险覆盖法规规定的所有用人单位和劳动者。

——建立现代企业工资收入分配制度，稳步提高职工工资收入水平。基本形成“市场机制调节、企业自主分配、职工民主参与、政府监控指导”的企业工资分配新体制，发挥市场机制对工资分配的基础性调节作用，形成企业依据劳动力市场价格自主决定工资水平和职工根据岗位责任“以岗定薪”的新机制。改革国有企业经营者收入分配办法，对国有企业高层管理人员试行年薪制。推行工资集体协商制度。完善收入分配宏观调控体系，保持合理的收入分配关系。职工实际平均工资年均增长5%左右。

——建立和完善新型劳动关系调整体制，保持劳动关系的和谐稳定。在普遍实行劳动合同制度的基础上，劳动关系自主协商机制开始发挥基础性作用，建立比较完善的劳动争议仲裁体制，劳动争议处理制度基本健全，大多数地区建立三方性、多层次的劳动关系协调制度，保持劳动关系的和谐稳定。逐步形成适合我国国情的劳动保障标准体系。

——形成比较健全的劳动和社会保障法律法规体系，劳动保障事业发展全面纳入法制化轨道。加快制定出台《社会保险法》及配套法规，逐步建立以《劳动法》和《社会保险法》为基础的劳动和社会保障法律法规体系。完善劳动保障监察制度，健全劳动保障监察机构，形成监察机构专查、有关机构和社会组织相配合的工作机制，切实保障劳动和社会保障法律法规的实施。完善劳动保障行政执法监督制度，全面推行执法责任制、评议考核制和规范性文件的审查备案制度，进一步提高劳动和社会保障部门的依法行政水平。

——建立完善劳动和社会保障信息服务体系，初步实现劳动和社会保障管理服务的信息化。建立适应社会主义市场经济体制的劳动和社会保障统计指标体系，改革完善统计制度和统计方法，更多地采用抽样调查的方法。加快建立多渠道信息采集体系，以中心城市建立资源数据库和计算机网络为重点，逐步实现劳动保障信息一体化管理。加快基础设施的建设，提高计算机应用水平和网络的覆盖面，建立和完善劳动和社会保障信息服务体系，为社会、用人单位和劳动者个人提供信息服务。

三、"十五"期间的主要政策措施

1．就业和再就业

——继续实行积极的就业政策，广开就业门路，拓宽就业渠道。发展具有比较优势的劳动密集型产业，大力发展服务业，将社区服务业作为今后几年下岗职工和失业人员再就业的主攻方向；发展集体和个体、私营经济，积极发展吸纳就业能力比较强又符合产业结构调整方向的中小企业和劳动就业服务企业；实行非全日制就业、季节性就业等灵活多样的就业形式，提倡劳动者自主就业；努力开拓国际劳务市场，扩大劳务输出。充分利用我国劳动力成本低的竞争优势，促进高附加值的劳动密集型产品出口，增加就业岗位。

进一步完善和落实再就业优惠政策，对自谋职业的，要在工商登记、场地安排、税费减免、资金信贷等方面，给予更多的扶持。引导下岗职工、失业人员转变就业观念，继续实行鼓励自谋职业的优惠政策，鼓励和扶持下岗职工、失业人员举办生产自救型经济实体或劳动组织、自谋职业或组织起来就业。鼓励各地大力开发公益性就业岗位，对特困群体人员进行托底安置。结合西部大开发战略的实施，在加强基础设施建设和生态环境保护的过程中，积极拓宽就业渠道。

——进一步培育和发展劳动力市场，完善就业服务体系。结合国有企业下岗职工基本生活保障制度向失业保险制度的并轨，推进市场导向就业机制的形成。在试点的基础上，企业新的裁员由企业依法与其解除劳动关系，进入劳动力市场，按照规定享受失业保险待遇，通过双向选择实现再就业。已进入再就业服务中心的下岗职工，基本生活保障和再就业协议期满的，也要出中心，进入劳动力市场。建立和完善机制健全、运行规范、服务周到、监督有力的劳动力市场，实现劳动力市场建设的科学化、规范化和现代化。完善就业服务体系，发展公共就业服务机构，发展和规范民办职业介绍机构，加强职业指导、职业介绍、职业培训工作，提高就业服务的效率和质量，同时推动就业服务向社区延伸，形成多层次的就业服务网络。发挥劳动力市场信息网络的作用，促进劳动力供求信息交流，促进劳动者通过劳动力市场实现就业和再就业。健全劳动力市场价格形成机制，发挥市场机制在劳动力资源配置、工资形成和劳动力流动中的基础性调节作用。

——适应农村经济结构调整和城镇化进程加快，做好农村劳动力开发就业工作，多渠道解决农业剩余劳动力就业问题。积极做好农村劳动力开发就业试点工作，探索城乡统筹就业的新途径，加强农村劳动力的职业培训。结合西部大开发战略的实施，建立和完善西部劳务协作区、中西部地区农村职业培训基地。进一步引导农村劳动力向城市和发达地区的合理有序流动。积极鼓励农村外出劳动力返乡创业，建立外出就业和返乡创业双向流动就业机制。发展乡镇劳动服务机构，逐步将劳动保障工作向乡镇地区延伸。

——在各级政府财政预算中保持下岗职工基本生活保障的资金规模，用于并轨前的国有企业下岗职工基本生活保障和并轨后补充失业保险基金不足及促进再就业。增加促进就业的资金投入，为劳动力市场建设、开发就业岗位和组织职业培训提供必要的资金保障。

2．职业培训

——大力加强就业前培训、在职职工培训和再就业培训。全面实行劳动预备制培训，对未能升学的初高中毕业生等新生劳动力在就业前普遍进行1～3年的职业教育和培训，延迟新生劳动力就业年龄，提高其就业能力和自主创业能力；加强企业在职职工职业培训和职业技能鉴定工作，提高职工队伍整体素质；大力开展再就业培训，配合下岗职工出中心、再就业和下岗职工基本生活保障向失业保险转轨的进程，实施第二期"三年千万"再就业培训计划，对1 000万下岗失业人员进行职业培训，增强培训的针对性、实用性、有效性。充分运用广播电视教育、网络教育等先进技术手段开展远程培训，加强创业培训和新兴产业、行业所需职业技能的培训，促进下岗失业人员尽快实现再就业，缓解结构性失业问题。

适应实施西部大开发战略的要求，大力加强西部地区劳动力的职业培训工作，改善劳动力的职业技能结构，全面提高西部地区劳动力的职业技能素质。

——加快职业培训制度改革。坚持社会化和市场化的发展方向，推动“市场引导培训、培训促进就业”机制的形成。按照调整布局、提高层次、突出特色、服务就业的指导思想，指导和推动技工学校、就业训练中心的调整和重组，建立综合性培训基地，鼓励和支持社会各方面的力量开展多层次、形式多样的培训。

——全面推行职业资格证书制度。全面落实中央提出的在全社会实行学业证书和职业资格证书并重制度的战略要求，按照面向市场、扩大范围、完善制度、提高质量的工作方针，坚持职业技能鉴定社会化管理的方向，逐步建立和完善以就业准入政策为导向，以科学管理为基础，以质量控制为前提，以技术支持为手段，覆盖到区县一级并能向农村延伸的职业技能鉴定网络。扩大职业技能鉴定的覆盖面，进一步提高职业资格证书的社会认可程度，逐步实现职业资格证书与学业证书并重，并与就业制度相衔接。

3．养老保险

——按照社会统筹与个人账户相结合的原则，进一步调整和完善城镇企业职工基本养老保险制度。按照国务院《关于完善城镇社会保障体系的试点方案》的要求，企业缴费全部纳入社会统筹基金，职工缴费全部计入个人账户，社会统筹基金与个人账户基金实行分别管理。全面建立和规范养老保险个人账户数据库，并创造条件，逐步实现个人账户实账运行。上述制度调整，2001 年在辽宁省和其他省（自治区、直辖市）确定的部分地区进行试点，并总结经验，不断完善。

——依法扩大基本养老保险覆盖面。城镇国有、集体、外商投资、私营等各类企业及其职工全部纳入基本养老保险统筹范围。进一步加强和规范养老保险基金调剂制度，社会统筹基金以省、自治区、直辖市为单位进行调剂。适时改革和完善机关事业单位职工基本养老保险制度。

——逐步形成多层次养老保险体系。有条件的用人单位可为职工建立企业年金，基金实行市场化运营和管理。企业年金实行完全积累，采用个人账户方式进行管理，费用由用人单位和职工个人缴纳。同时，鼓励开展个人储蓄性养老保险。

——认真做好整顿规范农村养老保险工作。对已经开展的农村社会养老保险进行整顿规范，区别情况，妥善处理。积极探索适合中国国情的农村老年人口的保障办法。

4．失业保险

——推进下岗职工基本生活保障向失业保险制度的并轨。在试点地区，从 2001 年起，国有企业原则上不再建立新的再就业服务中心，企业新的裁员原则上不再进入再就业服务中心，由企业依法与其解除劳动关系，凡所在单位参加了失业保险并依法足额缴费的，按规定享受失业保险待遇；已经进入中心的下岗职工，其基本生活和再就业协议内容保持不变，协议期满仍未实现再就业的下岗职工，要按规定解除劳动关系，并依法享受失业保险或城市居民最低生活保障待遇。按照分类指导的原则，用三年左右时间推动各地区有步骤地完成向失业保险并轨。

——全面贯彻落实《失业保险条例》，完善失业保险制度。依法扩大失业保险覆盖面，重点推动事业单位和外商投资企业、私营企业参加失业保险，把符合规定的单位和职工全部纳入覆盖范围。强化失业保险费征缴，增加基金收入，增强基金承受能力。

——加强失业保险的管理服务工作。管好用好基金，规范基金支出，切实保障失业人员的基本生活。

——发挥失业保险促进失业人员再就业的功能，提高失业保险基金用于失业人员职业培训、职业介绍补贴的使用效益，帮助失业人员尽快实现再就业。

——疏通各级财政在原定下岗职工基本生活保障预算资金规模内用于补充失业保险基金不足的渠道，确保下岗职工基本生活保障向失业保险并轨的顺利进行。

5. 医疗保险

——进一步贯彻落实《国务院关于建立城镇职工基本医疗保险制度的决定》，完善城镇职工基本医疗保险制度，稳步扩大基本医疗保险覆盖面。合理确定基本医疗保险缴费率，建立与经济发展水平相适应的基本医疗保险费率调整机制。落实基本医疗保险属地管理政策。坚持医疗保险制度、医疗机构和药品生产流通体制三项改革同步推进，通过建立合理的医疗费用分担机制、医药机构的竞争机制和药品流通的市场运行机制，实现用比较低廉的费用提供比较优质的医疗服务。

——建立多层次医疗保障体系。完善离休人员、老红军医疗管理办法，切实保障医疗待遇，防止发生医疗费用拖欠；实施和完善国家公务员医疗补助，合理解决国家公务员基本医疗保险之外的医疗费用；实行企业职工大额医疗费用补助办法，解决基本医疗保险最高支付限额以上的医疗费用；大力发展企业补充医疗保险，企业缴费在职工工资4%以内的部分，可以从成本中列支；探索建立社会医疗救助制度；鼓励有条件的职工自愿参加商业医疗保险。

——加强基本医疗保险管理，提高社会化管理服务水平。健全医疗保险管理机构和管理制度，完善医疗保险信息统计制度。完善基本医疗保险用药、诊疗项目和医疗服务设施管理办法，保证职工合理的就医用药需要。加强和完善医疗保险费用支出管理，强化基金监管，保证医疗保险基金收支平衡，提高医疗保险基金的抗风险能力。

6. 工伤保险和生育保险

——进一步完善工伤保险政策，建立规范的企业职工工伤保险制度，稳步扩大覆盖面。研究完善差别费率和浮动费率政策。逐步实现工伤保险地（市）级社会统筹，提高社会化管理服务水平。加强工伤保险基金管理，实现基金收支平衡。探索建立工伤保险与事故预防、职业康复相结合的机制。

——进一步规范和完善生育保险政策，逐步建立全国统一的城镇职工生育保险制度，稳步扩大覆盖面。逐步实现生育保险地（市）级社会统筹，提高社会化管理服务水平。加强生育保险基金管理，实现基金收支平衡。

7. 社会保险资金筹集和管理

——实行社会保险费全额征缴，强化征收管理，保证社会保险基金足额收缴，应收尽收。规范和健全社会保险基金社会统筹，增强社会保障基金的调剂功能。

——调整财政预算支出结构，增加中央财政和地方各级财政对社会保障的支出，逐步将社会保障支出占财政支出的比重提高到15%～20%。

——拓展筹资渠道，补充社会保障资金。通过资本市场规范运作变现部分国有资产，按国有企业在境内外发行股票融资额的一定比例提取部分资金，扩大彩票发行规模等多种渠道，充实社会保障基金。

——提高社会保险基金管理水平。规范基金收支两条线管理，社会保险基金收缴、支付及营运要规范化、制度化，做到公开、透明、安全、高效。严格控制社会保险的支付对象，规范支付项目，努力保持与经济发展水平相适应的社会保险待遇支付水平。

——积极探索社会保障基金投资运营的可行方式，实现基金的保值增值。

8. 社会保险基金监督

——建立社会保险基金监督体系。建立健全社会保险基金监督管理制度，依法实施对社会保险基金预决算、基金征缴、支出、结余和管理运营的全程监督。加强社会保障行政监督、社会监督和管理机构的内部监控，健全基金监督检查的正常机制，保证各项法规、政策的贯彻实施。

——加强社会保险基金监督。研究制定社

会保险基金管理、监督和投资运营规章制度。制定现场监督、非现场监督、基金管理风险评估和反欺诈办法，对筹集和征缴机构的征收行为、社会保险经办机构的支付行为、财政专户的管理行为以及投资运营、社会服务机构的运作情况实施监督。建立企业年金监督管理制度，研究探索补充医疗保险监管机制。

——建立由劳动保障、财政、审计等政府部门和用人单位、工会组织、专家组成的社会保障监督委员会，依法加强社会保障政策执行和基金管理情况的社会监督。

——严格执行财经纪律。严禁截留、挤占、挪用社会保障基金。建立社会保障基金运营机构资格准入制度。依法对玩忽职守、徇私舞弊和挪用、扣压、拖欠社会保障资金等行为进行查处，防范、化解基金管理风险，保证基金的安全。

9．社会保险管理服务社会化

——实行社会保险金社会化发放。基本养老金，全面实现由社会保险经办机构委托银行、邮局等社会服务机构发放。失业保险金，由失业人员凭失业保险经办机构开具的单证到指定银行领取。基本医疗保险统筹基金支付的医疗费用，由经办机构与定点医疗机构、定点药店直接结算。工伤保险、生育保险基金支付的医疗费用也要探索由经办机构与定点医疗服务机构直接结算。

——推进社会保险对象管理和服务的社会化。在试点的基础上，逐步将从用人单位剥离出来的社会保障事务性工作（除社会保险经办机构、就业服务机构承接一部分外），移交街道和社区服务组织承担。经济较发达、社会化程度较高、社区管理工作较为规范的试点地区，要积极探索已退休人员从单位转到社区管理的途径和办法，力争2002年底以前完成移交；其余地区也应创造条件，在2003年底之前基本完成上述工作。

10．企业工资收入分配

——深化对劳动和劳动价值理论的认识，建立收入分配的激励和约束机制，进一步深化企业内部分配制度改革，建立现代企业工资分配制度。积极探索按劳分配与按生产要素分配相结合的具体实现形式，建立以岗位工资为主要内容的基本工资制度，探索资本、技术等生产要素参与收益分配的办法。在部分企业稳步进行技术入股、专利产品入股等试点工作，对具备条件的小企业探索试行劳动分红办法。

改革国有企业经营者和技术人员收入分配办法，提高国有企业高层管理人员、技术人员的工资报酬。试行年薪制，将企业高层管理人员年薪收入与其承担的责任、风险和经营业绩联系起来，积极探索对技术人员实行收入激励的办法和政策，充分体现他们的劳动价值。对国有上市公司负责人和技术骨干，可以试行期权制等激励办法。加强对经营者收入分配的监督，规范收入来源和职位消费，增强收入透明度。

——改革企业工资决定机制。进一步探索改革国有企业工资决定办法，逐步形成企业根据劳动力市场价格和本企业经济效益自主决定工资水平的新机制。在非国有企业和部分改制的国有企业试行多种形式的工资集体协商制度，探索职工民主参与工资分配决策的办法。

——建立和健全适合市场经济要求的企业工资分配指导监控体系。健全最低工资保障制度和最低工资标准调整机制，监督企业严格执行最低工资有关规定，保障中低收入劳动者的合法权益。进一步完善工资支付制度，规范企业的工资支付行为，保护职工的合法报酬权益。在有条件的地区探索建立欠薪保障制度。全面推行工资指导线和劳动力市场工资指导价位制度。整顿不合理收入，调节过高收入，增加工资分配的透明度，加强对垄断行业收入分配的监督和管理。强化国家税收对收入分配的调节作用，规范收入分配秩序。

11．劳动关系调整

——着力解决好国有企业下岗职工的劳动关系问题。指导各地制定切合实际的具体政策措施，妥善解决下岗职工出中心解除劳动关系所面临的突出问题，用三年左右时间处理好下岗职工劳动关系，促进下岗职工基本生活保障制度与失业保险制度的并轨。

——巩固和完善劳动合同制度。各类企业普遍健全劳动合同制度，加强劳动合同管理，规范劳动合同订立、变更、终止、解除行为。在非国有企业，结合规范用工行为，依法签订劳动合同，完善劳动合同内容，推进劳动合同管理规范化。

——大力推进集体协商和集体合同制度。外商投资企业、私营企业以及实行现代企业制度试点的国有企业，普遍实行集体协商签订集体合同的制度。进一步完善平等协商机制，规范协商程序和办法，加大职工民主参与的力度，促进完善企业内部的民主管理制度。

——探索建立劳动关系三方协调机制。建立由政府劳动保障行政部门、工会组织和用人单位组织组成的国家级劳动关系三方协调会议制度。在总结经验的基础上，在全国各地建立地区级三方性劳动关系协调机制，协调解决本地区的重大劳动关系问题。

——进一步完善劳动争议处理制度。健全多层次、多形式的劳动争议调解制度；继续坚持劳动仲裁工作的三方性原则，完善办案机制，促进劳动争议仲裁机构实体化和仲裁队伍职业化建设，不断提高仲裁员素质，增强咨询、调解、仲裁等预防和处理劳动争议的综合能力。

——进一步加强对群体性突发事件的报告、监控、预防和处理工作。继续完善和落实预防处理群体性突发事件的领导责任制和各项工作制度。加强对重点地区、行业和重点企业的监控力度，积极引导当事人通过劳动仲裁渠道解决问题，消除突发事件隐患。加大群体性突发事件的处理力度，制定和完善工作预案，规范处理程序和方式。

——积极开展国家基本劳动标准的制修订工作。积极指导行业和企业集团开展劳动定额定员标准的制修订。指导和督促企业按照国家和行业标准制订和完善企业内部劳动规章。

四、支撑与保障

1．劳动和社会保障法制建设

——加快劳动保障立法步伐。力争在“十五”期间出台《社会保险法》《劳动合同法》《基本养老保险条例》《工伤保险条例》《生育保险条例》《劳动保障监督检查条例》《劳动力市场管理条例》等法律、法规，及时制定出台相应的配套法规规章。

——进一步完善劳动保障监察制度，规范监察执法行为，提高执法水平。健全劳动保障监察执法机制，采取日常巡视检查、专项检查、群众举报专查、会同有关部门共同检查以及年度检查等多种工作方式，依法行使国家赋予的监督检查权，加强对社会保险费征缴、劳动力市场秩序、劳动合同及技术工种持证上岗等方面的监督检查，依法处理各种违反劳动和社会保险法律法规的行为，保障法律法规的有效实施。

——建立和健全行政执法监督工作制度，积极开展行政复议、听证、行政处罚集体讨论决定、法律审核、执法案件评议等行政执法监督工作。有针对性地加强对行政处罚、行政决定及其他重大具体行政行为的执法监督。配合社会保险法及有关法规规章的颁布实施，建立和完善社会保险行政争议处理制度。

——全面、系统、深入地开展劳动和社会保险法律法规和行政规章的宣传教育，全面提高用人单位和广大劳动者的劳动和社会保险法律意识，进一步提高劳动和社会保障部门干部的依法行政水平和依法行政意识。

2．劳动和社会保障信息网络建设

开拓资金渠道，加大系统建设资金的投入，加快基础设施建设。按照统一规划、标准的要求，以劳动力市场信息系统和社会保险管理系统建设为重点，在中心城市就业服务机构和社会保险经办机构实现前台业务计算机管理，加快资源数据库建设，建立覆盖劳动和社会保障行政管理部门及就业服务机构、社会保险经办机构等机构在内的信息网络。

3．劳动和社会保障统计

——按照建立社会主义市场经济体制的要求，根据新时期劳动和社会保障工作的需要，逐步建立起适应社会主义市场经济要求的统一规范、科学高效的劳动和社会保障统计制度。改进完善统计指标体系，改革统计调查方法，逐步建立以抽样调查为主，以重点调查、典型调查和必要的全面定期报表为辅，多种统计调查方法有机结合的新型统计调查方法体系。加强统计监督，充分利用统计信息，监测劳动保障法律、法规、政策的贯彻执行情况，为科学决策提供全面、准确、及时的统计信息支持。加快统计信息现代化建设，提高统计信息处理和管理的现代化水平，进一步提高统计信息的时效性、准确性和针对性。

4．劳动和社会保障科学研究

——加强劳动和社会保障科学研究和科研成果推广工作，逐步建立起理论研究、政策研究和应用研究相结合的劳动和社会保障科研体系。建立起有责任、有激励、有约束、有竞争的科研新体制，引进竞争机制，充分发挥科研人员的积极性、主动性和创造性，提高科研成果层次和水平；加强科研工作的主动性和前瞻性，抓住劳动和社会保障领域亟待研究解决的重点、难点问题，加强综合性、关键性重大课题的研究，为决策科学化提供支持，推动劳动和社会保障事业的发展。

——加大对科研的资金投入，在充分发挥现有科研人员作用、高质量完成科研任务的同时，培养一支高水平、有威望的劳动和社会保障专家学者队伍，特别是加速培养一批中青年学术带头人，带动更多的中青年成为科研第一线的骨干力量。

5．国际交流与合作

围绕劳动和社会保障工作重点，根据我国总体外交的要求，努力开拓劳动和社会保障领域的国际交流与合作，特别是要加强社会保障领域的国际交流与合作。与国际劳工组织及其他多边组织建立稳定的合作关系，争取更多的技术支持和国际援助；进一步拓展双边交流与合作的领域和深度，总结和吸收其他国家在劳动和社会保障领域的经验；加强劳动和社会保障工作的对外宣传，提高我国在劳动和社会保障领域内的国际地位。进一步做好境外就业综合管理工作。

6．思想作风建设和干部队伍建设

全面落实党中央关于加强思想作风建设的要求，深入学习邓小平理论和江泽民同志关于“三个代表”的重要思想，把依法治国和以德治国结合起来，在劳动和社会保障系统大力推进社会主义精神文明建设；在劳动和社会保障系统形成讲团结、实干、人才、奉献的良好风气，树立大局观念、服务意识、务实作风、协作精神和廉洁形象；对全系统的干部普遍进行比较系统的业务培训，使劳动和社会保障系统干部队伍的知识结构和专业结构得到明显改善，逐步造就一支业务素质较高、思想作风过硬、廉洁高效的干部队伍，推动劳动和社会保障事业的全面发展。

“十五”计划是进入新世纪的第一个五年计划，是开始实施现代化建设第三步战略部署的第一个五年计划，也是社会主义市场经济体制初步建立后的第一个五年计划。劳动和社会保障系统的广大干部职工要紧密团结在以江泽民同志为核心的党中央周围，高举邓小平理论伟大旗帜，团结奋斗，开拓进取，为全面实现“十五”计划的目标而努力奋斗！

中华人民共和国劳动和社会保障部令

第11号

《社会保险基金监督举报工作管理办法》已于2001年5月8日经第七次劳动和社会保障部部务会议通过，现予发布，自发布之日起施行。

部　长　张左己

2001年5月18日

社会保险基金监督举报工作管理办法

第一条　为了规范社会保险基金举报管理，加强社会保险基金监督，制定本办法。

第二条　劳动保障行政部门受理和办理社会保险基金监督举报适用本办法。

第三条　公民、法人和其他社会组织有权对养老保险基金、医疗保险基金、失业保险基金、工伤保险基金、生育保险基金收支、管理方面的违法违纪行为进行检举、控告。

公民、法人和其他社会组织就本条前款所列行为进行的检举、控告，劳动保障行政部门应当受理。

第四条　县级以上各级人民政府劳动保障行政部门负责社会保险基金监督的机构（以下简称监督机构）具体承办举报受理和办理工作。

负责受理、办理举报案件的工作人员必须忠于职守、廉洁奉公、保守秘密。

第五条　社会保险基金监督举报应当接受社会监督。举报人的合法权益依法受到保护。

任何单位和个人不得以任何借口阻拦、压制或打击报复举报人。

第六条　劳动保障行政部门应当开设社会保险基金监督电话，向社会公布监督电话号码、传真号码、通讯地址、邮政编码和受理举报的范围，并为举报人提供其他便利条件。

第七条　监督机构受理当面举报，应当指定专人接待，做好笔录，必要时可以录音。笔录应由举报人签名或者盖章，但举报人可以不留姓名或拒绝录音。

受理电话举报，应当如实记录，在征得举报人同意后，可以录音。

受理电报、传真、信函和其他书面方式的举报，应当指定专人拆阅、登记。对内容不详的署名举报，应当及时约请举报人面谈或通过其他方式索取补充材料。

第八条 对涉及重大问题和紧急事项的举报，监督机构应当立即向有关领导报告，并在职责范围内依法采取必要措施。

第九条 对不属于本办法受理范围的举报，监督机构应当告知举报人向有处理权的单位反映，或者将举报材料及时移送有处理权的单位。

第十条 凡符合本办法受理范围的举报，监督机构应当自受理之日起30日内办结。情况复杂的可以适当延长，但最长不得超过60日。

第十一条 下级劳动保障行政部门对上级劳动保障行政部门交办的举报案件，应当及时办理，并向交办单位书面报告调查处理意见。

第十二条 上级劳动保障行政部门发现下级劳动保障行政部门对举报案件的处理确有错误的，应当责成下级劳动保障行政部门重新处理，必要时也可以直接处理。

第十三条 举报人要求答复本人所举报案件办理结果的，监督机构应当负责将办理结果告知举报人。

第十四条 监督机构应当严格管理直接办理的举报材料和交办处理的举报材料，逐件登记举报人和被举报人、举报案件的主要内容和办理结果。

第十五条 举报材料和记录应当按国家保密规定列入密件管理。办结的举报案件，应当立卷归档。

第十六条 监督机构对举报案件应当每季度进行一次汇总分析，并于每季度结束后15日内将汇总情况报告上级监督机构。上级监督机构要求专门报告的，下级监督机构应当及时按照要求报告有关情况。

第十七条 监督机构及其工作人员受理、办理举报案件时，应当遵守以下保密规定：

（一）不得私自摘抄、复制、扣押、销毁举报材料；

（二）严禁泄露举报人的姓名、单位、住址等情况；

（三）不得向被调查单位和被调查人出示举报材料；

（四）对匿名的举报材料不得鉴定笔迹；

（五）宣传报道和奖励举报有功人员，除征得举报人的同意外，不得公开举报人的姓名和单位等内容。

第十八条 举报受理、办理工作人员及其负责人，推诿、敷衍、拖延举报处理或徇私舞弊的，由劳动保障行政部门给予批评教育；情节严重的，依法给予行政处分；构成犯罪的，由司法机关依法追究刑事责任。

第十九条 省、自治区、直辖市劳动保障行政部门可以根据本办法制定实施细则。

第二十条 本办法自发布之日起施行。

中华人民共和国劳动和社会保障部令

第12号

《社会保险基金行政监督办法》已于2001年5月8日经第七次劳动和社会保障部部务会议通过，现予发布，自发布之日起施行。

部　长　张左己

2001年5月18日

社会保险基金行政监督办法

第一条　为了保障社会保险基金的安全，规范和加强社会保险基金监督，根据国务院规定，制定本办法。

第二条　劳动保障行政部门对社会保险基金收入户、社会保险基金支出户、社会保障基金财政专户以及其他与社会保险基金有关的账户收支和结余情况的监督，应当按照本办法的规定执行。

本办法所称社会保险基金包括养老保险基金、医疗保险基金、失业保险基金、工伤保险基金和生育保险基金。

第三条　劳动保障部主管全国社会保险基金监督工作。县级以上地方各级人民政府劳动保障行政部门主管本行政区域内的社会保险基金监督工作。

劳动保障行政部门负责社会保险基金监督的机构（以下简称监督机构）具体实施社会保险基金监督工作。

第四条　社会保险基金监督应遵循客观、公正、合法、效率的原则。

第五条　社会保险基金监督包括以下内容：

（一）贯彻执行社会保险基金管理法律、法规和国家政策的情况；

（二）社会保险基金预算执行情况及决算；

（三）社会保险基金征收、支出及结余情况；

（四）社会保险基金管理的其他事项。

第六条　监督机构及其监督人员在履行职责时，享有下列权利：

（一）要求被监督单位提供或报送社会保险基金预算或财务收支计划、预算执行情况、决算、财务报告，以及其他与社会保险基金管理有关的资料；

（二）查阅被监督单位与社会保险基金有关的会计凭证、会计账簿、会计报表，以及其他与社会保险基金管理有关的资料；

（三）就监督事项向有关单位和个人进行调查，并取得有关证明材料；

（四）对被监督单位隐匿、伪造、变造会计凭证、会计账簿、会计报表以及其他与社会保险基金管理有关的资料的行为予以纠正或制止；

（五）对被监督单位转移、隐匿社会保险基金资产的行为予以纠正或制止；

（六）对被监督单位违反社会保险基金管理法律、法规的其他行为予以纠正或制止。

第七条 监督机构及其监督人员在履行职责时，应当忠于职守、秉公执法、清正廉洁、保守秘密。

第八条 监督机构实施监督时，应当由两名以上监督人员共同进行。

第九条 社会保险基金监督方式包括现场监督和非现场监督。监督机构应当制定年度监督计划。年度监督计划要明确现场监督的地区或单位的比例，并抄送同级财政、审计部门。

现场监督是指监督机构对被监督单位社会保险基金管理情况实施的实地检查。现场监督分为定期监督、不定期监督和按《社会保险基金监督举报工作管理办法》的规定受理的举报案件查处。

非现场监督是指监督机构对被监督单位报送的社会保险基金管理有关数据资料进行的检查、分析。非现场监督分为常规监督和专项监督。常规监督通过被监督单位按监督机构的要求定期报送有关数据进行；专项监督通过被监督单位按监督机构的要求报送专项数据进行。在非现场监督过程中发现被监督单位存在严重违法违纪问题的，应实施现场监督。

第十条 监督机构实施现场监督，依照下列程序进行：

（一）根据年度监督计划和工作需要确定监督项目及监督内容，制定监督方案，并在实施监督 3 日前通知被监督单位；

（二）检查被监督单位社会保险基金会计凭证、会计账簿、会计报表、统计报表，查阅与监督事项有关的文件、资料，检查现金、实物、有价证券，向被监督单位和有关个人调查取证，听取被监督单位有关社会保险基金管理情况的汇报；

（三）根据检查结果，写出监督报告，并送被监督单位征求意见。被监督单位应当在接到监督报告 10 日内提出书面意见。逾期未提出书面意见的，视同无异议。

第十一条 监督机构实施非现场监督，依照下列程序进行：

（一）根据监督计划及工作需要，确定非现场监督目的及监督内容，提出定期报送数据或专项报送数据的范围、格式、报送方式及时限，通知被监督单位；

（二）审核被监督单位报送的数据，对不符合要求的数据，应要求被监督单位补报或重新报送；

（三）分析被监督单位报送的数据，评估社会保险基金管理状况及存在的问题，写出监督报告。

第十二条 对现场监督或非现场监督中存在问题并需要改进的被监督单位，由劳动保障行政部门提出监督处理意见。

第十三条 监督机构对被监督单位执行监督处理意见的情况，有权进行检查。

第十四条 被监督单位有下列行为之一的，由监督机构责令改正；拒不改正的，由监督机构建议被监督单位行政主管部门对主要负责人和直接责任人给予行政处分；构成犯罪的，由司法机关依法追究刑事责任：

（一）拒绝、阻挠监督人员进行监督的；

（二）拒绝、拖延提供与监督事项有关资料的；

（三）隐匿、伪造、变造、毁弃会计凭证、会计账簿、会计报表以及其他与社会保险基金管理有关资料的；

（四）转移、隐匿社会保险基金资产的。

第十五条 被监督单位报复陷害监督人员

的，由被监督单位行政主管部门对直接责任人给予行政处分；构成犯罪的，由司法机关依法追究刑事责任。

第十六条 监督人员滥用职权、徇私舞弊、玩忽职守的，由劳动保障行政部门给予行政处分；构成犯罪的，由司法机关依法追究刑事责任。

第十七条 本办法自发布之日起施行。

中华人民共和国劳动和社会保障部令

第13号

《社会保险行政争议处理办法》已于2001年5月8日经第七次劳动和社会保障部部务会议通过，现予发布，自发布之日起施行。

部　长　张左己

2001年5月27日

社会保险行政争议处理办法

第一条　为妥善处理社会保险行政争议，维护公民、法人和其他组织的合法权益，保障和监督社会保险经办机构（以下简称经办机构）依法行使职权，根据劳动法、行政复议法及有关法律、行政法规，制定本办法。

第二条　本办法所称的社会保险行政争议，是指经办机构在依照法律、法规及有关规定经办社会保险事务过程中，与公民、法人或者其他组织之间发生的争议。

本办法所称的经办机构，是指法律、法规授权的劳动保障行政部门所属的专门办理养老保险、医疗保险、失业保险、工伤保险、生育保险等社会保险事务的工作机构。

第三条　公民、法人或者其他组织认为经办机构的具体行政行为侵犯其合法权益，向经办机构或者劳动保障行政部门申请社会保险行政争议处理，经办机构或者劳动保障行政部门处理社会保险行政争议适用本办法。

第四条　经办机构和劳动保障行政部门的法制工作机构或者负责法制工作的机构为本单位的社会保险行政争议处理机构（以下简称保险争议处理机构），具体负责社会保险行政争议的处理工作。

第五条　经办机构和劳动保障行政部门分别采用复查和行政复议的方式处理社会保险行政争议。

第六条　有下列情形之一的，公民、法人或者其他组织可以申请行政复议：

（一）认为经办机构未依法为其办理社会保险登记、变更或者注销手续的；

（二）认为经办机构未按规定审核社会保险缴费基数的；

（三）认为经办机构未按规定记录社会保险费缴费情况或者拒绝其查询缴费记录的；

（四）认为经办机构违法收取费用或者违法要求履行义务的；

（五）对经办机构核定其社会保险待遇标准有异议的；

（六）认为经办机构不依法支付其社会保险待遇或者对经办机构停止其享受社会保险待遇有异议的；

（七）认为经办机构未依法为其调整社会保险待遇的；

（八）认为经办机构未依法为其办理社会保险关系转移或者接续手续的；

（九）认为经办机构的其他具体行政行为侵犯其合法权益的。

属于前款第（二）、（五）、（六）、（七）项情形之一的，公民、法人或者其他组织可以直接向劳动保障行政部门申请行政复议，也可以先向作出该具体行政行为的经办机构申请复查，对复查决定不服，再向劳动保障行政部门申请行政复议。

第七条 公民、法人或者其他组织认为经办机构的具体行政行为所依据的除法律、法规、规章和国务院文件以外的其他规范性文件不合法，在对具体行政行为申请行政复议时，可以向劳动保障行政部门一并提出对该规范性文件的审查申请。

第八条 公民、法人或者其他组织对经办机构作出的具体行政行为不服，可以向直接管理该经办机构的劳动保障行政部门申请行政复议。

第九条 申请人认为经办机构的具体行政行为侵犯其合法权益的，可以自知道该具体行政行为之日起60日内向经办机构申请复查或者向劳动保障行政部门申请行政复议。

申请人与经办机构之间发生的属于人民法院受案范围的行政案件，申请人也可以依法直接向人民法院提起行政诉讼。

第十条 经办机构作出具体行政行为时，未告知申请人有权申请行政复议或者行政复议申请期限的，行政复议申请期限从申请人知道行政复议权或者行政复议申请期限之日起计算，但最长不得超过二年。

因不可抗力或者其他正当理由耽误法定申请期限的，申请期限自障碍消除之日起继续计算。

第十一条 申请人向经办机构申请复查或者向劳动保障行政部门申请行政复议，一般应当以书面形式提出，也可以口头提出。口头提出的，接到申请的保险争议处理机构应当当场记录申请人的基本情况、请求事项、主要事实和理由、申请时间等事项，并由申请人签字或者盖章。

劳动保障行政部门的其他工作机构接到以书面形式提出的行政复议申请的，应当立即转送本部门的保险争议处理机构。

第十二条 申请人向作出该具体行政行为的经办机构申请复查的，该经办机构应指定其内部专门机构负责处理，并应当自接到复查申请之日起20日内作出维持或者改变该具体行政行为的复查决定。决定改变的，应当重新作出新的具体行政行为。

经办机构作出的复查决定应当采用书面形式。

第十三条 申请人对经办机构的复查决定不服，或者经办机构逾期未作出复查决定的，申请人可以向直接管理该经办机构的劳动保障行政部门申请行政复议。

申请人在经办机构复查该具体行政行为期间，向劳动保障行政部门申请行政复议的，经办机构的复查程序终止。

第十四条 经办机构复查期间，行政复议的申请期限中止，复查期限不计入行政复议申请期限。

第十五条 劳动保障行政部门的保险争议处理机构接到行政复议申请后，应当注明收到日期，并在5个工作日内进行审查，由劳动保障行政部门按照下列情况分别作出决定：

（一）对符合法定受理条件，但不属于本行政机关受理范围的，应当告知申请人向有关机关提出；

（二）对不符合法定受理条件的，应当作

出不予受理决定，并制作行政复议不予受理决定书，送达申请人。该决定书中应当说明不予受理的理由。

除前款规定外，行政复议申请自劳动保障行政部门的保险争议处理机构收到之日起即为受理，并制作行政复议受理通知书，送达申请人和被申请人。该通知中应当告知受理日期。

本条规定的期限，从劳动保障行政部门的保险争议处理机构收到行政复议申请之日起计算；因行政复议申请书的主要内容欠缺致使劳动保障行政部门难以作出决定而要求申请人补正有关材料的，从保险争议处理机构收到补正材料之日起计算。

第十六条 经办机构作出具体行政行为时，没有制作或者没有送达行政文书，申请人不服提起行政复议的，只要能证明具体行政行为存在，劳动保障行政部门应当依法受理。

第十七条 申请人认为劳动保障行政部门无正当理由不受理其行政复议申请的，可以向上级劳动保障行政部门申诉，上级劳动保障行政部门在审查后，作出以下处理决定：

（一）申请人提出的行政复议申请符合法定受理条件的，应当责令下级劳动保障行政部门予以受理；其中申请人不服的具体行政行为是依据劳动保障法律、法规、部门规章、本级以上人民政府制定的规章或者本行政机关制定的规范性文件作出的，或者上级劳动保障行政部门认为有必要直接受理的，可以直接受理；

（二）上级劳动保障行政部门认为下级劳动保障行政部门不予受理行为确属有正当理由，应当将审查结论告知申请人。

第十八条 劳动保障行政部门的保险争议处理机构对已受理的社会保险行政争议案件，应当自收到申请之日起7个工作日内，将申请书副本或者申请笔录复印件和行政复议受理通知书送达被申请人。

第十九条 被申请人应当自接到行政复议申请书副本或者申请笔录复印件之日起10日内，提交答辩书，并提交作出该具体行政行为的证据、所依据的法律规范及其他有关材料。

被申请人不提供或者无正当理由逾期提供的，视为该具体行政行为没有证据、依据。

第二十条 申请人可以依法查阅被申请人提出的书面答辩、作出具体行政行为的证据、依据和其他有关材料。

第二十一条 劳动保障行政部门处理社会保险行政争议案件，原则上采用书面审查方式。必要时，可以向有关单位和个人调查了解情况，听取申请人、被申请人和有关人员的意见，并制作笔录。

第二十二条 劳动保障行政部门处理社会保险行政争议案件，以法律、法规、规章和依法制定的其他规范性文件为依据。

第二十三条 劳动保障行政部门在依法向有关部门请示行政复议过程中所遇到的问题应当如何处理期间，行政复议中止。

第二十四条 劳动保障行政部门在审查申请人一并提出的作出具体行政行为所依据的有关规定的合法性时，应当根据具体情况，分别作出以下处理：

（一）该规定是由本行政机关制定的，应当在30日内对该规定依法作出处理结论；

（二）该规定是由本行政机关以外的劳动保障行政部门制定的，应当在7个工作日内将有关材料直接移送制定该规定的劳动保障行政部门，请其在60日内依法作出处理结论，并将处理结论告知移送的劳动保障行政部门；

（三）该规定是由政府及其他工作部门制定的，应当在7个工作日内按照法定程序转送有权处理的国家机关依法处理。

审查该规定期间，行政复议中止，劳动保障行政部门应将有关中止情况通知申请人和被申请人。

第二十五条 行政复议中止的情形结束后，劳动保障行政部门应当继续对该具体行政行为进行审查，并将恢复行政复议审查的时间通知申请人和被申请人。

第二十六条 申请人向劳动保障行政部门提出行政复议申请后，在劳动保障行政部门作出处理决定之前，撤回行政复议申请的，经说明理由，劳动保障行政部门可以终止审理，并将有关情况记录在案。

第二十七条 劳动保障行政部门行政复议期间，被申请人变更或者撤销原具体行政行为的，应当书面告知劳动保障行政部门和申请人。劳动保障行政部门可以终止对原具体行政行为的审查，并书面告知申请人和被申请人。

申请人对被申请人变更或者重新作出的具体行政行为不服，向劳动保障行政部门提出行政复议申请的，劳动保障行政部门应当受理。

第二十八条 劳动保障行政部门的保险争议处理机构应当对其组织审理的社会保险行政争议案件提出处理建议，经本行政机关负责人审查同意或者重大案件经本行政机关集体讨论决定后，由本行政机关依法作出行政复议决定。

第二十九条 劳动保障行政部门作出行政复议决定，应当制作行政复议决定书。行政复议决定书应当载明下列事项：

（一）申请人的姓名、性别、年龄、工作单位、住址（法人或者其他组织的名称、地址、法定代表人的姓名、职务）；

（二）被申请人的名称、地址、法定代表人的姓名、职务；

（三）申请人的复议请求和理由；

（四）被申请人的答辩意见；

（五）劳动保障行政部门认定的事实、理由，适用的法律、法规、规章和依法制定的其他规范性文件；

（六）复议结论；

（七）申请人不服复议决定向人民法院起诉的期限；

（八）作出复议决定的年、月、日。

行政复议决定书应当加盖本行政机关的印章。

第三十条 经办机构和劳动保障行政部门应当依照民事诉讼法有关送达的规定，将复查决定和行政复议文书送达申请人和被申请人。

第三十一条 申请人对劳动保障行政部门作出的行政复议决定不服的，可以依法向人民法院提起行政诉讼。

第三十二条 经办机构必须执行生效的行政复议决定书。拒不执行或者故意拖延不执行的，由直接主管该经办机构的劳动保障行政部门责令其限期履行，并按照人事管理权限对直接负责的主管人员给予行政处分，或者建议经办机构对有关人员给予行政处分。

第三十三条 经办机构或者劳动保障行政部门审查社会保险行政争议案件，不得向申请人收取任何费用。

行政复议活动所需经费，由本单位的行政经费予以保障。

第三十四条 本办法自发布之日起施行。

劳动和社会保障部　国家发展计划委员会　国家经济贸易委员会　财政部　民政部　建设部　中国人民银行　国家工商总局　国家税务总局关于推动社区就业工作的若干意见

劳社部发〔2001〕7号

各省、自治区、直辖市劳动和社会保障厅（局）、计委、经贸委（经委）、财政厅（局）、民政厅（局）、建设厅（建委）、中国人民银行分行、工商行政管理局、地方税务局：

为贯彻落实党中央、国务院关于积极扩大就业和推进社区建设的要求，把社区建设和扩大就业有机结合起来，着力拓宽社区就业门路，引导和帮助更多下岗职工和失业人员在城市社区服务领域实现再就业，现就推动社区就业工作提出如下意见：

一、把社区就业工作摆上社区建设的重要位置

推进社区建设是新时期我国城市经济和社会发展的重要内容。扩大就业是促进经济发展和维护社会稳定的重要保证，也是宏观调控的一项重要任务。各地要按照中共中央、国务院关于推进社区建设的要求和扩大就业的总体部署，把社区就业工作摆在社区建设的重要位置，统筹考虑，整体规划，协调推进。要紧密结合产业结构调整和城市社区建设的发展进程，以城市社区为依托，以市场需求为导向，按照产业化的发展方向，大力开发社区就业岗位，促进下岗职工和失业人员再就业。为推动这项工作的开展，今后在评估社区建设成果时，将把社区就业岗位开发和社区就业情况作为一项重要考核指标。

二、多渠道开发社区就业岗位

当前开发社区就业岗位的重点是，结合社区居民多方面、多层次生活服务的需要，大力开发托幼托老、配送快递、修理维护等便民利民服务岗位，特别是面对居民家庭和个人的家政服务岗位；结合驻社区企业事业单位、政府机关剥离部分社会服务职能的需要，开发物业管理、卫生保洁、商品递送等社会化服务岗位；结合对企业退休人员实行社会化管理的需要，开发健身、娱乐以及老年生活照料等工作岗位；结合社区组织建设、公共管理和公益性服务的需要，大力开发社区治安、市场管理、环境管理等社区工作岗位，特别是开发社区保洁、保安、保绿、车辆看管等社区公益性就业岗位，对下岗职工和失业人员中年龄较大、再就业困难且家庭收入低的人员实施就业援助。

按照“十五”计划提出的以市场化、产业化和社会化为方向，扩大就业，加快发展服务业的要求，鼓励和支持下岗职工和失业人员在社区组织起来就业和自谋职业，创办各种便民利民的社区服务企业等社区就业实体。各地应积极鼓励下岗职工和失业人员以个体、私营等各种经济形式，兴办投资少、机制灵活、适应性强的社区服务型小企业从事社区服务，实现自谋职业；鼓励企事业单位、街道基层组织等兴办以安置下岗职工和失业人员为主的就业型中小企业、劳动就业服务企业等社区就业实体。劳动就业服务企业要适应市场、转变观念，拓展社区服务领域，努力提高吸纳就业的能力。

三、落实和完善再就业优惠政策

继续执行从1998年以来中共中央、国务院提出的促进下岗职工和失业人员再就业各项优惠政策，特别是落实好工商登记、场地安排、税费减免、资金信贷等方面的优惠政策。各级税务机关要按照国家税务总局《关于下岗职工从事社区居民服务业享受有关税收优惠政策问题的通知》（国税发〔1999〕43号）的规定，对下岗职工从事社区居民服务业项目取得的收入，在规定年限内免征营业税、个人所得税、城市维护建设税和教育费附加，将税收优惠政策切实落到实处。各级工商行政管理部门要认真落实《关于认真贯彻落实党中央、国务院〈关于切实做好国有企业下岗职工基本生活保障和再就业工作的通知〉的通知》（工商个字〔1998〕第120号）提出的对下岗职工从事社区居民服务业的，三年内可免收工商行政管理行政性收费等项政策，为下岗职工自谋职业和组织起来就业提供优质服务。各级财政部门要按照国家有关规定，加强对社区就业工作的资金支持。各级金融机构要按照《国务院办公厅转发国家经贸委关于鼓励和促进中小企业发展若干政策意见的通知》（国办发〔2000〕59号）和《关于进一步改善对中小企业金融服务的意见》（银发〔1998〕278号）的有关政策规定，切实加强对下岗职工和失业人员自谋职业和组织起来兴办社区服务小企业等社区就业实体的金融服务。采取切实有效的措施，运用企业互保、联保、贷款保险、多渠道筹资建立担保基金等形式，解决好下岗职工贷款担保问题。各级建设、城市规划主管部门及相关部门和街道办事处，应在符合城市规划的前提下，积极帮助下岗职工和失业人员解决好从事社区服务业的场地安排、项目经营等方面遇到的实际问题。

各地、各部门要建立健全优惠政策检查督查制度、部门协商通气制度、社会举报监督制度，加大督促检查力度，及时协调解决政策执行中存在的问题。要认真清理各种行政性收费，明确免收费用项目和减收费用标准。全面推广一些地方将有关优惠政策印在《再就业人员优惠卡》上，发到下岗职工手中，并对部门收费进行登记的经验，让下岗职工直接了解政策，并加强群众监督，更好地把社区就业各项优惠政策落到实处。

四、切实加强社区就业服务和再就业培训

按照《国务院关于印发完善城镇社会保障体系试点方案的通知》（国发〔2000〕42号）提出的要求，各地劳动保障部门就业服务机构要把工作职能主动向社区延伸和拓展，并在当地政府的领导下，与民政等部门相互配合，统筹规划，合理布局，建立起市、区、街三级社区就业服务工作网络。已建立劳动力市场信息网的城市，要努力把网络连接到街道和社区居委会，发挥街道等基层组织的优势，充分采集社区岗位需求信息，并及时将信息送到下岗职工和失业人员面前。各级公共就业服务机构要积极探索社区就业服务的有效方法，通过开展有针对性的职业指导、开设专门服务窗口、实行劳动保障事务代理等措施，帮助下岗职工和失业人员切实转变就业观念，并为他们提供代管档案、代缴保险、代办有关证明等项就业服务，引导他们在社区实现再就业。

加强再就业培训，提高社区就业人员的就

业能力。结合社区就业实际需求，努力开发适应社区就业岗位需要的再就业培训项目和培训课程，采取实用有效的培训方式方法，为下岗职工和失业人员在社区就业创造有利条件。大力推广创业培训，培养一批创办社区就业实体的带头人，以培训促进创业，以创业带动就业。

五、着力解决好社区就业难点问题

针对下岗职工和失业人员从事社区服务业存在的社会保险接续等难点问题，进一步完善相关政策措施。制定灵活有效的办法，依法将下岗职工和失业人员自谋职业和组织起来兴办的社区服务企业等社区就业实体纳入社会保险覆盖范围。社会保险经办机构要与相关部门密切配合，及时向出中心人员讲清接续社会保险关系的程序、办法和个人账户基金的结存情况。对在社区再就业的人员可以开设专门的社会保险经办窗口，方便其参保。要加强对参保人员社会保险档案及个人账户的管理并随时提供查询服务。根据社区就业的特点，结合本地实际情况，研究制定灵活就业形式的相关政策，解决好从业者劳动关系处理、合法权益保障、劳动争议仲裁等具体问题。

六、加强部门配合，落实工作责任

开展社区就业工作，需要各级政府高度重视，各部门密切配合，协调运作，并动员和依靠各方面的力量。已建立再就业工作领导小组和再就业工作部门联席会议制度的地区，要在领导小组和联席会议的统一领导和协调下，形成在政府领导下，部门之间分工合作、街道基层组织广泛参与、社会各界关心支持的工作局面，推动社区就业工作健康开展。劳动保障部门要积极协调有关部门，制定社区就业发展规划，完善促进下岗职工和失业人员在社区领域实现再就业的各项政策措施，加强对社区从业人员的就业服务和再就业培训，制定社区从业人员参加和接续社会保险的办法。重点要指导好社区就业百家重点联系城市的实施工作。民政部门要会同有关部门把社区就业工作纳入社区建设以及社区服务业的发展规划，通过加强社区建设，发展社区服务业，努力增加社区就业岗位，促进下岗职工和失业人员在社区领域实现再就业。各级财政、建设、工商、税收、银行等部门要按照各自的职能，进一步研究制定促进社区就业工作开展的政策措施，细化落实各项优惠政策的具体操作办法，为下岗职工和失业人员自谋职业和组织起来就业提供帮助和支持。

各地要充分发挥宣传舆论的导向和监督作用，使全社会都来关心和支持社区就业工作。要积极利用各种宣传媒介，通过集中宣传、定期现场咨询、现场会等形式，把社区就业的各项政策，宣传到每个单位及每个下岗职工和失业人员。要大力宣传开展社区就业工作的典型经验和做法，宣传下岗职工和失业人员在社区就业取得成功的事迹，开展耐心细致的思想政治工作，引导他们转变观念，适应市场，在政策的引导和支持下，自强自立，自主创业，尽快实现再就业。

2001年5月8日

劳动和社会保障部关于开展再就业援助行动的通知

劳社部发〔2001〕8号

各省、自治区、直辖市劳动和社会保障厅(局):

为进一步做好国有企业下岗职工基本生活保障和再就业工作，妥善解决下岗职工出再就业服务中心后面临的实际困难，我部决定组织开展“再就业援助行动”(以下简称援助行动)。援助行动以协议期满将出中心或已出中心但再就业困难的下岗职工和失业人员为服务对象，通过上门指导、贴近服务、专项扶持、接续社会保险等援助措施，使他们在基本生活保障、再就业和社会保险等方面得到及时有效的服务和帮助。现就有关事项通知如下:

一、提高认识，加强领导，将开展援助行动作为当前一项重要工作来抓。各地要高度重视协议期满下岗职工面临的各种困难和问题，将开展援助行动作为落实“三个代表”要求、关心人民群众生活、维护社会稳定的大事来抓。各级劳动保障部门要及时向当地政府汇报，并主动与经贸、财政、工商、税务、民政等部门以及工会、妇联、共青团、残联等组织加强联系，共同做好援助工作。要在劳动保障系统内建立由各有关单位参加的援助行动协调组织或工作机制，实行领导责任制，抓紧部署援助行动，督促各项措施的落实。

二、摸清底数，明确重点，落实各项援助措施。各地要通过深入调查，摸清协议即将到期和已出中心的下岗职工相关情况，重点掌握就业困难及生活困难的下岗职工和失业人员的情况，确定本地的重点援助对象。要针对下岗职工和失业人员面临的突出困难，结合本地实际，按照《再就业援助行动要点》(见附件)，以促进就业、接续社会保险关系、保障生活为重点，制定援助行动实施方案。

要协调有关部门认真落实各项再就业优惠政策，积极主动地开展就业服务，广泛收集用工信息，大力开展有针对性、实用性的再就业培训。对就业特别困难的人员，要开展专项就业服务。抓紧完善下岗职工出中心后社会保险关系的接续办法，积极开展对自谋职业人员的社会保险和劳动事务委托代理服务。进一步完善下岗职工基本生活保障与失业保险、城市居民最低生活保障的衔接，使下岗职工协议期满出中心后的生活能够继续得到保障。对不符合享受失业保险或城市居民最低生活保障条件而生活特别困难的人员，要及时给予救助。

三、完善保障措施，改进工作作风，确保援助行动取得实效。各级劳动保障部门要积极争取当地政府财政对援助行动的经费支持，对已列入财政预算的经费要抓紧落实，同时努力开拓其他筹资渠道。要按照有关规定，进一步落实对下岗职工和失业人员职业介绍和培训的经费补贴，保证援助行动顺利开展。

各级就业服务机构和社会保险经办机构要根据援助行动的需要，健全组织，完善服务职能。在劳动力市场综合性服务场所设立专门窗口或服务区位，为出中心的下岗职工开展失业登记、社会保险接续、职业指导、职业介绍、推荐培训的“一条龙”服务。健全街道就业和社会保障服务网络，强化对失业人员的社会化管理和促进就业的职能。劳动力市场“三化”建设试点城市要充分发挥信息网络的作用和公共就业服务的各项功能，在促进下岗职工再就业方面务求取得实效。

劳动保障部门要将出中心的下岗职工情况及时通知其居住地的街道和居委会，并指导街道和居委会建卡造册，实行动态管理。努力做到对下岗职工的技能水平清、就业动态清、生活状况清。对生活特别困难的下岗职工和失业人员，要建立跟踪服务制度。

各级劳动保障部门的同志要深入基层，倾听群众呼声，及时了解下岗职工和失业人员的思想动态。对群众反映的突出困难和问题，要及时研究解决，杜绝官僚主义和形式主义。各级就业服务机构和社会保险经办机构要树立服务意识，改善服务态度，提高服务质量，为下岗职工和失业人员多办实事，切实把各项行动要求落到实处。

四、大力开展宣传，动员社会力量，共同推进援助行动。各地要采取灵活多样、生动活泼的形式，大力宣传下岗职工再就业的有关政策和援助行动的各项措施，帮助下岗职工和失业人员了解政策，消除疑虑。要充分利用电视、广播、报刊等媒体进行宣传，扩大援助行动的影响，动员社会各界以多种形式关心和帮助下岗职工和失业人员，为其再就业创造宽松的环境。

各省、自治区、直辖市劳动和社会保障厅（局）应尽快提出要求并指导各城市制定援助行动实施方案（本地区已部署安排或实施相应行动的，可按本通知要求进行调整和完善）。请于2001年7月15日前，将部署开展援助行动的有关情况报我部。

附件：再就业援助行动要点

2001年5月29日

附件

再就业援助行动要点

一、上门咨询和政策援助

劳动保障部门组织人员深入企业再就业服务中心，督促指导再就业服务中心为下岗职工提供咨询服务。援助要求：

1．保证每位下岗职工出中心前至少参加一次咨询活动，请熟悉政策的同志宣讲和解答下岗职工最关心的再就业和社会保障有关问题。

2．为下岗职工提供一本专门的服务手册，使下岗职工通过手册了解可从政府哪些部门获得何种帮助和如何得到帮助，做到“一册在手、政策全通、心中有底”。

3．主动协调再就业优惠政策所涉及的各有关部门，推行再就业政策优惠卡制度，使下岗职工享受政策优惠的渠道畅通，手续便利。

二、职业指导援助

公共职业介绍机构对前来求职的下岗职工和失业人员免费进行职业指导。援助要求：

1. 使他们了解当前就业形势和国家就业政策，转变就业观念，树立自主创业意识。

2. 帮助他们分析自身条件，确定适合自身状况的职业定位，积极自谋职业和采取灵活方式实现再就业。

3. 介绍和推荐实现再就业者的成功之路和再就业途径，激发他们再就业的主动性。

三、就业信息和岗位援助

各级劳动保障部门采取多种形式，开发一批岗位，掌握一批空岗信息，随时免费提供给就业困难的下岗职工和失业人员。援助要求：

1. 主动深入用人单位，广泛收集用工信息，集中掌握一批就业岗位。

2. 通过公告栏、信息网、新闻媒体等多种形式广泛发布就业信息，向每一位有再就业愿望的下岗职工和失业人员提供三次基本符合其条件的就业信息。

3. 协调有关部门，积极开拓社区就业渠道，形成一批下岗职工和失业人员的再就业基地。

4. 在下岗职工和失业人员集中的地区，为他们组织专场招聘会。

5. 本地就业条件较差的地区，通过加强与经济发达地区的联系，帮助下岗职工和失业人员开展劳务输出，实现异地就业。劳动力输入地劳动保障部门对外来就业的下岗职工和失业人员，积极提供空岗信息，开展就业服务，并适当减免有关收费。

四、技能培训援助

为已出中心再就业困难的下岗职工提供适应其自身特点和市场需求的技能培训。援助要求：

1. 选择当地有需求、且适合下岗职工和失业人员从事的职业、工种，采取政府购买培训成果或其他方式确立一批技能培训项目。

2. 使每一位愿意接受技能培训的人员至少得到一次减免费培训机会。

3. 实现职业指导、推荐培训、实施培训、培训后推荐就业等环节的有机衔接，培训后再就业率达到一定水平。

五、社会保险关系接续援助

社会保险经办机构为出中心的下岗职工和中断缴费参保人员提供便利的社会保险关系接续服务。援助要求：

1. 社会保险经办机构在接到用人单位解除劳动关系的通知后，要及时与企业、再就业服务中心和职工本人对账，审核缴费记录和计算个人缴费年限等信息，免费为下岗职工查询和打印个人账户对账单，并向下岗职工公示和发放《社会保险缴费接续通知书》。

2.《社会保险缴费接续通知书》内容应包括：(1) 社会保险个人账户基金结存情况和累计缴费年限；(2) 办理社会保险缴费接续时应携带的相关证明材料；(3) 下岗职工出中心后再就业的，不同就业方式的参保方法和相关政策；(4) 社会保险待遇计发办法；(5) 社会保险经办机构的咨询电话与联系方式等。

3. 对再就业的（包括从事个体经济）人员，社会保险经办机构要及时为其接续社会保险关系，征收社会保险费，记录个人账户；对未实现再就业或没有固定工作的人员，开辟个人缴费服务窗口，方便自谋职业者个人缴纳社会保险费；对无力缴费的人员，要妥善保存其社会保险关系，有义务为他们提供个人账户的结存情况，说明领取相关待遇的条件和办法，并向社会广泛宣传。

六、劳动保障事务代理援助

公共职业介绍机构及其街道服务网点，为出中心的下岗职工提供劳动保障事务委托代理服务。援助要求：

1. 制定个人档案代管和社会保险费代缴的办法，帮助下岗职工接续社会保险关系。

2．对出中心的下岗职工，在失业期间免费存放档案，并提供有关服务。

3．下岗职工出中心后以各种形式实现自谋职业的，根据其要求，为其提供各项劳动保障事务代理服务。

七、生活保障援助

完善下岗职工基本生活保障与失业保险、城市居民最低生活保障制度的衔接。援助要求：

1．下岗职工出中心前，再就业服务中心对其家庭生活状况进行逐户调查，并将生活特别困难的下岗职工名单上报劳动保障部门，通知其所在街道。

2．失业保险经办机构及时对失业人员领取失业保险金的申请进行审核认定，对符合条件的按规定提供失业保险待遇。

3．对在领取失业保险金期间患病的失业人员，按规定发放医疗补助金。

4．对下岗职工出中心人数集中且数量较大的企业，失业保险经办机构可上门服务，提供失业保险政策法规咨询。

5．对符合城市居民最低生活保障条件的失业人员，失业保险经办机构及时告知有关政策规定，提供帮助。

八、特困群体援助

对于就业困难而且家庭生活特别困难的下岗职工和失业人员，除开展以上援助外，劳动保障部门进行跟踪调查和重点援助。援助要求：

1．定期进行深入细致的职业指导和就业信息援助。

2．优先向他们提供社区服务就业岗位。

3．指导街道、居委会定期走访这类人员家庭，掌握第一手情况。

劳动和社会保障部　财政部　人事部 中央机构编制委员会办公室关于职工在机关事业单位与企业之间流动时社会保险关系处理意见的通知

劳社部发〔2001〕13号

各省、自治区、直辖市人民政府，国务院各部委、各直属机构：

为促进职工在机关事业单位与企业之间合理流动，推进市、县、乡机构改革，根据《国务院关于印发完善城镇社会保障体系试点方案的通知》（国发〔2000〕42号）和《中共中央办公厅、国务院办公厅关于市县乡人员编制精简的意见》（中办发〔2000〕30号）的规定，职工在机关事业单位和企业单位之间流动，要相应转移各项社会保险关系，并执行调入单位的社会保险制度。经国务院同意，现就职工流动时社会保险关系的处理意见通知如下：

一、养老保险关系处理

职工由机关事业单位进入企业工作之月起，参加企业职工的基本养老保险，单位和个人按规定缴纳基本养老保险费，建立基本养老保险个人账户，原有的工作年限视同缴费年限，退休时按企业的办法计发基本养老金。其中，公务员及参照和依照公务员制度管理的单位工作人员，在进入企业并按规定参加企业职工基本养老保险后，根据本人在机关（或单位）工作的年限给予一次性补贴，由其原所在单位通过当地社会保险经办机构转入本人的基本养老保险个人账户，所需资金由同级财政安排。补贴的标准为：本人离开机关上年度月平均基本工资×在机关工作年限×0.3%×120个月。

职工由企业进入机关事业单位工作之月起，执行机关事业单位的退休养老制度，其原有的连续工龄与进入机关事业单位后的工作年限合并计算，退休时按机关事业单位的办法计发养老金。已建立的个人账户继续由社会保险经办机构管理，退休时，其个人账户储存额每月按1/120计发，并相应抵减按机关事业单位办法计发的养老金。

公务员进入企业工作后再次转入机关事业单位工作的，原给予的一次性补贴的本金和利息要上缴同级财政。其个人账户管理、退休后养老金计发等，比照由企业进入机关事业单位工作职工的相关政策办理。

二、失业保险关系处理

职工由机关进入企业、事业单位工作之月起，按规定参加失业保险，其原有的工作年限视同缴费年限。职工由企业、事业单位进入机关工作，原单位及个人缴纳的失业保险费不转移，其失业保障按《人事部关于印发〈国家公务员被辞退后有关问题的暂行办法〉的通知》（人发〔1996〕64号）规定执行。

三、医疗保险关系处理

职工在机关事业单位和企业之间流动，在同一统筹地区内的基本医疗保险关系不转移，跨统筹地区的基本医疗保险关系及个人账户随同转移。职工流动后，除基本医疗保险之外，其他医疗保障待遇按当地有关政策进行调整。

本通知从下发之日起执行。各地区、各部门要切实加强组织领导，有关部门要密切配合，抓紧制定具体办法，认真组织实施。

2001年9月20日

中华人民共和国劳动和社会保障部
中华人民共和国国家工商行政管理总局令

第14号

《中外合资中外合作职业介绍机构设立管理暂行规定》已于2001年5月8日经劳动和社会保障部第七次部务会议通过，经商对外贸易经济合作部同意，现予发布，自2001年12月1日起施行。

劳动和社会保障部部长　张左己
国家工商行政管理总局局长　王众孚
2001年10月9日

中外合资中外合作职业介绍机构设立管理暂行规定

第一条　为规范中外合资、中外合作职业介绍机构的设立，保障求职者和用人单位的合法权益，根据劳动法、中外合资经营企业法和中外合作经营企业法的有关规定，制定本规定。

第二条　设立从事职业介绍的中外合资、中外合作机构应当按照本规定执行。

第三条　劳动保障行政部门、外经贸行政部门和工商行政管理部门在各自职权范围内负责中外合资、中外合作职业介绍机构的审批、登记、管理和监督检查工作。

设立中外合资、中外合作职业介绍机构应当经省级人民政府劳动保障行政部门（以下简称省级劳动保障行政部门）和省级人民政府外经贸行政部门（以下简称省级外经贸行政部门）批准，并到企业住所地国家工商行政管理总局授权的地方工商行政管理局进行登记注册。

不得设立外商独资职业介绍机构。

外国企业常驻中国代表机构和在中国成立的外国商会不得在中国从事职业介绍服务。

第四条　中外合资、中外合作职业介绍机构应当依法开展经营活动，其依法开展的经营活动受中国法律保护。

第五条　中外合资、中外合作职业介绍机构可以从事下列业务：

（一）为中外求职者和用人单位提供职业介绍服务；

（二）提供职业指导、咨询服务；

（三）收集和发布劳动力市场信息；

（四）经省级劳动保障行政部门或其授权的地市级劳动保障行政部门同意，举办职业招聘洽谈会；

（五）经省级劳动保障行政部门或其授权的地市级劳动保障行政部门核准的其他服务项目。

中外合资、中外合作职业介绍机构介绍中国公民出境就业和外国企业常驻中国代表机构聘用中方雇员按照国家有关规定执行。

第六条 申请设立中外合资、中外合作职业介绍机构应当具备以下条件，并应按本规定第七条至第十条规定的程序办理审批手续：

（一）申请设立中外合资、中外合作职业介绍机构的外方投资者应是从事职业介绍的法人，在注册国有开展职业介绍服务的经历，并具有良好信誉；

（二）申请设立中外合资、中外合作职业介绍机构的中方投资者应是具有从事职业介绍资格的法人，并具有良好信誉；

（三）拟设立的中外合资、中外合作职业介绍机构应具有不低于30万美元注册资本，有3名以上具备职业介绍资格的专职工作人员，有明确的业务范围、机构章程、管理制度，有与开展业务相适应的固定场所、办公设施，主要经营者应具有从事职业介绍服务工作经历。

第七条 设立中外合资、中外合作职业介绍机构，应依法向拟设立企业住所地省级外经贸行政部门提出申请，并呈报申请设立中外合资、中外合作职业介绍机构的有关文件。

省级外经贸行政部门在接到申请后，应将其中下列文件转交同级劳动保障行政部门：

（一）中、外双方各自的登记注册证明（复印件）；

（二）主要经营者的资历证明（复印件）和简历；

（三）拟任专职工作人员的简历和职业资格证明；

（四）住所使用证明；

（五）拟开展经营范围的文件；

（六）法律、法规规定的其他文件。

第八条 省级劳动保障行政部门接到按本规定第七条规定转来的申请文件后，应在15日内作出答复。符合条件的，应出具同意设立中外合资、中外合作职业介绍机构的证明文件；不符合条件的，应当说明理由，并将上述文件退回省级外经贸行政部门。

第九条 省级外经贸行政部门接到同级劳动保障行政部门同意设立中外合资、中外合作职业介绍机构的证明文件后，应在30日内作出批准或不批准的决定。予以批准的，发给中外合资、中外合作企业批准证书；不予批准的，应通知申请者。

第十条 获得批准的申请者，自接到中外合资、中外合作企业批准证书之日起30日内，到拟设立企业住所所在地国家工商行政管理总局授权的地方工商行政管理局申请登记注册，并应于登记注册之日起10日内，到省级劳动保障行政部门或其授权的地市级劳动保障行政部门办理备案手续。

第十一条 中外合资、中外合作职业介绍机构投资者变更、股权比例发生变化或设立分支机构，应按本规定的审批程序经原审批机关审批同意后，到工商行政管理部门办理相关变更登记手续，并到劳动保障行政部门办理变更备案手续。

第十二条 中外合资、中外合作职业介绍机构的管理适用《劳动力市场管理规定》和外商投资企业的有关管理规定。

第十三条 香港特别行政区、澳门特别行政区投资者在内地以及台湾地区投资者在大陆投资设立中外合资、中外合作职业介绍机构，参照本规定执行。

第十四条 本规定自2001年12月1日起施行。

劳动和社会保障部关于做好劳动保障学习宣传活动的通知

劳社部发〔2001〕15号

各省、自治区、直辖市劳动和社会保障厅(局):

为深入学习贯彻江泽民总书记“三个代表”重要思想和党的十五届六中全会精神，认真落实中央领导同志关于劳动保障宣传工作要大题大作的指示，宣传党和政府关于劳动保障工作的方针政策，我部决定在《新时期劳动和社会保障重要文献选编》和《领导干部社会保障知识读本》(以下简称两本书) 出版后，利用半年左右的时间在全国范围内开展一次劳动保障学习宣传活动。现就有关事项通知如下:

一、充分认识劳动保障学习宣传活动的重要意义

我部和中央文献研究室合作编辑的《新时期劳动和社会保障重要文献选编》，共收入党的十一届三中全会以来劳动保障重要文献92篇，约38万字。我部组织撰写的《领导干部社会保障知识读本》，全面系统地阐述了社会保障的基本理论和基本知识，介绍了当前我国社会保障的主要政策，约20万字。两本书的出版，是劳动保障事业发展的需要，是一项基础建设工程，是劳动保障部门学习江泽民总书记“七一”重要讲话的辅助材料。做好两本书的学习宣传工作，有利于劳动保障系统的工作人员掌握劳动保障法规政策，有利于各级党政领导及有关部门了解和支持劳动保障工作，有利于提高全民的社会保障意识，全面推动劳动保障事业的发展。

二、学习宣传活动的主要内容

(一) 组织两本书的学习。各级劳动保障部门要组织全体工作人员，深入系统地学习两本书，领导干部要带头学习。要制定学习计划和考核办法，切实保证学习收到实效。要在劳动保障报刊开辟学习专栏，刊登社会各界特别是各级党政领导和劳动保障系统工作人员的学习体会，开展生动活泼的学习交流活动。要认真做好两本书的发行工作，劳动保障系统工作人员应做到人手一册，劳动保障部门还应为当地党政领导机关和领导同志订送，同时组织做好企事业单位的发行工作。

(二) 组织全国首届劳动保障知识电视大奖赛。电视大奖赛分各地预赛和全国决赛两个阶段，以两本书和劳动保障的基本知识、政策法规为依据命题。预赛由各省、自治区、直辖市及计划单列市和新疆生产建设兵团劳动保障厅局组织，共37个赛区，以地市为单位参赛，每个赛区选出一个优胜代表队参加全国决赛。全国决赛于2002年4月在北京举行，参加全国决赛的代表队由3名选手组成，必须通过预赛产生，领队由各地厅局领导担任。参赛代表队原则上应符合下列条件：管理人员和一般职工各1人，女性1名，民族地区应有1名少数

民族代表。部里将在今年11月印发竞赛参考题。各地预赛应于2002年3月结束，并于3月底之前上报参加全国决赛的代表队名单。全国决赛的实况，各地可联系当地电视台重播。

（三）举办全国首届劳动保障知识竞赛。竞赛以两本书为命题依据，共编制100道竞赛题，题型为单项选择，部里将于今年11月在《人民日报》上刊登。竞赛面向社会各界人士，于2002年1月结束。劳动保障系统工作人员均应参赛，同时组织好企事业单位职工参赛，参赛率应达到当地职工总数的10%～20%。

（四）开展劳动保障标识、标语、招贴画征集活动。征集启事已于今年8月20日、22日、24日先后三次在《人民日报》上刊登，截止日期为今年11月底。请各地继续协助做好有关工作。

三、几点要求

（一）各级劳动保障部门要高度重视这次劳动保障学习宣传活动，按照部里的统一部署，组织制定切实可行的学习宣传计划和实施方案。请各地将学习宣传计划和实施方案于今年11月30日前报部办公厅备案。

（二）加强组织领导，密切与有关部门的合作。部里已与人民日报社、国家广播电影电视总局和中央电视台等有关部门联合成立了全国劳动保障学习宣传活动组织委员会（名单附后，以下简称组委会），负责学习宣传活动的组织领导。组委会下设办公室，负责有关具体工作。各地劳动保障部门也要成立相应的组织领导和办事机构，做到组织落实、经费落实、工作落实。要积极争取当地政府和有关部门的支持，加强与新闻宣传主管部门和新闻媒体的配合，共同做好这项工作。

（三）各地在学习宣传活动过程中要及时报告活动进展情况，部办公厅从今年11月份开始定期通报开展活动的情况。根据学习宣传活动的组织开展情况，组委会将评选出优秀组织奖10名。请各地于2002年5月前向部里报送学习宣传活动总结报告。

2001年10月31日

全国劳动保障学习宣传活动组织委员会

主　任：张左己　劳动保障部部长
副主任：李其炎　劳动保障部副部长
江绍高　人民日报社副总编
林用三　劳动保障部副部长
王建伦　劳动保障部副部长
王东进　劳动保障部副部长
张小建　劳动保障部副部长
崔会烈　中纪委驻劳动保障部纪检组组长
金德龙　国家广电总局总编室主任
王庚年　中央电视台副台长
委　员：刘永富　劳动保障部办公厅主任
路和平　财政部社会保障司司长

皮树义　人民日报社经济部副主任
程　宏　中央电视台总编室主任
高　峰　中央电视台社教中心主任
张欣庆　北京市劳动保障局局长
花绍增　天津市劳动保障局局长
马占元　河北省劳动保障厅厅长
李顺通　山西省劳动保障厅厅长
张雅茹　内蒙古自治区劳动保障厅副厅长
陈海波　辽宁省劳动保障厅厅长
胡春周　吉林省劳动保障厅厅长
秦玉德　黑龙江省劳动保障厅厅长
祝均一　上海市劳动保障局局长
陈凤鸣　江苏省劳动保障厅厅长
韩春根　浙江省劳动保障厅厅长
谢　群　安徽省劳动保障厅厅长
王克益　福建省劳动保障厅厅长
熊盛文　江西省劳动保障厅厅长
李　戈　山东省劳动保障厅厅长
朱天宝　河南省劳动保障厅厅长
蒋大国　湖北省劳动保障厅厅长
赵湘平　湖南省劳动保障厅厅长
方潮贵　广东省劳动保障厅厅长
李良业　广西壮族自治区劳动保障厅厅长
王为璐　海南省人事劳动保障厅厅长
史锦杰　重庆市劳动保障局局长
泽巴足　四川省劳动保障厅厅长
龙月英　贵州省劳动保障厅副厅长
杨绍红　云南省劳动保障厅厅长
杨　骏　西藏自治区劳动保障厅厅长
宁长珊　陕西省劳动保障厅厅长
朱志良　甘肃省劳动保障厅厅长
刘振华　青海省劳动保障厅厅长
刘天贵　宁夏回族自治区劳动保障厅厅长
黄昌元　新疆维吾尔自治区劳动保障厅党组书记
王　维　新疆生产建设兵团劳动保障局局长
于仁国　大连市劳动局局长
周光耀　宁波市劳动局局长
傅火树　厦门市劳动局局长
王　帆　青岛市劳动保障局局长
孙大海　深圳市劳动局局长

刘礼权　深圳市社保局局长
尹成基　劳动保障部办公厅副主任
闫宝卿　劳动保障部法制司副司长
张建明　劳动保障部规划财务司副司长
信长星　劳动保障部培训就业司司长
祝晏君　劳动保障部劳动工资司司长
焦凯平　劳动保障部养老保险司司长
毛　健　劳动保障部失业保险司司长
乌日图　劳动保障部医疗保险司司长
王以才　劳动保障部农村社会保险司司长
孙建勇　劳动保障部社会保险基金监督司副司长
李东林　劳动保障部国际合作司司长
袁彦鹏　劳动保障部人事教育司司长
田素清　劳动保障部机关党委常务副书记
赵志强　劳动保障部机关纪委书记
郑灿栋　劳动保障部离退休干部局局长
吴文辉　劳动保障部机关服务中心主任
胡晓义　劳动保障部社会保险事业管理中心主任
王东岩　劳动保障部信息中心主任
田小宝　劳动保障部劳动科学研究院院长
于法鸣　劳动保障部劳动科学研究所所长
苏海南　劳动保障部劳动工资研究所所长
刘燕斌　劳动保障部国际劳工与信息研究所所长
何　平　劳动保障部社会保险研究所所长
沈宝英　劳动保障部就业培训指导中心党委书记
王英才　劳动保障部中国劳动保障报社社长
张梦欣　劳动保障部中国劳动社会保障出版社社长
吴道槐　劳动保障部教育培训中心副主任

委员会下设办公室，由刘永富同志兼任主任，尹成基、何平、皮树义、高峰同志兼任副主任。

劳动和社会保障部　国家经济贸易委员会 中华全国总工会　中国企业联合会/ 中国企业家协会关于进一步加强 劳动争议处理工作的通知

劳社部发〔2001〕16号

各省、自治区、直辖市劳动和社会保障厅(局)、经贸（计经）委、总工会、企业联合会(协会)/企业家协会：

近年来，在各级党委、政府的领导下，各地劳动争议处理机构积极预防和依法处理了大量劳动争议案件，较好地维护了当事人的合法权益，促进了劳动关系和谐和社会稳定。但是，在劳动争议处理工作中，还存在一些亟待解决的困难和问题。现就进一步加强劳动争议处理工作的有关问题通知如下：

一、进一步提高认识，高度重视劳动争议处理工作

随着社会主义市场经济的发展，劳动关系日趋复杂，劳动争议逐年增多，处理难度明显增大。同时，劳动争议处理周期过长，仲裁办案人员明显不足，一些争议案件未能及时解决，极易引发事端。这些困难和问题对社会稳定造成不利影响。因此，切实加强劳动争议处理工作，积极有效预防和及时妥善处理劳动争议，切实维护争议当事人的合法权益，保持劳动关系和谐和社会稳定，是当前及今后一个时期的一项重要而艰巨的任务。

各级劳动保障部门、工会组织和企业代表组织要按照党中央、国务院关于做好稳定工作的要求，认真贯彻“三个代表”的重要思想，进一步重视和加强劳动争议处理工作，把这项工作纳入重要议事日程，实行领导责任制，并通过召开联席会议等形式，密切配合，加强研究和指导，共同采取措施，解决当前劳动争议处理工作存在的突出问题，切实维护劳动关系和谐和社会稳定。

二、建立健全劳动争议预防机制，努力减少争议的发生

要把预防劳动争议摆到重要位置，积极推动企业建立平等协商和集体合同制度，健全职工代表大会和厂务公开等民主管理制度。企业决定涉及职工切身利益的重大事项，要与职工一方平等协商，并经职工代表大会审议；未建立职工代表大会制度的要经全体职工审议，将职工民主决策、民主管理、民主监督等项权利落到实处。要指导企业严格劳动管理，建立健全规章制度，落实各项劳动标准；督促企业完善劳动合同管理制度，依法做好劳动合同签订和履行工作。要进一步加大劳动法律、法规和政策的宣传力度，提高企业经营管理者和劳动者的法律意识，增强遵纪守法的自觉性。各地区特别是中心城市要积极建立劳动关系预警机制，注意排查发生集体劳动争议和职工群体性事件的隐患，发现问题要及时妥善处理，将争议和纠纷的隐患消灭在萌芽状态。

三、加强劳动争议调解工作，积极化解劳动争议

要继续大力加强企业劳动争议调解委员会的组织建设，逐步建立一支熟悉劳动法律法规政策、群众威信高的劳动争议调解员队伍，做到组织落实、人员落实、制度落实、经费落实。有条件的企业应配备专职调解人员，积极开展劳动争议调解工作。要认真总结经验，完善多层次的劳动争议调解制度，要重视解决新建小企业和未建工会组织企业的劳动争议。在具备条件的地区，积极建立由地方工会组织、劳动保障部门、企业代表组织组成的区域性等劳动争议调解组织，主动开展调解工作，努力将劳动争议化解在当地。

四、遵循三方原则，切实完善劳动争议仲裁委员会工作制度

各地劳动争议仲裁委员会要进一步落实劳动争议仲裁三方机制，明确职责，完善制度，改进办案方式，积极探索落实三方机制的新形式、新办法，提高办案效率和办案质量。

建立健全劳动争议仲裁委员会例会制度，坚持定期分析研究本地区劳动关系及劳动争议处理工作存在的突出问题，加强对办案工作的具体指导。健全仲裁委员会工作汇报制度，包括仲裁委员会办事机构定期向仲裁委员会报告工作，以及仲裁委员会定期向当地人民政府汇报工作的制度。坚持案件会审制度，对重大、疑难案件必须经劳动争议仲裁委员会集体讨论。

建立健全劳动争议仲裁案件评查制度和仲裁监督制度。各地劳动争议仲裁委员会要定期或不定期开展劳动争议案件仲裁处理评查和抽查工作，注重听取企业、职工的意见和社会的反映。对反映的突出问题要及时研究解决，不断改进办案工作，使评查工作收到实效。劳动争议仲裁委员会要完善自身监督和对所辖地区劳动争议仲裁委员会工作的指导监督制度，切实纠正在劳动争议案件受理、审理和裁决等环节中存在的不严格依法办案等问题。在有条件的地区要逐步实行劳动争议仲裁案件公开审理，增强劳动争议处理的透明度。

五、巩固和健全劳动争议仲裁机构，加强仲裁队伍建设

各级劳动保障部门要会同工会组织和企业代表组织，积极主动地向当地党委、政府汇报劳动争议处理工作中存在的困难和问题，并向有关部门通报情况，争取各方面对加强劳动争议仲裁机构建设的支持，在地方机构改革过程中要确保仲裁机构和队伍的稳定。各级劳动争议仲裁委员会要进一步充实仲裁员队伍，人员不足的应当及时增加。工会组织、综合经济管理部门或企业代表组织要保证兼职仲裁员到位，为兼职仲裁员参与办案创造条件。要改进和加强仲裁员聘任管理，强化对仲裁员的定期培训和考核，仲裁员不能依法履行职责的，应及时调整。对社会反映强烈、严重违法乱纪的仲裁办案人员，依据《企业劳动争议处理条例》有关规定严肃处理。劳动争议案件多、处理任务重的地区，应逐步实现劳动争议仲裁机构实体化和仲裁员队伍职业化。

要加强劳动争议仲裁机构的各项基础工作，按照创建劳动争议仲裁“三优”文明窗口的标准，不断加强仲裁庭建设，改善办案条件，提高工作质量和服务水平。

六、及时妥善处理集体劳动争议，切实维护社会稳定

劳动争议仲裁委员会要高度重视近年来集体劳动争议案件明显上升所反映出来的新情况、新问题，加大处理工作力度。对集体劳动争议案件要优先受理，积极调解；调解不成的要及时裁决。对可能影响社会稳定的集体劳动争议案件，要在仲裁委员会集体讨论的基础上尽快形成处理意见，抓紧解决。各地劳动保障部门要积极探索建立行政调解制度，会同有关各方妥善处理因签订集体合同发生的争议。

各地劳动保障部门、工会组织和企业代表组织要根据形势发展的要求，深入开展调查研究，不断总结劳动争议处理工作的经验，研究探索劳动争议处理体制改革的新思路，建立完善符合我国国情的劳动争议处理体制。

2001年11月14日

劳动和社会保障部 国家经济贸易委员会 中华全国总工会 中国企业联合会/中国企业家协会关于进一步推行平等协商和集体合同制度的通知

劳社部发〔2001〕17号

各省、自治区、直辖市劳动和社会保障厅(局)、经贸(计经)委、总工会、企业联合会/企业家协会：

为进一步推行平等协商和集体合同制度，加快培育劳动关系主体双方自主协调的机制，促进劳动关系的和谐稳定，依据《中华人民共和国劳动法》《中华人民共和国工会法》，现就有关问题通知如下：

一、充分认识进一步推行平等协商和集体合同制度的重要性。随着我国社会主义市场经济体制的逐步建立和经济结构调整力度的不断加大，我国劳动关系主体逐步确立，其利益关系呈现出多样性、复杂化的发展态势，协调稳定劳动关系的任务日益繁重和艰巨。积极推行平等协商和集体合同制度，对于实现和维护职工的合法权益，保护、调动和发挥广大职工的积极性，促进企业改革和发展具有重要意义。各级劳动保障、经贸（计经）部门、工会组织和企业代表组织，要按照“三个代表”的重要思想，高度重视这项工作，采取切实有效措施，推动这项工作的深入开展。

二、各类企业都应该建立平等协商机制，切实维护职工的合法权益。平等协商，是用人单位（包括企业、雇主或雇主团体，或以进行平等协商为目的的小企业联合组织）和相应的工会组织（未建立工会的企业由职工民主推举代表），在法律地位完全平等的基础上，就劳动标准、劳动条件以及其他与劳动关系相关的问题，依据国家法律法规而进行沟通、协商的行为。建立平等协商机制，是保护职工合法权益，建立和谐稳定的劳动关系，调动和发挥广大职工积极性、创造性，促进企业和职工加强沟通、共谋发展的重要手段。对于涉及职工切身利益的重大问题，企业都应当与工会代表或职工代表进行平等协商。要规范和完善协商程序，把工资集体协商作为推进平等协商工作的重点，积极开展工资集体协商，由职工代表与企业代表就企业的内部工资分配制度、工资分配形式、工资收入水平、工资支付办法等事项进行平等协商，使平等协商在协调劳动关系方面发挥重要作用。

三、进一步完善集体合同制度。企业依法经过平等协商所签订的集体合同是协调劳动关系的重要依据。要在普遍开展平等协商的基础上，积极推动不同类型的企业建立和完善集体合同制度，指导企业从各自的实际出发，因企制宜，合理确定集体合同的具体内容和标准，增强实效性和可操作性。对暂不具备条件签订综合性集体合同的企业，可以就工资分配等问题签订单项集体合同或协议。对于外商投资企业、私营企业、乡镇企业尤其是小企业相对集中的地区，由工会组织代表职工与相应的企业组织代表或企业进行平等协商，签订集体合同。要处理好集体合同和劳动合同的关系，劳动合同中劳动条件和劳动报酬等标准不得低于集体合同的规定。

四、加强对职工协商代表的保护。企业应当保证职工协商代表履行职责必要的工作时间，其工资和其他待遇不受影响。职工协商代表在本人劳动合同期限内，除严重违反劳动纪律、企业规章制度和严重失职、营私舞弊、给企业利益造成重大损害以及被追究刑事责任外，企业不得与其解除劳动合同。职工协商代表在任期内，劳动合同期满的，企业原则上应当与其续签劳动合同至任期届满。职工协商代表的任期与当期集体合同的期限相同。企业不当变更或解除职工协商代表劳动合同的，劳动保障部门应当责令限期改正。

五、建立健全履约监督保障机制和平等协商争议处理制度。劳动关系双方当事人任何一方提出平等协商的要求，另一方无正当理由不得拒绝。依法订立的集体合同对企业和企业全体职工具有法律约束力，双方都要严格遵守执行。企业组织代表要指导企业建立集体合同履约责任制和监督检查制度，把履约责任制同岗位目标责任制结合起来，纳入到企业管理中。集体合同的履行要接受工会和职工群众的监督。各级劳动保障部门要依法加强对集体合同制度履行情况的行政监察工作，把劳动保障监察同工会劳动法律监督紧密结合起来，对无正当理由拒绝平等协商、违反集体合同的企业，要责令其限期改正，依法处理。要积极探索建立平等协商或签订集体合同争议的行政调解制度，及时引导争议双方通过法律途径调解处理。

六、切实加强对平等协商和集体合同工作的领导，推动平等协商和集体合同工作的顺利进行。各级劳动保障部门、工会组织、企业代表组织要在当地党委、政府的领导下，通力协作，密切配合，共同做好这项工作。劳动保障部门要积极完善平等协商和集体合同工作的有关政策规定，进一步健全集体合同管理办法，做好集体合同的报送、审核、备案以及协调、指导和服务工作。工会组织要把推行平等协商和集体合同制度作为工作重点，加强调查研究和具体指导，加强对工会干部和职工协商代表的培训，提高平等协商的能力。企业代表组织要加强对企业经营者的培训工作，提高其对平等协商和集体合同制度的认识，为企业开展平等协商和集体合同工作创造有利条件。各地要积极探索建立由劳动保障部门、工会组织和企业代表组织组成的劳动关系三方协商机制，定期分析本地区劳动关系的发展态势，协商解决企业平等协商和集体合同工作中的重大问题，加强有关法律和政策宣传，总结推广典型经验，指导推动这项工作的健康发展。

2001年11月14日

劳动和社会保障部关于完善城镇职工基本养老保险政策有关问题的通知

劳社部发〔2001〕20号

各省、自治区、直辖市劳动和社会保障厅(局):

《国务院关于建立统一的企业职工基本养老保险制度的决定》(国发〔1997〕26号)实施以来，全国城镇企业职工基本养老保险(以下简称养老保险)制度已实现了基本统一，养老保险覆盖范围进一步扩大，企业离退休人员基本养老金社会化发放率逐步提高。近年来，随着我国经济结构调整和国有企业改革深化，养老保险工作出现了一些新情况、新问题，需要尽快明确相关政策。根据完善城镇职工社会保障体系建设的要求，现就有关问题通知如下：

一、参加城镇企业职工养老保险的人员，不论因何种原因变动工作单位，包括通过公司制改造、股份制改造、出售、拍卖、租赁等方式转制以后的企业和职工，以及跨统筹地区流动的人员，都应按规定继续参加养老保险并按时足额缴费。社会保险经办机构应为其妥善管理、接续养老保险关系，做好各项服务工作。

二、职工与企业解除或终止劳动关系后，职工养老保险关系应按规定保留，由社会保险经办机构负责管理。国有企业下岗职工协议期满出中心时，实行劳动合同制以前参加工作、年龄偏大且接近企业内部退养条件、再就业确有困难的，经与企业协商一致，可由企业和职工双方协议缴纳养老保险费，缴费方式、缴费期限、资金来源、担保条件及具体人员范围等按当地政府规定执行。失业人员实现再就业，新的用人单位必须与其签订劳动合同，并按规定参加养老保险。自谋职业者及采取灵活方式再就业人员应继续参加养老保险，有关办法执行省级政府的规定。

三、城镇个体工商户等自谋职业者以及采取各种灵活方式就业的人员，在其参加养老保险后，按照省级政府规定的缴费基数和比例，一般应按月缴纳养老保险费，也可按季、半年、年度合并缴纳养老保险费；缴费时间可累计折算。上述人员在男年满60周岁、女年满55周岁时，累计缴费年限满15年的，可按规定领取基本养老金。累计缴费年限不满15年的，其个人账户储存额一次性支付给本人，同时终止养老保险关系，不得以事后追补缴费的方式增加缴费年限。

四、参加养老保险的农民合同制职工，在与企业终止或解除劳动关系后，由社会保险经办机构保留其养老保险关系，保管其个人账户并计息，凡重新就业的，应接续或转移养老保险关系；也可按照省级政府的规定，根据农民合同制职工本人申请，将其个人账户个人缴费部分一次性支付给本人，同时终止养老保险关系，凡重新就业的，应重新参加养老保险。农民合同制职工在男年满60周岁、女年满55周岁时，累计缴费年限满15年以上的，可按规定领取基本养老金；累计缴费年限不满15年的，其个人账户全部储存额一次性支付给本人。

五、破产企业欠缴的养老保险费，按有关规定在资产变现收入中予以清偿；清偿欠费确有困难的企业，其欠缴的养老保险费包括长期挂账的欠费，除企业缴费中应划入职工个人账户部分外，经社会保险经办机构同意，劳动保障部门审核，财政部门复核，报省级人民政府批准后可以核销。职工按规定的个人缴费比例补足个人账户资金后，社会保险经办机构要按规定及时记录，职工的缴费年限予以承认。

六、对于因病、非因工致残，经当地劳动能力鉴定机构认定完全丧失劳动能力，并与用人单位终止劳动关系的职工，由本人申请，社会保险经办机构审核，经地级劳动保障部门批准，可以办理退职领取退职生活费。退职生活费标准根据职工缴费年限和缴费工资水平确定，具体办法和标准按省级政府规定执行。

七、城镇企业成建制跨省搬迁，应按规定办理企业和职工养老保险关系转移手续。在职职工个人账户记账额度全部转移，资金只转移个人缴费部分，转入地社保机构应按个人账户记账额度全额记账。企业转出地和转入地社会保险机构，要认真做好搬迁企业养老保险关系及个人账户的转移、接续工作，按时足额发放离退休人员基本养老金。如搬迁企业在转出地欠缴养老保险费，应在养老保险关系转出之前还清全部欠费。

八、加强对特殊工种提前退休审批工作的管理。设有特殊工种的企业，要将特殊工种岗位、人员及其变动情况，定期向地市级劳动保障部门报告登记，并建立特殊工种提前退休公示制度，实行群众监督。地市以上劳动保障行政部门，要规范特殊工种提前退休审批程序，健全审批制度。社会保险经办机构要建立特殊工种人员档案和数据库，防止发生弄虚作假骗取特殊工种身份和冒领基本养老金问题，一经发现，要立即纠正并收回冒领的养老金。

九、做好机关事业单位养老保险试点工作。已经进行机关事业单位养老保险改革试点的地区，要进一步巩固改革试点成果，不能退保，要完善费用征缴机制，探索个人缴费与待遇计发适当挂钩的办法，积极创造条件实行养老金社会化发放，加强基金管理，确保基金安全。按照劳动保障部、财政部、人事部、中编办《关于职工在机关事业单位与企业之间流动时社会保险关系处理意见的通知》（劳社部发〔2001〕13号）规定，认真研究做好职工在机关事业单位与企业之间流动时养老保险关系转移衔接工作。

2001年12月22日

全国劳动和社会保障工作

就业和再就业

一、就业总量继续增长，就业结构进一步发生变化

2001年底，全国城乡从业人员达73 025万人，比上年增加940万人。其中，第一产业为36 513万人，占50%；第二产业为16 284万人，占22.3%；第三产业为20 228万人，占27.7%。

城镇从业人员为23 940万人，比上年增加789万人。其中，城镇单位从业人员11 166万人，比上年减少447万人。在城镇单位从业人员中，在岗职工10 792万人，比上年减少467万人。其中，国有单位7 640万人，城镇集体单位1 291万人，其他单位2 235万人。到年底，全国城镇登记失业率为3.6%。

二、国有企业下岗职工基本生活保障成果进一步得到巩固

2001年，全年国有企业下岗职工（下同）人数为891万人，其中上年结转657万人，当年新增234万人。年末，全国下岗职工为515万人，其中有90%进入再就业服务中心。在进入再就业服务中心的下岗职工中，绝大多数都领到了基本生活费，并缴纳了社会保险费。下岗职工再就业率继续呈下降趋势，全年共有227万人实现再就业，再就业率为30.6%，比上年下降约5个百分点。各地在建立市场导向就业机制方面取得稳步进展，到年底，已有20个省市制定了并轨方案，北京、浙江、广东等省市当年企业新裁减人员已不再进入再就业服务中心，全国领取失业保险金人数与进入中心的下岗职工之比，已由上年末的27:100提高到67:100。

为贯彻落实党中央、国务院关于积极扩大就业和推进社区建设的要求，引导和帮助更多的下岗职工和失业人员在城市社区服务领域实现再就业，劳动保障部会同国家计委、国家经贸委、财政部、民政部、建设部、中国人民银行、国家工商总局、国家税务总局等部门联合下发了《关于推动社区就业工作的若干意见》（劳社部发〔2001〕7号），从多渠道开发社区就业岗位、落实完善再就业优惠政策等方面对各地做好社区就业工作提出了要求。此后，劳动保障部下发了《关于确定社区就业工作重点联系城市的通知》（劳社厅函〔2001〕68号），确定了北京、天津等100个大中城市作为社区就业重点联系城市，采取定期通报工作进展、组织人员研修等方式指导这些城市开展社区就业工作。

为促进下岗职工再就业，在总结2000年劳动保障部等7部门联合检查再就业优惠政策落实情况的基础上，2001年劳动保障部再次会同国家计委、监察部、建设部、中国人民银行、国家工商总局、国家税务总局、全国总工会、全国妇联等部门，在全国范围内开展了落实下岗职工再就业优惠政策大检查活动，从检查情况看，已出台的促进下岗职工再就业优惠政策正逐渐得到落实。另据2001年5月进行的10城市1万名下岗职工抽样调查结果显示，有63.3%的下岗职工认为优惠政策基本得到落实。

国有企业关闭破产工作力度进一步加大，职工安置工作取得一定进展。据统计，1997

年至2000年列入全国关闭破产计划企业共1 924户。其中，1998年至2000年有1 684户，涉及在职职工171万人，离退休职工81万人。2001年共完成列入全国计划的破产项目463户，安置职工近70万人。重点抓了有色金属企业下放、军工行业脱困、军队保障性企业移交和煤炭等行业关闭破产职工安置工作。

三、劳动力市场建设取得新成果

2001年，全国劳动力市场"三化"建设以点带面，整体推进，在网络建设、服务功能、市场管理和工作机制等方面都有新进展。

一是全国自下而上的劳动力市场信息网络初步形成。17个省级劳动保障部门建立了省级劳动力市场信息网监测中心。劳动保障部建立了全国劳动力市场信息网监测中心。

二是信息收集和发布工作全面加强。试点城市普遍建立了专兼职信息人员队伍，通过主动上门服务、开通用工热线、设立信息网站等多种形式收集信息。有87个试点城市有效空岗信息量逐年递增幅度达30%以上。

三是建立了劳动力市场职业供求分析信息和工资指导价位信息发布制度。劳动保障部从2001年第一季度起，开始向社会正式发布全国部分城市劳动力市场供求状况信息。有87个城市进行了工资价位调查，并发布本地区工资指导价位信息，使劳动力市场在"有场有市"基础上，进一步做到了"有市有价"，工资的劳动力市场价格信号作用开始得到发挥。

四是就业服务网络建设不断得到加强。各试点城市通过改建、扩建等方式，依托市、区公共职业介绍机构，建成了劳动力市场综合性服务场所，为供需双方提供"一条龙"服务。北京、上海、天津、青岛、杭州、宁波、厦门、呼和浩特等城市，已经将就业服务工作延伸到街道、社区，形成了市、区、街道、社区四级贯通的就业服务网络体系。

五是公共就业服务形象逐步树立。各地以下岗职工、失业人员为主要对象，积极主动地开展服务，开始在全社会树立起以公益性为主要特点的公共就业服务良好形象。

六是就业服务功能不断延伸。职业指导发展迅速，95个试点城市开展了职业指导工作。职业培训与职业介绍实现了更紧密的结合。劳动保障事务代理服务从过去单一的档案代管，扩展到为劳动者代缴社会保险费、代办退休证明、代办职称申请、为用人单位招收人员甚至代理全部人事管理等一系列代理服务。

七是失业保险管理服务日趋完善。失业保险基础工作得到加强，普遍建立了较规范的失业保险金申领发放程序，制定了就业服务和失业保险管理统一工作流程。

八是初步建立起一套从中央到地方的劳动力市场法规体系。劳动保障部发布了《劳动力市场管理规定》，明确了劳动力市场管理的基本制度。各地普遍加强了劳动力市场管理法规建设，目前已有25个省、自治区、直辖市出台了劳动力市场管理的地方性法规或政府规章。

九是劳动力市场秩序明显好转。从1999年起，劳动保障部连续三年对劳动力市场进行清理整顿，清理了9 000多个非法机构，取缔了2 000多家严重违规的机构。经过整顿，绝大部分试点城市投诉率逐年递减，市场秩序明显好转。

十是就业服务干部队伍素质明显提高。通过多次举办就业服务和失业保险业务人员和计算机技术人员培训班，工作人员的政策法规水平、微机操作水平、服务意识和工作能力有明显提高，培养了一支政治过硬、业务熟练、敬业爱岗的干部队伍。

截至2001年底，全国共有各类职业介绍机构26 793所，比上年减少了2 231所，减少8%。其中，各级劳动保障部门办的有18 739所，比上年减少1 523所，减少8%，原因是各地机构改革，以及乡镇劳务站改为劳动管理工作站，导致乡镇职业介绍机构减少；县区以上公共职业介绍机构4 552所，比去年增加557所，增加14%；其他组织办的3 787所，比上年减少1 614所；公民个人办的4 267所，比上年增加906所。

2001年底，全国各类职业介绍机构工作人员84 440人，比上年减少2 302人。其中，劳动保障部门办的58 123人，比上年减少3 056人，减少5%；其他组织办的13 179人，比上年减少2 249人；公民个人办的13 138人，比上年增加3 003人。

2001年，全国登记招聘人数为1 876.8万人次，比上年增长24%；登记求职人数2 439.5万人次，比上年增长22%；职业介绍成功人数1 229万人次，比上年增长26%。其中，到劳动保障部门办职业介绍机构登记招聘的为1 256.4万人次，登记求职的为1 668.7万人次，介绍成功845万人次。

四、农村劳动力开发就业试点工作取得阶段性成果

国家项目指导小组深入开展调查研究，加强了对试点工作的指导。一是从完善相关政策的需要出发，对农村剩余劳动力、城乡统筹就业、农村职业培训、劳务输出四个课题进行了专题研究，分别形成研究报告。同时还召开小城镇就业政策研讨会，对小城镇就业问题以及与就业密切相关的户籍、土地、社会保障、教育培训等问题进行了研究。二是分别召开了城乡统筹就业、促进转移培训、扶持返乡创业三个专题研讨会，组织专家和试点地区的有关负责人围绕三类试点需要解决的主要问题进行深入探讨，进一步明确目标、任务和工作思路。三是进一步加强工作调研，工作小组和咨询研究小组先后13次深入常熟、南海、鄂州、长宁、高唐等10多个试点地区进行调研和工作指导，形成了12篇调研报告，对推动试点工作开展发挥了重要作用。此外，还组织百名大学生百镇社会调查活动，掌握了一批案例，并形成了小城镇就业状况的综合分析报告，为深入研究打下了基础。四是加强了项目管理和基础工作，项目指导小组分类编印了各试点地区的试点方案汇编和阶段性工作报告，汇编试点地区的背景资料，建立日常工作信息渠道，编发了9期试点工作通讯。

大部分城乡统筹就业的试点地区出台了打破城乡分割、实行城乡统筹就业的政策规定和相关的配套措施。如浙江省长兴县已经开始对在本县境内就业的县内外各类城乡劳动力实行统一的管理制度，取消过去长期实行的“三先三后”和以户籍划分劳动力类别及管理政策的不合理做法，并狠抓社会保险扩面，实现了养老保险城乡全覆盖。扶持返乡创业的试点地区大多出台了促进返乡创业的优惠政策，这些政策涉及返乡创业的户籍、子女教育、经营用地、资金筹措、税费减免、审批简化等多个方面。据不完全统计，12个试点地区返乡创业人员达到1.9万多人，通过返乡创业吸纳近14万人就业。项目活动的类型包括种植业、养殖业、加工业、制造业、服务业等多个行业，有的一个项目吸纳就业规模就达到近5 000人。组织转移培训的试点地区则根据本地的劳动力资源状况和结构调整制定了培训规划，初步形成制度化的培训体系。绝大部分试点地区开展了劳动力资源调查等调研活动，试点的基础进一步巩固。如广东省南海市投入资金60多万元，用两个月时间对全市农村劳动力状况进行了一次摸底调查，调查的内容包括农村劳动力的数量、年龄结构、文化程度、技能状况、就业现状和就业意向等。

农村劳动力流动就业重点监控工作进一步规范，决策作用开始显现。劳动保障部加强了在100个农村劳动力输入、输出和中转量大的县（市）的农村劳动力流动就业重点监控工作。各重点监控地区普遍完善了重点监控工作制度，稳定了重点监控的信息员队伍，按要求每季度上报有关数据。劳动保障部对这些数据及时进行整理分析，形成四个季度的重点监控分析报告，建立了农村劳动力流动就业重点监控数据库，对及时掌握农村劳动力的流量、流向和结构起到一定的作用。

职 业 培 训

一、职业培训工作稳步推进

为加快市场导向就业机制的建立和适应转轨的要求，劳动保障部在认真总结第一期“三年千万”再就业培训计划的基础上，又制定出台第二期“三年千万”再就业培训计划，在2001年至2003年的三年中，对需要进行培训的1 000万以上的下岗职工和失业人员普遍进行一次职业培训，要求总体培训合格率达到90%以上，培训后再就业率力争达到50%以上。2001年，全国共组织457万下岗职工和失业人员参加培训，多数省市培训后的合格率达到或超过90%，有262万下岗职工和失业人员经过培训实现了再就业，培训后再就业率达57%。在计划实施过程中，各地一方面继续推行政府购买培训成果等行之有效的工作机制，同时，积极探索再就业培训与再就业援助行动紧密结合、与社区就业岗位开发联合运作的新机制，并取得初步成果。

创业培训工作取得了一定进展，试点范围有所扩大，培训对象不断拓展。如北京市已由试点阶段转为全市各区县普及阶段；江苏省由苏州试点扩大到全省13个省辖市进行实施；湖北、安徽两省多数地市都开展了这项工作；四川、贵州、陕西、内蒙古、青海等西部地区也纷纷启动创业培训，并取得了初步成果。与此同时，劳动保障部与国际劳工组织在包头、张家口、吉林三个城市启动了城市促进就业试点项目。2001年，全国共有24万人参加了创业培训，培训后有10.5万人实现了创业或自谋职业，占参加培训人员总数的43.8%，新创造就业岗位26万个。

按照调整布局、提高层次、突出特色、服务就业的方针，技工学校等职业培训机构加快了调整改革的步伐，并取得初步成果。在调整的过程中，各地创造性地开展工作，从优化政策环境、加强政策法规建设、完善部门措施等方面加大工作力度，为职业培训事业的发展创造了良好的外部环境；同时指导学校以劳动力市场需求为导向，以创新求发展，积极探索新的办学机制，突出办学特色，提高办学层次，改善教学质量，推动一批骨干示范技校不断成长，实现持续发展。与上年相比，2001年，全国有近1/3地区技工学校招生数量稳步增长，1/3地区基本持平，全年职业培训数量150万人次，已超过当年教育招生人数，基本形成了学制教育和社会培训兼顾的办学格局，拓宽了学校发展的空间。截至2001年底，全国共有技工学校3 470所，在校生达135万人，培训社会人员151万人次。其中，国家级重点技工学校379所，高级技工学校229所，年培养高级工9万余人。

继续加强就业训练中心建设工作，全国就业训练中心达到3 571所，年培训476万人次，其中国家级重点就业训练中心171所。继续鼓励、引导、规范社会力量办学的发展，全国社会力量办职业培训机构达到16 629所，年培训390万人次。劳动预备制度进一步推行，一些地区特别是沿海经济发达地区已开始将劳动预备制培训扩大到下岗失业人员和农村劳动力，对于提高劳动者素质起到了积极作用。

二、职业技能鉴定工作取得新进展

按照面向市场、扩大范围、完善制度、提高质量的工作方针，各地区、各部门结合实际情况，积极采取措施，大力推进职业资格证书制度建设，促使职业技能鉴定规模稳步扩大并有较大突破。全年共有535万人参加职业技能鉴定，457万人获取职业资格证书。与上年相比，全国参加职业技能鉴定人数增长20.9%，获得职业资格证书人数增长22.6%。截至2001年底，全国职业技能鉴定机构达到8 336个，职业技能鉴定考评人员达到14万人。

2001年4月至10月，为进一步贯彻落实党中央、国务院关于在全社会实行学业证书、职业资格证书并重制度的要求，加强职业技能鉴定工作管理和监督检查，提高职业技能鉴定质量，劳动保障部在全国范围内开展了职业技能鉴定质量检查工作。通过检查，发现了各地、各部门规范鉴定工作秩序和保证鉴定质量的一些好的经验和做法，并针对鉴定工作中存在的问题，提出了整改措施。7月至10月，根据国务院领导同志指示精神，为进一步贯彻落实《国务院办公厅转发劳动保障部等部门关于积极推进劳动预备制度加快提高劳动者素质意见的通知》（国办发〔1999〕60号）的各项要求，推进劳动预备制度和就业准入制度的全面实施，推动职业教育与培训的健康发展，促进劳动者素质的提高，劳动保障部、教育部、人事部、国家计委、国家经贸委、国家工商总局联合开展了劳动预备制度和就业准入控制落实情况检查工作。各地按照劳动保障部等6部门的联合部署，对两项制度的落实情况进行全面检查，并采取相应的整改措施。

职业技能鉴定试点工作稳步推进。在总结以往经验的基础上，劳动保障部又选择16家企业开展企业职工职业技能鉴定试点工作。目前，试点企业正按照试点工作总体要求，结合生产经营实际和工作需要，积极探索多种考核方式开展试点工作。同时，技师考评社会化管理试点工作也在稳步推进，并取得初步成效。10月，为适应社会对物业管理和电子商务人才不断增长的需要，提高物业管理和电子商务从业人员的素质，推行国家职业资格证书制度，在全国开展物业管理员和电子商务师职业资格统一鉴定试点工作。11月，为深入贯彻落实《中共中央国务院关于深化教育改革全面推进素质教育的决定》的有关精神，大力推行职业资格证书制度，劳动保障部下发通知，开展职业院校毕业生职业技能鉴定试点工作，旨在探索建立适合职业院校特点的鉴定工作模式，促进我国职业教育和职业培训事业的发展，提高职业院校毕业生的就业能力、创业能力和创新能力。同时，劳动保障部完成了兵器、有色金属等行业职业技能鉴定管理体制的调整工作。

职业技能鉴定各项基础性工作进一步加强。劳动保障部完成并颁布了防腐蚀工等22个国家职业标准。在全国职业技能鉴定工作中开始推广和应用职业技能鉴定国家考务管理系统。制定并启用了新的《职业技能鉴定考务管理编码方案》。国家题库首批20个职业（工种）操作技能试题库在全国职业技能鉴定工作中启用。

为扩大职业资格证书制度的社会影响，进一步落实就业准入制度，7月中下旬，劳动保障部组织各地开展了职业资格证书制度宣传活动。重点宣传职业资格证书和就业准入制度的意义和作用、国家规定实行就业准入的职业范围以及职业技能鉴定的有关政策。

积极开展职业技能竞赛活动。5月至10月，劳动保障部和信息产业部联合组织开展了首届全国计算机应用大赛。此次大赛是历次全国职业技能竞赛活动参赛人数最多、覆盖面最广、技术含量最高的一次竞赛活动，配合了全国再就业援助行动的开展，得到了社会各界的积极响应和支持。同时，为加强与国际竞赛的交流，劳动保障部组团参加了第25届亚洲发型化妆大赛，并取得优异成绩。中国队共获得3个项目的冠军、6个项目的亚军、5个项目的季军，累计26名选手获奖，获奖率达81%。

劳 动 关 系

2001年，劳动关系协调工作紧紧围绕深化国有企业改革和维护社会稳定的大局，按照劳动保障工作的总体要求，以积极稳妥地做好下岗职工出中心工作为重点，深入开展调查研究，完善有关政策措施，加大了下岗职工出中心工作的力度。同时，继续全面推行劳动合同制度，加强劳动合同管理，并在积极推行集体协商与集体合同制度、探索建立劳动关系协调机制等方面继续取得显著成效。

一、国有企业下岗职工劳动关系处理工作取得进展

经过各级劳动保障部门的共同努力，下岗职工劳动关系处理工作取得显著进展。截至2001年底，全国国有企业出中心下岗职工为308万人，解除劳动关系人数为142万人，占出中心人数的46.1%，比上年上升8个百分点。下半年下岗职工出中心人数明显增多。下半年出中心为201.2万人，是上半年的1.9倍，山西、山东、湖南、重庆等14个省下半年出中心人数都高于上半年。

2001年8月，为进一步做好下岗职工出中心工作，劳动保障部在南京召开了全国国有企业下岗职工出中心工作座谈会，进一步明确了出中心工作的思路，统一了思想，集中交流了10省市的经验，调动了地方做好下岗职工出中心工作的积极性。要求各地坚持并轨的方向和下岗职工协议期满出中心的政策，因地制宜、分类指导、分类处理，采取灵活措施，切实解决下岗职工出中心工作中的重点、难点问题。南京会议后，各地积极完善下岗职工出中心的有关政策措施。宁夏、内蒙古、吉林、黑龙江、安徽、广西、湖北、江西、四川等9省区制定下发了下岗职工出中心理顺劳动关系和并轨的政策措施。天津和云南对原有的政策进行了补偿和调整。对协议期满的下岗职工，各地采取了分类处理的办法。主要是对部分接近退休年龄的老职工采取内部退养方式，继续由企业保障基本生活；对不符合办理内部退养条件、再就业困难且年龄偏大的下岗职工，采取与企业协商一致，签订缴纳社会保险费协议的办法，解除劳动关系后由企业代缴养老和医疗保险费；对上述两种方式均不符合的下岗职工解除劳动关系，支付经济补偿金。各地在解决下岗职工出中心所需资金问题方面进行积极探索。福建、湖北、广西、内蒙古、云南等省区指导企业通过资产折抵、资产变现、资产租让、资产置换、协议托管、协议保险等多种形式，解决经济补偿金支付问题，各级政府通过再就业资金补助、财政专项资金补助、收购企业土地资产等形式，多渠道筹集资金，帮助企业解决经济补偿金支付问题。通过上述措施的实施，下岗职工解除劳动关系进入劳动力市场的速度明显加快。

二、劳动合同管理进一步加强

2001年，各级劳动保障部门积极采取有力措施，加大推行劳动合同制度的工作力度，使劳动合同签订人数继续增加。截至年底，全国城镇各类企业劳动合同签订率达到95%以上。

2001年11月，劳动保障部与国家经贸委、

全国总工会、中国企业联合会/中国企业家协会召开了贯彻《劳动法》《工会法》推进集体合同劳动合同工作经验交流会，对进一步做好劳动合同集体合同工作做出部署。对中央管理的企业实行劳动合同制度情况进行了一次全面调查，召开中央企业加强劳动合同管理工作座谈会，部署中央管理企业签订劳动合同工作。同时，各地进一步推进劳动合同管理的规范化、制度化。北京、上海、山东等省市由当地人大或政府发布了劳动合同管理规定，天津市人大对劳动合同管理规定进行了修订，为企业开展劳动合同管理工作提供了政策依据。广东、山东等省实行了劳动合同管理人员持证上岗制度，提高了企业劳动合同管理人员的执业水平和业务素质。一些省市和中央企业还积极推行了劳动合同微机管理工作，运用现代管理手段对劳动合同进行管理，提高了劳动合同的管理水平。

三、进一步推行集体协商与集体合同制度

2001 年，各级劳动保障部门会同工会、经贸、企协等部门，指导企业积极开展集体协商工作，推行集体合同制度，取得一定进展。截至年底，各地报送劳动保障部门审核通过的集体合同为 27 万份，涉及职工7 000多万人，分别比上年末增加 3 万份和 600 多万人。有 13 个省、自治区、直辖市颁布了地方性集体合同法规，28 个省、自治区、直辖市开展了签订区域性、行业性集体合同工作。劳动保障部与国家经贸委、全总、企协联合下发了关于进一步推进平等协商签订集体合同工作的通知，对下一步在企业普遍建立平等协商机制和逐步签订集体合同作出明确规定。

四、开展建立三方协调机制的试点工作

在探索建立劳动关系三方协调制度方面取得较大进展。2001 年 8 月 3 日，劳动保障部、全国总工会、中国企业联合会/中国企业家协会联合召开协调劳动关系三方会议成立大会，建立了国家一级的协调劳动关系三方会议制度。会议主席由王东进副部长担任，全总和企协领导担任副主席。三方会议下设办公室，负责日常事务，办公室设在劳动保障部。当年，地方建立三方协商机制的地区达到半数。天津、河北、山西、辽宁、吉林、上海、江苏、福建、河南、广西、海南、重庆、四川、陕西等 15 个省区市以及深圳、大连等城市，都建立了地区性的劳动关系三方协调制度，在协商解决本地区涉及劳动关系的重大问题，促进本地区劳动关系的稳定方面发挥了积极作用。

五、劳动争议处理工作的力度进一步加大

2001 年，全国各级劳动争议仲裁委员会共立案受理劳动争议案件 15.5 万件，比上年增长 14.4%，涉及劳动者 46.7 万人，比上年增加 10.5%；结案率为 92%。此外，各级劳动争议仲裁委员会还以非立案方式调解处理劳动争议 6.4 万件。仲裁委员会通过处理劳动争议案件，有效地维护了当事人双方的合法权益，为深化企业改革，促进社会经济健康发展和劳动关系和谐稳定发挥了积极作用。

2001 年劳动争议案件处理工作主要有以下特点：第一，国有企业劳动争议案件数量继续上升，股份、有限责任公司及联营企业和个体工商户劳动争议案件数量增长迅猛。第二，集体劳动争议案件增长较大，且多发生在国有、城镇集体和股份、有限责任公司及联营企业，这方面的案件占同类案件总数的 66.9%，涉及劳动者占同类案件涉及总人数的 67.7%。第三，劳动争议案件多集中在东部沿海及经济较发达地区。第四，劳动争议案件调解处理难度增加，裁决比例约占结案总数的一半。第五，劳动者申诉率仍占较大比重，胜诉率近半数。第六，因劳动报酬和保险福利等方面引发的劳动争议比较突出，部分企业劳动合同管理不规范，解除、终止、变更劳动合同方面的争议较多，工伤争议案件在私营、国有、股份制企业及联营、乡镇企业中时有发生。

劳动争议处理工作得到了党中央、国务院领导高度关注。6 月中旬，尉健行同志专门听

取了劳动保障部、全国总工会关于劳动争议处理工作汇报。11月，尉健行同志在全国贯彻实施《劳动法》《工会法》推进集体合同劳动合同工作经验交流会上指出，要进一步建立和完善劳动争议仲裁的程序与办法，落实劳动争议三方仲裁原则，强化仲裁的效力与权威，充分发挥仲裁的作用。与此同时，劳动保障部、国家经贸委、全国总工会及中国企业联合会/中国企业家协会联合发出《关于进一步加强劳动争议处理工作的通知》（劳社部发〔2001〕16号），对在进一步落实劳动争议仲裁三方机制，改进办案方式，逐步实现劳动争议仲裁机构实体化等方面提出了具体要求。

各地按照党中央、国务院领导同志的指示和《通知》要求，积极探索，在建立和完善符合我国国情和国际惯例的劳动争议处理体制，加强劳动争议仲裁机构实体化建设、改进办案方式、提高办案效率和仲裁权威性等方面取得了许多有益的经验。如新疆、深圳、南宁、柳州等地相继成立了劳动争议仲裁院或仲裁庭，落实办案所需的专门编制和经费，在很大程度上缓解了劳动争议案件多与办案人员少的矛盾。

在搞好劳动争议仲裁与民事诉讼的衔接方面，劳动保障部经与最高人民法院协商，最高人民法院3月22日发布了《关于审理劳动争议案件适用法律若干问题的解释》，全文21条，在人民法院受案范围、申诉时效、举证责任、无效劳动合同、企业劳动规章制度等方面做出了明确规定，在保证裁、审一致性方面发挥了重要作用。

企业工资收入分配与劳动标准

一、企业工资分配

在企业工资分配方面，围绕建立与现代企业制度相适应的收入分配制度这一目标，对企业工资分配制度改革的总体思路的研究和认识进一步深化，企业内部分配制度等改革试点继续推进。职工工资水平进一步提高。2001 年城镇在岗职工年平均工资10 870元，比上年增长 16%，扣除价格因素，实际增长 15.2%。

（一）继续开展企业经营者年薪制试点工作

按照党的十五届四中和五中全会精神，结合年初工作计划，重点做了三个方面的工作：

一是对国有企业经营者收入分配制度改革情况进行分析，在总结各地年薪制试点经验基础上，对年薪制的试行办法进行了研究，包括实施对象、基本年薪和效益年薪的确定办法以及效益年薪考核兑现办法等方面。

二是指导各地经营者年薪制试点工作，要求各地要积极稳妥地进行试点。同时，指导贵州、海南、天津等地区制定试点办法。天津市劳动保障局已于当年 11 月发布《关于印发〈天津市国有企业经营者年薪制试行办法〉的通知》，对年薪制试点的条件、对象以及年薪的确定考核等方面作出规定。截至 2001 年底，全国已有 28 个地区正式发布了年薪制试点办法，一些地区还根据前几年试点情况，对试点办法进行了修改完善。从各地的情况看，各地区对试点工作都很重视，总体上试点工作比较平稳。湖南等地就试点工作进行了专项调研，对试点情况进行详细深入了解，在此基础上，提出改进和完善经营者收入分配制度的设想和建议。

三是着手准备中央企业年薪制试点工作。与有关部门共同研究拟定中央企业年薪制试点原则和办法，拟定有关企业试点方案，试点方案已上报国务院。

（二）加强对垄断行业工资收入分配的调控

在改进对垄断行业工资收入分配调控方面，2001 年主要做了三方面工作：一是对垄断行业收入分配情况进行了调研，召开了垄断经营企业座谈会，听取了有关企业对工资分配改革的意见。同时，对中国工商银行等 4 家国有商业银行工资收入分配进行了专项调研，会同财政部金融司召开了金融企业收入分配制度改革座谈会，并对工、农、中、建四大国有商业银行工资收入情况进行了摸底调查。二是在调研基础上，提出了改进完善垄断经营企业工资收入分配的政策措施以及推进国有独资商业银行收入分配制度改革的思路。三是加强对垄断行业工资收入分配的监督检查，重点对非银行金融机构的工资内外收入进行了检查。

（三）推进企业内部分配制度改革

2001 年企业内部分配制度改革继续推进。各地区转发了《关于印发进一步深化企业内部分配制度改革指导意见的通知》（劳社部发〔2000〕21 号），一些地区还结合本地区实际制定了实施细则，指导本地区企业搞好内部分配制度改革。

长沙矿冶研究院、冶金自动化研究院、中国纺织科学研究院等转制科技企业和中国对外贸易运输集团公司等企业积极开展内部分配改革试点。从这些企业改革方案看，贯彻了劳动保障部21号文件精神，重点放在建立符合本企业特点的岗位工资制上，拉开了不同岗位人员之间的收入差距，着重建立人员能进能出、岗位能上能下、工资能增能减的机制。

为了解各地企业内部收入分配制度改革进展情况，劳动保障部要求各地认真总结并推荐企业工资分配改革典型经验。按照要求，各地区推荐上报了100多户企业的典型经验材料。从这些企业的做法和经验看，有以下几个特点：一是企业领导重视工资分配工作，将改革工资收入分配制度，建立有效的激励和约束机制，作为建立现代企业制度的重要内容来抓。二是围绕建立收入分配的激励和约束机制来进行。从改革基本工资制度着手，在制度设计上打破平均主义分配，实行根据岗位责任轻重、个人贡献大小来确定个人收入多少。三是健全岗位分析测评、定员定额和业绩考核等制度，为工资制度改革奠定基础。四是工资制度改革和企业人事制度、用工制度改革配套进行，实行竞争上岗、以岗定薪、岗变薪变。

（四）继续加强企业工资分配宏观调控体系建设

按照工作目标，2001年进一步扩大工资指导线制度试点地区，将辽宁（原在大连试点）、江西、四川（原在成都等城市试点）、贵州、青海等省纳入试点范围。到目前，26个试点地区都发布了当地工资指导线。工资指导线的发布，对指导本地区企业工资合理增长、保持地区工资增长与经济发展相适应等方面发挥了重要作用。

在全国100个大中城市建立劳动力市场工资指导价位制度，全国已有88个城市发布了工资指导价位。发布价位基本反映了当地劳动力市场主要职业和工种工资价位，提供了不同岗位（职务）、不同专业（技术）等级、不同技能水平劳动者的平均工资报酬水平。同时，劳动保障部继续指导有条件的地区开展人工成本预测预警体系建设，2001年，北京等城市发布了2000年企业人工成本情况，对指导企业加强人工成本管理发挥了积极作用。

继续进行《劳动力市场工资指导价位制度和人工成本预测预警体系技术支撑系统》课题研究工作。该课题为国家计委立项的重点课题。截至2001年底，课题研究已基本完成，开发的软件已在有关地区试运行。这项工作将对劳动力市场工资指导价位制度和企业人工成本预测预警制度的建设提供有力的技术支持，对规范有关数据采集、录入、分析和发布有着极为重要的作用。

（五）推动各地区开展企业工资集体协商试点工作

重点指导和督促各地贯彻落实《工资集体协商试行办法》精神。据了解，各地区按照要求积极指导企业开展试点。浙江、四川等省将工资集体协商试点列为企业工资工作的重点，在非国有企业大力推行，并积极提出了贯彻落实的实施意见；甘肃省将工资集体协商与经营者年薪制试点联系起来，要求年薪制试点企业应同时进行集体协商试点。据不完全统计，截至目前，全国已有1万多户企业开展了工资集体协商试点工作。

（六）关于最低工资保障制度和研究修订工资支付有关规章的情况

一是继续指导各地完善最低工资调整机制，适时调整最低工资标准。截至年底，安徽等14个地区根据当地经济发展、工资增长等因素，调整了最低工资标准。二是对最低工资与职工个人缴纳的社会保险费、住房公积金等的关系进行了深入研究。三是研究修订工资支付法规。指导地方进行工资支付问题的调研，进行了企业工资支付情况问卷调查，对回收的调查问卷进行汇总分析。召开部分中央企业工资支付专题研讨会，对中央企业工资支付情况进行调研。这些工作为下一步修改企业工资支付有关法规打下了基础。

（七）继续做好企业工资内外收入监督检查工作

为指导2001年企业工资收入监督检查工

作的开展，年初劳动保障部制定下发了《关于做好2001年企业工资内外收入监督检查工作的通知》，对2001年的工资监督检查工作作出安排，将10户中央企业作为直接检查对象，对这些企业的工资分配情况进行检查。

总的来说，2001年企业工资分配工作，按照既定的目标，取得了积极进展，为进一步推动企业工资分配制度改革打下了良好的基础。但同时还存在一些问题，主要表现在：一是受长期平均主义分配的影响，一些企业改革方案中拉大工资差距的力度不够；二是从各地开展工资指导价位和人工成本工作的情况来看，一些城市由于工作人员少、资金缺乏等原因，调查和发布价位数较少，还不能覆盖当地主要职位和工种，少数地区甚至还没有按要求开展工作；三是在工资支付方面，存在部分私营和小型企业低于本地区最低工资标准支付员工工资的现象。

二、劳动标准

2001年，劳动标准工作重在基础建设，积极开展一系列劳动定额标准制订、修订和有关劳动标准的政策法规研究，配合法制司在全国范围内开展了贯彻《禁止使用童工规定》情况大检查活动。

（一）劳动定额定员标准制订、修订工作取得较大进展

2001年，劳动保障部和全国劳动定额定员标准化技术委员会指导和组织有关行业开展劳动定额标准的制订、修订工作。按照工作部署，及时组织开展了全国劳动定额定员标准化技术委员会的换届工作，并于8月2日召开第三届全国劳动定额定员标准化技术委员会成立会议。继2000年组织修订完成化工安装工程劳动定额行业标准后，2001年正式发布《关于发布〈化工安装工程设备安装劳动定额〉等12项劳动定额行业标准的通知》（劳社部发〔2001〕4号）。组织开展了铁路行业劳动定额标准的制订，并发布了《关于发布〈TBM隧道掘进机劳动定额标准〉劳动定额行业标准的通知》（劳社部发〔2001〕14号）。组织开展《民用航空安全检查人员劳动定员定额》行业标准的研究制订工作。着重开展了劳动定额标准的研究工作。作为部级研究课题《劳动标准体系研究》的子课题，组织开展《劳动定员定额标准体系研究》课题研究；与此同时，着手研究制定《劳动定员定额标准的结构与编写规则》(国标)，并召开两次课题研讨会，拟于2002年上半年完成初审，报请国家标准化管理委员会审定颁布。

（二）开展女职工特殊劳动保护政策研究工作

在积极参与研究制定《中国妇女发展纲要(2001—2010年)》（劳动和社会保障部分）的同时，根据当前女职工劳动保护工作的特点和面临的形势，承担了“女职工特殊劳动保护政策制（修）定”课题研究，并已完成课题研究报告，现已经初审，不久将完成终审并出版研究成果。

养 老 保 险

2001年是我国养老保险进入新世纪的头一年。劳动保障部认真贯彻党的十五届五中、六中全会精神，以江泽民总书记“三个代表”的重要思想为指导，围绕完善社会保障体系的目标，在确保企业离退休人员养老金按时足额发放、扩大养老保险覆盖面、调整和完善养老保险政策、进一步做好清理养老保险统筹项目和行业费率审批工作等方面取得了新的成绩。到2001年底，全国参加基本养老保险的职工人数达10 802万人，离退休人数达3 381万人，全年基本养老保险基金收入达2 489亿元，基金收缴率为94.47%，基金支出2 321亿元，基金历年累计结余1 054亿元。全国参保职工的月人均缴费工资为695元，参保的离退休人员月人均离退休费576元，养老金替代率为82.8%，养老金的社会化发放率为97.8%。

一、积极筹措资金，确保基本养老金按时足额发放

确保离退休人员养老金按时足额发放，关系改革发展稳定的大局。按照国务院的要求，2001年各级劳动保障部门继续以确保养老金发放工作为重点，进一步强化基金征缴，清理企业欠费，加大各级财政支持力度，加强基金调剂，基本保证了企业离退休人员养老金的按时足额发放，维护了社会稳定。到2001年底，全国基本养老保险基金收入达2 489亿元，比上年增加211亿元，基金收缴率为94.47%，基金支出为2 321亿元，比上年增加支出206亿元。按照国务院的要求，各级劳动保障部门与财政部门紧密配合，继续增加对养老保险的投入，全年中央财政共补助养老保险资金349.4亿元，地方财政共补助养老保险资金63亿元，一些困难地区、困难企业的基金支付压力继续得到缓解，基金缺口问题得到及时解决。

经国务院批准，2001年对企业离休人员也参照机关事业单位的办法，分两次调整了养老金。企业退休人员按在职职工工资增长率的60%进行调整，人均提高40元。与此同时，各级劳动保障部门还积极筹措资金补发历史拖欠的基本养老金，补发金额达14亿元。2001年，企业离退休人员当期应发养老金2 056亿元，实发2 054亿元，基本做到按时足额发放。离退休人员的基本生活得到保障并且有所改善。

二、扩大养老保险覆盖面工作有新进展

2001年，各级劳动保障部门继续落实《社会保险费征缴暂行条例》的规定，把扩面工作作为一项常规任务，依法加大工作力度，并注重解决重点、难点问题，使扩面工作取得新的进展。到年底，全国已参加基本养老保险的职工人数达10 802万人（其中：企业为9 198万人），比上年增加354万人，增长3.39%；参保的离退休人员达3 381万人（其中：企业为3 165万人），比上年底增加210.7万人，增长6.65%。

三、进一步做好行业移交后续工作

2001年，劳动保障部继续认真做好行业统筹企业移交的后续工作，会同财政部对30

个省区市的基本养老保险统筹项目和计发标准清理规范情况进行审核，提出了清理规范统筹项目工作的报告。对31个省区市上报的2001年原行业统筹企业费率作了批复，使行业费率进一步向地方统一费率并轨。对上海市上报的地方企业统一费率和降低费率计划进行了审批，推进上海市统一企业费率工作。同时，督促各地严格执行国家规定，打破对行业企业的封闭运行，直接纳入省级管理。2001年8月，财政部、劳动保障部联合下发《关于原行业统筹企业职工基本养老保险移交地方管理后有关问题处理意见的通知》（财社〔2001〕71号），对存在原实行基本养老保险行业统筹主管部门的基本养老保险基金结余的移交问题作出了明确规定。与此同时，还解决了铁道、石油、交通等行业移交后的一些遗留问题；指导和规范中国人民银行和农业发展银行的系统统筹工作。

四、研究制定养老保险的各项政策

围绕改革中出现的新情况、新问题，继续抓紧研究制定养老保险的各项政策，制定下发了《关于完善城镇职工基本养老保险政策有关问题的通知》（劳社部发〔2001〕20号），对参加基本养老保险的城镇企业职工流动和下岗职工出中心时养老保险关系的接续，城镇个体工商户、自由职业者、农民合同工等特殊群体的参保，职工中断缴费和破产企业欠费的补缴，城镇企业成建制转移时企业和职工养老保险关系的转移，特殊工种提前退休审批工作的管理，机关事业单位养老保险试点工作等问题，作出了明确规定。

为促进职工在机关事业单位与企业之间合理流动，推进市、县、乡机构改革，由劳动保障部、财政部、人事部、中央机构编制委员会办公室联合制定下发了《关于职工在机关事业单位与企业之间流动时社会保险关系处理意见的通知》（劳社部发〔2001〕13号），明确相关政策。

召开部分省市机关事业单位养老保险工作座谈会，研究分析当前形势和存在的主要问题，提出了规范和完善机关事业单位养老保险制度改革意见，进一步明确工作思路。同时，积极指导各地落实转制事业单位养老保险政策，研究解决转制单位离退休人员养老金调整问题。

五、大力推进养老金社会化发放，积极探索将退休人员纳入社区管理的办法

实现养老金社会化发放，是确保养老金按时足额发放的根本措施，也是完善社会保障体系的重要内容。为了实现养老金社会化发放的目标，劳动保障部着力抓指导、抓质量、抓考核，通过采取在全国范围内公布排行榜等措施，从总体上促进了社会化发放工作。到2001年底，全国企业离退休人员养老金实现社会化发放的人数达3 122万人，社会化发放率由1998年的35%提高到97.8%。与此同时，还积极总结推广大连、上海、杭州等城市开展企业退休人员纳入社区管理的经验和做法，指导各地积极探索退休人员社会化管理工作，并在全国确定100个重点联系城市。

失业保险

2001年，各级劳动保障部门以推动社会保障体系和市场导向就业机制建设为目标，围绕国有企业下岗职工基本生活保障和再就业这一中心任务，继续深入贯彻《失业保险条例》，在扩大失业保险覆盖面、加大基金征缴力度、保障失业人员基本生活、促进再就业、推进下岗职工基本生活保障纳入失业保险等方面做了大量工作，取得了明显成效。

一、加大扩面工作力度，失业保险覆盖率进一步提高

2001年，各级劳动保障部门集中力量，明确重点，着重抓了事业单位、外商投资企业和私营企业的参保工作，事业单位、其他企业和企事业单位以外的其他单位分别比上年增加176.6万人、262.1万人和35.9万人。但由于国有企业和集体企业职工人数下降较快，实际参保职工仍较上年有所减少。到2001年末，全国参加失业保险人数达10 354.6万人，比上年末减少53.9万人。其中，国有企业和集体企业分别减少413.8万人和114.7万人。以国家统计局城镇企业事业单位职工人数统计和国家工商行政管理总局城镇私营企业雇工人数统计数据计算，全国平均覆盖率为78.2%，比上年末提高0.7个百分点。

各地区工作进展不平衡。同上年相比，14个地区参保人数有不同程度的增加，增加较多的为福建、广东和山西，分别达72.3万人、71万人和31.2万人；16个地区有不同程度的减少，减少10万人以上的有湖北、四川、辽宁、河北、北京和山东，其中湖北和四川分别达77.1万人和58万人。2001年末，覆盖率超过90%的有上海、广东和江苏，7个地区在80%～90%之间，10个地区在70%～80%之间，11个地区在70%以下，其中海南、宁夏不足60%。

二、加强基金征缴工作，基金收入增加

各级劳动保障部门对基金征缴工作高度重视，通过规范缴费基数，严格按照企业事业单位工资总额、职工个人工资和规定费率足额收缴；加强清欠工作，对拒不缴费和长期欠费的单位，采取法律、行政、舆论等多种手段追缴；与财政部门协调解决事业单位缴费资金渠道问题；与税务部门合作，解决一些企业欠缴、漏缴问题。通过采取这些措施，保证了基金收入的稳定增加。2001年，全国失业保险基金收入187.3亿元，比上年增收26.9亿元，增幅为16.8%。

同上年相比，27个地区基金收入增加，增幅超过20%的地区有海南、福建、甘肃、宁夏、贵州、广东、山东、吉林、浙江、江苏等10个地区。青海、西藏、陕西和辽宁收入有所减少。

在失业保险费征收方式上，到年底已有广东、重庆、安徽、陕西、甘肃、江苏、黑龙江、海南、内蒙古、辽宁、福建、青海等12个地区实行税务机关征收失业保险费。

三、规范失业保险金申领发放工作，保障失业人员基本生活

针对失业人员逐渐增多的情况，失业保险

经办机构改进工作方法和工作手段，规范业务流程，及时调度资金，提高失业保险待遇申领的审批效率和准确性，为失业人员按时足额提供了失业保险待遇。2001 年，全国领取失业保险金人数呈逐月递增之势，12 月达 312 万人，比上年同期增加 122.5 万人，增幅为 64.5%。全国有 13 个地区当期领取人数超过 10 万人，江苏最多，为 39.5 万人。全年共有 468.5 万名失业人员享受到不同期限的失业保险待遇，比上年增加 42.1%。其中，女性占 45.4%，连续领取 6 个月以上的占 58.8%。停止领取人员中，重新就业的占 22.5%，待遇期满的占 54%，其他原因占 23.5%。另外，全年共为 16.1 万名劳动合同期满未续订或者提前解除劳动合同的农民合同制工人支付了一次性生活补助。

2001 年，各地注重强化基金管理，提高基金使用效益，基金支出进一步规范。全国共支出失业保险基金 156.6 亿元，比上年增支 33.1 亿元，增幅为 26.8%。其中，失业保险金、医疗补助金等保障失业人员基本生活支出 88.3 亿元，占基金总支出的 56.4%；职业培训和职业介绍补贴支出为 13.5 亿元，占总支出的 8.6%；用于农民合同制工人生活补助 1.52 亿元，占总支出的 1%。

四、重视做好向再就业服务中心调剂资金工作

1998 年以来，根据中央关于下岗职工基本生活保障资金筹集实行“三三制”的原则，各地劳动保障部门在保障失业人员基本生活的前提下，与有关部门密切合作，从失业保险基金中向再就业服务中心调剂资金。1998—2001 年，4 年共调剂资金 149 亿元。2001 年，在失业人员逐月增加、基金支付压力增大的情况下，向国有企业再就业服务中心调剂资金 44.8 亿元，占基金总支出的 28.6%，有 11 个省区调剂资金占全年支出的半数以上，为确保下岗职工的基本生活做出了贡献。

五、推动下岗职工基本生活保障纳入失业保险

在认真抓好两个确保工作的同时，各地积极采取措施，推动下岗职工基本生活保障向失业保险并轨。一些地方在完善配套政策、调度资金、接续关系等方面做了大量工作，加快了并轨步伐。2001 年 12 月，失业保险在与国有企业下岗职工基本生活保障两种保障形式的总量中所占份额达到了 40.3%，比上年同期的 23.6%有较大幅度提高。这一比例在 75%以上的有上海、浙江、福建、广东、江苏、山东和北京，表明这些地方已基本完成并轨，失业保险成为主要保障形式，失业保险的作用得到进一步发挥。但各地发展不平衡，有 10 个地区失业保险所占份额不足 25%。

失业保险工作中面临的主要问题：一是部分事业单位及其职工仍未参保，财政供款事业单位的缴费资金不落实、对失业保险认识不充分、扩面工作力度不足是其主要原因。到 2001 年 12 月，事业单位职工参保 1 977 万人，仍有相当数量制度覆盖范围内的单位未参保。二是基金支出增幅大于收入增幅，部分地区基金压力明显增加。浙江、湖北、重庆、青海、吉林、北京、天津等 7 个地区失业保险基金当年收不抵支，动用了滚存结余。三是失业保险在促进就业中的作用发挥不足，职业培训和职业介绍补贴的使用效益有待进一步提高。

医疗保险

以“三个代表”重要思想为指导，按照“稳步扩面、狠抓管理、健全系统、完善政策”的工作思路，围绕年初确定的工作目标，2001年医疗保险制度改革取得突破性进展。

一、医疗保险启动扩面任务基本完成

2001年，按照党中央、国务院的统一部署，在各级党委、政府的领导下，在有关部门的紧密配合下，各级劳动保障部门采取有效措施，狠抓医疗保险的启动扩面工作。

一是及早部署，明确目标任务。1月，劳动保障部在调查全国各地统筹层次划分、应参保人数和实际参保情况的基础上，提出了全年各省区市启动扩面的具体指标。2月下旬，在郑州召开全国医疗保险工作座谈会，及时下达2001年的工作任务，并要求各省区市具体落实推进计划。7月，国务院在青岛召开全国城镇职工基本医疗保险制度和医药卫生体制改革工作会议以后，及时在全国劳动保障系统传达会议精神，研究贯彻落实措施。10月中旬，在海南召开全国贯彻青岛会议精神医疗保险工作汇报会，检查各地贯彻落实青岛会议的情况，研究加快推进医疗保险制度改革的具体措施。

二是抓住重点，突破难点。按照“抓住重点，分类指导，突破难点，循序渐进”的工作思路，2001年医疗保险扩面的重点定位在抓京、津、沪、渝、穗、汉等大城市启动和行业属地参保。首先，紧密联系直辖市，狠抓省会城市和计划单列市，确保大城市启动。对北京、天津等直辖市，明确专人联系，跟踪指导。6月中旬，分别召开未启动和已启动省会城市座谈会，帮助解决重点难点问题，落实启动扩面的具体措施。目前，所有直辖市、省会城市和计划单列市都已启动。其次，加强协调，力求行业属地参保有所突破。针对中央行业属地参保难的问题，在年初摸底调查和认真分析的基础上，及时反映情况。青岛会议后，及时邀请中央金融工委、中央企业工委和主要中央行业部门、大型企业集团的负责人座谈，传达青岛会议精神，要求中央直属企事业单位采取有效措施，积极参加城镇职工基本医疗保险制度改革。9月，与中央金融工委、中央企业工委联合下发《关于中央直属企事业单位按照属地管理原则参加统筹地区基本医疗保险有关问题的通知》（劳社函〔2001〕163号），明确了属地参保的原则和工作要求。11月底，又召开部分中央企业属地参保座谈会，督促有关中央单位尽快按照属地原则参加基本医疗保险，并协调解决参保过程中出现的问题。

三是开展宣传培训，进一步统一思想。针对有些地方思想认识不统一、改革信心不足、政策把握不准等问题，劳动保障部利用各种新闻媒体加强政策宣传，在调研中注意与地方各级党政领导和有关部门及时沟通情况、交换意见。青岛会议后，及时举办全国医疗保险制度改革市长研讨班，对来自全国150多个未启动医疗保险制度改革城市的市（县）长和部分劳动保障系统的干部进行培训。到2001年底，参加培训的全部省会城市、地级城市以及50%以上的县级市已经启动实施。各地劳动保障部门也相继举办了一系列研讨班、培训班，效果良好。

四是对照目标任务，强化督查。年初郑州会议后，劳动保障部及时要求各地制定并上报工作计划和措施。10月中旬的海南会议上，听取了各地医改任务完成情况的阶段性汇报。11月，会同中央金融工委、中央企业工委、劳动保障部社保中心和社保所等有关部门分5个组对15个省区市的医疗保险制度改革进展情况进行督查，并要求各地逐级督查和自查，对完成今年的医改任务起到积极的促进作用。各级劳动保障部门也纷纷制定目标责任，层层狠抓落实，为全年任务的基本完成提供了有力保障。

截至2001年底，全国已有339个地级以上统筹地区和1 493个单独统筹县（市）实施了城镇职工基本医疗保险制度，分别占全国地市县总数的97%和82%；登记参保人数达到7 630万人，比上年底新增3 298万人。

二、基本医疗保险制度运行平稳

在启动城市数和参保人数迅速增加，利益调整力度日益加大，改革迅速向纵深推进的情况下，为保证医疗保险新旧制度的平稳过渡，各级劳动保障部门始终坚持医疗保险制度改革与医疗卫生体制改革和药品流通体制改革“三改并举”，坚持基本医疗保险制度建设与多层次医疗保障体系建设同步推进，坚持医疗保险制度改革与医疗保险管理并重。

一是在医疗保险制度改革实践中具体贯彻落实“三个代表”重要思想。在改革的组织实施中，强调各地在政策设计、宣传发动、医疗服务规范和管理等各个环节，都要充分听取各方意见，以体现职工的改革愿望，满足职工的基本需求，保护职工的医疗权益，保障职工的医疗待遇，实现新旧制度的平稳过渡。

二是在完善基本医疗保险政策的基础上，加快建立多层次医疗保障体系，妥善解决各类人员基本医疗保险待遇之外的医疗费用。各级劳动保障部门在实施基本医疗保险制度的同时，也注重同步出台公务员医疗补助和大额医疗费用补助办法，制定离休人员医疗费统筹管理办法。在充分听取有关部门意见、反复协商的基础上，劳动保障部和财政部共同制定了《在京中央国家机关公务员医疗补助暂行办法》（国发〔2001〕55号）；同时对各地实施公务员医疗补助和大额医疗费用补助进行指导规范；鼓励发展企业补充医疗保险；组织各地进行社会医疗救助制度建设方面的经验交流，鼓励各地探索困难人群的医疗保障办法。

三是各级劳动保障部门始终坚持“三改并举”方针，强化医疗服务管理，合理控制医疗费用支出，妥善解决个人负担过重问题，努力实现基金收支平衡和待遇保障的双重目标。针对新制度运行后部分职工负担加重的情况，劳动保障部组织专题调研，分析原因，及时总结推广福建等省经验，要求各地社会保险经办机构加强定点医疗机构管理，制定目录药品备药率、个人自费药费用控制率等监控指标，保证了基本医疗保险基金的使用效率，减少了患者不必要的费用支出和负担。指导和规范各省的药品目录调整工作，对23个省区市基本医疗保险用药目录调整的品种进行审核，对各地在调整中出现的问题及时进行纠正。对1998年以来上市的新药进行收集、整理和分析，建立新药药品库，为2002年的目录调整工作做好准备。为了充分利用已有的卫生资源，促进医疗服务市场的有序竞争，方便参保职工就医，对单位内部医疗机构的现状和定点情况进行专题调研。各地劳动保障部门在稳步扩大基本医疗保险覆盖面的同时，充分发挥劳动保障部门的职能作用，进一步完善细化定点医疗机构管理，规范医疗服务行为，有效地促进了医疗卫生体制改革和药品流通体制改革，提高了医疗卫生资源的利用效率，有力地缓解了参保者个人负担过重的压力。

通过以上措施，医疗保险制度改革的成效初步显现。绝大多数启动地区的基本医疗保险制度运行平稳，参保职工的基本医疗需求得到保障，医疗服务普遍得到改善，医疗费用过快增长的势头得到遏制，医疗保险基金实现收支平衡。据统计，2001 年，基本医疗保险基金收入 384 亿元，支出 244 亿元。

三、医疗保险管理基础进一步夯实

按照“理顺管理职能，促进机构建设；健全制度，建立良性运行系统；强化培训，提高干部队伍素质”的要求，抓住“管理机构、运行系统、干部队伍”三个核心环节，2001 年各级劳动保障部门在夯实医疗保险管理基础方面做了大量的工作。

一是从理顺职能入手，加快省市县医疗保险管理机构建设。在机构建设雏形初具的基础上，进一步明确机构职能和职责，强调医疗保险统一管理原则，对改革过程中出现的一些错误做法，如将机关事业单位基本医疗保险政策制定权限和管理职能交给其他部门等，及时进行了纠正。

二是从制度建设入手，建立健全管理运行系统。指导各地逐步规范和改进医疗保险管理运行系统，强调医疗保险管理、医疗服务管理和药品管理要统筹兼顾，要求加强监控门诊和住院医疗费用支出情况，建立和完善医疗保险管理统计指标体系，以确保制度平稳运行，实现基金收支基本平衡。

三是从人员培训入手，全面提高干部队伍素质。针对医疗、工伤、生育保险工作人员基础业务不熟悉的特点，根据不同人员的不同水平和不同需求进行培训，并要求地方也逐级培训，以切实提高管理队伍的政策水平和业务水平。据不完全统计，系统内全年培训人员近万人次。

到目前为止，全国绝大多数地区已经在各个管理层基本建立了统一的医疗保险管理系统。除极少数地区外，各项医疗保障管理职能基本划转到位，实现了医疗保险的统一管理，各项管理制度基本完备。除少数市县外，多数地区建立了省、市、县三级医疗保险行政管理机构和经办机构，70%以上的统筹地区建立了比较先进的医疗保险计算机网络，为实施医疗保险管理提供了技术保证。

生 育 保 险

2001年以落实《中国妇女发展纲要(2001—2010年)》（国发〔2001〕8号）为目标，以保护女职工基本权益为宗旨，劳动保障部颁发了《劳动保障部门贯彻落实〈中国妇女发展纲要（2001—2010年）〉实施方案》（劳社厅函〔2001〕271号），对妇女权益保障以及妇女就业、生育保险等方面做出了具体安排，生育保险工作得到稳步推进。

在总结各地实践经验的基础上，督促各地加快生育保险制度建设步伐，对各地立法情况进行调查。截至2001年末，全国有14个省区市、15个省会城市、175个地级单位出台了生育保险办法，分别占总数的47%、50%和53%，为各地推动生育保险工作奠定了基础。省级出台地方法规的有辽宁、江苏、四川、云南、内蒙古、黑龙江、浙江、福建、湖北、江西、甘肃、上海、陕西和海南。

各地在推动生育保险工作的同时，加强了有关政策的研究，为进一步规范生育保险待遇创造条件。截至2001年底，全国参加生育保险的职工3 455万人，比上年增加453.42万人，增长15.1%。全年生育保险基金收入13.73亿元，支出9.59亿元，累计结余20.58亿元；平均费率为0.72%；基金征缴率为82.9%。全年共有29.3万人享受生育保险待遇。

工 伤 保 险

2001年，全国职工工伤保险制度改革全面推进。随着社会经济形势的发展，工伤保险已越来越受到社会各界的重视。国务院法制办将制定《工伤保险条例》列入了立法计划。劳动保障部提出“加快立法、完善政策、规范管理、积极推进”的工作方针，全面推进工伤保险工作。各级劳动保障部门按照工伤保险的工作目标，采取各种措施，积极组织制定工伤保险制度运行的管理措施。北京、浙江、海南等地加强了规范管理措施；广州、沈阳、大连等市加强了工伤保险的组织建设，配备精干管理人员，强化业务素质；浙江省积极扩大职工参保的覆盖面，提高非公有制经济单位参加工伤保险的积极性；上海、天津、湖南等省市开展工伤职工统计调查、工伤风险评估和费率测算工作，积极筹备工伤保险制度改革。

截至2001年底，工伤保险已覆盖4 345.35万人，享受工伤保险待遇20.18万人。参保人数呈增长趋势。工伤保险基金收入28.28亿元，支出16.49亿元，当年结余11.79亿元，累计结余68.89亿元。2001年已有包括北京市在内的26个大中城市实行了工伤保险费用社会统筹。各地实践已显示出工伤保险在保障职工权益，分散工伤风险，促进安全生产，促进社会公正与进步等方面的重要作用。

农村养老保险

2001年，农村养老保险（以下简称农保）继续深入贯彻国务院有关文件精神，集中力量，深入调研，在理顺管理体制、稳定工作队伍、管好基金等方面扎实工作，整顿规范工作取得一定进展。

一、深入开展调查研究工作

在过去大量调研的基础上，2001年劳动保障部先后派出7个调研组，分赴东北、西北、西南、东南等16个省区市调研。调研中主要突出了以下几个侧重点：一是突出典型，搞专题调研，根据工作中存在的突出问题，把开展农保工作的地区分成不同类型区域，分派调研组按不同的专题进行调研，针对性强，为地方解决了燃眉之急。截至年底，近四年来调研工作已涉及全国30个省区市，除东部、中部一些经济条件较好、农保规模较大的省区市外，还到西北、西南一些经济条件较差、农保规模较小的省区进行了调研，较全面地了解各地农保工作情况。二是加强指导，促进各地进一步理顺管理体制。为了稳定农保工作队伍，保证整顿规范的顺利进行，调研组协助地方理顺关系，贯彻国务院机构改革精神，坚定工作信心，促进机构的移交和改革。三是典型调查与掌握农保工作动态相结合。在深入基层调研的同时，进一步完善联络员制度，联络员与各自分工负责的省级农保机构保持密切联系，及时了解掌握各地农保工作动态。四是有调查、有研究。调研前作出详细的调查计划，回来后及时通报情况，进行认真研究，写出调研报告，提出政策建议。五是积极支持和参与有关单位组织的农保调研活动。先后派员参加劳动保障部组织的城乡劳动力统筹就业调研、国务院发展研究中心组织的小城镇发展调研、国家计生委组织的农村计划生育养老保险调研，参与国家计委和亚洲发展银行联合进行的农村养老保险制度研究、中国社科院与德国阿登纳基金会联合组织的农村社会保险课题研究等。

二、继续完善整顿规范农保工作方案

在广泛听取各方面意见的基础上，根据国务院有关文件精神，针对2001年我国正式加入世贸组织、“三农”问题必将面临更多机遇和挑战的现实背景，适时调整了农保整顿规范的指导思想和基本思路，即：农保实行“政府定政策，市场化运营”，家庭赡养、土地保障、社区扶持和社会养老保险相互结合、互为补充，共同保障农民老年的基本生活。在具体思路上，既要在总体上充分考虑到目前我国大部分农村地区尚不具备开展社会保险的条件，又要在局部问题上对具体情况作具体分析。因此，在经济条件较好的地区继续探索农村、小城镇和中心城市分别实行不同的缴费办法和养老金标准，并建立可以转换和对接的机制。

三、对农保基金进行全面摸底调查

为进一步加强基金监管、摸清基金底数、防范并化解风险，2001年，劳动保障部下发《关于开展农村养老保险基金调查摸底的通知》。根据《通知》要求，所有管理农保基金的经办机构要在往年对农保基金核算和统计的基础上，对农保基金逐笔进行清理核对，填写

“农村养老保险基金运营情况及资产状况表”和“农村养老保险基金运营情况一览表”，对风险作出评估。在自查的基础上，上级农保主管部门和管理机构对下级机构进行重点抽查，抽查面要在30%以上。劳动保障部先后派出5个检查组分赴10多个省区，督促检查并指导地方做好调查摸底工作。在地方机构改革还没有完全到位的情况下，许多地方克服体制不顺、队伍不稳、经费不足等困难，较好地完成了调查摸底任务。

通过基金检查，各地风险管理意识普遍增强，回收违规基金力度加大，整顿规范工作取得初步成效。如上海市劳动保障局进一步完善了农村社会养老保险管理工作规程，制定下发《关于加强农村社会养老保险会计核算的通知》，实行个人账户计算机管理，基本实现规范化管理。山东省劳动保障厅在对农保基金进行全面调查摸底的同时，对农保个人账户记录进行了认真核对，彻底清理农保档案。为此，省委省政府主要领导作出重要批示，对全省农保整顿规范工作给予肯定。

通过这次调查摸底，基本摸清了农保基金的底数，特别是对基金的运营情况和资产状况有了进一步了解。

为理顺农保管理体制，稳定机构队伍，确保整顿规范工作的顺利进行，根据劳动保障部有关会议和文件提出的要求，积极与地方政府有关部门协调，经多方面做工作，目前多数省级管理体制基本理顺，地、县机构改革正在进行。

四、对农保会计制度部分内容进行调整

由于《会计法》重新修订和《社会保险基金会计制度》出台，原《农村社会养老保险会计制度（试行）》的一些内容已不适应当前工作需要，为了从制度上进一步规范农保基金管理，决定对原有会计制度进行部分调整。考虑到目前农保工作正处于整顿规范期间，还不具备重新修订会计制度的条件。经研究并征求各省、自治区、直辖市和部分地市农保机构的意见，参照城镇《社会保险会计制度》，对《农村社会养老保险制度（试行）》的部分内容作出调整和修改，改收付记账法为借贷记账法，对部分会计科目和会计报表进行变更。2001年12月，劳动保障部下发《关于调整〈农村社会养老保险会计制度（试行）〉部分内容的通知》（劳社厅函〔2001〕260号），为农保财会工作实行规范管理打下基础。

社会保险基金管理与监督

一、社会保险基金管理

2001 年，全国各级社会保险经办机构（以下简称社保机构）在各级党委、政府和劳动保障部门的领导下，继续把确保发放作为中心任务，把全面强化管理作为工作主线，把抓重点、抓典型作为基本方法，把数量、进度、质量作为考核指标，把提高队伍素质作为组织保证，各项工作都有了新的进展。

（一）确保养老金发放成果继续得到巩固，取得历史最好成绩

2001 年，各级社保机构把按时足额发放基本养老金作为头等大事，克服种种困难，基本上做到企业离退休人员基本养老金按时足额发放，取得了 1998 年以来的最好成绩。当年新发生拖欠的地区有 8 个，通过及时补发，到年底减少为 3 个，拖欠金额不到 2 亿元，主要是农垦等特殊困难企业集中的地区。在确保当期发放的同时，2001 年各地还补发了历史拖欠 14 亿元。

（二）养老金社会化发放工作进一步巩固

全面实行基本养老金社会化发放既是确保发放的一个前提条件，又是检验确保发放工作质量的重要指标。2001 年重点是提高工作质量，通过严格的检查验收，纠正了少数地区仍由企业或行业主管部门代发等不规范的做法，年底社会化发放人数达3 122万人，社会化发放率达97.8%，有 10 个地区达到 100%。社会化发放工作得到群众的认可，在向企业离退休人员发放的6 100份问卷中，综合评价为满意和比较满意的有6 074份，占 99.6%。

（三）基金征收和管理工作继续得到加强

2001 年，基本养老保险基金总收入达到2 488.96亿元，比上年增加 210.49 亿元，增幅 9.2%，基金征缴率达 94.47%。其中企业基本养老保险基金总收入2 235.12亿元，比上年增加 146.83 亿元，增幅 7%。采取的主要措施是：

——通过扩大覆盖面增加了基金征缴来源。2001 年底，参加基本养老保险的职工为10 802万人，比上年底净增 354 万人，增长 3.39%。广东省委、省政府根据本省经济发展和城市化的特点，决定积极向城乡结合部的乡镇企业扩展养老保险计划，使参保人数净增 185 万人，成为全国第一个参保人数突破1 000万人的地区。

——广泛的稽核减少了基金的跑冒滴漏。2001 年，以清理缴费人数和缴费基数为重点，在全国范围内开展养老保险费征缴情况的专项稽核。这次稽核范围之广、力度之大是前所未有的，共涉及 48 万户企业、5 094万参保职工，占同期参保职工总数的 55.8%。通过稽核，查出 20 万户缴费基数不实，占 42.3%；少报、漏报缴费人数 253 万人，占参保职工的 4.9%；少报缴费基数 64.6 亿元；漏缴养老保险费 17.6 亿元。通过专项稽核，全国缴费基数平均提高 48 元；其中浙江省是缴费基数提高最多的地区，人均增加 85 元/月，仅此一项就使基金收入净增 7 亿元。

——与税务机关加强了协调配合。2001 年，全国有 15 个地区实行由税务机关征收社会保险费，有关地区社保机构根据征收体制的

新变化，在坚持基金管理主体地位的同时，积极做好协调配合工作，保证了征缴工作的顺利衔接。劳动保障部与国家税务总局联合召开社会保险费征缴管理工作会议，进一步明确了各自的职责和相互协调的机制。

——大力清理企业欠费取得新成果。全年共清理追缴125.6亿元，基本实现了年初确定的清欠目标，比上年多清欠10亿元。吉林省在相当困难的条件下加大工作力度，收回欠费6.6亿多元，完成了计划任务的近130%。对欠费大户的直接监控制度进一步落实，全国欠费千万元以上企业比上年底净减52户，累计欠费减少10.7亿元。清欠基础工作取得长足进步，有16个省区市完成了欠费信息库建设并启动运行，基本实现了动态监控。

——中央财政对养老保险继续给予强有力的支持。2001年中央财政对基本养老保险的补助资金共计349.38亿元，为确保发放提供了巨大支持。

（四）医疗保险管理运行平稳

在各地经办机构的共同努力下，医疗保险的管理服务工作已经起步，方便就医、改善服务、细化协议、加强监督等工作取得进展，强化了医疗费用结算与风险防范的规范管理，医疗保险统计月报制度基本建立，部分城市的基本医疗保险费用支出监测工作已经启动，华东地区医疗保险信息协作网正在筹建。

（五）试点及社会化管理服务取得初步成效

辽宁完善社会保障体系试点工作进展顺利：养老保险制度结构的调整已基本到位；在养老保险个人账户管理走向规范的基础上，个人账户做实工作有了实质性进展；下岗职工出中心的社会保险关系接续工作取得明显成效，在统筹基金和个人账户基金统征分管的新体制下资金流程正在重新规范；社会保险信息系统建设迈出新的步伐。这些进展对辽宁省的社会保险经办工作是一次全面的促进，对全国社会保险经办工作也有很强的示范和启发作用。

在辽宁省进行完善体系全面试点的同时，全国各地企业退休人员社会化管理服务的试点工作也初步展开。到2001年底，已有668.3万人实行社会化管理，占全国企业退休人员总数的21.9%。其中，纳入社区管理、社会保险经办机构直接管理、依托大企业集团退管机构管理的大约各占1/3。由于各地区经济发展不平衡，社区及企业情况差异较大，在推进社会化管理过程中，各地探索了多种模式：一是以上海、深圳为代表的完全依托社区型；二是以杭州、大连为代表的社区和劳动保障部门配合型；三是以成都为代表的社保机构直接管理型；四是依托主管局和大中型企业集团管理的过渡型。97个社会化管理重点联系城市起到了典型示范、重点推动作用。这些城市已有430万企业退休人员实行了社会化管理，占全国总数的64.4%；社会化管理率为28.5%，比其他地区高13.1个百分点。

（六）基础管理工作进一步加强

2001年，各级社保机构十分重视抓基础管理工作，开展了两次大规模的典型调查。一是50个城市养老保险基本情况调查，涉及1 030万职工和414万离退休人员，初步掌握了参保职工、离退休人员的年龄分布，中断缴费、欠费等人员的年龄分布，近5年当期离退休人员的年龄状况，职工缴费工资水平，离退休人员人均养老金等，为有关政策研究和领导决策提供了依据。二是企业退休人员基本养老金水平抽样调查，涉及企业退休人员1 113万人，按退休时间、参加工作时间、退休原因、养老金水平、年龄5个类别，共24个分项对退休人员数及月人均养老金水平进行了分析，为全国企业退休人员提高养老金水平提供了依据。这些深入、细致的调查弥补了常规统计和一般调研的不足，为宏观决策提供重要支持，得到有关方面重视。

2001年的工作体现出几个明显特点：

1. 抓督查落实。社会保障的方针大计、确保发放的政策要求，党中央、国务院都有十分明确的规定，各级社保机构的全部任务就是落实、落实、再落实。抓落实的一条行之有效的经验就是层层督查，及时反馈，一抓到底，不出成效决不松手。2001年，各级社保机构坚持养老金发放的按月调度制度，完善重点城市的直报制度，劳动保障部按季在《人民日报》公布养老金发放和社会化发放情况，各地也按季在当地主要新闻媒体公布养老、失业、医疗三项社会保险费征缴情况。为了确保养老金社会化发放的进度和质量，4月组织了对26个城市的社会化发放的检查验收；为了促进社会保险基础管理水平，10月又组织了涉及业务管理7项主要内容的社会保险综合检查，范围覆盖31个省区市和兵团及48个市县；为了把医疗保险改革方案落实到各个经办环节，11月在劳动保障部统一部署下，还对15个城市的医疗保险工作进行了联合检查。这些督促、检查、监控措施，有效地保证了2001年社会保险各项主要目标的实现。

2．抓重点难点。2001年，各级社保机构自觉运用辩证法指导工作，在每项任务中都确定了重点、难点作为主抓方向，促进社会保险经办工作不断跃上新台阶。比如，在全面要求确保发放的同时，重点抓了20个容易产生拖欠问题的城市，并依据实际情况对这些直报城市实行动态调整制度，促进按时足额发放率不断提高。又如，为了推动企业退休人员社会化管理服务，2001年确定了97个重点联系城市，其中劳动保障部社保中心直接联系32个，省级联系65个；又将这些城市按地域划为6片，分别确定6个牵头城市。这些重点联系城市对全国的社会化管理起到了示范、辐射作用。再如，在清欠工作中各级社保机构都注意抓欠费大户，在大户中又重点抓有还款能力的企业，劳动保障部社保中心直接建立欠费千万元以上大户的档案，其中重点抓上市公司、屡催不缴的企业，收到了较好的成效。

3．抓典型个案。抓典型已经成为各级社保机构普遍采用的一种工作方法。每组织一次会议、培训、检查，都精心安排情况交流和实地考察，推出不同特点的典型，目的就是以典型引路，促进各地相互启发，取长补短，共同提高。

4．抓协调配合。社保机构作为社会保险工作的一支主力军，不仅要充分发挥自身优势，而且应加强与各方面的协调配合，形成工作合力。例如在基金征缴工作中，与税务机关联合进行调研，共同召开会议，促进了基金征缴、管理各环节的衔接。又如在清欠工作中，建立了9部委联席会议制度，定期通报情况，沟通信息，借助各方面力量加大对欠费大户的工作力度；还利用舆论监督，在新闻媒体上对欠费大户进行曝光。再如在推进社会化管理服务工作中，与民政、卫生等部门以及社区组织密切合作，创造出多种行之有效的形式。此外，根据各项重点工作的形势和问题，按季召开社会保险工作情况通气会，达到上情下达、下情上达、横向交流、指导工作、督促后进的目的。

总的来看，2001年社会保险工作在“三个代表”重要思想的指引下取得了新的成绩，为维护参保职工和离退休人员的利益，为经济发展和社会稳定做出了重要贡献。

二、社会保险基金监督

随着社会保障制度改革的不断深化，社会保障基金管理风险意识和基金监管逐步加强，基金管理秩序逐步走向规范，为实现两个确保和社会保障制度的安全稳定运行起到积极作用。2001年，各省级社会保险基金监督机构已经建立，部分地市级机构也逐步形成，在制度建设、业务建设、机构建设和队伍建设等方面取得一定进展，为逐步构建行政监督、社会监督和内部控制相结合的监督体系奠定了基础。

（一）研究拟订有关法规，进一步完善基金监督制度体系

在研究借鉴国内外有关经验，广泛征求各方意见的基础上，研究制定并下发《社会保险基金监督举报工作管理暂行办法》和《社会保险基金行政监督办法》（以下简称“两个办法”），各省区市也积极研究制定《社会保险基

金行政监督办法》实施细则，制定基金监督举报案件处理程序和具体办法。与有关部门共同起草的《全国社会保障基金投资管理暂行办法》已颁布实施。

（二）开展专案查处和基金检查，掌握基金管理状况

2001年，会同有关部门对部分省市基金管理情况进行抽查，开展专案检查和全国性清查。一是根据国务院领导和劳动保障部领导批示，直接查处了一些挤占挪用基金的问题，要求限期纠正。二是会同财政部门对辽宁、山东、山西、湖南4省部分地市、区县的基金清查情况进行核查，并对财政专户管理、基本养老保险个人账户管理、中央专项补助资金管理使用和新发生挤占挪用基金的情况进行专项检查，对核查中发现的问题提出了意见和建议。三是针对各地存在非银行金融机构存款问题，在全国进行了调查，研究解决办法。四是组织各地及有关行业开展了企业年金的清理检查工作，摸清企业年金参保情况、经办机构情况和基金管理运营等情况。

（三）研究清理回收政策，加大工作力度，回收工作有新的进展

2001年仍把基金回收工作作为工作重点来抓，研究措施，狠抓回收工作。一是加大行政催收力度。通过制订回收计划，研究回收措施，提出回收期限，明确回收要求，并建立部省联络员制度，深入重点省区督查，督促各地清理回收工作，2001年共回收基金20.8亿元。二是研究清理回收的补充政策。会同有关部门研究起草《关于清理回收社会保险基金有关问题的通知》，协调财政部、审计署、国家税务总局、监察部、人民银行以6部委名义研究起草《关于加强社会保障基金监督的通知》，加强基金监管过程中劳动保障、财政、审计、税务、监察、人行等部门的配合。

（四）加强对基金管理的社会监督，形成全国监督电话网络

要求地方各级劳动保障部门限期开设监督电话，建立全国监督网络，并在省级组建社会保障监督委员会，加强对基金管理的社会监督。截至2001年底，已有27个省市劳动保障部门基金监督机构开设了监督电话。已初步建立全国监督电话网络和受理案件处理报告制度。13个省市组建了办公室设在劳动保障部门，由相关机构、用人单位代表等参加的社会保障监督委员会，充分发挥社会各方的监督作用。

（五）开展企业年金规范管理试点，为全面推动企业年金发展奠定基础

为指导企业年金工作稳步发展，2001年组织电力、银行等原行业统筹部门开展企业年金规范管理试点工作，研究建立企业年金管理系统，规范管理办法和具体操作规程，指导国家电力公司完成了《企业年金办法》《个人账户管理暂行办法》《企业年金管理中心章程》和《企业年金基金管理暂行办法》，指导上海、大连等地就企业年金管理体制和账户管理模式等进行研究和试点。

（六）开展国际交流，引进国际经验，研究基金监督工作新形势

随着基金支付压力增大，基金管理环节增多，基金投资渠道和运作方式的逐步多样化，对基金监督工作提出了新的要求。为广泛借鉴国际监管经验，开展了一系列国际合作项目。一是与加拿大政府人力资源开发部共同召开中—加社会保险基金监督研讨会，介绍加拿大社会养老和失业保险基金评估和基金收、支反欺诈情况，并就中国社会保险基金管理评估和反欺诈问题进行专题研讨。二是与经济合作与发展组织共同主办中国企业年金监管国际研讨会，介绍企业年金监管国际经验和发展趋势，探讨基金管理运营模式，交流企业年金监管框架、政府监管模式以及投资运营、风险控制与业绩评估等方面的做法与经验。三是参与APEC在北京举办的寿险和企业年金监管国际研讨会，为研究建立社会保险基金和企业年金监管框架提供了有益的经验。

2001年，各级社会保险基金监督机构积极开展基金监督管理工作，创造了一些新的经

验，呈现许多新的特点。

1．抓制度，打基础。社会保障基金监督是一项执法检查工作，依法行政需要法律保障。监督工作中不仅要解决好个案问题，而且要注意抓好制度建设。2001 年，劳动保障部按照三定方案赋予的职责制定了相关法规，确定了基金监督的原则和范围，规定了举报案件的受理及处置办法，组织了两个办法的释义讲解，培训了地方监督工作人员。同时针对监督工作存在的问题，及时提出了加强工作制度、机构队伍建设以及争取业务经费的指导性意见。

2．抓当前，促长远。基金监督是一项新的工作，建立科学、有效的监管体制，既事关当前工作又关系长远发展。2001 年，积极参与辽宁试点实施方案的完善工作，争取有关部门支持，着力解决建立社会保障监督委员会及日常办事机构、企业年金管理机构市场准入制度以及加强劳动保障部门对社保基金财政专户的监督等政策问题。各地劳动保障部门抓住机遇，把握大局，抓紧筹建社会保障监督委员会，落实办事机构、人员编制及工作经费，并积极开展工作，发挥主导作用。通过制定相应规章，明确了全国社保基金的投资管理政策，规范了投资渠道和运作行为，确定了劳动保障部对全国社保理事会的监管职责，为建立和完善社会保障基金监管体系作了制度安排，提供了政策依据和法规保障。

3．抓重点，带全面。基金监督工作启动较晚，头绪繁杂，起好步、开好局需要有一个清晰的思路和合理的安排。2001 年，围绕中心工作，抓住重点地区和重点项目，运用典型经验拉动各地工作。重点指导辽宁、湖南制定社会保障监督委员会工作章程，督促云南、湖南、四川等省抓好市县基金监督机构建设，组织山东、辽宁、山西、河南等省做好财政专户管理和中央补助资金使用的核查工作。通过《监督摘报》大力推广有关省市的做法，有力地促进了各级基金监督机构的制度建设、业务建设和自身建设。各级基金监督机构不怕困难、不遗余力地做好清理回收工作。劳动保障部采取“两手抓、抓两头”的方法，落实“政策推、行政催”的措施，一方面积极协调财政部门研究制定清理回收的政策措施；一方面建立部省联络制度，深入重点地区指导，督查大户和小户的清理工作，加快了全国各地清理回收挤占挪用基金工作的进度。

4．抓协调，改善环境。基金管理涉及财政、税务、银行、邮政等部门及社区服务组织，实施基金全过程监督必须取得有关部门的配合和支持。2001 年，主动与财政、税务、人行、信息产业、审计、监察等部门协调。各地劳动保障部门及基金监督机构积极参与有关文件的修改工作，主动加强与有关部门的合作，建立了与有关部门定期通报、联络的制度，进一步改善了基金监管机构的工作环境。

5．抓研究，强化自身。基金监督面临的形势正在发生新的深刻的变化，做好基金监督工作既要回头看、向前看，还要向左右看。要认清形势，分析面临的情况和问题，广泛学习借鉴国际通行做法和国内有关行业的先进经验。在召开国际研讨会，研究相关制度的同时，组织招商银行、国家电力公司及上海、大连、深圳等行业和地区，探索企业年金个人账户和基金规范管理的方式。通过这些活动，各级基金监督机构逐步统一了思想，提高了认识，开阔了眼界，增长了知识，提高了做好监督工作的能力。

2001 年，各地社会保险基金管理与监督工作逐步展开，推进速度逐步加快，开始呈现一个面上很有生气、点上很有特色、大家充满信心、工作富有成果的新的气象。全国的社会保障基金监督工作有了较大进展，为社会保障制度改革和经济发展做出了一定的贡献。

法制建设

2001年，各级劳动保障部门深入学习和实践“三个代表”重要思想，紧紧围绕改革发展稳定大局，认真贯彻依法治国基本方略，突出重点，分类指导，形成合力，在劳动保障法制工作中取得了新的成绩。

一、立法工作取得新成果

《社会保险法（草案）》和《工伤保险条例（草案）》送审稿起草完毕。同时，结合建立和完善社会保障体系、清理整顿劳动力市场等重点工作，制定发布了《社会保险基金行政监督办法》《社会保险基金监督举报工作管理办法》《社会保险行政争议处理办法》《中外合资中外合作职业中介机构设立管理暂行规定》等部颁规章，实现了立法工作的多层次推进。

各地劳动保障部门发扬开拓创新的精神，在地方劳动保障立法方面做了大量工作，取得了显著进展。例如，上海市出台了《上海市城镇生育保险办法》《上海市劳动合同条例》，湖南省出台了《湖南省社会保险费征缴暂行条例》《湖南省失业保险条例》，北京、河北、河南、浙江、山东、安徽、湖北、四川、宁夏、西藏等省区市也先后发布了劳动合同、劳动力市场管理、失业保险、医疗保险、生育保险等方面的地方法规、规章。地方劳动保障立法的稳步推进，促进了劳动保障工作的依法开展，并为国家立法积累了实践经验。

二、监察执法工作成效显著

各级劳动保障监察机构以保障劳动者权益为根本出发点，以维护社会稳定大局为主线，紧紧围绕两个确保工作，开展劳动合同、社会保险扩面征缴和清理整顿劳动力市场等多项检查活动，并会同国务院法制办、经贸委、公安部、教育部、国家工商总局、全国总工会、全国妇联、团中央等单位，对国务院《禁止使用童工规定》实施情况进行专项检查，形成多部门协调工作的机制。

据统计，2001年全国劳动保障监察机构共主动检查用人单位95.5万户；受理群众举报案件9.6万件；督促13.5万户用人单位补缴社会保险费用35.8亿元；督促用人单位与705.7万名劳动者补签劳动合同，为劳动者追回被克扣或无故拖欠的工资9.2亿元；清理非法职业中介机构6 513家。截至2001年底，全国有22个省区市劳动保障厅（局）设立了劳动保障监察处，19个省区市组建了劳动监察总队（大队）；全国共配备劳动保障监察员4万人，其中专职监察员1.6万人，兼职监察员2.4万人。劳动保障监察队伍在工作中得到壮大。

三、行政执法监督工作取得新进展

劳动保障行政执法监督制度建设获得突破性进展。制定发布了《社会保险行政争议处理办法》，为处理社会保险行政争议提供了法律依据。推进行政执法监督制度建设，初步建立以行政执法岗位责任为核心，以履行法定行政执法职责为主要内容，以层级监督管理为主要监督方式的劳动保障行政执法责任体系。

劳动保障行政复议和行政应诉工作成绩显著。2001年，全国各级劳动保障部门共处理行政复议申请1 230件、比上年增加 377 件。其中，劳动保障部机关直接处理 51 件，占总数的 4.1%；省级劳动保障行政机关处理 384 件，占 31.2%；地级劳动保障行政机关处理 698 件，占 56.7%；区县级劳动保障行政机关处理 97 件，占 7.9%。全体劳动保障法制工作人员克服时间紧、任务重、人手少等不利因素，依法妥善处理了大量的行政复议案件，维护了行政管理相对人的合法权益，推进了劳动保障依法行政工作。同期，全国各级劳动保障部门还处理行政应诉案件 864 件。

劳动保障行政审批制度改革取得阶段性成果。按照国务院的统一要求和部署，各级劳动保障部门对行政审批项目进行了清理。其中，劳动保障部的清理结果已于 2001 年底报送国务院。重庆、上海等地劳动保障部门行政审批项目清理工作也取得了重要进展，率先公布取消了一批不符合市场经济要求的审批项目。这些工作的开展，标志着劳动保障行政管理职能转变又迈出了坚实的一步。

四、“四五”普法工作顺利启动

根据《中共中央、国务院关于转发〈中央宣传部、司法部关于在公民中开展法制宣传教育第四个五年规划〉的通知》精神，制定发布了《劳动保障法制宣传教育第四个五年规划》，成立劳动保障部“四五”普法领导小组，建立了普法工作联席会议制度。各地也按照劳动保障部和地方法制工作部门的部署，制定规划、明确重点，在 5 月份开展了劳动保障法规政策咨询活动，取得了很好的社会效果。此外，还对“四五”普法骨干进行了培训。

规划统计与信息系统建设

一、规划工作

2001年是“十五”计划正式实施的第一年。一年来，按照江总书记“三个代表”思想要求，紧紧围绕中心工作，团结奋斗，开拓创新，劳动保障工作中长期规划、年度计划、预测等取得了新进展。

（一）编制“十五”计划纲要

规划工作主要是在2000年工作的基础上，最终完成了劳动保障“十五”计划的编制工作并下发各地、各部门执行。一是编制了《劳动和社会保障事业发展第十个五年计划纲要》；二是加强了劳动保障事业“十五”计划的宣传工作，通过新闻发布会、报纸和政府网站等渠道对“十五”计划进行了宣传，并编辑出版了《劳动保障事业“十五”计划汇编》；三是配合国家计委参与编制了《人口、就业和社会保障“十五”专项规划》和《“十五”城镇化专项规划》。

（二）年度计划工作

2001年劳动保障事业发展计划，根据《国务院关于下达2001年国民经济和社会发展计划（草案）的通知》（国发〔2001〕1号）要求，以邓小平理论和江泽民总书记“三个代表”重要思想为指导，认真贯彻党的十五大和十五届四中、五中全会精神，落实中央经济工作会议和全国劳动和社会保障会议的部署。2001年劳动保障事业发展的主要任务是：全力巩固两个确保，组织好完善社会保障体系试点方案的实施工作，完善社会保障体系，积极扩大就业，逐步建立现代企业收入分配制度，加强劳动保障法制和信息化建设，努力在新世纪开局之年实现劳动和社会保障事业的新发展。主要工作：布置了2002年度劳动保障事业发展计划的编报工作；组织编制并下发了《2001年劳动和社会保障事业发展计划》；组织劳动保障部与国际货币基金组织2001年度的年度磋商和中期会谈工作；编制《2002年劳动保障事业发展计划主要指标》。计划2002年全国城镇登记失业率控制在4.5%左右，基本养老保险参保人数达到10 910万人，失业保险参保人数达到11 000万人，医疗保险参保人数达到8 500万人。

（三）预测工作

2001年的预测工作主要还是继续做好劳动和社会保障事业发展预测预警课题研究。课题在相关各方的积极配合和努力下，进展顺利。失业保险基金收支预测预警研究子课题已经完成研究任务，顺利进行试运行。劳动力市场评估指标体系研究、就业景气分析和评价模型研究两个子课题研究基本完成。基本养老保险预测预警研究子课题取得了阶段性成果。

二、统计工作

2001年，通过各级劳动保障部门广大统计人员的共同努力，较好地完成了两个确保和劳动保障各项统计工作，发挥了统计的信息、咨询、监督的职能，为劳动保障事业的发展做出了应有的贡献。主要表现在以下几个方面：

（一）开展统计工作检查，促进依法统计工作

为了贯彻国家统计局、监察部、司法部

《关于在全国范围开展〈统计法〉和“两办通知”执法情况大检查的通知》精神，同时了解劳动保障部门统计工作的现状，劳动保障部在2001年6月下发《关于开展劳动保障统计工作检查的通知》（劳社厅函〔2001〕156号），要求各地区对本地区依法统计的情况进行检查。为督促和了解统计检查工作情况，劳动保障部组成了由有关司局和部分地区统计人员参加的调研组，于8月分赴山东和陕西两省进行调研，并召开了华东、西北部分省市统计人员座谈会。各地对这次统计检查都比较重视，大部分地区还成立了由厅领导担任组长、各专业处（室）统计人员参加的统计检查小组，以文件的形式及时下发统计检查的通知，有的地区还专门召开了工作会议，对统计工作检查进行部署，并在各地市自查的基础上进行了抽查。

检查结果表明，这几年广大统计人员做了大量艰苦、细致的工作，统计工作有了很大进步。特别是这几年劳动保障部一直强调依法统计，各地基本上没有拒报统计资料的行为，没有发现领导干部侵犯统计人员的职权、干扰统计数据上报的行为发生，也没有发现虚报、瞒报、伪造、篡改统计资料的情况。但是也发现了一些需要进一步加强和改进的方面，例如：基层劳动保障部门统计工作薄弱，人员素质有待提高，统计手段比较落后，统计方法需要进一步改进等。总之，这次统计检查工作是对《统计法》的一次很好的宣传，取得了初步成效。

（二）制定了新的劳动和社会保险统计指标体系

劳动和社会保险统计指标体系是开展统计工作的重要基础，它对统计报表的制定、统计调查的设计以及统计资料的整理等各个统计环节都有极其重要的指导意义。由于经济形势的发展和劳动保障部职能的转变与扩展，原有的指标体系已不能完全适应形势发展的需要，尤其是社会保险工作有了新的发展，从而对统计内容提出了新要求，部分指标定义也发生了变化。

两年来，劳动保障部与国家统计局、人事部、农业部以及全国总工会等部门的有关人员多次进行了研究，同时与部分省市和部内各业务司局的有关统计人员共同进行反复的讨论和修改。在充分吸取了多方面意见的基础上，制定出了新的指标体系。新的指标体系内容系统、全面，对于规范劳动保障统计内容，指导各地劳动保障统计工作具有重要作用。据初步了解，各地参照指标体系的内容，有的调整了报表制度的部分内容及指标解释，有的进行了细化，使新的指标体系发挥了作用。

（三）以两个确保统计为重点，全面完成年报和定期报表工作

统计报表作为现阶段劳动保障统计的主要手段，在统计工作中占有重要的位置。2000年牡丹江会议上，劳动保障部对2000年年报和2001年定期报表进行了认真的讨论和修改，会后正式印发了劳动保障综合统计报表制度，并对报表制度的修改作出了详细说明。

随后，各地根据劳动保障部新修订的报表制度，结合本地区工作需要，制发了本地区的综合统计报表制度。各地劳动保障部门通过专门会议，传达了牡丹江会议精神，同时以会代培，对报表的统计范围、指标口径、逻辑关系等进行了讲解。从年报和季报的报送情况看，各地区对定期报表普遍比较重视，大部分地区做到了准确、及时上报，总体情况良好。特别是现有的两张下岗职工季报都是直接为两个确保中心工作服务的，各地区对这两张季报非常重视，发挥团结协作的精神，相互支持，协调一致，保证了工作的顺利完成。

（四）围绕中心工作，积极开展非全面调查

随着社会主义市场经济的建立，经济结构、产业结构和人员结构都发生很大的变化，政府部门不直接管理企业后，单列的单位增多，单位兼并、破产、重组时有发生，使得原有的收集报表的方法越来越不适应新形势的需要。2001年，劳动保障部在统计调查方法方面，继续进行了新的探索，取得可喜的成绩。

一是围绕两个确保中心工作，在全国10个城市开展万名国有企业下岗职工和离退休人员的问卷调查，考虑到2001年下岗职工出中心的情况以及下岗失业并轨的形势，劳动保障部增加了失业人员调查。通过这次调查，劳动保障部取得了大量的第一手数据。张左己部长在看了这次调查主要结果演示后，对此次调查工作给予了很高的评价，指示今后要多开展类似的抽样调查，进一步扩大调查范围，更好地为中心工作服务。

二是企业人工成本和劳动力市场工资价位抽样调查，适应了企业工资制度的改革，为劳动力市场的进一步发展提供了信息支持。劳动保障部还向社会公布了部分城市2000年劳动力市场工资指导价位，扩大了工资价位调查的影响。

三是对江苏省在岗职工、下岗职工和失业人员参加和享受失业保险的基本情况进行了调查。

四是与国家统计局企业调查队合作，开展全国技术工人素质现状和需求专项调查，获得了宝贵数据。

五是配合劳动保障部劳科院和国际司，与国际劳工局联合在杭州、郑州和兰州进行职工的保障状况调查。

各地根据地方中心工作的要求，开展形式多样的非全面调查，在劳动保障工作中发挥了重要的作用。如天津市开展针对下岗职工基本生活保障和再就业状况的抽样调查，河北省开展企业经营者对调整工资意见的调查，湖南省开展国有企业两个确保及参加社会保险情况调查，大连市开展城镇就业岗位状况调查，等等。

（五）进一步加强了统计分析工作

一年来，各地普遍重视统计分析，把统计分析作为提高服务水平，提高统计工作地位的重要途径，统计分析水平有了较大的提高。2001年，劳动保障部收到的统计分析不论是数量还是质量都有了明显的进步。其中北京、内蒙古、上海、山东、河南、湖南、广东、贵州、大连、青岛的统计分析数量较多，而且质量也比较高。在收到的统计分析报告中，有很多分析透彻、观点鲜明、建议明确、措施可行的优秀分析报告，如北京市的《非公有制企业劳动关系调查分析》和《加入WTO对北京市工资收入的影响及政策研究》，内蒙古的《关于我区技术要素参与收益分配的现状与建议》，辽宁省的《关于全省企业拖欠职工工资情况的报告》，山东省的《对下岗职工基本生活保障向失业保险并轨的几点思考》，湖南省的《城镇职工参加失业和基本养老保险的潜力分析》，广西的《失业现状及其分析》和《建立和完善广西社会保险体系的若干思考》等。有的统计分析报告在日常管理和领导决策中发挥了重要作用，得到了领导和有关部门的好评，有的还在社会上引起了很大反响。

除开展统计分析外，在测算方面，一是为配合社会保障体系试点工作，劳动保障部与世界银行合作，举办了统计人员精算培训班，并利用世行PROST模型对辽宁省基本养老保险情况进行测算。二是与国际劳工局合作，利用社会预算模型开展了有关预测。

（六）扩大宣传，统计服务水平有了新的提高

一是与统计部门在有关新闻媒体上共同发布《2000年度劳动和社会保障事业发展统计公报》，从劳动就业、社会保险、工资分配、劳动关系及劳动监察等各方面对2000年的劳动保障事业发展状况进行了分析。河南、新疆、天津、广西、贵州、河北、湖南、湖北、辽宁、云南、青岛、山东、大连等地区已经发布了公报。

二是从2001年起，建立了新闻发布制度，每季度在各大新闻媒体上发布两个确保数据，接受社会各界的监督，促进了劳动保障工作的发展。

三是继续坚持不定期地编印统计资料，供各级领导参考。劳动保障部一直坚持编印《劳动保障统计专报》等统计资料，各地区按月、季或不定期地提供统计资料，如山东省的《劳

动保障统计分析资料》和《规划财务统计信息》、北京市的《劳动保障宏观监测月报》、湖北省的《劳动保障统计信息》和《统计专报》、江西省的《劳动保障统计信息与分析》、广西的《劳动保障宏观运行情况》、吉林省的《劳动保障分析》、河北省的《劳动保障事业专报》和《统计分析和信息》。此外，云南、黑龙江、大连、辽宁、内蒙古、广东、深圳、贵州、湖南、青岛、新疆等地区也编印了统计资料。

四是根据年报汇总资料，编辑完成了《劳动保障统计年鉴》，并为《中国劳动和社会保障年鉴》提供大量统计数据。在劳动力价位调查基础上编印的《大中城市劳动力指导价位》资料也已完成。各地区也进行了相关资料编印工作。

另外，统计资料的发布方式也有了突破。以2001年的10城市抽样调查为例，调查的主要结果首先在劳动保障部上半年形势分析会上演示，接着对演示报告删节后在新闻发布会上发布，最后以统计专报的形式编印分城市的调查报告。这样，对有关资料的利用就不仅仅限于向领导报告或在报纸上公布一种形式，而是多层次、全方位地发布，加大了宣传力度，统计资料得到了更充分的利用。

（七）加强统计综合管理，做好各项基础工作

一是各地普遍建立统计工作制度，如《统计工作综合管理办法》和《统计考评制度》，使统计工作有章可循，统计综合管理工作进一步加强。

二是进一步加强统计培训工作。2001年，劳动保障部以抽样调查和统计分析为重点，在黄山和昆明举办了两期统计培训班，普及了统计专业知识，宣传了劳动保障政策。各地区也举办了各种专门的培训班或以会代训，讲解统计基础知识和统计分析方法，提高了基层统计人员的业务素质。此外，劳动保障部还组织统计人员赴日本和德国进行培训考察，进一步学习国外的先进经验，有利于更好地进行我国的劳动保障统计改革。

三是各地进一步加快统计基础设施建设，加大了对计算机设备的投入，同时省市间互联网有了新的进展。

四是基本单位统计台账建设、基本单位数据库建设有了长足的进步，山东等省已经在数据库基础上实现了超级汇总。

五是继续开展统计考评，提高统计人员的工作积极性。2001年，按照统计考核评定办法，共评选出12个统计先进单位和15名先进统计工作者。

三、劳动保障信息化建设

2001年，劳动保障信息化建设工作围绕劳动力市场“三化”建设和社会保险扩面征缴建账、基本养老金社会化发放、医保改革方案实施等重点工作，抓紧各项规划、标准和规范的落实，加快劳动力市场信息网、社会保险管理信息系统、社会保障卡等重点工程的实施，积极稳妥地推进劳动保障信息化建设进程。

（一）抓落实，加强对地方信息系统建设的指导

认真推动已经出台的劳动保障信息化规划和标准规范的贯彻落实。2001年，劳动保障部先后同广东省暨广州、深圳、南海、顺德等市，河南省暨郑州、洛阳市，辽宁省暨大连、沈阳市，吉林省暨长春市，北京市、上海市、天津市，福建省、云南省、贵州省、山西省、西藏自治区，山东省青岛市，甘肃省兰州市等地方劳动保障厅局、厅局信息系统建设负责单位、地方政府信息化建设负责单位广泛交换了意见，并对部分省市系统建设情况进行了实地调研，结合系统建设实施，对落实规划、标准和规范有关问题进行了检查，对系统建设重点任务和落实措施提出指导意见，同时对承担系统开发、设计的单位提出了具体要求。

积极参与辽宁省完善社会保障体系试点。对辽宁省试点方案的制定积极提供建议，并组织有关人员对辽宁省社会保险信息系统建设给予具体的帮助和指导。

开展劳动保障信息化综合试点。在调查的

基础上，选择大连市、宜昌市作为劳动和社会保障信息化建设综合试点城市。围绕试点工作的开展，多次与两市劳动保障局领导和信息系统负责人交换意见，提出具体试点任务，为确保试点工作的顺利进行奠定了基础。

以上工作的开展对保证信息系统建设的一体化实施及促进地方劳动保障信息化建设均起到了积极作用。

（二）加快劳动力市场信息网建设进程

2001年，劳动力市场信息网建设以综合月报上报制度和职业供求分析制度的实施为重点，加快劳动力市场信息网建设进程。

继续推动城市网建设，加大“劳动99软件”的推广应用范围。2001年，100个“三化”试点城市已基本实现了市内联网，部分城市信息网点已延伸到街道；“劳动99软件”已经在24个省、151个地市使用。劳动力市场“三化”试点建设和“劳动99软件”的推广，对于促进劳动力市场信息网的建设和全国劳动力市场信息网络的形成起到了重要作用。

加快综合月报制度和职业供求分析制度的实施，同时开展劳动力市场工资指导价位的试点。2001年，已有30多个城市能够按要求向国家、省监测中心上报综合月报数据库；62个城市按季度对本地劳动力市场职业供求状况进行分析，并通过多种形式在当地发布职业供求信息和供求状况分析报告。从2001年一季度起，劳动保障部开始正式向社会发布全国劳动力市场职业供求季度分析和劳动力市场工资指导价位年度报告。劳动力市场信息网站建设取得成效。2001年，劳动保障网站上发布了1～4季度的全国劳动力市场供求状况分析报告和50多个城市的季度分析报告，同时为社会公众提供了政策咨询、市场分析、网上职介、职业指导、职业培训、工资指导价位、招聘求职等多方面的信息服务。

（三）加大社会保险管理信息系统建设力度

2001年，为加大社会保险管理信息系统建设力度，重点抓了申请财政立项，争取资金；推动规划、标准的落实；开展社会保险管理信息系统主体软件——核心平台的推广实施等方面的工作。

继续积极争取社会保险管理信息系统建设在中央财政的立项工作。2001年，劳动保障部分别召开劳动保障系统和相关部委有关人员座谈会，就劳动保障部向财政部申请立项的《全国社会保险管理信息系统建设项目方案》进行论证，并会同财政部社会保障司组织了专家论证会，对方案进行多次修改和完善，最终完成了立项申请书和可行性报告编写等项目申请工作，并正式向财政部递交了项目建议书。

社会保险核心平台作为社会保险管理信息系统的统一软件，符合社会一体化管理的要求，其推广应用对于统一标准、规范全国社会保险管理信息系统具有重要的意义。2001年，已在21个省近80个城市中得到应用。为推进各地社会保险管理信息系统的建设和建立全国统一的社会保险信息网打下了良好的基础。

为适应社会保险政策的调整和信息技术的发展，不断提供新的技术支持，以满足日益发展变化的社会保险业务管理的需要，同时为各地社会保险信息系统提供更好的技术支持，2001年，建立了核心平台后台研发机制和前台服务机制，并完成了6家前台技术支持商的认证工作。

（四）统一规范，加强管理，稳步推进社会保障IC卡建设

2001年，社会保障卡工程建设以抓标准、规范的落实为重点，加强对地方发卡的管理与技术支持，稳妥有序地推进这项工作的开展。

进一步建立健全社会保障卡相关规范标准和制度。组织起草了《社会保障卡工程建设管理规定（送审稿）》，提交部务会讨论；对《社会保障（个人）卡规范》做了进一步修订，并印发了《社会保障（个人）卡规范补充说明》（劳社信息函〔2001〕9号）；下发了《关于社会保障卡建设有关问题的通知》（劳社厅函〔2001〕197号）及《关于贯彻〈关于社会保障卡建设有关问题的通知〉的通知》（劳社信息

函〔2001〕17号），要求各地从大局出发，考虑到全国的互通互联，遵守劳动保障部的规范和标准。另外，为理顺社会保障卡密钥管理制度，组织进行社会保障（个人）卡密钥管理方案的设计工作和密钥管理系统的开发工作。委托有关单位开发了符合规范的PSAM卡，在长春、武汉等地的社会保障卡建设中试用。

加强了对地方发卡的管理和技术支持。2001年，审查批准了长春市、吉林省直单位、武汉市发行社会保障卡，并协助上述地区进行方案、数据结构的设计和论证，为其分散了密钥，代为生成了本级管理的密钥。

组织开展社会保障（个人）卡检测工作。为加强对社会保障卡生产制作的管理，组织制定了《社会保障（个人）卡COS检测办法》，开展了社会保障卡操作系统（COS）检测工作。2001年已有10家公司通过了软掩模检测，8家公司通过了硬掩模检测。另外，还组织开发社会保障卡通用性检测平台，对已发放的社保卡进行全国通用性测试。

（五）继续推广使用统计管理信息系统

2001年，统计管理信息系统除完成了300多个老用户的版本升级外，还加强了专业统计的推广使用覆盖面，新增用户1 700个。其中社会保险综合统计在原来已推广6个省市的区县级用户基础上扩大到18个省市。自二季度起，省级和“三化”试点城市也已开始使用该软件开展劳动力市场职业供求状况季度分析工作。

此外，配合综合、失业、社保、培训等统计工作，完成了72张统计报表结构、85张分析报表结构的制作下发工作。并先后在2001年统计工作布置会、培训就业统计会审会、劳动力市场供求分析会、北京市劳动保障局统计软件培训班上对地方统计人员进行了软件使用培训。

（六）进一步做好劳动保障部网络系统基础建设和维护工作

2001年，组织完成了劳动保障部网络系统二期改造工程，通过对劳动保障部局域网络设备的升级、换代，增加了局域网络带宽和接口数，完善了网络病毒防范体系，提高了网络的安全性和可管理性，并初步完成了劳动保障部办公网和综合网物理隔离工作。同时实现了社会保险事业管理中心局域网、中国就业培训技术指导中心局域网与劳动保障部机关局域网的互联，为上述两单位与劳动保障部机关实现了网络资源共享。DDA专线速率由2000年256 k经2次提速，2001年提升为2 M光纤连接，提高了网络连接和信息的访问速度。

为进一步推动劳动保障系统各级政府网站建设，建立统一规范的劳动和社会保障系统域名体系，制定下发了《劳动保障系统政府机构因特网域名规范》（劳社信息函〔2001〕19号）。在劳动保障部建立了全国劳动保障系统域名管理库，2001年在中心注册的系统内域名达到53个。

2001年，对原开发的办公系统应用进行调整，并根据新的需求，完成了新版软件的开发，进一步提高了应用功能。同时，完成了“劳动保障部办公自动化实施方案”的制定，为推进劳动保障部机关政务信息规范化管理打下了良好的基础。

（七）继续加强劳动保障部政府网站和劳动保障系统内部网建设

劳动保障部政府网站是劳动保障部的对外窗口之一。2001年，劳动保障部政府网站除不断丰富栏目内容外，新增“劳动保障法制建设”“生育保险”等栏目，更新了“法律法规”的查询页面。“中国劳动力市场”网站进行全新改版，新增工资指导价位等栏目，并对外发布全国劳动力市场分析报告、部分城市劳动力市场分析报告等信息。建立政府网站电子邮件处理的正规工作流程和内部通报制度。截至2001年11月，共收到信访类电子邮件677封，全部转发信访部门，信访部门通过网站回复137件。

2001年，对劳动保障系统内部网页进行全面改版，升级了网络软件，利用国家信息中心的Riseway网站信息发布管理系统对内部网进行数据库管理和信息发布分级管理，建立分散式网站维护管理系统。2001 年，利用 TRS 信息发布系统建立了新的《劳动和社会保障政策法规库》，2001 年入库政策法规达到3 100余篇，并实现了分库管理，使劳动保障部法规库可为办公网、内部网、政府网的不同用户提供查询服务。同时，劳动保障部与地方劳动保障部门初步建立信息交换关系，为提供全面的法规信息服务打下了良好的基础。

由于劳动保障部在政策法规信息系统建设上成绩突出，在国家经济法规信息系统建设中被国家信息中心连续两年授予年度先进奖。

科学研究

2001年，围绕劳动保障中心工作任务，劳动保障科学研究工作继续贯彻“把握大局、服务中心、突出重点、形成合力”的基本方针，取得可喜成绩，为决策和制定政策提供了支持，扩大了在学术界的影响。

劳动保障部专家咨询委员会积极发挥决策咨询作用，委托胡鞍钢教授和郑功成教授分别完成了《就业政策评估》和《社会保障政策评估》。编辑印发《专家通讯》10期，在劳动就业、社会保障和工资分配等方面提出了有价值的参政意见和建议。

中国劳动保障科学研究院共承担部级课题6项，年内已完成3项。同时完成上年立项的部级课题3项。在确保重点课题研究的同时，积极配合中心工作开展了44项国家、部、所、国际合作项目研究，完成33项。此外，还承担了部分地方和企业委托研究项目。

在劳动就业方面，完成了《中国就业报告》《劳动力市场主要指标体系比较研究》《西部地区人力资源开发与职业培训研究》《当前形势下的就业思路与对策》《我国失业预警系统与就业对策研究》《灵活多样就业形式研究》《国外多种灵活就业方式研究》《国外公共就业服务机制研究》《农村劳动力转移培训》《劳动力市场建设研究》《发展小企业促进就业问题研究》《三峡库区迁建企业职工安置问题研究》《企业人力资源管理人员国家职业标准》等课题的研究。

工资分配理论方面，完成了《社会主义社会劳动和劳动价值理论及其应用研究》《劳动力市场工资指导价位制度和企业人工成本预测预警体系技术支撑系统研究》等课题研究。《社会主义社会劳动和劳动价值理论及其应用研究》在对劳动内涵、劳动外延、价值定义、价值源泉、收入分配理论基础等方面的认识及应用方面都取得一定突破。在马克思劳动和劳动价值理论的基础上，吸收和借鉴国内外有关研究成果，对劳动、劳动价值和财富创造以及分配问题进行全面的阐述，并明确提出我国社会主义市场经济条件下的收入分配应以要素产权收益论和创值贡献报酬论为理论支点。

在社会保险方面，完成了《中国养老保险基金测算与管理》《辽宁省基本养老保险方案的测算》《事业单位养老保险制度设计与测算》《企业年金制度和管理》《特殊工种与补偿政策研究》《加入WTO对我国就业和社会保障的影响与对策》《社会保险立法若干问题初步研究》《劳动和社会保障监控预测系统》分课题——“劳动力市场监测评估指标体系研究”与“失业保险基金收支预测系统理论方法研究”等重要课题研究。《中国医疗保险体系研究》《养老保险预警系统》等课题研究取得阶段性成果。

在国际劳动和社会保障问题研究方面，完成了《全球化条件下社会规则对我国劳动保障法规、就业和劳动关系的影响及我国的对策》《国际劳工标准体系研究及其对我国的借鉴作用研究》《国际劳工组织关于禁止强迫劳动公约和我国的对策》等课题研究。翻译了国际劳工局《劳动力市场主要指标体系》《2000年世界劳动报告》《国际移民输入指南》《国际移民输出指南》等书，编辑出版了《世界劳动保障》。

在劳动保障科研服务社会、服务企业方面，成功开发和发行了《劳动合同管理系统软件》，并为国内多家企业开展了企业人力资源管理咨询。

新闻宣传与出版

一、新闻宣传工作

2001年是进入新世纪的第一年，新的世纪、新的起点、新的目标，对劳动保障新闻宣传工作提出了新的更高的要求。一年来，各地劳动保障部门高举邓小平理论伟大旗帜，以江总书记“三个代表”重要思想为指导，深入贯彻江泽民同志“七一”重要讲话和党的十五届六中全会精神，按照全国劳动保障工作会议和全国劳动保障宣传工作座谈会的部署，坚持党的基本路线，坚持团结稳定鼓劲正面宣传为主的方针，坚持全心全意为人民服务的宗旨，紧紧围绕劳动保障中心工作，努力加大宣传力度，新闻宣传产生了较大影响和较好效果。

（一）在宣传上有几个比较大的举动

1．在全国组织开展了劳动保障政策咨询活动。2001年4月16日，劳动保障部发出《关于开展劳动保障政策咨询活动的通知》（劳社部函〔2001〕45号），并编写下发了《劳动保障政策咨询活动宣传提纲》。各地按照劳动保障部的统一部署，认真组织开展了劳动保障政策咨询活动。全国共设咨询点近万个，发放宣传单500多万份，张贴标语6万余条，宣传画1万余幅，新闻媒体刊发劳动保障政策、专访等稿件9 000多条，出动宣传车4 000多部，接待咨询群众600多万人次。

2．编辑出版了《新时期劳动和社会保障重要文献选编》和《领导干部社会保障知识读本》。为全面系统地总结劳动保障事业改革发展的历史经验，宣传党和政府的方针政策，劳动保障部和中共中央文献研究室合作编辑了《新时期劳动和社会保障重要文献选编》，收入了从1978年12月中共中央十一届三中全会至2001年11月这段时间内有关劳动和社会保障工作的重要文献92篇。其中，中共中央、全国人大、国务院和有关部门的文件，包括通知、决定、条例和法律等50篇，党和国家领导人的讲话、报告和文章等42篇。内容涉及劳动和社会保障工作中的就业、用工、工资分配、职业培训以及养老保险、失业保险、医疗保险、城镇居民最低生活保障等方面。组织撰写了《领导干部社会保障知识读本》，江泽民总书记为本书题写了书名，该书全面系统地阐述了社会保障的基本理论和基本知识，介绍了当前的主要政策。两本书的出版，是劳动保障事业发展过程中的一件大事，对于劳动保障系统工作人员掌握劳动保障政策，促进各级党政领导及有关部门了解和支持劳动保障工作，提高全民劳动保障意识，都将起到积极的作用。

3．组织开展全国劳动保障学习宣传活动。2001年10月31日，劳动保障部发出《关于做好劳动保障学习宣传活动的通知》（劳社部发〔2001〕15号），对在全国开展劳动保障学习宣传活动作出了全面部署。此次学习宣传活动主要以《新时期劳动和社会保障重要文献选编》和《领导干部社会保障知识读本》为主要内容，包括组织两本书的学习、组织全国首届劳动保障知识电视大奖赛、举办全国首届劳动保障知识竞赛和开展劳动保障标识、标语、招贴画征集活动。2001年8月20日、22日、24日先后3次在《人民日报》上刊登了征集全国劳动保障标识、标语和招贴画的启事，各地各界人士积极参与投稿。共征集到2 896人次来稿，其中参与标语投稿的有2 237人次，共征集到标语24 626条；参与标识投稿的有 570 人次，共征集到标识 570 个；参与招贴画投稿 89 人次，征集到招贴画 93 幅（组）。参与者来自全国各行各业，有工人、农民，大、中、小学校的学生，新闻、文艺工作者，科技、医务人员，解放军、武警官兵、公检法工作者，国家公务员，自由职业者等，起到了很好的宣传效果。其他几项活动将在 2002 年完成。

（二）日常宣传工作取得显著成绩

1．在中央媒体的宣传成效明显。全年中央级新闻媒体共报道劳动保障部新闻 1 030 条次，其中中央电视台《新闻联播》《现在播报》《经济半小时》《东方时空》《生活》《劳动就业》等重要栏目播报 286 条；新华社编发通稿和动态清样 85 篇；《人民日报》刊发 76 篇。2001 年劳动保障部在《人民日报》第一版按季度公布两个确保情况和排行榜、在《人民日报》经济版开设《职工热线》专栏，每周刊出。与中央电视台《生活》栏目合作，连续集中制作播出《医疗保险 100 问》《失业保险ABC》和《养老保险系列》三个专题系列节目，播出后各地劳动保障部门和职工群众纷纷要求重播，宣传效果较好；针对医疗保险个人负担重等问题，商医疗保险司和中央电视台制作了专题采访《福建医疗保险重点减轻个人负担》《广东医疗保险政策宣传有待加强》等新闻片；主动利用典型、宣传典型、引导方向。协调就业培训指导中心和中央电视台二频道，开设《劳动就业》栏目，共制作播出 84 期劳动就业专题节目，18 期再就业之友节目；制作播出 12 集再就业援助行动专题片，35 集工种准入问答专题片，8 集全国技能大奖获得者宣传片和 6 集职业资格证书宣传片；并开设了劳动保障政策法律咨询专栏，用案例解释政策，宣传劳动保障法规知识。

2．劳动保障部自身拥有的主要媒体在宣传工作中发挥了重要作用。《中国劳动保障报》紧紧围绕劳动保障中心工作，出了一批有社会影响的好栏目、好专题和好新闻，较好地发挥了宣传政策、交流工作、推广典型、传播信息的职能作用，报刊发行稳中有升，实现了收支平衡略有结余。《劳动保障通讯》作为劳动保障部机关刊物，编辑质量有所提高，宣传效果有所增强。2001 年增加了反映基层经验的报道，在宣传劳动保障政策、劳动保障部中心工作和劳动保障部重要工作部署上发挥了重要作用，使基层劳动保障部门及时了解全国的工作部署，发挥了不可替代的作用。适应读者需要，开辟了一些更加贴近基层、贴近实际、生动活泼的栏目。《中国社会保障》逐步形成了自己特定的品牌形象，2001 年进入“国家期刊方阵”，在传播劳动保障理论和宣传劳动保障政策方面发挥了重要作用。《中国劳动》《中国培训》《中国就业》《职业》《劳工世界》《劳动和社会保障法规政策专刊》等刊物和劳动保障部政府网站也在宣传劳动保障政策和劳动保障部中心工作方面发挥了一定作用。

2001 年还起草了《中国的劳动和社会保障状况》白皮书，这是我国政府首次全面、系统地向世界介绍中国的劳动和社会保障事业发展状况。

二、出版工作

2001 年，中国劳动社会保障出版社为完成规划目标，在优化选题结构，提高工作效率和发稿数量、质量等方面下功夫，出版新书 358 种，出版音像电子出版物 80 种，发行码洋达 1.15 亿元，各项指标均创历史新高，进一步巩固了中国劳动社会保障出版社作为职业教育与职业培训教材重要出版基地和劳动社会保障专业图书权威性出版社的地位。

（一）积极推出质量高、效益好的各类劳动和社会保障类专业图书

2001 年，中国劳动社会保障出版社密切关注市场变化，紧紧跟踪劳动和社会保障热点问题，充分发掘这一领域的出版资源，共出版各类劳动和社会保障业务图书及音像电子出版物近 160 种。该社认真做好 2000 年市场反映

良好的“维护劳动者权益金袋鼠丛书”和“劳动和社会保障政策法规专辑”等劳动和社会保障普及性读物的深度开发，同时把高水平的专业教材和学术著作作为出版重点，陆续策划出版了“面向21世纪高等学校劳动与社会保障专业主干课程系列教材”“劳动和社会保障干部培训教材”“社会保障译丛”和“国家安全生产劳动保护法制教育丛书”等系列重点图书，在改善图书结构、优化图书品种、提高图书质量方面取得了显著效果。

（二）进一步完善了教材体系

适应职业培训工作的新形势，加强职业教育与职业培训教材建设，调整教材结构，进一步完善教材体系，全年共出版各类职业培训教材200多种。其中，中等职业技术教材在继续做好原有的机械、电工、计算机等专业教材的修订和开发的基础上，新开发了物业管理、公共课英语、素质教育读本等8个新专业的教材近70种；职业资格培训教材开发则紧跟国家职业标准制定和颁布的步伐，组织出版了14个职业60多种国家职业资格技能鉴定教材和职业资格培训教程，充分发挥了中国劳动社会保障出版社作为职业教育与职业培训教材重要出版基地的作用。

（三）拓展新领域，扩大国际版权合作范围

除了继续与国际劳工组织（ILO）保持密切的合作关系，做好《劳工世界》杂志的出版工作外，中国劳动社会保障出版社还把目光投向了蕴涵丰富的国际出版资源。2001年底，中国劳动社会保障出版社与微软公司达成了合作出版国家职业资格信息技术双认证教材的协议，这一项目将带来良好的社会效益和经济效益；分别从美国和德国引进的“最后一分钟丛书——求职系列”“中小企业经营者培训丛书”均已出版发行；精选世界各国社会保障制度和模式的“社会保障译丛”的中文版权已全部落实，进入翻译出版阶段，这套丛书将弥补国内社会保障专业图书方面的空白，对国内社会保障制度改革与发展有积极的借鉴意义。在图书出版取得良好效益的同时，期刊和音像电子出版物的出版也取得新成绩。音像电子部在传统的录音带、录像带销售不景气的困难局面下，开拓进取，在千方百计开发适销对路的音像制品的同时，加大了电子出版物的开发力度，开发了多种VCD光盘、CD—ROM光盘及电子课件，取得较好的销售业绩。

（四）加强质检工作力度，完善图书质量保障体系

坚持三审三校一读制度，全面提高图书质量，确立出版社图书的品牌竞争优势。全年抽查60多种图书，优良率达83%；抽查5种音像电子制品，优良率达100%；抽查2期杂志，也都达到了良好以上水平。“当代中国劳动关系丛书”“农业科技示范成果推广丛书”《21世纪少年儿童安全、环保与健康卡通画册》3个选题被列入国家“十五”重点图书出版计划，同时，还申请了一个新闻出版总署“自上而下”的重点项目，这是中国劳动社会保障出版社历史上列入国家重点图书出版计划最多的一次。2001年，中国劳动社会保障出版社还组织了1999—2001年度优秀图书评奖工作。经过部室推荐，专家评审，《世纪抉择——中国社会保障体系构架》等32种出版物分获优秀图书奖、优秀音像电子出版物奖和封面设计、印装质量等方面的单项奖。同时，《中国劳动和社会保障年鉴（2000）》获得中央级年鉴二等奖，《中国人力资源开发与就业》获得孙冶方经济科学基金会颁发的经济科学论文奖。

国际交流与合作

2001年，劳动保障领域的国际交流与合作取得了新的进展，高层交往活跃，多双边交流与技术合作进一步开拓了新的合作领域，成功地接待了国际劳工局局长索马维亚访华，与国际劳工局签署了合作谅解备忘录。全国人大常委会批准了《劳动行政公约》和《建筑业安全与卫生公约》。与德意志联邦共和国签署了中德社会保险协定。

一、高层交往

一年来，成功地接待了国际劳工局长索马维亚、南非劳工部长拉拉那、德国劳动和社会事务部长瓦尔特·里斯特、马来西亚人力资源部长冯镇安、匈牙利经济部副国务秘书尤迪特、加拿大人力资源部副部长麦克维尼、越南社会保障委员会副主席阮帮、俄罗斯联邦社会保险基金会副主席罗巴诺夫、日本劳动研究机构理事长斋藤帮彦等9个部级代表团访华。7月，张左己部长率团访问了希腊、埃及和伊朗。10月，李其炎副部长率团访问南非和土耳其。2月，林用三副部长率团赴菲律宾参加亚行召开的亚太地区扶贫会议。6月，王建伦副部长率团出访美国和加拿大。3月，王东进副部长率团出访西班牙和匈牙利，5月赴马来西亚参加了东盟+3劳工部长会议。10月，李伯勇同志出访俄罗斯。通过高层互访，进一步开拓和加强了劳动保障部与有关国家劳动保障部门及国际劳工局的交流与合作关系，并与伊朗、匈牙利等签订了劳动和社会保障双边合作谅解备忘录。

二、多双边交往与技术合作

圆满完成了“中德劳动和社会保险立法合作项目”活动，并与德方签署了“项目延续阶段（2001—2002）活动协议”，德国政府将为此项目提供200万马克无偿援助。顺利执行了中澳公共部门能力建设项目、加拿大公共部门政策选择计划下的失业保险、基金监督和医疗保险等双边合作项目，并制定和提交了2002年度项目活动建议。英国援助的“失业保险和就业服务项目”已获英国有关部门批准，英国国际开发署将为该项目提供300万英镑援助资金，在四川和辽宁各选择3个城市开展项目活动，项目将为试点城市在信息管理系统建设、完善失业保险和就业服务政策及管理制度提供技术支持。开拓与民间组织包括跨国公司双边交往的渠道，与英国标准人寿公司和澳大利亚安保公司等开展了富有实效的技术合作。

与亚洲开发银行合作的“中国养老保险制度改革”二期项目召开了末期评估会，提出了中国养老保险改革综合性方案和建立多层次管理平台模式的建议。完成了与亚洲开发银行/安永公司合作的“中国养老保险制度改革”一期项目最后一项考察活动。完成与国际劳工组织和日本政府合作实施的“农村就业促进战略”项目终期评估工作，就项目后续工作安排提出了要求，并建立了项目持续发展的工作机制。完成与联合国开发计划署（UNDP）合作的“小城镇就业促进项目”立项工作。该项目将在试点地区改革现行就业制度，消除城乡就业制度障碍，制定城乡统一的劳动力市场管理和服务规则，引导农村富余劳动力有序地向小城镇流动，促进城乡劳动者平等就业，探索建立覆盖各类从业人员的城乡统筹的就业制度和社会保障制度。启动与国际劳工组织和瑞士政府合作的“经济开发区人力资源和劳动关系管理”项目，该项目在大连、上海和广州三个开发区实施，瑞士政府为此项目提供188万美元资助。启动与国际劳工组织和日本政府合作实施的“城市就业促进战略”项目，项目将通过完善就业服务、开展创业培训和建立小额贷款担保基金，帮助失业和下岗职工创办微小企业，并在此过程中形成各部门、各机构协调运作机制，探索通过扶持微小企业发展促进就业的方法和途径，制定和完善就业促进政策。与亚洲开发银行就“完善中国社会保障制度改革试点项目”进行了前期调研准备工作。与欧盟就“中国社会保障改革”合作项目达成意向。同时，还与国际劳工组织、世界银行、经合组织、东盟等合作，就非正规部门就业和消除城市贫困、医疗保险、企业补充保险、养老保险制度改革、中国—东盟社会保障等问题召开了专题研讨会，与国际劳工组织开展了养老保险改革、地区经济发展与就业、中小企业开发等课题研究。这些活动既配合了劳动保障部中心工作，又宣传了我国劳动保障改革的成果。

全年共接待100多个来访团组，以各种方式宣传了我国在劳动保障方面的改革措施和取得的成就。根据劳动保障部外事计划的安排，组织出访考察和培训活动，通过考察和培训，增进了对国外劳动和社会保障状况的深入了解，为我国制定相关政策提供了有益参考，有力地配合和支持了劳动保障部各项重点工作的开展。

三、国际组织活动

11月，张左己部长出席了国际劳工组织主办的世界就业论坛，并应邀在世界就业论坛做了主旨发言，阐述了我国对全球化对世界就业影响问题的看法，宣传了我国劳动保障领域取得的成果，受到与会人员的热烈欢迎。在第89届劳工大会上，李其炎副部长当选为政府组主席。这次大会的特点是政治、经济、社会发展问题交织在一起，错综复杂，斗争激烈。西方势力利用核心标准等人权问题向包括我国在内的发展中国家施加压力的力度加大，手法多样。对此，我们根据我国外交总体战略，在部领导的指导下，认真准备预案，对有关问题作出了应有的反应。

8月，李其炎副部长率团出席了国际劳工组织第13次亚洲区域会议。会议围绕国际劳工局长报告“亚洲的体面劳动”和“国际劳工组织1997—2000年在亚洲地区的活动”进行了一般性辩论，分别就“劳工标准、工作中的基本权利和社会对话”和“就业和社会保护”进行了专题讨论。李其炎副部长和徐锡澄副主席分别当选为政府组主席和工人组副主席，劳工局还邀请我国政府代表在就业问题主题讨论会上做了主旨发言。

组织参加了国际劳工局第280、281、282次理事会。参加了亚欧人权对话会，我国与会代表做了关于社会保障权的发言，配合了我国人权领域的斗争。积极参与国际社会保障协会的活动。9月，王建伦副部长率团赴瑞典出席第27届国际社会保障协会大会，当选为大会副主席并主持了会议，宣布我国将承办2004年大会的决定。组织参加了国际劳工局非有色金属业职业安全与卫生专家会议，国际劳工局森林业社会和劳工问题会议，国际劳工局残疾人工作场所管理专家会议，世界公共就业服务协会大会和亚太经合组织有关会议。

在国际劳工标准方面，全国人大常委会审议批准了167号《建筑业安全卫生公约》和150号《劳动行政管理公约》。为研究批准有关劳工公约，组织召开了有关部委、专家和工人、雇主组织参加的108、180、155、111和161号公约研讨会。

四、双边社会保险协定谈判工作

7月，张左己部长与来访的德国联邦劳动和社会事务部部长共同签署了两国双边社会保险协定。该协定是我国对外签署的第一个社会保险双边协定。双边协定的签署，不仅避免了中国在德企业员工的双重保险问题，而且对完善我国社会保障制度，促进我国社会保障事业与世界接轨，为我国企业在海外投资和运行创造良好的条件等方面都具有重要意义。

10月，两国代表团就商签协定的行政协议进行了第一轮谈判，经过多种方式磋商，就行政协议的内容达成一致意见。同时，有关单位正在抓紧制订执行双边协定的国内准备工作。

五、境外就业工作

境外就业工作稳步推进。《境外就业中介管理规定》已经第8次部务会议原则通过，在此基础上召开了境外就业工作座谈会，加强了与公安、工商等部门的联系与配合，在理顺境外就业管理体制上取得新的进展。

学会与协会

一、中国劳动学会工作

2001年，中国劳动学会在各省市劳动学会、行业劳动学会和团体会员单位的大力支持下，工作取得了新的进展，发挥了学会应有的职能。

1. 开展学术研讨活动

2001年6月25日至29日，召开了“人力资源开发与管理的政策与方法问题”学术研讨会，有81名代表参加了会议，会议收到论文36篇。通过研讨和交流，提出了具有较高理论价值和实际应用价值的观点和对策建议，并对一些问题形成了共识。一是加深了对人力资源开发与管理问题研究的重要性、紧迫性的认识；二是人力资源是第一资源；三是当代人力资本理论的发展，使人们加深了在实践中正确认识经济增长中人力资本投资的作用；四是针对人力资源管理方面存在的问题，提出了要制定好全国人力资源发展与调控的总体战略，制定好人才政策，加快建立和完善多层次的人才培训体系，特别是要加快对高层次专业技术人才、经营管理人才和高技能人才的培训力度，要深化改革，建立企业人力资源开发、管理体系等对策措施。

2001年8月27日，企业工作信息交流会议在长春一汽宾馆召开，到会代表70余人，收到论文36篇。有16个单位的代表在大会进行了发言和交流。大会交流的内容涉及以下五个方面的内容：（1）关于实施人才发展战略，增强企业竞争力的问题；（2）关于以市场为导向，逐步形成职工能进能出机制的问题；（3）关于建立企业内部能上能下竞争机制的问题；（4）关于建立工资分配的激励和约束机制的问题；（5）关于企业经营者年薪制的问题。

2. 开展国内外交流合作

2001年3月19日至3月27日，中国劳动学会学术交流团应台湾省“中华人力资源管理协会”的邀请，对台湾进行了为期9天的学术交流和访问。在台北市召开了“海峡两岸人力资源开发与管理研讨会”，代表团成员向台湾同行介绍了中国大陆劳动法规实施现状、人力资源管理研究与教学情况、国有企业在转制过程中的改革措施以及中国劳动学会的有关情况。通过学术交流考察访问，双方加深了了解，建立了联系，达到了预期目的。

2001年，各地方劳动学会紧紧围绕劳动保障制度改革，坚持“三个”服务，也积极开展了一系列各具特色的活动。一是重视舆论阵地建设，努力办好会刊，把宣传党和政府的劳动保障法规政策作为自己的重要职责。二是开展前瞻性学术研究，把学术成果能否转化为政府决策为己任，形成了一批优秀学术成果。如浙江省劳动学会的重点课题《加入WTO对浙江劳动及就业的影响及对应策略》、大连市劳动学会的《劳务就业机制研究》等课题，对建立市场导向的就业机制提出了有现实意义和长远意义的对策建议。三是开展了企业劳资干部业务培训班、研讨班，为企业提供了形式多样的咨询服务活动。四是组织了国际交流活动，学习考察市场经济国家在劳动保障方面的成功经验和做法，为推动劳动保障制度改革做出了积极贡献。

二、中国职协工作

2001年，中国职工教育和职业培训协会对学术委员和兼职研究员队伍进行了调整，一批来自高等院校、科研院所、大型企业具有较高学术水平的专家、学者被充实到学术委员和兼职研究员队伍中。调整后重新聘请的学术委员24人，兼职研究员16人。24名学术委员全部具有高级职称。通过调整学术委员和兼职研究员队伍，为今后开展学术理论研究工作奠定了基础。协会开展了1999—2001年优秀科研成果的推荐评选工作，共收到论文（著）175篇。其中有关职工教育、职业培训改革发展方面的论文（著）59篇，有关劳动预备制度、职业资格证书制度方面的论文8篇，有关再就业工作对策研究的论文10篇，有关继续教育、高等职业教育问题研究的论文14篇，有关技工学校教育教学改革问题研究的论文57篇，与人力资源开发相关的论文27篇。通过组织优秀论文（著）评选活动，进一步推动了理论研究活动的广泛深入开展。同时，经劳动保障部批准，先后举办了职业能力测试专业技术培训班、职工教育管理干部继续教育培训班各一期，取得了较好的社会效益，受到了学员和学员单位的肯定。

2001年，协会还与劳动保障部、中华职教社联合召开了“落实江泽民总书记‘七一’讲话精神，加快提高劳动者素质座谈会”，来自有关部门、高等院校、研究机构和企业的近70名代表出席了座谈会，并就加快提高劳动者素质对我国经济发展的重要性和迫切性等问题进行了座谈。为推动技工学校的改革与发展，举办了“全国技工学校改革发展经验交流活动”，总结了各地技工学校改革调整工作进展情况，交流了工作经验，研究探讨了技工学校的发展思路和相应对策措施。为深入了解我国技术工人素质结构现状和企业对技术工人实际需求变化趋势，研究提高我国技术工人整体素质，建立适应经济发展需要的技术技能人才队伍的政策、措施，协会与劳动保障培训就业司、中国就业培训技术指导中心共同组成了“经济发展中技能人才需求变动趋势”课题组，调查抽选样本覆盖全国30个省、自治区、直辖市和29个行业。通过调查，较全面地了解了企业员工的基本状况、企业对技术工人需求的类型和程度、企业员工技能开发的手段、技术技能人才的相关政策和社会环境等方面的情况，为决策提供了翔实的参考资料。

三、中国劳企协工作

2001年，中国劳动就业服务企业协会坚持为就业服务、为企业服务的宗旨，紧紧围绕劳动保障部中心工作，以促进下岗职工再就业为工作重点，推动劳服企业、小企业、社区就业实体的发展，为企业、下岗失业人员服务、办实事工作取得了成效。

1．为配合政府做好下岗职工出中心再就业的工作，中国劳企协根据劳动保障部今年对社区就业工作的整体部署，即重点抓好全国100个重点联系城市的社区就业工作，运用100个重点联系城市的经验，推动社区就业工作全面开展的部署，起草了《关于确定社区就业工作重点联系城市的通知》，并以劳动保障部办公厅名义下发。为了指导各重点联系城市制定社区就业实施方案，为社区就业工作的实际操作提供具体指导，从而推动整体工作，还起草了《关于指导重点联系城市制定方案的意见》，并以培训就业司名义下发。

培训就业司、中国就业培训技术指导中心和中国劳企协分别在西安和珠海联合举办了全国重点联系城市开展社区就业工作南北片研修活动。来自全国100个社区就业工作重点联系城市及重点联系城市所在省、自治区、直辖市的社区就业工作负责人共150多人参加了会议。会议交流了部分重点联系城市的社区就业工作典型经验和社区就业工作方案。

2．中国劳企协在兰州市举办了第九届劳服企业质量管理小组成果发布活动。来自26个省、自治区、直辖市的81个QC小组的280名代表参加了发布会。此次发布成果领域延伸到商业、环保、教育、电讯、电力、建筑、机械、建材、轻工、铁路等多种行业，第三产业中的服务行业也脱颖而出。成果内容涉及降耗减损、改进工艺、优质服务等多方面。在此次发布会上首次发布就业培训成果。成果发布小组类别多，从QC小组的形式来看，具有多种类型，现场型20个、服务型4个、攻关型41个、管理型11个、创新型5个。通过成果发布，评选出优秀质量管理小组一等奖58名；二等奖23名；三等奖152名；质量管理小组活动优秀企业39名；优秀质量“信得过”班组62名；质量管理推进者65名。

3．积极开展培训工作。为了促进劳动就业服务企业在市场经济条件下的改革与发展，准确把握、运用《会计法》各项规定，中国劳动就业服务企业协会9月在云南省昆明市举办了新会计制度业务管理培训班。培训班邀请了财政部条法司、财政部统计评价司、劳动保障部、天津财经学院会计系教授进行授课，对小企业、劳服企业有关财务处理，中小企业、劳服企业绩效评价与考核办法，中小企业、劳服企业会计实际操作，劳服企业改革与发展进行了培训。来自中国劳动就业服务企业协会理事、会员，各省、自治区、直辖市劳动就业服务企业协会会员，行业劳服企业协会分支机构管理人员，中小企业、劳服企业主管财务经理、厂长和财务人员174人参加了培训。

为促进劳服企业发展，交流劳服企业综合配套改革和实行股份合作制的经验，提高劳服企业在市场经济条件下的竞争能力，中国劳动就业服务企业协会8月在新疆乌鲁木齐举办了劳服企业改革与发展培训班，培训班邀请了国务院研究室、北京大学和企业的专家，500余人参加培训。

4．中国劳企协与国家税务总局所得税司9月17～18日在河北省秦皇岛市联合召开劳服企业税收政策座谈会。来自北京、上海、天津、河北、辽宁、山东、湖南、贵州、陕西9个省、直辖市劳动、地税部门的33名代表参加了会议。会议的主要内容，一是讨论国家在税制改革中劳服企业的税收优惠政策是否保留的问题；二是讨论优惠政策予以保留，涉及政策适用的范围、减免税的期限、安置比例的计算公式、劳服企业安置对象的界定以及加强劳服企业年检认证和税收征管等有关方面的具体问题；三是对国家所得税司所得税处、中心小企业处共同协商起草的《劳动就业企业资格认定年检和所得税管理办法》（讨论稿）和《关于劳动就业企业优惠政策的通知》（讨论稿）进行了讨论。

5．培训就业司、中国就业培训技术指导中心、中国劳企协11月联合召开下岗失业人员小额贷款座谈会。来自13个省、自治区、直辖市和7个地市的劳动、妇联、银行代表和国家经贸委、中国人民银行以及联合国开发计划署、国际劳工组织北京局就业促进战略项目办公室、劳科所的专家共50多人参加了会议。内蒙古、上海、重庆、新疆、辽宁鞍山、江苏南通、安徽合肥、广西柳州、陕西商洛的代表作了经验交流发言，各省劳动保障部门代表将本省开展小额贷款的情况作了介绍。专家及会议代表就目前各种小额贷款做法及存在的问题发表了意见。

6．2001年，中国劳企协对100个重点联系城市开展社区就业工作情况调研，总结专题经验。先后对北京、上海、天津、河北（石家庄）、重庆、河南省（洛阳）、陕西（西安、宝鸡、延安）、内蒙古（包头、呼和浩特）、甘肃（兰州、武威、张掖、嘉峪关、敦煌）、湖南（长沙、湘潭）、福建（福州、厦门、龙岩）、广东（广州、佛山）、新疆（乌鲁木齐）、江苏（镇江）、安徽（淮南）、四川（成都、自贡、乐山、宜宾）开展社区就业问题进行调研，获得大量第一手材料，并形成调研报告。其中，《湖南省社区就业工作进展情况调研报告》《福建三城市社区就业工作调研报告》《天津市社区就业调研报告》等受到好评。

地方劳动和
社会保障工作

北　京　市

2001年，是实施“十五”计划的第一年。北京市各级劳动保障部门认真贯彻市委、市政府的一系列重大决策，从改革、发展、稳定的大局出发，团结奋斗，扎实工作，以推进劳动保障制度改革和机制创新为重点，促进了劳动保障事业的全面进步，为首都经济发展和社会稳定做出了突出的贡献。

一、下岗职工基本生活保障向失业保险制度稳步并轨

2001年，是实施“十五”计划的第一年。在失业人员新增14.08万人，增幅高达41.46%的情况下，北京市将就业工作重心向失业人员转移，通过大力开发社区就业岗位、强化再就业培训、实施失业人员动态管理、加快就业服务体系建设、开展再就业援助行动等措施，保持了全市就业局势的稳定，实现了3年并轨过渡期的良好开局。2001年，全市共有城镇登记失业人员17.28万人，其中，12.01万人实现了再就业，再就业率达到69.49%。截至年底，全市实有城镇登记失业人员5.19万人，城镇登记失业率为1.18%，没有超过1.5%的控制指标。如果将下岗职工统计在内，城镇失业率为1.59%。

全市1 067家再就业服务中心已撤销586家，撤销率为54.9%。上年结转的7.45万下岗职工，已有5.65万人实现了再就业，再就业率为75.91%。

在促进就业的同时，下岗职工、失业人员基本生活得到切实保障。全年筹集下岗职工基本生活费4.75亿元，发放失业保险金和医疗补助费5.66亿元。

二、多种措施扩大和促进就业成效显著

社区就业是拓宽就业渠道、开辟就业领域的新的增长点。2001年底，全市已开发、置换社区就业岗位11.96万个，安置下岗职工、失业人员10.56万人。在社区就业人员中，有6万人通过弹性就业形式实现就业。全市共建立社区公益性就业组织118家，安置就业特困人员2 920人。开展了以“促就业、接保险、保生活”为主题的全市再就业援助行动，提供社区就业岗位信息1.59万余条，帮助5 057名下岗职工、失业人员达成了社区就业意向。

社区就业培训工作突出了针对性、有效性和实用性。编写并推荐家政服务、再生资源回收、社区保洁、保安等社区就业培训教材14种，制定了相关的职业技能鉴定标准。全年累计培训下岗职工、失业人员22.73万人次，是上年的1.4倍，培训合格率达94%，推荐就业率达90%以上。

三、多层次的医疗保险制度改革平稳推进

从2001年4月1日开始，启动了医疗保险制度改革。截至2001年底，全市已有19 343户企业、216.6万名职工参加了基本医疗保险，建立了大额医疗互助制度，原大病统筹范围的企业和职工基本实现了新老制度的转换，超额完成了年初150万～200万人的既定指标。在医疗保险信息系统没有达到设计要求的情况下，克服困难，采取计算机管理与手工操作并行的过渡性措施，保证了医疗费用收缴、审

核、结算、支付系统的运转。全市认定定点医疗机构889家、定点药店64家。为了减轻危重病患者和老年慢性病患者的医疗费用负担，保证医疗保险制度改革的顺利进行，从10月份开始，全市加快了推进建立企业补充医疗保险的步伐。截至2001年底，企业补充医疗保险已覆盖147.6万人，覆盖面从10月份的30%扩大到68.1%，基本完成了覆盖人数达到70%的预定目标。

2001年，北京市政府发布了《本市城市特困人员医疗救助暂行办法》；即将出台《北京市市级国家机关公务员医疗补助暂行办法》和《离休干部医疗管理暂行办法》。市劳动保障局下发了《北京市个人委托存档人员参加基本医疗保险暂行办法》，从2002年3月1日起实行。此外，公务员参加医疗保险的前期准备工作正在抓紧进行。

四、社会保险扩面征缴工作卓有成效

截至2001年底，养老保险参统人数净增20.7万人，彻底扭转了缴费人数负增长的局面；养老保险基金增收11.5亿元，超额完成了市政府下达的净增8万人、增收6亿元的指标。市、区县政府分别成立了社会保险扩面征缴工作协调领导小组；建立了与区县财力挂钩的奖惩机制和目标责任制；以劳动保障部门为主，各有关部门密切配合，发挥各自的优势，综合运用多种手段，形成了扩面征缴的合力；开展了拉网式的专项执法大检查和有针对性的广泛宣传活动。上述措施，为2002年大规模地全面开展社会保险扩面征缴工作，积累了经验，奠定了基础。

五、养老保险制度改革逐步深入

按照国务院的要求和市政府的部署，将中央及市属科研院所等转制单位纳入了企业养老保险体系；实现了原行业统筹企业退休人员养老金的社会化发放，全市参统企业退休人员养老金社会化发放率达到100%；将中央及市属科研院所等转制单位纳入了企业养老保险体系；完善了外来务工人员养老保险政策和存档人员的参统办法；提高了企业离退休人员养老保险待遇。2001年，北京市企业离、退休人员月基本养老金水平分别达到1 400元和750元。全年养老保险基金支出110.7亿元，确保了124.2万名离退休人员的基本生活。

探索了企业退休人员社会化管理服务的途径和办法。全市以建立退休人员基本信息数据库为主要标志，实现社会化管理服务的退休人员达到12万人。西城区承担了区域试点任务，在所属10个街道全面启动，积累了好的经验。

农村养老保险稳步发展，全年投保新增2万人，覆盖人数达到40万人，基金总额达到4.7亿元。

六、劳动关系协调机制不断完善

2001年，北京市企业劳动合同期限届满职工人数为28万人，是第三个高峰年，各级劳动保障部门加强了对劳动合同终止、续订工作的指导，坚持对劳动合同期限届满的预警、预报制度，城镇职工劳动合同续订率达到80%；全市共受理劳动争议案件10 647件，同比增长42.34%，其中集体劳动争议案449件，同比增长2.75%，实现了结案率不低于95%的工作目标，维护了劳动关系双方的合法权益；全年还接待群众来信来访30 282人次，其中，集体来信来访188人次，及时解答了群众的问题，化解了矛盾；加强了重点时期、重点单位、重点案件的监控、排查，及时妥善处理集体劳动争议和突发事件，确保了社会的稳定。建立了由市级劳动保障部门、工会组织、企业组织三方代表组成的劳动关系协商会议制度，标志着北京市劳动关系协调工作有了一个较为规范和稳定的新的工作机制，将对维护北京市劳动关系的和谐稳定发挥重要作用。

七、劳动保障法制建设进一步加强

2001年，北京市政府发布了《北京市基本医疗保险规定》《北京市劳动合同规定》；下发了《关于完善本市城镇社会保障体系的意见》《关于加快建立市场导向的就业机制的意见》；北京市劳动保障局制定了精简30%行政审批事项的方案，清理了劳动保障规范性文件14 227件。

全市各级劳动保障监察机构加大了劳动保障行政执法力度，共检查各类用人单位4.5万户次，查处违法案件12 673件。组织开展了社会保险扩面征缴、清理非法职介机构、整顿用工秩序三项执法检查活动，保证了镣动政策法规的贯彻实施。

八、基层社会保障事务机构建设取得突破性进展

2001年，北京市建立了93个“综合性的社会保障事务所”，占街道（镇）的86%。为加快建立独立于企事业单位之外的社会保障体系创造了必要的条件。

在抓好以上工作的同时，调整了城市居民最低生活保障相关待遇标准；开展了企业工资总量决定机制的试点；工伤保险政策逐步完善；劳动鉴定质量明显提高；社会保险基金监督工作进一步加强；社会保险基金安全运行；信息系统建设有了新的进展；职业培训技术服务体系和职业技能鉴定工作，在劳动力市场建设中发挥了重要作用。

2001年，北京市的劳动保障工作之所以取得了显著成绩，主要在于北京市劳动保障部门的同志不断加深对劳动保障工作客观规律的认识，较好地把握了以下几点：

一是在确保稳定的前提下，坚定不移地推进重大改革。2001年，北京市各级劳动保障部门将维护社会稳定作为重要职责，正确处理改革、发展、稳定的关系，在建立市场导向的就业机制、医疗保险制度改革等工作中，始终着眼于社会的稳定，充分考虑社会各方面的承受能力，认真分析可能产生的不稳定因素，及时解决改革中遇到的问题。坚持积极稳妥地推进重大改革，以改革促进社会稳定和发展。一方面，从首都的特点和实际出发，遵循“先行试点，循序渐进，稳步推开”的改革原则，避免了社会震动，保证了改革的顺利实施；另一方面，将政策向弱势群体和困难群体倾斜，及时解决他们在改革中遇到的问题。这些措施，有力地维护了社会稳定，保证了各项重大改革的顺利实施。

二是努力创新工作机制，因地制宜地解决难点问题。在工作任务十分繁重的情况下，北京市各级劳动保障部门大胆实践，努力创新，不断推出新的工作举措。西城、东城区与商业保险公司合作，将企业补充保险实行商业化运作，探索了补充医疗保险运作的新模式，目前，两个区的补充医疗保险覆盖人群已分别达到82.7%和72%。门头沟区、密云县针对就业压力大的实际情况，结合地区产业结构，创办了具有孵化和安置功能的再就业园区，首批200名学员已进入园区。朝阳区将劳动保障监察职能延伸到社区，在扩面征缴、用工管理等重点工作中，街道社会保障事务所发挥了重要作用。宣武区推出了信访、仲裁、监察“三位一体”归口办案的工作新模式，解决了人员紧张、工作量大的矛盾，提高了办事效率。

三是加强作风建设，不断提高工作效率和管理服务水平。认真学习贯彻江总书记“三个代表”重要思想，贯彻落实党的十五届六中全会和市委八届八次会议精神，结合劳动保障部门的实际，按照“八个坚持、八个反对”的要求，切实加强作风建设，积极推进职能和工作方式的转变，强化为企业和群众服务的意识，精简了行政审批事项，推行了“一站式”服务，实行了网上行政审批。市局的网站被评为市政府机关优秀网站。特别是“立党为公、执政为民”活动开展以来，各单位深入基层、深入群众，调查研究，为群众排忧解难。各区县劳动保障部门在机构改革中，思想不散，秩序不乱，工作正常运转。全市劳动保障系统的作风建设取得了新的成绩，行政管理水平和工作效率不断提高。

（北京市劳动和社会保障局）

天 津 市

2001年，天津市各级劳动保障部门在劳动保障部和市委、市政府的领导下，认真学习和实践“三个代表”重要思想，狠抓工作落实。两个确保进一步巩固，社会保险扩面、征缴、追欠工作取得新进展，城镇职工基本医疗保险制度改革平稳启动，就业和再就业工作力度不断加大，对全市国民经济发展和社会稳定做出了积极贡献。

一、巩固两个确保成果，维护社会稳定

2001年，按照中央的部署和要求，天津市始终坚持两个确保目标不变、政策不变、工作要求不变的“三不变”方针，把两个确保工作放在首位。

1．积极筹措资金，切实保障下岗职工基本生活。全年累计为14.1万名下岗职工发放基本生活保障金4.4亿元。同时，充分发挥再就业服务中心的职能作用，坚持“稳进快出”原则，完善下岗职工出中心的鼓励政策，加大对下岗职工的职业培训、职业介绍和就业指导工作力度，有效地促进了下岗职工提前出中心，实现再就业。全市当年新增进入再就业中心的下岗职工为2.59万人，出中心的为7.13万人，实现再就业5.13万人。

2．巩固养老金社会化发放成果，确保企业退休人员统筹项目内养老金按时足额发放。2001年，全市企业退休人员养老金社会化发放率继续保持100%。在此基础上，对部分不能发放统筹项目外养老金的困难企业，自9月起至12月，实施财政专项补助办法给予帮助，拨付补助资金7 966万元，涉及退休人员30万人，确保了退休人员的基本生活。

二、深化社会保险制度改革，完善社会保障体系

2001年，天津市按照党的十五届五中全会提出的完善社会保障体系建设要求，加快完善独立于企业、事业单位之外社会保障体系的建设步伐，基本形成以养老、失业和医疗为主要内容的社会保险体系框架。

1．养老保险制度改革进一步深化。为确保养老保险基金征缴任务的完成，打好养老保险扩面、征缴、追欠三个硬仗，在养老保险扩面工作中，重点推进农村信用联社和科研院所及会计事务所转企参保工作；在征缴方面，广泛开展养老保险专项稽核工作，全年稽核企业9 277户，涉及参保职工163万人。通过稽核，查处少报、漏报缴费基数和参保人数的用人单位511户，少报、漏报参保人数2.01万人；补报缴费基数7 200万元，补缴养老保险基金1 895万元。养老保险全年实现扩面17.4万人，扩面基金收入2.47亿元；基金征缴完成46.08亿元，平均征缴率为95.4%；追回企业历年欠缴的养老保险费0.62亿元。

2．失业保险工作取得突破性进展，保障功能明显增强。5月23日市人大第十三届常委会第二十五次会议通过并发布《天津市失业保险条例》。以贯彻《天津市失业保险条例》为契机，天津市加大扩面、征缴工作力度，基金征缴额大幅度提高。至年末，参保人数达214万人，参保率达到90.3%；基金征缴首次突破5亿元，实现5.08亿元，比上年增收

0.73亿元。全年累计领取失业保险金的人员为14.68万人，发放失业保险金3.69亿元，确保了失业人员的基本生活。与此同时，加大下岗职工出中心的政策扶持和管理服务力度，积极推进下岗职工基本生活保障制度向失业保险制度并轨，全市再就业中心由1 608家减少到886家，年末领取失业保险的人数与享受下岗职工基本生活保障的人数之比与上年同期相比有了明显提高，失业保险已成为下岗、失业人员生活保障的主要形式。但随着两种保障制度并轨进程的加快，失业人数持续增加，失业保险基金面临的压力进一步加大。

3．顺利出台天津市城镇职工基本医疗保险制度。基本医疗保险制度是现行社会保险制度中涉及面最广，也是最为复杂的一个险种。本着积极稳妥的原则，天津市在近两年半的时间里，进行了大量调研和测算，在总结塘沽区试点和大港区先期运行经验的基础上，制定了《天津市城镇职工基本医疗保险规定》及配套办法，并于2001年11月1日在全市范围内启动实施。为保证医改工作的顺利进行，认真抓好定点医疗机构和零售药店资格的审查、确认工作，分两批向社会公布了480个定点医疗机构和50个定点零售药店。同时，进行医保政策、经办业务的培训和宣传工作，举办培训班66期，培训2万余人，初步形成一支实施医疗保险工作的专业队伍。基本医疗保险制度实施后，运行基本平稳，广大参保人员基本医疗需求得到有效保障。至年末，登记参保人数达268万人，缴费人数为128.5万人，其中在职职工84.5万人，退休人员44万人；完成基金征缴1.5亿元。

4．积极稳妥地推进工伤保险制度改革。2001年5月天津市劳动保障局工伤保险处成立以后，从抓基础入手，建章立制，理顺关系。对市区两级劳动保障行政部门及劳动鉴定机构工伤认定和伤残程度鉴定的职责范围进行了调整，并建立了工伤报告制度；对工伤认定和鉴定的程序及档案进行规范，从制度上为开展工伤保险制度改革打下基础。从5月起，调整了工伤保险计算基数和待遇标准。工伤保险计算基数由838元调整为916元，伤残抚恤金、护理费和供养亲属抚恤金在2000年领取额基础上增长9.3%，调整后全部护理依赖月护理费为458元，大部分护理依赖月护理费为366元，部分护理依赖月护理费为275元；供养亲属抚恤金，配偶领取额为每月366元，孤寡老人或者孤儿领取额为每月458元，其他供养亲属的抚恤金为每月275元，供养亲属的月抚恤金总额不得超过916元。

5．积极推进女职工生育保险制度改革。按照国家生育保险制度改革的总体要求和原则，天津市在专题调研、数据测算、综合分析的基础上，初步形成城镇职工生育保险制度改革方案，将国家机关、事业单位、社会团体、民办非企业单位和城镇企业等用人单位纳入实施范围，基本覆盖到城镇各类经济组织。

6．社会保险基金监督管理工作得到加强。5月18日，天津市劳动和社会保障局机关完成机构改革工作，分设了养老保险处、失业保险处、医疗保险处、工伤保险处、农村社会保险处和社会保险基金监督管理处等6个社会保险部门。在本年度，养老、失业和医疗保险处加强了社会保险基金的征缴、支付和监督管理；工伤保险处积极落实工作职责，加紧建章立制；农村养老保险处按照全国《整顿规范农村社会养老保险》工作要求，对天津市农村养老保险开展情况进行摸底调查；社会保险基金监督处加强基金监管工作，转发了劳动保障部《社会保险基金行政监督办法》和《社会保险基金监督举报工作管理办法》。这些工作的开展，为保障社会保险基金的运营安全和完整，充分发挥其保障作用奠定了基础。

三、开展再就业援助行动，保持就业局势基本稳定

2001年，天津市各级劳动保障部门以实施再就业援助行动为重点，紧紧围绕“促就业、接保险、保生活”这个主题，推动就业、再就业工作向纵深发展，保持了就业局势的基

本稳定，至年末，城镇登记失业率控制在3.6%。

1. 贯彻扩大就业方针，将创造就业岗位指标纳入就业工作考核指标。年初，确立本年度全市创造8万个就业岗位工作目标，并向区（县）和行业下达了年度再就业考核指标。各级政府和劳动保障部门明确任务，落实责任，定期检查，督促考核。至年末，全市创造就业岗位8.19万个，其中行业增加就业人员3.08万人，社区创造就业岗位5.11万个。安置8.11万人实现就业和再就业。

2. 拓宽就业渠道，引导下岗职工多渠道、多形式就业。通过大力发展劳服企业和建立非正规就业劳动组织，扩大就业容量。至年末，全市新办劳服企业455家，建立非正规就业劳动组织624家，兴办社区公益性劳动组织19家，安置就业5万余人。同时，结合再就业中心撤并工作，通过建立劳务派遣组织，多形式开发利用人力资源，安置就业3万余人。

3. 切实有效地开展再就业援助行动，取得较好效果。按照劳动保障部要求，从7月开始，围绕"促就业、接保险、保生活"三个主题，开展面向再就业困难的下岗职工和失业人员的再就业援助行动，实施上门咨询和政策援助、职业指导援助、技能培训援助、就业信息和岗位援助、社会保险关系接续援助、劳动保障事务代理援助、生活保障援助、特困群体援助等8项援助行动。受理政策咨询5.6万人次，发放援助手册1.2万册，提供劳动事务代理5.6万人次，免费进行职业指导2.6万人次，组织103家培训单位实施免费培训月活动，有近4 000人接受了免费培训。组织市、区县21家职业介绍机构，开展了历时两个月的免费招聘活动，举办招聘专场89场，进场招聘单位2 788家，进场求职的下岗失业人员有12.9万人，达成意向4.3万人。同时，对特殊困难群体进行调查摸底和认定工作，托底安置工作初见成效。

4. 依法强化城乡劳动力管理，促进劳动力有序流动。深入贯彻《天津市劳动就业管理条例》和《天津市流动人口就业管理暂行规定》，依法推行招工备案和就业登记制度，规范用人单位用工行为和严格经济性裁员的企业行为，加强城镇劳动力资源的基础管理工作，合理引导流入的劳动力按需有序流动。从而保护了劳动者的合法权益，维护了市场的就业秩序。

5. 劳动力市场建设步伐加快，就业服务体系建设日趋完善。一是合理调整布局，规范市场行为，将劳动力市场建设工作重点由数量的增加转向质量的提高，全市职业介绍机构由原来的206家调整为168家。二是突出社会化公益性服务，市、区县、街镇职业介绍中心全部开辟公益性服务窗口，坚持免费为下岗职工、失业人员提供各项就业服务，举办下岗失业人员招聘专场448场，进场求职下岗失业人员达40.3万人次。三是面向全社会，全面启动多功能、全方位的人力资源开发利用和配置工作，全年接待用人单位8.1万户，汇聚供需信息70余万条，进场求职人员达311万人次，达成意向的占20.1%。四是将就业服务工作向街道延伸。7月份，天津市劳动保障局在和平区试点工作的基础上，召开了加强街道劳动保障机构建设推动会，在全市推行"一科一中心"建设，即在街（镇）建立劳动保障科和劳动保障服务中心，承担退休人员社会化管理、失业人员动态管理和就业服务职能。至年末，市内6区及塘沽、汉沽、大港区有73个街建立了劳动保障服务机构，就业服务体系初步形成。

四、加强职业技能开发，提高职工队伍整体素质

2001年，天津市以提高职工队伍素质为目标，坚持职业培训与就业相结合的方针，积极推进职业资格证书制度，开展职业技能培训和职业技能鉴定工作，全年各级各类培训机构共培训70万人次，完成职业技能鉴定12万人次。

1. 从深化技工学校改革，落实劳动预备

制度入手，全面推进素质教育，加强对新生劳动力的培养。为适应天津市经济发展和主导产业对技能人才的需求，技工学校改革以产业结构调整和市场就业为导向，优化结构布局，大力发展高级技工教育，将电子仪表技术学校等3所国家级重点技校改建为高级技工学校，至年末，全市高级技校达到5所，国家级重点技校增至8所，初步形成较为完善的技工学校体系。与此同时，树立面向市场就业的办学理念，在全市技校中普遍开展“创新创业”教育，并首次举办技工学校学生技能成果展，参展技校有77所，参展学生实习作品共2 000余件。通过技能成果展示，提高了天津市技工学校社会声誉。较圆满地完成了技工学校招生任务，共招收新生1.48万人。

2．积极推行国家职业资格证书制度，开展在职职工职业培训工作。通过开展就业准入控制大检查，引导用人单位提高对职工培训的认识，利用生产淡季和业余时间对职工进行岗位培训，全年全市企业培训职工50万人次。开展职业技能大赛活动，激发广大职工爱岗敬业、钻研技术的积极性。举办开发区首届“泰达杯”技能比武大赛和全市漆工大赛，对竞赛成绩优秀者给予技术等级晋升1～2个级别的奖励。组织参加第25届亚洲美容美发大赛，天津市有2名选手获一等奖，被劳动保障部授予全国技术能手称号。组织参加劳动和社会保障部主办的全国首届计算机大赛，天津市参赛选手有1 918人，有1人获得个人标准赛全国决赛优秀选手奖，2人获得部发《技师职业资格证书》，12人获得部发《高级职业资格证书》，天津赛区获优秀组织奖和最佳宣传奖。

3．加强转业转岗训练，提高下岗职工和失业人员的市场就业竞争能力。按照“政府搭台、企业组织、社会培训、定向补贴”原则，确定了40个适合下岗、失业人员的培训项目，开展转业转岗再就业培训，全年举办各类培训班1 532班次，培训下岗、失业人员7.8万人，培训后实现再就业2万余人。天津市19个劳动保障就业训练中心配合再就业援助行动，举办培训班699个班次，培训下岗、失业人员3.1万人。

4．充分利用社会办学资源，开展职业技能培训。社会力量办学机构由于适应市场需求，机制灵活，发展迅速，已经成为职业培训事业发展的新增长点。为了规范社会力量办学机构，本年度市劳动保障局会同民政局联合开展民办非企业单位复查登记，至年末，审批各类社会力量培训机构370所，开设培训工种150余个，培训人员10万人次，培训后取得职业资格证书3万余人。

5．大力开展职业技能鉴定工作，鉴定规模稳步扩大，职业资格证书的社会认可程度逐步提高。天津市采取了扩大职业技术院校毕业生鉴定范围，搞好特种作业人员“双证书”考核鉴定，简化技能鉴定工作程序，改革技师考评工作等措施，提高了工作效率，拓展了技能鉴定市场。至年末，全市完成职业技能鉴定12.3万人，其中鉴定各类职业技术学校毕业生5.6万人，企业在职职工3.4万人，社会待业、失业、下岗人员1.5万人。全年取得职业资格证书人数达11.5万人，其中初级工78 109人，中级工29 826人，高级工6 319人，技师、高级技师1 003人。从1994年开始推行职业资格证书至本年度末，全市累计有51万人参加职业技能鉴定，有42.2万人取得不同等级职业资格证书。与此同时，加强了职业技能鉴定的基础管理工作：(1) 加强职业技能鉴定机构建设，定期开展鉴定所（站）质量检查。本年度，职业技能鉴定所（站）由上年的73个增至90个。在质量检查中，有14个鉴定机构被评为优秀，28个被评为良好，2个因管理混乱受到批评。(2) 完善考评员聘任制。采取考核评估与调整结构相结合的评聘方法，原1 368名考评员中有1 264人受聘，426人未被聘用，新增考评员418人。考评员承担鉴定的工种由上年的206个增至243个。(3) 加强题库建设，提高考核技术水平。在采用国家题库的同时，本年度增加了超市理货员、家政服务员等8个本市职业（工种）试卷库。

五、探索工资分配新机制，加快企业工资分配体系建设步伐

2001 年，天津市在市场经济体制下劳动价值理论和工资分配机制方面做了有益探索。

1. 继续完善工资总额宏观调控办法，扩大推行自主决定工资水平办法实施范围。从政策上，简化审批手续，减少中间环节，缩短审批时限，提高工作效率，通过对企业经营业绩、内控制度、自我约束机制的考查，严格了审批条件。在 2000 年 25 户企业实行自主决定工资水平办法的基础上，扩大试点范围，除股份制和有限责任公司外，又将国有独资企业和具有新经济增长点的高新技术企业纳入适用范围，批准 38 户企业实行自主决定工资水平办法。同时，继续完善“两低于”工资总额调控办法。针对以往出现的由于职工变动和消化历年结存工资造成工资总额出现缺口等问题，做出按人员变化和消化工资结余情况核定人数和工资总额基数的规定。发布 2001 年企业工资增长指导线，规定基准线为 14%，上线为 26%，下线为零增长或负增长，但职工工资不得低于本市最低工资。

2. 做好 2001 年劳动力市场工资指导价位发布工作。对覆盖 36.8 万职工的 11 个行业 496 户企业人工成本进行抽样调查，经综合分析筛选后，发布了 247 个工种（岗位）的劳动力市场指导价位，比上年增加 91 个工种。为增强劳动力价位的针对性和指导作用，在上年各工种岗位按职称和技术等级分组基础上，增加了按经济类型和行业分组。

3. 进一步规范各行业企业经营者年薪制办法。制定《天津市国有企业经营者年薪制试行办法》，建立起本市企业经营者激励约束机制。制定《关于贯彻落实劳动和社会保障部〈工资集体协商试行办法〉的意见》，对实行工资集体协商的企业范围，协商程序、方法以及协商中争议的处理等问题做出规定，为企业建立规范的工资集体协商制度提供政策支持。

4. 出台企业职工增资政策。制定了《关于促进企业增加职工工资的安排意见》，鼓励和促进企业采取措施为职工增加工资，使职工收入随着天津市经济的发展得到合理适度增长。从 3 月 1 日起，调整天津市最低工资标准，市区由每月 350 元调整为每月 412 元；蓟县、静海县、宝坻县、宁河县由每月 340 元调整为每月 402 元。企业可从 1 月 1 日起增加工资，新增工资当年核增工资总额基数。2001 年，天津市企业从业人员劳动报酬为13 951 元，比上年增加1 539元，增长 12.4%。

六、完善劳动关系调整机制，维护劳动关系和谐稳定

2001 年，天津市坚持劳动关系调整要“抓源头、重预防”，将做好劳动争议处理作为维系劳动关系和谐稳定的基本手段和长效措施。

1. 从加强企业劳动合同管理入手，依法规范劳动关系，做好劳动争议预防工作。一是加强劳动合同法制宣传教育，提高用人单位和劳动者依法签约履约意识，全年举办劳动法律知识培训班 40 期，培训职工 1.3 万人。二是指导企业完善劳动合同管理，规范劳动合同管理程序，建立“两账一卡”日常管理制度。三是强化劳动合同鉴证工作，规范企业用工行为，防止无效合同产生。全年鉴证劳动合同 25.4 万份，纠正违法合同6 000份，查出无效合同3 000份。四是推行平等协商集体合同制度，全年审查企业集体合同 104 份，涉及职工 20.2 万人。其中，国有企业 58 份，涉及职工 14 万人。

2. 坚持及时、公开、公正原则，做好劳动争议处理工作。一是完善办案制度，规范办案行为，注重调解，提高办案效率。二是做好对突发争议事件的预防。建立集体争议、突发事件及劳动保障紧急重大情况报告制度、信息反馈制度；加强对重点行业和重点企业的排查，发现不稳定因素和争议苗头，及时采取措施予以化解。年内列入全市重点监控企业 118 户，及时化解 80 多起群体突发事件。全年各级劳动仲裁机构处理各类劳动争议案7 000件，涉及职工8 463人，其中集体争议案62件，涉及职工1 525人。立案处理2 444件，案外调解4 556件。全年结案2 152件，裁决结案551件，当事人撤诉361件，调解结案1 240件，时效内结案率达95%以上。2001年劳动争议案件的数量呈迅速增长之势，增幅达16.8%，但涉案人数有所下降，降幅达11.3%。分析2001年劳动争议产生的原因主要有：（1）劳动关系的复杂和经济环境的变化导致劳动争议大量增加；（2）劳动者和用人单位的法律意识和维权意识的不断增强；（3）劳动保障法律法规体系尚不完善，还不能完全适应社会主义市场经济的发展。

3．改进工作作风，坚持文明接待，做好劳动保障信访工作。坚持局长接待日制度，有效地解决了许多重大疑难信访问题。积极宣传劳动保障政策法规，做好政策咨询、疏导和群众来信、来电、来访办理工作，化解矛盾，解决问题，维护用人单位和劳动者的合法权益。全年共接待群众信访2.5万件（次），办结案率达98%。

七、劳动保障法制建设取得重大进展，促进了依法行政

1．加强劳动保障法制建设。2001年，天津市劳动保障局按照市委、市政府要求，精简行政审批项目，简化行政审批手续，精简率达到53%。按照世贸组织规则的要求，对建国以来近3 000件劳动保障地方性法规、规章、规范性文件进行清理，废止地方性法规1件，废止政府规章、政府规范性文件31件，修改政府规章2件。加强劳动保障立法和普法工作，市人大常委会颁布了《天津市失业保险条例》，市人民政府批转了《天津市城镇职工基本医疗保险规定》，市劳动保障局制定和完善劳动保障政策35项，基本形成了劳动保障法规体系的框架。强化行政执法责任制，搞好行政复议工作，全年受理行政复议案件30件，全部得到妥善处理。圆满完成劳动保障“三五”普法工作任务。

2．加强劳动保障监察队伍建设，加大监督检查工作力度。6月29日，天津市劳动保障监察总队正式成立，这是劳动保障部门转变政府职能的重大举措，标志着天津市劳动保障行政执法工作迈上新台阶。从1月10日至4月30日，开展全市劳动年检工作，全年参检单位为1.88万户，涉及在岗职工145.91万人，不在岗职工36.45万人，参检单位比上年增加3 695户。全市各级劳动保障监察机构开展劳动保障常规巡查、养老保险专项稽核检查、就业准入制度和规范用工等专项执法检查，全年检查用人单位2.28万户，查处违法单位2 560户，行政处罚243户；受理群众举报4 800多件（次），立案查处1 672件，结案率达到97%。通过各种形式的监督检查，督促用人单位为6.24万人补签了劳动合同或临时劳动协议，补缴养老保险费6 339万元，补缴失业保险费2 076万元。

八、狠抓基础性工作，加强劳动保障信息化建设

1．加强劳动保障信息化建设。2001年，天津市劳动保障局着眼于中、长期发展规划要求，制定了《天津市劳动和社会保障管理信息系统建设规划要点》，明确了系统建设的总体目标，完成了系统业务需求的编写和总体设计工作，并通过专家评审。11月下旬，天津市劳动保障局数据中心与21个社险分中心实现全网联通，并开始养老、医疗保险管理信息系统试运行。年底前，已基本实现机关办公自动化，完成了一期工程建设任务。

2．加强劳动保障宏观决策系统建设和调查研究工作。按照劳动保障部和天津市政府要求，天津市劳动保障局完成了天津市劳动保障事业“十五”计划和人口、就业、社会保障“十五”规划的编制工作。对劳动和社会保障领域的热点和难点问题进行调研，对社会保障体系建设、下岗职工基本生活保障制度向失业保险制度并轨及提高天津市企业职工工资水平等课题进行了前瞻性研究，为制定和完善政策发挥了积极作用。

3．围绕劳动保障中心任务，认真搞好宣传和统计信息工作。加大宣传力度，使劳动和社会保障制度的各项改革得到了社会各界的理解和支持。加强政务信息和统计信息管理工作，为领导科学决策提供参考。初步建立劳动保障统计信息统一发布制度，并制定劳动保障统计工作管理办法，为各项工作的开展打下了坚实基础。

九、顺利完成机构改革，机关面貌焕然一新

2001年，按照天津市市委、市政府的统一部署和要求，天津市劳动保障局于4月18日至5月18日，在一个月内顺利完成机构改革工作，实现了转变职能、精简统一、权责一致、压缩人员编制、优化人员结构的改革目标。机构改革后，局机关人员编制减少43.4%，由258人减至146人，处级领导干部年龄由48.2岁下降到45岁，局机关有50名同志进行轮岗。干部队伍的年轻化、知识化和专业化得到加强，更重要的是建立了一种双向选择、竞争上岗的机制。通过机构改革，工作作风得到切实转变，工作效率有了很大提高。机构改革后，人员减少了，工作任务却更加繁重了，干部职工在亲身经历竞争上岗的考验后，深感岗位来之不易，加倍珍惜，将压力变为动力，努力增强做好工作的责任感和使命感。全局上下形成一种务实高效、比学习、比工作、比才干的新气象，机关面貌焕然一新。

（天津市劳动和社会保障局）

河　北　省

一、劳动管理工作

2001年，河北省劳动保障部门在各级党委、政府的领导下，认真学习和实践江总书记"三个代表"重要思想，团结奋斗，扎实苦干，城乡就业工作稳步推进，以职业介绍、就业训练、劳服企业和社区就业为内容的就业服务工作扎实有效，下岗职工再就业工作力度进一步加大，工资分配制度改革进一步加快，职业培训、劳动保障监察、劳动仲裁、规划统计、劳动保障宣传工作进一步加强，各项工作都取得明显成绩。

1．城乡劳动力就业工作。在城镇就业工作方面，2001年，河北省进一步采取措施，一是疏通城镇各类人员就业渠道，建立了就业失业登记证制度，通过统一证件解决了就业管理和服务上的政出多门、管理混乱、就业无序现象。二是大力推进劳动力市场"三化"建设和清理整顿工作，先后对各市职业介绍服务中心按照国家统一要求进行了整顿验收，强化了服务功能，完善了服务项目。三是大力发展社区服务安置城镇失业人员，全省11个市都建立了社区服务安置城镇失业人员示范点。全年通过社区服务就业的城镇失业人员达30%。四是做好外国人来河北省就业的规范化管理工作。

在农村就业工作方面，一是大力做好农村劳动力开发就业工作。到年底，河北省共有国家及省级农村劳动力开发就业试点县32个。二是圆满完成农村就业国际项目。项目试点行唐县实施就业方案7个，受益农户265个，实现就业1 108人，间接带动就业102人，户均增收3 700元，受到国际劳工组织和劳动保障部的肯定。据统计，2001年，河北省城镇登记失业人员为19.54万人，城镇登记失业率为3.2%。农村劳动力向非农产业转移133.5万人次。

2．下岗职工出中心再就业工作。2001年，河北省共有国有企业下岗职工43.02万人。为促进下岗职工出中心再就业，河北省全面开展了以"保生活、促就业、接保险"为主要内容的再就业援助行动，通过上门咨询和政策援助、职业指导援助、就业信息和岗位援助、技能培训援助、社会保险接续援助、劳动保障事务代理援助、生活保障援助和特困群体援助，帮助出中心后生活、就业困难的下岗职工及失业人员。面向劳动密集型产业、非公有制经济组织、第三产业特别是社区服务业，制定促进就业岗位开发的政策，并组织实施；进一步落实下岗职工自谋职业和组织起来就业在工商登记、资金信贷、税费减免和经营场地方面的优惠政策，并扩大到各类失业人员，全省普遍实行了下岗职工再就业优惠政策"一卡通关"；推广阶段性就业、弹性就业、困难人员托底安置办法，坚持积极稳妥、有情操作的原则，切实做好下岗职工出中心、解除劳动关系工作，指导企业妥善处理经济补偿、拖欠职工工资和集资款等债权债务问题，积极稳妥地开展下岗职工出中心再就业工作。据统计，2001年，全省共有18.24万名国有企业下岗职工实现了再就业，再就业率为42.4%。

3．劳动力市场建设。2001年，河北省认真落实劳动力市场管理办法，全面推进劳动力市场科学化、规范化、现代化建设，重点抓好信息网络建设和职业指导、职业介绍、职业供求状况分析和预测预报、劳动人事代理等项工作，劳动力市场“三化”建设一期试点工作圆满完成，各个试点全部通过了国家评估验收。继续落实对下岗职工的各项优惠政策，发挥公共职业介绍机构促进就业的主渠道作用。各级职业介绍机构积极配合再就业援助行动，开设专门窗口，免费为下岗职工和失业人员开展政策咨询、职业指导、职业介绍、即时就业、推荐培训信息、劳动事务代理等一条龙服务，举办下岗职工和失业人员专场招聘洽谈会200多场次。加强对各级各类职介机构的清理整顿，严格职业介绍机构年检制度，减少和杜绝违规中介行为。2001年，河北省通过公共职业介绍机构实现就业和再就业76.4万人，其中下岗职工5.5万人。

4．就业训练工作。2001年，河北省以下岗职工和失业人员为重点，实施劳动保障部第二期“三年千万再就业培训计划”和河北省第二期“三年60万再就业培训计划”，继续推广“政府购买培训成果”的做法，抓好城镇青年就业前训练和农村劳动力就业训练工作，加强就业训练中心建设。并指导全省就业训练机构由单一化培训向多元化培训转变，由普通培训向高层次培训转变，由创收性培训向政策性培训转变。坚持培训与政策结合，培训与就业结合，培训与市场结合，取得较好成效。全年培训下岗职工14.1万人，培训失业人员7.2万人。

5．劳服企业和社区就业工作。为搞好劳服企业和社区就业工作，2001年，河北省主要抓了两件事，一是进一步巩固和发展劳服企业和社区服务就业实体，建立健全社区服务就业工作网络，完善促进下岗职工社区服务就业的政策措施，开发新的就业岗位。通过抓好石家庄、唐山、秦皇岛、邯郸、保定5个全国社区就业重点联系城市，带动了全省劳服企业向社区延伸。积极创办社区就业实体和生产自救基地，安置下岗职工和失业人员。二是进一步建立和完善了与市场经济体制相适应的劳服企业管理指导和协调机制。全年创办社区服务就业实体2 061个，安置下岗职工2.1万人。

6．劳动关系调整工作。为调整劳动关系，河北省2001年主要抓了以下工作：一是围绕企业改革这一中心，积极做好企业劳动管理工作，在企业劳动合同管理、劳动用工管理、劳动定员定额标准等方面，制定和完善了一些新的政策规定，确保各类企业改革的顺利进行；二是在由单纯管理企业向综合管理社会劳动的转变中，紧紧抓住推行劳动合同用工制度这一关键，在私营企业、个体企业、外资企业、国家机关、事业单位全面推进劳动合同制度，取得初步成效；三是在建立政府、企业和工会对劳动关系重大问题的三方协商机制以及推动集体合同制度方面有较大进展，全省已签订集体合同2.7万家企业，涉及职工540万人；四是规范并理顺了各类企业在劳动关系方面存在的问题，出台了规范性政策意见，使劳动合同的签订、续订、终止、变更、经济补偿、生活补助等行为都有章可循，减少了政出多门、政策混乱造成的影响，劳动关系出现了和谐稳定的局面。

7．企业工资收入分配工作。2001年，河北省继续扩大经营者年薪制试点，市场指导、企业自主决定、政府监控的工资分配机制正在形成。适合各类企业的分配机制逐步完善，现代企业分配制度正在建立。在3 456家企业建立了工资集体协商制度。通过协商，股份制和非国有企业的收入分配机制已经形成。全省最低工资指导线确定后，多数市已经形成劳动力市场指导价位、人工成本预警预报定期发布制度。开展了工资内外收入监督检查，分配制度进一步规范，各类企业的收入分配秩序逐年好转，确保了企业深化改革的顺利进行。

8．劳动争议仲裁工作。2001年，河北省劳动保障厅出台了劳动仲裁监督实施办法，明确了职责和责任以及错案的纠正、重新审理办法。加强了跨省区企业的劳动仲裁检查工作。

认真解决“买断工龄”和“经济补偿”等问题，为企业改制提供了政策服务。进一步加强了劳动争议仲裁的基础建设，提高了仲裁员队伍素质和办案质量。积极依靠和调动工会、经贸组织的积极性，不断完善劳动仲裁的三方机制。紧紧围绕劳动保障业务工作，全面加强社会治安综合治理、矛盾纠纷排查和来信来访工作，处理来信来访4万余件，解决50人以上的群体性事件20余起，维护了社会稳定，受到省委、省政府的表彰。

9．职业培训工作。2001年，河北省组织开展了职业技能鉴定和劳动预备制度及就业准入控制落实情况大检查，对国家规定的90个工种实行了就业准入，2万余人参加劳动预备制度培训，有16.5万人接受职业技能鉴定。疏通了技工学校与高等职业学校联合办学的渠道，提高了办学层次；进一步调整了技工学校的布局结构，综合办学能力明显加强，年招生人数达2万人；规范和加强了社会培训机构的教学教研工作，年培训达10万人以上。积极有序地开展了职业技能竞赛，健全了技能人才评选表彰制度。

10．劳动保障监察与法制工作。2001年，河北省开展了劳动保障法律法规监督检查和禁止使用童工联合检查活动，普遍建立了劳动保障年检制度，全省主动监察用人单位4.1万户，涉及职工448.4万人；群众举报结案3 794件，结案率达93.4%；督促用人单位补缴社会保险费1.72亿元；补签劳动合同33.9万份；清退童工140人。沧州市和香河县被劳动保障部、共青团中央命名为全国优秀青少年维权岗。按照省人大的要求，全面开展了社会保障执法大检查及整改工作，劳动保障系统执法人员依法行政水平明显提高，受到省人大好评。同时，制定了河北省劳动保障系统“四五”普法规划，开展了行政复议和加入世界贸易组织政策法规清理工作。

11．规划财务和基金监督工作。2001年，河北省劳动保障厅编制了《河北省劳动和社会保障事业发展“十五”规划》，全面开展了补充养老保险清理检查工作，完成了国有企业下岗职工基本生活保障资金、基本养老保险基金、失业保险基金的专项检查，1998年4月份以后挤占挪用基金回收率达57.5%，非银行金融机构存款纠正率为49.2%，社会保障基金社会化监督机制初步建立，财务管理工作逐步趋向规范化。

12．劳动保障宣传工作。按照劳动保障部的统一安排，2001年，河北省劳动保障厅开展了完善社会保障体系宣传活动，两个确保和社会保险费征缴情况公布工作形成制度，全省普遍建立了新闻发布制度和新闻宣传统一审核制度。

二、社会保险工作

2001年，河北省劳动保障部门在各级党委、政府的领导下，认真学习和实践江总书记“三个代表”重要思想，团结奋斗，扎实苦干，两个确保得到进一步巩固，养老保险工作力度进一步加大，医疗保险制度改革稳步推进，失业保险工作快速发展，各项社会保险工作都取得明显成绩。

1．两个确保工作。2001年，河北省各级劳动保障部门从维护社会稳定和促进改革、发展的大局出发，坚持两个确保（企业离退休人员养老金按时足额发放和国有企业下岗职工基本生活保障）“三个不变”（两个确保的目标不变，不能再发生新的拖欠；两个确保的现行政策不变；两个确保的工作要求不变，继续实行党政一把手负责制）。一是大力筹集两个确保资金。继续按照财政、社会、企业“三三制”原则筹集下岗职工基本生活保障资金，财政负担部分，足额列入预算并及时拨付，进一步加大社会筹集和企业自筹力度；加大养老、失业保险费征缴力度，应收尽收，增加收入。在此基础上，摸清当地两个确保资金缺口，积极争取财政解决；当地财政有困难的，在完成省下达各项工作目标的情况下，省给予补助。二是加大对两个确保资金管理使用的监督检查，严格按照当地基本生活保障标准发放基本生活费，并代缴社会保险费，杜绝挤占挪用和减发欠发两项资金现象。三是对两个确保问题较多的地方、行业和企业，继续实行重点监控。四是定期向社会公布两个确保落实情况和社会保险费征缴情况，接受群众监督，并主动排查隐患，预防和及时处理群体性事件。五是劳动保障部门与民政部门配合，将以前没有参加养老、失业保险，现在又无缴费能力的城镇集体企业的退休人员、失业人员和下岗职工，纳入城市居民最低生活保障。据统计，2001年，河北省共为128万名企业离退休人员发放养老金82.1亿元，为290万人次国有企业下岗职工发放基本生活费6.62亿元，代缴养老、失业保险费2.63亿元。从统计情况看，全省企业离退休人员养老金和国有企业下岗职工基本生活费全部实现了按时足额发放，在集体企业养老保险纳入省级统筹、下岗职工出中心再就业速度趋缓，两个确保压力较大的情况下，2001年成为河北省近年来两项资金发放情况最好的一年。

2．企业养老保险工作。2001年，河北省在规范企业用人管理、完善社会保险登记、部门内部形成合力、加大劳动保障监察力度的基础上，一是以外资企业、私营企业、新兴企业特别是高新技术企业、个体工商户和企业临时性用工为重点，全面开展了养老保险扩面工作，做好新建企业、转制单位养老保险登记工作，准确掌握改制企业参保人员情况，防止参保职工流失和养老保险关系中断。二是把扩面和基金征缴有机地结合起来，认真落实《社会保险费征缴暂行条例》，加强缴费基数的稽核，继续采用各级政府签订目标责任书、重点监控、通报批评、新闻曝光、各类评先一票否决、银行划拨、专项审计、法院强制执行等综合措施，强力征缴清欠。三是认真做好参保登记、清理规范统筹项目、严格退休审批等基础工作，加强个人账户管理，建立规范的养老保险关系。四是不断规范社会化发放形式，纠正由企业或企业退管组织发放养老金的形式，在不断完善发放工作流程的基础上，建立了申领资格确认审核制度、死亡申报制度、稽查制度、举报制度等，继续完善和巩固了全额征缴和养老金社会化发放成果。截至2001年底，河北省应纳入养老保险社会统筹的企业职工共有424.9万人，实际纳入414万人，覆盖率为97.4%；新增缴费职工12.4万人，石家庄、保定等市新增缴费人数较多。全省征缴企业养老保险费63.6亿元，征缴率达91.9%；清收上年底前的欠费4.7亿元。全省实现养老金社会化发放的企业离退休人员127.4万人，社会化发放率达到99.5%。同时，全面开展了解决企业离休人员与机关同类人员待遇不平衡的问题，集体企业养老保险纳入了省级统筹，普遍建立了企业职工退休公示制度。秦皇岛进行了完善城镇职工基本养老保险制度试点的专项调研和测算工作，拟定了试点实施方案。为了实现全年目标，廊坊市坚持把扩大覆盖面与控制缴费人员流失同时抓，加强基金征缴与清理企业陈欠同时抓，强化基金监督管理与全面推行社会化发放同时抓，成效明显。邯郸市、承德市坚持以发放促征缴清欠，征缴清欠均创历史新高。石家庄市、邢台市征缴额创历史最好水平。唐山市养老保险费征缴清欠继续保持了较高水平。沧州市对50%的参保企业进行审计，加大对省级统筹基金的调剂力度，确保了企业离退休人员养老金的按时足额发放。保定、衡水等市加大与有关部门的协调力度，相互配合，共同做好征缴清欠工作。张家口市自全省养老保险费征缴清欠工作会议后，不等不靠，狠抓落实，一个多月清欠2 000多万元。

3．机关事业单位养老保险工作。2001年，河北省进一步完善了制度，规范了管理，养老金社会化发放工作进一步完善。截至2001年底，全省机关事业单位养老保险参保职工达到82万人，其中新增参保职工6万人；管理离退休人员17.6万人；全年征缴基金16.1亿元，征缴率达96%；发放养老金15.9亿元，发放率达100%，养老金社会化发放率达到90%。全年两次调整机关事业单位离退休人员待遇，人均月增资180元，均已落实到位。

4．农村社会养老保险工作。2001年，河北省按照整顿规范的思路，改革基金管理模式，理顺管理体制，提高管理水平，全面清理了违规资金，加大了回收力度，坚决制止了基金流失。进一步理顺了管理体制，稳定了人员队伍。继续开展财务检查，摸清了基金底数，规范了业务管理。全年回收违纪基金2 500万元，县级农村养老保险机构移交劳动保障部门已达96个，全省上划基金1 200万元。

5．医疗保险工作。2001年，河北省按照“全面推进覆盖，狠抓基础管理，完善配套政策”的思路，通过完善办法，规范操作，扩大市本级覆盖范围，启动县级医改工作，对于少数困难地区，采取先建立统筹基金的办法，解决大病保险问题。围绕保险基金的征缴、建账、支付和参保人员的用药、诊疗项目、医疗服务设施、“两定点”管理等，建立健全管理制度，完善医、保、患三方制约机制。加强基础数据和基础资料的管理，建立相关数据库和基础台账。出台了河北省基本医疗保险药品目录和困难地区实行大病医疗保险社会统筹办法，研究解决退休人员医疗保险费用来源、合理控制费用支出等问题。到2001年底，全省11个设区市本级、省直和100多个县（市）医保方案启动运行，廊坊、秦皇岛、邯郸、邢台、保定、承德市所属各县（市）医保方案全部启动运行。医保方案启动运行地区将医疗保险职能划转到劳动保障部门，建立了行政管理和业务经办机构，规范了参保人员登记、缴费、稽核、医疗审核、费用报销、待遇核定支付等业务流程，市本级医疗保险参保人员、定点医疗机构和医疗服务设施、药品目录全部实现微机管理，确定定点医疗机构802家，零售药店331家。省及6个市出台了国家公务员医疗补助办法，有7个市出台了大额医疗保险和企业补充医疗保险办法。截至2001年底，全省基本医疗保险参保人员已达243万人，实际缴费192万人，征缴医疗保险费6.98亿元，征缴率为98%，支出3.5亿元，运行基本平稳。

6．工伤保险和生育保险工作。2001年，河北省进一步完善工伤和生育保险政策规定，规范各地工伤统筹办法，积极稳妥地扩大两项保险覆盖面，加强基金征缴。全省开展生育保险的县（市）达117个，覆盖141万人。全省开展工伤保险的县（市）达114个，覆盖人数200.1万人。

7．失业保险工作。2001年，河北省围绕建立市场导向的就业机制和独立于企业、事业单位之外的社会保障体系的目标，各地继续加大贯彻《失业保险条例》的力度，以私营企业、外资企业和事业单位为重点开展扩面工作。加强失业保险缴费基数稽核，加强基金征缴清欠，加快失业保险市级统筹步伐，逐步建立失业保险基金市级统筹、省适量调剂的制度，重点抓好失业保险扩面征缴、失业人员管理服务社会化和下岗职工基本生活保障向失业保险并轨等项工作，抓住省政府出台《河北省失业保险实施办法》的有利时机，依法管理和规范失业保险工作，贯彻落实失业保险金申领办法，建立个人缴费记录制度，提高失业保险管理服务水平，失业保险再上新台阶。截至2001年底，全省参加失业保险的人数达到512.9万人，覆盖率达91.7%，其中新增参保职工18.46万人，征缴失业保险费5.97亿元，清收上年度欠费0.43亿元，多数市提前完成全年征缴任务。全省失业保险基金支出3.83亿元，其中为10.98万名失业人员发放失业保险金1.87亿元，调剂下岗职工基本生活保障资金1.18亿元。

（河北省劳动和社会保障厅）

山 西 省

2001年是实施“十五”计划的第一年，也是山西省经济结构调整的入轨之年。一年来，在山西省委、省政府的领导下，全省各级劳动保障部门认真学习和实践江总书记“三个代表”重要思想，全面贯彻全国、全省社会保障工作会议精神，坚持“八个继续、一项创新”的工作思路，主动靠前，狠抓落实，劳动保障工作取得了新的突破，在促进发展和维护稳定中发挥了重要作用。

一、两个确保取得历史最好成绩

2001年，山西省各级劳动保障部门始终把两个确保作为首要任务，按照中央确定的政策、目标、要求“三不变”方针，上下一致共同努力，认真落实各项措施，取得了1998年实施两个确保以来的最好成绩。全省共筹集下岗职工基本生活保障和再就业资金6.97亿元；征缴养老保险费43.2亿元，基金收缴率达96%，创历史最好水平。国有企业下岗职工进中心比例达到98.6%，进中心的18.6万名下岗职工全部领到基本生活费并缴纳了社会保险费。全年共为82万名企业离退休人员发放基本养老金52.7亿元，足额发放率为100%，社会化发放率为97%。与此同时，顺利完成了企业离休人员两次调整离休金工作，全年新增企业退休人员3.83万人，占参保人员的1.35%，实现了年初制定的1.5%以内的控制目标。

二、下岗职工出中心工作进展平稳

2001年，山西省进入了下岗职工出中心的高峰期。各地把这项工作作为重中之重，紧紧抓住经济补偿金支付、企业与职工债权债务清理等难点问题，采取了行之有效的措施和办法。有的根据不同年龄或工作年限，对出中心的下岗职工实行了“内退”“协保”“解除”等劳动关系处理办法。有的通过土地出让、资产变现、折抵购房款等途径，妥善解决下岗职工与企业的债权债务问题。到2001年底，全省共有10.44万名下岗职工出中心，其中协议期满的3.75万人，解除劳动关系的1.96万人。对协议期满未能解除劳动关系的下岗职工，多方设法保障他们的基本生活。大同按失业保险金的标准实施生活救助；阳泉、朔州按在中心期间第三年的基本生活费标准实施生活救助；晋中按低保标准实施3个月生活补助；太原、忻州直接安排进入失业保险；晋城、临汾由企业实施生活救助，均取得较好的社会效果。

三、失业保险的作用明显增强

2001年，山西省各地认真贯彻落实《失业保险条例》，进一步加强了扩面征缴和失业保险金发放工作。到年底，全省失业保险参保人数达286万人，参保率为96.1%，高出年度目标1.1个百分点。失业保险基金收入达2.94亿元，同比增长21%；征缴率为92.9%，高出年度目标2.9个百分点。全年失业保险基金支出1.5亿元，其中，向再就业服务中心调剂资金9 550万元，占63.3%。领取失业保险金人数达22.1万人（次），比上年增加11.7万人（次），月人均支付224元。

四、医疗保险制度改革稳步推进

2001年，山西省医疗保险制度改革以加大组织实施力度为重点，坚持“先易后难、先大后小、加快启动、渐次推进”的原则，呈现出稳步推进的态势，其中运城、阳泉、大同在全省起到了带动作用。到年底，全省11个市地全部启动实施医疗保险制度，参保人数158.3万人。从运行情况看，新旧制度衔接比较平稳，参保人员基本医疗得到保障，基金收支基本平衡。

五、整顿规范农村养老保险的工作进展顺利

按照国家的部署和要求，2001年，山西省进一步加大了整顿规范农保工作的力度，建立完善制度，清理催收外欠基金，规范基金运作，按时足额发放养老金，对维护农村社会稳定发挥了积极作用。部分地方农保职能和机构进行了划转移交，并纳入财政预算管理，为下一步发展奠定了良好的基础。

六、城乡就业工作进一步得到加强

2001年，山西省城镇新增就业20万人，其中再就业8.05万人，再就业率为32.7%。城镇登记失业率为2.58%，控制在国家确定的4%的目标以内。农村劳动力就业继续贯彻“就地就近转移消化和按需有序流动”的要求，共有66万农村劳动力外出务工，占农村劳动力的10%。在促进就业工作中，省劳动保障、经贸、财政、工商、税务等13个部门联合制定实施了下岗职工再就业优惠证制度，并就再就业优惠政策的落实进行了大检查。长治、太原、晋中市委、市政府分别出台了促进就业的政策措施，将就业工作纳入政府考核目标。各级劳动保障部门进一步加大了劳动力市场建设的力度，开展了再就业援助行动。全省第二期3年40万再就业培训计划启动运行，技校改革、建立职业资格证书制度的工作进展顺利，有力地促进了劳动者素质的提高。

七、企业工资分配制度改革取得进展

2001年，在工资宏观调控方面，山西省完善了工资指导线和工效挂钩办法，有4个城市发布了劳动力市场工资指导价位，在部分企业试行了自主决定工资总量的办法。在内部分配改革方面，全省有112户企业实行了经营者年薪制，有69户企业开展了工资集体协商试点，部分企业开始推行以岗位工资制为主的基本工资制度，使分配向管理、技术、人才短缺岗位倾斜。据初步统计，2001年，山西省在岗职工平均工资为8 122元，其中国有单位8 618元，比上年增长17.4%，提升了职工工资收入在全国的位次。

八、劳动关系调整和劳动监察工作扎实有效

2001年，山西省各地认真贯彻劳动保障法律法规，进一步加强劳动合同和集体合同的签订及管理工作，依法维护劳动关系的和谐稳定。全年共接待群众来信来访41 795件次，比上年增加23.4%。接待处理集体上访416起，涉及职工17 843人，比上年增加33%，结案率保持在98.5%以上。在加强监控预防的同时，配合企业、行业主管部门，及时处理平息了110余起群体性突发事件。全省各级劳动仲裁委员会共审理案件2 055件，涉及职工4 912人，分别比上年增长40.4%和86.7%，结案率达90.6%。开展了以劳动用工和社会保险费征缴为重点的劳动保障执法监察，共检查用人单位1.8万户，补签劳动合同28.4万份，追发劳动者工资830.2万元，督促缴纳社会保险费3.96亿元，订出还款计划7.5亿元。

九、完善社会保障体系试点工作准备就绪

山西省政府确定阳泉市为社会保障体系建设试点城市后，2001年，阳泉市按照试点内容要求，开展了大规模的调查摸底、数据测算、政策调研和方案论证工作。11月初，由省劳动保障厅与财政厅和阳泉市政府主要领导带队，专程到辽宁实地学习，进一步完善了试点方案，待省政府批准后即可实施。

十、精神文明和干部队伍建设取得新成果

2001年，山西省各级劳动保障部门坚持不懈地开展以自律制、公示制、承诺制为主要内容的“阳光行动”和“三优”文明窗口创建活动，省劳动保障厅制定了全系统干部教育培训规划，分三期培训劳动保障干部200名。行风评议工作进展顺利，社会各界对省地两级劳动保障部门的满意率达99%，在省委确定的4个评议部门中名列第二。省劳动保障厅已连续6年被评为太原市“文明单位”，连续4年被评为太原市“文明单位标兵”，连续3年荣获“省级文明单位”称号。全省85%以上的市地县劳动保障部门被评为精神文明建设先进单位。

（山西省劳动和社会保障厅）

内蒙古自治区

2001年，在内蒙古自治区党委、政府的领导下，在劳动和社会保障部的指导下，内蒙古自治区各级劳动保障部门深入学习和实践“三个代表”重要思想，认真贯彻党的十五届六中全会精神，全面落实中央和自治区的工作部署，解放思想、实事求是、与时俱进、开拓创新，圆满完成了各项工作目标，在巩固成果的基础上，取得了新世纪开局之年新的成绩，在自治区改革发展稳定的大局中发挥了重要作用。

一、两个确保进一步巩固

2001年，内蒙古自治区继续把两个确保作为首要任务来抓。按照中央关于确保当前、着眼长远的要求及工作目标、政策措施和工作要求“三不变”的方针，各级党委、政府高度重视，加强领导，各级劳动保障部门与有关部门密切配合，实行按月调度、按月通报、定期督查，实施动态管理；按季向社会公布两个确保情况，接受舆论和社会监督；设立举报电话，及时解决职工群众反映的强烈问题；对困难地区和困难行业、企业实行重点监控，把苗头性、隐患性问题消灭在萌芽状态。尽管各级财政、企业面临诸多困难，但由于各地共同努力，加上中央财政的支持，使两个确保得到了进一步巩固，为国企改革脱困创造了条件，维护了社会稳定，与前3年相比，两个确保工作趋于扎实、规范，实现了当期无拖欠，取得了实施两个确保以来的最好成绩。

2001年，内蒙古自治区累计出现国有企业下岗职工16.27万人（其中上年结转10.05万人、当年新增6.22万人），期末实有7.92万人，全部领到了基本生活费并代缴了三项社会保险费；全年共使用下岗职工基本生活保障资金4.95亿元，其中用于发放基本生活费3.43亿元，代缴三项社会保险费1.52亿元。全区领取养老金的企业离退休人员61.93万人，比上年增加2.9万人，均按时足额领到了养老金，全年发放养老金37.03亿元；实行社会化发放的企业离退休人员达到61.02万人，社会化发放率达98.5%；在确保当期发放的同时，补发历史拖欠养老金1.2亿元。

二、再就业工作成效明显

2001年，内蒙古自治区在全力确保下岗职工基本生活保障的前提下，工作重点向再就业转移。内蒙古在就业环境不宽松、就业岗位不足的情况下，保持了就业局势的基本稳定，全区城镇登记失业率为3.7%；再就业率稳步提高，全区共有8.18万名下岗职工实现了再就业，再就业率为50.3%，高出全国平均水平30%的20个百分点。

1. 以社区就业为突破口，主要抓了组建工作机构、建立工作网络、完善优惠政策三项工作。成立了自治区、盟市、旗县三级社区就业协调委员会，制定了自治区3年社区就业服务发展规划，下发了《关于加强〈社区就业服务证书〉管理、落实税收优惠政策的通知》，拟以自治区劳动保障、民政等10个厅局联合下发《关于进一步推动社区就业工作的意见》。在工作中注意汲取各地的先进经验，通过典型引路、定期发放简报，推动全区工作。适时召开了全区社区就业工作现场会，交流推广先进地区经验，以促进社区就业与社区建设的紧密结合。通过一年来的努力，出现了像包头市狠抓基础管理、促进社区就业，呼和浩特市加大资金扶持力度、重视社区就业硬件建设，赤峰市抓重点带全面，满洲里市实施小额贷款扎实推动社区就业工作的可喜局面。经过多方努力，获得了国际劳工组织中国城市促进就业试点项目的资金支持，使包头市成为全国3个试点城市之一，4年内可获得近600万元的资金支持，缓解了促进社区就业资金不足的困难。2001年，全区共组建社区就业服务实体1万多户，安置下岗失业人员5万多人。

2．进一步巩固再就业基地，继续发挥基地在促进再就业中的作用。在连续两年争取自治区财政投入的基础上，2001年又争取自治区财政投入1 000万元，引导主办单位投入1.8亿元，新建和扩建再就业基地128个，安置下岗失业人员2.6万人。

3．充分发挥劳动就业服务企业的作用，为出中心再就业立新功。2001年，内蒙古自治区有劳服企业（含社区就业实体和生产自救基地）12 883家，从业人员突破20万，吸纳下岗失业人员近万人。在2001年劳动和社会保障部召开的全国劳服企业小企业第九届质量管理成果发布会上，内蒙古劳服企业获一等奖2个、三等奖9个、QC活动优秀企业奖1个。

4．积极开展再就业援助行动，为就业弱势群体解决实际困难。全国再就业援助行动开展以来，内蒙古自治区人民政府和自治区劳动和社会保障厅先后下发了《在全区开展再就业援助行动的通知》《关于贯彻落实劳动和社会保障部再就业援助行动工作安排的通知》《内蒙古自治区再就业援助行动实施方案》等文件，加强了对再就业援助行动的组织领导。在开展援助行动中，各地紧紧围绕“保生活、促就业、接保险”三大主题，重点扶持下岗失业职工中的困难人员，把援助行动与巩固两个确保、落实优惠政策、推动社区就业、加强劳动力市场“三化”建设和建立完善的社会保障体系结合起来，取得了阶段性成果。2001年，在已确定的近4万名再就业援助对象中，有30 144名下岗失业人员免费接受了职业指导，33 881人接受了再就业培训，26 000多人接续了社会保险关系，8 625人重新就业。

三、“并轨”工作积极稳妥推进

下岗职工基本生活保障向失业保险并轨是建立完善的社会保障体系的必然措施。2000年，内蒙古自治区在连续两年确保的基础上，经过认真调研分析，确定了到2002年末全面实现并轨的目标并进行试点。按照国家劳动保障部坚持并轨方向和下岗职工协议期满出中心不动摇的原则和积极稳妥、进度服从稳定的要求，根据内蒙古自治区实际确定的三年三步走的构想，制定并实施了“先易后难、渐次推进、适时并轨”的计划，采取了“农村包围城市”的办法，因地制宜，分类指导，不搞“一刀切”；采取了“保老、扶中、推青”的办法，出中心、并轨与接续社会保险同步考虑，不留尾巴；采取了地方财政补贴等方式多渠道筹资的办法，帮助困难企业支付经济补偿金，不等不靠。2001年又成功地召开了全区并轨工作座谈会，同时，适时出台相关政策、措施，使并轨工作积极、稳妥地开展。在工作中，注意抓住关键环节，突出工作重点，采取有力措施并着力予以解决。

并轨工作的关键，一是出中心解除劳动关系，二是出中心后的接保险、再就业。本着政府与企业的责任分开，历史遗留问题与现实问题分开的原则，内蒙古自治区对不同企业和不同时期参加工作的职工实行分类指导、区别对待，通过政策引导、开展再就业援助行动等一系列措施，使工作顺利进行。2001年，全区101个旗县有75个旗县（市区）实现并轨，其中阿盟、兴安盟和锡盟全面实现并轨目标，实现并轨的地区，大部分较好地理清了下岗职工出中心后的劳动关系和经济补偿问题。

四、坚持市场导向的就业机制，市场建设步伐加快

内蒙古自治区按照国家关于劳动力市场规范化、科学化、现代化建设的要求，2001年主要做了以下工作：

1．进一步加大劳动力市场建设的工作力度。在巩固和发展全国试点城市呼和浩特市、包头市、赤峰市“三化”成果的同时，进一步加大了全区劳动力市场建设的工作力度，在场地建设、信息网络、规范运作、人员培训、制度建设、目标管理等方面取得显著成效。包头市、赤峰市、鄂尔多斯市实现了全市联网，75个旗县（市区）职业介绍机构达到自治区级优秀职业介绍机构标准，达标率为75%。

2．健全完善了劳动力市场的各项工作制度，使劳动力市场建设逐步走上“三化”的轨道。为了规范劳动力市场的管理，先后拟定下发了劳动力市场业务流程、用工信息发布程序、市场供求状况、分析方法等规范性文件。

3．农村牧区劳动力培训就业工作逐步得到规范。为认真落实国家的要求，内蒙古自治区结合本区实际，下发了《关于开展农村牧区劳动力开发就业试点工作的通知》，制定实施方案，指导赤峰市松山区、宁城县、呼盟扎兰屯市、乌盟兴和县实施农村牧区劳动力开发试点，并确定11个旗县（市区）为自治区级农村牧区劳动力开发就业试点地区。

4．加强对全区职业介绍机构的组织指导，充分发挥公共职业介绍机构的作用。其中，指导自治区职业介绍中心举办用工洽谈会82次，接待用工单位330个，接待各类求职登记人员9 000多人次，介绍成功率达60%，远远高出全国平均水平。

5．强化职业指导工作，培训了业务骨干。2001年，内蒙古自治区共举办两期职业指导人员培训班，提高了专业人员的自身素质和管理水平。

五、培训鉴定工作取得新进展

1．加强了培训鉴定工作的政策法规建设。2001年，内蒙古自治区劳动保障厅先后协调计委、教育厅等部门，以自治区人民政府名义出台了《全区技工学校调整改革意见》，加大了对技工教育的改革力度；以主席令的形式下发了《全区社会力量办学管理办法》，加强了对社会培训机构的监督检查；修订了《内蒙古自治区职业技能鉴定暂行办法》等相关配套制度，形成了技能鉴定行政监督和技术支持一体化运作体系。

2．积极探索技工教育的结构调整。2001年，内蒙古自治区经劳动保障部批准晋升了一所高级技工学校，经自治区人民政府批准创建了3所职业技术学院、2个技师培训基地，此举在全国技工学校改革发展经验交流会上受到劳动保障部领导的肯定和表扬。

3．加强技能培训。内蒙古自治区努力落实先培训后就业、先培训后上岗制度，开展劳动预备制和转业转岗等有针对性、实用性、有效性的技能培训，2001年培训14.4万人，超额完成了年初计划。同时还重点抓了国家职业技能考评人员的培训，积极组织劳动者参加职业技能鉴定考试，共鉴定3.6万人，比上年增加2万人，有力地促进了职业资格证书和就业准入制度的落实。

六、养老保险制度进一步完善

2001年，内蒙古自治区把进一步完善养老保险制度作为建立完善的社会保障体系的首要问题来抓，按照政策引导、稳步扩面、强化征缴、规范管理、改善服务的原则，调整工作思路和工作重点，改进工作方法，促进了养老保险工作的有效开展。

1．扩面方面。要求用人单位只要开办企业、招用职工就要参加社会保险，并逐级下达了扩面任务，稳定了参保人数，基本实现了全覆盖。全区各类企业应参统职工196.47万人，实际参统194.61万人，覆盖率达99.1%，其

中新参统4.4万人，比上年纯增1.4万人。兴安盟把接续养老保险关系作为扩面工作的重点，明确了下岗分流人员续保的政策规定及缴费办法和标准。

2. 征缴方面。建立与地税部门协调联动的机制，积极配合地税部门认真做好参保登记、稽核缴费基数等基础性工作，促进了征缴率的稳步提高。地税部门年收缴社会保险费38.7亿元，其中收缴养老保险费29.9亿元，在接交的第一年就取得了较好成绩。同时，加大了清欠工作力度，对重点欠费企业建立分级监控制度，实行动态跟踪，年内收回企业欠费1.92亿元。

3. 管理方面。强化了基础建设，个人账户管理进一步规范，数据管理水平不断提高。

4. 服务方面。社会化发放成果得到巩固，社会化管理服务试点有了新的进展，全区实行社会化管理服务的离退休人员17.5万人，占27.8%。

七、基本医疗保险制度改革稳步推进

1. 基本医疗保险制度初步建立。2001年，内蒙古自治区坚持"三改并举、同步推进"的方针和"稳步扩面、强化管理、健全系统、完善政策"的思路，重点组织，启动实施，完善医疗保险费用结算、个人账户管理和医疗服务管理等政策措施，全区城镇职工基本医疗保险制度初步建立。医疗保险制度在绝大部分地区组织实施，全区94个统筹地区已有87个启动运行新制度，启动面达93%，覆盖人数179.53万人，覆盖率达55.6%，启动面和覆盖率分别高于全国平均水平9个百分点和18个百分点。医疗保险基金运行平稳，收支平衡并有结余，社会各界对改革初步理解。多层次医疗保险体系开始建立，管理制度逐步加强，重点对定点医院、定点药店实施监督管理，规范给付办法和结算方式，努力提高服务质量。

自治区本级医疗保险制度于2001年7月1日正式启动，到年底已有8.1万人参加基本医疗保险，基本做到了全覆盖，大额医疗保险实现了同时起步；为确保医疗保险工作稳步运行，加大了对医疗机构的监控管理力度，有效遏制了一些不规范行为的发生。在抓规范运行的基础上，修改上报了本级在呼和浩特市地区公务员医疗补助实施办法和离休人员医疗保障管理办法，努力满足不同层次人群的基本医疗需求。

2. 积极推进工伤、生育保险制度改革。2001年，内蒙古自治区已有36个旗县实行工伤保险，占旗县总数的36%，参保人数为36.4万人，覆盖率为31%；已有31个旗县实行生育保险，占旗县总数的31%，参保人数为23.4万人，覆盖率为20%。

八、劳动关系和劳动工资调控工作取得积极进展

2001年，内蒙古自治区以紧紧围绕研究和解决新时期劳动关系，全面推进全员劳动合同制为基础，继续扩大推制范围，提高合同签订比例，进一步加大劳动争议处理力度，促进劳动关系和谐、健康发展。同时围绕国企改革，积极探索现代企业工资分配制度。

1. 继续抓好推行劳动合同制工作。2001年初，内蒙古自治区下达了推进全员劳动合同制的任务和指标，并确定了重点，通过采取建立定期上报制度和重点监控等措施，巩固和提高了劳动合同的签订比例。全区城镇企业职工劳动合同签订率达到94.9%，私营企业和个体工商户劳动合同签订率达83.3%，乡镇企业劳动合同签订率达77.3%。在推进劳动合同制度的同时，加强了对劳动合同履行情况的督促检查，依法纠正和查处了企业的不规范行为。

2. 深化工资分配制度改革。全区已普遍实行了企业工资指导线制度并在指导企业工资合理增长方面发挥了积极的作用；已在呼和浩特市、包头市、通辽市、赤峰市、乌海市和乌兰浩特市建立劳动力市场工资指导价位制度，为企业合理确定工资水平及完善劳动力市场发

挥了积极的作用。

3．加强了对劳动争议的预防和处理工作。一是加强了对突发事件的监控工作，建立了领导小组，制定了工作制度，明确了工作职责和任务，并建立了三级突发事件监控信息网络，有效地监控了突发事件的发生，维护了内蒙古自治区的社会稳定。二是加大劳动争议发生的源头控制，把好劳动合同鉴证和集体合同的审核关，维护双方当事人的合法权益，2001 年劳动合同鉴证通过率和集体合同审核通过率均达到 98%。三是妥善处理了劳动争议案件，对劳动争议案件坚持合法、公正、及时处理的原则，2001 年全区共受理案件1 388件，已结案1 340件，结案率为 96.5%，超额完成 91% 的工作目标。

九、劳动保障法制建设不断推进

2001 年，内蒙古自治区以全面推进依法行政为重点，加快立法步伐，完成了《内蒙古城镇职工基本医疗保险条例》《内蒙古劳动合同规定》《内蒙古劳动保障监督检查条例》的起草任务，等待颁布。加大劳动保障监察执法力度，开展了主动监察、劳动保障年检、举报专查和专项检查活动，主动检查用人单位 2.63 万户，受理群众举报 342 件，已结案 335 件，结案率达 96.6%。完善劳动争议预防和处理机制，受理劳动争议案件1 388件，已结案1 340件，结案率达 96.5%。改革现行审批制度，坚持政事分开、理顺职能、明确权限、政务公开的原则，核减行政审批项目 20 项，实现了少审批、多服务、重监管，加强了宏观调控，促进了依法行政。

（内蒙古自治区劳动和社会保障厅）

辽　宁　省

2001 年，辽宁省劳动和社会保障厅承担着国家完善城镇社会保障体系试点工作的任务，既感到责任重大，又是难得的机遇。一年来，在省委、省政府的领导下，在省直目标办的大力指导下，在省直各有关兄弟厅局的鼎立支持下，完善城镇社会保障体系试点工作取得全面进展，就业工作取得重大突破，两个确保工作成果继续得到巩固，各项工作都取得了新的成绩，全面完成了年初确定的各项工作目标。

一、完善城镇社会保障体系试点工作取得重大进展

辽宁省委、省政府对社保试点工作十分重视，把它作为 2001 年全省工作的两件大事之一。首先，对全省的基本情况进行了大规模的普查，在摸清下岗职工、离岗人员和养老保险个人账户的基本情况底数的基础上，制定了辽宁省的试点实施方案，并经国务院批准实施。同时，辽宁省劳动保障厅会同有关部门研究制定了 12 项配套的具体政策、20 余项补充意见，指导各市制定了具体的操作办法，从而形成了一整套较为完善的政策体系。政策确定后，组织开展了大量的政策培训、宣传和思想动员工作。7 月 1 日，试点工作启动实施后，每月召开一次各市负责同志的试点工作调度会，每周调度一次并轨工作进度，及时通报试点进展情况，提出工作要求，不断加大此项工作的推进力度。截至 2001 年底，企业职工缴纳基本养老保险费的比例由 5% 提高到 8%，个人账户规模从 11% 调整为 8%；有 489.9 万人开始做实个人账户，2.2 万名新退休人员按新办法计发基本养老金；机关事业单位养老保险工作进一步完善和加强；并轨工作取得突破性进展，实施并轨人数达到 51.5 万人，完成并轨工作年度计划的 157%；城镇职工基本医疗保险制度已在全省范围内基本建立，有 350 万人参加了基本医疗保险；管理服务社会化逐步展开，有 40 余万名企业退休人员和登记失业人员纳入了社会化管理范围；全省统一的社会保障计算机网络初步建成。按试点开始提出的工作标准衡量，基本达到了统计准确、政策完善、工作细致、成本合理的要求，而且保持了运行平稳，维护了社会稳定。朱镕基总理和吴邦国副总理 11 月来辽宁省考察时充分肯定了试点工作取得的成绩，指出辽宁各级党委和政府认真贯彻中央的方针政策和工作部署，克服困难，在调查摸底、方案细化、政策宣传、资金筹集等方面下了很大功夫，试点工作取得了初步成效。

二、就业和再就业工作取得重大突破

辽宁省政府将就业工作作为 2001 年工作的重点，强力推进，制定了《辽宁省促进就业工作方案》和《关于促进就业有关政策的通知》，并将就业工作纳入政府目标责任考核体系。省劳动保障厅按照省政府的要求，千方百计采取措施，积极拓宽就业渠道，组织和引导下岗职工和失业人员向一产和三产转移，向社区和家政服务领域转移，向非公有制经济转移，向省外境外转移。并加强劳动力市场建设，完善就业服务体系，为促进就业创造良好

环境。辽宁省劳动保障厅与北京市劳动保障部门联合组织北京市25户大型企业到沈阳市和阜新、北票破产矿山进行现场招聘洽谈会，有1 600余人签订了就业意向书。同时，大力开展就业援助活动，主动深入基层帮助3.63万名特困群体人员实现了就业或再就业。全年实现就业人数为82.8万人，完成目标的118.3%，是近10年以来的最高水平。其中，国有企业下岗职工再就业37.16万人，完成目标的123.9%。2001年11月23日，《人民日报》头版头条以《抠出来的岗位》为题，对辽宁省的就业和再就业工作进行了专题报道，李岚清、吴邦国副总理和邹家华副委员长都作了批示，要求全国都要像辽宁那样，千方百计开发和创造就业岗位，安排下岗职工和失业人员再就业。

三、继续巩固了两个确保工作成果

两个确保是落实“三个代表”重要思想的具体体现和转变作风的重要内容。2001年，辽宁省采取有力措施，千方百计筹集资金，努力实现了两个确保。全省参加基本养老保险的企业职工为668.1万人，离退休人员为269.6万人；共发放企业离退休人员基本养老金156.2亿元，除当期征缴收入和中央财政专项补助外，通过采取地方财政补助、动用滚存结余基金、串借其他社会保险基金等筹资措施，确保了企业离退休人员基本养老金的按时足额发放，社会化发放率继续保持在100%。坚持按照“三三制”的原则筹集国有企业下岗职工基本生活保障资金16.6亿元，保障了在中心的国有企业下岗职工的基本生活。进一步完善失业保险制度，依法扩大覆盖面，实现了按法规规定应参保人员全覆盖的目标，参加失业保险的职工人数为689.6万人，享受失业保险待遇的人数为17.8万人。进一步规范了缴费基数，加强基础管理，征缴失业保险费7.7亿元，失业保险基金当期支出7.6亿元，确保了失业人员的基本生活。

四、全面推进了城镇职工基本医疗保险制度改革

医疗保险在完善政策、平稳推进、加强基础管理等方面取得了较好效果。2001年，辽宁省14个市都建立了城镇职工基本医疗保险制度，57个县级统筹地区中，有30个启动医疗保险制度改革，占52.6%。全省参保职工总数达到350万人，超额完成了省政府下达的扩面计划。工伤、生育保险工作继续推进，制度不断完善，工伤、生育保险的覆盖面进一步扩大。

五、职业技能开发工作取得长足发展

2001年，辽宁省积极推进职业资格证书制度和就业准入制度，全年参加职业技能鉴定的人数比上年增长近一倍，创历史最好水平；通过对社会力量办学的清理整顿，进一步规范了社会力量办学，整顿了培训市场秩序，提高了培训质量和办学水平；技工学校的调整和改革进一步推进，学校的布局趋于合理，功能进一步完善；劳动预备制度稳步推进，全省劳动预备制度定点培训单位已发展到617所。实施第二期“三年百万”再就业培训计划，培训国有企业下岗职工和失业人员45.4万人，完成全年再就业培训计划的151.3%。

六、继续深化企业工资收入分配制度改革

为建立符合现代企业制度要求的工资收入分配制度，2001年，辽宁省对国有企业收入分配制度改革进行了探索，促进了企业三项制度改革的深入。全省各市都开展了企业经营者年薪制试点，试点企业达到301户；有523户企业开展了工资集体协商试点；有11个市颁布了工资指导线；12个市在劳动力市场和各种新闻媒体发布了劳动力市场工资价位。

七、加大劳动关系调整工作力度

2001年，辽宁省认真贯彻《劳动法》和有关法律法规，以劳动合同、集体合同和劳动

争议仲裁为重点，加强劳动关系调整工作。继续推进劳动合同制度，全省国有及国有控股企业职工劳动合同签订率达到99%，非国有企业从业人员劳动合同签订率达88.5%，比上年同期增加了7.5%。建立了重大劳动关系三方协调机制。

八、劳动保障法制建设迈上一个新台阶

2001年，辽宁省劳动保障厅配合试点工作的实施，起草并经省政府发布了《辽宁省完善城镇企业职工基本养老保险制度实施办法(试行)》等8个配套文件，修订了11项规范性文件。为适应加入WTO的需要，开展了劳动保障法规清理工作，报请省政府废止了11项地方法规，从而形成了比较完善的社保试点法规体系。劳动保障执法监察工作力度进一步加大，主动监察用人单位5.7万户，涉及劳动者474万人，完成全年计划的111%；劳动年检用人单位6.1万户，涉及劳动者465万人，完成全年计划的112%；通过开展劳动保障监察活动，补签劳动合同44.8万份；追发劳动者工资待遇2 913万元；清退风险抵押金374万元；受理群众投诉举报3 330件，查处结案率达到98.9%。

九、妥善处理一批群体性突发事件，为维护社会稳定提供了有力保证

2001年，辽宁省各级劳动保障部门接待和处理人民群众来信来访20.4万人次，其中集体来访1 786批次，占全省信访总量的52%左右。直接参与处理了16起重大群体性突发事件，妥善解决了弓长岭地区的仲裁管辖问题和友园、泰山宾馆拆迁后的职工安置问题。认真做好沈阳冶炼厂、阜新三矿、北票矿务局等关闭破产企业职工和离退休人员的安置工作，涉及职工24万人，维护了破产企业和矿区的稳定。组织沈阳、大连、鞍山、锦州、营口、辽阳、盘锦等市的274户企业，在阜新、北票破产矿区举行大规模招聘活动，1.8万名下岗职工和失业人员参加洽谈，1 437人签订协议。妥善处理了阜新矿务局东梁、新丘、平安三矿、杨家杖子、北票和青城子铅矿等破产企业遗留的伤残人员鉴定问题，全年总计鉴定3 150人次。

十、积极争取国家政策和资金的支持

2001年，辽宁省在制定试点实施方案过程中，争取并得到国家政策上的支持，将对已出中心但未与企业解除劳动关系的下岗职工，应解除劳动关系的其他离岗人员和企业新的减员也纳入了国家补助的范围；可以灵活运用下岗职工基本生活保障金，除用于下岗职工基本生活保障外，主要用于补充失业保险基金和城市居民最低生活保障资金不足，也可用于对特别困难企业与职工解除劳动关系支付经济补偿金或生活补助费，以及促进再就业的补助；可以从失业保险基金中按10%的比例提取职业介绍和职业培训费用，用于帮助下岗职工和失业人员尽快实现再就业。由于制定的方案合理、测算数据准确、基础材料翔实，在试点期间，辽宁省除将国家每年给予辽宁省的社会保障补助资金52.8亿元列入国家财政转移支付基数外，每年又多争取国家30亿元的资金补助，为试点的顺利进行和实施两个确保提供了有力保证。

（辽宁省劳动和社会保障厅）

大 连 市

2001 年是实施“十五”计划的第一年，大连市国民经济和社会事业健康发展，社会稳定，人民生活继续改善。在市委、市政府的领导下，在有关部门的大力支持和配合下，大连市的劳动保障工作按照江总书记“三个代表”的要求，从改革发展稳定大局出发，全力巩固两个确保，积极实施完善社会保障体系试点，大力促进就业与再就业，劳动保障各项事业全面发展，为全市经济结构调整、深化国企改革和维护社会稳定做出了重要贡献，得到了国家劳动保障部、辽宁省劳动保障厅的充分肯定。2001 年 9 月，国家劳动保障部在大连市召开了全国养老金社会化发放工作会议，推广了大连市养老保险工作的做法和经验。2001 年，大连市被辽宁省委、省政府授予全省社保试点和就业工作先进市称号。

一、完善社会保障体系试点工作取得初步成效

2001 年 7 月份，大连市根据国务院的决定，在辽宁省统一组织下，启动了全市社保试点。试点的总目标是：建立独立于企业事业单位之外、资金来源多元化、保障制度规范化、管理服务社会化的社会保障体系。主要任务是：调整和完善城镇企业职工基本养老保险制度；加快建立城镇职工基本医疗保险制度；推动国有企业下岗职工基本生活保障向失业保险并轨；加强和完善城市居民最低生活保障制度；实现社会保障管理和服务的社会化。两项改革的重点：一是养老保险做实个人账户，二是“并轨”。大连市委、市政府把此项工作作为一号工程，明确提出了“准确的统计、完善的政策、合理的成本、细致的工作”的工作要求。成立了由李永金市长亲自挂帅的试点工作领导小组，劳动、民政、财政、统计等部门密切配合，进行了大规模的调查摸底和分析测算。按照国家和省政府改革实施方案的要求，研究制定了符合大连市实际的试点实施方案，明确了改革的内容、时间和政策规定，通过新闻媒体进行了广泛的社会宣传，对全市企业、主管局和经办机构的劳资干部和经办人员进行了政策培训。经过精心操作，到 2001 年底，全市做实养老保险个人账户基金 3.16 亿元，实现并轨 3.14 万人，近 30 万名退休人员和登记失业人员纳入社区管理，医疗保险参保人数达到 94 万人。

1．两个确保进一步巩固。2001 年，大连市各级政府及有关部门按照中央关于工作目标、政策措施和工作要求三不变的方针，加强领导，落实责任，千方百计筹集资金，两个确保得到进一步巩固。继续贯彻“应保必保，不漏一人；应收尽收，颗粒归仓”的原则，以私营个体和外商投资企业为重点，加大扩面征缴工作力度，以收缴保发放。全市养老保险参保 108 万人，比上年增加 1 万人；失业保险参保 107 万人，比上年增加 4 万人。全市养老保险收缴 24.8 亿元，支付 24.9 亿元；失业保险收缴 2.9 亿元，支付 2.7 亿元；收缴率都达到 97%以上。加大清欠力度，深入企业清查缴费基数，对欠费企业采取下发限期缴费通知单、执行最低工资等措施，当年清欠 7 726万元，15 户欠费 100 万元以上企业的欠费问题全部

解决，清欠额大于新欠额。确保了全市 36.6 万名离退休人员的养老金按时足额支付和 10 万名失业人员失业救济金的发放。

2．基本养老保险制度不断完善。从 7 月起，全市企业职工个人缴纳养老保险费的比例由 5%调整到 8%，养老保险个人账户比例由 11%调整到 8%。个人账户基金做实 3.16 亿元。新退休人员已按新办法计发养老金。建立了企业年金制度，收缴年金5 000万元。规范了职工在机关事业单位和企业间流动时养老保险关系衔接的有关政策。

3．国有企业下岗职工基本生活保障已经向失业保险并轨。2001 年，大连市实现并轨、裁员 3.14 万人。支付经济补偿金 3.91 亿元，其中省财政拨给 1.31 亿元，市财政承担 1.9 亿元，县级财政承担2 000万元，企业承担5 400万元。国企下岗职工已全部出"中心"，与企业解除劳动关系，企业再就业服务中心全部撤销，已结束了历史使命。

4．基本医疗保险制度全面建立。在 2000 年大连市本级和旅顺口区启动医疗保险改革的基础上，2001 年，庄河、瓦房店、普兰店、金州也先后建立基本医疗保险制度，初步形成覆盖全市的制度框架。全市医疗保险参保人数达到 94 万人，增加了 31 万人。基金收支基本平衡，略有结余。从 7 月份起，将国企下岗自谋职业人员纳入基本医疗保险统筹范围，参保人数达 4.3 万人；将 5 种慢性病部分门诊医疗费用纳入了统筹基金支付范围，为全市近 2 万名参保人员提供门诊医疗补助；制定了 70 岁以上的老人住院门槛费减半的医疗照顾政策；进一步完善了医疗费用结算办法。

5．加快社会保障信息网络建设步伐，进一步推进了管理服务社会化。2001 年，大连市规范建立了市、区、街道、居民委员会 4 级社保工作体系，改善了基础设施，提升了社区服务功能。市政府共投入1 500多万元，更新改造社会保险管理系统的中心服务器和县区社会保险经办机构的计算机设备，开发建设医疗保险实时管理系统，保证了试点工作的正常进行，提高了社会保障管理服务的现代化水平。全市养老保险、失业保险和城市居民最低生活保障金社会化发放率达到 100%；市内 20.8 万名企业退休人员、10 万名享受低保的居民和登记失业人员已纳入社区管理。社区在社会保障管理服务上的作用日益突出。除依法缴纳社会保险费和部分非统筹费用外，大连市市区用人单位已基本不再承担社会保障事务性工作。

6．进一步规范了社会保障制度。自 1985 年以来，大连市社会保障制度建设虽然已经初步形成体系，但是由于经历了几个改革阶段，政策不够统一，制度不够规范。2001 年，大连市按照国务院和省政府的文件要求，规范了养老保险、医疗保险、企业裁员等有关政策，把大连市的社会保障体系纳入了全国、全省统一的体系之中。

二、再就业工作取得新进展

1998 年以来，大连市每年都有 8 万多名下岗失业人员实现就业和再就业。但是，由于经济结构和产业布局调整步伐的不断加快，就业压力仍然很大。大龄失业人员由于年龄偏大、技能单一，缺乏足够的竞争能力，属于劳动力市场的弱势群体。2001 年，全市各级党委、政府，各有关方面以援助大龄失业人员就业为重点，进一步加大了就业工作力度，全市全年实现城镇就业和再就业 8.9 万人。主要采取了以下 4 方面具体措施：

1．大力开发就业岗位，积极促进多渠道就业。一是积极促进社区就业。全市成立了 60 个劳动就业互助组织，新办 350 个社区服务实体。开展创建无待业社区活动。一批月嫂护理服务队、家政服务中心等社区服务组织活跃在社区服务领域，3.6 万名下岗失业人员在社区实现就业。二是大力开展劳务输出。2001 年，全市共有 1.2 万人通过劳务输出实现境外就业。三是兴办市场扩大就业。全市到市场就业的下岗失业人员有 2.5 万人。四是引导下岗失业人员退二进一。在"城下乡"政策的引导下，有5 100名下岗失业人员到农村从事种植业或养殖业，闯出了就业的新天地。此外，全市还有1万多名下岗失业人员通过开展旅游服务、创办小企业等方式上岗就业。

2．关注大龄失业人员群体，积极开展就业援助活动。一是大连市政府出资4 000万元购买开发上万个公益性就业岗位，对9 500名上岗大龄失业人员提供缴纳养老保险费和医疗保险费补贴。二是大连市政府出资1 000多万元对1.2万名距退休年龄不足5年的下岗自谋职业人员提供缴纳养老保险费补贴。三是大连市劳动保障局专门设立了大龄失业人员职业介绍所；各区市县及工会妇联等公共职业介绍机构也都抽调专人，设立专门窗口，对大龄失业人员优先提供职业指导和岗位信息，优先推荐介绍就业。举办大龄失业人员专场招聘大会，对就业困难人员实行送岗上门和送人上岗。四是鼓励企业招收大龄失业人员，要求餐饮、娱乐等行业凡招工的都要安排不得少于10%的大龄失业人员。五是对有要求的大龄失业人员进行免费培训。六是出台关于小时工形式就业的政策规定和小时工最低工资标准，促进大龄失业人员以小时工形式就业。全市4.5万名大龄失业人员中，全年实现再就业2.6万人。

3．加强劳动力市场建设，发挥市场就业主渠道作用。大连市中心劳动力市场以及各类公共职业介绍机构普遍增设了家政、家教等新的服务项目，为求职者提供职业介绍、职业指导、心理咨询、素质测评等一条龙服务，实现了市、区两级联网和职业介绍前台办公自动化。加强用工信息的收集和发布，戚秀玉职业介绍所每天空位信息保有量为4 000个，通过市内69个信息亭对外发布。全年共有6.9万人通过劳动力市场实现就业，占城镇就业和再就业总量的78%，劳动力市场已经成为促进就业的主渠道。

4．广泛开展献爱心活动，帮助困难职工及其家庭。2001年，大连市委、市政府共筹集4 637万元，对全市9万余名城镇困难职工予以生活救济；出资405万元，对61名重病和174名死亡的下岗自谋职业人员家属给予一次性救济；为下岗失业人员举办了58场献爱心招聘洽谈会，组织上千家用人单位提供了2万多个就业岗位，下岗失业人员有8万多人次参加了洽谈会。

三、企业工资收入分配制度进一步完善

2001年，大连市加强了对企业内部工资分配的宏观指导，发布了2001年企业工资指导线，推出了146个工种的劳动力市场价位，将人工成本预警预报扩大到7个行业。制定了小时工最低工资标准，经大连市政府批准调整了企业最低工资标准。推进企业内部分配制度改革，在5个大型企业进行了建立和完善人才激励机制的试点，在近500家非公有制企业中推行集体协商确定工资制度，在600多户企业试行了工资分配议论制，并聘任了54名工资谈判员。

对国有企业拖欠工资问题进行了全面清理。根据2001年年初调查，大连市共有624户各类国有企业累计拖欠职工的工资和各种费用涉及职工10.7万人。为解决这一问题，市政府专门成立清理企业拖欠职工工资和费用工作领导小组，召开全市清理企业拖欠工资工作电视电话会议，下发文件，提出到2003年底要基本解决国有企业拖欠工资问题。各区市县政府和企业主管局成立了清欠工作领导小组，对所辖拖欠工资企业情况开展摸底调查，进行动员部署。在市总工会等部门的参与、支持、配合下，全市清理拖欠工资1.2亿元，其中市属企业5 000万元，县市区属企业7 000万元。

四、劳动关系协调工作得到加强

2001年，大连市认真贯彻《劳动法》，以劳动合同、集体合同和劳动争议仲裁为重点，加强劳动关系协调工作。针对非公有制经济蓬勃发展，劳动关系日益复杂的实际，大连市以改制企业和私营企业为重点，在全市各类企业中全面建立劳动合同制，事转企和改制企业的劳动合同签订率达到90%，纳入管理的私营企业合同签订率达到95%。积极推进集体合

同制度，目前大连市推行集体合同的企业已达1 900多户，涉及职工 50 多万人。规范了小时工劳动关系。初步建立起劳动关系三方协调机制，有效地处理和解决了劳动争议问题，加强了对群体性突发事件的预防和处理工作，全年共处理劳动争议案件 936 件，处理来信来访4 325次，较好地维护了劳动者的合法权益。

（大连市劳动和社会保障局）

吉　林　省

2001年，根据劳动保障事业发展的需要，吉林省劳动保障厅新成立了纪检监察室，使内设处室达到14个，厅领导职数增加为8人。各市、州劳动局全部完成了机构改革，改革后更名为劳动保障局。原由地方人事局承担的养老保险管理职能、由卫生局承担的城镇职工基本医疗保险职能划转到劳动保障局。通过机构改革，进一步理顺了工作关系，使全省劳动保障工作得到了改进和加强。

2001年，吉林省各级劳动保障部门按照江泽民总书记“三个代表”的要求，以维护全省改革、发展、稳定大局为主线，继续把促进就业和两个确保作为工作重点，坚持发展经济与促进就业并重，政策扶持与岗位开发并举，社会帮扶与生产自救并行，积极发展多种就业形式，努力拓宽就业工作领域。全面组织实施再就业工程，落实再就业各项优惠政策，培育和发展劳动力市场，加强职业培训和职业指导，帮助下岗职工和失业人员实现再就业，年再就业率达到37.77%。把两个确保纳入全省整顿和规范市场经济秩序重点内容，深入开展社会保险“一扩、两清、三规范”的专项战役，加大资金筹集力度，保障了22.26万名在中心下岗职工的基本生活，基本确保了99.57万名享受基本养老保险待遇的离退休人员养老金的按时足额发放。医疗保险制度改革稳步推进，省直医疗保险制度改革于10月份正式启动并平稳运行。失业保险制度进一步完善，其促进就业的功能得到进一步强化。加强对工资的宏观调控，全省普遍建立了工资增长指导线制度，经营者年薪制、工资集体协商制度试点稳步推进。劳动关系调整工作取得重大进展，保证了协议期满下岗职工出中心工作的平稳运行，有力地促进了国有企业改革和经济结构调整，为市场导向就业机制的形成创造了条件。加大劳动保障监察工作力度，查处和纠正了一批劳动违法案件，有效地维护了劳动者的合法权益。认真处理群众来信来访，主动化解矛盾，维护了社会稳定。

一、国有企业下岗职工基本生活保障和再就业工作取得重要成果

继续坚持“三三制”原则，抓好资金筹集，对困难企业，财政予以兜底。坚持对重点地区和企业实行“月调度、季通报”制度，确保进中心国有企业下岗职工基本生活费按时足额发放。2001年，吉林省国有企业下岗职工累计为45.28万人，其构成情况为：上年结转41.91万人，当年新增3.37万人，同期减少17.93万人，其中，从再就业服务中心转出16.51万人。到年末，全省尚有国有企业下岗职工27.35万人，比年初减少14.56万人，其中，签协议进中心的下岗职工为22.26万人，比年初减少14.24万人。全省国有企业累计发放下岗职工基本生活费109 530.8万元，其中，地方国有企业发放106 549.9万元。经全省上下共同努力，国有企业下岗职工基本生活费没有发生新的拖欠，签协议进中心的国有企业下岗职工全部及时足额领到了基本生活费。困难职工基本生活保障取得积极成效。全年投入资金3 760万元，对3 120户困难企业的22.7万名特困职工进行了救济。其中，省直投入700万

元，救济了省直111户困难企业的79 505名特困职工。努力促进就业和再就业，变生活保障为就业保障。在确保下岗职工基本生活的前提下，将工作重点转移到促进下岗失业人员就业和再就业上来。积极开展再就业援助行动。切实落实各项优惠政策。5月中旬，吉林省劳动保障厅会同省发展计划委员会等10部门，研究部署开展下岗职工再就业优惠政策检查工作，成立了省“开展落实下岗职工再就业优惠政策联合检查小组”，分部门（行业）对下岗职工再就业优惠政策落实情况进行了全面的检查。吉林省劳动保障厅还会同省计委等8部门联合起草并经省政府批转下发了《关于大力推进社区就业工作的意见》，确定在长春市宽城区进行实施社区就业扶持政策试点，并协调有关单位制定了试点工作方案。通过以上措施，使全省14.64万名下岗职工通过各种渠道实现了再就业，再就业率达到37.77%。

二、城镇就业工作取得积极进展

2001年，吉林省就业总量继续增长。全年城镇新就业人数12.22万人，比上年增加2.21万人，增长22.1%。其中：女性新就业人数5.86万人，占新就业人数的47.8%。在新就业的人员中，到国有企业就业的2.01万人，占就业总数的16.4%；到集体企业就业的1.49万人，占就业总数的12.2%；到私营企业就业的2.20万人，占就业总数的18%；到其他经济类型企业和机关团体事业单位及外商投资企业就业的2.53万人，占就业总数的20.7%；到个体经济组织就业的3.99万人，占就业总数的32.7%。非公有经济单位成为就业主渠道，占就业总数的50.7%。年末全省城镇失业人员20.16万人，比上年减少2.28万人。在年末城镇失业人员中，女性失业人员9.73万人，占失业人员总数的48.26%。城镇登记失业率为3.2%，比上年下降0.5个百分点。同时，弱势群体就业工作也取得了一定进展。2001年，吉林省城镇有劳动能力的残疾人总数17万人，已就业12万人。其中，当年新登记求职人数5 001人，新就业人数5 966人，比上年减少388人。在新就业人员中，分散就业者为1 438人，占就业总人数的24.1%；集中就业者为2 069人，占总数的34.7%；个体就业者为2 459人，占总数的41.2%。

三、养老保险扩面和基金征缴取得实效

2001年，吉林省养老保险省级统筹工作取得新的成果。对养老保险实行了“分级负责、定额补助、自求平衡”的运行机制，调动了各地、各部门的积极性，促进了“全额征缴、两级调剂、三级管理、社会发放、责任到人”原则的落实。同时，进一步加大了养老保险基金征缴、清欠工作力度，深入开展社会保险“一扩两清三规范”专项战役，收到了实效。全年养老保险新扩面13.8万人，参保职工总数达到288.9万人。当期全额征缴养老保险费47.8亿元，同比增收6.2亿元，征缴率达91.9%，创历史最好水平。清收企业拖欠的养老保险费6.6亿元，超额完成了国家下达的工作指标。基本保证了参加省级统筹单位离退休人员养老金的按时足额发放，当期没有出现新的拖欠，年底社会化发放率达到95%。

四、失业保险功能得到强化

2001年，吉林省继续深入贯彻国务院颁布的《失业保险条例》和《社会保险费征缴暂行条例》，进一步完善了失业保险登记、失业保险费征缴、失业保险基金管理、失业保险金申领发放和失业保险预警等项制度，失业保险功能作用得到了有效发挥。截至2001年末，全省参加失业保险人数为283.8万人，比上年增加4.5万人，增长1.61%。全年应缴失业保险费34 787.27万元，实缴26 878.79万元，征缴率为77.3%。清收企业欠费4 530.21万元。全年支付失业人员失业保险金20 296万元，拨付再就业资金16 259万元。2001年末享受失业保险待遇的失业人员有13.18万人，比上年末增加6.01万人，增长83.8%。

五、医疗保险制度改革稳步推进

2001年，吉林省城镇职工医疗保险制度改革工作取得明显进展。全省50个统筹地区都已经启动运行了基本医疗保险制度，参保职工达到了124万人，医疗保险费收缴率达到了93%。各市（州）、县（市）基本上都组建了医疗保险经办机构，并有14个统筹地区建立了医疗保险计算机管理系统。省直医疗保险制度改革于10月启动，并取得了阶段性成效，全省基本医疗保险制度总体上运行平稳，保障了广大参保职工的基本医疗需求。同时，工伤生育保险也取得了一定进展，截至2001年末，全省有6个市（州）出台了工伤生育保险办法，有30.72万人参加了工伤保险，有1.21万人享受了工伤保险待遇，工伤保险费收缴率为70.13%。有23.96万人参加了生育保险，有76人享受了生育保险待遇，生育保险费收缴率为70.13%。

六、深化企业改革，建立与市场经济相适应的分配机制

2001年，吉林省在全省范围内深入开展了劳动力市场指导价位制度和企业人工成本预警预测体系建设试点。长春、吉林、通化、延吉4个试点城市分别发布了110个、97个、35个和68个职位（工种）的价位信息，促进了劳动力市场化的形成，加快了企业以人工成本管理为主要内容的企业内部分配自我约束机制的建立。完善企业工资增长指导线和最低工资保障制度。2001年，吉林省企业工资指导线的基准线为9%，上线为13%，下线为3%。工资指导线的可操作性和准确性不断提高，到2001年末，全省社会平均工资为8 771元，比上年增长了10.7%。积极探索建立工资集体协商制度试点，2001年，全省集体协商试点企业达101户。本着经营者年薪收入同其经营业绩、经营难度和经营风险紧密挂钩，体现收益与风险一致的原则，2001年，吉林省继续探索经营者持股和认股权（期权）办法的试点。建立经营者的激励和约束机制，截至2001年底，全省实行经营者年薪制企业达到145户。加强《工资总额使用手册》管理，努力提高《手册》覆盖率，全省共核签《手册》19 334户，《手册》覆盖率达92%。

七、加大劳动关系调整力度，保持和谐稳定的劳动关系

2001年，吉林省的劳动合同管理进一步规范。截至2001年末，全省签订劳动合同的职工为326.6万人，合同签订率达到99.67%；累计签订集体合同5 229份，比2000年的4 598份增加了631份，涉及职工145.92万人，集体合同报送率保持在85%以上。

2001年，吉林省深入开展了妥善处理劳动关系试点的扩大工作。由于在工作中坚持了出中心与解除劳动关系和接续社会保险关系同步，以企业为责任主体处理劳动关系，分类指导，分类处理，不搞“一刀切”，以及继续对试点工作给予必要资金支持的原则，较好地调动了市县政府以及企业和职工的积极性，推动了劳动关系处理工作的稳步进行。截至2001年底，全省共启动试点企业409户；职工总数为156 129人，其中：下岗职工80 560人，占试点和扩大试点企业职工总数的51.6%。通过试点和扩大试点，共解除、终止劳动关系49 809人，占试点企业下岗职工总数的61.8%。全省试点和扩大试点共筹集资金32 583万元，其中：省财政借拨7 561万元，地方筹集14 691万元，企业筹集10 331万元。全省试点使用资金32 070万元，其中：用于补偿金10 926万元，补交养老、失业保险金15 777万元，企业补发欠职工各种债务5 367万元。

八、加强劳动保障信访和劳动争议处理工作，切实维护企业和社会稳定

2001年，吉林省各级劳动保障部门在各级党委、政府的领导下，站在维护社会稳定、促进经济发展的高度，加强对劳动保障信访和劳动争议处理工作的领导，切实把劳动保障信

访和劳动争议处理工作纳入重要工作日程。妥善处理了大量职工群众上访，化解了大量矛盾纠纷和不稳定因素，为维护社会稳定做出了积极贡献。2001 年，全省各级劳动保障部门接待处理职工群众来信来访15 283件（批）次，接待来访人员 5.2 万人次，与上年持平。其中，5 人以上的集体来信来访1 721件（批）次，与上年同比上升了 37.7%。

2001 年，吉林省的劳动争议处理工作取得了积极进展。这一年，吉林省各级劳动保障部门不断加大劳动争议案件的处理力度，注意把法制引入信访工作之中，通过开庭办案、调解仲裁形式处理老大难信访问题，有效地维护了劳动者和用人单位的合法权益，保证了劳动关系的和谐稳定。2001 年，全省各级劳动争议仲裁委员会共受理劳动争议案件1 747件，比上年增加了 28%；涉及劳动者9 620人，比上年增加了 150.5%；共裁决金额4 300多万元；结案1 661件，结案率为 95%。

九、强化劳动保障监察，促进依法行政

2001 年，吉林省各级劳动保障监察机构从健全工作制度，规范办案程序入手，落实执法责任，扎扎实实地开展日常巡视监察、举报专查、劳动保障年检等常规执法检查工作。据统计，全年共巡查用人单位33 537户，涉及劳动者 210.8 万人，监察员人均巡查用人单位 67 户；共查处各类违法案件2 121件，专职监察员人均办案 7 件；群众举报专查立案1 286件，结案1 260件，举报专查结案率为 98%；对 1.84 万户用人单位进行了劳动保障年检，年检覆盖面达 89%；为 2.2 万人追发工资等待遇 356.8 万元，为 6.2 万人补签劳动合同；全省共督促6 009户用人单位补缴了社会保险费，督促4 889户用人单位办理了社会保险登记。对 427 户拒不参加社会保险或拒缴、欠缴社会保险费的用人单位依法进行了查处。

十、职业培训有新的突破

2001 年，吉林省坚持“培训为就业服务、培训与就业紧密结合”的指导思想，围绕就业和再就业这个中心，大力开展职业培训。全省 2001 年共培训下岗职工 11.2 万人，培训失业人员 3.7 万人，培训就业率为 42.2%。积极组织实施劳动预备制度，全省参加劳动预备制度培训人员达76 422人。按照“合理布局、优化结构、突出特色、服务就业”的方针，依据吉林省产业结构调整和劳动力市场需求，2001 年，吉林省劳动保障厅指导各类职业培训机构继续加大改革力度，采取撤销、合并、联办等措施，对全省技工学校进行了初步调整。调整后的 122 所技工学校专业设置更加合理，应对市场能力有所增强。2001 年全省技工学校招收学制新生7 258人，比上年同期增长了 14%。同时，进一步扩大职业资格鉴定规模，加快国家职业资格证书体系建设步伐。2001 年，全省共有98 893人参加了职业技能鉴定，其中共有87 967人获得了职业资格证书，比上年增长 3.3%，对提高技术工人素质，改善职工队伍结构发挥了重要作用。

十一、离退休人员保险福利稳步攀升

2001 年末，吉林省离休、退休、退职人员人数为1 186 180人，比上年增加56 466人，增长 5%。其中：企业为931 309人（离休人员为33 125人，退休人员为881 081人，领取定期生活费的退职人员为17 103人），比上年增加 38 071人，增长 4.3%；事业单位为208 617人（离休人员为18 216人，退休人员为187 201人，领取定期生活费的退职人员为3 200人），比上年增加16 517人，增长 8.6%；机关为46 254人（离休人员为9 756人，退休人员为35 878人，领取定期生活费的退职人员为 620 人），比上年增加1 878人，增长 4.2%。

2001 年末，吉林省保险福利费用支出 918 884.1万元，比上年增加88 858.1万元，增长 10.7%。其中：企业支出 645 768.1 万元（离休金支出 39 008.3 万元，退休金支出 543 900.3万元，退职生活费支出4 990.7万元，医疗卫生费支出 34 738.7 万元，其他支出

23 130.1万元），比上年增加57 769.3万元，增长9.8%；事业支出216 110.9万元（离休金支出22 751.9万元，退休金支出170 171.5万元，退职生活费支出1 106.4万元，医疗卫生费支出16 324.1万元，其他支出5 757万元），比上年增加22 389.5万元，增长11.6%；机关支出57 005.1万元（离休金支出12 983.4万元，退休金支出36 921.3万元，退职生活费支出264.7万元，医疗卫生费支出5 620.2万元，其他支出1 215.5万元），比上年增加8 699.3万元，增长18%。

十二、政务公开工作不断深化，促进了劳动保障工作的开展

2001年，吉林省劳动保障厅按照省委、省政府的要求，从讲政治的高度出发，始终将政务公开工作作为一件大事抓实、抓好。针对劳动保障工作任务日益艰巨的实际情况，着力在巩固、完善、提高上下功夫，抓住涉及权力运用的关键部位、关键环节，突出群众关心、社会关注的热点难点问题，从内容和形式上重点加以深化，全面加强和完善政务公开工作。在工作中着重做到“三个坚持”“三个到位”。“三个坚持”，一是坚持把政务公开与“三个代表”的重要思想相结合；二是坚持把群众拥护不拥护、赞成不赞成、高兴不高兴、答应不答应作为政务公开工作的出发点和落脚点；三是坚持用政务公开来规范办事程序，指导、推动劳动保障工作的全面开展。“三个到位”，一是抓组织领导，强调落实责任，逐级负责到位；二是抓制定方案，强调针对性，结合实际到位；三是注重效果，解决突出矛盾和问题到位。通过健全制度，规范标准，简化程序，狠抓落实，使这方面工作取得了一定成效。到2001年末，共建政务公开综合导示板、公开栏12个，公开监督举报电话4部，劳动保障厅机关全体干部100%设立了公开桌牌，有关直属单位和服务窗口单位的工作人员都佩戴了胸卡。印发了退休审批、工伤鉴定、再就业安置等方面的办事指南及服务手册，并制定了“首问负责制”实施细则等一系列制度措施。同时，吉林省劳动保障厅作为政务公开重点建设单位之一，按照省政府的要求，充分利用现代化信息手段和有关媒体，对部门职责、内设机构及职责、办事条件和办事程序、服务承诺、责任追究办法及举报电话等事项实行了网上政务公开，并在《吉林政报》上刊登了政务公开工作的主要内容，对强化民主监督，贯彻省政府提出的“四政方针”，树立依法行政、文明执政、规范服务的部门形象起到了良好的作用。

十三、再就业援助行动深入开展

为进一步推动国有企业下岗职工基本生活保障和再就业工作，妥善解决下岗职工出中心后面临的实际困难，2001年，吉林省各级劳动保障部门按照国家要求，在做好面向全体劳动者的就业和社会保险服务的同时，围绕“促就业、接保险、保生活”三个主题，对协议期满将出中心但再就业困难的下岗职工和失业人员，特别是实行劳动合同制以前参加工作协议期满出中心的下岗职工和由就业转失业的人员，在生活保障、再就业和社会保险等各方面开展集中专项援助行动。本次行动重点确定了6个方面的援助项目，包括再就业政策咨询援助、职业指导和就业信息援助、技能培训援助、社会保险关系接续援助、劳动保障事务代理援助、生活保障援助，形成了一个环环相扣的系统工程，为出中心的下岗职工编织了一张安全网。

2001年，吉林省共接受下岗职工政策咨询26.86万人次，核发《下岗职工服务手册》30万份，发放《下岗职工再就业优惠卡》1.78万份，免费进行职业指导16.03万人次，组织再就业培训2.29万人次，提供就业信息3.04万条，援助对象中5.72万人实现了再就业，3.74万人领取了《养老保险缴费通知书》，9.11万人接续了社会保险关系，4.51万人出中心领取了失业保险金，社会保险个人缴费达到2.36万人，各级劳动保障部门为4.2万人次提供了劳动事务代理服务。在各地广泛开展援助行动的基础上，11 月 23 日，全省统一行动，以发放《下岗职工服务手册》和《下岗职工再就业优惠卡》、接续社会保险关系为主要内容，以协议到期将出中心或已出中心但再就业困难的下岗职工和失业人员为主要援助对象，开展宣传日活动，在全省各级劳动保障部门开办的劳动力交流场所，同时举办下岗职工求职专场洽谈会，由各相关业务部门为下岗职工提供免费职业指导、政策咨询和职业介绍等项服务，为用人单位及下岗职工求职牵线搭桥。

（吉林省劳动和社会保障厅）

黑 龙 江 省

2001年，在省委、省政府的领导下，黑龙江省各级劳动和社会保障部门认真贯彻年初全省社会保障暨再就业工作会议精神，紧紧围绕两个确保和再就业等重点工作，明确目标，落实责任，采取超常规措施，克服了资金紧张等困难，较好地完成了各项工作任务，实现了劳动和社会保障工作新世纪开门红。

一、基本实现了两个确保

2001年，黑龙江省实收基本养老保险费67.9亿元，收缴率为90%；追缴企业历年欠费7.6亿元；实拨基本养老金94.5亿元，拨付率达到了98.8%。截至2001年底，全省国有企业下岗职工共有49.11万人，其中进入再就业服务中心的下岗职工31.92万人，基本做到了按时足额发放基本生活费。

二、再就业工作力度进一步加大

2001年，黑龙江省各地按照《黑龙江省人民政府关于进一步做好国有企业下岗职工再就业工作的意见》精神，结合本地实际，从广辟渠道、政策扶持、技能培训、市场导向、宏观调控和组织领导等方面，研究制定了相关配套政策，形成了较为完备的政策体系。省政府还组织了省直9个部门对各地落实再就业优惠政策情况进行了集中、细致的检查，及时发现并解决问题，促进了下岗职工再就业。同时，全省将再就业援助行动作为促进下岗职工再就业的一项重要措施，举全社会之力，开展了目标明确、卓有成效的再就业援助行动，初步形成了政府重视、部门配合、齐抓共管的良好局面。制定并颁布了《黑龙江省劳动力市场管理条例》，全省劳动力市场实现了信息联网，初步建立了劳动力资源库和用工信息库。2001年，黑龙江省共有41.18万名国有企业下岗职工实现了再就业，再就业率达40.8%，城镇登记失业率为4.7%。

三、下岗职工出中心工作稳步推进

在全面深入调查研究、学习借鉴外省经验的基础上，2001年，黑龙江省人民政府制定下发了《关于妥善处理国有企业下岗职工出中心工作有关问题的意见》，召开了全省国有企业下岗职工出中心工作会议，对全省国有企业下岗职工出中心与企业解除劳动关系工作做出了重要部署，统一了各级劳动和社会保障部门的思想认识，稳妥有效地推进了这项工作。截至2001年底，全省出中心国有企业下岗职工共有34.15万人，其中有16.7万人与企业解除了劳动关系。

四、养老保险制度不断规范完善

2001年，黑龙江省实际参保人数为462万人，参保率达到99%；基本养老金社会化发放人数达161.9万人,社会化发放率为97.2%；养老保险政策进一步完善落实，各地统筹项目得以规范，新的计发办法得到实施；除哈尔滨市外，其他市地基本实现了市地级统筹；个人账户的管理和记载取得较大的进展，全省有95%的参保人员建立了个人账户；机关事业养老保险稳步推进，在基金征缴、清欠、扩面、试点、拨付等方面有了明显进展；根据国家规定，为近6万名企业离休人员调整了养老金，进一步提高了全省养老金水平。2001年，黑龙江省还批复了绥芬河市社会保障体系改革试点方案，大庆市、绥芬河市完善社会保障体系试点开始运作，密山、安达等地已经开始了基本养老保险模拟试点。

五、医疗保险扩面任务超额完成

截至2001年底，黑龙江省13个市地、66个县（市）已经全部启动医改，市、县启动面均达到了100%；初步建立了多层次的医疗保险体系，医改运行平稳；参保职工达到315万人，较年初纯增164万人，超额完成了国家下达给黑龙江省覆盖300万人的任务；全省医疗保险费实收9.72亿元，收缴率为85%，共支出6.81亿元，基金收支平衡且有结余。工伤保险和生育保险也有了进一步的发展，全省启动工伤保险的市县由年初的40个增加到47个，覆盖面由146万人增加到163万人；生育保险覆盖面由年初的61.2万人增加到127.8万人，均超额完成了劳动保障部和省政府下达的任务。

六、失业保险的保障功能不断增强

2001年，黑龙江省参加失业保险的职工达到532万人，占应参保职工的95%；共收缴失业保险费5.15亿元；共为36.46万名失业人员发放失业保险金3.1亿元。在确保失业人员基本生活和促进再就业的同时，2001年失业保险还为再就业服务中心拨付了下岗职工基本生活保障资金1.5亿元。

七、劳动工资制度改革继续深化

2001年，黑龙江省各市地基本实行了企业工资指导线制度和劳动力市场工资指导价位制度，在45户企业推行岗位工资制度改革试点，在15户企业推行科技人员工资分配试点，在25户企业推行工资集体协商谈判试点。

八、劳动关系协调工作取得新成效

2001年，黑龙江省签订劳动合同的国有企业职工人数达到264.9万人，签订率为95%；非国有企业达到117.9万人，签订率为78%。全省已有6 000户企业实行了集体合同制度，涉及职工230万人，分别比上年增加了120户和10万人。全省各级劳动保障监察机构共检查各类用人单位38 928户，涉及劳动者362.8万人；在全省范围内开展的为农民工“讨回打工钱”专项执法活动受到全社会的普遍关注。依法查处举报案件1 664件，结案率达到98.78%。全省各级劳动保障信访仲裁机构直接受理人民群众来信来访39 863件；参与各级信访办联合办案2 000余起；接待企事业单位和群众电话咨询3万余次；受理各级行政首长信访电话1 500多件；仲裁立案2 325件，结案率达92%。

九、社会保障基金监督工作得到加强

2001年，黑龙江省各地认真贯彻落实《社会保险基金行政监督办法》《社会保险基金监督举报管理办法》及其他有关基金监督方面的规定和要求，成立了省社会保障监督委员会，设立并向社会公布了举报电话，进一步完善了全省社会保障基金监督机制。黑龙江省各地按照《关于进一步做好被挤占挪用和其他违纪社会保险基金回收工作的通知》要求，强化措施，加大清理回收工作力度，进一步确保了社会保险基金的安全运营。截至2001年末，全省共清理回收挤占挪用和其他违纪社会保险基金2 794万元。

十、职业技能培训工作取得新进展

2001年，黑龙江省共有14所技工学校加挂了“职业技术培训学院”牌子，20所技工学校的40个专业被授予“名牌专业”；技工学校招生1.2万人，比2000年上升20个百分点；短期培训6万人，是学制教育在校生的5倍。全省共培训企业职工21.5万人，涌现出6名

“全国技术能手”和各类技能拔尖人才386万人；共培训下岗职工、失业人员34.77万人，超额完成计划的4%，培训后再就业率达44%；社会职业培训机构已经发展到1 118个，年培训人数11.2万人。全省共有14万人参加了职业技能鉴定，有13.4万人获得不同级别的职业资格证书。劳动预备制度得到积极推行，全年共培训14.75万人，超额完成计划的5.4%。

十一、良好的舆论氛围初步形成

2001年，黑龙江省各级劳动和社会保障部门以电台、电视台、报纸为重要宣传阵地，围绕两个确保、再就业、医疗保险等项重点工作，开展了全方位、多层次、大规模的宣传活动，营造了良好的社会舆论氛围。特别是从2001年5月下旬开始，全省统一开展了劳动和社会保障政策咨询活动，在社会上引起了强烈反响。按照劳动和社会保障部的要求，在《黑龙江日报》上按季度刊登了两个确保情况通报，并形成了制度。各地还通过发放宣传资料、《劳动保障政策法规汇编》等办法，有效地增进了广大干部职工对劳动和社会保障政策的了解，扩大了社会影响。

（黑龙江省劳动和社会保障厅）

上 海 市

2001年，是实施“十五”计划的第一年，在市委、市政府的领导下，上海市就业和社会保障工作紧紧围绕建立市场导向的就业机制这一核心，继续巩固和完善就业促进、社会保障、监督调控和管理服务4大支撑体系，积极扩大就业，完善社会保障，进一步规范劳动力市场运作，全面完成了既定的工作目标，为上海的经济发展和社会稳定做出了应有的贡献。

一、培训和就业

1．顺利完成净增10万就业岗位的市府实事项目。2001年，是上海市落实净增10万就业岗位的第二年。通过各方面的共同努力，全市实现净增就业岗位12.58万个，为有效缓解上海市劳动力供大于求的矛盾创造了条件。2001年末，上海市城镇登记失业人数25.7万人，失业率约为4.3%，实现了年初提出的控制目标。同时，失业预警制度开始启动，初步构建了由失业预警指标体系和相关参数构成的失业预警模型。这一制度的启动，为动态反映上海市劳动力市场状况创造了条件。

2．再就业服务中心完成历史使命，下岗、失业实现并轨。到2001年底，上海市原滞留中心的7.1万下岗人员已基本分流出中心，再就业服务中心正式完成历史使命，实现了下岗职工基本生活保障和失业保险的并轨。这标志着带有明显政府色彩的劳动力调整方式基本结束。5年来，上海市累计有近百万下岗人员通过再就业服务中心走向市场，为全市国有企业结构调整和机制转换做出了历史性的贡献，基本确立了市场化的就业机制。

3．完成23万人的职业培训。2001年，上海市依托职业培训网络，大力开展多形式、多层次的职业培训，缓解就业的结构性矛盾。全年培训人数达23.2万人，培训后推荐就业率达69%，其中，中高层次培训人数6.5万人，占总培训人数的28%，比2000年提高了近12个百分点；创业培训人数4 368人，比2000年增加了1倍。

4．抓好职业标准与鉴定题库的开发提升。

（1）完成了60个职业标准与鉴定规范的“1+X”开发提升。2001年，上海市新开发了“职业经理人”“物流师”等20个职业标准，根据“1+X”要求提升了“钻石检验工”“热处理工”等40个职业标准，顺利完成全年开发提升60个“1+X”职业标准的任务。根据职业标准的提升，培训计划、大纲与教材的提升工作也相应跟上，2001年，组织专家开发了“中药调剂员”“工艺品雕刻工”等130个培训计划大纲，修订了创业培训的计划大纲，组织编写了《现代汽车维修》《物业管理运作实务》等9套培训教材和《创业培训》《数控车床》等2套远程培训讲义。

（2）完成100个职业（工种）鉴定题库的开发建设。题库开发是上海市2001年重点工作之一。年初制订了“上海题库总体设计方案”和“专家命题”“命题开发”等操作方案。经过10多次培训，组织了一支有880名题库编写专家参加的编写队伍和一支有660名题库审定专家参加的审定队伍。经过努力，完成了《计算机维修工》和《制冷设备维修工》两个劳动保障部国家题库竞标中标项目的开发工作；组织专家完成了100个职业（工种）上海题库的开发建设；进行了题库的试运行，确保了30个量大面广的职业（工种）应知题库和10个应会题库自动抽题、自动组卷的试点运行。

5. 推出了"4050"工程，探索市场化、社会化促进就业的新模式。2001年，将促进大龄弱势群体就业的"4050"工程，作为净增就业岗位的核心工程，探索市场化、社会化促进就业的新模式。政府通过"4050"工程，推出一个创造岗位的"服务平台"，发动社会各方担当"4050"项目的设计人、招标人、出资人、执行人和评估监理人，充分发挥他们在创造就业岗位上的聪明才智，取得了良好效果。到2001年底，全市共开发"4050"项目765个，吸纳"4050"人员3万余人。

6. 非正规劳动组织得到了迅速发展。2001年，上海市在继续抓好下岗失业人员创业培训的基础上，重点强化了开业指导专家服务，扩大开业指导专家队伍，增加开业指导咨询项目，改进了贷款贴息担保等政府支持措施，鼓励有潜力的下岗失业人员开业、创业，通过发展非正规劳动组织，发挥就业的倍增效应。到2001年底，全市非正规劳动组织达1.1万多家，从业人员近17万人，并有近300个组织转制为正规企业。上海非正规就业的发展模式已引起国际劳工组织的关注，被命名为"上海模式"，并将作为开创性做法向世界推广。同时，发展公益劳动组织，建立了三级特困对象就业托底网络，通过实施积极的岗位性补贴，组织安置特困对象从事保洁、保绿、保安等公益性劳动，使他们获得略高于最低工资水平的劳动收入和基本的社会保险。2001年末，全市安置就业困难对象7.5万多人。

7. 劳动保障电话咨询中心正式运行。作为2001年上海市政府的实事项目，劳动保障电话咨询中心经过紧张筹建，于6月投入试运行，12月投入正式运行。按照"以人为本"的服务宗旨，设立了人工解答、听取录音、传真资料等6大服务功能性模块，建立了问答资料、录音资料、政策法规等6个数据库。劳动保障电话咨询中心运行后，每天来电超过3 000个，高峰时有近万个。该中心的启用，开辟了为群众直接服务、直接沟通的渠道，并成为市民对劳动保障事务进行咨询、查询、投诉的便捷通道。

二、劳动关系

1. 劳动关系保持和谐稳定。2001年，上海市积极探索调整劳动关系的长效机制，推进政府、工会和企业（雇主）三方协调机制和企业内部集体协商、集体合同机制的建立，工资集体协商试点企业已达3 500多家。按照劳动争议仲裁体制的三方原则，进一步发挥工会、企业（雇主）代表在劳动争议仲裁中的作用；试行了社会仲裁员制度，聘请具有劳动保障理论和法律知识专长的专家学者担任社会仲裁员，开始直接参与劳动争议处理的实践；劳动争议仲裁的结案率进一步提高，达到99.8%。

2.《上海市劳动合同条例》正式出台。《上海市劳动合同条例》已于2001年12月5日经市人大常委会通过并正式颁布，从2002年5月1日起开始实施。这一《条例》根据《劳动法》的有关规定和上海市完善市场就业机制的要求，明确了用人单位和劳动者的权利义务，打通了劳动者走向市场的主要渠道，为上海市按照市场化的要求调整劳动关系提供了法律依据。同时，根据上海市就业形式多样化的客观要求，《条例》在对全日制劳动关系作出规范的同时，对多重劳动关系、非全日制劳动关系也作出了规范，从而为发展适应市场需要的弹性、灵活就业形式创造了有利条件。

3. 劳动保障监察进一步加强。2001年，上海市探索出对所有单位分区域按户建卡的劳动保障监察和监督模式，收到了良好效果。全年共对21 350户单位进行了监察，发出限期整改指令5 283份，作出行政处罚决定928件，处罚单位995户，处罚金额524万元。同时，对社会保险缴费、外地劳动力使用等开展了一系列专项监察。

4．完成劳动保障年检预定指标，非公企业年检数量大幅增加。2001 年，上海市市、区两级劳动监察部门对 7.7 万多户用人单位进行了劳动保障年检，比上年增长了 48%。通过年检，补缴 23 815 名职工的社会保险费 5 144.23万元，清退外地劳动力7 646人，补缴外地劳动力管理费 548.37 万元，补签劳动合同和补办录用手续17 534人。2001 年年检的一个突出特点是非公企业大幅增长，在年检的 7.7 万户单位中，非公企业达 3.5 万户，占年检单位总数的 45.5%。而 2000 年年检，非公单位仅为 1.7 万户，占当年年检单位总数的 32.1%，同比增长 13.4%；2001 年年检非公单位数比 2000 年净增 1.8 万户，净增率达 105.9%。

5．妥善处理劳动争议案件，维护当事人的合法权益。2001 年，上海市各仲裁机构共受理劳动争议案件 13 551 件，比上年增长 22.7%。其中，市劳动争议仲裁委员会共受理劳动争议案件4 488件，比上年增长 33.3%；结案4 497件，结案率达 99.8%，其中调解解决3 607件，裁决 890 件。

6．外地劳动力管理得到进一步规范。2001 年，为配合做好促进劳动力就业工作，上海市公布了禁用外地劳动力的 5 类工种岗位，分别是党政机关、企事业单位、社会团体的各类工勤人员；社会公益性的保洁、保绿、保养、保安人员；物业管理从业人员；各类商店营业员；机场、车站、码头清洁工。并对禁用外地劳动力的 5 类工种岗位进行了排摸清退，安排上海市就业困难人员顶岗。按照上海市劳动力就业优先的原则，规范了单位招用外地劳动力的程序。全面启动了市、区（县）两级外地劳动力信息管理网络，对外地劳动力管理由单位使用延伸到社区，全年发放外地劳动力《就业证》91.3 万张，较上年有大幅上升。

7．完成新编《上海劳动力市场部分职位工资指导价位》。根据市场要求，2001 年，上海市继续编制《上海劳动力市场部分职位工资指导价位》，2001 年发布的职位数共 627 个，比上年又增加了 24 个。为了适应上海市劳动力市场多种用工形式的需要，2001 年，上海市劳动保障局还对小时工的劳动力价位进行了调查，经过统计分析整理，首次发布 18 个职位的小时工工资指导价位。部分行业工资指导线 2001 年继续细化分出中、小类行业的工资指导线，如增加了基本化学原料制造业、有机化学产品制造业、冷饮品制造业、汽车运输业、日用百货零售业、洗衣机制造业、电冰箱制造业、空调器制造业等。

三、社会保险

1．社会保险覆盖面进一步扩大，保险的险种和层次更加完善。2001 年，上海市根据就业市场化的要求，改革社会保险参保模式和管理模式。开辟了多头参保、按小时参保的渠道，基本上实现了对上海市城镇范围内所有从业人员及其各种就业状态的全覆盖，全年新建社会保险个人账户 24.35 万个。农村社会养老保险的覆盖面也有所扩大，管理水平有所提高。生育保险制度顺利出台，为促进女性就业，发挥社会保险的整体功能创造了条件。补充养老保险开通了个人投保的渠道，延伸了保障功能，参加补充养老保险的从业人员从 2000 年的 60 万人增加到 85 万人，形成了多层次保险协调发展的互补格局。

2．城镇离退休人员养老金水平得到提高，社会保险基金征缴得到加强。2001 年，上海市近 230 万城镇离退休人员普遍增加了养老金，人均月增加养老金 40 元。并对退休早、年龄大、养老金水平低的退休人员在普遍增加养老金的基础上又适当增加养老金。3 年来，有 207 万人次的高龄退休人员享受了这一待遇，有效地缓解了这部分退休人员养老金水平偏低的矛盾。同时，依据上海市人大颁发的《上海市城镇职工社会保险费征缴的若干规定》，建立了职责明确、分工协作、程序规范的基金征缴体系。对参保单位，由社会保险经办机构实施日常征缴；对少缴、漏缴单位，由劳动保障监察机构开展专项监察和重点监察；

对暂时缴费有困难的，依法办理财产备案登记缓缴手续；对既不办理缓缴，又拒不缴费的，移送法院强制执行；对少数欠费“大户”，通过新闻媒体公布，促进征缴。此外，2001年，上海市还委托社会审计力量开展缴费基数的专项审计。通过以上措施，全年社会保险费征缴额达到335.61亿元，征缴率达99.71%。

3．失业保险的双重功能得到进一步拓展。2001年，上海市的失业保险在保障失业人员基本生活和完善促进就业方面的双重功能得到进一步拓展。一是保障了失业人员的基本生活。2001年，上海市发放失业保险金（含协保生活费）195万人次，有效地保障了失业人员的基本生活。二是完善了促进就业的功能。在失业保险基金的使用上，加大了对职业介绍、岗位开发、职业培训等方面的支持力度，有23万多人享受了培训补贴、8万多人享受了岗位补贴。2001年，上海市劳动力流速有所加快，单位退工共29万人，通过职业介绍、广告应聘、自找门路等市场方式实现就业的达到28万人；全市公益性职业介绍所共受理求职登记38万人次，14万人通过介绍成功就业。

4．出台实施《上海市城镇生育保险办法》。《上海市城镇生育保险办法》已于2001年10月10日以市政府令第109号公布，并于2001年11月1日开始实施。2001年，上海市劳动保障局及时印发了《〈上海市城镇生育保险办法〉实施细则》，并会同上海市人口和计划生育委员会、上海市卫生局、上海市医保局联合制订了《关于申请享受生育保险待遇办理计划生育审核手续的规定》《关于实施城镇生育保险医疗保健服务的意见》等相关配套文件，确保生育保险实施的渠道畅通，措施到位。同时，多方位、多形式地开展《上海市城镇生育保险办法》的宣传，保证宣传工作点面结合，广泛深入。截至2001年底，生育保险的参保人数已达450万人。

（上海市劳动和社会保障局）

江 苏 省

2001年，是实施“十五”计划的第一年。江总书记“七一”重要讲话，深刻阐述了“三个代表”重要思想的丰富内涵和精神实质，进一步阐明了党在新世纪的历史任务和奋斗目标。一年来，江苏省各级劳动保障部门深入学习和实践江总书记“三个代表”重要思想，认真贯彻劳动保障部和省的部署，团结奋斗，扎实苦干，两个确保得到进一步巩固，就业和再就业工作力度加大，医疗保险制度改革稳步推进，下岗职工出中心进展平稳，劳动保障各项工作取得新的成绩，在改革发展稳定的大局中发挥了重要作用。

一、两个确保工作成果得到进一步巩固

2001年，江苏省根据省政府对养老金发放工作提出的“采取扎实有效措施，坚决杜绝新的拖欠”要求，确定了“统筹兼顾、突出重点”的原则，在继续巩固面上保发放成果的同时，采取加大补助力度、改变拨付方式、定期组织督查、政府下达任务书等措施，突出抓了22个困难市县的保发放工作。经过全省上下的共同努力，江苏省基本做到了企业离退休人员养老金按时足额发放，发放率达到99.9%，为历史最好水平。大多数困难市县养老金当期拖欠问题得到解决，各地还补发了以往拖欠的养老金7 393万元。下岗职工基本生活保障成果也得到了进一步巩固。全省在中心的下岗职工全部按当地政府规定的标准得到基本生活保障，个别市往年欠发的基本生活费和欠缴的社会保险费已基本补发到位。

二、养老、失业保险扩面征缴工作取得新进展

2001年，在全国各地参保人数下滑的情况下，江苏省养老保险参保职工达到682.02万人，比上年底净增33.28万人，超额完成全年净增15万人的目标。苏州、南京各新增近10万参保人员，无锡、南通、常州扩面净增人数也都超额完成了年初省下达的目标任务。养老保险基金征缴率为93.89%，比全年目标高出1.5个百分点。南京、无锡、常州、苏州、南通5市高于全省平均收缴率。全省参加失业保险人数达757.01万人，失业保险覆盖面达94%，完成全年目标任务的112%。苏州、无锡、南京、南通4市的收缴率均超过92%。

在全力抓好扩面征缴的同时，江苏省对原行业统筹职工养老保险关系转移以及科研机构转制为企业后养老保险问题发出了补充通知，调整和规范了供养直系亲属待遇等养老保险政策措施，并制定了2001年社会保险基数和养老保险利率、调整提前退休人员养老金计发标准的政策。进一步规范了失业保险待遇支付办法，推进失业保险与促进就业的紧密结合，进一步完善了江苏省养老、失业保险制度。

三、养老金社会化发放工作取得新突破

2001年底，江苏省社会化发放人数达211.09万人，社会化发放率为98.76%，比上年底提高近14个百分点，超过全国平均发放率1.5个百分点。在努力抓好养老金社会化发

放扫尾工作的同时，江苏省又组织各地积极开展养老保险待遇资格认定工作，在全省范围内建立协查制度，堵塞虚报冒领养老金的漏洞。2001年，全省共查处企业虚报离退休人数847人、冒领养老金90.4万元。泰州等地还在全省率先建立指纹识别系统，使待遇资格认定工作走向科学化、规范化。同时，江苏省积极开展离退休人员社会化管理服务试点工作，南京、泰州两市的试点工作已经取得了初步成效。

四、工资宏观调控进一步加强，劳动合同制度不断完善

2001年，江苏省在工资收入分配上抓好“四个工程”，即以企业内部分配改革为主要内容的重点工程；以企业经营者年薪制为主要内容的龙头工程；以完善工资指导线、劳动力市场工资指导价位为主要内容的配套工程；以生产要素参与分配为主要内容的探索工程。在劳动关系调整上，切实做到“强化一个基础，突出两个重点”，即以全面加强劳动合同管理为基础，重点解决下岗职工出中心、离岗人员出企业和改制企业职工的劳动关系调整。同时，根据工作进展情况，不断调整工作重心。针对一些企业内部改革不到位，激励机制、约束机制和内部竞争机制不健全等突出问题，江苏省劳动保障厅主动会同省经贸委、人事厅商定，允许和鼓励资本、技术等生产要素参与收益分配，加快建立与现代企业制度相适应的工资收入分配制度。针对市场经济条件下劳动工资工作的新情况和适应多形式就业的需要，调整并实施了小时工最低工资标准，维护了劳动者的合法权益和社会收入分配秩序。

同时，江苏省各级劳动保障部门认真组织实施劳动保障部《工资集体协商试行办法》和省政府《企业集体协商和集体合同规定》，在全国率先建立健全了集体合同监督保证机制。省劳动保障厅还主动会同有关部门在全省范围内开展了集体合同专项检查，对镇江、苏州等地开展工资集体协商的做法和经验，进行总结和宣传。截至2001年底，全省签订集体合同的企业达67 176户，工资集体协商的企业达1 780户，经劳动保障部门审查登记的合同31 415份，集体合同涉及职工554万人。

五、医疗保险制度改革稳步推进

为认真贯彻国务院和省政府医疗保险制度改革和医药卫生体制改革工作会议精神，2001年，江苏省劳动保障厅进一步加强了全省医疗保险制度改革推进的力度，努力扩大医疗保险覆盖面，并会同省委企业工委加强对部省属企业属地管理工作；进一步完善医疗保险政策，妥善处理部分慢性病患者个人医疗费负担过重、适当提高退休人员医疗保障水平及破产改革企业和困难企业参保等问题，全省医疗保险制度改革取得了积极的进展，一个崭新的城镇职工医疗保险制度已在全省全面建立。江苏省所有市、县医疗保险制度改革实施方案均已启动实施，运行平稳，并提前1个月完成了省政府年初确定的医疗保险覆盖430万人的目标。为保证公务员在参加医保后的医疗保险水平不降低，江苏省劳动保障厅及时提请省政府办公厅批转了《关于江苏省实行国家公务员医疗补助的实施意见》，从而对基本医疗保险制度的顺利实施，保障公务员的医疗待遇，减轻公务员的医疗费负担起到了促进和保证作用。泰州、南通等市已出台了公务员医疗补助实施办法。江苏省劳动保障厅还会同省委组织部、老干部局等7部门，制定了离休干部医疗费统筹办法，逐步建立起离休干部医疗费的保障机制。在调查研究和广泛征求意见的基础上，认真制定了《江苏省省级机关职工医疗保险实施办法》和配套政策，全力做好省级机关医改的各项准备工作。同时，加强了对全省医保经办工作的指导，基金管理等各项工作逐步规范化。2001年，江苏省工伤、生育保险取得了积极的进展，全省除涟水、滨海、宜兴3个县（市）外，其他所有市、县都实行了工伤、生育保险，参保职工分别达到440万人和465万人，并进行了生育保险社会化管理的试点。

六、下岗职工出中心和并轨工作进展平稳

2001年，江苏省积极推动下岗保障向失业保险和市场就业转变。全省已基本按分类规定时间停止下岗登记，新增企业裁员不再进中心，按《劳动法》的规定直接终止、解除劳动合同，由失业保险保障生活。2001年，全省共有13.18万名下岗职工出中心，其中11.19万人与企业解除劳动关系，占出中心人数的84.9%，比上年提高21个百分点，大大高于全国平均50%的水平。领取失业保险金人数以月均6%的速度增长，已达39.49万人，比上年末增加了16万人，上升了70%，失业保险已成为主要保障形式，并轨工作取得了突破性成果，市场就业机制初步形成。

七、就业、再就业工作取得明显成效

为促进失业人员和下岗职工就业、再就业，2001年，江苏省各地普遍将就业、再就业工作摆上突出位置，工作力度进一步加大，特别是结合再就业援助行动，在落实再就业优惠政策、开发社区就业岗位、强化就业服务、加大就业再就业培训力度等方面狠下功夫。经过全省上下的共同努力，在就业环境不宽松的情况下，1～12月，全省共有10.43万名下岗职工通过各种渠道实现再就业，再就业率为47.6%；超额完成全年安置22万人就业的任务，基本实现了年初确定的登记失业率控制在3.5%左右的目标。

同时，江苏省积极探索城乡统筹就业的新路子。通过召开会议、组织实施南北对口挂钩交流、强化流动就业管理服务等措施，大力发展农村劳务输出和劳动力转移就业。截至12月末，苏北5市共有188.6万农村劳动力实现转移就业，其中2001年新增劳务输出人数达39.1万人。

八、职业技能培训力度加大，劳动者素质得到提高

2001年，江苏省新组建6所技师学院，全省的技师学院达到13所。2001年技校实际招生近3.6万人，超额完成了全年3.1万人的招生计划，比上年增长14.6%，扭转了技校招生连续两年下滑的局面。全省技工学校3.6万名应届毕业生的就业率保持在90%以上，不少地区就业率达到95%。社会力量办学得到较快的发展，全省现有社会办职业技能培训机构712所，比上年增加198所，增幅达38.5%。全年培训34万人次，比上年增长近34%，为提高劳动者素质、促进就业和再就业做出了贡献。同时，通过制定《职业技能鉴定考务管理规程》，建立了申请鉴定、资格审查、考评员选派、题库管理、考场监督、成绩审核以及证书核发等内容的标准化鉴定程序和规范，完善了鉴定质量保证体系。通过面向市场，拓宽新职业，改进鉴定手段，提供优质服务，扩大了鉴定范围，增加了鉴定取证人数。2001年，全省鉴定人数达25.5万人次，取证人数达23.6万人次，分别比上年增长15%和17%。

九、劳动争议处理水平全面提升

为推进办案方式的改革，2001年，江苏省制定了《劳动仲裁开庭规程》《劳动仲裁庭开庭程序》，并首次在全省组织开展仲裁庭巡回开庭观摩评估和案件质量评估活动，进一步推动仲裁庭规范化建设，促进办案质量的提高。2001年，江苏省各级劳动争议仲裁委员会共处理劳动争议案件29 682件，涉及劳动者64 418人，分别比上年增长21%和24%，结案率达90.3%。为保证依法、公正、及时处理劳动争议案件，保障当事人的合法权益，江苏省制定了《劳动争议当事人选择劳动仲裁员试行办法》，并首先在苏州、泰州两市进行了试点，取得了积极的效果，进一步增强了广大仲裁人员的责任感和使命感，促使当事人有了选择仲裁员的权利，增加了信任感，充分发挥了兼职仲裁员的作用，调动了工会、经委等部门参与处理劳动争议案件的积极性。

十、机关事业单位养老保险制度进一步完善，农村社会养老保险不断规范

为进一步完善和规范机关事业单位养老保险制度，2001年，江苏省制定出台了《关于机关事业单位养老保险制度改革工作的意见》，对参保范围和对象、缴费基数和比例、保险基金的收缴和管理等提出了明确的指导性意见。同时，加强了对机关事业养老保险经办机构的内部管理和制度建设，进一步规范了工作程序和运作机制。基金征缴率达95%。2001年，全省共有126.33万人参加了机关事业单位基本养老保险，支付离退休费的人数达31.42万人。

2001年，江苏省农村养老保险具有一定的规模，截至年末，参保人数为743万人，农保基金积累达40.1亿元，居全国首位。为做好国家对农村养老保险整顿规范的准备，进一步加强农保基金的安全工作，全省采取“上下配合，联合检查；逐个会审，逐笔核对；发现问题，限期纠正”的办法，分片对89个市、县、区农保经办机构的基金与财务情况进行了会审，摸清了农保基金的底数，并建立了到期未回收基金催收月报制度，全年回收违纪基金达1 535万元。为进一步规范农村社会养老保险工作，下发了《关于进一步做好农村社会养老保险管理工作的通知》，使农村社会养老保险管理工作进一步规范化、制度化。

十一、社会保险基金监督迈出新步伐

根据劳动保障部提出的“法制、监管、自律、规范”8字方针，2001年，江苏省各地切实加大了对基金的监督力度。一是建立健全基金监督网络。加快调整建立省社会保障基金监督委员会，由劳动保障、财政、审计等政府部门，参保单位代表，职工代表和专家等组成的省社会保障基金监督委员会成员已报省政府审批。二是积极清理回收被挤占挪用的违纪基金。针对2000年社会保险5项基金调查中存在的挤占挪用和其他违纪基金的情况，2001年，江苏省劳动保障厅会同省纪委、财政厅等部门对8个市开展了联合专项检查，并下发了《关于抓紧清理回收被挤占挪用和其他违纪社会保险基金的紧急通知》。通过专项清理检查，一些长期被挤占挪用的基金已有60%得到了回收，暂未收回的，督促地方政府作出了限期收回的书面承诺。非银行金融机构存款问题也基本得到了解决。三是认真贯彻实施《社会保险基金行政监督办法》和《社会保险基金监督举报工作管理办法》。制定了《社会保险基金行政监督办法实施细则》，指导和规范全省社会保险基金监督工作。通过新闻媒体公布社会保险基金监督举报电话，有效地发挥了群众举报和社会监督的作用，形成了行政监督、社会监督的相互促进和协调发展。

十二、劳动保障法制建设和劳动保障监察工作不断推进

为适应加入WTO的需要，2001年，江苏省对1979年以来制定的有关劳动保障的地方性法规、规章和政策措施进行了清理。制定了《江苏省劳动保障系统法制宣传教育第四个五年规划》，对全省劳动保障系统“四五”普法的任务、内容、方法和步骤作出了部署。省及各地通过宣传周等活动，加大了劳动保障法律法规宣传的力度，对提高广大职工群众的劳动保障法律意识起到了推动和促进作用。行政执法监察工作得到进一步加强。到2001年底，省收到行政复议申请17起，其中应予审理的11起，已结案9起。

为进一步完善劳动保障监察宏观调控机制，2001年，江苏省制定了《关于在全省劳动监察系统开展争先创优活动的通知》和《全省劳动监察系统争先创优考核评比办法》，极大地调动了全省劳动保障监察人员的工作积极性和创造性。为进一步贯彻实施《禁止使用童工规定》，严厉打击非法使用童工行为，江苏省劳动保障厅会同省法制办等8部门，在全省联合开展了关于禁止使用童工规定的专项检查，涉及2 650个用人单位、27万职工，查出

非法使用童工173人。开展了劳动合同专项执法检查活动，全省共检查用人单位4万多户，涉及职工405.85万人，责令4 400户用人单位限期改正违法行为，支付经济补偿金479.82万元，补签劳动合同21.95万份，补缴社会保险费3 896.17万元。同时，江苏省各级劳动保障监察机构还对12.79万户用人单位进行了劳动用工年检。

（江苏省劳动和社会保障厅）

浙　江　省

一、两个确保工作进一步巩固

2001年，浙江省各地按照中央确定的工作目标、政策措施、工作要求“三个不变”的方针，继续把两个确保作为劳动保障第一位的工作来抓，狠抓资金落实和工作落实，成效明显。截至2001年底，浙江省下岗职工总量由2000年末的6.09万人，下降到1.62万人，减少了4.47万人，下降73.40%。其中国有企业下岗职工1.31万人，比2000年末减少2.31万人，下降63.81%。国有企业下岗职工仍主要集中在杭州、嘉兴、宁波3个市。2001年，浙江省全年共筹集国有企业下岗职工基本生活保障资金1.8亿元，支出2.01亿，其中：发放基本生活费1.09亿元，代缴社会保险费0.6亿元，用于再就业培训、扶持弱势群体就业等其他支出0.32亿元。收支赤字0.21亿元，累计结余0.62亿元。国有企业下岗职工足额发放基本生活费人数和代缴社会保险费人数达到100%。全省114.20万名企业离退休人员养老金得到按时足额发放，2001年底，浙江省企业离退休人员月人均养老金已达685元。

二、就业和再就业工作成效明显

2001年，浙江省共有城镇失业人员66.59万人，比2000年增加15.32万人，增长29.88%。其中：2000年结转的失业人数21.82万人，本期新登记的失业人数44.77万人，比2000年增加11.25万人，增长33.56%。全年共安置城镇失业人员40.18万人，比2000年增加12.17万人，增长43.45%，剔除由就业转失业的33.05万人，全年净安置城镇失业人员7.13万人，比2000年增加4.69万人，增长92.21%。截至2001年底，浙江省实有登记失业人数23.99万人，比2000年增加2.17万人，增长9.95%，城镇登记失业率为3.7%，比2000年底增加0.3个百分点。

2001年，浙江省企业下岗职工实现再就业人数3.24万人，再就业率为50%，其中国有企业下岗职工实现再就业近2万人，再就业率达到55%，超额完成再就业率50%的目标。全省全年共开发社区就业岗位8.9万个。到2001年底，全省企业再就业服务中心由2000年底的1 801个减少到289个，其中国有企业再就业服务中心由917个减少到169个，分别下降84%和81.6%；有80%市县的国有企业再就业服务中心基本停止运作，下岗职工基本生活保障与失业保险已基本实现并轨，浙江省并轨工作居于领先水平。城乡统筹就业试点工作取得进展。长兴、义乌两个试点县市制定出台了一系列政策，进一步加强就业服务网络覆盖和劳动力市场建设，取得了初步成效，积累了初步经验。

三、大力开展职业培训工作

2001年，围绕提高劳动者素质这一主题，浙江省各地加强了对职业培训设施的建设。截至2001年底，浙江省有技工学校98所，其中新批准成立2所；2001年全省招生人数达2.4万人，比2000年增加0.12万人。在组织专家评估的基础上，2001年批准3所学校为省级重点技工学校，使全省省级以上重点技工学校数达23所。2001年新批准设立了5所技师学院，争取了部分高级技工学校进入高教系列，列入国家试点范围。各地在做好职业培训工作的同时，加大了对下岗失业人员创业能力和创新能力的再就业培训工作力度，第二期“3年40万”（用3年时间对40万下岗失业人员进行再就业培训）再就业培训计划开始启动实施，2001年实际培训人数达到19.39万人。围绕社区就业服务工作，开展了社区就业培训的探索。

四、各项社会保险工作进展顺利

1．养老保险。针对浙江省非公有制经济比重大，大量乡镇企业、私营企业还没有参加养老保险的实际，在调查研究试点的基础上，2001年，浙江省出台了“低门槛准入、低标准享受”的养老保险参保政策。截至2001年底，浙江省养老保险参保职工达485.27万人，比上年增加37.89万人；参保职工中实际缴费人数435.12万人，比上年末增加46.7万人，其中企业实际缴费人数388.97万人，比上年末增加30.49万人。2001年，浙江省基本养老保险基金收入134.87亿元，支出109.04亿元，当期结余25.83亿元，累计结余96.04亿元，其中企业基本养老保险基金收入116.23亿元，支出95.22亿元，当期结余21.01亿元，累计结余75.68亿元；企业养老保险基金收缴率为92.40%。2001年，浙江省各地加大了财政对社会保险基金的支持力度，全省企业基本养老保险基金收入中财政补贴达3.46亿元，比2000年增加1.93亿元，增长125.55%。其中增幅较大的有杭州、湖州、金华、衢州、台州，财政补贴额在2 000万元以上的有杭州、湖州、金华、嘉兴。2001年，浙江省出现当年赤字的有10个市县，共有赤字6 745万元，如剔除调剂金后，当年赤字的市县达到16个；如再剔除财政补助收入，当年赤字的市县则达到20个。

2001年，浙江省各地继续做好养老金社会化发放工作，实现了浙江省政府下达的全省企业养老金社会化发放率达100%的目标。离退休人员管理服务社会化工作在杭州、宁波进行试点的基础上，扩大到金华、绍兴、舟山、嘉兴等地，试点工作进展顺利。

2．失业保险。到2001年底，浙江省参加失业保险的职工人数为391.06万人，比2000年增加2.56万人；全年失业保险基金收入11.18亿元，比2000年增加2.21亿元，增长24.64%。基金收入中，财政补助收入达1.55亿元，比2000年增加1.38亿元，增长7.8倍。全省全年失业保险基金支出12.5亿元，比2000年增加3.83亿元，增长44.18%；全年收支赤字1.32亿元。全省有37个市县失业保险基金当年收不抵支，扣除财政补贴，全省2001年赤字达4.7亿元，失业保险基金累计结余9.64亿元。

3．医疗保险。《浙江省城镇职工基本医疗保险制度改革意见》出台后，经过一年多的努力，全省医疗保险制度改革工作已取得进展。到2001年底，浙江省已有73个统筹地区启动和实施基本医疗保险，覆盖人数达368.15万人。金华、舟山、温州、丽水、湖州、嘉兴、衢州7个市所辖县市的城镇职工基本医疗保险制度改革全部启动。

4．工伤生育保险。针对《浙江省企业职工工伤保险实施办法》施行过程中遇到的问题，浙江省制订了有关补充规定，完善了相应政策。到2001年底，浙江省工伤保险参保人数为219.67万人，比2000年增加7.57万人。参加生育保险人数为187.64万人，比2000年减少12.38万人。

5．农村社会养老保险。2001年，浙江省各地继续认真贯彻国务院文件精神，按照统一思想、提高认识、理清思路、积极稳妥地做好整顿规范农村社会养老保险准备工作的思路，积极开展调研，认真做好规范农村保险的各项基础工作，切实加强农村保险基金监管，并努力探索农村保险整顿规范的路子，取得了一定成效。截至2001年底，浙江省农村社会养老保险参保人数约600万人，全年新收保险费

1.94亿元，比上年增加0.49亿元，增长33.79%；年末累计结余基金21.40亿元，比上年增加1.44亿元，增长7.21%。

五、深化企业工资分配制度改革

2001年，浙江省企业的工资制度改革进一步深化，各地劳动保障部门积极做好企业工资分配制度改革的指导工作，鼓励企业实行工资集体协商制度。2001年，浙江省试行工资集体协商的企业达3 000家，有150家国有企业实行了经营者年薪制试点，并积极推行了以岗位工资为主的企业基本工资制度。浙江省各地认真建立劳动力市场工资指导价位的公布制度，到2001年底，全省除嘉兴、丽水两个市外，其他9个市都已建立劳动力市场工资指导价位公布制度。其中：宁波市公布的工种价位达200个，绍兴市公布了140个工种价位。此外，根据浙江省国民经济发展、城镇居民消费、支出水平、物价指数、职工工资水平等情况，2001年，浙江省还认真做好最低工资标准的调整工作，将原来的3个档次标准调整为4个档次，即将320元/月、350元/月、380元/月调整为340元/月、380元/月、410元/月、440元/月，新的标准从2001年4月1日起开始执行。

六、劳动关系协调工作取得新的成效

2001年，浙江省各地认真贯彻《劳动法》和有关法律法规，以劳动合同和集体合同、改制企业劳动关系处理、劳动争议仲裁为重点，加强了劳动关系协调工作。全省国有城镇集体企业劳动合同签订率达到86%，签订集体合同的企业达到1.2万余家。为进一步完善省属改制企业劳动关系处理的有关政策，浙江省下发了《关于省属国有企业建立新型劳动关系实施办法的补充意见》，对有关问题作了进一步明确。针对实践中遇到的新情况、新问题，浙江省政府办公厅又转发了《关于省属国有企业建立新型劳动关系的补充意见》，进一步明确了有关政策。还建立了省属企业建立新型劳动关系工作联席会议制度。到2001年底，浙江省国有企业改制面已达91%以上，已经对劳动关系进行调整的有4 500余家，约占国有企业总数的84%。

七、劳动监察和劳动争议处理工作进一步加强

按照浙江省委、省政府的统一部署，2001年，全省开展了一系列的劳动用工、社会保险执法大检查。全年共检查用人单位4.4万家，涉及劳动者307.3万人，其中，查处和清退童工476名，为19.46万名劳动者追回拖欠克扣工资8 091.7万元，清退风险抵押金561.2万元，督促签订劳动合同55.1万份，督促4 394家用人单位为9.74万名劳动者办理了社会保险登记和补缴养老、失业保险费，金额达5 521.1万元。取缔非法职业中介组织179家。全年共受理群众投诉举报案件11 616件，结案率达99%。

2001年，浙江省各地积极稳妥地处理各类劳动争议和集体上访、罢工等突发事件。浙江省全年各级劳动争议仲裁委员会共立案受理劳动争议案件8 902件，比2000年上升37.9%，涉及劳动者18 575人，其中集体争议案件433件，涉及劳动者9 460人；涉及经济标的26 948万元，裁决维护双方当事人合法权益16 283万元，其中维护劳动者合法权益14 798万元，占90.88%；维护单位合法权益1 485万元，占9.12%。劳动争议案件结案率达到94.3%，完成了省政府下达的90%以上的目标任务。到2001年底，浙江省建立了乡镇劳动关系协调机构和仲裁派出机构589家，共协调、处理劳动争议案件12 532件。全省共处理因劳动保障问题引发的集体上访和各类突发事件1 037件，涉及职工30 201人，分别比上年增长17%和62.6%。

八、劳动保障法制建设不断推进

2001年，浙江省劳动保障地方立法工作得到加强。《浙江省劳动力市场管理条例》已

于2001年12月28日由浙江省九届人大常委会第三十次会议审议通过，并于2002年2月1日起实施；《浙江省职工基本养老保险条例(修正案)》已经浙江省政府常务会议通过，提交省人大审议。《浙江省失业保险条例》已上报浙江省政府。《浙江省劳动合同管理规定》《浙江省企业工资支付管理规定》《浙江省女职工劳动保护暂行规定（修正案)》3个地方性规章草案也已上报浙江省政府审定。

（浙江省劳动和社会保障厅）

宁 波 市

2001 年，宁波市各级劳动保障部门紧紧围绕当地党委、政府的中心工作，以国有企业改革和社会稳定为主线，积极做好理顺劳动关系工作，采取多种措施扩大就业和再就业，稳步推进城镇职工基本医疗保险制度改革。同时，继续扩大社会保险覆盖面，加快社会保障管理服务社会化工作实施步伐，切实保障职工的合法权益，为宁波市的改革开放、经济发展和社会稳定创造了良好的外部环境。

一、理顺劳动关系和下岗职工出中心

2001 年，按照宁波市委、市政府关于加快国有企业两项制度改革步伐的总体部署，宁波市劳动保障部门把理顺劳动关系工作作为工作重点，加快了下岗职工“出中心、入市场”的步伐，取得了显著成绩，有力地推动了国企改革的快速稳步进行。至年底，全市2 369家国有和集体企业完成了产权制度改革，完成率达 95.2%，27.1 万名职工理顺了劳动关系，完成率达 91.5%。各县（市）、区理顺劳动关系工作已基本结束，市属 4 个行业的企业全部与职工理顺了劳动关系，15 个行业的企业理顺劳动关系的比例达到了 80%以上。市属 29 个行业的企业已理顺劳动关系的人数达到了 10.1 万人，占应理顺劳动关系职工数 11.4 万人的 88.6%，其中：被改制企业吸纳的有 4.8 万人，享受“三家抬”政策的 1.5 万名，通过“两保”续接社保的 0.92 万名，领取经济补偿金进入市场就业的 2.74 万名。下岗职工出中心步伐加快。至年底，9 个县（市）、区和市属 20 个行业的下岗职工全部出中心，全市在中心的下岗职工已由 1997 年末的 3.3 万名减少到1 823名。同时，宁波市各级政府积极筹集下岗职工基本生活保障资金，确保了仍在中心的下岗职工的基本生活。

二、就业与培训

1．帮困就业。随着国有企业改革的深入，理顺劳动关系和下岗职工出中心步伐的加快，2001 年，宁波市政府进一步加大了就业工作的力度。宁波市政府把帮助大龄失业职工就业作为政府的首件实事工程。宁波市劳动保障部门在市 3 区实施了走访 1 千户特困失业职工家庭，收集 1 万个适合大龄失业职工的就业岗位，为愿意接受帮助的大龄失业职工提供 1 次职业培训、2 次职业指导、3 次职业介绍等就业服务的“116”工程。其他县（市）、区劳动保障部门结合当地实际，也相应开展了帮困就业工作。市及 3 区劳动保障部门共走访困难失业人员家庭1 000余户，积极帮助他们走上工作岗位。为帮助大龄失业人员就业，宁波市政府出台了用工补助办法，市各级劳动保障部门对其开展了免费就业指导和职业介绍工作，全年各级劳动保障部门共收集社区就业岗位 2.1 万个，收集适合大龄失业人员就业的岗位达到了 1.5 万个。2001 年，宁波市各级劳动保障部门还专门开通了绿色通道，举办特色专场，设立了“服务专窗”，为大龄失业人员提供了更多的就业机会。

通过努力，至 2001 年底，全市有 6.89 万名失业职工实现了再就业，城镇登记失业率为 3.76%，控制在政府 3.8%的指标以内。

2. 劳动力市场三化建设。在实施帮困就业工作的同时，2001年，宁波市各级劳动保障部门继续重视劳动力市场的“科学化、规范化、现代化”建设，加快市场化就业步伐。2001年，全市新建了鄞县、江北、镇海、宁海4个劳动力市场，12个县（市）、区的劳动力市场实现了大联网。同时，就业指导、职业介绍等软件建设进一步强化，清理整顿劳动力市场秩序力度也不断加大，促进了劳动者在市场中的高效有序流动。2001年，宁波市进劳动力市场求职的劳动者达到了77万人次，以市场为导向的就业机制基本形成。2001年9月，劳动和社会保障部在宁波市召开了全国劳动力市场建设现场会，推广了宁波市的经验。

3. 培训与职业技能鉴定。2001年，宁波市实行职业资格证书制度和就业准入制度，实施技校改革，开展再就业培训，职业教育和培训进一步得到加强。全年共筹集再就业培训经费300万元，对3.35万名失业人员实施了各种类型的再就业培训，4.02万人参加了职业资格鉴定，其中3.86万人取得了相应的职业资格证书。近14万名农村和外来务工人员得到了教育培训。

三、社会保险

1. 医疗保险制度改革。从2001年1月1日开始，宁波市及各区作为统一的统筹地区，同步实行了城镇职工基本医疗保险制度。运行一年来，职工的基本医疗得到了保证，参保的用人单位和职工人数逐步增加，定点医疗机构和零售药店不断扩大，基金收支总体平衡，医保的互济功能日益显现。至2001年底，参加城镇职工基本医疗保险的单位达到了5 136家，职工达到了38.5万名，其中公务员或参照公务员人数7.1万名（实行了门诊和住院统筹），企业或参照企业人数31.4万名（实行了住院统筹）。定点医疗机构达到了61家，定点零售药店达到了7家。

同时，针对医改政策运行的实际情况，宁波市加紧研究完善医保政策。2001年底，市政府出台了《关于完善城镇职工基本医疗保险制度的若干意见》，市劳动保障部门相应出台了《〈关于完善城镇职工基本医疗保险制度的若干意见〉的实施办法》和《宁波市城镇职工基本医疗保险非处方药购买管理办法（试行）》。按照新的调整办法，参保职工的医疗负担将进一步减轻，就医将更加方便，基本医疗将进一步得到保障。企业门诊医疗保险方案经多方讨论征求意见，也已初步形成。此外，各县（市）的医疗保险制度改革也加紧进行，至2001年底，在大病医疗保险统筹的基础上，余姚、慈溪两地的医保方案已经出台并已实施；宁海县、奉化市的方案经市政府常务会议确定，已在报批之中；鄞县的方案已形成；象山县的方案也基本确定。

2. 养老和失业保险。2001年，宁波市在各级政府的高度重视和各级劳动保障以及地税部门的共同努力下，养老和失业保险扩面工作取得新的进展。至2001年底，参加养老保险的企业达到26 334户，缴费人数达62.5万名，比2000年底净增5.35万名，其中个体工商户和自由职业者的参保人数超过了10万名，征缴率达到了98%，静态支付能力达16.6个月。宁波市现有离退休人员16.25万名，月人均养老金720元，远远高于全省平均水平。参加失业保险的用人单位达到了17 626户，参保职工达到了68.6万名，比上年底净增了3.3万人，征缴率达到了97%。2001年，宁波市共发放失业保险金和医疗补助金2.25亿元，农民工一次性生活补助费781.25万元，享受失业保险待遇的人次达72.8万。2001年，宁波市各级劳动保障部门还配合地税部门共同清理了企业历年欠缴的养老保险费，并已基本清理完毕。

3. 工伤和生育保险。2001年是工伤保险扩面的第一年，宁波市在各级劳动保障部门的努力下，也取得了喜人成绩。至年底，参加工伤保险的用人单位达到了10 698户，人数达到了41.38万人，比上年增加6.35万人。女职工生育保险平稳进行，参保企业数和人数分别达到了6 160户和30.29万名。

四、劳动保障社会化管理服务建设

2001年，宁波市在全面实现养老金社会化发放、市本级开通职工养老保险缴费和离退休人员养老金查询服务的基础上，不断扩大服务范围，积极推进社会化管理服务工作，并取得了较大突破。至年底，市区已有10个街道建立了劳动和社会保障服务中心，并按照现有的5项内容全面运作，包括建立企业离退休人员管理信息库，对失业职工、外来劳动力、新增劳动力进行管理，开展职业介绍、职业指导、推荐培训等工作。7个街道实现了与劳动力市场的用工信息联网，11个街道开展了失业救济金发放工作。海曙区在社区劳动和社会保障服务中心建设上行动迅速，效果明显，其中5个社区服务中心为接纳的1.5万名失业人员提供了相关的服务，对区域内近5 000名退休人员养老金享受资格进行了认定；以西门、鼓楼医院为主体的医疗资料向社区开放，在居民相对集中的住宅区设立了社区卫生服务站，建立了老年人健康档案，使辖区内1万余名退休人员得到了完善的服务。余姚、慈溪两地建立了退休人员管理中心，为改制和破产企业退休人员提供了管理服务，接受服务的离退休人员已达1.7万名。此外，余姚、慈溪、奉化等地还在劳动保障工作向乡镇延伸方面进行了积极探索，并取得一定的成果。

五、保障劳动者合法权益

1．立法工作。2001年是清理和规范市场经济秩序的第一年，宁波市各级劳动保障部门以此为契机，紧紧围绕国企改革、理顺劳动关系后出现的新情况和新问题，针对宁波市非公有制经济快速发展的实际，积极采取措施，进一步加强立法工作，努力建立稳定和谐的劳动关系，加大打击违反劳动保障法律法规的力度，促进了社会的稳定。在立法上，完成了《宁波市劳动合同条例实施细则》《宁波市女职工生育保险办法》的制定、修改和上报工作。《宁波市劳动争议处理条例》经浙江省人大讨论通过，于2002年3月1日起正式实施。2001年，宁波市还率先在全省制订并出台了《宁波市企业工资集体协商实施意见》。《宁波市企业欠薪保障条例》正在调研和起草之中。

2．劳动合同和劳动工资。2001年，宁波市劳动合同和集体合同制度以较快的速度向非公有制企业推进。至年底，全市各类企业中有2.38万家企业与72.77万名职工签订了劳动合同，签订率为85%，其中城镇各类企业劳动合同的签订率为90%。有8 968家企业实行了集体合同制度。2001年，宁波市调整了企业职工月最低工资标准，加大了欠薪保障的力度，继续推行了人工成本预警制度和工资指导线制度。

3．劳动仲裁和信访工作。2001年，宁波市及时、妥善、公正地处理在国企改革理顺劳动关系中出现的各种劳动纠纷案件，全市劳动争议案件总量达到4 289件，其中由全市劳动争议仲裁委员会受理的有1 911件，已处理1 898件，结案率为91.4%；由乡镇劳动争议调解机构受理的有1 947件。信访工作进一步加强，2001年仅市本级处理的信访总量就达到了1.3万件，其中集体上访118件。

4．劳动监察。2001年，宁波市开展劳动用工专项治理工作，以欠薪保障、职工参保、劳动合同履行、劳动保护各项措施的落实等为重点内容，以非公有制企业为重点对象，全市劳动保障部门全年主动监察用人单位1.3万户，涉及职工122.24万人，受理群众举报4 454件，参与处理突发事件277件，查处劳动违法案件2 419件，妥善解决了各类群体性事件，各类突发性案件的预防和处理机制得到了加强。

（宁波市劳动和社会保障局）

安　徽　省

2001年，安徽省各级劳动保障部门深入学习和实践“三个代表”重要思想，坚定不移地贯彻执行中央和省委、省政府的部署，克服困难，团结奋战，扎实苦干，两个确保得到进一步巩固，社会保险扩面征缴取得新的进展，养老保险金社会化发放进一步规范，医疗保险制度改革继续稳步推进；国有企业下岗职工出中心进展平稳，就业和再就业力度加大，劳动力市场建设加强，劳务输出渠道不断拓宽；就业准入制度和劳动预备制度逐步推开，职业培训和职业技能鉴定工作有了新的进展；企业职工收入分配制度改革逐步深化，劳动合同管理得到加强；劳动保障法制建设步伐加快，劳动争议仲裁处理和劳动保障监察执法力度加大，劳动保障基础管理日益规范；同时，广泛宣传劳动保障法规政策，全系统党风廉政建设，政风、行风建设和文明创建工作取得新的成绩，全省劳动保障事业整体迈上了一个新的台阶，为促进全省经济发展，维护社会稳定发挥了重要作用。

一、劳动就业

1．城镇劳动就业。2001年末，安徽省城镇职工总数为444.8万人，比上年减少25.2万人。企业职工304.1万人，比上年减少24万人，其中国有企业155.1万人，集体企业72.9万人，其他所有制企业76.1万人，国有、集体企业职工分别比上年减少17.8万人和9.4万人，其他所有制企业职工比上年增加3.2万人。城镇失业人员有所增加，失业率略有上升，全年失业人员总数为39.35万人（其中上年结转16.52万人，本年新增22.83万人），较上年净增7.76万人。2000年末，全省城镇登记失业人数19.91万人，城镇登记失业率为3.7%，比上年上升0.4个百分点。2001年，全省就业局势基本稳定，全年安置城镇失业人员就业18.94万人，比上年提高54.49%。从就业的单位分组看，在企业单位就业的有15.48万人，在事业单位就业的有0.23万人，在机关团体就业的有0.12万人，城镇个体经济吸纳就业3.11万人。从各类企业安置就业人员情况看，国有、国有联营、国有独资企业安置7.64万人，集体、集体联营安置1.65万人，私营企业安置4.48万人，其他企业安置1.25万人，港澳台及外商投资企业安置0.46万人。从行业的分布来看，批发和零售贸易业、制造业、社会服务业、建筑业吸纳就业较多，在上述4个行业就业的人数分别占就业总人数的26%、24.6%、14.6%和9.9%，合计占吸纳就业总人数的75.1%。

2．农村劳动力跨地区流动。截至2001年底，安徽省常年外出务工的农村劳动力达563万人，其中跨省流动就业人员由1993年的128万人，逐步增加到2001年底的458万人左右。从流向上看，主要集中在长江三角洲、珠江三角洲和京津地区。从流量上看，在江浙沪一带的皖籍务工人员约有238万人（其中：江苏约53万人、浙江60万人、上海125万人），占52%；广东、福建一带约有95万人，占20.7%；京津地区约有85万人，占18.5%；其他地区约有40万人，占8.7%。从行业来看，主要集中在工业、加工业，占45%；建筑业占18%；交通运输业占5%；饮食服务业占20%；种植业、养殖业占2%；其他占10%。从文化程度上看，高中以上文化程度的占13%，初中文化程度的占65%，小学文化程度的占22%。从男女比例上看，男性为54%，女性为46%，年龄多数为18~35周岁。劳务收入一般在月600元至900元左右，少数人月收入在千元以上，除吃用开支以外，每人每年至少带回（汇回）4 000元，全省一年通过劳务输出就净赚225亿元，劳务输出的收入占农户家庭总收入中的比例高达25%以上。特别是人均耕地数量少、可利用资源不足的贫困乡村，劳务输出收入所占比例更高，成为农民增加收入，脱贫致富的重要途径。

3．境外就业。根据公安部、教育部、劳动保障部、国家工商行政管理总局下发的《关于清理整顿出入境中介机构的通知》要求，2001年，安徽省劳动保障部门配合有关部门对全省范围出入境中介机构进行了一次全面清理整顿，规范了安徽省各中介机构的经营服务活动。各级劳动保障部门的职业介绍机构，进一步拓宽境外就业渠道，开辟了民间公民个人出境就业渠道，热情为公民出境就业服务。全年介绍境外就业234人，比上年提高15.27%。

4．外国人和港澳台人员来皖就业。2001年，共有99名外国人在安徽就业，比上年末净增5人。其中在内资企业就业9人，在港澳台投资企业就业12人，港澳台企业常驻代表机构5人，外商投资企业69人，外国企业常驻代表机构4人。来皖就业的外国人来自日本、马来西亚、韩国、新加坡、德国、法国、英国、泰国、澳大利亚等17个国家和地区。外国人就业主要集中在合肥、芜湖、马鞍山、安庆、淮北等城市，从行业上看，以制造业较多，约占外国人来皖就业人数的80%。2001年，安徽省各级劳动保障部门继续按照《外国人在中国就业管理规定》，为外国人和港澳台来皖投资提供优质服务。

5．国有企业下岗职工再就业。2001年，安徽省在继续确保在中心下岗职工基本生活的同时，促进就业工作被省政府摆上重要议事日程，年初省政府专门召开了全省就业和社会保障工作会议，明确提出“就业优先”的战略方针，先后出台了《关于大力促进就业工作若干问题的通知》（皖政〔2001〕28号）、《关于切实做好国有企业下岗职工出中心和再就业工作的通知》（皖政〔2001〕86号），安徽省劳动保障厅与有关厅局为贯彻省政府促进就业文件和国家9部委《关于推进社区就业的若干意见》，相继出台了一系列文件，进一步加大政策扶持力度，明确工作要求，推动了全省的就业和再就业工作。针对大量下岗职工出中心以后可能面临的实际困难，2001年下半年，安徽省各地普遍集中开展了以“促就业、接保险、保生活”为主题的再就业援助行动，通过多形式、多层次地开展再就业援助活动，宣传了国家关于大力促进就业、再就业的政策，营造了全社会关心支持下岗职工再就业的氛围。为提高下岗职工的素质，促进他们实现就业，安徽省组织实施第二个“三年四十万”的再就业培训计划，全年共培训下岗、失业人员24.4万人。在促进就业政策的支持下，各地积极采取有力措施，开发就业岗位，特别是把开发社区岗位作为重点，省政府专门拿出500万元，用于奖励各地发展社区就业，促进下岗职工多形式实现再就业。2001年底，全省在再就业服务中心的国有企业下岗职工达16.45万人，全年新增国有企业下岗职工1.34万人，出中心10.13万人，其中再就业7.18万人，实现了年初确定的目标。

6．劳动力市场建设。到2001年末，安徽省共有各类职业介绍机构1 740个，其中劳动保障部门兴办的公共职介机构1 336个，其他组织办的114个，公民个人办的290个，全年对求职人员开展各种职业指导26.27万人，各类职业介绍机构提供就业岗位35.54万个，办理求职登记46.79万人，介绍成功27.12万人。

在劳动力市场建设方面重点抓了以下几项工作：一是依法开展劳动力市场清理整顿工

作，2001年1～4月结合春运期间继续在全省开展劳动力市场清理整顿工作，通过专项活动，打击了非法中介机构和非法中介行为，有效地维护了劳动力市场秩序；二是重新修订了《安徽省劳动力市场管理条例》；三是继续加大劳动力市场硬件投入，全省已有14个市建成符合“三化”标准的市级劳动力市场，并将劳动力市场信息网络建设延伸到社区和大中型企业，一批县级劳动力市场也重新建成开业；四是配合再就业援助行动，为下岗、失业人员提供援助，在再就业援助活动中，安徽省各级公共职业介绍机构作为开展援助的窗口单位，为出中心下岗职工提供政策咨询和职业指导，为他们提供失业登记、社会保险接续、推荐培训、就业信息和岗位援助。

二、社会保险和国有企业下岗职工基本生活保障

1．企业职工基本养老保险。到2001年底，安徽省参加养老保险的职工达330.40万人，参保离退休人员为95.5万人，全年基本养老保险基金收入46.57亿元（当期收入41.54亿元，清理回收欠费5.03亿元），基金支出55.02亿元。全省参保职工的月人均缴费工资为502元，参保的离退休人员月人均离退休费为497元，养老金替代率为99%，养老金社会化发放率达99.57%，全省基本做到当期无拖欠，确保了企业离退休人员养老金按时足额发放。

2．职工失业保险。2001年，安徽省各级劳动保障部门认真贯彻《失业保险条例》《失业保险金申领发放办法》及《安徽省失业保险规定》，打响社会保险扩面征缴攻坚战，新增参保人员25万人，年末全省失业保险实际参保人数达375万人，其中国有企业194万人，集体企业69万人，其他企业25万人，事业单位82万人。全省失业保险基金总收入为5.34亿元，其中征收失业保险费5.1亿元，比上年增长15%；全省失业保险基金总支出为5.3亿元，其中用于失业人员失业保险待遇支出2.3亿元，调剂用于国有企业下岗职工基本生活保障资金支出2.4亿元。全省新增领取失业保险金人数为10.56万人，到年末，领取失业保险金人数为11.5万人。

3．城镇职工基本医疗保险。2001年，安徽省医疗保险制度改革稳步推进，取得重要进展。截至年底，全省17个省辖市全部实施医改新制度，50个县（市）的医改已启动实施，医疗保险覆盖人数达232.8万人，比上年增加103.8万人。有14个市分别实行大病医疗救助制度和公务员医疗补助政策，部分行业和企业单位制定了企业补充医疗保险办法，部分高校及一些事业单位还建立了单位医疗补助制度，多层次医疗保障体系开始启动实施。部分市通过住院统筹、大病救助等方式，将困难企业职工、下岗职工，破产企业退休人员纳入医疗保险的范围，保障了一些困难群体的医疗需求。省、市已经全部理顺了医疗保险管理职能并组建了医疗保险经办机构，95%的县（市）建立了医疗保险经办机构，基本做到机构、职能、人员、经费、办公场所5到位。全省医改新老制度衔接总体上较为平稳，基金收支大体平衡，省辖市基金征缴率均在90%以上。全省有8个市实行了工伤保险社会统筹，参保职工达到73.4万人。4个市实行了生育保险社会统筹，参保职工达到23.4万人。

4．农村社会养老保险。2001年，安徽省的农村社会养老保险工作坚持“工作不断、思想不乱、队伍不散、档案不丢、基金和国有资产不流失”的总体要求，继续保持了稳定发展的良好局面。全省17个市、90个农业县（市、区）、1 812个乡镇（街道办事处）全面开展了农保工作。参保农民达245.13万人。全省积累农保基金达5.7亿元，其中银行存款42 879.13万元，占基金总量的75.2%；购买国债9 602.8万元，占基金总量的16.8%；财政管理3 893.18万元，占基金总量的6.8%；直接投资企业662.28万元。2001年，又有3.3万农民自愿投保，新收保费1 671.25万元。全省县（市、区）共有调剂金余额1 202.8万元。

1.7万农民已经开始领取养老金，占投保农民总数的0.44%。完成了县乡两级农保档案核查核对工作。全省共纠正错填、漏填农保档案30多万份，核销投保农民40余万人。对245.13万名参保农民档案逐一装订成册，基本建成了县、乡两级档案管理体系，所有县（市、区）均建立了档案室。纠正违规操作农保基金力度加大，取得明显成效，纠正违规基金825.4万元，占违规基金总量的55.5%。2001年，安徽省围绕整顿规范小城镇居民养老保险制度建设、强化农保基金管理等工作开展了广泛的调查研究，高标准、高质量地完成了调查统计工作，成功组织了农保年终统计和农保基金调查摸底工作，基本查清了安徽省农保基金底数，为进一步开展农保工作提供了重要依据。

5. 国有企业下岗职工基本生活保障。2001年，安徽省按照中央确定的两个确保工作目标，继续推行劳动保障重点目标责任制，把确保国有企业下岗职工基本生活保障纳入目标考核，全省国有企业下岗职工基本生活保障得到进一步巩固。同时，安徽省还实行了两个确保行政责任追究制度，加强对困难企业和特困企业的重点监控，定期通报工作进展，督促检查落实情况。2001年，全省通过各种渠道共筹集基本生活保障资金10.03亿元，其中企业自筹2.22亿元，社会筹集2.96亿元，财政安排4.52亿元；全年共发放基本生活保障资金9.72亿元，其中发放基本生活费5.7亿元，代缴社会保险费4.02亿元，保证在中心的国有企业下岗职工按时足额领到了基本生活费。

三、职业技能培训与职业技能鉴定

2001年，安徽省的职业技能培训与鉴定工作进展顺利，各项目标任务如期完成。一是再就业培训工作成效显著。全年共培训下岗职工和失业人员24.4万人，完成了培训任务的122%。二是召开全省职业教育工作座谈会，省劳动保障厅会同有关部门在全省范围内开展了劳动预备制度和就业准入落实情况大检查；把就业准入制度推行情况作为劳动保障行政执法“江淮行”活动的重要内容进行执法监察，通过大检查和执法监察，安徽省劳动预备制度和就业准入制度稳步向前推进。三是技工学校按照市场化、社会化方向实施了招生、教学和内部管理一系列改革，以改革求发展取得明显成效。2001年，技工学校学制教育招生1.39万人，较上一年度增长2.2%；开展多层次各类职业培训，共培训6.49万人；芜湖机械技工学校等3所学校被省政府命名为省级重点技工学校；技工学校教师专业技术职务结构进一步优化，60名教师取得高级专业技术职务资格。技工学校布局调整工作步伐加快，省属技工学校划转方案确定。经省政府研究，技工学校财政经费供给渠道得到恢复。四是社会力量办学发展迅速并逐步规范。2001年，安徽省新审批社会培训机构65家，撤销办学资格30家，到年底全省社会培训机构总数达432家，社会培训机构全年培训各类人员11.36万人。社会培训机构管理进一步规范，社会培训机构进行了非企业登记；开展了全省社会培训机构年度审查工作；将民办就业训练中心纳入社会力量办学统一管理。五是职业技能鉴定工作成绩喜人。召开了全省职业技能鉴定工作会议，开展了全省职业技能鉴定质量大检查，组织了全省职业资格证书制度宣传活动，积极开展了考评资格培训的考核认证工作，举办考评员培训班6期，培训考评员480人、督考员120人，全省考评员总数达4 459人；全年组织统一鉴定两次，组织参加全国统一鉴定3次。2001年，全省参加鉴定人数达12.9万人，比上年增加45%。六是职业技能竞赛广泛开展。参加全国首届计算机应用大赛荣获团体第四名的好成绩，安徽赛区被劳动保障部授予“优秀组织奖”和“最佳宣传奖”。召开了全省技术能手表彰大会，表彰了30位全省技术能手。

四、工资分配

2001年，按照建立社会主义市场经济体制和国有企业改革的要求，安徽省逐步建立了与市场经济相适应的企业工资收入分配制度。一是进一步深化企业内部工资分配制度改革。在企业内部实行职工竞争上岗，岗变薪变，人员能上能下，工资能增能减的岗位工资制，截至2001年底，全省有1 310户企业，50.18万名职工实行了以岗位工资为主的内部分配制度。二是积极稳妥地开展了企业经营者年薪制试点。全省年薪制试点企业91户，年薪收入水平最高为69.35万元，最低为0.5万元，平均水平为8.8万元。有145户企业进行了经营者持股试点。三是探索建立企业科技人员、销售人员工资收入分配机制。采取项目成果、科技产品、销售收入提成等激励措施，对高新技术的发明和贡献者可试行技术专利和科技成果作价折股等。四是积极探索建立企业工资集体协商制度。有6户企业开展了工资协商试点工作，涉及职工2 777人。五是发布了2001年企业工资指导线。工资增长基准线为9%，上线为15%，下线为零增长或负增长，为企业合理确定工资水平和工资增长幅度提供了参考依据。六是全省有10个市开展了劳动力市场工资指导价位试点，其中，合肥市工资指导价位发布工种65个，为劳动力市场供求双方协商工资提供了依据。七是2001年1月1日调整了安徽省企业劳动者最低工资标准。调整后的省辖市企业劳动者月最低工资标准为240~340元。

五、劳动关系调整

1. 调整劳动关系。2001年，安徽省各级劳动保障部门以规范国有企业下岗职工和改制企业职工劳动关系为重点，进一步落实省劳动保障厅《关于国有企业下岗职工劳动关系调整有关问题的处理意见》，相继制定有关政策，清理企业职工劳动关系。为进一步做好劳动关系调整工作，省劳动保障厅于5月召开了全省企业职工劳动关系调整工作会议，对下岗职工平稳出中心和理顺改制企业职工的劳动关系起到了重要作用。同时，各地还进一步完善了劳动合同管理制度，规范劳动合同的签订、变更、解除、终止程序。至2001年底，全省国有企业、集体企业、外商投资企业签订劳动合同人数达343.6万人，占同口径职工总数的94.2%；城镇私营企业签订劳动合同的从业人员达37.8万人；个体工商户所雇从业人员中签订劳动合同人员达30.2万人。

2. 劳动争议处理。2001年，安徽省各级劳动争议仲裁委员会在劳动争议案件数量大幅度上升，处理难度日益增大的情况下，坚持合法、公正、及时处理的原则，以确保办案质量、提高办案效率为目标，积极改进办案方式，不断加强仲裁员队伍建设，妥善处理了各类劳动争议案件，有力地维护了劳动争议双方当事人的合法权益。全省各级劳动争议仲裁委员会共受理劳动争议案件1 867件，比上年增长了46.4%，涉及职工6 811人。其中，集体劳动争议案件173件，涉及职工5 029人。当年结案1 752件，结案率为93.8%，比上年提高2.7个百分点。在审结的案件中，仲裁调解701件，仲裁裁决698件，其他方式处理353件，分别占结案数的40%、39.8%和20.2%。此外，案外调解劳动争议案件188件。

六、法制建设

1. 劳动保障法制建设。2001年，安徽省各级劳动保障部门继续加强劳动保障法制建设，在劳动保障立法、执法监督和法制宣传教育等方面取得新的进展。

在劳动保障立法方面，根据安徽省地方立法计划安排，一是组织人员配合省政府法制办、省人大财经委、法工委对《安徽省劳动力市场管理条例》修订送审稿进行了进一步的调研、论证和修改。2001年11月22日，省九届人大常委会第二十六次会议审议并修订通过《条例》。二是组织开展了《安徽省劳动保障监察条例（草案）》和《安徽省职业技能鉴定规定》的调研论证工作。

在执法监督方面，一是组织开展了对劳动保障规范性文件的清理工作。根据安徽省委办公厅、省政府办公厅和省政府法制办的要求，对省劳动保障厅制定下发的规范性文件进行了认真清理，共废止文件230件，涉及工资、计划、就业、社会保险等方面。二是根据省政府办公厅的要求，对省政府规章及规范性文件中涉及劳动保障行政审批（含审核、核准、备案）事项进行了清理。经过清理，取消了部分审批事项，并予以公布。三是做好市地出台的涉及劳动保障方面的规范性文件的备案审查工作，全年共审查50余件。四是认真做好行政复议案件的审理工作，共受理行政复议案件3起，全部按时结案。

在法制宣传教育方面，一是制定下发了《全省劳动保障系统开展法制宣传教育的第四个五年规划》和2001年度普法工作计划。二是组织开展了各种形式的法制宣传教育。年初，省劳动保障厅制定了详细的劳动保障法规业务知识培训计划，全年共举办18期培训班，直接培训人数达2 600余人。尤其是在“12·4”法制宣传周期间，结合劳动保障重点业务，开展了以贯彻《劳动法》为主题的街头专题政策宣传咨询活动，接待咨询上千人；举办了题为“我国加入WTO后对劳动保障工作的影响”的法制讲座，取得了较好的效果。三是按照省人大的部署和要求，组织力量编写了《经济法规丛书·劳动保障法规知识》分册，作为安徽省“四五”普法的指定教材。

2．劳动保障监察。2001年，安徽省各级劳动保障监察机构紧紧围绕劳动保障中心工作，进一步加大劳动保障监察执法工作力度，采取多种形式开展劳动保障监察工作，全年对12 000多户用人单位进行了执法检查，对18 000多户用人单位进行了劳动保障年度审查，受理群众投诉1 684件，立案查处了劳动保障违法案件1 400余件，督促2 471户用人单位办理了社会保险登记，追发劳动者工资867万元，取缔非法职业中介机构211户，清退童工115人，督促20余万劳动者与用人单位补签了劳动合同。结合劳动保障法律监督检查活动，在全省开展了主题为“关注自身权益、积极参加竞赛”的劳动保障法规有奖知识竞赛；邀请安徽电视台等7家省级媒体组成“维护劳动者权益江淮行”采访团，赴各地采访报道。并从连续3年劳动保障年审合格的单位中，评选出224户授予“安徽省劳动保障管理信得过单位”称号，在全省树立模范遵守劳动保障法律法规的典型。

（安徽省劳动和社会保障厅）

福　建　省

2001年，福建省的劳动保障工作以江总书记“三个代表”重要思想和党的十五届六中全会精神为指导，紧紧围绕经济结构调整和国有企业改革3年脱困目标，继续实现和巩固两个确保，加快下岗职工基本生活保障制度向失业保险制度“并轨”步伐，市场导向就业机制基本形成；全面实施医疗保险制度改革，适应社会主义市场经济体制的社会保障体系框架初步建立；加强劳动保障法制建设，全面开展机关效能建设和民主评议行风工作，劳动保障各项事业全面发展，有力地配合了企业改革的推进和经济结构的调整，保障了广大职工的基本生活，保持了职工队伍的稳定，为维护福建省的改革、发展、稳定大局做出了积极的贡献。

一、两个确保继续得到巩固

2001年，福建省继续把两个确保列为劳动保障工作的首要任务，按照“三个不变”的方针，省劳动保障厅会同有关部门，狠抓责任制、资金和优惠政策的落实，先后进行了3次全省性的大检查，按季在新闻媒体上公布两个确保情况，督促两个确保到位。2001年，全省共筹集再就业资金3.8亿元，其中财政安排1亿元，社会筹集0.4亿元，企业筹集2.4亿元；使用资金3.7亿元，其中发放基本生活费0.54亿元，在中心的下岗职工基本生活全部得到保障，下岗职工月人均基本生活费达341元（含代缴社会保险费）；发放33.4亿元基本养老金，保证了全省58.41万名企业离退休人员按时足额领到养老金，并实现养老金100%社会化发放，没有发生当期和历史拖欠，没有发生涉及养老金发放的上访、投诉案件。

二、下岗职工出中心并轨步伐加快，市场导向就业机制基本建立

在实现两个确保的基础上，福建省政府决定，从2001年1月1日起，下岗职工不再进入企业再就业服务中心，直接进入市场就业实现并轨。为此，2001年，福建省以理顺劳动关系为中心，以建立市场导向就业机制为目标，加快下岗职工出中心步伐，按照省政府闽政〔2000〕文266号和省政府贯彻国务院8号文件的意见，从理顺下岗职工劳动关系、开展社区就业试点、再就业培训和再就业援助行动入手，本着“企业支付为主，政府适当补助”的原则，指导企业因地制宜，一厂一策，通过资产折抵、资产变现、资产租让、资产置换、协议托管、再就业资金补助、财政专项资金补助、收购企业土地资产等形式，多渠道筹集资金，依法解除劳动关系，推进“并轨”。全省已经出中心的15.25万名下岗职工中，有70%解除了劳动关系，2001年全省再就业资金中用于支付经济补偿金的达3亿元，比2000年同期增长20%，占资金支出总额的80%。年底前，莆田、龙岩、三明、南平、宁德等市的再就业服务中心均已关闭，至12月底，全省在中心的下岗职工只剩3 614人。2001年，全省下岗职工出中心实现再就业5.67万人，再就业率达65%，连续4年高于全国平均水平。

三、促进就业工作取得成效

2001年，福建省把拓展社区就业领域作

为安置下岗职工和失业人员再就业的主渠道，对社区非正规劳动组织和社区就业个人提供一系列优惠政策，规范社区就业行为，把开展再就业援助行动作为帮助弱势群体解决基本生活的重要措施来抓，明确再就业重点援助对象，对重点援助对象采取特殊政策，帮助就业弱势群体实现再就业，保持了就业局势的稳定，全省城镇登记失业率控制在4%以内。2001年，福建省全面清理整顿劳动力市场秩序，规范各类职业介绍活动和用人单位的用工行为，全省各级劳动保障部门共检查各类职业中介机构795个，其中取谛各类非法职业中介机构305个，责令整改的职业中介机构143个，检查各类用人单位9 255户，为劳动者就业和再就业创造了良好条件。

四、养老、失业保险制度进一步完善

根据省政府决定，从2001年1月1日起，福建省企业职工基本养老、失业保险费交由地税部门征收。针对“两费”实行税务部门征收后遇到的新情况、新问题，2001年，福建省着力做好移交后与地税部门的业务衔接工作，着重从政策保障、理顺体制等方面促进养老、失业保险扩面征缴工作，理顺了职工转移、接续社保关系、缴费年限认定、新参保人员补缴以及机关事业单位改制的养老保险等问题，解决了一些长期以来悬而未决和急需答复的问题。2001年，全省共征缴企业养老保险费37.3亿元，比上年同期增长7.8%，支出33.4亿元，比上年同期增长9.6%，收支结余3.93亿元；征收失业保险费3.68亿元，比上年同期增长37%，支出3.02亿元，比上年同期增长37%；失业保险新增参保人员40万人。同时，加强社会保险基础管理，规范完善退休审批制度，推广应用社会保险管理信息系统，建立健全企业职工养老保险个人账户。截至2001年底，全省已建立企业职工养老保险个人账户1 747 132人，建账率达100%，并在年底前首次将个人账户对账单打印发放到每个参保职工手中。退休人员管理服务社会化工作取得进展，全省已有35个市（县、区）开展了这项工作。机关事业单位养老保险工作和农村社会保险工作在规范完善中稳步发展。全省机关事业养老保险参保职工达47.77万人，征缴16.65亿元养老保险费，为12.01万机关事业单位退休职工按时足额发放16.12亿元养老金。农村社会保险在整顿规范中加强了管理，2001年参保人员达158.9万人，征缴2 700万元养老保险费，发放200余万元养老金。

五、医疗保险制度改革全面实施

按照国务院和省委、省政府的部署，2001年1月1日，福建省城镇职工基本医疗保险制度改革在省级和全省9个设区市一步到位，准时启动，全面实施。截至2002年1月，全省医疗保险覆盖人数达201.2万，职工参保率达66.2%；覆盖县（市、区）范围达100%。医疗保险基金运行平稳，做到了统筹基金和个人账户双结余，有效地保障了职工的基本医疗。针对改革初期个人负担偏重、看病手续繁琐问题，2001年，福建省各级劳动保障部门以减轻参保人员个人负担为目标，狠抓医保扩面工作，加强医疗服务管理，在全省推行“一共识”“两协议”“六指标”“十举措”，提高完善医疗机构的医疗服务质量；完善医保配套政策，重点对公务员、重病患者和患多种慢性病长期需要药物治疗的患者实施补助，出台了61项配套政策，形成不同层次、不同类别的一整套较为完备的医保政策体系；初步建立起由基本医疗保险、商业补充医疗保险、公务员医疗补助、企业补充医疗保险构成的多层次的医疗保险体系；除宁德市要在2002年4月建成医疗保险计算机信息管理系统外，全省医疗保险计算机信息管理系统基本建成，初步实现医疗保险管理手段的现代化和科学化。福建省医疗保险制度改革得到了劳动保障部的充分肯定，并在2001年7月份国务院召开的全国“三项改革”工作会议和全国劳动保障工作会议上介绍了经验。

六、企业收入分配制度改革进展平稳

2001年，福建省积极稳妥地在11家企业推行企业经营者年薪制，已对条件比较成熟的6家试点企业经营者2000年的年薪进行审核，最高年薪为77.23万元，最低为3.80万元；工资集体协商试点工作平稳推进，按照劳动保障部9号令开展集体协商试点的企业有41家，非国有经济比较发达的泉州南安和福州马尾分别有195家和18家企业建立了工资集体协商制度；9个设区市均定期公布当地的工资增长指导线，全省劳动力市场工资指导价位制度基本建立，福州公布的工种（职位）达200个，厦门达90个工种（职位）。最低工资保障制度继续完善。省政府闽政〔2001〕37号文公布了从2001年10月1日起执行新的最低工资标准，新标准在2000年基础上提高了6.82%～8.57%，福州市区执行一类标准380元；泉州、三明等市所在地执行二类标准325元；惠安、永春等县执行三类标准280元；平和、华安等县执行四类标准235元。厦门市最低工资标准于2001年7月1日公布实施，分别为450元（岛内）、420元（岛外）、330元（同安县）三种标准。积极探索多种生产要素参与分配形式，据统计，各地实行岗位工资制、职工持股、技术入股、劳动分红等办法的企业共有1 127户。工资宏观管理进一步加强，2001年全省审核办理《工资总额使用手册》企业达16 089户，比2000年增长5%。

七、职业培训工作在调整和改革中进一步推进

2001年，福建省按照“调整布局、提高层次、突出特色、服务就业”的要求，进一步推进职业教育培训工作。改革技校招生制度，简化招生手续，采取直接登记入学的办法，打破部门生源保护和地域封闭，2001年秋季招生全省取得历史性突破，招收新生达2.1万名，在校生达4.56万人，毕业生就业率达87%。撤并了19所技校，学校办学层次进一步提高，规模进一步扩大，技校的校均生数从200余人上升到400余人，有两所技校被劳动保障部批准列入国家级重点技工学校。社会培训机构管理制度进一步完善，社会力量培训得到加强，2001年全省有7.8万人参加了技能培训；9万多人参加了职业技能鉴定，发证8万多个，比2000年增长11%。劳动预备制度全面推进，落实就业准入制度，全省参加劳动预备制度培训人数达5万余人，促进了劳动者素质的提高，增强了市场就业的竞争能力。

八、劳动关系基本协调稳定

2001年，福建省认真贯彻《劳动法》和有关法律法规，从抓机制建设入手，从源头上规范劳动合同管理，努力提高劳动合同、集体合同的签订率和合同质量，保持劳动关系基本协调稳定。2001年，全省建立平等协商和集体合同制度的企业达1.36万户，覆盖职工162万人；城镇国有及国有控股企业、集体企业、外商投资企业基本实现劳动合同制度，全省实行劳动合同制的企业达19.8万户，职工472万人，其中私营企业和个体户从业人员中实行劳动合同的达65.26万人以上，乡镇企业职工中也有136.5万人签订了劳动合同。

九、劳动保障法制建设得到加强

2001年，福建省不断推进劳动保障法制建设，清理了140件规范性文件，及时处理了170件行政复议、诉讼案件，为社会各界提供了大量的劳动政策法律咨询服务。办理省人大、政协提案、议案56件，依法行政水平有新的提高。各级劳动保障部门围绕劳动保障工作中心任务，采取日常巡查、专项大检查、举报专查、重点抽查、劳动用工年检和用人单位规章制度报告备案审查等形式，及时查处违反劳动法律、法规的行为。2001年，福建省开展劳动力市场清理整顿、劳动合同、使用童工、女职工和未成年工劳动保护执法专项检查，取得了明显成效。全年全

省共检查用人单位 2.6 万户，督促用人单位补签合同 32 万份，取缔非法职业中介机构 580 家，追回拖欠工资5 000万元。全省共受理劳动争议案件4 023件，涉及职工22 915人，其中集体劳动争议 365 件，涉及职工16 540人，结案率达 97.1%以上，有效地维护了企业和劳动者双方的合法权益。

十、基金监督检查工作开拓了新局面

2001 年，福建省劳动保障厅新成立了基金监督机构，从建章立制入手，制订出台了《福建省社会保险经办机构基金管理暂行办法》等一系列规章制度，全面开展社会保险基金清理检查工作。经核实，全省实际被挤占挪用基金2 758.94万元，其中 1998 年 4 月以后新发生的未回收的挤占挪用基金 408.37 万元，主要是个别县政府从财政专户临时挪用养老保险基金用于单位基建垫款、归还银行贷款、发放工资或两节送温暖等。截至 2001 年底，全省已收回、核销挤占挪用基金 845.63 万元，回收率为 30.65%。其中：1998 年 4 月 1 日以前的 437.26 万元，1998 年 4 月 1 日以后的 408.37 万元，回收率分别为 18.61%和 100%。

十一、机关效能建设和民主评议行风工作全面开展

2001 年，按照福建省政府、省纪委的部署，福建省劳动保障厅深入开展机关效能建设工作，改革审核审批制度，清理规范审批审核项目，目前已取消了 3 项，合并、削减了 40%的审核审批事项。认真查摆机关制度建设、效能建设方面存在的薄弱环节和突出问题，建立健全规章制度，深入基层开展调查研究，改进机关工作作风，修订了《厅机关效能投诉中心工作人员岗位职责》《工作人员失职责任追究制度》等 10 余项机关效能工作制度，制订了《省劳动保障厅加强和改进政风建设的若干意见》，强化对机关工作人员的有效管理，促进机关运作方式的转变和奖惩机制的形成。同时，在全省劳动保障系统开展民主评议行风工作，确定全省县级以上公共职业介绍机构作为行风评议的重点单位，有针对性地开展以“为人民服务的宗旨教育、行评目的意义的形势教育、爱岗敬业勇于开拓的行业风尚教育”为主要内容的“三项教育”活动，促进了劳动保障部门公共职介中心的服务水平和服务质量上一个新台阶，推动了劳动力市场秩序的健康发展。

福建省在 2001 年的工作中，也还存在着一些薄弱环节，有些问题还比较突出。在两个确保方面，福建省虽然基本实现两个确保，但仍存在隐患。部分下岗职工协议到期滞留中心和出中心后，因经济补偿金筹措问题尚未解除劳动关系，2001 年以来不进中心，直接解除劳动关系的下岗职工，企业无力支付经济补偿金“打白条”等问题开始出现，形成不稳定因素。退休人员要求提高养老金水平的呼声很高，养老金实际上存在潜在的支付危机。在就业方面，福建省每年城镇新成长需要就业的劳动力约 15 万人，从存量上看，由于企业改革力度加大，国有和集体企业转制分流推向社会的有 10 多万人，加上 2000 年未能实现就业的 10 多万人，预计 2002 年有 40 万人需要就业，而近几年每年安置城镇就业人数在 12 万 ~ 15 万人，劳动力供求之间存在较大差距，就业压力继续加大。随着我国加入 WTO，结构调整加快，加上实施“并轨”，失业人员将大量增加。2000 年全省领取失业保险金的失业人员已经达到 9 万人，城镇登记失业率已达 4%。在社会保障体系建设方面，福建省社会保障体系的框架虽已初步建立，但还很不完善。社会保险的覆盖面还不够广，扩面征缴难的问题依然存在；企业退休人员社会化管理刚刚起步，离管理服务社会化的目标还有很大的差距；失业人员大幅度增加，给失业保险基金带来巨大压力，一些市出现基金缺口，失业保险基金的支付能力和统筹体制面临严峻考验；社会保险基金管理还不到位，有的县政府还从财政专户中挪用社会保险基金用于发放工资、单位基建垫款或归还银行贷款，险种之间相互挤占，冒

领养老金、失业保险金的现象时有发生。此外，劳动关系日益复杂化，劳动纠纷日益增多，侵犯劳动者合法权益现象时有发生，维护职工队伍稳定任务艰巨。

（福建省劳动和社会保障厅）

厦　门　市

2001 年，厦门市认真贯彻全国社会保障工作会议和全市经济工作会议精神，围绕年初确定的目标责任状提出的中心任务，积极主动地做好两个确保、国有中小企业改制中的劳动保障政策指导、农村富余劳动力培训、整顿规范劳动力市场秩序、社会保险费由地税部门代征等工作，全面推进劳动保障工作的发展。

一、在确保国有企业下岗职工基本生活和促进再就业基础上，认真做好企业改制中职工经济补偿金政策指导工作

1．确保下岗职工基本生活，积极促进再就业。2001 年，厦门市继续将做好下岗职工基本生活保障和再就业工作摆在工作的首要位置，截至 12 月底，滞留在再就业服务中心的下岗职工有 290 人，全年累计发放下岗职工基本生活费 248.68 万元，代缴养老保险费 95.66 万元、医疗保险费 42.23 万元、失业保险费 12.75 万元，100%确保了他们的基本生活；市劳动保障局与监察、财政、工商、地税等部门配合对下岗职工再就业优惠政策落实情况进行了检查，督促各项政策的落实到位；积极落实企业招用下岗职工的鼓励政策，从 2000 年 12 月起共向企业发放招收下岗职工专项补贴 40.4 万元。

2．认真做好企业改制政策指导工作。2001 年，为了配合企业改制工作的进行，厦门市劳动保障局成立了国有中小企业改制协调工作小组，与市财政局、市国有资产管理局联合制定并由市政府办公厅转发了《厦门市国有企业关闭、破产和改制中支付职工经济补偿金暂行办法》，同时制定了《关于用再就业资金帮助国有企业支付职工经济补偿金的实施办法》（厦劳发〔2001〕3 号），有效地指导改制的国有企业做好与下岗职工依法解除劳动关系、支付经济补偿金工作，有 542.8 万元再就业资金用于支付下岗职工经济补偿金，帮助职工进入劳动力市场寻求工作岗位或自谋职业；认真履行职责，做好改制企业职工分流方案的审核工作，共审核了 45 家改制企业方案，涉及职工 1.2 万人。

3．积极推进社区就业和再就业援助工作。2001 年，厦门市将开元、湖里区作为社区就业试点。市劳动保障局经过调研草拟出厦门市开展社区就业和再就业援助实施意见上报市政府，此文件就扶持弱势群体就业、推动社区就业发展、资金支持等提出具体优惠政策，若出台对厦门市就业工作的发展将具有重要意义。

二、加强下岗职工、失业人员和上岗前人员的职业技能培训，重点做好农村富余劳动力的培训转移工作

1．加强对下岗职工和失业人员的针对性培训。2001 年 3 月，厦门市召开了就业与再就业培训工作会议，市劳动局将就业培训任务分解下达给各区和各再就业培训机构，责任落实到人。市劳动局建立了再就业培训办公室，开通培训援助热线电话，并开展承诺服务：只要下岗失业人员想学的我们就办，做到有计划安排、有动员部署、有月报制度、有检查督促。针对劳动力市场的需求，厦门市增设汽车维修、电气焊、制冷等 10 多个培训专业，截

至2001年底，开展再就业培训5 283人次，占全年培训任务的106%，培训后通过各种渠道就业的达55%以上。

2．重点加强对农村富余劳动力的培训转移工作。厦门市委、市政府于2001年初颁发了《关于进一步促进农村发展农民增收的若干政策意见》，并将开展厦门市农村富余劳动力职业培训列入为民办实事项目，为此，市劳动局成立了“市劳动局农村劳动力开发就业转移工作协调小组”，下设办公室，制定了《关于开展我市农村富余劳动力职业培训的实施方案》《厦门市农村富余劳动力培训、考核管理办法》《厦门市2001年度农村富余劳动力培训、转移工作激励和制约管理措施》，与各区人劳局签订了《厦门市农村富余劳动力2001年职业培训工作目标责任书》。开展了“厦门市企业单位用工需求情况调查”和“农村富余劳动力培训意向调查”，根据调查结果有计划地组织培训。从3月起，厦门市各公共职业介绍机构开设农村富余劳动力职业介绍专门窗口，实行免费服务和优先推荐就业。全年共完成2 950人的培训，结业2 799人，推荐1 929人实现就业，就业率达68%。

3．积极推进上岗前培训和在职业务培训。2001年，厦门市组织全市外来务工人员进行上岗前法规、文明道德培训21万人次，组织在岗职工培训近2万人次，大力提高了劳动者素质。

三、继续加强社会保险扩面和基金征缴，确保养老金按时足额发放，做好社会保险费委托地税征收工作

1．确保养老金按时足额发放。截至2001年底，厦门市参保企业离退休人员达6.13万多人，共发放养老金6.63亿多元，月人均养老金达到846元；所有参保企业离退休人员每月都可以按时、足额从银行或邮局领取到养老金，无一少发、漏发。

2．开拓社保扩面新的增长点。2001年，厦门市配合国有企业改制，做好下岗、失业人员社会保险接续工作，在社会保险经办机构开设个人缴费窗口，方便了自由职业人员和流向社会的失业职工参保缴费，个人缴费人数已达2.34万人，月征收额达345万多元。到2001年底，全市参加养老保险的企业达10 411户，参保职工达39.67万多人（其中外来劳力23万多人）；征收基本养老保险基金6.71亿多元，征收失业保险费5 661万元，征收工伤保险费5 636万元，各项基金征缴率均达98%。

3．医疗保险制度继续完善。2001年，厦门市在调研、征求意见的基础上，制定出台了《厦门市外来从业人员基本医疗保险暂行办法》，在全国率先将外来从业人员纳入到城镇职工基本医疗保险中来，实行一种较低缴费对应较低医疗待遇的保险办法，用人单位和外来人员分别按上年度全市职工平均工资60%的4%和2%缴费，外来从业人员建立个人账户。该办法从2001年7月1日实施以来，外来从业人员投保数增加到6万人。制定了“以个人身份投保基本养老金并以个人身份办理退休的人员纳入基本医疗保险”的办法，执行了《福建省基本医疗保险用药目录》和诊疗项目目录。加强日常监管，及时调整相关标准，保证职工医疗保险制度的顺利运行，经过努力，职工医疗保险参保人数达到38.38万人，参保单位达到7 665家，失业人员投保人数达14 754人，外来从业人员投保数达5.93万人，取得了很好的成绩。

4．做好社保费委托代征衔接工作。2001年，根据市政府的决定，市劳动保障局加强与财政、地税部门的协调，认真做好社会保险费委托地税部门代征的前期准备工作，将缴费单位（含事业单位参加失业保险）的基本数据全部移交地税部门，并共同制订代征方案，进行宣传咨询活动。

经反复调查、测算，厦门市劳动保障局牵头与有关单位和部门草拟了《厦门市完善城镇社会保障体系试点实施方案》，主要从完善养老保险、做实个人账户以及加强基金监管等方面提出了在厦门市完善城镇社会保障体系的初步意见。

5. 农村养老保险逐步规范。2001年，厦门市开展了农村养老保险工作调研，推行规范化管理，努力做好基金存储工作，全年收取保险费808.93万元，并实行了全程规范管理。

四、按照整顿规范市场经济秩序的要求，加强劳动力市场的清理整顿和安全生产专项整顿，强化劳动保障执法监察，确保安全生产

1. 清理整顿规范劳动力市场秩序。从2月1日至6月30日，厦门市劳动监察机构抽调专人分三阶段对劳动力市场秩序开展清理整顿专项检查，全市共查处非法从事职业中介活动的单位103户，取缔未经批准从事职业中介活动的非法职业中介机构43户，责令60户违反规定擅自扩大经营从事职业中介活动的信息咨询、家政服务、婚姻中介机构停止非法职业中介活动，对14户从事非法职业中介活动的机构进行公开曝光，劳动力市场秩序明显好转。

2. 开展禁止使用童工大检查。9月20日至10月20日，厦门市劳动保障局与法制局、经发委、公安局、工商局、教委等部门联合开展贯彻实施《禁止使用童工规定》情况检查活动，共检查用人单位1 205户，涉及员工22 300人，查处清退童工23人，督促用人单位补办劳动用工手续1 300多人。

3. 维护劳动者合法权益。全年共检查用人单位13 446户次（其中劳动年审7 150户），处理集体上访劳动突发事件340起，督促用人单位办理社会保险登记申报521户，补签劳动合同7.9万多份，补办就业证卡4.6万多人，补缴社会保险费1 086万多元，补发工资1 975万多元，清退押金42万多元。

4. 确保安全生产。2001年，厦门市成立了安全整顿领导小组，下设道路交通、学校安全、建筑施工安全、消防安全、劳动安全、特种设备等专项整治组，实行安全生产目标责任制，开展安全生产系列宣传教育活动，加强安全生产培训和劳动安全监察，加大专项整治力度。全年共收缴烟花爆竹4 296万多头，查处违章船舶342艘，关闭淘汰43个采矿点，清查取缔82台土锅炉，停工整顿21个工地，特种设备检测6 735台，安全生产环境得到明显改善。工伤事故死亡19人，比上年下降20.8%，因工重伤53人，比上年下降18.5%，控制在市政府下达的年度目标内，安全生产形势较为稳定。

五、关心群众生活，调整最低工资标准，提高失业人员以及退休人员的待遇

1. 调整最低工资标准。2001年，根据《厦门市劳动管理规定》和《厦门市企业最低工资暂行规定》的要求，从有利于全市经济结构调整和制造业向岛外转移出发，厦门市劳动保障局对厦门市企业最低工资标准进行了测算，并与统计、工会、企业家协会等部门协商后，上报市政府批准了厦门市企业最低工资标准的调整方案：岛内各区由每人每月420元提高到450元，集美区、杏林区和海沧投资区维持在420元的标准，同安区维持在330元的标准。

2. 调整失业人员职业技能培训补贴。为鼓励失业人员积极再就业，根据厦门市下岗失业人员的实际情况，经市政府批准，从7月1日起调整医疗补助金、职业技能培训补贴、重新就业补助等方面的标准和政策。职业技能培训补贴提高到每人600元，其中对男1953年底、女1958年底前出生的失业人员，可将职业技能培训补贴限额提高到2 000元；对于介绍失业人员就业的职业介绍机构可给予一定的补助，自谋职业的失业人员也可获得不超过200元的补助。

3. 调整失业保险金与养老保险金。考虑多方面的状况和因素，从2001年7月1日起，厦门市对失业保险金进行调整，企业退休人员基本养老金每人每月增加50元。

六、积极推动退休人员社会化管理服务

根据《厦门市企业离退休人员社会化管理

服务试行办法》的要求，2001年，厦门市重点在落实机构、配备人员、情况调查、档案管理以及活动场地调查摸底等方面加强工作。市、区、街道（镇）三级退休人员管理服务机构工作人员已基本到位，并已着手开展企业退休人员资料的信息录入、制定业务规范及有关制度等项工作，着手建立信息和档案库，落实了全市退管机构工作经费预算，做好具体业务开展前的准备工作。全年已完成15家企业近6 000名退休人员移交社区管理的工作。

七、劳动保障各项工作全面发展

2001年，厦门市加强了劳动力市场科学化、规范化、现代化的建设，实现与各区市场信息联网，市职业介绍服务中心被评为全省优秀职业介绍机构；为1 664位未就业的随军家属发放基本生活保障金213.2万多元；办理《企业工资总额使用手册》9 132户，审核工资总额121.72亿多元；测算并发布了2001年度企业工资指导线、部分工种（职位）工资指导价位；积极开展职业技能鉴定工作，扩大职业技能鉴定站，推行职业院校毕业生的“双证”工作，全年职业技能鉴定7 510人；受理劳动信访案件11 385件，比上年上升163%；受理劳动争议案件2 153件，其中立案1 153件，比上年上升38%，劳动争议仲裁结案率达100%，有效地化解了劳资纠纷，维护了社会稳定；加强劳动合同管理，对94 035份劳动合同进行鉴证；加强行政执法工作，受理10起行政复议工作；开展多渠道、多形式的劳动保障法律法规政策宣传活动。

八、不断推进党风廉政建设、机关效能建设和行风评议工作

2001年，厦门市劳动保障局在全局党员干部中普遍进行“三个代表”重要思想的教育活动，做好“三讲”教育回头看活动的民主测评，制定了《2001年厦门市劳动局民主评议行风实施方案》及《廉政、效能建设和行风评议监督员职责》，与各直属单位签订了《党风廉政建设责任书》，深入开展了党风廉政建设、机关效能建设和“三优”文明窗口创建活动，重点开展机关和职业介绍机构民主评议行风工作。通过动员教育、自查自纠，广泛征求意见，制定整改措施及组织行风监督员开展明察暗访，查处各类举报案件，对机关和事业单位的党风廉政建设、行风和效能建设进行考评等，进一步强化了全局干部职工的大局意识、责任意识、服务意识，改进了机关作风，提高了办事效率，树立了劳动保障部门的良好形象。

（厦门市劳动和社会保障局）

江 西 省

2001年，江西省各级劳动保障部门认真按照“三个代表”的要求，切实贯彻党的十五届五中、六中全会和省委十届十二次、十三次全会精神，围绕着国有企业改革这个中心环节，以两个确保为中心，以完善社会保障体系为重点，各项工作取得了新的进展：两个确保基本落实，就业和再就业工作稳步推进，医疗保险制度改革取得进展，劳动关系调整力度加大，劳动力市场得到进一步规范，职业技能开发体系正在形成，特别是通过解放思想学习教育活动，全省劳动保障系统干部职工的精神面貌和工作作风有了新的变化，为促进全省经济发展和维护社会稳定发挥了积极作用。

一、两个确保工作整体进展较好

2001年，江西省参加基本养老保险的职工为256.9万人，离退休人员76.6万人，实缴基本养老保险基金31.68亿元，比上年增加3.2亿元，收缴率为91.02%；实际支付离退休人员养老金37.07亿元，养老金当期支付率达99.9%，社会化发放率达到99.21%。全省共有国有企业下岗职工34.44万人，有9.33万名下岗职工实现了再就业，比上年增加2.1万人，再就业率为21.31%，比上年提高了3.1个百分点；全省国有企业下岗职工基本生活费足额发放率达98.1%，比上年提高了1.1个百分点；社会保险费足额代缴率达90.5%，比上年提高近10个百分点。主要从4个方面加大了工作力度。

1．加大了宣传工作力度。在4~5月份，江西省统一组织了全省性的劳动保障政策咨询活动，省劳动保障厅与南昌市劳动局在南昌市八一广场联合举行了有万余人参加的劳动保障政策咨询活动，并在报纸、电视台、电台开设专栏，制作专题节目，发表电视讲话，制作宣传展版，出动宣传车，悬挂大型横幅，多形式宣传劳动保障政策，取得了良好的效果。7月份，为了宣传落实职业资格证书制度，省劳动保障厅又在全省组织了一次大规模的宣传活动，再次在南昌市八一广场举行了万人咨询活动，参加咨询的工作人员有400余人。同时，为使各级领导干部进一步了解劳动保障法律知识，关心支持劳动保障工作，省劳动保障厅与省委组织部、省委党校联合在全省各级党校开设了社会保障课程，进一步扩大了劳动保障工作的影响。

2．加大了督促检查的力度。2001年初，江西省及时召开了全省社会保障工作会议，对进一步做好全省社会保障工作特别是两个确保进行了专题部署。为使会议精神落到实处，省劳动保障厅加大了督促检查力度，由厅领导带队，先后两次到全省11个设区市及部分县市调查督导，有力地推动了全省劳动保障工作的均衡发展。对两个确保进度较慢的设区市，由厅长直接给市政府主要领导写信督促，引起当地政府领导的高度重视，加大了对这项工作的领导和支持力度。同时，还建立了情况通报制度，从2001年2月起，在省内主要新闻媒体按月公布各设区市两个确保的情况，接受社会的监督。

3．加大了资金征缴和筹措的力度。为了筹措两个确保的资金，江西省坚持以确保发放为龙头，带动社会保险的扩面和征缴。2001年，全省养老保险新增参保人数7.67万人，实缴养老保险金31.68亿元，比上年同期增加3.2亿元；失业保险新增参保人数10.31万人，实缴失业保险金1.93亿元，比上年增长15.6%（含当年补缴数）。萍乡市在连续两年基金收缴大幅提高的基础上，2001年深挖内部潜力，养老保险基金征缴再创新高，征缴率达到95%，比上年同期增收707万元。南昌市认真组织审核缴费基数，将缴费基数提高了14%。九江市成立专门的扩覆征缴办公室，实行扩面征缴责任制。同时，江西省还加大了督促市县政府多方筹集资金的工作力度。吉安市政府成立了社会保障工作领导小组，市委、市政府将企业养老保险工作纳入了2001年县、市（区）重点工作目标管理的考评内容，在审定全市先进单位和先进个人时，对欠缴社保费实行"一票否决制"；宜春市政府向县、市（区）下达了两个确保目标责任书，并列入政府重点督查工作；章贡区政府规定，对欠缴养老、失业保险费1万元以上的单位，在新闻媒体曝光，对长期欠费单位，不允许兴建楼堂馆所和购买小汽车。为了确保养老金的发放，各级社保机构还向银行贷款1.5亿元，用于弥补资金的不足。

4. 加大了突破工作难点的力度。2001年，针对社会保险费征缴难的问题，江西省政府决定，由各级财政拿钱，按养老保险和失业保险基金增收额的3%建立激励经费，用于弥补社会保险经办机构业务经费的不足，解决征缴人员工作积极性问题。实行企业养老保险和失业保险年检制度，凡未参加和未缴纳社会保险费的企业和单位，工商管理部门暂缓予以工商年检。落实了对欠缴社会保险费企业法人的制裁措施。2001年有9家企业因欠缴社会保险费而被取消了其法人代表或企业评选省"五一"劳动奖章的资格。省人大在对《劳动法》进行专项执法检查后，以省人大内务司法委的名义，向社会公布了10家欠缴社会保险费大户，并督促其尽快补缴。同时，省劳动保障厅与省总工会联合下发文件，对企业缴纳养老保险费实行职工民主监督，促进企业缴费。对部分基金无积累县区养老金发放难的问题，江西省进一步加大了资金调剂力度，对35个县市进行了调剂，下拨资金8 804万元。对省属企业下岗职工基本生活保障资金社会筹资不落实问题，加强督促，要求各设区市政府继续落实好责任制。同时，从省财政下拨的基本生活保障补助资金中单列7 152万元，专项用于补助一些省属困难企业较多的设区市。2001年，江西省还重点解决了首钢四建下岗职工基本生活保障问题。

二、就业、再就业工作成效明显，全省就业局势基本稳定

从2001年5月开始，江西省委、省政府在全省范围内开展了解放思想学习教育活动，研究和部署加快江西经济发展的具体政策措施。省劳动保障厅把进一步理清工作思路作为解放思想的主要目的，组织人员赴上海、江苏、沈阳、大连等地学习考察，并借鉴上海等地的经验，为省政府代拟并正式下发了《关于大力促进就业和再就业工作的通知》（赣府发〔2001〕32号），明确了积极稳妥推进下岗职工出中心的5条措施，提出了劳动保障工作向社区延伸的目标和任务，确定了发展社区就业服务组织和非正规劳动组织的优惠政策，决定了在城市建立起就业困难群体的托底机制及政府购买工作岗位和培训成果的办法，对部分下岗职工实行"协保"，降低个体和私营经济参加养老保险的"门槛"，加快劳务输出产业化步伐和加大对促进就业和再就业的投入等一系列改革措施，对指导全省今后劳动保障工作具有重要意义。各地根据文件精神积极开展工作，就业和再就业工作有了明显的进展。

1. 大力发展社区就业。2001年，南昌市采取吸纳下岗职工担任街道居委会干部，在各居委会开展"满堂红"活动，新增家政服务、餐饮服务、街道保洁等社区服务网点488个，安置下岗职工5 000多人；新余市通过开发社区就业岗位，安排60多名就业困难人员就业。

2．完善就业服务，为下岗职工提供更多的就业信息。南昌、景德镇、萍乡等市每周定期召开下岗职工专场招聘洽谈会，南昌市还对全市民办职介机构下达下岗职工再就业任务，通过“五大主力、三道堤防”完成了3.5万人的分流安置任务。

3．加大职业培训工作的力度，增强下岗职工再就业能力。2001年，江西省积极实施第二期“三年三十万”再就业培训计划，全省就业训练结业人数14.3万人，占年计划的102%，其中下岗职工9.5万人，实现就业人数10.06万人，占结业人数的70%。九江市实行政府购买培训成果和工作岗位的办法，帮助下岗职工再就业，在年底已腾出300个岗位。

4．积极开展再就业援助行动。江西省各市县在9月下旬至10月中旬集中开展了一次再就业援助行动，九江市在市直开展“一帮一”结对扶贫工作，扶贫部门达到50个。2001年8月，南昌市组织举办了万名下岗职工再就业招聘洽谈会，现场录用人数和初步达成用工协议的有13 350人，政府购买保洁、保绿岗位安置1 500人。10月，萍乡市劳动局与市工商联联合举办了全市下岗失业职工再就业招聘洽谈大会，组织100家用人单位入场招聘，提供岗位6 500个，近1 300人被录用。10月下旬，省劳动保障厅与南昌市政府举办首届百家上市公司暨千人境外就业招聘洽谈大会，邀请上海、广东、浙江、福建、江苏、北京等地的上市公司和大型企业来江西省招聘劳动力，达成意向协议及现场被录用者达4 000多人。12月1日，省劳动和社会保障厅与新余市政府共同举办“增加就业岗位工程”暨万人就业招聘洽谈大会，共有207家用工单位进场招聘，提供岗位9 860个，当场录取2 420人。

5．加大劳务输出的力度。2001年，江西省11个设区市的劳动保障部门与上海区县对口缔结了全面劳务协作关系，部分设区市与厦门、江苏、广东等地联合，共同探索跨省劳务合作与管理的路子，2001年全省输出劳务377万人，比上年净增117万人。

三、基本医疗保险制度改革取得一定进展

针对江西省医疗保险制度改革相对滞后这一问题，省劳动保障厅在思想上高度重视，积极向省政府汇报，提出解决问题的办法。省政府非常关注医疗保险制度改革，成立了全省基本医疗保险和医药卫生体制改革工作领导小组，加强三项改革协调领导。2001年初，召开了全省社会保障工作会议，全面部署医改工作。劳动保障部青岛会议之后，省政府领导又专门听取了会议情况的汇报，9月份专门召开了全省基本医疗保险和医药卫生体制改革工作会议，会议要求所有未启动的设区市在11月份要全部启动，覆盖人数努力达到180万人。到2001年底，除省本级的公费医疗管理体制暂时维持现状外，各市县在启动医保后，医保管理职能统一由劳动保障部门管理。各地党委、政府重视推进基本医疗保险制度改革工作，采取了有效措施，医保工作取得了积极进展。

1．扩大了医改启动面和覆盖面。到2001年底，全省11个设区市已有10个实施了基本医疗保险，有61个县市启动了医保，参保人数达到174.879万人。

2．进一步理顺了体制。继九江、萍乡市之后，景德镇、赣州、吉安、抚州4个设区市医保管理职能统一归并劳动保障部门。

3．实现了基金平衡，保障了参保职工的基本医疗。九江市顺利实现了与全国统一方案的接轨，扭转了基金大量赤字的局面。萍乡市通过商业保险向参保单位和个人收取少量费用，解决了超封顶线以上医疗费用支付问题。

4．工伤、生育保险继续得到巩固。2001年，江西省实施工伤保险制度的市、县有97个，占全省市、县总数的87%；实际参保人数137.8万人，占应参保人数的63.3%。抚州、鹰潭、吉安、赣州、景德镇、上饶等6个设区市实现了市级统筹，南昌、宜春全部县市实现了统筹，全省基金累计结余2.085 6亿元。

2001年，江西省实施生育保险的市县为91个，占全省市县总数的83%；实际参保人数120.2万人，占应参保人数的55.3%；基金累计结余8 133万元。

四、劳动关系调整力度加大

2001年，江西省由于企业改制力度加大、职工分流增多、下岗职工3年协议期满出中心面临高峰期，调整劳动关系的任务很重。根据这一实际情况，省政府及时出台了赣府发〔2001〕32号文件，明确要求：通过企业内部退养、随企业改革出中心、协议保留社会保险关系、依法解除劳动关系出中心、开展劳动保障事务代理等5种途径，积极稳妥地推进下岗职工出中心。江西省各地党委、政府对这项工作高度重视，对做好企业改制劳动保障工作及平稳渡过下岗职工出中心高峰进行了有益的探索。景德镇市规定：企业改制破产时，对全民所有制职工发放一次性安置费，不再享受失业保险，但安置费要拿出相应数额缴足今后若干年的养老和医疗保险费；对合同制职工，发放经济补偿金，并按规定享受失业保险，经济补偿金要拿出相应数额缴足若干年的养老和医疗保险费；对距法定退休年限不满5年的职工，由企业一次性缴足养老保险费后解除劳动关系，并一次性发给至法定退休年限基本生活费；对出中心解除劳动关系的职工，做好社会保险接续工作。九江市对企业改制工作中有关职工身份界定、补偿机制建立、社会保险关系接续等作出了明确规定，市劳动局主动参与企业改制，帮助解决实际问题，全市共2万人改制后转换身份，没有出现大的波动。吉安市政府规定，改制企业下岗职工可从资产变现中按确定的标准发放一次性经济补偿金，最高不超过2万元。其他设区市对下岗职工出中心、断关系、续保险也相应作了规定。

与此同时，江西省各地以劳动合同、集体合同和劳动争议仲裁为重点，进一步加强劳动关系协调工作。2001年，全省共有357.1万人签订了劳动合同，签订率为98.6%；5 957户企业签订了集体合同。制定下发了《江西省工资集体协商试行办法的贯彻意见》，对省级机构改革中转制的9个企业集团，稳妥地进行了工资制度的套改；南昌、萍乡、赣州3个设区市发布了劳动力市场工资指导价位，全省有32户国有企业实行了经营者年薪制，28户企业试行了工资集体协商制度。进一步加强和健全了劳动争议仲裁机构和办案制度，省级劳动争议仲裁委员会已经批准设立，全省形成了640多人的专兼职仲裁员队伍。2001年，江西省受理劳动争议案件1 122起，比上年增加359起；处理案件1 110起，结案率达到98.9%，比上年提高了6.9%。

五、加强了《劳动法》的执法检查和监督，全省劳动力市场得到进一步规范

2001年，江西省人大常委会决定在全省开展《劳动法》执法大检查，同时对省劳动保障厅的工作进行评议。省劳动保障厅把这次评议作为加强和改进劳动保障工作的极好机遇，要求各市县配合各级人大做好贯彻《劳动法》自查工作，针对自查中发现的问题进行认真整改。为了督促用人单位贯彻执行《劳动法》，省劳动保障厅组织了多个检查组，依法开展了对社会保险扩面征缴和清欠，女职工、未成年工及童工的保护，劳动力市场的清理整顿，持职业资格证书上岗制度，克扣职工工资、拖欠农民工工资的执法大检查，有力地促进了两个确保、劳动关系调整、职业技能开发体系、整顿规范劳动力市场秩序等工作的顺利开展。

1．加大了对用工单位违反劳动保障法律法规案件，尤其是大案要案的查处力度。2001年，江西省立案检查违反劳动保障法律法规案件2 753起，结案率达98.3%；共检查用工单位45 543户次，下达限期整改指令书9 875份，追缴社会保险基金1.87多亿元，补签劳动合同11.9万份，清退处理童工473人。

2．进一步加大了对劳动力市场的清理整顿力度。2001年，江西省实行了职业介绍许可证制度，严把劳动力中介服务机构的审批

关，对劳动力市场进行定期检查，取缔了一批非法和不规范的职业介绍机构，严厉查处了职业中介机构的欺诈和介绍童工等违法行为。2001年，全省共检查了1 267家职业中介机构。

3．开展了为劳动者追讨工资的专项监察执法活动。在2001年底至2002年春节前夕，省劳动保障监察总队与《江南都市报》及团省委权益部共同发起在全省范围内首次开展了声势浩大的“为打工者讨工钱”行动。短短半个月，仅省劳动监察总队就受理案件231件，涉及劳动者13 560人，督促用人单位补发拖欠工资372万元。

4．认真做好了投诉举报案件的管理和查处工作。据统计，2001年，全省共受理投诉举报案件4 389件，结案率达到98.87%。

5．依法开展了日常巡查和年度检查。2001年，全省共年检13 853家，其中基本合格的13 354家，限期整改499家。

通过执法检查，规范了用人单位的用工行为，保护了劳动者的合法权益，推动了《劳动法》的全面贯彻实施。

六、职业技能开发体系正在形成

2001年，江西省坚持职业培训社会化、市场化的改革方向，大力发展社会力量办职业培训。全省新批社会力量办职业培训教育机构59家，整顿撤销取缔不合格社会培训机构75个，全省培训各类人员210.8万人次。积极推行劳动预备制度，省劳动保障厅会同有关部门开展了《职业教育法》、劳动预备制度和就业准入制度落实情况的检查，受到国家6部委联合检查组的高度评价。稳步推进职业技能鉴定工作，省劳动保障厅组织进行了全省“双证制”统考和高级技师考评，认真组织了全省职业技能鉴定质量管理大检查，会同有关行业制定了25个国家职业标准，对30个职业（工种）、5 000余套试卷进行了重新整理，对全省329个职业技能鉴定所（站）的制度建设、考务管理、收费管理等鉴定质量进行了全面检查。在全国率先开展了茶艺师、烟花爆竹制作工等工种的职业技能鉴定。全省共有17.6万人参加各种职业技能鉴定，14.1万人获得相应等级的职业资格证书。技校改革进一步深化，在高级技校的基础上增设技术学院14所，并进一步调整了培训结构，技校招生人数明显好于上年，招生人数达到1.82万人，比上年增加3 000人，为各行业输送毕业生13 200人。建立开通了“中国江西职业培训（技工学校）技能鉴定网”，为广大劳动者求职、求学提供了方便。

七、劳动保障调研取得可喜进展

在经济结构调整和推进国有企业改革过程中，劳动保障工作面临诸多困难和问题，集中体现在就业和再就业难、社会保险基金平衡难和下岗职工出中心难等。为此，2001年，江西省劳动保障厅进一步加大了调研力度，由厅领导带队，组成6个调研组，围绕养老保险制度调研测算、国有企业下岗职工出中心和转制关闭破产企业职工理顺劳动关系、下岗职工总体状况和底数情况、促进社区就业情况、开展离退休人员社区管理服务、建立职业培训基地等6个专题，深入基层调查研究，形成了《关于完善养老保险制度的调研测算报告》《当前养老保险工作中的问题和对策思路》《江西省国有企业下岗职工出中心和转制、关闭、破产企业劳动关系调整调研报告》《社区就业调研报告》《企业离退休人员实行社会化管理服务调研报告》《关于全省建设职业培训综合基地的调研报告》等6个调研报告。省劳动学会还组织省内专家、学者等对深化劳动保障体制改革进行了一些专题研究。这些调研成果有些已经或正在转变为劳动保障政策和措施。

八、思想作风建设取得初步成效

2001年，江西省各级劳动保障部门认真落实六中全会精神，努力实践“三个代表”的重要思想，抓基础、抓管理、抓干部队伍建设，促进了各项工作任务的落实。按照省委解放思想学习教育活动的要求，在广泛深入学习考察的基础上，省劳动保障厅提出要努力在思想观念上做到“五破五立”，明确了加快建立市场导向的就业机制，逐步完善社会保障体系，加强职业培训、就业服务、社会保障的相互融合，尽快形成市场引导培训、培训促进就业和就业促进保障、保障支持就业的格局的工作思路。认真清理规范了行政审批事项，着手废止一些不适应新形势和WTO规则的劳动保障法规规章和政府文件。健全了党风廉政责任制的考核办法，建立了服务对象投诉制度。各地还把提高工作效率、改进服务态度作为改进工作作风的重点，在全系统内开展了创建文明窗口活动。加强了信访接待工作，省劳动保障厅建立了厅长接待日制度，受理群众来信2 219件、群众来访1 365人次，较好地维护了社会稳定。

2001年，江西省的劳动保障工作虽然取得了一定成绩，但面临的困难和问题也不少，有些方面的矛盾还日益突出：

1. 两个确保基础还不巩固。由于企业改制和部分企业生产经营困难，全省养老保险实际缴费人数比上年有所减少，收支缺口日益扩大，省级统筹调剂乏力。随着下岗职工基本生活保障向失业保险并轨，失业保险基金也面临很大压力。下岗职工基本生活保障资金缺口较大，部分困难企业和省属企业的自筹资金和社会筹资未能到位。

2. 再就业工作成效还不明显。2001年，江西省城镇单位从业人员减少8.8万人，下岗职工再就业率仅为21.3%，持续走低的再就业率与不断增加的下岗职工、失业人员对就业工作构成了巨大的压力。

3. 医疗保险制度改革进展还不理想。县市启动医保面和参保人数分别占目标任务的67.8%和60.8%，个人负担偏重，困难群体医疗保障问题亟待解决。

4. 劳动保障的基础工作还不扎实。劳动保障系统的制度建设有待进一步加强，内部管理需要进一步规范，一些地方劳动保障统计数据存在不实、不准的情况，少数地方两个确保的数字失实。一些干部的大局意识、责任意识、服务意识不强，业务水平有待进一步提高。劳动保障立法相对滞后，劳动保障信息化管理水平还不能适应新形势发展的需要等。

（江西省劳动和社会保障厅）

山 东 省

2001年，山东省的劳动保障工作在省委、省政府的领导下，努力实践江泽民总书记“三个代表”重要思想，紧紧围绕改革发展稳定大局，始终抓住社会保障和促进就业两条主线，加大力度，狠抓落实，全省劳动和社会保障工作的整体水平又上了一个新台阶。

一、两个确保

2001年，山东省委、省政府对两个确保极为重视。全省各级劳动保障部门按照工作目标、政策措施、工作要求“三个不变”的要求，坚持把两个确保作为第一位的工作抓紧抓好。在下岗职工基本生活保障方面，到2001年底，全省共筹集下岗职工基本生活保障金7.4亿元，发放7.5亿元。协调省财政拨付8 000万元，从失业保险基金中拨付1.6亿元，补助困难地区下岗职工基本生活保障。进中心签协议的下岗职工全部领到了基本生活费，并代缴了社会保险费，没有发生新的拖欠。在养老金发放方面，到2001年底，全省企业离退休人员达到153.5万人，共发放养老金111.5亿元，向养老保险基金支付出现困难的济南、淄博、枣庄、德州、聊城、菏泽6个市拨付调剂金1.5亿元。全省企业离退休人员养老金做到了按时足额发放，没有发生新的拖欠。

二、社会保险

1．企业养老保险。2001年，山东省顺利实现了企业职工基本养老保险金新老计发办法并轨。将全省企业职工养老保险个人缴费比例从5%调整到6%。根据山东省实际，制定下发了《关于当前养老保险工作中若干具体政策问题的通知》。开展了企业离退休人员生存状况普查，对企业职工退休审批实行公示。根据国家规定，为全省10万多名企业离休干部和建国前参加工作的退休老工人提高了待遇。进一步加大了扩面征缴和清欠力度。到2001年末，全省企业基本养老保险参保人数达到640.4万人；全年征缴保险费119.4亿元，收缴率达到97.3%；清理追缴企业欠费8.1亿元；养老金社会化发放率达到92.2%。

2．机关事业单位养老保险。2001年，山东省机关事业单位养老保险进一步规范和完善。缴费基数逐步由“双基数”征缴改为“单基数”征缴，缴拨方式逐步由“差额缴拨”改为“全额缴拨”。年末，全省参加养老保险的县（市、区）达130个，占全省县（市、区）总数的93.5%；参保人数达198.4万人，占全省机关事业单位在职人数的78.63%；收缴养老保险费46.9亿元，收缴率为96.8%；基金结余33.1亿元；为38.95万离退休人员发放养老金46.9亿元。

3．农村养老保险。2001年，山东省采取有力措施整顿和规范农村养老保险工作。从实际出发，对农保基金管理运营和投保缴费情况进行了清查核对，为进一步做好农保整顿规范工作打下了坚实的基础。到年底，农村养老保险参保人数达到1 089.88万人，领取养老保险金人数达到23.34万人。

4．失业保险。2001年，山东省加强失业保险扩面征缴工作，规范申领发放办法，搞好管理和服务。到年底，全省失业保险参保人数达到700.2万人；全年失业保险基金收入12.7亿元。年底领取失业保险金人数达到30.9万人，比上年增加12.3万人；支付失业保险金7.6亿元，比上年增加2.6亿元。失业保险制度已经成为下岗职工和失业人员基本生活保障的主要形式。

5. 医疗保险。2001年，山东省医疗保险制度改革取得重大进展。到年底，全省17个市基本医疗保险制度正式运转，参加基本医疗保险的人数达到511万人。制定下发了基本医疗保险用药、诊疗项目、医疗服务设施项目“三个目录”；启动实施基本医疗保险的地方都同步建立起大额医疗费补助办法；9个市61个县（市、区）实施了公务员医疗补助办法；16个市制定出台了建立企业补充医疗保险的意见。

6. 工伤和生育保险。2001年，山东省工伤和生育参保人数稳步增长，职工权益得到进一步保障。到年底，全省17个市全面实施工伤保险费用统筹，参保人数达到285.8万人。16个市实施了生育保险社会统筹，参保人数达到331.8万人。

7. 并轨工作。2001年，山东省按照“因地制宜、量力而行、先易后难、依法有情、确保稳定”的原则，采取“保老、扶中、推轻”的措施，积极稳妥地推进并轨工作，帮助下岗职工平稳出中心，顺利接保险，尽快再就业。到年底，全省有13.3万人出中心，其中解除劳动关系的有6.4万人，占出中心人数的48.1%；7.9万人实现再就业，占出中心人数的59.4%。烟台、东营、莱芜、威海、枣庄5市已全部实现并轨，已并轨的县市区达到80个。

三、劳动就业

2001年，山东省安置各类城镇人员60万人，再就业率为31.9%，城镇登记失业率为3.1%。全省17个市建立了劳动力市场信息局域网，5个“三化”建设试点城市建立了市级劳动力市场信息网络中心。全年通过劳动力市场求职登记119万人次，实现就业67万人。年末，全省劳动就业服务企业达6 211家，从业人员为39.4万人，安置下岗人员3.9万人。加大了劳务输出力度，全省共组织劳务输出130万人。组织实施了第二期“三年六十万”再就业培训计划，全面推行劳动预备制度，逐步将农村劳动力纳入实施范围。全省共组织下岗、失业人员参加技能培训和创业能力培训19万人次，劳动预备制度培训15万人次。开展了“十个一”再就业援助行动和再就业优惠政策落实情况大检查活动，促进了全省再就业工作的开展。

四、职业培训教育

2001年，山东省制定出台了《山东省关于加强职业培训教育全面提高劳动者素质的通知》《山东省劳动保障厅关于技工学校调整工作的意见》《山东省技工学校招生和毕业生就业办法》等规范性文件，较好地解决了一些长期困扰职业培训和技工教育发展的实际问题。聊城高级技校、鲁南化工技校、潍坊技工学校划转到省劳动保障厅管理。加快技工学校布局调整，全方位推进技工教育改革。年末，全省有技工学校278所，其中高级技工学校18所，国家级重点技校29所。技工学校招生5.43万人，比上年增加0.63万人。毕业生就业形势好转，全省技工学校毕业生达55 769人，当年推荐到国有、集体、三资、乡镇和其他企业就业的43 891人，占毕业生总人数的78.7%；自谋职业和从事私有、个体经济的占10%。成功地组织了全省烹饪技能大赛和在职职工、职业学校学生技能竞赛。整体推进职业资格证书制度，扩大了鉴定覆盖面。

五、企业工资分配

2001年，山东省全面实施了工资指导线制度，工资指导线的上线、基准线和下线分别为16%、10%和6%。扩大了劳动力市场工资指导价位覆盖范围。济南、青岛、泰安、潍坊等10个中心城市都建立了劳动力市场指导价位制度。调整提高了最低工资标准，由原来的220～320元，提高到260～370元。强化了工资基金管理，对省属27个部门（集团公司）200多户企业的工资进行了清算，对发现的问题进行了认真整改。引导企业随经济效益合理增减工资，全省实行工效挂钩的地方企业已达5 217户，职工228.1万人。青岛、烟台、东营等地选择部分非公有制企业进行了集体协商确定工资的试点。全省绝大多数企业实行了岗位技能工资制，工资分配的激励和约束机制有所增强。有关生产要素参与收益分配的探索取得了新的进展，济南、青岛、烟台、潍坊等市出台了企业经营者年薪制试点办法，350多个企业实行了年薪制。企业工资水平保持了适度增长。

六、劳动争议处理

2001年，山东省颁布实施了《山东省劳动争议仲裁监督办法》，制订印发了《山东省劳动争议案件适用普通程序审理的操作规程及庭审规范用语》。调整充实了省劳动争议仲裁委员会，初步建立起劳动关系“三方”协调机制。及时处理了大批劳动争议案件。全省立案受理劳动争议11 730件，其中集体争议556件；审理结案11 390件，结案率为97%。全年共鉴证劳动合同97.4万份，纠正存在问题及违法合同3.8万份，督促补签劳动合同10.7万份，制止招用童工244人。

七、劳动保障法制建设与监察

1．劳动保障法制建设。2001年10月28日，《山东省劳动合同条例》经山东省第九届人民代表大会常务委员会第23次会议通过，为促进劳动关系的和谐稳定，提供了法律依据。对劳动保障行政审批项目进行了清理，调整、下放和撤销了23项行政审批职能。全年劳动保障系统受理行政复议案件121起，应诉案件67起。部署和实施了全省劳动保障系统“四五”普法工作，有力地推进了全省劳动保障系统的依法行政工作。

2．劳动保障监察。2001年，山东省劳动保障监察监督执法力度加大。全省先后组织了5次执法大检查，扩大了劳动保障年检范围，举报专查率达到100%，结案率达到95%以上。全省共检查用人单位94 768户次，查处违法单位39 746户，给予经济处罚387户，罚款371万元，补办招用职工手续72万份，补签劳动合同82万份，补发无故拖欠克扣工资5 936万元，清退风险抵押金1 746万元，补缴社会保险费5.52亿元，有效地遏制了违法行为的发生，维护了职工的合法权益。

（山东省劳动和社会保障厅）

青 岛 市

2001 年，在各级党委、政府的领导下，青岛市劳动保障系统的干部职工深入学习和实践江总书记“三个代表”重要思想，认真贯彻党的十五届六中全会精神，紧紧围绕全市改革发展稳定的大局，开拓创新，扎实苦干，各项工作取得了明显成效。

一、就业工作

2001 年，青岛市促进就业政策体系进一步完善，市政府出台了《关于“十五”期间促进城镇就业工作的意见》，召开了全市促进就业工作会议。市劳动保障局会同有关部门制定了 14 个配套操作文件，建立了青岛市促进城镇就业的政策体系框架；出台了腾岗安置、公益性岗位补贴、“4045”失业人员社会保险补贴、非正规就业劳动组织认定管理等促进就业政策，初步建立了弱势群体就业帮扶机制。全市腾岗3 574 个，发展非正规就业劳动组织107 个，开发岗位2 125个，其中公益性岗位1 244个，安置“4045人员”942 人，拨付各类促进就业资金补贴 31.4 万元。劳动力市场建设进一步加强，在全省劳动力市场“三化”建设评估中，青岛市得分居第一位。全年共收集各类空岗信息 6.8 万个，为6 655家用人单位和7.9 万名求职者提供职业介绍服务，成交2.5 万人，比上年增长 25%。强化就业服务工作，开展了“进百家门、知百家情、解百家难、暖百家心”的就业服务“四百”活动，对登记的13 449名就业弱势群体，已登门走访12 817人，入户率达 95.3%。妥善解决特殊人员的就业问题，有求职要求的 438 名失业军嫂安置率达 92%；实行计划安置与市场就业相结合的办法，会同民政部门安置退役士兵2 320人。2001 年，全市累计登记城镇失业人员 12.1 万人，多渠道、多形式实现就业 5.5 万人，比上年增长 41%。年末，全市城镇登记失业率为 3.9%，完成了市委、市政府下达的 4%的控制指标。

二、职业技能培训和鉴定工作

2001 年，青岛市启动了“三年五万”再就业培训计划，大力开展下岗、失业人员再就业培训，全年组织 3.1 万名下岗、失业人员参加培训，培训后再就业率为 71.2%。全面落实职业资格证书制度，广泛开展在职职工培训，全市培训在职职工 2.8 万人，完成培训计划的 113%；全市技术工人持证人数达到 32.1 万人，持证率达 71.3%。职业技能鉴定工作不断加强，对 30 所鉴定机构进行了评估检查，进一步健全了技能鉴定质量评估体系和考评员日常考核制度，鉴定质量进一步提高，全年鉴定 4.5 万人，同比增长 35%。加强了对社会力量办学和技工学校的规范化管理，对 6 所申报省级重点、2 所申报国家级重点的技校进行了初评，较好地完成了技校招生和毕业生派遣工作任务。

三、下岗职工基本生活保障和出中心工作

2001 年，青岛市全面开展“五清”摸底，大力开展以“促就业、接保险、保生活”为主要内容的再就业援助行动，进一步完善“协保”和经济补偿金“三家抬”等出中心政策，

保证了下岗职工的基本生活和出中心工作的顺利进行。全市累计发放下岗职工基本生活保障费3.15亿元，其中财政、劳动保障部门负担2.63亿元，企业自筹0.52亿元，中心内下岗职工和退养安置人员100%得到基本生活保障；全市共分流安置出中心下岗职工20 686人，其中，协议到期出中心11 242人，出中心率达100%；9 444名下岗职工提前出中心。到2001年末，全市中心内待安置下岗职工22 423人。市南、市北、崂山、城阳、黄岛5区和即墨、胶南、胶州、平度、莱西5市实现了全部出中心。

四、社会保险工作

2001年，青岛市企业养老保险覆盖面进一步扩大，全市新纳入参保职工6.54万人。各项社会保险费征缴率继续保持较高水平。企业养老保险费当期收缴20.87亿元，征缴率为96.4%；企业失业保险费当期收缴1.64亿元，征缴率为95.7%；机关事业单位养老保险费当期收缴1.34亿元，征缴率为98%；机关事业单位失业保险费当期收缴2 500万元，征缴率为95%。企业工伤、生育保险基金征缴率也达到了92%以上。追缴历年欠费力度进一步加大，共清欠企业社会保险费1.1亿元，清欠机关事业单位社会保险费500万元。各项社会保险待遇得到按时足额发放，共为30.58万名企业离退休人员发放养老金22.1亿元，为6 467名机关事业单位离退休人员发放养老金9 942万元，为5.8万名失业人员支付失业保险金1.1亿元。建立了企业离退休人员退休审批公示制度，企业退休人员社会化管理工作开始起步。农村养老保险工作稳步发展，全年共收缴保险费1 806万元，支出养老金1 106万元，领取养老金人数达到14 500人。

2001年，青岛市医疗保险工作稳步推进。市内4区已将企业、机关事业单位和中央、省驻青单位全部纳入，年底前又将城镇个体、私营企业从业人员、自由职业者、非正规和非全日制就业人员纳入政策覆盖范围。城阳、黄岛、即墨、胶南、胶州、平度6区（市）也已先后启动。全市参加医疗保险的单位13 185个，职工113.5万人，参保率达90%。目前，市内4区共收缴基本医疗保险费7.20亿元，其中记入个人账户3.77亿元，用作统筹金3.43亿元，统筹金支出3.19亿元，收支基本平衡；收缴大额医疗救助金2 750万元，为1 344名大病患者支付医疗费2 308万元，在基本医疗保险最高支付限额以上，平均每人救助1.72万元。2001年，全国城镇职工基本医疗保险制度和医药卫生体制改革工作会议在青岛市召开，李岚清副总理亲自视察了青岛市医疗保险服务大厅和部分定点医疗机构、定点药店，充分肯定了青岛市的医疗保险工作。

五、企业工资分配宏观调控和劳动合同管理工作

2001年，青岛市制定发布了企业工资指导线，劳动力市场工资指导价位覆盖范围扩大到375个职位（工种）。自主确定工资试点企业由9户扩大到48户；工资集体协商试点企业扩大到106户，成功地开展了城阳区区域性工资集体协商试点；市一级外商投资企业劳动关系三方定期协商机制进一步完善。调整提高了最低工资标准，实现了困难企业职工救助方式的转变，实现了困难企业政府救助制度与社会保障制度的衔接并轨。积极推进以岗位工资为主的基本工资制度和经营者年薪制试点工作，全市3 000多户企业实行了岗位工资和岗位技能工资，77户企业实行了年薪制试点。企业劳动合同管理工作继续得到加强，企业劳动合同管理信息数据库初步建立，为建立劳动关系预警预测制度提供了依据。全市实行集体合同的企业达到2 463户，职工51.2万人。制定出台了理顺改制企业和下岗职工劳动关系的处理意见，促进了企业新型劳动关系的建立。

六、劳动保障信访工作

2001年，青岛市劳动保障系统普遍建立了“一个窗口受理、归口办理”的工作体制，加强集体访监控，进一步完善公开承诺和联席会议制度，为职工解决了大量实际问题，维护了社会的稳定。全年共受理职工群众来信、来电、来访 711 起，2 379 人次，同比增长 37.4%和 26.2%，已处结 689 起，处结率达 97%，重复访率低于 10%；为职工群众提供法规政策咨询服务16 410起，22 354人次，同比增长 11%和 17%。2001 年，劳动保障部、省劳动保障厅专门印发了青岛市劳动保障信访工作经验，国家、省、市信访局领导也先后对青岛市劳动保障信访工作进行了专门视察。

七、劳动争议处理工作

2001 年，青岛市多层次、多渠道的劳动争议预防调解工作体系逐步形成。落实三方办案机制，加强仲裁员选拔、培训、考核和聘任管理，简化办案程序，办案质量和办案效率明显提高。全市两级劳动仲裁机构共受理各类劳动争议案件10 468件，立案2 587件，比上年上升 53.7%，按期结案率达 95.2%，高于部下达指标 5 个百分点；处理集体劳动争议案件 80 起，涉及职工3 100多人，同比增长 17%。通过仲裁，为劳动者追回劳动报酬 305 万元，社会保险费1 038万元，经济补偿金 66 万元；为用人单位追回违约金、赔偿金 180 万元，维护了劳动关系双方的合法权益。

八、劳动保障执法监察工作

2001 年，青岛市劳动监察机构运用多种手段，加大劳动保障执法力度，卓有成效地开展了劳动保障年检和社会保险扩面清欠、劳动用工、腾岗安置、执行职业资格证书制度、整顿非法职业介绍等专项执法检查。全市共检查各类用人单位13 374户次，督促补办用工手续 9.97 万人，补签劳动合同 10.2 万份，取缔非法职业介绍组织 172 户次，督促办理职业资格证书5 600人，为劳动者追回劳动报酬2 104万元。通过各种形式清欠 3.7 亿元，基本完成了年内清欠 40%的目标。立案查处职工投诉举报1 482件，结案率达 97.9%。2001 年，青岛市劳动监察大队被团中央、劳动和社会保障部授予“优秀青少年维权岗”称号。

九、外商投资企业劳动管理服务工作

2001 年，青岛市加强外国人就业管理工作，全年办理外国人就业许可证1 617人次、就业证4 327人次，港澳台人员就业证 229 人次，分别比上年增长 23%、20%和 33%。进一步完善“一站式”服务模式，提高服务质量，极大地方便了外商投资企业。广泛开展外商投资企业劳动事务代理工作。为 103 家外商投资企业代办用工、工资、保险等手续，代管档案 410 家，涉及职工7 000余人，受到了外商投资企业的欢迎。

十、劳动保障监督执法工作

2001 年，青岛市深入组织实施“五项工程”，加大行政审批制度改革力度，行政审批事项由 58 项精简为 21 项，精简 63.8%；积极推进政务公开，发布了《行政审批事项公示通告》，行政审批行为社会监督力度进一步加大。行政复议应诉工作深入开展。全年处理和参加行政复议、行政应诉案件 23 起，有效地维护了行政相对人的合法权益。

（青岛市劳动和社会保障局）

河　南　省

2001年，是“十五”计划的开局之年，党中央、国务院把社会保障工作摆到了更加突出的地位，明确提出了“十五”期间社会保障事业的发展方向和目标任务。一年来，河南省委、省政府不断加强对社会保障工作的领导，省政府两次召开社会保障工作会议，强化目标管理。全省各级劳动保障部门在各级党委和政府的领导下，深入学习实践江总书记“三个代表”重要思想，认真贯彻十五届五中、六中全会精神，全面落实全省社会保障工作会议的部署和要求，团结协作，真抓实干，全面推进了河南省劳动和社会保障事业的发展，在改革发展稳定的大局中发挥了重要作用。全省两个确保继续巩固，下岗职工生活费发放率和企业离退休人员养老金发放率达到100%；社会保险扩面征缴工作取得新进展，基金征缴率保持在90%以上，企业离退休人员养老金社会化发放率达到99.9%；国有企业下岗职工再就业工作取得新成效，下岗职工再就业率达47.4%，城镇登记失业率为2.8%，全省就业局势基本稳定；失业人员及时得到救济，失业保险保障基本生活和促进再就业的作用得到进一步发挥；医疗保险制度改革稳步推进，全省基本建立基本医疗保险制度，参保人数达到456万人；工伤保险和生育保险参保人数分别达到245万人、207万人；企业工资收入分配制度改革力度进一步加大，开展了对企业落实最低工资保障制度和企业工资内外收入情况的监督检查，扩大了劳动力市场工资指导价位制度试点范围；劳动力市场清理整顿工作取得明显成效，“三化”建设步伐加快，全省各级各类职介机构积极开展求职登记、职业指导，举办各类大型洽谈会，认真落实河南省第二期“三年百万”再就业培训计划，有力地促进了就业和再就业；劳动关系调整力度加大，全年处理劳动争议26 635件，接待上访群众16.13万人次，大量劳资矛盾得到及时化解，全省劳动关系基本和谐稳定；劳动合同制度进一步完善，劳动关系三方协商机制初步建立，平等协商和集体合同制度有了新发展；职业技能开发体系、职业技能鉴定网络和技师考评办法进一步完善，社会力量办学进一步规范，技工学校改革进一步深化；劳动保障法制建设和社会保险基金监督管理工作进一步加强；劳动保障系统党风廉政建设、文明创建活动取得新成绩，自身建设跨上新台阶。

一、国有企业下岗职工基本生活保障得到巩固，再就业工作取得新的成效

1. 国有企业下岗职工基本生活得到较好保障。全省全年月平均下岗职工29.5万人，进中心比例达99.6%，进中心的下岗职工基本领到生活费并代缴社会保险费，足额领取的占98.53%。年底实有下岗职工25.95万人，25.68万人进中心并足额领取了基本生活费。全省全年共筹集下岗职工基本生活保障资金10.06亿元，其中财政安排5.11亿元，占50.8%；社会筹集2.57亿元，占25.5%；企业自筹2.38亿元，占23.7%。全年发放基本生活费6.55亿元，代缴社会保险费3.51亿元，基本保证了下岗职工基本生活费的发放和三项社会保险费的代缴。

2．国有企业下岗职工再就业工作取得新成效。2001年，全省各级劳动保障部门继续坚持“五管齐下，多法并举”，广开就业门路，增加就业岗位，强化对再就业工作的目标管理，加强监督检查，认真落实鼓励下岗职工出中心再就业的优惠政策，鼓励各地采取措施，促进下岗职工尽快出中心，深入开展以“保生活、促就业、接保险”为主题的再就业援助行动，千方百计促进下岗职工出中心再就业。2001年，全省共有25.34万名下岗职工出中心，其中23.39万人实现了再就业。

二、全省企业离退休人员养老金按时足额发放，养老保险制度进一步完善

1．基本确保了全省企业离退休人员养老金的按时足额发放。2001年，河南省共为企业离退休人员发放养老金86.62亿元，足额发放率达到100%。

2．养老保险扩面征缴工作取得新成效。2001年，河南省企业养老保险新增参保职工9.4万人，达到527.9万人；应征养老保险费67.55亿元，实征66.57亿元，其中补征往年欠费4.63亿元，综合征缴率达98.5%，比上年增加6.97亿元。

3．养老金社会化发放工作取得了突破性进展。截至2001年底，全省141.74万名企业离退休人员养老金实现了社会化发放，社会化发放率达99.91%，比年初的92.6%增长7.31个百分点。

4．省级统筹基金的调剂力度进一步加大。2001年，全省共收缴省级调剂金14 762.2万元（其中省本级划转调剂金6 839.8万元），下拨7 148万元，对保证养老金发放困难市的养老金发放起到了积极作用。

5．养老保险政策进一步规范完善。2001年，对全省养老保险统筹项目进行了全面清理，拟定了各类人员养老保险关系转移和接续政策；对科研机构和工程勘察设计单位转制为企业后的养老保险问题进行了深入细致的调查研究，制定了省属科研机构转制后养老保险实施意见；对企业缴纳养老保险费的比例进行了调整，个人缴费比例由5%调整为6%，河南省各市企业和省直统筹行业单位的缴费比例也适当进行了调整。

6．原行业统筹单位基本养老保险管理工作进一步完善。2001年，河南省制定了《河南省省直统筹行业单位退休人员养老金计发（过渡）办法》；完成了铁路系统离休人员移交河南省的工作，并逐人完成了资格认定和待遇核定；调整了行业单位费率，清理认定了统筹项目，对违规提前退休情况进行了检查，制定了行业单位业务管理办法，完成了对行业单位结存基金的审计和缴费基数的审核认定工作。行业单位基金征缴率达94.8%，养老金按时足额发放率和养老金社会化发放率均达100%。

7．各项基础管理工作进一步加强。2001年，河南省企业职工和离退休人员数据库进一步完善，全省全部实现基金全额缴拨，社会保险财务管理工作步入制度化、规范化管理轨道，18个市、107个县（市、区）实行了养老保险收支两条线管理；调整、规范财务、会计有关制度和办法，加强内部基金财务管理，全年未发生挤占挪用基金现象；为企业离休人员调整了养老保险待遇，审批职工退休7 700人，因病提前退休（退职）1 120人，破产企业职工提前退休4 595人；计算机管理水平进一步提高，省劳动保障厅与省工行联合开发的大型社会保险信息系统通过河南省科委组织的技术鉴定，并在省社保中心和郑州市调试运行。

三、失业保险进一步加强，保障能力明显提高

1．失业保险制度建设进一步加强。2001年，河南省劳动保障厅会同河南省政府法制办起草了《河南省失业保险条例（草案）》，2001年11月29日省九届人大常委会第二十五次会议正式通过；先后制定下发了《关于用人单位裁减人员获得经济补偿后享受失业保险待遇问题的通知》《关于事业单位失业保险统筹管理

问题的通知》等政策性文件，为各地切实做好各项失业保险工作提供了政策保证。

2．失业保险扩面工作稳步推进。一方面，规范对已参保单位和职工的管理，基本做到了不重不漏、管理到户、服务到人；另一方面，集中力量扩大覆盖面，事业单位和非公有制企业扩面工作取得新突破。截至2001年底，河南省失业保险新增参保职工4.3万人，达到674.5万人，其中各类企业参保职工502.88万人，事业单位参保职工157.24万人，其他单位14.4万人。

3．失业保险基金保障能力明显增强。2001年，河南省失业保险基金收入总额7.18亿元，完成收入计划的105.7%，同比增收基金8 300万元。全省历年累计结余基金14.2亿元，同比增加2.5亿元，基金保障能力明显增强。

4．失业人员基本生活得到了有效保障。据统计，2001年，河南省共为16万失业人员累计发放失业保险金1.43亿元，其中12月底领取失业保险金人数尚有10万人，较上年底新增5.3万人；2001年月均领取失业保险金人数为6.8万人，平均每人每月失业保险金支出195元；当年累计帮助8万失业人员实现了再就业，平均再就业率达50%。失业保险保障生活和促进再就业的功能得到了进一步发挥。

5．继续向“中心”调剂基金，确保下岗职工基本生活。2001年，河南省累计向企业再就业服务中心调剂基金2.32亿元，占当年基金收入总额的32%，有效地支持了下岗职工基本生活保障工作。

6．加强了基金管理。2001年，河南省各地认真开展了基金清查清偿工作，严格执行财务制度，实行基金收支两条线，基本杜绝了挤占挪用，较好地发挥了基金的最佳效能。2001年，全省基金累计支出4.85亿元，占同期收入的67.5%，其中用于失业人员失业保险待遇支付1.7亿元，用于促进失业人员再就业的“两项补贴”支出2 297万元，调剂下岗职工生活保障资金2.32亿元，分别占基金总支出的35%、4.7%和47.8%，基金支出结构进一步规范合理。

四、医疗保险制度改革取得新成绩，工伤、生育保险制度改革稳步推进

1．医疗保险制度改革取得新成绩。2001年，河南省医疗保险按照“巩固成果，完善体系，提高质量，规范运作”的工作思路，围绕建立城镇职工基本医疗保险制度这个中心，抓好健全机构、完善政策、强化管理三项重点，医改取得了阶段性成果。省直及全省18个市级、110个县级统筹地区全部建立基本医疗保险制度，参保人数达到456万人；全省多层次医疗保障体系初步建立，5个统筹地区出台了公务员医疗补助办法，17个市出台了大额医疗费补充保险办法，18个市全部出台了慢性病管理办法，个别地方实行了离休干部医疗费社会统筹，探索了困难职工的参保办法，在一定程度上实现了“医疗保险多层次，基本医疗多形式”，基本满足了不同人群的医疗需求；管理和服务水平进一步提高，强化基金征缴、加强基金监督、严格费用结算，规范定点医疗机构管理，狠抓自身建设，加强监督检查，保证了政策的落实，提高了工作水平。

2．工伤保险制度改革扎实推进。2001年，河南省15个省辖市、52个县（市）实行了工伤保险制度，参保人数245万人，比上年末增加81万人；征缴工伤保险基金6 387.7万元，支出5 475.7万元，基金累计结余1.39亿元。

3．生育保险工作稳步推进。2001年，河南省15个市、71个县实施了生育保险制度，参保人数207万人，征缴基金3 635.7万元，支出3 046万元，享受待遇的女职工13 629人。

五、劳动力市场建设进一步规范，就业工作有了新发展

1．职业介绍工作进一步规范。2001年，河南省认真贯彻落实《劳动力市场管理规定》，积极开展劳动力市场清理整顿和职业介绍机构年度审验，清理整顿职业介绍机构1 385家，查处非法职业介绍机构279家，吊销《职业介绍许可证》50个，停业或限期整改213家；狠抓职业介绍机构规范化、制度化建设，全省178家县级以上劳动保障部门公共职业介绍机构使用统一的公共职介机构标志，做到工作人员持证上岗，开通服务热线，逐步实行服务承诺制。非劳动保障部门职业介绍机构逐步实现中介服务收费标准、工作人员管理制度、工作程序统一公开，制度上墙，制度化、规范化水平进一步提高。2001年，全省职介机构达1 300个，工作人员4 500人，其中公共职介机构（含乡镇）900个，工作人员3 700人，登记招聘60万人，登记求职120万人次，职业指导75万人次，介绍成功56万人次。全省各级公共职业介绍机构共举办各类大型洽谈会850余场，接待求职登记80万人次，提供空岗信息45万个，介绍成功26万人。进行职业指导近110万人次。

2．劳动力市场“三化”建设步伐进一步加快。2001年，河南省对劳动力市场“三化”建设试点进行了评估验收，郑州、洛阳、开封、安阳等4个国家试点市圆满完成了试点任务。组织开展了河南省第二期职业指导人员职业资格培训和鉴定工作，参加培训和鉴定人员达170余人。

3．就业训练工作取得新进展。2001年，河南省各级培训机构采取灵活多样的培训方式，共培训下岗失业人员35.2万人。组织开展了省直属国有亏损企业下岗职工再就业培训工作，对省直22 000名下岗职工进行了基本情况调查，开展了河南省劳动力市场供求状况分析预测，制定了培训方案，全年培训省直属企业下岗职工9 750人，2 000名下岗职工实现了再就业。开展了对就业训练中心的评估，提出了做好就业训练工作的指导意见，下发了《关于加强就业训练机构职业技能培训和鉴定工作的通知》，加强了就业训练中心的建设。

4．农村劳动力开发就业和流动就业工作有了新的发展。2001年，河南省继续在外出务工人员中开展了“心系河南、增辉中原”活动，加强了劳务输出基地和劳务培训基地的建设。据省农调队调查统计，2001年，河南省连续外出转移半年以上的农村劳动力达到1 100万人，劳务收入达400个亿。劳务输出已成为农民脱贫致富，促进当地经济发展的重要途径之一，在一些县、乡劳务输出已成为一项支柱产业。农村劳动力流动就业工作做到了井然有序，农村劳动力开发就业试点工作稳步推进。

5．劳服企业工作力度进一步加大。2001年，河南省组织劳服企业进行多方位的培训，提高了全省劳服企业人员的综合素质，拓宽了劳服企业的发展思路和领域。据对11个市的不完全统计，河南省11个市现有劳服企业3 853家，从业人员195 828人，固定资产52.2亿元，利税5.96亿元；2001年新办劳服企业176家，新安置19 866人。

6．认真做好外国人和台港澳人员来豫就业工作。2001年度，河南省共接待咨询外国人就业政策200余人次，办理外国人就业证75份，台港澳人员就业证15份，外国人就业证延期9份，台港澳居民就业证延期6份。

2001年，河南省由于全省就业战线同志的共同努力，就业局势基本稳定，全省登记失业率为2.8%，控制在3.5%以内。

六、劳动保障法制建设进一步加强，劳动关系和谐稳定

1．劳动保障法制建设进一步加强。2001年，河南省完成了《河南省劳动保障监察条例（草案）》的起草，《河南省工伤保险条例》已列入省人大立法调研项目，上报了《〈河南省劳动力市场条例〉的修订》意见，对有关部门转来的51件法规、规章（草案）提出了修改建议；5月上旬到6月下旬，在全省范围内集中开展了劳动保障政策咨询活动，认真组织了“四五”普法宣传教育及培训工作，举办了依法行政培训班，126人获得干部“四五”普法合格证；省劳动保障厅会同有关部门对劳动保障方面的文件进行了清理，提请省政府拟废止规章8个，废止规范性文件16份，指导各市进行规范性文件清理工作，为全面推进依法行政打下了基础；建立行政执法责任制，坚持“持证上岗，亮证执法”制度，进一步规范行政执法行为；认真做好行政复议、行政应诉工作，加强对各市复议、应诉工作的指导，全省劳动保障系统依法行政意识不断增强，依法行政能力不断提高。

2. 劳动保障监察执法力度进一步加大。2001年，河南省围绕中心和重点工作，大力开展各项检查活动，加强了队伍建设，对565名专职监察员进行了业务培训，规范和统一使用了劳动保障监察执法文书。全省共检查用人单位50 404户，涉及劳动者376.2万人；劳动保障年检用人单位33 660户，涉及劳动者416.3万人。督促10 690户用人单位缴纳社会保险费3.03亿元，追发劳动者工资待遇368.7万人，追发拖欠劳动者工资1 325万元。2001年，河南省接受群众举报7 514件，立案3 316件，结案3 208件，结案率为96.74%。补签劳动合同30.8万份，清退风险抵押金金额1 226.32万元，取缔非法职业中介机构735户，清退童工873人。从而有力地促进了劳动保障各项工作的开展，切实维护了广大劳动者的合法权益。

3. 积极做好劳动争议案件的处理和信访工作。2001年，河南省通过进一步建立健全劳动仲裁处理工作制度，落实三方机制，加强仲裁队伍建设，加大受案力度，充分发挥兼职仲裁员作用，进一步规范劳动争议仲裁处理工作，提高办案质量，开展典型案例分析、研讨，举办案件评审、庭审观摩活动，使河南省劳动争议处理工作取得了突出成绩。2001年，全省共处理劳动争议26 635件，比上年增长27%，其中各级劳动仲裁机构共处理劳动争议6 101件，经过仲裁委立案受理的4 830件，比上年增长24.9%，涉及劳动者15 138人，比上年增长26.4%；在受理的案件中，集体争议案为287件，涉及劳动者10 173人，与上年基本持平；全年共结案4 349件，占受理案件的90%。各级仲裁机构在执法办案过程中贯彻“双维护”宗旨，为当事人挽回经济损失共9 101万元，比上年增长57.5%。2001年，全省共审查鉴证各类合同25.8万份，纠正违法无效合同6 185份，督促用人单位与劳动者补签劳动合同2 518份，制止企业招用童工126人，国有企业新招职工劳动合同鉴证率达到100%，非国有企业劳动合同鉴证率达到90%，有效地预防和减少了劳动争议的发生。在建立突发事件重点联系制度，加强突发事件的信息传递和预警处理工作的基础上，2001年，河南省建立了突发事件预防、预警机制，进一步明确突发事件处理及信息传递程序，使全省突发事件得到了有效预防处理。全省共处理5人以上集体上访事件2 327批，涉及群众4.9万人，分别比上年增长11.1%和9%。在处理信访工作中，河南省坚持依法治访，充分利用劳动监察、劳动仲裁、社会保险行政复议处理办法及劳动行政复议等处理纠纷，依法行政、依法信访、依法治访，规范信访工作人员和上访群众的行为，引导群众通过法律渠道解决纠纷。2001年，全省共接待职工来访16.13万人次，较上年增长32.2%；处理群众来信3 483件，较上年增长51.4%；立案处理信访事项980件，结案825件，结案率达84.2%。在接待职工来访、来信中，省厅接待来访6 380人次，比上年增长65%，处理来信1 050件，比上年增加4.7倍，依法维护了上访群众的正当权益，保持了社会稳定。

七、劳动合同管理进一步完善，企业工资收入分配制度改革进一步深入

1. 进一步加强和规范了劳动合同管理工作。为了落实劳动合同制度，2001年，河南省各地着重抓了基础管理工作，建立健全了劳动合同管理台账和统计报表制度；同时，通过调查研究和试点，结合当地实际出台了一些政策措施。2001年，全省共有17 760户国有企业建立了劳动合同管理台账，占国有企业总数的

85%；全年督促企业新签劳动合同12.2万份，续订31.9万份，终止6.9万份，解除7.4万份，变更8万份。截至2001年末，全省已签订劳动合同的国有、集体企业职工达443.6万人，占应签劳动合同职工总数的93.8%；私营企业20.4万人；乡镇企业68.9万人；个体工商户28.6万人。

2. 进一步推行了集体合同制度，初步建立了劳动关系三方协调机制。2001年，河南省在宣传贯彻《河南省企业集体合同条例》的基础上，各地普遍加强了对平等协商、签订集体合同工作的领导，对集体合同内容进行认真审核，确保集体合同的条款符合法律、法规规定。至年末，全省累计签订集体合同1.02万份，覆盖职工390万人。全年劳动保障部门共审核集体合同2 988份，涉及职工128.2万人。与此同时，各地按照省里的要求普遍建立了劳动关系三方协调制度。

3. 指导各地分类处理下岗职工及改制企业职工劳动关系。2001年，河南省本着“因地制宜、分类指导、积极稳妥”的原则，指导各地从实际出发，采取内退、协议缴纳社会保险费、支付经济补偿金等办法，积极促进下岗职工出中心。据统计，全省国有企业下岗职工出中心累计达25.34万人，4.74万人与企业解除了劳动关系。与此同时，对优势企业减员增效的情况作了调查，并指导有关企业完善减员增效方案，妥善处理减员中遇到的问题。

4. 2001年，河南省根据劳动和社会保障部《进一步深化企业内部分配制度改革指导意见》，选择具备条件的企业进行了以岗位工资为主的基本工资制度改革。据统计，截至年底，全省实行以岗位工资为主的基本工资制度的企业达到972户；继续进行了国有企业经营者年薪制试点，全省实行经营者年薪制的试点企业达135户；继续实行了企业工资的宏观调控，省劳动保障厅会同有关部门对实行工效挂钩的企业进行了审核和认定，全省实行工效挂钩办法的企业有1 565户；开展了对企业落实最低工资保障制度的监督检查和企业工资内外收入情况的监督检查，督促企业落实最低工资保障制度和工资支付规定；在郑州、洛阳、开封、安阳、南阳、新乡、焦作、平顶山、驻马店市开展了劳动力市场工资指导价位制度试点，截至2001年底，全省有7个城市发布了部分通用职业（工种）的工资指导价位，工资指导价位数据达到4 302个；指导各市在非国有企业和改制企业中大力推行和试行工资集体协商制度，推动工资集体协商工作的开展，截至2001年底，全省开展工资集体协商的企业已达506户，其中已签工资协议并经劳动保障部门审查的有257户。部分城市还发布了人工成本信息数据，指导国有企业建立人工成本预警体系，促使企业加强人工成本的管理与控制。

八、技工学校改革进一步深化，职业技能开发工作得到加强

1. 技工学校改革进一步深化。2001年，河南省出台了《河南省加快技工学校改革工作实施意见》，全年技工学校计划招收新生2.4万人，全省实际录取新生共2.9万人，超额完成20.8%。为促进技工学校毕业生尽快就业，5月份在省劳动力市场举办了技工学校毕业生供需见面洽谈会；为有利于毕业生择业，延长了择业期，由过去的一年延长为两年，各地还根据实际，进一步放宽择业时间。据统计，2001年，技校毕业生达22 759万人，已有16 543人得到安置，当年就业率达到73%。为促进技工学校的健康发展和教育质量的提高，进一步修订了河南省技工学校办学水平评估细则，积极做好技校督导评估工作。进一步加强技工学校管理人员和教师队伍建设，认真组织了技工学校系列教育高级专业技术职务任职资格评审工作，4名技工学校优秀教师受到省人事厅、省教育厅的表彰。在技工学校系统组织开展了评选表彰三好学生和优秀学生干部活动，全省共表彰三好学生、优秀学生干部110名。此外，积极开展多层次、多形式的培训，全年共培训各类人员68 503人，其中，实施劳动预备制度培训4 081人次；培训下岗失业人员12 461人次；培训企业在职职工47 577人次；其他人员 3 653人次。

2. 职业技能培训与鉴定得到加强。2001上，河南省深入开展了劳动预备制度和就业准入控制落实情况检查，进一步推进了劳动预备制、就业准入控制有关政策的落实。大力推行职业资格证书制度，不断扩大鉴定范围，2001年，全省共有 16.9 万人参加职业技能鉴定，14.9万人取得职业资格证书。认真组织开展全省职业技能鉴定质量检查，各级劳动保障部门及鉴定机构首先认真进行了自查，各省辖市对本市鉴定机构分别进行了复查，省劳动保障厅专门从省直及各市抽调近 30 人，对全省 18 个省辖市的工作进行了全面检查，共检查单位 274 个，评出优级单位 136 个，良级 99 个，中级 37 个，不合格的 2 个。进一步完善职业技能鉴定网络，加强考评员队伍建设。省直新成立鉴定机构 7 家，批准扩大鉴定范围的所（站）5家，全省职业技能鉴定机构达 390 家。经培训考核，全年共批准国家职业技能鉴定考评员 657 人，全省考评员队伍达4 358人。为进一步规范技能性的社会力量办学机构，省劳动保障厅对 58 家省直社会力量办学机构进行了年检，并会同省民政部门对社会力量办学机构部署开展了复查登记工作，促使社会力量办学机构进一步规范管理、扩大规模、提高质量。全年全省1 062所社会力量办学机构共培训社会各类人员 18.2 万人，结业 15.8 万人。积极搞好职业技能竞赛和技术能手表彰，开展了 20 个工种技能比赛活动；认真组织人员参加全国计算机应用大赛，全省1 700人参加了竞赛，河南省选手取得第 8 名的成绩，并获得优秀组织奖。此外，进一步完善技师考评办法，引导技师考评逐步向社会化管理过渡，全年共有 168 人晋升为高级技师，3 149人晋升为技师。

九、全省机关事业单位养老保险制度改革试点工作稳步发展

截至 2001 年底，全省机关事业单位养老保险参保单位达17 519个，与上年同期相比增加了 825 个；参保人数 79.60 万人，同比增加了 2.38 万人。其中：在职人员为 68.87 万人，同比增加了 2.08 万人；离退休人员为 10.73 万人，同比增加了 0.3 万人；全年应征养老保险基金 117 761 万元，实征基金 113 797 万元，基金征缴率为 96.6%；全年应拨付养老金 102 340万元，实拨付养老金102 340万元；养老保险基金滚存积累 11.17 亿元，同比增加了 1.91 亿元。其中，省监狱系统和水利系统事业单位参保人数达 26 841 人，在职人员为 22 309人，离退休人员为4 532人，基金积累 3 048万元。

十、基金监督工作取得新成效，统计工作迈上了新台阶

1. 基金监督工作取得新成效。2001 年，河南省各级劳动保障部门把清理回收挤占挪用社保基金作为基金监督的重点工作来抓，成立了清理回收工作领导小组，制定回收工作计划，实行月报制度，逐笔清理，逐市落实，定期通报各地清理回收进度，重点对 1998 年 4 月以后发生的挤占挪用和其他违纪基金进行回收纠正。全省共回收纠正社保基金7 687万元，其中，1998 年 4 月以后发生的回收纠正6 820万元，焦作、濮阳、漯河等 11 个省辖市完成清理回收工作任务。省劳动保障厅联合省监察厅、财政厅等部门对全省企业基本养老保险基金、失业保险基金和国有企业下岗职工生活保障金的管理使用情况进行专项检查，加强了行政监督，规范了基金管理。12 月上旬，劳动保障部、监察部、财政部、民政部 4 部联合检查组对河南省开展社保基金专项检查的情况进行了抽查，充分肯定了河南省的社保基金监督检查工作。及时查处了劳动保障部转办的社保基金违纪案件 5 起，已结案 4 起，追回基金

483万元。对涉及经办机构工作人员贪污挪用社保基金的两起违法案件进行了通报批评，并在全省各级社保经办机构开展教育整顿活动。

2. 计划统计工作迈上了新台阶。2001年，省劳动保障厅完成了河南省劳动保障事业发展"十五"规划的编制工作，编制并上报了《河南省2001年劳动和社会保障事业发展计划》。下发了《河南省劳动和社会保障厅统计工作管理办法》，统计工作做到了"统一管理，分工负责，综合协调，统一发布"，进一步理顺统计管理体制。同时，采取以会代训，提高统计人员素质，采用新版软件，严把质量关等多种措施，保证统计数据的准确性，提高统计质量。紧紧围绕劳动保障中心工作，加强统计服务和监督监测功能。围绕劳动保障工作的重点和热点，开展多项调查工作。编写《劳动保障事业发展情况公报》和《劳动保障宏观监测季报》；按月向省政府及有关部门通报，按季在新闻媒体公布全省两个确保落实情况和社会保险费征缴情况；同时按年度通报企业欠缴社会保险费情况。下发了《关于开展劳动保障统计检查的通知》，对各地执行《统计法》和依法统计的情况进行了检查，并对检查中发现的问题进行整改，促进了统计工作的依法开展。

十一、自身建设明显加强

1. 人事教育工作。一是认真做好机构编制管理工作。在编制工作中严格按规章制度和程序办事，杜绝违规现象；确定劳动保障厅行政审批事项16项，核准事项6项，完成了厅属11个事业单位的管理登记，促使劳动保障厅事业单位管理逐步走向科学化、法制化。二是根据劳动保障厅党组安排，做好干部考核、招录、任免、调转等工作。按照规定和程序，加大民主测评力度，完成了厅机关、事业单位在职人员2000年度考核工作；根据医保中心人员空缺情况，组织实施了进入医保中心人员的报名、考核、面试、考察、考核等工作，顺利完成了医保中心人员招录工作；按照劳动保障厅党组安排，根据处级干部职位空缺情况，调整、提拔、交流了部分处级干部，同时按照省委组织部的要求，对劳动保障厅贯彻执行《党政领导干部选拔任用工作暂行条例》情况进行了检查。三是工资工作、职称工作、档案工作进一步规范化、制度化。

2. 反腐倡廉和精神文明创建活动继续深入。2001年，河南省劳动保障厅通过加强组织协调，落实目标责任，完善配套制度，强化责任追究，党风廉政建设责任制得到较好落实；开展了省纪委、省监察厅统一部署的各项集中清理检查活动，没有发现违纪违规现象；认真做好信访举报和案件查处工作，查处贪污、挤占挪用社保基金的违法案件7起，纠正不正之风工作取得成效。在全省劳动保障系统深入开展了抓落实、抓管理 、抓调研、加强干部队伍建设的"三抓一加强"活动，"三优"文明窗口创建活动和系统作风建设、精神文明建设取得新进展。

3. 认真做好对口扶贫工作。2001年，按照省委、省政府的要求，河南省劳动保障厅抽调8名干部开展驻村工作，并将汝南县张楼乡张楼村（省级贫困村）作为劳动保障厅对口扶贫点，加强领导，明确责任人，通过深入调查摸底，理清了工作思路，制订了扶贫规划。一年中，对贫困户建档立卡30户、127人，年内贫困人口减少26人，占年初贫困人口的20%；筹集15万元为村内修路3 000米，争取资金25万元对村内电网进行了改造，筹集3万元资金帮助维修了村小学，争取2万元农田水利基本建设费对45口机井进行了整修，维修农田桥涵5座，改善了村内基础设施；切实帮助农民调整种植结构，增加群众收入，组织村干部和专业户到临颍、滑县、内黄、林州等地考察，确定了以小麦、无籽西瓜、棉花、蔬菜、经济林为主的种植结构调整模式；开展有组织的劳务输出，加快了该扶贫点农民脱贫致富的进程。

（河南省劳动和社会保障厅）

湖　北　省

一、概况

2001年，是我国跨入新世纪的开局之年，也是“十五”计划的起步之年。一年来，湖北省劳动保障部门紧紧围绕省委、省政府确定的目标任务，从讲政治、顾大局、促发展、保稳定的高度，求真务实，开拓创新，扎实工作，各项劳动保障工作取得了新的成效。

1. 两个确保进一步巩固。截至2001年底，全省进入企业再就业服务中心的41.56万名下岗职工基本生活费和137.73万名离退休人员基本养老金基本按时足额发放；企业离退休人员基本养老金社会化发放率达到100%，比年度目标任务高出10个百分点。33.34万名失业人员按时足额领取了失业保险金，21.3万名困难职工得到救助。

2. 下岗职工出中心进展平稳。2001年，湖北省新进中心下岗职工15.32万人，出中心18.38万人，实现再就业13.88万人，依法解除、终止劳动关系7.74万人。

3. 就业和再就业取得新成效。2001年，湖北省共介绍安置58.88万名城镇失业人员、下岗职工就业和再就业，完成年度目标任务的105.1%；农村劳动力开发就业106万人，其中，劳务输出21.1万人，超额完成年度目标任务；70%的县以上劳动力市场基本达到“三化”要求，比年度目标任务高出20个百分点。

4. 培训与鉴定工作有新的发展。2001年，湖北省组织各类培训163.66万人，完成年度目标任务的146%，其中就业再就业培训79.09万人；技能鉴定12.73万人，完成年度目标任务的138.82%。

5. 养老、失业保险扩面取得新进展。截至2001年底，湖北省养老保险参保人数达474.36万人。失业保险参保人数达420.81万人，征收失业保险费5.3亿元，超额完成目标任务。全省机关事业单位养老保险参保人数达46.93万人，征缴养老保险费6.94亿元。

6. 医疗保险制度改革全面推进。2001上，湖北省17个市州医改方案全部启动实施，参保职工达256.5万人，完成年度目标任务的117%；生育保险参保人数达182.1万人；工伤保险参保人数达182.3万人。

7. 企业工资收入分配制度改革不断深化。2001年，湖北省15家省级年薪制试点企业已正式启动，实现了年度的目标任务；16个市州建立了劳动力市场指导价位制度，完成年度目标任务的106.67%。

8. 劳动关系协调工作有序进行。2001年，湖北省99.6%的城镇国有、集体企业职工签订了劳动合同，企业报送审核备案集体合同7 498份；受理劳动争议案件4 477起，结案4 074起，结案率为91%。

9. 劳动保障法制建设得到加强。2001年，湖北省人大出台了《湖北省劳动力市场管理条例》，省长办公会原则通过《湖北省失业保险实施办法》。年检用人单位58 655户，超额完成目标任务；群众举报案件查处结案率达98%。初步建立了行政执法责任制和过错追究责任制，完善了行政复议和行政应诉程序。

10. 劳动保障宣传工作成效明显。2001年，湖北省共编发专报信息161期、工作信息

71期，多次得到省委、省政府和劳动保障部领导的批示。省劳动保障厅与湖北经济电视台联合摄制了“真心解忧愁——百姓·公仆”专题片，社会反响较好。注重《劳动保障通讯》和《中国劳动保障报》的宣传发行工作，中央及省主要新闻媒体多次报道湖北省的劳动保障工作情况，提高了湖北省劳动保障工作的知名度。

二、主要做法及特点

1．围绕中心，服务大局。2001年，湖北省各级劳动保障部门紧紧围绕改革、发展、稳定大局，从实践“三个代表”的高度，确定思路，研究政策，规划工作，解决难题，既服从服务于改革，又体谅财政、企业困难，坚持从现阶段经济发展水平、国家财政负担能力、群众承受程度统筹进行考虑，竭力巩固两个确保，不断增强工作的针对性、创造性和预见性；既突出重点，攻克难点，解放思想，勇于创新，敢于探索新经验，又严格按照党中央、国务院和省委、省政府的总体部署，坚持“两个确保、三个不变”要求，始终把两个确保、下岗职工出中心、改组改制企业职工劳动关系处理作为促进改革发展稳定的大事来抓，加大社会保险扩面征缴力度，争取政府调整财政支出结构，强化缴费基数、参保人数的稽核监督，重点对特困地区、企业进行监控和扶持，有效地巩固发展了两个确保。同时，通过多次组织专门班子，深入企业调查研究，探索出“保护一批、扶持一批、引导就业一批、进市场一批”和“扩大再就业、内部退养、协议缴纳保险费、享受失业保险或最低生活保障”等9条职工安置分流具体措施；总结出“资产变现、土地转让、债权转股权、合伙经营、带资分流、引资补偿、分期偿还”筹措解除职工劳动关系的一次性安置费或经济补偿金的办法；加强对企业改组改制的指导，严格审批职工安置方案，妥善处理突发事件，帮助解决突出困难，实行跟踪管理服务，确保企业改革顺利进行，得到了省委、省政府的多次肯定及劳动保障部的赞许。

2．突出重点，攻克难点。2001年，湖北省按照年初确定的工作思路，狠抓4个重点、难点工作。

一是多种途径，促进就业和再就业。通过拓展途径，大力开发第三产业特别是社区服务业，主动为下岗职工和失业人员提供就业岗位。截至2001年底，湖北省社区从业人员达30万人，其中下岗职工21.5万人。通过组织“再就业明星”报告团巡回报告，激励更多的下岗、失业人员失岗不失志，兴岗创新业。坚持培训与就业相统一，进一步加大培训鉴定工作力度，积极开展技能竞赛，有效地提高湖北省劳动者的技能水平，荣获了全国首届计算机应用大赛个人一等奖、团体二等奖和组织奖。普遍开展了“再就业援助行动”，先后筹措资金1 800万元，免费培训5 100多人，帮助9 000多人实现了再就业。

二是强化措施，加强养老保险的规范管理。2001年，湖北省加强对养老保险缴费基数及参保人数的稽查和检查，进一步统一社会保障号码，全面清理养老保险统筹项目、计发标准，报请省政府出台了统一企业费率的意见，加强了对企业改组改制中养老保险若干问题的政策研究，规范了中央和省属行业的结算方式、发放形式。积极推行退休审批公示制，进一步巩固养老金社会化发放成果，努力探索退休人员社会化管理服务办法，全省实行社会化管理的退休人员已达8.02人。省直及部分地市机关事业单位养老保险管理已顺利移交，在认真做好机关合同制工人养老保险工作基础上，扩大了事业单位养老保险覆盖面，工作有了新的发展。

三是加大力度，推进城镇职工基本医疗保险制度改革。2001年，以武汉市和县（市）为重点，湖北省大力推动医改工作全面实施。在全国率先探索公务员基本医疗保险与医疗补助同步实施、慢性病设立专门门诊、大病医疗救助、困难企业只建立统筹基金保住院等新的途径和办法；逐步建立了以基本医疗保险为主、企业补充医疗保险和大病医疗救助为辅，发展商业保险的多渠道、多层次医疗保险体系。加强了定点医院、定点药店、医疗保险给付和结算及个人账户管理，逐步实行医疗费用、药品价格公开，由参保者选医院、选医生、选药店。目前，全省医保改革运行良好，新旧制度衔接平稳，医疗费用攀升势头基本得到遏制，职工基本医疗得到保障，基金基本实现收支平衡。

四是深化改革，建立企业用工分配新机制。2001年，湖北省积极推进以年薪制为龙头，以岗位工资为动力，以竞争上岗用人制度为基础的三项基本工资制度和用工制度综合配套改革。全省有1 776户企业试行年薪制，1 745户企业初步建立岗位工资制度，633户企业正在探索资本、技术、管理等生产要素参与分配制度；许多企业坚持以人为本，积极探索股票期权试点，科学设岗定员，实施动态管理，以"事业留人、待遇留人、感情留人"；初步建立了企业工资指导线制度、劳动力市场指导价位制度、企业人工成本预测预警制度；有7 498家企业建立平等协商和集体合同制度；正在建立"市场机制调节、企业自主决定、职工民主参与、政府监控指导"的企业用工分配制度。

3．积极探索，开拓创新。面对新世纪新任务，2001年，湖北省各级劳动保障部门进一步解放思想，锐意进取，奋力开拓，不断推进工作思路、方式、领域的创新，注重从全局高度、前瞻角度、宏观思维进行思考；从大劳动保障工作着眼，找准切入点，确定工作的重点、难点。积极开展完善城镇社会保障体系、下岗转失业、用工分配综合配套改革、社区劳动保障服务试点。省政府、省劳动保障厅和荆门市对社会保障体系试点高度重视，成立了两级专门班子，开展调查摸底，反复测算，认真制定试点方案，为2002年正式启动奠定了基础。认真研究出台了社区就业和劳动保障服务的具体政策和意见，竭力推动劳动保障服务工作向社区、乡镇延伸。积极探索农垦、森工企业参保和社会保险关系接续的途径及办法，对农垦企业，分期分批纳入；对森工企业与实施"天保工程"有机结合，分流职工一般采取协保办法进行安置和续保；对困难企业，实行低进低出。全省坚定不移地贯彻执行省政府将社会保险费移交税务征收的重大决策，领导挂帅，主动协调，组织专门班子，日夜奋战，清理政策，汇总数据，统一流程，健全档案，确保移交工作按时顺利进行，并将工作重点迅速转移到社会保险费扩面、记录、核定、发放和基金管理上，大力推进社会保险政策的完善和基础管理的创新。

4．整体联动，形成合力。2001年，湖北省各级劳动保障部门坚持从实际出发，注重发挥各自职能作用，加强内部协调，部门配合，上下联动，形成合力。全省统一举办了"庆五一、促就业"和"迎国庆、献爱心、送岗位"大型招聘洽谈活动，提供就业岗位19.93万个，交易成功14.83万人，其中下岗职工、失业人员达7.4万人。省劳动保障厅主要负责同志亲自组织湖北省部分驻外劳务工作机构，专程到分流职工较多的江汉油田和下岗职工较多的特困企业荆襄化工集团送岗位达4 300多个，初步成交3 000多人，受到下岗职工的热烈欢迎。省劳动保障厅先后与财政、经贸和监察、工会等部门开展了两个确保资金拨付、管理和发放情况的检查，与公安、工商等9部门联合开展了打击非法使用童工执法检查，与经贸、教育等部门组织劳动预备制度实施情况检查，都取得了明显成效。先后清理回收挤占挪用和违纪违规基金1.16亿元，取缔非法职业中介机构326家，督促9 166户用人单位办理社会保险缴费登记、9 772户用人单位缴纳社会保险费2.4亿元，追发拖欠工资2 078万元，清退风险抵押金304万元及非法使用童工1 021人。尤其是劳动保障系统集中开展的基本养老保险费专项稽查活动，有针对性地对7 484家参保单位进行了实地稽核，涉及职工212.18万人，占参保总数的45.1%，责令补缴689.28万元，补收历年欠费2 495.4万元。

5．夯实基础，科学管理。2001年，湖北省各级劳动保障部门以机构改革为契机，精简机构，科学设岗；理顺职能，明确职责，任务到岗，责任到人；落实目标责任制，严格考核，奖惩兑现。进一步建立健全了定期通报、重点监控、预测预警和重大紧急情况报告制度，完善了典型调查、统计制度，逐步规范了职业介绍、职工安置方案实施、劳动监察、劳动争议仲裁、失业保险金申领程序和养老、医疗保险工作流程。加快养老、失业、医疗保险和劳动力市场网络建设步伐，初步建立了以省监测中心为枢纽，以城市网建设为重点，省、市、县三级联通的劳动力市场信息网络，信息发布基本实现电子屏幕显示；养老保险省级网已通过招标开始建设，全省基本上实现了计算机管理，并通过拨号上网建立了远程网。医疗保险信息系统已在部分市、州起步运行，逐步提高了基础管理科学化、规范化、程序化水平。

三、当前面临的主要困难

湖北省劳动保障厅通过对当前劳动保障工作面临的形势进行认真分析后认为，当前劳动保障事业发展正处于十分重要的时期，机遇与挑战并存，希望与困难同在。加入WTO，必将推进湖北省经济结构调整加快，多种所有制发展、城市化进程加速；必将促进湖北省贸易与投资的增长、传统产业的改造与升级、新兴产业的发展、就业岗位的增加；必将进一步拓展劳动保障工作领域，促进开放、统一、规范、有序的劳动力市场的形成、现代企业工资分配制度的建立和社会保障体系的规范与完善。但是，劳动保障工作也面临着加入WTO后的严峻挑战，加之国有企业改革攻坚阶段显现的深层次矛盾和人口老龄化趋势加快，任务更为艰巨，压力进一步增大。

1．就业和再就业形势严峻。加入WTO初期，湖北省的农业、传统工业产业和资金、技术密集型产业将受到较大的冲击，面临着国内外激烈竞争的双重挑战。企业新产生的富余人员和新成长劳动力、出中心下岗职工、改制企业分流职工和农村剩余劳动力5股压力汇集，使劳动力供求矛盾更加突出。

2．社会保险金支付压力增大。2001年，全省养老保险资金缺口达20亿元，基本生活资金缺口达8亿元，失业保险资金缺口达8.4亿元。2002年，湖北省出中心下岗职工加上2001年应出中心而未出中心的人员约15万人左右，失业人员月均将达到36万人，离退休人员也不断增长，而社会保险扩面征缴和关系接续难度加大，地方财政支持已达极限，保险金支付压力进一步增大。

3．劳动关系日趋复杂。随着私营企业、外资企业和个体经济组织不断发展及城市化进程的加快，劳动力的流动频繁，劳动关系更为复杂，给劳动保障管理工作带来新的挑战；而用人单位与劳动者因用工、保险、培训、工资等问题引发的纠纷越来越多，给劳动关系协调、处理提出了更高的要求。

4．劳动保障工作基础薄弱。基层劳动保障服务组织网络不健全，管理手段落后，法制不够健全，工作方式老化，还不适应市场化、现代化、信息化、法制化、社会化要求。

这些困难，将在一定时期内制约着湖北省劳动保障事业的发展，给工作造成很大压力。省劳动保障厅要求全省劳动保障部门要在劳动保障部和省委、省政府领导下，准确把握机遇，积极应对挑战，将压力变动力，在竞争中求生存、图发展，努力开创劳动保障事业新局面。

（湖北省劳动和社会保障厅）

湖　南　省

2001年，湖南省劳动和社会保障工作在国家劳动保障部的指导下，在省委、省政府的高度重视和有关部门的大力支持下，坚持以江泽民总书记“三个代表”重要思想为指导，紧紧围绕经济结构调整、深化国有企业改革和维护社会稳定，下大力气巩固两个确保，积极完善社会保障制度建设，努力保持就业局势的稳定，全面推进劳动保障各项工作，实现了“十五”计划的良好开局。

一、两个确保目标基本实现

2001年，湖南省企业离退休人员为116.68万人，比2000年底增加5.22万人。全年征收养老保险基金53.67亿元，征缴率达94.4%，比2000年提高0.6个百分点。清收企业欠费3.98亿元。全年发放基本养老金68.22亿元（其中补发历史拖欠2.54亿元），足额发放率为100%。基本养老金社会化发放人数达116.68万人，社会化发放率为100%，比2000年底提高17个百分点。

2001年，湖南省实有国有企业下岗职工46.12万人，全部进入再就业服务中心。签订基本生活保障和再就业协议的有43.38万人，占进中心人数的94%。全年共筹集国有企业下岗职工基本生活保障资金19.7亿元，其中企业自筹3.2亿元，占16%；社会筹集2.7亿元，占14%；财政安排13.8亿元，占70%。全年使用基本生活保障资金19.66亿元，其中发放下岗职工基本生活费12.04亿元，代缴社会保险费7.62亿元。在中心、签协议的下岗职工基本按时领到了基本生活费。

二、社会保险制度建设稳步发展

1．企业职工基本养老保险管理明显改善。企业职工基本养老保险覆盖面不断扩大，截至2001年底，湖南省参加企业养老保险的单位共有19 093户，参保职工达314.62万人。参保企业离退休人员从2000年的111.46万人增加到116.68万人，增长4.7%。通过全面清理个人账户，个人账户建账率达到100%。

2．基本医疗保险制度改革取得突破性进展。2001年，湖南省新的医疗保险机制正在逐步建立，全省144个统筹单位已有133个启动新的医疗保险制度，占92.4%。参保人员达351.6万人。基本建立了以基本医疗保险为主体、大病医疗互助、公务员医疗补助和企业补充医疗为辅助的医疗保险政策体系，出台了离休人员、老红军医疗保障管理办法。狠抓了规范管理，制定并实施了全省基本医疗保险药品目录、诊疗项目和医疗服务设施标准，初步完善了特殊病种门诊（门诊慢性病）医疗管理和家庭病床管理办法。全面做好医疗服务工作，方便参保职工就医，开始走上“服务周到、运转畅通、依法保障”的轨道。基本医疗保险制度的实施，使医疗费用过快增长的势头得到有效遏制，用人单位医疗费用的负担大为减轻，参保职工的基本医疗需求得到保障。

3．失业保险覆盖范围进一步扩大。2001年，湖南省参加失业保险的单位有23 151个，参保人数为351.99万人，比上年增长1.6%。全年失业保险基金收入4.43亿元，比上年增长20.6%。支出3亿元，其中调剂再就业服务中心1.64亿元，为10.6万名失业人员发放失业保险金和医疗补助金0.94亿元，用于职业培训和职业介绍补贴0.25亿元。对60 847人进行了职业培训，帮助49 041名失业人员实现了再就业，失业人员的转业训练率和再就业率分别为66.8%和53.8%。

4．机关事业单位养老保险制度运行平稳。2001年，湖南省有110个县市区全面启动了机关事业单位养老保险改革。参保单位达3.54万户，参保人数为140.79万人，当年应征基金25.6亿元，实征23.95亿元，征缴率达93.6%。

5．农村社会养老保险清理工作取得初步成效。2001年，湖南省农村养老保险基金调查摸底基本完成，加强了对基金管理的指导，防止了新的挤占挪用，统一了保险金计发办法和标准。共有参保农民224.6万人，累计收取保险费3.59亿元。

三、就业和再就业局势保持基本稳定

2001年，湖南省城镇从业人员增至780.73万人，新增32.99万人，其中安置城镇失业人员22万人，城镇登记失业率为4.0%。全省从业人员总数为3 600.29万人，比2000年增加22.71万人，增长0.6%。一、二、三产业从业人员人数分别为2 062.97万人、864.07万人、673.25万人。一、二、三产业从业人员比例由2000年的59.3∶23.5∶17.2调整为57.3∶24∶18.7，第一产业从业人员比例下降2个百分点，净减58.01万人。在外务工人数达578.39万人，比2000年增加30万人，劳务收入达到300亿元。国有企业下岗职工再就业6.1万人。社区就业取得新进展，全省确定了8个城市、50个街道办事处作为社区就业试点，兴办社区就业实体773个，新开发社区就业岗位9.13万个，占全省新增就业岗位的36.5%，有8.29万名下岗职工和失业人员通过社区实现了再就业。保持了全省就业局势的基本稳定。

四、企业工资收入分配制度改革和劳动关系管理工作逐步深化

2001年，湖南省加快了国有企业工资收入分配自主权改革，明确规定各级劳动行政部门不再受理对企业职工个人标准工资和效益工资升级的审批。继续改进、完善企业工资宏观调控体系，发布了2001年企业工资指导线和最低工资标准。在9个市州建立了劳动力市场工资指导价位制度，劳动力市场价格已成为企业内部确定岗位工资的重要依据。企业经营者年薪制试点工作逐步规范，新增试点企业60户，实行年薪制试点的国有企业达144户。

2001年，湖南省全面推行劳动合同制度，规范劳动合同管理。审核通过集体合同9 166个，涉及职工263万人。各类企业劳动合同签订率达74%，其中国有企业99.4%，集体企业98%，乡镇企业68%，私营企业60%。

2001年，湖南省各级劳动保障部门坚持紧急重大情况、隐患动态监控制度，确定了435家重点监控企业。处理各类紧急突发性群体事件1 019起，涉及120余万人，接待群众来访8.38万人次，处理来信5.32万件。受理职工劳动争议案件2 356件，比2000年增长15.4%，为职工挽回经济损失2 033万元。省劳动保障厅直接接待处理的各类突发性群体事件和集体上访114批，其中100人以上的23批，涉及32 000多人；接待群众来访8 840人次；处理来信5 464件。为维护社会稳定做出了显著成绩。

五、职业培训和技能鉴定工作日益规范

2001年，湖南省加强了对职业培训的政策指导和制度建设，制定下发了建立和完善全省职业资格教育培训体系、实施劳动预备制、职业技能鉴定所（站）管理办法、职业资格证书和职业培训证书管理办法等一系列基础性政策文件，职业培训工作逐步走上制度化、规范化轨道。技工学校的调整和改革取得成效，全省招生运转的技校由121所减少到103所，但

招生规模和办学效益明显增强，技校招生3.25万人，恢复到历史最高水平，比2000年增加5 800人，居全国第四位。全面启动了第二期再就业培训计划，培训下岗失业人员10.57万人，培训劳动预备制人员12.23万人。职业技能鉴定范围进一步扩大，鉴定质量有所提高，有18.9万人参加了职业技能鉴定，有17万多人取得国家职业资格证书。

六、劳动保障法制建设不断推进

2001年，湖南省颁布实施了《实施〈社会保险费征缴暂行条例〉办法》《实施〈失业保险条例〉办法》两部政府规章。建立了劳动保障定期监察制度，全年主动监察各类用人单位7 924户，涉及劳动者55.46万人。立案查处劳动违法案件2 010件，结案1 930件，结案率为96%。结案查处群众举报案件274件，取缔非法职业中介机构84家，清退童工128人，补办流动就业卡0.78万人，纠正违反职业资格和职业培训规定的单位13家。清理规范了行政审批事项，对原有的83个审批项目，取消31项，下放2项，保留50项，印发了劳动保障政务手册。组织开展了执法人员培训发证工作，为1 300多名专、兼职劳动保障监察员核发了监察证。及时妥善处理了一批行政复议和应诉案件。积极推行政务公开制度，推进了依法行政。

七、社会保险基金监督工作开局良好

2001年，湖南省加强了社保基金监督的组织和制度建设。在全国率先成立了省社会保障监督委员会，并由省政府批转了监督委员会章程。制订了《社会保险基金行政监督实施细则》《内部审计制度》《社会保险基金统计和财务报表报送制度》等一系列制度。收回被挤占挪用的社会保险基金1.49亿元，纠正违规违纪基金4 143万元。对群众举报的基金管理中的违纪案件进行了坚决查处，并对相关人员给予了纪律处分。

八、劳动保障其他工作稳步推进

1．劳动保障统计与信息化建设取得明显进展。2001年，湖南省将劳动保障信息化建设列入省“十五”规划的五大信息工程之一。养老、医疗、失业保险和劳动力市场信息系统，劳动和社会保障信息网页，职业技能鉴定考务管理系统，职业资格证书查询系统和办公自动化网络已经基本建成并投入使用。市州的网络建设正按省统一部署抓紧实施。全面加强了统计制度建设，认真开展了统计调查和统计分析，提高了统计数据质量，完成了一批有质量、有价值的统计分析报告。

2．劳动保障宣传与政务信息工作取得新进展。2001年，湖南省劳动保障宣传工作队伍建设进一步加强，组建了7个市级《中国劳动保障报》记者站，配备了地方专职记者；全年召开了4次新闻发布会；组织了18次大型劳动保障政策宣传活动；突出抓了一批先进典型和模范人物的宣传报道工作；《湖南劳动保障》杂志立足于服务职工大众，积极进行改版与创新，全年发行量达1.1万份。劳动保障政务信息质量和水平稳步提高，全年完成信息127件，超出省政府下达的目标管理任务数92件；编发《湖南劳动保障信息》59期，为各级领导科学决策提供了大量有参考价值的信息。

（湖南省劳动和社会保障厅）

广　东　省

2001年，在各级党委、政府的领导下，广东省各级劳动保障部门紧紧围绕完善社会保障体系和市场导向的就业机制这两大任务，坚决落实两个确保，继续推进社会保险扩面征缴，全面组织实施医疗保险制度改革，大力推动下岗职工出中心，积极促进就业，各项工作都取得了明显进展，实现了“十五”计划的良好开局。2001年底，全省职工总数为787.3万人，其中国有、城镇集体和其他类型职工分别为431.7万人、107.1万人和248.5万人，其构成比例为54.8:13.6:31.6；全省在岗职工工资总额为1 146.1亿元，比上年增长10.4%；在岗职工年平均工资为15 682元，增长13.4%。

一、实现了下岗职工基本生活保障向失业保险并轨

2001年，广东省各地根据本地区实际，继续按照“三三制”原则筹措下岗职工基本生活保障资金，积极采取各种措施，确保资金及时到位，切实保障按时足额发放下岗职工基本生活费和缴纳社会保险费。全省共发放国有企业下岗职工基本生活保障资金3.58亿元，其中发放基本生活费2.5亿元；代缴社会保险费1.08亿元。省级财政补助困难地区基本生活费8 237万元。

在确保下岗职工基本生活的同时，广东省按照中央和省的有关精神，积极推动下岗职工基本生活保障向失业保险并轨工作，各地通过深入调查研究，积极采取措施，因地制宜，多渠道、多形式筹措下岗职工解除劳动关系的经济补偿资金，认真做好理顺下岗职工劳动关系工作。同时，各级财政通过调整财政支出结构，对亏损、停产或半停产企业下岗职工解除劳动关系给予补助，省级财政通过转移支付对14个困难地区补助了3.24亿元，作为当地困难企业与职工解除劳动关系的补助资金。全省共有5.71万名下岗职工出中心，年底仍在再就业中心的下岗职工为4.35万人。

二、就业局势保持基本稳定

2001年，广东省劳动力市场建设步伐加快。全省劳动力市场管理服务信息系统软件开发基本完成，并在惠州、清远、南海、番禺、惠阳等市投入使用。各地级市和部分县建立了公益性职业介绍机构，17个地级市建立了劳动力供求信息局域网，汕头市开通劳动力市场“网上一条街”。各地认真组织检查，落实再就业优惠政策，积极开展再就业援助行动，将失业人员纳入优惠政策享受范围。汕头、肇庆、东莞等地实行了“再就业优惠卡”制度。广州、深圳、汕头、佛山、惠州、湛江、茂名等市制定具体政策，发展多种就业形式，推进社区就业工作，扩大就业门路。组织实施第二期“三年百万”（三年培训一百万下岗失业人员）再就业培训计划，加强职业培训和创业培训。就业服务进一步发展，劳务扶贫、省际劳务协作、春运期间组织民工有序流动等工作受到省委、省政府和劳动保障部表彰。全省就业局势基本稳定，全年失业人员实现就业累计达58.78万人，比上年增长11.64%，年底全省城镇登记失业率为2.88%，实现了年初省政

府确定的3%以内的目标。

三、职业技能开发和鉴定在改革调整中得到发展

2001年，广东省技校的调整工作取得阶段性成果。省政府下发《中等职业教育布局结构调整的实施意见》，进一步明确了技校管理体制；各地抓紧制定改革调整方案并开始启动；省劳动保障厅直接接管了省属6所行（企）业管理的技校。通过改革调整，技校办学层次提高，招生人数增加，2001年招生达到7.07万人，突破历史最高水平。技校经费保障机制、招生考试改革、师资队伍管理和教学研究等方面也取得较大进展。各类职业技能培训也有新的发展，共培训80万人，比上年增长10%；全省参加劳动预备培训人数达6万多人，比上年增长35%；广州、深圳、茂名、佛山等市采取措施，积极建设综合性职业教育培训基地。职业资格证书制度的实施和职业技能鉴定工作有新的进展，全年参加鉴定人数达61.5万人，52万人获证，分别比上年增长31.4%和32%；在省重点以上技工学校实施“双证”（毕业证、职业资格证）直通车制度。经过协调，理顺了机关事业单位工人技术等级岗位考核工作的管理职能。积极推进智力扶贫工作，省政府已发文明确每年资助5 000名贫困家庭子女入读技校。配合国家西部大开发战略，完成了西部职业培训管理人员的培训工作。

四、企业职工工资分配制度改革稳步推进

2001年，广东省结合国有企业改革，积极探索与现代企业制度相适应的工资制度，建立企业工资收入分配的宏观调控体系。全省工资水平稳步上升，全省在岗职工（包括机关、事业单位和企业）工资总额为1 146.1亿元，增长10.4%；在岗职工年平均工资15 682元，增长13.4%；企业在岗职工年平均工资为15 301元，增长11.3%。工资的宏观调控指导体系初步形成。进一步建立企业工资指导线和劳动力市场工资指导价位制度，至2001年底，深圳、广州、汕头、湛江等14个地级市建立了部分工种（岗位）的劳动力市场工资指导价位制度，江门、阳江等15个市制定并颁布了工资指导线，初步建立了工资的间接调控手段，建立起与社会主义市场经济相适应的企业工资分配框架。

根据我国加入WTO的形势发展和市场经济的要求，部分地区积极开展工资集体协商工作试点，2001年，广州、珠海等13个地区的201家企业已开展了这项工作的试点，标志着职工参与决定企业工资分配的制度已开始建立。珠海市根据市场经济的发展，率先由人大审议通过了《珠海市企业工资支付条例》，对规范企业的工资支付行为，维护劳动者的合法权益提供了有力保障。

五、劳动关系保持协调稳定

2001年，广东省大力推行劳动合同制，推进非公有制企业、个体工商户、乡镇企业和金融企业签订劳动合同工作，全省全年签订劳动合同职工达1 239.7万人，比上年末增加136万人，同比增长12.3%。全省积极稳妥推进集体协商、集体谈判、签订集体合同工作，继续完善集体合同机制，全年报送劳动保障部门审核的集体合同为2.36万户，比上年增长22.9%。全省各级劳动争议仲裁机构继续完善仲裁庭仲裁员制度，加强基层调解处理劳动争议的力量，同时继续强化劳动仲裁机构处理案件的功能，有效地保证了劳动争议处理工作效率、质量的稳步提高。2001年，广东省各级劳动争议仲裁机构处理劳动争议案件45 790件，其中立案处理20 348件，案外调解2.5万宗，结案率为97%，涉案经济标的达4亿元。同时，配合国有企业改革，做好理顺国有企业下岗职工的劳动关系工作，并加强劣势退出企业职工的安置工作，加强管理和指导，全年省属劣势企业共144户退出市场，安置职工2.3万人，安置费用3.08亿元，有效地保障了国有企业改革的顺利推进。

六、养老保险扩面和征缴有了新突破

到2001年底，广东省参加社会养老保险的人数为1 183.30万人（含机关、事业单位），比上年增加184.96万人，增长18.5%。全省离退休人员为186.99万人（含机关、事业单位），比上年增长7.6%。2001年，广东省企业人均养老金达568元，增幅为5.6%，离退休人员的基本生活费得到提高。

七、失业保险发挥了新的效能

2001年，广东省贯彻执行国务院《失业保险条例》和《广东省失业保险规定》等政策法规，建立健全规章制度，扩大保险覆盖面，加强基金征缴，保障失业人员基本生活和促进再就业，国企下岗职工基本生活保障逐步向失业保险并轨。2001年，全省参加失业保险的人数为819.51万人，比上年增加71.53万人，增长9.56%；征收失业保险基金15.84亿元，比上年增加4.29亿元，增长37.2%；发放失业保险金和医疗费等待遇10.13亿元，比上年增加3.32亿元，增长48.7%，其中调剂国有企业下岗职工基本生活保障资金1.22亿元。

八、全面启动了医疗保险

2001年，广东省启动地区和参保人数稳定增长。全省22个地级以上统筹地区（含顺德市），已全部启动了城镇职工基本医疗保险制度，全省参保人数达530万人，比上年底增加204万人。根据各统筹地区组织实施医疗保险的实践和遇到的问题，有针对性地出台了关闭、破产企业退休人员和失业人员参加基本医疗保险的办法，公安民警的照顾措施，退休人员过渡性基本医疗保险金的征收办法，各地合理调整了基本医疗保险待遇，使之向老年慢性病患者和个人负担过重的参保职工倾斜。同时，广东省还加强了对医疗保险定点医院、定点零售药店的管理、监督，全省各市已与962家医疗机构、261家零售药店签订了服务协议；提高了计算机管理水平，16个市参保人员、退休人员数据入库率达到100%，做到电脑化管理；逐步完善了基本医疗保险制度，规范医疗保险业务的运作和管理。

九、工伤保险覆盖面有了新的进展

2001年，广东省所辖行政区域全部开展了社会工伤保险工作，覆盖各类企业、事业单位98%以上，参保人数达990.09万人，比上年底增加29.43万人；规范和统一了工伤保险具体操作办法，严格依法办事；组建了省劳动能力鉴定委员会和办公室，出台了《广东省职工劳动能力鉴定规程》，理顺了工作程序。

十、不断扩大生育保险覆盖面

2001年，广东省继续扩大生育保险覆盖面。全省有14个地级市、60个县（市）区开展了生育保险，参保人数250.07万人，比上年底增加18.50万人。

十一、劳动保障计划统计工作发挥了积极作用

2001年，广东省劳动保障厅研究制定了《广东省劳动保障事业发展“十五”计划》，提出了未来5年全省劳动保障事业发展的思路、政策措施和重点建设项目。组织开展全省劳动保障业务基本规范的编制工作和统计工作，积极进行各项预测和分析，为发展劳动保障事业决策及时提供了依据，截至2001年底，广东省劳动保障厅连续12年被国家劳动保障部评为全国劳动保障统计先进单位。

十二、依法行政不断取得新成效

2001年，广东省的劳动保障立法工作有新的发展。《广东省失业保险条例（草案）》《广东省生育保险规定（草案）》等6个项目列入省人大和省政府的立法计划，是广东省劳动保障厅承担立法项目比较多的一年。同时，根据WTO规则和国家立法的有关规定，对广东省的劳动保障法规、规章提出了全面清理意见。并认真做好劳动保障行政复议工作，受理

对各市劳动保障部门行政行为提出复议申请的案件40宗，已审结38宗，结案率达95%，有力地推动了全省的依法行政工作。为确保劳动者的合法权益和依法规范企业用工行为，认真组织执法检查活动，加大查处力度。全省开展了劳动合同、非法职介机构和禁止使用童工的专项检查，维护了劳动力市场秩序；责令用人单位补办流动人员就业证共30.17万人，清退擅自招用外来劳动力6 231人，取缔非法职业介绍机构523户。2001年，广东省还开展了劳动保障法律监督检查活动。在这次检查活动中，全省共检查了8.78万户用人单位，涉及劳动者680万人。查处劳动保障违法案件4 011件，督促补签劳动合同12.2万人。督促用人单位缴纳社会保险费1 302户。查处了非法使用童工行为。全省共成立联合检查组145个，派出检查人员1 710人，共检查各类用人单位4 382家，涉及职工人数达7.17万人。加大了对举报投诉案件的查处力度。各级劳动保障部门认真做好劳动保障信访工作，坚持厅长接访日制度。建立健全举报投诉制度，积极排查不稳定因素，妥善处理劳动突发事件。2001年全省接受群众举报39 823件，群众举报专查立案数9 168件，结案数8 831件，结案率为96.32%。全面实行劳动年审工作。参加劳动年审的用人单位已达13万户。省劳动和社会保障厅信访部门被评为全省信访工作先进单位。深圳市劳动局劳动监察大队、广州市白云区劳动局劳动监察科、南海市劳动局劳动监察科被评为“全国劳动和社会保障系统优秀‘青少年维权岗’”。

（广东省劳动和社会保障厅）

深 圳 市

一、劳动工作

2001年，深圳市劳动局认真贯彻党的十五届五中全会和市委三届三次会议精神，落实全国和省劳动保障工作会议要求，坚持依法行政，突出抓好健全市场就业机制，加强职业技能培训，深化分配制度改革等三项工作，解决好下岗失业员工社会保障和再就业、劳动关系调整和安全生产三项社会敏感问题。努力抓好各项基础性、保障性工作，全面完成年度目标管理的各项任务：全市城镇居民登记失业率为2.47%，比上年上升0.02个百分点；下岗、失业员工基本生活保障率和社会保险投保率均为100%；失业保险参保人数90.47万人，同比增长10.8%；职业技能培训同比增长7%；职业技能鉴定同比增长36%；劳动合同签订率为90.7%，同比增长0.2个百分点；劳动合同鉴证率为83.7%，同比增长1个百分点；集体合同签订数同比增长7.6%；劳动监察企业数同比增长3.2%；劳动年审数同比增长50%；劳动争议结案率达92.8%。深圳市劳动局获广东省文明单位、深圳市文明单位、全国劳动保障系统综合统计先进单位、深圳市党政信息工作先进集体等称号。

（一）继续抓好下岗人员管理，再就业工作进一步落实

2001年，深圳市劳动局配合国企改革，分流、安置了一批下岗、失业人员。至年底，留在再就业中心的下岗人员仅有36人，对国有企业下岗员工的基本生活保障率达100%；发放失业救济金50 711人次，并为所有领取失业救济金的员工缴纳了医疗保险费。同时，改进失业人员管理工作，完善失业登记、鉴别分类、投保、发放失业救济标准等制度，提高了工作质量。在失业保险方面按本市法定范围，参保员工为90.47万人，征缴失业保险费1 800万元，失业保险金的社会化发放和领取率均达100%。

2001年，深圳市贯彻实施了《深圳经济特区居民就业促进条例》。有就业愿望的登记失业人员再就业指导率达100%；落实优惠政策，促进了一批下岗、失业人员再就业；组织下岗、失业人员进行再就业培训，全年参培人员达7 000人次；与此同时，加强职业介绍服务，成功推荐2.28万人就业，其中下岗、失业人员3 800人；期末结余失业人员19 378人。蛇口劳动人事服务中心建立了失业人员走访制度；罗湖、盐田、南山、龙岗区劳动（人力资源）局把服务网点向基层延伸，提供就近就业服务。

（二）积极推进劳动力市场建设

2001年，深圳市劳动行政部门大力规范外来劳动力管理，按“市场调节进入，依法有序管理”的原则管理外来劳务工，全市共办理劳务工手续337.8万人。6月底成立了劳动就业服务中心流动党员党委会。2001年市管单位全年共计招调工5 167名，其中：招工940名，调工2 263名，分居人员991名，随迁子女973名，占年度计划指标4 600名的112.33%，占实际计划指标总量5 500名（包括两次追加计划指标量）的93.94%。基本上实现了保证重点企业用工，优先引进技能型人才

的宏观调控目标，共招调技能人才3 356名，占招调总量的64.95%，其中技师35名，高级工116名，中级工415名，招调优先工种2 401名。

1．强化劳动力市场信息系统建设，扩宽市场服务领域。2001年，深圳市大力加强劳动力市场信息系统建设，建立了深圳市劳动力需求预测系统，首次发布深圳市劳动力需求预测报告。全市劳动力信息联网的5个业务系统，基本实现了广域网运行。宝安区劳动力市场在部、省验收评比中合格率为100%。2001年，深圳市在劳动力市场建设方面取得了新的进展，在全省此项工作评估检查中，深圳市得分居全省首位。深圳市劳动部门努力扩宽市场服务领域，丰富市场服务项目，开展档案管理、劳务派遣、劳动人事代理等服务。同时加强劳务协作，建立了企业、学校、劳动力市场相结合的“前厂后校”的劳务协作形式。

2．规范市场行为与秩序，搞好市场载体建设。2001年，深圳市劳动部门联合工商、公安等有关部门开展了为期1个月的打击劳务诈骗活动，规范市场秩序，劳动力市场秩序大有好转。2001年，市劳动局完成了市劳动力市场大楼的选址、购买、设计，至年底已进入紧张的施工阶段。盐田区投入巨资建设东部人力资源市场，南山区西丽劳动力市场已投入使用。

（三）加强涉外劳动管理，努力提高工作效率和服务水平

2001年，深圳市涉外劳动就业管理部门，努力提高工作效率和服务水平，积极开展各项业务。纳入管理的境外人员共有10 153人（其中外国人4 070人，台胞3 376人，港澳人员2 707人），纳入管理的用人单位5 821家；在外商机构驻深代表处管理方面，纳入管理的中方雇员有3 508人；在劳务输出方面，办理劳务输出13人；检查规范外商机构和企业用工行为共300多家，调解和解决了劳资纠纷16宗。

2001年，深圳市涉外劳动受理部门大力加强外企管理服务工作，为雇员办理暂住证3 000本，赴港、澳通行证454本，出国护照780本，工作证（包括旧证换新证）2 010本，就业证800本；员工政审2 206人；办理医疗卡1 628张；办理离职1 450人；新建员工档案600份；办理调干和解决夫妻分居30人；接收应届大学毕业生60人（其中研究生占50%）；向280多家外商机构推荐人才3 400人次；受理求职信函17 000多封。办理各类员工档案挂靠的有：技工142人、人才托管296人、蛇口劳动人事服务中心挂靠66人。查出私聘员工280人、补办手续160人、清退120人，组织15批750人参加的新员工岗前培训教育，组织了23名出国赴港人员进行国家安全教育及回访，组织了外商常驻代表机构代表、员工3 000多人参加的迎春联谊会，组织对2 897多名员工进行了体检。

（四）加强企业收入分配管理

1．规范企业工资管理，做好欠薪保障工作。制定并颁布了最低工资标准、工资增长指导线和工资指导价位。经市政府批准，2001年度最低工资标准为：特区内574元/月，特区外440元/月；全市企业工资指导线为：工资增长的基准线为12%，预警线为17%，下限为零增长或负增长，但不能低于最低工资标准；工资指导价位工种227个，比上年增长13%。同时，提高了《企业工资使用手册》办理率，全市企业办理7 913家，比上年增长4.2%。

在欠薪保障工作方面，继续实施《深圳经济特区企业欠薪保障条例》，全市受理欠薪保障申请500多家，垫付23宗，垫付金额352万元，涉及员工4 100人。福田、宝安经过探索建立了企业工资监控网络，在预防企业拖欠工资方面取得积极效果。

2．继续推行国有企业经营者年薪制。2001年全市实行国有企业经营者年薪制企业60家，办理结算51家，占85%；未结算企业是因为欠缴或未上缴利润。已结算的经营者年薪中，平均年薪为29.2万元，最高年薪为46万元，最低为6万元。调研完成了国有企业经营者年薪制报告，得到市领导高度重视，并成

立了由市体改办牵头的市属国有企业经营者收入分配专门研究小组。

3．深化企业工资分配制度改革。加快企业工资立法，积极开展企业工资分配制度改革的调研和试点工作，制定实施了《深圳市进一步推行按劳分配与按生产要素分配相结合实施指导意见》，开展工资集体协商工作，正式签订工资集体协商协议的企业共3家。与此同时，《深圳经济特区企业工资支付条例》经过5次修改后形成草案，进入立法程序，已列入市政府2002年立法计划。

（五）努力做好职业培训与职业技能考核鉴定工作

1．加强职业培训管理。受理社会力量办学机构申请18家，经审核新批办学机构8家，至此全市职业培训社会力量办学机构达158家；审核培训教学班460多个；核准招生广告146份；全市职业技能培训机构为社会提供职业培训约12万人次；核发各类证书2.2万本，其中职业资格证书1.48万本。启动了深圳市劳动者知识更新和技能提升计划；职业培训网上办公系统和职业资格证书网上查询系统正式运行，已有培训机构申请、新增培训项目核准、广告简章核准、教学班备案、职业培训证书管理等5项业务通过网上办理，提高了工作效率；组织开展了全市就业准入制度落实情况大检查，对相关情况进行了统计和分析，为今后推行就业准入制和职业资格证书提供了参考依据；加强对培训机构的管理，会同民政部门对职业培训机构进行年审。

2．开展职业技能鉴定。开展了职业技能鉴定所年审和质量评价工作。深圳市职业技能鉴定所达23家；职业技能鉴定网上办公系统正式运行，网上可办理职业技能鉴定机构审批、考评员管理等业务。扩大了职业技能鉴定的范围，鉴定工种已达139个；完成了考评员评价换证和新任考评员聘任发证工作，全市装业技能鉴定考评员达到888人；组织调工考试3批共计4 082人次，职业技能鉴定5批共计4.1万人次；市职业技能鉴定计算机测试中心扩大了规模，国家计算机高新技术模块考试项目已达8个；实现了市区职业技能鉴定报名系统联网，在招调工专业考试中采用了无纸化。

3．抓职业培训配套建设。深圳市高级技能人才训练基地建设进展顺利，基础和地下室工程已完成，上部工程及其他配套项目已进入招投标阶段。市职业技能训练中心建设取得新进展。通过与国内各校合作，首次在深引进金融、会计、安全工程管理等7个专业的现代远程教育专业，首批招收本科生、研究生700多名。

4．技工学校调整改革进展顺利。通过对技工学校教育资源整合，将一技校、二技校和高级技工学校三校合一，组建了深圳高级技工学校，共招生1 638人，增强了办学实力，提升了办学层次。同时高级技校加强了与澳大利亚悉尼大学、北大青鸟阿博泰克、华中科技大学等国内外教育培训机构的合作，开设高新技术教学项目。

5．制定ISO9001质量管理标准。开展了职业培训和技能鉴定ISO9001质量管理标准制定和市职业技能鉴定指导中心ISO9001质量管理体系认证工作，基本完成了培训机构和鉴定机构审批程序和审批标准文件的编写，完成了职业技能鉴定指导中心质量管理体系文件的整体编写。

6．积极开展教研工作。筹建市职工教育和职业培训协会；编写《深圳职业培训指导手册》，明确了培训机构和学员的权利义务，指导学员在参加职业培训时维护合法权益；编辑出版了两期《深圳市职业培训与技能鉴定》，全面介绍了深圳职业培训事业；组织了全市技工学校和职业培训机构200多名教师参加省劳动保障厅教师理论函授学习考试，组织300多名职业培训教师参加上岗资格认定工作。

7．组织职业技能竞赛。职业技能竞赛项目有新突破，首次举办计算机网页设计竞赛，通过网上报名和传送作品的参赛方式，吸引了全国11个省市的参赛者，扩大了影响力。同时举办服装设计、服装裁剪制作和电焊工职业技能竞赛，吸引了有关大企业集团积极组队参加，共有280名选手参加竞赛，表彰了30名优胜者，对符合2001年招调工政策的优胜者给予招调入深圳的指标。

（六）努力调整劳动关系

1．推广和完善合同管理制度。深圳市劳动局通过实施《深圳市劳动合同管理办法》，全市鉴证劳动合同309.1万份。全市年内签订集体合同2 210份，已形成企业集体合同、区域性集体合同、行业性集体合同等三种类型集体合同。同时，修改了集体合同协商办法，为企业建立集体协商机制提供了指导。

2．强化劳动监察。坚持日常巡察和专项检查相结合的模式，开展劳动用工、欠薪、失业保险费征徵及劳动监察执法活动月等专项检查，全市共监察企业23 880家，涉及员工358.75万人次，督促企业补办劳动用工手续33.2万人，补签劳动合同37.86万份，处理突发事件和30人以上的重大劳资纠纷案742宗，涉及员工6.93万人次，审理案件918宗，追回欠薪2.59亿元。同时，加强了劳动年审，探索出一条执法与年审相结合，以年审促进企业用工管理，指导和服务企业的路子。全市年审企业19 436家。

3．加大信访工作力度。认真落实信访工作责任制，完善信访分类处理程序和领导处理信访大要案等制度，建立劳动争议处理机制。2001年，全市受理信访案件51 000宗，同比增长11%，涉及11万人次。其中市劳动局共受理群众来信来访15 000宗，同比增长7.8%，涉及60 507人次；接听咨询举报电话2.6万人次，其中30人以上的重大劳资纠纷245宗。2001年市劳动局信访办被评为全省信访工作先进集体。2001年12月，深圳市劳动局在广东省信访工作会议上交流了经验。

4．认真处理劳动争议案件。制定《深圳市劳动关系协调暂行办法》和《深圳市劳动仲裁书记员工作暂行办法》，推行了简易调解、专职仲裁员独任办案制度、兼职仲裁员办案职责和仲裁庭区域负责等制度，使劳动争议案件得到及时处理。基层仲裁能力也进一步增强，全市共有仲裁庭34个，其中派出庭24个。龙岗区扩大推行处理重大劳动争议“诉前保全”办法。全市共聘218名仲裁员。全年受理劳动争议案件16 316宗，其中仲裁立案6 434宗，同比增长95.38%，简易调解9 882宗，全市立案的结案率为92%。劳动争议仲裁体制改革也已初见成效，经市政府批准已设立劳动仲裁院。2001年11月，在南京召开的全国协调劳动关系工作会议上，郭荣俊副市长在会上介绍了发挥三方机制作用，协调劳动争议和设立劳动仲裁院的工作经验。

（七）强化安全生产管理

2001年，深圳市劳动局进一步落实《深圳经济特区安全管理条例》，依法治理安全，不断强化安全生产综合管理，重大隐患得到有效控制，安全事故下降。全市全年共发生职工伤亡事故57宗，死亡58人，重伤12人，同比分别下降16.18%、12.12%和29.41%。

1．部署安全管理工作。2001年3月7日，市政府在深圳会堂组织召开全市安全工作会议。市领导于幼军、王顺生、王穗明出席大会，会议总结了2000年全市的安全工作，部署了2001年的安全工作，表彰了1999—2000年度全市安全管理先进集体200个、先进个人500名，并对在发现和整改事故隐患方面有突出贡献的15个政府部门和单位拨出100万元进行了重奖。

2．依法实施安全管理奖惩。完成了《深圳市国家行政机关负责人安全管理奖惩办法》的起草修订，并经市政府三届二十次常务会议审议通过，于2001年2月23日以深圳市人民政府令第99号发布。同时，完成了《深圳市企业负责人安全管理责任追究办法》的起草、调研和论证工作，该《办法》已于2001年11月15日经市领导常务会议讨论并原则通过，将以市政府令的形式颁布实施。2001年，还及时出台了《工业安全指导书》和《工业安全检查规范》，以加强对基层劳动安全管理工作的指导。

3．组织专项整治。根据全国安全生产电视电话会议精神，深圳市从4月28日至9月底，由市安委会组织全市开展了6个方面的安全生产专项整治：民用爆炸物品和烟花爆竹安全，道路交通安全，公共聚集场所消防安全，化学危险品运输安全，水上交通运输安全，矿山安全，建筑施工安全，锅炉压力容器、电梯、起重机以及游乐设施等特种设备的安全。

4．加强事故监察管理，加大事故查处力度，狠抓事故隐患整改督办工作。2001年，全市共查处死亡事故20宗（其中包括一次死亡3人及以上的事故1宗），完成批复结案16宗，事故罚款19万元。办理事故举报等各类来信21件，全部办结。对事故多发的友联船厂等企业的事故情况通过深圳市法制报等报刊进行曝光。还办理行政诉讼案件2宗次。

5．加大了对全市重大安全隐患的协调处理和督办整改力度。在牵头整治八卦岭宿舍区重大安全隐患、排除龙岗鹏茜矿透水重大险情等项工作的过程中，出色地完成了协调督办任务。全年共计发出安全隐患督办文件70份。

6．广泛开展安全生产宣传教育。全年在电视台播放安全管理广告180次，在广播电台播放安全生产报时广告700余次，在各大报纸刊登安全宣传稿件400余篇，在电视台播出安全报道100余条。同时，还在《深圳法制报》开辟"鹏城安全"专版，全年出版24期；编印《安全管理信息》15期；举办特种作业人员培训班296期，考核13 000多人，核发特种作业人员操作证11 000多本；举办安全主任培训班32期，培训2 442人；组织安全主任资格考试，考试人数1 040人，其中494人获得注册安全主任资格证书。

（八）加强劳动信息化建设

2001年制订了深圳市劳动系统信息化建设的"十五"规划，狠抓劳动力市场信息网重点工程和机房、网络系统升级改造等基础设施建设工作。加强标准化和规范化管理，开始实施ISO9000的管理。

1．狠抓全市劳动系统信息化建设的重点建设项目。市场信息网建设项目于2001年4月启动，总投资1 800万元。机房与网络升级改造建设于2001年9月启动，投资约700万元。办公自动化系统正在全面升级。此外，积极参与市政府主持的深圳市人口管理IC卡工程项目，完成了劳动人口的调研工作。

2．开发网上培训系统。劳动系统的工作人员可以通过网上培训系统，自主安排时间，随时随地参加英语、计算机软件、各种办公软件等方面的网上培训。

（九）加强劳动法制建设

1．加强劳动立法。完成《深圳经济特区居民就业促进条例》的立法工作，5月1日正式实施；完成《深圳经济特区职业训练条例》的修改、送审工作；完成了《工资支付条例》《外国人在深圳就业管理办法》《台港澳人员在深圳就业管理办法》等的起草修改工作。

2．开展普法教育。制定并开始实施《深圳市劳动系统法制教育第四个五年计划》；加强劳动系统工作人员的法律法规培训，举办4期专题讲座；加强对企业劳资人员的法规培训，共培训并发上岗证2 378份；积极开展法律法规咨询答疑，与外商协会合作举办3期法律政策讲座，到20多家企业讲授劳动法律、法规；编发《深圳商报》的"深圳劳动力市场"专版50多期；完善劳动政策法规咨询热线系统，日咨询量近400人次，年咨询量达10万多人次；编辑发行《劳动政策法规通讯》，每期发行2 000册左右，受到企业欢迎。龙岗、南山区普法成效显著，获得了市普法先进单位。

3．改革审批制度。经市政府批准，审核事项由原来的27项减为14项，精简49%。其中，审批事项由原来的7项减为5项，精简29%；核准事项由原来的20项减为9项，精简55%。保留行政性收费8项、事业性收费40项、服务性收费22项、经营性收费19项。

进一步推进政务公开。已实行办事项目，办事程序，办事条件，办事结果，审批、处罚、收费的法定或行政依据，业务办理，政务对话，信息发布，评议监督等9种形式的政务公开。如与《深圳晚报》“民生热线”等合作，通过电话与广大市民开展劳动业务对话5次，邀请市人大代表、政协委员评议劳动工作1次，举办7次政务信息发布会，受到社会的关注。

（十）加强劳动基础工作

1. 加强劳动科研工作。组织编撰出版了《深圳劳动年鉴2000—2001》，共68万字，编撰完成《深圳市志·劳动志》，共12万字；同时，与华南师范大学经济与管理学院合作，开展了《深圳市产业结构与就业结构关系研究》课题的调研，探索有竞争力的劳动力就业政策，有目的地调整就业结构，为深圳市劳动力充分就业和活跃特区劳动力市场提供科学的，有超前性、可操作性的政策建议，为产业结构的进一步优化提供参考。这项研究从3月制定研究方案开始，一直到12月底结束。共完成6份报告，分别是《深圳经济增长与就业互动趋势》《深圳市劳动力就业空间及其拓展政策研究》《外来劳动力对深圳就业结构的影响和对策研究》《深圳市产业结构与就业结构变动中的劳动关系及其制度创新研究》《深圳市产业结构调整与劳动力培训体系建设研究》和《深圳市产业结构与就业结构互动关系的比较研究》。2001年，全局组织开展调查研究，完成劳动科研论文20多篇；《劳动学会通讯》以劳动学术交流为宗旨，出版4期，受到好评。

2. 机关建设取得重大突破。“提速”工作得到落实，受到市政协、监察局检查评议小组的好评。基本完成机构改革，设立办公室、政工人事处、法制处、计划统计处、调配处、职业培训处、劳动关系处、工资福利处，行政编制减少15%，撤销保险福利处，市安全生产委员会办公室划转经贸委。形成了新的劳动管理组织架构，为转变政府职能提供了制度保障。

二、社会保险工作

（一）综述

2001年7月17日至19日，全国劳动和社会保障厅局长座谈会在深圳召开，深圳市社保局成功地承办了这次会议。劳动和社会保障部部长张左己和5位副部长，各司局长及全国各省、自治区、直辖市的劳动和社会保障厅厅局长参加了会议。会议主要总结上半年全国劳动和社会保障工作情况，安排和部署下半年工作任务。与会代表参观了深圳市社保局社会保险费征缴大厅、电脑中心和电话咨询服务中心。张左己部长对深圳市的社会保险工作给予了高度评价，称赞深圳市社会保险工作是全国的一面旗帜。

1. 养老保险扩面征缴工作取得很大进展。2001年2月28日，深圳市政府召开了全市养老保险扩面征缴工作会议。省委常委、省委副书记、市长于幼军和副市长郭荣俊分别作了动员和部署，提出了到年底全市养老保险扩面新增加100万人，征缴各项社会保险基金总额达到28亿元以上的目标，郭荣俊副市长代表于幼军市长与各区政府领导签订了目标责任书。会后，各区政府相继与各镇政府签订了目标责任书。市社保局内部层层签订了目标责任书，将任务指标落实到基层单位、落实到人，明确责任、落实措施，并制定了相应的奖惩办法；采取多种形式的宣传和培训班，不断提高企业和职工的社会保险意识；加大社会保险执法稽查力度，依法督促企业如实参加养老保险；市社保局领导亲临扩面征缴第一线，分别挂点几个镇社保站，经常到各社保站检查、督促、指导；建立了扩面征缴情况通报制度，每季、每月通报扩面征缴情况，交流工作经验；抽调业务骨干充实扩面征缴第一线。在全市各级各部门基本形成了上下动员、通力合作、齐抓共管、整体推进养老保险扩面征缴工作的良好局面。到年底，全市养老保险扩面比上年净增加95.72万人，征缴社会保险基金总额达50.26亿元。

2. 计算机信息网络建设得到加强。2001年，深圳市社保局加强计算机信息网络技术建设。开发了适应新修订的社会养老保险条例的软件系统，保证了社会养老保险条例修订后的顺利实施。开发并投入使用了银行联网系统、企业参保数据录入和网上申报系统、社保基金财务管理系统、工伤保险网络系统、网上医疗保险门诊系统、电话咨询服务中心系统、制证系统等应用软件，增加了计算机设备，加强计算机设备的维护，保证计算机系统正常运转。进一步扩大了联网的定点医疗机构。到年底，全市已有252家定点医疗机构实行电脑联网，比上年增加了9家。深圳市社保局计算机信息网络系统获得了深圳市2001年科技进步一等奖，被广东省信息产业厅列为“信息化示范工程”。

3．电话咨询服务工作成效显著。2001年，深圳市社保局继续搞好电话咨询服务中心，增加了业务人员和咨询电话专线，电话专线增至32条。增加了自动语音、咨询问题分析等自动管理功能，提供自动查询和人工咨询，为企业和职工提供方便、快捷的社会保险咨询查询服务。全年共提供咨询、查询服务332万人次。

4．机构改革顺利进行。2001年，深圳市进行市级党政机构改革。确定了深圳市社保局是市政府授权管理全市养老、医疗、工伤、失业、生育社会保险和企业职工住房公积金工作的直属事业单位，把原劳动局管理的失业保险和原民政局管理的农村养老保险划归市社保局管理。深圳市社保局内设机构包括15个处室：办公室、人事教育处、政策法规处、社会保险仲裁办公室、社会保险监察处、计划财务处、审计监督处、社会保险费征收处、基金运营管理处、养老保险处、医疗保险处、工伤保险处、失业保险处、机关事业社会保险处、生育保险和统筹医疗处；3个中心：局机关服务中心、局信息中心、社会保险年金中心；6个分局派出机构：新增加了盐田分局，各区相应建立了分局，作为市局的派出机构；20个管理站：在宝安、龙岗两区各个镇（街道）设立1个社会保险管理站，共20个。实行垂直领导、三级管理。核定全局人员编制为687名，其中市局、分局机关为行政事务编制，编制377名；3个中心和各管理站均为事业编制，编制310名。

（二）各项社会保险

1．养老保险。2001年，深圳市社保局积极做好离退休人员指纹采集工作，完成了全市99%的离退休人员指纹采集归档工作，有效地防止了各种骗领、冒领养老金现象的发生。确保了离退休人员养老金按时足额社会化发放，做到了一天不拖，一分不欠。并按照离退休人员退休待遇正常调整机制，离退休人员养老金平均每人自7月份后上调了90元。到年底，全市养老保险参保人数达223.57万人，比上年净增加95.72万人，增长74.9%。

2．医疗保险。2001年，深圳市社保局加强了对定点医疗机构的管理服务。改进监管方式，对全市各定点医疗机构推行量化考核，继续实行违规扣款按抽查比例还原100%的措施。认真贯彻“三改并举”的方针，在6家连锁零售药店进行了医疗保险定点药店的试点，约定了50家社区健康服务中心作为定点医疗机构。改进项目审核制度，下放大型检查治疗项目核准权，扩大基层管理机构现金报销审核权。加强对统筹医疗定点医院的管理，制定了有关评比考核办法。到年底，全市医疗保险参保人数达104.39万人，比上年净增加21.55万人，增长26%。

3．工伤保险。2001年，深圳市社保局依法做好工伤事故调查和补偿工作。进一步规范和完善了工伤认定，待遇处理，基金偿付，医疗管理，医务劳动鉴定，康复器具安装、更换、维修等管理办法。加强了工伤事故的调查力度，特别加强了对重大事故、疑难案例、市外因工死亡亲属供养对象的调查。定期组织召开了医务劳动鉴定培训班和疑难病个案剖析会，不断提高医务劳动鉴定水平。到年底，全市工伤保险参保人数达261.68万人，比上年净增加21.14万人，增长8.8%。

（三）社会保险基金

1．基金征缴。2001年，深圳市社会保险基金征缴大幅度增加。到年底，征缴各项社会保险费总额达 50.26 亿元，扣除机关事业单位补缴 47 个月养老保险费和宝安、龙岗两区社会保险费并账的两项基金 8.75 亿元，实际征缴41.51 亿元，比上年增加了 9.95 亿元，增长 31.53%。全年企业未发生新的拖欠社会保险费情况，做到了应收尽收。并对历年欠费企业清欠回收养老保险费2 758万元，社会保险费征缴率达 99.78%。

2．基金偿付。2001 年，深圳市各项社会保险待遇继续得到了及时、足额偿付。到年底，全年共支付各项社会保险待遇 20 亿元，比上年增长了 47%。在基本养老保险方面，全年共核准离退休享受基本养老保险待遇人数6 439人，核准享受企业补充养老保险待遇人数 388 人。全年养老保险待遇支付 10.44 亿元，基本养老保险共济基金收支相抵赤字为3.14亿元，支付形势非常严峻。在医疗保险方面，依托定点医疗机构，全年为参保职工提供门诊医疗服务 561 万人次，住院医疗服务5.29万人次，特殊检查治疗服务15 287人次。全年共支付基本医疗保险待遇 6.55 亿元，比上年增长 73.6%，其中共济基金比上年增长128.84%。但基本医疗保险参保人数比上年增长26%，总收入比上年增长 35.4%。在工伤保险方面，全年共补偿工伤事故人数31 501人，医务劳动鉴定人数15 500人。全年工伤保险基金收支相抵赤字为 674.71 万元，其中特区外宝安区赤字为1 107万元，龙岗区为1 026万元。

3．基金管理。2001 年，深圳市社保局进一步加强了社会保险基金管理。按照社会保险基金收支两条线、财政专户管理的规定，制定了社保基金财务管理制度和监管操作程序，做到有章可循、职责分明。在各区建立了直属机关财政分账户，机关事业单位 47 个月的养老保险费已全部补缴到账。完成了宝安、龙岗两区社会保险基金并账，全面实现了社会保险基金通过银行电脑托收，基本实行了社会保险基金收支管理无纸化。深入贯彻省政府《关于做好纠正回收违纪挤占挪用社会保险基金工作的通知》精神，通过协商、行政、法律手段，突出重点，认真做好原投资项目的清理回收工作，全年共清理回收基金1 333万元。

（四）社会保险法制建设

1．社会保险立法。2001 年，深圳市继续完善社会保险法律体系。按照总体待遇水平不下降，框架不变，进行结构调整的原则，研究提出了建立基本医疗保险超“封顶线”医疗费用补助、公务员医疗补助办法和大病补充医疗保险等医疗保险方案，拟定了《深圳市城镇职工社会医疗保险暂行规定》。社会养老保险条例实施细则、公务员工伤保险和公务员医疗补助等办法或规定，已经反复调研论证，拟定了草案。

2．依法行政。2001 年，深圳市社保局积极推进依法行政工作。健全依法行政程序，编印了《依法行政手册》，对各岗位职责、办事程序、工作流程、规范性行政文书作了明确规定。进一步完善了依法行政责任制，实行层层负责、层层把关，狠抓落实。加强执法培训，努力提高执法人员的素质。会同市法制局联合举办了社会保险执法人员培训班，有 88 人通过了培训考试并领取了行政执法证，有 128 名原执法人员办理了年审合格证。以法规为依据，认真处理行政诉讼和行政复议，切实处理好群众来信来访。据不完全统计，全年共处理群众来信来访 3 万多人次，立案受理1 287件。进一步加强执法稽查力度，紧紧围绕追缴拖欠社会保险费超过 10 万元以上企业、查处违规企业和受理重大投诉等方面进行执法稽查。对拒不缴纳社会保险费的“钉子户”，采取新闻媒体曝光，召开听证会，申请人民法院强制执行等行政和法律措施，依法督促企业如实参保。全年在新闻媒体上曝光了 27 家“钉子户”，召开了 2 次听证会，处罚了违规企业 19 家，对 3 家到期未缴且不上诉的企业，已申请市中级人民法院强制执行。通过执法稽查，全年共追缴到账基金5 744.84万元，超额完成了全年的基金追缴任务，超额完成率为 129%。

（深圳市劳动局、深圳市社会保险局）

广西壮族自治区

2001年，广西壮族自治区机构编制委员会下发《关于组建广西壮族自治区社会保险事业局的批复》，批准组建自治区社会保险事业局，为自治区劳动和社会保障厅管理的相当副厅级事业单位，统一经办自治区本级养老保险、医疗保险等各类社会保险业务及中央行业驻广西企业的养老保险业务，原由农垦、林业、煤炭、华侨等行业社保经办机构承担的社会保险业务移交该局承担，实现养老、失业、医疗、工伤、生育保险“五保合一”。自治区社会保险事业局内设办公室、综合财务部、养老保险部、失业保险部、医疗保险部、信息技术部6个相当于处级的机构，核定财政拨款事业编制89人，设局长1人，副局长3人；处级领导职数16人（不含副局长）。

2001年，广西壮族自治区各级劳动保障部门从改革发展稳定大局出发，解放思想，开拓进取，努力巩固两个确保，探索建立和完善社会保障体系，逐步建立以市场为导向的就业机制和与现代企业制度相适应的企业工资收入分配制度，加强劳动保障法制建设，全面推进劳动保障工作向前发展，取得了显著的成绩，实现了广西劳动保障事业“十五”计划开好局、起好步的目标。年内，在劳动保障部开展的养老金确保发放及社会化发放情况检查验收中，广西的验收评分达96.9分，名列全国第三。

一、两个确保进一步得到巩固

2001年，广西壮族自治区共有国有企业下岗职工18.15万人（其中：2000年结转15.68万人，当年新增2.47万人），全年出中心7.23万人。截至12月底，全自治区再就业服务中心尚有下岗职工10.92万人，其中有10.91万人领到了基本生活费，占在中心下岗职工总人数的99.9%。全年全自治区共筹集国有企业下岗职工基本生活保障资金5.35亿元，其中，中央和地方财政承担3.64亿元，占筹资总额的68%；社会筹集1.23亿元，占筹资总额的23%；企业自筹0.48亿元，占筹资总额的9%。共支付基本生活保障资金5.39亿元，其中发放基本生活费3.28亿元，代缴社会保险费2.11亿元。全自治区各级社会保险经办机构共为58.7万名企业离退休人员发放基本养老金33.22亿元，发放率达100%，没有出现新的拖欠。截至12月底，全自治区已有57.6万名企业离退休人员实行了养老金社会化发放，社会化发放率达98.1%，除农垦、林业、华侨企业外，各地、市、县企业离退休人员养老金社会化发放率均达到100%。

2001年，广西壮族自治区继续把巩固两个确保作为劳动保障第一位的工作和首要任务来抓，采取切实有效措施抓紧抓好。一是切实加强对两个确保工作的领导。各级党委、政府坚持实行“一把手”负责制，层层落实目标责任，主要领导负总责，亲自抓，分管领导负重要责任，具体抓。为强化各级政府的工作责任，自治区人民政府与确保发放有困难的7个县（市）所在的地市政府（行署）签订了责任状，明确双方的社会保障工作责任。凡领导工作到位，措施到位，全面实现各项目标任务，但仍出现养老保险基金缺口的，经核实，自治区人民政府、地市政府（行署）分别从自治区级、地市级调剂金中解决60%、40%；凡完不成任务而出现缺口的，由地、市政府（行署）调整财政支出结构，予以补足；凡因两个确保工作不到位出现问题的，追究有关领导的责任。各地、市政府（行署）也参照自治区的做法，与各县（市）政府、地市劳动（社会保险）局签订了责任状。各级劳动保障部门普遍实行目标责任制，领导分片包干，甚至分工负责包干到企业；及时把各项任务指标进行层层分解，落实到人，早抓落实。二是狠抓社会保险基础工作，多渠道筹集两个确保资金。各级劳动保障部门努力做好社会保险基础管理工作，规范社会保险关系。各级社保机构建立了全体参保人员基础数据库，并全部实现计算机管理，参保人员个人账户建账率达100%。对个人账户进行对账打印，做到全年与参保人员至少对账4次，有条件的地区做到每月1次。自治区各地进一步扩大社会保险覆盖面，加强基金征缴，发挥征缴收入的主渠道作用。加大清理回收企业欠费和被挤占挪用基金的力度，增加基金收入。各级劳动保障部门除以较好的工作业绩，努力争取中央对广西两个确保的资金支持外，还加大了失业保险基金调剂用于下岗职工基本生活保障的力度和养老保险调剂金的调剂力度，保证两个确保资金的及时足额到位。对中央财政补助资金的使用及自治区对各地市的支持，除考虑地方财政状况外，还与各地筹资力度和两个确保工作实绩挂钩。三是重点解决两个确保的难点问题，对确保发放困难的地区和行业实行重点督查监控，消除两个确保死角。将平南、合浦等8个县（市）作为全自治区确保发放的重点和难点地区实行直接监控和督查，年初，按其全年基金缺口的60%预拨调剂金；调剂资金补助农垦、煤炭、华侨、林业等困难行业，确保其离退休人员养老金发放。年内，调剂自治区级养老保险调剂金7 810万元下拨各地市，其中，划出3 420万元对按时足额发放养老金比较困难的藤县、合浦、防城区、灵山、陆川、容县、平南、贺州市8个县（市、区）进行直接调剂。全年补发农垦等系统养老保险纳入全自治区统筹前拖欠的养老金3 506万元。为推动各地真正落实两个确保，年内按季度在《广西日报》上公布了各地市两个确保的落实情况。

二、就业和再就业工作取得较好成效，全自治区就业局势保持基本稳定

2001年末，广西壮族自治区有从业人员为2 578万人，比上年增长0.47%，其中，城镇从业人数为419万人，比上年减少0.48%。全部单位职工人数为310.12万人，比上年减少3.11%，其中，全部企业职工人数为184.77万人（国有企业118.61万人），比上年减少4.96%。城镇私营企业和个体从业人员为97.31万人，比上年增长8.45%。全年全自治区有城镇登记失业人员31.46万人，年内就业15.83万人，就业去向主要是：企业11.39万人（内资企业9.74万人，港澳台商投资企业0.88万人，外商投资企业0.77万人）；事业单位0.39万人，机关团体0.06万人，个体经济组织3.99万人。年末，实有登记失业人员14.16万人，城镇登记失业率为3.5%，比上年上升0.3个百分点。至年末，全自治区农村劳动力外出就业人数为384.4万人，比上年增长14.8%，其中，跨省就业人数282.2万人，比上年增长12.3%。各级劳动保障部门组织劳务输出25.7万人，其中贫困地区12万人。春运期间，各地认真组织民工有序流动，全自治区共安全运送民工354.8万人。

2001年，广西壮族自治区党委、政府高度重视和狠抓劳动就业工作，把扩大就业作为重要的工作目标，将促进就业列入经济社会发展战略、目标和规划。各地和各有关部门抓住西部大开发机遇，紧紧围绕经济结构调整，努力拓宽就业渠道，把劳动密集型产业、个体私营企业等非公有制经济组织、第三产业特别是社区服务业作为新的就业增长点，以城市社区为依托，多渠道开发就业岗位，吸纳新生劳动力就业和促进下岗职工、失业人员再就业。探索推行了非全日制、季节工、钟点工等阶段性就业形式和弹性就业制，缓解了就业压力。同时，大力加强就业和再就业培训，制定实施广西“三年二十万”再就业培训计划，充分发挥各级各类培训机构的作用，以市场需求为导向，有针对性地重点开展对下岗职工和失业人员的再就业培训，特别注重开展创业培训，帮助他们提高自谋职业的能力。年内，全自治区共有20万人次的下岗职工、失业人员参加了再就业培训。为把中央和自治区出台的税费减免、工商登记、场地安排和资金信贷等方面促进下岗职工再就业的优惠政策落到实处，第二季度，自治区人民政府派出劳动保障、计划、地税、工商等9部门组成的自治区检查组分赴有关地、市、县进行重点抽查。通过检查，推动了优惠政策的进一步落实。各级劳动保障部门积极开展再就业援助行动。9月24～30日，全自治区统一举办了再就业援助行动宣传周活动，9月29日举办了再就业援助咨询和现场招聘洽谈会。使援助对象在“促就业、接保险、保生活”方面得到了全方位的援助，有力地推进了下岗职工出中心和再就业。全年全自治区国有企业下岗职工出再就业中心7.23万人，其中有3.84万人实现了再就业，再就业率为21.2%。

2001年，广西壮族自治区按照“三化”（科学化、规范化、现代化）的要求，继续抓好劳动力市场建设的立法、建立信息网络、加强职业介绍机构管理等各项基础性工作，劳动力市场建设步伐明显加快。自治区本级及南宁、柳州、桂林3个国家试点城市劳动力市场运行机制、网络管理的建立及场所的建设初具规模，南宁、柳州、桂林3市劳动力市场通过了自治区组织的“三化”建设评估，钦州市、贵港市、来宾县等自治区级劳动力市场“三化”建设试点地区的试点工作也正在推进。全自治区已形成了以南宁、柳州、桂林3个重点城市为中心辐射全自治区的就业服务体系，服务功能从单纯的职业介绍发展到失业登记、职业指导、推荐就业、职业培训、调节劳动力供求关系、劳动事务代理等“一条龙”服务，较好地发挥了其在促进就业和再就业中的作用。与此同时，继续清理整顿劳动力市场。自治区劳动和社会保障厅发出了《关于进一步加强劳动力市场管理整顿规范劳动力市场秩序的通知》，加强对职业介绍机构的监督和管理，培育和规范劳务中介组织，保持良好的市场秩序。全自治区有职业介绍机构416个，其中劳动保障部门开办的302个，与上年持平；非劳动保障部门开办的114个，比上年减少6个。劳动保障部门职业介绍机构全年办理求职登记57万人，用人单位用人登记35.4万人，职业指导24.3万人，介绍就业32.7万人，介绍成功率为57.4%。

2001年，广西壮族自治区积极做好职业技能培训工作。至年末，全自治区有职业培训机构383个，其中劳动保障部门所属的就业训练中心102个，社会力量办职业培训机构281个。全年组织就业培训16.17万人，结业15.08万人，结业后就业9.26万人。各级劳动保障部门就业训练中心开展就业训练9.57万人，比上年增加0.32万人；结业9.38万人，其中下岗职工1.83万人，失业人员2.7万人，劳动预备制学员0.87万人，其他人员3.97万人；结业后就业6.36万人。自治区本级就业训练中心开设烹调、种养、美容、美发、家电维修、服装裁剪、机修、电脑、磨修等18个专业，组织教师深入厂矿企业，免费为中央和自治区直属国有企业的4 231名下岗职工和451名失业职工开展职业技能培训。与此同时，认真抓好职业技能鉴定工作。全年全自治区有10.2万人参加职业技能鉴定，有9.96万人获得相应的职业资格证书。自治区在广西大学、广西民族学院、广西工学院等8家单位建立了计算机信息高新技术智能化（ATA）考试站，使用ATA技术开展鉴定工作。全自治区有2 750名大学本、专科毕业生参加了计算机信息高新技术智能化考试，有2 148人获《全国计算机信息高新技术考试合格证书》，取得相应职业资格。继续深化技工学校市场化改革，强化技工学校的招生自主权。全自治区技工学校招收新生 2.01 万人，比上年增长 11.7%，在校生达 4.46 万人；技工学校毕业生就业观念进一步转变，就业去向多样化，86%以上的应届毕业生当年走上工作岗位。各技工学校大力开展职业技能培训，全年培训 2.23 万人次，其中在职人员占 35.8%，下岗失业人员占 11.35%。

三、社会保险扩面和基金征缴工作取得新进展，以养老、失业、医疗保险为主要内容的社会保障体系不断完善

1．进一步加大社会保险扩面和基金征缴工作的力度。2001 年，广西壮族自治区各级劳动保障部门把扩面征缴作为筹集社会保障基金的主渠道，进一步加大工作力度，将外商投资企业、私营企业、个体工商户作为养老保险扩面的重点，将事业单位、城镇私营企业作为失业保险扩面的重点。以劳动保障监察执法这个有力的法律武器作为重要手段，督促广大用人单位和职工主动依法参保并按时足额缴纳社会保险费；通过加强劳动合同管理这一基础工作，开展企业职工人数、工资总额稽核，强化基金征缴，确保社会保险费应收尽收，扩面征缴工作取得了新的进展。至年末，全自治区参加企业职工养老保险社会统筹人员达 248.9 万人，其中在职职工 190.2 万人，离退休人员 58.7 万人。征缴基本养老保险费 30.14 亿元（含清理回收企业历年欠费 2.88 亿元），比上年增加 4.60 亿元，当期征缴率为 91.5%。

至年末，全自治区参加失业保险的城镇企业事业单位职工 218 万人。失业保险基金收入持续增长，全年收入 3.24 亿元，比上年增长 13.57%，其中失业保险费收入 3.1 亿元，比上年增长 16.45%，征缴率为 81.2%。人均月缴失业保险费 11.85 元，比上年增长 17.4%。失业保险基金支出大幅度增加，全年支出 1.94 亿元，比上年增加 0.64 亿元。失业保险的保障功能越来越显著，全年发放失业保险金 52.87 万人·月，比上年增长 74.24%；领取失业保险金人数为61 546人。为两个确保提供了重要资金来源，从失业保险基金调剂用于国有企业下岗职工基本生活保障资金6 079.95万元，比上年增加1 679.9万元，增长 38%。国有企业下岗职工基本生活保障向失业保险并轨速度加快，下岗职工转入失业保险领取失业保险金人数为10 830人，比上年增加7 270人，增长 204%；年末领取失业保险金人数与在再就业服务中心领取基本生活费的下岗职工人数之比为 45∶100，比上年末提高了 32 个百分点。

2．全面推进城镇职工基本医疗保险制度改革。2001 年，广西壮族自治区以扩面为重点，全面推进城镇职工基本医疗保险制度改革。自治区人民政府又审核批复了南宁市、百色地区医疗保险制度改革方案；批准下发了广西壮族自治区基本医疗保险药品目录、基本医疗保险诊疗项目、医疗服务设施及其支付标准 3 个配套文件。在上年的基础上又有 78 个统筹地区建立了医疗保险经办机构，实有工作人员 665 人。至年末，全自治区 14 个地市本级已全部启动实施医疗保险制度，已有 70 个县（市）实施了医疗保险制度，参加医疗保险人数达 165 万人（其中退休人员 36.25 万人），比 2000 年新增参保人数 66.5 万人，增长 67.5%。全年征缴基本医疗保险基金 4.13 亿元，其中统筹基金 2.05 亿元，个人账户 2.08 亿元（含公务员医疗补助），收缴率为 93.48%；基本医疗保险基金支出 2.13 亿元，其中统筹基金 1.12 亿元，个人账户 1.01 亿元，年末滚存结余 2.35 亿元。各统筹地区还制定了大病医疗统筹办法，至年末，全自治区参加大病医疗保险统筹人数达 63.44 万人，征收大病统筹基金2 368万元，支付大病医疗费 1 295万元，享受待遇人数达 10.76 万人。大多数统筹地区医改运行比较平稳，新旧制度过渡比较顺利，基金收支平衡，保障了职工的基本医疗，遏制了不合理的医疗费用支出。

3．认真抓好工伤保险工作。2001 年，广西壮族自治区各级劳动保障部门认真抓好工伤保险工作，积极采取措施征缴工伤保险费，严格执行工伤保险政策，做好工伤事故的认定、伤残等级的鉴定和抚恤金的发放工作。至年末，全自治区参加工伤保险的职工有 124 万人。全年征缴工伤保险费5 165万元，支付工伤保险各项待遇1 553万元。年内参保企业职工因工死亡 120 人，伤残1 000人。伤残等级为 1～4 级的 235 人，享受因工伤残退休待遇；5～6 级的 86 人，享受离岗退养待遇；7～10 级的 679 人，享受伤残抚恤待遇。继续实行工伤保险浮动费率制度，均衡了企业负担，企业预防工伤发生和安全生产意识进一步增强。

4．继续推行城镇企业职工生育保险制度。2001 年，广西壮族自治区各地、市、县继续推行城镇企业职工生育保险制度，生育保险费率继续维持在企业缴费工资的 0.6%～0.8%，个人不缴费；待遇补偿水平各地不一，大都按绝对金额或工资的一定比例支付。参保范围不断扩大，待遇支付更为合理。至年末，全自治区参加生育保险的职工人数达 113.5 万人，比上年增加 0.9 万人。全年征收生育保险费4 320万元，支付生育保险待遇3 569万元，有1.6 万名企业职工享受生育保险待遇，参保女职工在生育期间均得到了相应的生活保障。

5．继续探索建立和完善独立于企事业单位之外的社会保障体系的途径。2001 年，广西壮族自治区根据中央关于建立和完善社会保障体系的总体部署，以两个确保为基础和核心内容，继续探索建立和完善社会保障体系的途径。

（1）将困难最大的华侨企业系统基本养老保险全部纳入自治区统筹，解决了长期以来存在的基本养老金拖欠问题。

（2）企业退休人员社会化管理服务工作开始试点，南宁、柳州、桂林、梧州等市均开展了试点工作，至年末，全自治区建立了 12 个社会化管理服务机构，实现社会化管理的退休人数达10 376人。

（3）全自治区已从 2001 年 1 月 1 日起，由地、市决定，不再建立新的再就业服务中心。防城港市已于 2001 年 12 月 31 日前全部关闭了再就业服务中心，在中心的下岗职工已全部出了中心，在全自治区率先实现了下岗职工基本生活保障向失业保险并轨。

经过努力，至年末，一个独立于企业事业单位之外、资金来源多元化、保障制度规范化、管理服务社会化的社会保障体系的基本框架，已在全自治区初步形成并不断得到完善。

四、劳动合同制度稳步推进，劳动关系和谐稳定

2001 年，广西壮族自治区稳步推进劳动合同和集体合同制度。至年末，全自治区城填企业签订劳动合同的人数为 177.56 万人，地方国有和国有控股企业劳动合同签订率达96.1%；报各级劳动保障部门审查的集体合同4 597份，涉及职工 82.2 万人。下岗职工劳动关系进一步理顺，全年从再就业服务中心转出的 7.23 万下岗职工中，有 3.65 万人解除或终止劳动合同，占 50.5%。由劳动保障部门、工会和企业组织代表组成的劳动关系三方协调机制，已在促进劳动关系的和谐稳定中较好地发挥了作用。南宁市探索完善劳动争议调解、仲裁机制，在全国省会城市率先成立劳动仲裁院。加强和发挥仲裁委员会三方办案机制的作用，及时处理劳动保障争议案件。年内，全自治区处理劳动争议案件6 018起，其中，案外调解3 946起，立案受理2 072起，已处理结案1 992起，结案率达 96.1%。劳动争议案件涉及人数 1.35 万人，比上年增长 93.6%。加强劳动合同鉴证工作的监督和管理，全年鉴证劳动合同 19.8 万人、39.6 万份。继续加强对突发事件隐患的排查监控和群体性突发事件的处理工作，促进了劳动关系的和谐，维护了企业职工队伍和社会的稳定。

五、分配制度改革不断深化，与现代企业制度相适应的工资收入分配制度逐步建立

2001 年，广西壮族自治区把分配制度改革作为国有企业三项制度改革的核心，逐步建立和完善与现代企业制度相适应的企业工资收

入分配制度。全自治区绝大部分国有和国有控股企业已经打破旧的分配制度，建立了以岗位工资为主要内容的企业内部基本工资制度。劳动力市场工资指导价位制度不断完善，南宁、柳州、桂林、梧州等市已将此项制度纳入日常工作，定期发布劳动力市场工资指导价位，南宁市向社会公布了294项，柳州市公布了285项，桂林市公布了333项。在南宁、柳州、桂林3市试行工资指导线制度，南宁市基准线为8.2%，上线为15.4%，下线为1%；柳州市基准线为11.5%，上线为17.5%，下线为4.5%；桂林市基准线为9.75%，上线为14%，下线为5.77%。选择柳州钢铁（集团）公司试行工资集体协商制度，结果表明：全公司工资总额比上年增加2 950万元，增长10.8%，而公司实现税利增加22 127万元，增长45.43%。

2001年，广西壮族自治区职工工资水平进一步提高。全自治区城镇单位职工工资总额为255.51亿元，比上年增长15.01%。其中国有单位206.38亿元，增长16.8%；城镇集体单位15.53亿元，增长3.6%；其他单位33.61亿元，增长9.9%。全自治区城镇单位职工平均工资为8 214元。其中，国有单位为8 495元，城镇集体单位为4 841元，其他单位为9 321元，分别比上年增长24.3%、8.3%和10.2%。

2001年，广西壮族自治区两次调整企业职工最低工资标准。5月，调整标准为：一类每人每月275元，二类每人每月260元，三类每人每月235元，四类每人每月210元。9月，再次调整为：一类每人每月340元，二类每人每月335元，三类每人每月315元，四类每人每月305元。

六、劳动保障立法、执法监督和普法宣传工作取得了新的成效

2001年，广西壮族自治区进一步加快劳动保障立法步伐，继续做好《广西壮族自治区养老保险条例》《广西壮族自治区劳动力市场管理条例》的协调、修改工作。同时，起草、修订《广西壮族自治区失业保险办法》《广西壮族自治区工伤保险条例》。为适应加入WTO的需要，全自治区劳动保障系统对历年颁布执行的劳动保障规范性文件进行了清理，自治区劳动保障厅废止规范性文件共17件。加强劳动保障监督执法工作，制定了《自治区劳动和社会保障厅劳动保障法律审核规定》，建立了劳动保障法律审核制度，减少、避免了行政违法行为的发生；做好行政复议工作，全自治区劳动保障行政部门全年处理行政复议案件25件。

2001年，广西壮族自治区广泛开展劳动保障普法和宣传工作。自治区劳动保障厅举办了1期社会保险争议处理行政复议法规培训班，4期中央、自治区直和地市直企事业单位劳资、工会人员劳动保障法规政策培训班。3月21日~4月21日，自治区劳动保障厅与自治区党委宣传部联合开展全自治区医疗保险制度改革宣传月活动，期间，各新闻媒体统一行动，有针对性地宣传医改，为推进医改创造了良好的舆论氛围。5月26日~6月1日，在全自治区范围内开展了劳动保障政策法规宣传周活动，5月26日举办了咨询日活动。据不完全统计，全自治区参加咨询日活动的自治区、地（市）、县（市）领导共有410多人，发放宣传资料32万份，前来咨询的职工群众达6万余人。

七、劳动保障监察执法工作实现了新突破

2001年，广西壮族自治区各级劳动保障监察机构通过牢固树立“以劳动保障监察为切入点，推动劳动保障事业全面发展”的理念，以制度建设为基础，以狠抓办案为龙头，紧紧围绕改革发展稳定的大局和劳动保障中心工作特别是两个确保工作，根据广西实际全力开展劳动保障监察工作，为两个确保工作提供了强有力的支持和保障。年内，各级劳动保障监察机构先后开展了4次全自治区性的专项执法大检查活动，发现和纠正了许多违反劳动保障法律法规的行为。在日常执法中，各地劳动保障监察机构明确任务，落实责任，不断加大主动巡查力度，努力扩大劳动保障监察年度审查的

覆盖范围，认真受理和查办职工群众投诉举报的案件，敢于办案，严格执法，规范程序，提高效率，办案质量和办案水平不断提高，有效地促进了劳动保障法律法规的贯彻落实，切实维护了劳动者和用人单位的合法权益。全年立案4 071件，比上年增长了40%，其中群众投诉举报的案件为2 376件，这是广西壮族自治区劳动保障监察机构建立以来办案最多的一年，并首次消灭了办案的空白点。全年办结劳动保障监察案件3 925件，其中群众投诉举报案件2 247件，群众举报专查结案率达95%。对7.05万户用人单位进行了劳动保障监察年审；检查用人单位9.06万户，涉及人数205.28万人；督促补签劳动合同14.6万人；清退童工112人；追发劳动者工资待遇1 436.39万元，涉及劳动者4.02万人；督促1.75万户用人单位缴纳社会保险费2.04亿元。

八、规划财务、基金监督和农村社会养老保险等工作不断推进，劳动保障工作全面发展

2001年，广西壮族自治区不断加强劳动保障规划工作，完成了《广西劳动和社会保障事业发展第十个五年计划》《广西劳动就业和社会保障“十五”规划》及2001年全自治区劳动和社会保障事业发展年度计划的编制工作，并及时下达各地区执行。进一步做好劳动保障统计工作，出台了《广西壮族自治区劳动和社会保障厅统计工作管理暂行办法》，9月，自治区劳动保障厅被劳动保障部评为2000—2001年度全国劳动保障综合统计先进单位。认真做好财务工作，完成了自治区劳动保障厅本级2002年部门预算编制工作，出台了《广西壮族自治区劳动和社会保障厅财务管理暂行办法》，11月，自治区劳动保障厅会计基础达标工作通过了自治区有关部门的验收。

2001年,广西壮族自治区加大社会保险基金监督工作力度,在全自治区范围内开展了国有企业下岗职工基本生活保障资金、失业保险基金和基本养老保险基金管理使用情况的专项检查。清理回收被挤占挪用的社会保险基金。2000年7月～2001年12月,全自治区共清理回收被挤占挪用的社会保险基金2 445.77万元。

2001年，广西壮族自治区各地积极采取措施，确保农村社会养老保险工作正常运转，有力地维护了农村社会稳定。全自治区农村社会养老保险基金收入1 652万元，其中养老保险费收缴额145.7万元；养老保险基金支出325.4万元。至年底，全自治区参加农村社会养老保险人数达186万人，累计积累养老保险基金4.79亿元。

九、面临的困难及问题

2001年，自治区劳动保障工作仍面临一些困难，主要有：一是两个确保资金缺口大。2001年，全自治区下岗职工基本生活保障资金共需6.99亿元，实际筹集资金5.35亿元，缺口1.64亿元；全自治区基本养老保险基金征缴收入30.14亿元（含回收历年欠费2.88亿元），基本养老保险基金支出34.03亿元，当期缺口达3.89亿元。二是社会保险扩面困难较大，私营企业和个体工商户扩面进展缓慢。2001年，全自治区参加企业职工基本养老保险的在职人数为190.2万人，实际缴费人数为170.6万人，占参保职工人数的89.7%。三是促进再就业优惠政策难以落实到位，下岗职工出中心再就业难，再就业率逐年下降。全自治区下岗职工再就业率从1998年的61.1%逐年下降为1999年的47.1%，2000年的29.4%，2001年的21.2%。四是私营企业、个体工商户签订劳动合同难。至2001年末，全自治区私营企业、个体工商户劳动合同签订率不到20%。五是劳动保障监察执法力量不足，劳动争议案件持续上升。2001年全自治区各级劳动争议仲裁委员会立案受理的劳动争议案件达2 072件，比上年增长98.6%；涉及劳动者9 586人，比上年增长191.36%。其中，集体劳动争议案件159件，涉及劳动者7 121人，分别比上年增长67.4%和212.18%。

（广西壮族自治区劳动和社会保障厅）

海　南　省

2001年，在劳动和社会保障部的指导下，海南省劳动保障部门认真贯彻江总书记“三个代表”重要思想，以继续巩固两个确保成果、推进医疗保险制度改革为重点，扎实工作，劳动保障各项工作取得新进展，实现了新世纪的良好开局。

一、两个确保成果得到巩固并进一步扩大，下岗职工分流再就业工作取得新进展

两个确保是2001年海南省委、省政府为民办实事的第一项内容。为真正实现两个确保，提高养老金社会化发放率，海南省加大了工作力度，继续实行并强化两个确保通报制度，配合地税部门做好征缴工作，协调财政调整支出结构，加大省级调剂力度，加强监控督办，建立企业离退休人员养老金发放情况报告制度，将中央财政补助资金与各市县业绩挂钩，调动市县工作的积极性。通过采取以上措施，取得了开展两个确保工作以来的最好成绩。全年共筹集9 277.18万元资金为下岗职工发放基本生活费和代缴社会保险费，下岗职工领取基本生活费的比例达到100%，6月份以后按时足额领取比例保持在100%，全年按时足额领取基本生活费的比例达到96.07%，使国有企业下岗职工的基本生活得到了有效保障。除农垦外，其他市县基本做到了按时足额发放离退休人员养老金；养老金社会化发放率从2000年的92.7%提高到100%（农垦除外，农垦养老金社会化发放率为65%），高于全国平均水平3个百分点。此外，在“两节”期间，全省共筹集资金1 600多万元，对5万多名困难企业的困难职工和困难离退休人员进行慰问。

为加快建立市场导向的就业机制，促进下岗职工再就业，理顺劳动关系，提请省政府下发了《关于我省国有企业下岗职工基本生活保障向失业保险转变有关问题的通知》，为下岗职工出中心并轨工作提供了政策依据。在为下岗职工分流再就业服务方面，会同工商、税务等部门对下岗职工享受优惠政策情况进行检查，促进了优惠政策的落实；大力开展以“保生活、促就业、接保险”为主要内容的再就业援助行动，组织编印了再就业援助手册和再就业政策优惠卡各3万份，并全部免费发放到下岗职工手中；实施第二期“三年六万”再就业培训计划，共培训下岗职工和失业人员21 971人；启动了社区就业服务工作，在海口市振东区建立了全省第一个社区就业服务中心。全省共有13 644名下岗职工以自谋职业、发展多种经营、劳务输出等形式实现了分流再就业，分流再就业率达到40.05%，高于全国平均水平10个百分点，实现了省委、省政府年初确定的40%分流再就业率的目标。

二、劳动合同管理进一步规范，劳动者权益得到有效保护

针对市场经济发展的要求和新形势下劳动关系发生的新变化，及时修改完善了劳动合同文本，把过去企业用的和党政机关事业单位用的两种文本改为一种文本，并对有关条款作了大幅度修改，使之更加完善，利于操作。在全省范围内建立劳动合同签订与履行情况统计报

告制度，要求各市县和有关单位按时将半年度和全年度的统计报告与统计报表上报，以便及时了解和掌握全省劳动合同和集体合同管理情况。认真做好劳动合同鉴证工作。共依法办理劳动合同鉴证46 560份，其中办理续订劳动合同鉴证31 887份。抓好用人单位劳动合同书和规章制度的审查工作。共审查通过集体合同19家，纠正违反劳动法律法规条款76条；审查用人单位劳动合同书56份，纠正违反劳动法律法规条款215条；审查用人单位规章制度52份，纠正违反劳动法律法规条款225条。进一步规范了劳动合同和集体合同的管理，维护了广大劳动者的合法权益。

认真抓好全省劳动和社会保障年审工作。对劳动和社会保障年审手册的内容作了修改与补充；加大宣传力度，促使原来未参加年审和去年新成立的用人单位主动接受年审，全省参加劳动和社会保障年审工作的用人单位6 954家，涉及劳动者43.2万人。开展整顿民办职业介绍机构工作。组织力量，对海口地区的民办职业介绍机构进行了清理整顿，纠正了部分违规行为，对两家非法职介机构依法进行了处罚。精心组织实施劳动保障法律监督检查活动，在全省范围内对各类用人单位，重点是外商投资企业、私营企业和个体工商户等非公有制用人单位等进行监督检查。共监督检查用人单位1 870家，涉及劳动者114 151人，监督检查劳动保障违法案件561件，督促补签劳动合同15 982人。劳动保障行政部门责令整改单位357家，工会、劳动保障法律监督提出整顿建议涉及单位54家。劳动保障行政部门行政处理涉及单位108家，处罚涉及单位15家，罚款5.885万元。《海南日报》等新闻媒体对此项工作及时做了报道，在社会上引起很好的反响。在开展贯彻实施《禁止使用童工规定》情况检查活动中，共检查用人单位1 536家，涉及劳动者人数106 675人；查出童工21名，涉及用人单位13家。通过检查，处罚违法单位9家，罚款20 000元。

三、加强劳动力市场建设，积极探索新的就业服务方式

根据国家关于劳动力市场现代化、科学化、规范化的要求，新建了1 200平方米的人才劳动力市场，市场设固定招聘展位80个，配备了计算机网络管理系统，实现了劳动力供求信息资源的共享。市场内除配备大型电子显示屏，不间断滚动播放劳动力供求信息外，还安装了多媒体音视系统和多媒体触摸查询系统。每个标准展位还配备了信息网接点和互联网接点。建立了网络市场，企业和个人在网络覆盖范围内任何一个网点都可以得到招聘、求职和信息查询等方便快捷的服务。组织了大型劳动力交流大会，3 150家单位进场招聘，求职人员近20万人，有35 000多人求职成功，成功率为18%。

为适应企业用工制度改革的需要，拓宽就业服务渠道，省就业局注册成立了人力资源管理服务公司，与海南移动通讯有限公司、海南省邮电工程局合作开展委托招聘、就业培训、劳务输出、人事档案托管、人事劳动保障事务代理、人力资源开发利用等业务，大大方便了用人单位和从业人员，探索出一条帮助企业转变用人机制和劳务派遣的新路子。

四、加大职业技能培训与鉴定工作力度，做好技校招生工作

组织开展了2000年全省社会培训机构办学资格年审工作，共检查社会培训机构64家，合格60家，取缔4家。全省社会培训机构全年共培训社会各类人员近2万人。完成了51个职业（工种）、73场次、共7 447人（不含技师）的职业技能鉴定工作，5 957人获得了相应级别的职业资格证书，鉴定人数比上年增长37.40%。组织举行了全省第二次技师社会化考评工作。考评工种3个，考评人数272人。在总结首次考评工作经验的基础上，组织专家对考核标准、考核大纲进行了全面修订，建立了新的题库，适当提高了考试要求。使考试内

容更具针对性、适用性和时代同步性，考试形式更具操作性，内容结构更具合理性。组织举办了第四期考评员资格培训班，共有210人参加培训考核，167人通过考核并获得相应资格。开展全省职业技能鉴定质量检查，共完成对40个鉴定所的检查工作。有6家鉴定所被撤销鉴定资格，9家鉴定所被列为整改对象。通过该项工作，加强了对鉴定机构的管理，促使鉴定机构不断完善自身条件，提高鉴定质量。编制了飞机加油工、前厅服务员等6个行业工种的考核标准和考核试题，充实了本省题库。编写了《客房服务员考核复习指南》，对该工种鉴定工作的开展，提高鉴定质量将起到积极的作用。

做好技校招生工作，在《海南日报》上发布全省技工学校招生情况，指导各技校加大宣传力度，增强技校的吸引力。2001年，全省13所技校共招生2 078人。

五、加强企业工资宏观调控体系建设，为企业建立科学合理的工资分配制度创造良好条件

继续推行企业工资增长指导线制度。根据海南省经济发展情况和职工工资水平，研究提出了本省2001年度企业工资增长上线为12%，基准线为9%，下线为零增长或负增长的指导线意见，并已经劳动保障部及省政府批准后颁发执行，为企业合理确定内部分配方案，建立正常的工资增长制度提供了决策依据。继续开展劳动力市场工资指导价位制度试点，指导海口、三亚市确定了行业试点范围。在三亚市开展劳动力市场工资指导价位制度试点工作，并指导三亚市对100多家企业工种（岗位）工资水平进行普查和抽样调查，通过整理、汇总，形成了23个通用性、可比性、流动性较强的工种（岗位）的工资指导价位，经市政府同意，予以公布。同时，狠抓海口市劳动力市场价位的发布，在2000年94个工种（岗位）的基础上，增加了31个工种（岗位）的工资指导价位，为用人单位和求职者协商工资提供参考，发挥劳动力市场价格杠杆作用。

调整海南省2001年度企业最低工资标准，从7月1日起，全省最低工资标准调整为：一类地区400元（小时工资标准为2.39元）；二类地区350元（小时工资标准为2.09元）；三类地区300元（小时工资标准为1.79元）。

六、完善社会保障制度，推进医疗保险制度改革

根据国家现行的养老、医疗、失业保险政策，对海南省的相关条例进行了修改，新的基本养老保险条例、基本医疗保险条例及其实施细则、失业保险条例已颁布实施；失业保险条例实施细则修正草案也已上报省政府审议；出台了国家公务员医疗补助办法、社会补充医疗保险办法、生育保险办法等配套政策，实现了与国家统一的社会保险制度并轨。

为推动医疗保险制度改革，2000年以新的医疗保险条例出台和全省城镇职工基本医疗保险制度与医药卫生体制改革工作会议为契机，加大了工作力度，对推进速度、覆盖范围、参保人数提出了硬性要求，举办多期医疗保险制度培训班，并组织工作组深入部分市县共同研究解决推进基本医疗保险制度改革中遇到的问题，保证了从公费医疗、劳保医疗向基本医疗保险的顺利平稳过渡。截至年底，所有的市县都已启动医疗保险，且多数市县已覆盖到企业，参保人数达到40万人。

七、加强社会保险监督工作，回收挤占挪用基金工作取得新进展

按照《社会保险基金行政监督办法》要求，改组了海南省社会保险基金监事会，成立了社会保障监督委员会。此外，全省19个市县中已有15个市县建立了社会保险基金监事会，初步建立起海南省社会保险基金监督工作体系。在全省19个市县开设了监督电话，先后共受理并处理群众举报电话和信件21件，成为全国首家开设社会保险监督机构举报电话的省份。组织开展了全省社会保险基金收支管理情况的检查评估工作，与省财政厅、省地税局和省社会保障监督委员会4家联合组成了评估小组，分3组到省及各市县的社保、税务、财政部门进行检查评估，通过这次评估，第一次把全省所有相关机构和部门的基金收支管理工作情况，按照评估标准进行了量化排名，有效地促进了基金收支管理机构的基础建设工作，降低了基金管理运作的风险，同时也发现了个别单位在基金管理方面存在的突出问题。成立了专门回收机构和监督机构，加大工作力度，回收工作取得新成绩。截至12月底，全省共清理回收挤占挪用和其他违纪基金5 626.17万元，回收率占挤占挪用和其他违纪基金总数的22%。

八、劳动保障队伍素质有所提高，基础工作得到加强

为适应加入WTO后对人员素质的新要求，2001年海南省加大了对劳动保障队伍培训工作力度，全年共举办业务培训25期，举办人事劳动保障局长培训班1期，培训市县人事劳动保障局长42人。加强和改进人事劳动保障系统作风建设，按照中央和省委的部署，以为海南经济发展提供良好的人事劳动保障环境为目标，认真查摆剖析作风建设中存在的问题，提出具体的整改措施，作风建设取得明显成效。

加强基础工作，制定了《海南省人事劳动保障管理暂行办法》，规范人事劳动保障统计各部门的职能，以保证统计数据的及时准确。实现了省厅与13个市县和所有下属单位的三级联网，厅“政府上网工程”及政务公开系统收到显著的社会效益；开办了省人才劳动力市场信息网站、人力资源开发中心网站以及业务处理、查询系统。

（海南省人事劳动保障厅）

重　庆　市

一、社会保险

1．确保国有企业下岗职工基本生活

2001年，重庆市坚持按照“三三制”筹资原则落实国有企业下岗职工基本生活保障和再就业基金，市和区县两级财政在预算中安排了再就业资金，企业自筹资金和社会筹集资金的力度逐步加大，筹资状况不断改善。同时，强化了资金计划管理和监督，严格把好企业类别评审关，确保了国有企业下岗职工基本生活费发放和必要的促进再就业工作的开支，对再就业工程的顺利推进起到了保证作用。2001年，全市共计支出国有企业下岗职工基本生活保障和促进再就业资金12.78亿元，进中心的下岗职工都得到了基本生活保障。

2．确保企业离退休人员基本养老金按时足额发放

2001年，重庆市继续确保了养老金按时足额发放。1～12月，给全市14 579户参保企业的82.02万名离退休人员发放养老金36.65亿元，按时足额发放率达到100%，连续3年当期未发生新的拖欠。为确保养老金按时足额发放，一年来，重庆市各级社会保险经办机构怀着高度的政治责任感和强烈的社会使命感，按照“不拖一天，不漏一人，不少一分”的工作要求，统筹安排，精心组织，在加强资金调度和运作监控的同时，采取了新的举措：一是建立了重点监控县制度。年初确定以基金缺口严重的巫山、巫溪、城口、云阳、彭水、武隆、石柱、酉阳、奉节和秀山等10个区县（自治县）为确保工作重点帮助和直接监控地区。二是建立了确保发放联系检查制度。全市确定了100户企业的1 000名离退休人员为联系对象，市社会保险局不定期采用信函或电话方式实时掌握确保情况。三是市劳动保障局与市财政、银行等部门定期召开工作协调会，研究解决养老金发放工作中发现的新问题。四是深入调查核实，加大基金调剂力度。向万州、忠县、梁平、垫江、南川等区县市共调剂养老保险基金5 014万元，确保了以上地区企业离退休人员按时足额领取养老金。

3．养老保险

2001年，重庆市基本完成了个体参保工作。截至年底，全市个体参保人数已达14.75万人，同比增加5.79万人，增长了64.62%，征收基本养老保险费10 277万元。

2001年，重庆市应征收基本养老保险费28.21亿元，实际征收27.52亿元，征收率达97.55%（含补收历年欠费6.3亿元），增收5 200万元。2001年，重庆市养老保险基金收入37.43亿元，其中中央转移支付6.89亿元，市财政补助收入1.53亿元。基本养老保险基金累计结余6.33亿元。

2001年底，重庆市扩面新增参保企业960户，新增参保职工44 918人，占年初计划35 000人的128.34%，超额完成9 918人。有12个区县超额完成了扩面工作任务。在这一工作中，重庆市注意抓住重点。2001年初，重庆市劳动保障局对2000年参保单位和人员结构进行分析，发现外商投资企业、私营企业参保比例比较低，就明确提出2001年要将外商投资、私营等企业作为扩面工作重点。通过各级

社会保险经办机构的努力，重庆市外商投资企业、私营企业参保比例较上年有较大幅度的提高。特别是通过参与评审私营企业50强工作，推动了私营企业参加养老保险。不少私营企业主和员工纷纷到重庆市社会保险机构咨询政策，预计2002年此项工作将有较大的突破。

4．开展领取养老金资格验证试点

截至2001年底，重庆市已验证领取养老金资格259 347人，占年初目标计划233 900人的110.87%，超额完成25 447人。有30个区县完成了任务。全年查出冒领人员78人，追回基金122 672.93元。离退休人员养老金实行社会化发放以后，怎样准确无误地确保他们领取养老金，采用什么办法及时有效地防止冒领养老金，如何进一步规范完善有关管理制度和提高社会化服务水平。为研究这些新情况，解决这些新问题，在国家劳动保障部尚无明确指导意见的情况下，2001年重庆市劳动保障局探索开展了企业离退休人员领取基本养老金资格验证工作，启动了养老金社会化发放的后续管理服务程序。这一工作已经取得初步成效。首先，通过对近年来重庆市养老金社会化发放工作的分析，市劳动保障局明确地提出了要制止养老金冒领欺诈行为，减少或杜绝基金流失；提出分3年时间完成离退休人员领取养老金资格验证总体设想，并具体组织实施；出台了指导性文件，对验证工作提出了目标计划和工作要求。其次，重庆市在巴南区、长寿县和荣昌县3个重点联系区县进行试点，8月份，在巴南区召开了试点单位座谈会，对试点前期工作情况进行了检查，分析了存在的问题，提出了下一步工作意见，同时将试点单位的经验做法通报全市，指导面上工作的开展。第三，强化验证工作管理，规范验证的各种表格台账，统一数据，采集了基础信息，加强了基础管理，提高了服务质量，建立了重病、高龄老人联系慰问制度。荣昌、长寿、铜梁、经开区、大渡口、云阳、奉节、垫江、梁平、忠县等区县在总结验证工作中，还摸索创造出面对面验证、计算机验证、上门验证、信函验证、委托验证等行之有效的方法，有力地推动了验证工作。

5．城镇职工基本养老金社会化发放工作

2001年，重庆市实现社会化发放养老金81.85万人，社会化发放率达99.79%，基本实现了参保企业离退休人员养老金社会化发放。到年底，全市已有37个区县社会化发放率实现了100%。

6．机关事业单位养老保险

2001年，重庆市认真贯彻落实党中央、国务院两个确保的方针，积极稳妥地推进全市机关事业单位社会养老保险事业的发展。切实做好基金的征收和拨付工作，基金征收率达到95%。按时足额拨付离退休人员养老金。积极开展为特困投保单位的解困工作，维护了重庆市的社会稳定。2001年，重庆市基本完成全市25个区县（自治县、市）的机关事业单位社会保险机构陆续从本级人事部门划转劳动和社会保障部门管理的工作。截至年底，全市机关事业单位社会养老保险参保人数达20万余人。

7．医疗保险

2001年，重庆市认真贯彻落实《国务院关于建立城镇职工基本医疗保险制度的决定》，医疗保险制度改革取得了积极进展。2001年12月正式出台了《重庆市城镇职工基本医疗保险市级统筹暂行办法》（渝府发〔2001〕120号），并从2001年12月1日起在渝中区、江北区市区两级机关、事业单位和少数企业先期启动医疗保险制度改革。经过3个月的试运行，总体情况基本平稳，参保人数已达8万人。市级统筹余下各区将在2002年下半年启动实施。

重庆市基本医疗保险根据《重庆市建立城镇职工基本医疗保险制度总体规划》，划分为35个统筹地区，其中，市级统筹地区1个，地级统筹地区8个，县级统筹地区26个。全市医改范围人数360万人，其中在职职工278.55万人（机关事业单位71.77万人，企业206.78万人），退休人员81.36万人；市级统筹医改范围人数136.12万人，其中在职职工

105.79万人（机关事业单位17.32万人，企业88.47万人），退休人员30.33万人。在35个基本医疗保险统筹地区中，市政府已经审批同意医改实施方案的有27个。其中已经有15个统筹地区实施了基本医疗保险制度，参保职工人数已达50万人。全市基本医疗保险基金累计征收7 027万元，平均征收率达78%（其中：单位基本医疗保险费累计征收5 598万元，平均征收率达81%；个人基本医疗保险费累计征收1 429万元，平均征收率达78%）；基本医疗保险基金累计结余5 872万元（统筹基金累计结余2 358万元，个人账户累计结余3 514万元）。

8．失业保险

2001年，重庆市继续狠抓扩面提率，加强了对事业单位和非公有制经济的扩面力度。2001年度全市参加失业保险社会统筹的职工210.46万人，其中：企业参保职工171.35万人，事业和其他单位参保职工39.11万人。

加大失业保险征收力度，全市失业保险基金收入2.30亿元，支出2.86亿元，确保失业人员失业保险金按时足额发放。认真做好失业人员的接收管理和失业保险金发放等服务工作，全年新接收登记失业人员6.69万人，加上上年结转3.17万人，共计为9.86万名失业人员发放了失业保险金，年底有7.41万名失业人员领取了失业保险金。认真做好下岗职工协议期满出中心后的失业保险接续工作。出台了关于做好国有企业下岗职工协议期满出中心后失业保险接续工作的文件，并认真组织落实。全年共有2.59万名协议期满下岗职工走出中心，按规定接续了失业保险关系。

2001年，重庆市以事业单位和非公有制经济为重点，加大失业保险扩面力度。2001年，全市失业保险新扩面参保职工13.12万人，其中：企业参保职工4.17万人，占新扩面人数的31.78%；事业和其他单位参保职工8.95万人，占新扩面人数的68.22%。

2001年，重庆市46个失业保险经办机构对辖区内符合享受失业保险待遇的失业人员全部纳入社会化管理，失业保险金已实行社会化发放。同时，指导各区县（自治县、市）建立由银行代发失业保险金制度，有34个区县（自治县、市）实行了银行代发制，占全市行政区划的79.07%。

9．工伤保险

2001年，重庆市已有19个区县（市）开展了工伤保险，参保职工34.7万人。年内通过对100多家企业（25万职工）进行工伤医疗费、住院费、工伤津贴等的调查、统计，确定了工伤保险的行业差别费率。草拟了《重庆市工伤保险办法》，并通过市政府有关部门、部分区县（市）劳动行政部门和企业等多次论证，力争以政府令的形式出台后在全市实施。

10．生育保险

2001年，重庆市已有12个区县（市）开展了生育保险，参保职工25.5万人。年内通过对50家（大、中、小）医院和64家企业30万职工进行的测算及统计处理，确定生育保险平均征缴费率。草拟了《重庆市生育保险办法》，并通过市政府有关部门、部分各区县（市）劳动行政部门和企业等多次论证，力争以政府令的形式出台后在全市实施。

11．农村社会保险

2001年，重庆市遵照《市人民政府办公厅转发市劳动和社会保障局等部门关于整顿和规范农村社会养老保险工作的意见的通知》精神，23个开展农村社会保险工作的区县结合实际，分别对近3年来农村社会养老保险基金收支情况和基金运营情况进行了摸底清理。全市1998年度基金滚存结余10 131.42万元，1999年度基金10 554.06万元，2000年度基金10 626.68万元。

12．社会保险法制建设

2001年，重庆市开展了《重庆市失业保险条例》等劳动保障地方性法规、规章的立法调研工作，制定了全市劳动保障系统法制宣传教育第四个五年计划，广泛开展普法教育。5月，在全市组织开展了大规模的劳动保障政策咨询活动。

建立健全社会保险行政争议处理制度、规范性文件制定程序、规范性文件报送备案制度和行政执法责任制，大力开展行政执法监督。按照加入世界贸易组织，改善重庆市投资环境的要求，对行政审批项目进行了清理和改革，取消、调整现行行政审批项目 37 项；对现行劳动保障规范性文件进行清理，宣布废止 39 件。

劳动保障行政复议和行政应诉案件继续急增。全市共发生劳动保障行政应诉案件 123 件，维持率为 67.5%；受理行政复议案件 107 件，结案率为 91.6%。

13．社会保险基金监督

2001 年，重庆市的社会保险基金监督工作在 2000 年全市社会保障资金大检查的基础上，由市劳动和社会保障局牵头，再次组织了市监察局、财政局、审计局等 7 个市级部门参加，对全市下岗职工基本生活保障资金、失业保险基金、养老保险基金和基本医疗保险基金等四项社会保障资金开展专项执法大检查。此次检查取得了一定的成效，对查出的个别违纪违规管理使用社会保险基金的问题进行了纠正和整改，确保了基金的安全和完整。

二、劳动争议仲裁

2001 年，重庆市劳动争议仲裁工作坚持以江总书记“三个代表”的重要思想为指导，以服务经济建设、维护社会稳定、维护企业和职工合法权益为原则，遵循“重在源头，重在基层，重在调解，重在预防”的方针，充分发挥劳动争议仲裁委员会三方机制的作用，及时妥善地处理了一大批重大疑难案件，完善和改进了仲裁制度，提高了仲裁员队伍素质，为全市劳动关系的和谐和社会秩序的稳定发挥了重要作用。

2001 年，重庆市劳动争议仲裁机构共计处理劳动争议案件13 314件，其中立案处理4 545件，案外调解8 625件，案件涉及经济标的9 996万元，涉及劳动者16 423人。全市共结案13 101件（含上期结转案件 131 件），其中集体劳动争议案件 185 件，涉及集体上访和罢工的案件 8 件，结案率达 98%。此外，市仲裁处还鉴证劳动合同23 064份，纠正违法和无效劳动合同4 000余份，涉及劳动者11 532人；接待群众来电、来访咨询7 000余人次，函复群众来信 23 件。具体做法是：

1．提高办案质量，注重社会效益，妥善及时处理了一大批重大疑难案件

2001 年，是重庆市企业改制走向深化，三峡工程二期水位淹没企业大量搬迁，劳动争议数量大幅度增加，集体劳动争议案件成倍增长的一年。伴随着劳动争议的高发率，重庆市 2001 年劳动争议呈现出两个特征：一是集体劳动争议大量涌现。集体劳动争议人数多，社会影响大，背景复杂，给劳动争议处理工作提出了严峻的挑战。二是重大案件成倍增长。伴随 2001 年体制改革对利益的重新调整，旧的劳动关系不可避免地受到冲击，因企业改制、转制、经营机制高速和关停并转等一系列经济活动的深入，劳动争议也随之显现化、复杂化。在 2001 年的劳动争议处理中，频繁出现了一些复诉案，由于涉及面广、影响重大，引起了各级部门及多位市级领导的关注。面对劳动争议呈现的上述特点，市仲裁委加强了协调，坚持公正、追求社会效果的做法，对市仲裁委的案件，采取走出去、请进来的办法，充分听取市经委、市总工会、市高级人民法院等相关部门的意见，请他们参加案情分析会，争取他们的配合和支持。对各区（市）县重大疑难案件，加强了指导，加强了协调，通过案件移送、指定管辖等办法，亲自参与了对一批重大疑难案件的指导，保证了劳动争议案件的公正、公平、及时的处理。通过抓好重大疑难案件的办理工作，以点代面，强化公正执法，全面推动了劳动争议处理工作的提高，保证了仲裁工作的高速、高效运行。

2．强化培训工作，提高仲裁员队伍素质

2001 年，随着重庆市各区（市）县机构改革工作的完成，仲裁工作队伍有了较大的变化，一批老仲裁员退出或调离了仲裁工作岗

位，一大批新的工作人员充实到队伍中来。针对这一新情况，市劳动争议仲裁委员会加强了仲裁员资格培训认证工作，增加了业务培训的内容，从理论和实际上强化了培训的内容。一是加强了对新仲裁员劳动法基础理论的培训。专门从西南政法大学请来了教授授课，提供机会让从事实践工作的同志与从事理论研究的学者充分沟通，提高仲裁员的法律基础理论水平。二是强化了与人民法院劳动争议民事审判的衔接。请人民法院长期从事民事审判工作的审判员给新老仲裁员讲解人民法院审理劳动争议案件的若干要点，进一步统一双方在审理同类案件的诸多思路。三是请市仲裁委长期从事审案工作的老仲裁员集其多年实践经验，传授具体操作方法，统一和规范全市的劳动争议仲裁行为，提高仲裁员的业务素质。2001 年，市仲裁委完成了对重庆市来自各区（市）县劳动行政部门、工会系统、司法系统等 148 名仲裁员的培训工作。同时，市仲裁委还利用召开全市劳动争议工作会、劳动争议仲裁工作片区会、重大疑难案件研讨会等会议以会代训，使广大新仲裁员了解和掌握了仲裁工作的基本原则、方法，熟悉了办案程序，使老仲裁员进一步拓宽了理论知识的范围，提高了对仲裁工作的认识，收到了良好的效果。

3．完善仲裁工作规章制度建设，探索建立仲裁工作的自我监督约束机制

为使劳动争议仲裁工作人员牢固树立廉政勤政的思想，规范办案行为，切实维护好用人单位和劳动者双方的合法权益，2001 年，重庆市在继续深化贯彻原有的仲裁员工作责任等制度的基础上，探索建立仲裁工作的自我监督约束机制，试行制定了仲裁员管理办法，划清了仲裁工作中各类工作人员的职责范围、权限，建立了仲裁工作的“错案追究制”“仲裁员主审负责制”，明确了对仲裁工作人员仲裁行为的奖惩办法。对从事仲裁工作的人员设定了明确、具体、高效的工作目标，界限分明、操作可行的权利义务规定。通过一年的试行，克服了人员少、任务重的矛盾，做到了多受案，快办案，办好案，受案率达 100%；确保了投诉有门，申诉渠道的畅通，在保证案件质量的前提下，结案率达 98%，并且没有错案发生。

4．深入调查研究，解决实践中的各种问题

针对过去工作中总结出的仲裁体制繁冗，处理劳动争议的程序规范不完善，与人民法院衔接不到位等诸多影响仲裁工作效率的情形，2001 年，重庆市将深入调查研究、现场解决问题作为一项主要工作任务来完成。市仲裁委先后对全市 30 多个区（市）县仲裁办的工作开展情况进行了调研，并重点调研了渝东地区的仲裁工作。同时，通过现场指导，促进了基层单位办案质量和水平的提高。针对劳动争议仲裁的体制问题，2001 年，重庆市召开了劳动争议仲裁体制研讨会，并向劳动和社会保障部就今后劳动争议仲裁体制的走向提出了建设性的意见。此外，重庆市还积极参与了全国性的调研活动，派员参加了在北京举行的 4 个直辖市劳动争议处理工作的研讨会，与其他兄弟城市交流沟通，共同关注和参与对仲裁工作现状及未来工作的研讨，为今后的工作拓宽了思路。

三、劳动力市场

1．基本情况

截至 2001 年底，重庆市职业介绍机构总数为 271 个，其中：劳动保障部门办的 116 个（市、区县劳动保障部门办的 42 个），其他组织办的 99 个，公民个人办的 56 个。全市职介机构工作人员总数为 1 030 人，其中劳动保障部门办职介机构 426 人，其他组织办职介机构 406 人，公民个人办职介机构 198 人。2001 年，重庆市的职业介绍服务机构共为 282 187 人次提供求职服务（其中：下岗职工 46 676 人次），介绍 158 834 人（其中：下岗职工 18 926 人）成功就业。

2．劳动力市场信息网络建设

1998 年以来，重庆市各级党委、政府和

有关部门高度重视劳动力市场信息网络建设，把它摆在第一位的工作和“一把手”工程的重要位置来抓，积极加大劳动力市场建设投入，4年来共投入建设资金4 600万元，使重庆市的职业介绍机构共拥有各类场地18 021平方米（其中服务场地近10 000平方米），服务环境得到极大改善。按照“科学化、规范化、现代化”的原则，重庆市劳动力市场自1998年开始建设劳动力市场信息网络，2001年底已发展成为覆盖市职介中心、26个区县（自治县、市）、3个社会团体及5个再就业重点企业，充分实现了劳动力供求资源共享，初具规模的现代化信息网络，为重庆市加快实施再就业工程，实现劳动力资源的市场调节及合理配置起到了积极的推动作用。

2001年，重庆市新增2个具备条件的网员单位，4个区县职业介绍机构完成了联网的前期准备工作。通过信息网络，共收集各类用工信息88 606人次，办理各类人员求职登记79 173人次，介绍成功37 607人就业（其中：下岗职工5 413人、失业人员9 045人），互联网上网访问人数累计达13.75万余人次，产生了良好的社会效益。

3．劳动力市场规范

对重庆市职业介绍机构的管理严格按照《劳动力市场管理规定》（劳动和社会保障部令第10号）、《中外合资中外合作职业介绍机构设立管理暂行规定》（劳动和社会保障部、国家工商行政管理总局令第14号）和《重庆市职业介绍管理条例》等法规（规章）进行。

四、劳动管理

1．实现国有企业下岗职工再就业目标

2001年是进入新世纪的第一年，重庆市委、市政府继续把再就业工程作为“一把手”工程抓紧抓好，在有关部门通力合作，社会各方大力支持下，下岗职工自强不息，积极进取，再就业工程进展顺利。2001年，全市国有企业下岗职工总数为22.84万人（2000年底结存14.52万人，2001年新增8.32万人），出中心9.86万人，其中实现再就业6.51万人，完成年计划6万人的108.5%。2001年底，中心结存下岗职工12.98万人。全年全市培训国有企业下岗职工5.6万人，完成年计划5万人的111.9%。

2．国有企业协议期满下岗职工平稳出中心

针对2001年全市国有企业有6万余名下岗职工进中心3年期限陆续到期，其矛盾的集中性、问题的复杂性和工作的艰巨性都远远大于1998年的实际，做好下岗职工协议期满出中心工作，既是继续贯彻中央〔1998〕10号文件和巩固过去再就业工程阶段性成果的需要，也是当前和今后几年国有企业改革减员增效的继续。对此，重庆市委、市政府高度重视，制定了《重庆市国有企业下岗职工协议期满出再就业服务中心有关问题的意见》，市劳动保障局、市再就业办等部门制定了4个配套文件，举办了培训班，并加大了宣传力度，在报上宣传政策，开通热线电话，深入企业到职工中去宣传解释政策，引导协议期满下岗职工顺利出中心。到2001年底，已有6.24万名3年协议期满的下岗职工顺利走出中心，与企业终止了劳动关系，并按规定接续了失业、养老保险关系，基本生活得到保障，一部分人已经实现再就业。

3．开展就业工作

2001年，重庆市继续紧紧围绕再就业工作这一中心任务，全方位开展就业工作，充分发挥就业服务体系的整体功能，顺利完成各项目标。

（1）继续采取政府花钱购买培训成果的办法，把提高培训后的再就业率作为目标，全社会共同参与开展再就业培训。指导和帮助企业再就业服务中心认真开展“一三一”服务，帮助下岗职工转变观念，提高素质和技能，增强再就业能力。同时，提高培训的实用性、有效性和针对性，开展再就业重点培训，取得较好效果。2001年，重庆市培训国有企业下岗职工5.60万人，完成年度计划的112%，结业后实现再就业3.13万人，再就业率为55.9%；为下岗职工提供就业信息13.43万人次，就业指导9.38万人次。

(2) 抓好劳动力市场建设和职业介绍工作。2001年，重庆市一手抓就业环境的整顿，一手抓自身服务质量的提高，为下岗失业人员提供职业介绍、就业指导等服务工作。全年全市职业介绍机构共办理用工登记25.26万人次，求职登记28.22万人次，介绍成功15.88万人次（其中下岗失业人员9.22万人），成功率达56.27%。全市劳动力市场信息网络已连通26个区县市，覆盖全市行政区划的65%。

(3) 加大对流动人员就业的指导和管理。2001年春运期间，重庆市加强了民工有序流动工作，印制《重庆市民工有序流动通知》和《致返乡民工公开信》等宣传资料下发各区县（自治县、市），调控民工流向。为了加强对农村劳动力就业的管理，开展了对永川市、开县、綦江县三个地区农村劳动力流动就业监控工作；指导涪陵区、黔江区、开县三地区的农村劳动力开发试点工作，及时按照劳动和社会保障部要求上报了农村劳动力开发就业试点方案。认真贯彻《重庆市流动就业管理暂行规定》，组织专人分组到各行业、各企业走访，做好用工审查、办理证卡等工作。召开全市流动人口计划生育工作会议；积极配合有关部门开展流动人口治安管理专项行动，规范了企业用工行为。2001年，重庆市帮助指导城镇失业人员9.3万人就业，占全年计划的112.5%。

(4) 就业训练工作在稳定教师队伍的基础上，将年度考核目标层层分解，落实责任，保质保量地完成了2001年度全市就业训练目标。2001年，重庆市就业训练结业人数4.69万人，占年计划的156.4%。市就业局在市劳动和社会保障局的指导下，研究制定了重庆市就业训练教师队伍职称评定的相关配套文件，建立了就业训练教师师资登记备案制度，使教师队伍的管理更趋规范化，为今后就业训练工作的开展提供了强有力的保障。

4．发展劳服企业

2001年，重庆市加强了对劳服企业的服务和指导，取得了可喜的成果。2001年，重庆市的劳服企业完成社会总产值42.67亿元，占年计划的142.23%；实现利税2.58亿元，占年计划的143.33%；新安置下岗职工3 838人，占年计划的127.93%。各项指标均超过考核目标计划。在做法上，一是向市再就业办推荐再就业重点企业9个，成为下岗职工、失业人员再就业和就业的基地。二是坚持“三严”方针发放再就业小额专项贷款，将200万元小额贷款发放到216名下岗职工手中，有力地支持了下岗职工的再就业。三是重庆市6个QC小组参加2001年全国劳服企业QC小组成果发布会，获得二等奖2个，三等奖3个，质量管理优秀企业奖1个。

5．实行劳动合同制度

2001年，重庆市的劳动合同制度在各类企业进一步推行，各级劳动保障行政部门重点加强了对非国有企业实行劳动合同制度的指导和监督检查。事业性质的用人单位改制为企业性质的用人单位后，也依法实行了劳动合同制度。

截至2001年末，重庆市有近5 000户企业建立了平等协商制度，2 846户企业与职工签订了集体合同，覆盖职工154.74万人。企业与职工通过平等协商和集体合同的签订、履行，使劳动关系进一步稳定和谐。

2001年，继重庆市劳动和社会保障局、重庆市总工会、重庆市经济委员会、重庆市企业家协会共同建立重庆市劳动关系三方协商制度后，全市各区县（自治县、市）及重庆经济技术开发区相继建立了劳动关系三方协商制度。该项制度在国有企业下岗职工进中心协议期满终止劳动关系、推进集体合同制度等方面开始发挥重要作用。

6．外国人和台湾、香港、澳门居民在渝就业

截至2001年末，共有207名外国人在渝就业（不含来渝投资者），其中日本人88名，英国人19名，美国人15名。同期共有63名

台湾、香港、澳门居民在渝就业（不含来渝投资者），其中台湾居民48人。

7. 深化技校改革

2001年，重庆市在技工学校中开展了复查评估和认定工作，6所国家级重点技校增挂了高级技能培训学院的牌子，批办了11所区域性综合职业技能培训基地。经市人民政府办公厅批准，认定重庆嘉陵工业股份有限公司技工学校等14所技工学校为重庆市重点（省、部级）技工学校；重庆市商业技工学校等46所技工学校为重庆市合格技工学校。五一高级技校等11所技校经劳动和社会保障部认定为国家重点技校。经过调整，全市技校由106所精减到71所。

2001年，全市各类技校共招收新生1.42万名，比2000年多招4 064名，增长率为39.9%。

8. 推行就业准入和职业资格证书制度

2001年5月，重庆市劳动和社会保障局在全市开展推行就业准入和资格证书制度的宣传周活动，印制宣传手册3万册。5月8日至12日，连续5天在《重庆日报》以6个整版刊登了劳动和社会保障部6号令、实行持证上岗的技术工种目录等相关政策。各区县深入企业、街道开展了形式多样的宣传活动，出动宣传车10余辆、工作人员3 000余人；组织了2 000多名群众上街游行宣传；制作各类标语2 500余条，制作板报和宣传专栏1 000多块，散发资料25万份；向近15万名群众提供了咨询和宣传。6月份，市劳动和社会保障局开展了为期一个月的全市技术工种从业人员持证上岗执法大检查活动。

9. 职业技能鉴定

（1）完善职业技能鉴定的各项基础工作建设。从2000年底到2001年初，重庆市对124个职业技能鉴定站（所）进行了清理整顿，取消了14个不合格的鉴定机构。对清理整顿后的鉴定机构，统一更名为“国家职业技能鉴定所”。开辟了涪陵、万州全国统考工种的鉴定，建立了高新技术考试站。全市高新技术考试站已达到54个，秘书考点6个，公关员考点4个，推销员考点4个，2001年国家统考工种鉴定人数达到5 000余人。至2001年底，全市共建立鉴定机构137个。职业技能鉴定题库和鉴定资料建设得到进一步发展，全市题库中累计整理、修改和开发了80余套知识、技能试题，印制并分发试卷6万套。经市劳动和社会保障局、国家劳动和社会保障部鉴定中心批准，在市职业技能鉴定指导中心成立了中英职业资格证书考试办公室。

（2）大力开展企业在职职工、高级技能、职业院校毕业生职业技能鉴定工作。2001年，重庆市把国有大中型企业作为企业在职职工技能鉴定工作重点，共鉴定在职职工2.42万人。高级技能鉴定把重点放在了技师、高级技师考评方式的社会化和范围的扩大上。全年取得高级技师和技师职业资格证书的人员达500余人，全市技师、高级技师总人数已达3 000余人。职业院校毕业生职业技能鉴定工作扩展到了高等职业教育领域。2001年，重庆市在高校中新设立社会化的职业技能鉴定所8个，全市高校鉴定机构已达12个，占全市鉴定机构总数的9%；全市学生获取职业资格证书人数达2.08万人，占全市发证人数的28%。2001年，全市通过鉴定取得职业资格证书总人数共计75 100人，比上年增长25%。

10. 开展职业技能竞赛

2001年，重庆市推荐的1名选手参加了第25届亚洲化妆发型大赛，在15个国家和地区选手中，荣获名师名店奖、发型优异奖、晚宴妆奖三项大奖。在全国第五届工程建设焊工技能竞赛中，重庆市参赛的6名选手分获第8、14、15名（大赛个人取前15名），团体成绩名列全国第6。在全国首届计算机应用大赛中，重庆市有1名选手取得全国第2名的优异成绩。2001年，重庆市还分别举行了全市汽车维修行业职业技能竞赛，全市青工钳工技能大赛，全市职工计算机知识普及暨第二届职工计算机大赛。

11. 病退鉴定工作

2001年，重庆市建立了病退鉴定工作新机制。全市病退鉴定工作首次采用两级劳动鉴定委员会共同组织鉴定的形式，建立了公正、公平、公开的新型劳动鉴定机制。2001年，全市1 851户企业的12 767名职工申请病检，经鉴定评审，有2 965人符合病退条件，平均合格率为23.22%。合格人员比2000年6 994人减少了4 029人，全年减少基本养老金支出1 832万元。具体做法是：首先，组建了新的市劳动鉴定委员会，充实了成员单位，建立了由市和区县（市）两级劳动鉴定委员会共同组织的新型劳动鉴定制度。其次，以市政府名义出台了《重庆市人民政府办公厅转发市劳动保障局等部门关于重庆市职工因病退休（职）鉴定暂行办法》（渝办发〔2001〕8号），完善了劳动鉴定制度。第三，建立了劳动鉴定医务专家库。通过各大医院推荐，市卫生局审核，市劳动鉴定委员会聘任的办法，聘请了副高以上医务专家200名。第四，改革了鉴定办法，设立定点医院，由随机抽调的医务专家组成新的鉴定班子到现场进行封闭式检查。第五，严把特检关，保证公正性。第六，采取两次公示即“申报公示”和鉴定评审“结果公示”制度，增加透明度。整个病退鉴定工作做到了职工满意、企业满意、政府满意，全市鉴定工作没有发生一起违纪投诉，树立了良好的社会形象。

12．工伤鉴定

职工因工（职业病）致残后，需要进行劳动能力等级及护理依赖程度等级鉴定，这是一项技术性强、标准严的工作，它的结论直接关系到伤残职工及企业的切身利益。2001年，重庆市企业职工因工伤残劳动能力鉴定工作，按照国家《职工工伤与职业病致残程度鉴定》（GB/T 16180—1996）的标准，坚持公平、公正、公开、科学的原则，加强了鉴定工作的监督；草拟《重庆市企业职工工伤（职业病）劳动能力鉴定暂行办法》，规范了工作程序，完善了工作制度。

13．开展劳动保障监察执法检查

2001年，重庆市劳动保障监察机构共组织开展4次执法大检查：深入开展了清理整顿劳动力市场秩序工作；首次在全市开展了从业人员持证上岗执法大检查；重点开展了劳动保障法律监督检查活动；全面进行了《禁止使用童工规定》落实情况检查工作。全年共检查用人单位2.16万户（次）；受理群众举报案件1 731件，立案查处1 397件，结案1 372件，结案率为98.2%；为劳动者追发被拖欠的工资742.59万元。在元旦、春节期间开展了为民工追讨工钱的活动，取得了较好的社会效益；督促用人单位补签劳动合同2.68万份；取缔非法职介机构160户；清退风险金、保证金等48.04万元；对1.1万户用人单位进行了劳动用工年检；督促缴纳社会保险费1 281.34万元；参与处理突发事件74起；加强了监察队伍建设，加大了主动监察力度，较好地促进了重庆的经济发展和社会稳定。

14．开展节日送温暖活动

2001年，重庆市为了体现党和政府对困难企业下岗职工和长期失业人员的关怀，按照市领导关于做好元旦、春节期间送温暖活动的要求，在市委、市政府的统一部署下，组织专项资金，对困难国有企业下岗职工、集体企业下岗职工和长期失业人员，采取多种形式开展送温暖活动，并发放了一定的节日慰问费。

同时，2001年元旦、春节期间，全市共安排送温暖资金354万元，慰问了3 438户企业的89 614名生活特别困难的离退休人员，收到了较好的社会效果。

五、职工工资

1．积极探索建立与现代企业制度相适应的企业工资收入分配制度

2001年，重庆市继续做好工资与效益挂钩的工资总量宏观调控工作，使企业工资总量和工资水平增长、经济效益增长保持合理关系。2001年，353户市级国有及国有控股企业实行了工效挂钩或工资总量包干的宏观调控形式。全市企业职工平均工资为7 600元，比上年增长18.2%。

2．积极推进企业经营者年薪制办法

经市政府批准，2001年，重庆市劳动保障局在7个市级控股集团公司试行了《重庆市市级国有及国有控股集团公司经营者年薪制试行办法》，与市财政局一起选择了市级外经贸企业试行经营者年薪制办法。

3．开展企业工资指导线试点工作

2001年，重庆市劳动保障局制定了《重庆市企业工资指导线制度试行办法》，经劳动和社会保障部审核，货币工资增长上线为14%，基准线为10%，经市政府批准在忠县和重庆经济技术开发区开展试点。

4．建立定期发布劳动力市场工资指导价位信息制度

2001年，重庆市发布了2001年度劳动力市场工资指导价位，共6大类296个工种岗位。

5．积极探索建立工资集体协商办法

2001年，重庆市在非国有企业比较集中的经济技术开发区进行工资集体协商试点。其他部分区县也开展了这项工作的试点。

6．开展全市国有企业工资内外收入监督检查工作

2001年，重庆市采取企业自查，主管部门复查，市企业工资内外收入监督检查领导小组办公室组织抽查的办法，开展了对全市国有企业工资内外收入的监督检查工作。在对市级企业的工资内外收入专项检查中，委托会计师事务所抽查审计了6户不同类型的企业，维护了国家利益和职工的合法权益。

（重庆市劳动和社会保障局）

四　川　省

2001年，四川省各级劳动保障部门深入学习和实践江泽民总书记“三个代表”重要思想，认真贯彻党的十五届六中全会精神，全面深化劳动和社会保障各项改革，在省委、省政府和各地党委、政府的高度重视和领导下，解放思想，转变作风，突出重点，狠抓落实，劳动保障各项工作取得了新的成绩，为促进全省经济发展、维护社会稳定和深化国有企业改革做出了贡献。

一、两个确保

2001年，四川省各级劳动保障部门在当地党委、政府的领导下，继续把两个确保作为重中之重来抓，采取多种行之有效的措施，狠抓落实，有力地保障了国有企业下岗职工基本生活费和离退休人员养老金按时足额发放，维护了社会稳定。

2001年，四川省国有企业下岗职工进入再就业服务中心的共有59.9万人，全年发放下岗职工基本生活费7.3亿元，代缴社会保险费5.9亿元，下岗职工基本生活费发放率和社会保险费代缴率分别为99.9%、98.7%。

2001年，四川省共发放企业离退休人员养老金87.9亿元，企业离退休人员养老金按时足额发放率达到100%，没有发生新的拖欠。

二、劳动就业

2001年末，全省在岗职工486.7万人，比上年末减少28.7万人。其中，国有单位350.5万人，减少21.2万人；城镇集体单位58.4万人，减少11.3万人；其他各种经济类型单位77.8万人，增加3.8万人。

国有企业下岗职工再就业工作取得新进展。2001年，全省国有企业新增下岗职工23.3万人，加上上年结转的38.7万人，全年共有62万名国有企业下岗职工需要再就业。通过组织实施《第二期“三年四十万”再就业培训计划》，2001年全省共组织近10万名国有企业下岗职工参加了再就业培训，培训后的再就业率为65.6%。通过努力开发社区就业岗位、进一步落实再就业优惠政策、大力开展再就业援助行动等措施，有力地推动了再就业工作，全年共有23.1万名国有企业下岗职工实现了再就业，超额完成了省委、省政府制定的全年帮助20万名国有企业下岗职工实现再就业的工作目标。到2001年末，全省国有企业实有下岗职工36.3万人。

城镇就业工作成绩显著。2001年，全省共有城镇登记失业人员54.5万人，其中当年新增23.5万人，比上年增加1.3万人。尽管就业形势十分严峻，但由于各级党委、政府高度重视，措施有力，促进19.7万名城镇失业人员通过多渠道实现了就业。其中，到国有企业就业的2.5万人，占就业人数的12.7%；到城镇集体企业就业的2.3万人，占11.7%；到其他企业就业的3.6万人，占18.3%；从事个体私营经济的11.3万人，占57.3%。城镇私营企业和个体经济组织在缓解全省城镇就业压力、稳定就业局势方面发挥了重要作用。到2001年末，全省尚有城镇登记失业人员31.9万人，城镇登记失业率为4.3%。

劳动力市场“三化”建设步伐加快。2001年，列入全国劳动力市场科学化、规范化、现代化建设试点城市的成都、宜宾、绵阳、乐山4个市通过了国家的检查评估和验收。全省劳动力市场信息网络建设取得新的进展，先后建成一批基本符合现代化管理要求的劳动力市场信息网络。有16个市级公共职业介绍机构前台服务使用了计算机。成都、乐山、宜宾、绵阳、自贡、攀枝花、泸州、广元、德阳、遂宁等市已建成劳动力市场信息广域网或局域网并投入使用。

职业介绍工作取得明显成效。2001年，全省职业中介组织得到进一步规范和发展，特别是公共职业介绍机构的服务领域不断拓展，服务水平、服务质量有了新的提高，在促进下岗失业人员实现就业和再就业中发挥了重要作用。2001年，全省1 375个职业介绍机构共办理求职登记75.9万人次，全年提供职业指导服务56.9万人次，职业介绍成功47.1万人次，成功率为62.1%。

劳务输出总量进一步增加。2001年，全省各级就业服务管理机构全年直接组织劳务输出14.7万人，比上年增加0.4万人。

社区就业工作取得突破性进展。到年底，全省社区就业实体发展到7 192个，当年新安置下岗失业人员2.6万人，社区就业实体从业人员达4.4万人。

三、劳动工资

2001年，四川省继续加强劳动关系协调工作。在国有企业下岗职工出中心并轨、实施国有企业退出规划和加快建立现代企业制度等重要工作中，兼顾国家、企业和职工三方利益，积极稳妥地做好劳动关系调整工作，确保稳定。

继续稳步推进劳动合同和集体合同制度，进一步规范劳动关系。截至年底，全省企业实行劳动合同制的职工为513万人，其中，城镇企业劳动合同制职工388.1万人，占城镇企业职工总数的93.5%；乡镇集体企业、私营企业和个体工商户签订劳动合同的人数继续增加，已签订劳动合同的从业人员分别达到82.4万人、29.6万人和37.2万人。全省签订集体合同的企业8 270户，涉及职工196万人。

2001年，四川省在岗职工工资总额为490.3亿元，比上年增加53.4亿元，增长12.2%。全省在岗职工平均工资为9 934元，比上年增加1 611元，增长19.4%，扣除物价上涨因素，实际增长17.2%。其中，国有单位在岗职工平均工资10 783元，增长21%；城镇集体单位在岗职工平均工资6 575元，增长14.4%；其他单位在岗职工平均工资8 650元，增长11.4%。

2001年，四川省企业单位在岗职工平均工资9 364元，比上年增长15.1%；事业单位在岗职工平均工资10 475元，增长24.8%；机关单位在岗职工平均工资11 496元，增长24.8%。全省国有企业在岗职工平均工资10 610元，增长16.7%。其中，中央企业14 584元，增长16.5%；省属企业10 564元，增长13.9%；市（州）属企业8 233元，增长16.2%；县及县以下属企业6 389元，增长13.9%。

2001年，四川省企业工资制度改革继续深化。对试行年薪制的企业经营者上年的年薪收入进行了考核兑现，其年薪收入平均为7.3万元。同时，进一步扩大了年薪制试行范围，试行年薪制的企业比上年增加了37户。企业工资集体协商试点工作进一步推进，全省开展工资集体协商试点的企业193户，涉及职工5.2万人。进一步改革了企业工资总额管理方式。全省进行以岗位工资为主的企业内部分配制度改革的企业950户，涉及职工65万人。成都、宜宾、乐山、绵阳继续开展劳动力市场工资指导价位制度试点，分别发布了193个、177个、162个、130个主要职业和工种的劳动力市场工资指导价位。18个市（州）建立起了工资指导线制度。全省开展了对国有独资和国有控股企业工资内外收入的监督检查工作。继续实施了最低工资保障制度。

四、养老保险

截至2001年底，四川省离休、退休、退职人员（不包括由民政部门支付离退休费的人员）总数为212.5万人，比上年底增加11.4万人。其中，离休人员3.8万人，减少0.2万人；退休人员205.1万人，增加11.7万人；退职人员3.6万人，减少0.1万人。离休、退休、退职人员全年保险福利费用总额为149.7亿元，比上年增长8.7%。其中，离休金5.2亿元，增长17.9%；退休金121.8亿元，增长11.7%；退职生活费1.3亿元，与上年基本持平；医疗卫生费14.1亿元，下降3.5%。

2001年，四川省实际征收养老保险金69.98亿元，占应收的94%。同时，加大了对企业欠缴社会保险费的清欠力度，全年清欠基金7亿元。

2001年，四川省基本养老保险覆盖面继续扩大。截至年底，全省参加企业职工基本养老保险的职工为409.5万人，当年新增参保25.4万人。参保离退休人员总数为169.4万人，比上年增加9.91万人。全年共发放基本养老金90.07亿元，本期支付率达100%。

基本养老保险个人账户的建立工作继续得到巩固和发展。参保职工建立个人账户人数为387万人，建账率为94.5%，比上年提高了12.25个百分点；离退休人员建立了个人账户的为108.78万人。

养老保险社会化发放工作取得重大进展，全省企业离退休人员养老金社会化发放人数为164.72万人，社会化发放率达99.3%，比上年提高5.3个百分点。全省基本实现了养老金全额缴拨，保证了养老金的按时足额发放，没有发生新的拖欠。

机关事业单位养老保险制度改革试点工作进一步完善，机关事业单位参保职工达114.0万人。

2001年，四川省农村社会养老保险改革工作在整顿和规范中进一步发展，按照《关于开展农村社会养老保险基金清查摸底的通知》（川劳社养〔2001〕23号）要求，对农村社会养老保险进行了调查研究。到年底，全省共有20个市、州116个县（市、区）开展了农村养老保险工作，全省农村参加养老保险的人数达330万人，领取养老保险金的人数达6万人。

五、失业保险

2001年，四川省失业保险扩面、征缴工作稳步推进，基金支撑能力得到增强。2001年，全省失业保险参保人数为412.2万人，新增扩面15.9万人。全年共征收失业保险金5.6亿元，清欠0.7亿元。全年领取失业保险金的失业人员达20.5万人，比上年增加7.3万人。全年支付失业保险金2.2亿元，确保了失业人员的基本生活。全年共划拨下岗职工基本生活保障资金2.9亿元，为下岗职工按时足额领取基本生活费提供了资金保障。

六、医疗保险

2001年，四川省城镇职工基本医疗保险制度改革取得新的突破。到年底，全省21个市、州全部启动实施城镇职工基本医疗保险制度，启动实施的县（市、区）达到149个，占全省县（市、区）总数的82.3%。有16个市、州的县（市、区）全部启动实施城镇职工基本医疗保险制度。全省覆盖人数达到426.7万人，比2000年底新增217.9万人。有18个市、州出台了公务员补助政策，17个市、州出台了大病补充医疗保险办法，14个市初步建成了医疗保险计算机管理系统。基本医疗保险制度运行平稳，基金收支平衡。2001年共计征收基本医疗保险基金15.99亿元，征缴率达到94.7%。

2001年4月下旬，四川省召开了基本医疗保险制度和医药卫生体制改革工作会议。会议总结了自2000年9月全省“三项改革”工作会议以来的工作，组织参观了成都市的医疗保险经办机构、定点医院、定点零售药店、社区卫生服务中心，并对四川省城镇职工基本医疗保险制度的启动实施和扩面工作进行了部署。9月中旬，先后在绵阳、宜宾和攀枝花3市召开片会，贯彻国务院“三项改革”工作会议精神。

2001年，四川省制定发布了《四川省基本医疗保险药品目录》《关于切实做好二等乙级以上革命伤残军人医疗保障工作的通知》等医疗保险配套政策。制定出台了省级医疗保险配套政策，印发了《四川省劳动和社会保障厅关于实施省级机关事业单位职工住院和门诊特殊疾病补充医疗保险的通知》《四川省劳动和社会保障厅、四川省财政厅关于省级机关事业单位职工计划生育、工伤医疗费支付办法的通知》，公布了省级机关事业单位职工第一、二批定点医疗机构名单和首批定点零售药店名单。

七、工伤、生育保险

2001年，四川省工伤、生育保险改革继续深入进行。全省已有165个县（市、区）开展了企业工伤保险，参保人数179.3万人；全年有4 882名伤残职工和411名因公死亡职工获得补偿，1 042名职工享受职业病待遇。全省开展企业生育保险的县（市、区）数达到138个，参保职工178.1万人；全年共有16 492名职工享受生育保险待遇。印发了《四川省劳动和社会保障厅关于印发〈四川省企业职工伤亡性质认定暂行办法〉的通知》。

八、社会保险基金监督

2001年，四川省制定发布了《四川省社会保险基金监督举报处理办法》，规范了社会保险基金监督举报处理工作，保障了举报人依法行使监督举报的权利。全年共受理和办理举报案件16件，其中电话举报2件，信函14件。已办理完毕16件，其中基本属实8件，不实和基本不实的8件。查实违规动用社保基金353.26万元，其中当年已收回22.15万元。对贪污解困再就业资金的责任人，已刑事拘留1人；对违纪违规动用社保基金的责任人，给予党内严重警告处分1人，警告处分3人。2001年，四川省委、省政府继续将社会保障资金管理使用情况的执法监察工作纳入全省党风廉政建设和反腐败重点工作之一，确定此项工作仍由省劳动和社会保障厅、省监察厅牵头，省民政厅、省财政厅、省审计厅协办，办公室设在省劳动和社会保障厅。9月，5部门组成4个执法监察重点抽查小组对成都、德阳、绵阳、广元、乐山、眉山、泸州、广安、达州、宜宾、资阳等11个市的社会保障资金管理使用情况进行了抽查。通过执法监察，全省各级纪检监察机关共发现案件线索9件，立案查处9件，结案4件，给予11人党纪政纪处分，移送司法机关处理5人，检查涉及金额231 004万元，查出违规金额1 775万元，纠正违纪违规金额1 329万元，提出整改建议145条，建章立制132项；并处理了2000年遗留问题99件，纠正了86件，资金归位4 676万元。按照劳动和社会保障部的部署，开展了对1998年4月以来被挤占挪用的社会保险基金的清理回收工作，并坚决杜绝边清理边发生新的挤占挪用行为，确保四川省社会保险基金的安全、完整。

九、劳动争议处理与劳动保障监察

2001年，四川省劳动保障监察力度进一步加大。全省各级劳动保障部门紧紧围绕劳动和社会保障中心工作加强监察执法，在开展劳动保障年检、日常巡视检查、举报专查的同时，开展“社会保险扩面征缴检查”“劳动力市场整顿执法”“禁止使用童工的执法检查”“技术工种持职业资格证书上岗的监督检查”等专项监察执法活动，进一步宣传了劳动和社会保障法律法规和政策，及时纠正和制止了部分用人单位和就业中介服务机构的违法行为。

2001年，四川省各级劳动保障部门主动监察用人单位37 985户，督促4 695户单位参加社会保险登记，督促8 029户单位缴纳社会保险费18 756万元；为2.5万名劳动者追回欠发的工资643.9万元；督促用人单位与劳动者补签劳动合同13.6万份；帮助8 017名劳动者追回风险抵押金329.4万元；取缔非法职业中介机构199户；纠正违反职业资格和职业培训的单位308户；纠正用人单位违反规章2 354件；清退童工160人；群众举报专查立案2 515件，结案率达99%。

劳动争议仲裁调解组织建设继续加强。截至年底，全省劳动争议仲裁委员会已达200个，组建率达100%。全省用人单位建立劳动争议调解委员会达12 012个，组建率达96%，其中国有企业组建率达100%。

劳动争议仲裁三方机制继续得到完善，劳动争议处理工作力度进一步加大。全省全年共处理劳动争议案件4 769件，其中集体争议案件256件，结案率达96%。促进了劳动关系的和谐以及社会的稳定。

劳动争议仲裁员、调解员队伍不断壮大。截至年底，全省仲裁员已达1 006人，其中专职345人，兼职661人。用人单位专职调解员达11 754人，兼职调解员达21 505人。

2001年，四川省继续推进劳动争议处理体制向乡镇延伸，一些有条件的地区已实行了仲裁派出庭制度。截至年底，全省已建立乡镇（街道）劳动争议处理机构约620个。

十、职业培训

2001年，四川省技工学校调整和改革工作继续开展，进一步促进了技工学校的发展。调整和改革后，全省技工学校削减为156所，比上年减少30所。其中，国家级重点技工学校15所，省部级重点技工学校48所，高级技工学校2所，职业培训学院27所。调整后技工学校的培训层次有所提高，布局更加合理，培训实力增强。2001年，全省技工学校招收新生2万人，比上年增加0.3万人；毕业学生1.7万人，比上年减少0.3万人；在校技工学校学生4.3万人。短期培训人数呈上升趋势，2001年全省技工学校培训社会人员的结业数为5.8万人，比上年增长7.6%。

2001年，四川省加强对社会力量办学机构的综合管理，规范办学行为。全省开展了对社会培训机构的复核认定工作，截至年底，全省社会培训机构有739个，全年共培训各类人员14.9万人，比上年增加5.1万人。

2001年，四川省就业训练中心已发展到156所，全年共培训下岗职工和各类求职人员11.8万人，培训后就业率达72.2%。就业训练工作进一步推进。

2001年，四川省在全省范围内开展了职业技能鉴定质量大检查，并对鉴定机构进行了年检。清理、停办了一批鉴定机构，规范了鉴定行为，鉴定质量有所提高。当年全省有26.1万人参加职业技能鉴定，获得职业资格证书人数为24.0万人，比上年增加3.5万人。

十一、劳动保障法制建设

2001年，四川省劳动保障法制工作取得新进展。《四川省失业保险条例》于2001年7月21日经省九届人大常委会第二十四次会议通过，并于2001年10月1日起施行。劳动保障行政行为进一步规范，各级劳动保障部门普遍推行了政务公示制度；行政执法责任制进一步深化。

2001年，四川省的行政审批制度改革取得新进展。为了适应加入WTO的形势需要，落实省政府“改善对外开放环境年”要求，四川省在调查研究的基础上，制定了《四川省劳动和社会保障系统改善对外开放环境年工作方案》，提出了2001年依法行政，改善对外开放环境年的指导思想、目标任务和工作措施。与此同时，进一步对行政审批事项进行了清理。省劳动保障厅为进一步规范具体行政行为，从简化、建立、规范程序入手，对各种行政审批事项和窗口服务事项，逐项制定了28项工作规范，完成了厅14种行政审批事项由省政务中心集中受理的工作。行政审批事项进入政务中心工作，被省政府政务中心评为“优秀窗口单位二等奖”。规范性文件制定和备案工作进一步规范，政务公示制度逐步建立。在全省劳动保障系统推行政务公示制度中，提出了实行政务公示制度的范围、时间和具体要求，并纳入了年度目标任务考核。继续开展行政执法责任制先进单位的评选工作，制定了相应的评选办法。

2001年，四川省行政复议和行政应诉案件比上年有较大幅度的上升，各级劳动保障部门共接到行政复议申请86件，符合受理条件并依法受理的74件。在受理的行政复议案件中，中途撤回的11件，决定维持的36件，变更的3件，撤销的14件，确认违法或限期履行的6件，未结案的4件。2001年，全省劳动保障部门共办理行政应诉案件39件，从审理结果看，中途撤诉的4件，维持的23件，撤销的2件，未结案的10件。

2001年是实施“四五”普法规划的第一年，在国家劳动保障部和省委、省政府的领导下，四川省劳动保障系统“四五”普法工作开局良好。省劳动保障厅通过转发《2001年劳动保障普法教育工作要点》，印发《四川省劳动保障系统法制宣传教育第四个五年规划》，对“四五”普法工作作了部署。各市州县（市、区）劳动保障部门按照劳动保障普法教育工作要点的内容和要求开展了当年的普法教育工作。

十二、劳动保障调研、科研和信息建设

2001年，四川省的劳动保障科学研究工作取得了新的成绩。重点围绕应对入世和实施西部大开发战略开展了劳动保障对策研究，初步建立了与省内有关大专院校、科研机构交流协作的科研联系制度；开展了一系列研讨活动，召开了促进就业、加入WTO及实施西部大开发战略对四川省劳动保障工作的影响与对策专题研讨会，完成了四川省《实施西部大开发战略中我省的劳动保障问题与对策研究》等一批重点课题研究任务，通过专家评审并获得较高评价；完成了研究报告《加入WTO对我省就业的影响分析及对策措施》《四川省“十五”劳动就业形势与对策研究》，获得了有关部门的好评。

2001年，四川省各级劳动保障系统把信息化建设作为重点工作之一，在基础条件薄弱的情况下，坚持以养老保险、医疗保险、劳动力市场数据库和计算机网络建设为重点，进一步提高了全省劳动保障信息化水平。养老保险个人账户建账率达98%，账户建在社保机构的达97%，在职职工和离退休人员建库率分别达到95%和98%，7个市启用了新系统，6个市正在进行系统升级。20个市、州都建立了医疗保险数据库，12个市建立了医疗保险计算机网络系统，有力地支持了医疗保险制度改革的顺利进行。同时，四川省的劳动力市场信息系统建设有了新的发展，11个市建立了劳动力市场计算机网络系统，成都、绵阳、乐山、宜宾已达到“三化”建设标准，并通过了验收。通过省党政网，建立了全省劳动保障远程网，开展了网上信息交换。

（四川省劳动和社会保障厅）

贵 州 省

2001 年，贵州省劳动保障系统干部职工在省委、省政府的直接领导和国家劳动保障部的指导下，认真学习贯彻江总书记“七一”重要讲话和党的十五届六中全会精神，以“三个代表”重要思想为指导，按照中央经济工作会议、全国社会保障工作会议和全省经济工作会议的部署，全力做好两个确保工作，加快完善社会保障体系，推进医疗保险制度改革，积极促进就业再就业，逐步建立与现代企业制度相适应的工资收入分配制度，加大劳动保障监察力度，围绕年初确定的目标任务和工作重点，团结一心、奋力拼搏、扎实工作、开拓进取，完成了全年的工作任务，全面推进了贵州省劳动和社会保障事业的发展，为改革发展稳定大局和富民兴黔事业做出了贡献。

一、两个确保实现两个 100%

经过几年的艰苦努力，2001 年，贵州省两个确保实现了两个 100%。对进入再就业服务中心并签协议的国有企业下岗职工 100%足额发放基本生活费和代缴社会保险费，对参保离退休人员 100%足额发放基本养老金。

1. 按照“三三制”原则，千方百计筹集资金，确保了下岗职工基本生活。2001 年，贵州省共筹集再就业资金37 809万元，其中财政筹集30 412万元，社会筹集 711 万元，企业筹集6 686万元；共计使用38 579万元，其中发放基本生活费22 297万元，代缴社会保险费16 149万元。在中心的下岗职工 100%足额发放基本生活费，100%代缴社会保险费。

2. 确保了离退休人员基本养老金的按时足额发放。截至 2001 年底，贵州省基本养老保险参保人数为 116.57 万人，参保离退休人员 42.38 万人。全年实发养老金金额 25.35 亿元，足额发放率达 100%，没有发生当期拖欠。采取的主要措施，一是积极争取中央补助资金，及时、合理地调度资金。2001 年中央财政共下达补助贵州省企业基本养老保险专项转移支付资金60 739万元，均按规定拨付全省各级，为确保发放提供了资金支持。二是争取地方各级财政加大对养老保险基金的支持力度。三是加强对各地确保发放工作的监督检查，按季度公布贵州省确保发放的情况。同时，积极筹措资金补发历史拖欠。补发了在黔中央军工企业 1999 年前拖欠的离退休人员基本养老金2 236万元，并筹资1 250万元，清理历年拖欠，从而全部解决了在黔中央军工企业的基本养老金拖欠问题。

3. 扩面征缴和清欠稽核工作取得成效。2001 年，贵州省各地采取有效措施，加强社会保险扩面征缴工作。全年收缴养老保险费 19.7 亿元，补缴 1.96 亿元，收缴率为 93.63%。加大对驻黔国家机关事业单位及其职工依法参加失业保险的工作力度。截至 2001 年底，贵州省失业保险参保人数已达 136.36 万人。全省收缴失业保险费16 805万元，补缴欠费5 712万元，基金的支撑能力和抗风险能力进一步加强，为下岗职工出中心与失业保险接轨打下了基础。

4. 全面实现养老金社会化发放。截至 2001 年底，贵州省养老金社会化发放率达 99.9%，社会化发放人数为 41.8 万人，基本完成全面实行基本养老金社会化发放的目标任务。

5. 稳步推进完善养老保险制度工作。2001年，贵州省继续做好完善养老保险制度的工作，一是清理规范了全省统筹项目；二是抓好安顺市完善社会保障体系改革试点，指导当地开展各项准备工作；三是在全省范围内统一了企业职工基本养老保险费率和待遇政策；四是规范退休审批工作的操作环节，遏制了退休人员的不合理增长；五是按照省政府的要求，基本理顺了基本养老保险省级行业统筹的冶金、煤炭行业在省级机构改革后的管理操作；六是下发有关政策文件，进一步完善了养老保险制度。

6. 加大关闭破产企业职工安置工作力度。2001年，贵州省劳动保障部门配合有关部门，在妥善安置关闭破产企业职工方面做了大量工作。参加制定有色、军工破产企业的破产方案和破产人员安置方案，对企业在破产实施中涉及劳动保障政策的问题进行指导，保证了贵州汞矿破产工作的顺利实施。为配合企业改革，正积极探索处理改制、改组企业的劳动关系问题。

二、促进就业和再就业

2001年，贵州省促进城镇就业10.5万人，城镇登记失业率为4%；国有企业进入再就业服务中心并签协议的下岗职工为8.53万人（含中央企业），国有企业下岗职工实现再就业1.77万人，再就业率为16.2%；外出就业人数为44.5万人，其中劳动部门组织的跨省劳务输出6.01万人。

1. 积极促进再就业。2001年，贵州省将促进再就业工作作为一件大事来抓，一是开展再就业援助行动，大力推动社区就业服务工作；二是加强国有企业下岗职工再就业培训；三是在确保社会稳定的前提下，逐步推进3年协议期满下岗职工出中心；四是积极研究制定贵州省下岗职工“出中心、进市场”的相关政策。

2. 加强劳动力市场建设和管理、服务工作，进一步推动市场导向就业机制的形成。按照劳动保障部“三化”建设的要求，2001年，贵州省以贵阳、遵义和六盘水市为重点，加强对各地劳动力市场建设的指导。各地在建立有形劳动力市场的同时，加强劳动力市场信息网的建设。清理和整顿职业中介机构，规范劳动力市场秩序。

3. 以劳务输出工作为重点，积极促进农村富余劳动力开发就业和转移。2001年，贵州省根据本省实际，大力开展劳务输出，一是做好调查研究，树立典型，推广经验；二是积极开展劳务合作，密切省际间劳务协作关系；三是认真做好农村劳动力开发就业试点工作。加强对被列为全国87个农村开发就业试点县（市）的都匀市和罗甸县的组织和指导。

4. 积极促进社区就业。2001年，贵州省在全省13个社区就业重点联系城市开展试点工作，推动各地社区就业工作的开展。

5. 加强职业培训和职业鉴定工作，提高劳动者素质。2001年，贵州省积极推动技工学校调整结构，提高办学层次。完成申报并获得批准3所国家级高级技工学校。积极推动技校与广东省高级技校的合作。加强对职业技能鉴定机构的建设和管理，确定鉴定质量，扩大鉴定人数。全省技工学校共计42所，培训机构262个，2001年统筹培训人数为13.78万人；共有职业技能鉴定机构144所，全年职业技能鉴定考核人数为4.49万人，获取证书人数为3.58万人。

三、积极推进医疗保险制度改革

2001年，贵州省基本医疗保险制度已初步建立。对全省9个统筹地区的医改实施方案进行了认真的讨论和修改，并通过省城镇职工基本医疗保险专家委员会和论证委员会的评审；经省政府审议批复后，8个地区已先后实施。根据国务院下发的公务员医疗补助意见的通知，结合贵州省实际，拟定了贯彻意见的通知，为各统筹地区制定具体办法提供了政策依据。除医疗保险药品目录外，贵州省基本医疗保险主要配套政策已全部下发。按照实施方案的要求，各统筹地区制定了本地区基本医疗保险配套政策。

2001年，贵州省已启动地区的基本医疗保险制度运行基本平稳，改革成效初步显现。国务院青岛会议后，贵州省及时召开全省医改工作会议进行传达贯彻，有力地推进了各地区工作的开展。截至2001年底，医疗保险制度启动覆盖人数达78.36万人；全省参保人员中，在职职工58.5万人，退休人员19.8万人；参保人群中，机关、事业单位为38.2万人，企业为40.1万人。从已启动地区的基金运行情况看，基金收支基本平衡，略有结余，医疗费用过快增长的势头得到控制，医疗机构服务意识明显增强，启动地区社会反映平稳。

2001年，贵州省参加工伤保险人数为17 029人，参加生育保险人数为10 867人。

四、深化企业工资收入分配制度改革

2001年，贵州省继续推进企业工资收入分配制度改革，主要做了以下工作：一是继续完善企业工效挂钩办法。完成省属企业工效挂钩2000年度结算和2001年度方案审批工作。二是积极探索建立科技人员收入分配的激励机制，制定了科学技术参与效益分配的办法。做好企业经营者年薪制试点的准备工作。三是继续推行劳动力市场工资指导价位制度和工资指导线制度。劳动力市场工资指导价位制度已在贵阳、遵义和六盘水市推行，其他中心城市正积极准备。四是进一步完善国有企业工资总额分类调控办法。五是积极推进平等协商签订集体合同工作。

五、全面推进劳动保障工作

2001年，贵州省加强劳动保障监察工作。开展劳动力市场清理整顿、基本养老保险费征缴专项稽核、劳动保障法律监督检查和《禁止使用童工规定》检查，取得明显成效。取缔非法职介机构173户；补签劳动合同10.79万份；追发工资206.53万元，涉及劳动者3.94万人；督促参加社会保险登记3 698户，涉及劳动者13.6万人；督促缴纳社会保险费21 850万元，涉及劳动者107.4万人。认真开展劳动保障监察年检工作，共检查7 417户，涉及劳动者59.5万人。

2001年，贵州省积极推进平等协商签订集体合同工作，继续指导国有企业，特别是实行现代企业制度的企业做好集体合同的签订工作，提高集体合同质量，进一步规范劳动合同管理。加强劳动保障法制建设。坚持三方仲裁原则，认真处理劳动争议案件。受理劳动争议案件862件，结案801件，结案率达92.92%；受理行政复议案件5件，按规定结案5件，结案率达100%。

2001年，贵州省建立健全了各项规章制度，进一步加强统计综合管理。积极为全省劳动和社会保障信息化建设的发展，特别是医疗保险信息管理系统的启动做好技术准备。全省社会保险各项管理基础工作取得突破性进展，基本完成了企业离退休人员和参保人员的数据库，改进了个人账户的管理，形成了资金运行监控机制，实现了从粗放型管理到科学管理的转变。

（贵州省劳动和社会保障厅）

云　南　省

2001 年，是新世纪开局之年，是实施"十五"计划的第一年，也是云南省劳动保障工作面临繁重任务、经受严峻考验的一年。一年来，全省各级劳动保障部门与有关部门一道，以江总书记"三个代表"重要思想为指导，从改革发展稳定的大局出发，坚决贯彻执行中央和省委、省政府的一系列决策和部署，团结一致，知难而进，奋力拼搏，较好地完成了劳动和社会保障工作的各项任务。

一、社会保障体系建设进展顺利

一是为协调解决全省社会保障方面的重大问题，加强对全省社会保障政策的执行和社会保险资金的筹集、管理、使用等的有效监督，省政府决定成立云南省社会保障监督委员会。由省委常委、常务副省长牛绍尧任主任，有关部门领导、专家、用人单位代表、职工代表为成员。其办公室设在省劳动和社会保障厅。二是按多保合一的模式组建了副厅级的云南省社会保险局。新组建的省社会保险局已从 2001 年 12 月 1 日起正式对外办公。三是成立了劳动保障制度综合改革领导小组，下设办公室，负责研究和解决涉及两项以上改革的问题和处理改革中出现的重大突发事件。四是地州市统一社会保障管理体制的工作顺利向前推进。截至 2001 年底，全省 16 个地州市有 12 个地州市组建了劳动和社会保障局，原先分散在人事、民政、卫生、体改等部门的社会保障管理职能逐步归于统一。全省 16 个地州市的 128 个县（市、区）有了较为健全的社会保险经办机构和医疗保险经办机构。这为建立独立于企事业单位之外的社会保障体系提供了组织保证。

二、两个确保得到巩固

2001 年，云南省劳动保障部门把做好两个确保工作作为实践"三个代表"重要思想的具体内容，按照中央提出的工作目标、政策措施、工作要求"三不变"的方针，在各级党委、政府的领导下，千方百计筹措资金，实现了两个确保。

1．确保了参保企业离退休人员基本养老金按时足额发放。通过加强基金征缴、扩面、清欠、争取中央财政和省财政补助等途径筹措资金。2001 年，云南省共发放基本养老金 44.54 亿元，64.5 万名参保离退休人员按时足额领到了基本养老金。对 63.3 万名离退休人员实行了基本养老金的社会化发放。社会化发放率达 98.2%，高于全国平均水平。昆明、曲靖、玉溪、红河、楚雄、大理、丽江、保山、德宏、思茅、文山 11 个地州市的社会化发放率达 100%。为了落实中央关于提高企业离休人员基本养老金待遇的决定，有关部门协同配合，深入企业调研，认真进行测算，积极调度资金，拟定了符合云南省实际的《关于提高企业离休人员基本养老金水平的实施意见》，经省政府批准，已在全省实施，并列入了确保发放的范围，受到了企业离休人员的普遍欢迎。

2．确保了进中心的国有企业下岗职工基本生活费按时足额发放。按照"三三制"筹资原则，2001 年，云南省共筹集下岗职工基本生活费 2.61 亿元（其中企业筹集 0.64 亿元，社会筹集 0.68 亿元，财政补助 1.29 亿元），发放 2.6 亿元（其中发放基本生活费 1.48 亿元，代缴养老保险费 0.89 亿元，代缴医疗保险费 0.14 亿元，代缴失业保险费 0.09 亿元），下岗职工基本生活人均每月保障水平为 391 元。

三、下岗职工出中心工作平稳展开

2001 年是云南省国有企业下岗职工协议期满出中心的第一年，也是下岗职工出中心的高峰年。为了保证下岗职工平稳出中心，省里及时下发了《关于妥善做好国有企业下岗职工出中心工作的通知》《关于国有企业下岗职工参加基本医疗保险有关问题的通知》及《关于切实做好下岗职工出中心续接失业保险相关工作的通知》等“出中心、断关系、接保险、进市场”的规范性文件，广泛开展了以“促就业、接保险、保生活”为主题的再就业援助行动，促进了下岗职工平稳出中心。截至 2001 年底，全省出中心的下岗职工达 2.59 万人，下岗职工再就业率达 31%，高于全国平均水平。大理、玉溪、楚雄、文山、德宏、迪庆、怒江等地州市落实政策措施得力，出中心的下岗职工大都实现了再就业。

四、失业保险和就业工作成效明显

至 2001 年底，云南省失业保险参保单位 2.96 万户，与上年同期相比增长 6%；参保职工 190.73 万人，征收失业保险费38 062万元，与上年同期相比增长 15.75%；救助失业人员 7.72 万人，与上年同期相比增长 42%。全省失业保险基金累计积累达75 445.64万元。各地州市采取积极措施，加快劳动力市场建设，促进了市场导向就业机制的形成。昆明、玉溪、曲靖、大理、红河、楚雄、思茅、版纳 8 个地州市完成了劳动力市场信息网络建设。从 2001 年 4 月起，省劳动保障厅可通过“云南就业信息网”向全省发布各种用工信息，地、州、市、县的各种用工信息也可通过“云南就业信息网”传输给各地，基本实现了信息资源共享，也为用工单位和求职者架起了桥梁。全省就业形势良好，城镇登记失业率得到有效控制。截至 2001 年底，云南省城镇登记失业人数达到 18.5 万人，通过各种渠道实现就业 8.6 万人，其他原因减少 1.9 万人，期末实有城镇失业人员 8 万人，城镇登记失业率为 3.3%，控制在年初预计的 3.5% 的目标以内，低于全国平均城镇登记失业率。全省建立职业介绍机构1 231个，招聘登记 34.9 万人次，求职登记 40.8 万人次，介绍成功 26.2 万人次，介绍成功率为 64.2%。建立就业训练机构 423 个，培训 10.6 万人次，结业 9.04 万人次，其中获《就业培训合格证》和《职业资格证》双证结业者达 2.8 万人次，占培训结业人数的 31%，培训后的就业率为 74.2%。云南省农村劳动力进入城镇就业人数达 51.76 万人次，省外农村劳动力进入云南省城镇就业的有 19.42 万人次。全省实施扶贫劳务输出的县由原来的 50 个增加到 71 个，共组织扶贫劳务输出 2 万人，这对帮助贫困地区增收脱贫起到了积极作用。

五、医疗保险制度和工伤、生育保险制度改革稳步推进

截至 2001 年底，云南省 128 个县（市、区）中有 112 个县（市、区）启动实施了城镇职工医疗保险制度，覆盖 16 个地州市，参保人数达 185.7 万人，占应参保职工的 55.3%，超额完成了计划，居全国前列。楚雄、大理、玉溪、文山、临沧、曲靖等 6 个地州市所属县（市、区）全部启动实施，职工参保率达 85% 以上，高出全省平均参保率 30 个百分点。省直 684 个参保单位的 11 万人参加了医疗保险，参保人可持社会保障 IC 卡在昆明市内 22 个定点医院和 7 个定点药店就医购药，病人选择医院就医和药店购药的局面基本形成。从目前全省医疗保险制度改革的情况看，绝大多数启动医疗保险的地、州、市、县运行平稳，改革成效显著。医疗费用过快增长的势头得到遏制，医疗服务普遍得到改善，用人单位社会负担减

轻，参保职工的基本医疗需求得到保障，基本医疗保险基金实现收支平衡。工伤保险制度改革和生育保险制度改革继续向前推进。截至2001年底，工伤、生育保险已覆盖全省119个县（市、区），工伤保险参保人数达97.26万人，征缴基金7 868万元，支付4 438万元，滚存积累13 614万元；生育保险参保人数达96.1万人，征缴基金6 445万元，支付5 260万元，滚存积累7 977万元。

六、企业分配制度改革和劳动关系调整加大力度

一是完善了企业收入分配的政策措施。2001年在总结近几年云南省164户企业试行经营者年薪制情况的基础上，省劳动保障厅草拟并向省政府上报了《企业经营者收入分配暂行办法》；下发了《关于进一步改革企业工资收入分配制度的通知》，与省总工会共同研究制定了《企业工资集体协商试行办法》。在昆明、曲靖、玉溪、楚雄等州市推行了劳动力市场工资指导价位，实现了年初确定的全省累计发布200个职位（工种）价位的目标，解决了劳动力长期以来有市无价的问题。结合企业改制和用工制度的推行，指导企业改善工资决定机制和调整工资分配结构，在95户企业进行了集体协商确定工资的试点。组织测算并向省政府上报了《云南省企业最低工资标准调整方案》。二是进一步完善劳动合同和集体合同制度。截至2001年底，云南省签订劳动合同的职工达254.4万人，占职工总数的99.98%。全省各类企业报经劳动保障行政部门审核通过的集体合同累计6 502份，涉及职工142.04万人。三是认真处理群众来信来访，积极开展劳动争议的调解仲裁。据不完全统计，截至2001年底，全省处理劳动保障方面的群众来信来访62 988件次，其中集体来信来访598件次，涉及职工84 017人次；受理劳动争议案件1 042件，结案1 025件，结案率为98%。四是妥善处理因劳动保障纠纷引起的各类突发事件。据不完全统计，2001年，全省共处理涉及劳动保障问题的突发事件155起，涉及职工2.73万人次。

七、职业技能培训鉴定工作有所加强

一是建立了全国首家职业资格证书声讯查询系统。从2001年5月11日起，在云南省各地只要拨打电话160，即可查询职业资格证书的真假，有效地提高了职业资格证书的社会服务功能和社会认可程度，受到社会各界的充分肯定。二是举办了首次技工学校教学质量抽查竞赛活动。全省60所技工学校的264名学生参加了车工、钳工、汽车维修工、维修电工、家用电子产品维修工、计算机办公应用6个工种的抽查竞赛。三是举办了全省首届技工学校毕业生供需洽谈会。组织了32所技工学校的5 000名毕业生与61家用人单位进行了供需洽谈。这为技校按市场需求设置专业、技校毕业生走市场就业之路进行了有益的尝试。四是在全国技工学校生源下滑的严峻形势下，组织技工学校招生8 439名，超额5.5%完成了招生计划。2001年，云南省共有12 830名技工学校毕业生完成学业，技工学校毕业生就业率达90%以上。组织4 000人参加推销员、秘书、公关员、保育员、职业指导师5个工种的全国统一鉴定。组织10万人次参加各种类型和工种的职业技能竞赛活动。全年组织职业技能培训人数达14万人，超额完成了培训计划。

八、劳动保障法制监察工作顺利开展

2001年，按省政府的立法计划，《云南省职业技能鉴定条例（草案）》经多次调研、修改，已上报省政府法制办；《云南省失业保险条例（修订案）》正在草拟；《云南省社会保险费征缴规定》在上报草案的基础上正抓紧与有关单位协商。省劳动保障厅配合有关单位拟定的《云南省集体合同条例》已经省人大常委会通过并颁布实施。劳动保障年度执法年审共审查各类用人单位8万多户，涉及劳动者180余万人，对187户违反劳动保障法律法规的用人单位进行了处罚；共受理群众举报9 253件，立案8 311件，结案8 271件，结案率达99%，

有效地维护了劳动者的合法权益。全省共举办劳动保障普法培训班203期，培训达2.4万人。为适应入世需要，对劳动保障政策措施进行了清理，共废止政策文件49件，待修改23件。

九、农村社会保险工作稳中有进

在目前农村社会保险管理体制尚未完全统一的情况下，2001年，云南省对农村社会保险工作进行了整顿和规范。通过对农保基金的全面调查摸底，掌握了基金运营情况及资产状况，并对基金风险进行了评估，为进一步做好农保基金清理整顿工作奠定了基础。同时，省劳动保障厅与省计生委合作，启动了农村独生子女夫妇和双女结扎夫妇计划生育奖励养老保险的试点工作。

楚雄州在农村社会保险的规范化管理方面探索出了可供借鉴的经验。他们率先成立了县级农村社会保险管理中心，将县级农保经办机构划归劳动保障部门统一管理，并将经办人员全部纳入行政编制，从根本上解决了人员、经费的问题，保持了队伍的稳定。他们还将分散在各地的基金统一划归到州级管理和运营。昆明、曲靖、大理、保山等地在清理基金、人员、档案和各种表、证、卡、册的管理上下功夫，取得了显著成效。

十、社会保险基金监督和其他各项劳动保障业务工作有所进步

2001年，为了保证各项社会保险基金的安全与完整，云南省各级社会保险经办机构认真落实社会保险基金收支两条线管理的规定，配合省级各有关部门对下岗职工基本生活保障资金、失业保险基金、养老保险基金的管理使用情况进行了专项检查；对过去一些地、州、市、县及部门挤占挪用的社会保险基金进行清理，收回被挤占挪用的基金1.03亿元，促进了社会保险基金的规范管理。云南省的《社会保险基金管理使用违纪违规党纪政纪处分暂行规定》，经省纪委常委会审议通过并下发实施，此举属全国首创，得到了劳动保障部的充分肯定。

2001年，云南省还完成了劳动保障事业“十五”规划的编制工作，建立了全省社会保险费征缴情况的定期公布制度，提高了劳动保障统计质量。全省还降低了原地方统筹企业职工基本养老保险缴费比例，单位平均缴费比例从27.82%降低到25.42%，减轻原地方统筹企业的养老保险费负担1.5亿元。这对于降低企业生产经营成本，促进企业的改革和发展，起了积极的促进作用。

（云南省劳动和社会保障厅）

西藏自治区

2001年，西藏自治区各级劳动保障部门在自治区党委、自治区人民政府的领导下，在国家劳动和社会保障部的关心、帮助和支持下，深入学习领会中央第四次西藏工作座谈会、党的十五届六中全会和自治区第六次党代会、自治区党委六届一次、二次全委（扩大）会议精神，以江总书记“三个代表”重要思想为指针，紧紧围绕改革发展稳定大局，积极转变工作作风，树立服务意识，继续巩固两个确保，努力做好劳动就业工作，加快建立和完善社会保障体系，加大劳动保障法律、法规的监察和劳动争议案件的处理力度，维护劳动者和用人单位双方的合法权益，保持劳动关系的和谐稳定，加强职业技能培训与鉴定，努力提高劳动者的整体素质，为维护社会稳定，促进西藏经济社会的健康发展做出了应有的贡献。

一、劳动就业与职业培训工作

1．积极落实促进就业的优惠政策，大力开展多种形式的就业培训。2001年，西藏自治区劳动保障厅积极与有关部门协商配合，检查落实促进下岗、失业人员就业的优惠政策，在资金、场地、税费减免等方面扶持下岗、失业人员通过自谋职业和组织起来就业。并根据国家劳动保障部《关于推动社区就业工作的若干意见》的精神，积极拓宽就业领域，挖掘社区就业的潜力，指导和帮助国有企业下岗职工和失业人员通过从事社区服务实现再就业。同时，自治区劳动保障厅根据国家第二期“三年千万”再就业培训计划和全自治区劳动保障工作会议确定的培训任务，下达了2001年度西藏自治区培训指导计划和就业指导计划，大力开展各种形式的就业培训和就业指导。据统计，2001年西藏自治区各级劳动就业部门共举办各类培训班30期，1 275人参加培训，培训的专业有汽车驾驶、汽车修理、电脑打字、裁剪缝纫等11个专业。通过培训，引导下岗职工和失业人员转变择业观念，提高就业技能，积极促进城镇失业人员和下岗职工实现就业。2001年，西藏自治区通过历次培训（含参加过上年培训的人员）实现就业和再就业的为1 300人，占2001年就业指导计划1 500人的86.7%。

2．在西藏自治区范围内展开了城镇失业人员普查工作。为彻底改变西藏自治区长期存在的城镇失业人数不清、情况不明的状况，自治区劳动保障厅下发了《关于开展城镇失业人员普查工作的通知》，召开了拉萨地区及各厅、局专题动员和部署会议，组织指导各地认真开展就业普查工作。在时间紧、任务重的情况下，集中力量，历时2个多月，完成了普查任务。经汇总统计，西藏自治区城镇从业人员总数为23.35万人，其中：国有经济单位16.38万人，集体经济单位0.87万人，其他经济0.51万人，私营企业和个体经济5.59万人。城镇失业人员总数为24 961人，其中：在劳动就业部门登记的失业人数为2 301人，未登记的失业人数为22 660人。并就此情况向自治区党委、政府呈送了专题调查报告，客观地分析了西藏自治区的就业形势，为党委、政府决策提供了依据。

3．大力培育和发展劳动力市场。2001

年，自治区劳动保障厅在认真贯彻《劳动力市场管理规定》的同时，指导拉萨市草拟了实施办法，并已向全自治区劳动就业服务部门转发。在调查了解的基础上，根据各地（市）劳动力市场建设情况，确定了拉萨市和林芝地区八一镇两个试点地区，积极推进劳动力市场“三化”建设；对西藏自治区培育和发展劳动力市场的工作进行检查、指导和规范。同时，根据自治区人民政府的要求，拟订了《西藏自治区劳动力市场建设总体方案》，在征求各地（市）劳动保障部门、自治区相关部门的意见和建议后，做了进一步修改完善，呈报自治区人民政府审批，现已经自治区人民政府原则同意，由自治区发展计划委员会向国家申请立项建设。

4．加强职业技能鉴定工作，促进培训质量的提高。根据机构改革后相关职能划转的要求，经自治区劳动保障厅与人事厅协商，将原自治区人事厅承担的机关、事业单位工人技术等级考核工作，于5月31日正式移交自治区劳动保障厅，并联合下发了《关于我区机关、事业单位工人技术等级考核工作移交通知》。根据《通知》要求和考核工作需要，修订了《西藏自治区机关、事业单位工人技术等级岗位考核试行办法》，成立了“自治区机关、事业单位技术工人技术等级考核委员会”，设立了考核办公室。同时，为准确掌握机关、事业单位工人技术工种等级情况，印发了《西藏自治区机关、事业单位工人技术等级统计表》等，并于10月份全面进行2001年度区直机关、事业单位技术工人技术培训、考试和考核工作，658名技术工人参加了工人技术等级考核，其中：驾驶员449人，炊事员93人，打字员92人，水暖工、档案修复等24人。由自治区劳动就业服务管理部门会同有关单位对此次参加培训的技术工人进行了考试，609人成绩达标，合格率为94.8%，其中：高级162人，中级214人，初级233人。各地（市）劳动保障部门根据本地情况也陆续开展了此项工作。

按照劳动保障部《招用技术工种从业人员规定》的要求，做好推行国家职业资格证书制度工作，加强了对西藏自治区在职人员的职业技能考核鉴定工作。2001年5月，自治区劳动保障厅组织了西藏考区秘书职业资格全国统一鉴定培训考试，全区86人报名参加培训。培训结束后参加了全国统考，84人成绩达标，合格率为98%，其中：高级36人，中级48人。并按要求，向鉴定考核合格人员颁发了秘书职业资格证书。2001年，西藏自治区推行职业资格证书的其他职业（工种）有计算机操作工、美容、美发、保健按摩、中式烹调、畜牧兽医等，并对669名考核鉴定合格者颁发了相应的职业资格证书。按照劳动保障部的统一安排，组织参加了第26届亚洲发型化妆大赛中国西部赛区选拔赛。在西部15个省、自治区、直辖市的300多名参赛选手中，西藏自治区荣获8个项目中的两项冠军、三项亚军和两项地区优秀选手奖。由于比赛成绩突出，西藏自治区劳动和社会保障厅被大赛组委会授予了优秀组织奖。

二、社会保障工作

继续以巩固两个确保为中心，狠抓“统一基本养老保险制度和养老保险自治区级统筹方案”的实施，加大医疗保险制度改革力度，进一步完善社会保障体系。

1．继续把两个确保工作作为重中之重的任务，狠抓落实。按照全国劳动和社会保障工作会议确定的“三个不变”的安排部署，2001年，根据自治区党委、政府关于继续做好两个确保工作的要求，在财政等有关部门的大力支持下，通过各级劳动保障部门的共同努力，较好地实现了两个确保，保证了下岗职工基本生活费和企业离退休人员基本养老金的按时足额发放，为维护社会稳定做出了一定的成绩。

（1）确保国有企业下岗职工基本生活费的按时足额发放。2001年，西藏自治区劳动保障部门继续按照“三三制”的原则筹集国有企业下岗职工基本生活保障资金，主动加强同财政部门的协商，保证了国有企业下岗职工基本生活保障资金的按时足额到位，确保了全自治区国有企业下岗职工基本生活费的按时足额发放。

截至2000年底，西藏自治区共有下岗职工1 501人，2001年新增下岗职工24人，合计1 525人，通过参加培训实现再就业的（包括自谋职业和弹性就业及阶段性就业）有787人，到2001年底，西藏自治区下岗职工实际总人数为738人。

截至2001年底，西藏自治区各级再就业服务中心共筹集下岗职工基本生活保障资金522.57万元。其中：企业筹集107.6万元，社会筹集107.31万元（主要是失业金调剂），财政筹集（含30%兜底部分）307.66万元。全自治区共发放下岗职工生活费433.04万元。其中：发放基本生活费310.91万元，代缴养老保险费107.92万元，代缴失业保险费14.21万元。年末结余资金为89.53万元。

（2）确保企业离退休人员基本养老金按时足额发放。为保证养老保险统筹基金的按时足额到位，2001年，西藏自治区采取有效措施，加大养老保险费的征缴力度，确保企业离退休人员养老金的按时足额发放。

截至2001年底，西藏自治区参加养老保险统筹的在职职工为51 873人，参加养老保险统筹的离退休人员为22 123人；征缴基本养老保险费15 215万元；支付基本养老保险金28 710万元（其他支出为1 407.67万元）。同时，为督促养老保险统筹基金的征缴工作，按照劳动保障部的要求，西藏自治区积极实行了社会保险工作的社会公示制度。在《西藏日报》上按季度向全社会公示了社会保险基金征缴及两个确保相关数据，接受社会的监督。截至年底，全区基本养老保险费收缴率达到89.5%，其中区直收缴率为95%。

2．认真制定统一基本养老保险制度的相关政策，强化养老保险基金征缴和清欠工作。2001年，西藏自治区先后制定下发了《关于发布养老保险专用全区上年度从业人员月平均工资的通知》《关于发布2001年度基本养老保险个人账户记账利率的通知》《关于调整基本养老保险个人统筹比例的通知》《关于发布2001年度过渡性养老保险金计发系数的通知》和《关于调整原行业统筹企业2001年缴费比例的通知》等规范性文件。自治区劳动保障厅深入到基层，督促检查基本养老保险登记、核定、基金征缴、清欠和企业离退休人员基本养老金的按时足额发放工作。按照养老保险自治区级统筹的有关精神，进行了一次全面细致的社会保险登记、核定，重点核定用人单位缴费工资基数和职工人数。清理回收用人单位历年拖欠的养老保险费。先后与西藏大厦、格运司签订了基本养老保险统筹基金欠缴清偿协议，较好地解决了两家参保单位所欠700余万元养老保险费的历史拖欠问题。帮助指导那曲地区社保局、七二五油库、区政府接待车队、区粮贸公司、西藏大厦等单位建立健全了基本养老保险职工个人账户，使这些单位的职工养老保险个人账户进一步规范化、完善化，切实维护了参统职工的利益。

与此同时，按照劳动保障部《关于开展基本养老保险费征缴专项稽核的通知》和自治区劳动保障厅《转发〈关于开展基本养老保险费专项稽核的通知〉的通知》精神，自治区劳动保障厅抽派专人组成专项稽核工作小组，从6月4日至7月2日，历时28天，对拉萨地区59户参统单位进行了实地稽核抽查。在参统单位的积极配合下，使这次拉萨地区涉及单位最多的一次专项稽核工作开展得比较顺利。参加此次稽核的单位59户，涉及职工12 852人，通过稽核，查实了一些单位存在少报、瞒报、漏报养老保险缴费的情况，向单位负责人提出了整改意见。部分单位能按要求清偿拖欠的养老保险费，仅区直单位已补缴养老保险费近百万元。同时，督促检查参统单位为职工建立养老保险个人账户，截至2001年底，西藏自治区7个地市养老保险个人账户的建账率已达80%，区直单位已达90%以上。

按照劳动保障部《关于提高企业离休人员

基本养老金水平的通知》（劳社部发〔2001〕12号）精神，自治区劳动保障厅对西藏自治区企业离休人员人数、构成及分布等情况进行了详细的调查，与有关部门协商拟定了西藏自治区的贯彻意见，经自治区人民政府同意后，会同有关部门下发执行，从2001年1月1日起提高西藏自治区企业离休人员的基本养老金水平。

截至2001年底，西藏自治区参加养老保险统筹的在职职工为51 873人；全年共完成基本养老保险费清欠补缴1 895万元，完成年初确定任务的99%。与此同时，养老保险金的社会化发放率得到进一步提高，到年底，全自治区社会化发放率达到88%，其中区直达到97%。

3. 根据国务院《失业保险条例》规定，自治区劳动保障厅对西藏自治区失业保险基金的征缴和支付情况，进行了一次较为认真的清理检查，并对清欠工作进行了部署。2001年度，西藏自治区共征收失业保险基金2 190.83万元，支出失业保险金合计为185.62万元。历年滚存结余7 008.49万元。

截至2001年底，西藏自治区应参统职工人数为71 001人，实际参统职工人数为54 046人，占应参统职工人数的76.12%；应征缴失业保险费为2 788.4万元，实际征缴失业保险费为2 190.83万元，征缴率为78.6%。

从2001年度失业保险基金征缴情况看，区直单位征缴工作比较顺利。区直应参统单位为235个，实际参统单位为164个，占应参统单位的69.8%；应缴纳失业保险费为769万元，实际征缴失业保险费为644.7万元，征缴率达到83.8%。

根据国务院颁布的《失业保险条例》，自治区劳动保障厅草拟了《西藏自治区实施〈失业保险条例〉办法》，先后征求了全自治区失业保险经办机构和财政、民政、经贸、法制办等部门的意见，在认真听取各有关部门意见进行修改后，已呈报自治区人民政府。同时，向全自治区失业保险经办机构下达了《关于进一步规范缴费基数落实〈失业保险金申领发放办法〉的通知》，加大了基础管理工作力度。

4. 加快推进城镇职工医疗保险制度改革，进一步完善社会保障体系。一是精心草拟呈报了《西藏自治区人民政府关于建立城镇职工基本医疗保险制度的决定》，制定了《拉萨地区城镇职工基本医疗保险试点实施方案》及其相关配套文件。按照国务院上海医改会议和青岛医改会议的部署和要求，根据自治区党委、政府领导有关加快推进城镇职工基本医疗保险制度的指示精神，自治区劳动保障厅与财政厅、卫生厅、经贸委、药监局等部门密切配合，通过近一年的调查研究、统计、测算，在多方征求意见的基础上，代自治区人民政府草拟了《西藏自治区人民政府关于建立城镇职工基本医疗保险制度的决定》，已经自治区人民政府下发执行。同时，制订了《拉萨地区城镇职工基本医疗保险试点实施方案》及14个配套文件。二是召开全自治区医改会议，安排部署全自治区的医改工作。为了安排部署好这项涉及面广、政策性强的工作，以自治区人民政府名义召开了全自治区城镇职工基本医疗保险制度改革工作会议。对在西藏自治区建立城镇职工基本医疗保险制度做出了安排部署，对组织实施好拉萨地区城镇职工基本医疗保险试点工作提出了具体的要求。会后，组织参加试点的医疗保险机构和有关单位政工劳资部门的工作人员，进行了为期3天的培训，并多方征求意见，对《拉萨地区城镇职工基本医疗保险试点实施方案》及14个配套文件进行了反复修改，于2001年11月正式印发。三是认真组织实施试点工作。为做好试点前的各项准备工作，保证试点工作的顺利进行，自治区劳动保障厅对申报的定点医疗机构和定点药店进行了严格的资格审查认定和授牌，做好参统单位和参保职工的登记工作和缴费核定，主动与财政部门联合做好医疗保险统筹基金的测算，筹集启动资金。于2001年12月25日与8家医院和2家零售药店签订了医疗保险协议，并授予了“定点医疗机构”“定点零售药店”匾牌。截至2001

年底，西藏自治区共有219家单位、41 000多人参加基本医疗保险登记。2002年1月1日起，区直、拉萨市城镇职工基本医疗保险试点工作正式启动。

三、劳动关系调整及劳动保障监察工作

1．继续推进劳动合同制，加强劳动合同管理。2001年，西藏自治区在广泛听取企业主管部门意见的基础上，采取相应措施，进一步推动劳动合同的依法签订以及加强劳动合同管理工作。针对部分企业和职工对劳动合同重要性认识不够的情况，开展了向用人单位和劳动者宣传法律、法规的工作，提高了他们对签订劳动合同重要性的认识，有力地促进了劳动合同制度的推行。同时，加强了劳动合同管理，对部分已经与职工签订了劳动合同的单位进行了抽查，对发现的合同内容不符合政策规定、缺项漏意、合同期限已到不办理续订手续等问题进行了纠正。

劳动合同制覆盖面进一步扩大，西藏自治区2001年度共签订劳动合同2 800余人。截至2001年底，全自治区签订劳动合同的职工人数已达71 049人，占同口径职工人数的99.8%。在集体协商的基础上，有67家企业签订了集体合同。同时，加强了对劳动合同的监管力度，使其在规范化方面又迈进了一步。自治区劳动保障厅积极配合经贸委做好18家国有内外贸企业破产后职工的安置工作。

2001年度，共依法鉴证劳动合同2 479份和3个单位的集体合同。组织专人对过去鉴证的劳动合同进行了一次全面清理，对该销毁的劳动合同进行了登记、注册、销毁，并及时通知用人单位和个人重新签订或续签劳动合同。针对西藏自治区用人机制改革步伐的加快，企事业单位用人机制的转变和复杂多样性，督促企业和个人双方依据《劳动法》规定，签订劳动合同，为大力推行全员劳动合同制奠定了基础，从而提高了全员的劳动合同意识和法制观念。

2．加强劳动争议案件的仲裁工作，努力维护劳动者的合法权益。在处理劳动争议的过程中，严格遵循办案规则，有效地解决了劳动关系运行中出现的各类劳动争议，维护了用人单位和劳动者双方的合法权益。2001年，全自治区各级劳动争议仲裁部门共收到劳动争议申诉书217件，其中：集体争议91件，个人争议126件；案件中劳动报酬纠纷181件，保险福利纠纷1件，劳动保护纠纷9件，劳动合同纠纷12件，其他争议14件，已仲裁结案的191件。处理劳动争议案件时，在查清事实的基础上，本着“公平、公正、公开”的办案原则，认真处理好每起案件，维护了劳动关系双方的合法权益，发挥了社会“稳定器”的作用。

3．根据自治区人民政府法制办的统一安排，分别在全自治区7个地（市）、驻内地办事处开展了两次劳动保障法规、规范性文件清理工作。为保证清理工作质量，详细查阅、登记了1995年以来自治区出台的劳动保障规章、规范性文件，共查阅文档资料70卷。

为了深入贯彻落实劳动保障法律法规，根据劳动保障部、全国总工会、全国妇联《关于开展劳动保障法律法规监督检查活动的通知》精神，结合西藏自治区实际，由自治区劳动保障厅牵头，组成了监督检查小组，自2001年7月底至9月底在全自治区范围内组织开展了劳动保障法律监督检查活动。此次劳动保障法律监督检查活动，西藏自治区各级劳动保障部门共出动76人，工会组织出动36人，妇联组织出动22人。接到群众举报7件。据统计，此次劳动保障部门行政执法监督检查用人单位共计1 353户，涉及劳动者20 426人。通过监督检查，共查出劳动保障违法案件68件，督促5个单位进行社会保险登记，涉及劳动者329人；督促55个单位缴纳社会保险费，金额676.29万元。通过此次劳动保障法律监督检查活动，解决了部分用人单位在执行劳动保障法律法规中存在的问题，促进了劳动保障法律法规在西藏自治区的正常实施，切实维护了劳动者的合法权益。

四、企业工资分配工作

在对企业工资分配进行研究分析的基础上，2001年，西藏自治区劳动保障厅参照内地有关省市出台的企业职工最低工资制度标准，结合本地区企业的实际情况，并与区经贸委、区总工会等有关部门积极协商，基本完成了对西藏自治区企业职工的最低工资标准的测算工作，为争取在2002年出台西藏自治区的最低工资标准规定做好了充分的准备。这将为维护企业职工的合法利益，改善职工生活状况，促进企业发展提供有力的保证。

2001年，自治区劳动保障厅按照“两低于”的原则，审批了自治区交通厅直属国有企业、昌都地区马查拉煤矿责任有限公司和西农集团那曲分公司、建设厅所属拉萨水泥厂等10余家企业的调资方案。通过调整工资，激发了企业职工的工作积极性，促进了企业的发展。同时，加强了调查研究工作。2001年6月，自治区劳动保障厅先后到山南、日喀则、林芝地区进行调研，了解地区部分企业工资分配的基本情况，对企业工资分配中存在的问题及其原因进行了分析研究，找出症结，并给予纠正，为开展好下一步的企业工资工作打下了一定的基础。

五、群众来信来访接待工作

针对有关职工劳动就业、工资分配、保险福利、职业培训等热点难点问题的上访率不断攀升，职工群众来信来访数量不断增多的情况，2001年，西藏自治区各级劳动保障部门切实按照江总书记“三个代表”的要求，热心、耐心、细心地接待职工群众的来信来访，把他们的苦处、难处挂在心上，本着有信必复、有问必答、耐心细致、有理有据的原则，严格按有关政策规定进行答复、办理，化解各种矛盾，稳定职工队伍，促进劳动关系的和谐稳定，为维护社会局势的稳定起到了积极的促进作用。

六、援藏工作进一步加强

2001年，以劳动保障部王东进副部长赴藏考察指导工作为契机，进一步加强了全自治区劳动保障系统的基础设施建设和干部队伍建设工作。2001年6月，劳动保障部在北京召开了全国劳动保障系统援藏工作座谈会，对全国劳动保障系统援藏工作作出了安排部署。根据会议精神，劳动保障部党组派出了以王东进副部长为团长的援藏考察团。考察团深入到自治区有关单位、拉萨市、林芝、日喀则劳动保障部门听取工作汇报，开展调查研究，与自治区党委、政府领导座谈，介绍了劳动保障部党组有关援藏工作的安排部署。考察指导工作期间，王东进副部长分析了西藏自治区劳动保障工作面临的形势和机遇，指出了西藏自治区劳动保障工作中存在的问题，对如何做好西藏自治区的劳动保障工作提出了许多有针对性的意见，对做好西藏自治区下一步的劳动保障工作具有很强的指导意义。

此次王东进副部长赴藏还带来了部党组和内地各省、市劳动保障部门筹集的400万元资金，用于修建西藏劳动和社会保障服务大楼。这一大楼将于2002年春季组织施工建设。与此同时，王东进副部长表示部培训就业司正在着手准备为西藏劳动保障系统建立远程教育网的工作，改进西藏劳动保障部门干部培训工作的手段；劳动保障部正在积极帮助落实西藏自治区劳动保障系统干部的挂职锻炼和培训工作事宜，这将有力地促进西藏自治区劳动保障干部队伍整体素质的提高。

七、其他各项工作

1．切实加强劳动保障政策法规的宣传活动，争取社会各界的理解支持。2001年，西藏自治区各级劳动保障部门，采取上街散发宣传材料，当场解答咨询等办法，对企事业单位和过往行人讲解了有关劳动保障法规知识。通过宣传活动，提高了《劳动法》等相关法律法规在社会上的知名度，达到了预期的目的。同时，为了保证拉萨地区城镇职工基本医疗保险试点工作的顺利开展，自治区劳动保障厅积极与有关部门协调，充分利用各种新闻媒体，采用多种形式，大力开展了医疗保险政策、办法的宣传活动，为医疗保险制度在西藏自治区的顺利推行营造了良好的舆论氛围。

2．认真做好计划、统计工作。根据《中共西藏自治区委员会关于制定国民经济和社会发展第十个五年计划的建议》精神，结合西藏劳动和社会保障工作的实际，自治区劳动保障厅拟定了《西藏自治区劳动和社会保障事业发展“十五”计划纲要（草案)》。并对草案稿进行了多次修改和完善，已报送自治区党委西藏“十五”发展规划研究室进行审定。同时，根据自治区发展计划委员会的要求，积极配合参加了《人口、就业、社会保障“十五”规划纲要》的编写工作。按照劳动保障部的要求，及时汇总上报了城镇劳动力供给配置情况、企业下岗职工情况等报表，并对各单位上报的统计报表资料汇总之后进行了详细的分析，在此基础上编制了综合统计报表。

3．加强调查研究，推动基层工作。2001年，西藏自治区劳动保障厅多次深入基层调查研究，督促检查基本养老保险基金征缴、清欠和参统单位职工基本养老金的按时足额发放情况，劳动保障法律监督检查等项活动。通过深入基层调查研究，掌握了第一手资料，解决和解答了部分难点、热点问题，维护了职工的合法权益。并且对企业领导和职工讲解了劳动保障的政策和法律法规，提高了企业领导人维护劳动保障法律法规的自觉性，增强了基层单位做好劳动和社会保障工作的信心和决心，推动了基层的劳动保障工作。

（西藏自治区劳动和社会保障厅）

陕 西 省

2001年是新世纪第一年，也是“十五”计划开局之年。陕西省劳动保障系统深入学习和实践江总书记“三个代表”重要思想，认真贯彻落实党中央、国务院和省委、省政府有关劳动保障工作的一系列重要指示，紧紧围绕改革发展稳定的大局，团结一致，扎实苦干，全面巩固两个确保，积极推进社会保障体系建设，圆满完成了年初确定的目标任务，劳动保障各项工作得到全面发展。

一、两个确保继续得到巩固，为促进经济结构调整和国有企业深化改革，维护社会稳定发挥了重要作用

2001年，陕西省把两个确保作为落实“三个代表”重要思想和十五届六中全会精神的重要内容，按照中央关于工作目标、政策措施和工作要求“三不变”的方针，加大工作力度，转变工作作风，两个确保得到了进一步巩固。到年底，全省经过重新认定纳入下岗失业人员基本生活保障新办法范围的下岗失业人员22.5万人，涉及企业3 395户。其中省属企业7.97万人，市县属企业14.55万人。全省共筹集下岗失业人员基本生活保障资金6.02亿元，其中用于发放基本生活费4亿元，缴纳养老保险费1.22亿元、失业保险费0.15亿元、医疗保险费0.65亿元。中央驻陕企业的7.3万名下岗职工基本生活费也做到了按时足额发放。面对养老保险费收支缺口巨大的严峻形势，陕西省通过扩大覆盖面，强化基金征缴，清理企业欠费和积极争取中央财政支持等措施，千方百计筹集资金，确保了企业离退休人员基本养老金的按时足额发放。到年底，全省参加基本养老保险的在职职工262万人，离退休人员81.8万人；实际征收基本养老保险费39.65亿元，发放基本养老金50.5亿元，社会化发放率始终保持100%。2001年元旦、春节期间，陕西省还安排了1 000万元帮困资金，对军工、纺织、煤炭、森工等行业的200多户中央和省属困难企业特困职工进行了救济。

二、养老保险制度继续得到完善，覆盖面进一步扩大，一些影响稳定的突出问题得到解决

2001年，陕西省全面实行了养老保险基金全省统收统支，为确保社会化发放奠定了坚实基础。经过努力，解决了一些影响稳定的突出问题。一是经过深入调研，解决了国有企业长期中断养老保险和一直未参加养老保险企业的参保问题，保障了此类企业职工和离退休人员的合法权益。二是积极发挥劳动保障部门所属职业介绍机构的作用，妥善地解决了一次性安置职工接续养老保险关系后出现的档案托管问题。三是积极参与企业破产兼并工作，指导破产企业制定职工安置预案，妥善地处理了破产企业职工安置、养老保险等方面一些政策性很强、情况比较棘手的问题。四是针对企业离休人员待遇水平相对机关事业单位离休人员较低的问题，进行了大量的研究论证和测算，下发了《关于调整企业离休人员待遇水平的通知》，适当调整了企业离休人员的待遇。

2001年1~8月，陕西省养老保险扩面形势极为严峻，在省政府召开两次扩面工作电视电话会议后，各级劳动保障部门和养老保险经办机构按照会议要求，加大工作力度，9～11月一举扭转了养老保险扩面工作的被动局面。到年底，新增参保人数52万人，超额完成了年初省政府确定的新增参保30万人的任务。

三、失业保险的保障作用进一步增强

为了发挥失业保险在促进下岗职工、失业人员再就业中的作用，2001年，陕西省下发了《陕西省失业人员职业培训和职业介绍补贴费用申领支付办法》，使下岗职工、失业人员享受免费的职业培训和职业介绍有了政策保证。到年底，有5万多名下岗职工、失业人员享受到了这一优惠政策。针对失业保险工作中出现的新问题，陕西省先后发出了《陕西省失业保险关系迁转有关问题的通知》和《关于破产企业实行一次性安置后享受失业保险待遇有关问题的通知》。2001年，陕西省以事业单位和私营企业为重点，强化失业保险扩面工作。到年底，失业保险参保人数已达296万人，其中2001年新增45万人，基本完成了年初确定的目标任务。全年征缴失业保险费2.8亿元，领取失业保险金的失业人员3.3万人，比上年度净增2万人。全年发放失业保险金8 000万元，确保登记失业的人员按月足额领到了失业保险金。同时，还为国有企业下岗失业人员基本生活保障工作调剂资金2亿元，为两个确保提供了资金保障，促进了两个确保的顺利开展。

四、城镇职工基本医疗保险制度改革稳步推进，医疗保险体系得到进一步完善

2001年，陕西省狠抓医疗保险制度改革，到年底，全省10个市和杨凌示范区及107个县（市、区）均建立了城镇职工基本医疗保险制度，参保人数达到221.5万人，其中新增加61万人，超额完成了劳动保障部下达的覆盖200万人、省政府下达的覆盖220万人的扩面任务。针对陕西省实际，先后出台了《陕西省城镇职工大额医疗补助暂行办法》和《陕西省城镇职工企业补充医疗保险管理暂行办法》，发布了《陕西省基本医疗保险药品目录》。这些政策办法的实施，使参保人员就医个人负担较重和医保药品目录过窄的问题得到初步解决。同时，各级医疗保险经办机构内部的工作制度得到进一步健全，医保基金支出合理规范，做到了收支平衡，略有结余。

2001年，陕西省还启动了工伤保险和生育保险，制定了《陕西省职工生育保险暂行办法》。到年底，全省已有5个市及其所属的35个县（区）启动了工伤保险，参保职工达到40万人；4个市启动了生育保险。还制定了《陕西省离休人员医疗保障试行办法》，把两个保证中关于按规定实报实销离休人员医疗费的要求落到了实处。

五、就业和再就业工作取得新成效，就业局势基本稳定

面对严峻的就业形势，2001年，陕西省进行了两次较大规模的落实再就业优惠政策大检查。各级政府和有关部门认真执行促进就业和再就业的各项优惠政策，动员社会各界开展再就业援助行动，全年共安置城镇下岗职工、失业人员14万人，城镇登记失业率控制在3.5%以内，基本实现了年初确定的目标。劳动力市场建设步伐加快，管理服务日趋规范，“三化”试点城市信息网络建设进展顺利，24.2万人通过劳动力市场实现了就业和再就业。积极实施第二期“三年四十万”再就业培训计划，已经培训下岗职工、失业人员12.8万人，其中再就业7.68万人，培训再就业率达到60%。技工学校招生工作走出低谷，2001年共招收新生15 000多名，较上年增加6 000多人，为陕西省经济发展储备了技能型人才。2001年，全省共有12万人参加了鉴定考试，10万人获得职业资格证书，比过去有较大增加。劳务输出工作稳定发展，全年输出255.2万人次，创经济收入58亿多元。

六、企业工资分配宏观调控工作进一步加强

陕西省从试点到全面推行企业工资指导线制度，经过4年的努力，已经形成了以工资指导线为主要调控手段，并与工效挂钩、工资总额包干等办法有机结合的工资宏观调控体系，企业正常的工资增长机制正在逐步建立和完善。企业经营者年薪制试点已扩大到355户。各试点城市认真推行劳动力市场工资指导价位制度，为推动劳动力市场“三化”建设起到了积极作用。

七、劳动关系基本保持和谐稳定

2001年是陕西省确定的劳动合同管理年。为了使劳动合同管理工作更加适应经济结构调整和国有企业深化改革的需要，陕西省出台了《关于进一步加强劳动合同管理有关问题的意见》，较好地解决了新形势下劳动合同制度遇到的一些新问题。同时，陕西省以集体企业、私营企业和个体工商户为重点，积极推行劳动合同制度，这三类企业签订劳动合同的人数持续增加。

2001年，陕西省按照省委、省政府关于整治投资环境的要求，认真做好管理服务工作，受到外商投资企业的欢迎。各地普遍建立了维护稳定责任制领导小组，切实加强对两个确保重点行业和企业的监控，及时妥善地处理了一些企业的突发事件。各级劳动保障争议仲裁机构按照公平、公正、及时的原则，严格立案、办案、结案程序，共受理劳动争议案件2 114件，时效结案率达到93.5%。

八、基金监督工作成效显著

截至2001年底，陕西省共清理回收养老保险基金2 138.5万元、失业保险基金916.5万元。一些历史遗留的挤占挪用社会保险基金案件得到处理，绝大部分都列出了还款计划，挤占挪用和违纪违规动用社会保险基金问题得到制止。特别是按照省政府的要求，对陕西省渭河化肥厂归还社保基金利息的数额进行了核定，并指派专人负责追缴。通过加强养老保险缴费稽核工作，全省共收回企业少缴、漏缴基金1 020万元。为了充分发挥职工群众在基金监督工作中的作用，陕西省建立了社会保险基金监督举报制度。对群众举报的4起挤占挪用、截留职工养老保险金的案件进行了严肃查处。2001年底，省政府还批准成立了省社会保障监督委员会。

九、劳动保障法制建设和宣传工作取得新成绩，有力地促进了中心工作的顺利开展

2001年9月，陕西省人大颁布了《陕西省企业集体合同条例》，这是近3年来，省人大颁布的第三部劳动保障工作地方性法规，将会有力地推动陕西省企业劳动关系的进一步和谐稳定。2001年，陕西省各级劳动保障监察机构切实履行职责，认真组织开展了社会保险扩面征缴、劳动合同管理、清理整顿劳动力市场、女职工保护规定、非法使用童工等多项执法检查活动，取得了明显成效。按照依法行政的要求，省劳动保障厅共清理废止规范性文件44份，减少审批事项25个。省政府批准保留的35个劳动保障工作审批事项，已向社会作了公布。5月，全省各级劳动保障部门，按照劳动保障部的统一部署，走上街头，采取多种形式，开展了声势浩大的劳动保障政策法规宣传咨询活动，社会影响较大，深受广大职工群众欢迎。省劳动保障厅公众信息网基本建成，并开始与省政府公众信息网联网运行，使劳动保障宣传手段更为现代化。

（陕西省劳动和社会保障厅）

甘　肃　省

2001年，在省委、省政府的领导下，在劳动保障部的指导下，在有关部门的大力支持下，甘肃省各级劳动保障部门以“三个代表”重要思想为指导，认真贯彻党中央、国务院和省委、省政府关于劳动保障工作的一系列方针、政策、规定，全面落实全国劳动保障工作会议和全省社会保障工作会议的部署和要求，较好地完成了各项工作任务，为全省改革发展稳定做出了积极的贡献。

一、两个确保进一步巩固

2001年，甘肃省按照中央和全省的部署，把两个确保作为实践江总书记“三个代表”重要思想的具体体现，放在劳动保障各项工作的首位，坚持“三个不变”的方针，认真落实宋照肃书记、陆浩省长致各地、市、州委书记、专员、市长、州长一封信的要求，切实落实“一把手”责任制，普遍加大工作力度，千方百计筹集资金，对重点地区和困难企业实行重点监控，基本做到了离退休人员养老金和下岗职工基本生活费按时足额发放。2001年，全省共为45.07万名企业离退休人员发放养老金35.36亿元，按时足额发放率达到100%，实现了当期无新的拖欠。截至年底，全省国有企业下岗职工16.61万人，进中心签协议的16.54万人，占99.6%；进中心的下岗职工100%领到了基本生活费，并代缴社会保险费，其中足额领取的达95.8%。全省14个市、州、地做到了全部足额发放基本生活费，全部足额代缴社会保险费，未足额发放基本生活费的主要是建筑、轻工、有色金属行业的部分企业。

二、养老保险工作进一步得到加强

截至2001年底，甘肃省参加养老保险的企业职工143.15万人，覆盖面达到97.65%，比上年同期提高3.51个百分点。养老金社会化发放工作取得突破性进展，44.89万名企业离退休人员的基本养老金由社保机构直接发放或委托银行、邮局代发，社会化发放率为99.6%，比年初提高15.8个百分点。4月1日起顺利完成了行业养老保险费移交地税部门征收工作，并继续实行劳动保障、财政、地税三部门联合审核和基金收缴、拨付、发放联合月报制度。在全省企事业单位中推行退休公示制度，开展了企业补缴欠费能力的评估认定工作。出台了提高企业离休人员基本养老金水平的政策，为2000年12月31日前已经办理离休手续的企业离休人员（含建国前参加革命工作享受离休待遇的退休老工人）增加了基本养老金。

三、失业保险工作顺利开展

2001年，甘肃省以国有企业、集体企业和事业单位为重点，积极开展扩面工作，加强调查摸底，层层分解任务，定期通报检查。截至年底，全省参加失业保险的职工162.69万人，占全年应覆盖计划的85.63%。2001年共为29 532名失业人员发放失业保险金2 152.04万元。在确保失业人员基本生活的前提下，积极发挥失业保险支持下岗职工基本生活保障的作用，继续加大向再就业服务中心调剂资金的力度，2001年向再就业服务中心拨付国有企业下岗职工基本生活费10 848.05万元。

四、城镇职工基本医疗保险制度改革全面启动

按照劳动保障部的总体要求和省政府的部署安排，2001年，甘肃省狠抓医疗保险启动工作，加快工作进度，完善政策措施，健全工作机构，加强业务培训，全省医疗保险制度改革稳步推进。截至年底，全省14个市、州、地、甘肃矿区和省直机关事业单位基本医疗保险制度改革都已启动，参保人数103万人，完成了年计划参保职工100万人的目标任务。进一步完善医疗保险政策措施，制定下发了省直单位国家公务员医疗补助暂行办法等配套文件。认真做好定点医疗机构和定点零售药店资格审查和确定工作，全省共确定定点医疗机构754个，定点零售药店364家。新机制运行平稳，稳定了职工医疗费来源，保障了职工基本医疗待遇，做到了个人账户和统筹基金略有结余。

五、就业和再就业工作取得新进展

2001年，甘肃省各地都把就业工作纳入政府宏观调控目标，采取各种措施，积极扩大就业，促进下岗职工再就业。截至年底，全省城镇登记失业率为2.9%，实现了劳动保障部下达的将城镇登记失业率控制在4%以内的控制指标，全省下岗职工再就业率为33%。积极推动社区就业工作，出台了《关于推动社区就业工作促进下岗职工再就业的意见》，确定兰州、白银、金昌为国家级社区就业联系城市，天水、嘉峪关、武威、平凉、玉门、酒泉、张掖市为省级社区就业联系城市。省劳动保障厅与有关部门联合对全省下岗职工再就业优惠政策的落实情况进行了第二次检查，继续实施再就业培训伙伴行动，启动了甘肃省第二期“三年四十万”再就业培训计划，开展了再就业援助行动，为下岗职工免费提供职业指导7 600多人次，再就业培训8 400多人次。加快劳动力市场建设步伐，基本建成了省、地、县三级就业服务体系，在兰州、白银、金昌3个国家级试点城市和天水、嘉峪关、平凉、敦煌、武威5个省级试点城市开展了劳动力市场科学化、规范化、现代化建设，初步建成了劳动力市场信息网络。抓住西部大开发的有利契机，进一步加大城乡劳动力有序输转工作力度，2001年，全省共输转城乡劳动力237.9万人次，创劳务总收入30.1亿元。劳服企业得到进一步发展，全年共完成社会总产值65亿元，安置下岗职工3.6万人。

六、企业工资收入分配制度改革取得进展

2001年，甘肃省进一步加大企业工资收入宏观调控力度，认真做好国有企业工效挂钩和工资总额包干的核定工作，加强对企业工资水平的控制。积极推行以工资指导线、劳动力工资指导价位制度为核心的工资宏观调控体系建设的试点工作。兰州市正式公布了全市工资指导线，兰州、天水、白银等试点城市发布了143个工种（职位）的劳动力市场价格。积极探索建立与现代企业制度相适应的工资收入分配激励机制，修订了《甘肃省国有及国有控股企业经营者年薪制暂行办法》，在广泛征求各方面意见的基础上，争取尽快出台。

七、劳动关系基本保持和谐稳定

2001年，甘肃省认真贯彻《劳动法》和有关法律法规，各地以劳动合同、集体合同和劳动争议仲裁为重点，加强劳动关系协调工作。截至年底，全省订立劳动合同的企业职工达到160万人，城镇国有企业和非国有经济组织与劳动者签订劳动合同的比例分别达到98%和89%。积极推进集体协商和集体合同制度，共审核集体合同50份，涉及职工7.9万人。进一步加强劳动争议仲裁工作，截至年底，全省各级劳动争议仲裁机构共受理劳动争议案件987件，结案925件，结案率为94%。认真处理来信来访，接待来信来访912批（次），51 000多人（次）。加强群体性突发事件的监控和预防，有效地化解了矛盾。

八、积极做好职业技能培训工作

2001年，甘肃省出台了《关于全面推行就业准入和职业资格证书制度的实施意见》，进一步扩大职业技能鉴定覆盖范围，加快鉴定机构建设。截至年底，全省有10个市、州、地劳动保障部门建立了职业技能鉴定指导中心，鉴定所181所，可鉴定工种190多个，有13个行业在甘肃省设立了特有工种鉴定站，全省共有2.4万人参加职业技能鉴定，2.1万人经鉴定合格取得了职业资格证书。结合职业技能鉴定质量年活动，在全省范围内开展了职业技能鉴定质量检查。积极推行劳动预备制度和就业准入控制，根据劳动和社会保障部等6部委《关于开展劳动预备制度和就业准入控制落实情况检查工作的通知》要求，省劳动保障厅会同省人事、教育、计划、经贸、物价、工商等部门对全省7个市地、9家企业、12个职业技能鉴定机构、8所职业介绍机构落实两项制度的情况进行了重点检查，有力地促进了两项制度的落实。认真组织技工学校招生工作，2001年全省技工学校招生5 012人。

九、开展完善社会保障体系试点工作

2001年，根据《国务院关于印发完善城镇社会保障体系试点方案的通知》要求，甘肃省政府确定在金昌市进行完善社会保障体系试点，并在全省社会保障工作会议和全省劳动保障工作会议上就试点工作进行了安排部署。金昌市已成立了试点工作领导小组，拟定了试点工作实施办法，对全市基本养老保险个人账户做实后的净资金需求等情况，进行了认真测算。

十、劳动保障法制建设不断推进

2001年，甘肃省认真开展劳动保障普法宣传教育活动，印发了全省劳动保障系统“四五”普法规划。进一步加大劳动保障执法检查力度，在做好劳动保障年检的基础上，组织开展劳动保障法律实施监督检查和贯彻实施《禁止使用童工规定》等多项执法检查活动，共检查用人单位5 585户，涉及劳动者34.07万人，清退童工100多名，补签劳动合同1.9万人，追发7 200名职工工资481.54万元，追缴社会保险费1 679.86万元。根据省政府的要求，劳动保障厅做好规范性文件的清理工作，共清理规范性文件47件。全面推进劳动保障厅行政审批制度改革，在调查摸底的基础上，对143项审批项目进行清理，随职能划转、转移97项，对其余46项审批项目进行了再次审定，取消、合并、下放、降格17项。继续执行行政执法责任制，认真处理行政复议案件。

在2001年的工作中，为了确保全省劳动保障各项目标、任务和政策的落实，甘肃省主要采取了以下措施：

一是切实加强领导，狠抓工作落实。甘肃省委、省人大、省政府、省政协高度重视劳动保障工作，年初，宋照肃书记、陆浩省长专门致信各地党政一把手，要求把完善社会保障体系作为一把手工程，做到认识到位、领导到位和措施到位。省委把社会保障工作作为国有企业“三讲”教育的重要内容，督促欠费企业清缴社会保险费。省人大领导经常了解社会保障工作情况，省九届人大常委会第22次会议专门听取了关于社会保障工作的汇报，提出了许多好的意见和建议。省政府常务会多次专题研究社会保障工作，年初省政府专门召开全省社会保障工作会议，在家的省长、副省长全部到会；省政府把社会保障工作纳入政府目标管理，与各地签订了目标管理责任书，就两个确保、社会化发放、社会保险扩面征缴、就业等确定了10项具体指标；省政府还建立了协调会议制度，主管省长每季度召开一次协调会，劳动保障厅每月召开一次协商会，及时沟通情况，研究问题。省政协高度关注社会保障工作，听取劳动保障工作汇报，政协委员提出了许多建设性提案。各级劳动保障和有关部门互相支持，各负其责，密切配合，狠抓落实，建立了地税征收，财政管理，劳动发放，审计监督的管理运行机制，同时实行社会保障工作情况通报制度，促进了工作任务的落实。

二是突出工作重点，全力做好社会保障资金筹集工作。一方面，按照中央的要求，不断加强养老、失业保险扩面征缴工作，努力提高基金征缴率，认真清理追缴企业欠费，切实落实“三三制”筹集办法，千方百计筹集两个确保资金。另一方面，加大争取财政支持的力度。省委、省政府领导和劳动保障、财政等部门多次专题、专人向劳动保障部、财政部汇报甘肃省的困难情况，积极争取中央财政对甘肃省社会保障工作的支持。2001 年共争取到养老保险补助资金 8.10 亿元，下岗职工基本生活保障补助资金 2.58 亿元，缓解了甘肃省社会保障资金缺口大、筹集困难的矛盾。积极协调财政调整财政支出结构，加大对社会保障的投入。2001 年，全省各级地方财政共安排社会保障资金8 958万元，省级财政当年新增养老保险支出1 000万元，安排国有企业下岗职工基本生活保障资金3 600万元。继续加强对 34 户重点企业和天水、临夏、庆阳等重点市州地的监控和支持，加强了资金的调度和保发放工作的督查。建立了养老保险省级统筹调剂金制度，实现医疗保险基金在全省范围内的统筹调剂，为全省基本实现两个确保提供了条件。

三是学习实践“三个代表”，加强机关作风建设。2001 年，甘肃省各级劳动保障部门深入学习江泽民总书记“三个代表”重要思想，以“三个代表”统揽各项工作。根据省委的要求，省劳动保障厅在全厅干部中开展了“三个代表”学习实践活动，通过加强学习，认真查找问题，提出改进措施，积极进行整改。党的十五届六中全会召开后，为了认真贯彻落实《中共中央关于加强和改进党的作风建设的决定》和省委的实施意见，厅党组及时制定了《关于加强和改进党的作风建设意见》，就劳动保障部门落实“八个坚持、八个反对”提出了明确要求。各地劳动保障部门把作风建设摆上重要议事日程，坚持一手抓机关作风建设，一手抓劳动保障业务建设，以作风建设促进各项业务工作的开展，取得了较好的效果。

四是统筹安排，切实做好省劳动保障厅机构改革工作。2001 年，在全省劳动保障工作任务十分繁重的情况下，省劳动保障厅根据省委、省政府的安排，把机构改革作为全年的一项重要工作来抓，认真处理好机构改革与业务工作的关系，坚持“两手抓、两不误”。在机构改革中，推行竞争上岗和轮岗交流，对厅机关、社保中心 9 个正副处级领导职务进行竞争上岗，经过笔试、面试、民主测评、民主推荐、公示等程序，使一批年轻干部通过竞争上岗走上领导岗位，个别表现优秀、群众公认的年轻干部被破格提拔，全厅有 57 名干部进行了轮岗交流，轮岗交流面达 45%。通过改革，优化了干部队伍结构，促进了全厅工作作风的进一步好转，干部的竞争意识、学习意识普遍增强，办事效率明显提高。

（甘肃省劳动和社会保障厅）

青 海 省

2001年，青海省劳动和社会保障工作以“三个代表”重要思想为指导，深入贯彻全国社会保障工作会议和青海省委经济工作会议精神，积极促进青海省大局稳定和经济结构调整，经过艰苦努力，两个确保成果继续得到巩固，完善城镇社会保障体系试点筹备工作进展顺利，养老、医疗、失业等项社会保险制度建设不断推进，就业工作进一步加强，劳动工资、监察、仲裁工作稳步实施，各项劳动和社会保障工作都取得良好成绩，在青海省改革发展稳定大局中发挥了重要作用。

一、两个确保成果继续得到巩固

1．确保了企业离退休人员养老金按时足额发放。2001年，青海省为参加统筹的14.8万名企业离退休人员按时足额发放养老金12.5亿元。工作中，做到“三到位”：一是加强协调，保证资金筹集到位。2001年，青海省养老保险费开始实行地税部门征收，为促进征缴，青海省劳动保障厅认真稽核企业缴费基数，进一步明确征缴范围，与地税部门建立征缴情况通报制度，全年征缴养老保险费8.4亿元。同时，针对基金不足的困难，加强与财政、银行的协调联系，多方筹款，足额筹集了确保发放的资金。二是严格制度，保证资金划拨到位。2001年，青海省认真执行养老保险基金发放预警制度，每月根据各地区上报的《养老金收支计划表》，及时了解、监控基金调度情况，做到早计划、早安排，按时将资金拨付到位。三是完善管理，保证资金发放到位。2001年，青海省努力扩大养老金社会化发放范围，保证企业离退休人员通过银行、邮局等社会化渠道，按时足额领取到养老金。年末，青海省养老金社会化发放率达到100%。

2．确保了国有企业下岗职工基本生活。2001年，青海省国有企业下岗职工总数为7.52万人，年内发放基本生活保障金3.74亿元，下岗职工100%得到基本生活保障。工作中突出抓好保障资金“收、管、发”三个环节。一是继续按照“三家抬”的筹资原则积极筹集资金，保证发放需要。二是加强资金管理。积极开展基本生活保障资金专项审计，落实企业再就业服务中心专户专账管理基本生活保障资金制度，保证资金规范使用。三是做好资金发放监督工作。2001年，青海省劳动保障厅组织工作组深入企业检查保障金发放情况，与青海省经贸委、财政厅等5个部门联合制定了《关于加强国有企业再就业服务中心管理和下岗职工基本生活费发放工作有关问题的通知》，严格规范企业再就业服务中心发放资金程序，并公布举报电话，接受全社会的监督，确保基本生活保障金按时足额发放到下岗职工手中。

为保证两个确保资金及时到位，从2001年6月份起，青海省政府建立协调社会保障资金会议制度，保证每月按时拨付发放资金。元旦、春节及国庆节，按青海省政府和劳动保障部的安排，对两个确保工作专门部署，促进了重大节日期间的社会稳定。

存在的困难主要是两个确保资金支付压力很大。一方面，养老金收不抵支。2001年，青海省养老保险基金收入8.4亿元，支出12.5

亿元，缺口 4.1 亿元。另一方面，按“三家抬”原则筹集下岗职工基本生活保障金，由于企业困难，主要由财政和失业保险基金两家承担，负担较重，两个确保资金困难。

二、加快完善社会保障体系建设

1．认真筹备完善社会保障体系试点工作。为加快青海省社会保障体系建设，按照国家统一部署，青海省政府确定在西宁市进行完善城镇社会保障体系试点。青海省政府对试点工作高度重视，赵乐际省长亲自挂帅，成立了青海省完善社会保障体系试点工作领导小组，西宁市也相应成立了专门机构。2001 年，开展了人员培训，调研了下岗职工、离岗人员和养老保险个人账户的基本情况，经过反复测算、论证，草拟了西宁市完善社会保障体系实施方案。西宁市积极探索社区管理工作，在城中、城西两个区开展了社区管理的试点。

2．不断深化养老保险制度改革。2001 年末，青海省参加城镇职工基本养老保险的有 36.7 万人，年内扩面新增参保人员 1.12 万人。工作中，一是加大扩面工作力度。青海省劳动保障厅报请青海省政府办公厅下发了《关于进一步扩大城镇职工基本养老保险覆盖面的通知》和《青海省机关事业单位群众团体临时聘用人员基本养老保险办法》，认真组织贯彻落实，以非公有制经济组织工作人员、机关事业单位群众团体临时聘任人员的参保和出中心下岗职工、一次性安置人员的续保为重点，积极扩大养老保险覆盖面，在参保企业破产数量持续增长的情况下，保持并适量增加了参保人员数量。二是完成了参统企业拖欠离休干部离休费一次性补发工作。适当调整增加了企业离退休人员养老金，提高了企业离退休人员生活水平。三是开展了企业建立补充养老保险试点。已开展补充养老保险的有铁路、电力、邮电 3 个行业的 8 户企业，职工 4.96 万人，补充养老保险管理基本规范。

3．继续做好失业保险工作。2001 年末，青海省参加失业保险的有 35.7 万人，全年领取失业保险金人数 1.85 万人，同比增加 0.64 万人。年末，仍有 1.25 万人领取失业保险金。进行的主要工作，一是青海省劳动保障部门配合地税部门抓好基金征缴。年初，完成失业保险费移交地税部门征收工作。为促进征缴，及时编制了 2001 年失业保险基金收支预算，并对各单位欠费情况进行检查。重点加强中央驻青行业缴费基数的核查，做到单位工资总额、职工人数、个人工资“三核定”，促进基金征缴工作的顺利进行，2001 年基金收入8 200万元。二是认真规范失业保险金发放程序，方便失业人员及时领取失业保险金，并协调财政部门预留和核拨 2 个月的失业保险准备金，以保证发放资金的需要。三是加强基金支出管理。2001 年，青海省的失业保险在确保失业人员基本生活和促进再就业的同时，还调剂2 900万元用于下岗职工基本生活保障，调剂5 300万元用于破产企业职工一次性安置，支持了企业结构调整工作的顺利开展。四是健全法规制度。2001 年，青海省政府以政府令颁布了《青海省实施〈失业保险条例〉办法》。为做好贯彻落实工作，青海省劳动保障厅制定了实施细则，对基金管理等问题的具体实施程序进一步作了细化规定。

存在的困难主要是领取失业保险金人数呈上升趋势。1998 年，青海省领取失业保险金的人数为 0.2 万人，1999 年为 0.34 万人，2000 年为 1.21 万人，2001 年达 1.85 万人。从失业人员不断增加的趋势看，失业保险基金支付能力还需进一步增强。

4．积极推进城镇职工基本医疗保险制度改革。2001 年，青海省县以上地区 100% 启动实施城镇职工基本医疗保险制度，覆盖人数 45 万多人。进行的主要工作，一是实行目标责任制管理，加强对各统筹地区医改工作的督促指导。召开全省医改工作会议，省劳动保障厅与各州、地、市医疗保险经办机构签订目标责任书，分派工作组，到海东、海西、海南调研，现场指导医改工作的实施。年底，对目标责任完成情况进行了检查考核。二是健全制度，规范医保工作。青海省劳动保障厅报请青海省政府印发了《青海省省直单位职工大额医疗费用补助办法》（青政办〔2001〕153号），制定了定点医疗机构、零售药店管理办法。完成青海省医保用药目录编选工作。三是认真做好省属国有破产企业职工参加医疗保险和解决工伤人员待遇工作。年内105户省属国有破产企业中已有96户进入医疗保险，3.1万人参保。破产企业1～4级工伤人员交由当地社保部门托管，保障了工伤待遇。

存在的困难主要是，目前对不规范医疗行为还缺乏有效控制，医疗费个人负担过重，医疗保险各项政策需要进一步抓好完善和落实工作。

5. 工伤、生育保险进展顺利。2001年，青海省在西宁市进行工伤、生育保险试点。西宁地区目前工伤保险参保单位253户，人员7万多人；生育保险参保单位219户，人员6万多人。两项保险基金收支基本平衡。

6. 各项社保基金和下岗职工基本生活保障资金的管理和监督工作进一步得到加强。2001年，青海省落实社保基金收支两条线的管理规定，落实企业再就业服务中心专户专账管理基本生活保障资金制度，严格开展社保基金和下岗职工基本生活保障资金的稽核审计，对中央财政专项补助资金使用情况、财政专户管理情况和社会保险个人账户管理情况多次进行专项检查。监察部、劳动保障部、财政部、民政部等国家有关部委派出检查组，对青海省社保基金和下岗职工基本生活保障资金认真进行检查，检查表明，青海省养老、医疗、失业等各项社保基金和下岗职工基本生活保障资金管理规范、使用合理、运行良好。检查组对青海省社保基金和下岗职工基本生活保障资金的管理、监督工作给予了好评。

三、下岗职工出中心和破产企业职工安置工作进展平稳

2001年，青海省部分下岗职工进中心协议期满，需要出中心。为此，青海省劳动保障厅积极开展下岗职工出中心和并轨的前期准备工作，按照稳步推进、进度服从稳定的要求，继续落实出中心接续社会保险关系的一系列政策，提高了失业保险金标准，采取措施，促进出中心的下岗职工再就业。2001年，青海省下岗职工出中心和并轨工作进展平稳，维护了社会的稳定。

2001年，青海省国有企业结构调整力度较大，企业破产、兼并、重组，富余人员分流任务较重。围绕国有企业结构调整，本着职工自愿、稳妥操作的原则，继续开展破产企业职工安置工作。全年办理2.95万人的一次性安置手续，发放安置费4.2亿元；办理3 294人的提前退休手续，并全部纳入养老保险统筹，按时足额发放了养老金。破产企业职工的平稳安置，促进了国有企业改革的深入进行。

四、采取多种措施扩大就业和再就业

2001年，青海省安置城镇劳动力、国有企业下岗职工6.84万人，再就业率达到35%；年末，城镇登记失业人员有2.4万人，城镇登记失业率为3.5%，较好地完成了青海省政府下达的就业工作年度目标任务。

2001年，青海省各地对就业和再就业工作高度重视，不断加大工作力度，将就业工作纳入各级政府的考核目标。广泛开展再就业援助行动。建立了省级再就业资金，用于支持下岗职工和失业人员实现就业；为下岗职工、失业人员以及一次性安置人员发放了“再就业优惠证”；先后举办了11次全省或区域性下岗职工再就业洽谈会，取得良好效果，西宁市还组织开发了2 000个公益性岗位，解决部分大龄下岗职工的就业问题；各级劳动保障部门会同有关部门深入开展再就业优惠政策大检查，促进了下岗职工再就业优惠政策的落实。社区就业工作有了进一步发展。确定西宁、格尔木市为社区就业试点城市，指导两个市制定了社区就业试点工作方案，社区就业试点工作正在稳步进行。

2001年，青海省劳动力市场建设取得新

的成绩。省劳动保障厅在完成青海省劳动力市场及信息网络建设基本情况调研的基础上，制定了青海省世界银行“职业培训和劳动力市场建设”贷款余额项目使用建议书，完成了项目实施的各项前期准备工作；劳动力市场信息网络建设初见成效，成立了中国劳动力市场信息网青海监测中心，实现了青海省劳动力供求信息联网，已开始发布劳动力供求信息。启动了西宁市中心劳动力市场。各地积极发挥公共职业介绍机构的职能作用，深入开展了公共职业介绍服务。青海省省级职业介绍机构已加入华南省际劳务协作区组织，为青海省向华南经济发达地区输送劳务打开了服务窗口。劳务输出工作进展顺利。2001 年，青海省共组织农村剩余劳动力流动就业 45 万多人（次），其中海东地区组织农村剩余劳动力流动就业 30 多万人（次），为增加农牧民的收入做出了积极贡献。配合青藏铁路建设，储备近 10 万名本省劳务工，在格尔木市召开青藏铁路建设用工洽谈会，在西藏设立了“青海省驻藏劳务工作站”。不断提高劳动力市场工作人员职业指导水平，组织职业资格培训讲师团，分赴基层劳动力市场，开展职业指导业务知识巡回宣讲活动，取得良好效果。

2001 年，青海省加强职业教育和就业培训，推行技校改革和职业资格证书制度，落实就业准入制度，按照劳动保障部第二期“三年千万”再就业培训计划，积极开展培训，年内培训下岗失业人员 3 万多人，完成职业技能鉴定 1.2 万人，促进了劳动者素质的提高。

存在的困难主要是，由于受总体就业形势影响，加上青海省经济总量小，就业岗位比较少，劳动力供大于求矛盾依然突出，部分下岗失业人员技能单一、技术水平偏低、年龄偏大、择业观念落后，再就业工作难度很大。

五、企业工资收入分配制度改革、劳动仲裁、监察工作和劳动保障法制建设取得新的进展

1. 企业工资收入分配制度改革不断深化。2001 年，青海省认真搞好企业工资总额管理，加强企业工资分配宏观调控。制定了《青海省工资指导线制度试行办法》，发布 2001 年度青海省工资指导线和西宁地区 142 种岗位、德令哈地区 51 种岗位的工资指导价位；积极推进工资集体协商制度，将省纺织品股份有限公司等 30 多户非国有企业列入工资集体协商试点范围。认真开展经营者年薪制试点工作，对青海盐湖集团公司、西钢集团公司等 12 户企业进行考评，兑现了年薪收入。

存在的困难主要是收入分配的激励和约束机制还没有完全建立，平均分配与收入差距扩大两种现象并存，一些企业拖欠工资问题比较严重。

2. 劳动关系协调工作得到加强。2001 年，青海省认真贯彻《劳动法》和有关法律法规，以劳动合同、集体合同管理和劳动争议仲裁为重点，加强劳动关系协调工作，建立健全劳动争议仲裁三方机制，推进了劳动争议仲裁工作的规范化建设。认真开展劳动合同鉴证，举办劳动争议案件评查活动，交流经验，改进工作。举办培训班，提高仲裁员素质。派出工作组，对基层劳动争议仲裁工作进行检查指导，不断提高办案质量，促进青海省劳动争议仲裁工作的深入开展。认真处理来信来访，信访工作成效良好。

3. 严格开展劳动保障监察工作。2001 年，青海省各级劳动保障部门会同工会、妇联，在青海省范围内对2 600多户企业劳动保障情况进行检查，共查处各类违反劳动保障法规事件 322 起；督促 500 多户企业参加了社会保险登记，督促 8 万多人补签了劳动合同；针对不签劳动合同、收取风险抵押金、拖欠克扣职工工资现象，集中对 21 户用人单位进行新闻曝光，并限期整改，得到社会普遍好评；加强青藏铁路建设劳务用工监察，对个别提供虚假招工信息情况进行了调查处理；开展《禁止使用童工规定》的执法检查，共检查用人单位 4 300多家，对检查出的违规行为进行了纠正。青海省劳动保障厅劳动监察处在维护未成年工

权益方面成绩显著，被劳动保障部、共青团中央评为全国劳动保障系统优秀“青少年维权岗”。

2001年，青海省劳动保障厅完成了青海省劳动保障事业“十五”规划的编制工作，明确了发展目标。加强统计工作，认真核查数据，取得较好效果。工伤、生育保险继续推进，制度建设不断加强。完成青海省劳动保障厅政府计算机网络系统网站建立工作。深入开展劳动和社会保障法规政策宣传，在广播、电视、报纸开办专题栏目，多次组织开展上街宣传活动；印发宣传资料10万多份；召开青海省国有企业下岗职工再就业先进集体和先进个人表彰大会，对近年来涌现出的再就业先进个人、先进集体和促进再就业先进单位进行了表彰奖励；举办下岗职工再就业先进典型巡回演讲活动，积极引导下岗职工转变观念、依靠政策尽快就业；继续开通劳动保障热线电话，方便群众咨询。

（青海省劳动和社会保障厅）

宁夏回族自治区

2001年，宁夏回族自治区各级劳动保障部门在自治区党委、政府的领导下，在劳动保障部的关心指导下，以"三个代表"重要思想为指针，全面贯彻落实党的十五届五中、六中全会精神，自觉服从、服务于改革发展稳定的大局，从广大人民群众的根本利益出发，紧紧围绕国有企业改革苦干实干，各项劳动保障工作都取得了良好成绩，为促进企业改革和经济发展、维护社会稳定发挥了重要作用。

一、两个确保工作

2001年，按照中央提出的两个确保"三个不变"的工作要求，宁夏劳动保障厅始终把两个确保摆在各项工作的首位，作为劳动保障部门工作的重中之重，通过抓好工作落实和资金落实，确保了全自治区企业离退休人员基本养老金和国有企业下岗职工基本生活费100%按时足额发放。一是继续实行"三三制"的筹资原则，落实下岗职工基本生活保障资金，保证资金到位。二是积极争取各级财政部门的支持，及早做好资金需求预测，把必要的社会保障支出纳入财政预算。三是采取对问题较多的地方实行重点监控的办法，及时解决两个确保中出现的难点、重点问题。四是定期公布两个确保的落实情况，通过舆论监督促进两个确保工作的落实。在《宁夏日报》上向全社会公布全自治区两个确保的落实情况。五是两个确保考核及季报工作逐步走上正规。年底，按照《宁夏回族自治区2001年两个确保及再就业工作目标任务书》及《考核办法》《考核工作方案》，对两个确保及再就业工作目标任务进行了考核。至2001年底，为再就业服务中心的3.51万名下岗职工按时足额发放了基本生活保障金，为13.2万名企业离退休人员发放养老金8.55亿元，支付率达100%，养老金社会化发放率为93%。对未纳入全自治区统筹的农垦企业全年补贴2 850万元，以确保农垦系统离退休人员养老金的当期发放。同时，结合全自治区机关事业单位人员调资，及时调整了企业离休人员的养老金标准，共为4 255名离休人员（含建国前老工人）增加离休费1 232.71万元。

二、培训就业工作

1. 积极开发就业岗位，促进就业总量增加。

（1）继续贯彻中央、国务院和自治区党委、政府关于调整产业结构，发展经济，开发就业岗位的政策，积极拓宽就业门路，促进就业。2001年，宁夏回族自治区尤其是石嘴山、银川等地，从本地的实际出发，将就业的主攻方向转移到生态建设、农业产业开发、社区服务、发展第三产业等方面，使就业渠道逐步拓宽，由此涌现出了一批通过农业产业开发、社区就业、发展第三产业的再就业明星。同时，运用典型引路，带动更多的失业人员通过多种渠道实现再就业，使下岗失业人员的再就业率稳步提高。

（2）从宁夏的实际出发，积极宣传引导发展阶段性就业和弹性就业等灵活多样的就业形式，鼓励失业人员通过多种渠道自谋职业或组织起来就业，降低失业率，制定和完善了相应政策措施。

（3）进一步落实再就业优惠政策，推动下岗职工出中心、再就业。按照劳动保障部《关于开展落实下岗职工再就业优惠政策检查的通知》（劳社部函〔2001〕051号）要求，宁夏劳动保障厅会同有关部门制定下发了在全自治区开展下岗职工再就业优惠政策检查的实施方案，并要求各地市县认真做好自查工作，在自查的基础上，2001年7月在全自治区集中开展了一次检查活动，使国家现行的再就业优惠政策得到全面落实。至2001年底，宁夏回族自治区城镇职工登记失业率控制在4.4%以内。

2．积极开展就业培训，提高劳动者素质。2001年，宁夏回族自治区技工学校改革有了新突破，取消了户籍、地域、年龄的限制，与劳动预备制相衔接，技工学校可以创办适应市场需要的新专业，并可以常年招生，这一改革措施收到了较好的效果。根据劳动保障部第二期“三年千万”再就业培训计划的实施方案，按市场需求和下岗失业人员的实际情况，积极开展技能培训，帮助下岗失业人员提高再就业能力。针对宁夏下岗职工和失业人员文化偏低、年龄偏大、技能单一的特点，大力开办灵活多样的就业指导培训。在指导各市县开展再就业培训的同时，作为再就业培训工作的一种尝试，宁夏劳动保障厅与自治区药品监督管理局等单位联合举办了4期有针对性、实用性较强的再就业培训班，起到了示范带动作用。在培训工作中一是注重坚持高标准，提高培训的针对性和实用性；二是注重更新培训内容，从而取得了较好的培训效果，提高了劳动者素质，增强了下岗失业人员参与市场就业的竞争能力。至2001年底，全自治区共培训下岗失业人员近20 000人，再就业率达41%。

3．职业技能鉴定社会化管理工作稳步推进。

（1）把实行就业准入作为推行职业资格证书制度的切入点，加大了职业技能鉴定的扩面和宣传力度。2001年，宁夏成功地举办了国家职业技能鉴定考评人员培训班。加强了对宁夏鉴定机构的指导、协调和服务，结合全国职业技能鉴定质量大检查工作，对宁夏鉴定所进行了清理整顿，规范了鉴定所社会化工作秩序。职业技能鉴定考务管理工作进一步规范。2001年，宁夏共有8 753人参加71个职业（工种）的鉴定，取得职业资格证书的有7 573人，通过率为86.5%，超额完成年鉴定6 000人的工作目标，鉴定人数比上年增长50.6%。

（2）为适应国有企业改革的要求，推动企业结合生产需要开展鉴定考核工作，宁夏在交通、建材、煤炭、机械、石油、邮电、电力等行业中积极宣传推行职业资格证书制度，开展职业技能鉴定工作，2001年企业职工参加鉴定人数比上年增长了73.5%。

（3）计算机信息高新技术考试工作进展顺利。2001年，宁夏回族自治区各类学校、企业、机关事业单位的1 334人参加了办公软件应用、计算机辅助设计（CAD）两个模块的考试，获证率为80.7%，参加考试的人数比上年增加了1.4倍。

（4）全国统一鉴定工作在宁夏进展顺利。2001年，宁夏劳动保障厅组织宁夏398人参加了劳动保障部鉴定中心统一安排的秘书、推销员、职业指导人员的考核鉴定。

（5）积极开展宁夏职业技能竞赛工作。2001年，宁夏劳动保障厅与自治区总工会等多家单位共同开展“迎接西部大开发，加快科技进步和创新”技术大比武活动，并为获奖选手办理了相应等级的职业资格证书；与自治区电力公司等多家单位共同开展电力行业汽车驾驶员技术比赛；与自治区外办联合组织参加了日本第21届技能大赛，宁夏3名选手参加了管道安装、机械制图、服装制作3个项目的表演赛。

（6）积极开展职业技术培训教研活动。2001年，宁夏劳动保障厅组织宁夏技校教师参加了技校教研教改优秀论文评选活动，从中推荐了3篇论文参加全国评选，分获一、二、三等奖。

4．劳动力市场建设做到了“有场有市、有市有价、功能齐全、服务到位”，为逐步建立市场导向的就业机制奠定了良好的基础。

（1）信息网络初具规模，在就业服务中发挥作用。2001年，宁夏劳动力市场“三化”建设试点城市及部分市县信息网络初步形成，信息收集和发布工作全面加强。通过主动上门服务、开通用工热线、设立信息网络等多种形式收集信息，劳动力市场职业供求分析信息和工资指导价位信息发布制度在部分市县初步建立。

（2）就业服务功能不断拓展，公益性服务功能得到加强，公共就业服务形象逐步树立。2001年，宁夏以劳动力市场工资指导价位及职业介绍、合同鉴证、办理社会保险手续、劳动事务代理等为内容的“一条龙”服务，为求职者和用人单位提供了优质的服务。

（3）管理制度基本健全，市场秩序明显好转。2001年，宁夏通过在全自治区范围内开展检查，清理整顿了劳动力市场秩序，净化了职业介绍服务环境，取缔了非法设立和严重违规的中介机构。对全自治区的就业训练中心和社会力量办学单位进行了评估。

5．加大劳务输出力度，使劳务输出成为有效转移农村城镇剩余劳动力的有效途径。2001年，宁夏的劳务输出在山区各县已成为增收、脱贫、强素质、出人才的一个重要产业，劳务输出收入已在农村经济总量中占有较大比重并呈逐年上升趋势，且影响到当地农民的整体收入水平。针对外出务工人员技能较低，山区农村务工人员恋乡情结重，就业不稳定等特点，宁夏回族自治区在巩固以往工作成果的基础上，通过扩大宣传、建基地、抓管理、搞培训，使宁夏的劳务输出工作迈上了一个新台阶。主要采取了以下几项措施：一是让通过劳务输出走上致富道路的务工人员现身说法，引导和带动更多的人员外出务工。二是在年初由自治区领导与地市政府负责人签订目标责任书，订立劳务输出具体的目标和任务。三是成立了自治区劳务输出办公室。继北京、上海、广州、珠海、福州之后又在厦门、泉州增设劳务管理处，加强对劳务输出工作的管理，协调解决外出务工人员遇到的困难和问题。四是2001年6月召开了宁夏劳务输出工作座谈会，对前一阶段的工作进行了检查、总结，对今后的工作进行了部署，使劳务输出工作有目标、有计划、有部署、有落实。2001年，宁夏通过劳务输出，使大批城镇失业人员、农村剩余劳动力重新找到了工作岗位，实现了就业，有效地缓解了就业压力。至2001年底，全自治区已输出劳务56万人次，劳务收入达5.6亿元。

6．按照劳动保障部的安排部署，积极开展再就业援助行动。劳动保障部《关于开展再就业援助行动的通知》下发之后，宁夏劳动保障厅立即对这项工作进行了安排。为了加强领导，宁夏建立了由有关单位参加的援助行动协调组织，并结合自治区再就业工作实际，制定出了以促进就业、接续社会保险关系、保障生活为重点的援助行动实施方案。2001年6月20日，宁夏劳动保障厅召开了各地市县劳动保障部门负责人会议，按照援助行动实施方案，对下一步的工作做了安排，以确保援助行动顺利开展，取得实效。

三、社会保险工作

1．以确保企业离退休人员养老金按时足额发放为中心，强化基础管理，全面推进养老保险事业的发展。

（1）养老保险覆盖面进一步扩大，保障了劳动者的合法权益。截至2001年底，宁夏参加基本养老保险的职工为44.6万人，覆盖面达95%，参保人数中扣除因破产、改制、解除劳动关系等而暂时中断缴费人员后，实际缴纳养老保险费的在职职工为37.6万人，占参保人数的84.58%；参加基本养老保险的离退休人员为13.2万人。全年应征缴基本养老保险费8亿元，实际征缴7.2亿元，征缴率为90.5%，比上年增收5 045万元。1～12月，完成基本养老保险清欠任务7 973万元，完成年度清欠任务的95.31%。

(2) 进一步完善和规范了企业职工退休审批制度。宁夏回族自治区年初制定下发了《关于进一步加强和规范企业职工退休审批工作的通知》，对职工退休审批条件、审批程序、审批权限做了进一步规范，并要求各级劳动保障部门实行退休审批公示制度，接受群众监督，以求做到公开、公正。并制定了退休审批制度和办事程序，建立了相应的制约机制。全年共审批企业职工退休3 525人。

同时，对曾一度停滞几年的农村社会养老保险基本情况进行了调查摸底，并提出了处理意见，供政府决策参考。

2. 失业保险为保障失业人员和下岗职工基本生活，推动下岗职工从保生活向失业保险并轨创造了条件。

(1) 扩大覆盖面，为更多的劳动者提供保障。扩面的根本目的是增强失业保险支撑能力，以便为更多的劳动者提供失业保障。截至2001年底，全自治区参加失业保险的职工为35.1人，覆盖面达87.8%。

(2) 加强基金征缴工作，增强基金支撑能力。2001年，宁夏通过规范缴费基数，严格按照企事业单位工资总额、职工个人工资和规定费率足额收缴；加强清欠工作，对拒不缴费和长期欠费的单位，采取法律、行政、舆论等多种手段追缴。通过采取这些措施，保证了基金收入的稳定增加。截至2001年底，全自治区共征缴失业保险费4 092.64万元，征缴率为95%。

(3) 发挥失业保险作用，推动并轨工作。一是随着覆盖面的扩大和经济结构调整力度的加大，享受失业保险人数逐月增加。截至2001年底，全自治区领取失业保险金的职工有12 931人，发放失业保险金1 375.46万元。二是按照“三三制”原则，全年从失业保险中向再就业服务中心调剂了634.76万元，用于职业培训75.75万元，用于职业介绍33.97万元。

(4) 抓制度建设和基础工作，提高管理和服务水平。2001年，宁夏适时调整充实了有关失业保险政策，制定下发了《关于将用人单位全部用工依法纳入社会保险范围的通知》《银行系统参加失业保险有关问题的通知》《失业保险金申领办法》等。这些政策的出台实施，为失业保险的制度化、规范化打下了坚实的基础。

3. 医疗保险制度改革取得较大进展，工伤、生育保险稳步发展。

(1) 医疗保险制度改革的政策体系基本完备。按照“三改并举，同时推进”的要求，2001年，宁夏劳动保障厅会同有关部门经过深入调研，广泛征求意见，出台了一系列配套政策。如《自治区城镇职工大额医疗费用补助指导意见》《自治区公务员医疗补助指导意见》和《自治区基本医疗保险药品目录》等，形成了比较完备的医疗保险制度改革政策体系。

(2) 基本医疗保险制度已在全自治区12个市县启动运行，参保职工达28.1万人。中央驻宁单位按照属地管理的原则，也陆续参加宁夏属地基本医疗保险。

(3) 启动市县基本医疗保险制度运行平稳，改革成效初步显现。2001年，宁夏医疗费用增长过快的势头得到遏制，医疗服务普遍得到改善；用人单位社会负担减轻，经济负担与改革前基本持平；参保职工的基本医疗需求得到保障。到年底，应征缴医疗保险费5 258.76万元，实际征缴5 181.04万元，征缴率达98.51%，其中个人账户2 837.11万元，统筹基金配置2 343.93万元。支出3 238.76万元，占基金总额的62.5%，其中统筹基金支出1 916.96万元，占统筹基金总额的81.78%；个人账户基金支出1 321.80万元，占个人账户基金总额的46.58%。

(4) 认真贯彻落实中央文件精神，做好离休人员医疗保障工作，建立了宁夏回族自治区离休人员医疗保障机制。市县级离休人员医疗保障管理职能已转入劳动保障部门，保障机制正在建立。

(5) 社会化管理服务的医疗保险管理系统

初步建立。按照医疗保险管理职能统一、政事分开的要求，基本理顺了医疗保障管理职能，增加100个编制，组建了医疗保险行政管理机构和经办机构，初步建立了一支政治素质过硬、作风顽强，具有一定专业素质和管理经验的队伍。

4．在重点推进医疗保险制度改革的同时，工伤、生育保险稳步发展。截至2001年底，受理相关申报2 000余件，其中工伤认定和劳动能力鉴定1 300余件，已做结论800余件。截至年底，全自治区参加工伤保险的职工达113 942人，支付工伤保险费812.5万元，实收工伤保险费731.27万元，收缴率为90%。参加生育保险的职工为86 579人，应缴纳生育保险费516万元，实际缴纳生育保险费464.4万元，收缴率为90%。

四、劳动关系调整工作

1．紧紧围绕国有企业减员增效、下岗分流和下岗职工再就业，积极研究制定下岗职工劳动关系方面的政策措施。为指导国有企业与下岗职工解除劳动关系，2001年，宁夏制定了《关于进一步加强劳动合同管理完善劳动合同制度的若干意见》《国有企业下岗职工解除劳动关系有关问题的意见》，印发了《关于自治区属国有工业破产企业职工安置问题的补充通知》。针对用人单位劳动用工的特点和原劳动合同书存在的问题，重新制订了长期用工和短期用工两种规范的劳动合同书文本，已在全自治区范围内使用。

2．大力推进劳动合同制度，完善劳动争议处理制度。2001年，宁夏进一步加强了劳动合同管理，促进了劳动关系的和谐稳定。在全面实行劳动合同制的同时，加快了在乡镇企业、私营和个体经济组织实行劳动合同制度的步伐，从而使依法订立劳动合同的覆盖面不断扩大。继续推行集体劳动合同工作，城镇企业应签订合同的为50.6万人，已签订50.3万人，占99.4%；乡镇企业应签订合同的为1.8万人，已签订1.65万人，占91.6%；私营企业应签订合同的为4.54万人，已签订2.3万人，占44.7%。

2001年，宁夏各级劳动争议仲裁委员会共受理劳动争议案件500件，涉及职工3 000多人。其中，集体争议和突发事件45件，涉及职工8 000多人，劳动争议仲裁结案率达到95%以上。为提高劳动争议办案质量，按照劳动保障部的要求，开展了劳动争议案件质量的评查活动。

五、劳动保障监察工作

劳动保障监察是推动各项工作落到实处的重要手段。2001年，宁夏回族自治区各级劳动保障部门围绕两个确保、社会保险费征缴、劳动合同、外来劳动力就业、女职工未成年人保护、职业资格证书等进行了全自治区的执法大检查。对非正规形态的劳动关系开展了清理、整顿和检查验收工作。在总结各项执法大检查经验和劳动用工年检试点的基础上，为实现综合执法和对用人单位在劳动保障工作方面进行系统全面的管理，制定了《劳动用工年检办法》《劳动用工年检手册》。开展劳动用工年检工作将对确保离退休职工养老金发放，确保下岗职工基本生活费发放，促进社会保险费征缴，推行医疗保险和职业技能鉴定，建立规范的劳动关系，维护职工的合法权益都将起到积极作用。通过执法检查这种形式，巩固了两个确保的成果，有效地推动了全自治区各地的社会保险工作，也使“两金”收缴率有所提高。据统计，2001年共检查各类用人单位2 353户，涉及职工30.7万人；受理群众举报专查案件357件；督促补签劳动合同18 416件；为6 364名劳动者追回欠发工资126.5万元；督促381个用人单位为6.1万名职工补缴社会保险费，共追缴社会保险费7 333.67万元；取缔非法职业中介机构23户；清退童工21人；补办外来人员就业证7.7万人；清退擅自招用外来劳动力1 061人；下发整改指令书572份；退还劳动者各种押金14.45万元。及时化解了矛盾，维护了社会稳定。

六、企业工资管理得到加强

2001年，宁夏回族自治区适时出台了《关于调整全自治区企业最低工资标准的意见》，并已在全区实施。为指导企业加快深化内部分配制度改革，在调查研究的基础上，制定下发了《关于进一步深化企业内部分配制度改革的意见》，继续抓好企业经营者年薪制试点工作。在认真审查的基础上，宁夏劳动保障厅会同有关部门对石嘴山恒力钢铁集团有限公司经营者的年薪批复兑现；加强企业工效挂钩的审批工作，对全自治区46户国有企业和21户集体企业的工效挂钩方案进行了审批，同时加强了企业工资基金的审核工作。

七、劳动保障宣传工作

为了加大对劳动保障工作的宣传力度，宁夏回族自治区人民政府决定从2000年10月至2001年4月集中7个月时间重点宣传劳动和社会保障工作。各级劳动保障部门与各有关部门及新闻单位密切联系，充分利用多种宣传手段，在全自治区范围内大张旗鼓地组织开展了各种宣传活动，效果显著。一是在《宁夏日报》《新消息报》《银川晚报》《宁夏法制报》《宁夏工运》等报刊、杂志上开辟了专栏，宣传劳动和社会保障法规、政策、规定，解答群众关心的热点问题。据统计，2001年，宁夏各类报刊刊登有关劳动保障的宣传稿件达100余篇，其中有9篇稿件在《中国劳动保障报》头版刊登。二是配合宁夏电视台拍摄了8集电视专题片《下岗再就业路上》，宣传、介绍宁夏的再就业明星。此片播出后，引起了较大的社会反响，使广大下岗职工通过典型看到了再就业之路。三是为了总结推广近年来宁夏劳动就业、劳务输出的经验和做法，拍摄了一部反映宁夏劳动就业工作的专题片，这部专题片的拍摄成功，对宣传宁夏的劳动就业工作，引导、鼓励城镇失业人员、农村剩余劳动力实现充分就业起到了积极的促进作用。

八、调查研究工作

2001年，宁夏劳动保障厅党组把深入基层调查研究作为转变工作作风的一项重要举措，厅领导以身作则多次下基层搞调研。为了全面落实劳动保障各项工作任务，了解掌握市县的工作情况，1月份全自治区劳动保障工作会议结束之后，厅党组委托厅办公室赴全自治区一地三市就劳动保障厅出台的有关政策规定与市县的同志交换意见，加强沟通。4月下旬，刘天贵厅长赴部分市县检查指导基层工作，现场解决了基层存在的一些困难和问题。4~5月，自治区政府副主席、自治区医改领导小组副组长于革胜、冯炯华分别赴石嘴山市、吴忠市、灵武市、惠农县专题调研医保工作，指导基本医疗保险制度改革和劳动保障工作。9月份，分管就业的副厅长带领有关处室的同志分赴北京、上海等地就就业、再就业、劳动力市场建设、职业技能鉴定等工作进行了考察学习。通过学习考察和调研，形成了《我区劳动就业问题及主要对策》《下岗职工基本生活保障对策研究》《赴四省二市学习考察报告》等一些优秀调研报告，为领导决策提供了重要依据，也受到了基层同志的好评。

九、劳动保障领域基础工作

1．劳动保障法制建设和普法工作。一是《宁夏回族自治区实施〈失业保险条例〉办法》于2001年10月29日经自治区人民政府常务会议讨论通过。二是切实做好行政复议工作。随着公民、法人和其他组织法律意识的增强，行政复议案件有明显上升趋势。2001年，宁夏处理行政复议5件。三是根据自治区普法办的要求，宁夏劳动保障厅做了普法的准备工作。2001年12月4日，全自治区开展了“四五”普法宣传活动，标志着“四五”普法全面启动。

2．“宁夏劳动和社会保障信息网站”内容不断丰富，访问人数不断增加，已成为各类人员了解劳动保障工作的一个信息窗口。宁夏劳动保障厅机关办公自动化局域网设备已基本到位，目前正在准备实施规划。

3. 制定出台了宁夏回族自治区劳动保障“十五”规划，首次发布了劳动保障事业发展统计公报。进一步健全统计制度，完成了2000年劳动和社会保障综合统计年报汇总、上报和年审工作，编制了2001年综合统计年报、2002年定期报表制度、2001年劳动和社会保障事业发展计划。

4. 认真落实离休干部两项待遇，想方设法妥善解决了离休干部医疗费的拖欠问题，并开展了走访慰问等活动，受到老干部的称赞和好评。

十、劳动保障部门自身建设

1. 干部理论学习常抓不懈。2001年，宁夏劳动保障厅党组十分重视理论学习，一年内组织了学习“七一”讲话，汪洋湖先进事迹等4次专题讨论会。通过召开民主生活会，谈体会，撰写心得体会，促进机关干部理论学习活动的扎实开展。在宁夏劳动保障厅机关工作任务重、人员紧张的情况下，还选了近10名同志参加各种形式的培训。通过学习，全体党员干部的整体素质和解决实际问题的能力得到提高。

2. 健全了党群组织，选举产生了宁夏劳动保障厅机关党委、机关纪委、工会、工会经费审查委员会、女职工工作委员会、团总支等组织。各党群组织成立后，为规范管理，分别制定了相关的规章、制度，并开展了一些有益职工身心健康的活动。

3. 以“三优一满意”活动为依据，积极推行了政务公开制度。通过上岗发布信息、公开办事程序、印发宣传材料，增强了工作透明度，提高了工作效率和服务质量，树立了良好的劳动保障工作者形象。

4. 党风廉政方面，坚持把党风廉政建设与业务工作一起部署，一起落实，一起检查，一起考核。2001年，宁夏劳动保障厅制定了《党风廉政建设责任制实施细则》和《党风廉政建设责任制考核量化标准及办法》，开展了“党风廉政教育月活动”。为进一步落实党风廉政建设目标责任制，厅党组还逐级签订了党风廉政建设责任书。同时，以建党80周年为契机，举办了一系列纪念活动。

2001年，宁夏的劳动和社会保障工作在任务集中，矛盾突出，改革难度大，时间紧，要求高的情况下，较好地完成了各项任务，收效是巨大的。但仍然存在着一些困难和问题。主要表现在：各地市县社会保险基金收缴率有高有低，扩面进度有快有慢；就业形势仍然十分严峻，大批下岗职工仍滞留在再就业服务中心，出中心、实现再就业困难；有的企业拖欠社会保险费数额较大；一些用人单位侵害职工权益的现象比较严重，导致劳动争议案件上升。

（宁夏回族自治区劳动和社会保障厅）

新疆维吾尔自治区

2001年，新疆的劳动和社会保障工作在自治区党委、自治区人民政府的领导下，深入贯彻落实江总书记"三个代表"的重要思想，按照自治区就业和社会保障工作会议的要求，全力以赴巩固两个确保，积极促进就业和再就业，进一步完善社会保障体系，各项工作取得了显著成绩。

一、继续巩固两个确保，维护社会稳定

两个确保是落实"三个代表"重要思想的具体体现和转变作风的重要内容。按照中央和自治区党委、人民政府关于工作目标、政策措施和工作要求"三不变"的方针，2001年，新疆各地党委、政府始终把两个确保放在各项工作的首位，加强领导。各级劳动保障部门与有关部门密切配合，及时足额调度资金，对重点地区和困难企业实行重点监控，按季公布社会保险基金征缴情况和排行榜，发挥舆论和社会监督作用，使两个确保的政策措施更加到位，并要求按"三三制"原则积极筹措资金，确保下岗职工基本生活。自治区劳动保障厅会同财政厅，通过调整支出结构、下达失业保险金调剂计划、督促企业1/3资金提前进账、加大督查力度等措施，及时调拨资金。对财政负担的部分，各级财政优先列入预算；对失业保险金调剂的部分及时拨付到位；对自治区认定的特困企业下岗职工基本生活费，由财政兜底解决。全年共筹集资金51 323万元（其中：企业自筹5 703万元，失业保险金调剂17 108万元，财政预算安排28 513万元）。全自治区共为122 353名下岗职工发放基本生活费51 323万元，在中心的下岗职工100%得到了基本生活费。为35.7万名企业离退休人员发放养老金29.9亿元，没有发生新的拖欠。两个确保的巩固，不仅为自治区国有企业改革和脱困创造了条件，而且为保持自治区社会政治稳定发挥了重要作用。劳动保障工作之所以受到自治区党委、政府的高度重视，受到全社会的普遍关注，得到职工群众的支持和拥护，是与两个确保分不开的。劳动保障部也多次给予了充分肯定。

二、社会保险制度改革全面推进

2001年，在新疆维吾尔自治区各级领导的高度重视下，经过各级劳动保障部门的共同努力，加强了对社会保险扩面征缴工作的力度，提高了参保率。针对非公有制经济单位不愿参保和国有企业改制后参保流失比较严重的新情况，通过加大宣传力度、落实目标责任制，采取经济的、行政的、法律的手段，加大新闻舆论监督等多项措施，使社会保险扩面征缴工作取得了新的进展。

1．养老保险

2001年，新疆维吾尔自治区对各地养老保险费的结余情况进行了一次全面检查，在督促各地进一步做好扩面征缴工作的同时，每月对存在的资金缺口及时给予了调剂，确保了企业离退休人员养老金的按时足额发放。为做好2002年统筹年度费率的调整工作，自治区劳动保障厅开展了有关调查核对工作。一是在各地、各行业上报数据的基础上，认真核对了每

一季度的参保职工人数、缴费工资基数和离退休费；二是组织人员审查了各地新增离退休人员情况，对困难突出的地区派人进行了实地审核，在此基础上，对退休时不足法定年龄、缴费年限不足15年、病退（含退职）超过5‰和将工伤退休纳入养老保险统筹的地区的提前退休人数进行了剔除。三是开展了地方农牧企业参加基本养老保险社会统筹的调研工作，印发了调查报表，草拟了参统办法，为解决农牧企业职工参保问题创造了一定的条件。同时，结合自治区实际，加强养老金社会化发放计算机网络建设等基础工作，严格实行社会保险基金收支两条线管理，完善各项管理制度。截至12月底，全自治区已参加养老保险社会统筹的在职人数达112万人，比2000年净增7万人。其中，自治区区级机关、事业单位、社会团体参保人数达7.03万人。全自治区应收养老保险基金27.9亿元，实收27.3亿元，征缴率为97.7%。同时，清理追缴企业欠费1.44亿元。全自治区养老金社会化发放率为92%。

2．失业保险

2001年，自治区加强了失业保险扩面征缴工作，继续执行月通报制度；会同自治区地方税务局联合制发了《新疆维吾尔自治区城镇〈失业人员就业优惠证〉发放和管理办法》；组织召开了失业保险基金预、决算汇审会，完成了有关年报编制及分析工作。截至12月底，已有126.47万人参加了失业保险，完成年度扩面计划的89.7%，比2000年度增加17 954人，其中，12月份领取失业保险金3 104人；全年收缴失业保险费3.63亿元，失业保险基金支出3.45亿元（其中：调剂用于下岗职工生活费2.74亿元，占总支出的79.4%）。全年领取失业保险金的有27.8万人次。清理追缴历年欠费1 170.42万元，完成全年清欠计划的65.7%。

3．医疗保险

2001年，新疆各级劳动保障部门按照“稳步扩面、强化管理、健全系统、完善政策”的工作思路，以统筹地区为重点抓启动实施，完善医疗保险费用结算、个人账户管理、医疗服务管理等政策措施，医疗保险制度改革稳步推进。为完善医疗保险制度改革政策，自治区劳动保障厅会同有关部门先后制定出台了基本医疗保险药品目录、诊疗项目、服务设施标准等20多个配套文件。初步调整了国家公务员特殊病种门诊和住院医疗费补助标准，基本理顺了医疗保险管理体制，加强了基础管理，加大了对医疗保险监督检查和宣传的力度。各统筹地区还结合本地实际，制定出台了一些行之有效的基本医疗保险配套措施和办法。如昌吉州出台的改制破产企业职工参加医疗保险办法等。这些配套政策和办法都从各自不同的方面进一步完善了医疗保险改革政策。为理顺医疗保险管理体制，各级劳动保障部门积极与当地编制部门协调，基本统一了基本医疗保险管理职能和体制。为全面掌握医疗保险制度改革工作的进展情况，自治区建立了医疗保险财务统计报表制度，为及时准确地了解医疗保险制度改革政策的落实情况和工作进展情况提供了方便。为加快医疗保险制度改革步伐，自治区还建立了医疗保险扩面进展情况的通报制度，定期通报各地医疗保险扩面的进展情况，保证了扩面任务的顺利完成。在各级党委、政府的重视和有关部门的配合支持下，经过各级劳动保障部门的共同努力，全自治区城镇职工新的基本医疗保险制度已初步建立。截至12月底，全自治区除石河子市参加兵团的基本医疗保险外，其他14个统筹地区都启动实施了城镇职工基本医疗保险制度改革方案，参加人数已达116.17万人，占应参保职工人数的59.23%。

4．工伤、生育保险

2001年，借地方企业基本养老保险费率大幅下调的有利时机，新疆及时下发了《关于在全区城镇企业开展工伤、生育保险工作的通知》，进一步加快了工伤、生育保险制度改革的步伐。各地认真贯彻《通知》精神，在积极开展工伤、生育保险改革试点的基础上，稳步扩大覆盖面。截至12月底，全自治区已有31个县市开展了工伤保险费用社会统筹，有31

个县市开展了生育保险费用社会统筹。参加工伤和生育保险社会统筹的人数都达30万人。

三、加大就业和再就业工作力度，保持了就业局势的稳定

1．就业和再就业

2001年，新疆各级劳动保障部门继续认真贯彻落实自治区党委、自治区人民政府“一手抓改革发展，一手抓就业和再就业”的工作方针和力争实现30万人就业和再就业的目标任务。一是采取多种措施扩大就业和再就业。紧紧围绕西部大开发中交通能源、城市基础设施建设、环境生态治理、旅游资源等项目的开发建设，拓宽就业岗位。把搞活中小企业、发展非公有制经济和大力发展社区服务业作为缓解城市就业压力的主渠道；把大农业开发和发展乡镇企业作为就地就近消化和转移农牧区富余劳动力就业的重点；把置换或政府购买公益性岗位作为解决特殊困难人员就业和再就业的新途径，为失业人员、下岗职工提供更多的择业机会。二是充分发挥企业是解决就业和再就业的主体作用，坚持“多分流、少下岗，先分流、后下岗”的原则，进一步加强企业是解决就业和再就业主体的观念。企业通过调整结构、发展生产和充分挖掘自身潜力，分流安置富余人员和下岗职工。三是强化就业培训，提高劳动者素质，促进再就业。根据自治区就业培训工作会议要求，各级劳动和社会保障部门以职业培训和就业再就业为重点，集中力量解决职业技能偏低的问题，通过实行目标责任制、狠抓优惠政策落实、加大就业再就业投入、积极开发社区服务业和大农业就业岗位、加大企业安置分流和就业再就业培训力度等措施，使就业和再就业工作取得了新的进展。全年通过各种渠道实现就业和再就业30.5万人，其中正常渠道安置就业23万人，非正规就业7.5万人，完成就业和再就业目标的101.7%。城镇登记失业率（不含兵团）为3.7%。按类别划分：城镇新成长劳动力就业5.5万人；失业人员就业4.2万人；大中专毕业生就业4.2万人；技校毕业生就业0.8万人；复转军人就业0.7万人；下岗职工实现再就业5.1万人；企业分流安置富余职工就业2.5万人。在非正规就业中，社区服务安置5.6万人，提供劳务安置1.9万人。按所有制划分：国有单位安置就业4.1万人，占13%；集体单位安置就业4.9万人，占16%；个体、私营及三资企业安置就业15.5万人，占51%；其他安置就业6万人，占20%。按产业划分：第一产业安置就业2.4万人，占8%；第二产业安置就业7.7万人，占25%；第三产业安置就业20.4万人，占67%。劳动力市场“三化”建设、农村劳动力开发就业、民工有序流动等工作也都在稳步推进。

2．国有企业下岗职工基本生活保障和再就业

为继续做好自治区国有企业下岗职工基本生活保障和再就业工作，一是坚持“多分流、少下岗，先分流、后下岗”的原则，进一步加强企业是解决再就业主体的观念。企业通过调整结构发展生产和充分挖掘自身潜力，分流安置富余人员和下岗职工。二是自治区人民政府决定，把国有企业下岗职工进中心的优惠政策再延长一年。三是检查落实下岗职工的再就业优惠政策。采取听取当地政府部门汇报，深入基层工商、税务部门和再就业市场检查了解，同下岗职工座谈听取意见和建议等形式进行，促进了下岗职工再就业政策的落实。四是强化再就业培训，提高劳动者素质，促进再就业。集中力量解决职业技能偏低的问题，力争30万名下岗失业人员得到实用有效的职业指导和培训，确保经培训的下岗职工60%以上实现再就业。五是采取多种形式，促进下岗职工再就业。为促进下岗职工从事社区服务业和进行农业开发实现再就业，自治区出台了一系列优惠政策，并把乌鲁木齐市及地州所在区域城市作为实施社区服务再就业工程的重点。同时会同财政、银行等部门安排贴息贷款，主要用于开展社区服务，农业开发和投资少、见效快、安置好的项目，为促进下岗职工再就业提供了

必要的资金保障。六是做好下岗职工基本生活向失业保险平稳过渡，避免产生大的振荡。针对下岗职工出中心经济补偿难、困难群体再就业难的突出问题，结合自治区经济和社会发展的实际，采取了分期支付经济补偿金、折计股权、转缴社会保险费，以企业有效资产抵偿等办法解决下岗职工出中心经济补偿问题，对再就业特困群体，采取了自愿选择继续滞留中心，享受第三年基本生活待遇不再支付经济补偿的办法等等，保证了下岗职工出中心高峰期的"软着陆"。全年自治区国有企业下岗职工实现再就业5.1万人。先后为122 353名下岗职工按时足额发放了基本生活费。共支付51 323万元（其中：基本生活费29 928万元，代缴养老保险费19 414万元，失业保险费1 981万元）。地方国有企业新增下岗职工26 216人，下岗职工实现再就业25 587人。

3．下岗职工协议期满出再就业服务中心实现了"软着陆"

2001年是新疆维吾尔自治区国有企业下岗职工协议期满出再就业服务中心的高峰期，下岗职工出中心时间集中、矛盾集中、人员集中。自治区党委、政府对此高度重视，及时制定下发了《自治区党委办公厅、自治区人民政府办公厅关于自治区国有企业下岗职工协议期满出再就业服务中心有关问题的意见》（新党办〔2001〕13号），各地区、各部门和各企业认真贯彻文件精神，进一步加大再就业力度，开展以"保生活、促就业、接保险"为主要内容的再就业援助行动，促进下岗职工早出中心，尽快实现再就业。在此基础上，严格执行协议期满出中心、断劳动关系、支付经济补偿金或生活补助费的基本政策，较好地解决了下岗职工出再就业服务中心，解除劳动关系经济补偿的问题。在自治区财政十分困难的情况下，积极争取中央有关部门的支持，千方百计筹措资金，初步解决了自治区属特困企业、南疆四地州所属特困企业、其他地州远离城镇的特困企业和个别有特殊情况的困难企业下岗职工出再就业服务中心的经济补偿问题。特别是对无资产变现、无再就业能力、无经济补偿能力的特别困难企业中的年龄偏大、技能单一、身体差的下岗职工，创造性地提出了在中心协议期满后可自愿选择滞留再就业服务中心的政策，有效地缓解了下岗职工集中出再就业服务中心的压力。截至2001年底，全自治区协议期满出再就业服务中心的人数为36 927人，滞留在中心的下岗职工为87 326人。其中按政策规定，自愿选择继续滞留中心的人数为3 567人。实现了下岗职工协议期满出再就业服务中心的"软着陆"，化解了下岗职工集中出再就业服务中心的矛盾，保持了社会的稳定。

4．农村劳动力流动就业和培训

截至2001年底，全自治区农村劳动力外出就业人数为22 494人，其中女性7 612人，跨省就业7 928人，外出前接受培训2 323人；外来新疆城镇就业人数为205 168人，其中女性56 094人，跨省就业129 875人，来新疆后接受培训人数为40 531人。

5．职业介绍机构

截至2001年底，全自治区共有职业介绍机构222个，其中劳动保障部门办117个，工作人员772人；全年登记招聘人数为214 510人；登记求职人次数为221 398人，其中女性102 271人，下岗职工为40 650人，失业人员为112 324人，获得职业资格人员为48 391人；接受职业指导人数为135 815人；介绍成功为148 326人次，其中女性59 968人，下岗职工13 066人，失业人员91 931人，获得职业资格人员39 346人。

四、加强工资宏观调控体系建设，完善企业内部分配机制

1．企业工资收入宏观调控体系建设稳步推进

2001年，乌鲁木齐市、吐鲁番地区、和田地区、克拉玛依市、石河子市和博州等地，结合本地实际，制定出台了本地区企业工资指导线，使其在企业工资收入分配方面较好地发挥了宏观调控功能。劳动力市场工资指导价位

制度的试点，也在乌鲁木齐市、库尔勒市、奎屯市、吐鲁番地区、昌吉州和克拉玛依市等地启动。其中，乌鲁木齐市劳动力市场工资指导价位的覆盖面已由最初的6个行业、21个工种扩大至11个行业、78个工种。

2．企业工资决定机制改革取得新的进展

2001年，自治区劳动保障厅指导企业按照“两低于”原则，建立了工资能增能减机制；在友好集团等部分企业进行了工资集体协商制度的试点，为全自治区开展工资集体协商制度工作打下了基础。

3．企业内部分配制度改革不断深化

2001年，自治区劳动保障厅指导新疆八一钢铁集团有限责任公司、新疆氯碱厂等企业建立了以岗位工资为主的基本工资制度。相当一批企业，尤其是改制后的企业普遍加大了内部分配制度的改革力度，实行了更加符合自身特点的岗位工资制等新的工资收入分配办法。新疆金属材料有限责任公司和博湖苇业有限公司等企业在这方面作了有益的尝试。新疆机械研究院，积极探索适合科技人员的收入分配模式，拉开了科技人员与一般职工、有重大贡献的科技人员与一般科技人员的工资收入差距，充分调动了职工的积极性，增强了企业的活力。

4．企业经营者年薪制试点工作

根据《自治区国有企业经营者年薪制试行办法》，新疆各地积极开展年薪制试点工作。截至2001年底，全自治区进行经营者年薪制试点的企业已有135户，约占全自治区地方企业（不含中央驻疆企业和兵团所属企业）总户数的2%。经过试点，使经营者年薪收入与国有资产的保值增值和企业经济效益紧密联系在一起，形成了对经营者的有效激励和约束。

5．调整企业最低工资标准

2001年，新疆根据《劳动法》有关最低工资保障制度的规定，考虑本区城镇居民消费价格指数、社会平均工资等因素变化对劳动者本人及其家庭成员基本生活水平的影响，经自治区人民政府同意，对新疆企业最低工资标准再次进行了适当调整。9月25日，自治区调整企业最低工资标准新闻发布会在乌鲁木齐召开。新疆日报、新疆电视台等12家新闻单位，自治区各委、办、厅、局、企业集团、生产建设兵团和中央驻疆企业等40多家单位，参加了新闻发布会。调整后的最低工资标准，最高的是克拉玛依市每人每月460元，最低的是每人每月260元。此标准自2001年10月1日起执行。

五、职业技能培训工作成绩显著

1．职业培训

2001年，新疆维吾尔自治区鼓励和组织各级各类职业技能培训机构积极开展各种培训，并建立了培训信息发布制度，职业技能培训工作全面启动，大力促进了就业和再就业。

（1）再就业培训工作。一是制定了《新疆维吾尔自治区“三年五十七万”再就业培训实施意见》，对其再就业培训目标层层分解，落实到位。二是对下岗职工和失业人员开展了创业培训。此培训在巴州、乌鲁木齐进行试点，并在巴州召开了现场会。三是加大了对下岗失业人员进行就业指导的工作力度，各地在进行再就业培训中普遍加入了职业指导内容。组织深圳城2 400名下岗职工进行职业培训和就业指导，其合格率和就业率都达到95%。同时，向各地、各部门发放了200张下岗失业人员职业指导讲座光碟。

（2）劳动预备制培训工作。一是新疆各地都制定了对新生劳动力实行就业前职业培训的规定。二是广泛动员社会各方面的力量全面开展劳动预备制培训。全年采取全日制、非全日制等培训方式培训劳动预备制学员1.68万人。三是专门编印了《各省经验材料和政策规定汇编》，统一印制了劳动预备制培训合格证及劳动预备培训登记表、卡。

（3）企业职工培训工作。一是根据年初确定的工作重点，选择了新纺集团、友好集团、建设厅为试点，分头召开座谈会，推行持证上岗，实行就业准入。伊犁四方糖业有限公司实行了全员培训，友好集团已实现80%从业人员持证上岗，并建立了培训、考核、使用与待遇相联系的激励机制。二是加大高级技能人才培训力度。批准伊犁、阿勒泰、交通厅等地区和单位开展相关专业高级以上职业资格培训。在培训组织方式上，最大限度地发挥行业管理部门的作用，支持轻工、贸易行办成立塑料协会、美容美发协会、烹饪协会开展职业培训，力图以行业协会为依托，形成有秩序的、稳定的培训框架。

2001年，新疆共培训各类人员45.42万人（含兵团）。其中，兵团培训8.98万人，各地、州、市培训16.87万人，行业培训19.57万人。在各地、各行业培训的人员中，下岗、失业人员7.31万人，劳动预备制学员1.68万人，企业在职职工17.32万人，其他人员10.13万人。技工学校培训5.84万人，就业训练中心培训4.33万人，企业职工教育中心培训12.99万人，社会培训机构培训3.7万人，其他教育机构培训9.58万人。全自治区共有8.29万人取得了职业资格证书。

2．技工学校管理

2001年，新疆制发了《自治区技工学校2001年招生工作意见》，提出了2001年度全自治区技工学校招生计划、专业设置、招生对象、政审及体检、招生经费等工作要求。各技工学校在招收两年以上学制学生6 000名的同时，积极开展短期培训，并对其进行了职业能力测试，全年有1.2万人从技校毕业。按照“只求所在、不求所有”的原则，对技工学校进行了不同方式的合并与转制，撤销3所技校，22所技校与大、中专院校合并。完成了昌吉技校、机械电子技校、化工技校等一批重点技工学校的结构调整工作。自治区第五汽车运输公司技校合并到阿克苏地区技工学校，新疆机电高级技校与新疆机电学校、新疆机电职大、电大合并为新疆机电学院，新疆化工技校与新疆化工学校合并。技工学校积极面向市场开展培训，积极鼓励与大、中专院校联合办学，根据学员意向和市场需要，举办下岗失业人员、在职人员培训班，并在学生毕业前夕，与自治区职业介绍中心举办一年一度的技校毕业生就业洽谈会，乌鲁木齐地区的18所技工学校参加了洽谈会，为600多名毕业生推荐了就业岗位。

3．职业技能竞赛

2001年，新疆维吾尔自治区共组织了10个赛区、25个专业（工种）的职业技能竞赛活动。参加岗位练兵及各种职业技能竞赛或选拔赛的近5万人，2 254名选手参加了自治区职业技能竞赛委员会主办，各赛区承办的国家二级、自治区一级竞赛。其中，有25人被自治区职业技能竞赛委员会授予“自治区技术能手”称号；12人取得《技师职业资格证书》；427人取得《高级职业资格证书》。在此基础上，组队参加了由国家劳动和社会保障部举办的第26届亚洲发型化妆大赛中国西部选拔赛和全国计算机应用大赛“华凌杯”新疆赛区的比赛。在有11个省、自治区、直辖市330名选手参加的7个项目的角逐中，新疆选手黄新勇取得新娘化妆项目的第一名和全场总冠军，为新疆争得了荣誉。另外一名选手获得女士晚宴发型第四名。以上两名选手将入选中国代表队，参加2002年6月在新加坡举行的第26届亚洲发型化妆大赛。新疆组织参加的2001年全国首届计算机应用大赛新疆赛区的团体初赛总成绩为71分，名列全国第九名。在个人标准赛全国决赛中，代表新疆赴京参赛的选手谢文德取得全国第13名的好成绩。吐鲁番、塔城地区也组织了4个工种的国家三级、自治区二级的竞赛，参加比赛的有134人。

4．技术能手表彰大会

6月10日，在乌鲁木齐召开了自治区获得2000年度全国技术能手、自治区技术能手表彰大会，对2000年度2名获全国技术能手称号者、3名获自治区技术能手称号者进行了表彰和奖励，自治区党委、自治区人民政府领导出席大会并为技术能手颁发了荣誉证书和奖金。全国技术能手奖金1万元，自治区技术能手奖金5 000元，重奖技术能手在新疆尚属首次。

六、加强劳动合同管理，完善劳动关系调整机制

1. 劳动合同管理

2001年，新疆维吾尔自治区劳动合同管理进一步规范。针对企业改制过程中劳动关系出现的新情况、新问题，自治区及时研究制订了企业改制、改组中劳动合同管理相关政策，为指导企业及时调整劳动关系提供了政策依据。各地还对企业签订或履行劳动合同的情况进行了检查纠正和查处了一批违法案件。截至年底，全自治区签订劳动合同的人数已达204.2万人，占各类企业职工人数的73.4%。其中国有企业签订劳动合同的人数164.5万人，签订率为99.7%。同时，自治区劳动保障厅还会同自治区总工会、自治区经济贸易委员会积极推行了集体合同制度并使之取得了新进展。截至年底，全自治区报送劳动保障部门审核备案的集体合同为2 179份，涉及职工130余万人。

2. 劳动争议处理

为加强劳动争议处理工作，新疆各级劳动争议仲裁机构积极完善劳动争议处理制度，改进办案方式，强化对仲裁员队伍的培训，不断提高办案质量和办案效率。2001年，全自治区各级劳动争议仲裁机构共受理劳动争议案件1 270余起，涉及职工22 480余人，结案率为80%。其中，自治区劳动争议仲裁委员会受理劳动争议案件500余起，涉及职工3 000余人，结案率为95%。为切实将劳动争议案件解决在当地、解决在基层，各级劳动争议仲裁机构主动到劳动争议多发部门、行业、企业进行劳动保障法律、政策宣传，及时处理劳动争议案件，有效地预防了突发事件的发生。

七、劳动保障法制建设得到加强，劳动关系和谐稳定

1. 法制建设

2001年，自治区劳动保障厅制定下发了《自治区劳动保障系统“四五”普法规划》，完成了《自治区劳动力市场管理规定实施细则》起草工作，在哈密、巴州、克拉玛依开展了劳动保障行政执法责任制试点工作，与自治区党委宣传部、总工会联合组织开展了全自治区劳动保障政策法规宣传和咨询活动，与自治区总工会、妇联联合对乌鲁木齐市、石河子、喀什等地区76家企业贯彻执行劳动保障法律、法规情况进行了检查。据统计，宣传活动期间全自治区共印发宣传单58万份，悬挂横幅和张贴标语10 696条，展出板报1 160块。

2. 执法监察

2001年，自治区各级劳动保障监察机构共检查各类用人单位1.78万户，涉及劳动者119.3万人；立案1 896起，结案率达95%；检查职业中介机构396家，打击取缔非法职业中介机构122家，下达劳动监察询问通知书146份，劳动监察限期改正指令书82份，劳动行政处罚决定书6份，罚金2.5万元，没收非法所得0.5万元。其中，自治区劳动保障监察机构查处群众举报案件145起，结案率为93%；补签劳动合同4.5万份；补办就业证卡8 920人；补缴社会保险费3 410.4万元；追缴拖欠职工工资2 960万元，其中责令38户用人单位补缴养老保险金534.8万元、失业保险金115.6万元，补发被克扣和拖欠的工资145.6万元。同时，对自治区劳动力市场进行了全面的清理和整顿，取缔非法劳务中介组织116家，责令限期整改88家，进一步加大对企业用人行为、订立劳动合同、支付工资、缴纳社会保险费的监察力度，补签劳动合同36 000份，补发工资44万元，追缴社会保险费1 200万元；检查职业中介机构67户，取缔非法职业中介机构55家。

3. 群众来信来访

劳动保障工作与广大人民群众的切身利益息息相关，关系改革发展稳定的大局。随着国家经济结构战略性调整和改革的不断深化，打破了原有劳资关系的平衡，劳资矛盾日益突出，劳动保障方面的信访数量大幅度上升，特

别是职工群众因养老金、社会统筹、津贴发放、终止或解除劳动合同、企业改制职工集体访、联名信更是居高不下。2001 年，自治区劳动保障厅共接待群众来访3 798人次，受理群众来信 767 件，答复咨询电话2 100人次，编报《信访动态》14 期、《情况反映》7 期。

八、继续加强劳动职改工作

2001 年 9 月 15 日，在乌鲁木齐召开了自治区技工学校教师职务系列和自治区劳动经济专业高级职务任职资格评审会议，会期 4 天。此次评审会议共收审高、中级评审材料 126 份。经评审，通过技工学校教师高级职务任职资格的有 38 人，中级职务任职资格 32 人；劳动经济专业有 13 人通过高级职务任职资格。

（新疆维吾尔自治区劳动和社会保障厅）

新疆生产建设兵团

2001年，新疆生产建设兵团兵、师两级劳动保障部门抓住社会保障和促进就业两条主线，加大工作力度，劳动保障部分难点、重点工作有了新的突破，整体水平再上新台阶。

一、两个确保得以巩固

1．新疆生产建设兵团兵、师两级劳动保障部门按照国务院、劳动保障部的要求，坚持工作目标、政策措施和工作要求“三不变”的方针，筹措资金，规范资金运作，加大对欠发、欠缴行为监督检查的力度，使足额发放与代缴率均保持在100%，确保了国有企业下岗职工的基本生活。全年共筹集下岗职工基本生活保障资金3.04亿元（企业自筹0.01亿元，失业保险基金承担0.47亿元，中央财政拨付2.56亿元）。年底，实有下岗职工6.36万人(其中兵、师两级城镇3.29万人)。全年出中心人数3.1万人，出中心率为33.1%（其中兵、师两级城镇出中心1.63万人)，出中心人员与企业解除劳动关系人数1.43万人（其中兵、师两级城镇1.10万人)。

2．在中央财政的大力支持下，新疆生产建设兵团离退休人员离退休金继续保持了按时足额发放，没有发生新的拖欠。42万离退休人员应发养老金25.50亿元，实付25.50亿元，支付率达100%，社会化发放率达100%。

二、社会保险制度改革逐步深入

1．养老保险制度管理加强。一是加强基金征缴、清欠工作，杜绝企业少报、漏报缴费人数、缴费基数的现象，增加了基金收入。二是开展社会保险年检工作，规范缴费程序，加强了养老保险待遇资格认证工作。三是完成了5.20万名异地安置离退休人员的慰问和指纹采样任务，为全面推广“指纹识别系统”奠定了基础；同时，查出已死亡和下落不明的离退休人员1 952人，每年挽回养老金损失0.12亿元。四是建立了信息网络系统，日常管理工作走向系统化、规范化、科学化，为提高离退休人员社会化管理水平和服务水平奠定了基础。

截至2001年底，全兵团参加养老保险人数68.34万人，实际缴费人数63.20万人，占参保人数的92.48%；全年应收养老保险费12.65亿元，实收12.02亿元，收缴率达95.02%；清收企业历年欠缴养老保险费0.40亿元，清欠率为34.02%。

2．医疗保险制度改革有所突破。一是兵、师两级成立由主管或分管领导挂帅的医改领导小组，加强了医改工作的组织领导；二是建立兵团职工基本医疗保险政策体系，兵、师两级主要配套政策基本齐全；三是加大督促检查力度，通过召开医改工作现场会、汇报会，组织专题调研、下发督查督办通知等，着力推进了医疗保险制度改革工作；四是积极与上海市协调，兵团退休回沪定居人员医疗保险方案已经拟定，可望得到妥善解决。截至2001年底，全兵团14个基本医疗保险统筹区均已启动，参加医疗保险人数67万人，完成年底覆盖80万人目标的84%。兵团基本医疗保险工作用1年的时间基本赶上了全国3年的进度。

3．失业保险工作继续推进。2001年，全兵团失业保险参保人数为60.76万人，失业保险基金收缴8 984.05万元，其中本期实缴4 502.12万元，收缴率为51.11%，补缴历年欠缴4 481.93万元。失业保险基金支出12 802.05万元（其中用于支付失业人员失业保险金1 515.46万元，医疗补助444.51万元，职业培训补贴593.46万元，职业介绍补贴1.14万元，农民合同制工人一次性生活补助244万元，其他支出3 375.67万元）。截至年底，失业保险基金滚存结余9 695.92万元。年末，全兵团登记失业人数3.1万人，登记失业率为3.4%，其中城镇登记失业人员2.4万人，登记失业率为2.50%；享受失业保险待遇人数0.8万人。

4. 工伤、生育保险保持上年的水平。2001年，全兵团参加工伤保险人数55.79万人，应收工伤保险费0.19亿元，实收0.16亿元，收缴率为84.21%；参加生育保险人数48万人，应收生育保险费0.17亿元，实收0.14亿元，收缴率为82.35%。

三、就业与劳动力管理工作有所加强

1. 积极采取有效措施，促进下岗职工再就业。一是年初确定了2001年再就业目标，下发了《关于定期公布国有企业下岗职工基本生活保障和再就业工作情况的通知》，进一步明确和规范了工作程序；二是全面启动了再就业援助行动；三是结合兵团实际，制定了《兵团国有企业下岗职工协议期满出中心再就业工作实施方案》；四是召开就业与再就业会议，落实各项措施、制度。2001年，全兵团有2.19万名下岗职工通过各种渠道实现再就业，再就业率为23.2%（其中兵、师两级城镇0.91万名下岗职工实现再就业，再就业率为18.6%；农牧团场1.28万名下岗职工实现再就业，再就业率为28.4%）。

2. 劳动力市场建设有较大进展。兵团本级劳动力市场“三化”建设不断完善，各师劳动力市场建设步伐加快，农一、二、四、六师区域劳动力市场和兵团本级劳动力市场已启动，农七、八、十、十三师，建工师劳动力市场正在筹建之中，劳动力市场的发展为促进就业发挥了积极作用。

3. 外来劳动力引进与管理逐步规范。一是2001年初下达了劳动力平衡计划，为合理引进、调配劳动力提供了依据；二是建立健全外来劳动力引进管理制度，做到有目的、有计划地引进外来劳动力，同时加强了外来用工证、卡管理，外用工办证卡率较往年有所提高；三是针对农十四师皮墨垦区开发建设需要，研究制定了《关于农十四师皮墨垦区引进劳动力的实施方案》，并协助农十四师做了前期准备工作；四是在广泛开展西部劳务协作的基础上，加强了省际间的沟通联系。

四、工资收入分配制度改革取得进展

1. 积极推行与市场经济相适应的收入分配制度。兵团制定了2001年工资增长指导线，推广了年薪制试点，积极推行了以岗位工资为主的基本工资制度。

2. 加强对企业工资收入分配的调控和指导，逐步形成了企业根据经济效益自主决定工资水平的机制。

3. 在加强工资收入分配监督机制、规范收入分配秩序和坚持“两低于”的前提下，继续实行由各师确定工资总额和工资水平。

4. 指导股份制企业搞活内部分配，逐步向岗位工资制过渡，支持企业进行职工持股、入股的试点。

5. 在农八师进行了人工成本管理试点及劳动力市场指导价位试点工作。

五、职业技能开发与就业培训工作稳步推进

1. 根据劳动保障部第二期“三年千万”再就业培训计划，兵团制定下发了《兵团关于实施国家第二期“三年千万”再就业培训计划的贯彻意见》，确定了兵团今后3年将对12万下岗和失业人员开展再就业培训的目标任务。兵、师两级已建立再就业培训基地23个，培训下岗和失业人员2.4万人，培训后的再就业

率为30%。重点开展了高级工、技师培训鉴定工作。

2．按照劳动保障部2000年6号令的要求，兵团开展了对123个就业准入工种（职业）为主的上岗及技能等级培训，劳动预备制度培训全面展开。制定了《关于加强团场职工技能培训的实施意见》，兵、师、团、连4级联合运作，在团场开办了职工业余技校，方便了职工，减轻了负担，职业资格证书制度在农牧团场一线职工中得以推行。

3．职业技能鉴定工作。2001年，兵团共有16 162人参加职业技能鉴定，其中13 434人获得职业资格证书，鉴定职业（工种）达64个。全年举办考评员培训班2期，255人取得考评员资格证书。新建职业技能鉴定所（站）2个。全年发行鉴定教材1.5万册。举办了国家考务管理软件培训班，在部分师及所（站）试运行获得成功。

4．技工学校工作。2001年，兵团计划招生2 565人，录取新生2 069人；在校学生4 180人。全年组织1 000名毕业生参加“双证”考核，考试合格率达99%。扩大了内地招生比例。面向市场，开拓就业渠道，以市场需求为基础，在满足兵团内部企业用人的前提下，向自治区和内地、沿海地区输送毕业生，扩大了就业渠道。完成了兵团高级技工学校和兵团工交职工中专联合办学的前期准备工作。举办了技工学校教师“教育学、心理学”培训班。开展了技工学校专业技术职务评审工作，选派20名技校管理人员、20名骨干教师赴上海学习技校教学管理模式、分层次教学、专业复合教学、模块一体化教学、师资队伍建设的先进经验，提高了技校的培训质量和综合竞争力，促进了兵团职业技术培训事业的发展。

六、劳动关系调整与劳动保障法制建设不断推进

1．劳动合同管理。2001年，全兵团劳动合同签订率继续巩固和提高，截至年底，国有企业及国有控股、集体企业签订劳动合同人数64.50万人，签订率达95%；个体、私营企业劳动合同签订人数3.98万人，签订率为18%，比上年提高16.4个百分点。用人单位积极推广使用劳动合同管理软件，劳动合同逐步实行了规范化、制度化、科学化管理。据对303户企业统计，实行劳动合同计算机管理的企业达138户，占统计户数的45.54%，农一、四、六师分别达到95.7%、100%和57%。

2．劳动保障监察工作。2001年，兵团加强了日常监察工作的力度。截至年底，兵、师两级劳动保障监察部门共检查各类用人单位630户，涉及职工32.44万人；立案调查处理劳动保障违法案件285件，结案279件，结案率达97.80%；处理突发事件65件，涉及9 314人；下达整改指令书218份。检查劳动用工年检单位904户，涉及37.28万人，督促企业新签劳动合同1.53万份，审查用人单位内部规章制度137件，为583名职工（民工）追回克扣工资415万元，督促95户企业缴纳社会保险费8 093.10万元。在日常巡查、专项检查和重点监察的基础上，积极开展了执法大检查活动。根据劳动和社会保障部的安排，兵团劳动保障局组织3个工作组，对9个师60个工交建商企业、11个农牧团场贯彻劳动保障部6号令、缴纳社会保险费、劳动合同签订、女职工权益保护情况开展了专项检查。通过检查，进一步促进了劳动保障各项工作的开展，提高了用人单位遵纪守法的意识。

3．劳动争议处理。2001年，兵团劳动争议仲裁机构继续坚持“快立案、快办案、快结案”的指导思想展开工作，劳动争议的数量和人数呈上升趋势。截至年底，兵、师两级劳动争议仲裁委员会共立案受理各类劳动争议案件893件，涉及劳动者3 962人，分别比上年增长43.11%和51.63%；集体劳动争议案件55件，涉及劳动者3 069人，分别比上年增长77.42%和375.07%。结案880件（裁决结案601件，调解结案214件，其他方式结案65件），结案率达98.5%。以非立案方式处理劳动争议650件，比上年增长11.30%。

兵团劳动争议仲裁委员会直接受理案件45件，涉及职工51人，结案33件，结案率为73%；非立案处理劳动争议95件。

4．劳动和社会保险行政复议。截至2001年底，兵、师劳动保障行政部门共受理行政复议案件15件，参加行政诉讼10次。其中兵团劳动和社会保障局受理行政复议案件13件（下决定书7件，其他方式处理6件），参加行政诉讼3次。

（新疆生产建设兵团劳动和社会保障局）

劳动和社会保障大事记

2001 年劳动和社会保障大事记

1月2日至22日　张左己同志赴黑龙江、四川、重庆、广西，李其炎同志赴天津、河北，林用三同志赴内蒙古、宁夏，王建伦同志赴河南，王东进同志赴江西调研，督促检查春节前两个确保工作落实情况，听取当地政府关于劳动保障工作情况汇报，走访慰问企业下岗职工和离退休人员，看望劳动保障系统干部职工。

1月3日　劳动和社会保障部发出《关于印发劳动和社会保障部从源头上预防和治理腐败工作的通知》（劳社部发〔2001〕2号），明确了工作重点和政策措施。

1月4日至8日　中共中央政治局常委、国务院总理朱镕基就农业和农村发展、国有企业改革和社会保障体系建设等问题在重庆市进行调研，期间，考察了西南铝业（集团）有限责任公司，召开国有企业负责人座谈会。张左己同志随同考察。

1月19日　劳动和社会保障部下发《关于印发2001年劳动和社会保障工作要点的通知》（劳社部发〔2001〕1号），明确了2001年10个方面的重点工作：（一）确保企业离退休人员养老金按时足额发放，精心组织完善基本养老保险制度试点。（二）确保国有企业下岗职工基本生活，稳步推进向失业保险并轨试点工作。（三）积极扩大就业。（四）推进医疗保险制度改革。（五）继续深化企业工资收入分配制度改革。（六）加强劳动关系协调与劳动争议处理工作。（七）加强劳动和社会保障基金管理和监督。（八）加强劳动和社会保障法制建设。（九）加强劳动和社会保障规划和信息系统建设。（十）全面推进劳动和社会保障领域各项事业的发展。

2月2日　国务院批准劳动和社会保障部1月18日上报的《关于成立国务院完善城镇社会保障体系试点工作小组的请示》（劳社部发〔2001〕3号），同意成立国务院完善城镇社会保障体系试点工作小组。试点工作小组由劳动保障部、国家经贸委、民政部、财政部、国家税务总局、国务院专题办、国务院体改办、全国总工会等8个部门的负责同志组成，张左己同志任组长。试点工作小组的主要职责是指导辽宁省和试点市开展试点工作；协调试点工作的有关政策问题；参与制定辽宁省的试点方案，负责试点城市试点方案的审核备案工作；适时开展对试点工作效果的评估，提出进一步完善国务院试点方案的意见；建立情况通报制度，及时向国务院报告有关情况。试点工作小组办公室设在劳动保障部。2月7日，王建伦同志主持召开劳动和社会保障部完善城镇社会保障体系试点工作小组第一次会议，研究指导辽宁省试点工作的有关问题。2月9日，张左己同志主持召开国务院完善城镇社会保障体系试点工作小组第一次全体成员会议，通报国务院领导关于成立完善城镇社会保障体系试点工作小组有关问题的批示，听取辽宁省政府关于试点实施方案的汇报。会议明确试点工作小组的组成和职责及近期主要工作。会议决定成立由王建伦同志兼任试点工作小组办公室主任，劳动保障部、民政部、财政部、国务院专题办等有关单位司局级干部参加的试点工作小组办公室。试点工作小组成员王建伦、蒋黔贵、范宝俊、李永贵、李剑阁、董力，辽宁省常务副省长郭廷标、副省长刘克崮及省政府副秘书长李万才，省劳动保障、民政、财政、税务等部门的负责同志参加会议。2月15日，张左己同志主持会议，与来部的辽宁省代省长薄熙来、常务副省长郭廷标、副省长刘克崮等同志，就辽宁省完善城镇社会保障体系试点工作进行座谈，林用三、王建伦同志及部属有关单位负责同志出席。2月21日，国务院副总理吴邦国听取劳动和社会保障部张左己、王建伦同志关于辽宁省完善城镇社会保障体系试点工作情况汇报。2月27日，张左己同志主持召开完善城镇社会保障体系试点工作小组第二次全体会议，传达朱镕基总理、吴邦国副总理听取辽宁省试点情况汇报时的指示精神，研究修改《辽宁省完善城镇社会保障体系试点实施方案》，并确定由试点工作小组办公室汇总各部门意见后提交试点工作小组第三次全体会议讨论。试点工作小组成员及部属有关单位负责同志参加。3月13日，张左己、王建伦同志与来部的辽宁省副省长刘克崮同志，就辽宁省完善城镇社会保障体系试点方案有关问题交换意见。4月19日，张左己同志主持召开国务院完善城镇社会保障体系试点工作小组第三次会议，研究对《辽宁省完善城镇社会保障体系试点实施方案》的修改意见。王建伦同志和财政部副部长高强、国家税务总局党组成员李永贵、全国总工会书记处书记董力及试点工作小组办公室成员出席会议。5月11日，张左己同志主持召开国务院完善城镇社会保障体系试点工作小组第四次会议，听取辽宁省副省长刘克崮关于辽宁省完善城镇社会保障体系试点实施方案汇报，研究对试点实施方案的修改意见。王建伦同志和财政部副部长高强、国务院体改办副主任李剑阁、国家税务总局副局长郝昭成、全总书记处书记董力出席会议，试点工作小组办公室成员参加。5月21日，国务院完善城镇社会保障体系试点工作小组在京召开完善城镇社会保障体系试点工作座谈会，王建伦同志出席并讲话，辽宁省副省长刘克崮在会上介绍了辽宁省试点方案形成和修改情况，辽宁省劳动保障厅负责同志介绍了试点方案。国务院试点工作小组成员单位有关负责同志、部属有关单位负责同志及试点城市政府的主管市长和所在省劳动保障厅负责同志参加会议。5月25日，国务院副总理吴邦国听取辽宁省完善城镇社会保障体系试点方案有关情况汇报。张左己、王建伦同志，国务院有关部门负责同志和辽宁省政府负责同志参加，办公厅负责同志随同。7月8日，辽宁省召开完善城镇社会保障体系试点工作会议，标志着完善城镇社会保障体系试点工作进入实施阶段。张左己、王建伦同志及财政部、民政部、国家税务总局等部委和全国总工会的领导同志出席会议。张左己同志代表国务院完善城镇社会保障体系试点工作小组讲话。

2月5日至9日　林用三同志出席在菲律宾马尼拉举行的亚太地区消除贫困论坛。本次论坛的议题是：消除贫困政策和机构改革。林用三同志在论坛上就中国城市扶贫问题作专题发言，介绍我国在建立和完善社会保障体系、广开就业门路、加强职业培训、强化就业服务、促进下岗职工和失业人员再就业，以及调动社会各方面力量，扶助困难群体就业，消除城市贫困方面所做的努力和取得的成果。会议期间，林用三同志还会见了亚洲开发银行副行长彼特·博格先生等，就继续加强双方在劳动保障领域合作问题进行磋商。

2月9日　国务院办公厅发出《关于做好国务院2001年立法工作的几点意见和国务院2001年立法工作安排的通知》（国办发〔2001〕11号）。其中，《企业职工基本养老保险条例》和《工伤保险条例》被列入需要抓紧研究、条件成熟时适时提请审议的行政法规；《国务院关于职工带薪年休假的规定》被列入实践急需、立法条件基本成熟、需要统筹兼顾的行政法规。

2月14日　国务院总理朱镕基听取辽宁省委书记闻世震、代省长薄熙来关于辽宁省完善城镇社会保障体系试点工作汇报并作重要讲话。

2月15日　中国共产党中央委员会发出《关于刘雅芝、冯健身同志职务任免的通知》(中委〔2001〕44号)。中央批准，刘雅芝同志任全国社会保障基金理事会副理事长，免去其劳动和社会保障部副部长职务。

2月19日　张左己、李其炎同志分别会见国际劳工局长访华先遣组，对他们的到来表示欢迎，向客人介绍我国劳动和社会保障改革主要成果，阐述我国对重大国际劳工问题的立场和原则，就国际劳工局长访华的日程安排和双方起草签署合作谅解备忘录的主要原则等交换意见。希望双方加强接触，精心准备，确保局长访华的成功。部属有关单位负责同志参加。

2月27日至28日　劳动和社会保障部在河南省郑州市召开全国医疗保险工作座谈会。会议总结近几年特别是2000年全国医疗、工伤、生育保险工作，分析当前三项保险工作的形势，部署2001年三项保险工作任务。王东进同志出席会议并作了题为《坚决贯彻全国社会保障工作会议精神，全面完成医疗、工伤、生育保险工作的各项任务》的讲话。会上，江苏、上海等9个省市作了经验介绍，全国31个省、自治区、直辖市劳动保障厅（局）及计划单列市和新疆生产建设兵团劳动保障局的负责同志参加会议。

3月3日　全国政协九届委员会第四次全体会议在北京人民大会堂开幕，万国权副主席受常务委员会委托，向大会作政协九届三次会议以来提案工作情况报告，劳动保障部提案办理工作受到表扬，其经验做法作为该报告的附件印发大会。

3月5日　九届全国人大四次会议在北京人民大会堂开幕，国务院总理朱镕基作关于国民经济和社会发展第十个五年计划纲要的报告。报告共十部分，第八部分为“不断改善人民生活，完善社会保障制度”。张左己同志列席。

3月5日　劳动和社会保障部与财政部、中国人民银行联合发出《关于农村信用社参加基本养老保险社会统筹有关问题的通知》(劳社部发〔2001〕3号)，明确了农村信用社系统参加基本养老保险社会统筹工作的原则和有关政策。

3月10日　九届全国人大四次会议举行记者招待会，张左己同志出席并回答中外记者提出的如何控制“十五”期间的失业率、如何做好下岗职工基本生活保障和再就业及农村的就业和社会保障等方面的问题。

3月13日　劳动和社会保障部发出《关于认真做好公布社会保险费征缴情况工作的通知》(劳社部函〔2001〕28号)，要求各省、自治区、直辖市劳动保障部门要在省、自治区、直辖市范围内，按季或按月定期公布统筹地区养老、失业、医疗三项社会保险费征缴情况。

3月16日　劳动和社会保障部发出《关于开展全国职业技能鉴定质量检查工作的通知》(劳社部函〔2001〕30号)，要求各省、自治区、直辖市劳动和社会保障厅（局）和国务院有关部门劳动保障机构都要开展职业技能鉴定质量检查，检查的主要内容是：各地、各部门开展职业技能鉴定工作的情况；国家职业资格证书制度推行情况；职业技能鉴定所（站）运行和管理情况；就业准入制度落实情况。

3月22日至26日　国务院副总理吴邦国在河南、江苏考察工作。考察期间，吴邦国副总理先后到郑州、安阳、新乡、许昌和南京等地就国有企业改革和科研院所的改革和发展进行调研，并考察郑州市社会保险中心。张左己同志随同。

3月28日至30日　劳动和社会保障部在四川省成都市召开全国完善养老保险制度和社会化管理工作座谈会。会议的议题是，总结2000年以来确保养老金发放和推进社会化发放情况，交流工作经验，提出实行企业退休人员社会化管理的基本思路和工作要求，部署全面建立和规范养老保险个人账户、做好下岗职工社会保险关系接续工作，对省级社会保险经办机构下达2001年清理收回欠缴基本养老保险费任务书。上海、江苏及成都、大连等8个省市劳动保障部门分别在会上介绍有关工作情况。部社保中心负责同志及各省（自治区、直辖市）、31个重点联系城市劳动保障部门和社会保险经办机构负责同志参加会议，成都、武汉、西安、合肥、南宁、郑州、包头、自贡、攀枝花等市的市长或副市长，中国银行、农业银行、工商银行、建设银行、民生银行、国家邮政局和审计署等单位的有关同志也应邀参加会议。

3月29日至30日　劳动和社会保障部与国际劳工组织联合召开中国农村就业促进试点项目总结评估会，林用三同志出席会议并讲话，张小建同志代表国家项目指导委员会和项目实施小组作项目总结。日本劳动省官员早木武夫先生、国际劳工组织北京局局长庄古先生及农业部、国务院发展研究中心有关负责同志和部属有关负责同志参加会议。

4月4日　国务院副总理李岚清主持召开城镇职工基本医疗保险制度和医药卫生体制改革座谈会，听取国务院有关部门和部分省市关于“三项改革”情况的汇报，对医疗保险制度改革取得的成绩给予充分肯定。王东进同志出席会议，并就2000年医疗保险制度改革情况和2001年工作安排作汇报。

4月6日　劳动和社会保障部发出《关于开展基本养老保险费征缴专项稽核的通知》（劳社部函〔2001〕39号），决定在全国范围内开展基本养老保险费专项稽核，要求各省、自治区、直辖市劳动和社会保障厅（局）通过开展专项稽核，规范参保单位缴费行为，强化企业和个人参保、缴费的法律意识，查处违纪行为，堵塞各种漏洞，保证基金的按时足额征收。

4月9日　林用三同志主持召开落实下岗职工再就业优惠政策座谈会，向有关部门介绍当前我国再就业工作面临的形势和进一步做好再就业工作的部署。会议就联合开展下岗职工再就业优惠政策落实情况检查等问题进行讨论，并对通过联合检查推动政策落实的工作提出要求。国家计委、监察部、财政部、建设部、中国人民银行、国家税务总局、国家工商行政管理总局、全国总工会、全国妇联等9个部门、单位的同志和部属有关单位负责同志参加会议。

4月11日至17日　国务院副总理吴邦国在广西考察工作，先后赴桂林、贵港、南宁、北海等地考察有关企业和广西港口建设情况。考察期间，吴邦国副总理还听取了广西壮族自治区党委、自治区人民政府的工作汇报。张左己同志陪同。

4月12日至13日　劳动和社会保障部在大连市召开社会保险基金监督管理工作座谈会，王建伦同志出席会议并讲话。会议主要议题是，总结过去几年社会保险基金监督工作情况，分析基金管理和监督工作中存在的问题，部署2001年的工作任务。部属有关单位负责同志，各省、自治区、直辖市劳动保障厅（局）主管基金监督工作的厅局长及基金监督处处长参加会议。

4月15日至23日　张左己同志赴辽宁，李其炎同志赴河南、安徽，林用三同志赴福建、海南，王建伦同志赴贵州，王东进同志赴重庆、四川调研，主要内容是了解全国社会保障工作会议和全国劳动保障工作会议贯彻落实情况；2001年第一季度两个确保工作进展情况及存在的问题；完善社会保障体系试点有关情况；基本医疗保险制度改革情况；下岗职工出中心和国有优势企业减员增效有关情况及政策措施；关于理顺收入分配关系的意见和建议。调研组分别听取当地政府关于劳动保障工作情况汇报，召开座谈会，考察劳动力市场、养老保险和医疗保险经办机构、社区服务机构及相关企业，调研结束时，与当地省（市）委、省（市）政府领导同志就劳动保障工作交换意见。

4月20日至21日　全国养老保险工作座谈会在贵阳召开，王建伦同志出席会议并讲话。会议总结了2000年养老保险工作情况，分析了目前的形势和存在的问题，部署了

2001年工作任务。部养老保险司、社会保险事业管理中心有关负责同志，部分省、自治区、直辖市劳动保障厅（局）厅（局）长，各省、自治区、直辖市劳动保障厅（局）养老保险处处长参加了会议。

4月20日至21日　全国劳动保障依法行政工作座谈会在成都召开，王东进同志出席会议并讲话。会议总结了2000年依法行政工作情况，分析当前面临的形势，明确2001年任务目标。部属有关单位负责同志，各省、自治区、直辖市劳动保障厅（局）主管劳动保障法制工作的厅（局）长及法规处、监察处处长参加会议。

4月24日　劳动和社会保障部召开专家咨询委员会第二次全体会议，讨论《领导干部社会保障知识读本（修改稿）》，研究专家咨询委员会2001年工作安排。张左己同志出席会议并讲话，李其炎、林用三、王建伦、王东进同志及专家咨询委员会委员王思斌、江小涓、陈淮、陈吉元、郑功成、胡伟略、胡鞍钢、袁志刚、贾俊玲出席会议，部属各单位主要负责同志列席会议。

4月24日　劳动和社会保障部与国家计委、监察部、建设部、中国人民银行、国家税务总局、国家工商总局、全国总工会、全国妇联联合发出《关于开展落实下岗职工再就业优惠政策检查的通知》(劳社部函〔2001〕51号)，决定自2001年第二季度起，开展落实下岗职工再就业优惠政策检查活动，主要检查政策落实总体情况，税收减免政策、工商行政管理政策、各种行政性收费减免政策、小额贷款政策、场地安排优惠政策和就业服务政策落实情况，要求各省联合检查小组要向省人民政府汇报检查结果，并形成本次检查工作情况总报告，于2001年6月30日前分别报送九个部委。

4月24日　劳动和社会保障部发出《关于印发〈劳动和社会保障事业发展第十个五年计划纲要〉的通知》（劳社部发〔2001〕5号）。纲要总结了“九五”的主要成就，分析了“十五”面临的形势，阐明了“十五”期间劳动和社会保障事业发展的指导思想、主要目标、主要政策措施和支撑保障措施。

4月25日　张左己同志主持召开第一季度劳动保障工作形势分析会，听取各调研组调研情况汇报，分析第一季度两个确保、下岗职工出中心和医疗保险制度改革等工作情况。会议肯定与会同志对第一季度工作形势的判断和对第二季度工作安排提出的意见和建议，要求部属有关单位根据会议精神进一步明确或调整第二季度的工作安排，抓紧工作落实，加强督促检查。李其炎、林用三、王建伦、王东进同志及部属各单位主要负责同志出席会议。

4月26日　中宣部、中直机关工委、中央国家机关工委、解放军总政治部、中共北京市委联合举办形势报告会，张左己同志应邀作了题为《关于城镇职工医疗保险制度改革问题》的报告，卫生部部长张文康作了医疗卫生体制改革问题报告。部属有关单位负责同志随同。

4月26日　劳动和社会保障部召开2001年第一季度新闻发布会，新闻发言人刘永富同志介绍了一季度两个确保工作进展情况，完善城镇社会保障体系试点以及劳动和社会保障事业发展“十五”计划纲要的总体情况。有关单位负责同志分别回答了记者的提问，新华社、人民日报社、中央电视台、中央人民广播电台等21家新闻媒体的31名记者参加会议。

5月8日　劳动和社会保障部与国家计委、国家经贸委、财政部、民政部、建设部、中国人民银行、国家工商总局、国家税务总局联合发出《关于推动社区就业工作的若干意见》（劳社部发〔2001〕7号），要求各地有关部门把社区就业工作摆上社区建设的重要位置，多渠道开发社区就业岗位，落实和完善再就业优惠政策，切实加强社区就业服务和再就业培训，着力解决好社区就业难点问题，加强部门配合，落实工作责任。

5月9日　劳动和社会保障部发出《关于印发2001年劳动和社会保障事业发展计划的

通知》（劳社部发〔2001〕6号）。

5月10日　劳动和社会保障部发出《关于公布2001年国家重点技工学校名单的通知》（劳社部函〔2001〕57号），公布天津市斯波泰克现代技术学校、江阴市技工学校等9所学校为国家重点技工学校。

5月16日　国务院副总理李岚清在中南海接见来访的国际劳工局局长索马维亚一行。张左己、李其炎同志陪同，部属有关单位负责同志参加。

5月17日　张左己同志在钓鱼台国宾馆与来访的国际劳工局局长索马维亚进行会谈，阐述了我国对世界形势的看法和经济全球化给劳动和社会保障领域提出的挑战，介绍了近年来我国劳动和社会保障制度改革取得的成就及面临的任务，重申了我国对重大国际劳工问题的立场和主张，希望通过此次访问增加对中国的了解和信任，进一步扩大国际劳工局与中国的技术合作。会谈之后，与索马维亚局长签署了《中华人民共和国劳动和社会保障部与国际劳工局合作谅解备忘录》，并共同回答中外记者的提问。李其炎同志参加会谈和签字仪式，部属有关单位负责同志陪同。

5月17日　劳动和社会保障部发出《关于开展农村养老保险基金调查摸底的通知》（劳社厅函〔2001〕129号），要求农保基金经办机构要在往年对农保基金核算和统计的基础上，对农保基金逐笔进行清理核对，填写“农村养老保险基金运营情况及资产状况表”和“农村养老保险基金运营情况一览表”，对风险作出评估。

5月18日　张左己同志在钓鱼台国宾馆与国际劳工局局长索马维亚共同签署了由瑞士政府资助、国际劳工局执行、国务院体改办与劳动保障部共同负责实施的《中国经济开发区改善人力资源管理和劳动关系》项目文件。李其炎同志出席，部属有关单位负责同志陪同。

5月18日　张左己同志分别签发劳动和社会保障部第11号、第12号部令，发布《社会保险基金监督举报工作管理办法》和《社会保险基金行政监督办法》。上述两个办法自发布之日起施行。

5月18日　劳动和社会保障部在江西瑞金举行向瑞金中华苏维埃政府中央劳动人民委员部旧址修复捐助仪式，林用三同志出席并讲话。

5月19日　国际劳工局局长索马维亚到中国就业培训技术指导中心，并与几十位专家就关心的问题进行座谈，李其炎同志主持。

5月23日　国家图书馆劳动和社会保障分馆揭牌仪式在劳科院举行，王东进同志和文化部副部长周和平出席仪式并讲话，刘永富同志和国家图书馆张雅芳同志代表双方在协议书上签字。

5月27日　张左己同志签发劳动和社会保障部第13号部令，发布《社会保险行政争议处理办法》。《办法》共34条，对社会保险行政争议的受理范围、申请人和被申请人的权利义务、受理机关的工作职责以及社会保险行政争议处理程序等作出明确规定。

5月29日　劳动和社会保障部发出《关于开展再就业援助行动的通知》（劳社部发〔2001〕8号），要求各级劳动保障部门要提高认识，加强领导，制定援助方案，将开展再就业援助行动作为当前一项重要工作来抓。

5月30日至31日　中宣部、司法部在京召开第五次全国法制宣传教育工作会议，表彰“三五”普法先进单位和个人，劳动和社会保障部被评为全国法制宣传教育先进单位。

6月1日　张左己同志应邀接受中央电视台纪念建党80周年特别节目制作组采访，就近年来我国社会保障体系建设取得的成就及劳动保障事业发展“十五”规划目标回答记者提问。

6月2日至22日　李其炎同志率领中国三方代表团出席在日内瓦举行的第89届国际劳工大会，并代表中国政府在大会上发言，阐述了我国对重大国际劳工事务的原则立场，宣传了我国在劳动和社会保障领域的改革成果，呼吁国际社会携手合作为人人获得就业机会和享有基本社会保障而共同努力。会上，李其炎同志当选为大会政府组主席，这是我国代表团第一次在国际劳工大会担任此重要职务。会议期间，李其炎同志与国际劳工局局长及国际劳工局其他官员就落实《中华人民共和国劳动和社会保障部与国际劳工局合作谅解备忘录》进行会谈，与20多个国家的劳工部长就加强在劳动和社会保障领域的交流与合作分别进行会谈。

6月4日　王建伦同志主持会议，研究国家电力公司进行企业年金规范管理试点的有关问题。

6月6日　国务院总理朱镕基主持召开第103次总理办公会议，听取辽宁省关于完善城镇社会保障体系试点方案有关问题汇报。张左己同志出席，王建伦同志代表专题办出席会议。

6月6日至17日　劳动和社会保障部与国家行政学院在京联合举办第二期全国劳动保障厅局长培训班。王东进同志和国家行政学院副院长陈伟兰出席并致辞。

6月7日　中国共产党中央委员会、中共中央组织部发出通知，批准张小建同志任劳动和社会保障部副部长、党组成员；崔会烈同志任中央纪委驻劳动和社会保障部纪检组组长、党组成员。

6月7日　劳动和社会保障部在京召开全国开展再就业援助行动电视电话会议，部署实施再就业援助行动。张左己同志出席会议并讲话，要求各地迅速行动起来，推动再就业援助行动尽快见成效。林用三同志主持会议，王建伦同志宣读《关于开展再就业援助行动的通知》(劳社部发〔2001〕8号)。部属有关单位负责同志、国家计委等单位的有关负责同志、北京市劳动保障局及有关部门的负责同志出席北京主会场的会议，各省、自治区、直辖市及计划单列市劳动保障厅局负责同志在各地分会场参加会议。

6月8日　张左己、林用三、王建伦、王东进同志到国家行政学院，与第二期全国劳动保障厅局长培训班全体学员进行座谈，听取学员对当前劳动保障工作和部机关工作的意见，鞍山市等10个地市的劳动保障局长作了重点发言。部属有关单位主要负责同志出席座谈会。

6月14日　中共中央政治局常委、全国总工会主席尉健行主持召开会议，听取劳动和社会保障部、全国总工会关于《劳动法》贯彻执行情况、劳动争议仲裁情况和集体合同等方面的汇报。张左己、王东进同志和全国总工会领导同志出席，部属有关单位负责同志随同。

6月15日　劳动和社会保障部、中华全国总工会和全国妇联联合发出《关于开展劳动保障法律监督检查活动的通知》（劳社部函〔2001〕101号)，决定于2001年7月15日至8月15日在全国范围内组织开展一次劳动保障法律监督检查、调研活动。主要内容是：各类用人单位参加社会保险、缴纳社会保险费的情况；与劳动者签订和履行劳动合同的情况；遵守女职工和未成年工特殊保护规定的情况和遵守其他劳动保障法律法规的情况。

6月18日　中共中央政治局常委、国务院副总理李岚清主持召开会议，听取城镇职工基本医疗保险制度和医药卫生体制改革有关情况汇报。王东进同志出席。

6月18日至25日　张左己同志赴陕西，林用三同志赴河南、江苏，王东进同志赴福建、广东，就下岗职工出中心、养老保险金社会化发放及管理体制等问题进行调研。期间，听取地方政府关于劳动保障工作汇报，召开部分企业负责人座谈会，实地考察劳动和社会保障有关工作机构。调研结束时，与省委、省政府主要负责同志交换意见。

7月5日　国务院办公厅发出《国务院办公厅关于各地不得自行提高企业基本养老金待遇水平的通知》(国办发〔2001〕50号)。通知要求：(一）各地要按照党中央、国务院关于继续做好两个确保工作的要求，确保企业离退休人员基本养老金按时足额发放，不能出现新的拖欠。未经批准，各地区不得自行提高企业离退休人员基本养老金待遇水平。目前正在酝酿自行提高企业离退休人员基本养老金待遇水平的地区，要立即停止，严格按照国务院统一部署进行。部分地区自行提高企业离退休人员待遇水平所增加的基本养老保险基金缺口，由当地政府自行解决，中央财政不予补助。（二）今后，企业基本养老金待遇水平的调整，由劳动保障部和财政部根据实际情况，参照城市居民生活费用价格指数和在职职工工资增长情况提出调整总体方案，报国务院批准后统一组织实施；各地区制定的具体实施方案，报劳动保障部、财政部审批后执行。（三）各地区要按照国务院及有关部门要求，认真清理和规范基本养老保险统筹项目，不得擅自将统筹外项目转为统筹内项目，也不得自行调整企业缴费比例。确需调整统筹项目和企业缴费比例的，要报劳动保障部、财政部批准。地方各级政府要从大局出发，认真贯彻执行国家的各项政策，妥善处理和化解各种矛盾和问题，维护社会稳定。

7月11日　张左己同志主持召开第79次部长办公会议和第二季度形势分析会，传达国务院国有企业座谈会和收入分配问题座谈会精神，听取各调研组情况和有关司局工作汇报，分析当前劳动保障工作形势。李其炎、林用三、王建伦、王东进、张小建、崔会烈同志出席，部属各单位主要负责同志参加。

7月13日　国务院副总理吴邦国会见德国劳工部部长瓦尔特·里斯特一行。张左己、王建伦同志出席，部属有关单位负责同志陪同。

7月17日至19日　全国劳动保障厅局长座谈会在深圳召开，张左己同志作了题为《认真学习贯彻江泽民同志“七一”重要讲话精神，努力做好劳动保障工作》的讲话，对上半年劳动保障工作进行总结，分析劳动保障工作面临的形势，并对如何学习贯彻江泽民同志“七一”讲话精神、进一步做好劳动保障工作提出要求。李其炎同志作会议总结。广东省副省长游宁丰、深圳市副市长郭荣俊出席开幕式并致辞。王建伦、王东进、张小建、崔会烈同志出席会议，各省、自治区、直辖市及计划单列市劳动保障厅局长、部属各单位主要负责同志参加会议。

7月20日　劳动和社会保障部发出《劳动保障系统法制宣传教育第四个五年计划》（劳社部发〔2001〕10号），明确了“四五”普法的指导思想、目标任务、学习内容、工作方法、实施步骤、组织领导和保障措施等。

7月27日　劳动和社会保障部召开2001年第二季度新闻发布会，新闻发言人刘永富同志介绍了第二季度两个确保工作进展和完善城镇社会保障体系试点工作等情况。部属有关单位负责同志回答了记者的提问。新华社、人民日报社、中央电视台、中央人民广播电台等19家新闻媒体的记者参加会议。

7月28日至30日　国务院在青岛召开全国城镇职工基本医疗保险制度和医药卫生体制改革工作会议。国务院副总理李岚清出席会议并讲话。他在讲话中指出，目前，在已经启动的统筹地区中，城镇职工基本医疗保险制度运行平稳，各地都实现了收支平衡，并没有出现原来所担心的“入不敷出、基金亏空”的情况，这是一个了不起的成绩。在讲到下一步工作目标时，李岚清副总理指出，要大力推进属地化管理，所有的行业和企业，不论中央管的还是地方管的，都要按照属地化原则参加所在地的医疗保险制度改革。李岚清副总理强调，会后，劳动保障部要会同有关部门联合发一个文件，明确推进属地化管理的有关政策和措施，并对落实情况实施严格的检查监督。各省、自治区、直辖市及中央、国务院有关部门负责同志出席会议。王东进同志出席会议并讲话。

7月30日　劳动和社会保障部与国际劳工局联合举办国际劳工组织第155号、第161号公约研讨会，李其炎同志出席开幕式并讲话。

7月30日至31日　全国失业保险工作座谈会在兰州召开，林用三同志出席会议并讲话。

8月1日至9日　劳动和社会保障部会同国家计委、监察部、建设部、中国人民银行、国家税务总局、国家工商行政管理总局、全国总工会、全国妇联等7个单位共同组成4个检查组，分赴山西、山东、浙江、江西、广东、甘肃、内蒙古、贵州8个省（区），对当地下岗职工再就业优惠政策落实情况、开展再就业援助工作情况进行联合检查。

8月2日　王东进同志出席第三届全国劳动定额定员标准化技术委员会成立大会，为受聘委员颁发聘书并讲话。第三届全国劳动定额定员标准化技术委员会由劳动和社会保障部及国家经贸委等国务院有关部门、全国总工会、有关行业协会、部分大企业集团、部分研究机构的有关负责同志组成。王东进同志任主任委员，委员会秘书处设在劳动保障部劳动工资司。

8月3日　王东进同志主持召开国家协调劳动关系三方会议成立暨第一次会议。会议审议通过《关于建立国家协调劳动关系三方会议制度的意见》《关于进一步推行平等协商和集体合同制度的通知》《关于进一步加强劳动争议处理工作的通知》及国家协调劳动关系三方会议成员名单，研究全国协调劳动关系工作会议的筹备事宜。会议推举王东进同志为三方会议主席，全总党组副书记、书记处书记孙宝树，中国企业联合会、中国企业家协会理事长张彦宁同志为副主席。中华全国总工会、中国企业联合会、中国企业家协会有关负责同志及部属有关单位负责同志参加会议。

8月4日　国务院办公厅发出《关于印发〈在京中央国家机关公务员医疗补助暂行办法〉的通知》（国办发〔2001〕55号），对公务员医疗补助的范围、补助经费的筹集和用途、医疗补助的标准、组织管理和监督等作出明确规定。

8月6日　劳动和社会保障部发出《关于进一步做好社会保险费征缴和清欠工作的通知》（劳社厅发〔2001〕4号），从强化社会保险费征缴、落实清欠目标责任制、加强监督检查等三方面作了具体规定和部署，要求各地劳动保障部门高度重视各项社会保险费的征缴和清欠工作，切实加强组织领导，确保社会保险费征缴和清欠任务的完成。

8月13日　劳动和社会保障部与中国职协、中华职教社联合召开落实“七一”讲话精神，加快提高劳动者素质座谈会。全国政协副主席经叔平向座谈会发来书面讲话，林用三同志出席会议并讲话。

8月13日至14日　劳动和社会保障部在哈尔滨市举办全国医疗保险制度改革市长研讨班。王东进同志出席并讲话。

8月13日至17日　国务院总理朱镕基在贵州考察工作并讲话。在谈到社会保障问题时，朱镕基总理强调，加快完善社会保障体系，是维护社会稳定，巩固和发展当前良好形势的迫切需要，也是实现国家长治久安的战略举措。经过几年的改革，我国已初步建成社会保障体系的基本框架。为了进一步完善城镇职工基本养老保险制度，推动下岗职工基本生活保障向失业保险并轨，今年先在辽宁全省进行试点，待取得成功经验后在全国推行。就全国而言，当前的首要任务，仍然是要不折不扣地贯彻落实中央现行的社会保障政策和措施，扎扎实实地做好两个确保工作，决不能发生新的拖欠。王建伦同志随同考察。

8月15日至17日　国务院副总理吴邦国在天津考察并讲话。他在讲话中强调，要把加快完善社会保障制度提高到更加突出的位置，这不仅是推动企业改革和发展顺利进行的基本保证，而且是贯彻落实“三个代表”重要思想的具体体现。各级党委、政府和各有关部门，要从广大人民群众的根本利益出发，认真搞好社会保障制度建设，在扎实做好两个确保的同时，要特别关心特困职工这一群体。张小建同志随同考察。

8月16日至27日　受部党组委托，王东进同志率劳动保障部援藏代表团一行10人赴西藏考察慰问。期间，先后听取自治区劳动保障厅、拉萨市、林芝地区、日喀则地区劳动保障局工作情况汇报，看望工作在雪域高原第一线的劳动保障系统职工，出席西藏自治区劳动保障厅揭牌仪式、社保服务大楼奠基仪式，向西藏劳动保障系统捐赠全国劳动保障系统捐助的400万元援藏资金。西藏自治区主席列确，常务副主席杨传堂、徐明扬等先后与代表团举行座谈，副主席尼玛次仁全程陪同代表团活动。部属有关单位负责同志和省市厅局代表参加。

8月20日至24日　为落实国际劳工局与劳动和社会保障部2001年5月签署的合作谅解备忘录，国际劳工组织培训与就业问题后续专家团来劳动保障部进行考察与会谈，并就具体技术合作意向展开深入讨论。在京期间，专家团先后参观了北京市劳动力市场和培训机构、技术指导中心、劳科院。双方在劳动力市场建设体系、就业政策研究、开发非正规就业、灵活就业形式、社区就业、远程培训、建立就业与失业抽样调查制度、促进农村就业等9个主要领域，就进一步加强合作达成初步意向，并再次与劳动和社会保障部交换意见。

8月21日至22日　王建伦同志出席了在西宁召开的部分省市养老保险政策问题座谈会。会议讨论了拟下发的《关于完善城镇职工基本养老保险政策有关问题的通知》(稿)，研究了关于清理提前退休特殊公众的意见。部养老保险司有关负责同志，11个省（自治区、直辖市）劳动保障厅（局）养老保险处负责同志参加了会议。

8月23日　劳动和社会保障部召开全国劳动力市场信息发布会，张小建同志出席会议并讲话。会上，通报了劳动力市场职业供求信息和工资指导价位制度建立情况，向社会发布了全国62个城市职业供求状况信息、44个城市工资指导价位信息、10个城市下岗职工和失业人员抽样调查情况。劳动力市场职业供求状况分析制度和工资指导价位制度的建立及信息发布，是劳动力市场“三化”建设的重要成果，是提高工作科学性和就业服务水平的重要手段，也是劳动保障部门面向社会提供劳动力市场信息服务的重要形式。部属有关单位负责同志，国务院办公厅、国家计委、教育部、国家统计局、国务院研究室、国务院发展研究中心、全国总工会、共青团中央、全国妇联、中国残联等单位的有关人员及部分新闻单位记者参加发布会。

8月28日至31日　李其炎同志率团出席在曼谷举行的国际劳工组织第13届亚洲区域会议并当选为本次会议政府组主席。在全体会议上，李其炎同志代表我国政府全面阐述了我国对全球化背景下如何在亚洲实现体面劳动的原则立场和主张。会议期间，李其炎同志会见了国际劳工局局长索马维亚、国际劳工局亚太多专业工作队主任钱伯斯等，就进一步加强我国与国际劳工局的合作等问题交换意见。还分别会见了泰国、韩国、斯里兰卡和印度等国劳工部长，与这些国家在劳动和社会保障领域的双边交流与合作进行友好交谈。外交部、我国驻泰国使馆、驻日内瓦代表团、全国总工会、中国企业联合会的有关同志作为代表团成员参加会议。

8月29日　张小建同志参加博鳌亚洲论坛北京办事处开业庆祝酒会暨论坛会员招募正式启动仪式。部属有关单位负责同志参加。

8月30日　劳动和社会保障部在京召开打击非法使用童工工作协调会，张小建同志出席会议并讲话。中宣部、国务院办公厅、国家经贸委、教育部、公安部、国家工商行政管理总局、国务院法制办、全国总工会、共青团中央和全国妇联等单位有关负责同志，部属有关单位负责同志参加会议。

8月30日至31日　劳动和社会保障部在南京市召开全国国有企业下岗职工出中心工作座谈会。林用三、王东进同志出席会议并讲话。各省、自治区、直辖市及计划单列市劳动保障厅局主管厅局长、部分城市劳动保障局局长，国家经贸委、财政部、全国总工会等单位有关同志和部属有关单位负责同志及中央直属企业劳资部门负责同志参加会议。

9月1日　截至今日，劳动和社会保障部

承办的全国人大代表建议和政协委员提案已全部完成，共367件，比上年增加88件，增长32%。其中，人大代表建议205件，政协委员提案162件。

9月3日　劳动和社会保障部与财政部联合发出《关于提高企业离休人员基本养老金水平的通知》（劳社部发〔2001〕12号）。通知明确，从2001年1月1日起，提高企业离休人员基本养老金水平。凡在2000年12月31日前已办理离休手续的企业离休人员，均按此通知规定增加基本养老金，具体标准由各省、自治区、直辖市人民政府参照《国务院办公厅转发人事部、财政部关于调整机关事业单位工作人员工资和增加退休人员离退休费四个实施方案的通知》（国办发〔2001〕14号）规定的机关事业单位离休人员离休费调整标准确定。企业离休人员增加基本养老金所需资金，北京、上海、江苏、浙江、福建、山东、广东7省市自行解决；其他省、自治区、直辖市及新疆生产建设兵团由中央财政按月人均105元的标准给予补助。

9月4日　劳动和社会保障部发出《关于贯彻实施〈社会保险基金行政监督办法〉和〈社会保险基金监督举报工作管理办法〉有关问题的通知》（劳社厅函〔2001〕196号），就《社会保险基金行政监督办法》和《社会保险基金监督举报工作管理办法》具体实施的有关事项作出规定。

9月7日至18日　应国际社会保障协会邀请，王建伦同志率16人代表团赴瑞典斯德哥尔摩出席第27届全球社会保障大会。会议期间，王建伦同志就将于2004年在我国召开第28届全球社会保障大会有关事项与协会秘书长进行磋商，还与瑞典卫生和社会事务部国务秘书进行工作会谈。

9月11日至27日　劳动和社会保障部、财政部联合组织对部分省市五项社会保险基金管理情况进行核查。分两组对湖南、山西、山东和辽宁省省本级、8个地市本级及16个区县共28个核查单位2000年7月至2001年6月的社会保险基金管理、财政专户管理、基本养老保险个人账户管理、中央专项补助资金管理使用以及新发生挤占挪用基金的情况进行专项检查。

9月14日　劳动和社会保障部会同国务院法制办、国家经贸委、公安部、教育部、国家工商行政管理总局、全国总工会、共青团中央、全国妇联等9部门联合发出《关于开展贯彻实施〈禁止使用童工规定〉情况检查活动的通知》（劳社部函〔2001〕155号），决定自2001年9月20日至10月20日，在全国范围内联合开展贯彻实施《禁止使用童工规定》情况检查活动。

9月14日至10月14日　张左己同志赴黑龙江、上海，李其炎同志赴重庆，林用三同志赴河北，王建伦同志赴辽宁，王东进同志赴湖北、海南，张小建同志赴内蒙古、湖南，崔会烈同志赴山西，就两个确保和下岗职工出中心及2002年工作思路进行调研。期间，听取当地政府关于劳动保障工作情况汇报，考察劳动就业和社会保险工作机构及相关企业并召开座谈会。调研结束时，分别与省（自治区、直辖市）委、省（自治区、直辖市）政府领导交换意见。

9月19日至21日　全国劳动保障系统办公室工作座谈会在重庆召开，李其炎同志出席并讲话。各省、自治区、直辖市及计划单列市劳动保障厅局主管领导及办公室主任参加会议。

9月20日　经国务院批准，劳动保障部、财政部、人事部、中编办联合发出《关于职工在机关事业单位与企业之间流动时社会保险关系处理意见的通知》（劳社部发〔2001〕13号）。

9月23日至24日　全国劳动力市场建设座谈会在浙江省宁波市召开，林用三、张小建同志出席会议并讲话。各省、自治区、直辖市及全国100个劳动力市场“三化”建设试点城市劳动保障部门的负责同志和部属有关单位负责同志参加会议。

9月23日至25日　劳动和社会保障部与

国家税务总局联合在大连市召开全国社会保险费征缴管理工作座谈会。王建伦同志、国家税务总局副局长郝昭成、辽宁省副省长刘克崮及大连市常务副市长王承敏出席会议并分别讲话，国家经贸委、财政部、审计署、国家税务总局、全国社会保障基金理事会、中央企业工委等单位的有关同志及部属有关单位负责同志，各省、自治区、直辖市劳动保障厅局主管领导、社会保险经办机构负责人出席会议。

9月29日　劳动和社会保障部与中央金融工委、中央企业工委联合下发《关于中央直属企事业单位按属地管理原则参加统筹地区基本医疗保险有关问题的通知》（劳社部函〔2001〕163号）。通知要求，中央企事业单位及其职工都要按照属地管理原则统一参加并执行统筹地区的基本医疗保险政策。

10月9日　劳动和社会保障部张左己同志与国家工商行政管理总局王众孚同志联合签发《中外合作中外合资职业介绍机构设立管理暂行规定》（劳动和社会保障部令第14号），规定共14条，对中外合资、中外合作职业介绍机构的设立及所从事的主要业务作出明确规定。本规定自2001年12月1日起施行。

10月10日至11日　劳动和社会保障部在海南省琼海市召开全国贯彻青岛会议精神医疗保险工作汇报会。会议的主要目的是，贯彻青岛会议精神，检查各地的医疗保险制度改革进展情况，落实完成2001年城镇职工基本医疗保险制度改革任务的各项具体措施。王东进同志参加会议并作了题为《以六中全会决定为动力，全面贯彻落实青岛会议精神，确保今年医疗保险改革任务的完成》的报告。各省、自治区、直辖市，新疆生产建设兵团劳动保障厅局主管医疗保险的厅局长，医疗保险处处长参加会议。

10月15日至16日　张左己同志主持召开第三季度形势分析会，听取调研组及培训就业司、劳动工资司、养老保险司、失业保险司、医疗保险司和社保中心工作汇报，就辽宁省完善城镇社会保障体系试点工作、下岗职工出中心及2002年工作思路进行讨论。林用三、王建伦、王东进、张小建、崔会烈同志及部机关司局级干部、部属事业单位主要负责人出席会议。

10月16日至20日　国务院副总理吴邦国在山东省考察工作。考察期间，吴邦国副总理听取山东省委、省政府的工作汇报，对在国有企业改革和发展、不断完善社会保障体系、做好企业职工下岗再就业工作等方面取得的成绩给予充分肯定，并实地考察了中国重型汽车集团、兖矿集团、海尔集团等企业。吴邦国副总理还召集劳动保障部、财政部、国家经贸委、人民银行负责同志专题研究2002年劳动和社会保障工作思路，张左己同志就2001年劳动保障工作情况和2002年工作安排作汇报。

10月17日　中央国家机关工委召开机关作风建设情况交流会，劳动和社会保障部在会上交流了转变机关作风，深入基层、深入群众调查研究的情况。

10月22日　张左己同志列席九届全国人大常委会第24次会议，并受国务院委托，就《国务院关于提请审议批准〈劳动行政管理公约〉的议案》和《国务院关于提请审议批准〈建筑业安全卫生公约〉的议案》作说明。

10月25日至26日　劳动和社会保障部与经济合作与发展组织联合在京召开中国企业年金监管国际研讨会。张左己同志会见了外国专家及部分国内代表，王建伦同志出席研讨会开幕式并致辞。此次会议主要介绍企业年金监管的国际经验和发展趋势，探讨新的管理运营模式，交流企业年金监管制度框架、政府监管模式以及计划设计、基金管理、投资运营、风险控制与业绩评估等方面的做法与经验。外方代表包括OECD 21个成员国等国际组织和政府机构的高级官员、资深专家70余人，中方有包括政府有关部门、行业管理机构、研究机构、金融机构的专家以及部分地方劳动保障部门的代表80余人参加会议。

10月26日　张左己同志列席九届全国人大常委会第24次会议，受国务院委托作关于完善社会保障制度情况的报告。

10月29日至11月9日　张左己同志率团出席国际劳工组织在日内瓦举办的全球就业大会，并对欧盟总部和比利时进行访问。张左己同志在大会开幕式上代表中国政府发言，阐述了在全球化背景下，特别是“9·11”事件后，我国政府对促进世界和平与发展的观点，以及扩大就业和消除贫困的主张，宣传了我国在经济社会发展，特别是促进就业方面的成就。会议期间，张左己同志还与国际劳工局局长索马维亚先生共同主持了为落实劳动和社会保障部与国际劳工局签署的《合作谅解备忘录》举办的首次联合委员会会议，就双方2002年开展的合作活动进行讨论，取得广泛共识。访问欧盟和比利时期间，张左己同志与欧盟对外关系委员、就业与社会事务委员以及比利时副首相兼就业大臣、比利时社会事务和养老金大臣进行会谈。

10月29日　王东进同志会见了来访的匈牙利经济部副国务秘书（副部级）赛盖依·尤迪特女士一行，介绍了我国劳动和社会保障方面的有关情况。

10月31日　王东进同志与匈牙利经济部副国务秘书赛盖依·尤迪特女士签署了两部间谅解备忘录。部属有关单位负责同志参加。

11月1日　劳动和社会保障部机关食堂改造工程全面竣工交付使用。为进一步提高服务水平和服务质量，改善部机关食堂的环境，经部党组研究决定，从2001年8月19日开始，对部机关食堂进行全面改造。装修总面积达2 000平方米，更新炊事机械和电气设备近60台（套），使食堂基础设施和就餐环境有了根本性改观。同时，对就餐方式和食堂管理体制进行相应改革，将人工窗口售饭方式改为自助餐，实行微机打卡，精简了人员，降低了成本，服务质量有所提高。

11月4日至16日　张左己同志赴江西，李其炎同志赴浙江，林用三同志赴天津，王建伦同志赴黑龙江、辽宁，王东进同志赴广西，张小建同志赴广东，就2002年劳动保障工作思路、下岗职工基本生活保障与失业保险并轨、做实养老保险个人账户等问题进行调研。期间，分别听取当地劳动保障工作汇报，实地考察社会保险和劳动就业工作机构及相关企业、单位。调研结束时，与省（自治区、直辖市）委、省（自治区、直辖市）政府领导同志交换意见。

11月5日至10日　国务院副总理吴邦国到黑龙江省、辽宁省考察工作，并在哈尔滨市和沈阳市分别主持召开由省市有关领导和部分国有大企业负责人参加的国有企业改革发展和社会保障工作座谈会，听取黑龙江省、辽宁省国有企业改革发展和社会保障工作情况汇报。吴邦国副总理在充分肯定辽宁省试点工作取得成绩的同时，要求辽宁省按照试点方案，精心组织，细致工作，积极探索，稳步推进，并注意总结试点经验，研究新情况，解决新问题。在2001年工作的基础上，2002年基本完成试点任务，为在全国进一步完善城镇社会保障体系提供经验。王建伦同志陪同。

11月15日至16日　国务院总理朱镕基、副总理吴邦国在辽宁省沈阳市召开完善社会保障体系试点工作座谈会，听取辽宁省委、省政府及部分城市、企业和社区试点工作情况汇报。国务院有关部门负责同志，辽宁省委、省政府领导同志，省直有关部门和沈阳、大连等14个城市负责人，部分国有企业和街道、社区负责人参加座谈会。朱镕基总理指出，完善城镇社会保障体系是党中央、国务院的一项重大决策，一定要高度重视，精心组织，知难而进，按照建立完整的社会保障体系的要求，扎扎实实地搞好全省试点，为在全国完善城镇社会保障体系探索和积累经验。张左己、王建伦同志出席。

11月15日　李其炎同志会见韩国21世纪汉中交流协会会长金汉圭先生一行。部属有关单位负责同志参加。

11月20日至21日　劳动和社会保障部、国家经贸委、全国总工会、中国企业联合会、中国企业家协会在南京联合召开贯彻实施《劳动法》《工会法》，推进集体合同、劳动合同工作经验交流会。中共中央政治局常委、中央书记处书记、中华全国总工会主席尉健行出席会议并作重要讲话。中共中央政治局委员、国务院副总理吴邦国发表书面讲话，对劳动关系协调工作取得的成绩给予充分肯定，同时也指出了当前劳动关系协调工作中存在的问题和面临的新情况，并对各级劳动保障部门和各级经贸部门下一步工作提出要求。张左己同志作会议总结。全国政协副主席、中国企业联合会、中国企业家协会会长陈锦华，王东进同志及国家经贸委、全国总工会、中国企业联合会、中国企业家协会等单位有关负责同志，江苏省委、省政府主要领导同志出席会议。

11月27日至29日　中共中央、国务院在京召开中央经济工作会议。中共中央总书记江泽民、国务院总理朱镕基在会上发表重要讲话。会议提出，必须从改革发展稳定大局的政治高度，把扩大就业、妥善处理分配关系、完善社会保障体系的工作抓紧抓好。张左己同志出席会议。

12月3日至5日　张左己同志到福建调研。期间，先后到福州、厦门等地考察，听取福建省劳动保障工作汇报，并与福建省委书记宋德福、省长习近平交换了意见。

12月3日　劳动和社会保障部办公厅发出《关于调整〈农村社会养老保险会计制度(试行)〉部分内容的通知》(劳社厅函〔2001〕260号)，改收付记账法为借贷记账法，变更了部分会计科目和会计报表。

12月4日　中共劳动和社会保障部党组发出《中共劳动和社会保障部党组关于加强党的建设的决定》(劳社党发〔2001〕24号)，决定认真贯彻落实江泽民总书记“七一”重要讲话和十五届六中全会《决定》精神，紧密结合工作实际，提出了部党组建设目标，突出了作风建设这个重点，对机关党的思想建设、组织建设、作风建设提出明确措施。

12月6日　中华苏维埃政府中央劳动人民委员部旧址修复揭幕仪式在江西瑞金举行，张左己同志出席并为旧址修复揭幕。

12月12日至14日　全国劳动和社会保障工作会议在上海市召开。会议以江泽民总书记“三个代表”重要思想为指导，学习贯彻十五届六中全会和中央经济工作会议精神，总结2001年工作，部署2002年任务，研究进一步做好劳动保障工作的政策措施。会前，国务院副总理吴邦国对会议作出重要批示：“左己同志：这几年社保工作任务是重的，成绩也是有目共睹的。正是由于各级社保部门的出色工作(当然还有财政的支持)，为国企改革、社会稳定做出了贡献。明年社保工作的思路，中央经济工作会议已经明确，要强调的是：(一)‘两个确保’还是明年的首要工作，不能再发生新的拖欠；(二)辽宁试点继续进行，面上不铺开；(三)积极拓展就业门路，促进再就业；(四)低保做到应保尽保(这一工作与社保部门有关)，要关心特困行业企业职工的生活。明年将召开十六大，而社保工作又关系到千家万户，希望切实转变作风，多一点‘雪中送炭’，多走一点‘冷门’，不留死角地做好明年社保工作。会议我不参加了，向与会同志致意。”会上，张左己同志作了题为《转变作风，巩固成果，实现劳动保障事业的新发展》的工作报告，李其炎同志作总结讲话，上海市副市长冯国勤到会并讲话。会议期间，与会代表还实地参观考察了上海市劳动保障工作。林用三、王建伦、王东进、崔会烈同志，各省、自治区、直辖市及计划单列市和新疆生产建设兵团劳动保障厅局长及有关同志，中央、国务院有关部门的同志，部属各单位主要负责同志出席会议。

12月20日　全国首届计算机应用大赛颁奖仪式在北京举行，张左己、林用三同志出席，林用三同志致开幕词。张左己同志为获得本次大赛决赛前5名的“全国技术能手”颁奖并致闭幕辞，林用三同志宣读劳动和社会保障部关于授予前5名选手“全国技术能手”称号的表彰决定。

12月22日　劳动和社会保障部发出《关

于完善城镇职工基本养老保险政策有关问题的通知》(劳社部发〔2001〕20号)。

12月24日　劳动和社会保障部与财政部联合发出《关于从2001年10月1日起增加企业离休人员基本养老金的通知》（劳社部发〔2001〕21号)。经国务院批准，从2001年10月1日起，为2001年9月30日前已办理离休手续的企业离休人员提高基本养老金水平。具体标准由各省、自治区、直辖市人民政府参照国办发〔2001〕70号文件中规定的机关事业单位离休人员离休费调整标准确定。

12月25日至26日　全国劳动保障系统精神文明建设和行风建设工作座谈会在山东省威海市召开，张小建、崔会烈同志出席会议并讲话。会议以江总书记“三个代表”重要思想为指导，学习贯彻十五届六中全会精神，明确劳动保障系统加强作风建设的方向，总结近两年来劳动保障系统精神文明建设和行风建设工作，对下一步做好劳动保障系统精神文明建设和行风建设工作进行部署。各省、自治区、直辖市及计划单列市和新疆生产建设兵团劳动保障厅局主管党建和纪检工作的负责同志及机关党委专职副书记，部属有关单位负责同志参加会议。

劳动和社会保障统计资料

2001年度劳动和社会保障事业发展统计公报

劳动和社会保障部　国家统计局

（2002年6月5日）

2001年，在党中央、国务院的正确领导下，各级劳动保障部门认真贯彻“三个代表”重要思想，落实中央的各项方针、政策，确保国有企业下岗职工基本生活，确保企业离退休人员养老金按时足额发放，实施了社会保障体系试点方案，深化医疗保险制度改革，劳动保障各项工作全面推进，劳动和社会保障事业取得了新的进展，实现了“十五”计划的良好开局。

一、劳动就业

就业总量继续增长，就业结构进一步改善。到2001年底，全国城乡共有就业人员73 025万人，与上年同比增加940万人。其中，第一产业为36 513万人，占50.0%；第二产业为16 284万人，占22.3%；第三产业为20 228万人，占27.7%。城镇就业人员为23 940万人，与上年同比增加789万人。其中，城镇单位就业人员11 166万人，比上年减少447万人。在城镇单位就业人员中，在岗职工人数10 792万人，比上年减少467万人。其中，国有单位7 640万人，城镇集体单位1 291万人，其他单位2 235万人。其中，城镇私营和个体就业人员3 658万人，比上年增加254万人。到年底，全国城镇登记失业率为3.6%。

国有企业下岗职工基本生活保障工作成绩继续得到巩固。到年底，国有企业（含国有联营企业、国有独资公司）下岗职工515万人，比上年底减少142万人。90%以上国有企业下岗职工的基本生活得到保障。全年共有227万国有企业下岗职工实现再就业，再就业率为30.6%。

劳动力市场建设取得新进展。2001年，100个城市劳动力市场科学化、规范化、现代化建设试点工作取得进展。科学化、现代化水平不断提高，劳动力市场信息网络初步建成，全国已建立了17个省级监测中心，在100个城市中，有64个城市实现了市区内实时联网。按季度发布了全国62个定点城市职业供求分析报告。就业服务领域不断拓展，公益性服务功能得到加强，就业服务已逐步发展为融职业介绍、职业培训、职业指导、劳动保险事务代理等多项内容为一体的“一条龙”式的全程服务。劳动力市场管理力度不断加大，市场秩序逐步规范。到年底，全国共有各类职业介绍机构26 793所，其中劳动保障部门办18 739所；全年介绍成功1 229万人次。

职业培训工作取得明显成效，劳动预备制度在城镇普遍推广。全年全国共有457万失业人员和下岗职工参加了再就业培训。全年全国有24万人参加了创业培训，92万城镇未能继续升学的初高中毕业生参加了劳动预备制培训。到年底，全国共有技工学校3 470所，其中国家级重点技工学校379所，高级技工学校

229所；在校学生总数135万人。到年底，全国共有就业训练中心3 571所，社会培训机构16 629所。全国技工学校、就业训练中心、社会培训机构全年共培训1 018万人次。

职业技能鉴定工作取得新的进展。全年全国共有535万人参加了职业技能鉴定，其中457万人获得职业资格证书。到年底，全国共有职业技能鉴定机构8 336个，职业技能鉴定考评人员14万人。

二、社会保险

（一）养老保险

城镇基本养老保险的覆盖面继续扩大。到年底，全国有10 802万职工和3 381万离退休人员参加了基本养老保险，分别比上年增长3.39%和6.65%。其中，企业参保职工为9 198万人，离退休人员为3 165万人，分别比上年增长0.81%和5.1%。绝大多数离退休人员按时足额领到基本养老金，同时补发历年拖欠的养老金14亿元。基本养老保险费基本实现全额缴拨，全年基金征缴率达90%以上。全年全国基本养老保险基金总收入2 489亿元（含征缴收入和中央财政、地方财政补助），总支出2 321亿元。到年底，全国基本养老保险基金滚存结余1 054亿元。

城镇养老保险省级统筹调剂功能进一步增强，养老金社会化发放的目标基本实现。到年底，全国各省、自治区、直辖市（除西藏外）均实行了养老保险省级统筹或建立了省级调剂金制度。年底由银行、邮局等机构发放企业（含企业化管理的事业单位）离退休人员养老金的人数达到3 122万人，社会化发放率为97.8%，比上年底提高5.6个百分点。

企业年金制度继续推进。到年底，全国参加企业年金制的从业人员为193万人，全国企业年金基金滚存结余49亿元。

农村社会养老保险整顿规范工作继续进行。到年底，全国农村参加养老保险的人数为5 995.1万人，农村养老保险基金滚存结余216.1亿元。

（二）医疗保险

按照国务院关于建立城镇职工基本医疗保险制度的决定和医疗保险制度、医疗卫生体制和药品流通体制“三改并举，同步推进”的决策，医疗保险制度改革步伐加快。到年底，全国349个地级以上统筹地区中，有339个统筹地区组织实施了基本医疗保险制度改革，登记参保人数达7 630万人，比上年底增加3 297万人，缴费人数7 286万人，其中：在职职工5 471万人，退休人员1 815万人，比上年增加3 499万人。全年基本医疗保险基金收入384亿元，支出244亿元。到年底，全国基本医疗保险基金滚存结余253亿元。

（三）失业保险

失业保险的作用显著加强。到年底，全国参加失业保险的人数为10 355万人，比上年底减少54万人。全年失业保险基金收入187亿元，比上年增长16.8%。全年失业保险基金支出157亿元，比上年增长26.8%。其中，用于保障失业人员基本生活费支出88亿元，为保障下岗职工基本生活向国有企业再就业服务中心调剂资金45亿元。到年底，全国失业保险基金滚存结余226亿元。全年共有469万名失业人员享受到不同期限的失业保险待遇。到年底，领取失业保险金人数为312万人。

（四）工伤、生育保险

工伤、生育保险改革继续深入进行。到年底，全国参加工伤保险的职工有4 345万人。全年工伤保险基金收入28亿元，支出16亿元，年末工伤保险基金滚存结余69亿元。到年底，全国参加生育保险职工为3 455万人。全年生育保险基金收入14亿元，支出10亿元，年末生育保险基金滚存结余21亿元。

（五）社会保险基金监督

社会保险基金监督工作逐步加强，并取得初步成效。全国31个省（自治区、直辖市）和135个地市设立了基金监督机构，13个省（自治区、直辖市）建立省级社会保障监督委员会，27个省（自治区、直辖市）和147个地市开设监督举报电话，初步建立起全国社会保险基金行政监督体系和监督举报网络。

（六）离休、退休、退职人员人数和离休、退休、退职费

到年底，全国离休、退休、退职人员共有4 018万人，比上年增加142万人。其中，离休人员159万人，退休人员3 778万人，退职人员81万人。全年发放离休、退休、退职费共3 059亿元，比上年增长11.9%；全年人均离休、退休、退职费7 751元，比上年增长7.8%。

三、工资分配

2001年城镇在岗职工工资总额为11 831亿元，比上年增长11%。其中国有单位8 356亿元，增长9.8%；城镇集体单位865亿元，下降5.1%；其他单位2 611亿元，增长22.9%。2001年，全国城镇在岗职工平均工资为10 870元，比上年增长16%，扣除价格因素，实际增长15.2%。其中，国有单位11 178元，城镇集体单位6 867元，其他单位12 140元。

企业工资制度改革积极推进。到年底，全国有26个省、自治区、直辖市开展了工资指导线试点，1万多户企业开展了工资集体协商试点，88个大中城市开展了劳动力市场工资指导价位制度试点，约7 400户企业进行了经营者年薪制试点。

四、劳动关系

劳动合同管理进一步完善。到年底，全国城镇企业劳动合同签订率达到95%以上。全年各地报送劳动保障部门审核通过的集体合同27万份，涉及企业40多万户，职工7 000多万人。下岗职工劳动关系进一步理顺。全年从再就业服务中心转出的308万下岗职工中，有142万人解除或终止劳动合同，占46.1%。

劳动争议案件数量继续增加。全年全国各级劳动争议仲裁委员会共立案受理劳动争议案件15.5万件，比上年增长14.4%，涉及劳动者46.7万人，比上年增长10.5%。其中，集体劳动争议案件9 847件，涉及劳动者28.7万人，分别比上年增长了19.4%和10.5%。全年各级劳动争议仲裁委员会审理结案15万件，结案率为92%。此外，各级劳动争议仲裁委员会还以非立案的方式调解处理劳动争议案件6.4万件。

五、劳动立法与监察

劳动保障立法取得新的进展。2001年劳动和社会保障部先后颁布了《社会保险基金监督举报工作管理办法》《社会保险基金行政监督办法》《社会保险行政争议处理办法》和《中外合资中外合作职业中介机构设立管理规定》等规章。各地根据实际工作需要，制定了有关养老、医疗、失业等社会保险及劳动力市场管理、劳动保障监察等方面的地方性法规和地方政府规章17件。

劳动保障监察执法力度进一步加大。2001年，各地劳动保障监察机构深入开展社会保险扩面征缴和两个确保专项执法检查活动，督促10.7万户用人单位办理了社会保险登记，并督促13.5万户用人单位缴纳了社会保险费35.8亿元。各地劳动保障行政部门在巡视监察、劳动保障年检等常规执法检查中，共检查用人单位95.5万户次，立案查处违反劳动保障法规案件19.6万件。通过监察执法，督促用人单位为705.7万名劳动者补签劳动合同，退还向劳动者非法收取的风险抵押金1.6亿元，为劳动者追回各种被拖欠、克扣的工资9.2亿元，清理非法职业中介机构6 513家。到年底，全国组建劳动保障监察机构3 174个，配备劳动保障监察员4万人。

六、国际交流与合作

国际交流与合作进一步扩展，双边交流、多边技术合作取得了重要进展。全国人大批准了国际劳工组织《劳动行政公约》和《建筑安全与卫生公约》，与国际劳工组织签订了技术合作备忘录，与德国签署《中华人民共和国与德意志联邦共和国社会保险协定》和2个合作谅解备忘录。顺利实施中德社会保障立法项目

和中德职业资格证书项目，启动与国际劳工组织合作的城市就业促进战略项目和改善中国经济开发区人力资源管理和劳动关系发展项目，以及与联合国开发计划署合作的小城镇就业促进项目；成功完成与亚洲开发银行合作的中国养老保险制度改革二期项目、与国际劳工组织合作实施的农村就业促进战略项目。

（注：香港、澳门特别行政区和台湾省统计数据未包括在本公报中）

一、综　　合

全国劳动和社会保障统计主要指标

	计量单位	1999年	2000年	2001年	2001年比2000年增长（%）
一、全国从业人员年末人数	**万人**	**70 586.0**	**71 150.0**	**73 025.0**	**2.6**
1．城镇从业人员年末人数	万人	21 014.0	21 274.0	23 940.0	12.5
(1) 全部职工	万人	13 928.0	13 467.5	12 892.3	－4.3
#企业单位	万人	10 111.8	9 627.6	9 054.4	－6.0
国有单位	万人	9 674.8	9 259.9	8 709.7	－5.9
#企业单位	万人	5 997.9	5 563.8	5 017.3	－9.8
城镇集体单位	万人	2 232.9	2 008.1	1 753.0	－12.7
#企业单位	万人	2 095.4	1 867.2	1 611.7	－13.7
其他单位	万人	2 020.4	2 199.5	2 429.6	10.6
#企业单位	万人	2 018.6	2 196.5	2 425.4	10.4
(2) 城镇其他从业人员	万人	356.8	354.0	374.0	5.6
(3) 城镇私营和个体从业人员	万人	3 467.0	3 404.0	3 658.0	7.5
2．乡村从业人员年末人数	万人	49 572.0	49 876.0	49 085.0	－1.6
二、国有企业年末下岗职工人数	**万人**	**652.5**	**657.2**	**515.4**	**－21.6**
三、职工工资总额	**亿元**	**9 875.5**	**10 656.2**	**11 830.9**	**11.0**
#企业单位	亿元	6 634.7	7 023.0	7 487.0	6.6
国有单位	亿元	7 160.8	7 612.9	8 355.6	9.8
#企业单位	亿元	4 013.7	4 082.8	4 132.4	1.2
四、职工平均工资	**元**	**8 346**	**9 371**	**10 870**	**16.0**
#企业单位	元	8 168	9 189	10 453	13.8
国有单位	元	8 543	9 552	11 178	17.0
#企业单位	元	8 350	9 324	10 619	13.9
城镇集体单位	元	5 774	6 262	6 867	9.7
#企业单位	元	5 670	6 144	6 667	8.5
其他单位	元	9 829	10 984	12 140	10.5
#企业单位	元	9 828	10 985	12 136	10.5
五、城镇失业人员年末人数	**万人**	**575.0**	**595.0**	**681.0**	**14.5**
六、城镇登记失业率	**%**	**3.1**	**3.1**	**3.6**	
七、社会保险年末参保人数					
基本养老保险参保职工人数	万人	9 501.8	10 447.5	10 801.9	3.4
参保离休、退休、退职人员人数	万人	2 983.6	3 169.9	3 380.6	6.6
基本医疗保险参保职工和离休、退休、退职人员人数	万人	2 065.3	3 787.0	7 285.9	92.4
失业保险参保职工人数	万人	9 852.0	10 326.3	10 268.5	－0.6
工伤保险参保职工人数	万人	3 912.3	4 350.3	4 345.3	
生育保险参保职工人数	万人	2 929.8	3 001.6	3 455.1	15.1
八、全部离休、退休、退职人员年末人数	**万人**	**3 726.9**	**3 875.8**	**4 017.7**	**3.7**
九、离休、退休、退职费总额	**亿元**	**2 420.9**	**2 733.3**	**3 072.0**	**12.4**
十、人均离休、退休、退职费	**元**	**6 614**	**7 190**	**7 784**	**8.3**

注：1．1999、2000、2001年职工人数包括在岗和离岗职工的数字。

2．1999、2000、2001年工资总额和平均工资不包括离岗职工的数字。

3．离休、退休、退职费不包括离休、退休、退职人员的医疗卫生费。

国内生产总值、增长及构成

年份	国内生产总值	第一产业	第二产业	第三产业
一、绝对数（亿元）				
1978	3 624.1	1 018.4	1 745.2	860.5
1980	4 517.8	1 359.4	2 192.0	966.4
1981	4 862.4	1 545.6	2 255.5	1 061.3
1985	8 964.4	2 541.6	3 866.6	2 556.2
1986	10 202.2	2 763.9	4 492.7	2 945.6
1990	18 547.9	5 017.0	7 717.4	5 813.5
1991	21 617.8	5 288.6	9 102.2	7 227.0
1992	26 638.1	5 800.0	11 699.5	9 138.6
1993	34 634.4	6 882.1	16 428.5	11 323.8
1994	46 759.4	9 457.2	22 372.2	14 930.0
1995	58 478.1	11 993.0	28 537.9	17 947.2
1996	67 884.6	13 844.2	33 612.9	20 427.5
1997	74 462.6	14 211.2	37 222.7	23 028.7
1998	78 345.2	14 552.4	38 619.3	25 173.5
1999	82 067.5	14 472.0	40 557.8	27 037.7
2000	89 403.6	14 212.0	45 487.8	29 703.8
2001	95 933.0	14 610.0	49 069.0	32 254.0
二、比上年增长（%）				
1978	11.7	4.1	15.0	13.7
1980	7.8	– 1.5	13.6	5.9
1981	5.2	7.0	1.9	10.4
1985	13.5	1.8	18.6	18.3
1986	8.8	3.3	10.2	12.1
1990	3.8	7.3	3.2	2.3
1991	9.2	2.4	13.9	8.8
1992	14.2	4.7	21.2	12.4
1993	13.5	4.7	19.9	10.7

续表

年份	国内生产总值	第一产业	第二产业	第三产业
1994	12.6	4.0	18.4	9.6
1995	10.5	5.0	13.9	8.4
1996	9.6	5.1	12.1	7.9
1997	8.8	3.5	10.5	9.1
1998	7.8	3.5	8.9	8.3
1999	7.1	2.8	8.1	7.7
2000	8.0	2.4	9.6	7.8
2001	7.3	2.8	8.7	7.4
三、构成（%）				
1978	100	28.1	48.2	23.7
1980	100	30.1	48.5	21.4
1981	100	31.8	46.4	21.8
1985	100	28.4	43.1	28.5
1986	100	27.1	44.0	28.9
1990	100	27.1	41.6	31.3
1991	100	24.5	42.1	33.4
1992	100	21.8	43.9	34.3
1993	100	19.9	47.4	32.7
1994	100	20.2	47.9	31.9
1995	100	20.5	48.8	30.7
1996	100	20.4	49.5	30.1
1997	100	19.1	50.0	30.9
1998	100	18.6	49.3	32.1
1999	100	17.3	49.7	32.9
2000	100	15.9	50.9	33.2
2001	100	15.2	51.2	33.6

注：比上年增长（%）按可比价格计算。

城镇居民消费价格总指数和零售物价总指数

年份	城镇居民消费价格总指数		零售物价总指数	
	以上年为100	以1950年为100	以上年为100	以1950年为100
1978	100.7	144.7	100.7	135.9
1980	107.5	158.5	106.0	146.9
1981	102.5	162.5	102.4	150.4
1985	111.9	194.4	108.8	174.1
1986	107.0	208.0	106.0	184.5
1990	101.3	321.7	102.1	282.2
1991	105.1	338.1	102.9	290.4
1992	108.6	367.2	105.4	313.9
1993	116.1	426.3	113.2	355.4
1994	125.0	532.9	120.9	432.5
1995	116.8	622.4	114.8	496.5
1996	108.8	677.2	106.1	526.8
1997	103.1	698.2	100.8	531.0
1998	99.4	694.0	97.4	517.2
1999	98.7	685.0	97.0	501.7
2000	100.4	687.7	98.5	494.2
2001	100.7	692.5		

全国城乡居民收入

年份	城镇居民人均可支配收入（元）	农村居民人均纯收入（元）	扣除物价因素比上年增长（%）	
			城镇居民人均可支配收入	农村居民人均纯收入
1985	739	351		
1986	828	424	4.7	13.9
1990	1 387	686	8.6	9.0
1991	1 544	709	5.9	1.0
1992	1 826	784	8.9	5.6
1993	2 337	922	10.2	3.4
1994	3 179	1 221	8.8	7.3
1995	4 283	1 578	4.9	10.0
1996	4 839	1 926	3.9	13.0
1997	5 160	2 090	3.4	5.9
1998	5 425	2 160	5.8	4.3
1999	5 854	2 210	9.3	3.9
2000	6 280	2 253	6.4	2.0
2001	6 860	2 366	8.5	4.2

全国从业人员年末人数

单位：万人

年份	从业人员			
	合计	城镇从业人员	私营和个体	村从业人员
1978	40 152	9 514	15.0	30 638
1980	42 361	10 525	81.4	31 836
1981	43 725	11 053	113.0	32 672
1985	49 873	12 808	450.1	37 065
1986	51 282	13 292	483.1	37 990
1990	63 909	16 616	670.5	47 293
1991	64 799	16 977	759.5	47 822
1992	65 554	17 241	837.9	48 313
1993	66 373	17 589	1 115.7	48 784
1994	67 199	18 413	1 557.4	48 786
1995	67 947	19 093	2 045.0	48 854
1996	68 850	19 815	2 328.8	49 035
1997	69 600	20 207	2 669.0	49 393
1998	69 957	20 678	3 231.9	49 279
1999	70 586	21 014	3 466.9	49 572
2000	71 150	21 274	3 404.0	49 876
2001	73 025	23 940	3 658.0	49 085

年份	按三次产业分			构成（以合计为100）		
	第一产业	第二产业	第三产业	第一产业	第二产业	第三产业
1978	28 318	6 945	4 890	70.5	17.3	12.2
1980	29 122	7 707	5 532	68.7	18.2	13.1
1981	29 777	8 003	5 945	68.1	18.3	13.6
1985	31 130	10 384	8 359	62.4	20.8	16.8
1986	31 254	11 216	8 811	60.9	21.9	17.2
1990	38 428	13 654	11 828	60.1	21.4	18.5
1991	38 685	13 867	12 247	59.7	21.4	18.9
1992	38 349	14 226	12 979	58.5	21.7	19.8
1993	37 434	14 868	14 071	56.4	22.4	21.2
1994	36 489	15 254	15 456	54.3	22.7	23.0
1995	35 468	15 628	16 851	52.2	23.0	24.8
1996	34 769	16 180	17 901	50.5	23.5	26.0
1997	34 730	16 495	18 375	49.9	23.7	26.4
1998	34 838	16 440	18 679	49.8	23.5	26.7
1999	35 364	16 235	18 987	50.1	23.0	26.9
2000	35 575	16 009	19 566	50.0	22.5	27.5
2001	36 513	16 284	20 228	50.0	22.3	27.7

注：1990 年以后从业人员数字系根据 1990 年人口普查数据推算（下同）。

分行业从业人员年末人数　　单位：万人

年份	合计	农、林、牧、渔业	采掘业	制造业	电力、煤气及水的生产和供应业	建筑业	地质勘查业、水利管理业	交通运输、仓储及邮电通信业
1978	40 152	28 318	652	5 332	107	854	178	750
1980	42 361	29 122	697	5 899	118	993	188	805
1985	49 873	31 130	795	7 412	142	2 035	197	1 279
1986	51 282	31 254	809	8 019	152	2 236	197	1 376
1990	63 909	34 117	882	8 624	192	2 424	197	1 566
1991	64 799	34 956	905	8 839	203	2 482	199	1 617
1992	65 554	34 795	898	9 106	215	2 660	202	1 674
1993	66 373	33 966	932	9 295	240	3 050	144	1 688
1994	67 199	33 386	915	9 613	246	3 188	139	1 864
1995	67 947	33 018	932	9 803	258	3 322	135	1 942
1996	68 850	32 909	902	9 763	273	3 408	129	2 013
1997	69 600	33 095	868	9 612	283	3 449	129	2 062
1998	69 957	33 232	721	8 319	283	3 327	116	2 000
1999	70 586	33 493	667	8 109	285	3 412	111	2 022
2000	71 150	33 355	597	8 043	284	3 552	110	2 029
2001	73 025	32 973	562	8 083	287	3 669	106	2 036

年份	批发和零售贸易、餐饮业	金融、保险业	房地产业	社会服务业	卫生、体育和社会福利业	教育、文化艺术和广播电影电视业	科学研究和综合技术服务业	国家机关、政党机关和社会团体	其他
1978	1 140	76	31	179	363	1 093	92	467	521
1980	1 363	99	37	276	389	1 147	113	527	588
1985	2 306	138	36	401	467	1 273	144	799	1 319
1986	2 413	152	38	466	482	1 324	152	873	1 338
1990	2 839	218	44	594	536	1 457	173	1 079	1 798
1991	2 998	234	48	604	553	1 497	179	1 136	1 910
1992	3 209	248	54	643	565	1 520	183	1 148	2 313
1993	3 459	270	66	543	416	1 210	173	1 030	3 740
1994	3 921	264	74	626	434	1 436	178	1 033	4 155
1995	4 292	276	80	703	444	1 476	182	1 042	4 484
1996	4 511	292	84	747	458	1 513	183	1 093	4 563
1997	4 795	308	87	810	471	1 557	186	1 093	4 862
1998	4 645	314	94	868	478	1 573	178	1 097	5 118
1999	4 751	328	96	923	482	1 568	173	1 102	4 969
2000	4 686	327	100	921	488	1 565	174	1 104	5 643
2001	4 736	336	107	977	493	1 568	165	1 101	5 854

分行业城镇私营和个体从业人员年末人数 单位：万人

年份	合计	农、林、牧、渔业	采掘业	制造业	建筑业
1978	15.0			3.0	1.0
1980	81.4	0.2		9.5	0.4
1985	450.1	1.9		51.4	5.1
1986	483.1	1.9		60.0	5.1
1990	670.5	0.6		91.3	4.6
1991	759.5	0.4		128.0	7.9
1992	837.9			129.6	5.9
1993	1 115.7		6.7	175.4	10.8
1994	1 557.4	5.4		271.8	17.9
1995	2 045.0	13.4	10.2	339.0	28.1
1996	2 328.8	17.7	10.3	400.1	33.9
1997	2 669.0	31.8	10.8	450.6	38.8
1998	3 231.9	43.4	13.9	563.9	55.2
1999	3 466.9	44.0	12.4	601.7	64.9
2000	3 404.0	40.5	12.3	632.7	79.7
2001	3 658.0	39.4	13.1	716.7	97.8

年份	交通运输、仓储及邮电通信业	批发和零售贸易、餐饮业	社会服务业	其他
1978	1.0	9.0	1.0	
1980	0.8	57.1	13.0	
1985	22.3	325.0	40.9	
1986	24.4	336.7	50.6	
1990	36.4	431.2	94.3	
1991	46.1	489.0	78.2	
1992	47.5	550.7	90.9	10.6
1993	62.3	714.9	120.8	12.8
1994	95.7	973.5	167.2	26.0
1995	111.0	1 265.8	241.9	35.6
1996	131.8	1 419.1	274.5	41.4
1997	153.6	1 617.7	315.7	50.1
1998	190.3	1 896.2	397.2	71.8
1999	202.3	2 024.7	447.2	69.7
2000	178.4	1 924.3	438.5	97.6
2001	180.5	1 997.9	484.9	127.7

分地区全部从业人员年末人数　　单位：万人

地区	全部从业人员		1. 城镇从业人员	
	2000年	2001年	2000年	2001年
全国	**71 150**	**73 025**	**21 274.0**	**23 940.0**
北京	622	630	492.7	464.2
天津	407	411	296.6	241.3
河北	3 441	3 380	816.7	661.8
山西	1 419	1 413	491.3	424.3
内蒙古	1 017	1 013	420.8	380.8
辽宁	1 813	1 833	1 086.0	855.9
吉林	1 079	1 057	551.3	417.2
黑龙江	1 635	1 631	908.5	712.2
上海	673	692	500.6	437.4
江苏	3 559	3 565	1 002.2	881.0
浙江	2 700	2 772	626.7	601.9
安徽	3 373	3 390	652.4	568.1
福建	1 660	1 678	444.4	422.6
江西	1 935	1 933	477.9	380.9
山东	4 662	4 672	1 144.7	1 018.0
河南	5 572	5 517	975.9	828.8
湖北	2 508	2 452	874.7	670.8
湖南	3 462	3 439	745.5	561.3
广东	3 861	3 963	1 147.1	1104.1
广西	2 530	2 543	422.0	383.9
海南	334	340	122.2	110.2
重庆	1 636	1 624	329.1	278.8
四川	4 436	4 415	737.2	635.8
贵州	2 046	2 068	267.7	246.8
云南	2 295	2 323	367.0	351.5
西藏	123	125	22.8	24.0
陕西	1 813	1 785	534.3	451.5
甘肃	1 182	1 187	275.0	244.9
青海	239	240	71.8	66.3
宁夏	274	278	81.4	77.6
新疆	672	685	338.9	320.0

注：各地区相加不等于全国合计。

续表

地 区	# 私营和个体从业人员				2. 乡村从业人员	
	2000 年	2001 年			2000 年	2001 年
		小计	私营	个体		
全 国	**3 404.0**	**3 658.0**	**1 526.8**	**2 131.2**	**49 876.0**	**49 085.0**
北 京	24.5	24.8	4.1	20.7	165.8	165.3
天 津	36.8	49.1	35.0	14.1	168.1	169.2
河 北	185.3	132.6	45.6	87.0	2 707.1	2 717.9
山 西	48.7	51.9	24.6	27.3	988.6	988.6
内蒙古	116.8	126.6	30.4	96.2	631.5	632.5
辽 宁	244.3	295.4	110.5	184.9	966.0	977.5
吉 林	103.4	99.7	29.7	70.0	641.0	640.0
黑龙江	166.4	177.0	47.7	129.3	913.2	918.8
上 海	67.5	99.1	88.3	10.8	255.6	255.0
江 苏	177.7	232.8	139.6	93.2	2 688.0	2 684.4
浙 江	207.7	235.6	133.4	102.2	2 108.4	2 170.1
安 徽	172.4	186.1	46.5	139.6	2 797.8	2 821.5
福 建	90.2	99.0	51.3	47.7	1 244.1	1 255.2
江 西	88.6	93.6	34.4	59.2	1 547.2	1 552.2
山 东	215.3	228.6	117.8	110.8	3 639.6	3 653.7
河 南	125.3	110.0	27.9	82.1	4 712.4	4 687.8
湖 北	182.5	155.5	39.1	116.4	1 781.7	1 781.7
湖 南	148.5	146.3	42.0	104.3	2 856.1	2 877.6
广 东	316.7	367.0	182.1	184.9	2 785.1	2 858.7
广 西	89.7	97.3	20.9	76.4	2 145.4	2 159.6
海 南	30.2	33.8	18.5	15.3	224.0	229.5
重 庆	71.1	74.1	35.1	39.0	1 352.6	1 345.2
四 川	118.0	135.2	55.5	79.7	3 789.0	3 778.8
贵 州	41.9	47.2	16.9	30.3	1 802.6	1 821.5
云 南	66.3	81.8	32.4	49.4	1 948.9	1 971.0
西 藏	4.8	6.6	1.5	5.1	100.8	100.7
陕 西	132.5	118.4	56.5	61.9	1 343.2	1 333.1
甘 肃	41.7	46.8	19.4	27.4	934.5	942.2
青 海	18.6	21.7	9.2	12.5	172.0	174.0
宁 夏	12.5	16.1	7.8	8.3	197.9	200.4
新 疆	58.1	68.3	23.1	45.2	354.1	365.4

分地区企业单位从业人员年末人数

单位：万人

地区	合计			# 国有企业		
	2000 年	2001 年	2001 年比 2000 年增长（%）	2000 年	2001 年	2001 年比 2000 年增长（%）
全　　国	**7 759.9**	**7 334.5**	**-5.5**	**4 394.9**	**3 953.8**	**-10.0**
北　　京	321.3	333.8	3.9	158.2	143.2	-9.5
天　　津	154.2	146.4	-5.1	61.8	61.4	-0.6
河　　北	350.9	329.2	-6.2	230.7	212.5	-7.9
山　　西	258.4	248.4	-3.9	166.7	154.9	-7.1
内 蒙 古	170.0	157.1	-7.6	104.9	93.7	-10.7
辽　　宁	438.6	399.0	-9.0	258.3	223.4	-13.5
吉　　林	228.1	213.8	-6.3	146.5	132.1	-9.8
黑 龙 江	421.1	402.1	-4.5	278.8	259.3	-7.0
上　　海	270.7	259.4	-4.2	123.5	109.8	-11.1
江　　苏	485.6	444.5	-8.5	228.9	199.5	-12.8
浙　　江	260.1	241.1	-7.3	84.5	65.0	-23.1
安　　徽	259.0	240.5	-7.1	139.2	124.0	-10.9
福　　建	227.4	224.3	-1.4	76.0	67.6	-11.1
江　　西	180.0	166.1	-7.7	121.1	109.7	-9.4
山　　东	546.5	527.5	-3.5	302.8	280.0	-7.5
河　　南	482.6	460.5	-4.6	259.7	248.0	-4.5
湖　　北	350.7	326.7	-6.8	227.2	204.5	-10.0
湖　　南	277.3	240.3	-13.3	198.4	159.0	-19.9
广　　东	532.6	511.4	-4.0	203.7	179.4	-11.9
广　　西	165.7	157.8	-4.8	106.0	99.5	-6.1
海　　南	54.6	52.1	-4.6	42.5	39.8	-6.4
重　　庆	141.1	135.3	-4.1	80.9	69.9	-13.6
四　　川	321.8	295.9	-8.0	183.5	165.2	-10.0
贵　　州	118.1	115.6	-2.1	77.4	74.7	-3.5
云　　南	159.0	149.2	-6.2	104.1	92.1	-11.5
西　　藏	6.0	5.6	-6.7	4.6	4.1	-10.9
陕　　西	207.4	202.3	-2.5	145.1	136.7	-5.8
甘　　肃	126.0	117.3	-6.9	90.5	83.3	-8.0
青　　海	26.2	24.7	-5.7	20.3	17.5	-13.8
宁　　夏	41.7	38.9	-6.7	28.7	26.3	-8.4
新　　疆	177.0	167.5	-5.4	140.5	117.6	-16.3

注：本表不包括离岗职工的人数。

分行业在岗职工人数、工资总额和平均工资
（2001）

行　　业	年末人数（千人）	工资总额（亿元）	平均人数（千人）	平均工资（元）
全国总计	**107 918**	**11 830.9**	**108 844**	**10 870**
1. 农、林、牧、渔业	**4 585**	**268.2**	**4 671**	**5 741**
农业	2 471	125.1	2 542	4 919
林业	719	38.6	728	5 297
畜牧业	287	16.6	293	5 647
渔业	106	7.8	107	7 266
农、林、牧、渔服务业	1 001	80.2	1 000	8 020
2. 采掘业	**5 442**	**528.2**	**5 510**	**9 586**
3. 制造业	**30 098**	**2 990.6**	**30 597**	**9 774**
4. 电力、煤气及水的生产和供应业	**2 840**	**414.2**	**2 839**	**14 590**
5. 建筑业	**7 326**	**713.4**	**7 523**	**9 484**
土木工程建筑业	6 335	584.8	6 496	9 003
线路、管道和设备安装业	834	112.4	869	12 931
装修装饰业	157	16.2	158	10 271
6. 地质勘查业、水利管理业	**1 037**	**114.6**	**1 046**	**10 957**
地质勘查业	473	63.2	483	13 085
水利管理业	564	51.4	563	9 133
7. 交通运输、仓储及邮电通信业	**6 288**	**897.9**	**6 338**	**14 167**
铁路运输业	1 789	271.0	1 790	15 136
公路运输业	1 090	85.1	1 105	7 704
水上运输业	326	49.3	344	14 350
航空运输业	121	32.9	120	27 365
交通运输辅助业	1 457	196.3	1 462	13 420
其他交通运输业	21	2.3	21	11 046
仓储业	350	33.5	356	9 418
邮电通信业	1 113	223.8	1 120	19 991
8. 批发和零售贸易、餐饮业	**8 395**	**703.0**	**8 582**	**8 192**
食品、饮料、烟草和家庭日用品批发业	2 835	236.8	2 889	8 199
能源、材料和机械电子设备批发业	1 045	112.9	1 081	10 441
其他批发业	599	49.2	615	7 995
零售业	3 373	251.6	3 449	7 297
商业经纪与代理业	36	7.6	37	20 678
餐饮业	507	44.8	512	8 759
9. 金融、保险业	**2 916**	**476.9**	**2 930**	**16 277**
金融业	2 674	436.1	2 697	16 162
保险业	241	40.8	233	17 498
10. 房地产业	**974**	**136.1**	**965**	**14 096**
房地产开发与经营业	455	66.2	454	14 591
房地产管理业	493	66.1	485	13 634
房地产代理与经纪业	27	3.8	27	14 060

注：本表不包括离岗职工的数字。

续表

行　业	年末人数（千人）	工资总额（亿元）	平均人数（千人）	平均工资（元）
11．社会服务业	**4 635**	**548.4**	**4 620**	**11 869**
公共服务业	2 116	242.9	2 101	11 558
居民服务业	302	29.3	306	9 574
旅馆业	1 114	114.8	1 123	10 226
租赁服务业	35	3.9	35	11 401
旅游业	124	14.9	124	12 004
娱乐服务业	61	6.9	62	11 159
信息、咨询服务业	228	42.9	222	19 314
计算机应用服务业	124	36.5	121	30 146
其他社会服务业	532	56.2	525	10 694
12．卫生、体育和社会福利业	**4 806**	**618.5**	**4 783**	**12 933**
卫生	4 523	581.0	4 500	12 912
体育	84	13.1	83	15 756
社会福利业	199	24.4	200	12 243
13．教育、文化艺术和广播电影电视业	**15 121**	**1 718.1**	**15 002**	**11 452**
教育	14 043	1 570.0	13 932	11 269
#普通高等学校	1 117	198.0	1 096	18 054
普通中学	4 806	526.1	4 748	11 080
小学校	6 315	606.1	6 281	9 649
文化艺术业	608	88.9	603	14 735
广播电影电视业	470	59.2	467	12 669
14．科学研究和综合技术服务业	**1 539**	**253.9**	**1 545**	**16 437**
科学研究业	620	107.1	627	17 066
#自然科学研究	490	82.0	496	16 555
社会科学研究	31	5.4	31	17 509
其他科学研究	100	19.6	101	19 446
综合技术服务业	919	146.9	918	16 007
#气象	49	6.8	49	13 712
地震	15	2.1	15	14 400
测绘	43	6.4	43	14 742
技术监督	166	23.2	165	14 084
海洋环境	7	1.3	6	19 447
环境保护	79	9.4	78	11 986
技术推广和技术交流服务业	77	10.8	76	14 138
工程设计业	278	50.4	281	17 948
其他综合技术服务业	204	36.4	203	17 937
15．国家机关、政党机关和社会团体	**10 875**	**1 317.7**	**10 852**	**12 142**
#国家机关	10 184	1 229.5	10 163	12 098
政党机关	531	65.6	530	12 389
16．其他行业	**1 041**	**131.0**	**1 040**	**12 590**
#企业管理机构	533	64.8	538	12 038

历年全国社会保险基金收支及累计结余情况 单位：亿元

年份	合计	基本养老保险	失业保险	基本医疗保险	工伤保险	生育保险
一、基金收入						
1989	146.7	146.7				
1990	178.8	178.8				
1991	215.7	215.7				
1992	365.8	365.8				
1993	508.2	503.5		1.4	2.4	0.8
1994	716.6	707.4		3.2	4.6	1.5
1995	970.7	950.1		9.7	8.1	2.9
1996	1 252.4	1 171.8	45.2	19.0	10.9	5.5
1997	1 458.2	1 337.9	46.9	52.3	13.6	7.4
1998	1 623.1	1 459.0	72.6	60.6	21.2	9.8
1999	2 211.8	1 965.1	125.2	89.9	20.9	10.7
2000	2 644.5	2 278.1	160.4	170.0	24.8	11.2
2001	3 101.9	2 489.0	187.3	383.6	28.3	13.7
二、基金支出						
1989	118.8	118.8				
1990	149.3	149.3				
1991	173.1	173.1				
1992	321.9	321.9				
1993	472.9	470.6		1.3	0.4	0.5
1994	665.8	661.1		2.9	0.9	0.8
1995	858.3	847.6		7.3	1.8	1.6
1996	1 082.4	1 031.9	27.3	16.2	3.7	3.3
1997	1 339.2	1 251.3	36.3	40.5	6.1	4.9
1998	1 636.9	1 511.6	56.1	53.3	9.0	6.8
1999	2 108.1	1 924.9	91.6	69.1	15.4	7.1
2000	2 385.6	2 115.5	123.4	124.5	13.8	8.3
2001	2 748.0	2 321.3	156.6	244.1	16.5	9.6
三、累计结余						
1989	68.0	68.0				
1990	97.9	97.9				
1991	144.1	144.1				
1992	220.6	220.6				
1993	262.9	258.6		0.4	3.1	0.8
1994	313.7	304.8		0.7	6.8	1.4
1995	448.3	429.8		3.1	12.7	2.7
1996	696.1	578.6	86.4	6.4	19.7	5.0
1997	831.6	682.8	97.0	16.6	27.7	7.5
1998	791.1	587.8	133.4	20.0	39.5	10.3
1999	1 009.8	733.5	159.9	57.6	44.9	13.9
2000	1 327.5	947.1	195.9	109.8	57.9	16.8
2001	1 622.8	1 054.1	226.2	253.0	68.9	20.6

二、职工人数

分登记注册类型职工年末人数及增长情况

单位：万人

年份	合计	国有单位	城镇集体单位	其他单位	全部职工人数比上年增长（%）
1978	9 499	7 451	2 048		4.2
1980	10 444	8 019	2 425		4.8
1981	10 940	8 372	2 568		4.7
1985	12 358	8 990	3 324	44	3.9
1986	12 809	9 333	3 421	55	3.6
1987	13 214	9 654	3 488	72	3.2
1988	13 608	9 984	3 527	97	3.0
1989	13 742	10 108	3 502	132	1.0
1990	14 059	10 346	3 549	164	2.3
1991	14 508	10 664	3 628	216	3.2
1992	14 792	10 889	3 621	282	2.0
1993	14 849	10 920	3 393	536	0.4
1994	14 849	10 890	3 211	747	
1995	14 908	10 955	3 076	877	0.4
1996	14 845	10 949	2 954	942	－0.4
1997	14 688	10 766	2 817	1 085	－1.1
1998	14 314	10 044	2 458	1 812	－2.5
1999	13 928	9 675	2 233	2 020	－2.7
2000	13 468	9 260	2 008	2 200	－3.3
2001	12 892	8 710	1 753	2 429	－4.3

注：1998、1999、2000、2001 年职工年末人数包括在岗职工和离岗职工的人数。

历年全国企业、事业、机关单位职工人数

年份	年末职工人数（万人）					
	企业				事业	
	合计	国有	集体	其他	合计	国有
1986	10 083.9	6 794.3	3 234.8	54.8	1 955.2	1 796.6
1988	10 662.3	7 220.7	3 346.9	94.7	2 102.7	1 946.2
1989	10 682.2	7 228.4	3 323.3	130.5	2 175.3	2 021.5
1990	10 844.8	7 303.1	3 378.3	163.4	2 301.3	2 156.0
1991	11 175.5	7 501.8	3 458.1	215.6	2 384.9	2 236.9
1992	11 390.4	7 643.4	3 465.2	281.8	2 445.7	2 310.8
1993	11 436.0	7 642.3	3 258.9	534.9	2 426.5	2 305.6
1994	11 371.3	7 544.7	3 080.4	746.2	2 449.4	2 329.2
1995	11 364.6	7 544.1	2 944.7	875.8	2 534.9	2 412.9
1996	11 172.1	7 404.3	2 827.9	940.0	2 635.4	2 515.2
1997	10 887.3	7 131.1	2 672.5	1 083.7	2 731.6	2 592.0
1998	10 523.9	6 393.5	2 320.1	1 810.4	2 728.8	2 595.0
1999	10 111.8	5 997.9	2 095.3	2 018.6	2 745.4	2 611.2
2000	9 627.6	5 563.8	1 867.2	2 196.5	2 760.6	2 621.6
2001	9 054.4	5 017.3	1 611.7	2 425.4	2 758.3	2 617.0

年份			机关			
	集体	其他	合计	国有	集体	其他
1986	158.1	0.5	770.2	742.6	27.6	
1988	154.5	2.0	842.5	816.8	25.7	
1989	152.6	1.2	884.8	858.8	26.0	
1990	145.0	0.3	913.3	887.4	25.9	
1991	147.7	0.4	947.9	925.7	22.2	
1992	134.9		955.8	934.7	21.1	
1993	120.3	0.6	986.2	972.3	13.9	
1994	119.4	0.8	1 027.7	1 016.2	11.5	
1995	120.8	1.2	1 008.4	997.9	10.5	
1996	118.6	1.6	1 037.6	1 029.9	7.7	
1997	137.8	1.8	1 049.4	1 042.8	6.6	
1998	131.9	1.8	1 061.2	1 055.2	6.0	
1999	132.5	1.7	1 070.8	1 065.7	5.1	
2000	136.0	3.0	1 079.4	1 074.5	4.9	
2001	137.1	4.2	1 079.6	1 075.4	4.2	

注：1998、1999、2000、2001 年职工人数包括在岗职工和离岗职工的数字。

分行业职工年末人数

单位：万人

年份	合计	农、林、牧、渔业	采掘业	制造业	电力、煤气及水的生产和供应业	建筑业	地质勘查业、水利管理业	交通运输、仓储及邮电通信业
1978	9 499	830	652	3 595	107	623	178	669
1980	10 444	788	697	3 947	118	710	188	714
1985	12 358	777	795	4 620	142	900	197	823
1986	12 809	784	809	4 820	152	922	197	846
1990	14 059	780	882	5 304	192	896	197	895
1991	14 508	769	905	5 443	203	940	199	916
1992	14 792	758	898	5 508	215	995	202	921
1993	14 849	708	925	5 469	232	1 153	144	826
1994	14 849	680	904	5 434	244	1 072	137	835
1995	14 908	660	914	5 439	257	1 053	134	824
1996	14 845	617	886	5 293	272	1 035	128	830
1997	14 668	612	851	5 083	282	1 004	128	824
1998	14 314	588	819	4 826	292	974	127	798
1999	13 928	569	790	4 621	296	918	123	786
2000	13 468	549	736	4 357	298	893	124	771
2001	12 892	515	689	4 031	303	875	119	745

年份	批发和零售贸易、餐饮业	金融、保险业	房地产业	社会服务业	卫生、体育和社会福利业	教育、文化艺术和广播电影电视业	科学研究和综合技术服务业	国家机关、政党机关和社会团体	其他
1978	1 079	65	31	166	247	736	92	430	
1980	1 239	89	37	218	287	817	105	490	
1985	1 518	126	36	271	342	962	131	718	
1986	1 544	138	38	289	354	1 008	137	770	
1990	1 715	195	44	344	392	1 143	152	929	
1991	1 786	208	48	369	410	1 181	156	974	
1992	1 844	223	54	386	421	1 212	159	996	
1993	1 796	239	66	422	416	1 205	166	1 030	55
1994	1 833	261	72	447	428	1 249	174	1 017	63
1995	1 828	273	77	449	438	1 291	178	1 027	66
1996	1 807	288	82	458	451	1 345	176	1 075	103
1997	1 774	298	84	480	464	1 403	179	1 080	125
1998	1 677	302	95	486	476	1 462	173	1 096	124
1999	1 569	302	97	494	481	1 481	171	1 104	112
2000	1 439	302	101	502	485	1 517	171	1 108	115
2001	1 274	307	109	510	492	1 532	160	1 109	122

注：1998、1999、2000、2001 年职工年末人数包括在岗职工和离岗职工的人数。

分行业职工年末人数

（国有单位）　　单位：万人

年份	合计	农、林、牧、渔业	采掘业	制造业	电力、煤气及水的生产和供应业	建筑业	地质勘查业、水利管理业	交通运输、仓储及邮电通信业
1978	7 451	774	588	2 449	102	447	177	465
1980	8 019	740	621	2 601	112	475	187	498
1985	8 990	726	706	2 975	134	545	196	585
1986	9 333	736	715	3 096	144	557	196	604
1990	10 346	737	786	3 395	183	538	194	660
1991	10 664	727	797	3 482	193	557	196	682
1992	10 889	717	792	3 526	203	577	199	693
1993	10 920	672	834	3 444	220	663	142	664
1994	10 890	653	820	3 321	230	629	135	677
1995	10 955	634	834	3 326	237	605	132	677
1996	10 949	592	809	3 218	250	595	126	684
1997	10 766	588	772	3 011	257	577	125	681
1998	10 044	565	694	2 499	251	527	125	644
1999	9 675	547	639	2 302	250	490	121	633
2000	9 260	526	576	2 057	246	472	121	622
2001	8 710	494	515	1 767	245	428	116	596

年份	批发和零售贸易、餐饮业	金融、保险业	房地产业	社会服务业	卫生、体育和社会福利业	教育、文化艺术和广播电影电视业	科学研究和综合技术服务业	国家机关、政党机关和社会团体	其他
1978	907	42	28	107	183	674	91	417	
1980	1 005	63	33	130	217	757	104	476	
1985	800	93	32	181	272	925	129	691	
1986	824	101	34	193	283	973	135	742	
1990	947	145	40	236	323	1 112	148	903	
1991	993	154	43	251	340	1 151	151	946	
1992	1 037	166	48	269	356	1 183	153	969	
1993	1 014	182	55	293	356	1 180	153	1 014	34
1994	1 054	196	59	308	368	1 227	165	1 007	40
1995	1 061	203	61	315	379	1 265	167	1 019	42
1996	1 055	208	63	329	390	1 322	166	1 068	74
1997	1 037	210	64	402	402	1 362	167	1 074	95
1998	936	209	67	346	416	1 419	160	1 091	96
1999	867	206	66	347	422	1 434	158	1 099	82
2000	790	207	66	344	427	1 464	153	1 103	86
2001	689	206	67	342	434	1 475	140	1 105	91

注：1998、1999、2000、2001 年职工年末人数包括在岗职工和离岗职工的人数。

分行业职工年末人数

（城镇集体单位）　　单位：万人

年份	合计	农、林、牧、渔业	采掘业	制造业	电力、煤气及水的生产和供应业	建筑业	地质勘查业、水利管理业	交通运输、仓储及邮电通信业
1978	2 048	56	64	1 146	5	176	0.5	204
1980	2 425	48	76	1 346	6	235	1.0	216
1985	3 324	51	89	1 608	8	354	1.0	237
1986	3 421	48	93	1 680	8	364	0.7	241
1987	3 488	47	96	1 724	8	379	0.3	241
1988	3 527	45	96	1 745	9	385	0.2	237
1989	3 502	45	84	1 754	7	357	0.4	232
1990	3 549	42	95	1 773	8	357	3.3	232
1991	3 628	41	107	1 782	9	380	3.4	232
1992	3 621	39	105	1 747	10	414	3.2	226
1993	3 393	34	89	1 595	8	479	2.1	154
1994	3 211	24	81	1 515	9	427	2.0	149
1995	3 076	23	77	1 417	9	427	2.0	138
1996	2 954	22	72	1 346	11	412	2.0	134
1997	2 817	20	72	1 244	11	393	3.0	125
1998	2 458	18	61	1 047	11	348	2.4	111
1999	2 233	17	57	926	10	317	2.2	98
2000	2 008	16	49	805	10	299	2.2	87
2001	1 753	14	47	677	9	279	2.0	76

年份	批发和零售贸易、餐饮业	金融、保险业	房地产业	社会服务业	卫生、体育和社会福利业	教育、文化艺术和广播电影电视业	科学研究和综合技术服务业	国家机关、政党机关和社会团体	其他
1978	172	23	3	59	64	62	0.6	13	
1980	234	26	4	88	70	60	0.8	14	
1985	716	33	4	87	70	37	1.5	27	
1986	718	37	4	91	71	35	1.9	28	
1987	722	41	5	93	69	34	2.0	27	
1988	738	45	4	94	69	32	2.2	26	
1989	748	49	4	94	68	32	2.5	26	
1990	762	51	4	93	69	32	3.0	26	
1991	786	54	5	98	70	30	4.0	28	
1992	796	57	4	96	65	28	5.0	27	
1993	744	55	5	101	60	24	9.0	15	20
1994	716	62	6	102	59	21	7.4	9	22
1995	693	67	6	94	59	26	7.6	8	23
1996	667	73	7	86	60	22	7.4	7	27
1997	637	76	7	87	62	40	7.5	6	27
1998	568	71	7	76	60	42	6.8	5	23
1999	514	70	8	74	58	45	6.1	5	22
2000	454	69	7	70	58	50	5.7	5	21
2001	370	69	8	64	56	54	3.0	4	21

注：1998、1999、2000、2001 年职工年末人数包括在岗职工和离岗职工的人数。

分行业职工年末人数

（其他单位）　　　　单位：万人

年份	合计	农、林、牧、渔业	采掘业	制造业	电力、煤气及水的生产和供应业	建筑业	地质勘查业、水利管理业	交通运输、仓储及邮电通信业
1984	36.7			33.1		0.5		0.86
1985	43.7	0.2		36.8		0.6		0.90
1986	55.3	0.2		45.6		0.6		0.90
1987	71.9	0.5		58.3		0.8		1.49
1988	96.7	0.6	1.0	77.0	1.0	1.3		1.04
1989	131.7	0.7	1.0	108.0	1.0	1.5		1.55
1990	163.8	1.1	1.0	135.0	1.0	1.6	0.04	1.63
1991	216.0	1.4	1.0	180.0	1.0	2.7	0.09	2.03
1992	281.8	1.5	1.0	236.0	2.0	4.1	0.10	2.38
1993	535.7	2.2	2.1	429.5	4.0	10.6	0.03	7.70
1994	747.4	2.6	3.2	598.1	5.9	16.3	0.05	8.98
1995	877.0	3.2	4.0	696.0	10.2	21.0	0.08	9.67
1996	941.7	3.9	4.3	728.4	10.7	28.2	0.05	11.78
1997	1 085.5	4.1	6.8	826.7	13.8	33.7	0.05	17.09
1998	1 812.1	5.4	12.8	1 279.8	30.0	98.5	0.10	43.40
1999	2 020.3	5.1	94.1	1 393.0	36.4	111.5	0.20	55.03
2000	2 199.5	6.6	111.1	1 494.7	42.1	122.1	0.20	61.80
2001	2 429.5	7.1	127.8	1 587.7	49.6	167.9	0.50	73.70

年份	批发和零售贸易、餐饮业	金融、保险业	房地产业	社会服务业	卫生、体育和社会福利业	教育、文化艺术和广播电影电视业	科学研究和综合技术服务业	国家机关、政党机关和社会团体	其他
1984	2.1			0.30					
1985	2.3			2.90					
1986	2.6			5.20					
1987	3.8			7.50					
1988	4.4	0.08		10.60			0.04		
1989	4.9	0.12		12.60			0.19		
1990	6.0	0.05	0.51	15.03	0.05	0.25	0.20		
1991	7.5	0.05	0.79	18.84	0.13	0.38	0.51		
1992	11.0	0.03	1.43	21.07	0.11	0.71	0.86		
1993	38.1	1.87	6.25	28.23	0.15	0.53	3.14	1.03	0.26
1994	62.9	2.30	7.22	36.61	0.37	0.66	1.41		0.75
1995	74.4	3.80	9.32	39.70	0.41	0.89	2.90		1.40
1996	85.0	7.72	11.21	44.13	0.51	1.15	3.24		1.43
1997	100.1	12.48	12.80	48.89	0.53	1.25	4.60		2.59
1998	172.0	22.00	20.00	63.40	1.10	1.52	6.43		4.60
1999	188.0	25.29	23.14	72.24	1.06	0.20	6.48		6.85
2000	195.2	25.90	27.70	87.80	1.20	3.20	12.30		7.50
2001	214.8	32.90	34.30	103.40	1.80	3.90	14.30		9.80

注：1998、1999、2000、2001 年职工年末人数包括在岗职工和离岗职工的人数。

分地区企业、事业、机关单位职工年末人数

单位：万人

地区	全部职工			企业单位		
	2000年	2001年		2000年	2001年	
		小计	在岗		小计	在岗
全国	**13 467.5**	**12 892.3**	**10 791.8**	**9 627.6**	**9 054.4**	**7 052.3**
北京	434.2	435.1	400.3	324.9	330.9	298.6
天津	251.4	238.0	184.0	204.2	192.6	139.6
河北	621.9	603.9	519.2	424.9	403.2	322.1
山西	431.0	427.5	363.0	310.2	304.8	242.4
内蒙古	299.5	281.8	251.0	200.7	183.0	154.8
辽宁	826.5	781.3	545.3	660.0	615.8	387.4
吉林	443.3	420.1	313.3	332.7	311.4	210.5
黑龙江	718.3	683.9	510.9	581.6	546.8	379.9
上海	390.1	375.4	290.0	315.1	301.7	218.8
江苏	804.6	744.0	625.8	598.9	541.8	427.1
浙江	407.7	378.8	353.2	284.4	254.7	231.1
安徽	470.0	444.8	372.0	328.1	304.1	233.5
福建	346.4	339.6	314.3	248.8	240.9	216.7
江西	381.4	368.5	279.3	260.1	244.8	161.2
山东	912.6	898.9	770.5	653.6	637.1	516.8
河南	834.9	823.2	704.4	584.5	563.1	449.5
湖北	678.0	636.2	501.6	484.5	445.3	319.3
湖南	580.8	529.8	397.9	395.6	349.0	225.5
广东	818.9	787.4	724.6	593.7	562.5	503.2
广西	320.1	310.1	274.3	194.4	184.8	151.1
海南	90.3	86.7	74.7	65.2	62.2	51.0
重庆	254.0	239.4	201.2	182.5	169.3	132.4
四川	605.9	561.7	486.7	399.6	356.4	285.5
贵州	218.4	211.4	189.2	137.2	129.6	108.3
云南	293.9	283.6	261.6	173.8	164.6	143.8
西藏	16.5	16.3	16.0	5.8	5.7	5.4
陕西	392.3	390.4	323.8	264.3	260.3	196.6
甘肃	228.6	218.5	193.0	150.2	139.0	114.6
青海	52.1	47.7	43.5	30.2	27.6	24.1
宁夏	67.5	64.5	60.4	45.3	42.0	38.0
新疆	276.3	263.7	247.0	192.6	179.4	163.4

注：2000、2001年职工年末人数包括在岗职工和离岗职工的人数。

续表 1

地 区	事业单位			机关单位		
	2000 年	2001 年		2000 年	2001 年	
		小计	在岗		小计	在岗
全 国	**2 760.6**	**2 758.3**	**2 681.8**	**1 079.4**	**1 079.6**	**1 057.6**
北 京	86.6	82.9	80.8	22.7	21.4	21.0
天 津	35.5	34.0	33.1	11.6	11.3	11.3
河 北	137.2	139.4	137.3	59.9	61.2	59.8
山 西	79.1	81.4	79.9	41.7	41.3	40.7
内蒙古	69.9	69.7	67.5	28.9	29.1	28.6
辽 宁	126.6	125.4	118.5	40.0	40.1	39.4
吉 林	86.9	85.2	80.0	23.7	23.5	22.8
黑龙江	96.9	98.1	93.6	39.8	39.1	37.4
上 海	61.2	60.0	57.7	13.8	13.7	13.5
江 苏	160.7	158.7	155.8	45.1	43.5	42.9
浙 江	90.2	90.5	88.8	33.0	33.6	33.3
安 徽	102.8	104.1	102.2	39.0	36.7	36.3
福 建	70.5	70.7	69.8	27.1	28.0	27.8
江 西	86.2	88.5	83.7	35.1	35.3	34.4
山 东	181.9	183.6	178.8	77.1	78.3	74.9
河 南	170.2	178.1	174.5	80.2	82.0	80.4
湖 北	137.6	135.8	129.0	55.8	55.0	53.3
湖 南	132.7	123.2	117.1	52.6	57.6	55.3
广 东	156.1	157.3	154.9	69.2	67.5	66.5
广 西	94.1	94.5	92.5	31.5	30.9	30.6
海 南	16.5	16.4	15.9	8.6	8.0	7.8
重 庆	52.2	52.1	51.3	19.4	18.1	17.6
四 川	148.1	148.9	145.4	58.2	56.4	55.8
贵 州	54.3	53.2	52.5	26.8	28.6	28.4
云 南	83.1	82.4	81.4	36.9	36.6	36.4
西 藏	5.6	5.5	5.4	5.0	5.2	5.1
陕 西	92.0	94.0	91.7	36.0	36.1	35.4
甘 肃	55.3	56.1	55.2	23.1	23.4	23.2
青 海	15.5	13.7	13.1	6.5	6.5	6.4
宁 夏	16.2	16.4	16.3	6.1	6.2	6.1
新 疆	58.8	58.8	58.2	24.9	25.6	25.4

续表 2

地区	1. 国有单位			国有企业单位		
	2000 年	2001 年		2000 年	2001 年	
		小计	在岗		小计	在岗
全国	**9 259.9**	**8 709.7**	**7 409.0**	**5 563.8**	**5 017.4**	**3 809.2**
北京	283.0	260.5	235.9	175.6	158.2	136.0
天津	140.2	136.6	103.3	94.1	91.8	59.5
河北	474.9	459.1	402.8	280.4	261.2	208.3
山西	315.1	307.5	267.2	198.3	188.9	150.5
内蒙古	220.3	204.9	186.3	123.5	108.0	91.9
辽宁	537.1	498.8	372.8	374.6	337.3	218.1
吉林	319.9	297.7	230.2	211.7	191.3	129.7
黑龙江	511.7	482.1	369.0	376.8	346.8	239.5
上海	229.2	214.2	163.7	158.3	144.8	96.4
江苏	480.6	439.6	377.4	289.1	251.0	192.0
浙江	212.5	188.4	177.5	95.4	70.5	61.5
安徽	307.8	289.4	252.8	172.9	155.1	120.5
福建	183.6	173.1	158.3	89.6	78.3	64.5
江西	293.0	283.2	222.2	173.5	161.4	105.9
山东	611.8	590.8	519.5	361.3	337.9	274.1
河南	524.0	516.2	447.7	317.7	304.3	240.5
湖北	506.1	469.9	379.5	315.7	282.0	200.0
湖南	456.3	404.1	316.4	277.5	228.8	149.1
广东	463.2	431.7	391.8	242.8	211.8	175.2
广西	251.4	243.2	218.7	126.9	118.6	96.2
海南	75.6	71.8	62.0	51.1	48.1	38.9
重庆	175.7	158.0	134.8	107.5	90.8	68.7
四川	428.4	398.5	350.5	230.9	202.1	158.0
贵州	171.8	165.1	148.9	91.5	84.0	68.6
云南	235.7	223.0	207.3	116.4	104.7	90.1
西藏	15.2	14.8	14.5	4.6	4.2	3.9
陕西	312.6	306.8	257.9	187.2	179.3	133.1
甘肃	186.6	179.0	158.8	109.3	100.6	81.4
青海	45.1	39.4	36.2	23.5	19.5	17.0
宁夏	53.3	50.8	47.9	31.1	28.4	25.6
新疆	238.0	211.7	197.5	155.0	127.9	114.5

续表 3

地区	国有事业单位			国有机关单位		
	2000年	2001年		2000年	2001年	
		小计	在岗		小计	在岗
全国	**2 621.6**	**2 617.0**	**2 545.8**	**1 074.5**	**1 075.4**	**1 054.0**
北京	84.6	80.9	78.9	22.7	21.4	21.0
天津	34.6	33.4	32.5	11.6	11.3	11.3
河北	134.7	136.8	134.8	59.7	61.1	59.7
山西	75.3	77.5	76.2	41.6	41.0	40.5
内蒙古	67.9	67.8	65.8	28.8	29.1	28.6
辽宁	122.6	121.5	115.4	39.8	40.0	39.3
吉林	84.6	83.0	77.9	23.7	23.4	22.7
黑龙江	95.4	96.5	92.2	39.5	38.8	37.3
上海	57.1	55.8	53.9	13.8	13.7	13.4
江苏	146.8	145.4	142.8	44.6	43.2	42.6
浙江	84.0	84.3	82.7	33.0	33.6	33.3
安徽	96.4	97.9	96.3	38.6	36.4	36.1
福建	66.9	66.9	66.1	27.1	27.9	27.7
江西	84.6	86.7	82.0	35.0	35.1	34.3
山东	173.8	175.1	170.9	76.6	77.8	74.6
河南	126.2	130.1	127.0	80.1	81.7	80.2
湖北	134.9	133.1	126.5	55.5	54.8	53.0
湖南	126.7	117.9	112.2	52.0	57.4	55.1
广东	151.7	152.6	150.3	68.7	67.3	66.3
广西	93.1	93.8	91.9	31.4	30.8	30.6
海南	15.9	15.7	15.4	8.6	8.0	7.8
重庆	48.9	49.3	48.6	19.4	17.9	17.5
四川	139.6	140.2	136.8	58.0	56.2	55.6
贵州	53.5	52.5	51.9	26.8	28.6	28.3
云南	82.7	82.0	81.1	36.7	36.4	36.2
西藏	5.6	5.5	5.4	5.0	5.2	5.1
陕西	89.6	91.6	89.5	35.8	36.0	35.3
甘肃	54.4	55.1	54.3	23.0	23.3	23.1
青海	15.3	13.5	13.0	6.4	6.4	6.3
宁夏	16.1	16.3	16.2	6.1	6.2	6.1
新疆	58.2	58.2	57.6	24.8	25.5	25.4

续表 4

地　区	2. 城镇集体单位			# 城镇集体企业单位		
	2000 年	2001 年		2000 年	2001 年	
		小计	在岗		小计	在岗
全　国	**2 008.1**	**1 753.0**	**1 240.8**	**1 867.2**	**1 611.7**	**1 105.2**
北　京	46.0	43.8	40.0	44.3	42.2	38.5
天　津	38.2	30.1	18.0	37.5	29.5	17.5
河　北	75.5	69.5	52.4	72.9	66.9	49.9
山　西	63.5	60.7	45.8	59.5	56.6	41.9
内 蒙 古	31.9	26.7	20.2	29.9	24.8	18.4
辽　宁	181.8	161.5	73.7	177.8	157.6	70.5
吉　林	73.2	67.7	38.4	70.9	65.4	36.2
黑 龙 江	124.7	111.7	68.0	122.9	109.8	66.5
上　海	47.5	40.6	21.5	43.5	36.5	17.8
江　苏	154.2	123.1	90.3	140.1	109.7	77.2
浙　江	62.0	43.1	37.3	56.0	37.3	31.6
安　徽	89.1	79.1	58.1	82.4	72.9	52.1
福　建	41.5	36.4	28.9	38.1	32.7	25.4
江　西	53.0	46.4	27.9	51.1	44.5	26.1
山　东	136.5	125.2	92.0	128.1	116.4	83.9
河　南	165.1	164.4	134.4	121.1	116.5	86.9
湖　北	96.9	79.7	52.4	94.0	76.9	49.8
湖　南	90.3	70.2	39.1	83.9	65.3	34.5
广　东	123.9	107.1	90.0	119.2	102.8	85.7
广　西	32.8	30.8	23.7	32.0	30.0	22.9
海　南	6.2	6.1	4.3	5.7	5.5	3.9
重　庆	40.2	32.3	23.8	36.8	29.4	21.0
四　川	87.2	71.4	58.4	78.5	62.6	49.8
贵　州	22.3	18.8	15.7	21.5	18.1	15.2
云　南	27.0	23.2	20.0	26.4	22.7	19.5
西　藏	0.8	0.9	0.9	0.8	0.9	0.9
陕　西	40.4	38.5	26.5	37.9	36.0	24.2
甘　肃	29.9	23.3	19.8	28.8	22.2	18.9
青　海	5.2	4.2	3.7	4.9	4.0	3.5
宁　夏	5.4	4.4	3.9	5.3	4.3	3.8
新　疆	16.1	12.2	11.7	15.6	11.7	11.2

续表 5

地区	3. 其他单位			#其他企业单位		
	2000 年	2001 年		2000 年	2001 年	
		小计	在岗		小计	在岗
全　国	**2 199.5**	**2 429.6**	**2 141.9**	**2 196.5**	**2 425.4**	**2 138.0**
北　京	105.3	130.8	124.4	105.0	130.5	124.1
天　津	73.0	71.3	62.7	72.7	71.3	62.7
河　北	71.5	75.2	64.0	71.5	75.2	64.0
山　西	52.4	59.3	50.0	52.4	59.3	49.9
内蒙古	47.3	50.3	44.5	47.3	50.3	44.5
辽　宁	107.6	121.0	98.9	107.5	120.9	98.8
吉　林	50.2	54.7	44.6	50.2	54.7	44.6
黑龙江	82.0	90.2	73.9	81.9	90.2	73.9
上　海	113.5	120.6	104.8	113.4	120.4	104.6
江　苏	169.9	181.3	158.1	169.7	181.1	157.9
浙　江	133.2	147.3	138.4	133.0	146.9	138.0
安　徽	73.0	76.3	61.1	72.8	76.1	60.9
福　建	121.3	130.2	127.1	121.1	129.9	126.9
江　西	35.5	38.9	29.2	35.5	38.9	29.2
山　东	164.3	182.9	159.0	164.2	182.7	158.9
河　南	145.8	142.6	122.3	145.6	142.4	122.0
湖　北	75.0	86.6	69.7	74.8	86.4	69.6
湖　南	34.2	55.5	42.4	34.2	54.9	41.9
广　东	231.8	248.5	242.8	231.7	247.9	242.3
广　西	35.9	36.1	32.0	35.5	36.1	32.0
海　南	8.5	8.8	8.4	8.4	8.7	8.3
重　庆	38.1	49.1	42.7	38.1	49.1	42.7
四　川	90.3	91.9	77.9	90.1	91.8	77.8
贵　州	24.2	27.5	24.6	24.2	27.4	24.5
云　南	31.2	37.3	34.3	31.0	37.3	34.2
西　藏	0.5	0.7	0.7	0.5	0.7	0.7
陕　西	39.3	45.1	39.4	39.3	45.0	39.3
甘　肃	12.1	16.2	14.3	12.1	16.2	14.3
青　海	1.8	4.2	3.7	1.8	4.2	3.6
宁　夏	8.9	9.3	8.5	8.9	9.3	8.5
新　疆	22.1	39.9	37.8	22.0	39.8	37.7

三、职工工资

分登记注册类型职工工资总额及增长情况

年份	工资总额（亿元）				全部工资总额比上年增长（%）
	合计	国有单位	城镇集体单位	其他单位	
1952	68.3	67.5	0.8		
1957	190.8	156.4	34.4		20.3
1962	254.3	213.6	40.7		-9.4
1965	282.3	235.3	47.0		7.1
1970	334.3	277.5	56.8		3.6
1971	364.0	302.0	62.0		8.9
1972	409.6	340.0	69.6		12.5
1973	429.1	353.3	75.8		4.8
1974	441.9	370.9	71.0		3.0
1975	463.5	386.1	77.4		4.9
1976	489.2	406.1	83.1		5.5
1977	514.8	425.7	89.1		5.2
1978	568.9	468.7	100.2		10.5
1979	646.7	529.5	117.2		13.7
1980	772.4	627.9	144.5		19.4
1981	820.0	660.4	159.6		6.2
1982	882.0	708.9	173.1		7.6
1983	934.6	748.1	186.5		6.0
1984	1 133.4	875.8	254.0	3.6	21.3
1985	1 383.0	1 064.8	312.3	5.9	22.0
1986	1 659.7	1 288.5	362.8	8.4	20.0
1987	1 881.1	1 459.3	409.1	12.7	13.3
1988	2 316.2	1 807.1	487.6	21.5	23.1
1989	2 618.5	2 050.2	534.4	33.9	13.1
1990	2 951.1	2 324.1	581.0	46.0	12.7
1991	3 323.9	2 594.9	658.6	70.4	12.6
1992	3 939.2	3 090.4	743.2	105.6	18.5
1993	4 916.2	3 812.7	849.9	253.6	24.8
1994	6 656.4	5 177.4	1 023.3	455.6	35.4
1995	8 100.0	6 080.2	1 182.0	637.8	21.7
1996	9 080.0	6 792.7	1 241.0	761.4	12.1
1997	9 405.3	7 211.0	1 253.4	940.8	3.6
1998	9 296.5	6 812.5	1 021.6	1 462.4	0.2
1999	9 875.5	7 160.8	962.7	1 752.0	6.2
2000	10 656.2	7 612.9	919.0	2 124.3	7.9
2001	11 830.9	8 355.6	864.6	2 610.7	11.0

注：1998、1999、2000、2001年只包括在岗职工的工资总额。

历年全国企业、事业、机关单位职工工资总额

年份	工资总额（亿元）					
	企业				事业	
	合计	国有	集体	其他	合计	国有
1986	1 241.6	908.0	325.6	8.0	248.7	232.1
1988	1 810.4	1 327.8	461.7	20.9	365.4	346.1
1989	2 044.2	1 505.0	505.7	33.5	411.2	386.8
1990	2 280.5	1 684.1	550.5	45.9	481.3	455.8
1991	2 583.3	1 887.2	625.7	70.3	529.0	500.8
1992	3 021.9	2 208.2	708.1	105.6	654.6	624.8
1993	3 771.8	2 718.7	800.0	253.0	801.0	767.8
1994	4 946.4	3 520.7	970.8	454.9	1 204.2	1 156.3
1995	5 974.8	4 217.2	1 120.8	636.9	1 373.7	1 317.0
1996	6 524.7	4 590.6	1 174.2	759.9	1 620.1	1 556.1
1997	6 832.0	4 721.9	1 171.0	939.1	1 849.8	1 769.9
1998	6 471.8	4 072.2	938.9	1 460.6	2 019.6	1 938.8
1999	6 634.7	4 013.7	870.8	1 750.2	2 305.2	2 215.1
2000	7 023.0	4 082.8	819.0	2 121.3	2 573.7	2 474.5
2001	7 487.0	4 132.4	749.5	2 605.1	3 062.9	2 945.5

年份			机关			
	集体	其他	合计	国有	集体	其他
1986	158.1	0.5	770.2	742.6	27.6	
1988	154.5	2.0	842.5	816.8	25.7	
1989	152.6	1.2	884.8	858.8	26.0	
1990	145.0	0.3	913.3	887.4	25.9	
1991	147.7	0.4	947.9	925.7	22.2	
1992	134.9		955.8	934.7	21.1	
1993	120.3	0.6	986.2	972.3	13.9	
1994	119.4	0.8	1 027.7	1 016.2	11.5	
1995	120.8	1.2	1 008.4	997.9	10.5	
1996	118.6	1.6	1 037.6	1 029.9	7.7	
1997	137.8	1.8	1 049.4	1 042.8	6.6	
1998	79.0	1.8	805.2	801.5	3.7	
1999	88.3	1.8	935.6	932.0	3.7	
2000	96.1	3.0	1 059.5	1 055.6	3.9	
2001	111.8	5.6	1 281.0	1 277.7	3.3	

注：1998、1999、2000、2001 年职工工资总额只包括在岗职工的数字。

分行业职工工资总额　　单位：亿元

年份	合计	农、林、牧、渔业	采掘业	制造业	电力、煤气及水的生产和供应业	建筑业	地质勘查业、水利管理业	交通运输、仓储及邮电通信业
1978	568.9	39.0	44.1	214.8	9.1	43.6	12.6	46.4
1980	772.4	48.9	58.4	289.7	11.9	59.7	16.7	58.8
1981	820.0	50.5	60.9	306.3	12.7	62.5	17.4	61.2
1985	1 383.0	68.7	103.4	504.0	17.1	120.0	27.7	103.0
1986	1 659.7	81.8	125.8	601.9	22.0	139.0	31.6	123.1
1990	2 951.1	120.3	234.3	1 089.3	49.4	211.5	48.8	214.6
1991	3 323.9	128.0	262.9	1 230.2	57.7	244.5	53.6	243.3
1992	3 939.2	139.6	289.3	1 443.0	70.9	300.2	64.6	286.0
1993	4 916.2	143.0	337.7	1 796.3	96.5	433.4	53.5	346.4
1994	6 656.4	191.5	417.0	2 292.3	146.5	527.1	75.9	470.9
1995	8 100.0	230.1	516.2	2 760.4	197.0	609.8	79.8	565.6
1996	9 080.0	246.4	565.2	2 939.5	234.8	617.5	83.9	645.7
1997	9 405.3	262.8	574.3	2 993.4	268.8	673.3	91.7	702.8
1998	9 296.5	249.9	513.9	2 724.3	293.5	635.0	92.2	693.5
1999	9 875.5	252.9	494.9	2 759.0	324.1	633.4	97.5	753.0
2000	10 656.2	260.0	496.0	2 882.6	361.2	669.6	107.5	820.4
2001	11 830.9	268.2	528.2	2 990.6	414.2	713.5	114.6	897.9

年份	批发和零售贸易、餐饮业	金融、保险业	房地产业	社会服务业	卫生、体育和社会福利业	教育、文化艺术和广播电影电视业	科学研究和综合技术服务业	国家机关、政党机关和社会团体	其他
1978	59.4	3.6	1.8	9.2	13.7	38.6	5.9	27.0	
1980	83.0	5.9	2.8	14.5	19.9	55.6	8.7	37.9	
1981	90.7	6.9	2.7	16.5	21.9	59.7	9.3	40.9	
1985	149.7	13.8	4.1	29.3	37.7	109.3	16.3	78.7	
1986	175.7	17.9	5.0	36.9	46.6	130.8	20.1	101.5	
1990	308.2	39.7	9.7	72.7	85.1	238.6	36.0	192.9	
1991	346.8	45.5	11.7	86.8	95.3	260.7	39.5	217.5	
1992	400.0	60.6	15.8	107.5	116.5	323.9	49.1	272.3	
1993	468.7	85.1	26.9	147.1	139.5	389.7	63.4	357.7	18.3
1994	637.0	170.1	44.1	220.2	216.8	607.4	106.8	500.2	32.3
1995	758.1	197.9	54.9	264.3	253.8	690.8	121.4	559.5	40.4
1996	823.0	240.4	66.3	305.5	303.2	812.2	141.9	672.1	67.6
1997	848.5	288.0	75.1	357.4	348.1	931.1	161.9	744.0	84.1
1998	746.6	319.6	89.7	374.4	395.3	1 070.6	172.6	835.4	90.3
1999	722.3	359.3	103.0	418.8	453.5	1 244.9	192.4	971.0	95.5
2000	718.9	399.7	116.5	472.8	516.9	1 410.3	224.5	1 090.4	108.7
2001	703.1	476.9	136.1	548.4	618.5	1 718.1	253.9	1 317.7	131.0

注：1998、1999、2000、2001 年只包括在岗职工的工资总额。

分地区企业、事业、机关单位在岗职工工资总额　　单位：亿元

地　区	全部职工		企业单位	
	2000年	2001年	2000年	2001年
全　国	**10 656.2**	**11 830.9**	**7 023.0**	**7 487.0**
北　京	663.9	777.3	469.3	556.3
天　津	244.7	266.7	186.0	197.9
河　北	427.2	458.1	270.6	277.9
山　西	256.2	294.1	172.5	187.7
内蒙古	186.0	210.5	115.6	119.5
辽　宁	525.1	563.8	376.3	392.4
吉　林	265.0	277.5	179.0	180.1
黑龙江	421.5	455.4	307.0	321.3
上　海	587.7	649.2	439.1	483.9
江　苏	705.4	758.5	460.5	475.0
浙　江	490.6	578.7	311.6	336.0
安　徽	275.5	295.7	167.5	171.5
福　建	334.6	376.2	226.7	247.7
江　西	204.7	225.5	117.2	119.7
山　东	695.1	773.9	447.7	488.5
河　南	495.7	553.4	326.9	338.1
湖　北	405.3	438.3	248.9	265.6
湖　南	358.1	382.1	204.5	210.0
广　东	1 038.4	1 146.1	729.0	780.1
广　西	216.7	248.9	125.3	134.3
海　南	57.5	62.4	34.5	36.3
重　庆	173.2	194.2	113.3	122.5
四　川	436.9	490.3	262.4	273.8
贵　州	144.6	169.6	90.1	95.7
云　南	254.5	276.0	146.0	147.9
西　藏	23.2	29.5	6.4	7.5
陕　西	257.3	296.4	162.2	176.6
甘　肃	173.0	193.3	107.7	108.9
青　海	49.8	57.4	25.4	30.2
宁　夏	54.8	64.2	35.9	38.8
新　疆	234.5	267.7	158.2	165.1

注：2000、2001年只包括在岗职工的工资总额。

续表 1

地　区	事业单位		机关单位		1. 国有单位	
	2000 年	2001 年	2000 年	2001 年	2000 年	2001 年
全　国	**2 573.7**	**3 062.9**	**1 059.5**	**1 281.0**	**7 612.9**	**8 355.6**
北　京	154.5	174.0	40.2	47.0	437.5	477.8
天　津	42.7	50.3	15.7	18.5	136.4	159.5
河　北	106.5	121.9	50.1	58.3	346.0	370.9
山　西	53.8	69.9	29.8	36.4	200.9	230.5
内蒙古	48.5	61.9	21.8	29.1	144.3	163.3
辽　宁	109.2	123.5	39.6	47.8	383.0	401.7
吉　林	65.3	74.1	20.7	23.3	203.8	210.2
黑龙江	78.3	92.3	36.2	41.8	308.2	330.2
上　海	118.2	131.2	30.3	34.1	355.1	371.3
江　苏	182.6	211.8	62.3	71.8	463.6	498.6
浙　江	128.0	170.9	50.9	71.8	288.5	346.1
安　徽	75.7	88.2	32.3	36.0	201.6	216.0
福　建	76.2	90.3	31.8	38.2	188.1	212.2
江　西	60.4	73.3	27.2	32.6	168.2	186.5
山　东	175.3	201.3	72.2	84.1	524.4	577.7
河　南	111.8	144.6	57.0	70.7	338.4	381.9
湖　北	107.5	118.8	48.9	53.9	328.2	352.0
湖　南	109.8	117.7	43.8	54.3	303.1	315.8
广　东	206.6	244.7	102.8	121.3	604.6	663.8
广　西	66.1	82.3	25.2	32.3	172.5	201.4
海　南	15.1	17.0	7.9	9.0	46.7	50.6
重　庆	42.4	51.4	17.5	20.2	129.0	138.2
四　川	121.6	151.7	53.0	64.8	338.7	382.5
贵　州	35.6	48.0	18.8	26.0	116.4	138.1
云　南	74.6	88.1	33.9	39.9	209.5	225.3
西　藏	8.4	11.1	8.4	10.9	22.2	28.3
陕　西	69.0	87.1	26.2	32.7	214.3	244.2
甘　肃	45.5	58.7	19.8	25.6	147.8	166.3
青　海	17.6	17.9	6.8	9.3	46.4	51.7
宁　夏	13.7	18.5	5.3	6.9	44.8	53.6
新　疆	53.1	70.2	23.2	32.4	200.8	209.2

续表 2

地　区	# 国有企业单位		2. 城镇集体单位		3. 其他单位	
	2000 年	2001 年	2000 年	2001 年	2000 年	2001 年
全　国	**4 082.8**	**4 132.4**	**919.0**	**864.6**	**2 124.3**	**2 610.7**
北　京	245.6	260.1	42.8	44.8	183.7	254.7
天　津	78.8	91.1	18.4	15.6	89.6	91.7
河　北	190.9	192.3	31.9	31.4	49.4	55.8
山　西	119.1	126.4	20.1	22.2	35.1	41.5
内蒙古	75.0	73.5	12.5	12.2	29.2	35.0
辽　宁	236.4	232.5	53.7	48.3	88.4	113.8
吉　林	119.2	114.3	23.5	22.3	37.7	45.1
黑龙江	194.7	197.2	35.0	33.1	78.3	92.1
上　海	213.3	213.8	34.3	31.9	198.3	246.0
江　苏	232.9	230.3	83.0	71.4	158.8	188.5
浙　江	117.2	112.8	55.3	46.3	146.8	186.3
安　徽	97.6	95.9	31.7	29.9	42.2	49.8
福　建	83.9	88.3	26.6	26.3	119.9	137.7
江　西	81.7	81.8	15.2	14.5	21.4	24.6
山　东	283.5	299.6	58.8	58.0	111.8	138.1
河　南	192.3	198.7	66.4	75.7	90.8	95.8
湖　北	173.5	181.2	32.9	30.4	44.3	55.8
湖　南	153.3	147.3	31.9	26.6	23.1	39.6
广　东	300.9	304.1	91.8	82.7	342.0	399.6
广　西	81.8	87.3	14.6	15.2	29.5	32.4
海　南	24.2	25.1	2.5	2.7	8.2	9.1
重　庆	71.1	68.6	17.7	15.8	26.5	40.1
四　川	170.0	172.1	40.5	39.0	57.7	68.8
贵　州	62.3	64.6	10.2	9.7	18.0	21.8
云　南	101.6	97.8	16.8	14.4	28.2	36.3
西　藏	5.4	6.3	4.6	0.5	0.5	0.7
陕　西	120.5	125.9	14.4	14.2	28.5	37.9
甘　肃	83.3	82.9	17.6	13.6	7.6	13.4
青　海	22.2	24.7	2.3	2.3	1.1	3.3
宁　夏	26.0	28.2	3.5	3.3	6.5	7.4
新　疆	124.9	107.2	12.6	10.6	21.1	47.9

分登记注册类型职工平均工资及增长情况

年份	平均工资（元）				全部职工平均工资比上年增长（%）	
	合计	国有单位	城镇集体单位	其他单位	货币工资	实际工资
1952	445	446	348			
1955	527	534	453		1.9	1.6
1956	601	610	547		14.0	14.1
1960	511	528	409		-0.2	-2.6
1961	510	537	380		-0.2	-14.0
1962	551	592	405		8.0	4.5
1963	576	641	371		4.5	11.1
1964	586	661	358		1.7	5.6
1965	590	652	398		0.7	1.9
1966	583	636	423		-1.2	0
1967	587	630	455		0.7	1.3
1968	577	621	441		-1.7	-1.8
1969	575	618	439		-0.3	-1.3
1970	561	609	405		-2.4	-2.4
1971	560	597	429		-0.2	-0.1
1972	588	622	465		5.0	4.8
1973	587	614	489		-0.2	-0.3
1974	584	622	441		-0.5	-1.2
1975	580	613	453		-0.7	-1.1
1976	575	605	464		-0.9	-1.2
1977	576	602	478		0.2	-2.8
1978	615	644	506		6.8	6.1
1979	668	705	542		8.6	6.6
1980	762	803	623		14.1	6.1
1981	772	812	642		1.3	-1.2
1982	798	836	671		3.4	1.4
1983	826	865	698		3.5	1.5
1984	974	1 034	811	1 048	17.9	14.8
1985	1 148	1 213	967	1 436	17.9	5.3
1986	1 329	1 414	1 092	1 629	15.8	8.2
1987	1 459	1 546	1 207	1 879	9.8	0.9
1988	1 747	1 853	1 426	2 382	19.7	-0.8
1989	1 935	2 055	1 557	2 707	10.8	-4.7
1990	2 140	2 284	1 681	2 987	10.6	9.2
1991	2 340	2 477	1 866	3 468	9.3	4.0
1992	2 711	2 878	2 109	3 966	15.9	6.7
1993	3 371	3 532	2 592	4 966	24.3	7.1
1994	4 538	4 797	3 245	6 303	34.6	7.7
1995	5 500	5 625	3 931	7 463	21.2	3.8
1996	6 210	6 280	4 302	8 261	12.9	3.8
1997	6 470	6 747	4 512	8 789	4.2	1.1
1998	7 479	7 668	5 331	8 972	6.6	7.2
1999	8 346	8 543	5 774	9 829	11.6	13.1
2000	9 371	9 552	6 262	10 984	12.3	11.4
2001	10 870	11 178	6 867	12 140	16.0	15.2

注：1998、1999、2000、2001 年只包括在岗职工的平均工资。

历年全国企业、事业、机关单位职工平均工资

年份	职工平均工资（元）					
	全部职工平均工资	企业				事业
		合计	国有	集体	其他	合计
1986	1 329	1 264	1 369	1 037	1 550	1 299
1988	1 747	1 746	1 885	1 425	2 365	1 769
1989	1 935	1 944	2 109	1 554	2 701	1 912
1990	2 140	2 148	2 347	1 674	2 985	2 119
1991	2 340	2 364	2 563	1 861	3 468	2 255
1992	2 711	2 720	2 930	2 101	3 966	2 716
1993	3 371	3 361	3 593	2 542	4 962	3 360
1994	4 538	4 408	4 708	3 212	6 302	4 963
1995	5 500	5 345	5 663	3 896	7 462	5 499
1996	6 210	5 930	6 249	4 255	8 261	6 241
1997	6 470	6 322	6 647	4 443	8 788	6 867
1998	7 479	7 405	7 644	5 264	8 970	7 620
1999	8 346	8 168	8 350	5 670	9 828	8 665
2000	9 371	9 189	9 324	6 144	10 985	9 634
2001	10 870	10 453	10 619	6 667	12 136	11 491

年份				机关		
	国有	集体	其他	合计	国有	集体
1986	1 320	1 058	1 787	1 300	1 305	1 175
1988	1 795	1 425	3 195	1 708	1 709	1 648
1989	1 936	1 585	3 359	1 873	1 875	1 860
1990	2 142	1 774	3 976	2 107	2 109	2 042
1991	2 276	1 926	3 335	2 270	2 271	2 244
1992	2 744	2 234		2 778	2 783	2 566
1993	3 390	2 792	3 018	3 382	3 383	3 275
1994	5 013	3 995	5 427	4 956	4 962	4 379
1995	5 540	4 668	8 111	5 542	5 546	5 160
1996	6 282	5 338	8 722	6 352	6 358	5 647
1997	6 925	5 743	9 530	6 990	6 994	6 338
1998	7 689	6 206	10 858	7 740	7 746	6 675
1999	8 748	6 970	10 913	8 925	8 930	7 827
2000	9 749	7 388	10 560	10 020	10 025	8 718
2001	11 640	8 518	14 628	12 125	12 136	8 960

注：1998、1999、2000、2001 年只包括在岗职工的平均工资。

分行业职工平均工资

单位：元

年份	合计	农、林、牧、渔业	采掘业	制造业	电力、煤气及水的生产和供应业	建筑业	地质勘查业、水利管理业	交通运输、仓储及邮电通信业
1978	615	470	676	597	850	714	708	694
1980	762	616	854	752	1 035	855	895	832
1985	1 148	878	1 324	1 112	1 239	1 362	1 406	1 275
1986	1 329	1 048	1 569	1 275	1 497	1 536	1 604	1 476
1990	2 140	1 541	2 718	2 073	2 656	2 384	2 465	2 426
1991	2 340	1 652	2 942	2 289	2 922	2 649	2 707	2 686
1992	2 711	1 828	3 209	2 635	3 392	3 066	3 222	3 114
1993	3 371	2 042	3 711	3 348	4 319	3 779	3 717	4 273
1994	4 538	2 819	4 679	4 283	6 155	4 894	5 450	5 690
1995	5 500	3 522	5 757	5 169	7 843	5 785	5 962	6 948
1996	6 210	4 050	6 482	5 642	8 816	6 249	6 581	7 870
1997	6 470	4 311	6 833	5 933	9 649	6 655	7 160	8 600
1998	7 479	4 528	7 242	7 064	10 478	7 456	7 951	9 808
1999	8 346	4 832	7 521	7 794	11 513	7 982	8 821	10 991
2000	9 371	5 184	8 340	8 750	12 830	8 735	9 622	12 319
2001	10 870	5 741	9 586	9 774	14 590	9 484	10 957	14 167

年份	批发和零售贸易、餐饮业	金融、保险业	房地产业	社会服务业	卫生、体育和社会福利业	教育、文化艺术和广播电影电视业	科学研究和综合技术服务业	国家机关、政党机关和社会团体	其他
1978	551	610	548	392	573	545	669	655	
1980	692	720	694	475	718	700	851	800	
1985	1 007	1 154	1 028	777	1 124	1 166	1 272	1 127	
1986	1 148	1 353	1 216	980	1 343	1 330	1 492	1 356	
1990	1 818	2 097	2 243	2 170	2 209	2 117	2 403	2 113	
1991	1 981	2 255	2 507	2 431	2 370	2 243	2 573	2 275	
1992	2 204	2 829	3 106	2 844	2 812	2 715	3 115	2 768	
1993	2 679	3 740	4 320	3 588	3 413	3 278	3 904	3 505	3 371
1994	3 537	6 712	6 288	5 026	5 126	4 923	6 162	4 962	5 213
1995	4 248	7 376	7 330	5 982	5 860	5 435	6 846	5 526	6 295
1996	4 661	8 406	8 337	6 778	6 790	6 144	8 048	6 340	7 184
1997	4 845	9 734	9 190	7 553	7 599	6 759	9 049	6 981	6 838
1998	5 865	10 633	10 302	8 333	8 493	7 474	10 241	7 773	8 481
1999	6 417	12 046	11 505	9 263	9 664	8 510	11 601	8 978	10 068
2000	7 190	13 478	12 616	10 339	10 930	9 482	13 620	10 043	11 098
2001	8 192	16 277	14 096	11 869	12 933	11 452	16 437	12 142	12 590

注：1998、1999、2000、2001 年只包括在岗职工的平均工资。

分行业职工平均实际工资指数（以上年为100）

年份	合计	农、林、牧、渔业	采掘业	制造业	电力、煤气及水的生产和供应业	建筑业	地质勘查业、水利管理业	交通运输、仓储及邮电通信业
1979	106.6	110.3	109.5	109.1	108.5	105.7	108.5	107.5
1980	106.1	108.6	105.3	105.4	102.3	103.4	106.5	101.8
1985	105.3	102.0	111.0	104.1	83.8	105.5	106.5	105.3
1986	108.2	111.5	110.7	107.1	112.9	105.4	106.6	108.2
1990	109.2	109.5	112.9	107.7	117.0	108.7	110.7	109.0
1991	104.0	102.0	103.0	105.1	104.7	105.7	104.5	105.3
1992	106.7	101.9	100.4	106.0	106.9	106.6	109.6	106.8
1993	107.1	96.2	99.6	109.4	109.7	106.2	99.4	118.2
1994	107.7	110.6	100.8	102.3	113.9	103.6	117.3	106.6
1995	103.8	107.0	105.3	103.3	109.1	101.2	93.7	104.5
1996	103.8	105.7	103.5	100.3	103.3	99.3	101.5	104.1
1997	101.1	103.2	102.2	102.0	106.1	103.3	105.5	106.0
1998	107.2	102.7	99.4	105.1	108.0	103.7	106.0	107.0
1999	113.1	108.1	105.3	111.8	111.3	108.5	112.4	113.6
2000	111.9	106.9	110.5	111.9	111.0	109.0	108.7	111.7
2001	115.2	110.0	114.1	110.9	112.9	107.8	113.1	114.2

年份	批发和零售贸易、餐饮业	金融、保险业	房地产业	社会服务业	卫生、体育和社会福利业	教育、文化艺术和广播电影电视业	科学研究和综合技术服务业	国家机关、政党机关和社会团体	其他
1979	108.6	104.9	108.5	105.4	102.4	105.2	105.2	105.2	
1980	105.5	102.7	106.5	105.0	111.7	111.5	110.4	108.8	
1985	104.8	106.0	100.0	118.1	106.0	113.3	106.0	101.8	
1986	106.5	109.6	110.5	117.9	111.7	106.6	109.6	112.4	
1990	108.1	110.9	115.0	111.2	111.3	111.0	112.0	111.3	
1991	103.7	102.3	106.3	106.6	102.1	100.8	101.9	102.4	
1992	102.4	115.5	114.1	107.7	109.3	111.5	111.5	112.0	
1993	104.7	113.9	119.8	108.7	104.5	104.0	108.0	109.1	
1994	105.6	143.7	116.1	112.0	120.2	120.1	126.3	113.1	123.3
1995	102.8	94.1	99.8	101.9	97.9	94.5	95.1	95.3	103.4
1996	100.8	104.7	104.5	104.1	106.5	103.9	108.0	105.5	104.9
1997	100.8	112.3	106.9	108.1	108.5	106.7	109.0	106.8	92.3
1998	104.3	109.8	109.4	107.1	112.1	111.0	112.7	111.7	112.8
1999	110.8	114.8	113.2	112.7	115.3	115.4	114.8	117.0	120.3
2000	111.6	111.5	109.3	111.2	112.6	111.0	116.9	111.5	109.8
2001	113.1	119.9	111.0	114.0	117.5	119.9	119.8	120.1	112.7

注：1998、1999、2000、2001年只包括在岗职工的平均工资。

分行业职工平均工资

（国有单位）

单位：元

年份	合计	农、林、牧、渔业	采掘业	制造业	电力、煤气及水的生产和供应业	建筑业	地质勘查业、水利管理业	交通运输、仓储及邮电通信业
1978	644	482	704	663	873	760	712	720
1980	803	628	891	821	1 073	924	895	902
1985	1 213	892	1 384	1 190	1 272	1 532	1 408	1 383
1986	1 414	1 062	1 638	1 382	1 518	1 731	1 607	1 610
1990	2 284	1 559	2 763	2 289	2 648	2 667	2 463	2 697
1991	2 477	1 665	2 982	2 505	2 883	2 924	2 718	2 967
1992	2 878	1 845	3 239	2 889	3 354	3 406	3 235	3 452
1993	3 532	2 043	3 856	3 562	4 317	4 182	3 729	4 604
1994	4 797	2 821	4 863	4 508	6 124	5 498	5 476	6 212
1995	5 625	3 527	5 944	5 352	7 734	6 512	5 987	7 572
1996	6 280	4 038	6 709	5 798	8 701	6 992	6 610	8 546
1997	6 747	4 304	7 091	6 008	9 541	7 388	7 180	9 303
1998	7 668	4 522	7 499	6 981	10 324	8 171	7 968	10 302
1999	8 543	4 813	7 732	7 611	11 239	8 734	8 843	11 345
2000	9 552	5 132	8 283	8 554	12 458	9 512	9 651	12 613
2001	11 178	5 702	9 446	9 590	14 132	10 299	11 005	14 318

年份	批发和零售贸易、餐饮业	金融、保险业	房地产业	社会服务业	卫生、体育和社会福利业	教育、文化艺术和广播电影电视业	科学研究和综合技术服务业	国家机关、政党机关和社会团体	其他
1978	569	650	630	607	605	566	670	661	
1980	716	754	758	795	751	722	853	807	
1985	1 087	1 234	1 170	1 208	1 164	1 184	1 268	1 133	
1986	1 268	1 427	1 364	1 417	1 376	1 344	1 494	1 361	
1990	2 028	2 200	2 247	2 307	2 263	2 134	2 411	2 115	
1991	2 201	2 355	2 476	2 547	2 417	2 257	2 580	2 277	
1992	2 478	2 967	3 082	3 008	2 883	2 732	3 130	2 774	
1993	2 933	3 885	4 278	3 661	3 494	3 292	3 898	3 512	3 793
1994	3 856	7 017	5 997	5 098	5 267	4 944	6 212	4 967	5 744
1995	4 568	7 595	6 884	5 949	6 009	5 457	6 835	5 528	6 854
1996	4 940	8 679	7 897	6 695	6 967	6 161	7 984	6 344	7 643
1997	5 134	10 012	8 570	7 425	7 794	6 810	8 974	6 985	6 891
1998	6 150	10 898	9 441	8 136	8 704	7 537	10 146	7 776	8 258
1999	6 678	12 249	10 475	9 054	9 899	8 590	11 543	8 982	9 762
2000	7 414	13 729	11 626	9 847	11 234	9 599	13 221	10 048	10 198
2001	8 220	16 605	13 111	11 254	13 340	11 591	16 218	12 152	11 488

注：1998、1999、2000、2001 年只包括在岗职工的平均工资。

分行业职工平均工资

（城镇集体单位）

单位：元

年份	合计	农、林、牧、渔业	采掘业	制造业	电力、煤气及水的生产和供应业	建筑业	地质勘查业、水利管理业	交通运输、仓储及邮电通信业
1978	506	304	443	503	333	594	600	632
1980	623	458	548	619	333	716	700	676
1985	967	725	852	963	667	1 101	900	1 009
1986	1 092	875	945	1 075	875	1 232	1 286	1 139
1990	1 681	1 238	1 844	1 622	2 133	1 935	1 212	1 661
1991	1 866	1 366	1 960	1 798	2 588	2 216	1 765	1 854
1992	2 109	1 487	2 000	2 017	2 737	2 554	2 188	2 070
1993	2 592	1 887	2 327	2 469	3 539	3 182	2 843	2 711
1994	3 245	2 510	2 793	3 076	5 734	3 936	3 692	3 110
1995	3 931	2 927	3 680	3 717	7 461	4 677	4 294	3 584
1996	4 302	3 814	3 968	4 007	8 324	5 092	4 784	3 961
1997	4 512	3 945	4 164	4 120	9 064	5 466	6 342	4 057
1998	5 331	4 358	4 567	5 016	9 470	5 941	7 017	5 163
1999	5 774	4 878	4 545	5 327	9 834	6 296	7 636	5 707
2000	6 262	5 536	4 857	5 722	10 707	6 873	7 509	5 816
2001	6 867	5 654	5 517	6 088	12 250	7 260	7 605	6 322

年份	批发和零售贸易、餐饮业	金融、保险业	房地产业	社会服务业	卫生、体育和社会福利业	教育、文化艺术和广播电影电视业	科学研究和综合技术服务业	国家机关、政党机关和社会团体	其他
1978	453	526	467	451	484	317	500	455	
1980	584	640	638	584	618	433	571	538	
1985	912	945	1 050	806	975	779	1 052	1 046	
1986	1 008	1 150	1 238	1 057	1 212	945	1 286	1 227	
1990	1 548	1 806	1 969	1 638	1 956	1 533	1 997	2 042	
1991	1 691	1 965	2 432	1 905	2 135	1 689	2 120	2 206	
1992	1 827	2 428	2 763	2 082	2 416	1 987	2 392	2 565	
1993	2 213	3 182	4 006	2 727	2 935	2 539	3 474	3 071	2 547
1994	2 823	5 625	5 290	3 754	4 238	3 548	4 719	4 411	4 067
1995	3 449	6 407	6 706	4 707	4 890	4 291	6 046	5 314	4 935
1996	3 818	6 857	6 820	5 032	5 603	4 949	7 206	5 686	5 675
1997	3 873	7 634	7 687	5 663	6 294	4 955	7 749	6 244	5 780
1998	4 517	8 144	9 144	5 990	6 883	5 192	8 116	7 033	7 048
1999	4 802	9 088	10 516	6 621	7 826	5 750	8 771	7 985	8 135
2000	5 089	9 754	10 371	7 269	8 521	5 854	10 434	8 899	9 044
2001	5 428	10 914	10 658	7 950	9 638	7 304	12 137	9 487	9 621

注：1998、1999、2000、2001 年只包括在岗职工的平均工资。

分行业职工平均工资
（其他单位）

单位：元

年份	合计	农、林、牧、渔业	采掘业	制造业	电力、煤气及水的生产和供应业	建筑业	地质勘查业、水利管理业	交通运输、仓储及邮电通信业
1984	1 048	543		1 007		1 513		1 696
1985	1 436	1 519	1 270	1 328	1 270	1 000		2 429
1986	1 629	1 806		1 528		2 299		2 543
1990	2 987	3 773	2 270	3 055	3 088	3 571	5 714	3 667
1991	3 468	3 760	3 855	3 626	3 333	4 641	4 615	5 500
1992	3 966	4 069	3 579	4 154	4 238	5 061	5 263	5 955
1993	4 966	3 905	3 423	4 874	6 309	4 464	7 441	6 450
1994	6 303	5 394	4 233	6 096	8 005	5 766	4 362	8 713
1995	7 463	6 992	5 174	7 245	10 746	6 798	5 408	10 492
1996	8 261	7 389	5 217	7 945	12 030	6 937	6 464	11 931
1997	8 789	7 061	5 385	8 376	12 127	7 517	5 770	13 734
1998	8 972	5 685	6 749	8 556	12 158	8 983	6 909	11 858
1999	9 829	6 740	7 651	9 316	13 856	9 540	8 439	14 241
2000	10 984	8 519	9 842	10 192	15 486	10 391	13 064	16 173
2001	12 140	8 473	11 246	11 074	17 256	11 139	11 892	18 737

年份	批发和零售贸易、餐饮业	金融、保险业	房地产业	社会服务业	卫生、体育和社会福利业	教育、文化艺术和广播电影电视业	科学研究和综合技术服务业	国家机关、政党机关和社会团体	其他
1984	1 428	2 500		1 741					
1985	1 955	2 107		1 904		3 184	1 728		
1986	1 971	2 457		2 126	1 583	2 245	2 533		
1987	2 142	2 745		2 310	2 793	2 451	1 967		
1988	2 512	3 902	1 296	2 856	2 903	2 498	2 544		
1989	2 832	4 376	1 776	3 202	2 945	3 604	3 241		
1990	3 284	5 565	2 517	3 463	5 430	4 022	3 425		
1991	3 585	6 041	4 923	4 004	4 817	4 560	3 906		
1992	4 368	9 761	5 561	4 545	5 461	5 107	5 033		
1993	4 975	6 073	4 940	5 934	3 665	5 289	5 645		4 953
1994	6 460	10 400	9 610	8 013	7 051	8 360	7 882		9 691
1995	7 190	12 949	10 746	9 274	8 668	8 968	9 678		10 502
1996	7 862	15 818	11 801	10 820	11 014	10 172	13 358		13 508
1997	8 051	17 970	13 249	11 812	11 863	10 017	14 370		16 423
1998	8 320	16 255	13 636	12 027	15 124	11 687	14 847		20 393
1999	9 001	18 648	14 693	12 785	16 618	12 871	15 671		20 548
2000	10 250	21 538	15 485	14 544	17 883	12 027	20 299		26 677
2001	11 584	25 662	16 621	16 142	17 045	15 951	19 506		28 156

注：1998、1999、2000、2001 年只包括在岗职工的平均工资。

分地区企业、事业、机关单位在岗职工平均工资 单位：元

地区	全部职工		企业单位		事业单位		机关单位	
	2000年	2001年	2000年	2001年	2000年	2001年	2000年	2001年
全国	**9 371**	**10 870**	**9 189**	**10 453**	**9 634**	**11 491**	**10 020**	**12 125**
北京	16 350	19 155	15 688	18 298	18 247	21 520	18 034	22 477
天津	12 480	14 308	12 423	13 930	12 360	15 219	13 579	16 395
河北	7 781	8 730	7 577	8 440	7 957	8 964	8 631	9 798
山西	6 918	8 122	6 843	7 732	6 980	8 856	7 266	9 030
内蒙古	6 974	8 250	6 776	7 496	7 175	9 206	7 686	10 216
辽宁	8 811	10 145	8 609	9 857	9 123	10 446	10 117	12 156
吉林	7 924	8 771	7 799	8 425	7 997	9 295	8 904	10 173
黑龙江	7 835	8 910	7 540	8 443	8 497	9 936	9 358	11 103
上海	18 531	21 781	17 975	21 353	19 972	22 652	22 231	25 225
江苏	10 299	11 842	9 544	10 768	11 570	13 564	13 967	16 561
浙江	13 076	16 385	12 217	14 473	14 626	19 437	15 650	21 687
安徽	6 989	7 908	6 567	7 263	7 521	8 693	8 396	9 910
福建	10 584	12 013	10 306	11 468	10 990	13 000	11 812	13 794
江西	7 014	8 026	6 636	7 325	7 436	8 795	7 968	9 502
山东	8 772	10 008	8 245	9 376	9 952	11 338	9 846	11 252
河南	6 930	7 916	6 913	7 561	6 805	8 409	7 297	8 836
湖北	7 565	8 619	7 112	8 138	8 196	9 219	8 950	10 113
湖南	8 128	9 623	7 731	9 257	8 745	10 179	8 675	9 962
广东	13 823	15 682	13 742	15 301	13 572	15 874	15 002	18 143
广西	7 651	9 075	7 828	8 860	7 194	8 950	8 091	10 512
海南	7 408	8 321	6 460	7 086	9 548	10 710	9 414	11 575
重庆	8 020	9 523	7 782	9 112	8 298	10 032	9 079	11 131
四川	8 323	9 934	8 133	9 364	8 394	10 475	9 211	11 496
贵州	7 468	8 991	7 880	8 803	6 758	9 264	7 102	9 212
云南	9 231	10 537	9 307	10 191	9 156	10 932	9 072	11 044
西藏	14 976	19 144	11 843	14 487	15 707	21 035	17 684	21 997
陕西	7 804	9 120	7 895	8 878	7 732	9 601	7 453	9 254
甘肃	8 560	9 949	8 567	9 334	8 469	10 747	8 739	11 182
青海	10 050	12 906	9 022	12 086	11 691	13 714	10 709	14 452
宁夏	8 590	10 442	8 579	9 899	8 572	11 426	8 714	11 330
新疆	8 717	10 278	8 476	9 309	9 194	12 140	9 421	12 810

注：2000、2001年只包括在岗职工的平均工资。

续表 1

地　　区	1. 国有单位		国有企业单位		国有事业单位		国有机关单位	
	2000 年	2001 年	2000 年	2001 年	2000 年	2001 年	2000 年	2001 年
全　　国	**9 552**	**11 178**	**9 324**	**10 619**	**9 749**	**11 640**	**10 025**	**12 136**
北　　京	16 431	19 776	15 232	18 357	18 335	21 608	18 034	22 477
天　　津	12 721	15 110	12 703	14 765	12 459	15 321	13 579	16 395
河　　北	8 146	9 139	8 111	9 035	7 993	9 011	8 636	9 801
山　　西	7 249	8 618	7 319	8 317	7 083	9 004	7 268	9 034
内 蒙 古	7 261	8 737	7 166	7 904	7 229	9 278	7 687	10 217
辽　　宁	9 221	10 609	9 094	10 367	9 202	10 552	10 123	12 162
吉　　林	8 121	9 043	8 038	8 658	8 047	9 362	8 903	10 188
黑 龙 江	7 792	8 924	7 314	8 184	8 526	9 973	9 368	11 112
上　　海	18 865	21 961	17 924	21 074	20 053	22 809	22 244	25 238
江　　苏	11 109	12 917	10 165	11 515	11 730	13 775	13 987	16 587
浙　　江	14 465	19 514	13 730	18 077	14 763	19 731	15 650	21 687
安　　徽	7 471	8 501	7 104	7 826	7 624	8 825	8 415	9 938
福　　建	11 170	13 313	11 082	13 377	11 008	13 045	11 814	13 797
江　　西	7 249	8 346	6 900	7 606	7 459	8 833	7 973	9 508
山　　东	9 656	11 067	9 399	10 780	10 027	11 448	9 860	11 269
河　　南	7 453	8 573	7 561	8 263	7 324	8 998	7 300	8 841
湖　　北	7 989	9 133	7 623	8 798	8 229	9 266	8 953	10 120
湖　　南	8 401	9 991	8 040	9 760	8 855	10 315	8 685	9 974
广　　东	14 387	16 779	14 741	16 946	13 618	15 967	14 993	18 155
广　　西	7 663	9 209	7 931	9 029	7 211	8 961	8 099	10 521
海　　南	7 146	8 102	5 799	6 377	9 588	10 762	9 411	11 576
重　　庆	8 390	10 035	8 209	9 643	8 441	10 197	9 082	11 140
四　　川	8 909	10 783	9 092	10 610	8 533	10 692	9 213	11 502
贵　　州	7 594	9 308	8 339	9 359	6 777	9 293	7 102	9 212
云　　南	9 422	10 880	9 757	10 759	9 152	10 940	9 070	11 049
西　　藏	15 566	20 112	12 925	16 425	15 707	21 035	17 758	21 997
陕　　西	8 043	9 440	8 334	9 324	7 795	9 690	7 454	9 258
甘　　肃	8 916	10 442	9 204	10 016	8 495	10 777	8 747	11 197
青　　海	10 744	14 028	10 053	14 017	11 728	13 759	10 843	14 605
宁　　夏	8 913	11 112	9 138	10 859	8 583	11 438	8 714	11 330
新　　疆	8 731	10 145	8 428	8 672	9 218	12 147	9 420	12 810

续表 2

地区	2．城镇集体单位		#城镇集体企业单位		3．其他单位		#其他企业单位	
	2000 年	2001 年	2000 年	2001 年	2000 年	2001 年	2000 年	2001 年
全　国	**6 262**	**6 867**	**6 144**	**6 667**	**10 984**	**12 140**	**10 985**	**12 136**
北　京	10 005	11 063	9 834	10 833	18 926	20 594	18 935	20 594
天　津	7 646	8 345	7 635	8 320	13 887	14 734	13 905	14 735
河　北	5 187	5 746	5 154	5 712	7 846	8 678	7 846	8 678
山　西	4 193	4 927	4 132	4 833	7 783	8 351	7 784	8 352
内蒙古	4 826	5 525	4 782	5 432	6 947	7 579	6 947	7 579
辽　宁	5 721	6 354	5 694	6 345	10 196	11 258	10 198	11 258
吉　林	5 501	5 765	5 464	5 710	9 244	9 935	9 242	9 931
黑龙江	4 708	4 917	4 667	4 856	11 499	12 490	11 501	12 490
上　海	12 020	13 693	11 049	12 519	19 752	23 277	19 752	23 267
江　苏	6 962	7 543	6 568	6 938	10 698	11 790	10 693	11 784
浙　江	10 403	12 208	10 120	11 657	11 975	13 508	11 972	13 497
安　徽	4 762	5 106	4 630	4 950	7 310	8 125	7 311	8 121
福　建	8 140	9 098	7 917	8 750	10 422	11 028	10 405	11 009
江　西	4 676	5 149	4 581	5 024	7 798	8 349	7 798	8 349
山　东	5 586	6 235	5 373	5 992	7 770	8 732	7 771	8 729
河　南	4 913	5 726	4 732	5 129	7 212	7 889	7 210	7 887
湖　北	5 090	5 677	5 027	5 615	7 327	8 035	7 327	8 032
湖　南	5 995	6 877	5 946	6 859	8 705	9 380	8 702	9 401
广　东	8 615	9 040	8 450	8 883	15 240	16 392	15 241	16 387
广　西	5 583	6 388	5 558	6 358	9 264	10 156	9 321	10 156
海　南	5 919	6 207	5 627	5 876	10 346	11 091	10 372	11 091
重　庆	5 816	6 614	5 772	6 538	8 334	9 503	8 334	9 503
四　川	5 749	6 575	5 684	6 503	7 763	8 650	7 765	8 645
贵　州	5 444	6 218	5 453	6 209	8 325	8 831	8 325	8 829
云　南	7 033	7 203	6 997	7 149	9 566	10 407	9 545	10 405
西　藏	5 835	6 236	5 679	6 232	12 135	13 125	12 135	13 125
陕　西	4 920	5 293	4 879	5 215	8 417	9 625	8 419	9 631
甘　肃	6 806	6 728	6 799	6 622	7 251	9 041	7 256	9 042
青　海	4 785	6 101	4 677	5 950	6 989	8 841	6 956	8 856
宁　夏	6 538	7 166	6 530	7 132	7 943	8 464	7 943	8 464
新　疆	7 489	8 197	7 494	8 073	9 498	11 594	9 514	11 594

33个城市企业单位不同职位职工工资价位抽样调查资料

	调查人数（人）	2000年平均工资（元）	2001年平均工资（元）	2001年平均工资比上年增长（%）
一、按登记注册类型分组				
1. 内资企业	648 424	9 608	11 075	15
（1）国有企业	413 065	9 991	11 493	15
（2）集体企业	67 643	7 454	8 271	11
（3）股份合作企业	17 381	7 685	8 912	16
（4）联营企业	2 592	10 027	11 960	19
（5）有限责任公司	82 542	8 702	9 975	15
（6）股份有限公司	58 544	11 382	13 779	21
（7）私营企业	2 638	6 551	6 832	4
（8）其他企业	3 352	9 256	9 771	6
2. 港、澳、台商投资企业	14 655	12 553	14 666	17
3. 外商投资企业	26 825	18 679	21 380	14
二、按隶属关系分组				
1. 中央	117 378	13 092	15 751	20
2. 省、自治区、直辖市	164 736	12 826	14 622	14
3. 地区	245 236	8 808	10 205	16
4. 县及县以下	147 744	6 719	7 198	7
5. 其他	14 810	7 630	9 851	29
三、按国民经济行业分组				
1. 农、林、牧、渔业	9 780	6 808	7 872	16
2. 采掘业	12 060	7 941	9 115	15
3. 制造业	376 981	9 611	11 119	16
4. 电力、煤气及水的生产供应业	29 834	12 267	13 836	13
5. 建筑业	46 931	10 830	12 380	14
6. 交通运输、仓储及邮电通信业	49 049	10 791	12 594	17
7. 批发和零售贸易、餐饮业	91 733	9 097	10 189	12
8. 金融、保险业	14 379	13 963	16 848	21
9. 房地产业	15 935	14 484	16 223	12
10. 社会服务业	26 374	11 483	13 984	22
11. 其他行业	16 737	9 225	10 290	12
四、按地区分组				
北京	45 543	18 119	20 872	15
天津	41 209	14 258	15 621	15
石家庄	25 376	9 487	9 957	5

续表 1

	调查人数（人）	2000年平均工资（元）	2001年平均工资（元）	2001年平均工资比上年增长（%）
呼和浩特	4 860	7 416	8 039	8
沈阳	42 292	13 718	16 882	23
长春	21 669	11 475	12 741	11
上海	31 157	21 012	22 915	9
南昌	12 946	7 928	8 662	9
武汉	9 894	7 639	8 109	6
南宁	10 228	8 714	10 879	25
重庆	14 731	8 520	9 545	12
贵阳	20 326	7 979	9 579	20
西安	45 738	7 875	8 676	10
银川	5 640	6 754	7 643	13
兰州	6 708	7 156	7 727	8
赤峰	4 840	6 768	6 950	3
包头	1 733	7 546	8 052	7
厦门	14 224	17 150	20 783	21
泉州	1 647	9 469	10 727	13
汉中	7 431	5 154	5 540	7
绵阳	5 376	7 549	8 144	8
乐山	8 565	7 482	8 096	8
景德镇	3 855	4 541	5 190	14
赣州	17 612	7 434	8 127	9
潍坊	48 903	7 925	8 566	8
威海	40 728	8 830	9 776	11
洛阳	10 989	8 340	8 667	4
安阳	6 590	6 774	7 092	5
开封	6 281	6 367	6 563	3
孝感	4 669	4 934	5 102	3
常德	4 493	8 942	10 442	17
桂林	7 587	10 125	11 640	15
渭南	7 690	4 986	5 820	17
五、按专业（技术）等级分组				
1．工人（生产业务人员）				
（1）初级工	65 338	9 083	10 255	8
（2）中级工	91 555	10 095	11 482	23
（3）高级工	38 575	10 295	11 393	11
（4）技师	5 640	12 245	13 591	11
（5）高级技师	751	12 487	14 465	16

续表 2

	调查人数（人）	2000 年平均工资（元）	2001 年平均工资（元）	2001 年平均工资比上年增长（%）
（6）其他人员	70 204	9 264	10 146	10
2．专业技术人员				
（1）正高级专业技术职务	2 406	18 088	22 566	25
（2）副高级专业技术职务	7 141	18 289	22 839	25
（3）中级专业技术职务	43 870	13 965	16 848	21
（4）初级专业技术职务	71 054	11 165	13 331	19
（5）未评定技术职务人员	68 415	9 541	10 948	15
六、按学历分组				
1．博士及以上	172	20 196	27 973	39
2．硕士	1 972	27 552	37 047	34
3．本科	37 975	16 443	20 662	26
4．大专	87 563	12 459	14 887	19
5．高中、中专、技校	258 846	9 806	11 215	14
6．初中及以下	190 794	8 966	10 046	12
七、按工龄分组				
1．1 年	62 136	8 862	10 965	24
2．2～5 年	88 389	9 674	11 423	18
3．6～10 年	96 010	9 923	11 399	15
4．16～20 年	89 713	10 474	12 001	15
5．21～25 年	96 130	10 560	11 936	13
6．26～30 年	67 030	11 657	13 110	12
7．31～35 年	50 813	13 268	15 192	15
8．36～40 年	9 562	13 781	15 739	14
9．41～45 年	1 698	15 063	16 469	9
10．46 年及以上	32	15 432	19 557	27
八、按年龄分组				
1．20 岁以下	25 134	7 628	9 397	23
2．21～25 岁	45 194	7 930	10 019	26
3．26～30 岁	88 743	9 504	11 333	19
4．31～35 岁	101 780	10 018	11 641	16
5．36～40 岁	109 311	10 569	12 186	15
6．41～45 岁	94 567	11 102	12 518	13
7．46～50 岁	74 957	11 815	13 386	13
8．51～55 岁	31 631	13 016	14 811	14
9．56～60 岁	8 270	14 801	16 732	13
10．60 岁以上	1 014	15 210	17 540	15

四、就业与失业

历年全国城镇新就业人数　　单位：万人

年份	合计	就业人员主要来源			
		城镇劳动力	农村劳动力	大学、中专、技校毕业生	其他
1978	544.4	274.9	148.4	37.7	83.4
1980	900.0	622.5	127.4	80.0	70.1
1981	820.0	534.3	92.0	107.9	85.8
1982	665.0	408.1	66.0	117.4	73.5
1983	628.3	406.5	68.2	93.4	60.2
1984	721.5	449.7	123.0	81.7	67.1
1985	813.6	502.3	150.2	88.5	72.6
1986	793.1	431.6	166.5	99.3	95.7
1987	799.1	411.7	166.8	117.1	103.5
1988	844.3	422.6	159.9	130.8	131.0
1989	619.8	276.6	120.0	145.2	78.0
1990	785.0	340.0	118.0	168.0	159.0
1991	760.0	295.0	140.0	173.0	157.0
1992	736.0	296.6	160.0	187.1	92.3
1993	705.0	292.0	185.0	193.0	35.0
1994	715.0	284.0	195.0	198.0	38.0
1995	721.0	270.0	220.0	210.0	20.0
1996	705.0	258.0	210.0	207.0	30.0
1997	710.0	260.0	190.0	225.0	35.0
1998	700.0	309.0	180.0	181.0	30.0
1999	680.0	312.0	171.0	167.0	30.0
2000	660.0	307.0	177.0	146.0	30.0
2001	800.0	439.7	194.1	140.6	25.6

续表

年份	就业人员安置去向			
	国有单位	城镇集体单位	其他单位	从事个体劳动
1978	392.0	152.4		
1980	572.2	278.0		49.8
1981	521.0	267.1		31.9
1982	409.3	222.3		33.4
1983	373.7	170.6		84.0
1984	415.6	197.3		108.6
1985	499.1	203.8		110.7
1986	536.3	223.8		33.0
1987	499.4	214.0		85.7
1988	492.2	263.2		88.9
1989	391.3	191.5		37.0
1990	475.0	235.0	35.0	40.0
1991	363.0	272.0	70.0	60.0
1992	366.9	218.2	77.5	73.4
1993	310.0	202.0	98.0	95.0
1994	294.0	181.0	115.0	125.0
1995	260.0	170.0	155.0	135.0
1996	243.0	155.0	167.0	140.0
1997	226.0	128.0	192.0	164.0
1998	230.0	90.0	220.0	160.0
1999	280.0	87.0	193.0	120.0
2000	260.0	77.0	223.0	100.0
2001	314.0	75.0	268.0	143.0

历年城镇失业人数及失业率（年末登记数）

年份	城镇失业人数（万人）		比上年增长（%）		失业率（%）
	合计	失业青年	合计	失业青年	
1978	530.0	249.1			5.3
1979	567.6	258.2	7.1	3.7	5.4
1980	541.5	382.5	-4.6	48.1	4.9
1981	439.5	343.0	-18.8	-10.3	3.8
1982	379.4	293.8	-13.7	-14.3	3.2
1983	271.4	222.0	-28.5	-24.4	2.3
1984	235.7	195.9	-13.2	-11.8	1.9
1985	238.5	196.9	1.2	0.5	1.8
1986	264.4	209.3	10.9	6.3	2.0
1987	276.6	235.1	4.6	12.3	2.0
1988	296.2	245.3	7.1	4.3	2.0
1989	377.9	309.0	27.6	26.0	2.6
1990	383.2	312.7	1.4	1.2	2.5
1991	352.2	288.4	-8.1	-7.8	2.3
1992	363.9	299.8	3.3	4.0	2.3
1993	420.1	331.9	15.4	10.7	2.6
1994	476.4	301.0	13.4	-9.3	2.8
1995	519.6	310.2	9.1	3.1	2.9
1996	552.8		6.3		3.0
1997	576.8		4.3		3.1
1998	571.0		-1.0		3.1
1999	575.0		0.7		3.1
2000	595.0		3.5		3.1
2001	681.0		14.4		3.6

指标解释：

1. 城镇登记失业人员人数　是指有非农业户口，在劳动年龄（16周岁至退休年龄）内，有劳动能力，无业而要求就业，并在当地就业服务机构进行求职登记的人员的人数。但不包括：(1) 正在就读的学生和等待就学的人员；(2) 已经达到国家规定的退休年龄或虽未达到国家规定的退休年龄但已经办理了退休（含离休）、退职手续的人员；(3) 尚有部分劳动能力但需要特殊安排的残疾人；(4) 其他不符合失业定义的人员。

2. 城镇登记失业率　是指城镇登记失业人数与城镇经济活动人口的比率。

它反映一定时期城镇参加和可能参加社会劳动总人口中登记失业人数的比重。

计算公式：

$$\text{城镇登记失业率} = \frac{\text{城镇登记失业人员数}}{\text{城镇从业人员数} + \text{城镇登记失业人员数}} \times 100\%$$

分地区城镇登记失业人员及失业率

地　区	失业人员（万人）			失业率（%）		
	1990 年	2000 年	2001 年	1990 年	2000 年	2001 年
北　京	1.7	3.3	5.2	0.4	0.8	1.2
天　津	8.1	10.5	11.4	2.7	3.2	3.6
河　北	7.7	17.4	19.5	1.1	2.8	3.2
山　西	5.5	9.7	12.2	1.2	2.2	2.6
内蒙古	15.2	12.6	14.5	3.8	3.3	3.7
辽　宁	23.7	41.2	55.5	2.2	3.7	3.2
吉　林	10.5	23.0	20.2	1.9	3.7	3.1
黑龙江	20.4	25.3	35.5	2.2	3.3	4.7
上　海	7.7	20.1	25.7	1.5	3.5	
江　苏	22.5	30.4	36.1	2.4	3.2	3.6
浙　江	11.2	21.8	24.0	2.2	3.5	3.7
安　徽	15.2	16.5	19.9	2.8	3.3	3.7
福　建	9.0	9.1	13.2	2.6	2.6	3.8
江　西	10.3	16.7	17.3	2.4	2.9	3.3
山　东	26.2	37.5	35.4	3.2	3.2	3.3
河　南	25.1	21.4	23.1	3.3	2.6	2.8
湖　北	12.7	36.6	42.2	1.7	3.5	4.0
湖　南	15.9	27.6	30.3	2.7	3.7	4.0
广　东	19.2	30.2	34.5	2.2	2.5	2.9
广　西	13.9	11.3	14.2	3.9	3.2	3.5
海　南	3.5	3.7	3.8	3.0	3.2	3.4
重　庆		10.1	13.7		3.5	3.9
四　川	38.0	30.8	31.9	3.7	4.0	4.3
贵　州	10.7	10.2	11.1	4.1	3.8	4.0
云　南	7.8	6.8	8.0	2.5	2.6	3.3
西　藏		1.0			4.1	
陕　西	11.2	11.4	14.0	2.8	2.7	3.2
甘　肃	12.5	7.4	7.4	4.9	2.7	2.8
青　海	4.2	1.8	2.4	5.6	2.4	3.5
宁　夏	4.0	3.8	3.7	5.4	4.6	4.4
新　疆	9.6	11.0	9.7	3.0	3.8	3.7
新疆生产建设兵团		2.0	2.4		2.0	2.5

分地区城镇登记失业人员情况

（2001）

单位：人

地　区	本年新登记的失业人数	女性	由就业转失业人数	本年失业人员就业人数	女性
北　京	140 807	64 341	97 294	120 108	64 054
天　津	99 872	54 930	74 512	90 912	50 018
河　北	120 247	59 983	54 032	91 070	41 657
山　西	80 489	34 780	23 281	55 055	
内蒙古	147 982	65 548	80 301	116 527	54 667
辽　宁	518 414	254 963	337 553	349 894	167 536
吉　林	142 479	65 110	49 958	122 184	58 641
黑龙江	413 314	166 910	172 444	311 078	143 000
上　海	491 617	211 373	374 614	379 784	165 471
江　苏	433 047	205 374	304 946	349 371	167 766
浙　江	447 732	202 492	330 507	401 823	185 397
安　徽	228 319	116 073	109 020	189 425	89 223
福　建	197 130	94 386	102 089	146 623	70 960
江　西	222 873	110 024	49 222	181 654	46 529
山　东	358 911	182 378	152 283	285 206	142 648
河　南	306 104	155 193	115 060	247 675	71 194
湖　北	516 510	237 193	209 961	442 696	234 137
湖　南	209 872	109 334	78 705	144 014	65 576
广　东	738 011	344 187	376 944	587 927	246 929
广　西	202 056	103 077	87 106	158 269	79 389
海　南	44 032	20 715	12 579	18 202	10 617
重　庆	140 184	58 620	79 211	93 714	45 083
四　川	235 174	116 013	106 623	196 795	98 769
贵　州	108 865	50 105	20 536	105 015	47 112
云　南	117 665	45 122	51 339	86 360	40 165
西　藏	1 490	880		914	362
陕　西	125 859	66 450	48 960	99 638	58 917
甘　肃	100 530	52 822	32 955	97 879	39 976
青　海	48 562	21 165	14 793	42 063	18 889
宁　夏	39 769	14 517	11 080	31 902	16 299
新　疆	148 521	79 773	43 618	143 315	64 416
新疆生产建设兵团	12 621	7 784	9 995	8 444	3 985

续表

地　区	本年末实有登记失业人数	女性	长期失业者	本年末从业人员总数	登记失业率（%）
北　京	51 911	23 516	21 387	4 335 016	1.2
天　津	113 980	62 689	102 582	3 046 000	3.6
河　北	195 355	102 924	84 920	5 932 122	3.2
山　西	122 313	53 749	37 582	4 624 612	2.6
内蒙古	144 689	74 641	78 122	3 817 526	3.7
辽　宁	554 712	292 142	365 824	10 860 000	4.9
吉　林	201 588	97 199	138 787	6 190 146	3.2
黑龙江	355 393	190 526	199 835	7 165 000	4.7
上　海	257 219	109 659	170 252		
江　苏	361 420	185 665	191 250	9 590 816	3.6
浙　江	239 927	106 565	123 949	6 230 000	3.7
安　徽	199 131	105 713	89 664	5 206 119	3.7
福　建	132 268	69 588	69 960	3 390 300	3.8
江　西	172 831	64 252	33 850	5 138 000	3.3
山　东	354 390	181 018	187 564	10 300 000	3.3
河　南	230 867	98 395	76 899	7 943 984	2.8
湖　北	421 536	241 003	157 455	10 025 689	4.0
湖　南	303 432	147 743	107 787	7 282 358	4.0
广　东	345 478	162 411	133 510	11 664 000	2.9
广　西	141 566	61 247	51 805	3 869 718	3.5
海　南	38 441	14 382	18 870	1 097 241	3.4
重　庆	137 233	68 055	77 226	3 370 000	3.9
四　川	318 711	152 620	126 987	7 121 000	4.3
贵　州	111 481	48 945	28 258	2 641 350	4.0
云　南	79 957	38 933	36 424	2 345 650	3.3
西　藏	16 294	8 195	14 804	212 770	7.1
陕　西	140 082	56 801	40 681	4 180 989	3.2
甘　肃	74 414	40 836	39 103	2 575 127	2.8
青　海	24 477	10 280	9 461	680 000	3.5
宁　夏	36 593	15 798	11 970	797 737	4.4
新　疆	96 717	54 982	34 854	2 520 125	3.7
新疆生产建设兵团	24 004	13 748	14 806	923 102	2.5

分城市城镇从业人员和城镇登记失业人员情况
（2001）

城市名称	城镇从业人员年末人数（千人）	年末尚有失业人员人数（千人）	登记失业率（%）
石家庄	916.9	23.0	2.4
太　原	1 582.5	56.5	3.5
呼和浩特	439.9	16.2	3.5
沈　阳	2 709.0	133.7	4.7
长　春	1 394.0	22.1	1.6
南　京	1 500.0	55.8	3.6
杭　州	1 485.2	69.7	4.5
合　肥	550.3	28.5	4.9
福　州	734.7	15.4	2.1
南　昌	280.0	8.6	3.0
济　南	1 201.3	47.7	3.8
郑　州	1 073.4	23.7	2.1
武　汉	2 798.8	146.7	5.0
长　沙	1 109.8	44.0	3.8
广　州	2 342.3	91.6	3.8
南　宁	453.7	14.8	3.2
贵　阳	766.9	31.3	3.9
昆　明	884.6	6.1	0.7
西　安	1 567.6	39.1	3.2
兰　州	768.7	11.8	1.5
西　宁	413.3	13.2	3.1
银　川	300.9	9.0	2.9
乌鲁木齐	606.1	25.2	4.0
大　连	1 558.0	81.7	5.0
宁　波	815.0	31.9	3.8
厦　门	440.6	19.3	4.2
青　岛	1 548.2	62.9	3.9
深　圳	764.1	19.4	2.5

国有企业下岗职工人数

单位：万人

	期末下岗职工人数	当年新增	当年减少	
				再就业人数
1998 年初结余	691.8			
1998 年	594.8	562.2	659.3	609.9
1999 年	652.5	618.6	557.7	490.5
2000 年	657.2	445.5	440.8	360.5
2001 年	515.4	234.3	376.2	226.8
合计		1 860.6	2 034	1 687.7

注：4 年下岗职工总量为 2 552.4 万人，即 1998 年初结余数加上各年新增下岗职工数之和。

指标解释：

下岗职工　是指实行劳动合同制以前参加工作的正式职工（不含从农村招收的临时工）以及实行劳动合同制以后参加工作且合同期未满的职工，由于企业生产和经营状况等原因，已经离开本人的生产和工作岗位，并已不在本企业从事其他工作，但尚未与企业解除劳动关系、没有在社会上找到其他工作的人员。

中央财政补助两个确保资金

单位：亿元

年份	中央财政补助		
	合计	国有企业下岗职工基本生活保障	养老保险
1998	95.7	75.7	20.0
1999	253.1	90.0	163.1
2000	461.0	132.6	328.4
2001	476.0	126.6	349.4
合计	1 285.8	424.9	860.9

注：中央财政补助指中央财政预算支出数（财政部对外公布数），不包括中央财政专户补助数。

“三三制”筹资总量和构成

单位：亿元

年份	“三三制”筹资总金额	财政补助	社会筹集	企业自筹
1998	121.8	76.2	22.5	23.1
1999	217.9	121.4	40.4	56.1
2000	266.7	141.7	55.0	70.0
2001	241.0	145.0	46.2	49.8
合计	847.4	484.3	164.1	199.0

历年分地区全部企业下岗职工人数

单位：万人

地　区	1998年底全部企业下岗职工人数	1999年底全部企业下岗职工人数	2000年底全部企业下岗职工人数	2001年底全部企业下岗职工人数
全　国	**876.9**	**937.2**	**911.3**	**741.7**
北　京	6.7	3.2	7.4	1.8
天　津	8.0	20.1	19.0	14.0
河　北	26.1	26.5	27.1	29.3
山　西	23.6	26.0	27.1	22.5
内蒙古	18.8	13.1	10.9	8.2
辽　宁	103.5	119.0	114.9	80.2
吉　林	49.8	46.6	50.1	33.8
黑龙江	83.1	121.8	99.6	75.4
上　海	16.3	14.7	7.2	0.5
江　苏	41.2	28.8	21.9	11.5
浙　江	19.9	11.3	6.1	1.6
安　徽	39.0	44.7	39.1	28.5
福　建	5.2	2.9	4.5	3.5
江　西	30.3	32.6	38.2	38.7
山　东	28.5	23.5	20.4	7.5
河　南	41.7	42.3	44.0	45.9
湖　北	61.3	70.0	74.5	69.5
湖　南	68.7	75.8	77.1	75.8
广　东	35.9	29.9	19.0	11.4
广　西	8.4	13.5	16.4	11.7
海　南	8.4	4.3	2.9	2.5
重　庆	12.4	19.3	22.2	20.8
四　川	43.5	43.3	48.3	44.5
贵　州	12.6	13.0	13.9	10.8
云　南	6.2	6.4	6.3	6.6
西　藏				0.1
陕　西	41.6	43.6	39.9	40.9
甘　肃	17.1	17.4	20.1	18.2
青　海	4.0	6.2	9.6	6.6
宁　夏	3.8	4.3	4.6	4.3
新　疆	7.7	9.4	9.6	8.7
新疆生产建设兵团	3.6	3.4	9.4	6.4

历年分地区国有企业下岗职工人数

单位：万人

地　区	1998年底国企下岗职工人数	1999年底国企下岗职工人数	2000年底国企下岗职工人数	2001年底国企下岗职工人数
全　国	**594.8**	**652.5**	**657.2**	**515.4**
北　京	5.7	2.9	6.7	1.6
天　津	6.0	14.8	12.1	7.1
河　北	18.3	20.7	20.8	23.6
山　西	18.0	20.9	22.3	18.0
内蒙古	14.9	13.1	10.0	7.9
辽　宁	58.9	70.8	67.2	37.0
吉　林	34.0	34.4	41.9	27.4
黑龙江	52.8	74.1	69.9	49.1
上　海	10.8	11.1	5.6	0.5
江　苏	24.5	17.6	14.4	8.4
浙　江	11.4	6.5	3.6	1.3
安　徽	24.9	30.6	25.2	16.4
福　建	3.1	2.9	2.0	1.2
江　西	24.7	26.2	32.4	34.4
山　东	18.4	14.9	13.2	4.9
河　南	25.5	28.8	30.1	25.9
湖　北	38.6	45.5	50.7	48.1
湖　南	48.1	52.5	50.0	49.1
广　东	23.4	16.8	10.1	4.3
广　西	7.1	12.8	15.7	10.9
海　南	7.1	3.9	2.5	2.0
重　庆	11.1	13.5	14.5	13.0
四　川	28.8	29.9	38.7	36.3
贵　州	10.6	11.0	12.0	9.1
云　南	5.5	5.9	5.6	5.4
西　藏				0.1
陕　西	30.6	32.5	28.8	29.8
甘　肃	13.7	15.7	18.2	16.6
青　海	3.8	6.1	9.5	6.6
宁　夏	3.4	4.0	4.3	4.0
新　疆	7.6	8.7	9.6	8.7
新疆生产建设兵团	3.6	3.4	9.4	6.4

历年分地区国有企业下岗职工进中心比例

单位：%

地区	1998年底	1999年底	2000年底	2001年底
全国	**98.0**	**95.5**	**93.5**	**90.0**
北京	100.0	100.0	100.0	100.0
天津	100.0	95.0	95.6	99.2
河北	100.0	100.0	100.0	100.0
山西	98.5	84.9	95.8	92.0
内蒙古	100.0	100.0	100.0	100.0
辽宁	89.5	85.3	79.4	84.0
吉林	100.0	79.9	87.1	81.4
黑龙江	100.0	98.8	83.0	65.0
上海	100.0	100.0	100.0	100.0
江苏	100.0	100.0	100.0	100.0
浙江	99.0	100.0	100.0	100.0
安徽	96.8	99.9	100.0	100.0
福建	100.0	100.0	100.0	40.4
江西	100.0	100.0	93.1	65.8
山东	99.2	99.0	97.9	100.0
河南	95.1	92.6	100.0	99.0
湖北	100.0	100.0	88.0	86.3
湖南	100.0	100.0	100.0	99.2
广东	96.6	100.0	100.0	100.0
广西	100.0	97.0	100.0	100.0
海南	100.0	100.0	100.0	100.0
重庆	100.0	100.0	100.0	100.0
四川	100.0	98.4	98.6	96.9
贵州	99.3	86.2	94.2	93.5
云南	98.8	93.2	95.5	98.9
西藏				
陕西	100.0	100.0	100.0	100.0
甘肃	85.0	90.8	99.2	99.6
青海	100.0	99.0	99.6	99.9
宁夏	99.0	86.4	81.9	88.5
新疆	100.0	100.0	100.0	100.0
新疆生产建设兵团	90.6	100.0	100.0	100.0

历年分地区国有企业下岗职工再就业情况

单位：万人

地　　区	1998年下岗职工再就业人数	1999年下岗职工再就业人数	2000年下岗职工再就业人数	2001年下岗职工再就业人数	4年合计下岗职工再就业人数
全　　国	**609.2**	**490.5**	**360.5**	**226.8**	**1 687.0**
北　　京	7.0	4.9	4.5	4.0	20.4
天　　津	2.9	4.6	5.4	5.1	18.0
河　　北	18.8	12.4	21.0	18.2	70.4
山　　西	23.5	12.9	9.1	8.0	53.5
内 蒙 古	26.0	20.0	15.8	8.2	70.0
辽　　宁	49.0	48.5	34.3	17.4	149.2
吉　　林	36.4	20.8	7.1	14.6	78.9
黑 龙 江	65.7	48.0	37.6	23.3	174.6
上　　海	17.2	17.9	13.4	3.6	52.1
江　　苏	29.2	18.8	9.0	7.1	64.1
浙　　江	12.0	10.4	8.6	1.8	32.8
安　　徽	22.8	13.0	6.2	7.2	49.2
福　　建	12.2	5.8	5.3	2.1	25.4
江　　西	17.4	11.2	7.2	2.4	38.2
山　　东	30.2	17.3	10.6	5.1	63.2
河　　南	34.8	27.5	28.1	23.4	113.8
湖　　北	40.2	35.3	32.1	9.9	117.5
湖　　南	43.7	48.7	15.9	9.5	117.8
广　　东	16.2	22.6	5.5	1.8	46.1
广　　西	14.6	12.7	7.3	3.8	38.4
海　　南	1.5	4.0	2.3	0.3	8.1
重　　庆	13.0	9.8	12.1	6.5	41.4
四　　川	32.2	26.1	25.7	23.0	107.0
贵　　州	6.3	5.1	4.4	1.8	17.6
云　　南	2.9	1.9	1.2	0.9	6.9
西　　藏				0.1	0.1
陕　　西	14.8	12.4	15.7	4.6	47.5
甘　　肃	5.1	9.0	4.1	3.9	22.1
青　　海	2.7	1.7	3.6	2.7	10.7
宁　　夏	1.4	0.3	0.8	1.5	4.0
新　　疆	9.4	5.3	4.4	2.6	21.7
新疆生产建设兵团	0.4	1.7	2.3	2.2	6.6

指标解释：

下岗职工再就业人数　是指报告期从再就业服务中心转出人员中，被其他用人单位招用或从事个体私营经济，并已与原企业解除了劳动合同或被原单位重新招用并重新签订了劳动合同的人员总数。

历年分地区国有企业下岗职工总量

单位：万人

地　区	1998年初结余下岗职工人数	1998年新增	1999年新增	2000年新增	2001年新增	4年合计国有企业下岗职工人数
全　国	**692.0**	**562.2**	**618.6**	**445.5**	**234.3**	**2 552.6**
北　京	2.4	10.3	2.4	9.7	0.0	24.8
天　津	8.3	0.7	14.4	7.8	2.5	33.7
河　北	21.1	16.9	19.9	21.9	22.2	102.0
山　西	19.5	22.9	22.1	13.9	9.9	88.3
内 蒙 古	17.8	23.7	18.3	12.8	6.2	78.8
辽　宁	68.7	44.5	65.2	36.3	23.5	238.2
吉　林	46.6	23.8	24.5	19.6	3.4	117.9
黑 龙 江	56.6	62.2	74.5	42.4	31.1	266.8
上　海	10.6	21.5	19.7	11.3	0.1	63.2
江　苏	34.1	31.4	15.0	7.7	2.5	90.7
浙　江	13.4	10.3	8.4	7.2	0.0	39.3
安　徽	25.1	25.4	20.3	6.6	1.3	78.7
福　建	8.3	9.9	6.1	7.1	7.8	39.2
江　西	22.4	21.5	21.3	15.7	19.4	100.3
山　东	29.4	20.1	14.9	12.0	0.5	76.9
河　南	49.5	13.5	32.7	31.5	21.3	148.5
湖　北	36.2	42.9	49.4	44.5	20.2	193.2
湖　南	46.4	46.6	55.1	15.2	9.3	172.6
广　东	32.5	14.9	16.8	3.5	0.0	67.7
广　西	10.1	13.7	19.8	12.0	2.5	58.1
海　南	7.1	1.9	1.4	1.1	0.1	11.6
重　庆	15.7	8.4	12.6	13.8	8.3	58.8
四　川	32.3	29.5	33.9	37.8	23.3	156.8
贵　州	11.2	5.7	5.0	6.5	0.6	29.0
云　南	3.6	5.2	3.4	1.9	2.4	16.5
西　藏						
陕　西	30.8	14.6	15.3	12.1	5.6	78.4
甘　肃	14.7	4.6	12.4	9.8	4.9	46.4
青　海	3.9	3.2	4.4	7.0	0.7	19.2
宁　夏	3.7	1.1	0.6	2.2	2.4	10.0
新　疆	6.3	10.6	6.6	5.3	2.6	31.4
新疆生产建设兵团		0.6	2.1	9.1	0.0	11.8

分地区国有企业下岗职工增减变动情况

（2001）

单位：万人

地　区	上期末结转下岗职工人数	本期新增下岗职工人数	本期减少下岗职工人数	本期末实有下岗职工人数
全　国	**657.3**	**234.3**	**376.2**	**515.4**
北　京	6.7		5.1	1.6
天　津	12.1	2.5	7.5	7.1
河　北	20.8	22.2	19.4	23.6
山　西	22.3	9.9	14.2	18.0
内蒙古	10.0	6.2	8.3	7.9
辽　宁	67.2	23.5	53.7	37.0
吉　林	41.9	3.4	17.9	27.4
黑龙江	69.9	31.1	51.8	49.1
上　海	5.6	0.1	5.2	0.5
江　苏	14.4	2.5	8.4	8.4
浙　江	3.6		2.3	1.3
安　徽	25.2	1.3	10.1	16.4
福　建	2.1	7.8	8.7	1.2
江　西	32.4	19.4	17.4	34.4
山　东	13.2	0.5	8.8	4.9
河　南	30.1	21.3	25.4	25.9
湖　北	50.7	20.2	22.7	48.1
湖　南	50.0	9.3	10.1	49.1
广　东	10.1		5.7	4.3
广　西	15.7	2.5	7.2	10.9
海　南	2.4	0.1	0.5	2.0
重　庆	14.5	8.3	9.9	13.0
四　川	38.7	23.3	25.6	36.3
贵　州	12.0	0.6	3.4	9.1
云　南	5.6	2.4	2.6	5.4
西　藏	0.2		0.1	0.1
陕　西	28.8	5.6	4.6	29.8
甘　肃	18.2	4.9	6.5	16.6
青　海	9.5	0.7	3.6	6.6
宁　夏	4.3	2.4	2.7	4.0
新　疆	9.6	2.6	3.5	8.7
新疆生产建设兵团	9.4		3.1	6.4

分地区企业再就业服务中心资金筹集与使用情况

（2001）

单位：千元

地　　区	上期末资金结转额	本期资金筹集额				
		合计	企业自筹	社会筹集	失业保险基金调剂	财政安排
全　　国	**1 542 057**	**22 447 467**	**4 980 447**	**4 615 014**	**3 580 992**	**12 852 006**
北　　京		47 500	16 762	15 369	15 369	15 369
天　　津		440 459	52 602	134 234	134 234	253 623
河　　北	9 175	953 029	265 672	274 943		412 414
山　　西	14 316	697 272	111 671	102 129	100 287	483 472
内 蒙 古	－1 372	493 535	92 270	51 592	51 592	349 673
辽　　宁	60 421	1 756 299	509 711	246 320	229 582	1 268
吉　　林	147 724	1 079 169	80 580	91 579	91 579	907 010
黑 龙 江	112 602	1 577 382	315 476	457 441	457 441	804 465
上　　海	107 845	476 127	172 999	182 764	146 342	120 364
江　　苏	72 578	687 078	183 988	335 322	245 132	167 768
浙　　江	83 715	179 853	68 471	54 947	35 418	56 435
安　　徽	33 380	969 845	222 030	296 237	272 708	451 578
福　　建	122 752	469 192	273 691	53 096	46 660	142 405
江　　西	38 935	672 345	119 213	119 231	34 520	433 901
山　　东	67 616	507 260	168 133	121 102	92 217	218 025
河　　南	116 894	908 698	228 281	231 610	216 509	448 807
湖　　北	36 790	1 670 775	449 373	333 545	239 606	887 857
湖　　南	183	1 970	320	270	141 755	1 380
广　　东	95 820	310 847	96 781	61 316	37 682	152 750
广　　西	16 974	534 678	48 122	122 973	76 724	363 583
海　　南	935	2 005	279	246	246	1 480
重　　庆	67 360	1 089 069	242 791	90	90	756 278
四　　川	28 554	1 357 039	480 374	235 775	177 971	640 890
贵　　州	68 844	378 092	66 866	7 111	4 972	304 115
云　　南	5 204	261 162	64 053	68 267	63 544	128 842
西　　藏						
陕　　西	25 084	1 092 626	59 834	178 393	115 785	854 399
甘　　肃	13 183	531 556	140 116	132 188	116 272	259 252
青　　海		374 397	49 688	93	93	231 709
宁　　夏		142 820	22 494	35 690	35 251	84 636
新　　疆		513 228	57 025	171 076	171 076	285 127
新疆生产建设兵团	13 728	304 130	1 101	47 518	47 518	255 511

续表

地区	本期资金使用额					本期资金结余数
	合计	基本生活费	养老保险费	医疗保险费	失业保险费	
全国	**22 917 723**	**13 892 572**	**6 398 633**	**1 069 888**	**872 457**	**1 031 622**
北京	47 500	32 723	9 069	4 939	769	
天津	440 459	305 011	95 179	29 284	10 985	
河北	958 780	662 284	236 545	24 977	26 789	3 424
山西	695 653	417 815	195 100	54 728	23 884	15 935
内蒙古	495 440	343 505	115 898	20 327	15 625	–3 277
辽宁	1 783 621	1 146 748	471 083	103 695	55 490	33 099
吉林	1 095 308	662 188	328 810	67 389	36 921	131 585
黑龙江	1 629 615	1 124 435	342 219	97 776	65 185	60 369
上海	548 561	122 348	163 090	46 671	5 177	35 411
江苏	696 400	436 783	203 727	22 719	33 171	63 256
浙江	201 431	109 268	41 266	12 119	6 149	62 137
安徽	972 806	570 010	314 252	29 449	38 022	30 419
福建	450 018	56 425	16 623	3 548	55 574	141 926
江西	693 998	412 420	194 146	61 895	22 107	17 282
山东	514 127	291 352	173 328	29 652	16 228	60 749
河南	909 601	593 695	221 198	53 170	40 633	115 991
湖北	1 670 972	1 150 695	405 517	56 171	58 589	36 593
湖南	1 966	1 204	626 484	58 228	77 288	187
广东	358 004	249 738	61 850	3 923	7 094	48 663
广西	538 707	328 165	165 366	24 872	20 304	12 945
海南	2 014	1 336	555	75	48	926
重庆	1 277 756	756 172	439 840		52 781	–121 327
四川	1 354 154	744 875	466 464	73 032	61 065	31 439
贵州	385 790	222 966	122 204	23 127	16 164	61 146
云南	260 343	148 108	89 059	14 163	8 977	6 023
西藏						
陕西	1 092 068	707 575	282 001	55 945	46 547	25 642
甘肃	536 779	335 955	153 236	22 982	24 606	7 960
青海	374 397	201 956	135 229	26 632	10 580	
宁夏	102 641	56 980	31 552	8 969	5 140	
新疆	513 228	299 281	194 135		19 812	
新疆生产建设兵团	351 552	197 760	103 608	39 431	10 753	–33 694

企业下岗职工情况

（2001）

单位：万人

	上年末结转下岗职工人数	本年新增下岗职工人数	进入再就业服务中心人数	本年减少下岗职工人数	从再就业服务中心转出人数
全国总计	**910.9**	**283.1**	**162.6**	**452.3**	**326.1**
一、国有企业、国有联营企业、国有独资公司	657.3	234.3	158.8	376.2	308.3
#国有企业	633.8	213.6	148.8	348.2	288.0
#中央直属企业	57.3	16.2	12.2	27.8	25.5
#亏损企业	492.1	165.2	121.4	255.0	219.8
二、城镇集体企业	233.8	44.5		71.2	
三、其他企业	19.8	4.3		5.0	

	解除、终止劳动关系人数	再就业人数	协议到期人数	再就业人数	登记失业人数
全国总计	**151.7**	**240.6**	**178.9**	**96.8**	**35.7**
一、国有企业、国有联营企业、国有独资公司	142.0	226.8	170.7	92.3	35.2
#国有企业	136.1	211.5	156.2	87.8	32.9
#中央直属企业	10.9	18.0	10.4	6.6	1.8
#亏损企业	106.1	157.2	113.6	59.4	26.2
二、城镇集体企业					
三、其他企业					

	年末实有下岗职工人数	女性	进入再就业服务中心人数	签协议人数
全国总计	**741.7**	**319.4**	**485.8**	**477.0**
一、国有企业、国有联营企业、国有独资公司	515.4	230.1	463.6	461.1
#国有企业	499.2	217.4	446.0	444.3
#中央直属企业	45.8	20.4	43.7	43.6
#亏损企业	402.3	162.2	368.0	363.9
二、城镇集体企业	207.1	83.0		
三、其他企业	19.2	6.3		

分地区企业下岗职工情况

（2001）

单位：人

地区	上年末结转下岗职工人数	本年新增下岗职工人数		本年减少下岗职工人数		
			进入再就业服务中心人数		从再就业服务中心转出人数	解除、终止劳动关系人数
全　国	**9 108 668**	**2 831 496**	**1 626 228**	**4 523 383**	**3 261 288**	**1 516 918**
北　京	74 473			56 505	56 505	56 505
天　津	189 558	39 123	37 076	88 426	84 005	62 818
河　北	270 974	231 119	222 000	208 912	194 397	22 695
山　西	271 170	105 985	87 664	152 242	104 402	11 590
内蒙古	109 464	62 343	62 235	90 068	83 451	63 240
辽　宁	1 164 321	388 341		750 630	332 565	168 224
吉　林	501 129	35 389	22 672	198 436	165 060	69 103
黑龙江	996 400	335 167	81 100	577 205	341 500	87 902
上　海	71 696	849	849	67 207	67 207	50 313
江　苏	218 849	27 842	27 842	131 916	131 808	111 865
浙　江	60 893			44 673	40 127	26 705
安　徽	390 692	16 985	13 396	122 698	101 317	59 990
福　建	20 777	108 580	14 301	94 549	30 097	25 385
江　西	382 187	212 342	115 397	207 493	81 697	25 329
山　东	204 441	7 205	7 205	136 283	133 163	64 087
河　南	439 543	309 560	208 339	289 839	253 420	47 374
湖　北	744 947	240 086	153 208	289 911	183 811	68 229
湖　南	770 781	114 085	50 494	126 371	96 146	17 175
广　东	189 754	13 742		89 617	57 150	26 839
广　西	164 483	24 794	24 794	72 571	72 310	36 500
海　南	29 156	1 178	1 027	5 418	5 050	3 554
重　庆	221 635	99 403	83 239	112 953	98 630	98 630
四　川	481 595	254 644	232 646	291 582	270 709	153 666
贵　州	138 510	7 982	3 544	38 801	27 348	7 369
云　南	67 479	27 104	27 008	29 066	23 200	6 293
西　藏	1 501	23	23	786	786	
陕　西	399 256	56 339	55 935	46 904	45 959	45 959
甘　肃	200 930	52 849	44 698	71 321	58 154	10 257
青　海	95 631	8 074	6 965	37 776	36 013	22 496
宁　夏	46 077	24 147	16 355	27 551	19 628	8 096
新　疆	96 137	26 216	26 216	35 027	35 027	35 027
新疆生产建设兵团	94 229			30 646	30 646	23 703

续表

地区								
	再就业人数	协议到期人数	再就业人数	登记失业人数	年末实有下岗职工人数	女性	进入再就业服务中心人数	签协议人数
全国	**2 406 186**	**1 788 577**	**967 625**	**356 505**	**7 416 781**	**3 194 303**	**4 858 432**	**4 769 932**
北京	44 664	17 917	9 146	2 720	17 968	9 523	17 968	17 968
天津	60 496	54 091	27 307	25 719	140 255	65 912	136 047	135 886
河北	182 366	41 012	31 509	5 628	293 181	102 869	235 790	235 790
山西	80 498	78 615	12 954	6 921	224 913	89 019	165 675	163 372
内蒙古	81 782	39 368	35 455	1 669	81 739	40 706	79 249	79 249
辽宁	193 835	150 263	31 965	61 117	802 032	458 249	310 400	310 400
吉林	146 425	113 182	66 146	17 007	338 082	139 749	222 594	222 594
黑龙江	232 800	225 928	169 216	14 525	754 362	288 028	319 200	319 200
上海	47 939	67 207			5 338	1 740	5 338	5 338
江苏	104 315	67 538	42 365	14 733	114 775	58 881	114 775	114 775
浙江	32 354	13 935	9 055	3 502	16 220	6 163	16 220	15 303
安徽	71 810	76 847	48 553	24 872	284 979	13 435	164 481	164 481
福建	21 092	15 880	6 745	7 394	34 808	15 088	4 981	4 981
江西	23 505	50 910	9 034	7 162	387 036	148 130	226 668	226 668
山东	78 511	69 316	34 698	12 910	75 363	34 484	74 512	73 450
河南	233 905	109 659	91 223	11 637	459 264	207 930	256 761	256 761
湖北	98 637	154 895	76 025	40 250	695 122	328 893	415 609	415 609
湖南	95 341	53 426	38 009	8 425	758 495	351 394	588 259	514 728
广东	18 392	49 803	15 151	14 006	113 879	41 520	43 482	43 482
广西	38 491	49 980	19 131	14 055	116 706	43 896	109 168	109 168
海南	3 137	1 312	1 135	177	24 916	9 541	20 426	20 426
重庆	65 088	62 409	29 911	25 923	208 085	129 821	129 821	129 821
四川	248 670	72 681	51 538	15 667	444 657	174 279	399 966	395 661
贵州	17 679	6 044	3 984	1 399	107 691	38 568	85 289	85 289
云南	9 440	11 424	8 212	2 874	65 517	18 972	63 089	63 089
西藏	786				738	239	738	738
陕西	45 959	45 959	45 154	805	408 691	178 195	298 402	298 402
甘肃	38 547	20 878	10 652	1 594	182 458	70 571	165 442	165 442
青海	27 456	8 517	7 560	957	65 929	30 074	65 709	65 709
宁夏	14 810	6 877	2 951	2 804	42 673	20 406	35 047	28 826
新疆	25 587	29 040	19 876	9 164	87 326	45 410	87 326	87 326
新疆生产建设兵团	21 869	23 664	12 965	889	63 583	32 618		

分地区国有企业、国有联营企业、国有独资公司下岗职工情况

（2001）

单位：人

地　　区	上年末结转下岗职工人数	本年新增下岗职工人数	进入再就业服务中心人数	本年减少下岗职工人数	从再就业服务中心转出人数	解除、终止劳动关系人数
全　　国	**6 572 965**	**2 343 136**	**1 587 877**	**3 762 024**	**3 082 516**	**1 419 640**
北　　京	67 391			51 084	51 084	51 084
天　　津	120 830	24 867	23 566	75 021	71 270	53 295
河　　北	208 187	222 000	222 000	194 397	194 397	22 695
山　　西	223 121	98 785	87 664	141 856	104 402	11 590
内 蒙 古	100 465	62 235	62 235	83 451	83 451	63 240
辽　　宁	671 800	234 974		537 174	320 774	184 470
吉　　林	419 101	33 739	22 672	179 323	165 060	69 103
黑 龙 江	698 500	310 700	81 100	518 100	341 500	87 902
上　　海	55 966	802	802	51 562	51 562	38 043
江　　苏	143 990	24 588	24 588	84 491	84 401	70 564
浙　　江	36 158			23 085	23 085	13 885
安　　徽	252 382	13 396	13 396	101 297	101 297	59 990
福　　建	20 777	78 152	14 301	86 587	30 097	25 385
江　　西	323 639	194 450	115 397	173 703	81 697	25 329
山　　东	132 469	4 585	4 585	87 810	86 703	42 678
河　　南	300 848	212 783	208 339	254 151	253 420	47 374
湖　　北	507 283	201 522	153 208	227 413	183 811	68 229
湖　　南	500 200	92 622	50 494	101 481	96 146	20 000
广　　东	100 632			57 150	57 150	26 839
广　　西	156 809	24 681	24 681	72 322	72 310	36 500
海　　南	24 449	1 027	1 027	5 050	5 050	3 554
重　　庆	145 212	83 239	83 239	98 630	98 630	98 630
四　　川	386 810	232 897	217 119	256 433	249 972	140 756
贵　　州	119 514	5 887	3 544	34 163	27 337	7 367
云　　南	55 882	23 822	23 728	25 913	21 697	5 600
西　　藏	1 501	23	23	786	786	
陕　　西	288 426	55 935	55 935	45 959	45 959	45 959
甘　　肃	182 338	48 589	44 698	64 823	58 154	10 257
青　　海	95 107	6 993	6 965	36 319	36 013	22 496
宁　　夏	42 812	23 627	16 355	26 817	19 628	8 096
新　　疆	96 137	26 216	26 216	35 027	35 027	35 027
新疆生产建设兵团	94 229			30 646	30 646	23 703

续表

地区	再就业人数	协议到期人数	再就业人数	登记失业人数	年末实有下岗职工人数	女性	进入再就业服务中心人数	签协议人数
全国	**2 268 120**	**1 706 792**	**923 136**	**351 637**	**5 154 077**	**2 301 360**	**4 636 198**	**4 610 546**
北京	40 450	16 145	8 230	2 448	16 307	8 479	16 307	16 307
天津	51 325	45 891	23 167	21 820	70 676	31 402	70 100	69 855
河北	182 366	41 012	31 509	5 628	235 790	92 766	235 790	235 790
山西	80 498	78 614	12 954	6 921	180 050	66 799	165 675	163 372
内蒙古	81 782	39 368	35 455	1 669	79 249	39 466	79 249	79 249
辽宁	174 099	150 263	31 965	52 410	369 600	265 049	310 400	310 400
吉林	146 425	113 182	66 146	17 007	273 517	120 592	222 594	222 594
黑龙江	232 800	225 928	169 216	14 525	491 100	175 798	319 200	319 200
上海	36 185	51 562			5 206	1 693	5 206	5 206
江苏	70 805	44 860	30 319	9 761	84 087	42 662	84 087	84 087
浙江	18 388	9 697	6 545	1 970	13 073	4 537	13 073	12 458
安徽	71 810	76 847	48 553	24 872	164 481	7 309	164 481	164 481
福建	21 092	15 880	6 745	7 394	12 342	5 008	4 981	4 981
江西	23 505	50 910	9 034	7 162	344 386	132 398	226 668	226 668
山东	51 206	44 771	22 443	8 314	49 244	21 433	49 222	48 730
河南	233 905	109 659	91 223	11 637	259 480	116 188	256 761	256 761
湖北	98 637	154 895	76 025	40 250	481 392	227 378	415 609	415 609
湖南	95 341	53 426	28 009	25 000	491 341	232 982	487 301	473 416
广东	18 392	49 803	15 151	14 006	43 482	12 617	43 482	43 482
广西	38 491	49 980	19 131	14 055	109 168	40 676	109 168	109 168
海南	3 137	1 312	1 135	177	20 426	7 864	20 426	20 426
重庆	65 088	62 409	29 911	25 923	129 821	129 821	129 821	129 821
四川	230 465	68 663	49 042	14 195	363 274	151 989	351 883	350 032
贵州	17 679	6 044	3 984	1 399	91 238	35 061	85 289	85 289
云南	9 235	10 736	8 076	2 350	53 791	16 382	53 178	53 178
西藏	786				738	239	738	738
陕西	45 959	45 959	45 154	805	298 402	125 328	298 402	298 402
甘肃	38 547	20 878	10 652	1 594	166 104	62 491	165 442	165 442
青海	27 456	8 517	7 560	957	65 781	30 074	65 709	65 709
宁夏	14 810	6 877	2 951	2 804	39 622	18 851	35 047	28 826
新疆	25 587	29 040	19 876	9 164	87 326	45 410	87 326	87 326
新疆生产建设兵团	21 869	23 664	12 975	5 420	63 583	32 618	63 583	63 543

国有企业下岗职工分类情况

（2001）

单位：万人

	合计	中心内下岗职工人数	协议到期未出中心继续发放生活费人数
总计	**769.7**	**468.6**	**84.0**
一、按经营状况分组			
1．盈利企业	73.4	40.3	4.2
2．亏损企业	366.7	229.5	39.1
3．停产企业	329.6	198.7	40.6
其中：停产6个月以下	11.9	6.6	1.0
停产6～12个月	22.4	14.1	2.7
停产1～2年	54.7	34.8	5.2
停产2年以上	240.6	143.1	31.7
其中：计划破产、改制企业	125.5	78.9	16.9
二、按隶属关系分组			
1．中央企业	70.4	40.2	5.2
2．省属企业	169.4	104.7	23.5
3．地市属企业	369.5	226.7	42.8
4．其他企业	160.5	97.0	12.5

	出中心下岗职工人数	解除或终止劳动关系人数	未解除或终止劳动关系人数	生活没有保障人数
总计	**301.2**	**151.4**	**149.8**	**59.6**
一、按经营状况分组				
1．盈利企业	33.1	18.8	14.3	1.4
2．亏损企业	137.2	64.1	73.1	24.0
3．停产企业	130.9	68.4	62.5	34.3
其中：停产6个月以下	5.3	3.1	2.1	0.8
停产6～12个月	8.3	6.0	2.3	1.0
停产1～2年	19.8	11.8	8.1	2.9
停产2年以上	97.5	47.5	50.0	29.5
其中：计划破产、改制企业	46.6	24.0	22.6	11.3
二、按隶属关系分组				
1．中央企业	30.2	11.8	18.4	6.9
2．省属企业	64.7	37.0	27.7	8.8
3．地市属企业	142.8	75.1	67.7	27.6
4．其他企业	63.5	27.5	36.0	16.4

分地区国有企业下岗职工分类情况

（2001）

单位：人

地　区	合计	中心内下岗职工人数		出中心下岗职工人数			
			协议到期未出中心继续发放生活费人数		解除或终止劳动关系人数	未解除或终止劳动关系人数	
							生活没有保障人数
全　国	**7 697 193**	**4 685 589**	**839 632**	**3 011 604**	**1 513 890**	**1 497 714**	**596 450**
北　京	74 500	17 968		56 532	48 278	8 254	
天　津	159 504	85 116	2 769	74 388	55 413	18 975	14 202
河　北	430 187	235 790	32 909	194 397	45 856	148 541	29 086
山　西	264 270	162 641	12 849	101 629	14 486	87 143	18 684
内蒙古	162 700	79 249	16 293	83 451	63 240	20 211	3 436
辽　宁	628 526	310 541	3 528	317 985	235 933	82 052	24 758
吉　林	396 802	246 151	15 180	150 651	54 377	96 274	86 675
黑龙江	721 296	348 415	51 009	372 881	123 249	249 632	176 406
上　海	72 545	5 338	2 462	67 207	50 313	16 894	
江　苏	206 603	120 092	40 801	86 511	65 580	20 931	5 399
浙　江	36 158	13 073		23 085	13 885	9 200	
安　徽	265 778	164 481	52 944	101 297	56 938	44 359	15 452
福　建	21 246	3 614	285	17 632	11 639	5 993	
江　西	305 258	236 714	18 134	68 544	24 079	44 465	27 216
山　东	135 925	49 222	1	86 703	42 678	44 025	3 119
河　南	511 875	258 449	2 780	253 426	74 684	178 742	77 475
湖　北	607 204	420 922	55 817	186 282	68 942	117 340	42 819
湖　南	518 024	461 201	69 566	56 823	26 216	30 607	10 471
广　东	100 632	43 482	1 685	57 150	26 839	30 311	15 739
广　西	181 490	109 168	5 719	72 322	36 500	35 822	9 709
海　南	34 070	20 426	915	13 644	9 181	4 463	2 517
重　庆	228 451	129 821		98 630	98 630		
四　川	599 766	373 429	101 801	226 337	117 445	108 892	27 388
贵　州	112 626	85 289	25 364	27 337	7 367	19 970	1 104
云　南	73 526	52 333	6 133	21 193	11 926	9 267	1 084
西　藏	1 524	738	738	786	2	784	
陕　西	344 361	298 402	256 625	45 959	45 959		
甘　肃	223 596	165 442	25 350	58 154	10 257	47 897	3 105
青　海	101 722	65 709	25 300	36 013	22 496	13 517	307
宁　夏	54 675	35 047	1 934	19 628	16 475	3 153	299
新　疆	122 353	87 326	10 741	35 027	35 027		

分地区国有盈利企业下岗职工分类情况

(2001)

单位：人

地　　区	合计	中心内下岗职工人数	协议到期未出中心继续发放生活费人数	出中心下岗职工人数	解除或终止劳动关系人数	未解除或终止劳动关系人数	生活没有保障人数
北　　京	36 864	9 164		27 700	23 656	4 044	
天　　津	4 533	3 365		1 168	611	557	
河　　北	46 705	17 874	71	28 831	4 444	24 387	
山　　西	36 811	26 758	886	10 053	1 273	8 780	67
内 蒙 古	28 774	20 574	4 769	8 200	5 392	2 808	
辽　　宁	83 182	51 142	191	32 040	30 008	2 032	
吉　　林	20 215	9 731		10 484	4 124	6 360	5 365
黑 龙 江	46 716	22 393	1 512	24 323	7 017	17 306	6 005
上　　海	40 899	2 713	1 237	38 186	28 180	10 006	
江　　苏	23 660	14 230	2 473	9 430	6 364	3 066	
浙　　江	14 663	5 680		8 983	3 607	5 376	
安　　徽	27 533	21 940	16 189	5 593	4 026	1 567	7
福　　建	523	34		489	172	317	
江　　西	3 099	2 840		259	149	110	89
山　　东	16 984	4 753		12 231	9 027	3 204	
河　　南	37 039	12 555	26	24 484	5 267	19 217	350
湖　　北	76 002	61 764	3 390	14 238	3 214	11 024	1 385
湖　　南							
广　　东	4 226	1 758	289	2 468	1 364	1 104	
广　　西	10 392	4 171	15	6 221	5 765	456	
海　　南	86	20		66	66		
重　　庆	28 448	16 329		12 119	12 119		
四　　川	56 596	32 742	6 836	23 854	11 881	11 973	532
贵　　州	21 177	16 339	712	4 838	2 410	2 428	
云　　南	6 238	4 860	2 164	1 378	404	974	
西　　藏	45	13	13	32		32	
陕　　西	15 882	9 397		6 485	6 485		
甘　　肃	20 892	14 561	270	6 331	1 892	4 439	
青　　海	13 391	6 832		6 559	6 379	180	
宁　　夏	4 027	2 755	227	1 272	398	874	
新　　疆	8 864	6 113	752	2 751	2 751		

分地区国有亏损企业下岗职工分类情况

（2001）　　单位：人

地　区	合计	中心内下岗职工人数	协议到期未出中心继续发放生活费人数	出中心下岗职工人数	解除或终止劳动关系人数	未解除或终止劳动关系人数	生活没有保障人数
北　京	22 735	5 210		17 525	14 966	2 559	
天　津	61 088	35 727	105	25 361	18 927	6 434	4 846
河　北	201 485	99 500	14 319	101 985	18 471	83 514	12 994
山　西	148 587	89 416	3 936	59 171	7 562	51 609	8 710
内蒙古	79 291	34 277	3 208	45 014	35 502	9 512	463
辽　宁	341 616	167 720	2 871	173 896	122 232	51 664	13 096
吉　林	125 266	93 426	15 180	31 840	7 669	24 171	19 339
黑龙江	366 730	209 202	44 033	157 528	51 394	106 134	71 626
上　海	18 988	1 099	748	17 889	13 280	4 609	
江　苏	77 866	41 462	9 000	36 404	29 170	7 234	1 922
浙　江	15 541	5 809		9 732	8 046	1 686	
安　徽	112 770	64 061	13 656	48 709	26 020	22 689	5 560
福　建	8 236	1 754		6 482	4 111	2 371	
江　西	147 332	112 362	5 119	34 970	5 756	29 214	16 505
山　东	75 224	25 739	1	49 485	22 244	27 241	2 135
河　南	287 743	144 848	335	142 895	38 588	104 307	42 659
湖　北	270 177	192 407	23 551	77 770	28 328	49 442	15 706
湖　南	306 802	284 105	26 194	22 697	12 312	10 385	2 865
广　东	23 085	15 315	455	7 770	4 140	3 630	2 101
广　西	110 225	69 979	1 743	40 246	23 316	16 930	1 305
海　南	19 148	11 818	223	7 330	5 232	2 098	835
重　庆	42 361	23 284		19 077	19 077		
四　川	260 615	152 178	32 413	108 437	45 969	62 468	14 270
贵　州	49 726	34 126	10 664	15 600	3 467	12 133	609
云　南	36 292	23 708	587	12 584	6 743	5 841	964
西　藏	1 479	725	725	754	2	752	
陕　西	213 915	184 564	160 751	29 351	29 351		
甘　肃	140 979	105 175	16 024	35 804	5 313	30 491	1 071
青　海	21 991	10 085		11 906	11 906		
宁　夏	38 373	21 934	1 482	16 439	15 049	1 390	90
新　疆	41 311	34 057	3 974	7 254	7 254		

分地区国有停产企业下岗职工分类情况

（2001）

单位：人

地　区	合计	中心内下岗职工人数	协议到期未出中心继续发放生活费人数	出中心下岗职工人数	解除或终止劳动关系人数	未解除或终止劳动关系人数	生活没有保障人数
北　京	14 901	3 594		11 307	9 656	1 651	
天　津	93 883	46 024	2 664	47 859	35 875	11 984	9 356
河　北	181 997	118 416	18 519	63 581	22 941	40 640	16 092
山　西	78 872	46 467	8 027	32 405	5 651	26 754	9 907
内蒙古	54 635	24 398	8 316	30 237	22 346	7 891	2 973
辽　宁	203 728	91 679	466	112 049	83 693	28 356	11 662
吉　林	251 321	142 994		108 327	42 584	65 743	61 971
黑龙江	307 850	116 820	5 464	191 030	64 838	126 192	98 775
上　海	12 658	1 526	477	11 132	8 853	2 279	
江　苏	105 077	64 400	29 328	40 677	30 046	10 631	3 477
浙　江	5 954	1 584		4 370	2 232	2 138	
安　徽	125 475	78 480	23 099	46 995	26 892	20 103	9 885
福　建	12 487	1 826	285	10 661	7 356	3 305	
江　西	154 827	121 512	13 015	33 315	18 174	15 141	10 622
山　东	43 717	18 730		24 987	11 407	13 580	984
河　南	187 093	101 046	2 419	86 047	30 829	55 218	34 466
湖　北	261 025	166 751	28 876	94 274	37 400	56 874	25 728
湖　南	211 222	177 096	43 372	34 126	13 904	20 222	7 606
广　东	73 321	26 409	941	46 912	21 335	25 577	13 638
广　西	60 873	35 018	3 961	25 855	7 419	18 436	8 404
海　南	14 836	8 588	692	6 248	3 883	2 365	1 682
重　庆	157 642	90 208		67 434	67 434		
四　川	282 555	188 509	62 552	94 046	59 595	34 451	12 586
贵　州	41 723	34 824	13 988	6 899	1 490	5 409	495
云　南	30 996	23 765	3 382	7 231	4 779	2 452	120
西　藏							
陕　西	114 564	104 441	95 874	10 123	10 123		
甘　肃	61 725	45 706	9 056	16 019	3 052	12 967	2 034
青　海	66 340	48 792	25 300	17 548	4 211	13 337	307
宁　夏	12 275	10 358	225	1 917	1 028	889	209
新　疆	72 178	47 156	6 015	25 022	25 022		

分地区国有企业（中央属企业）下岗职工分类情况

（2001）

单位：人

地　区	合计	中心内下岗职工人数		出中心下岗职工人数	解除或终止劳动关系人数	未解除或终止劳动关系人数	
			协议到期未出中心继续发放生活费人数				生活没有保障人数
北　京	74 500	17 968		56 532	48 278	8 254	
天　津	159 504	85 116	2 769	74 388	55 413	18 975	14 202
河　北	430 187	235 790	32 909	194 397	45 856	148 541	29 086
山　西	264 270	162 641	12 849	101 629	14 486	87 143	18 684
内蒙古	162 700	79 249	16 293	83 451	63 240	20 211	3 436
辽　宁	628 526	310 541	3 528	317 985	235 933	82 052	24 758
吉　林	396 802	246 151	15 180	150 651	54 377	96 274	86 675
黑龙江	721 296	348 415	51 009	372 881	123 249	249 632	176 406
上　海	72 545	5 338	2 462	67 207	50 313	16 894	
江　苏	206 603	120 092	40 801	86 511	65 580	20 931	5 399
浙　江	36 158	13 073		23 085	13 885	9 200	
安　徽	265 778	164 481	52 944	101 297	56 938	44 359	15 452
福　建	21 246	3 614	285	17 632	11 639	5 993	
江　西	305 258	236 714	18 134	68 544	24 079	44 465	27 216
山　东	135 925	49 222	1	86 703	42 678	44 025	3 119
河　南	511 875	258 449	2 780	253 426	74 684	178 742	77 475
湖　北	607 204	420 922	55 817	186 282	68 942	117 340	42 819
湖　南	518 024	461 201	69 566	56 823	26 216	30 607	10 471
广　东	100 632	43 482	1 685	57 150	26 839	30 311	15 739
广　西	181 490	109 168	5 719	72 322	36 500	35 822	9 709
海　南	34 070	20 426	915	13 644	9 181	4 463	2 517
重　庆	228 451	129 821		98 630	98 630		
四　川	599 766	373 429	101 801	226 337	117 445	108 892	27 388
贵　州	112 626	85 289	25 364	27 337	7 367	19 970	1 104
云　南	73 526	52 333	6 133	21 193	11 926	9 267	1 084
西　藏	1 524	738	738	786	2	784	
陕　西	344 361	298 402	256 625	45 959	45 959		
甘　肃	223 596	165 442	25 350	58 154	10 257	47 897	3 105
青　海	101 722	65 709	25 300	36 013	22 496	13 517	307
宁　夏	54 675	35 047	1 934	19 628	16 475	3 153	299
新　疆	122 353	87 326	10 741	35 027	35 027		

分地区国有企业（地方属企业）下岗职工分类情况

（2001）

单位：人

地　　区	合计	中心内下岗职工人数		出中心下岗职工人数	解除或终止劳动关系人数	未解除或终止劳动关系人数	
			协议到期未出中心继续发放生活费人数				生活没有保障人数
北　京	73 232	17 479		55 753	47 613	8 140	
天　津	159 504	85 116	2 769	74 388	55 413	18 975	14 202
河　北	331 767	191 767	27 303	140 000	30 621	109 379	23 144
山　西	189 834	114 995	9 565	74 839	8 325	66 514	9 076
内蒙古	114 991	52 224	10 172	62 767	49 254	13 513	2 647
辽　宁	514 951	260 089	1 294	254 862	200 060	54 802	20 111
吉　林	243 208	151 762	15 180	91 446	35 995	55 451	49 844
黑龙江	413 108	223 937	43 656	189 171	66 597	122 574	85 499
上　海	70 563	5 325	2 449	65 238	49 105	16 133	
江　苏	148 761	92 418	35 284	56 343	44 453	11 890	2 189
浙　江	29 734	10 786		18 948	12 397	6 551	
安　徽	172 707	105 955	42 578	66 752	37 197	29 555	6 742
福　建	8 729	2 861		5 868	4 175	1 693	
江　西	203 937	157 838	17 610	46 099	8 506	37 593	22 283
山　东	100 370	37 998		62 372	36 150	26 222	2 075
河　南	372 785	193 949	1 641	178 836	55 688	123 148	68 293
湖　北	444 698	311 444	37 925	133 254	42 625	90 629	28 904
湖　南	293 151	263 402	37 852	29 749	11 816	17 933	4 713
广　东	69 905	28 127	924	41 778	23 391	18 387	9 787
广　西	117 480	77 912	4 733	39 568	25 181	14 387	2 843
海　南	9 431	4 118	6	5 313	4 910	403	320
重　庆	187 346	101 542		85 804	85 804		
四　川	281 329	176 490	54 621	104 839	62 404	42 435	7 045
贵　州	61 676	49 311	17 069	12 365	4 081	8 284	162
云　南	43 606	33 919	3 554	9 687	3 500	6 187	957
西　藏	1 262	565	565	697	2	695	
陕　西	283 801	250 921	236 643	32 880	32 880		
甘　肃	183 134	137 541	21 761	45 593	9 355	36 238	2 632
青　海	94 219	58 351	25 300	35 868	22 496	13 372	200
宁　夏	47 381	28 838	1 929	18 543	15 651	2 892	41
新　疆	121 809	86 796	10 694	35 013	35 013		

分地区国有企业（其他属企业）下岗职工分类情况

（2001）

单位：人

地　　区	合计	中心内下岗职工人数	协议到期未出中心继续发放生活费人数	出中心下岗职工人数	解除或终止劳动关系人数	未解除或终止劳动关系人数	生活没有保障人数
北　　京							
天　　津							
河　　北	60 448	27 733	2 163	32 715	8 717	23 998	5 533
山　　西	35 437	17 663	3 066	17 774	2 315	15 459	9 078
内 蒙 古	18 543	4 443	1 352	14 100	11 198	2 902	789
辽　　宁	87 889	38 399		49 490	33 484	16 006	962
吉　　林	143 548	88 828		54 720	16 919	37 801	35 903
黑 龙 江	129 635	70 401	5 341	59 234	11 881	47 353	35 815
上　　海							
江　　苏	50 865	23 048	5 199	27 817	19 687	8 130	3 210
浙　　江	5 609	2 171		3 438	1 251	2 187	
安　　徽	83 381	52 409	8 682	30 972	18 788	12 184	8 000
福　　建	12 513	749	285	11 764	7 464	4 300	
江　　西	101 077	78 632	524	22 445	15 573	6 872	4 933
山　　东	29 377	9 006	1	20 371	2 909	17 462	1 044
河　　南	96 406	43 867	1 139	52 539	13 290	39 249	7 719
湖　　北	118 754	77 626	13 212	41 128	23 455	17 673	11 901
湖　　南	189 189	170 321	26 473	18 868	12 275	6 593	5 242
广　　东	22 177	11 549	734	10 628	1 414	9 214	5 539
广　　西	63 044	30 580	986	32 464	11 118	21 346	6 866
海　　南	15 830	9 193	909	6 637	3 751	2 886	2 197
重　　庆							
四　　川	258 181	154 187	43 331	103 994	48 546	55 448	17 993
贵　　州	25 296	16 723	2 978	8 573	2 360	6 213	829
云　　南	21 071	12 380	108	8 691	6 828	1 863	127
西　　藏	262	173	173	89		89	
陕　　西	8 138	8 092	5 876	46	46		
甘　　肃	21 091	15 930	2 186	5 161	759	4 402	98
青　　海	145			145		145	107
宁　　夏	7 249	6 164	5	1 085	824	261	258
新　　疆							

职业介绍工作情况

(2001)

单位：万人

	本年末职业介绍机构个数（个）	本年末职业介绍机构人数	本年登记招聘人数	本年登记求职人数	
					女性
总计	**26 793**	**8.4**	**1 876.8**	**2 439.5**	**976.3**
劳动保障部门办	18 739	5.8	1 256.4	1 668.7	699.3
#县(区)及以上	4 552	2.6	975.0	1 289.8	554.1
街道	3 942	1.1	141.1	201.5	77.8
乡镇	10 245	2.1	140.3	177.4	67.4
其他组织办	3 787	1.3	191.6	244.7	112.7
公民个人办	4 267	1.3	428.8	526.1	164.3

	下岗职工	失业人员	获得职业资格人员	本年职业指导人数
总计	**339.5**	**698.5**	**355.8**	**1 157.6**
劳动保障部门办	265.9	561.6	270.6	940.8
#县(区)及以上	219.1	483.2	240.4	740.3
街道	32.9	42.3	21.2	115.6
乡镇	13.8	36.1	8.9	85.0
其他组织办	43.3	59.9	42.9	100.0
公民个人办	30.4	77.0	42.4	116.7

	本年介绍成功人数	女性	下岗职工	失业人员	获得职业资格人员
总计	**1 229.1**	**560.8**	**163.1**	**374.9**	**215.9**
劳动保障部门办	845.1	392.9	131.7	295.3	169.5
#县(区)及以上	633.7	305.0	108.2	250.8	147.0
街道	96.6	43.1	16.5	29.4	15.3
乡镇	114.7	44.8	7.1	15.1	7.2
其他组织办	125.3	60.8	17.3	31.7	19.6
公民个人办	258.7	107.2	14.2	47.9	26.7

分地区职业介绍工作情况

（2001）

单位：人

地　区	本年末职业介绍机构个数（个）	本年末职业介绍机构人数	本年登记招聘人数	本年登记求职人数	女性	下岗职工	失业人员
全　国	**26 793**	**84 440**	**18 767 648**	**24 394 902**	**9 762 808**	**3 395 497**	**6 985 401**
北　京	416	3 512	659 050	860 000	413 000	73 000	149 740
天　津	168	1 242	392 000	1 140 000	500 000	420 000	260 000
河　北	1 295	4 215	1 047 553	1 325 455	486 312	89 121	105 315
山　西	1 180	3 912	173 056	186 962	83 695	41 947	78 332
内蒙古	639	1 751	205 058	299 356	122 438	62 579	194 121
辽　宁	1 425	3 495	870 972	1 409 413	694 417	429 925	607 593
吉　林	795	1 730	372 584	439 414	153 509	123 393	248 782
黑龙江	951	2 611	190 735	328 242	145 315	134 337	152 785
上　海	435	4 487	1 245 226	905 955	280 911	160 070	311 770
江　苏	1 631	4 805	975 258	1 043 624	524 812	107 452	639 451
浙　江	1 762	3 893	2 540 517	2 929 949	1 149 273	107 425	476 371
安　徽	1 740	4 465	355 427	467 923	214 002	93 347	143 222
福　建	923	2 445	722 986	904 672	417 975	64 000	219 011
江　西	865	2 826	407 533	589 337	279 861	108 705	162 675
山　东	1 240	3 865	1 013 441	1 189 644	660 365	116 090	396 832
河　南	1 176	4 365	601 255	1 202 146	438 695	194 518	228 107
湖　北	792	3 215	781 289	901 392	342 266	173 311	371 802
湖　南	788	2 697	561 073	870 256	411 203	206 968	260 913
广　东	1 369	5 411	2 264 219	3 201 598	631 657	91 702	588 071
广　西	416	1 333	397 229	638 998	335 861	39 908	185 475
海　南	82	432	56 587	111 953	60 746	13 312	28 613
重　庆	271	1 030	252 631	282 187	132 622	46 676	140 707
四　川	1 375	4 536	736 822	758 818	365 105	146 604	300 989
贵　州	735	1 637	142 045	156 795	71 843	16 209	79 383
云　南	1 231	2 432	349 247	408 178	184 519	34 647	130 651
西　藏	7	35	1 203	557	266	30	128
陕　西	1 639	4 146	446 089	699 157	250 819	116 005	144 508
甘　肃	609	1 575	309 316	336 128	147 095	96 340	185 269
青　海	281	729	352 189	385 602	89 399	29 378	51 584
宁　夏	221	604	67 254	143 881	47 601	4 995	20 133
新　疆	223	794	231 537	235 578	102 271	42 586	112 324
新疆生产建设兵团	113	215	46 267	41 732	24 955	10 917	10 744

续表

地　区	获得职业资格人员	本年职业指导人数	本年介绍成功人数	女性	下岗职工	失业人员	获得职业资格人员
全　国	**3 558 343**	**11 575 588**	**12 291 064**	**5 608 437**	**1 631 420**	**3 749 132**	**2 158 529**
北　京	379 000	438 600	301 000	148 000	25 550	97 050	180 600
天　津	57 300	380 000	590 000	230 000	110 000	150 000	30 000
河　北	79 378	398 524	763 937	401 511	54 655	49 109	63 419
山　西	22 603	150 526	124 342	54 022	30 911	51 458	15 080
内蒙古	16 274	128 615	167 149	75 953	32 859	110 279	12 924
辽　宁	228 685	774 939	712 985	368 660	209 762	352 142	107 927
吉　林	24 449	323 988	301 983	142 696	42 914	103 377	16 058
黑龙江	48 888	182 609	179 353	81 076	74 331	81 315	25 906
上　海	130 006	715 752	339 822	169 051	88 600	178 085	83 189
江　苏	243 764	626 837	585 566	306 527	69 973	289 751	170 640
浙　江	220 390	619 473	1 512 160	554 518	44 615	223 373	102 366
安　徽	61 319	262 739	271 244	114 605	53 861	89 690	41 355
福　建	52 243	390 902	385 988	205 174	29 846	136 253	44 399
江　西	61 029	237 213	332 826	174 667	48 343	104 840	31 516
山　东	148 113	595 538	671 654	354 735	45 734	200 394	84 443
河　南	386 788	752 239	561 993	220 922	90 829	81 419	329 527
湖　北	173 616	533 392	494 343	210 871	146 265	221 245	85 561
湖　南	188 660	642 959	271 539	174 755	105 265	125 802	105 203
广　东	431 131	895 257	1 200 012	547 150	43 631	282 898	231 957
广　西	154 649	256 970	362 299	186 289	24 987	114 936	98 396
海　南	9 511	59 063	33 970	20 047	6 962	8 717	3 737
重　庆	46 334	178 703	158 834	81 995	18 926	72 247	30 193
四　川	131 220	568 912	470 975	221 285	91 258	161 670	81 381
贵　州	12 900	121 076	89 065	41 467	6 893	43 933	8 225
云　南	49 777	265 227	261 859	116 369	18 220	81 612	36 311
西　藏	58	420	236	35	30	176	
陕　西	97 937	315 578	391 529	162 743	47 299	78 768	58 047
甘　肃	33 601	319 405	177 209	67 968	33 882	116 901	28 784
青　海	12 730	181 646	321 290	63 700	14 001	34 678	6 593
宁　夏	5 374	107 536	80 383	33 755	2 742	12 846	4 159
新　疆	48 391	138 678	149 238	59 968	13 978	91 931	39 346
新疆生产建设兵团	2 225	12 272	26 281	17 923	4 298	2 237	1 287

五、职业培训与技能鉴定

历年技工学校综合情况

年份	技工学校个数（个）	招生人数（万人）	在校学生人数（万人）	毕业生人数（万人）	在职教职工人数（万人）			兼职教师人数（万人）
						文化技术理论课教师	生产实习指导教师	
一、绝对数								
1991	4 269	54.4	142.2	45.4	22.1	7.5	2.3	1.2
1992	4 392	60.2	155.6	45.7	33.6	11.1	3.8	1.5
1993	4 477	66.4	171.7	49.7	33.5	11.2	3.8	1.8
1994	4 430	71.4	187.1	55.7	34.0	11.4	3.8	1.7
1995	4 521	74.6	189.0	68.5	33.7	11.5	3.9	1.9
1996	4 467	72.7	191.8	68.1	33.5	11.5	3.9	2.0
1997	4 395	73.4	193.2	69.9	32.8	11.6	3.9	2.6
1998	4 362	59.5	181.3	69.5	30.6	11.0	3.8	2.7
1999	4 098	51.5	156.1	66.2	26.9	11.2	3.8	2.9
2000	3 792	50.4	140.1	64.6	24.0	10.5	3.5	2.7
2001	3 470	55.1	134.7	47.7	22.0	10.0	3.4	2.6
二、比上年增长（%）								
1992	2.9	10.5	9.4	0.6	52.4	48.4	64.2	25.1
1993	1.9	10.3	10.3	8.8	-0.4	1.1	0.7	22.0
1994	-1.0	7.7	9.0	11.9	1.5	2.1	0.4	-3.9
1995	2.1	4.5	1.0	23.0	-1.0	0.9	1.6	8.2
1996	-1.2	-2.6	1.5	-0.5	-0.5	-0.2	0.4	5.9
1997	-1.6	1.0	0.7	2.7	-2.0	0.5	0.5	33.5
1998	-0.8	-19.0	-6.1	-0.7	-6.9	-4.6	-4.0	0.8
1999	-6.1	-13.3	-13.9	-4.6	-11.9	1.9	-0.1	9.5
2000	-7.5	-2.3	-10.2	-2.5	-11.0	-6.9	-6.7	-6.3
2001	-8.5	9.4	-3.8	-26.1	-8.3	-4.9	-3.7	-4.1

续表

年份	经费来源总计（万元）	事业经费	公司经费	经费支出总计（万元）	人员经费	教学经费	培训社会人员人次数（万人）	培训社会人员结业人数（万人）
一、绝对数								
1991	177 956	69 002	26 226	185 506	72 939	43 087	61.6	47.6
1992	280 211	79 474	27 485	223 043	86 621	52 952	61.5	49.5
1993	335 306	91 430	30 718	277 792	111 146	65 299	61.3	54.2
1994	452 884	118 601	38 897	366 750	166 360	85 823	84.2	68.7
1995	537 016	131 815	44 441	432 905	197 809	104 496	89.9	71.3
1996	596 490	158 988	53 735	486 549	232 755	107 765	113.4	93.0
1997	683 974	241 208	52 504	663 119	283 780	141 047	137.5	110.7
1998	649 439	241 141	46 624	663 621	299 265	146 541	165.1	129.0
1999	596 605	217 376	46 074	599 328	268 953	208 266	149.1	144.6
2000	569 389	219 117	32 199	594 008	275 104	195 349	158.5	156.7
2001	681 491	236 065	32 377	645 961	316 350	219 886	151.7	163.9
二、比上年增长（%）								
1992	57.5	15.2	4.8	20.2	18.8	22.9	-0.2	4.1
1993	19.7	15.0	11.8	24.5	28.3	23.3	-0.4	9.3
1994	35.1	29.7	26.6	32.0	49.7	31.4	37.4	26.8
1995	18.6	11.1	14.3	18.0	18.9	21.8	6.8	3.9
1996	11.1	20.6	20.9	12.4	17.7	3.1	26.1	30.3
1997	14.7	51.7	-2.3	36.3	21.9	30.9	21.2	19.1
1998	-5.0		-11.2	0.1	5.5	3.9	20.1	16.5
1999	-8.1	-9.9	-1.2	-9.7	-10.1	42.1	-9.7	16.5
2000	-4.6	0.8	-30.1	-0.9	2.3	-6.2	6.3	8.4
2001	19.7	7.7	0.6	8.7	15.0	12.6	-4.3	4.6

分地区技工学校综合情况

（2001）

地区	技工学校个数（个）	劳动预备制度定点培训机构数	在职教职工人数（人）					
				女性	文化技术理论课教师	高级讲师	讲师	助理讲师
全　　国	**3 470**	**1 200**	**219 636**	**82 798**	**99 580**	**16 345**	**49 149**	**26 403**
北　　京	68	20	4 269	1 887	1 634	252	786	445
天　　津	107	10	6 921	2 894	2 549	640	1 088	586
河　　北	194	42	10 983	4 565	5 099	860	2 528	1 408
山　　西	135	68	8 318	3 413	3 420	479	1 534	1 083
内 蒙 古	69	34	5 449	2 450	2 901	324	1 426	669
辽　　宁	226	67	11 410	4 886	5 418	1 204	2 722	1 179
吉　　林	122	81	6 154	2 937	3 178	545	1 517	946
黑 龙 江	166	72	10 423	3 856	4 981	630	2 990	1 043
上　　海	85	29	7 153	2 028	2 311	300	1 222	546
江　　苏	171	28	11 137	3 735	4 806	747	2 293	1 306
浙　　江	97	21	5 914	2 098	2 899	373	1 260	862
安　　徽	107	35	5 539	1 785	2 555	522	1 336	528
福　　建	101	46	3 959	1 396	1 878	212	782	585
江　　西	66	25	5 240	1 809	2 578	465	1 291	742
山　　东	278	154	23 152	7 897	10 024	1 871	4 381	3 011
河　　南	193	2	12 704	4 836	5 689	939	2 516	1 611
湖　　北	204	74	12 088	4 269	5 941	1 096	3 199	1 326
湖　　南	167	84	10 003	3 853	4 462	812	2 363	1 048
广　　东	159	33	10 526	3 942	4 657	557	2 194	1 627
广　　西	77	7	5 012	1 921	2 262	286	1 305	560
海　　南	10	3	629	241	309	45	116	134
重　　庆	68	20	4 713	1 819	1 901	338	1 032	472
四　　川	156	0	8 832	3 181	4 275	602	2 193	1 091
贵　　州	85	15	2 757	1 129	1 775	192	1 143	419
云　　南	59	24	4 805	1 917	2 305	296	1 221	625
陕　　西	132	84	8 751	3 123	3 830	899	1 743	788
甘　　肃	63	30	3 654	1 462	1 754	178	872	487
青　　海	26	13	1 415	576	748	106	350	251
宁　　夏	17	17	1 565	658	776	205	334	201
新　　疆	62	62	6 161	2 235	2 665	370	1 412	824

续表 1

地　　区	大学本科以上	生产实习指导教师	高级实习指导教师	一级实习指导教师	二级实习指导教师	三级实习指导教师	技师	一体化教师
全　　国	**52 604**	**33 992**	**2 027**	**9 019**	**11 030**	**4 805**	**3 489**	**21 296**
北　　京	1 027	652	38	165	158	114	90	522
天　　津	1 153	1 203	77	235	342	115	188	498
河　　北	2 909	1 631	161	437	478	192	198	1 057
山　　西	1 805	1 043	81	286	331	103	91	534
内 蒙 古	1 376	733	32	216	220	83	89	696
辽　　宁	3 085	1 332	96	396	407	207	172	681
吉　　林	2 065	749	44	169	173	73	66	346
黑 龙 江	2 359	2 385	74	796	874	269	138	339
上　　海	1 210	807	44	106	236	107	137	385
江　　苏	2 760	1 982	50	460	665	233	269	1 024
浙　　江	1 643	945	21	213	300	162	144	562
安　　徽	1 096	709	55	151	201	167	48	367
福　　建	791	628	18	113	206	113	24	431
江　　西	1 300	877	108	221	293	142	94	822
山　　东	5 534	3 312	206	917	1 265	659	265	2 724
河　　南	3 154	1 912	78	521	639	294	152	1 213
湖　　北	2 873	1 996	219	618	646	255	130	1 239
湖　　南	2 435	1 607	80	578	479	239	136	1 006
广　　东	2 923	2 246	65	509	717	279	345	1 964
广　　西	1 085	895	16	195	358	196	72	648
海　　南	229	110		22	29	8	5	125
重　　庆	1 143	569	73	160	157	73	63	440
四　　川	2 098	1 487	100	443	521	186	158	892
贵　　州	610	392	16	106	167	53	9	323
云　　南	1 136	973	53	263	304	152	108	735
陕　　西	1 969	1 303	101	296	378	162	171	446
甘　　肃	748	447	27	84	106	47	35	247
青　　海	374	176	10	49	74	21	16	65
宁　　夏	366	99	8	32	42	12	2	103
新　　疆	1 348	792	76	262	264	89	74	862

续表 2

地区	兼职教师人数（人）	文化技术理论课教师	生产实习指导教师	实习工厂和校办企业个数（个）	实习工厂和校办企业纳税额（万元）	实习工厂和校办企业利润额（万元）	经费来源总计（万元）	事业经费
全　国	**26 191**	**17 558**	**8 063**	**1 774**	**4 275.5**	**5 631.7**	**681 490.9**	**236 065.0**
北　京	769	540	213	46	244.0	177.3	27 788.7	15 916.5
天　津	910	692	184	49	0.1	0.5	17 309.1	5 235.1
河　北	1 097	620	435	106	178.4	249.3	20 011.9	7 238.0
山　西	532	355	171	42	84.1	99.7	14 186.4	5 747.6
内蒙古	452	297	148	35	81.3	138.2	10 540.6	5 367.0
辽　宁	1 320	824	488	76	523.7	189.8	21 202.6	8 387.6
吉　林	487	305	171	39	35.0	36.7	9 793.5	4 236.5
黑龙江	1 924	1 326	555	89	128.6	595.1	16 566.8	9 971.9
上　海	835	681	152	54	12.1	10.9	74 047.5	702.1
江　苏	1 760	1 309	422	83	485.6	458.9	42 187.5	15 583.4
浙　江	861	673	188	59	226.7	203.3	38 508.4	14 905.1
安　徽	934	588	311	52	48.8	148.9	12 082.7	3 522.2
福　建	843	644	193	19	99.6	112.1	16 736.3	9 588.8
江　西	735	402	240	35	27.3	122.0	9 676.8	4 014.8
山　东	1 402	883	519	220	162.7	580.1	56 835.2	28 329.0
河　南	1 227	812	389	89	270.7	163.7	29 050.3	11 062.3
湖　北	1 227	778	436	106	277.5	279.1	74 353.7	14 696.2
湖　南	1 103	786	317	84	145.6	192.5	20 614.7	6 986.3
广　东	2 033	1 282	684	75	365.2	114.2	61 952.7	20 293.8
广　西	556	386	169	53	89.4	168.6	15 926.0	6 223.8
海　南	70	55	15	1			3.3	1.8
重　庆	437	303	126	43	215.2	404.1	10 318.7	4 106.5
四　川	1 200	802	389	102	245.9	282.7	22 797.6	7 024.5
贵　州	359	147	181	23	13.8	14.4	6 607.5	2 977.7
云　南	679	395	254	44	52.7	137.5	14 028.9	8 350.5
陕　西	1 099	756	333	77	71.2	1.4	4 902.6	2 278.3
甘　肃	331	191	122	41	109.3	131.3	9 057.8	1 272.0
青　海	80	63	12	5	2.6	448.0	5 947.7	2 774.8
宁　夏	164	129	15	5	19.3	46.7	4 673.3	1 581.0
新　疆	765	534	231	22	59.2	124.7	13 782.2	7 689.9

续表 3

地区				经费支出总计（万元）			
	公司经费	企业经费	学费		教学支出	基建投资	人员经费
全　国	**32 376.8**	**65 260.0**	**265 003.3**	**645 960.6**	**219 885.9**	**80 596.5**	**316 349.7**
北　京	367.7	2 143.3	8 817.8	26 201.7	10 742.4	2 382.5	10 785.8
天　津	596.4	988.8	9 238.2	17 559.1	6 124.8	629.1	9 610.7
河　北	274.4	2 860.0	8 458.2	23 071.4	7 181.9	3 343.3	12 195.3
山　西	1 097.0	3 740.2	3 548.4	14 080.0	4 991.3	898.8	7 989.0
内蒙古	382.7	1 999.0	2 382.6	10 452.9	2 815.2	620.4	6 587.1
辽　宁	1 551.5	4 980.2	6 094.3	20 098.8	6 366.2	1 458.4	11 947.3
吉　林	520.1	1 481.8	2 705.4	9 534.3	2 610.6	514.4	5 572.5
黑龙江	818.1	2 093.1	3 267.0	16 820.2	5 323.5	393.0	10 030.5
上　海	5 508.6	2 589.3	41 908.3	68 686.9	20 002.4	5 625.2	42 965.4
江　苏	656.9	4 927.1	19 927.6	42 204.5	14 442.2	5 063.2	20 318.8
浙　江	923.7	2 299.7	19 152.7	39 015.3	15 498.3	5 960.7	14 523.9
安　徽	70.0	2 964.8	5 245.1	12 942.4	4 808.5	1 169.9	5 652.8
福　建	117.4	539.7	6 394.9	15 834.2	6 381.9	1 886.4	6 394.6
江　苏	567.0	1 314.1	3 770.9	10 552.1	3 188.8	1 870.8	5 492.6
山　东	3 482.6	1 503.5	23 520.1	56 036.3	19 339.1	5 172.8	31 524.4
河　南	2 967.4	5 308.2	9 031.0	29 434.5	9 738.2	1 786.4	17 443.0
湖　北	1 103.0	1 948.4	8 840.1	35 860.0	7 342.8	15 615.5	12 136.8
湖　南	1 428.0	1 422.1	10 342.0	21 179.6	7 620.9	2 577.3	10 570.9
广　东	3 155.4	1 557.5	36 945.9	63 954.1	26 034.1	12 425.0	23 990.6
广　西	466.2	535.1	7 180.9	15 386.4	4 019.1	1 459.5	7 753.3
海　南	0.2	0.0	1.4	3.5	1.6	0.4	1.5
重　庆	482.0	1 004.2	4 657.8	16 968.0	4 299.2	1 437.7	5 151.2
四　川	3 418.3	3 130.8	8 914.1	21 322.2	9 284.2	1 661.5	10 058.9
贵　州	39.5	2 303.3	1 231.7	6 706.9	1 956.7	528.0	3 715.2
云　南	38.0	2 987.4	2 460.0	14 317.0	5 270.5	2 275.5	6 044.8
陕　西	18.6	191.1	2 413.9	5 131.7	1 811.2	790.0	2 434.6
甘　肃	2 198.4	3 328.2	2 259.2	8 611.2	3 263.2	838.8	3 409.2
青　海	116.7	1 913.7	791.7	5 648.4	2 137.6	721.1	2 789.8
宁　夏		1 049.5	1 959.9	4 636.1	1 948.9	294.5	2 224.6
新　疆	11.0	2 156.0	3 542.3	13 710.8	5 340.6	1 196.4	7 034.6

分地区技工学校培训情况

（2001）

单位：人

地区	招生学校数（所）	招生人数				在校学生人数	
			高级班学生	女生	农业户口学生		女生
全国	**2 653**	**551 143**	**35 344**	**199 506**	**274 718**	**1 347 133**	**444 356**
北京	54	20 260	626	7 719	10 286	55 582	20 965
天津	107	14 803	909	6 470	2 369	43 112	18 821
河北	163	20 534	1 110	8 685	9 344	52 336	18 385
山西	82	12 854	48	5 027	7 843	35 511	12 220
内蒙古	59	5 929	313	2 202	1 642	16 022	3 277
辽宁	134	17 660	515	4 584	3 700	44 551	13 750
吉林	58	7 258	456	2 159	2 255	16 660	5 363
黑龙江	116	9 769	646	4 605	445	24 939	10 853
上海	50	14 030		6 657	2 412	45 538	13 793
江苏	127	36 623	5 527	13 589	23 250	92 835	30 894
浙江	97	23 983	1 376	5 962	11 187	59 068	15 372
安徽	98	13 895	1 183	5 829	5 980	37 282	14 069
福建	94	21 938	485	8 191	16 819	48 832	18 275
江西	60	18 287	2 429	6 916	7 027	38 715	16 260
山东	215	53 283	5 936	19 924	30 072	132 122	48 364
河南	123	29 130	100	10 877	19 945	73 847	28 219
湖北	117	26 817	1 489	10 199	10 392	56 117	18 025
湖南	103	32 509	2 634	13 787	23 428	60 193	24 626
广东	159	70 735	4 001	18 506	36 242	166 716	40 535
广西	69	20 193	155	8 215	8 837	44 625	294
海南	9	2 024	80	626	931	4 779	1 278
重庆	64	14 295	489	5 803	7 309	23 477	9 294
四川	142	19 644	1 593	8 044	13 790	45 575	16 393
贵州	42	6 384	792	1 901	3 308	14 144	4 095
云南	59	8 439	744	2 739	3 371	26 984	8 540
陕西	129	15 123	584	5 339	7 023	41 843	15 682
甘肃	45	5 062	596	1 784	1 242	20 146	7 081
青海	6	805	99	140	14	1 956	408
宁夏	10	1 670		788	850	6 826	3 072
新疆	62	7 207	429	2 239	3 405	16 800	6 153

续表 1

地　　区		毕业生人数				培训社会人员人次数	
	高级班学生		获得初级职业资格	获得中级职业资格	获得高级职业资格		女性
全　　国	**76 759**	**477 309**	**84 222**	**339 253**	**31 206**	**1 516 693**	**383 364**
北　　京	1 069	20 528	4 985	8 743	80	42 122	12 839
天　　津	1 470	16 821	8 238	6 936	58	36 561	7 219
河　　北	2 155	27 681	3 945	19 199	301	82 390	29 008
山　　西	48	12 649	537	10 886	127	16 628	4 779
内 蒙 古	424	7 121	416	5 607	84	37 900	12 239
辽　　宁	1 851	19 828	5 949	10 904	686	140 087	33 152
吉　　林	602	6 435	3 263	2 810	57	26 114	8 866
黑 龙 江	1 151	13 379	3 694	6 378	1 795	51 150	18 695
上　　海		14 375	5 587	8 288	136	108 034	11 135
江　　苏	11 983	31 580	2 123	27 480	532	104 807	29 460
浙　　江	3 408	20 410	4 086	15 778	119	71 166	9 316
安　　徽	2 074	16 177	3 338	10 108		64 877	21 706
福　　建	1 042	14 074	4 931	7 372	14	25 867	5 218
江　　西	2 785	15 873	268	11 875	134	17 486	5 037
山　　东	7 178	55 769	5 151	46 579	2 291	141 720	29 583
河　　南	606	22 759	1 043	19 224	23	68 503	21 714
湖　　北	1 263	19 549	2 532	14 874	193	72 394	16 507
湖　　南	4 120	19 011	2 705	14 366	648	50 197	12 296
广　　东	7 673	40 829	2 665	35 533	270	78 692	20 105
广　　西	11 707	2 614	7 534		22 060	6 879	273
海　　南	192	1 158	124	803	23	3 937	855
重　　庆	1 098	7 085	1 347	5 352	60	35 133	9 094
四　　川	3 395	17 126	1 408	12 338	143	38 546	12 800
贵　　州	1 469	5 634	443	4 860	66	16 236	6 290
云　　南	1 501	12 368	2 068	9 245	80	28 646	8 718
陕　　西	4 118	13 152	878	10 972	477	41 239	12 182
甘　　肃	1 385	7 735	1 349	3 907	366	18 154	6 051
青　　海	327	1 053	398	473	75	24 940	7 335
宁　　夏		3 675	126	2 374		9 406	2 163
新　　疆	665	10 861	3 091	5 989	308	56 882	8 729

续表 2

地　区	上年末结转人数	培训社会人员结业人数	按培训对象分组				
			下岗职工	失业人员	劳动预备制学员	在职职工	其他
全　国	**100 484**	**1 638 589**	**222 585**	**124 677**	**110 776**	**1 000 299**	**201 385**
北　京	1 040	47 378	2 020	494	1 498	35 004	8 362
天　津	1 270	35 116	8 887	2 915	1 913	19 714	1 687
河　北	4 768	79 951	15 586	4 590	6 278	41 584	11 913
山　西	3 380	20 530	1 096	65	3 536	13 896	1 937
内蒙古	543	48 569	2 374	10 865	1 961	29 984	3 385
辽　宁	3 396	145 641	38 482	24 431	1 605	66 699	14 424
吉　林	2 588	24 752	3 533	654	1 483	18 007	1 075
黑龙江	10 414	69 253	28 743	2 570	7 270	26 868	3 802
上　海	4 332	107 194	9 721	8 667	1 759	80 148	6 899
江　苏	3 944	100 876	18 049	14 891	5 903	47 768	14 265
浙　江	774	69 804	2 640	4 218	2 463	32 733	27 750
安　徽	771	64 443	23 242	4 934	1 858	28 686	5 723
福　建	17	38 049	1 087	1 722	4 002	27 278	3 960
江　西	491	29 069	1 012	212	1 487	23 747	2 611
山　东	9 953	133 361	12 602	8 484	10 620	81 885	19 770
河　南	1 996	67 772	6 345	6 116	4 081	47 577	3 653
湖　北	10 204	90 024	4 932	3 433	7 699	56 543	17 417
湖　南	2 182	48 705	3 712	2 807	4 089	32 400	5 697
广　东	3 888	95 188	5 976	12 229	7 673	59 486	9 824
广　西	22 257	2 282	244	2 039	14 647	3 045	3 440
海　南	326	4 822	185	122	962	2 445	1 108
重　庆	1 875	33 624	1 937	1 977	1 463	23 502	4 745
四　川	1 618	58 441	4 560	2 632	5 383	37 948	7 918
贵　州	54	18 951	1 375	70	1 008	14 552	1 946
云　南	1 024	40 779	1 594	1 261	3 094	29 126	5 704
陕　西	1 388	56 183	8 489	1 119	4 292	40 280	2 003
甘　肃	4 601	20 514	4 729	83	568	13 918	1 216
青　海		24 934	2 602	301	178	19 619	2 234
宁　夏		9 292	722	540	357	4 416	3 257
新　疆	1 390	53 092	6 109	236	1 646	41 441	3 660

续表 3

地　　区	按获取证书分组			就业人数	
	初级职业资格	中级职业资格	高级职业资格		技工学校学生
全　　国	**336 780**	**266 426**	**117 997**	**737 210**	**370 602**
北　　京	11 622	8 183	3 893	18 222	15 810
天　　津	3 954	1 651	1 244	17 938	14 235
河　　北	26 562	6 500	1 399	44 486	17 502
山　　西	556	3 816	296	13 885	8 514
内 蒙 古	1 914	7 676	4 325	7 212	4 946
辽　　宁	14 601	9 256	3 455	46 599	8 385
吉　　林	6 963	6 317	1 329	8 200	4 660
黑 龙 江	9 929	15 575	4 498	28 771	8 437
上　　海	48 390	7 265	2 704	45 057	11 387
江　　苏	22 715	14 632	3 846	60 101	25 958
浙　　江	21 094	8 711	2 034	18 522	16 145
安　　徽	8 462	7 797	1 536	16 613	11 983
福　　建	4 771	4 522	1 967	28 024	12 137
江　　西	3 438	5 716	4 641	11 938	8 462
山　　东	49 057	37 244	10 648	83 420	55 769
河　　南	8 210	11 630	5 038	29 596	16 543
湖　　北	8 545	14 924	18 935	24 530	15 386
湖　　南	7 375	8 409	4 679	26 427	14 280
广　　东	26 393	19 238	4 375	62 455	36 063
广　　西	3 762	2 397	12 658	13 989	9 766
海　　南	759	425	621	1 832	820
重　　庆	3 445	4 879	2 336	10 164	6 776
四　　川	7 144	14 052	5 642	19 509	12 867
贵　　州	1 624	2 146	1 340	4 913	3 104
云　　南	4 476	10 218	5 444	15 335	9 443
陕　　西	6 237	11 578	3 989	16 638	9 329
甘　　肃	456	2 116	499	8 374	3 455
青　　海	4 207	2 916	1 863	4 293	801
宁　　夏	767	1 631	457	3 749	2 544
新　　疆	19 352	15 006	2 306	46 418	5 095

分地区就业训练中心综合情况
（2001）

地　区	就业训练中心个数（个）	拥有实习场地	劳动预备制度定点培训机构数	在职教职工总人数（人）	教师	兼职教师人数（人）	经费来源总计（万元）	财政补助费
全　国	**3 571**	**3 161**	**2 044**	**33 923**	**18 634**	**24 256**	**65 254.2**	**9 219.7**
北　京	16	16	8	986	572	595	3 367.4	23.3
天　津	19	19	19	246	131	263	798.4	36.1
河　北	273	273	135	2 438	1 436	1 143	2 889.8	324.8
山　西	57	44	21	422	217	141	285.4	189.2
内蒙古	145	125	26	640	354	574	571.8	173.2
辽　宁	120	120	91	1 338	795	1 466	5 715.8	912.7
吉　林	63	61	39	481	249	351	414.8	14.3
黑龙江	178	135	102	715	363	419	889.0	177.7
上　海								
江　苏	120	109	120	1 529	807	2 215	6 167.3	403.7
浙　江	91	88	39	490	239	1 095	3 241.5	382.8
安　徽	88	85	34	524	306	550	1 803.2	476.9
福　建	110	88	65	531	249	669	1 525.7	277.1
江　西	116	116	61	1 066	480	826	794.4	254.7
山　东	147	132	124	2 843	1 649	1 747	6 268.7	609.0
河　南	156	136	78	1 342	687	1 588	1 968.9	253.7
湖　北	186	145	109	1 876	1 045	924	2 315.6	496.4
湖　南	544	501	376	6 762	3 678	2 527	6 609.0	619.5
广　东	206	179	89	2 065	1 216	1 821	7 961.9	199.7
广　西	102	89	54	742	342	705	2 034.7	181.0
海　南	34	29	16	546	353	66	1.2	0.1
重　庆	40	35	16	259	150	359	498.2	164.6
四　川	156	133	81	1 032	525	988	1 381.3	176.5
贵　州	77	45	15	335	132	198	454.7	248.6
云　南	136	99	66	569	335	445	588.0	198.6
陕　西	165	165	156	1 840	996	1 641	1 785.6	400.2
甘　肃	98	83	44	515	292	367	1 419.5	318.6
青　海	27	16	12	176	104	81	553.8	191.7
宁　夏	26	25	2	157	90	166	125.3	74.9
新　疆	75	70	46	1 458	842	326	2 823.5	1 440.1

续表 1

地　区	职业培训补贴	有偿培训收入	其他收入	经费支出总计（万元）	教学经费	人员经费
全　国	**17 793.2**	**31 309.7**	**6 931.6**	**61 804.6**	**31 138.0**	**25 150.7**
北　京	1 079.7	2 093.8	170.6	3 156.5	1 806.2	1 164.9
天　津	398.7	341.3	22.3	673.6	331.1	240.2
河　北	718.4	1 605.7	240.9	2 754.4	1 624.1	1 130.3
山　西	40.0	46.3	9.9	242.3	108.8	95.3
内蒙古	215.6	118.4	64.6	517.6	292.1	212.5
辽　宁	2 764.9	818.7	1 219.5	5 165.9	207.4	3 091.9
吉　林	96.5	273.9	30.1	429.0	177.1	250.1
黑龙江	152.8	531.2	27.3	853.0	430.1	414.4
上　海						
江　苏	2 455.0	3 022.3	286.3	5 537.7	2 882.7	2 489.4
浙　江	438.8	2 213.9	206.0	2 655.6	1 799.4	855.3
安　徽	454.3	720.7	151.3	1 632.6	616.8	717.1
福　建	250.5	940.6	57.5	1 422.0	464.2	425.3
江　西	104.6	279.9	155.2	786.3	434.4	351.9
山　东	1 659.2	1 668.0	2 332.5	6 217.2	3 161.7	2 059.1
河　南	403.0	1 159.5	152.8	1 811.1	1 079.2	704.9
湖　北	844.5	873.8	100.9	3 551.9	1 659.9	1 687.1
湖　南	1 271.1	4 303.2	415.2	6 232.0	3 687.0	2 533.0
广　东	1 910.8	5 275.3	576.1	7 406.4	4 747.1	2 299.7
广　西	621.6	1 211.2	20.9	1 800.2	1 237.2	562.9
海　南		1.0		1.2	0.7	0.4
重　庆	217.0	98.1	18.5	560.9	287.9	251.0
四　川	539.9	544.9	120.0	1 267.5	786.4	480.8
贵　州	19.2	163.7	23.0	459.3	197.7	237.4
云　南	225.8	121.3	42.3	524.0	332.4	127.6
陕　西	149.6	1 100.4	135.5	1 640.4	822.8	817.6
甘　肃	180.3	901.0	19.5	1 328.1	412.2	375.1
青　海	62.6	15.5	284.0	533.1	273.3	250.8
宁　夏	8.3	39.6	2.5	128.6	72.9	55.6
新　疆	510.7	826.3	46.4	2 516.3	1 205.0	1 269.1

续表 2

地　区	就业训练人数（人）	女性	上年末结转人数	结业人数（人）	按训练对象分组			
					劳动预备制学员	下岗职工	失业人员	其他人员
全　国	**4 760 494**	**2 084 391**	**213 562**	**4 633 170**	**427 164**	**1 234 953**	**1 448 977**	**1 522 076**
北　京	183 662	48 577	3 753	179 190	1 782	19 715	47 822	109 871
天　津	62 864	24 325	333	59 847	939	11 135	22 579	25 194
河　北	423 468	161 044	5 260	423 468	15 451	141 000	72 000	195 017
山　西	30 445	13 376	1 269	46 378	5 402	31 321	2 706	6 949
内蒙古	161 707	80 089	817	159 836	1 876	47 701	81 606	28 653
辽　宁	309 294	168 473	5 230	300 831	11 964	144 143	113 400	31 324
吉　林	36 777	1 082	1 281	36 003	5 068	14 925	7 819	8 191
黑龙江	205 083	101 673	19 161	197 541	54 745	87 139	38 835	16 822
上　海								
江　苏	421 271	222 017	5 188	406 867	14 231	66 487	168 049	158 100
浙　江	211 132	95 076	22 743	202 625	4 898	19 302	102 130	76 295
安　徽	131 015	33 872	13 081	131 000	4 552	58 036	42 164	26 248
福　建	211 326	108 870	3 801	210 350	27 008	25 079	53 721	104 542
江　西	151 238	73 841	5 909	142 975	16 038	44 549	52 716	29 672
山　东	232 665	120 463	20 182	223 105	39 784	33 587	93 053	56 681
河　南	336 616	155 130	4 663	326 319	37 109	112 881	85 033	91 296
湖　北	430 366	239 338	13 598	406 717	44 448	121 439	132 901	107 929
湖　南	228 187	104 268	40 918	194 935	75 452	54 713	37 107	27 663
广　东	317 833	13 643	15 965	328 251	16 837	19 324	79 603	212 487
广　西	95 961	46 350	2 658	93 840	8 703	18 335	27 072	39 730
海　南	16 097	5 884	2 045	14 409	5 356	2 525	2 512	4 016
重　庆	58 435	27 748	513	57 762	970	17 623	34 160	5 009
四　川	117 687	58 717	3 380	114 668	6 539	43 657	42 346	22 126
贵　州	58 616	28 214	1 720	58 634	1 803	11 466	17 850	27 515
云　南	50 550	21 802	2 391	48 453	7 983	4 108	23 415	12 947
陕　西	148 488	70 702	12 048	143 459	11 952	47 504	17 384	66 619
甘　肃	42 049	21 996	2 101	40 377	2 346	14 367	16 104	7 560
青　海	24 879	7 712	55	24 770	854	8 758	9 029	6 129
宁　夏	19 527	9 531	365	19 304	493	4 769	6 885	7 157
新　疆	43 256	20 578	3 134	41 256	2 581	9 365	18 976	10 334

续表 3

地　区	按训练期限分组			按获取证书分组			就业人数（人）
	6个月以下	6个月至1年	1年以上	初级职业资格	中级职业资格	高级职业资格	
全　国	**4 180 395**	**287 853**	**164 922**	**1 628 223**	**379 279**	**66 344**	**2 809 620**
北　京	167 306	8 683	3 201	57 914	26 586	7 940	87 042
天　津	55 661	1 789	2 397	14 830	2 879	43	15 912
河　北	387 249	19 742	16 477	349 681	58 426	15 361	193 003
山　西	38 409	7 542	427	1 034	1 151		26 340
内蒙古	154 391	1 549	3 896	14 982	3 922	1 618	118 010
辽　宁	291 587	4 050	5 194	35 104	4 026	333	196 457
吉　林	34 443	1 196	364	13 051	2 442	525	22 027
黑龙江	153 188	22 071	22 282	72 450	19 270	8 795	100 081
上　海							
江　苏	374 054	25 487	7 326	74 479	23 158	2 157	311 401
浙　江	197 728	2 478	2 419	53 750	10 749	2 840	95 946
安　徽	123 066	6 085	1 849	21 349	3 199	50	57 939
福　建	200 142	7 979	2 229	56 187	12 548	3 948	166 918
江　西	128 315	8 352	6 308	125 077	16 958	940	100 675
山　东	179 121	29 701	14 283	56 814	16 694	2 223	157 944
河　南	306 145	14 642	5 532	104 583	16 881	3 090	181 535
湖　北	345 209	51 549	9 959	180 886	52 615	4 921	262 522
湖　南	128 123	29 560	37 252	68 808	35 546	704	144 661
广　东	317 581	7 709	2 961	142 845	29 151	1 187	219 736
广　西	90 289	1 427	2 124	17 595	1 780	175	
海　南	12 085	685	1 639	4 041	126	116	4 749
重　庆	57 627		135	2 371	1 793	61	37 204
四　川	107 693	3 501	3 474	28 126	11 759	1 887	82 840
贵　州	55 922	2 031	681	20 165	2 694	917	40 006
云　南	38 002	7 020	3 431	11 184	1 701	467	35 810
陕　西	126 721	10 550	6 188	42 112	10 426	3 989	69 827
甘　肃	32 564	6 988	825	9 940	2 797	1 861	26 552
青　海	22 495	2 170	105	9 716	4 402		8 735
宁　夏	18 817	181	306	1 787	1 861	41	13 724
新　疆	36 462	3 136	1 658	37 362	3 739	155	32 024

分地区社会力量办职业培训机构综合情况

（2001）

地　　区	职业培训机构个数（个）	劳动预备制度定点培训机构数	在职教职工人数（人）	教师	兼职教师（人）	经费来源总计（千元）	有偿培训收入	经费支出总计（千元）
全　　国	**16 629**	**2 266**	**129 792**	**84 396**	**60 528**	**5 336 763.9**	**2 881 131.9**	**3 152 071.3**
北　　京	450	41	7 276	4 090	4 081	933 083.4	417 261.3	490 437.8
天　　津	287		3 714	2 544	2 153	125 716.5	120 405.8	133 754.7
河　　北	1 024	37	6 964	4 978	1 915	89 517.7	83 651.3	73 544.5
山　　西	300	37	2 023	1 182	570	15 395.0	11 128.0	12 789.0
内 蒙 古	364	52	1 414	1 102	283	7 437.8	6 380.5	5 671.1
辽　　宁	671	87	5 667	2 937	1 855	47 467.0	21 721.0	39 424.0
吉　　林	616	175	2 580	1 744	779	27 095.5	22 964.5	20 728.0
黑 龙 江	1 133	115	4 744	3 068	1 359	44 654.0	33 274.0	32 753.0
上　　海	353	44	5 530	3 518	2 792	93 555.9	65 090.0	82 281.9
江　　苏	660	82	8 251	5 340	3 419	102 700.1	74 873.5	96 859.3
浙　　江	683	49	3 907	2 459	2 248	46 847.0	33 430.0	39 899.0
安　　徽	432	44	3 896	2 760	1 226	43 339.4	32 534.9	36 563.5
福　　建	266	112	2 628	1 765	1 055	36 948.9	25 300.2	33 617.3
江　　西	732	266	5 867	3 996	2 003	224 353.0	8 692.0	13 096.0
山　　东	949	128	8 774	6 652	13 658	122 442.0	9 932.5	111 227.0
河　　南	1 062	20	6 644	4 450	2 388	68 543.7	51 513.0	54 093.2
湖　　北	746	162	5 218	3 439	2 117	72 204.0	57 003.0	85 814.6
湖　　南	533	197	4 479	3 194	871	46 525.2	33 457.6	40 394.6
广　　东	2 261	237	13 481	8 870	5 601	100 358.7	91 547.0	95 214.6
广　　西	281	89	2 503	1 559	1 512	1 075 773.0	1 025 631.0	1 025 422.0
海　　南	105	6	382	238	161	235.7	235.6	177.5
重　　庆	599	40	4 005	2 789	980	235 334.0	178 252.0	262 948.0
四　　川	739	1	6 480	3 630	1 876	136 893.8	50 483.4	86 738.4
贵　　州	185	10	2 472	1 498	1 184	18 094.4	11 412.1	16 571.3
云　　南	287	97	2 718	1 921	1 070	15 473.9	11 453.9	15 219.6
陕　　西	407	68	4 160	2 425	2 011	1 562 150.0	276 337.0	206 042.0
甘　　肃	217	30	1 765	886	631	10 586.0	10 586.0	10 586.0
青　　海	57	8	194	152	77	1 820.3	842.0	1 531.3
宁　　夏	123		806	438	198	9 102.2	7 185.6	7 472.2
新　　疆	107	32	1 250	772	455	23 115.8	19 160.7	21 199.9

续表 1

地　区	教学经费	人员经费	培训人数（人）	女性	上年末结转人数	结业人数（人）	按培训对象分组		
							劳动预备制学员	下岗职工	失业人员
全　国	**1 451 859**	**1 213 902**	**3 907 525**	**1 552 115**	**285 660**	**3 627 830**	**387 871**	**539 011**	**692 626**
北　京	338 031.0	34 890.0	339 995	118 379	12 600	307 824	7 692	30 857	54 954
天　津	112 052.0	21 703.0	109 975	46 750	4 361	119 537	7 273	23 334	22 103
河　北	41 008.5	27 209.2	144 982	56 249	9 681	133 713	4 946	23 436	17 895
山　西	5 371.0	5 586.0	45 645	19 397	2 649	34 906	3 096	6 413	10 528
内蒙古	3 520.9	1 909.3	46 375	22 581	909	46 262	2 568	5 126	16 425
辽　宁	17 505.0	17 419.0	92 108	45 181	10 590	87 040	7 973	26 127	18 283
吉　林	8 190.0	11 262.0	61 872	32 861	3 775	59 305	23 656	11 915	8 761
黑龙江	17 205.0	13 437.0	80 272	43 565	9 193	73 929	14 228	22 667	10 448
上　海	39 967.8	3 687.5	207 943	76 528	14 562	191 114	2 125	44 399	53 909
江　苏	44 408.1	42 634.6	375 304	101 863	10 275	348 589	19 983	38 623	95 443
浙　江	20 240.0	16 528.0	184 686	76 376	4 695	166 755	11 678	9 307	30 640
安　徽	15 576.4	16 703.1	113 642	45 120	18 500	105 751	12 821	14 498	8 152
福　建	13 417.3	15 251.7	79 720	36 838	5 976	65 523	10 015	4 297	10 721
江　西	6 426.0	5 675.0	173 855	62 787	35 704	148 942	40 008	18 984	48 897
山　东	61 650.0	48 459.0	219 017	84 536	16 110	198 582	21 282	27 468	30 498
河　南	28 213.4	22 310.2	182 520	81 791	12 685	158 460	20 024	23 219	27 080
湖　北	33 082.0	52 732.6	143 752	67 647	11 315	131 495	27 648	50 808	16 675
湖　南	22 090.4	17 526.3	92 500	37 269	6 098	86 565	28 638	9 444	6 160
广　东	56 306.7	31 790.0	530 851	180 967	23 466	512 742	24 899	25 769	80 789
广　西	260 315.0	515 747.0	65 965	26 422	9 263	57 480	1 044	7 517	16 055
海　南	106.0	71.5	44 242	19 601	13 104	42 101	2 679	895	1 877
重　庆	119 993.0	42 820.0	101 038	35 877	9 278	97 999	15 120	45 986	11 123
四　川	43 822.0	38 407.5	148 790	60 972	12 818	177 621	33 302	22 066	26 102
贵　州	9 190.8	7 169.6	67 442	34 879	3 926	62 924	4 958	6 098	19 692
云　南	5 035.6	5 482.9	55 206	26 040	14 290	41 947	10 345	3 169	7 867
陕　西	110 599.0	75 662.0	100 870	62 129	5 611	77 253	20 063	19 017	13 163
甘　肃	1 706.0	8 880.0	26 466	17 923	1 621	24 845	5 402	5 242	5 821
青　海	516.0	1 015.3	13 895	4 516		13 085	242	5 171	6 644
宁　夏	4 560.2	2 620.0	21 747	13 390	270	20 819	625	3 891	7 058
新　疆	11 753.5	9 313.1	36 850	13 681	2 335	34 722	3 538	3 268	8 863

续表 2

地　　区	其他人员	按培训期限分组			按获取证书分组				就业人数（人）
		6个月以下	6个月至1年	1年以上	初级职业资格	中级职业资格	高级职业资格	结业证书	
全　　国	**2 008 322**	**3 172 068**	**318 572**	**137 190**	**865 696**	**652 852**	**99 836**	**2 009 446**	**1 822 638**
北　　京	214 321	287 805	12 012	8 007	61 086	70 896	11 630	164 212	110 246
天　　津	66 827	93 846	12 361	13 330	45 478	24 234	5 426	44 399	25 641
河　　北	87 436	118 590	13 104	2 019	29 450	27 007	983	76 273	81 213
山　　西	14 869	20 296	10 444	4 166	2 093	2 997	1 124	28 692	15 272
内 蒙 古	22 143	40 404	5 261	597	4 603	3 516	422	37 721	23 854
辽　　宁	34 657	77 746	7 584	1 710	38 887	13 310	1 050	33 793	42 750
吉　　林	14 973	52 764	4 958	1 583	19 302	19 297	2 391	18 315	33 185
黑 龙 江	26 586	69 666	3 095	1 168	16 023	15 166	3 725	39 015	42 073
上　　海	90 681	170 656	17 337	3 121	63 521	31 952	6 016	89 625	102 864
江　　苏	194 540	326 907	16 608	5 074	47 716	51 327	8 748	240 798	251 285
浙　　江	115 130	155 423	6 166	5 166	51 110	22 367	4 945	88 333	75 313
安　　徽	70 280	84 917	16 491	4 343	10 423	24 067	1 250	70 011	57 067
福　　建	40 490	59 429	3 794	2 300	8 861	6 711	800	49 151	35 921
江　　西	41 053	92 294	35 982	20 666	27 248	42 763	4 744	74 187	84 520
山　　东	119 334	179 410	10 726	8 446	57 695	33 054	4 836	102 997	118 626
河　　南	88 137	138 529	17 555	2 376	42 325	17 147	3 443	95 545	89 320
湖　　北	36 364	114 743	13 287	3 465	30 028	26 279	5 668	69 520	63 987
湖　　南	42 323	72 466	10 733	3 366	25 018	17 731	95	43 721	47 411
广　　东	381 285	444 344	58 227	10 171	165 665	95 278	16 213	235 586	204 426
广　　西	32 864	49 400	4 537	3 543	8 362	2 637	1 113	45 368	29 766
海　　南	36 650	38 665	89	3 347	1 877	337	136	39 751	36 742
重　　庆	25 770	88 287	6 376	3 336	14 900	19 632	4 009	59 458	58 339
四　　川	96 151	156 655	13 519	7 447	18 877	53 321	8 437	96 986	27 366
贵　　州	32 176	55 763	4 184	2 977	12 649	5 787	315	44 173	35 469
云　　南	20 566	28 631	8 658	4 658	11 734	3 061	184	26 968	29 862
陕　　西	25 010	67 325	701	9 227	21 701	11 761	1 332	42 459	44 943
甘　　肃	8 380	23 894	683	268	6 883	2 928	49	14 985	7 055
青　　海	1 028	13 025	60		3 084	724	101	9 176	10 137
宁　　夏	9 245	18 749	2 040	30	2 058	1 114	28	17 619	14 856
新　　疆	19 053	31 439	2 000	1 283	17 039	6 451	623	10 609	23 129

分地区职业技能鉴定综合情况

(2001)

单位：人

地区	年末职业技能鉴定所(站)数(个)	年末考评人员人数	本年鉴定考核人数	初级	中级	高级	技师
全国	**6 835**	**94 613**	**4 455 502**	**1 771 891**	**2 204 326**	**422 108**	**53 496**
北京	168	2 210	231 725	89 020	111 621	29 026	1 766
天津	55	1 217	123 868	83 142	33 219	7 107	200
河北	511	3 885	156 473	50 733	92 866	10 840	1 827
山西	173	2 082	50 398	8 804	34 608	6 687	274
内蒙古	77	2 418	26 812	3 263	14 714	6 130	2 385
辽宁	185	3 269	187 857	77 920	83 559	24 876	1 264
吉林	78	6 377	93 132	43 853	36 479	12 322	478
黑龙江	81	1 255	146 395	36 852	70 605	24 079	14 324
上海	144	1 511	242 914	147 695	83 193	10 755	1 239
江苏	392	4 208	283 446	114 621	152 386	14 451	1 809
浙江	276	2 538	291 658	189 857	88 344	12 250	1 200
安徽	316	4 459	128 751	27 325	89 890	10 234	1 171
福建	289	3 007	91 652	44 786	44 394	2 413	53
江西	392	2 561	173 611	39 756	119 961	10 914	2 863
山东	305	4 545	205 053	60 437	106 588	34 895	3 089
河南	390	4 358	162 832	52 627	88 446	15 676	5 845
湖北	440	9 000	189 504	35 480	109 357	41 128	2 924
湖南	301	3 788	188 962	81 956	84 829	21 278	899
广东	395	8 388	599 984	317 934	262 743	17 017	2 181
广西	226	1 073	104 517	47 305	49 007	7 829	313
海南	41	538	9 055	5 008	2 670	1 085	289
重庆	136	1 606	100 445	31 093	46 061	22 330	897
四川	590	5 032	257 211	72 271	156 109	26 293	2 288
贵州	144	2 921	16 162	5 286	7 256	3 367	253
云南	160	3 473	107 725	30 161	61 483	15 457	624
西藏	21	20	1 314	532	512	270	
陕西	159	3 000	128 193	32 032	77 878	16 377	1 906
甘肃	58	1 032	23 959	5 265	16 133	2 561	
青海	48	668	12 570	2 183	6 389	3 996	2
宁夏	48	517	6 856	699	5 320	739	98
新疆	190	2 551	96 557	28 764	60 646	6 359	782
新疆生产建设兵团	46	1 106	15 911	5 231	7 060	3 367	253

续表

地　　区		本年获取证书人数					
	高级技师		初级	中级	高级	技师	高级技师
全　　国	**3 681**	**3 924 445**	**1 560 935**	**1 956 116**	**361 956**	**42 607**	**2 831**
北　　京	292	210 691	81 332	101 876	26 114	1 177	192
天　　津	200	114 585	78 109	29 826	6 319	167	164
河　　北	207	143 417	47 199	84 983	9 835	1 281	119
山　　西	25	47 040	8 359	32 328	6 095	237	21
内 蒙 古	320	25 762	3 190	14 365	5 773	2 127	307
辽　　宁	238	160 251	68 073	70 696	20 226	1 042	214
吉　　林		83 070	38 805	33 035	10 859	371	
黑 龙 江	535	139 694	35 592	67 551	22 624	13 412	515
上　　海	32	203 837	123 780	69 939	9 051	1 035	32
江　　苏	179	256 583	103 512	138 401	12 750	1 741	179
浙　　江	7	260 641	173 154	76 525	10 026	931	5
安　　徽	131	115 029	24 445	80 680	9 053	822	29
福　　建	6	79 483	38 931	38 568	1 932	46	6
江　　西	117	140 986	34 895	98 408	7 597		86
山　　东	44	175 635	51 656	91 866	29 714	2 375	24
河　　南	238	143 065	46 316	77 871	13 998	4 699	181
湖　　北	615	171 897	29 924	102 916	36 207	2 464	386
湖　　南		170 951	73 227	78 549	18 394	781	
广　　东	109	497 943	263 893	220 359	12 305	1 307	79
广　　西	63	89 627	41 362	42 050	5 926	255	34
海　　南	3	7 354	4 212	2 187	791	161	3
重　　庆	64	75 100	23 319	34 546	16 562	628	45
四　　川	250	236 747	65 832	144 825	23 994	1 892	204
贵　　州		13 434	4 795	6 052	2 336	251	
云　　南		103 361	29 348	58 631	14 758	624	
西　　藏		1 231	492	480	259		
陕　　西		114 520	28 965	70 142	13 747	1 666	
甘　　肃		20 679	4 619	13 970	2 090		
青　　海		11 622	2 068	5 971	3 581	2	
宁　　夏		6 449	666	5 097	588	98	
新　　疆	6	90 570	26 125	57 559	6 116	764	6
新疆生产建设兵团		13 191	4 740	5 864	2 336	251	

六、劳动关系

劳动争议处理情况

（2001）

单位：件

	上期未结案数	案件受理情况		
		案件数	集体劳动争议数	用人单位申诉案件数
总计	**8 739**	**154 621**	**9 847**	**7 840**
1．国有企业	2 296	42 873	3 217	2 315
2．城镇集体企业	1 654	25 550	1 735	1 457
3．乡村集体企业	205	2 432	139	124
4．外商及港、澳、台投资企业	1 091	20 174	1 267	951
5．私营企业	1 230	23 925	1 274	1 025
6．股份合作、有限责任公司及联营企业	1 372	26 060	1 631	1 550
7．个体工商户	223	6 420	193	190
8．机关社团事业单位	424	4 182	201	175
9．其他	244	3 005	190	53

	劳动者申诉案件数	劳动者当事人人数（人）	集体劳动争议劳动者当事人人数（人）
总计	**146 781**	**556 230**	**286 680**
1．国有企业	40 337	154 641	110 936
2．城镇集体企业	24 093	82 747	44 702
3．乡村集体企业	2 308	5 229	3 424
4．外商及港、澳、台投资企业	19 223	65 014	52 727
5．私营企业	22 900	63 142	30 896
6．股份合作、有限责任公司及联营企业	24 521	70 878	38 450
7．个体工商户	6 230	11 662	2 710
8．机关社团事业单位	4 007	7 100	2 223
9．其他	3 162	95 817	612

续表 1

	争议原因				
	执行劳动合同				变更劳动合同
	劳动报酬	保险福利	劳动保护	职业培训	
总计	**45 172**	**31 158**	**18 171**	**1 254**	**4 254**
1. 国有企业	9 638	9 961	3 471	330	1 777
2. 城镇集体企业	7 009	5 718	2 903	89	1 004
3. 乡村集体企业	693	525	350	76	113
4. 外商及港、澳、台投资企业	6 227	3 298	2 309	376	243
5. 私营企业	9 104	4 429	4 315	119	167
6. 股份合作、有限责任公司及联营企业	7 845	4 443	2 971	220	593
7. 个体工商户	2 440	942	1 288	19	146
8. 机关社团事业单位	922	990	314	21	108
9. 其他	1 294	852	250	4	103

				案件处理情况	
				结案数	处理方式
	解除劳动合同	终止劳动合同	其他		仲裁调解
总计	**29 038**	**10 298**	**15 276**	**150 279**	**42 933**
1. 国有企业	9 579	3 383	3 344	39 033	11 108
2. 城镇集体企业	4 715	1 785	2 327	24 046	7 103
3. 乡村集体企业	293	286	96	2 323	964
4. 外商及港、澳、台投资企业	4 685	1 161	1 875	18 088	4 844
5. 私营企业	2 390	851	2 550	22 475	6 757
6. 股份合作、有限责任公司及联营企业	4 980	1 636	3 372	22 100	6 575
7. 个体工商户	801	192	592	6 013	2 072
8. 机关社团事业单位	1 006	384	437	3 840	1 086
9. 其他	589	620	683	12 361	2 424

续表 2

			处理结果	
	仲裁裁决	其他方式	用人单位胜诉	劳动者胜诉
总计	**72 250**	**35 096**	**31 544**	**71 739**
1. 国有企业	18 923	9 002	6 890	18 751
2. 城镇集体企业	11 824	5 119	3 809	11 269
3. 乡村集体企业	1 086	273	345	1 464
4. 外商及港、澳、台投资企业	8 952	4 292	3 180	8 702
5. 私营企业	9 557	6 161	2 340	11 837
6. 股份合作、有限责任公司及联营企业	10 981	4 544	4 880	9 850
7. 个体工商户	2 360	1 581	857	3 106
8. 机关社团事业单位	1 677	1 077	594	1 760
9. 其他	6 890	3 047	8 649	5 000

		本期未结案数	其他方式调解案件数	用人单位调解	
	双方部分胜诉			受理劳动争议案件数	调解成功案件数
总计	**46 996**	**13 081**	**63 969**	**6 374**	**5 825**
1. 国有企业	11 013	2 136	14 108	2 725	2 611
2. 城镇集体企业	8 968	1 158	9 796	595	535
3. 乡村集体企业	514	314	531	255	209
4. 外商及港、澳、台投资企业	6 206	3 177	12 339	104	93
5. 私营企业	8 298	2 680	10 461	1 589	1 435
6. 股份合作、有限责任公司及联营企业	7 370	1 006	10 072	991	853
7. 个体工商户	2 050	630	4 883	63	46
8. 机关社团事业单位	1 486	766	1 198	29	24
9. 其他	1 091	1 214	581	23	19

分地区劳动争议处理情况

（2001）

单位：件

地区	上期未结案件数	案件受理情况					
		案件数	集体劳动争议数	用人单位申诉案件数	劳动者申诉案件数	劳动者当事人人数（人）	集体劳动争议劳动者当事人人数(人)
全　国	**8 739**	**154 621**	**9 847**	**7 840**	**146 781**	**556 230**	**286 680**
北　京		10 647	449	153	10 494	16 887	6 691
天　津	292	2 444	62	87	2 357	4 016	1 525
河　北	53	4 960	341	1 005	3 955	18 468	12 486
山　西	72	2 055	182	79	1 976	492	3 149
内蒙古	29	1 359	162	255	1 104	6 044	4 822
辽　宁	221	5 117	299	65	5 052	15 023	9 587
吉　林	272	1 747	253	120	1 627	9 620	7 927
黑龙江	42	2 907	14	245	2 662	4 151	348
上　海	1 574	13 551	612	242	13 309	21 506	8 567
江　苏	2 566	29 682	974	2 296	27 386	64 418	23 569
浙　江	347	8 902	433	496	8 406	18 575	9 460
安　徽	105	1 762	173	133	1 629	6 811	5 029
福　建	47	4 265	368	117	4 088	23 255	16 731
江　西	112	1 122	102	32	1 090	11 993	10 690
山　东	877	11 739	556	863	10 876	37 448	25 148
河　南	283	4 547	287	73	4 474	15 138	10 173
湖　北	176	4 477	607	443	4 034	18 857	9 894
湖　南	142	2 048	92	178	1 870	4 315	2 235
广　东	715	20 348	2 397	197	20 151	112 811	82 451
广　西	66	2 006	159	18	1 988	9 586	7 121
海　南	88	940	44		940	1 624	1 020
重　庆	117	4 443	162	172	4 271	7 471	1 876
四　川	320	4 769	256	394	4 375	12 562	4 893
贵　州							
云　南	31	1 042	82	12	1 030	1 450	490
西　藏	17	204	50	1	203	1 355	1 182
陕　西	47	2 114	118	123	1 991	6 304	6 519
甘　肃	51	936	59	38	898	3 215	2 261
青　海		238	16	2	236	986	173
宁　夏	127	2 368	149	81	2 287	6 910	4 592
新　疆	35	2 639	175	16	2 623	4 626	898
新疆生产建设兵团	40	893	55	27	886	3 962	3 069

续表 1

地区	争议原因							
	执行劳动合同				变更劳动合同	解除劳动合同	终止劳动合同	其他
	劳动报酬	保险福利	劳动保护	职业培训				
全　国	**45 172**	**31 158**	**18 171**	**1 254**	**4 254**	**29 038**	**10 298**	**15 276**
北　京	4 173	2 783	6		83	304	621	1 941
天　津	553	564	428	3	37	560	95	204
河　北	1 054	797	1 215	8	475	750	398	263
山　西	405	103	10	34	326	471	553	145
内蒙古	268	613	53	3	16	154	78	174
辽　宁	764	960	821	8	140	787	683	972
吉　林	266	591	243	5	176	338	86	42
黑龙江	616	493	1 004	2	12	288	306	160
上　海	4 191	4 853	202	472	35	1 888	445	1 465
江　苏	8 103	3 977	3 829	65	840	6 912	2 047	3 809
浙　江	2 633	3 065	1 067	33	64	1 069	312	659
安　徽	381	375	238		45	512	43	168
福　建	1 445	476	852	19	45	1 024	120	292
江　西	354	304	89	6	31	190	42	106
山　东	3 316	2 781	1 866	32	165	1 713	868	998
河　南	1 132	1 568	612	23	121	545	279	267
湖　北	843	1 005	466	16	118	1 302	406	326
湖　南	321	674	102	20	66	563	134	168
广　东	8 102	1 058	3 459	48	276	4 715	1 581	1 109
广　西	405	694	199		11	337	202	158
海　南	52	20			4	740	124	
重　庆	1 670	309	129	186	251	1 284	164	450
四　川	1 120	1 454	290	133	375	1 035	295	67
贵　州								
云　南	230	359	12	1	30	240	91	89
西　藏	159	7	29			5	2	2
陕　西	704	308	44	97	416	461	84	
甘　肃	301	114	242	4	4	185	15	71
青　海	73	25	45			24	22	49
宁　夏	365	381	460	24	99	620	159	260
新　疆	1 154	708	185	25	29	390	89	59
新疆生产建设兵团	246	363	10	3	40	96	65	70

续表 2

	案件处理情况						
	结案数	处理方式			处理结果		
		仲裁调解	仲裁裁决	其他方式	用人单位胜诉	劳动者胜诉	双方部分胜诉
全　国	**150 279**	**42 933**	**72 250**	**35 096**	**31 544**	**71 739**	**46 996**
北　京	10 221	1 840	5 519	2 862	2 044	4 406	3 771
天　津	2 152	551	1 240	361	277	1 093	782
河　北	4 870	1 490	2 338	1 042	812	1 851	2 207
山　西	1 926	653	1 040	233	114	1 104	708
内蒙古	1 340	324	579	437	206	693	441
辽　宁	4 994	2 077	2 477	440	385	2 479	438
吉　林	1 661	437	969	255	127	1 377	157
黑龙江	2 816	1 029	1 320	475	150	1 589	464
上　海	13 438	3 289	5 001	5 148	2 415	6 743	4 280
江　苏	29 120	6 404	15 725	6 991	5 216	10 781	13 123
浙　江	8 723	3 620	2 962	2 141	834	4 081	3 808
安　徽	1 752	701	698	353	363	1 095	294
福　建	4 050	1 816	1 468	766	344	1 870	1 836
江　西	1 110	473	446	191	116	718	276
山　东	11 390	3 506	4 665	3 219	1 349	5 600	4 441
河　南	4 349	1 045	2 731	573	561	2 355	1 433
湖　北	4 074	817	2 559	698	510	1 993	1 571
湖　南	2 069	709	1 096	264	464	891	714
广　东	19 731	4 307	9 713	5 711	2 424	9 939	7 368
广　西	1 992	326	1 211	455	511	937	544
海　南	900	188	196	516	84	332	484
重　庆	4 347	1 761	1 284	1 302	622	2 548	1 177
四　川	4 885	2 936	1 826	122	1 951	2 583	351
贵　州							
云　南	1 025	277	359	389	135	284	606
西　藏	184	93	86	5	1	162	21
陕　西	1 977	290	1 687		160	1 774	43
甘　肃	925	283	477	165	64	570	291
青　海	214	71	108	35	23	167	24
宁　夏	2 356	1 082	985	289	463	1 194	699
新　疆	2 549	864	1 685	96	909	802	742
新疆生产建设兵团	880	214	601	65	124	344	412

续表 3

地　　区	本期未结案数	其他方式调解案件数	用人单位调解	
			受理劳动争议案件数	调解成功案件数
全　　国	**13 081**	**63 969**	**6 374**	**5 825**
北　　京	426			
天　　津	584			
河　　北	143			
山　　西	201			
内 蒙 古	48	79		
辽　　宁	344	2 424		
吉　　林	86	6		
黑 龙 江	377	450		
上　　海	1 687			
江　　苏	3 128			
浙　　江	526	5 589	1 681	1 425
安　　徽	115	188		
福　　建	262	5 765		
江　　西	124	798	3 315	3 239
山　　东	1 226	2 833		
河　　南	481	1 271		
湖　　北	579	598		
湖　　南	121	913		
广　　东	1 332	25 442		
广　　西	80	3 946		
海　　南	128	20		
重　　庆	213	8 754		
四　　川	204	1 124	1 349	1 153
贵　　州				
云　　南	48	331	29	8
西　　藏	37			
陕　　西	184			
甘　　肃	62	324		
青　　海	24	46		
宁　　夏	139	1 573		
新　　疆	125	642		
新疆生产建设兵团	53	650		

七、离退休、养老保险与职工福利

历年全国离休、退休、退职人员年末人数

年份	合计	离休人员	退休人员	领取定期生活费的退职人员	离退休、退职人数与职工人数的比例（以离退休、退职人数为1）
一、绝对数（万人）					
1983	1 292.0				1:8.9
1984	1 478.0				1:8.0
1985	1 637.0	112.0	1 476.0	49.0	1:7.5
1986	1 805.0	138.0	1 584.0	83.0	1:7.1
1987	1 968.0	152.0	1 728.0	88.0	1:6.7
1988	2 120.0	166.0	1 863.0	91.0	1:6.4
1989	2 201.0	173.0	1 941.0	87.0	1:6.2
1990	2 301.0	182.0	2 037.0	82.0	1:6.1
1991	2 433.0	193.0	2 157.0	83.0	1:6.0
1992	2 598.0	200.0	2 312.0	86.0	1:5.7
1993	2 780.0	206.0	2 489.0	85.0	1:5.4
1994	2 929.0	201.0	2 632.0	96.0	1:5.1
1995	3 094.1	199.5	2 802.9	91.7	1:4.8
1996	3 211.6	192.1	2 935.7	83.8	1:4.6
1997	3 350.7	185.3	3 075.9	89.5	1:4.4
1998	3 593.6	181.4	3 326.9	85.3	1:4.0
1999	3 726.9	175.9	3 468.7	82.3	1:3.7
2000	3 875.8	169.7	3 621.0	85.1	1:3.5
2001	4 017.7	158.7	3 777.8	81.2	1:3.2
二、比上年增长（%）					
1984	14.4				
1985	10.8				
1986	10.3	23.2	7.3	69.4	
1987	9.0	10.1	9.1	6.0	
1988	7.7	9.2	7.8	3.4	
1989	3.8	4.2	4.2	-4.4	
1990	4.5	5.2	4.9	-5.7	
1991	5.7	6.0	5.9	1.2	
1992	6.8	3.6	7.2	3.6	
1993	7.0	3.0	7.7	-1.2	
1994	5.4	-2.4	5.7	12.9	
1995	5.6	-0.7	6.5	-4.5	
1996	3.8	-3.7	4.7	-8.6	
1997	4.3	-3.5	4.8	6.8	
1998	7.2	-2.1	8.2	-4.7	
1999	3.7	-3.0	4.3	-3.5	
2000	4.0	-3.5	4.4	3.4	
2001	3.7	-6.5	4.3	-4.4	

注：本表包括民政部门和总后勤部事业单位支付离休、退休、退职费的人数。

分地区离休、退休、退职人员年末人数（一）

（2001）

单位：人

地　区	合计	离休人员	退休人员	领取定期生活费的退职人员
全　国	**40 177 475**	**1 587 133**	**37 778 651**	**811 691**
#民政部门	244 896	34 714	210 182	
总后事业单位	33 779	1 407	32 048	324
北　京	1 815 017	97 142	1 658 410	59 465
天　津	992 153	23 361	954 767	14 025
河　北	1 605 063	98 570	1 481 656	24 837
山　西	1 048 872	73 489	960 075	15 308
内蒙古	759 341	32 054	718 033	9 254
辽　宁	3 125 469	133 600	2 918 103	73 766
吉　林	1 190 895	61 907	1 108 065	20 923
黑龙江	1 989 666	87 594	1 864 583	37 489
上　海	2 403 582	37 406	2 335 635	30 541
江　苏	2 586 118	87 808	2 413 943	84 367
浙　江	1 436 978	37 657	1 360 291	39 030
安　徽	1 241 492	63 293	1 152 310	25 889
福　建	728 745	22 295	692 572	13 878
江　西	919 098	25 062	881 821	12 215
山　东	1 898 776	146 258	1 697 737	54 781
河　南	1 828 724	106 407	1 698 506	23 811
湖　北	1 837 958	56 904	1 747 505	33 549
湖　南	1 662 088	39 912	1 593 407	28 769
广　东	2 030 991	65 679	1 944 369	20 943
广　西	813 703	19 776	781 604	12 323
海　南	312 803	6 814	286 787	19 202
重　庆	1 089 047	15 365	1 054 460	19 222
四　川	2 136 483	39 276	2 060 834	36 373
贵　州	654 649	20 677	628 149	5 823
云　南	949 222	35 954	901 806	11 462
西　藏	44 549	584	43 738	227
陕　西	1 018 130	49 338	944 657	24 135
甘　肃	622 498	26 829	582 202	13 467
青　海	217 559	8 267	202 847	6 445
宁　夏	189 086	11 166	171 680	6 240
新　疆	546 770	20 964	513 484	12 322
新疆生产建设兵团	448 171	34 318	392 567	21 286

注：本表包括民政部门和总后勤部支付离休、退休、退职费的人数。

分地区离休、退休、退职人员年末人数（二）

（2001）

单位：人

地区	合计	女性	离休人员	退休人员	领取定期生活的退职人员
全国	**39 898 800**	**16 367 312**	**1 551 012**	**37 536 421**	**811 367**
北京	1 778 553	888 185	94 039	1 625 049	59 465
天津	986 143	517 325	22 463	949 655	14 025
河北	1 591 417	563 506	95 893	1 470 687	24 837
山西	1 044 701	343 264	72 887	956 506	15 308
内蒙古	755 696	223 314	31 370	715 072	9 254
辽宁	3 104 856	1 418 270	129 356	2 901 734	73 766
吉林	1 186 180	453 261	61 097	1 104 160	20 923
黑龙江	1 986 700	612 704	86 861	1 862 350	37 489
上海	2 398 728	1 326 497	36 510	2 331 677	30 541
江苏	2 569 515	1 184 611	85 755	2 399 393	84 367
浙江	1 429 050	640 108	36 579	1 353 441	39 030
安徽	1 236 466	451 994	62 402	1 148 175	25 889
福建	718 816	272 811	21 549	683 389	13 878
江西	913 064	353 086	24 605	876 244	12 215
山东	1 880 547	675 548	141 761	1 684 005	54 781
河南	1 820 841	672 843	104 937	1 692 093	23 811
湖北	1 826 718	829 425	55 334	1 737 835	33 549
湖南	1 652 582	637 274	39 137	1 584 676	28 769
广东	2 020 581	903 575	64 676	1 934 962	20 943
广西	810 777	307 258	19 480	778 974	12 323
海南	311 593	142 579	6 674	285 717	19 202
重庆	1 084 989	414 264	15 050	1 050 717	19 222
四川	2 124 990	790 302	38 073	2 050 544	36 373
贵州	652 492	239 697	20 405	626 264	5 823
云南	941 241	369 218	34 919	894 860	11 462
西藏	43 663	16 686	584	42 852	227
陕西	1 011 267	391 154	48 060	939 072	24 135
甘肃	619 943	201 543	26 365	580 111	13 467
青海	216 581	64 767	8 200	201 936	6 445
宁夏	188 696	65 277	11 066	171 390	6 240
新疆	543 321	193 616	20 609	510 390	12 322
新疆生产建设兵团	448 093	203 350	34 316	392 491	21 286

注：本表不包括民政部门支付离休、退休、退职费的人数。

分地区企业单位离休、退休、退职人员年末人数

（2001）

单位：人

地区	总计				
	合计	女性	离休人员	退休人员	领取定期生活的退职人员
全国	**30 723 873**	**13 213 024**	**797 141**	**29 254 990**	**671 742**
北京	1 439 937	730 263	47 762	1 335 987	56 188
天津	842 186	449 568	13 391	816 493	12 302
河北	1 186 561	438 271	42 385	1 123 680	20 496
山西	811 333	270 015	37 310	761 869	12 154
内蒙古	526 522	165 807	13 707	505 060	7 755
辽宁	2 646 958	1 257 587	76 990	2 501 826	68 142
吉林	931 309	363 055	33 125	881 081	17 103
黑龙江	1 703 227	528 267	56 195	1 614 311	32 721
上海	2 078 532	1 149 429	20 804	2 029 130	28 598
江苏	2 011 959	994 283	39 818	1 900 120	72 021
浙江	1 117 959	516 408	16 202	1 070 155	31 602
安徽	899 863	352 224	28 146	849 268	22 449
福建	498 236	202 625	9 071	479 677	9 488
江西	651 374	262 365	11 511	629 192	10 671
山东	1 395 173	547 001	65 768	1 293 579	35 826
河南	1 326 949	513 975	47 515	1 259 231	20 203
湖北	1 424 068	676 961	30 815	1 366 989	26 264
湖南	1 192 695	484 166	19 799	1 149 652	23 244
广东	1 486 540	705 223	32 546	1 438 886	15 108
广西	539 339	220 374	8 802	521 115	9 422
海南	254 579	123 976	3 734	232 324	18 521
重庆	859 925	336 178	7 864	835 016	17 045
四川	1 561 849	585 260	20 238	1 513 081	28 530
贵州	428 474	166 304	8 747	415 640	4 087
云南	638 913	275 297	14 454	615 832	8 627
西藏	19 936	7 880	277	19 523	136
陕西	754 191	316 273	24 957	712 675	16 559
甘肃	458 271	159 309	14 712	434 758	8 801
青海	138 236	47 058	3 060	131 522	3 654
宁夏	131 560	48 326	5 125	122 848	3 587
新疆	341 485	126 391	10 358	321 776	9 351
新疆生产建设兵团	425 734	192 905	31 953	372 694	21 087

注：本表不包括民政部门支付离休、退休、退职费的人数。

续表 1

地　区	# 地方				
	合计	女性	离休人员	退休人员	领取定期生活费的退职人员
全　国	**24 389 352**	**10 804 438**	**562 831**	**23 262 210**	**564 311**
北　京	1 191 683	650 911	27 484	1 112 253	51 946
天　津	733 702	247 088	9 910	712 158	11 634
河　北	937 524	366 931	32 364	887 581	17 579
山　西	547 222	187 925	23 665	515 859	7 698
内蒙古	417 284	134 197	10 831	400 504	5 949
辽　宁	2 037 620	1 033 894	52 021	1 929 336	56 263
吉　林	673 054	292 828	23 793	634 251	15 010
黑龙江	1 110 771	346 504	39 454	1 043 999	27 318
上　海	1 880 026	1 039 654	15 201	1 837 505	27 320
江　苏	1 853 743	928 052	33 812	1 751 154	68 777
浙　江	1 005 044	475 477	12 917	963 425	28 702
安　徽	763 481	308 717	23 167	720 280	20 034
福　建	422 638	167 842	7 780	406 151	8 707
江　西	579 657	219 155	9 227	560 487	9 943
山　东	1 204 280	496 248	54 291	1 117 629	32 360
河　南	1 123 103	462 009	38 832	1 069 046	15 225
湖　北	1 199 113	586 394	23 786	1 151 240	24 087
湖　南	890 667	388 482	14 236	857 396	19 035
广　东	1 252 734	599 007	26 735	1 214 781	11 218
广　西	451 941	194 929	6 930	437 209	7 802
海　南	246 240	121 028	3 447	224 458	18 335
重　庆	626 808	242 048	4 665	609 561	12 582
四　川	1 136 492	453 260	12 450	1 101 893	22 149
贵　州	320 885	133 909	6 251	311 164	3 470
云　南	535 041	236 304	11 250	516 110	7 681
西　藏	18 615	7 450	275	18 204	136
陕　西	422 845	184 586	14 101	395 130	13 614
甘　肃	329 062	119 303	9 948	311 895	7 219
青　海	103 461	39 442	2 262	99 295	1 904
宁　夏	117 020	43 839	4 664	108 966	3 390
新　疆	257 596	97 025	7 082	243 290	7 224
新疆生产建设兵团					

续表 2

地区	1. 国有企业				
	合计	女性	离休人员	退休人员	领取定期生活费的退职人员
全　国	**21 613 119**	**8 584 338**	**660 450**	**20 551 892**	**400 777**
北　京	1 106 741	513 881	42 215	1 043 924	20 602
天　津	576 163	281 572	11 685	557 303	7 175
河　北	.882 009	298 941	32 809	836 521	12 679
山　西	671 213	210 830	32 888	631 658	6 667
内蒙古	356 898	99 663	10 738	339 697	6 463
辽　宁	1 770 695	733 148	62 512	1 670 660	37 523
吉　林	737 070	250 180	29 710	695 129	12 231
黑龙江	1 451 254	438 772	48 273	1 376 086	26 895
上　海	1 378 132	762 107	17 400	1 350 746	9 986
江　苏	1 088 847	497 288	29 331	1 027 728	31 788
浙　江	509 542	203 325	11 453	483 570	14 519
安　徽	567 919	205 397	22 382	537 892	7 645
福　建	323 728	123 766	7 506	309 904	6 318
江　西	482 247	182 065	10 201	464 652	7 394
山　东	812 848	273 836	46 050	748 507	18 291
河　南	939 694	329 779	38 091	887 559	14 044
湖　北	983 340	455 385	26 042	941 289	16 009
湖　南	931 000	377 288	17 521	897 081	16 398
广　东	901 217	403 778	25 939	865 398	9 880
广　西	388 025	149 924	7 174	373 919	6 932
海　南	233 580	114 178	3 290	212 338	17 952
重　庆	599 098	209 684	6 399	582 512	10 187
四　川	1 048 519	359 391	16 210	1 013 100	19 209
贵　州	373 346	140 536	8 149	361 645	3 552
云　南	510 746	208 023	12 366	491 689	6 691
西　藏	19 644	7 759	276	19 234	134
陕　西	605 117	237 821	21 555	572 269	11 293
甘　肃	395 908	134 294	13 053	376 418	6 437
青　海	120 177	36 012	2 918	113 781	3 478
宁　夏	111 827	38 951	4 745	103 871	3 211
新　疆	311 652	114 345	9 617	293 919	8 116
新疆生产建设兵团	424 923	192 419	31 952	371 893	21 078

续表 3

地区	2．集体企业				
	合计	女性	离休人员	退休人员	领取定期生活费的退职人员
全　国	**5 889 724**	**3 109 485**	**72 933**	**5 613 020**	**203 771**
北　京	217 968	148 418	3 415	182 800	31 753
天　津	168 337	117 266	427	163 568	4 342
河　北	183 163	86 010	6 305	171 210	5 648
山　西	109 279	44 478	3 634	100 622	5 023
内蒙古	55 067	26 945	788	53 737	542
辽　宁	575 877	384 569	7 025	543 613	25 239
吉　林	149 696	86 964	2 234	143 949	3 513
黑龙江	212 001	77 251	2 775	204 369	4 857
上　海	483 595	267 428	839	466 380	16 376
江　苏	614 544	332 951	6 233	580 530	27 781
浙　江	279 709	138 990	1 302	271 432	6 975
安　徽	236 332	113 446	3 267	219 706	13 359
福　建	131 455	59 967	953	128 179	2 323
江　西	124 968	60 611	749	122 478	1 741
山　东	315 725	153 097	10 791	292 991	11 943
河　南	227 203	106 235	4 954	218 885	3 364
湖　北	290 702	147 658	2 668	279 710	8 324
湖　南	231 867	99 086	1 767	224 176	5 924
广　东	414 939	219 330	4 513	407 097	3 329
广　西	103 747	51 109	958	101 056	1 733
海　南	19 219	9 148	418	18 521	280
重　庆	146 934	77 875	910	140 655	5 369
四　川	281 961	136 942	1 292	275 241	5 428
贵　州	40 860	20 495	338	40 063	459
云　南	75 769	40 880	715	74 156	898
西　藏	211	71	1	208	2
陕　西	105 050	60 045	1 853	98 888	4 309
甘　肃	46 115	18 673	1 159	42 973	1 983
青　海	17 057	10 835	102	16 779	176
宁　夏	12 016	5 259	180	11 567	269
新　疆	17 549	6 967	367	16 682	500
新疆生产建设兵团	809	486	1	799	9

续表 4

地　区	3. 其他企业				
	合计	女性	离休人员	退休人员	领取定期生活费的退职人员
全　国	**2 965 949**	**1 386 711**	**60 552**	**2 843 367**	**62 030**
北　京	97 986	59 610	1 888	92 823	3 275
天　津	59 580	29 540	917	58 179	484
河　北	114 943	50 600	2 956	110 051	1 936
山　西	29 792	14 449	765	28 567	460
内蒙古	113 875	39 062	2 175	110 952	748
辽　宁	282 356	133 017	7 184	270 016	5 156
吉　林	40 851	24 215	1 035	38 503	1 313
黑龙江	38 592	12 038	5 120	32 503	969
上　海	180 088	99 589	2 374	176 021	1 693
江　苏	274 180	143 541	4 067	258 745	11 368
浙　江	303 864	160 175	3 260	291 078	9 526
安　徽	91 373	31 515	2 416	87 570	1 387
福　建	33 680	14 155	560	32 575	545
江　西	43 410	19 259	559	41 436	1 415
山　东	252 085	112 392	8 456	238 295	5 334
河　南	156 200	76 160	4 370	149 099	2 731
湖　北	144 664	71 388	2 046	140 740	1 878
湖　南	28 435	7 139	499	27 081	855
广　东	146 410	69 047	1 821	143 048	1 541
广　西	45 728	18 682	646	44 415	667
海　南	1 754	646	26	1 439	289
重　庆	112 088	48 197	546	110 089	1 453
四　川	229 419	88 071	2 677	222 987	3 755
贵　州	13 908	5 116	246	13 595	67
云　南	51 682	25 919	1 360	49 284	1 038
西　藏	81	50		81	
陕　西	43 612	18 195	1 541	41 132	939
甘　肃	16 031	6 261	494	15 156	381
青　海	1 002	211	40	962	
宁　夏	6 301	3 533	134	6 075	92
新　疆	11 977	4 939	374	10 868	735
新疆生产建设兵团	2			2	

分地区事业单位离休、退休、退职人员年末人数

(2001)

单位：人

地区	总计				
	合计	女性	离休人员	退休人员	领取定期生活费的退职人员
全　国	**6 544 058**	**2 484 198**	**377 694**	**6 080 327**	**86 037**
北　京	269 051	131 418	33 232	233 115	2 704
天　津	117 798	62 025	5 106	111 696	996
河　北	282 904	103 792	25 069	255 594	2 241
山　西	154 750	53 016	15 118	137 413	2 219
内蒙古	154 568	41 389	7 447	146 182	939
辽　宁	354 201	137 605	31 206	318 489	4 506
吉　林	208 617	79 483	18 216	187 201	3 200
黑龙江	187 780	66 988	14 339	169 910	3 531
上　海	282 769	156 371	9 687	271 188	1 894
江　苏	411 930	153 591	22 204	383 075	6 651
浙　江	229 003	104 205	9 021	215 263	4 719
安　徽	224 046	74 169	14 485	207 652	1 909
福　建	152 995	54 203	5 212	145 339	2 444
江　西	183 717	68 472	5 990	176 583	1 144
山　东	321 765	99 271	38 091	274 604	9 070
河　南	340 656	115 003	30 232	308 311	2 113
湖　北	281 373	110 397	12 717	263 521	5 135
湖　南	329 793	119 332	9 952	316 087	3 754
广　东	375 809	156 953	13 268	358 655	3 886
广　西	202 518	68 301	4 645	195 894	1 979
海　南	39 618	14 332	846	38 340	432
重　庆	158 385	61 206	3 488	153 592	1 305
四　川	382 268	152 718	7 922	369 187	5 159
贵　州	139 168	52 539	4 203	133 998	967
云　南	201 925	68 334	8 787	191 136	2 002
西　藏	14 469	5 802	147	14 277	45
陕　西	194 399	60 067	12 034	177 492	4 873
甘　肃	113 791	32 611	5 342	106 108	2 341
青　海	46 192	12 579	1 707	43 560	925
宁　夏	37 873	12 150	2 351	34 294	1 228
新　疆	132 672	47 126	4 173	126 941	1 558
新疆生产建设兵团	17 255	8 750	1 457	15 630	168

注：本表不包括民政部门支付离休、退休、退职费的人数。

续表

地　区	# 地方				
	合计	女性	离休人员	退休人员	领取定期生活费的退职人员
全　国	**5 771 227**	**2 149 010**	**309 388**	**5 386 888**	**74 951**
北　京	158 099	85 100	13 427	143 723	949
天　津	96 610	50 869	3 643	92 056	911
河　北	265 309	98 581	23 706	239 527	2 076
山　西	138 459	47 535	13 809	122 498	2 152
内蒙古	146 545	39 253	6 611	139 049	885
辽　宁	315 240	124 202	27 772	283 325	4 143
吉　林	186 227	70 168	16 033	167 136	3 058
黑龙江	165 710	46 248	12 338	150 477	2 895
上　海	244 244	135 067	2 016	240 469	1 759
江　苏	376 130	143 292	19 977	350 332	5 821
浙　江	212 657	90 011	7 368	200 912	4 377
安　徽	186 457	60 345	11 053	173 638	1 766
福　建	146 795	50 615	4 864	139 600	2 331
江　西	166 774	64 508	5 537	160 213	1 024
山　东	309 467	95 920	36 805	263 931	8 731
河　南	305 019	103 078	27 249	275 928	1 842
湖　北	250 270	91 215	10 183	235 216	4 871
湖　南	296 113	108 124	8 595	284 194	3 324
广　东	332 003	134 142	11 521	317 305	3 177
广　西	196 068	65 623	4 357	189 824	1 887
海　南	35 130	12 010	703	34 157	270
重　庆	126 429	45 727	2 421	122 826	1 182
四　川	333 265	128 550	5 893	323 913	3 459
贵　州	128 059	49 146	3 714	123 524	821
云　南	182 209	61 990	8 026	172 264	1 919
西　藏	14 409	5 800	147	14 219	43
陕　西	151 654	43 548	9 136	138 847	3 671
甘　肃	98 646	29 096	4 615	92 034	1 997
青　海	44 009	12 063	1 616	41 474	919
宁　夏	35 895	11 677	2 295	32 385	1 215
新　疆	127 326	45 507	3 958	121 892	1 476
新疆生产建设兵团					

分地区由民政部门支付离休、退休、退职费的人数

（2001）

单位：人

地　区	合计	本年接收	离休人员	退休、退职人员	本年接收
全　国	**244 896**	**13 738**	**34 714**	**210 182**	**13 738**
北　京	36 464	2 018	3 103	33 361	2 018
天　津	6 010	342	898	5 112	342
河　北	13 646	369	2 677	10 969	369
山　西	4 171	780	602	3 569	780
河　北	13 646	369	2 677	10 969	369
山　西	4 171	780	602	3 569	780
内蒙古	3 645	363	684	2 961	363
辽　宁	20 613	584	4 244	16 369	584
吉　林	4 715	50	810	3 905	50
黑龙江	2 966	134	733	2 233	134
上　海	4 854	368	896	3 958	368
江　苏	16 603	444	2 053	14 550	444
浙　江	7 928	43	1 078	6 850	43
安　徽	5 026	393	891	4 135	393
福　建	9 929	77	746	9 183	77
江　西	6 034	285	457	5 577	285
山　东	18 229	1 046	4 497	13 732	1 046
河　南	7 883	217	1 470	6 413	217
湖　北	11 240	482	1 570	9 670	482
湖　南	9 506	225	775	8 731	225
广　东	10 410	276	1 003	9 407	276
广　西	2 926	550	296	2 630	550
海　南	1 210	1	140	1 070	1
重　庆	4 058	135	315	3 743	135
四　川	11 493	1 763	1 203	10 290	1 763
贵　州	2 157	25	272	1 885	25
云　南	7 981	679	1 035	6 946	679
西　藏	886			886	
陕　西	6 863	358	1 278	5 585	358
甘　肃	2 555	41	464	2 091	41
青　海	978	396	67	911	396
宁　夏	390	42	100	290	42
新　疆	3 449	1 252	355	3 094	1 252
新疆生产建设兵团	78		2	76	

分地区机关单位离休、退休、退职人员年末人数

（2001）

单位：人

地区	总计				
	合计	女性	离休人员	退休人员	领取定期生活费的退职人员
全国	**2 630 869**	**670 090**	**376 177**	**2 201 104**	**53 588**
北京	69 565	26 504	13 045	55 947	573
天津	26 159	5 732	3 966	21 466	727
河北	121 952	21 443	28 439	91 413	2 100
山西	78 618	20 233	20 459	57 224	935
内蒙古	74 606	16 118	10 216	63 830	560
辽宁	103 697	23 078	21 160	81 419	1 118
吉林	46 254	10 723	9 756	35 878	620
黑龙江	95 693	17 449	16 327	78 129	1 237
上海	37 427	20 697	6 019	31 359	49
江苏	145 626	36 737	23 733	116 198	5 695
浙江	82 088	19 495	11 356	68 023	2 709
安徽	112 557	25 601	19 771	91 255	1 531
福建	67 585	15 983	7 266	58 373	1 946
江西	77 973	22 249	7 104	70 469	400
山东	163 609	29 276	37 902	115 822	9 885
河南	153 236	43 865	27 190	124 551	1 495
湖北	121 277	42 067	11 802	107 325	2 150
湖南	130 094	33 776	9 386	118 937	1 771
广东	158 232	41 399	18 862	137 421	1 949
广西	68 920	18 583	6 033	61 965	922
海南	17 396	4 271	2 094	15 053	249
重庆	66 679	16 880	3 698	62 109	872
四川	180 873	52 324	9 913	168 276	2 684
贵州	84 850	20 854	7 455	76 626	769
云南	100 403	25 587	11 678	87 892	833
西藏	9 258	3 004	160	9 052	46
陕西	62 677	14 814	11 069	48 905	2 703
甘肃	47 881	9 623	6 311	39 245	2 325
青海	32 153	5 130	3 433	26 854	1 866
宁夏	19 263	4 801	3 590	14 248	1 425
新疆	69 164	20 099	6 078	61 673	1 413
新疆生产建设兵团	5 104	1 695	906	4 167	31

注：本表不包括民政部门支付离休、退休、退职费的人数。

续表

地　　区	# 地方				
	合计	女性	离休人员	退休人员	领取定期生活费的退职人员
全　　国	**2 324 623**	**586 878**	**366 191**	**1 901 229**	**57 203**
北　　京	55 878	21 658	9 025	46 399	454
天　　津	17 298	3 841	3 064	13 613	621
河　　北	116 927	20 526	27 464	87 429	2 034
山　　西	75 487	19 211	19 761	54 806	920
内 蒙 古	71 762	15 480	9 879	61 331	552
辽　　宁	93 364	20 487	19 430	72 955	979
吉　　林	43 878	9 934	9 143	34 134	601
黑 龙 江	88 717	15 372	15 309	72 282	1 126
上　　海	37 113	20 523	5 978	31 086	49
江　　苏	130 804	32 162	22 714	102 657	5 433
浙　　江	78 666	18 054	10 393	65 649	2 624
安　　徽	93 666	21 136	15 368	76 942	1 356
福　　建	64 540	14 795	7 032	55 635	1 873
江　　西	75 877	21 665	6 692	68 804	381
山　　东	160 595	28 886	37 089	113 862	9 644
河　　南	142 812	39 406	25 471	115 936	1 405
湖　　北	111 057	39 045	10 906	98 147	2 004
湖　　南	124 828	32 852	8 974	114 170	1 684
广　　东	147 590	37 726	17 426	128 303	1 861
广　　西	66 087	17 744	5 865	59 321	901
海　　南	17 033	4 160	2 051	14 737	245
重　　庆	60 509	14 274	3 155	56 553	801
四　　川	167 600	47 510	9 106	156 091	2 403
贵　　州	82 164	20 268	7 163	74 251	750
云　　南	77 902	18 315	9 879	67 271	752
西　　藏	9 077	2 979	158	8 874	45
陕　　西	59 221	13 763	10 577	46 170	2 474
甘　　肃	44 856	9 190	5 875	37 051	1 930
青　　海	30 837	4 942	3 217	25 988	1 632
宁　　夏	18 682	4 721	3 478	13 804	1 400
新　　疆	65 988	19 433	5 869	58 732	1 387
新疆生产建设兵团					

历年全国离休、退休、退职费

年份	离休、退休、退职费用总额（亿元）						平均每人离休、退休、退职费用（元）	
	合计	民政部门支付	总后事业单位	国有单位	城镇集体单位	其他单位	合计	国有单位
一、绝对数								
1985	145.6	3.7		116.1	29.1	0.4	935	1 043
1990	396.2	7.2		319.7	74.7	1.8	1 760	1 907
1991	467.5	7.6		380.7	84.5	2.3	1 975	2 141
1992	578.5	9.2		474.3	100.8	3.4	2 300	2 493
1993	759.3	12.0		623.2	123.9	12.2	2 824	3 029
1994	1 043.6	17.5		875.9	146.2	21.5	3 656	3 989
1995	1 305.6	19.4		1 093.1	182.4	30.1	4 335	4 701
1996	1 552.2	20.1		1 308.2	204.0	40.0	4 923	5 321
1997	1 790.8	22.7	1.9	1 517.6	225.2	48.0	5 458	5 890
1998	2 073.7	26.1	3.6	1 726.0	229.0	114.8	5 972	6 369
1999	2 420.9	29.6	3.1				6 614	
2000	2 733.3	36.4	3.4				7 190	
2001	3 072.0	44.3	3.4				7 784	
二、比上年增长（%）								
1985	37.2	23.3		37.2	37.3	33.3	22.1	8.0
1990	24.0	－4.0		23.5	26.4	28.6	19.1	16.9
1991	18.0	5.6		19.1	13.1	27.8	12.2	12.3
1992	23.7	21.1		24.6	19.3	47.8	16.5	16.4
1993	31.3	30.4		31.4	22.9	258.8	22.8	21.5
1994	37.4	45.8		40.5	18.0	76.2	29.5	31.7
1995	25.1	10.9		24.8	24.8	40.0	18.6	17.8
1996	18.9	3.6		19.7	11.8	32.9	13.6	13.2
1997	15.4	12.9		16.0	10.4	20.0	10.9	10.7
1998	15.8	15.0	89.5	13.7	1.7	139.2	9.4	8.1
1999	16.7	13.4	－13.9				10.8	
2000	12.9	23.0	9.7				8.7	
2001	12.4	21.7					8.3	

注：1．本表数字不包括离休、退休、退职职工的医疗卫生费。

2．本表1985—1988年的数字不包括据有关规定发给离休、退休、退职职工的肉类等价格补贴。

历年全国离休、退休、退职人员保险福利费用构成情况

年份	合计	离休金	退休金	退职生活费	医疗卫生费	其他
一、绝对数（亿元）						
1990	465.2	34.6	239.4	5.0	76.2	110.0
1991	554.4	38.6	271.5	5.7	94.5	144.1
1992	685.6	47.1	338.8	6.7	116.3	176.7
1993	901.7	57.1	435.5	8.6	154.3	246.2
1994	1 218.9	103.2	766.5	12.4	192.8	144.0
1995	1 522.4	121.9	986.3	15.3	236.3	162.6
1996	1 797.7	137.7	1 199.3	17.1	265.6	178.0
1997	2 043.8	162.6	1 423.9	23.5	277.6	156.2
1998	2 330.9	167.7	1 708.5	24.1	286.9	143.7
1999	2 708.3	186.1	2 035.2	27.2	320.1	139.7
2000	3 040.5	201.1	2 305.7	30.3	346.9	156.5
2001	3 337.2	223.4	2 618.7	27.8	312.9	154.4
二、比上年增长（%）						
1991	19.2	11.6	13.4	14.0	24.0	31.0
1992	23.7	22.0	24.8	17.5	23.1	22.6
1993	31.5	21.3	28.5	28.4	32.7	39.3
1994	35.2	80.7	76.0	44.2	25.0	-41.5
1995	24.9	18.1	28.7	23.4	22.6	12.9
1996	18.1	13.0	21.6	11.8	12.4	9.5
1997	13.7	18.1	18.7	37.4	4.5	-12.2
1998	14.0	3.1	20.0	2.6	3.4	-8.0
1999	16.2	11.0	19.1	12.9	11.6	-2.8
2000	12.3	8.1	13.3	11.4	8.4	12.0
2001	9.8	11.1	13.6	-8.3	-9.8	-1.3
三、构成（以合计为100）						
1990	100	7.4	51.5	1.1	16.4	23.6
1991	100	7.0	49.0	1.0	17.0	26.0
1992	100	6.9	49.4	1.0	17.0	25.8
1993	100	6.3	48.3	1.0	17.1	27.3
1994	100	8.5	62.9	1.0	15.8	11.8
1995	100	8.0	64.8	1.0	15.5	10.7
1996	100	7.7	66.7	1.0	14.8	9.9
1997	100	8.0	69.7	1.1	13.6	7.6
1998	100	7.2	73.3	1.0	12.3	6.2
1999	100	6.9	75.1	1.0	11.8	5.2
2000	100	6.6	75.8	1.0	11.4	5.2
2001	100	6.7	78.5	0.8	9.4	4.6

注：本表不包括民政部门支付的离休、退休、退职费。

历年全国企业单位离休、退休、退职人员保险福利费用构成情况

年份	合计	离休金	退休金	退职生活费	医疗卫生费	其他
一、绝对数（亿元）						
1994	869.9	48.3	561.9	9.1	142.5	108.1
1995	1 082.5	57.2	722.5	11.4	166.8	124.6
1996	1 278.0	65.6	878.7	13.0	185.1	135.6
1997	1 454.1	77.8	1 045.3	18.3	194.8	117.9
1998	1 661.6	84.3	1 255.2	19.2	199.4	103.5
1999	1 886.8	94.6	1 463.1	21.7	211.7	95.7
2000	2 071.1	99.4	1 618.8	24.0	224.5	104.4
2001	2 193.7	108.2	1 762.4	20.7	204.2	97.2
二、比上年增长（%）						
1995	24.4	18.4	28.6	25.3	17.1	15.3
1996	18.1	14.7	21.6	14.0	11.0	8.8
1997	13.8	18.6	19.0	40.8	5.2	－13.1
1998	14.3	8.4	20.1	4.9	2.4	－12.2
1999	13.6	12.2	16.6	13.0	6.2	－7.5
2000	9.8	5.1	10.6	10.6	6.0	9.1
2001	5.9	8.9	8.9	－13.7	－9.0	－6.9
三、构成（以合计为100）						
1994	100.0	5.6	64.6	1.0	16.4	12.4
1995	100.0	5.3	66.7	1.1	15.4	11.5
1996	100.0	5.1	68.8	1.0	14.5	10.6
1997	100.0	5.4	71.8	1.3	13.4	8.1
1998	100.0	5.1	75.5	1.2	12.0	6.2
1999	100.0	5.0	77.5	1.2	11.2	5.1
2000	100.0	4.8	78.2	1.2	10.8	5.0
2001	100.0	5.0	80.4	0.9	9.3	4.4

注：本表不包括民政部门支付的离休、退休、退职费。

分地区离休、退休、退职人员人数及人均离休、退休、退职费

地区	2000					
	合计		企业			
	离休、退休、退职费(千元)	人均离休、退休、退职费(元)	离休人员		退休人员	
			离休金(千元)	人均离休金(元)	退休金(千元)	人均退休金(元)
全国	**269 356 507**	**7 138**	**10 531 022**	**12 011**	**174 129 576**	**6 142**
北京	17 036 580	9 919	677 770	14 922	11 349 978	8 547
天津	6 457 643	7 195	188 841	13 335	4 663 364	6 302
河北	11 464 447	7 724	507 269	10 459	7 018 937	6 606
山西	6 416 941	6 525	434 556	11 577	4 278 930	5 785
内蒙古	5 082 479	6 889	167 603	10 846	3 018 537	5 873
辽宁	17 538 401	5 996	1 032 484	12 627	12 493 182	5 158
吉林	7 687 545	6 936	345 790	10 271	5 146 977	6 066
黑龙江	11 942 015	6 526	676 375	10 639	8 379 489	5 694
上海	17 963 775	7 407			13 910 554	6 683
江苏	18 001 590	7 465	641 573	15 548	11 504 997	6 155
浙江	10 445 731	8 183	229 874	13 832	6 839 694	7 162
安徽	7 922 185	6 596	375 883	12 391	4 921 763	5 684
福建	4 752 871	6 424	118 068	12 881	2 363 756	4 494
江西	4 500 210	5 455	119 456	9 148	2 777 383	4 671
山东	14 742 866	8 330	1 103 384	16 034	8 994 860	7 095
河南	11 073 414	6 468	509 211	9 585	6 794 505	5 640
湖北	11 416 364	6 744	376 730	12 672	7 638 198	5 916
湖南	9 427 146	6 204	235 120	11 814	5 666 861	5 277
广东	14 414 127	7 407	423 184	12 191	8 781 805	6 162
广西	4 767 618	6 322	110 481	12 101	2 737 537	5 467
海南	1 368 673	4 633	54 865	13 168	849 818	3 543
重庆	5 137 158	5 668	89 831	11 363	3 417 137	4 907
四川	12 320 872	6 245	234 279	9 382	7 845 456	5 526
贵州	4 359 861	7 123	129 047	12 990	2 491 291	6 257
云南	7 793 395	8 965	216 218	13 252	4 081 955	7 109
西藏	564 038	14 588	2 327	15 210	195 841	10 668
陕西	6 382 988	6 761	272 234	10 023	4 153 295	6 073
甘肃	4 831 446	8 343	212 272	14 156	3 178 594	7 661
青海	1 668 114	8 610	33 906	9 647	695 949	5 722
宁夏	1 211 091	6 763	42 648	8 248	744 984	6 204
新疆	7 874 970	7 854	590 193	11 985	5 005 191	6 741
新疆生产建设兵团	2 789 953	6 520	371 472	11 754	2 196 835	5 855

续表 1

地区	事业					
	离休人员			退休人员		
	平均人数(千人)	离休金(千元)	人均离休金(元)	平均人数(千人)	退休金(千元)	人均退休金(元)
全　国	**400.9**	**5 481 760**	**13 675**	**5 598.2**	**54 051 658**	**9 655**
北　京	27.7	616 490	22 291	213.3	2 904 865	13 618
天　津	6.4	105 251	16 413	110.4	1 218 832	11 037
河　北	27.2	329 796	12 144	236.8	2 225 910	9 400
山　西	15.2	168 582	11 083	117.1	920 674	7 864
内蒙古	8.9	101 840	11 506	133.8	1 182 218	8 833
辽　宁	33.3	419 028	12 589	290.0	2 619 016	9 031
吉　林	18.7	211 725	11 298	163.3	1 557 543	9 537
黑龙江	21.7	277 263	12 762	176.1		9 555
上　海				258.0	3 379 095	13 095
江　苏	24.6	396 195	16 108	349.7	3 861 619	11 041
浙　江	9.6	148 335	15 481	213.0	2 288 283	10 742
安　徽	14.5	163 061	11 214	190.2	1 527 999	8 034
福　建	5.2	84 930	16 312	132.1	1 432 996	10 845
江　西	6.3	64 127	10 117	142.3	1 034 179	7 268
山　东	35.5	471 759	13 272	240.2	2 487 614	10 357
河　南	33.0	329 326	9 983	276.2	2 237 308	8 101
湖　北	13.9	178 837	12 895	250.3	2 236 683	8 935
湖　南	9.8	180 870	18 371	292.9	2 367 884	8 083
广　东	15.0	215 703	14 391	334.0	3 435 472	10 286
广　西	4.9	65 483	13 402	173.3	1 337 545	7 719
海　南	1.0	16 070	16 143	34.0	287 834	8 476
重　庆	3.9	46 823	12 129	142.5	1 103 132	7 742
四　川	8.9	111 218	12 529	354.0	2 752 066	7 775
贵　州	4.2	60 481	14 397	117.7	982 574	8 349
云　南	10.3	312 979	30 425	183.8	2 196 798	11 954
西　藏	0.2	4 954	21 824	12.4	205 393	16 545
陕　西	13.2	156 964	11 892	163.3	1 292 876	7 919
甘　肃	5.8	80 043	13 714	99.0	945 524	9 547
青　海	1.8	27 363	15 155	36.2	472 408	13 035
宁　夏	2.7	24 629	9 057	32.8	268 838	8 197
新　疆	6.6	100 802	15 234	139.9	1 453 746	10 390
新疆生产建设兵团	2.0	30 042	14 850	14.5	133 328	9 191

续表 2

地　区	机关					
	离休人员			退休人员		
	平均人数(千人)	离休金(千元)	人均离休金(元)	平均人数(千人)	退休金(千元)	人均退休金(元)
全　国	**415.8**	**5 363 316**	**12 900**	**2 095.0**	**19 799 175**	**9 451**
北　京	18.4	444 272	24 082	84.4	1 043 205	12 367
天　津	5.0	71 235	14 244	21.6	210 120	9 744
河　北	29.2	464 172	15 878	80.0	918 363	11 480
山　西	20.2	216 552	10 735	53.7	397 647	7 401
内蒙古	10.2	125 085	12 239	55.4	487 196	8 788
辽　宁	22.1	279 651	12 644	75.4	695 040	9 219
吉　林	10.6	121 719	11 493	34.1	303 791	8 910
黑龙江	18.9	214 613	11 332	77.4	712 078	9 199
上　海				137.0	674 126	4 921
江　苏	24.7	411 507	16 694	102.3	1 185 700	11 589
浙　江	11.8	181 596	15 339	71.0	757 949	10 681
安　徽	19.3	231 351	11 991	80.8	702 127	8 695
福　建	8.7	150 105	17 180	58.7	603 016	10 267
江　西	6.8	71 927	10 608	61.5	433 138	7 048
山　东	40.2	535 592	13 333	117.4	1 149 657	9 794
河　南	31.1	288 196	9 279	113.6	914 868	8 055
湖　北	12.3	147 265	12 008	95.4	838 651	8 790
湖　南	9.0	107 467	11 885	113.3	868 944	7 669
广　东	19.8	280 129	14 172	117.5	1 277 833	10 877
广　西	6.0	68 650	11 409	60.1	447 922	7 447
海　南	2.0	34 019	16 602	14.9	126 068	8 464
重　庆	3.9	49 286	12 487	51.2	430 949	8 419
四　川	10.7	130 450	12 161	154.6	1 247 403	8 068
贵　州	8.0	101 740	12 737	73.7	594 728	8 073
云　南	10.9	157 696	14 437	74.3	827 749	11 138
西　藏	0.4	10 487	24 332	8.0	145 036	18 160
陕　西	11.1	139 864	12 654	45.5	367 755	8 077
甘　肃	6.2	80 814	12 994	38.1	334 199	8 772
青　海	3.8	92 622	24 358	26.8	345 866	12 930
宁　夏	3.9	34 890	9 004	14.9	95 102	6 373
新　疆	7.4	117 797	16 018	57.0	607 241	10 645
新疆生产建设兵团	0.7	13 106	18 511	3.9	45 170	11 666

续表 3

地区	2001							
	合计			企业				
				离休人员			退休人员	
	平均人数（千人）	离休、退休、退职费(千元)	人均离休、退休、退职费（元）	平均人数（千人）	离休金（千元）	人均离休金（元）	平均人数（千人）	退休金（千元）
全　国	**39 188.9**	**302 429 008.6**	**7 717**	**831.8**	**11 371 825.0**	**13 671**	**29 419.8**	**187 483 939**
北　京	1 770.4	18 685 780.0	10 554	46.3	796 004.8	17 192	1 377.0	12 447 458.2
天　津	954.6	7 654 266.0	8 018	13.4	233 338.6	17 470	796.4	5 555 949.4
河　北	1 543.4	12 250 939.0	7 938	42.7	539 738.9	12 642	1 110.1	7 128 532.1
山　西	1 021.3	7 221 244.0	7 071	38.2	479 225.8	12 548	765.2	4 413 785.2
内蒙古	755.1	5 496 940.0	7 280	14.3	177 424.0	12 401	514.3	3 029 408.0
辽　宁	3 040.2	19 773 112.0	6 504	78.8	1 069 058.4	13 573	2 514.7	13 502 694.8
吉　林	1 157.9	8 622 011.0	7 446	33.2	405 430.3	12 201	879.0	5 704 863.7
黑龙江	1 925.7	13 704 773.0	7 117	58.7	864 279.2	14 731	1 577.2	10 003 881.8
上　海	2 370.5	17 098 437.0	7 213	20.6			2 032.2	13 389 146.0
江　苏	2 512.9	21 503 860.0	8 557	40.2	723 751.7	18 016	1 942.6	12 904 350.3
浙　江	1 369.6	13 916 113.0	10 161	16.2	301 382.0	18 581	1 043.4	9 036 363.0
安　徽	1 229.2	8 512 612.0	6 925	28.9	407 722.3	14 104	876.3	4 817 146.7
福　建	709.3	5 838 738.0	8 232	9.2	164 872.0	17 918	482.5	2 654 854.0
江　西	878.0	6 604 651.0	7 522	11.8	130 492.8	11 046	624.0	3 437 085.1
山　东	1 842.2	16 999 048.0	9 228	66.2	1 101 608.8	16 641	1 307.5	9 783 025.2
河　南	1 785.4	12 644 073.0	7 082	49.9	570 527.9	11 437	1 251.3	7 438 697.0
湖　北	1 785.6	12 632 330.0	7 075	31.1	393 715.6	12 645	1 362.7	8 291 129.4
湖　南	1 592.8	11 005 085.0	6 909	20.3	320 839.9	15 805	1 123.4	6 579 739.2
广　东	1 993.3	15 917 499.0	7 985	32.5	430 921.2	13 264	1 450.6	9 400 184.8
广　西	788.1	5 451 568.0	6 918	9.0	121 285.6	13 430	515.5	2 996 206.4
海　南	303.7	1 658 776.0	5 462	4.0	63 520.1	15 748	245.8	952 741.1
重　庆	1 005.8	6 469 555.0	6 432	7.8	97 613.6	12 455	781.4	4 278 580.4
四　川	2 067.9	13 564 816.0	6 560	24.1	280 519.0	11 644	1 491.5	7 989 014.7
贵　州	638.4	5 107 450.0	8 001	9.3	130 980.6	14 073	412.0	2 647 721.4
云　南	912.4	8 688 447.0	9 523	14.5	239 407.7	16 463	605.4	4 365 437.3
西　藏	42.0	717 677.0	17 089	0.2	2 965.0	13 791	19.2	203 402.0
陕　西	986.2	6 859 697.0	6 955	25.6	289 432.1	11 288	712.0	4 064 760.9
甘　肃	603.1	5 485 869.0	9 097	14.9	246 049.6	16 567	430.7	3 344 991.4
青　海	208.0	2 328 615.0	11 194	3.0	67 430.7	22 148	130.7	1 188 653.3
宁　夏	184.9	1 324 283.0	7 162	5.2	49 617.3	9 481	123.8	765 040.7
新　疆	773.0	5 539 899.0	7 167	29.8	147 310.6	4 943	536.8	2 864 621.4
新疆生产建设兵团	438.0	3 150 844.0	7 194	31.8	508 914.6	16 014	384.5	2 320 918.4

续表 4

地　区	人均退休金（元）	#国有企业					
		离休人员			退休人员		
		平均人数（千人）	离休金（千元）	人均离休金（元）	平均人数（千人）	退休金（千元）	人均退休金（元）
全　国	**6 373**	**692.6**	**9 503 062.5**	**13 720**	**20 684.7**	**134 274 269.1**	**6 491**
北　京	9 039	40.2	713 822.7	17 756	1 046.3	9 969 151.3	9 528
天　津	6 977	11.3	209 987.7	18 647	542.5	4 034 812.3	7 438
河　北	6 422	32.8	427 907.6	13 054	825.6	5 685 521.4	6 887
山　西	5 768	32.9	429 751.1	13 045	629.6	3 867 728.9	6 143
内蒙古	5 890	11.3	141 166.9	12 459	345.7	2 052 895.1	5 939
辽　宁	5 370	64.6	890 384.8	13 783	1 671.5	9 900 301.2	5 923
吉　林	6 490	29.6	363 992.8	12 281	694.0	4 781 618.2	6 890
黑龙江	6 343	51.0	721 894.7	14 145	13 34.7	7 532 669.3	5 644
上　海	6 588				1 351.4	6 470 361.0	4 788
江　苏	6 643	29.4	535 142.0	18 198	1 034.0	7 545 411.0	7 297
浙　江	8 660	11.5	210 529.8	18 236	482.4	4 309 063.2	8 932
安　徽	5 497	23.1	323 178.5	13 970	562.9	3 264 814.5	5 800
福　建	5 502	7.6	142 397.0	18 702	314.3	1 853 595.0	5 898
江　西	5 508	10.5	110 786.7	10 579	463.2	2 503 136.3	5 404
山　东	7 482	47.5	793 817.7	16 707	786.6	5 993 386.3	7 619
河　南	5 945	39.0	458 790.8	11 773	872.6	5 411 646.6	6 201
湖　北	6 084	26.4	339 926.5	12 888	938.8	5 973 634.5	6 363
湖　南	5 857	18.0	297 347.3	16 510	862.3	5 338 255.0	6 191
广　东	6 480	25.3	347 575.7	13 761	865.4	6 068 776.3	7 013
广　西	5 813	7.3	100 780.6	13 728	371.1	2 218 717.4	5 978
海　南	3 877	3.6	56 602.4	15 839	226.3	867 698.9	3 835
重　庆	5 475	6.6	84 530.6	12 847	554.5	3 222 314.4	5 811
四　川	5 356	20.2	226 510.8	11 216	996.3	5 965 444.9	5 988
贵　州	6 427	8.6	123 689.1	14 350	357.7	2 400 940.9	6 712
云　南	7 211	12.6	206 509.3	16 367	489.5	3 679 675.7	7 517
西　藏	10 601	0.2	2 949.7	13 751	19.0	200 698.3	10 558
陕　西	5 709	22.1	232 870.3	10 519	564.0	3 383 649.7	6 000
甘　肃	7 767	13.3	224 991.8	16 890	374.3	3 048 607.2	8 145
青　海	9 094	2.9	65 302.4	22 448	113.7	1 084 081.6	9 533
宁　夏	6 180	4.8	44 973.1	9 290	104.9	660 450.9	6 299
新　疆	5 336	29.0	139 355.6	4 801	505.9	2 694 029.4	5 325
新疆生产建设兵团	6 036	31.8	508 915.9	16 015	383.7	2 317 863.1	6 040

续表 5

地区	事业					
	离休人员			退休人员		
	平均人数(千人)	离休金(千元)	人均离休金(元)	平均人数(千人)	退休金(千元)	人均退休金(元)
全　国	**387.2**	**6 036 275.6**	**15 589**	**5 981.4**	**66 088 614.8**	**11 049**
北　京	31.3	741 798.5	23 720	228.2	3 489 491.5	15 290
天　津	5.5	104 956.9	19 204	112.8	1 399 119.1	12 406
河　北	25.7	368 855.3	14 357	249.2	2 624 042.7	10 529
山　西	14.8	211 114.1	14 294	128.4	1 341 066.9	10 446
内蒙古	8.1	115 547.1	14 310	146.4	1 400 381.9	9 565
辽　宁	32.4	482 242.8	14 889	313.0	3 450 558.4	11 024
吉　林	18.3	234 269.6	12 768	182.0	1 763 598.4	9 690
黑龙江	18.9	180 771.8	9 567	175.3	1 709 912.2	9 756
上　海				271.9	3 035 015.0	11 164
江　苏	22.7	475 723.3	20 958	370.6	5 281 212.7	14 250
浙　江	9.1	193 802.4	21 316	219.0	3 102 633.6	14 166
安　徽	14.3	195 627.2	13 697	202.5	1 922 240.8	9 494
福　建	5.3	110 559.3	20 811	144.0	1 949 348.7	13 535
江　西	6.3	93 494.8	14 762	163.2	1 793 749.2	10 994
山　东	36.6	650 327.6	17 773	265.0	3 471 288.4	13 098
河　南	31.1	377 994.4	12 153	300.4	2 787 021.5	9 278
湖　北	12.7	201 725.8	15 850	262.7	2 486 543.2	9 467
湖　南	9.8	138 782.4	14 130	312.4	2 863 706.3	9 168
广　东	13.6	238 442.1	17 504	350.3	4 014 473.9	11 462
广　西	4.7	77 194.8	16 395	190.7	1 640 762.2	8 603
海　南	0.9	16 223.3	17 663	36.3	384 492.8	10 579
重　庆	3.6	48 366.5	13 418	150.9	1 390 931.5	9 216
四　川	8.3	123 881.5	14 858	369.6	3 369 334.0	9 115
贵　州	4.3	71 791.2	16 686	128.7	1 346 964.8	10 469
云　南	9.2	162 693.0	17 722	188.8	2 261 508.0	11 976
西　藏	0.2	3 198.4	17 104	13.6	295 473.6	21 765
陕　西	12.7	171 391.9	13 478	174.9	1 709 548.1	9 772
甘　肃	5.5	97 974.2	17 789	105.3	1 222 741.8	11 615
青　海	1.7	37 254.1	22 456	41.5	598 600.9	14 430
宁　夏	2.4	29 771.4	12 431	34.6	311 835.6	9 023
新　疆	5.4	73 255.5	13 578	134.2	1 458 375.5	10 867
新疆生产建设兵团	1.7	27 138.3	15 597	15.2	192 747.7	12 721

续表 6

地区	机关					
	离休人员			退休人员		
	平均人数(千人)	离休金(千元)	人均离休金(元)	平均人数(千人)	退休金(千元)	人均退休金(元)
全国	**387.8**	**6 153 525.6**	**15 866**	**2 180.8**	**25 231 828.4**	**11 570**
北京	17.5	330 179.4	18 899	70.1	880 847.6	12 563
天津	4.5	85 566.4	19 083	22.2	275 335.6	12 425
河北	28.5	459 603.9	16 153	87.3	1 130 166.1	12 953
山西	19.9	263 064.8	13 218	54.8	512 987.2	9 360
内蒙古	10.3	153 233.3	14 837	61.6	620 945.7	10 075
辽宁	21.2	333 203.7	15 719	80.2	935 354.3	11 668
吉林	10.0	132 979.6	13 339	35.3	380 869.4	10 775
黑龙江	17.6	204 980.9	11 646	78.1	740 947.1	9 489
上海				29.7	674 276.0	22 681
江苏	24.0	499 380.2	20 793	112.8	1 619 441.8	14 362
浙江	11.5	244 704.0	21 248	70.3	1 037 228.0	14 749
安徽	19.2	283 617.0	14 788	88.1	886 258.0	10 054
福建	8.4	157 593.8	18 828	59.9	801 510.2	13 383
江西	6.8	121 776.6	17 823	65.9	1 028 052.4	15 603
山东	40.1	641 551.8	15 990	126.7	1 351 246.2	10 662
河南	29.2	344 211.1	11 806	123.6	1 125 621.7	9 107
湖北	11.7	188 988.0	16 201	104.6	1 070 228.0	10 227
湖南	9.2	125 246.8	13 562	117.7	976 770.7	8 301
广东	18.7	336 092.2	17 975	127.7	1 497 384.8	11 729
广西	6.0	79 861.8	13 236	62.1	536 257.2	8 637
海南	2.1	46 716.2	22 288	14.5	195 082.5	13 411
重庆	3.8	55 901.7	14 726	58.2	598 161.3	10 282
四川	10.2	149 831.3	14 713	164.1	1 652 235.8	10 069
贵州	7.7	126 894.3	16 447	76.4	783 097.7	10 254
云南	11.3	246 491.1	21 887	83.2	1 412 909.9	16 986
西藏	0.3	4 188.2	14 173	8.5	208 449.8	24 422
陕西	11.1	152 712.3	13 773	49.8	471 851.7	9 468
甘肃	6.4	106 365.7	16 685	40.4	467 746.3	11 582
青海	3.5	74 192.5	21 083	27.6	362 483.5	13 129
宁夏	3.7	40 257.1	10 969	15.3	127 760.9	8 373
新疆	6.7	120 316.9	17 915	60.1	813 019.1	13 535
新疆生产建设兵团	0.8	28 957.2	35 883	4.0	72 167.8	17 885

全部离休、退休、退职人员年末人数及保险福利费用构成情况

（2001）

	离休、退休、退职人员年末人数（千人）				
	合计	女性	离休人员	退休人员	领取定期生活费的退职人员
总计	**39 899**	**16 367**	**1 551**	**37 537**	**811**
一、企业	30 724	13 213	797	29 255	672
#地方	24 389	10 804	563	23 262	564
1．内资企业	30 469	13 081	794	29 008	667
(1) 国有企业	21 613	8 584	660	20 552	401
(2) 集体企业	5 890	3 109	73	5 613	204
(3) 其他企业	2 966	1 387	61	2 843	62
2．港、澳、台商投资企业	132	68	1	128	3
3．外商投资企业	123	64	2	119	2
二、事业	6 544	2 484	378	6 080	86
#地方	5 771	2 149	309	5 387	75
三、机关	2 631	670	376	2 201	54
#地方	2 431	610	348	2 033	50

	保险福利费用构成（千元）					
	合计	离休金	退休金	退职生活费	医疗卫生费	其他
总计	**333 716 340.8**	**22 334 882.5**	**261 870 352.9**	**2 779 262.2**	**31 287 332.2**	**15 444 511.0**
一、企业	219 372 420.3	10 815 733.3	176 242 725.3	2 073 093.2	20 416 656.2	9 724 212.3
#地方	160 795 341.4	7 167 531.8	131 621 203.9	1 668 468.5	14 363 124.9	5 975 012.2
1．内资企业	214 880 185.2	10 770 023.3	172 141 026.7	2 048 436.5	20 310 305.0	9 610 393.8
(1) 国有企业	159 797 079.5	8 980 788.1	125 602 544.5	1 292 207.2	16 019 747.9	7 901 791.9
(2) 集体企业	32 005 546.0	1 013 739.7	27 588 412.5	539 641.6	2 060 606.2	803 145.9
(3) 其他企业	23 077 559.8	775 495.4	18 950 069.7	216 587.7	2 229 950.9	905 456.0
2．港、澳、台商投资企业	2 078 049.4	26 459.9	1 897 568.3	12 800.0	108 220.7	33 000.5
3．外商投资企业	2 414 185.7	19 250.0	2 204 130.4	11 856.8	98 130.5	80 818.1
二、事业	79 166 930.6	5 709 661.5	62 060 384.3	452 271.9	6 979 040.2	3 902 572.7
#地方	67 461 905.0	4 646 433.5	53 912 860.5	405 958.9	5 401 868.6	3 094 783.6
三、机关	35 176 989.9	5 809 487.7	23 567 243.3	253 897.0	3 791 635.9	1 754 726.0
#地方	31 911 663.2	5 322 666.9	21 524 437.8	234 361.0	3 313 711.3	1 516 486.2

分地区全部离休、退休、退职人员保险福利费用构成情况

（2001）

单位：千元

地　　区	合计	离休金	退休金	退职生活费	医疗卫生费	其他
全　　国	**333 716 340.8**	**22 334 882.5**	**261 870 352.9**	**2 779 262.2**	**31 287 332.2**	**15 444 511.0**
北　　京	22 453 036.0	1 619 212.0	14 979 143.0	277 467.0	3 767 256.0	1 809 958.0
天　　津	8 584 716.0	402 075.0	6 835 798.0	49 217.0	930 450.0	367 176.0
河　　北	13 393 835.0	1 320 627.0	10 358 702.0	103 548.0	1 142 896.0	468 062.0
山　　西	7 798 787.0	918 377.0	5 981 080.0	43 590.0	577 543.0	278 197.0
内 蒙 古	5 807 381.0	427 311.0	4 763 402.0	30 807.0	310 441.0	275 420.0
辽　　宁	21 194 173.4	1 814 603.0	17 054 582.4	181 116.0	1 421 061.0	722 811.0
吉　　林	9 188 841.0	747 436.0	7 509 931.0	63 618.0	566 830.0	301 026.0
黑 龙 江	14 461 396.0	1 168 388.0	11 488 221.0	102 632.0	756 623.0	945 532.0
上　　海	18 222 479.0		15 789 400.0		1 124 042.0	1 309 037.0
江　　苏	23 850 177.0	1 633 236.0	18 789 383.0	297 839.0	2 346 317.0	783 402.0
浙　　江	15 935 150.0	694 354.0	12 249 460.0	222 913.0	2 019 037.0	749 386.0
安　　徽	9 469 725.0	857 491.0	7 292 705.0	78 486.0	957 113.0	283 930.0
福　　建	6 322 402.0	408 093.0	5 037 768.0	56 504.0	483 664.0	336 373.0
江　　西	7 156 186.4	334 165.5	6 012 216.7	51 116.0	551 535.5	207 152.8
山　　东	18 654 393.0	2 293 838.0	13 675 787.0	215 414.0	1 655 345.0	814 009.0
河　　南	13 752 722.3	1 251 439.8	10 881 411.5	86 029.6	1 108 648.7	425 192.7
湖　　北	13 993 919.0	759 331.0	11 380 491.0	121 311.0	1 361 589.0	371 197.0
湖　　南	11 719 639.4	562 093.5	9 933 658.0	85 598.1	714 554.1	423 735.7
广　　东	18 509 615.0	916 122.0	13 660 813.0	104 385.0	2 592 116.0	1 236 179.0
广　　西	6 049 167.0	264 233.0	4 850 188.0	45 144.0	597 599.0	292 003.0
海　　南	1 779 627.3	123 560.0	1 466 280.8	35 260.0	120 851.2	33 675.2
重　　庆	7 299 416.0	191 922.0	5 948 389.0	54 358.0	829 861.0	274 886.0
四　　川	14 972 949.9	523 328.8	12 182 735.4	129 758.4	1 408 133.7	728 993.6
贵　　州	5 743 398.0	315 677.0	4 556 507.0	20 207.0	635 948.0	215 059.0
云　　南	9 874 074.0	611 444.0	7 458 305.0	43 963.0	1 185 627.0	574 735.0
西　　藏	766 216.0	10 013.0	683 432.0	1 053.0	48 539.0	23 179.0
陕　　西	7 544 319.0	584 125.0	5 891 759.0	58 584.0	684 622.0	325 229.0
甘　　肃	5 836 085.0	424 413.0	4 712 801.0	36 388.0	350 216.0	312 267.0
青　　海	2 445 433.0	170 043.0	1 998 436.0	27 919.0	116 818.0	132 217.0
宁　　夏	1 475 186.0	112 819.0	1 114 149.0	20 244.0	150 903.0	77 071.0
新　　疆	6 044 271.0	327 218.0	4 902 668.0	58 096.0	504 372.0	251 917.0
新疆生产建设兵团	3 417 625.0	547 894.0	2 430 750.0	76 697.0	266 781.0	95 503.0

分地区企业单位离休、退休、退职人员保险福利费用构成情况

（2001）

单位：千元

地　区	合计	离休金	退休金	退职生活费	医疗卫生费	其他
全　国	**219 372 420.3**	**10 815 733.3**	**176 242 725.3**	**2 073 093.3**	**20 416 656.2**	**9 724 212.3**
北　京	15 930 958.0	745 913.0	11 410 250.0	253 902.0	2 687 495.0	833 398.0
天　津	6 395 600.0	222 701.0	5 259 097.0	43 565.0	606 312.0	263 925.0
河　北	8 497 097.0	516 009.0	6 741 788.0	73 334.0	828 826.0	337 140.0
山　西	5 278 054.0	459 464.0	4 201 325.0	30 449.0	385 043.0	201 773.0
内蒙古	3 417 280.0	165 522.0	2 802 326.0	23 863.0	210 448.0	215 121.0
辽　宁	15 524 524.2	1 030 175.0	12 857 886.2	153 694.0	952 771.0	529 998.0
吉　林	6 457 681.0	390 083.0	5 439 003.0	49 907.0	347 387.0	231 301.0
黑龙江	11 470 638.0	803 460.0	9 220 010.0	79 900.0	602 477.0	764 791.0
上　海	14 385 432.0		12 442 170.0		996 286.0	946 976.0
江　苏	15 173 331.0	700 763.0	12 254 319.0	240 148.0	1 545 229.0	432 872.0
浙　江	10 568 070.0	287 343.0	8 446 746.0	168 685.0	1 230 325.0	434 971.0
安　徽	5 846 810.0	393 421.0	4 586 799.0	61 381.0	621 941.0	183 268.0
福　建	3 119 708.0	156 403.0	2 488 480.0	30 001.0	299 982.0	144 842.0
江　西	3 889 703.4	126 591.5	3 290 144.7	44 181.0	322 125.5	106 660.8
山　东	11 994 739.0	1 036 503.0	9 125 757.0	79 085.0	1 110 105.0	643 289.0
河　南	8 705 655.9	550 231.1	7 106 498.1	67 563.1	696 430.9	284 932.7
湖　北	9 517 927.0	384 568.0	8 010 914.0	87 579.0	833 082.0	201 784.0
湖　南	7 246 612.9	308 365.0	6 259 534.9	64 372.7	346 033.8	268 306.4
广　东	11 509 812.0	403 804.0	8 730 477.0	78 169.0	1 678 706.0	618 656.0
广　西	3 493 503.0	113 646.0	2 776 010.0	31 469.0	376 011.0	196 367.0
海　南	1 100 626.5	62 221.2	901 258.2	32 000.0	84 365.2	20 781.9
重　庆	4 881 406.0	94 168.0	4 084 322.0	43 232.0	505 212.0	154 472.0
四　川	9 122 937.4	266 821.5	7 514 550.2	84 366.4	853 403.7	403 795.6
贵　州	3 132 071.0	125 388.0	2 521 797.0	12 873.0	353 369.0	118 644.0
云　南	5 298 181.0	218 452.0	3 955 000.0	28 325.0	693 336.0	403 068.0
西　藏	222 539.0	2 847.0	195 136.0	173.0	16 172.0	8 211.0
陕　西	4 737 992.0	277 001.0	3 848 584.0	41 595.0	383 799.0	187 013.0
甘　肃	3 826 950.0	230 448.0	3 110 368.0	22 523.0	235 909.0	227 702.0
青　海	1 310 026.0	61 895.0	1 075 359.0	15 712.0	53 942.0	103 118.0
宁　夏	902 124.0	46 875.0	711 862.0	10 896.0	87 466.0	45 025.0
新　疆	3 368 895.0	141 127.0	2 699 671.0	44 704.0	256 963.0	126 430.0
新疆生产建设兵团	3 045 536.0	493 524.0	2 175 283.0	75 446.0	215 703.0	85 580.0

分地区事业单位离休、退休、退职人员保险福利费用构成情况

（2001）

单位：千元

地 区	合计	离休金	退休金	退职生活费	医疗卫生费	其他
全 国	**79 166 930.6**	**5 709 661.5**	**62 060 384.3**	**452 271.9**	**6 979 040.2**	**3 902 572.7**
北 京	5 041 296.0	620 084.0	2 896 582.0	20 353.0	810 006.0	694 271.0
天 津	1 730 282.0	99 397.0	1 320 805.0	4 198.0	226 206.0	79 676.0
河 北	3 186 422.0	358 446.0	2 533 270.0	16 721.0	193 524.0	84 461.0
山 西	1 677 188.0	203 984.0	1 285 639.0	10 135.0	125 007.0	52 423.0
内蒙古	1 574 586.0	112 451.0	1 358 557.0	4 302.0	58 657.0	40 619.0
辽 宁	4 227 029.2	465 058.0	3 304 727.2	22 870.0	294 228.0	140 146.0
吉 林	2 161 109.0	227 519.0	1 701 715.0	11 064.0	163 241.0	57 570.0
黑龙江	1 988 680.0	166 289.0	1 556 536.0	16 384.0	97 996.0	151 475.0
上 海	3 148 842.0		2 767 230.0		113 827.0	267 785.0
江 苏	6 247 148.0	454 135.0	5 005 780.0	35 771.0	490 212.0	261 250.0
浙 江	3 816 394.0	181 108.0	2 862 384.0	37 022.0	519 958.0	215 922.0
安 徽	2 308 845.0	189 946.0	1 855 120.0	11 297.0	190 977.0	61 505.0
福 建	2 172 563.0	103 279.0	1 805 580.0	15 404.0	112 655.0	135 645.0
江 西	2 030 809.0	90 906.0	1 738 725.0	5 357.0	143 565.0	52 256.0
山 东	4 448 718.0	630 703.0	3 283 037.0	83 500.0	327 102.0	124 376.0
河 南	3 441 813.4	365 661.8	2 684 771.1	11 320.3	276 797.6	103 262.6
湖 北	3 001 978.0	192 251.0	2 345 812.0	23 942.0	313 709.0	126 264.0
湖 南	3 241 572.8	133 734.4	2 744 525.9	15 016.6	239 084.1	109 211.9
广 东	4 850 980.0	215 979.0	3 621 913.0	14 366.0	598 064.0	400 658.0
广 西	1 884 770.0	74 050.0	1 564 068.0	9 853.0	166 813.0	69 986.0
海 南	419 955.5	15 987.2	376 941.7	1 957.0	19 239.3	5 830.2
重 庆	1 633 000.0	45 919.0	1 314 206.0	6 340.0	193 702.0	72 833.0
四 川	3 805 449.6	116 568.1	3 147 040.4	23 384.0	312 234.2	206 222.9
贵 州	1 590 767.0	68 916.0	1 288 956.0	4 064.0	172 011.0	56 820.0
云 南	2 712 679.0	155 022.0	2 142 452.0	12 425.0	288 478.0	114 302.0
西 藏	315 619.0	3 110.0	286 856.0	450.0	16 947.0	8 256.0
陕 西	2 100 926.0	161 403.0	1 598 797.0	11 117.0	219 986.0	109 623.0
甘 肃	1 402 817.0	94 440.0	1 172 590.0	6 044.0	82 101.0	47 642.0
青 海	675 791.0	36 388.0	580 152.0	4 533.0	39 936.0	14 782.0
宁 夏	384 496.0	27 717.0	285 687.0	4 630.0	42 889.0	23 573.0
新 疆	1 694 556.0	72 917.0	1 444 311.0	7 326.0	99 925.0	7 077.0
新疆生产建设兵团	249 849.0	26 293.0	185 618.0	1 126.0	29 963.0	6 849.0

分地区机关单位离休、退休、退职人员保险福利费用构成情况

（2001）

单位：千元

地　区	合计	离休金	退休金	退职生活费	医疗卫生费	其他
全　国	**35 176 989.9**	**5 809 487.7**	**23 567 243.3**	**253 897.0**	**3 791 635.9**	**1 754 726.0**
北　京	1 480 782.0	253 215.0	672 311.0	3 212.0	269 755.0	282 289.0
天　津	458 834.0	79 977.0	255 896.0	1 454.0	97 932.0	23 575.0
河　北	1 710 316.0	446 172.0	1 083 644.0	13 493.0	120 546.0	46 461.0
山　西	843 545.0	254 929.0	494 116.0	3 006.0	67 493.0	24 001.0
内蒙古	815 515.0	149 338.0	602 519.0	2 642.0	41 336.0	19 680.0
辽　宁	1 442 620.0	319 370.0	891 969.0	4 552.0	174 062.0	52 667.0
吉　林	570 051.0	129 834.0	369 213.0	2 647.0	56 202.0	12 155.0
黑龙江	1 002 078.0	198 639.0	711 675.0	6 348.0	56 150.0	29 266.0
上　海	688 205.0		580 000.0		13 929.0	94 276.0
江　苏	2 429 698.0	478 338.0	1 529 284.0	21 920.0	310 876.0	89 280.0
浙　江	1 550 686.0	225 903.0	940 330.0	17 206.0	268 754.0	98 493.0
安　徽	1 314 070.0	274 124.0	850 786.0	5 808.0	144 195.0	39 157.0
福　建	1 030 131.0	148 411.0	743 708.0	11 099.0	71 027.0	55 886.0
江　西	1 235 674.0	116 668.0	983 347.0	1 578.0	85 845.0	48 236.0
山　东	2 210 936.0	626 632.0	1 266 993.0	52 829.0	218 138.0	46 344.0
河　南	1 605 253.0	335 546.9	1 090 142.3	7 146.2	135 420.2	36 997.4
湖　北	1 474 014.0	182 512.0	1 023 765.0	9 790.0	214 798.0	43 149.0
湖　南	1 231 453.8	119 994.1	929 597.2	6 208.8	129 436.3	46 217.5
广　东	2 148 823.0	296 339.0	1 308 423.0	11 850.0	315 346.0	216 865.0
广　西	670 894.0	76 537.0	510 110.0	3 822.0	54 775.0	25 650.0
海　南	259 045.3	45 351.6	188 081.0	1 303.0	17 246.7	7 063.1
重　庆	785 010.0	51 835.0	549 861.0	4 786.0	130 947.0	47 581.0
四　川	2 044 562.8	139 939.2	1 521 144.8	22 008.0	242 495.8	118 975.0
贵　州	1 020 560.0	121 373.0	745 754.0	3 270.0	110 568.0	39 595.0
云　南	1 863 214.0	237 970.0	1 360 853.0	3 213.0	203 813.0	57 365.0
西　藏	228 058.0	4 056.0	201 440.0	430.0	15 420.0	6 712.0
陕　西	705 401.0	145 721.0	444 378.0	5 872.0	80 837.0	28 593.0
甘　肃	606 318.0	99 525.0	429 843.0	7 821.0	32 206.0	36 923.0
青　海	459 616.0	71 760.0	342 925.0	7 674.0	22 940.0	14 317.0
宁　夏	188 566.0	38 227.0	116 600.0	4 718.0	20 548.0	8 473.0
新　疆	980 820.0	113 174.0	758 686.0	6 066.0	47 484.0	55 410.0
新疆生产建设兵团	122 240.0	28 077.0	69 849.0	125.0	21 115.0	3 074.0

历年全国基本养老保险基金收支及累计结余情况 单位：万元

年份	合计	企业	机关、事业
一、基金收入			
1989	1 467 469	1 467 469	
1990	1 788 178	1 788 178	
1991	2 157 084	2 157 084	
1992	3 657 660	3 657 660	
1993	5 035 402	5 035 402	
1994	7 074 245	7 074 245	
1995	9 500 507	9 500 507	
1996	11 717 639	11 717 639	
1997	13 379 051	13 379 051	
1998	14 589 737	14 589 737	
1999	19 651 151	18 718 894	932 257
2000	22 781 285	20 882 938	1 898 347
2001	24 889 606	22 351 212	2 529 901
二、基金支出			
1989	1 188 292	1 188 292	
1990	1 493 363	1 493 363	
1991	1 730 714	1 730 714	
1992	3 219 145	3 219 145	
1993	4 706 303	4 706 303	
1994	6 610 902	6 610 902	
1995	8 476 087	8 476 087	
1996	10 318 689	10 318 689	
1997	12 513 280	12 513 280	
1998	15 116 267	15 116 267	
1999	19 248 543	18 631 038	617 505
2000	21 154 833	19 700 404	1 454 429
2001	23 212 601	21 165 222	2 044 050
三、累计结余			
1989	679 899	679 899	
1990	978 760	978 760	
1991	1 440 688	1 440 688	
1992	2 206 083	2 206 083	
1993	2 585 889	2 585 889	
1994	3 047 662	3 047 662	
1995	4 298 338	4 298 338	
1996	5 785 604	5 785 604	
1997	6 828 482	6 828 482	
1998	5 878 332	5 878 332	
1999	7 335 416	6 441 996	893 420
2000	9 471 165	7 609 801	1 861 364
2001	10 540 818	8 186 234	2 331 918

历年全国参加基本养老保险职工人数及离休、退休、退职人员人数

单位：万人

年份	在职职工人数			
	合计	企业	机关、事业	其他
1989	4 816.9	4 816.9		
1990	5 200.7	5 200.7		
1991	5 653.7	5 653.7		
1992	7 774.7	7 774.7		
1993	8 008.2	8 008.2		
1994	8 494.1	8 494.1		
1995	8 737.8	8 737.8		
1996	8 758.4	8 758.4		
1997	8 671.0	8 671.0		
1998	8 475.8	8 475.8		
1999	9 501.8	8 655.3	642.6	203.8
2000	10 447.5	9 124.2	977.6	345.7
2001	10 801.9	9 198.4	1 047.1	534.6

年份	离休、退休、退职人员人数			
	合计	企业	机关、事业	其他
1989	893.4	893.4		
1990	965.3	965.3		
1991	1 086.6	1 086.6		
1992	1 681.5	1 681.5		
1993	1 839.4	1 839.4		
1994	2 079.4	2 079.4		
1995	2 241.2	2 241.2		
1996	2 358.3	2 358.3		
1997	2 533.4	2 533.4		
1998	2 727.3	2 727.3		
1999	2 983.6	2 860.2	119.8	3.6
2000	3 169.9	3 011.2	153.4	5.3
2001	3 380.6	3 164.6	206.0	6.7

分地区基本养老保险年末参保人数

（2001）

单位：人

地　区	参保职工		离休、退休、退职人员年末人数
	年末数	企业	
全　国	**108 018 850**	**91 984 312**	**33 806 353**
北　京	3 016 286	2 892 521	1 242 848
天　津	1 962 341	1 898 203	852 141
河　北	4 961 274	4 084 344	1 452 946
山　西	2 837 538	2 694 861	818 159
内蒙古	2 253 053	1 787 547	652 808
辽　宁	7 338 663	6 067 194	2 888 830
吉　林	2 895 623	2 743 392	995 766
黑龙江	5 140 297	4 468 911	1 784 641
上　海	4 436 661	3 575 495	2 398 728
江　苏	6 753 874	6 431 405	2 127 427
浙　江	4 852 651	3 384 556	1 250 981
安　徽	3 342 376	3 001 042	985 122
福　建	1 836 054	1 716 221	584 001
江　西	2 506 035	2 287 242	781 648
山　东	8 312 727	6 309 346	1 913 278
河　南	5 946 913	5 274 553	1 418 732
湖　北	4 743 588	4 360 756	1 377 258
湖　南	4 554 109	3 080 249	1 479 886
广　东	11 832 974	9 904 507	1 869 872
广　西	1 902 436	1 827 744	587 052
海　南	776 593	583 702	305 129
重　庆	1 880 345	1 674 680	822 812
四　川	4 094 958	3 300 909	1 694 045
贵　州	1 165 723	986 045	423 839
云　南	1 735 094	1 479 582	696 096
西　藏	45 737	37 653	25 638
陕　西	2 620 085	2 457 176	833 737
甘　肃	1 431 533	1 338 623	452 715
青　海	370 874	335 266	148 582
宁　夏	446 700	399 739	132 069
新　疆	1 123 475	953 022	357 261
新疆生产建设兵团	684 695	647 826	418 580
中国人民银行	166 197		31 436
中国农业发展银行	51 368		2 290

分地区基本养老保险养老金社会化发放人数及补发拖欠养老金情况
（企业及企业化管理事业单位）
（2001）

地　区	截至 2001 年 12 月			2001 年 1～12 月
	实发人数（人）	社会化发放人数（人）	社会化发放率（%）	补发拖欠养老金（万元）
全　国	**31 851 879**	**31 218 930**	**97.97**	**144 568.67**
北　京	1 242 848	1 242 848	100.00	
天　津	835 439	835 439	100.00	
河　北	1 280 359	1 273 600	99.47	3 659.80
山　西	820 405	816 000	99.46	11 905.08
内蒙古	619 273	610 210	98.54	30 438.70
辽　宁	2 698 096	2 698 096	100.00	24 345.00
吉　林	995 319	945 239	94.97	7 244.60
黑龙江	1 665 857	1 619 490	97.22	19 088.00
上　海	2 211 747	2 211 747	100.00	
江　苏	2 122 297	2 095 436	98.73	834.00
浙　江	1 142 002	1 140 785	99.89	
安　徽	939 853	934 429	99.42	1 792.00
福　建	583 824	583 824	100.00	
江　西	760 415	757 587	99.63	1 931.24
山　东	1 524 202	1 386 678	90.98	11 353.00
河　南	1 418 732	1 413 552	99.63	5 549.84
湖　北	1 364 650	1 364 650	100.00	4 700.66
湖　南	1 161 715	1 161 715	100.00	10 194.37
广　东	1 755 446	1 732 649	98.70	
广　西	585 125	574 008	98.10	4 991.43
海　南	253 288	174 897	65.51	2 510.15
重　庆	820 197	818 502	99.79	
四　川	1 644 076	1 632 732	99.31	55.60
贵　州	408 559	408 079	99.88	666.00
云　南	642 978	625 075	97.22	
西　藏	21 977	18 465	84.02	
陕　西	833 776	833 776	100.00	727.00
甘　肃	447 533	287 262	64.19	1 329.50
青　海	148 950	148 950	100.00	
宁　夏	132 077	122 832	93.00	1 252.70
新　疆	355 062	334 576	94.23	
新疆生产建设兵团	415 802	415 802	100.00	

分地区基本养老保险基金收支及累计结余情况

（2001）

单位：万元

地　区	基金收入	基金支出	累计结余
全　国	**24 889 606**	**23 212 601**	**10 540 818**
北　京	1 166 152	1 105 448	221 328
天　津	557 373	545 174	109 199
河　北	1 057 335	972 273	517 588
山　西	579 113	511 289	243 926
内蒙古	433 719	420 939	163 877
辽　宁	1 917 974	1 792 574	411 458
吉　林	692 493	684 523	79 372
黑龙江	1 253 733	1 097 599	393 431
上　海	2 166 553	2 362 452	931 182
江　苏	1 483 711	1 456 341	569 893
浙　江	1 356 393	1 098 086	960 407
安　徽	597 063	568 515	151 700
福　建	526 733	505 236	324 361
江　西	405 200	406 044	155 521
山　东	1 834 275	1 695 729	1 042 658
河　南	825 480	880 077	211 246
湖　北	834 323	822 743	153 848
湖　南	678 999	700 395	233 060
广　东	2 035 383	1 344 255	2 062 858
广　西	373 138	339 867	251 156
海　南	164 816	148 281	68 706
重　庆	378 502	389 779	71 836
四　川	946 059	892 375	410 462
贵　州	300 252	265 171	202 808
云　南	507 591	531 767	117 640
西　藏	33 637	33 633	76
陕　西	547 683	506 327	82 951
甘　肃	372 725	368 372	83 189
青　海	125 107	124 997	7 395
宁　夏	112 996	97 842	74 795
新　疆	387 344	313 145	159 128
新疆生产建设兵团	229 258	228 024	51 097
中国农业发展银行	8 493	3 329	22 666

八、失业保险

历年全国失业保险基本情况

年份	年末参保职工人数（万人）	全年发放失业保险金人数（万人）	全年发放失业保险金（万元）
一、绝对数			
1994	7 968.0	196.5	50 755
1995	8 238.0	261.3	81 964
1996	8 333.1	330.8	138 704
1997	7 961.4	319.0	186 780
1998	7 927.9	158.1	203 907
1999	9 852.0	271.4	318 722
2000	10 326.3	329.7	561 984
2001	10 268.5	468.5	832 563
二、比上年增长（%）			
1995	3.4	33.0	61.5
1996	1.2	26.6	69.2
1997	-4.5	3.6	34.7
1998	0.4	-50.4	9.2
1999	24.3	71.7	56.3
2000	4.8	21.5	76.3
2001	-0.6	42.1	48.1

年份	基金收入	基金支出	基金累计结余
一、绝对数			
1996	452 491	272 897	863 803
1997	469 392	363 294	969 901
1998	726 111	560 731	1 334 457
1999	1 252 396	916 446	1 598 555
2000	1 604 436	1 234 324	1 959 333
2001	1 873 240	1 565 684	2 262 089
二、比上年增长（%）			
1997	3.7	33.1	12.3
1998	54.7	54.3	37.6
1999	72.5	63.4	19.8
2000	28.1	34.7	22.6
2001	16.8	26.8	15.5

分地区失业保险基本情况

（2001）

单位：千人

地区	年末参保人数					
	合计	企业	国有企业	集体企业	外商投资企业	其他企业
全　国	**102 685.07**	**81 495.42**	**54 993.07**	**13 298.17**	**5 233.67**	**7 970.51**
北　京	3 060.00	2 295.00	1 450.00	185.00	218.00	442.00
天　津	2 142.74	1 800.01	1 225.30	280.16	269.66	24.89
河　北	5 139.73	3 831.69	2 790.55	568.48	104.08	368.58
山　西	2 683.76	2 324.45	2 055.45	248.01	9.69	11.30
内蒙古	2 164.95	1 578.50	1 026.39	156.70	33.23	362.18
辽　宁	6 480.60	5 759.68	3 519.62	1 480.33	372.78	386.95
吉　林	2 838.09	2 499.98	2 107.71	303.89	32.50	55.88
黑龙江	5 326.92	4 838.94	3 599.34	1 060.18	130.30	49.12
上　海	4 307.05	3 167.02	1 437.73	473.90	572.74	682.65
江　苏	7 509.00	6 013.04	3 267.60	1 619.20	547.61	578.63
浙　江	3 910.58	2 899.90	1 152.12	616.67	246.08	885.03
安　徽	3 755.89	2 929.22	1 928.08	684.98	41.35	274.81
福　建	2 396.37	1 863.14	869.30	233.31	421.16	339.37
江　西	2 345.28	1 837.43	1 621.76	166.36	14.49	34.82
山　东	6 920.00	5 604.00	3 940.00	1 134.00	227.00	303.00
河　南	6 745.18	5 028.77	3 594.98	856.90	94.60	482.29
湖　北	4 208.12	3 264.19	2 696.90	448.83	70.48	47.98
湖　南	3 255.65	2 480.13	2 140.14	291.41	20.21	28.37
广　东	8 194.78	7 107.33	2 676.05	891.83	1 629.17	1 910.28
广　西	2 176.80	1 455.02	1 233.13	143.95	26.69	51.25
海　南	427.34	282.59	204.93	39.46	24.84	13.36
重　庆	2 104.67	1 713.57	1 306.28	323.52	39.53	44.24
四　川	4 123.23	3 003.14	2 490.13	311.43	27.46	174.12
贵　州	1 347.08	950.86	866.80	39.60	5.60	38.86
云　南	1 907.33	1 335.27	1 082.72	160.23	14.85	77.47
西　藏	71.00	35.04	35.04			
陕　西	3 044.62	2 494.18	2 041.38	348.34	22.37	82.09
甘　肃	1 626.79	1 241.70	990.41	146.43	6.66	98.20
青　海	357.19	233.50	216.45	9.60		7.45
宁　夏	341.50	277.03	218.78	16.64	0.39	41.22
新　疆（含兵团）	1 772.84	1 351.11	1 208.01	58.83	10.15	74.12

续表

地区	事业单位（千人）	其他单位（千人）	本年领取失业保险金人数（人）	领取失业保险金人数（人）	下岗转失业人数	当年再就业人数
全国	**19 772.06**	**1 417.59**	**34 764 038**	**4 685 470**	**500 074**	**783 167**
北京	727.00	38.00	1 495 938	124 739	4 644	90 608
天津	342.73		1 188 356	146 800	35 011	829
河北	1 257.49	50.55	874 041	105 110	8 878	21 784
山西	353.71	5.60	189 508	42 847	5 697	8 584
内蒙古	560.07	26.38	615 590	118 857	16 035	20 889
辽宁	716.52	4.40	2 522 507	353 057	31 747	12 816
吉林	335.56	2.55	1 230 025	131 773	13 903	656
黑龙江	466.98	21.00	1 594 735	158 457	6 465	116 019
上海	711.87	428.16	2 964 627	409 491	12 465	4 253
江苏	1 457.57	38.39	4 344 730	537 096	71 835	87 506
浙江	849.69	160.99	3 781 756	465 440	7 114	30 761
安徽	816.38	10.29	916 745	132 929	38 826	9 878
福建	516.09	17.14	950 291	125 109	11 730	20 244
江西	504.97	2.88	156 473	25 200	6 944	1 059
山东	1 297.00	19.00	2 175 090	287 798	16 483	56 414
河南	1 572.42	143.99	759 212	174 430	20 206	42 878
湖北	923.80	20.13	1 955 615	331 095	47 141	17 222
湖南	727.80	47.72	528 598	84 168	9 604	45 972
广东	867.71	219.74	2 242 872	312 709	21 816	24 322
广西	718.79	2.99	528 746	61 546	10 830	17 935
海南	106.99	37.76	99 407	15 377	4 759	285
重庆	364.42	26.68	629 445	100 065	25 122	21 957
四川	1 079.59	40.50	1 307 309	204 108	40 073	57 189
贵州	380.32	15.90	99 559	15 144	1 399	3 666
云南	561.88	10.18	634 930	77 229	3 793	51 674
西藏	35.96		911	91	31	
陕西	528.86	21.58	324 800	38 225	7 696	3 153
甘肃	381.86	3.23	113 407	25 046	1 366	3 856
青海	123.40	0.29	126 342	19 583	1 255	1 733
宁夏	63.10	1.37	57 145	11 412	1 024	3 750
新疆（含兵团）	421.53	0.20	355 328	50 539	16 182	5 275

分地区失业保险基金收支情况

（2001）

单位：万元

地区	本年基金收入						
	合计	失业保险费					
		单位缴费	1．企业	（1）国有企业	（2）集体企业	（3）外商投资企业	（4）其他企业
全国	**1 873 239.55**	**1 238 705.90**	**1 005 770.19**	**719 967.82**	**99 430.76**	**72 364.38**	**114 007.23**
北京	99 795.00	75 838.00	52 550.00	32 812.00	3 427.00	2 056.00	14 255.00
天津	51 407.78	33 888.67	28 026.29	21 762.15	2 723.99	3 037.88	502.27
河北	66 644.01	46 317.14	40 163.24	35 696.58	2 432.29	1 621.17	413.20
山西	29 593.94	17 967.56	16 175.46	15 206.69	737.58	100.43	130.76
内蒙古	29 648.82	17 510.77	13 339.41	8 216.38	797.88	143.73	4 181.42
辽宁	97 058.97	65 515.98	56 568.50	40 867.90	6 481.68	1 785.33	7 433.59
吉林	33 221.00	22 306.00	21 261.00	19 126.00	1 765.00	196.00	174.00
黑龙江	60 069.56	38 781.85	36 051.94	32 740.93	2 410.11	662.23	238.67
上海	215 729.74	148 223.89	116 654.26	50 082.59	11 866.59	24 229.27	30 475.81
江苏	182 798.07	118 718.25	93 133.30	51 459.54	18 991.66	9 111.34	13 570.76
浙江	111 884.37	64 664.21	44 721.39	23 382.98	7 713.69	4 290.29	9 334.43
安徽	53 357.84	35 535.65	28 480.17	21 555.30	2 130.64	516.89	4 277.34
福建	41 307.94	26 197.48	23 347.50	12 240.24	3 229.08	3 932.96	3 945.22
江西	20 685.66	13 050.70	9 668.70	9 195.03	364.31	22.72	86.64
山东	126 571.00	85 538.00	65 282.00	50 419.00	9 110.00	2 966.00	2 787.00
河南	71 859.63	46 128.98	37 152.89	31 650.31	2 943.47	346.89	2 212.22
湖北	55 979.80	37 180.54	31 572.83	28 110.34	2 484.02	7 16.83	261.64
湖南	43 980.97	27 356.24	22 806.59	20 423.27	1 631.04	310.29	441.99
广东	163 175.51	112 581.43	101 128.52	68 057.80	7 603.47	12 990.40	12 476.85
广西	32 412.39	19 740.91	15 251.90	13 666.74	869.69	258.14	457.33
海南	8 241.75	5 710.45	3 185.29	2 377.12	413.17	290.56	104.44
重庆	22 993.23	15 326.01	13 702.37	10 764.82	2 036.39	503.35	397.81
四川	66 649.30	41 916.18	30 482.89	26 220.25	2 627.78	442.19	1 192.67
贵州	24 674.90	15 252.04	13 025.20	12 230.79	426.67	39.61	328.13
云南	41 827.32	25 903.87	20 418.81	16 845.46	1 553.28	353.05	1 667.02
西藏	2 237.11	1 494.66	629.19	629.19			
陕西	32 327.73	23 065.84	22 181.45	19 685.09	980.24	1 140.55	375.57
甘肃	26 751.52	17 602.16	15 693.40	14 665.98	633.16	43.08	351.18
青海	8 539.37	5 596.79	4 429.83	4 391.46	29.47		8.90
宁夏	5 307.43	3 395.89	2 896.30	2 327.04	102.04	3.68	463.54
新疆（含兵团）	46 507.89	30 399.76	25 789.57	23 158.85	915.37	253.52	1 461.83

续表 1

地　区			职工个人缴费	利息收入	财政补贴收入	其他收入	滞纳金收入
	2. 事业单位	3. 其他单位					
全　国	**218 196.49**	**14 739.22**	**541 829.94**	**46 383.38**	**31 250.32**	**15 322.59**	**1 142.56**
北　京	19 861.00	3 427.00	20 650.00	3 307.00			
天　津	5 862.38		16 944.35	574.76			
河　北	5 986.71	167.19	18 489.23	1 196.27	29.78	611.59	56.69
山　西	1 771.27	20.83	9 067.47	2 080.78	466.83	11.30	
内蒙古	4 112.12	59.24	9 202.01	505.47	1 244.84	1 185.73	14.82
辽　宁	8 947.48		30 275.35	1 516.78	3.44	－252.58	－267.87
吉　林	979.00	66.00	9 103.00	1 679.00	7.00	126.00	10.00
黑龙江	2 670.79	59.12	17 761.31	2 640.68	593.00	292.72	106.31
上　海	27 802.36	3 767.27	64 692.69	2 813.16			
江　苏	24 768.96	815.99	56 044.44	3 021.31	4 809.96	204.11	31.66
浙　江	18 312.50	1 630.32	27 449.12	2 801.77	15 538.04	1 431.23	564.51
安　徽	6 963.89	91.59	15 325.50	869.88	1 369.10	257.71	6.65
福　建	2 497.52	352.46	12 503.11	760.73	1 832.16	14.46	
江　西	3 374.22	7.78	6 281.76	1 312.66		40.54	10.71
山　东	20 158.00	98.00	33 287.00	2 649.00	349.00	4 748.00	40.00
河　南	8 868.02	108.07	22 184.39	2 066.83	1 101.61	377.82	6.62
湖　北	5 479.63	128.08	16 253.40	990.55	1 389.13	166.18	29.80
湖　南	4 407.34	142.31	13 288.75	2 312.12	816.98	206.88	
广　东	9 860.78	1 592.13	45 800.57	3 853.67	26.62	913.22	129.43
广　西	4 484.99	4.02	11 255.28	1 313.76	30.04	72.40	15.83
海　南	2 144.20	380.96	2 299.12	193.24	37.70	1.24	0.43
重　庆	1 517.95	105.69	6 849.43	422.02	387.85	7.92	
四　川	10 079.24	1 354.05	21 470.85	2 320.28	519.59	422.40	59.30
贵　州	2 137.38	89.46	8 558.10	763.25	30.86	70.65	0.00
云　南	5 323.38	161.68	12 158.48	894.03		2 870.94	15.07
西　藏	865.47		696.17	36.82		9.46	
陕　西	815.50	68.89	8 402.83	783.92	11.28	63.86	16.00
甘　肃	1 897.94	10.82	7 701.56	932.34	504.51	10.95	0.68
青　海	1 149.97	16.99	2 738.08	203.93		0.57	0.57
宁　夏	490.31	9.28	1 723.53	186.54		1.47	1.47
新　疆（含兵团）	4 606.19	4.00	13 373.06	1 380.83	151.00	1 203.24	26.01

续表 2

地区	本年基金支出					
	合计	失业保险金	医疗补助金	丧葬补助金和抚恤金	职业培训补贴	职业介绍补贴
全　国	**1 565 683.73**	**832 563.44**	**49 260.89**	**1 003.21**	**81 812.17**	**52 754.86**
北　京	103 718.00	52 348.00	4 314.00	17.00	3 454.00	1 594.00
天　津	52 347.96	34 621.49	2 145.87	46.61	1 834.96	739.80
河　北	42 215.36	19 147.33	1 356.28	44.95	1 932.23	635.18
山　西	15 049.14	4 234.28	219.85	0.37	545.03	12.77
内蒙古	24 167.80	14 637.25	360.99	10.10	1 190.08	144.58
辽　宁	96 426.02	54 576.49	1 626.29	64.55	5 828.09	1 663.92
吉　林	36 747.00	20 296.00	49.00	28.00	115.00	
黑龙江	53 146.73	33 951.87	2 363.31	30.27	505.97	170.62
上　海	214 935.28	97 578.63	3 964.75	44.06	29 440.21	33 634.19
江　苏	164 956.74	91 629.54	7 141.18	96.36	4 588.89	6 937.88
浙　江	124 892.43	102 266.32	4 514.52	81.38	1 386.05	760.09
安　徽	52 952.94	19 306.86	1 130.77	30.65	1 986.81	674.37
福　建	31 273.46	23 042.62	1 309.47	22.34	472.37	2.48
江　西	11 016.93	2 721.97	225.85	3.26	366.73	331.15
山　东	76 308.00	51 346.00	938.00	74.00	5 481.00	570.00
河　南	43 556.59	13 902.25	581.80	16.24	1 975.23	275.70
湖　北	64 382.93	31 888.78	1 850.36	56.31	4 107.22	1 070.97
湖　南	29 659.80	9 040.94	386.20	4.93	2 068.57	462.17
广　东	102 052.85	76 778.87	8 524.16	250.96	2 249.23	1 156.21
广　西	19 385.86	10 759.70	500.99	3.97	1 636.97	296.86
海　南	4 592.33	3 141.72	19.68	0.38	201.88	4.00
重　庆	28 609.06	11 041.29	643.68	16.38	1 111.92	568.62
四　川	55 012.58	21 806.60	2 366.97	23.40	1 199.21	523.56
贵　州	2 804.45	1 834.51	98.00	4.41	31.29	92.01
云　南	22 051.10	12 389.04	1 123.90	18.05	727.54	41.23
西　藏	185.62	26.50	1.22		5.00	
陕　西	22 272.55	5 693.52	259.57	3.61	2 679.78	161.48
甘　肃	16 334.28	1 976.71	136.71	2.09	403.53	19.36
青　海	13 142.30	2 388.71	98.71	1.72	597.52	33.00
宁　夏	3 451.50	1 301.58	36.35	0.44	151.63	33.36
新　疆（含兵团）	38 036.14	6 888.07	972.46	6.42	3 538.23	145.30

续表 3

地　区	调剂用于再就业服务中心资金	农民合同制工人一次性生活补助	其他支出	银行手续费	年终滚存结余
全　国	**447 818.27**	**15 205.25**	**85 265.64**	**218.70**	**2 262 089.02**
北　京	4 192.00	221.00	37 578.00		73 677.00
天　津	12 800.00	159.23			23 477.52
河　北	12 963.48	1 529.81	4 606.10	9.59	108 692.85
山　西	9 552.49	277.05	207.30	6.32	71 084.29
内蒙古	7 586.34	52.43	186.03	11.49	34 026.90
辽　宁	27 588.20	398.00	4 680.48	4.52	61 255.29
吉　林	16 259.00				34 154.00
黑龙江	15 080.02	12.00	1 032.67	14.78	87 914.72
上　海	31 574.05	1 652.16	17 047.23	0.93	62 413.74
江　苏	49 928.48	4 316.15	318.26	17.94	184 611.21
浙　江	13 158.57	2 457.55	267.95	39.58	96 429.01
安　徽	24 769.72	174.61	4 879.15	19.16	39 499.39
福　建	6 074.46	304.67	45.05	0.46	51 514.53
江　西	6 544.90	85.10	737.97	4.30	63 070.59
山　东	16 598.00	1 212.00	89.00	3.00	193 452.00
河　南	23 426.32	925.13	2 453.92	7.02	145 285.44
湖　北	23 960.60	470.24	978.45	21.73	41 951.78
湖　南	16 433.00	23.22	1 240.77	4.81	93 899.40
广　东	12 226.99	89.87	776.56		226 170.99
广　西	6 079.95	37.50	69.92	4.45	76 382.63
海　南	1 174.49		50.18	0.12	16 363.50
重　庆	9 040.92	94.85	6 091.40	0.79	21 159.26
四　川	28 779.50	73.90	239.44	22.44	91 349.19
贵　州	563.90	2.25	178.08	1.54	64 122.11
云　南	6 798.66	96.11	856.57		75 445.64
西　藏	130.66		22.24	0.01	7 008.49
陕　西	13 279.30	155.91	39.38	8.52	64 002.52
甘　肃	13 729.71	0.07	66.10	11.10	50 208.48
青　海	9 822.64		200.00	0.00	7 712.11
宁　夏	1 891.32		36.82	1.33	9 892.53
新　疆（含兵团）	25 810.60	384.44	290.62	2.77	85 861.91

九、医疗、工伤、生育保险

历年全国基本医疗保险基本情况

年份	年末参保人数（万人）		
	合计	职工	离休、退休、退职人员
一、绝对数			
1994	400.3	374.6	25.7
1995	745.9	702.6	43.3
1996	855.7	791.2	64.5
1997	1 762.0	1 588.9	173.1
1998	1 877.6	1 508.7	369.0
1999	2 065.3	1 509.4	555.9
2000	3 786.9	2 862.8	924.2
2001	7 285.9	5 470.7	1 815.2
二、比上年增长（%）			
1995	86.3	87.6	68.0
1996	14.7	12.6	49.0
1997	105.9	63.5	53.9
1998	6.6	-5.1	113.2
1999	10.0	0.05	50.7
2000	83.4	89.7	66.2
2001	92.4	91.1	96.4

年份	基金收入（万元）	基金支出（万元）	基金累计结余（万元）
一、绝对数			
1993	14 355	13 335	4 343
1994	31 561	29 113	7 115
1995	96 667	72 835	30 982
1996	190 084	162 336	64 403
1997	523 000	405 000	166 000
1998	605 924	532 970	199 971
1999	898 660	690 735	575 543
2000	1 699 984	1 245 411	1 098 311
2001	3 836 022	2 440 989	2 530 088
二、比上年增长（%）			
1994	119.9	118.3	63.8
1995	206.3	150.2	335.4
1996	96.6	122.9	107.9
1997	175.1	149.5	157.8
1998	15.9	31.6	20.5
1999	48.3	29.6	187.8
2000	89.2	80.3	90.8
2001	125.7	96.0	130.4

分地区基本医疗保险基本情况

（2001）

地区	年末参保人数（人）		基金收支情况（万元）		
	职工	离休、退休退职人员	基金收入	基金支出	累计结余
全国	**54 707 406**	**18 151 737**	**3 836 022**	**2 440 989**	**2 530 088**
北京	1 513 232	893 842	204 971	197 144	55 480
天津	928 472	467 941	23 932	4 661	19 626
河北	2 210 022	614 731	94 588	49 248	58 670
山西	1 228 996	344 214	13 182	6 801	8 003
内蒙古	1 513 460	455 480	59 271	32 118	39 569
辽宁	2 232 049	903 743	115 932	69 591	81 596
吉林	963 753	277 885	24 744	7 032	18 220
黑龙江	2 190 541	892 146	38 575	27 345	25 887
上海	4 415 472	2 389 281	813 265	668 321	426 402
江苏	3 425 002	1 134 998	334 344	215 972	201 082
浙江	2 526 774	1 000 347	224 352	117 357	191 409
安徽	1 791 636	536 401	72 482	35 970	44 932
福建	1 326 883	383 441	132 996	71 269	111 593
江西	593 927	122 241	17 140	14 247	9 189
山东	4 042 242	859 731	275 578	208 699	121 311
河南	3 654 997	947 953	122 315	61 480	79 388
湖北	2 009 131	544 581	59 549	42 142	32 453
湖南	2 679 036	836 994	100 463	62 090	66 401
广东	4 603 886	843 802	463 304	178 414	528 858
广西	1 166 592	333 932	43 618	22 497	24 840
海南	323 253	85 265	24 542	20 954	10 793
重庆	270 823	97 139	16 558	9 751	9 878
四川	3 092 743	1 283 000	205 155	106 316	160 347
贵州	242 176	69 205	8 274	3 304	4 970
云南	1 400 881	456 281	134 123	75 391	76 869
西藏					
陕西	1 819 262	494 261	55 394	37 958	31 418
甘肃	863 283	236 136	26 533	14 431	13 134
青海	257 522	125 968	30 431	11 688	23 543
宁夏	132 516	39 811	6 500	3 896	3 393
新疆	908 444	253 288	78 732	55 221	44 341
新疆生产建设兵团	380 400	227 699	15 179	9 681	6 493

历年全国工伤保险基本情况

年份	年末参保职工人数（万人）	年末享受工伤待遇的人数（万人）	基金收入（万元）	基金支出（万元）	基金累计结余（万元）
一、绝对数					
1994	1 822.1	5.8	45 547	9 424	67 688
1995	2 614.8	7.1	80 861	18 128	126 792
1996	3 102.6	10.1	108 917	36 997	197 492
1997	3 507.8	12.5	135 677	60 865	276 677
1998	3 781.3	15.3	211 518	90 435	395 344
1999	3 912.3	15.1	208 781	154 164	449 216
2000	4 350.3	18.8	247 778	137 973	578 542
2001	4 345.3	18.7	282 839	164 929	688 926
二、比上年增长（%）					
1995	43.5	21.0	77.5	92.4	87.3
1996	18.7	43.6	34.7	104.1	55.8
1997	13.1	23.3	24.6	64.5	40.1
1998	7.8	22.9	55.9	48.6	42.9
1999	3.5	－1.9	－1.3	70.5	13.6
2000	9.8	25.0	18.7	－10.5	28.8
2001	－0.1	－0.6	14.2	19.5	19.1

分地区工伤保险参保人数及工伤保险基金收支、结余情况

（2001）

地区	参保职工人数（人）	基金收入（万元）	基金支出（万元）	累计结余（万元）	享受工伤待遇的人数（人）	
					合计	一至四级
全国	**43 453 489**	**282 839**	**164 929**	**688 926**	**187 086**	**28 772**
北京	2 046 539	21 921	13 417	19 333	1 334	1 030
天津						
河北	1 631 029	3 967	3 372	7 154	8 151	1 684
山西	717 751	1 792	966	2 998	152	28
内蒙古	267 209	605	720	679	5 349	646
辽宁	3 905 915	23 790	18 161	36 958	50 162	10 488
吉林	307 164	1 299	246	1 614	11 206	975
黑龙江	1 043 613	4 086	3 026	5 206	854	148
上海						
江苏	4 739 356	21 784	14 846	60 781	6 558	1 939
浙江	2 196 715	14 151	6 433	49 950	5 621	386
安徽	734 204	3 206	2 023	4 322	2 046	124
福建	1 590 411	12 696	5 719	38 005	2 295	116
江西	1 377 713	5 909	3 213	20 856	1 891	303
山东	2 854 635	13 270	7 082	25 882	6 125	1 764
河南	1 960 065	4 099	2 320	10 980	5 059	1 029
湖北	1 823 231	3 714	3 371	12 600	13 385	2 232
湖南		2 978	1 202	12 356		
广东	9 900 946	101 837	53 076	284 423	51 773	1 404
广西	1 240 567	6 096	2 852	21 895	1 000	235
海南	695 253	3 176	1 146	11 487	267	28
重庆	250 126	1 481	611	4 340	940	216
四川	1 793 195	12 237	8 873	30 025	4 553	2 138
贵州	17 029	45	12	186	6	2
云南	972 559	11 748	8 396	13 811	6 028	661
西藏						
陕西	245 033	974	661	1 627	618	288
甘肃	95 355	297	157	863	176	105
青海	70 731	1 645	693	1 286	435	435
宁夏	113 911	720	646	1 251	290	200
新疆	305 346	1 528	590	4 133	423	55
新疆生产建设兵团	557 888	1 788	1 099	3 925	389	113

续表

地区			享受职业病待遇的人数（人）			
	五至六级	七至十级	合计	一至四级	五至六级	七至十级
全　国	**23 858**	**134 456**	**14 723**	**9 307**	**2 828**	**2 588**
北　京	46	258	488	408	17	63
天　津						
河　北	1 466	5 001	194	65	6	123
山　西	15	109	4			4
内蒙古	1 439	3 264	954	146	226	582
辽　宁	8 100	31 574	4 513	3 640	478	395
吉　林	2 073	8 158	396	115	164	117
黑龙江	233	473	26	8	3	15
上　海						
江　苏	938	3 681	1 357	903	172	282
浙　江	378	4 857	85	33	37	15
安　徽	207	1 715	106	5	8	93
福　建	138	2 041	1 701	785	801	115
江　西	236	1 352	99	60	19	20
山　东	848	3 513	1 228	758	219	251
河　南	1 135	2 895	78	42	27	9
湖　北	3 320	7 833	781	223	294	264
湖　南						
广　东	1 367	49 002	52	45	3	4
广　西	86	679	31	13	1	17
海　南	15	224	202	166		36
重　庆	172	552	712	553	63	96
四　川	625	1 790	995	869	102	24
贵　州		4	4			4
云　南	570	4 797	484	274	161	49
西　藏						
陕　西	285	45	24	17	7	
甘　肃	6	65	2	2		
青　海			94	94		
宁　夏	43	47	2	2		
新　疆	36	332	26	24	1	1
新疆生产建设兵团	81	195	85	57	19	9

历年全国生育保险基本情况

年份	年末参保职工人数（万人）	基金收入（万元）	基金支出（万元）	基金累计结余（万元）
一、绝对数				
1994	915.9	14 735	8 081	14 281
1995	1 500.2	29 375	15 782	27 383
1996	2 015.6	55 173	32 865	49 726
1997	2 485.9	74 436	49 089	75 200
1998	2 776.7	97 601	68 462	103 086
1999	2 929.8	107 488	71 274	139 075
2000	3 001.6	111 554	83 452	167 704
2001	3 455.1	137 285	95 873	205 757
二、比上年增长（%）				
1995	63.8	99.4	95.3	91.7
1996	34.4	87.8	108.2	81.6
1997	23.3	34.9	49.4	51.2
1998	11.7	31.1	39.5	37.1
1999	5.5	10.1	4.1	34.9
2000	2.5	3.8	17.1	20.6
2001	15.1	23.1	14.9	22.7

分地区生育保险参保人数及生育保险基金收支、结余情况
(2001)

地区	参保职工人数(人)	本年生育人数(人)	基金收入(万元)	基金支出(万元)	累计结余(万元)
全国	**34 550 557**	**244 869**	**137 285**	**95 873**	**205 757**
北京					
天津					
河北	1 315 476	7 612	2 851	5 836	1 394
山西	1 080 399	2 500	1 203	1 051	2 760
内蒙古	279 192	2 655	430	486	842
辽宁	2 277 558	12 016	8 500	6 361	11 618
吉林	239 563	659	1 606	111	1 808
黑龙江	681 812	1 915	765	615	854
上海	4 436 661	653	9 227	446	8 781
江苏	4 834 639	46 015	26 095	17 457	45 864
浙江	1 876 402	16 786	9 820	5 574	29 195
安徽	233 986	1 466	639	443	660
福建	1 181 935	9 387	3 967	4 206	3 785
江西	1 201 528	8 304	3 254	2 120	8 130
山东	3 318 382	34 305	15 155	10 975	15 307
河南	1 963 637	10 676	3 776	3 471	3 854
湖北	1 821 375	10 929	2 898	2 335	5 667
湖南	37 041	98	228	393	222
广东	2 500 681	23 655	17 656	12 106	29 913
广西	1 135 325	12 183	4 655	3 719	7 017
海南	107 764	596	219		219
重庆	235 863	2 217	892	550	1 169
四川	1 781 030	15 614	8 126	5 226	13 150
贵州	10 867	20	25	10	40
云南	961 061	11 689	10 508	8 931	8 537
西藏					
陕西	45 862	783	221	187	349
甘肃	50 312	309	126	89	224
青海	66 366	540	307	257	284
宁夏	86 603	1 466	488	455	-51
新疆	305 219	3 299	2 046	1 294	752
新疆生产建设兵团	484 018	6 522	1 602	1 169	3 413

十、城镇居民最低生活保障

分地区城镇居民最低生活保障情况

(2001)

地　　区	城镇最低生活保障已保人数（人）	城镇保障资金支出（万元）	低保资金支出（万元）
全　　国	**11 706 944**	**462 406.2**	**429 992.7**
北　　京	78 149	14 972.8	11 090.1
天　　津	120 151	4 426.4	4 132.1
河　　北	214 356	9 331.2	8 581.7
山　　西	285 295	6 675.1	6 498.4
内 蒙 古	307 889	12 735.8	10 211.3
辽　　宁	1 060 300	57 571.1	56 357.6
# 大 连	98 236	5 202.7	5 159.4
吉　　林	657 690	21 419.4	21 000.0
黑 龙 江	737 521	20 917.0	20 303.8
上　　海	338 501	45 941.5	40 495.8
江　　苏	177 599	10 526.5	9 163.9
浙　　江	33 493	5 086.8	4 477.3
# 宁 波	5 487	2 161.7	1 873.3
安　　徽	722 704	16 382.1	15 054.4
福　　建	78 027	6 239.2	3 331.6
# 厦 门	7 559	1 027.0	947.0
江　　西	509 076	7 001.4	6 657.4
山　　东	425 869	16 370.6	15 587.8
# 青 岛	19 639	2 601.9	2 477.2
河　　南	586 212	14 068.6	13 466.4
湖　　北	836 882	26 067.2	25 026.9
湖　　南	887 341	26 634.2	25 217.3
广　　东	173 948	18 264.5	15 553.0
# 深 圳	2 820	1 608.0	1 603.0
广　　西	321 905	6 601.9	6 421.8
海　　南	75 433	1 856.9	1 501.2
重　　庆	522 260	26 566.5	26 386.7
四　　川	842 799	19 394.3	17 834.8
贵　　州	306 931	7 870.0	7 540.0
云　　南	323 774	12 135.7	11 753.9
西　　藏	30 270	396.7	100.7
陕　　西	367 077	12 851.4	12 807.4
甘　　肃	131 595	7 930.2	7 818.2
青　　海	85 500	7 206.7	7 206.7
宁　　夏	103 410	6 622.0	6 615.0
新　　疆	364 987	12 342.5	11 799.5
# 新疆生产建设兵团	36 942	3 087.6	3 000.0

十一、劳动保障立法与监察

2001 年立法情况

劳动保障立法取得新的进展。2001 年，劳动和社会保障部先后颁布了《社会保险基金监督举报工作管理办法》《社会保险基金行政监督办法》《社会保险行政争议处理办法》和《中外合资中外合作职业介绍机构设立管理暂行规定》等规章。各地根据实际工作需要，制定了有关养老、医疗、失业等社会保险及劳动力市场管理、劳动保障监察等方面的地方性法规和地方政府规章 17 件。

劳动保障监察案件结案情况

（2001） 单位：件

	结案数	案件分类			
		养老保险费征缴	失业保险费征缴	医疗保险费征缴	职业中介
合计	**195 957**	**36 752**	**12 851**	**1 750**	**6 941**
国有企业	26 802	12 418	3 604	601	103
集体企业	29 291	5 885	3 436	325	402
私营企业	60 915	7 652	2 251	270	1 062
港澳台商投资企业	14 860	1 028	361	67	70
外商投资企业	10 068	1 574	498	98	97
其他企业	15 313	3 705	992	159	978
个体经营者	32 246	3 613	461	62	2 953
非企业单位	6 462	877	1 248	168	1 276

	案件分类				
	女职工特殊劳动保护	擅自招用外来劳动力	劳动合同的订立和解除	收取风险抵押金	克扣、无故施欠工资
合计	**2 178**	**27 975**	**53 202**	**13 624**	**40 106**
国有企业	241	2 516	8 772	1 153	2 758
集体企业	249	3 016	10 401	1 542	6 136
私营企业	804	10 424	16 421	5 372	14 851
港澳台商投资企业	549	1 325	3 286	1 274	3 551
外商投资企业	76	1 407	3 083	795	2 431
其他企业	136	2 506	4 368	1 248	2 868
个体经营者	110	6 486	5 361	2 103	6 979
非企业单位	13	295	1 510	137	532

续表

	案件分类				案件处理情况
	最低工资支付	工作时间和休息、休假	职业资格与职业培训	其他	责令限期改正
合计	**4 757**	**8 835**	**10 633**	**9 393**	**120 760**
国有企业	463	680	1 110	935	16 916
集体企业	791	917	943	1 163	18 012
私营企业	1 676	2 502	3 226	3 896	38 761
港澳台商投资企业	379	1 127	469	451	8 852
外商投资企业	241	785	252	745	6 060
其他企业	247	611	628	776	8 537
个体经营者	921	2 123	3 726	1 114	19 360
非企业单位	39	90	279	313	4 262

	案件处理情况				
	行政处理决定	行政处罚决定	行政处罚分类		
			警告	罚款	其他行政处罚
合计	**6 579**	**17 314**	**6 064**	**17 283**	**4 550**
国有企业	1 381	2 209	916	1 830	105
集体企业	1 003	2 494	705	3 179	121
私营企业	2 051	6 069	2 002	6 335	222
港澳台商投资企业	198	452	365	522	358
外商投资企业	209	735	368	691	2 447
其他企业	554	1 640	388	1 486	18
个体经营者	815	3 264	1 196	2 803	227
非企业单位	368	451	124	437	1 052

劳动保障监察效果及专项工作情况

（2001）

	主动监察		群众举报专查结案数（件）
	检查单位数（户）	涉及劳动者人数（万人）	
合计	**954 937**	**7 223.3**	**96 461**
国有企业	191 935	3 128.7	11 351
集体企业	132 066	1 298.7	12 905
私营企业	230 344	1 252.6	27 958
港澳台商投资企业	34 338	238.2	8 569
外商投资企业	29 748	311.6	6 914
其他企业	80 291	550.0	10 782
个体经营者	205 671	186.1	15 050
非企业单位	50 544	257.4	2 932

	劳动保障年检		补签劳动合同（万人）
	单位数（户）	涉及劳动者人数（万人）	
合计	**941 799**	**9 550.4**	**705.7**
国有企业	249 667	4 306.7	195.1
集体企业	178 154	1 482.5	177.5
私营企业	165 867	1 571.1	146.3
港澳台商投资企业	29 063	321.9	59.0
外商投资企业	39 366	415.9	32.1
其他企业	78 700	728.4	40.7
个体经营者	119 368	193.5	41.9
非企业单位	81 614	530.3	13.1

续表

	追发劳动者工资等待遇		社会保险费征缴	
			督促缴费	
	涉及劳动者人数（万人）	金额（万元）	单位数（户）	涉及劳动者人数（万人）
合计	**684.3**	**92 346.8**	**134 871**	**2 705.6**
国有企业	103.0	20 499.1	40 742	2 065.4
集体企业	236.7	21 696.6	23 392	259.1
私营企业	81.1	16 293.8	21 223	126.2
港澳台商投资企业	27.0	9 018.9	4 887	39.5
外商投资企业	14.2	14 327.2	4 805	45.4
其他企业	189.9	5 692.9	8 327	62.0
个体经营者	29.2	3 990.1	20 671	17.3
非企业单位	3.4	828.2	10 824	90.6

		督促登记	
	金额（万元）	单位数（户）	涉及劳动者人数（万人）
合计	**358 108.2**	**106 795**	**771.8**
国有企业	223 348.0	14 685	206.0
集体企业	51 769.8	16 796	97.0
私营企业	25 985.5	27 754	208.9
港澳台商投资企业	7 572.0	4 141	29.5
外商投资企业	10 912.1	3 183	20.3
其他企业	20 945.0	8 667	63.8
个体经营者	3 499.5	26 389	25.3
非企业单位	14 076.3	5 180	121.0